Hansjörg Otto, Roland Schwarze, Rüdiger Krause
Die Haftung des Arbeitnehmers
De Gruyter Handbuch

Hansjörg Otto, Roland Schwarze,
Rüdiger Krause

Die Haftung des Arbeitnehmers

5., neu bearbeitete Auflage

DE GRUYTER

Referenzen
Professor em. Dr. *Hansjörg Otto*, Institut für Arbeitsrecht, Georg-August-Universität Göttingen
Professor Dr. *Roland Schwarze*, Leibniz Universität Hannover
Professor Dr. *Rüdiger Krause*, Institut für Arbeitsrecht, Georg-August-Universität Göttingen

Zitiervorschlag
Otto, in: Otto/Schwarze/Krause, Haftung des Arbeitnehmers, § ... RN ...

ISBN 978-3-11-072845-3
e-ISBN (PDF) 978-3-11-072860-6
e-ISBN (EPUB) 978-3-11-072866-8

Library of Congress Control Number: 2024951973

Bibliografische Information der Deutschen Nationalbibliothek
Die Deutsche Nationalbibliothek verzeichnet diese Publikation in der Deutschen Nationalbibliografie; detaillierte bibliografische Daten sind im Internet über http://dnb.dnb.de abrufbar.

Einbandabbildung: Ralf Roletschek, Wien

www.degruyter.com
Fragen zur allgemeinen Produktsicherheit:
productsafety@degruyterbrill.com

Vorwort

„Die Haftung des Arbeitnehmers“ hat sich seit dem Erscheinen der 4. Auflage vor mehr als zehn Jahren in Rechtsprechung und Gesetzgebung weiterentwickelt. In jüngster Zeit werfen die Veränderungen der Arbeitswelt durch eine stärkere Verschränkung von betrieblicher und privater Sphäre (Homeoffice, mobile Arbeit) und den Einsatz autonom agierender künstlicher Intelligenz neue Fragen für den arbeitsrechtlichen Schadensausgleich auf. Dies sind Gründe genug für eine neue Auflage des Werkes, das, so hoffen die Verfasser, dem Leser die Orientierung verschafft, die ihm die Rechtsmaterie vorenthält.

Die Autoren zeichnen für folgende Teile des gemeinsamen Werkes verantwortlich: *Hansjörg Otto* für § 6; *Roland Schwarze* für die §§ 8–10, 12, 14 und 16–27; *Rüdiger Krause* für die §§ 1–5, 7, 11, 13, 15, 28 und 29; die Rechtspolitik (§ 30) haben sich *Hansjörg Otto*, *Roland Schwarze* und *Rüdiger Krause* geteilt. Das Werk befindet sich im Wesentlichen auf dem Stand vom Januar 2025.

Für Unterstützung bei der Technik, der Recherche und bei der Aktualisierung der Verzeichnisse sowie des Fußnotenapparates danken die Autoren ihren Mitarbeitern Dipl.-Jur. Dr. Lars Hendrik Kühlcke (Göttingen), Ass. iur. Christian van Amelsvoort und Dipl.-Jur. Sören Ebbecke (Hannover).

Göttingen, Hannover im Januar 2025

Hansjörg Otto *Roland Schwarze* *Rüdiger Krause*

https://doi.org/10.1515/9783110728606-001

Inhaltsübersicht

1. Teil: Grundlagen der Arbeitnehmerhaftung
§ 1 Notwendigkeit einer Haftungsbeschränkung — **1**
§ 2 Bisherige Entwicklung der Enthaftung des Arbeitnehmers — **11**
§ 3 Prinzipien einer gerechten Haftungsverteilung im Arbeitsverhältnis — **24**
§ 4 Verfassungsrechtliche und rechtsquellentheoretische Legitimation der Enthaftung — **45**
§ 5 Dogmatische Umsetzung der Enthaftung — **67**

2. Teil: Die Haftung des Arbeitnehmers gegenüber dem Arbeitgeber
§ 6 Die Grundlagen der vertraglichen Haftung — **79**
§ 7 Begünstigter Personenkreis — **113**
§ 8 Die betrieblich veranlasste Tätigkeit als Voraussetzung der Enthaftung — **124**
§ 9 Die Haftungsverteilung nach dem Maß des Verschuldens — **145**
§ 10 Haftungsmilderung bei der Zurechnung des Schadensumfangs — **180**
§ 11 Privatrechtliche Versicherung und Versicherbarkeit von Risiken — **194**
§ 12 Konkretes Mitverschulden des Arbeitgebers — **233**
§ 13 Besondere Fallgruppen der Arbeitnehmerhaftung und angrenzende Erscheinungen — **245**
§ 14 Besonderheiten der Haftung im öffentlichen Dienst — **340**
§ 15 Beteiligung von Arbeitnehmervertretungen — **345**

3. Teil: Die Haftung des Arbeitnehmers gegenüber Dritten
§ 16 Außenhaftung und Freistellung des Arbeitnehmers — **355**
§ 17 Beschränkung der Außenhaftung gegenüber Betriebsmittelgebern — **384**
§ 18 Gesetzliche und vertragliche Beschränkung der Außenhaftung — **391**
§ 19 Obliegenheiten des Geschädigten zur Eigenvorsorge — **400**
§ 20 Besonderheiten der Außenhaftung im öffentlichen Dienst — **402**

4. Teil: Die Ersetzung der zivilrechtlichen Haftung durch den sozialversicherungsrechtlichen Schadensausgleich
§ 21 Zweck, Gegenstand und Anwendungsbereich des Haftungsausschlusses — **407**
§ 22 Voraussetzungen des Haftungsausschlusses auf der Seite des Geschädigten — **427**
§ 23 Voraussetzungen des Haftungsausschlusses auf der Seite des Schädigers — **465**
§ 24 Erweiterungen des Haftungsausschlusses (§ 106 SGB VII) — **473**
§ 25 Der Regress von Sozialversicherungsträgern und Arbeitgeber — **485**
§ 26 Einbeziehung nichtprivilegierter Mitschädiger in den Haftungsausschluss — **507**

5. Teil: Der Schadensausgleich bei Eigenschäden des Arbeitnehmers
§ 27 Die Entlastung des Arbeitnehmers von Eigenschäden — **509**

6. Teil: Rechtsvergleichung, Kollisionsrecht und Rechtspolitik
§ 28 Rechtsvergleichung — **535**
§ 29 Internationales Arbeitsrecht — **565**
§ 30 Rechtspolitische Forderungen — **567**

Inhalt

1. Teil: Grundlagen der Arbeitnehmerhaftung

§ 1 Notwendigkeit einer Haftungsbeschränkung — **1**
- I. Haftungssystem und Haftungsprinzipien des BGB — **1**
- II. Unangemessenheit einer unbeschränkten Haftung des Arbeitnehmers — **6**
- III. Regelmäßiges Fehlen einzel- oder kollektivvertraglicher Korrektur — **6**
- IV. Rechtstatsächliches — **9**

§ 2 Bisherige Entwicklung der Enthaftung des Arbeitnehmers — **11**
- I. Erste Schritte zur Haftungsprivilegierung — **11**
- II. Die Maßgaben des Großen Senats des BAG von 1957 und deren Konkretisierung — **13**
- III. Die Maßgaben des Großen Senats des BAG 1994 — **16**
- IV. Die Rechtslage in der ehemaligen DDR — **17**
- V. Ausbau der Haftungsprivilegierung durch weitere Schritte des BAG — **17**
- VI. Mangelnder Regelungswille des Gesetzgebers — **20**
- VII. Unabdingbarkeit — **21**
- VIII. Die Sondersituation des öffentlichen Dienstes — **21**
- IX. Besonderheiten beim Hinweisgeberschutz — **22**

§ 3 Prinzipien einer gerechten Haftungsverteilung im Arbeitsverhältnis — **24**
- I. Haftungsentlastende Prinzipien — **24**
  - 1. Betriebliches Risikopotential — **25**
    - a) Verantwortlichkeit des Arbeitgebers für besondere arbeitsspezifische Gefahrenlagen — **27**
      - aa) Charakterisierung der Risiken — **27**
      - bb) Rechtfertigung der Risikozurechnung — **28**
    - b) Zurechnung allgemeiner Tätigkeitsrisiken — **33**
  - 2. Soziale Schutzwürdigkeit des Arbeitnehmers vor wirtschaftlich unzumutbarer Belastung — **38**
  - 3. Ökonomische Analyse der Haftungseinschränkung — **40**
- II. Haftungserhaltende Prinzipien — **42**
  - 1. Ausgleichsgedanke — **42**
  - 2. Präventionsgedanke — **42**
  - 3. Sanktionsaspekt — **43**
  - 4. Unberechtigte Privilegierung unselbstständig Beschäftigter? — **44**

§ 4 Verfassungsrechtliche und rechtsquellentheoretische Legitimation der Enthaftung — **45**
I. Verfassungsrechtliche Grundlagen für eine Haftungsreduktion — **45**
1. Sozialstaatsprinzip — **45**
2. Grundrechte — **49**
II. Rechtsquellentheoretische Einordnung — **58**
1. Bedeutung der Schuldrechtsmodernisierung — **58**
2. Gewohnheitsrecht — **59**
3. Rechtsfortbildung — **61**

§ 5 Dogmatische Umsetzung der Enthaftung — **67**
I. Haftungsgrundorientierte Ansätze — **67**
II. Haftungsfolgenorientierte Lösungen — **73**

2. Teil: Die Haftung des Arbeitnehmers gegenüber dem Arbeitgeber

§ 6 Die Grundlagen der vertraglichen Haftung — **79**
I. Die Haftung für Beeinträchtigung des Leistungsinteresses — **80**
1. Haftung wegen Nichtleistung der Arbeit — **80**
a) Schadensersatz statt der Leistung bei Vorliegen eines nachträglichen Leistungshindernisses (§§ 280 Abs. 1, Abs. 3, 283 BGB) — **80**
aa) Nichtleistung infolge nachträglichen Leistungshindernisses — **80**
bb) Sonstige Haftungsvoraussetzungen — **84**
b) Nichtleistung infolge anfänglichen Leistungshindernisses (§ 311a Abs. 2 BGB) — **85**
c) Nichtleistung trotz Erbringbarkeit der Leistung (§§ 280 Abs. 1, Abs. 3, 281 Abs. 1 S. 1, 1. Alt. BGB) — **87**
d) Verletzung leistungsbezogener Nebenpflichten und Nebenleistungspflichten — **87**
e) Unzumutbare Leistungsgefährdung — **88**
f) Schadensersatz statt der Leistung — **88**
aa) Mindestschaden — **88**
bb) Weitere Schadensposten — **89**
g) Ersatz des Verzögerungsschadens bei vorübergehender Nichtleistung (§§ 280 Abs. 1, Abs. 2, 286 BGB) — **90**
2. Haftung für Schlechtleistung — **91**
a) Schadensersatz statt der Leistung (§§ 280 Abs. 1, Abs. 3, 281 Abs. 1 S. 1, 2. Alt. und § 283 S. 2 BGB) — **91**
aa) Voraussetzungen — **91**
bb) Darlegungs- und Beweislast — **92**
b) Schadensersatz statt der Leistung — **93**
aa) Entgeltanspruch als Schaden/Minderungsrecht — **93**
bb) Weitere Schadensposten — **95**

c) Schadensersatz bei vorübergehender Schlechtleistung (§ 280 Abs. 1 BGB) — 95

II. Haftung für Integritätsschaden — 96

1. Integritätsschaden durch Nicht-/Schlechtleistung (§ 280 Abs. 1 BGB) — 96

2. Integritätsschaden durch die Verletzung von Rücksichtnahmepflichten (§ 280 Abs. 1 BGB) — 97

a) Vertragliche Rücksichtnahmepflichten — 97

aa) Grundlagen — 97

bb) Arbeitsvertragstypische Rücksichtnahmepflichten — 98

b) Vorvertragliche Rücksichtnahmepflichten (§ 311 Abs. 2, § 241 Abs. 2 BGB) — 100

III. Darlegungs- und Beweislast — 101

IV. Deliktische Haftung — 103

V. Durchsetzung von Schadensersatzansprüchen — 104

1. Verjährung — 105

2. Ausschlussfristen — 107

a) Kontrollintensität — 108

b) Ansprüche auf Ersatz eigener Schäden des Arbeitgebers — 110

c) Regressansprüche bei Schädigung Dritter — 111

3. Aufrechnung — 112

§ 7 Begünstigter Personenkreis — 113

I. Arbeitnehmer — 113

II. Arbeitnehmerähnliche Personen — 119

III. Begünstigung Dritter — 121

IV. Sonderfall: Amtspflichtverletzungen von Betriebsratsmitgliedern — 122

§ 8 Die betrieblich veranlasste Tätigkeit als Voraussetzung der Enthaftung — 124

I. Grundsätzliches — 124

II. Erbringung der geschuldeten Arbeitsleistung — 125

III. Tätigkeiten außerhalb des vertraglich festgelegten Tätigkeitsfeldes — 131

1. Arbeitsvertragliche Verpflichtung zur Durchführung dieser Tätigkeit — 131

2. Einverständliche Erweiterung der betrieblichen Tätigkeit — 134

3. Ehrenamtliche Tätigkeit — 134

IV. Geschäftsführung ohne Auftrag — 136

V. Tätigkeiten im Herrschaftsbereich des Arbeitgebers — 136

VI. Vorvertragliche Tätigkeit — 137

VII. Verletzung besonderer vertraglicher Verhaltenspflichten — 138

VIII. Einbeziehung Dritter in die Enthaftung — 138

1. Mithelfende Dritte — 138

2. Vertragliche Ausdehnung der Privilegierung auf sonstige Dritte — 142

IX. Einbeziehung nicht privilegierter Mitschädiger — 142
X. Beweislast — 143

§ 9 Die Haftungsverteilung nach dem Maß des Verschuldens — 145
I. Die haftungsdogmatische Verortung des Verschuldens — 145
1. Verschulden und Pflicht- bzw. Rechtswidrigkeit — 145
2. Bezugspunkt des Verschuldens — 147
a) Problemstellung — 147
b) Herrschende Meinung: Schaden als Bezugspunkt — 148
c) Kritik — 149
d) Eigene Position: Pflichtverletzung als Bezugspunkt des Verschuldens — 150
e) Anforderungen an haftungsrechtlich erhebliche Weisungen — 152
3. Verschuldensgrade — 154
II. Keine Enthaftung bei Vorsatz hinsichtlich Rechtsgutsverletzung/Schaden — 154
III. Keine Enthaftung bei vorsätzlicher oder grob fahrlässiger Pflichtverletzung aufgrund Betriebsrisikos — 155
1. Keine Beschränkung der Haftung auf vorsätzliche Schädigung — 155
2. Zur groben Fahrlässigkeit im Einzelnen — 155
IV. Die Haftung unterhalb grober Fahrlässigkeit — 163
1. Das Haftungsmodell der Rechtsprechung — 164
a) Anteilige Haftung bei normaler Fahrlässigkeit — 164
aa) Umstände der Schadensentstehung — 165
bb) Austauschgerechtigkeit im Arbeitsverhältnis — 166
cc) Persönliche Verhältnisse des Arbeitnehmers — 167
dd) Schadensvorsorge durch Versicherung — 167
ee) Kritik — 168
ff) Regel-Obergrenze — 169
b) Vollständige Enthaftung bei leichtester Fahrlässigkeit — 170
2. Fortentwicklung des Haftungsmodells — 172
V. Das Verschulden im Prozess — 177
1. Beweislast — 177
2. Revisibilität der Verschuldensbewertung — 179

§ 10 Haftungsmilderung bei der Zurechnung des Schadensumfangs — 180
I. Haftungsmilderung aufgrund Betriebsrisikos? — 181
II. Haftungsmilderung wegen Unzumutbarkeit infolge sozialer Schutzbedürftigkeit des Arbeitnehmers — 182
1. Dogmatische Grundlage — 182
a) Rechtfertigung aus der Struktur des Arbeitsverhältnisses — 182
b) Abgrenzung zum Vollstreckungs- und Insolvenzschutz — 184

2. Die Ausgestaltung der Haftungsmilderung — **185**
   a) Keine Haftungsmilderung bei vorsätzlicher Rechtsgutsverletzung/ Schadensverursachung — **185**
   b) Haftungsmilderung bei grob fahrlässiger Rechtsgutsverletzung/ Schadensverursachung — **185**
   c) Haftungsmilderung bei grob fahrlässiger/vorsätzlicher Pflichtverletzung — **188**
   d) Haftungsmilderung bei fahrlässiger Pflichtverletzung — **189**
   e) Haftungsverschärfende Berücksichtigung der Vermögensverhältnisse des Arbeitnehmers im Ausnahmefall — **189**
   f) Fortfall der Haftungsmilderung wegen Versicherung — **190**
3. Die rechtliche Umsetzung der Haftungsmilderung — **191**
4. Beweislast — **192**
   a) Höherer Verschuldensgrad — **192**
   b) Wirtschaftliche Unzumutbarkeit — **193**

§ 11 Privatrechtliche Versicherung und Versicherbarkeit von Risiken — **194**
I. Haftpflichtversicherungen — **194**
1. Der Arbeitnehmer als Versicherungsnehmer — **194**
   a) Berufshaftpflichtversicherung — **194**
   b) Kfz-Pflichthaftpflichtversicherung — **197**
   c) Auswirkungen bestehenden Versicherungsschutzes — **198**
      aa) Freiwillige Versicherungen — **198**
      bb) Kfz-Pflichthaftpflichtversicherung — **201**
2. Der Arbeitgeber als Versicherungsnehmer — **203**
   a) Kfz-Pflichthaftpflichtversicherung — **203**
   b) Betriebs- und Berufshaftpflichtversicherung des Arbeitgebers — **209**
3. Dritte als Versicherungsnehmer — **218**

II. Sonstige Schadenversicherungen — **219**
1. Der Arbeitnehmer als Versicherungsnehmer — **219**
2. Der Arbeitgeber als Versicherungsnehmer — **220**
   a) Fahrzeugversicherung — **220**
   b) Feuerversicherung und Technische Versicherungen — **224**
   c) Vertrauensschadenversicherung — **228**
3. Dritte als Versicherungsnehmer — **229**

III. Sonderfälle — **230**
1. Sonderbedingungen für Kfz-Handel und -Handwerk — **230**
2. Transportschäden — **231**

§ 12 Konkretes Mitverschulden des Arbeitgebers — **233**
I. Das Mitverschulden im innerbetrieblichen Schadensausgleich — **233**

II. Obliegenheiten des Arbeitgebers — **236**
1. Obliegenheiten aus betrieblichem Zusammenwirken — **237**
a) Zuweisung der Arbeit — **237**
b) Bereitstellung der Arbeitsmittel — **239**
c) Zusammenwirken innerhalb der betrieblichen Organisation — **240**
d) Beaufsichtigung — **242**
2. Fehlen einer vorgeschriebenen Versicherung — **243**
3. Gewichtung der Verursachungsanteile — **244**

§ 13 Besondere Fallgruppen der Arbeitnehmerhaftung und angrenzende Erscheinungen — **245**
I. Mankohaftung — **245**
1. Allgemeine (gesetzliche) Mankohaftung — **246**
a) Anspruchsgrundlagen — **246**
b) Darlegungs- und Beweislast — **256**
aa) Schaden — **257**
bb) Objektive Pflichtwidrigkeit und haftungsbegründende Kausalität — **259**
cc) Verschulden — **272**
c) Anwendbarkeit der allgemeinen Enthaftungsgrundsätze und Mitverschulden des Arbeitgebers — **273**
2. Besondere (vertragliche) Mankohaftung — **276**
a) Vereinbarung und Auslegung — **276**
b) Wirksamkeit — **277**
II. Haftung bei Gruppenarbeit — **293**
1. Betriebsgruppe — **297**
a) Entgeltanspruch — **297**
b) Schadensersatzanspruch — **298**
aa) Pflichtenstruktur und Zurechnungsfragen — **298**
bb) Darlegungs- und Beweislastverteilung — **302**
cc) Haftungsumfang — **310**
2. Eigengruppe — **316**
III. Instrumente zur Flankierung der Arbeitnehmerhaftung — **319**
1. Vertragsstrafe — **320**
a) Funktion und Erscheinungsformen — **320**
b) Abgrenzung — **322**
c) Grundsätzliche Zulässigkeit von Vertragsstrafen — **324**
d) Formale Anforderungen an den Sanktionstatbestand — **327**
e) Materielle Anforderungen an den Sanktionstatbestand — **328**
f) Materielle Anforderungen an die Höhe der Vertragsstrafe — **330**
g) Kontrolle des Strafverlangens — **332**
h) Verhältnis zu Erfüllungsverlangen und Entschädigung — **333**
i) Verhältnis zum Schadensersatz — **334**

j) Ausschlussfristen — 334
k) Vertragsstrafen in Kollektivverträgen — 334
2. Betriebsbußen — 335
a) Funktion und Abgrenzung — 335
b) Zulässigkeit — 337
c) Verhältnis zum Haftungsrecht — 338

§ 14 Besonderheiten der Haftung im öffentlichen Dienst — 340
I. Die beamtenrechtliche Haftung — 340
II. Die Übertragung der beamtenrechtlichen Haftung auf Arbeitnehmer des öffentlichen Dienstes — 343

§ 15 Beteiligung von Arbeitnehmervertretungen — 345
I. Öffentlicher Dienst — 345
1. Voraussetzungen der Mitbestimmung — 345
a) Inhaltlich erfasste Ansprüche — 345
b) Formen der Durchsetzung — 347
c) Antrag auf Beteiligung — 347
2. Durchführung, Inhalt und Wirkung des Mitbestimmungsverfahrens — 348
3. Rechtsfolgen bei Verletzung des Mitbestimmungstatbestandes — 350
II. Privatwirtschaft — 351

3. Teil: Die Haftung des Arbeitnehmers gegenüber Dritten

§ 16 Außenhaftung und Freistellung des Arbeitnehmers — 355
I. Anspruchsgrundlagen für die Außenhaftung des Arbeitnehmers — 355
1. Vertragliche Haftung — 355
2. Quasivertragliche Haftung/Rechtsscheinhaftung — 356
3. Spezialgesetzliche Haftung — 357
4. Allgemeine deliktsrechtliche Haftung — 358
a) § 823 Abs. 1 BGB — 358
aa) Die Haftung für mittelbar schädigende Handlungen und Unterlassungen als Problem — 358
bb) Das Meinungsbild in Literatur und Rechtsprechung — 359
cc) Verkehrspflichten des Arbeitnehmers als Teil der Haftungsorganisation des Unternehmens — 360
dd) Eigene Verkehrspflichten des Arbeitnehmers — 361
ee) Übernahme der Erfüllung arbeitgeberischer Verkehrspflichten — 365
ff) Übertragbarkeit der Rechtsprechung zur Beweislastverteilung in der Produzentenhaftung? — 367

b) Sonstige deliktische Anspruchgrundlagen — 368
5. Störerhaftung — 369
II. Grundsatz: Keine Beschränkung der Außenhaftung — 370
III. Die Freistellung des Arbeitnehmers durch den Arbeitgeber — 372
1. Umfang der Freistellung — 372
a) Maßgeblichkeit des innerbetrieblichen Schadensausgleichs — 372
b) Mitverschulden des Arbeitgebers (§ 254 BGB) — 373
2. Rechtsgrundlagen der Freistellung — 374
a) Bei gesamtschuldnerischer Haftung von Arbeitgeber und Arbeitnehmer im Außenverhältnis — 374
b) Bei alleiniger Haftung des Arbeitnehmers im Außenverhältnis — 374
3. Inhalt des Freistellungsanspruchs — 375
a) § 426 Abs. 1 S. 1 BGB — 375
b) Analog § 670 BGB — 375
4. Verhältnis zum Versicherungsschutz — 377
5. Prozessuale Durchsetzung des Freistellungsanspruchs — 381
6. Abtretbarkeit und Pfändbarkeit des Freistellungsanspruchs — 381
7. Freistellungsanspruch bei Insolvenz des Arbeitgebers — 382
8. Verjährung und Ausschlussfristen — 382

§ 17 Beschränkung der Außenhaftung gegenüber Betriebsmittelgebern — 384
I. Sachenrechtliche Zuordnung versus Arbeitnehmerschutz — 384
II. Erstreckung der Grundsätze des innerbetrieblichen Schadensausgleichs auf Betriebsmittelgeber — 385
III. Voraussetzungen der Erstreckung — 388
1. Erkennbarkeit der betrieblichen Verwendung für den Betriebsmittelgeber — 388
2. Beschädigung durch betrieblich veranlasste Tätigkeit — 389
3. Vertragsgemäße Verwendung des überlassenen Gegenstandes? — 389
IV. Die Einbeziehung des Arbeitnehmers in Haftungsprivilegierungen des Arbeitgebers — 389
V. Prozessuale Durchsetzung — 390

§ 18 Gesetzliche und vertragliche Beschränkung der Außenhaftung — 391
I. Gesetzliche Regelungen — 391
II. Vertragliche Haftungsbeschränkungen — 392
1. Haftungsbeschränkung kraft (ergänzender) Vertragsauslegung — 393
2. Haftungsbeschränkung durch Vertragsergänzung kraft richterlicher Fortbildung dispositiven Gesetzesrechts — 395
3. Auswirkungen von Haftungsfreizeichnungen zwischen Dritten — 396
4. Grenzen vertraglicher Freizeichnung — 398

§ 19 Obliegenheiten des Geschädigten zur Eigenvorsorge — 400

§ 20 Besonderheiten der Außenhaftung im öffentlichen Dienst — 402
I. Die Enthaftung des Beschäftigten bei hoheitlicher Tätigkeit — 402
II. Die Enthaftung des Beschäftigten bei nicht-hoheitlicher Tätigkeit — 403
III. Die Enthaftung des Beschäftigten nach dem Pflichtversicherungsgesetz — 404
IV. Besonderheiten der Enthaftung für Beschäftigte im Beitrittsgebiet — 404

4. Teil: Die Ersetzung der zivilrechtlichen Haftung durch den sozialversicherungsrechtlichen Schadensausgleich

§ 21 Zweck, Gegenstand und Anwendungsbereich des Haftungsausschlusses — 407
I. Die Ersetzung der Unternehmerhaftung durch den unfallversicherungsrechtlichen Schadensausgleich (§ 104 SGB VII) — 407
1. Verfassungsrechtliche Anforderungen an den Schadensausgleich — 408
2. Die Schadensausgleichssysteme im Vergleich — 410
3. Gründe für den besonderen unfallversicherungsrechtlichen Schadensausgleich für Personenschäden im Arbeitsverhältnis — 413
4. Die Rechtfertigung des Haftungsausschlusses gemäß § 104 SGB VII — 415
a) Unfallversicherung als eigenständiges Schadensausgleichssystem — 415
b) Keine rechtfertigende Bedeutung des Betriebsfriedens — 418
II. Die Ausdehnung der Haftungsersetzung auf die Verletzung von Kollegen (§ 105 SGB VII) — 419
III. Die Erstreckung des unfallversicherungsrechtlichen Schadensausgleichs auf Schädigungen des Unternehmers durch Arbeitnehmer — 422
IV. Die Beschränkung der Haftungsersetzung auf den Personenschaden — 422
1. Begriff des Personenschadens — 422
2. Beibehaltung der zivilrechtlichen Haftung für Verletzung immaterieller Rechte, Rechtsgüter oder Interessen und für Sachschäden — 423
V. Der Ausschluss der zivilrechtlichen Haftung als Rechtsfolge — 424
VI. Der zwingende Charakter des Haftungsausschlusses — 425
VII. Internationale Anwendbarkeit des Haftungsausschlusses — 425

§ 22 Voraussetzungen des Haftungsausschlusses auf der Seite des Geschädigten — 427
I. Zugehörigkeit zum versicherten Personenkreis (§§ 2 – 6 SGB VII) — 427
1. Beschäftigte (§ 2 Abs. 1 Nr. 1 SGB VII) — 428
2. Heimarbeiter (§ 2 Abs. 1 Nr. 1 SGB VII, § 12 Abs. 2 SGB IV) — 430
3. Unternehmer — 430
4. Versicherte bei Unglücksfällen und Notärzte (§ 2 Abs. 1 Nr. 13 a, d SGB VII) — 432

5. Beschäftigte mehrerer Unternehmen (Unternehmensübergreifender Haftungsausschluss) — **434**
6. Wie Beschäftigte tätige Personen, § 2 Abs. 2 S. 1 SGB VII — **435**
7. Arbeit während des Freiheitsentzuges oder aufgrund Anordnung (§ 2 Abs. 2 S. 2 SGB VII) — **439**
8. Unternehmensfremde Personen während ihres Aufenthaltes auf der Unternehmensstätte (§ 3 Abs. 1 Nr. 2 SGB VII) — **440**
9. Beamte — **441**
10. Personen mit vertraglich vereinbarter Unfallfürsorge nach beamtenrechtlichem Muster — **445**
11. Angehörige und Hinterbliebene des Verletzten — **445**
12. Versicherung aufgrund mehrerer Vorschriften — **446**

II. Eintritt des Versicherungsfalles (§ 8 Abs. 1 SGB VII) — **446**
1. Struktur des Versicherungstatbestands „Arbeitsunfall“ — **446**
2. Versicherte Tätigkeit — **448**
a) Ausgangspunkt: Betriebliche Tätigkeit ist versichert — **448**
b) Versicherte Tätigkeit, die nicht betriebliche Tätigkeit ist — **450**
c) Betriebliche Tätigkeit, die nicht versichert ist — **452**
d) Unterschiede bei der konkreten Schadenszurechnung — **453**
3. Kein bloßer Wegeunfall — **453**

III. Zurechnung der Tätigkeit zum Unternehmen („desselben Betriebes“) — **456**
1. Der Begriff des Betriebes in § 105 SGB VII — **457**
2. Dem Unternehmen („Betrieb“) zuzurechnende Tätigkeit — **460**
a) Betriebliche Tätigkeit als Ausgangspunkt — **460**
b) Erweiterungen in der Unfallversicherung — **461**

IV. Bindende Feststellung der Voraussetzungen im Sozialverwaltungs- und Sozialgerichtsverfahren (§ 108 SGB VII) — **462**

V. Darlegungs- und Beweislast — **464**

§ 23 Voraussetzungen des Haftungsausschlusses auf der Seite des Schädigers — **465**

I. Personeller Geltungsbereich des § 105 SGB VII — **465**
1. Betriebszugehörigkeit des Schädigers nicht erforderlich — **465**
2. Schadenseintritt nach Ende der Betriebszugehörigkeit — **465**

II. Betriebliche Tätigkeit — **466**
1. Grundsätzliche Übereinstimmung mit dem arbeitsrechtlichen Begriff betrieblich veranlasster Tätigkeit — **466**
2. Besonderheiten der betrieblichen Tätigkeit gemäß § 105 SGB VII — **467**
3. Typische Problemfälle des § 105 SGB VII — **468**

III. Keine vorsätzliche Schädigung — **469**

IV. Besonderheiten auf der Schädigerseite bei Beteiligung eines Beamten — **470**
1. Beamter als Schädiger eines Arbeitnehmers oder Beamten — **471**
2. Arbeitnehmer als Schädiger eines Beamten — **471**

§ 24 Erweiterungen des Haftungsausschlusses (§ 106 SGB VII) — 473
I. Systematische Einordnung — 473
II. Die wichtigsten Tatbestände — 473
1. Unternehmensübergreifender Haftungsausschluss bei nur vorübergehender Zusammenarbeit von Unternehmen (§ 106 Abs. 3, 3. Var. SGB VII) — 473
2. Besonderheiten in der Seefahrt (§ 107 SGB VII) — 480
3. Feuerwehren und Zivilschutz (§ 106 Abs. 3, 1. u. 2. Var. SGB VII) — 481
4. Schule und Ausbildung (§ 106 Abs. 1 SGB VII) — 482
5. Unternehmensfremde Personen während ihres Aufenthaltes auf der Unternehmensstätte (§ 106 Abs. 4 SGB VII) — 483
6. Bedeutung des § 106 Abs. 2 SGB VII für Beschäftigte im Pflegedienst — 483

§ 25 Der Regress von Sozialversicherungsträgern und Arbeitgeber — 485
I. Der Regress im Falle des Haftungsausschlusses (§ 110 SGB VII) — 485
1. Dogmatische Einordnung — 485
2. Voraussetzungen und Umfang des Regresses gemäß § 110 Abs. 1 SGB VII — 488
a) Voraussetzungen — 488
b) Umfang des Regressanspruchs — 491
c) Verjährung des Anspruchs — 492
3. Der Regressverzicht (§ 110 Abs. 2 SGB VII) — 493
4. Der Regress des Arbeitgebers analog § 110 SGB VII — 496
5. Gerichtliche Durchsetzung, Darlegungs- und Beweislast — 497
II. Der Regress außerhalb des Haftungsausschlusses (§ 116 SGB X) — 498
III. Besonderheiten bei Beteiligung von Beamten — 499
1. Anwendungsbereich des unfallversicherungsrechtlichen Regresses (§ 110 SGB VII) — 500
a) Beamter schädigt Arbeitnehmer desselben Betriebes (Unternehmens/Dienstherrn) — 500
b) Arbeitnehmer verletzt Beamten desselben Betriebes (Unternehmens/Dienstherrn) — 502
2. Anwendungsbereich des beamtenrechtlichen Regresses — 502
a) Beamter verletzt Beamten — 502
b) Arbeitnehmer verletzt Beamten eines anderen Dienstherrn — 504
c) Regressverbot bei Dienstunfall im allgemeinen Verkehr — 505
d) Besonderheiten des beamtenrechtlichen Regresses — 505

§ 26 Einbeziehung nichtprivilegierter Mitschädiger in den Haftungsausschluss — 507

5. Teil: Der Schadensausgleich bei Eigenschäden des Arbeitnehmers

§ 27 Die Entlastung des Arbeitnehmers von Eigenschäden — **509**
I. Eigenschäden und Arbeitnehmerhaftung — **509**
II. Die Rechtsgrundlage für einen Erstattungsanspruch des Arbeitnehmers — **511**
III. Die Voraussetzungen des Erstattungsanspruchs im Einzelnen — **514**
1. Schäden am eingesetzten Vermögen des Arbeitnehmers — **515**
2. Kausale Folge betrieblich veranlasster Tätigkeit des geschädigten Arbeitnehmers — **516**
3. Ausgrenzung eigenwirtschaftlicher Schadensrisiken — **519**
a) Präzisierung der „betrieblich veranlassten Tätigkeit“ — **519**
b) Ausgrenzung privater Schadensrisiken — **521**
4. Schadensursächliches Handeln des Arbeitnehmers oder Dritter — **523**
5. Besonderheiten bei Geldstrafen und Bußgeldern — **524**
6. Gewillkürte Erweiterung der Risikozuständigkeit — **525**
7. Abbedingung der Haftung und Abgeltung des Schadensrisikos — **525**
a) Einzelvertragliche Vereinbarungen — **525**
b) Kollektivvertragliche Regelungen — **528**
IV. Umfang des Ersatzanspruchs — **528**
V. Mitverschulden des Arbeitnehmers — **530**
VI. Darlegungs- und Beweislast — **531**
VII. Verhältnis zum Versicherungsschutz — **533**
VIII. Gesetzliche Sonderregelungen — **533**
1. Sonderregelungen für den öffentlichen Dienst — **533**
2. Betriebsverfassungsrechtliche Aufwendungsersatznormen — **533**

6. Teil: Rechtsvergleichung, Kollisionsrecht und Rechtspolitik

§ 28 Rechtsvergleichung — **535**
I. Überblick — **535**
II. Österreich — **536**
1. Abstufungen nach dem Verschuldensgrad — **538**
2. Bezugspunkt des Verschuldens — **539**
3. Relevante Abwägungskriterien — **540**
4. Begrenzung des Arbeitgeberrückgriffs bei der Schädigung Dritter und Ersatzanspruch des Dienstnehmers — **541**
5. Die Rechtslage für Organwalter im Bereich der Hoheitsverwaltung — **543**
6. Aufrechnungsverbot und kollektivvertragliche Abdingbarkeit — **543**
7. Haftung gegenüber Arbeitskollegen — **543**
8. Gesamtbeurteilung — **544**

III. Schweiz — 545
1. Eingeschränkte Subjektivierung des Fahrlässigkeitsbegriffes — 546
2. Richterliches Ermessen bei der Annahme von Reduktionsgründen — 547
3. Abstufungen nach dem Verschuldensgrad — 547
4. Übernahme des Merkmals der Gefahrgeneigtheit — 549
5. Versicherbarkeit — 549
6. Sozialversicherungsrechtliche Lösung bei Betriebsunfällen — 549
7. Unabdingbarkeit der Haftungsbeschränkung — 550
8. Gesamtbeurteilung — 550
IV. Frankreich — 550
1. Begrenzung der Innenhaftung kraft Richterrechts — 551
2. Dogmatische Begründung der Haftungsreduktion — 554
3. Abdingbarkeit der Haftungsbegrenzung — 555
4. Außenhaftung des Arbeitnehmers — 555
5. Gesamtbeurteilung — 558
V. England — 558
1. Innenhaftung des Arbeitnehmers — 559
2. Außenhaftung des Arbeitnehmers — 560
3. Haftung bei Betriebsunfällen — 561
4. Schutz des Arbeitnehmers durch eine versicherungsrechtliche Lösung auf informeller Basis — 561
5. Gesamtbeurteilung — 562
VI. Schweden — 563

§ 29 Internationales Arbeitsrecht — 565

§ 30 Rechtspolitische Forderungen — 567
I. Notwendigkeit einer gesetzlichen Regelung — 567
II. Regelungsbedürftige Einzelfragen — 569
1. Allgemeine Voraussetzungen für eine Haftungsprivilegierung — 569
a) Persönlicher Anwendungsbereich — 569
b) Sachlicher Anwendungsbereich — 570
2. Beschränkung des Haftungsumfangs — 570
a) Schuldstufen — 570
b) Bezugspunkt des Schuldvorwurfs — 571
c) Umfang der Haftung — 572
d) Berücksichtigung der Versicherbarkeit — 574
3. Problem der Mankohaftung — 574
4. Berücksichtigung konkreten Mitverschuldens i.S. des § 254 BGB — 576
5. Verursachung von Schäden durch mehrere Arbeitnehmer, insbesondere Gruppenarbeit — 576
6. Außenhaftung und Ausgleich im Innenverhältnis — 577

7. Ausschlussfrist/Verjährung des Schadensersatzanspruchs des Arbeitgebers — **579**
8. Beteiligung des Betriebsrats/Personalrats vor der Geltendmachung — **580**
9. Eigenschäden des Arbeitnehmers — **580**
10. Zulässigkeit abweichender Haftungsvereinbarungen im Allgemeinen — **582**

III. Zusammenfassung der Formulierungsvorschläge — **583**

Abkürzungsverzeichnis

a.A.	andere Ansicht
a.a.O.	am angegebenen Ort
A.C.	Appeal Cases (England)
a.E.	am Ende
a.F.	alte Fassung
ABGB	Allgemeines Bürgerliches Gesetzbuch (Österreich)
abgedr.	abgedruckt
abl.	ablehnend
Abs.	Absatz
AcP	Archiv für die civilistische Praxis
ADSp	Allgemeine Deutsche Spediteurbedingungen
AFB	Allgemeine Bedingungen für die Feuerversicherung
AG	Amtsgericht, Aktiengesellschaft, Arbeitgeber
AGB	Allgemeine Geschäftsbedingungen
AGB-DDR	Arbeitsgesetzbuch der Deutschen Demokratischen Republik
AGBG	Gesetz zur Regelung des Rechts der Allgemeinen Geschäftsbedingungen
AGNB	Allgemeine Beförderungsbedingungen für den gewerblichen Güternahverkehr mit Kraftfahrzeugen
AHB	Allgemeine Versicherungsbedingungen für die Haftpflichtversicherung
AiB	Arbeitsrecht im Betrieb
AKB	Allgemeine Bedingungen für die Kraftfahrtversicherung
al.	alinéa
AMBV	Arbeitsmittelbenutzungsverordnung
AN	Arbeitnehmer
Anh.	Anhang
Anm.	Anmerkung
AöR	Archiv des öffentlichen Rechts
AO	Abgabenordnung
AP	Arbeitsrechtliche Praxis
Arb Rspr	Rechtsprechung in Arbeitssachen
ArbG	Arbeitsgericht
ArbGG	Arbeitsgerichtsgesetz
AR-Blattei	Arbeitsrecht-Blattei
ArbNErfG	Gesetz über Arbeitnehmererfindungen
ArbR	Arbeitsrecht
ArbRGegw	Das Arbeitsrecht der Gegenwart
ArbSchG	Arbeitsschutzgesetz
ArbVGE	Entwurf eines Arbeitsvertragsgesetzes
ArbZG	Arbeitszeitgesetz
ARS	Arbeitsrechts-Sammlung
ARST	Arbeitsrecht in Stichworten
Art.	Artikel
ASGG	Arbeits- und Sozialgerichtsgesetz (Österreich)
ASVG	Allgemeines Sozialversicherungsgesetz (Österreich)
AuA	Arbeit und Arbeitsrecht
Aufl.	Auflage

https://doi.org/10.1515/9783110728606-002

AÜG	Arbeitnehmerüberlassungsgesetz
AuR	Arbeit und Recht
AVB-AVG	Allgemeine Versicherungsbedingungen für die Vermögensschaden-Haftpflichtversicherung von Aufsichtsräten, Vorständen und Geschäftsführern
AVB Cyber	Allgemeine Versicherungsbedingungen für die Cyberrisiko-Versicherung
AVB D&O	Allgemeine Versicherungsbedingungen für die Vermögensschaden-Haftpflichtversicherung von Aufsichtsräten, Vorständen und Geschäftsführern
AVB-P	Allgemeine Versicherungsbedingungen zur Vermögensschaden-Haftpflichtversicherung für Berufsträger mit gesetzlicher Versicherungspflicht
AVB Verm	Allgemeine Versicherungsbedingungen zur Haftpflichtversicherung für Vermögensschäden
AZO	Arbeitszeitordnung
BArbBl.	Bundesarbeitsblatt
BAT	Bundesangestellten-Tarifvertrag
BAT-O	Bundesangestellten-Tarifvertrag Ost
BauR	Baurecht
BaWü	Baden-Württemberg
BayBG	Bayerisches Beamtengesetz
BayVGH	Bayerischer Verwaltungsgerichtshof
BB	Betriebs-Berater
BBG	Bundesbeamtengesetz
BBiG	Berufsbildungsgesetz
BBR Arch	Besondere Bedingungen und Risikobeschreibungen für die Berufshaftpflichtversicherung von Architekten, Bauingenieuren und Beratenden Ingenieuren
Bd.	Band
BDSG	Bundesdatenschutzgesetz
BeamtG	Beamtengesetz
BeamtStG	Beamtenstatusgesetz
BeamtVersG	Beamtenversorgungsgesetz
begr.	begründet
Beil.	Beilage
Bek.	Bekanntmachung
Bekl.	Beklagte(r)
BernerKomm	Berner Kommentar zum Obligationenrecht (Schweiz)
Beschl.	Beschluss
BetrAVG	Gesetz über die betriebliche Altersversorgung
BetrH AT	Muster-Bedingungsstruktur in der Betriebshaftpflichtversicherung Allgemeiner Teil
BetrVG	Betriebsverfassungsgesetz
BewachungsVO	Bewachungsverordnung
BG	Beamtengesetz, Bundesgericht (Schweiz), Die Berufsgenossenschaft
BGB	Bürgerliches Gesetzbuch
BGBl.	Bundesgesetzblatt
BGE	Entscheidungen des Bundesgerichts (Schweiz)
BGH	Bundesgerichtshof
BGHZ	Entscheidungen des Bundesgerichtshofs in Zivilsachen
BHO	Bundeshaushaltsordnung
BinnSchG	Binnenschiffahrtsgesetz
Bl.	Blatt
BlnPersVG	Berliner Personalvertretungsgesetz

BlStSozArbR	Blätter für Steuerrecht, Sozialversicherung und Arbeitsrecht
BMT-G II	Bundesmanteltarifvertrag für Arbeiter gemeindlicher Verwaltungen und Betriebe
BnotO	Bundesnotarordnung
BörsG	Börsengesetz
BPersVG	Bundespersonalvertretungsgesetz
BRAO	Bundesrechtsanwaltsordnung
BR-Drucks.	Drucksachen des Deutschen Bundesrates
Breithaupt	Sammlung von Entscheidungen aus dem Sozialrecht, begründet von Breithaupt
BremBG	Bremisches Beamtengesetz
BremPersVG	Bremisches Personalvertretungsgesetz
BRRG	Beamtenrechtsrahmengesetz
BRTV-Bau	Bundesrahmentarifvertrag-Bau
BSG	Bundessozialgericht
BSGE	Entscheidungen des Bundessozialgerichts
BT-Drucks.	Drucksachen des Deutschen Bundestages
Buchst.	Buchstabe
Bull. civ.	Bulletin des arrêts de la Cour de cassation, chambres civiles (Frankreich)
BundesVersG	Bundesversorgungsgesetz
BVerfG	Bundesverfassungsgericht
BVerfGE	Entscheidungen des Bundesverfassungsgerichts
BVerwG	Bundesverwaltungsgericht
BVerwGE	Entscheidungen des Bundesverwaltungsgerichts
bzw.	beziehungsweise
Cass. civ.	Cour de cassation, chambre civile (Frankreich)
Cass. com.	Cour de cassation, chambre commerciale (Frankreich)
Cass. soc.	Cour de cassation, chambre sociale (Frankreich)
Chr.	Chronique (Frankreich)
CMR	Convention relative au Contrat de transport international de marchandises par route – Übereinkommen über den Beförderungsvertrag im Internationalen Straßengüterverkehr
D.	Recueil Dalloz (Frankreich)
d. h.	das heißt
DAR	Deutsches Autorecht
DB	Der Betrieb
DeliktsR	Deliktsrecht
ders.	derselbe
DJT	Deutscher Juristentag
DHG	Dienstnehmerhaftpflichtgesetz (Österreich)
DM	Deutsche Mark
Dok.	Dokument
Dr. ouvr.	Le Droit ouvrier (Frankreich)
Dr. soc.	Droit social (Frankreich)
DRdA	Das Recht der Arbeit (Österreich)
DRiG	Deutsches Richtergesetz
DRiZ	Deutsche Richterzeitung
DTV-VHV	DTV-Verkehrshaftungsversicherungs-Bedingungen für die laufende Versicherung für Frachtführer, Spediteure und Lagerhalter
DVBl.	Deutsches Verwaltungsblatt

DVStB	Verordnung zur Durchführung der Vorschriften über Steuerberater, Steuerbevollmächtigte und Steuerberatungsgesellschaften
D&O	Directors and Officers
EAS	Europäisches Arbeits- und Sozialrecht
Éd./Ed.	Édition/Edition
EFZG	Entgeltfortzahlungsgesetz
Einl.	Einleitung
Entsch.	Entscheidung(en)
entspr.	entsprechend
Entw.	Entwurf
Erg.	Ergebnis
Erl.	Erläuterung
ErstG	Erstattungsgesetz
ErwZulG	Gesetz über die erweiterte Zulassung von Schadensersatzansprüchen bei Dienstunfällen
EStG	Einkommensteuergesetz
et al.	et alii
etc.	et cetera
EUR	Euro
EuZA	Europäische Zeitschrift für Arbeitsrecht
EWCA civ.	England and Wales Court of Appeal (Civil Division)
EzA	Entscheidungssammlung zum Arbeitsrecht
EzAÜG	Entscheidungssammlung zum Arbeitnehmerüberlassungsgesetz
f., ff.	folgende
FBUB	Allgemeine Feuer-Betriebsunterbrechungs-Versicherungs-Bedingungen
FN	Fußnote (Innenverweisung)
Fn.	Fußnote
FS	Festschrift
Gaz. Pal.	Gazette du Palais (Frankreich)
GbR	Gesellschaft bürgerlichen Rechts
GewO	Gewerbeordnung
GG	Grundgesetz
ggf.	gegebenenfalls
GK-BetrVG	Gemeinschaftskommentar zum Betriebsverfassungsgesetz
GKÖD	Gesamtkommentar Öffentliches Dienstrecht
GmbH	Gesellschaft mit beschränkter Haftung
GmbHG	GmbH-Gesetz
GoA	Geschäftsführung ohne Auftrag
grdl.	grundlegend
grds.	grundsätzlich
GS	Großer Senat
GüKG	Güterkraftverkehrsgesetz
GwG	Geldwäschegesetz
GWR	Gesellschafts- und Wirtschaftsrecht
h.M.	herrschende Meinung
HaftpflG	Haftpflichtgesetz
Halbbd.	Halbband

Halbs.	Halbsatz
HessBG	Hessisches Beamtengesetz
HGB	Handelsgesetzbuch
HGrG	Haushaltsgrundsätzegesetz
HinSchG	Hinweisgeberschutzgesetz
HmbBG	Hamburgisches Beamtengesetz
HmbPersVG	Hamburgisches Personalvertretungsgesetz
HPersVG	Hessisches Personalvertretungsgesetz
Hrsg.	Herausgeber
Hs.	Halbsatz
HS-UV	Handbuch des Sozialversicherungsrechts, Bd. II Unfallversicherungsrecht
HzA	Handbuch zum Arbeitsrecht
i. d. F.	in der Fassung
i. d. R.	in der Regel
i. e.S.	im engeren Sinn
I.R.	Informations rapides (Frankreich)
i.S.	im Sinn
i.V.m.	in Verbindung mit
ICR	Industrial Cases Reports (England)
IESG	Insolvenz-Entgeltsicherungsgesetz (Österreich)
insbes.	insbesondere
InsO	Insolvenzordnung
J.	Jurisprudence (Frankreich)
JAR	Jahrbuch des Schweizerischen Arbeitsrechts
Jb.	Jahrbuch
JbJZWiss	Jahrbuch Junger Zivilrechtswissenschaftler
JBl.	Juristische Blätter
Jher.Jb.	Jherings Jahrblätter für die Dogmatik des bürgerlichen Rechts
JR	Juristische Rundschau
JurA	Juristische Analysen
JuS	Juristische Schulung
JW	Juristische Wochenschrift
JZ	Juristenzeitung
Kap.	Kapitel
KassKomm	Kasseler Kommentar (Sozialversicherungsrecht)
Kfz	Kraftfahrzeug
KfzPflVV	Verordnung über den Versicherungsschutz in der Kraftfahrzeug-Haftpflichtversicherung
KfzSBHH	Sonderbedingungen zur Kfz-Haftpflicht- und Kaskoversicherung für Kfz-Handel und -Handwerk
KG	Kammergericht
KI-VO	Verordnung über künstliche Intelligenz
KO	Konkursordnung
Komm.	Kommentar
krit.	kritisch
KVO	Kraftverkehrsordnung
LAG	Landesarbeitsgericht

LAGE	Entscheidungen der Landesarbeitsgerichte
LBG	Landesbeamtengesetz
Leits.	Leitsatz
LG	Landgericht
Lit.	Literatur
LM	Nachschlagewerk des Bundesgerichtshofs, hrsg. von Lindenmaier-Möhring u. a.
LohnFG	Lohnfortzahlungsgesetz
LPVG	Landespersonalvertretungsgesetz
LuftVG	Luftverkehrsgesetz
M.	Main
m.	mit
MBO-Ä	(Muster-)Berufsordnung für die in Deutschland tätigen Ärztinnen und Ärzte
mglw.	möglicherweise
m.w.N.	mit weiteren Nachweisen
MBG Schl.-H.	Mitbestimmungsgesetz Schleswig-Holstein
Mecklbg.-Vorp .	Mecklenburg-Vorpommern
MedR	Medizinrecht
MTArbO	Erster Tarifvertrag zur Anpassung des Tarifrechts für Arbeiter an MTB und MTL
MTB	Manteltarifvertrag für Arbeiter des Bundes
MTL	Manteltarifvertrag für Arbeiter der Länder
MTV	Manteltarifvertrag
MünchArbR	Münchener Handbuch zum Arbeitsrecht
MünchKommBGB	Münchener Kommentar zum Bürgerlichen Gesetzbuch
MünchKommVVG	Münchener Kommentar zum Versicherungsvertragsgesetz
MünchKommZPO	Münchener Kommentar zur Zivilprozessordnung
MuSchG	Mutterschutzgesetz
MVPersVG	Personalvertretungsgesetz Mecklenburg-Vorpommern
n.F.	neue Fassung
Nachw.	Nachweis(e)
NachwG	Nachweisgesetz
NdsBG	Niedersächsisches Beamtengesetz
NdsPersVG	Niedersächsisches Personalvertretungsgesetz
NdsRiG	Niedersächsisches Richtergesetz
NJW	Neue Juristische Wochenschrift
no/nos	numéro/numéros
Nr.	Nummer
NRW	Nordrhein-Westfalen
NRW-LPVG	Personalvertretungsgesetz Nordrhein-Westfalen
NVersZ	Neue Zeitschrift für Versicherung und Recht
NVwZ	Neue Zeitschrift für Verwaltungsrecht
NZA	Neue Zeitschrift für Arbeits- und Sozialrecht
NZA-RR	Neue Zeitschrift für Arbeits- und Sozialrecht – Rechtsprechungs-Report Arbeitsrecht
NZS	Neue Zeitschrift für Sozialrecht
NZV	Neue Zeitschrift für Verkehrsrecht
OGH	Oberster Gerichtshof (Österreich)
OHG	Offene Handelsgesellschaft
ÖJZ	Österreichische Juristenzeitung

OLG	Oberlandesgericht
OLGZ	Entscheidungen der Oberlandesgerichte in Zivilsachen einschließlich der Freiwilligen Gerichtsbarkeit
OR	Obligationenrecht (Schweiz)
OVG	Oberverwaltungsgericht
p.	page
PersR	Der Personalrat
PersV	Die Personalvertretung
PersVG	Personalvertretungsgesetz
PflVG	Pflichtversicherungsgesetz
PostG	Postgesetz
Privathaftpfl.	Privathaftpflichtversicherung
pVV	positive Vertragsverletzung
Q.B.	Queen's Bench (England)
RabelsZ	Rabels Zeitschrift für ausländisches und internationales Privatrecht
RAG	Reichsarbeitsgericht
RAGE	Entscheidungen des Reichsarbeitsgerichts
RdA	Recht der Arbeit
RegE	Regierungsentwurf
RG	Reichsgericht
RGBl.	Reichsgesetzblatt
RGRK	Reichsgerichtsräte-Kommentar
RGZ	Entscheidungen des Reichsgerichts in Zivilsachen
Rhld.-Pf.	Rheinland-Pfalz
RiG	Richtergesetz
RIW	Recht der Internationalen Wirtschaft
RL	Richtlinie
RN	Randnummer(n) (Innenverweisung)
Rn.	Randnummer(n)
Rspr.	Rechtsprechung
RsprEinhG	Gesetz zur Wahrung der Einheitlichkeit der Rechtsprechung der obersten Gerichtshöfe des Bundes
RTD	Revue Trimestrielle de Droit civile (Frankreich)
RuS	Recht und Schaden
RVA	Regressverzichtsabkommen
RVO	Reichsversicherungsordnung
S.	Seite
Saarl. BG	Beamtengesetz des Saarlandes
Sachsen-Anh.	Sachsen-Anhalt
SAE	Sammlung Arbeitsrechtlicher Entscheidungen
SächsBG	Beamtengesetz des Freistaates Sachsen
SächsPersVG	Sächsisches Personalvertretungsgesetz
Schl.-Hlstn.	Schleswig-Holstein
SchR	Schuldrecht
SeelotsG	Seelotsengesetz
SGb	Die Sozialgerichtsbarkeit

SGB	Sozialgesetzbuch
SoldVersG	Soldatenversorgungsgesetz
Soz.Fortschritt	Sozialer Fortschritt
SozM	Sozialrechtliche Mitteilungen der Arbeitskammer Wien
SozR	Sozialrecht
SozSich	Soziale Sicherheit
Sp.	Spalte
SPersVG	Saarländisches Personalvertretungsgesetz
StaatsR	Staatsrecht
StBerG	Steuerberatergesetz
StGB	Strafgesetzbuch
StHG-DDR	Staatshaftungsgesetz der Deutschen Demokratischen Republik
StVG	Straßenverkehrsgesetz
SVS/RVS	Allgemeine Versicherungsbedingungen Speditions- und Rollfuhrversicherungsschein
Teilbd.	Teilband
Thür.	Thüringen
TK ABE	Klauseln zu den Allgemeinen Bedingungen für die Elektronikversicherung
TK AMBUB	Klauseln zu den Allgemeinen Bedingungen für die Maschinen-Betriebsunterbrechungsversicherung
ThürPersVG	Thüringisches Personalvertretungsgesetz
Trib. gr. inst.	Tribunal de grande instance (Frankreich)
TVAngBundespost	Tarifvertrag für die Angestellten der Bundespost
TVG	Tarifvertragsgesetz
TV-L	Tarifvertrag für den öffentlichen Dienst der Länder
TVöD	Tarifvertrag für den öffentlichen Dienst
Tz.	Teilziffer
u.a.	unter anderem
umf.	umfassend
Urt.	Urteil
usw.	und so weiter
u.U.	unter Umständen
UVEG	Gesetz zur Einordnung des Rechts der gesetzlichen Unfallversicherung in das Sozialgesetzbuch (Unfallversicherungs-Einordnungsgesetz)
UVNG	Unfallversicherungs-Neuregelungsgesetz
UWG	Gesetz gegen den unlauteren Wettbewerb
v.	von(m)
Var.	Variante
VerBAV	Veröffentlichungen des Bundesaufsichtsamtes für das Versicherungswesen
VersR	Versicherungsrecht
VersWiss	Versicherungswissenschaft
VG	Verwaltungsgericht
VGH	Verwaltungsgerichtshof
vgl.	vergleiche
VHB	Allgemeine Hausrat-Versicherungsbedingungen
Voraufl.	Vorauflage
Vorbem.	Vorbemerkung
VVG	Versicherungsvertragsgesetz

VwGO Verwaltungsgerichtsordnung

wbl Wirtschaftsrechtliche Blätter (Österreich)
WpHG Wertpapierhandelsgesetz
WPO Gesetz über eine Berufsordnung der Wirtschaftsprüfer
WzS Wege zur Sozialversicherung

z. zum
z. B. zum Beispiel
z. T. zum Teil
ZAS Zeitschrift für Arbeits- und Sozialrecht (Österreich)
ZBR Zeitschrift für Beamtenrecht
ZfA Zeitschrift für Arbeitsrecht
ZfRV Zeitschrift für Europarecht, Int. Privatrecht und Rechtsvergleichung (Österreich)
ZfSchwR Zeitschrift für Schweizerisches Recht (Schweiz)
ZGB Zivilgesetzbuch (Schweiz)
ZGR Zeitschrift für Unternehmens- und Gesellschaftsrecht
ZHR Zeitschrift für das gesamte Handelsrecht und Wirtschaftsrecht
Ziff. Ziffer
ZIP Zeitschrift für Wirtschaftsrecht
ZPO Zivilprozessordnung
ZRP Zeitschrift für Rechtspolitik
ZSR Zeitschrift für schweizerisches Recht
ZTR Zeitschrift für Tarif-, Arbeits- und Sozialrecht des öffentlichen Dienstes
zust. zustimmend
zutr. zutreffend
ZGS Zeitschrift für Vertragsgestaltung, Schuld- und Haftungsrecht
ZVersWiss Zeitschrift für die gesamte Versicherungswissenschaft
ZZP Zeitschrift für Zivilprozess

1. Teil: Grundlagen der Arbeitnehmerhaftung

§ 1 Notwendigkeit einer Haftungsbeschränkung

I. Haftungssystem und Haftungsprinzipien des BGB

Im Rahmen einer Gesamtdarstellung der Haftung des Arbeitnehmers empfiehlt es sich aus zwei Gründen, zunächst einen Blick auf das **Haftungssystem** und die **Haftungsprinzipien** des BGB zu werfen. Denn solange es an einer eigenständigen gesetzlichen Regelung der Arbeitnehmerhaftung fehlt,[1] bedarf es zum einen für alle arbeitsrechtlichen Sonderentwicklungen, durch die von den allgemeinen zivilrechtlichen Grundsätzen abgewichen wird, einer hinreichenden Legitimation. Zum anderen würden auch spezielle Normen über die Haftung des Arbeitnehmers nichts daran ändern, dass für eine Vielzahl von Detailfragen auf allgemeine haftungsrechtliche Überlegungen zurückgegriffen werden muss. Aus dem Gebot einer möglichst widerspruchsfreien und kohärenten Auslegung des geltenden Rechts folgt, dass die Verbindungen der Arbeitnehmerhaftung mit dem Haftungssystem und den Haftungsprinzipien des BGB nicht voreilig beiseitegeschoben werden dürfen.[2] Auch bedarf es keines Rückgriffs auf spezifisch arbeitsrechtliche Wertungen, soweit als sozial angemessen empfundene Ergebnisse unter Zuhilfenahme allgemeiner zivilrechtlicher Denkfiguren entwickelt werden können. 1

Das Haftungssystem des BGB ist im Grundsatz durch eine **Zweiteilung zwischen vertraglicher und deliktischer Haftung auf Schadensersatz** (Haftung im Rahmen einer schuldrechtlichen Sonderverbindung und Haftung ohne Rücksicht auf das Bestehen einer solchen Sonderverbindung) gekennzeichnet.[3] Der einen Schaden verursachende Arbeitnehmer muss gegebenenfalls sowohl nach vertraglichen als auch nach deliktischen Regeln Ersatz leisten.[4] Dabei bietet das vertragliche Leistungsstörungsrecht dem Arbeitgeber umfassenden Haftungsschutz, weil der Arbeitnehmer nicht nur für eine Nicht- oder Schlechterfüllung der unmittelbaren Arbeitstätigkeit einzustehen hat, sondern mit jedem Schuldverhältnis nach dem heutigen Stand der Dogmatik vielfältige weitere Rücksichtnahme- und Schutzpflichten verbunden sind, deren schuldhafte Ver- 2

---

1 Zu den verschiedenen Anläufen siehe § 30 RN 1 ff.

2 In diesem Sinne auch *Bydlinski*, SAE 1994, 93, 98. Generell gegen eine Abkapselung von Sonderprivatrechten und allgemeinem Privatrecht *Mayer-Maly*, JZ 1961, 205 ff.; *Richardi*, ZfA 1974, 3 ff.; *H. P. Westermann*, AcP 178 (1978), 150, 168. Für eine weitgehende Eigenständigkeit des Arbeitsrechts *Gamillscheg*, AcP 176 (1976), 197 ff.

3 Siehe nur *Brüggemeier*, AcP 182 (1982), 385, 418; *Larenz*, SchR I, 14. Aufl., § 27 I, S. 421; *Picker*, JZ 1987, 1041; *Thiele*, JZ 1967, 649.

4 Zur Kumulation von vertraglicher und deliktischer Haftung siehe nur BGH 9.5.1957 – II ZR 327/55 –, BGHZ 24, 188, 192; 24.5.1976 – VIII ZR 10/74 –, BGHZ 66, 315, 319; 17.3.1987 – VI ZR 282/85 –, BGHZ 100, 190, 201; *Dietz*, Anspruchskonkurrenz, S. 72 ff., 93 ff.; MünchKommBGB/*Wagner*, 9. Aufl., Vor § 823 Rn. 94.

https://doi.org/10.1515/9783110728606-003

letzung grundsätzlich zum Schadensersatz verpflichtet.[5] Seinen gesetzlichen Niederschlag hat dies seit der Schuldrechtsmodernisierung in § 280 Abs. 1 S. 1 i.V.m. § 241 Abs. 2 BGB gefunden, der neben den Rechten und Rechtsgütern die „Interessen des anderen Teils" hervorhebt.[6] Damit sind im Rahmen der Vertragshaftung auch primäre Vermögensschäden ersatzfähig.[7] Demgegenüber ist das Deliktsrecht zumindest nach dem gesetzlichen Grundmuster der §§ 823 ff. BGB in einzelne spezielle Tatbestände aufgegliedert.[8] Sie gewähren dem Arbeitgeber gegenüber dem Arbeitnehmer insbesondere Eigentumsschutz (§ 823 Abs. 1 BGB), jedoch keinen allgemeinen Vermögensschutz. Zwar war die Zuordnung einer Reihe von Fallgruppen – wie etwa der Verstoß gegen Erhaltungspflichten – zum Vertrags- oder zum Deliktsrecht lange umstritten.[9] Für den hier allein interessierenden Bereich der Arbeitnehmerhaftung war diese Frage aber überwiegend ohne größere Bedeutung, weil sich die Zuordnung regelmäßig zumindest im Ergebnis nicht auf die Frage der schadensrechtlichen Verantwortlichkeit des Arbeitnehmers gegenüber seinem Arbeitgeber oder gegenüber Dritten auswirkt. Sofern der Arbeitnehmer schutzwürdig ist, gilt dies auch bei einem Zusammentreffen von vertraglicher und deliktischer Haftung.[10]

3 Ein weiteres zentrales Element der zivilrechtlichen Haftung stellt das **Verschuldensprinzip** dar.[11] Dieser Grundsatz enthält zwei gegenläufige Aspekte, die sich allerdings auf dieselben Grundvorstellungen zurückführen lassen: Einerseits besagt das Verschuldensprinzip, dass der Schuldner **nur für Verschulden** einstehen muss. Andererseits ist der Schuldner **für jedes (pflichtwidrige) Verschulden** verantwortlich.[12] Der erstgenannte Gesichtspunkt betrifft die Abgrenzung zur Verursachungs- bzw. Gefährdungshaftung[13] und diente – abgesehen von naturrechtlichen Wurzeln – dazu, die

5 Siehe dazu etwa MünchKommBGB/*Bachmann*, 9. Aufl., § 241 Rn. 168 ff.; *Staudinger/Olzen*, BGB (2019), § 241 Rn. 388 ff.; *Staudinger/Schwarze*, BGB (2019), § 280 Rn. C 37 ff.; *Schwarze*, Leistungsstörungen, 3. Aufl., § 30 Rn. 5 ff. Zu den verschiedenen Fallgruppen und Anspruchsgrundlagen näher unten § 6 RN 1 ff.

6 *Staudinger/Olzen*, BGB (2019), § 241 Rn. 550; *Staudinger/Schwarze*, BGB (2019), § 280 Rn. C 37 ff.

7 Zu diesem Aspekt *Deutsch*, FS Michaelis (1972), S. 26, 31; *Eichler*, AcP 162 (1962), 401, 412 f.; *Staudinger/Olzen*, BGB (2019), § 241 Rn. 423; *Schlechtriem*, VersR 1973, 581, 584; *Thiele*, JZ 1967, 649, 657.

8 Zur – höchst umstrittenen – Deutung des gesetzlichen Deliktsrechtsmodells eingehend *Börgers*, Von den „Wandlungen" zur „Restrukturierung" des Deliktsrechts?, S. 47 ff.; *Schwitanski*, Deliktsrecht, Unternehmensschutz und Arbeitskampfrecht, S. 97 ff. jeweils m.w.N.; ferner *Deutsch*, JZ 1963, 385 ff.

9 Vgl. nur *v. Bar*, Verkehrspflichten; *Brüggemeier*, AG 1982, 268 ff.; *ders.*, AcP 182 (1982), 385, 417 ff.; *v. Caemmerer*, FS 100 Jahre DJT, Bd. II (1960), S. 49 ff.; *Kreuzer*, JZ 1976, 778 („Hypertrophie des Vertragsrechts"); *Mertens*, AcP 178 (1978), 227 ff.; *Picker*, AcP 183 (1983), 369 ff.

10 Allgemeine Meinung. Siehe auch § 6 RN 58.

11 Vgl. (zur außervertraglichen Haftung) nur *Deutsch*, Haftungsrecht, 2. Aufl., Rn. 21; *Kreuzer*, FS Lorenz (1991), S. 123, 124.; dazu auch *Brüggemeier*, Haftungsrecht, S. 42 ff.

12 *v. Caemmerer*, RabelsZ 42 (1978), 5, 6 f.; *Deutsch*, Haftungsrecht, 2. Aufl., Rn. 21; *ders.*, RdA 1996, 1; *ders.*, AcP 202 (2002), 889, 892 f. Zur gesetzgeberischen Konzeption siehe auch BGH 21.9.1993 – GmS-OBG 1/93 –, AP § 611 BGB Haftung des Arbeitnehmers Nr. 102 = NZA 1994, 270. Vertiefend *Jansen*, Die Struktur des Haftungsrechts, S. 587 ff.

13 Plastisch BGH 29.4.1960 – VI ZR 113/59 –, NJW 1960, 1345, 1346. Siehe in diesem Zusammenhang auch BGH 23.4.1991 – XI ZR 128/90 –, BGHZ 114, 238, 240; 25.6.1991 – XI ZR 257/90 –, BGHZ 115, 38, 42.

Bewegungsfreiheit und Verantwortungsfreude des aufstrebenden Wirtschaftsbürgertums entsprechend den im 19. Jahrhundert weit verbreiteten individualistisch-liberalen Lehren zu gewährleisten sowie Industrie, Mittelstand und Kleingewerbe vor einem (vermeintlichen) Übermaß an Haftungsrisiken zu bewahren.[14] Mit der Sicherung eines Freiheitsraumes als Funktion des Verschuldensprinzips[15] abstrahierte man bewusst von den Gefahren, die durch unternehmerisches Handeln für den Rechtsverkehr ausgehen. Die Kehrseite bildete die ebenfalls wiederum von den tatsächlichen Bedingtheiten losgelöste Verantwortlichkeit des Schädigers für jedes Verschulden. Im Rahmen der allgemeinen zivilrechtlichen Haftung aus Sonderverbindung verliert das Verschuldensprinzip allerdings trotz der gegenteiligen Bekundung des BGH[16] auch deswegen an Bedeutung, weil das BGB in § 280 Abs. 1 S. 1 das Verschulden bzw. „Vertretenmüssen" nicht als Tatbestandsmerkmal nennt.[17] Vielmehr ist es gemäß § 280 Abs. 1 S. 2 BGB grundsätzlich Sache des Schuldners, sich zu entlasten. Um diese Haftungsverschärfung für das Arbeitsverhältnis auszuschließen, bestimmt § 619a BGB abweichend – nach dem missglückten Wortlaut aber zu generell[18] –, dass es hinsichtlich der Beweislastverteilung beim Verschuldensprinzip bleibt: Der Arbeitnehmer hat den Schaden nur zu ersetzen, „wenn er die Pflichtverletzung zu vertreten hat".[19] Für die Arbeitnehmerhaftung führt das Verschuldensprinzip i.S. des § 276 BGB dazu, dass abhängig Beschäftigte an sich für jeden vorwerfbaren Sorgfaltspflichtverstoß unabhängig von dem ihnen tatsächlich zustehenden Freiheitsraum einstehen müssten.

Die weiteren Entwicklungen des allgemeinen zivilrechtlichen Haftungssystems,[20] 4
die ganz überwiegend auf eine Ausdehnung der schadensrechtlichen Verantwortlichkeit hinauslaufen, berühren die Arbeitnehmerhaftung in unterschiedlicher Weise. Auf der einen Seite sorgt die nahezu einhellig befürwortete **Objektivierung des Fahrlässigkeitsmaßstabes**[21] für eine zusätzliche Risikoaspekte einbeziehende[22] Haftungsver-

14 Protokolle, Bd. II, S. 569; *Bruggemeier*, AcP 182 (1982), 385, 417; *v. Caemmerer*, RabelsZ 42 (1978), 5, 8; *Esser*, Gefährdungshaftung, 2. Aufl., S. 54 ff.; *Kötz*, AcP 170 (1970), 1, 2 ff.; *Kreuzer*, FS Lorenz (1991), S. 123, 125. Eingehend *Benöhr*, Tijdschrift voor Rechtsgeschiedenis XLVI (1978), 1 ff., der dem Liberalismus indes nur einen geringen Stellenwert einräumt und das Hauptgewicht auf den Schutz der Wirtschaft legt. Zu den wirtschaftspolitischen Strömungen am Ende des 19. Jahrhunderts ausführlich *ders.*, ZfA 1977, 187 ff.

15 *Deutsch*, Haftungsrecht, 2. Aufl., Rn. 21 f.; *ders.*, RdA 1996, 1; *Kohte*, Arbeitnehmerhaftung, S. 247 f.; *Reinhardt*, Dogmatische Begründung, S. 102 f.

16 BGH 5.10.2005 – VIII ZR 16/05 –, BGHZ 164, 196, 210 f.: „Ausdruck des Gerechtigkeitsgebots für vertragliche wie gesetzliche Ansprüche".

17 Näher dazu *Staudinger/Schwarze*, BGB (2019), § 280 Rn. D 2 ff.

18 *Staudinger/Fischinger*, BGB (2022), § 619a Rn. 4.

19 Ausführlicher zu § 619a BGB unten § 6 RN 53 ff.

20 Siehe dazu etwa *Deutsch*, Fahrlässigkeit, 2. Aufl., S. 420 ff.; *Kreuzer*, FS Lorenz (1991), S. 123, 125 ff.

21 Vgl. nur BGH 4.3.1957 – GSZ 1/56 –, BGHZ 24, 27; 20.10.1987 – VI ZR 280/86 –, NJW 1988, 909; 19.1.2021 – VI ZR 188/17 – Rn. 32, NJW 2021, 1818; *Staudinger/Caspers*, BGB (2019), § 276 Rn. 29 ff.; MünchKommBGB/*Grundmann*, 9. Aufl., § 276 Rn. 55 f.; *Larenz*, SchR I, 14. Aufl., § 20 III, S. 284 ff. Umfassend *Deutsch*, Haftungsrecht, 2. Aufl., Rn. 399 ff.; *ders.*, Fahrlässigkeit, 2. Aufl., S. 28 ff.; *ders.*, AcP 202 (2002), 889, 893 f. Differenzierend *v. Caemmerer*, Karlsruher Forum 1961, S. 19, 25 ff.

schärfung.[23] Die Anreicherung der Verschuldenshaftung durch die großzügige, vielfach in den Bereich der Gefährdungshaftung hineinführende Annahme deliktischer Verkehrspflichten[24] wirkt sich zwar nicht auf die unmittelbare Verantwortlichkeit des Beschäftigten gegenüber dem Arbeitgeber aus, weil in diesem Rechtsverhältnis ohnehin eine Sonderverbindung besteht. Die Reichweite von Verkehrspflichten des einzelnen Arbeitnehmers spielt aber für den Umfang der Außenhaftung eine gewichtige Rolle.[25] Darüber hinaus können die vielfältigen Strömungen des modernen Haftungsrechts, die zu einer Erweiterung der Haftung führen, den Arbeitnehmer mittelbar belasten, da der Arbeitgeber hierdurch eher gegenüber Dritten zum Schadensersatz verpflichtet wird und sich bei einem dafür ursächlichen schuldhaften Fehlverhalten eines Beschäftigten die Frage eines Rückgriffs deshalb öfter stellt. Auf der anderen Seite schärft der – außerhalb des BGB vollzogene – Ausbau der Gefährdungshaftung, der vielfach durch unternehmerische Gefährdungspotentiale ausgelöst wurde,[26] die auch jenseits eindeutigen Verschuldens eine Außenhaftung des Unternehmens legitimieren, den Blick dafür, entsprechende Risiken auch im innerbetrieblichen Bereich nicht dem einzelnen Arbeitnehmer, sondern dem Unternehmensträger anzulasten.[27]

5 Soweit es um die **Haftungsfolgen** geht, statuiert das BGB in den §§ 249 ff. BGB das **Alles-oder-Nichts-Prinzip.**[28] Danach verpflichtet im Ausgangspunkt auch eine leichte Fahrlässigkeit zum Ersatz des gesamten aus der Vertrags- oder Rechtsverletzung resultierenden Schadens. Das BGB hat sich damit im Grundsatz gegen eine Abstufung des Umfanges der Schadensersatzleistung nach der Schwere des Verschuldens entschieden.[29] Die immer wieder erhobenen Forderungen nach einer Bemessung des Schadensersatzes nach dem Grad des Verschuldens[30] haben sich nicht durchsetzen können.

---

22 Dies betonend *Kramer*, AcP 171 (1971), 422, 429; ähnlich *Kreuzer*, FS Lorenz (1991), S. 123, 126: Verantwortlichkeit ohne Verschulden; ebenso *Laufs*, FS Gernhuber (1993), S. 245, 252; *Tröger*, Arbeitsteilung und Vertrag, S. 59 f.

23 Zur hierdurch bewirkten Standardisierung des Rechtsverkehrs *Leser*, AcP 183 (1983), 568, 588 f.

24 Dazu *v. Bar*, Verkehrspflichten, S. 128 ff.; *Esser*, JZ 1953, 129, 130 ff.; *Hauss*, ZVersWiss 56 (1967), 151, 155; *Kreuzer*, FS Lorenz (1991), S. 123, 126 f.; *Meder*, JZ 1993, 539, 542; umfassend *Jansen*, Die Struktur des Haftungsrechts, passim; zum verhaltenswissenschaftlichen Hintergrund *Wagner*, Deliktsrecht, 14. Aufl., 4. Kapitel, Rn. 27, sowie *Towfigh/Petersen*, Ökonomische Methoden im Recht, 3. Aufl., Rn. 512 f.: Überspannung von Sorgfaltsstandards als Folge eines Rückschaufehlers („hindsight bias"); einschränkend *Blaschczok*, Gefährdungshaftung und Risikozuweisung, S. 97 ff.

25 Zu Einzelheiten siehe § 16 RN 6 ff.

26 Grundlegend *Esser*, Gefährdungshaftung, 2. Aufl.; siehe ferner etwa *Deutsch*, Haftungsrecht, 2. Aufl., Rn. 634 ff.

27 In diesem Sinne auch *Köbler*, AcP 169 (1969), 404, 419; *Kohte*, Arbeitnehmerhaftung, S. 253 ff., 280 f.; ebenso allgemein *H. P. Westermann*, AcP 178 (1978), 150, 189 f.

28 Siehe nur Motive, Bd. II, S. 17; *Staudinger/Höpfner*, BGB (2021), § 249 Rn. 3 ff.: Grundsatz der Totalreparation; *Schack*, JZ 1986, 305. Vgl. auch BGH 21.9.1993 – GmS-OBG 1/93 –, AP § 611 BGB Haftung des Arbeitnehmers Nr. 102 = NZA 1994, 270. Ferner *Brüggemeier*, Haftungsrecht, S. 555 f.

29 *Lange/Schiemann*, Schadensersatz, 3. Aufl., Einl. III 3, S. 13 ff.

30 Z. B. *Michaelis*, FS Siber, Bd. II (1943), S. 185, 142; *Rümelin*, Schadensersatz ohne Verschulden, S. 19 f.; *Wilburg*, Elemente des Schadensrechts, S. 250.

Ebenso sind die bis zu einem Referentenentwurf gediehenen Versuche zur Einführung einer gesetzlichen Reduktionsklausel nach dem Vorbild des Art. 43 Abs. 1 OR[31] bislang gescheitert.[32] Dort heißt es kurz und bündig: „Art und Grösse des Ersatzes für den eingetretenen Schaden bestimmt der Richter, der hiebei sowohl die Umstände als die Grösse des Verschuldens zu würdigen hat." An der deutschen Gesetzeslage hat sich auch durch die Aufnahme einer Reduktionsklausel in Art. VI.–6:202 des Gemeinsamen Referenzrahmens (DCFR)[33] nichts geändert. Die Ableitung einer allgemeinen zivilrechtlichen Haftungsreduktion aus dem verfassungsrechtlichen Aspekt des Übermaßverbotes durch *Canaris*[34] ist ebenfalls überwiegend auf Ablehnung gestoßen.[35] Das Alles-oder-Nichts-Prinzip korrespondiert zudem mit der **Ausgleichsfunktion** als dem primären Zweck des Haftungsrechts.[36]

Neben den Schadensausgleich tritt nach einer im Schrifttum vielfach vertretenen,[37] von der Rechtsprechung allerdings bislang nicht allgemein übernommenen Ansicht[38] die **Präventionsfunktion** im Sinne einer Schadensvermeidung durch den potenziellen Schädiger mit Rücksicht auf die drohende Schadensersatzpflicht gegenüber dem Geschädigten. Der Aspekt der Schadensverhinderung durch das Ergreifen effizienter Sorgfaltsmaßnahmen wird vor allem im Rahmen der ökonomischen Analyse des Haftungsrechts betont,[39] deren Relevanz für die Interpretation des geltenden Rechts freilich umstritten ist.[40] 6

31 Dazu *Brehm*, BernerKomm, 5. Aufl., Art. 43 OR Rn. 46 ff. Darüber hinaus lässt § 44 Abs. 2 OR eine Ermäßigung des Ersatzanspruchs wegen einer drohenden Notlage des Schädigers zu, wenn dieser den Schaden weder vorsätzlich noch grob fahrlässig herbeigeführt hat.

32 Zur Reduktionsklausel näher *Bydlinski*, JBl. 1968, 330 ff.; *Deutsch*, Haftungsrecht, 2. Aufl., Rn. 629 ff.; *Lange/Schiemann*, Schadensersatz, 3. Aufl., Einl. VIII 1, S. 22 f.; *Wadle*, VersR 1971, 485 ff. Siehe auch *Hohloch*, Gutachten, S. 375, 459 ff.; MünchKommBGB/*Oetker*, 9. Aufl., § 249 Rn. 548 f.

33 Der Vorschlag lautet: „Where it is fair and reasonable to do so, a person may be relieved of liability to compensate, either wholly or in part, if, where the damage is not caused intentionally, liability in full would be disproportionate to the accountability of the person causing the damage or the extent of the damage or the means to prevent it." Dazu MünchKommBGB/*Oetker*, 9. Aufl., § 249 Rn. 557. Ein Rechtsvergleich zur weiten Verbreitung von allgemeinen Reduktionsklauseln in Europa als Alternative zu speziell arbeitsrechtlichen Regelungen findet sich bei *Pačić*, EuZA 2009, 47, 63 ff.

34 JZ 1987, 993 ff.

35 Vgl. nur *Krause*, JR 1994, 494, 495 ff. m.w.N. Dazu näher noch unter § 4 RN 12 ff.

36 *Ahrens/Spickhoff*, Deliktsrecht, § 2 Rn. 39; *Deutsch*, Haftungsrecht, 2. Aufl., Rn. 17; *Lange/Schiemann*, Schadensersatz, 3. Aufl., Einl. III 2 a, S. 9 ff.; zurückhaltend aber MünchKommBGB/*Wagner*, 9. Aufl., Vor § 823 Rn. 45 ff., mit Blick auf die normative Rechtfertigung der deliktischen Haftung und andere – insbesondere versicherungsrechtliche – Ausgleichsmechanismen.

37 *Ahrens/Spickhoff*, Deliktsrecht, § 2 Rn. 40 ff.; *Deutsch*, Haftungsrecht, 2. Aufl., Rn. 18; *Lange/Schiemann*, Schadensersatz, 3. Aufl., Einl. III 2 b, S. 11 f.; *Soergel/Spickhoff*, BGB, 13. Aufl., Vor § 823 Rn. 31 ff.; MünchKommBGB/*Wagner*, 9. Aufl., Vor § 823 Rn. 48 f.; *ders.*, VersR 1999, 1441, 1442 f.

38 Vgl. BGH 28.6.2011 – KZR 75/10 – Rn. 62, BGHZ 190, 145 = NJW 2012, 928: Prävention ist „nützliche Folge" der Kompensation; BGH 25.5.2020 – VI ZR 252/19 – Rn. 67, BGHZ 225, 316 = NJW 2020, 1962: Deliktsrecht „wirkt" präventiv.

39 Vgl. *Wagner*, Deliktsrecht, 14. Aufl., 4. Kapitel, Rn. 4 ff.

40 Dazu näher noch § 3 RN 26, 29.

II. Unangemessenheit einer unbeschränkten Haftung des Arbeitnehmers

7 Die aus der uneingeschränkten Anwendung allgemeiner zivilrechtlicher Regelungen folgende umfassende Haftung des Arbeitnehmers für jeden dem Arbeitgeber durch pflichtwidriges schuldhaftes Verhalten zugefügten Schaden wird seit langem als **unangemessen** empfunden. Zu den Hauptmotiven dieser Bewertung[41] zählt die zunächst in die Gefahrgeneigtheit der Tätigkeit eingebettete[42], später zunehmend verselbstständigte Überlegung, dass das betriebliche Geschehen Schadensrisiken enthalte, die dem Arbeitgeber zuzurechnen seien, weil er den Arbeitsprozess veranlasse und steuere, und die nicht auf den Arbeitnehmer abgewälzt werden dürften **(Betriebsrisiko)**.[43] Sodann ist hervorgehoben worden, dass der Arbeitnehmer der Gefahr, sich durch leichtes Versehen schadensersatzpflichtig zu machen, aufgrund der häufig langfristigen Einbindung in bestimmte Betriebsabläufe praktisch unvermeidbar ausgesetzt sei.[44] Des Weiteren hat man schon frühzeitig betont, dass der durch ein Arbeitnehmerverschulden verursachte Schaden deshalb bis zu einem gewissen Grade vom Unternehmer zu tragen sei, weil ihm auch der **Gewinn des Unternehmens** zugutekomme.[45] Demgegenüber verzichte der Arbeitnehmer auf die unternehmerische Verwertung seiner Arbeitskraft.[46] Schließlich wurde auf die **Existenzgefährdung des Arbeitnehmers** durch exorbitante Ersatzpflichten[47] sowie die **mangelnde Äquivalenz zwischen dem Arbeitsentgelt und dem Haftungsrisiko**[48] hingewiesen.

III. Regelmäßiges Fehlen einzel- oder kollektivvertraglicher Korrektur

8 Eine ausdrückliche einzelvertragliche Korrektur der sich aus dem BGB ergebenden Haftungslage zu Gunsten des Arbeitnehmers kommt praktisch nicht vor.[49] Dies rührt zunächst daher, dass die Arbeitsvertragsparteien zum Zeitpunkt des Vertragsschlusses an spätere Schädigungen des Arbeitgebers insbesondere durch Schlechtleistung des

---

41 Zu ihrer dogmatischen Rechtfertigung und Umsetzung ausführlich siehe unten §§ 3, 4 und 5.

42 Vgl. etwa BGH 10.1.1955 – III ZR 153/53 –, BGHZ 16, 111, 116 = AP § 611 BGB Haftung des Arbeitnehmers Nr. 1; BAG 19.3.1959 – 2 AZR 402/55 – unter II 2 a, § 611 BGB Haftung des Arbeitnehmers Nr. 8; in diesem Sinne bereits ArbG Plauen 4.11.1936, ARS 29, 62.

43 Siehe nur BAG 28.4.1970 – 1 AZR 146/69 – unter II 1, AP § 611 BGB Haftung des Arbeitnehmers Nr. 55; BAG (GS) 27.9.1994 – GS 1/89 (A) – unter C II 2, AP § 611 BGB Haftung des Arbeitnehmers Nr. 103 = NZA 1994, 1083.

44 RAG 18.12.1940, ARS 41, 55, 60.

45 *Michaelis*, FS Siber, Bd. II (1943), S. 185, 316 f.; *Müller-Erzbach*, AcP 106 (1910), 306, 453 ff.; *Wilburg*, Elemente des Schadensrechts, S. 125 f.

46 *Schwarze*, ZfA 2005, 81, 92; *ders.*, RdA 2012, 321, 325 f.; *Wiedemann*, Arbeitsverhältnis, S. 15.

47 Vgl. RAG 14.1.1941, ARS 41, 259, 265 f.

48 ArbG Plauen 4.11.1936, ARS 29, 62. Diesen Aspekt betonend vor allem *Brors*, Abschaffung der Fürsorgepflicht, S. 198 f.

49 Zur Frage stillschweigender Haftungsbeschränkungen siehe unten § 5 RN 6.

Arbeitnehmers regelmäßig noch nicht denken, sondern von einem insoweit störungsfreien Verlauf des Arbeitsverhältnisses ausgehen. Selbst wenn der Arbeitgeber bei bestimmten Tätigkeiten aufgrund von Erfahrungswerten das Schadensrisiko einschätzen kann, wird es beim Arbeitnehmer an einer vergleichbar reflektierten Einschätzung fehlen, sodass infolge von Informationsasymmetrie keine angemessene vertragliche Regelung erwartet werden kann.[50] Darüber hinaus verhindert die typische **Unterlegenheit des Arbeitnehmers bei Abschluss des Arbeitsvertrages**[51] eine sachgerechte vertragliche Lösung durch die Vereinbarung von Haftungsmilderungen in Form von Modifikationen des Verschuldensmaßstabs bzw. von Haftungshöchstsummen oder durch ein erhöhtes Entgelt bei besonders risikobehafteten Tätigkeiten. Dies ist der zutreffende Kern des vom Großen Senat des BAG in seinen grundlegenden Beschlüssen[52] hervorgehobenen fehlenden Kräftegleichgewichts zwischen Arbeitnehmer und Arbeitgeber.[53] Das für die Legitimation der inhaltlichen Kontrolle vertraglicher Abreden vom BVerfG entwickelte Kriterium des strukturellen Ungleichgewichts[54] trägt danach zwar für sich genommen nichts zur Einschränkung der Arbeitnehmerhaftung bei,[55] verdeutlicht aber, dass der Arbeitnehmer im Hinblick auf eine Verbesserung der unbefriedigenden Haftungssituation nicht einfach auf den Weg des Einzelvertrages verwiesen werden kann.

Umfassende **tarifvertragliche Regelungen** der Arbeitnehmerhaftung finden sich 9
in erster Linie **im öffentlichen Dienst** mit seinen pauschalen tariflichen Verweisungen auf die für Beamte geltenden Bestimmungen (§ 3 Abs. 7 TVöD und TV-L für Beschäftigte des Bundes und der Länder) bzw. in Form einer ausdrücklichen Haftungsbeschränkung auf Vorsatz und grobe Fahrlässigkeit (z. B. in § 3 Abs. 6 TVöD-V für Beschäftigte im kommunalen Bereich).[56] An diese Ausgestaltung lehnen sich offenbar Regelungen für Nachfolgeunternehmen der privatisierten Deutschen Post an. So begrenzt § 7 Abs. 1 des MTV für den Bereich der Deutschen Telekom vom 1. 3. 2004 die Haftung ebenfalls von vornherein auf die vorsätzliche oder grob fahrlässige Verursachung des Schadens, wobei Abs. 2 S. 1 für die Geltendmachung des Schadensersatzes bei grober Fahrlässigkeit die Berücksichtigung aller Umstände des Einzelfalles vorschreibt. Abs. 3 sieht außerdem

50 Vgl. *Brors*, Abschaffung der Fürsorgepflicht, S. 200; *Krause*, NZA 2003, 577, 580.

51 Siehe nur BVerfG 6.10.1987 – 1 BvR 1086, 1468, 1623/82 –, BVerfGE 77, 84, 116 f. = NZA 1989, 28; 28.1.1992 – 1 BvR 1025/82, 1 BvL 16/83 u. 10/91 –, BVerfGE 85, 191, 213 = AP § 19 AZO Nr. 2 = NZA 1992, 270; 23.11.2006 – 1 BvR 1909/06 –, AP § 307 BGB Nr. 22 = NZA 2007, 85, 87; 14.11.2018 – 1 BvR 1278/16 – Rn. 7, AP Art. 9 GG Nr. 153 = NZA 2019, 112; weitere Nachw. in § 4 RN 8 FN 47. Skeptisch aber *Zöllner*, AcP 176 (1976), 221, 236 ff.; dagegen *Schwarze*, ZfA 2005, 81, 97 ff.

52 BAG 12. 6. 1992 – GS 1/89 – unter B III 4 b, AP § 611 BGB Haftung des Arbeitnehmers Nr. 101 = NZA 1993, 547; BAG 27. 9. 1994 – GS 1/89 (A) – unter C III 1, AP § 611 BGB Haftung des Arbeitnehmers Nr. 103 = NZA 1994, 1083.

53 In diesem Sinne *Fischinger*, Haftungsbeschränkung, S. 519; *Otto*, AuR 1995, 72, 73; *Richardi*, NZA 1994, 241, 242; zurückhaltend aber *Bydlinski*, SAE 1994, 93, 101.

54 BVerfG 19.10.1993 – 1 BvR 567, 1044/89 –, BVerfGE 89, 214, 231 ff. = AP Art. 2 GG Nr. 35.

55 Naher unten § 4 RN 7 ff.

56 Zuvor § 14 BAT, § 11a MTB-II, § 11a MTL-II, § 9a BMT-G II. Hierzu Einzelheiten unten § 14 RN 1 ff., 7 ff.

ein Recht des Arbeitnehmers auf eine seinen wirtschaftlichen Verhältnissen angemessene ratenweise Tilgung vor. Darüber hinaus ist bei der Festsetzung der Höhe des Schadensersatzanspruchs auf Wunsch des Arbeitnehmers der sog. „betriebliche Haftungsausschuss" zu beteiligen.[57] § 20 Abs. 1 und 2 des „BasisTV" für den DB Konzern (in Kraft ab 1.1.2010) nehmen auf die von der Rechtsprechung entwickelten Grundsätze Bezug und fordern bei der Geltendmachung des Schadensersatzanspruchs die Berücksichtigung der „Gesamtumstände" sowie der „persönlichen und wirtschaftlichen Verhältnisse der Arbeitnehmer". Selbst bei einem „grob fahrlässig verursachten Schaden soll die Ersatzforderung nach Abs. 3 das Sechsfache des im Monat des Schadeneintritts an den Arbeitnehmer bei Vollzeitarbeit zu zahlenden Monatstabellenentgelts nicht übersteigen". Laut Protokollnotiz ist diese Obergrenze bei mittlerer Fahrlässigkeit zu gewichten und überdies zwingend. Als Beispiel aus der **Privatwirtschaft** ist § 42 Abs. 1 des MTV für die Metall- und Elektroindustrie in Baden-Württemberg vom 11.11.2021 zu nennen, der eine Haftung nur bei Vorsatz und grober Fahrlässigkeit vorsieht, sofern der Schaden bei der Arbeitsleistung verursacht worden ist. Bei grober Fahrlässigkeit soll „zur Vermeidung einer unbilligen Belastung" mit Rücksicht auf die persönlichen und wirtschaftlichen Verhältnisse des Beschäftigten zudem „ein angemessener innerer Schadensausgleich" vorgenommen werden (Abs 2). Auch sonst finden sich in der Metall- und Elektrobranche mehrfach tarifliche Bestimmungen über eine gegenständlich unbegrenzte Haftungsfreistellung bei mittlerer Fahrlässigkeit, namentlich für Auszubildende. Darüber hinaus existieren verschiedene tarifvertragliche Regelungen, die eine Beschränkung der Ersatzpflicht auf Vorsatz und grobe Fahrlässigkeit bei bestimmten Schädigungen (etwa Verlust oder Beschädigung von Werkzeugen oder Dienstkleidung) vorsehen, beispielsweise im Fliesen- und Plattenlegerhandwerk, im Wach- und Sicherheitsgewerbe sowie im Omnibusgewerbe.[58] Recht verbreitet ist auch die Begrenzung der Haftung des Arbeitnehmers auf Vorsatz und grobe Fahrlässigkeit (insoweit vereinzelt sogar erst nach schriftlicher Abmahnung) im Hotel- und Gaststättengewerbe für Zechprellereien, teilweise allerdings beschränkt auf diejenigen Fälle, in denen dem Arbeitnehmer das sofortige Abkassieren durch den Arbeitgeber untersagt ist.[59] Für die meisten Branchen lassen sich dagegen keine tariflichen Einschränkungen der Arbeitnehmerhaftung feststellen. Ebenso wenig sind diesbezügliche Betriebsvereinbarungen bekannt geworden.

10 Die überwiegende Zurückhaltung kann als Anzeichen dafür gewertet werden, dass die **Tarifvertragsparteien** die im Arbeitsrecht seit langem praktizierte **Abkehr vom Haftungsrecht des BGB durch richterliche Rechtsfortbildung im Wesentlichen akzeptieren** und sich dieses Themenkomplexes deshalb nur vereinzelt angenommen haben. Das tatsächliche Verhalten der Sozialpartner ersetzt zwar nicht die Legitimation der Korrektur des zivilrechtlichen Haftungsrechts im Bereich der Arbeitnehmerhaf-

57 Zum „betrieblichen Haftungsausschuss" näher unten § 15 RN 12.

58 Nachweise bei *Wall*, Tarifliche Regelungen, S. 79 f.

59 Nachweise bei *Wall*, Tarifliche Regelungen, S. 80 f.

tung. Jedoch kann einer Enthaftung des Arbeitnehmers qua Rechtsfortbildung nicht entgegengehalten werden, dass der notwendige Schutz des einzelnen Beschäftigten bereits auf anderem Wege bereitgestellt werde oder dass die Rechtsprechung gar zu weit in das Betätigungsfeld der Tarifparteien vorgestoßen sei.

IV. Rechtstatsächliches

Das **Datenmaterial** zum Komplex der Arbeitnehmerhaftung ist insgesamt dürftig.[60] Die 11
Zahl der gerichtlichen Verfahren, die nach der amtlichen Statistik unter dem Streitgegenstand „Schadensersatz" aufgeführt werden, hatte sich in den 1990er Jahren auf eine Größenordnung zwischen 4.000 und 5.000 (alte Bundesländer) eingependelt[61] und war gegenüber der Situation in den 1970er Jahren[62] damit rückläufig. Für 2002 bis 2006 wurden in der seinerzeit noch detaillierteren amtlichen Statistik für das gesamte Bundesgebiet insoweit zwischen 4.500 und 5.400 Klagen genannt.[63] Hierbei handelt es sich zweifellos ganz überwiegend um Schadensersatzforderungen von Arbeitgebern. Dieser jedenfalls nicht unbedeutenden Zahl sind die statistisch nicht eigens erfassten Widerklagen und Aufrechnungen des Arbeitgebers gegen Entgeltforderungen[64] hinzuzurechnen. Insgesamt dürfte es die Wirklichkeit nicht verfehlen, wenn man annimmt, dass nach wie vor in ca. 2 bis 3 % aller gerichtlichen Verfahren (angesichts der seit einiger Zeit stark rückläufigen Zahlen also jährlich in ungefähr 5.000 bis 7.500 Streitfällen) Fragen der schadensersatzrechtlichen Verantwortlichkeit des Arbeitnehmers berührt werden. Hinzu kommt die nur schwer einzuschätzende Zahl der außergerichtlichen Auseinandersetzungen, bei denen der Arbeitgeber mit einem Schadensverlangen an den Arbeitnehmer herantritt oder damit ein Begehren des Arbeitnehmers abwehrt.

Versucht man die Fallgruppen einer Inanspruchnahme zu typisieren, so lassen sich 12
im Wesentlichen drei Bereiche unterscheiden:[65] Zum einen geht es um Fälle **gravierenden Fehlverhaltens** des Arbeitnehmers wie Vertragsbruch, groben Leichtsinn und Alkoholmissbrauch. Zum zweiten werden Arbeitgeber dann aktiv, wenn sich aus einer Reihe von Pflichtverletzungen des Arbeitnehmers der **Eindruck einer insgesamt unsorgfältigen Arbeitsweise** ergibt. Schließlich sind Schadensersatzforderungen im Zusammenhang mit der **Beendigung des Arbeitsverhältnisses** besonders häufig.[66] In

60 Die – soweit ersichtlich – nach wie vor umfassendste Aufbereitung des tatsächlichen Materials findet sich bei *Kohte*, Arbeitnehmerhaftung, S. 21 ff.

61 Vgl. Arbeits- und Sozialstatistik, BArbBl. 11/1992, S. 71; 11/1993, S. 87; 11/1994, S. 103; 11/1995, S. 127. Für Gesamtdeutschland ergibt sich nur eine geringfügig höhere Zahl, siehe BArbBl. 10/1996, S. 172; BArbBl. 9/1997, S. 132. Der sinkende prozentuale Anteil ist in erster Linie auf die zwischenzeitliche erhebliche Zunahme der Kündigungsschutzprozesse zurückzuführen.

62 Siehe hierzu die Übersicht bei *Kohte*, Arbeitnehmerhaftung, S. 39.

63 Seit 2007 wird Statistik nur noch vergröbert geführt.

64 Zu ihrer Relevanz *Kohte*, Arbeitnehmerhaftung, S. 40.

65 Dazu bereits *Otto*, Gutachten zum 56. DJT, S. E 24.

66 *Kohte*, Arbeitnehmerhaftung, S. 23 ff.; *Lichtenberg*, Haftpflichtrisiko, S. 56 ff.; *Lipperheide*, BB 1993, 720.

dieser Situation entfällt die Notwendigkeit einer Rücksichtnahme auf eine weitere gedeihliche Zusammenarbeit. Außerdem tritt der Arbeitgeber auf diesem Wege nicht selten Restforderungen des Arbeitnehmers (Entgelt, Urlaubsabgeltung etc.) entgegen.

§ 2 Bisherige Entwicklung der Enthaftung des Arbeitnehmers

Die ältere Rechtsprechung zur Zeit der Pandektistik sowie in den ersten Jahrzehnten nach Inkrafttreten des BGB hatte zur Frage der Haftung des Arbeitnehmers noch keine durchgängigen, vom allgemeinen Zivilrecht abweichenden Grundsätze herausgebildet. Neben Entscheidungen, die eine objektiv mangelhafte Arbeitsleistung unter Abmilderung des Maßstabes zu Gunsten des Dienstverpflichteten unter bestimmten Voraussetzungen noch als vertragsgemäß einstufen oder ein Mitverschulden des Arbeitgebers großzügig bejahen, stehen Urteile, die ohne Bedenken von einer strengen Haftung des Arbeitnehmers ausgehen.[1] 1

I. Erste Schritte zur Haftungsprivilegierung

Als **Beginn einer arbeitsrechtlichen Sonderentwicklung** wird gemeinhin das Urteil des ArbG Plauen vom 4.11.1936[2] angesehen. Diese Entscheidung, in der es um die Haftung eines als Kraftfahrer tätigen Arbeitnehmers ging, enthält nämlich eine Reihe von für die weitere Diskussion wichtigen Aspekten. So wird zum einen auf die **hohe Schadensgeneigtheit der Tätigkeit eines Kraftfahrers** hingewiesen und zum anderen die **fehlende Abgeltung des Haftungsrisikos** hervorgehoben. Als dogmatische Umsetzung wählte das ArbG Plauen einen stillschweigenden Haftungsausschluss für leichte Fahrlässigkeit, wobei es zusätzlich betonte, dass die Auffassung über die eingeschränkte Haftung des angestellten Kraftfahrers Allgemeingut der beteiligten Kreise sei. Das RAG hat schon kurze Zeit später in seinem Urteil vom 12.6.1937 eine vergleichbare Sichtweise vertreten und sich ebenfalls unter den Voraussetzungen einer besonderen Gefährlichkeit der Arbeit und einem geringen Entgelt des Arbeitnehmers für einen stillschweigenden Ausschluss der Haftung bei leichter Fahrlässigkeit ausgesprochen.[3] In der Entscheidung vom 18.12.1940 wird die **Gefahrgeneigtheit der Tätigkeit** erstmals mit der klassischen, die weitere Rechtsentwicklung prägenden Formulierung umschrieben, dass es dabei um Dienste gehe, deren Eigenart es mit sich bringe, dass auch einem gewissenhaften Arbeitnehmer Fehlgriffe unterlaufen würden, die zwar für sich allein betrachtet jedes Mal vermeidbar seien, mit denen aber angesichts der menschlichen Unzulänglichkeit als einem typischen **Abirren der Dienstleistung** erfahrungsgemäß zu rechnen sei.[4] Im Hinblick auf die Bedeutung des Verschuldensgrades für die Haf- 2

1 Eingehender Überblick über das 19. und frühe 20. Jahrhundert bei *Reinhardt*, RdA 1965, 259 ff.; zum 19. Jahrhundert materialreich ferner *Bernert*, Arbeitsverhältnisse, Registerstichworte: „Schadensersatz", „Schäden" und „Verschulden". Zu den römischrechtlichen Ursprüngen der eingeschränkten Arbeitnehmerhaftung *Wacke*, RdA 1987, 321, 324 ff.

2 ARS 29, 62. Ein Vorläufer ist die Entscheidung des LAG Stuttgart 11.9.1928, Arb. Rspr. 1927/1928, 441.

3 ARS 30, 1. Für eine Haftungsreduktion aufgrund einer entsprechenden Vereinbarung auch RAG 8.11.1939, ARS 37, 269.

4 ARS 41, 55, 58.

https://doi.org/10.1515/9783110728606-004

tungsreduktion bewegte sich das RAG auf der Grundlage des BGB, indem es nur zwischen einfacher Fahrlässigkeit („leichtes Versehen") und grober Fahrlässigkeit („gröbliches Verschulden") unterschied.[5] In der Frage der Zuordnung der Schuldstufen zur Reichweite der Enthaftung kristallisierte sich keine völlig einheitliche Rechtsprechung heraus. Überwiegend ging das RAG (unter der Voraussetzung gefahrgeneigter Tätigkeit) bei einem lediglich leichten Versehen von einer Schadensverteilung aus, die sich sowohl am Grad der Fahrlässigkeit als auch an der wirtschaftlichen Leistungsfähigkeit des Arbeitnehmers zu orientieren hatte.[6] In manchen Entscheidungen ist aber auch von einem völligen Ausschluss der Haftung des Arbeitnehmers bei leichter Fahrlässigkeit die Rede.[7] Hinsichtlich der Umsetzung einer Enthaftung wurde – teilweise unter ausdrücklicher Verwerfung stillschweigender Abreden – auf die Einrede unzulässiger Rechtsausübung (§ 242 BGB)[8] sowie auf spezifisch arbeitsrechtliche Überlegungen wie das gegenseitige Treueverhältnis[9] und den Betriebsgemeinschaftsgedanken[10] verwiesen.

3 Nach dem Kriege knüpften die Landesarbeitsgerichte im Grundsatz an die Rechtsprechung des RAG an. Dabei schälte sich überwiegend die Ansicht heraus, dass bei gefahrgeneigter Arbeit und leicht fahrlässigem Handeln jedenfalls eine teilweise Enthaftung des Arbeitnehmers geboten sei.[11] Diese Auffassung setzte sich auch im Schrifttum durch, wenngleich die Grundsätze über den innerbetrieblichen Schadensausgleich auf unterschiedliche Weise begründet wurden.[12] Demgegenüber herrschte über weitergehende Haftungsbeschränkungen Uneinigkeit. So wollte etwa das LAG Stuttgart den Arbeitnehmer bei allen Tätigkeiten analog Art. 34 GG nur noch für Vorsatz und grobe Fahrlässigkeit haften lassen.[13] Bemerkenswert ist weiter, dass sich der BGH gegen eine starre Abgrenzung von leichter und grober Fahrlässigkeit aussprach und sowohl eine Alleinhaftung des Arbeitnehmers bei geringem Verschulden als auch eine teilweise Haftungsbefreiung bei grobem Verschulden für möglich hielt.[14]

---

5 Die Wendung „leichtestes Versehen" in ARS 41, 55, 59, zielte noch nicht auf eine eigenständige Schuldstufe der culpa levissima; so auch die Deutung durch *Mayer-Maly*, AcP 163 (1963), 114, 126 f.

6 RAG 18.12.1940, ARS 41, 55, 59; 14.1.1941, ARS 41, 259, 265; 30.9.1941, ARS 43, 108, 109.

7 RAG 12.6.1937, ARS 30, 1, 6 f.; 8.11.1939, ARS 37, 269, 271. In diesem Sinne auch RAG 23.11.1938, ARS 34, 357, 360.

8 RAG 23.11.1938, ARS 34, 357.

9 RAG 18.12.1940, ARS 41, 55.

10 RAG 14.1.1941, ARS 41, 259.

11 LAG Bremen 22.6.1949 – Sa 23/49 –, RdA 1951, 75; LAG Hamm 27.6.1950 – 2 Sa 210/50 –, AP 51 Nr. 75; LAG Stuttgart 26.1.1951 – II Sa 176/50 –, AP 52 Bd. I Nr. 7.

12 Vgl. *Denecke*, RdA 1952, 209, 212; *Dersch*, RdA 1951, 78 f.; *ders.*, BB 1956, 501 ff.; *Frey*, AuR 1953, 7 f.

13 LAG Stuttgart 17.9.1954 – II Sa 141/54 –, AP § 611 BGB Haftung des Arbeitnehmers Nr. 2 m. abl. Anm. *A. Hueck*.

14 BGH 10.1.1955 – III ZR 153/53 –, BGHZ 16, 111, 120 = AP § 611 BGB Haftung des Arbeitnehmers Nr. 1.Zust. *Larenz*, SAE 1959, 187, 190.

II. Die Maßgaben des Großen Senats des BAG von 1957 und deren Konkretisierung

Mit seinem Beschluss vom 25.9.1957 trat der **Große Senat des BAG** der Lehre von der eingeschränkten Arbeitnehmerhaftung bei.[15] Als Voraussetzung für eine Haftungsbeschränkung nannte der Große Senat zum einen die Gefahrneigung der Tätigkeit, zu deren Bestimmung er auf die vom RAG entwickelte Formel zurückgriff. Zum anderen sollte die Enthaftung nur in den Fällen **„nicht schwerer Schuld"** stattfinden. Das BAG wollte mit dieser neuartigen Grenzziehung der künftigen Rechtsprechung einen möglichst breiten Spielraum lassen. Darüber hinaus wurde von einer Abstufung zwischen leichter und grober Fahrlässigkeit auch deshalb bewusst Abstand genommen, weil der Große Senat eine Haftungsreduktion bei grober Fahrlässigkeit jedenfalls nicht von vornherein ausschließen wollte. Die Grundlage für die Beschränkung der Haftung des Arbeitnehmers sah das BAG in der Fürsorgepflicht des Arbeitgebers, die es verbiete, den Arbeitnehmer mit dem vom Arbeitgeber zu tragenden Betriebsrisiko zu belasten.[16] Zu den bei der konkreten Schadensverteilung zu berücksichtigenden Umständen zählte der Große Senat neben den Gefahren der Arbeit und der Höhe des Entgelts u. a. auch die persönlichen Umstände des Arbeitnehmers.[17] 4

Parallel dazu beschränkte der Große Senat des BAG in dieser Entscheidung die – nach der damaligen gesetzlichen Lage – grundsätzlich unbegrenzte Haftung des Arbeitnehmers ebenso gegenüber einem Arbeitskollegen desselben Betriebs, den er durch einen Arbeitsunfall geschädigt hat; anderenfalls drohte dem Arbeitgeber nämlich ein Freistellungsanspruch des Schädigers und damit die Umgehung des in § 898 RVO a.F. für die unmittelbare Inanspruchnahme des Arbeitgebers durch den geschädigten Arbeitnehmer angeordneten Haftungsausschlusses bei Arbeitsunfällen. Mit dem **grundsätzlichen Ausschluss von Schadensersatzansprüchen auch zwischen Betriebsangehörigen** bei Arbeitsunfällen aufgrund betrieblicher Tätigkeit durch § 637 RVO bestätigte der Gesetzgeber im Jahre 1963 diese Rechtsprechung.[18] Seit 1996 regelt § 105 SGB VII den Haftungsausschluss.[19] 5

In der Folgezeit konkretisierte das BAG die Vorgaben des Großen Senats. Dabei konzentrierte sich die Rechtsprechung zunächst auf die Ausdifferenzierung der Verschuldensgrade und entwickelte für die Fälle gefahrgeneigter Arbeit eine **dreistufige Haftung:** Bei grober Fahrlässigkeit sollte der Arbeitnehmer in aller Regel den Schaden allein zu tragen haben. Im Falle geringer (leichtester) Fahrlässigkeit sollte es typischerweise zu einem vollständigen Haftungsausschluss kommen.[20] Bei normaler (mitt- 6

15 BAG 25.9.1957 – GS 4/56 (5/56) –, AP §§ 898, 899 RVO Nr. 4.

16 Ebenso BGH 10.1.1955 – III ZR 153/53 –, BGHZ 16, 111, 116 = AP § 611 BGB Haftung des Arbeitnehmers Nr. 1 m. zust. Anm. *A. Hueck*.

17 Näher dazu § 9 RN 30.

18 Unfallversicherungs-Neuregelungsgesetz vom 30.4.1963, BGBl. I, S. 241.

19 Dazu § 21 RN 1ff.

20 So im Erg. bereits LAG Düsseldorf 6.12.1950 – 2 Sa 278/50 –, AP Nr. 51 Bd. II Nr. 255; LAG Bremen 23.1.1952 – Sa 85/51 –, AP 53 Bd. I Nr. 44.

lerer) Fahrlässigkeit[21] wurde eine regelmäßig quotale Verteilung des Schadens zwischen Arbeitgeber und Arbeitnehmer unter umfassender Abwägung der Gesamtumstände befürwortet.[22] An dieser Unterteilung der Fahrlässigkeitsgrade hat das BAG in den folgenden Jahrzehnten im Grundsatz festgehalten.[23] Soweit es um die Gefahrneigung der Tätigkeit als Voraussetzung für eine Enthaftung des Arbeitnehmers ging, herrschte ursprünglich eine **typisierende Betrachtungsweise** vor.[24] Nach und nach ging die Rechtsprechung allerdings zu einer Analyse der **konkreten Gefahrenlage** zum Zeitpunkt der Schadenszufügung über.[25] Ein Teil des Schrifttums sah hierin eine zu Rechtsunsicherheit führende Vermengung objektiver und subjektiver Momente und wollte zu einer generellen Betrachtungsweise zurückkehren.[26] Demgegenüber plädierte eine zunehmende Anzahl von Stimmen seit den 1960er Jahren dafür, das Kriterium der Gefahrneigung der Arbeit als notwendige Voraussetzung für eine Haftungseinschränkung völlig fallen zu lassen[27]. Die rechtliche Verankerung der Enthaftung wurde ent-

---

21 Die Rechtsprechung schwankt hinsichtlich der Fahrlässigkeitsgrade zwischen einer Sicht, nach der die mittlere Fahrlässigkeit eine Stufe zwischen leichter und grober Fahrlässigkeit bildet, und einer Unterteilung der leichten Fahrlässigkeit in gewöhnliche und leichteste Fahrlässigkeit; vgl. dazu bereits *Larenz*, Anm. zu BAG AP § 611 BGB Haftung des Arbeitnehmers Nr. 16.

22 Grdl. BAG 19.3.1959 – 2 AZR 402/55 –, AP § 611 BGB Haftung des Arbeitnehmers Nr. 8.

23 Vgl. etwa BAG 21.11.1959 – 2 AZR 547/58 –, AP § 611 BGB Haftung des Arbeitnehmers Nr. 14; 12.5.1960 – 2 AZR 78/58 –, AP § 611 BGB Haftung des Arbeitnehmers Nr. 16; 28.5.1960 – 2 AZR 548/59 –, AP § 611 BGB Haftung des Arbeitnehmers Nr. 19; 29.6.1964 – 1 AZR 434/63 –, AP § 611 BGB Haftung des Arbeitnehmers Nr. 33; 26.11.1969 – 1 AZR 200/69 –, AP § 611 BGB Haftung des Arbeitnehmers Nr. 50; 3.2.1970 – 1 AZR 188/69 –, AP § 611 BGB Haftung des Arbeitnehmers Nr. 53; 3.11.1970 – 1 AZR 228/70 –, AP § 611 BGB Haftung des Arbeitnehmers Nr. 61; ebenso LAG Saarbrücken 23.8.1967 – 2 Sa 8/67 –, AP § 611 BGB Haftung des Arbeitnehmers Nr. 44. Gegenüber diesen Abstufungen krit. etwa *Larenz*, SAE 1959, 189.

24 Siehe nur BAG 19.3.1959 – 2 AZR 402/55 –, AP § 611 BGB Haftung des Arbeitnehmers Nr. 8; 21.11.1959 – 2 AZR 547/58 –, AP § 611 BGB Haftung des Arbeitnehmers Nr. 14; 12.5.1960 – 2 AZR 78/58 –, AP § 611 BGB Haftung des Arbeitnehmers Nr. 16; 10.3.1961 – 1 AZR 448/59 –, AP § 611 BGB Haftung des Arbeitnehmers Nr. 23 (jeweils Kraftfahrer).

25 BAG 3.3.1960 – 2 AZR 377/58 –, AP § 611 BGB Haftung des Arbeitnehmers Nr. 22 m. insoweit krit. Anm. *G. Hueck* (Tätigkeit eines Kraftfahrers bei guten Rahmenbedingungen nicht gefahrgeneigt); 29.9.1961 – 1 AZR 505/59 –, AP § 611 BGB Haftung des Arbeitnehmers Nr. 26; 10.6.1969 – 1 AZR 339/68 –, AP § 611 BGB Haftung des Arbeitnehmers Nr. 47 (Arzt); 3.2.1970 – 1 AZR 188/69 –, AP § 611 BGB Haftung des Arbeitnehmers Nr. 53 (Überlastung eines Werbeassistenten); 13.5.1970 – 1 AZR 336/69 –, AP § 611 BGB Haftung des Arbeitnehmers Nr. 56 (Rangieren eines Lkw); 11.9.1975 – 3 AZR 561/74 –, AP § 611 BGB Haftung des Arbeitnehmers Nr. 78 (Kesselwartung); 11.11.1976 – 3 AZR 266/75 –, AP § 611 BGB Haftung des Arbeitnehmers Nr. 80 (Baustellenaufsicht).

26 *G. Hueck*, Anm. zu BAG AP § 611 BGB Haftung des Arbeitnehmers Nr. 22; *Sieg*, Anm. zu BAG § 611 BGB Haftung des Arbeitnehmers Nr. 42 (unter 2). Vermittelnd: *Becker-Schaffner*, BB 1967, 504, 505 f.; *Gumpert*, BB 1961, 372, 373 f.: Gefahrneigung des konkreten Arbeitsauftrages maßgebend.

27 *Brox/Walker*, DB 1985, 1469, 1473; *Däubler*, NJW 1986, 867, 871 f.; *Dütz*, NJW 1986, 1779, 1784; *Gamillscheg*, Referat zum 45. DJT, S. G 16 ff.; *Gamillscheg/Hanau*, Haftung des Arbeitnehmers, 2. Aufl., S. 52 ff.; *Hanau*, Anm. zu BAG AP Nr. 53 zu § 611 BGB Haftung des Arbeitnehmers (unter 2); *v. Hippel*, ZRP 1971, 217; *Isele*, AcP 165 (1965), 378, 380; *Kohte*, BB 1983, 1603, 1608 f.; *Koller*, Risikozurechnung, S. 408; *Küchenhoff*, AuR 1969, 193, 200; *Lipperheide*, BB 1993, 720, 724; *Mayer-Maly*, FS Hilger/Stumpf (1983), S. 467, 469 ff.; *Motzer*, Positive Vertragsverletzung, S. 214 ff.; *Naendrup*, JuS 1984, 336, 339; *Otto*, Gutachten zum 56. DJT, S. E 52 ff.; *Rother*,

sprechend den Aussagen des Großen Senats lange Zeit in der Fürsorgepflicht des Arbeitgebers gesehen.[28] Seit dem Anfang der 1970er Jahre setzte sich – nach entsprechenden Ansätzen im Schrifttum[29] – in der Rechtsprechung die Auffassung durch, den Gedanken des **Betriebsrisikos** nicht mehr in die Fürsorgepflicht einzubetten, sondern ihn unter Anknüpfung an § 254 BGB als einen verschuldensunabhängigen Zurechnungsfaktor zu Lasten des Arbeitgebers zu berücksichtigen.[30]

Mit dem Urteil vom 23.3.1983 gab der zwischenzeitlich zuständige **7. Senat** das bisherige dreistufige Haftungsmodell auf und ersetzte es durch eine **zweistufige Konzeption.**[31] Unter Berufung auf § 254 BGB sowie unter Anknüpfung an den vom Großen Senat kreierten Begriff der „nicht schweren Schuld" vertrat der 7. Senat die Ansicht, dass der Arbeitnehmer für Schädigungen in Ausübung gefahrgeneigter Tätigkeit nur noch für Vorsatz und grobe Fahrlässigkeit hafte. Bei einem Arbeitnehmerverschulden unterhalb dieser Schwelle habe der Arbeitgeber den Schaden dagegen allein zu tragen.[32] Hierbei blieb der konkrete Bezugspunkt der groben Fahrlässigkeit (nur Pflichtverletzung oder zusätzlich Schaden)[33] allerdings unklar.[34] Diese Neuorientierung wurde in der Literatur teilweise zustimmend aufgenommen,[35] stieß aber andererseits auch auf energischen Widerstand[36]. 7

Zur Klärung der im Bereich der Arbeitnehmerhaftung bestehenden Zweifelsfragen rief der mittlerweile erneut zuständige **3. Senat** 1985 den Großen Senat des BAG an.[37] 8

Haftungsbeschränkung, S. 260 ff.; *Sieg*, SAE 1984, 224, 225; *Steindorff*, AuR 1966, 65, 67 f.; krit. schon *ders.*, JZ 1959, 1, 7; *Wohlgemuth*, DB 1991, 910 f.; ebenso das vereinzelte Urteil des LAG Frankfurt/M. 3.3.1964 – 5 Sa 479/63 –, DB 1964, 1159; im Erg. ähnlich bereits *Schauerle*, RdA 1958, 247, 251: allgemeine Vermutung für Gefahrneigung. Für eine Bindung der Enthaftung an die Gefahrneigung der Tätigkeit aber etwa *Canaris*, RdA 1966, 41, 46; *Larenz*, SAE 1959, 189; *Löwisch/Arnold*, JZ 1984, 622.

28 BAG 19.3.1959 – 2 AZR 402/55 –, AP § 611 BGB Haftung des Arbeitnehmers Nr. 8; 12.5.1960 – 2 AZR 78/58 –, AP § 611 BGB Haftung des Arbeitnehmers Nr. 16; 28.5.1960 – 2 AZR 548/59 –, AP § 611 BGB Haftung des Arbeitnehmers Nr. 19. Ebenso etwa *Hueck/Nipperdey*, Arbeitsrecht I, 7. Aufl., § 35 II 4, S. 233; *Nikisch*, Arbeitsrecht I, 3. Aufl., § 27 V 4, S. 305.

29 *Dersch*, RdA 1951, 78, 79; *ders.*, BB 1956, 501, 503; *Gamillscheg*, Referat zum 45. DJT, S. G 11 f.; insoweit krit. aber *Mayer-Maly*, Anm. zu BAG AP § 611 BGB Haftung des Arbeitnehmers Nr. 33.

30 Vgl. BAG 28.4.1970 – 1 AZR 146/69 –, AP § 611 BGB Haftung des Arbeitnehmers Nr. 55 (allerdings noch ohne Nennung von § 254 BGB); 7.7.1970 – 1 AZR 505/69 –, AP § 611 BGB Haftung des Arbeitnehmers Nr. 58; 3.11.1970 – 1 AZR 228/70 –, AP § 611 BGB Haftung des Arbeitnehmers Nr. 61.

31 BAG 23.3.1983 – 7 AZR 391/79 –, AP § 611 BGB Haftung des Arbeitnehmers Nr. 82 = NZA 1984, 65.

32 Ebenso BAG 21.10.1983 – 7 AZR 488/80 –, AP § 611 BGB Haftung des Arbeitnehmers Nr. 84 = NZA 1984, 83.

33 Zu Einzelheiten siehe § 9 RN 3 ff.

34 So bereits *Otto*, Gutachten zum 56. DJT, S. E 18.

35 *Däubler*, NJW 1986, 867, 870 f.; *Denck*, NZA 1986, 80 ff.; *Gamillscheg*, AuR 1983, 317, 318 ff.; *Hanau*, FS Hübner (1984), S. 467, 481 ff.; *Kohte*, BB 1983, 1603, 1604 ff.; zust. auch *Lipperheide*, BB 1993, 720, 722.

36 *Brox/Walker*, DB 1985, 1469, 1474 ff.; *Dütz*, NJW 1986, 1779, 1782 ff.; *Eich*, NZA 1984, 65, 67 ff.; *Heinze*, NZA 1986, 545, 551; *Löwisch/Arnold*, JZ 1984, 622; *Mayer-Maly*, Anm. zu BAG AR-Blattei Haftung des Arbeitnehmers Nr. 107; *Richardi*, JZ 1986, 796, 799; *Sieg*, SAE 1984, 224, 225; *Zöllner*, Anm. zu BAG EzA § 611 BGB Gefahrgeneigte Arbeit Nr. 14.

37 BAG 12.2.1985 – 3 AZR 487/80 –, AP § 611 BGB Haftung des Arbeitnehmers Nr. 86 = NZA 1986, 91.

Hierbei ging es vor allem darum, ob die Gefahrneigung der Arbeit als Voraussetzung für eine Haftungsreduktion aufgegeben werden müsse und die Regeln über die Enthaftung des Arbeitnehmers stattdessen auf alle betrieblichen Tätigkeiten auszudehnen seien. Darüber hinaus sollte u. a. die vom 7. Senat befürwortete Beschränkung der Arbeitnehmerhaftung auf Vorsatz und grobe Fahrlässigkeit auf ihre Berechtigung überprüft werden. Aufgrund eines Anerkenntnisses durch den Beklagten kam es allerdings nicht zu einer Entscheidung in der Sache.[38]

9 Nur zwei Jahre später reformierte der inzwischen zuständige **8. Senat** die Grundsätze über die Arbeitnehmerhaftung ein weiteres Mal, indem er – im Falle gefahrgeneigter Arbeit – zur **dreistufigen Haftung** zurückkehrte.[39] Dabei wandte sich der 8. Senat ausdrücklich dagegen, aus § 254 BGB oder dem Begriff der „nicht schweren Schuld" auf eine generelle Enthaftung bei normaler Fahrlässigkeit zu schließen. Diese neuerliche Kehrtwendung stieß im Schrifttum auf ein geteiltes Echo.[40]

III. Die Maßgaben des Großen Senats des BAG 1994

10 Im Jahr 1989 rief der 8. Senat den Großen Senat des BAG erneut an, um eine Ausdehnung der Grundsätze über die Beschränkung der Arbeitnehmerhaftung auf sämtliche betrieblichen Tätigkeiten klären zu lassen.[41] 1992 erklärte der Große Senat, er wolle künftig die Ansicht vertreten, dass eine Enthaftung des Arbeitnehmers bei allen betrieblich veranlassten Tätigkeiten unabhängig von ihrer Gefahrneigung möglich sei.[42] An einer abschließenden Entscheidung sah sich der Große Senat des BAG aber aufgrund der Rechtsprechung des BGH gehindert, sodass er den Gemeinsamen Senat der obersten Gerichtshöfe des Bundes gemäß § 2 RsprEinhG anrief. Da sich der BGH der Ansicht des Großen Senats des BAG im Ergebnis anschloss,[43] erübrigte sich indes nach § 14 RsprEinhG eine Entscheidung durch den Gemeinsamen Senat der obersten Gerichtshöfe des Bundes. Mit seinem Beschluss vom 27.9.1994 zog der Große Senat des BAG einen vorläufigen Schlussstrich unter die Entwicklung der Arbeitnehmerhaftung, indem er die hierfür geltenden Grundsätze auf **alle betrieblichen Tätigkeiten** erstreckte.[44] Hinsichtlich der Verschuldensabstufungen, auf die sich die Vorlagefrage ohnehin nicht

38 Vgl. BAG 21.5.1987 – GS 1/85 –, und 4.9.1987 – 8 AZR 487/80 –, § 611 BGB Haftung des Arbeitnehmers Nr. 86a und 86b.

39 BAG 24.11.1987 – 8 AZR 524/82 –, AP § 611 BGB Haftung des Arbeitnehmers Nr. 93 = NZA 1988, 579.

40 Zust. etwa *Brox*, Gem. Anm. zu BAG § 611 BGB Haftung des Arbeitnehmers Nr. 92 und 93; abl. *Denck*, AuR 1988, 325, 327 ff.

41 BAG 12.10.1989 – 8 AZR 741/87 –, AP § 611 BGB Haftung des Arbeitnehmers Nr. 98 = NZA 1990, 95.

42 BAG 12.6.1992 – GS 1/89 –, AP § 611 BGB Haftung des Arbeitnehmers Nr. 101 = NZA 1993, 547.

43 BGH 21.9.1993 – GmS-OBG 1/93 –, AP § 611 BGB Haftung des Arbeitnehmers Nr. 102 = NZA 1994, 270.

44 BAG 27.9.1994 – GS 1/89 (A) –, AP § 611 BGB Haftung des Arbeitnehmers Nr. 103 = NZA 1994, 1083. Umgesetzt durch BAG 16.2.1995 – 8 AZR 493/93 –, AP § 611 BGB Haftung des Arbeitnehmers Nr. 106 = NZA 1995, 565; 23.1.1997 – 8 AZR 893/95 –, NZA 1998, 140; 25.9.1997 – 8 AZR 288/96 –, AP § 611 Haftung des Arbeitnehmers Nr. 111 = NZA 1998, 310.

bezogen hatte, hielt der Große Senat ausdrücklich an der dreigeteilten Fahrlässigkeit fest: bei grober Fahrlässigkeit in aller Regel volle Haftung, bei mittlerer Fahrlässigkeit Schadensteilung und bei leichtester Fahrlässigkeit keine Haftung.[45]

IV. Die Rechtslage in der ehemaligen DDR

Das frühere **Arbeitsgesetzbuch der DDR** regelte die Frage der Haftung des Arbeit- 11
nehmers in den §§ 260 ff. AGB-DDR als „materielle Verantwortlichkeit", die unter Umständen mit der „disziplinarischen Verantwortlichkeit" nach §§ 254 ff. AGB-DDR zusammentraf. Danach musste der Arbeitnehmer einen fahrlässig verursachten Schaden grundsätzlich nur bis zur Höhe eines tariflichen Monatslohnes, in bestimmten Fällen bis zur Höhe eines dreifachen monatlichen Tarifgehalts ersetzen. Lediglich bei Vorsatz oder im Falle einer Schädigung unter Alkoholeinfluss, für die der Arbeitnehmer gleichzeitig strafrechtlich zur Verantwortung gezogen wurde, umfasste der Ersatzanspruch den gesamten Schaden. Die Vorschriften über die Schadenshaftung galten im Gebiet der ehemaligen DDR gemäß den Bestimmungen des Einigungsvertrages noch bis zum 31.12. 1991.

V. Ausbau der Haftungsprivilegierung durch weitere Schritte des BAG

Zu den neueren Strömungen zu Gunsten der Arbeitnehmer zählt zunächst die zuneh- 12
mende Bejahung von **Haftungseinschränkungen selbst in den Fällen grober Fahrlässigkeit.**[46] So hatte das BAG bereits 1989 eine Haftungsbegrenzung bejaht, obwohl der Fahrer eines Autobusses nach den Feststellungen des Berufungsgerichts bei Rot (fast 6 Sekunden lang) in eine Kreuzung eingefahren war und durch einen Zusammenstoß an dem Fahrzeug einen Schaden von ca. 110.000 DM angerichtet hatte. Wesentlicher Ansatzpunkt für die Bejahung einer Schadensteilung durch das BAG, allerdings ohne eine feste Quote zu nennen, war das Missverhältnis von Arbeitsentgelt und Haftungsrisiko.[47] Ursprünglich schien der vom BAG noch im gleichen Jahr verwendete wenig glückliche

45 BAG 27.9.1994 – GS 1/89 (A) – unter C I 1, AP § 611 BGB Haftung des Arbeitnehmers Nr. 103 = NZA 1994, 1083.

46 Vgl. BAG 12.10.1989 – 8 AZR 276/88 –, AP § 611 BGB Haftung des Arbeitnehmers Nr. 97 = NZA 1990, 97; bestätigt durch BAG 12.11.1998 – 8 AZR 221/97 – LS 2, AP § 611 BGB Haftung des Arbeitnehmers Nr. 117 m. Anm. *M. Ahrens* = NZA 1999, 263 = SAE 2000, 210 m. Anm. *Schüren/Cantauw*; 15.11.2001 – 8 AZR 95/01 – unter I 4, AP § 611 BGB Haftung des Arbeitnehmers Nr. 121 = NZA 2002, 612 = EzA § 611 BGB Arbeitnehmerhaftung Nr. 68 m. zust. Anm. *Bengelsdorf* (Mitropa); LAG Nürnberg 20.3.1996 – 3 Sa 803/95 –, NZA-RR 1997, 3. Weiteres Zahlenmaterial in der Anm. von *Hamacher* zu BAG EzA § 611 BGB Arbeitnehmerhaftung Nr. 63 (unter IV). Näheres § 10 RN 1 ff.

47 BAG 12.10.1989 – 8 AZR 276/88 –, AP § 611 BGB Haftung des Arbeitnehmers Nr. 97 = NZA 1990, 97.

Topos der **„besonders groben (gröbsten) Fahrlässigkeit“**[48], der im konkreten Fall einer grob fehlerhaften Bluttransfusion durch eine Ärztin jede Haftungsmilderung ausschließen sollte, wenigstens eine äußerste Grenze des Arbeitnehmerschutzes zu markieren. Dass darunter indessen keine eigenständige vierte Schuldstufe der Fahrlässigkeit verstanden werden sollte,[49] hat das BAG später ausdrücklich bekräftigt, hieraus jedoch die zweifelhafte Konsequenz gezogen, auch bei „gröbster“ Fahrlässigkeit schieden Haftungserleichterungen für den Arbeitnehmer nicht grundsätzlich aus.[50] Vor diesem Hintergrund ist es zu begrüßen, wenn das BAG unterstreicht, dass der Arbeitnehmer bei grober Fahrlässigkeit grundsätzlich den gesamten Schaden zu ersetzen hat und eine Haftungsmilderung nur im Einzelfall in Betracht kommt.[51] Eine allgemeine Haftungsbeschränkung auf drei Monatsverdienste, wie von der Vorinstanz angenommen, könne nur der Gesetzgeber festlegen.[52]

13 Von elementarer Bedeutung ist der bisher letzte Umbau des allgemeinen zivilrechtlichen Haftungssystems zu Gunsten der Arbeitnehmerseite durch das „Gabelstapler-Urteil“ des 8. Senats vom 18.4.2002.[53] In diesem Grundsatzurteil hat sich das BAG ohne Not erstmals dahin festgelegt, als **Bezugspunkt des Verschuldens**[54] bei betrieblich veranlasster Tätigkeit entgegen den ihm bewussten allgemeinen zivilrechtlichen Grundsätzen (allerdings in Übereinstimmung mit den später geschaffenen §§ 31a, 31b BGB) nicht auf die Pflicht-, Rechtsgut- oder Schutzgesetzverletzung, sondern auf den **Schadenseintritt** abzustellen.[55] Allein danach soll sich der jeweils dem Arbeitnehmer vorzuwerfende Verschuldensgrad bestimmen, sodass selbst bei vorsätzlichen Pflicht-

48 BAG 25.9.1997 – 8 AZR 288/96 –, AP § 611 BGB Haftung des Arbeitnehmers Nr. 111 = NZA 1998, 310 = EzA § 611 BGB Arbeitnehmerhaftung Nr. 63 m. krit. Anm. *Hamacher*, der die Wortwahl i.S. eines neuen Verschuldensgrades versteht.

49 Ebenso *Krause*, NZA 2003, 577, 583 f.; *Mikosch*, Rezension, AuR 2002, 147, 148; *Waltermann*, RdA 2005, 98, 104.

50 BAG 28.10.2010 – 8 AZR 418/09 – Rn. 23, AP § 611 BGB Haftung des Arbeitnehmers Nr. 136 = NZA 2011, 345. Näher dazu § 10 RN 9 ff.

51 BAG 15.11.2012 – 8 AZR 705/11 –, AP § 611 BGB Haftung des Arbeitnehmers Nr. 137 = NZA 2013, 640.

52 BAG 15.11.2012 – 8 AZR 705/11 –, AP § 611 BGB Haftung des Arbeitnehmers Nr. 137 = NZA 2013, 640.

53 BAG 18.4.2002 – 8 AZR 348/01 –, AP § 611 BGB Haftung des Arbeitnehmers Nr. 122 m. zust. Anm. *Deutsch* = NZA 2003, 37 = EzA § 611 BGB Arbeitnehmerhaftung Nr. 70 m. abl. Anm. *Schwarze* = AR-Blattei ES 870 Nr. 137 m. insoweit krit. Anm. *Peifer*; krit. ebenfalls *Otto*, EWiR 2002, 1073; *ders.*, FS 50 Jahre BAG (2004), S. 97, 100 ff.; ferner *Halm/Steinmeister*, SVR 2004, 241, 242; *Krause*, NZA 2003, 577, 583; *Sutschet*, Jb. Junger Zivilrechtswissenschaftler, 2003, S. 269, 278 ff.; *Sandmann*, Anm. SAE 2003, 163 ff., bezweifelt nur die betriebliche Veranlassung der Tätigkeit, nicht aber den Bezugspunkt des Verschuldens (S. 168). Zust. hingegen *Brose*, RdA 2011, 205, 210 ff., 214; *Staudinger/Fischinger*, BGB (2022), § 619a Rn. 77 – zu Unrecht wird dort behauptet, anderenfalls schiede eine Haftungsprivilegierung aus (dazu unten § 10 RN 7 ff.); *Schumacher*, Die privilegierte Haftung des Arbeitnehmers, S. 47 ff.; *Walker*, JuS 2002, 736, 739; ebenso MünchKommBGB/*Henssler*, 9. Aufl., § 619a Rn. 40; allerdings heißt es dort (Rn. 34), einleitend nach wie vor zutreffend: „Wichtigstes Kriterium hierbei ist der Grad des Verschuldens, mit dem der Arbeitnehmer die Pflichtwidrigkeit begangen hat.“

54 Näher dazu § 9 RN 3 ff. und § 10 RN 7 ff.

55 BAG 18.4.2002 (FN 53) unter II 3 c aa. Zust. LAG Niedersachsen 7.7.2003 – 5 Sa 188/02 –, NZA-RR 2004, 42.

verletzungen eine sehr weitgehende Haftungsmilderung bis hin zum Haftungsausschluss vorprogrammiert ist, wenn der Schuldvorwurf hinsichtlich des Schadenseintritts eine geringere Intensität aufweist oder gar ganz entfällt. An dem Bezugspunkt des Schadenseintritts hält das BAG ohne eine Auseinandersetzung mit der an der Grundsatzentscheidung geäußerten Kritik[56] fest.[57] Für die Interpretation der „vorsätzlichen Herbeiführung des Versicherungsfalls" in § 104 Abs. 1 bzw. § 105 Abs. 1 SGB VII leuchtet allerdings wegen des Vorrangs des kollektiven sozialversicherungsrechtlichen Schadensausgleichs ein, dass sich der Vorsatz nicht nur auf die Pflichtverletzung, sondern auch auf den Verletzungserfolg beziehen muss.[58] Angesichts der Marschrichtung des BAG bei der innerbetrieblichen Risikoverteilung ist es besonders bemerkenswert, dass sich der BGH bei der **Haftungsprivilegierung ehrenamtlich tätiger Vereinsmitglieder** zwar im Ausgangspunkt auf die Privilegierung im Arbeitsrecht beruft, aber nicht nur jede Entlastung bei grober Fahrlässigkeit ablehnt, sondern deren Prüfung offenbar auf den Pflichtverstoß im objektiven und subjektiven Sinn, nicht aber auf den Schadenseintritt bezogen hat.[59] Für Vorstandsmitglieder oder besondere Vertreter, die unentgeltlich tätig sind oder nur eine jährliche Vergütung bis zu 840 EUR erhalten, begrenzt § 31a Abs. 1 S. 1 und 2 BGB die Haftung gegenüber dem Verein wie auch gegenüber den Vereinsmitgliedern mittlerweile ausdrücklich auf Vorsatz und grobe Fahrlässigkeit.[60] Ein für den Fall einer Drittschädigung nach § 31a Abs. 2 S. 1 BGB bestehender Freistellungsanspruch wird gemäß § 31a Abs. 2 S. 2 BGB nur versagt, wenn der Schaden vorsätzlich oder grob fahrlässig verursacht wurde, woraus abzuleiten ist, dass Bezugspunkt des Verschuldens auch im Rahmen von Abs. 1 der Schadenseintritt ist. Dasselbe gilt nach § 31b BGB für Vereinsmitgliedmitglieder.

---

56 Siehe die Nachweise in FN 53.

57 BAG 18.1.2007 – 8 AZR 250/06 – Rn. 34, AP § 254 BGB Nr. 15 = NZA 2007, 1230; 25.10.2007 – 8 AZR 593/06 – Rn. 83, AP § 611 BGB Mobbing Nr. 6 = NZA 2008, 223; 28.10.2010 – 8 AZR 418/09 – Rn. 20 und 22, AP § 611 BGB Haftung des Arbeitnehmers Nr. 136 = NZA 2011, 345.

58 Näher dazu § 23 RN 7; insoweit zutreffend BAG 10.10.2002 – 8 AZR 103/02 –, AP § 104 SGB VII Nr. 1 m. Anm. *Schwarze* = NZA 2003, 436; 28.4.2011 – 8 AZR 769/09 – Rn. 50, AP § 104 SGB VII Nr. 6 = NZA-RR 2012, 290. Dasselbe gilt für den Ausschluss des Haftpflichtversicherungsschutzes durch § 103 VVG, „wenn der Versicherungsnehmer vorsätzlich und widerrechtlich den bei dem Dritten eingetretenen Schaden herbeigeführt hat" (siehe *Lücke*, in: Prölss/Martin, VVG, 31. Aufl., § 103 VVG Rn. 4 f.). Die gegenüber § 152 VVG a.F. geänderte Formulierung bedeutet nur eine Klarstellung. Wegen der angeblich strengeren Haftung beim Regress nach § 110 SGB VII (BAG 10.10.2002 a.a.O. unter II 4 b dd) krit. *Schwarze*, Anm. a.a.O.: Auch beim Regress muss sich das Verschulden trotz des Wortlauts des § 110 Abs. 1 S. 3 SGB VII lediglich auf die Rechts- bzw. Pflichtwidrigkeit des schadensursächlichen Verhaltens einschließlich des Verletzungserfolgs beziehen. Näher unten § 25 RN 6 ff.

59 BGH 15.11.2011 – II ZR 304/09 – Rn. 9, NJW-RR 2012, 280.

60 MünchKommBGB/*Leuschner*, 9. Aufl., § 31a Rn. 9 ff. Näher *Leuschner*, NZG 2014, 281 ff.; *Reuter*, NZG 2009, 1369 ff.; *Unger*, NJW 2009, 3269 ff.

VI. Mangelnder Regelungswille des Gesetzgebers

14 Der Gesetzgeber hat nicht nur den generellen Auftrag zur Kodifizierung des Arbeitsvertragsrechts (Art. 30 Abs. 1 Nr. 1 EinigungsV) mit Nichtachtung gestraft, sondern ist auch bei der Schuldrechtsmodernisierung im Jahr 2002 der zentralen Problematik der Haftungsprivilegierung im Arbeitsrecht ausgewichen. Mit § 619a BGB hat er lediglich verhindert, dass einem Arbeitnehmer sogar eine Haftung ohne nachgewiesenes Verschulden droht.[61] Gemäß § 280 Abs. 1 S. 2 BGB müsste sich nämlich der Arbeitnehmer an sich bei jeder festgestellten Pflichtverletzung entlasten. Demgegenüber bestimmt § 619a BGB, dass „der Arbeitnehmer dem Arbeitgeber Ersatz für den aus der Verletzung einer Pflicht aus dem Arbeitsverhältnis entstehenden Schaden nur zu leisten hat, wenn er die Pflichtverletzung zu vertreten hat".[62] § 619a BGB macht hingegen gerade keine Aussage über den Haftungsmaßstab (und die sonstige Risikoverteilung). Nach Ansicht des Gesetzgebers sind die **Grundsätze zur Begrenzung der Arbeitnehmerhaftung bei betriebsbezogener Tätigkeit** als Haftungsmilderung einzuordnen, die sich gemäß § 276 Abs. 1 S. 1 BGB „aus dem Inhalt des Schuldverhältnisses" ergeben.[63] Bei genauerer Betrachtung zeigt sich indes, dass diese Vorschrift nicht auf die Arbeitnehmerhaftung passt. So ist für die in § 276 Abs. 1 S. 1 BGB in erster Linie vorgesehene Bestimmung des Haftungsmaßstabs durch Vertrag von vornherein kein Raum. Auch kann man nicht davon sprechen, dass der Arbeitgeber durch die von Rechts wegen vorgegebene Haftungsbeschränkung zu Gunsten des Arbeitnehmers freiwillig ein größeres Haftungsrisiko übernimmt. Schließlich kann man die erforderliche Berücksichtigung der konkreten Umstände der Schadensentstehung[64] nicht in dieser Norm, die sich nur auf den Verschuldensmaßstab bezieht, unterbringen.[65]

---

61 *Staudinger/Schwarze*, BGB (2019), § 280 Rn. F 52; ebenso *Däubler*, NZA 2001, 1329, 1331 f.; *Löwisch*, NZA 2001, 465, 466; *ders.*, FS Wiedemann (2002), S. 311, 327 ff.; *Richardi*, NZA 2002, 1004 ff.; *Staudinger/Fischinger*, BGB (2022), § 619a Rn. 1 ff.

62 Siehe *Staudinger/Caspers*, BGB (2019), § 276 Rn. 135, und *Staudinger/Schwarze*, BGB (2019), § 280 Rn. F 52, sowie allgemein *Staudinger/Fischinger*, BGB (2022), § 619a Rn. 1 ff. Nach Ansicht von *Staudinger/Otto*, BGB (2009) § 280 D 30, handelt es sich entgegen der Gesetzesüberschrift nicht bloß um eine Beweislastregel; a.A. *Walker*, FS Canaris (2007), Bd. I, S. 1503, 1513. Da die inhaltliche Haftungsprivilegierung des Arbeitnehmers an die Betriebsbezogenheit der Tätigkeit gekoppelt ist, wird mit Recht die Frage aufgeworfen, ob die den Arbeitgeber benachteiligende Regelung des § 619a BGB nicht auf betriebsbezogene Tätigkeiten des Arbeitnehmers teleologisch zu reduzieren ist, *Staudinger/Fischinger*, BGB (2022), § 619a Rn. 13 ff.; *Gäntgen*, in: Baumgärtel/Laumen/Prütting, Handbuch der Beweislast, 5. Aufl., § 619a BGB Rn. 5; *Gotthardt*, Arbeitsrecht nach der Schuldrechtsreform, 2. Aufl., Rn. 197; *Henssler*, RdA 2002, 129, 132 f.; *Oetker*, BB 2002, 43, 44; *Otto/Bieder*, Arbeitsrecht, 5. Aufl., Rn. 614; *Schlodder*, Der Arbeitsvertrag im neuen Schuldrecht, S. 153 ff.; *Zieglmeier*, JuS 2007, 701, 703.

63 So die Gegenäußerung der Bundesregierung auf die entsprechende kritische Frage des Bundesrates nach der Begrenzung der Arbeitnehmerhaftung, BT-Drucks 14/6857, Anl. 3 Zu Nr. 21. Näher dazu § 5 RN 5 f.

64 Näher dazu § 9 RN 28.

65 In diesem Sinne auch *Henssler*, RdA 2002, 129, 133.

VII. Unabdingbarkeit

Bei der Begrenzung der Arbeitnehmerhaftung handelt es sich somit nach wie vor um Richterrecht[66], das für jedes Arbeitsverhältnis gilt und das nach Sinn und Zweck **als Arbeitsschutzrecht im Grundsatz nicht zum Nachteil des Arbeitnehmers abbedungen werden kann.**[67] Die zwingende Wirkung findet ihre Rechtfertigung in der sozialen Schutzwürdigkeit des Arbeitnehmers vor wirtschaftlich unzumutbarer Belastung.[68] Einzelvertragliche Vereinbarungen sind daher nur zulässig, wenn sie im Ergebnis nicht zu einer Haftungsverschärfung führen. Von praktischer Bedeutung ist diese Frage fast nur im Bereich der Mankohaftung.[69] Die zwingende Wirkung gilt auch für Betriebsvereinbarungen. Hingegen ist den Tarifvertragsparteien entgegen der Sichtweise des BAG[70] ein gewisser Spielraum bei der Ausgestaltung der Grundsätze über die Arbeitnehmerhaftung zuzubilligen, um sie branchenspezifischen Besonderheiten anpassen zu können.[71] Dies gilt erst recht im Hinblick auf den Ersatz von Eigenschäden des Arbeitnehmers.[72] Eine weitergehende Haftungsmilderung zu Gunsten des Arbeitnehmers ist sowohl bei Fremd- wie bei Eigenschäden im Grundsatz problemlos zulässig.[73] 15

VIII. Die Sondersituation des öffentlichen Dienstes

Für den **Bereich des öffentlichen Dienstes** gelten aufgrund der beamtenrechtlichen Regelungen und ihrer Übernahme in die entsprechenden Tarifwerke (früher § 14 BAT, § 11a MTB-II, § 11a MTL-II, § 9a BMT-G II, jetzt § 3 Abs. 7 TVoD bzw. TV-L für Beschäftigte des Bundes und der Länder) bzw. infolge der einer ausdrücklichen Haftungsbeschränkung auf Vorsatz und grobe Fahrlässigkeit (z.B. in § 3 Abs. 6 TVöD-V für Beschäftigte im kommunalen Bereich) schon seit langem abweichende Grundsätze. 16

66 Vgl. BAG 27.9.1994 – GS 1/89 (A) – unter B III 2, AP § 611 BGB Haftung des Arbeitnehmers Nr. 103 = NZA 1994, 1083; *Brose*, RdA 2011, 205, 215 f; *Otto/Bieder*, Arbeitsrecht, 5. Aufl., Rn. 595 ff. Näher unten § 4 RN 17 ff.

67 BAG 5.2.2004 – 8 AZR 91/03 – unter II 2 c aa, AP § 611 Haftung des Arbeitnehmers Nr. 126 = NZA 2004, 649: „einseitig zwingendes Arbeitnehmerschutzrecht"; LAG München 28.10.2021 – 3 Sa 362/21 – #, LAGE § 623 BGB 2002 Nr. 14 (allerdings unter gleichzeitigem Verweis auf § 307 Abs. 1 S. 1 BGB); *Brose*, RdA 2011, 205, 215 f.; MünchKommBGB/*Henssler*, 9. Aufl., § 619a Rn. 13; *Walker*, FS Canaris (2007), Bd. I, S. 1503, 1511 ff.; *Waltermann*, RdA 2005, 98, 108 f.; *Zachert*, in: Kempen/Zachert, TVG, 5. Aufl., Grundl. Rn. 547.

68 Näher dazu § 3 RN 24 f.

69 Eingehende Diskussion der Frage einzelvertraglicher Abweichungen deshalb unter § 13 RN 41 ff.

70 BAG 5.2.2004 – 8 AZR 91/03 – unter II 2 c aa, AP § 611 Haftung des Arbeitnehmers Nr. 126 = NZA 2004, 649.

71 Ebenso *Jacklofsky*, NZA 2001, 644, 647 f.; JKOS/*Krause*, Tarifvertragsrecht, 2. Aufl., 2013, Rn. 146; *ders.*, NZA 2003, 577, 855 f.; *Löwisch/Rieble*, TVG, 4. Aufl., § 1 Rn. 1863 ff., 2359 ff.; *Schwarze*, RdA 2001, 178, 179 f.; in diese Richtung auch *Hanau*, Gutachten zum 63. DJT, S. C 62; detaillierte Analyse nunmehr bei *Wall*, Tarifliche Regelungen, S. 243 ff., 311 ff.

72 Näher dazu § 27 RN 30 ff.

73 *Löwisch/Rieble*, TVG, 4. Aufl., § 1 Rn. 1861 f.

Nachdem die Haftung ursprünglich nur für Schädigungen infolge hoheitlicher Tätigkeiten auf Vorsatz und grobe Fahrlässigkeit beschränkt war, erstreckte sich die Haftungsreduktion spätestens aufgrund der Neufassung des § 46 Abs. 1 S. 1 BRRG[74] seit dem 1.1.1993 auch auf nichthoheitliche Tätigkeiten (zur gegenwärtigen Situation siehe nur § 75 BBG, § 48 BeamtStG[75]). Für die im öffentlichen Dienst Beschäftigten tritt damit bei allen dienstlichen Tätigkeiten eine Haftung von vornherein nur bei Vorsatz und grober Fahrlässigkeit ein.[76]

IX. Besonderheiten beim Hinweisgeberschutz

17 Eine Sonderregelung für **„hinweisgebende Personen" (Whistleblower)**, bei denen es sich zwar nicht ausschließlich, aber doch vielfach um Arbeitnehmer handeln wird, enthält nunmehr § 38 HinSchG. Danach ist der Hinweisgeber dem Arbeitgeber (oder auch einem angezeigten Arbeitnehmer)[77] im Anwendungsbereich des HinSchG[78] nur dann zum Schadenersatz verpflichtet, wenn der Schaden aus einer vorsätzlichen oder grob fahrlässigen Meldung oder Offenlegung unrichtiger Informationen entstanden ist. Zur Begründung dieses gegenüber § 276 Abs. 1 S. 1 BGB strengeren Verschuldensmaßstabs verweist der Gesetzgeber darauf, dass eine Schadensersatzpflicht auch für einfach fahrlässig unrichtige Meldungen der Regelung des Art. 6 Abs. 1 Buchst. a Hinweisgeber-Richtlinie (EU) 2019/1937 zuwiderlaufen würde, nach dem der gutgläubige Hinweisgeber Schutz genießen soll.[79] Dabei soll eine grobe Fahrlässigkeit nach Ansicht mancher schon dann vorliegen, wenn der Hinweisgeber zumutbare Aufklärungsmöglichkeiten nicht genutzt hat.[80] Tatsächlich legt das Unionsrecht aber einen noch strengeren Maßstab nahe. Zwar macht Art. 6 Abs. 1 Buchst. a RL (EU) 2019/1937 im Gleichklang mit Erwägungsgrund 91 S. 3 RL (EU) 2019/1937 den Schutz von Hinweisgebers im Allgemeinen davon abhängig, dass sie hinreichenden Grund zu der Annahme hatten, die gemeldeten Informationen entsprächen der Wahrheit und unterfielen der Richtlinie. Soweit es um einen Schadensersatzanspruch gegen den Hinweisgeber geht, enthält Art. 23 Abs. 2 RL (EU) 2019/1937 in Verbindung mit Erwägungsgrund 101 S. 2 RL (EU) 2019/1937 indes eine spezielle Regelung, nach der die Mitgliedstaaten eine Wiedergutmachung von Schäden für den Fall vorsehen sollen, dass der Hinweisgeber wissentlich falsche In-

74 Außer Kraft getreten am 1.4.2009.

75 Nachw. der landesgesetzlichen Regelungen in § 14 RN 1 FN 12.

76 Zu Einzelheiten der Haftung im öffentlichen Dienst siehe § 14 RN 1 ff.

77 Vgl. *Bayreuther*, DB 2023, 1537, 1546.

78 Bei einer fakultativen Ausdehnung auf weitere Meldegegenstände durch den Beschäftigungsgeber empfiehlt sich im Hinblick auf Schäden des Arbeitgebers eine analoge Anwendung von § 38 HinSchG bzw. im Hinblick auf Schäden Dritter ggf. ein (allerdings verschuldensabhängiger) Regressanspruch des Hinweisgebers, vgl. *Görges*, NZA 2024, 808, 810 ff.

79 BT-Drucks 20/3442, 97.

80 So *Thüsing/Musiol*, in: Thüsing, HinSchG, § 38 Rn. 9; in diesem Sinne auch *Siemes*, CCZ 2022, 293, 300 ff.

formationen gemeldet oder offengelegt hat. Bei unbefangener Betrachtungsweise wird man diese Vorgabe nicht dahingehend zu verstehen haben, dass eine Schadensersatzpflicht zumindest in diesem Fall bestehen soll, um vor böswilligen Meldungen abzuschrecken, die Mitgliedstaaten aber auch geringere Voraussetzungen für eine Haftung des Hinweisgebers festlegen dürfen. Vielmehr ist das Unionsrecht in dem Sinne zu deuten, dass sich die Schadensersatzpflicht gerade umgekehrt auf den genannten Fall einer wissentlichen Fehlinformation beschränken soll,[81] um potenzielle Hinweisgeber unterhalb der Schwelle der Böswilligkeit nicht abzuschrecken, mag dies rechtspolitisch auch nicht unbedenklich sein. Da Art. 25 Abs. 1 RL (EU) 2019/1937 zwar die Einführung von für Hinweisgeber günstigere Bestimmungen, nicht aber verschlechternde Vorschriften zulässt, spricht vor diesem Hintergrund spricht vieles dafür, § 38 HinSchG richtlinienkonform dahin auszulegen, dass der Schadensersatzanspruch eine vorsätzlich falsche Meldung oder Offenlegung voraussetzt, während ein (einfach oder grob) fahrlässiges Verhalten des Hinweisgebers nicht genügt.[82] Im Übrigen sind die Einschränkungen der Haftung nach § 38 HinSchG auch auf konkurrierende Anspruchsgrundlagen zu übertragen.[83] Dagegen muss es in den Fällen des § 3b Abs. 5 BörsG, der §§ 48 Abs. 1, 53 Abs. 5 S. 2 GwG und des § 23 Abs. 3 WpHG bei einer Schadensersatzhaftung des hinweisgebenden Arbeitnehmers nicht nur für Vorsatz, sondern auch für grobe Fahrlässigkeit bleiben.

81 Ebenso EUArbRK/*Fest*, 5. Aufl., RL (EU) 2019/1937 Art. 6 Rn. 42.

82 BeckOK ArbR/*Bruns*, HinSchG (Stand: 12/2024), § 38 Rn. 4; für eine Haftung auch für grobe Fahrlässigkeit dagegen *Bayreuther*, DB 2023, 1537, 1546; BeckOK HinSchG/*Colneric/Gerdemann*, 4. Ed., HinSchG (Stand: 11/2024), § 38 Rn. 6; *Dzida/Seibt*, NZA 2023, 657, 665; *Lieder/Wagner*, in: Lieder/Ceesay, HinSchG, § 38 Rn. 8 ff.

83 *Bayreuther*, DB 2023, 1537, 1546; ErfK/*Greiner*, 25. Aufl., HinSchG § 38 Rn. 2.

§ 3 Prinzipien einer gerechten Haftungsverteilung im Arbeitsverhältnis

1 Die Überzeugungskraft der von der Rechtsprechung entwickelten Grundsätze über den innerbetrieblichen Schadensausgleich hängt wesentlich davon ab, dass diese Rechtsfortbildung nicht lediglich eine judizielle Eigenwertung ist, sondern auf der Konkretisierung von Rechtsprinzipien beruht. Eine Rechtsdogmatik, die sich darauf beschränkt, als inneren Geltungsgrund der Enthaftung nur das „arbeitsrechtliche Billigkeitsgebot in Verbindung mit dem allgemeinen Gerechtigkeitspostulat"[1] anzubieten, vermag nicht zufriedenzustellen. Die folgenden Ausführungen sollen deshalb diese Rechtsprinzipien benennen und sie auf ihre Tragfähigkeit untersuchen. Dabei werden zunächst diejenigen Prinzipien näher beleuchtet, die eine Enthaftung des Arbeitnehmers rechtfertigen. Anschließend ist auf diejenigen Grundsätze einzugehen, die einer Haftungseinschränkung entgegenstehen.

I. Haftungsentlastende Prinzipien

2 Die Grundsätze, die eine Haftungsreduktion rechtfertigen, lassen sich im Wesentlichen auf zwei Grundgedanken zurückführen: Zum einen geht es um die **Heranziehung und Entfaltung allgemeiner haftungsrechtlicher Überlegungen, durch die das betriebliche Risikopotential konkretisiert und dem Arbeitgeber zugewiesen** wird. Zum anderen beruht die Haftungseinschränkung auf dem **spezifisch sozialen Aspekt, den Arbeitnehmer vor einer für ihn wirtschaftlich unzumutbaren Belastung zu schützen.** Mit dem Rekurs auf den Risikogedanken wird die arbeitsrechtliche Thematik der Haftung des abhängig Beschäftigten zumindest teilweise in das allgemeine Zivilrecht (re)integriert.[2] Die Zuweisung von Risiken, die aus bestimmten Gefahrenlagen hervorgehen, gehört systematisch nämlich grundsätzlich in den Bereich des allgemeinen Haftungsrechts.[3] Die Nutzung der „rechtstheoretischen Reserven"[4] des Zivilrechts für die Lösung arbeitsrechtlicher Probleme ist vor allem deshalb zu betonen, weil nicht selten die Neigung zu beobachten ist, in Fragen der Arbeitnehmerhaftung ohne Rücksicht auf die Strömungen im allgemeinen Haftungsrecht sogleich für Sonderentwick-

---

1 So *Dütz*, NJW 1986, 1779, 1784. Nicht ganz befriedigend auch *Rieble*, Gem. Anm. zu BAG EzA § 611 BGB Gefahrgeneigte Arbeit Nr. 23 und EzA § 611 BGB Arbeitnehmerhaftung Nr. 53 (unter II 1): „Richtige Ausgestaltung der Arbeitnehmerhaftung nicht aus gesetzlichen Wertungen ableitbar"; für einen Rekurs auf die Wertungen der § 254 BGB und § 242 BGB (Verbot widersprüchlichen Verhaltens) wenig später aber *ders.*, a.a.O. (unter II 3 und III).

2 *Schlachter,* FS OLG Jena (1994), S. 253, 257.

3 Demgegenüber hat insbesondere die ältere Lit. die Tragung betrieblicher Risiken durch den Arbeitgeber in einen Zusammenhang mit der Natur des Arbeitsverhältnisses gestellt; vgl. etwa *Larenz*, SAE 1959, 185.

4 *Mayer-Maly*, JZ 1961, 205, 209.

https://doi.org/10.1515/9783110728606-005

lungen zu plädieren. Allerdings kann in der Diskussion um die Legitimation der Enthaftung auf den zusätzlichen Gesichtspunkt der sozialen Schutzbedürftigkeit des Arbeitnehmers vor einer wirtschaftlich unzumutbaren Belastung nicht verzichtet werden. Die Enthaftungsproblematik ist zu komplex, um durch monokausale Konzeptionen angemessen erklärt werden zu können.[5] Im Übrigen bedeutet die grundsätzliche Unterscheidung von bürgerlichrechtlichen und arbeitsrechtlichen Überlegungen nicht, dass man es in diesem Bereich mit zwei völlig disparaten Argumentationslinien zu tun hat. Vielmehr wirken sich die genuin arbeitsrechtlichen Aspekte nicht selten in der Weise aus, dass sie das Gewicht der bürgerlichrechtlichen Elemente zu Gunsten des Arbeitnehmers verstärken.[6]

1. Betriebliches Risikopotential

Das betriebliche Risikopotential umfasst eine Vielzahl einzelner Gesichtspunkte, die 3
zudem miteinander verwoben sind. Eine trennscharfe Abgrenzung ist nicht zuletzt aufgrund der vielschichtigen und verschlungenen Argumentationslinien in der Rechtsprechung und dem kaum noch zu überblickenden Schrifttum nicht möglich. Erschwerend kommt hinzu, dass einzelne Aspekte einen durchaus ambivalenten Charakter aufweisen und ihre jeweilige Einstufung als ein den Arbeitnehmer entlastender Faktor jedenfalls nicht unumstritten ist.

Das BAG[7] und große Teile der Literatur[8] favorisieren schon seit langem das vom 4
Arbeitgeber zu tragende **Betriebsrisiko** als denjenigen Umstand, der die grundsätzliche Abkehr von den Haftungsgrundsätzen des BGB legitimieren soll. Dabei wird das Betriebsrisiko als ein Element eingestuft, das aus sich selbst heraus Haftungserleichterungen bewirkt.[9] Demgegenüber hatte die ältere Rechtsprechung den ihr durchaus schon bekannten Gesichtspunkt des Betriebsrisikos noch in die Fürsorgepflicht des

5 MHdB ArbR/*Reichold*, 6. Aufl., § 57 Rn. 27; *Preis*, AuR 1986, 360, 366; *Schlachter*, FS OLG Jena (1994), S. 253, 258 f.

6 In diesem Sinne auch *Koller*, Risikozurechnung, S. 402 ff.

7 BAG 28.4.1970 – 1 AZR 146/69 –, AP § 611 BGB Haftung des Arbeitnehmers Nr. 55; 7.7.1970 – 1 AZR 505/69 –, AP § 611 BGB Haftung des Arbeitnehmers Nr. 58; 3.11.1970 – 1 AZR 228/70 –, AP § 611 BGB Haftung des Arbeitnehmers Nr. 61; 24.11.1987 – 8 AZR 524/82 –, AP § 611 BGB Haftung des Arbeitnehmers Nr. 93 = NZA 1988, 579; BAG 12.6.1992 – GS 1/89 –, AP § 611 BGB Haftung des Arbeitnehmers Nr. 101 = NZA 1993, 547; 27.9. 1994 – GS 1/89 (A) –, AP § 611 BGB Haftung des Arbeitnehmers Nr. 103 = NZA 1994, 1083. Ebenso BGH 21.12. 1993 – VI ZR 103/93 – unter II 2 b aa, AP § 611 BGB Haftung des Arbeitnehmers Nr. 104 = NJW 1994, 852; 11.3. 1996 – II ZR 230/94 –, AP § 611 BGB Haftung des Arbeitnehmers Nr. 109.

8 *Gamillscheg*, Referat zum 45. DJT, S. G 15 f.; *Gamillscheg/Hanau*, Haftung des Arbeitnehmers, 2. Aufl., S. 46 ff.; *Lieb/Jacobs*, Arbeitsrecht, 9. Aufl., Rn. 225; *Preis*, AuR 1986, 360, 365; *Söllner/Waltermann*, Arbeitsrecht, 13. Aufl., Rn. 815; differenzierter *Waltermann*, Arbeitsrecht, 20. Aufl., Rn. 240, *ders.*, RdA 2005, 98, 99 f. Etwas präziser bereits *Wilburg*, Referat zum 43. DJT, S. C 15: Risiko einer Betriebsgefahr.

9 Zur Doppelfunktion des Betriebsrisikos als generelle Grundlage des Haftungsausschlusses und als konkreter Abwägungsfaktor plastisch *Zöllner*, Anm. zu BAG EzA § 611 BGB Gefahrgeneigte Arbeit Nr. 14 (unter II 1).

Arbeitgebers eingebettet.[10] Die vom Arbeitnehmer schuldhaft verursachten Schäden werden danach bis zu einem gewissen Grad als Teil des Unternehmerwagnisses angesehen, das nicht mit den Instrumenten des Haftungsrechts auf den Beschäftigten verlagert werden darf.

5 Diese Aussagen sind aus mehreren Gründen problematisch: In terminologischer Hinsicht ist der **Begriff des Betriebsrisikos diffus**, weil er zugleich das Entgeltrisiko des Arbeitgebers bei zufälliger Unmöglichkeit der Dienstleistung bezeichnet,[11] auch wenn man die Frage der Begriffsbildung nicht überschätzen sollte.[12] Des Weiteren bestehen auch hinsichtlich eines in einem rein haftungsrechtlichen Sinne verstandenen Betriebsrisikos Unklarheiten. Einerseits lassen die ersten Entscheidungen, die dem Betriebsrisiko eine eigenständige Bedeutung zumessen, dessen genauen Inhalt weitgehend im Dunkeln.[13] Andererseits verbinden die weitere Rechtsprechung und das Schrifttum mit diesem Terminus teilweise sehr heterogene Aspekte, sodass die Verwendung desselben Oberbegriffs nicht zwingend als eine Übereinstimmung in der Sache aufgefasst werden kann. Schließlich stellt das Betriebsrisiko für sich genommen nur eine Umschreibung dafür dar, dass gewisse Faktoren auch über das **echte Mitverschulden im Sinne des § 254 Abs. 1 BGB** hinaus zu einer zumindest partiellen Enthaftung des unselbstständig Beschäftigten führen.[14] Eine Antwort auf die Frage, warum der innerbetriebliche Schadensausgleich zu Gunsten des Arbeitnehmers von den allgemeinen Grundsätzen der Verschuldenshaftung abweicht, wird durch den schlichten Verweis auf das „Betriebsrisiko" nicht gegeben.[15] Betrachtet man das **betriebliche Risikopotential daher näher,** ist zwischen erhöhten und allgemeinen arbeitsspezifischen Risiken zu unterscheiden, die mit der geschuldeten Tätigkeit verbunden sind.

---

10 Vgl. etwa BAG 25.9.1957 – GS 4/56 (5/56) –, AP §§ 898, 899 RVO Nr. 4; BGH 10.1.1955 – III ZR 153/53 –, BGHZ 16, 111, 116 = AP § 611 BGB Haftung des Arbeitnehmers Nr. 1. In diesem Sinne auch *Larenz*, SAE 1959, 189.

11 Krit. deshalb auch *Achterberg*, AcP 164 (1964), 14, 39 f.; *Brox/Walker* DB 1985, 1469, 1470; *Otto*, Gutachten zum 56. DJT, S. E 36; *Richardi*, JZ 1986, 796, 799 f.; *Waltermann*, RdA 2005, 98, 99; *Wank*, Arbeitnehmer und Selbständige, S. 67; *Zöllner*, Anm. zu BAG EzA § 611 BGB Gefahrgeneigte Arbeit Nr. 14 (unter II 1); *Zöllner/Loritz/Hergenröder*, Arbeitsrecht, 7. Aufl., § 22 II 1 e, S. 299. Auf die unterschiedlichen Begriffsverständnisse hinweisend zuletzt BAG 13.10.2021 – 5 AZR 211/21 – Rn. 40, AP § 615 BGB Nr. 166 = NZA 2022, 182; 4.5.2022 – 5 AZR 366/21 – Rn. 29, AP § 615 BGB Nr. 169 = NZA 2022, 1113.

12 *Fischinger*, Haftungsbeschränkung, S. 518 („keine gesetzlich angeordnete Begriffsexklusivität"); strenger MHdB ArbR/*Reichold*, 6. Aufl., § 57 Rn. 28 (Fn. 105); gerade umgekehrt *Gamillscheg*, AuR 1988, 354, 355.

13 BAG 28.4.1970 – 1 AZR 146/69 –, AP § 611 BGB Haftung des Arbeitnehmers Nr. 55; 7.7.1970 – 1 AZR 505/69 –, AP § 611 BGB Haftung des Arbeitnehmers Nr. 58; 3.11.1970 – 1 AZR 228/70 –, AP § 611 BGB Haftung des Arbeitnehmers Nr. 61.

14 In diesem Sinne bereits *Scheuerle*, RdA 1958, 247, 253, indem er aus der Enthaftung des Arbeitnehmers den Schluss zieht, dass die nicht zu ersetzenden Schäden zum Betriebsrisiko des Arbeitgebers zählten.

15 MHdB ArbR/*Blomeyer*, 1. Aufl., § 57 Rn. 30. So schon *Buchner*, RdA 1972, 153, 157; *E. Lorenz*, SAE 1971, 202, 203; *Zöllner*, Anm. zu BAG EzA § 611 BGB Gefahrgeneigte Arbeit Nr. 14 (unter II 2); erneut *Schumacher*, Die privilegierte Haftung des Arbeitnehmers, S. 113 ff. Dasselbe gilt für den von *M. Ahrens*, DB 1996, 934, 935 f., verwendeten Begriff des Kompensationsrisikos, soweit damit lediglich die Gefahr beschrieben wird, für die Schädigung eigener Güter keinen Ersatz zu erlangen.

a) Verantwortlichkeit des Arbeitgebers für besondere arbeitsspezifische Gefahrenlagen

aa) Charakterisierung der Risiken

Als erstes Zurechnungsprinzip lässt sich eine Verantwortlichkeit des Arbeitgebers für 6 die mit dem betrieblichen Geschehen verbundenen **besonderen Gefahren** herausschälen.[16] Es geht insoweit um eine gerechte Verteilung der erhöhten Risiken, die aus betrieblichen Abläufen resultieren und vornehmlich einen gegenständlichen Charakter aufweisen, zum Teil aber auch mit einer Tätigkeit als solcher verbunden sind.[17] Den Produktionsanlagen, den angewendeten Verfahren, den Erzeugnissen oder den übertragenen Aufgaben wohnt nämlich häufig eine gewisse Gefährlichkeit inne, die bei unsachgemäßem Verhalten von Beschäftigten umgehend zu einem Schaden führen können. Dieser Gesichtspunkt betrifft mithin diejenigen Bedingungen der Arbeitsumwelt des Arbeitnehmers, die zwar unterhalb der Schwelle des echten Mitverschuldens des Arbeitgebers i.S. des § 254 Abs. 1 BGB bleiben, aber dennoch eine erhöhte Schadensanfälligkeit in sich bergen, und die sich im Falle eines schuldhaften Fehlverhaltens des Arbeitnehmers als Kausalfaktor im konkreten Schaden niederschlagen.

Es geht in diesem Zusammenhang also nicht darum, das Verschulden des Arbeit- 7 nehmers selbst bis zu einem gewissen Grad zum Betriebsrisiko des Arbeitgebers zu rechnen. Zwar findet sich sowohl in der Rechtsprechung als auch in der Literatur immer wieder die Vorstellung, dass das **Versehen des Beschäftigten als solches das vom Arbeitgeber zu tragende Betriebsrisiko** sei.[18] Ein derartiger Gedanke hat mit den Gefahren des Arbeitsprozesses jedoch nichts zu tun. Er lässt sich auch nicht mit der vor allem vom BAG befürworteten Einstufung des Betriebsrisikos als ein zu Lasten des Arbeitgebers wirkender Zurechnungsfaktor[19] in Einklang bringen, weil es keinen Sinn ergibt, bei der Abwägung verschiedener Verursachungsbeiträge das Arbeitnehmerverschulden auf Seiten beider Vertragsparteien einzustellen. Letztlich dürfte es sich insoweit nur um ein Überbleibsel der früher verwendeten Formel zur Charakterisierung

16 In diesem Sinne auch BAG 12.6.1992 – GS 1/89 – unter B II 2, AP § 611 BGB Haftung des Arbeitnehmers Nr. 101 = NZA 1993, 547; 27.9.1994 – GS 1/89 (A) – unter C II 2, AP § 611 BGB Haftung des Arbeitnehmers Nr. 103 = NZA 1994, 1083.

17 Da es um die Risikoverteilung im Innenverhältnis der Arbeitsvertragsparteien geht, ist der zuweilen erhobene Einwand unbegründet, erhöhte Gefahren seien für die Haftungsreduktion irrelevant, weil sie zu einer Steigerung der Sorgfaltsanforderungen führten (so *Richardi*, NZA 1994, 241, 242; in diese Richtung bereits *Mayer-Maly*, FS Hilger/Stumpf [1983], S. 467 f.).

18 *Beckers*, Außenhaftung, S. 18; *Fischinger*, Haftungsbeschränkung, S. 520; *Gamillscheg*, FS Schwarz (1991), S. 495, 499 f.; *Medicus*, Anm. zu BAG AP § 611 BGB Haftung des Arbeitnehmers Nr. 58 (unter I); *Wohlgemuth*, DB 1991, 910; so bereits RAG 18.12.1940, ARS 41, 55, 58. In diesem Sinne auch *Sandmann*, Haftung von Arbeitnehmern, S. 69 ff., der das Betriebsrisiko in ein Organisationsrisiko und ein Tätigkeitsrisiko aufspalten will, wobei das Organisationsrisiko bei Einhaltung aller erforderlichen Sicherheitsmaßnahmen unberücksichtigt bleiben soll, während den Arbeitgeber stets das Tätigkeitsrisiko der menschlichen Unzulänglichkeit treffen soll.

19 Vgl. nur BAG 23.3.1983 – 7 AZR 391/79 – unter II 3, AP § 611 BGB Haftung des Arbeitnehmers Nr. 82; BAG 27.9.1994 – GS 1/89 (A) – unter C II, AP § 611 BGB Haftung des Arbeitnehmers Nr. 103 = NZA 1994, 1083.

der Gefahrneigung der Tätigkeit handeln,[20] bei der infolge einer von vornherein unklaren Ausdrucksweise objektive Gefährlichkeit der Arbeitsbedingungen und subjektive Unzulänglichkeit des Arbeitnehmers miteinander verschmolzen wurden.

8 Ferner darf die erhöhte Wahrscheinlichkeit eines Schadenseintritts nicht mit der Gefahr eines besonders hohen Schadens gleichgesetzt werden. Der schlichte Umstand, dass ein Arbeitnehmer mit wertvollen Betriebsmitteln umzugehen hat, gehört nicht zu den Risikofaktoren, die eine Schädigung der Rechtsgüter des Arbeitgebers begünstigen.[21] Eine Rechtsgutsverletzung wird mit anderen Worten nicht dadurch wahrscheinlicher, dass das Rechtsgut einen besonders hohen Wert hat. Dies schließt es nicht aus, das Risiko besonders hoher Haftungsfolgen auf anderen Wegen zu Gunsten des Beschäftigten zu berücksichtigen.[22]

bb) Rechtfertigung der Risikozurechnung

9 Die Belastung des Arbeitgebers mit den besonderen Risiken des Arbeitsprozesses kann auf eine Reihe von Gesichtspunkten gestützt werden: Zu nennen ist zunächst der Umstand, dass der **Arbeitgeber den betrieblichen Geschehensablauf initiiert und somit bestimmte Gefahrenlagen geschaffen hat, die sich in einem Schadensfall auswirken können.**[23] Dies entspricht der Risikoverteilung bei der **Gefährdungshaftung**, bei der ein aus der Verwirklichung einer besonderen Gefahr fließender Schaden ebenfalls dem Urheber der Gefahr angelastet wird.[24] Zwar wird gegen die von *Herschel*[25] entwickelte Vorstellung einer „innerbetrieblichen Gefährdungshaftung“ eingewandt, dass die Regeln über die Gefährdungshaftung abschließend und mangels eines entsprechenden Haftungstatbestandes Anleihen bei diesem Rechtsinstitut somit von vornherein unzulässig seien.[26] Diesem Argument ist aber entgegenzuhalten, dass es nicht um das Aufstellen eines neuen Haftungstatbestandes zu Lasten des Arbeitgebers geht, sondern darum, im Rahmen des innerbetrieblichen Schadensausgleichs übergreifende

---

20 Siehe § 2 RN 2.

21 Ebenso *Annuß*, Haftung des Arbeitnehmers, S. 116; insoweit nicht überzeugend daher *Gamillscheg/Hanau*, Haftung des Arbeitnehmers, 2. Aufl., S. 75.

22 Siehe dazu unter RN 24f.

23 *Canaris*, RdA 1966, 41, 45; *Däubler*, NJW 1986, 867, 869; *Gick*, JuS 1980, 393, 398. Insoweit auch *Achterberg*, AcP 164 (1964), 14, 42, der diesen Aspekt allerdings für unerheblich hält und zudem an anderer Stelle (S. 22) sogar das planvolle Schaffen einer Gefahrenlage zu Unrecht bezweifelt.

24 Zu den Grundlagen der Gefährdungshaftung *Ahrens/Spickhoff*, Deliktsrecht, § 34 Rn. 1 ff.; *Deutsch*, Haftungsrecht, 2. Aufl., Rn. 660; *ders.*, JuS 1981, 317, 319; *Kötz*, Gutachten, S. 1779, 1792; *Wagner*, Deliktsrecht, 14. Aufl., 8. Kapitel, Rn. 1 ff.; zur Anknüpfung einer Haftung an eine Gefahrsetzung generell krit. *Marton*, AcP 162 (1963), 1, 33.

25 *Herschel*, Jher. Jb. Bd. 90 (1942), 145, 166; *ders.*, JZ 1958, 257, 258; zust. *Frey*, BB 1960, 411, 413; ebenso LAG Stuttgart 26.1.1951 – II Sa 176/50 –, AP 52 Nr. 7.

26 *Achterberg*, AcP 164 (1964), 14, 41 f.; *Annuß*, Haftung des Arbeitnehmers, S. 119 f.; *Brox/Walker*, DB 1985, 1469, 1471; *Zöllner*, Anm. zu BAG EzA § 611 BGB Gefahrgeneigte Arbeit Nr. 14 (unter III 2); ähnlich *Heinze*, NZA 1986, 545, 551.

Risikozurechnungsgründe, die in verschiedenen Bereichen ihre Ausprägung finden, heranzuziehen.[27]

Sodann trägt der Arbeitgeber die **Organisationsherrschaft** und kann die Gefahrenmomente deshalb in vielen Fällen effektiv beherrschen.[28] Seine Befugnis zur Gestaltung der Arbeitsbedingungen in rechtlicher und tatsächlicher Hinsicht sowie die damit häufig verbundene Möglichkeit zur Gefahrabwehr stellt den zutreffenden Kern des vom BAG besonders hervorgehobenen Organisationsrisikos[29] dar.[30] Zugleich steht dem Beschäftigten in vielen Situationen nur ein geringer Freiraum zur selbstständigen Abwehr von Gefahren zur Verfügung.[31] Insoweit entspricht es allgemeinen Grundsätzen, denjenigen mit den Schadensrisiken zu belasten, der durch entsprechende Sicherungsmaßnahmen am ehesten in der Lage ist, besonderen Gefahren entgegenzuwirken.[32] 10

Allerdings rechtfertigt diese Überlegung nicht in allen Fällen eine Haftungsprivilegierung. Zwar lassen sich gegen den Aspekt der Organisationshoheit des Arbeitgebers nicht schon diejenigen Risiken des betrieblichen Geschehens ins Feld führen, die aufgrund ihrer natürlichen oder technischen Beschaffenheit von niemandem völlig beherrscht werden können. Denn solche Gefahren müssen aufgrund ihrer mangelnden Handhabbarkeit erst recht dem Arbeitgeber als ihrem Veranlasser und nicht dem einzelnen Beschäftigten zugewiesen werden. Der von großen Teilen des Schrifttums ge- 11

27 *Köbler*, AcP 169 (1969), 404, 419 f., *ders.*, RdA 1970, 97, 99; in der Sache auch *Canaris*, RdA 1966, 41, 43; *Kuhn*, Haftung leitender Angestellter, S. 53 f. (allerdings gegen eine Unterscheidung zwischen besonderen und allgemeinen Tätigkeitsrisiken); ähnlich *M. Ahrens*, DB 1996, 934, 935 f. Siehe in diesem Zusammenhang ferner *Gamillscheg*, Referat zum 45. DJT, S. G 12; *Gamillscheg/Hanau*, Haftung des Arbeitnehmers, 2. Aufl., S. 48, die zur Vermeidung von Missverständnissen von einem Anwendungsfall der Gefahrtragung sprechen wollen. Terminologisch in diesem Sinne bereits *Müller-Erzbach*, AcP 106 (1910), 309, 354: Zurechnung des Schadens bei Hineinbegeben des Geschädigten in eine Gefahrenlage als Fall der Gefahrtragung.

28 *Canaris*, RdA 1966, 41, 45; *Fischinger*, Haftungsbeschränkung, S. 518 f.; *Gamillscheg*, AuR 1983, 317, 320; *Gick*, JuS 1980, 393, 398; *Kohte*, BB 1983, 1603, 1605; *Langenbucher*, ZfA 1997, 523, 539. Kritisch *Bachmann*, ZIP 2017, 841, 842 f.

29 BAG 12.6.1992 – GS 1/89 – unter B II 3, AP § 611 BGB Haftung des Arbeitnehmers Nr. 101 = NZA 1993, 547; 27.9.1994 – GS 1/89 (A) – unter C II 2, AP § 611 BGB Haftung des Arbeitnehmers Nr. 103 = NZA 1994, 1083.

30 Krit. *Koller*, SAE 1996, 5, 6 f.

31 *Gamillscheg*, Referat zum 45 DJT, S. G 18; *Gamillscheg/Hanau*, Haftung des Arbeitnehmers, 2. Aufl., S. 56; *Kohte*, BB 1983, 1603, 1609; *Mayer-Maly*, FS Hilger/Stumpf (1983), S. 467, 474; *Preis*, AuR 1986, 360, 365. Zur Freiheitseinschränkung ferner *Reinhardt*, Die dogmatische Begründung, S. 167 ff., mit allerdings zu weitgehenden Schlussfolgerungen. Siehe aber auch *Koller*, SAE 1994, 5, 7, der aus den eingeschränkten Selbstbestimmungsmöglichkeiten des Arbeitnehmers nur eine Minderung der Sorgfaltsanforderungen ableiten will.

32 *Koller*, Risikozurechnung, S. 78 ff.; zur Gefährdungshaftung ebenso: *v. Caemmerer*, FS 100 Jahre DJT, Bd. II (1960), S. 49, 63; *Larenz*, VersR 1963, 593, 597; *ders.*, JuS 1965, 373, 374. In diesem Sinne auch BGH 3.3.1988 – 10 X ZR 54/86 –, BGHZ 103, 316, 325 f.; 23.4.1991 – XI ZR 128/90 –, BGHZ 114, 238, 246; *Ungeheuer*, JZ 1993, 631, 632: Risikobeherrschung als Maßstab für die Kontrolle vertraglicher Haftungsregelungen.

übten Kritik[33] ist aber darin zuzustimmen, dass es vielfach Situationen gibt, in denen die **tatsächlichen Handlungsmöglichkeiten des Arbeitgebers eingeschränkt** sind, während der Arbeitnehmer durchaus eine unmittelbare Gefahrsteuerung vornehmen kann. Als Beispiele seien Arbeiten im Unternehmen eines Kunden, das individuelle Fahrverhalten eines Kraftfahrers oder auch modernere Formen betriebsexterner Arbeit wie Homeoffice und mobile Arbeit (etwa im Zug oder im Hotel) genannt. Freilich darf der Aspekt einer verminderten Beherrschbarkeit der Gefahrenlage durch den Arbeitgeber im Zeitpunkt der Schädigung nicht dazu verleiten, in Fällen dieser Art nur noch auf das schuldhafte Verhalten des Arbeitnehmers abzustellen und betriebliche Rahmenbedingungen, die ein erhöhtes Risiko in sich bergen, als Kausalfaktoren auszublenden.[34] Zunächst verbleiben dem Arbeitgeber auch in diesen Fällen vielfach technische (digitale) und organisatorische Steuerungsmöglichkeiten. Sodann erfolgt die Verringerung des tatsächlichen Einflusses nur mit seiner Zustimmung und kann von ihm (etwa durch die Anordnung von Büropräsenz) auch wieder rückgängig gemacht werden. Schließlich verlieren betriebliche Gefahrenmomente nicht dadurch ihre Bedeutung für einen späteren durch ein Arbeitnehmerverschulden mitverursachten Schadenseintritt, dass der Arbeitgeber den konkreten Umgang mit ihnen auf den Beschäftigten überträgt. Vielmehr bedeutet die verringerte oder fehlende Risikobeherrschung durch den Arbeitgeber lediglich, dass man die Zurechnung der besonderen Gefahren des Arbeitsprozesses an den Arbeitgeber nicht mehr (gleichgewichtig) auf diesen Gesichtspunkt stützen kann, sondern weitere Aspekte heranziehen muss.

12 Der Steuerungsgedanke ist deshalb durch das **Nutznießungsprinzip (Symmetriegedanke)** zu ergänzen. Da der Arbeitgeber den wirtschaftlichen Nutzen aus dem betrieblichen Geschehen zieht, muss er auch die damit verbundenen Risiken auf sich nehmen.[35] Die Rechtfertigung der Enthaftung des Arbeitnehmers durch eine **Verknüpfung von Vorteil und Risikotragung** auf Seiten des Arbeitgebers wird in der Literatur allerdings aus unterschiedlichen Gründen häufig angegriffen.[36] Soweit man in diesem Zusammenhang zum einen auf die Kompensation der Gewinnerwartung des

---

33 *Bachmann*, ZIP 2017, 841, 842 f.; *Brox/Walker*, DB 1985, 1469, 1471; *Dütz*, NJW 1986, 1779, 1783; *Eich*, NZA 1984, 65, 67 f.; *Horbach*, Haftung, S. 66; *Kleindieck*, Deliktshaftung, S. 384; *Koller*, Risikozurechnung, S. 384 ff.; *Langenbucher*, ZfA 1997, 523, 540 f.; *Zöllner*, Anm. zu BAG EzA § 611 BGB Gefahrgeneigte Arbeit Nr. 14 (unter III 8); abl. auch MHdB ArbR/*Blomeyer*, 2. Aufl., § 57 Rn. 30; *Wank*, Arbeitnehmer und Selbständige, S. 65.

34 So aber *Koller*, Risikozurechnung, S. 386 f.; *Langenbucher*, ZfA 1997, 523, 540 f.; diesen Gedanken sogar auf alle Fälle fahrlässigen Verhaltens ausdehnend *Eich*, NZA 1984, 65, 68.

35 BAG 28.4.1970 – 1 AZR 146/69 – unter A II 1, AP § 611 BGB Haftung des Arbeitnehmers Nr. 55; BAG 12.6.1992 – GS 1/89 – unter B II 2, AP § 611 BGB Haftung des Arbeitnehmers Nr. 101 = NZA 1993, 547; *M. Ahrens*, DB 1996, 934, 935; *Bydlinski*, System und Prinzipien, S. 232; *Canaris*, RdA 1966, 41, 45; *Däubler*, NJW 1986, 867, 869; *Fischinger*, Haftungsbeschränkung, S. 519 f.; *Gamillscheg*, AuR 1983, 317, 320; *Gaul*, AuR 1965, 225, 228; *Gick*, JuS 1980, 393, 398.

36 Etwa *Beckers*, Außenhaftung, S. 19 f.; MHdB ArbR/*Blomeyer*, 2. Aufl., § 57 Rn. 30; *Dütz*, NJW 1986, 1779, 1783; *Langenbucher*, ZfA 1997, 523, 538 f.; *Zöllner*, Anm. zu BAG EzA § 611 BGB Gefahrgeneigte Arbeit Nr. 14 (unter III 1 a).

Unternehmers durch dessen Verlustrisiko sowie zum anderen auf die Situation im öffentlichen Dienst verweist, wird verkannt, dass der Nutznießungsaspekt sich auf die grundsätzliche Frage bezieht, wer als Verantwortlicher für eine bestimmte Gefahr anzusehen ist und damit bei einer Gefahrverwirklichung den Schaden zu tragen hat. Dementsprechend wird im haftungsrechtlichen Schrifttum die Gefährdungshaftung weithin auch auf den grundsätzlichen Gleichlauf von Interesse bzw. Nutzen und Lasten zurückgeführt.[37] Diese Haftung entfällt nicht dadurch, dass der Halter oder Betreiber einer gefährlichen Sache im konkreten Fall keine Gewinne erzielen will oder kann. Insbesondere ist seit langem anerkannt, dass dem einzelnen Beschäftigten nicht das betriebliche Gefährdungspotential zur Last gelegt werden darf.[38] Hieran ändert auch die vom Arbeitnehmer erzielte Vergütung nichts, weil sie unter Verzicht auf eigene unternehmerische Betätigung lediglich eine Entlohnung für die geleistete Arbeit ist, nicht aber den Charakter einer Versicherungsprämie in Form eines Entgelts für die Überwälzung erhöhter betrieblichen Risiken hat.[39]

Ein weiteres, den abhängig Beschäftigten entlastendes Element stellt das **Absorptionsprinzip** dar. Gemeint ist damit die im Vergleich zum Arbeitnehmer bessere Möglichkeit für den Arbeitgeber, das Schadensrisiko durch **rechtsgeschäftliche Vereinbarungen mit Geschäftspartnern zu begrenzen, es am Markt weiterzugeben**[40] **und häufig**[41] **auch zu versichern.**[42] Insoweit handelt es sich wiederum um einen auch außerhalb des Bereichs der Arbeitnehmerhaftung geltenden Zurechnungsfaktor,[43] der 13

37 *Brüggemeier*, AcP 182 (1982), 385, 400; *v. Caemmerer*, FS 100 Jahre DJT, Bd. II (1960), S. 49, 63; Reform der Gefährdungshaftung, S. 15; *Esser*, Gefährdungshaftung, 2. Aufl., S. 100; *Ficker*, FS v. Caemmerer (1978), S. 343, 348; *Honsell*, ZSR 116, Halbd. I (1997), 297, 301; *Larenz*, VersR 1963, 593, 597; *Marton*, AcP 162 (1962), 1, 48 f.; *Wilburg*, Elemente des Schadensrechts, S. 30. Krit. *Blaschczok*, Gefährdungshaftung und Risikozuweisung, S. 60 ff. Zum Gedanken der Verbindung von Nutzen und Einstandspflicht für Gefahren von Unternehmen vgl. ferner bereits *Mataja*, Recht des Schadensersatzes, S. 57 ff.

38 *Wilburg*, Elemente des Schadensrechts, S. 41, 200; *ders.*, Referat zum 43. DJT, S. C 16.

39 Zum Entgeltaspekt siehe noch unter RN 24 f.

40 Dazu kritisch aber *Fischinger*, Haftungsbeschränkung, S. 521: Weiterleitung durch Preispolitik zumeist nicht möglich.

41 Die Grenzen der Versicherbarkeit zu Recht hervorhebend *Langenbucher*, ZfA 1997, 523, 541.

42 *Däubler*, NJW 1986, 867, 870; *Denck*, AuR 1988, 325, 328; *Eberlein*, BB 1989, 621, 623; *Gamillscheg*, Referat zum 45. DJT, S. G 18; *Gamillscheg/Hanau*, Haftung des Arbeitnehmers, 2. Aufl., S. 58; *Gick*, JuS 1980, 393, 398; *Hanau*, SAE 1971, 196; *U. Hübner*, NJW 1989, 5, 6; *Kleindiek*, Deliktshaftung, S. 384; *Otto*, Gutachten zum 56. DJT, S. E 37 f.; zum Versicherungsargument krit. *Beckers*, Außenhaftung, S. 20 ff.; schwer verständlich *Preis/Hamacher*, JURA 1998, 116, 118: bei nicht versicherbaren Risiken „erst recht" keine Haftung des Arbeitnehmers.

43 *Koller*, Risikozurechnung, S. 89 ff.; für eine grds. Relevanz der Versicherbarkeit von Risiken durch den Geschädigten insbesondere *A. Ehrenzweig*, JBl. 1950, 253, 256 ff. (assurabilité oblige); *Fuchs*, AcP 191 (1991), 318, 339 ff.; siehe ferner *v. Bar*, AcP 181 (1981), 289, 327; im Zusammenhang mit der Zulässigkeit vertraglicher Haftungsabreden ebenso BGH 23.4.1991 – XI ZR 128/90 –, BGHZ 114, 238, 246; BGH 18.3.1997 – XI ZR 117/96 –, NJW 1997, 1700, 1702; *Koller*, VersR 1980, 1, 8; *Ungeheuer*, JZ 1993, 631, 632; *M. Wolf*, NJW 1980, 2433, 2438; krit. aber *Blaschzcok*, Gefährdungshaftung und Risikozuweisung (1993), S. 199 ff., der – nicht ganz zu Unrecht – auf die Gefahr hinweist, daß das Haftungsrecht „die Rolle eines Lieferanten von unverbindlichen Orientierungsdaten für die Ausgestaltung von Versicherungsbedingungen" übernimmt (S. 208).

insbesondere zur Rechtfertigung der Einstandspflicht für erhöhte Wagnisse[44] verwandt wird.[45]

14 Einer **Parallele** zu den Grundstrukturen der **Gefährdungshaftung** sind allerdings Grenzen gesetzt. Zwar lässt es der Gefährdungshaftungsgedanke zu, dem Arbeitgeber nicht nur solche Schäden anzulasten, die aus sachbezogenen Vorgängen resultieren. Vielmehr umfasst das Prinzip der Gefährdungshaftung auch eine Einstandspflicht für gefährliche Tätigkeiten, zumal sich **gefährliche Gegenstände** und **gefährliche Aktivitäten** häufig nicht voneinander trennen lassen.[46] Dem Arbeitgeber können auf diesem Wege aber nur solche Schäden angelastet werden, die tatsächlich aus besonderen Risiken hervorgegangen sind. Es würde den Gedanken des Einstehenmüssens für besondere Gefahrenlagen überfrachten, wenn man jedes betriebliche Handeln von vornherein als in besonderem Grad schadensträchtig ansehen würde. Vielmehr kann aus haftungsrechtlicher Sicht von einem betrieblichen Gefährdungspotential nur gesprochen werden, sofern einem bestimmten Arbeitsumfeld gegenüber sonstigen Arbeitsbedingungen und Aufgaben ein erhöhtes Maß an Schadensbegünstigung zukommt. Trotz aller Unterschiede in Einzelfragen ist man sich nämlich auch auf dem Sektor der Gefährdungshaftung darüber weitgehend einig, dass ein wie auch immer geartetes erhöhtes Gefahrenpotential den Ausgangspunkt für diese Form der Schadenszurechnung bilden muss.[47]

15 Dies bedeutet einerseits, dass der frühere Ansatz der Rechtsprechung, die Haftungsprivilegierung von vornherein an die **Gefahrneigung der konkret ausgeübten Tätigkeit** zu knüpfen,[48] für einen Teilbereich der Arbeitnehmerhaftung durchaus eine innere Berechtigung hat. Denn auf diesem Wege wurde an ein der jeweiligen Arbeit innewohnendes besonderes, dem Arbeitgeber zuzuweisendes Gefahrenmoment angeknüpft und somit das Strukturprinzip der Gefährdungshaftung in den innerbetrieblichen Schadensausgleich transformiert. Andererseits kann die Ausdehnung der Enthaftungsregeln auf sämtliche betriebliche Tätigkeiten hierauf nicht gestützt werden,

---

44 Die Versicherbarkeit legitimiert die Zurechnung der Gefahrenmomente, stellt als solche aber keinen den Schadenseintritt begünstigenden Faktor dar (siehe dazu bereits § 3 RN 13, 21); missverständlich deshalb *M. Ahrens*, DB 1996, 934, 936, der einen unzureichenden Versicherungsschutz als risikoerhöhenden Umstand einstuft.

45 Vgl. etwa *v. Caemmerer*, FS 100 Jahre DJT, Bd. II (1960), S. 49, 63; *ders.*, Reform der Gefährdungshaftung, 1971, S. 15; *Deutsch*, Haftungsrecht, 2. Aufl., Rn. 636; *ders.*, JuS 1981, 317, 319; *Larenz*, VersR 1963, 593, 597; *Wilburg*, Elemente des Schadensrechts, S. 24.

46 *Will*, Quellen erhöhter Gefahr, S. 277 ff. Ähnlich *Deutsch*, Haftungsrecht, 2. Aufl., Rn. 649; *Köbler*, RdA 1970, 97, 98. Krit. aber *v. Caemmerer*, Reform der Gefährdungshaftung, S. 21; *Honsell*, ZSR 116, Halbd. I (1997), 297, 310; *Kötz*, AcP 170 (1970), 1, 25 f.; *ders.*, Gutachten, S. 1779, 1796 ff.

47 *v. Caemmerer*, FS 100 Jahre DJT, Bd. II (1960), S. 49, 63; *Deutsch*, Haftungsrecht, 2. Aufl., Rn. 641; *ders.*, JuS 1981, 317, 319; *Honsell*, ZSR 116, Halbd. I (1997), 297, 299; *Kötz*, AcP 170 (1970), 1, 28 f.; *ders.*, Gutachten, S. 1779, 1792 ff.; *Koziol*, AcP 196 (1996), 593, 603; *Larenz/Canaris*, SchR II/2, 13. Aufl., § 84 I 2 b, S. 607; *Weitnauer*, VersR 1962, 687; *Will*, Quellen erhöhter Gefahr, S. 280 ff. So bereits *Rümelin*, Schadensersatz ohne Verschulden, S. 31. Abl. *Blaschczok*, Gefährdungshaftung und Risikozuweisung, S. 53 ff., 70 ff.; *Esser*, Gefährdungshaftung, 2. Aufl., S. 8; *Marton*, AcP 162 (1963), 1, 18 f.

48 Siehe dazu oben § 2 RN 2, 6.

weil es hierbei auch um die Belastung des Arbeitgebers mit solchen Risiken geht, die sich gerade nicht als Folge besonderer Gefahrenquellen begreifen lassen.[49] Über diese Hürde hilft auch ein Rückschluss vom Schadenseintritt auf die Gefährlichkeit der Ausgangslage[50] nicht hinweg.[51]

b) Zurechnung allgemeiner Tätigkeitsrisiken

16 Für eine Enthaftung des Arbeitnehmers bei nicht gefahrbefrachteten Tätigkeiten, also **im Fall einer „normalen" Arbeitsumgebung**, bedarf es weiterer Zurechnungsgründe.

17 Der **Große Senat des BAG** sieht in den **vom Arbeitgeber „vorgegebenen Arbeitsbedingungen"** als solchen unabhängig von einer erhöhten Gefährlichkeit einen den Arbeitgeber im Rahmen des **§ 254 BGB** belastenden Zurechnungsfaktor.[52] Dabei versteht der Senat unter Arbeitsbedingungen anscheinend nicht nur die Arbeitsabläufe: „Der Arbeitgeber kann den arbeitstechnischen Zweck des Betriebs eigenverantwortlich bestimmen, die Betriebsorganisation nach seinen Plänen und Bedürfnissen gestalten und auf die Tätigkeit des Arbeitnehmers einwirken. Mit der Eingliederung in die Betriebsorganisation und die faktischen Gegebenheiten des Arbeitsprozesses (z. B. der Art der vorhandenen, oft besonders wertvollen technischen Anlagen, der Ausgestaltung der Arbeitsorganisation und des Produktionsverfahrens mit qualitativen und quantitativen Anforderungen an die Arbeitsprodukte) wird die Berufsausübung des Arbeitnehmers gesteuert." Dies ist unter allgemeinen haftungsrechtlichen Gesichtspunkten jedenfalls dann nicht überzeugend, wenn man das schlichte Vorhandensein einer Arbeitsumgebung bereits als einen haftungsmindernden Aspekt qualifizieren würde.[53] Allein der Umstand, dass es der Arbeitgeber dem Arbeitnehmer ermöglicht, betriebliche Rechtsgüter zu schädigen, kann einen haftungsrechtlich relevanten Verursachungsbeitrag nämlich nicht begründen.[54] Sofern der Arbeitgeber einen Unternehmer mit Reparaturarbeiten beauftragt und dabei eine Schädigung erfolgt, würde ebenfalls niemand den durch den Auftrag ermöglichten Zugriff auf die eigenen Rechtsgüter als ein die Haftung des Schädigers verringerndes Moment einstufen.[55] Die Kernfrage, warum es dem Arbeitgeber zumindest teilweise zur Last fallen soll, wenn der Arbeitnehmer einen

49 In diesem Sinne auch *Bydlinski*, SAE 1994, 93, 100; *Marhold*, JZ 1993, 910, 911; den Unterschied zwischen der besonderen Gefährlichkeit einer Arbeit und tätigkeitsspezifischen Risiken hervorhebend bereits *Motzer*, Positive Vertragsverletzung, S. 215 f.

50 So *Gamillscheg*, AuR 1983, 317, 319; *Naendrup*, JuS 1984, 336, 339.

51 *Bydlinski*, SAE 1994, 93, 100; zu pauschal deshalb *Däubler*, NJW 1986, 867, 871 f. Zum Phänomen des Rückschaufehlers bereits § 1 RN 4 FN 24.

52 BAG 12.6.1992 – GS 1/89 – unter B II 3, AP § 611 BGB Haftung des Arbeitnehmers Nr. 101 = NZA 1993, 547; 27.9.1994 – GS 1/89 (A) – unter C II 2, AP § 611 BGB Haftung des Arbeitnehmers Nr. 103 = NZA 1994, 1083. Zust. BGH 26.7.2016 – VI ZR 322/15 – Rn. 29, NJW-RR 2017, 146.

53 In diesem Sinne auch *Brors*, Abschaffung der Fürsorgepflicht, S. 196; *Melot de Beauregard/Baur*, DB 2016, 1754, 1755.

54 In diese Richtung aber *Motzer*, Positive Vertragsverletzung, S. 212 f., indem er die vom Arbeitgeber geschaffene Arbeitssituation als „Gefahrenquelle" bezeichnet.

55 In diesem Sinne bereits *E. Lorenz*, SAE 1971, 202, 203.

Schaden schuldhaft herbeiführt, obwohl das allgemeine Zivilrecht in diesem Falle auf den ersten Blick eine volle Ersatzpflicht des Beschäftigten anordnet, bleibt durch den Verweis auf das bloße Vorhandensein von „vorgegebenen Arbeitsbedingungen“ unbeantwortet. Dasselbe gilt auch für andere im Schrifttum anzutreffende Überlegungen, mit denen man die Haftungsreduktion rechtfertigen will. Sofern man in diesem Zusammenhang einen Vergleich des Fehlverhaltens des Beschäftigten mit einem Maschinenversagen vornimmt,[56] wird dabei der prinzipielle Unterschied zwischen einem technischen Defekt und einem immerhin schuldhaften menschlichen Verhalten verkannt. Der Hinweis, dass der Arbeitgeber bei einem eigenen Handeln Schäden ebenfalls nicht völlig vermeiden könnte,[57] ist – isoliert betrachtet – zutreffend, liefert aber ebenfalls keine Erklärung für die Entlastung des Arbeitnehmers.

18 Ein grundsätzlich geeignetes Zurechnungsmoment lässt sich hingegen aus dem **Prinzip der Risikohaftung bei Tätigkeit in fremdem Interesse**[58] gewinnen. Allerdings ist die Aussage, Interesse und Gefahr müssten einander entsprechen, zu allgemein, um eine Enthaftung des Arbeitnehmers legitimieren zu können. Begreift man den Ausgangspunkt jedoch konkret als **Fremdnützigkeit des Arbeitnehmerhandelns** in dem Sinne, dass dem Arbeitgeber infolge des im Arbeitsvertrag liegenden Verzichts auf die unternehmerische Verwertung der Arbeitskraft die wirtschaftlichen Vorteile der Arbeitsleistung zugutekommen, so liegt damit ein Aspekt vor, der in erheblichem Maße dazu beiträgt, dem Arbeitgeber als Geschäftsherrn auch die mit der Ausführung der Tätigkeit verbundenen Risiken im Grundsatz zuzuweisen.[59] Der dem Arbeitgeber zugefügte Schaden ist nach dieser Betrachtungsweise eine Last, die ihn nicht nur tatsächlich, sondern (bis zu einem gewissen Grade) auch rechtlich trifft und die er nicht mit den Instrumenten der Verschuldenshaftung auf den Arbeitnehmer abwälzen darf. Das Argument, arbeitsteiliges Handeln rechtfertige keine Reduktion der (vollen) Verantwortlichkeit des unmittelbar Tätigen,[60] bildet keinen beachtlichen Einwand. Das Hauptgewicht liegt nämlich nicht auf der Arbeitsteilung als solcher, sondern auf der

56 *Fischinger*, Haftungsbeschränkung, S. 520 f.; *Gamillscheg*, Referat zum 45. DJT, S. G 11; *Fitz*, Risikozurechnung, S. 152; *Preis*, AuR 1986, 360, 365; *Wohlgemuth*, DB 1991, 910.

57 *Gick*, JuS 1980, 393, 398; *Langenbucher*, ZfA 1997, 523, 539; *Lieb/Jacobs*, Arbeitsrecht, 9. Aufl., Rn. 219, weitere Argumente Rn. 225.

58 Grdl. *Canaris*, RdA 1966, 41 ff. In diese Richtung bereits *Wilburg*, Elemente des Schadensrechts, S. 136 f.

59 Ebenso *Bydlinski*, System und Prinzipien, S. 232; *Canaris*, RdA 1966, 41, 45; *Eberlein*, BB 1989, 621, 624; *Fischinger*, Haftungsbeschränkung, S. 519 f.; *Staudinger/Fischinger*, BGB (2022), § 619a Rn. 56; *v. Hoyningen-Huene*, BB 1989, 1889, 1895; *Kleindieck*, Deliktshaftung, S. 384; *Larenz*, JuS 1965, 373, 376; *Richardi*, ZfA 1974, 3, 21. Für eine Verknüpfung von Vor- und Nachteilen bereits *Denecke*, RdA 1952, 209, 212; *Frey*, AuR 1953, 7, 9. Ähnlich *Annuß*, Haftung des Arbeitnehmers, S. 113 ff., der das Schwergewicht auf die Befugnis des Arbeitgebers legt, den Mehrwert der Arbeitnehmerleistung abzuschöpfen, der das Risiko eines Minderwertes durch Schadenszufügung entsprechen müsse. Einschränkend aber *Zöllner/Loritz/Hergenröder*, Arbeitsrecht, 7. Aufl., § 22 II 1 e, S. 299; skeptisch ferner *Brors*, Abschaffung der Fürsorgepflicht, S. 197 f.

60 *Dütz*, NJW 1986, 1779, 1783; *Eich*, NZA 1984, 65, 70; *Zöllner*, Anm. zu BAG EzA § 611 BGB Gefahrgeneigte Arbeit Nr. 14 (unter III 8). Skeptisch auch *Naendrup*, JuS 1984, 336, 337.

Fremdbezogenheit der Aufgabenerfüllung durch den Arbeitnehmer.[61] Die Relevanz dieses Gesichtspunktes zeigt sich nicht zuletzt darin, dass die Konzentration der Schadenstragung auf den Geschäftsherrn auch in anderen Fällen fremdnütziger Tätigkeit (Auftragsrecht, Geschäftsführung ohne Auftrag, ehrenamtliche Vereinstätigkeit) anerkannt ist.[62] In diesen Konstellationen geht es zwar jeweils im Grundsatz um eine Einstandspflicht des Geschäftsherrn für unverschuldete Eigenschäden des Handelnden, damit sich dessen Geschäftsbesorgung nicht nachteilig auf seine Vermögenslage auswirkt. Indes schließt ein Mitverschulden des unmittelbar Tätigen den Ersatzanspruch nicht von vornherein aus.[63] Das bedeutet in der Sache, dass dem Geschäftsherrn sogar das **Risiko eines** durch ein Verschulden des Handelnden herbeigeführten **Eigenschadens** aufgrund der Fremdnützigkeit seiner Tätigkeit zumindest teilweise auferlegt wird.[64] Dieser Kerngedanke lässt sich auf die Frage nach der Reichweite der Haftung des Arbeitnehmers für dem Arbeitgeber als dem Geschäftsherrn zugefügte Schäden übertragen.

Der Aspekt der Fremdnützigkeit hat im Bereich der Arbeitnehmerhaftung allerdings nur einen begrenzten Erklärungswert. Es lässt sich nämlich nicht übersehen, dass **auch der Arbeitnehmer Vorteile aus seiner Beschäftigung zieht** (Entgelt, Sicherung des Arbeitsplatzes durch Fortbestand des Unternehmens).[65] Die Tätigkeit des Arbeitnehmers weist damit nicht den Grad an Fremdnützigkeit auf, den die Tätigkeit des Geschäftsbesorgers beim Auftrag und bei der Geschäftsführung ohne Auftrag bzw. das Handeln von Vorstandsmitgliedern i.S. von § 31a BGB hat. Will man sich nicht in einen Widerspruch zur Rechtslage bei anderen entgeltlichen Verträgen verstricken, bei denen uneingeschränkt gehaftet wird, wie insbesondere bei selbstständigen Dienstverträgen und Werkverträgen, so ist nach zusätzlichen Wertungskriterien zu fragen, um die Erleichterung der Haftung für den Arbeitnehmer dogmatisch abzusichern.[66] Ein Unterschied zu diesen Vertragstypen liegt schon in dem mit der Arbeitnehmerrolle verbundenen Verzicht auf die unternehmerische Gewinnchance. 19

Hinzu tritt ausschlaggebend das zusätzliche Moment der **Fremdbestimmtheit der Tätigkeit** des Arbeitnehmers. Während der Fremdnützigkeitsgedanke das Augenmerk auf den Ertrag der Tätigkeit richtet, geht es bei der Fremdbestimmtheit um den Aspekt der Einschaltung des Beschäftigten in fremdgesteuerte betriebliche Abläufe. Hierbei handelt es sich weniger um die häufig genannte Drucksituation für den Arbeitnehmer[67], 20

61 Ähnlich MHdB ArbR/*Blomeyer*, 2. Aufl., § 57, indem er in Rn. 30 den Gesichtspunkt der Arbeitsteilung verwirft, in Rn. 47 aber das Handeln im Interesse des Arbeitgebers als ausschlaggebend herausstellt.
62 Näher § 8 RN 18, 23 ff. In diesem Sinne auch *Denck*, NZA 1986, 80, 84, dessen Vergleichsfälle (§§ 166, 278 BGB sowie die deliktischen Verkehrspflichten) allerdings nur geringe Überzeugungskraft haben.
63 Vgl. etwa BAG 8.5.1980 – 3 AZR 82/79 –, AP § 611 BGB Gefährdungshaftung des Arbeitgebers Nr. 6.
64 Dazu § 27 RN 1 ff.
65 *Dütz*, NJW 1986, 1779, 1783; *Fitz*, Risikozurechnung, S. 51 f., 89 f., 160 f.; *Langenbucher*, ZfA 1997, 523, 538 f.; *Oberhofer*, JBl. 1995, 217, 225; *Wohlgemuth*, DB 1991, 910.
66 Insoweit auch *Soergel/Kraft*, BGB, 12. Aufl., § 611 Rn. 130.
67 *Gamillscheg*, Referat zum 43. DJT, S. G 17 (einschränkend aber G 18); *Gamillscheg/Hanau*, Haftung des Arbeitnehmers, 2. Aufl., S. 54; ebenso etwa BAG 3.8.1971, AP § 611 BGB Haftung des Arbeitnehmers Nr. 66.

weil diese Umschreibung streng genommen nur für solche Fälle passt, in denen der Arbeitgeber durch das Schaffen oder Dulden von Stressfaktoren (wie etwa ein Übermaß an zu erledigenden Aufgaben) Fehler des Arbeitnehmers geradezu heraufbeschwört. Vielmehr betrifft die Fremdbestimmtheit den Umstand, dass der Arbeitgeber durch die von ihm gestalteten Arbeitsabläufe **Haftungsrisiken schafft**, denen der Arbeitnehmer während des bestehenden Arbeitsverhältnisses ohne Ausweichmöglichkeit ausgesetzt ist.[68] Während ein Selbstständiger bestimmten Haftungsgefahren von vornherein entgehen kann, oder sie mit dem Abschluss eines Dienst- oder Werkvertrages eigenverantwortlich auf sich nimmt, wird ein Arbeitnehmer mit ständig wechselnden Risiken konfrontiert, ohne auf den Rahmen seiner Tätigkeit Einfluss nehmen zu können. Dabei ist es allerdings zu eng, in diesem Zusammenhang nur auf die Weisungsunterworfenheit des Arbeitnehmers abzustellen.[69] Die Fremdbestimmung und die daraus für den Beschäftigten resultierende Unausweichlichkeit der Haftungsrisiken beziehen sich nämlich auf die Gesamtheit der Arbeitsbedingungen. Deshalb spielt der gegen die Hervorhebung des Direktionsrechts erhobene Einwand, dass dieser Aspekt eine Enthaftung des Arbeitnehmers nur hinsichtlich solcher Risiken rechtfertige, die dem Beschäftigten durch eine spezielle Weisung auferlegt worden seien,[70] keine Rolle. Des Weiteren geht es insoweit nicht um die bereits erörterten[71] erhöhten Risiken des Arbeitsprozesses, die sich in einem späteren Schaden realisieren und die sich der Arbeitgeber in Anlehnung an die Grundgedanken der Gefährdungshaftung zurechnen lassen muss, sondern darum, dass auch im Hinblick auf die Wahrscheinlichkeit eines Schadenseintritts an sich ungefährliche Arbeitsabläufe ein Haftungspotenzial für Arbeitnehmer enthalten, dessen Ausmaß vom Arbeitgeber bestimmt wird. Hierzu gehören insbesondere Arbeitsprozesse, die für sich genommen gefahrlos sind, bei denen es im Falle einer schuldhaften Pflichtverletzung durch den Beschäftigten aber zu immensen Schadensfolgen kommen kann. Mit dem im Schrifttum schon seit langem hervorgehobenen Aspekt besonders hoher Haftungsfolgen als ein den Arbeitnehmer entlastendes Moment[72] wird demnach ein sachlich zutreffender Umstand benannt. Die vom Arbeitgeber gestaltete Arbeitsumgebung lässt sich als solche zwar nicht als ein haftungsrechtlich relevanter

68 *Fischinger*, Haftungsbeschränkung, S. 518 f.; *Gamillscheg*, FS Schwarz (1991), S. 495, 500 f.; MünchKommBGB/*Henssler*, 8. Aufl., § 619a Rn. 9; *Koller*, Risikozurechnung, S. 402; *Langenbucher*, ZfA 1997, 523, 544; *Marhold*, JZ 1993, 910, 912; *Richardi*, NZA 1994, 241, 242; ähnlich *Rieble*, Gem. Anm. zu BAG EzA § 611 BGB Gefahrgeneigte Arbeit Nr. 23 und EzA § 611 BGB Arbeitnehmerhaftung Nr. 53 (unter III) mit Berufung auf § 254 Abs. 2 S. 1 Alt. 1 BGB.

69 Das Weisungsrecht des Arbeitgebers betonen: BGH 7.10.1969 – VI ZR 223/67 –, AP § 611 BGB Haftung des Arbeitnehmers Nr. 51; *Soergel/Kraft*, BGB, 12. Aufl., § 611 Rn. 129; *Steindorff*, AuR 1966, 65, 66; insoweit zu Recht krit. *Becker-Schaffner*, VersR 1971, 195, 196; *Zeuner*, RdA 1975, 84, 86 f.

70 *E. Lorenz*, SAE 1971, 202, 203.

71 Siehe oben unter 1.

72 *Canaris*, RdA 1966, 41, 47; *Gamillscheg*, Referat zum 45. DJT, S. G 19; *Gaul*, DB 1962, 166; *ders.*, AuR 1964, 260, 261; *Klein*, Schadenshaftung, S. 114; *Koller*, Risikozurechnung, S. 408; *Langenbucher*, ZfA 1997, 523, 551; *Rieble*, Gem. Anm. zu BAG EzA § 611 BGB Gefahrgeneigte Arbeit Nr. 23 und EzA § 611 BGB Arbeitnehmerhaftung Nr. 53 (unter III).

Verursachungsbeitrag für den späteren Schadenseintritt einstufen. Die **Eingliederung des Arbeitnehmers in eine fremdgesteuerte Betriebsorganisation** und der damit korrespondierende **fehlende Raum zu einem autonomen Handeln**[73] rechtfertigen indes eine Einschränkung der strikten Grundsätze der Verschuldenshaftung, wenn und soweit die ungeschriebenen Prämissen der Verschuldenshaftung unter den genannten Umständen nicht in vollem Umfang vorliegen.[74] Dies gilt auch für modernere Konzepte fremdbestimmter Arbeitsorganisation, die sich nicht mehr durch eine engmaschige direkte Kontrolle, sondern durch indirekte Steuerungsformen mit einem höheren Maß an individueller Handlungsautonomie der Beschäftigten (etwa bei agilen Arbeitsmethoden) auszeichnen.[75] Der Große Senat des BAG hat demnach unter dem Stichwort des Organisationsrisikos eine Reihe zutreffender Einzelaspekte hervorgehoben.[76] Zu kritisieren ist lediglich, dass er die Fremdbestimmtheit als einen im Rahmen des § 254 BGB zu berücksichtigenden Abwägungsgesichtspunkt und damit als einen Verursachungsbeitrag eingestuft hat. Allerdings ist der fehlende Freiheitsraum des Arbeitnehmers zur eigenverantwortlichen Gestaltung der Arbeitsbedingungen kein Kriterium, das sich lediglich aus Gründen des arbeitsrechtlichen Sozialschutzes zu Gunsten des Beschäftigten auswirkt.[77] Zwar reicht der Aspekt der Fremdbestimmtheit der Arbeitnehmertätigkeit in den Bereich des Sozialschutzes hinein. Die tatsächlichen und rechtlichen Gegebenheiten des Arbeitslebens können aber bereits bei der Konkretisierung allgemeiner haftungsrechtlicher Grundsätze herangezogen werden. Freilich verliert dieses Kriterium an Gewicht, je größer der dem Beschäftigten zugebilligte Freiraum ist.

Ferner lassen sich in diesem Zusammenhang ebenfalls die Gesichtspunkte der **besseren Risikoabwälzung auf den Markt** durch den Arbeitgeber sowie die **leichtere Versicherbarkeit** anführen. Der Arbeitgeber ist nämlich auch im Hinblick auf das allgemeine Risiko des schuldhaften Fehlverhaltens eines Arbeitnehmers eher als dieser in der Lage, die Schadensfolgen zu absorbieren.[78] 21

Die Folge der Heranziehung des Gedankens der Fremdnützigkeit und der Fremdbestimmung besteht in der **Ausdehnung der Enthaftungsregeln auf alle betrieblichen Tätigkeiten.** Die vom Arbeitgeber zu tragenden Risiken sind dahin zu präzisieren, dass einerseits eine Realisierung tätigkeitsspezifischer Gefahren erforderlich ist.[79] An- 22

73 *Kohte*, BB 1983, 1603, 1609; *Mayer-Maly*, FS Hilger/Stumpf (1983), S. 467, 474; *Preis*, AuR 1986, 360, 365.

74 In diese Richtung bereits *Kohte*, AuR 1983, 229, 236; *Reinhardt*, Die dogmatische Begründung, S. 165 ff.

75 Dazu eingehend *Brauer*, Haftungsrechtliche Fragen, S. 49 ff.

76 BAG 12.6.1992 – GS 1/89 – unter B II 3, AP § 611 BGB Haftung des Arbeitnehmers Nr. 101 = NZA 1993, 547; 27.9.1994 – GS 1/89 (A) – unter C II 2, AP § 611 BGB Haftung des Arbeitnehmers Nr. 103 = NZA 1994, 1083.

77 So aber *Langenbucher*, ZfA 1997, 523, 543 f.

78 Insoweit ebenso *Gamillscheg*, Referat zum 45. DJT, S. G 18; *Motzer*, Positive Vertragsverletzung, S. 213; *Soergel/Kraft*, BGB, 12. Aufl., § 611 Rn. 129; *Steindorff*, JZ 1959, 1, 5; *Wank*, Arbeitnehmer und Selbständige, S. 66 f.; *Brose*, RdA 2011, 205, 207. Die Kalkulierbarkeit und Versicherbarkeit von Risiken als Abwägungselemente hervorhebend auch BAG 27.9.1994 – GS 1/89 (A) – unter C IV 1, AP § 611 BGB Haftung des Arbeitnehmers Nr. 103 = NZA 1994, 1083; 16.2.1995 – 8 AZR 493/93 – unter B II 2, AP § 611 BGB Haftung des Arbeitnehmers Nr. 106 = NZA 1995, 565. Kritisch aber *Fischinger*, Haftungsbeschränkung, S. 521.

79 Einzelheiten unter § 8 RN 1 ff.

dererseits muss der Arbeitnehmer nach diesem Ansatz nicht mit einer besonders gefahrträchtigen Tätigkeit betraut worden sein. Zwar wurde auch die Ansicht vertreten, dass sich eine tätigkeitsspezifische Gefahr nur bei einer gefahrgeneigten Tätigkeit verwirklichen könne.[80] Es ist jedoch nicht einzusehen, warum man die durch die Gesichtspunkte der Fremdnützigkeit und der Fremdbestimmtheit generell gerechtfertigte Risikozuweisung in einem zweiten Schritt wieder durch die Heranziehung von Gefährdungshaftungselementen einschränken sollte. Vielmehr legitimiert es die Fremdbezogenheit der Tätigkeit des Arbeitnehmers, die Regeln über die Haftungsreduktion im Grundsatz auf sämtliche betriebliche Tätigkeiten anzuwenden. Die Kanalisierung der Haftung auf den Arbeitgeber weist demnach auch eine Parallele zur Gehilfenhaftung auf, die ebenfalls nicht als Gefährdungshaftung im eigentlichen Sinne, sondern als eine Art Bereichshaftung zu Lasten desjenigen einzustufen ist, der sein Tätigkeitsfeld zum eigenen Vorteil ausweitet.[81]

2. Soziale Schutzwürdigkeit des Arbeitnehmers vor wirtschaftlich unzumutbarer Belastung

23 Der jeweils begrenzte Erklärungsgehalt der genannten Kriterien zwingt jedoch dazu, nach einer **zusätzlichen Rechtfertigung für eine Enthaftung** des Arbeitnehmers zu suchen. Diese weiteren Gesichtspunkte lassen sich nach Lage der Dinge nur aus den Besonderheiten des Arbeitsverhältnisses herleiten. Es kann daher nicht überzeugen, wenn manche Stimmen den Sozialschutz des Arbeitnehmers aus ihren Betrachtungen entweder völlig ausblenden[82] oder ihn in ihrem an sich begrüßenswerten Streben, die Risikoverteilungskonzeption des BGB für die Arbeitnehmerhaftung nutzbar zu machen, vollständig in das bürgerlichrechtliche Absorptionsprinzip integrieren wollen,[83] dieses damit aber überfrachten. Dies gilt umso mehr, als der vom Großen Senat des BAG in der Sache zu Recht hervorgehobene Aspekt der Fremdbestimmtheit der Arbeitnehmertätigkeit – wie bereits erwähnt – einen janusköpfigen Charakter aufweist und sich sowohl allgemeinen zivilrechtlichen Grundsätzen als auch dem Sozialschutz zuordnen lässt.[84]

24 Das zweite grundlegende Prinzip des innerbetrieblichen Schadensausgleichs besteht demnach in dem erforderlichen **Schutz des Arbeitnehmers vor einer wirtschaftlichen Überforderung.**[85] Insoweit geht es im Wesentlichen um zwei Aspekte:

---

80 *Canaris*, RdA 1966, 41, 46; *Gick*, JuS 1980, 393, 397.

81 *v. Caemmerer*, ZfRV 14 (1973), 241, 259 f.; *Baur*, Karlsruher Forum 1962, S. 14, 16; *Kreuzer*, FS Lorenz (1991), S. 123, 128; anders *Rümelin*, Schadensersatz ohne Verschulden, S. 27; dazu umfassend jetzt *Tröger*, Arbeitsteilung und Vertrag, passim.

82 So *Canaris*, RdA 1966, 41, 46; hierzu krit. auch *Wiedemann*, Arbeitsverhältnis, S. 20.

83 So *Bäumler*, Anwendungsbereich der Schadensteilung, S. 58 ff.

84 *Schumacher*, Die privilegierte Haftung des Arbeitnehmers, S. 142 ff., befürwortet ebenfalls einen „multikausalen Ansatz", vermisst aber das dogmatische Konzept.

85 *Denck*, AuR 1988, 325, 328; *Heinze*, NZA 1986, 545, 551; *Wiedemann*, Arbeitsverhältnis, S. 61; *Zöllner*, Anm. zu BAG EzA § 611 BGB Gefahrgeneigte Arbeit Nr. 14 (unter IV). In diese Richtung zielt auch der Hinweis auf

Zum einen um das **(relative) Kriterium des Missverhältnisses zwischen Entlohnung und Haftungsübernahme**,[86] zum anderen um das **(absolute) Kriterium der Existenzgefährdung des Beschäftigten**[87]. Insbesondere die im Vergleich zum Risiko einer Schadenersatzpflicht geringe Vergütung des Arbeitnehmers ist in der Rechtsprechung von Anfang an betont worden.[88] Auch der Große Senat des BAG hat in seinem Beschluss vom 12.6.1992 die beiden Gesichtspunkte der Äquivalenz und der Gefährdung der wirtschaftlichen Existenz herausgestellt.[89] Allerdings ist die dort erfolgte ausschließliche Einbettung dieser Wertungselemente in einen verfassungsrechtlichen Kontext[90] fragwürdig, weil sie den Eindruck erweckt, als fänden diese Kriterien im einfachen Recht keine Stütze.[91]

25 Die soziale Schutzbedürftigkeit des Arbeitnehmers lässt sich in erster Linie darauf zurückführen, dass er die **Arbeitsleistung nichtunternehmerisch** erbringt. Infolgedessen ist der Arbeitnehmer typischerweise nicht in der Lage, ein Entgelt zu erzielen, das eine **hinreichende Schadensdeckung** gewährleistet.[92] Das Arbeitsentgelt bildet zwar ein Äquivalent für die erbrachte Arbeitsleistung, nicht aber für die damit verbundenen Tätigkeitsrisiken.[93] Die Belastung des Arbeitgebers mit den vom Beschäftigten schuldhaft herbeigeführten Schäden lässt sich somit als eine Befreiung des Arbeitnehmers von den wirtschaftlichen Gefahren charakterisieren, die seine soziale Existenz

den „Treuegedanken“ in Form der Schutz- und Rücksichtspflicht des Arbeitgebers, so *Zöllner/Loritz/Hergenröder*, Arbeitsrecht, 7. Aufl., § 22 II 1 e, S. 299.

86 *Buchner*, RdA 1972, 153, 157; *ders.*, Anm. zu BAG AP § 611 BGB Haftung des Arbeitnehmers Nr. 66; *Gaul*, AuR 1965, 225, 228 f.; *Gamillscheg*, Referat zum 45. DJT, S. G 19; *ders.*, FS Schwarz (1991), S. 495, 504; *Gamillscheg/Hanau*, 2. Aufl., S. 61 f., *Kleindieck*, Deliktshaftung, S. 384; *Marhold*, JZ 1993, 910, 912; *Naendrup*, JuS 1984, 336, 338; *Otto*, Gutachten zum 56. DJT, S. E 38 ff.; *Preis*, AuR 1986, 360, 364; ähnlich bereits *Larenz*, JuS 1965, 373, 376; ebenso aus einem allgemeinen vertragstheoretischen Blickwinkel ohne Rückgriff auf Sozialschutzaspekte *Brors*, Abschaffung der Fürsorgepflicht, S. 88 ff., 99 ff., 105 ff., 127 ff., 198 ff.; zust. *Melot de Beauregard/Baur*, DB 2016, 1754, 1755. Abl. *Steindorff*, JZ 1959, 1, 5 Fn. 64. Auf der einfachrechtlichen Ebene zurückhaltend auch *M. Ahrens*, DB 1996, 934, 936. Kritisch *Staudinger/Fischinger*, BGB (2022), § 619a Rn. 79 f.

87 *Bydlinski*, SAE 1994, 93, 101; *Dütz*, NJW 1986, 1779, 1784; *Otto*, Gutachten zum 56. DJT, S. E 40 ff.; *ders.*, AuR 1995, 72, 73.

88 Vgl. etwa LAG Stuttgart 11.9.1928, Arb. Rspr. 1927/1928, 441; ArbG Plauen 4.11.1936, ARS 29, 62; RAG 12.6.1937, ARS 30, 1, 7; 23.11.1938, ARS 34, 357, 360; BAG 25.9.1957 – GS 4/56 (5/56) – unter III 1, AP §§ 898, 899 RVO Nr. 4; vergleichsweise pauschal aber BAG vom 16.3.1966 – 1 AZR 414/65 –, AP § 611 BGB Haftung des Arbeitnehmers Nr. 38: „sozial ungünstige Lage“ des Arbeitnehmers.

89 BAG 12.6.1992 – GS 1/89 – unter B II 4 a, AP § 611 BGB Haftung des Arbeitnehmers Nr. 101 = NZA 1993, 547.

90 Für eine Einbeziehung der Entgelthöhe in die Gesamtabwägung aller Umstände aber BAG 27.9.1994 – GS 1/89 (A) – unter C IV 1, AP § 611 BGB Haftung des Arbeitnehmers Nr. 103 = NZA 1994, 1083; 16.2.1995 – 8 AZR 493/93 – unter B II 2, AP § 611 BGB Haftung des Arbeitnehmers Nr. 106 = NZA 1995, 565.

91 Siehe dazu auch noch § 4 RN 5 ff.

92 Hierzu eingehend *Koller*, Risikozurechnung, S. 402 f.; siehe auch *Brors*, Abschaffung der Fürsorgepflicht, S. 198 ff.

93 *Richardi*, NZA 1994, 241, 242; *Zeuner*, RdA 1975, 84, 87.

beeinträchtigen oder sogar gänzlich in Frage stellen.[94] Hierbei kann es dahinstehen, ob man die Entlastung des Beschäftigten von Risiken, die er nach dem allgemeinen Verschuldensprinzip zu tragen hätte, in einen Zusammenhang mit dem Entgelt für seine Arbeitsleistung stellt[95] oder eher als Ausdruck der gebotenen Rücksichtnahme auf die Persönlichkeit des Arbeitnehmers begreift.[96] Jedenfalls bedeutet der Rekurs auf die Angewiesenheit des Arbeitnehmers auf fremde Daseinsvorsorge[97] zur Legitimation des innerbetrieblichen Schadensausgleichs zugleich eine Rückbeziehung auf diejenigen Gründe, die auch in anderen Zusammenhängen – insbesondere bei der Entgeltfortzahlung im Krankheitsfall oder bei der vorübergehenden Verhinderung aus in der Person des Arbeitnehmers liegendem Grund (§ 616 BGB) – dazu führen, dem Arbeitgeber einen Teil der Lebensrisiken des Arbeitnehmers aufzuerlegen.[98] Umso näher liegt es, den Arbeitnehmer auch bei der Belastung mit einem Haftungsrisiko zu privilegieren, das auf fremdnütziger Tätigkeit beruht. Die Regeln über die Enthaftung des abhängig Beschäftigten beruhen damit wesentlich auf dem Charakter des Arbeitsverhältnisses mit seinem **prägenden Merkmal:** dem Fehlen eines selbstständigen Auftretens am Markt mit den damit verbundenen Ertragschancen.[99] Der sozialen Schutzbedürftigkeit lässt sich nicht die in den §§ 286 ff. InsO geregelte Restschuldbefreiung entgegenhalten.[100] Zum einen soll dieses im Jahr 1999 eingeführte Instrument ganz allgemein die Lage der betroffenen Schuldner verfahrensrechtlich verbessern, nicht aber den bereits erreichten materiellrechtlichen Stand der Arbeitnehmerhaftung verschlechtern.[101] Zum anderen trägt ein Schutz, der erst auf der Ebene einer insolvenzrechtlichen Restschuldbefreiung ansetzt, dem Umstand, dass sich die soziale Schutzbedürftigkeit aus der Marktabgewandtheit des Arbeitsverhältnisses ergibt, nicht hinreichend Rechnung.

3. Ökonomische Analyse der Haftungseinschränkung

26 Die Grundsätze über die eingeschränkte Arbeitnehmerhaftung lassen sich zumindest bis zu einem gewissen Grad auch unter dem Blickwinkel der **ökonomischen Analyse des Rechts** legitimieren.[102] Ausgangspunkt der ökonomischen Analyse des Schadens-

---

94 Vgl. *Koller*, Risikozurechnung, S. 400 f.

95 Vgl. *Däubler*, NJW 1986, 867, 870, der in einer unbeschränkten Ersatzpflicht eine nachträgliche Korrektur des Verhältnisses von Leistung und Gegenleistung zu Lasten des Arbeitnehmers sieht; *Koller*, Risikozurechnung, S. 400 f., der die Schadenstragung durch den Arbeitgeber als zusätzliches Entgelt für den Arbeitnehmer einstuft.

96 *Bydlinski*, SAE 1994, 93, 101 f.; *Steindorff*, AuR 1966, 65, 66.

97 *Lieb/Jacobs*, Arbeitsrecht, 9. Aufl., Rn. 14, 219; *Schwarze*, ZfA 2005, 81, 94 f.; *ders.*, RdA 2012, 321, 325 f.; *Wiedemann*, Arbeitsverhältnis, S. 15 ff.

98 Siehe bereits *Otto*, AuR 1995, 72, 73; in diesem Sinne auch *Wiedemann*, Arbeitsverhältnis, S. 61.

99 *v. Hoyningen-Huene*, BB 1989, 1889, 1895; *Wank*, Arbeitnehmer und Selbständige, S. 66 ff.

100 So aber *Fischinger/Hofer*, NZA 2017, 349, 351 ff.

101 *Hanau*, ZFA 2018, 65, 71.

102 Zum Folgenden *Behrens*, ZfA 1989, 209, 231 ff.; *Janson*, Ökonomische Theorie, S. 238 ff., *Sadowski*, in: Sadowski/Walwei, Die ökonomische Analyse, S. 3, 6 ff.; *Schäfer/Ott*, Lehrbuch der ökonomischen Analyse des Zivilrechts, 6. Aufl., S. 171 ff.; *Schneider/Sadowski*, in: Ott/Schäfer (Hrsg.), Ökonomische Analyse,

ersatzrechts ist die auf *Calabresi* zurückgehende Unterscheidung von **drei Kostenarten:** Nämlich primäre Kosten im Sinne von entgangenen Nutzwerten (Schäden), sekundäre Kosten im Sinne der Kosten der Risikotragung sowie tertiäre Kosten im Sinne der Kosten der Schadensregulierung. Eine Haftungsregel ist dann effizient, wenn die Summe dieser drei Kostenarten (und nicht etwa nur der Schaden des Arbeitgebers) möglichst gering ist. Dabei ist zu berücksichtigen, dass primäre Kosten nicht um jeden Preis vermieden werden sollen. Vielmehr ist bei ihrer Bemessung der jeweilige Schadensvermeidungsaufwand in Rechnung zu stellen, sodass es maßgeblich darauf ankommt, dass die Gesamtkosten aus Schadenshöhe und Schadensvermeidungsaufwand minimiert werden.[103] Insoweit scheinen auf den ersten Blick die Arbeitnehmer diejenigen zu sein, die Schäden am ehesten vermeiden können, indem sie schlicht aufpassen und die im Verkehr erforderliche Sorgfalt i.S. von § 276 Abs. 2 BGB einhalten. Eine solche Sicht der Dinge würde indes verkennen, dass die Einhaltung der verkehrserforderlichen Sorgfalt nicht kostenlos ist, sondern auf der Arbeitnehmerseite einen Präventionsaufwand erfordert, der gesamtwirtschaftlich zu Buche schlägt und sich nicht zuletzt zu Lasten der Reibungslosigkeit des Betriebsablaufs und damit der Produktivität auswirken würde.[104] Demgegenüber kann der Arbeitgeber Präventionsmaßnahmen, die das Schadensrisiko senken und die allen Betriebsangehörigen als kollektives Gut zugutekommen, häufig mit geringeren Kosten durchführen, indem er Größenvorteile („Economies of Scale") nutzen kann.[105] Auch im Hinblick auf die sekundären Kosten sprechen die besseren Versicherungsmöglichkeiten[106] sowie die regelmäßig überlegene Fähigkeit zur Risikoabsorption[107] dafür, den Arbeitgeber jedenfalls unterhalb der Schwelle grober Fahrlässigkeit zumindest einen Teil des Schadens tragen zu lassen.[108] Nimmt man hinzu, dass sich die optimale Aufteilung des Schadensvermeidungsaufwandes zwischen der Arbeitgeber- und der Arbeitnehmerseite nur schwer ermitteln lässt,[109] ist darüber hinaus eine pauschale Entlastung für leichteste Fahrlässigkeit auch rechtsökonomisch gut begrün-

S. 112 ff. Gelungener Überblick über die Grundannahmen und die Kritik der ökonomischen Analyse des Rechts bei *Scheel*, Versicherbarkeit und Prävention, S. 90 ff.; umfassend *Eidenmüller*, Effizienz als Rechtsprinzip, 4. Aufl., 2015; siehe auch *Möllers*, Methodenlehre, 6. Aufl., § 5 Rn. 123 ff.; *Towfigh/Petersen*, Ökonomische Methoden im Recht, 3. Aufl.

103 Den theoretischen Hintergrund dieser Betrachtungsweise bildet der Umstand, dass die Ökonomie als Wissenschaft individueller menschlicher Wahlhandlungen die jeweils geltenden rechtlichen Regelungen als Parameter ansieht, die vom Einzelnen bei seinen nach dem Kosten-Nutzen-Kalkül getroffenen Entscheidungen über das eigene künftige Verhalten in Rechnung gestellt werden; dazu erhellend *Behrens*, JNPÖ 7 (1988), 209, 212 ff. Im Zentrum der Überlegungen steht also nicht die ex-post angemessene Verteilung bereits eingetretener Schäden, sondern der ex-ante angemessene Umgang mit Schadensrisiken.

104 *Behrens*, ZfA 1989, 209, 232; *Janson*, Ökonomische Theorie, S. 240.

105 Der Arbeitgeber ist „cheapest cost avoider".

106 Der Arbeitgeber ist „cheapest insurer".

107 Der Arbeitgeber ist „superior risk bearer".

108 Näher dazu *Scheel*, Versicherbarkeit und Prävention, S. 187 f., 202 ff.

109 Vgl. *Schneider/Sadowski*, in: Ott/Schäfer (Hrsg.), Ökonomische Analyse, S. 112, 119 ff.

det, indem auf diese Weise die tertiären Kosten der Schadensabwicklung gesenkt werden.[110]

II. Haftungserhaltende Prinzipien

1. Ausgleichsgedanke

27 Jede Reduktion der Arbeitnehmerhaftung muss sich mit dem Einwand auseinandersetzen, sie vernachlässige die den Hauptzweck des allgemeinen Haftungsrechts bildende **Ausgleichsfunktion**[111]. Aus dem Ausgleichsgedanken lässt sich indes nur herleiten, dass jede Abweichung von der gesetzlichen Grundregel, nach der die rechtswidrige und schuldhafte Verwirklichung eines Haftungstatbestandes zur vollen Haftung führt, einer besonderen Rechtfertigung bedarf. Im Übrigen belegt die Diskussion um die Einführung einer allgemeinen schadensrechtlichen Reduktionsklausel,[112] dass eine Verknüpfung von Verschulden und Ersatz des gesamten Schadens keineswegs zu den unabdingbaren Prinzipien des Haftungsrechts gehört. Allerdings geht es zu weit, wegen der seit langem befürworteten Einschränkung der vollen Schadensersatzpflicht des Arbeitnehmers die Ausgleichsfunktion der Arbeitnehmerhaftung gänzlich in Zweifel zu ziehen.[113]

2. Präventionsgedanke

28 Einer weitgehenden Einschränkung der Haftung des Arbeitnehmers wird des Weiteren entgegengehalten, dass der Gesichtspunkt der **Prävention**, also der Schadensverhütung bzw. Schadensbegrenzung mit Rücksicht auf eine drohende Inanspruchnahme, im Interesse des Arbeitgebers nicht vernachlässigt werden dürfe.[114] So stellt die Schadensvorbeugung einen legitimen Zweck des Haftungsrechts dar.[115] Die durch das Haftungsrisiko ausgelöste Präventionswirkung darf jedoch im Bereich des in erster Linie interessierenden fahrlässigen Handelns von Arbeitnehmern nicht überschätzt werden.[116] Eine Verhaltenssteuerung ist umso unwahrscheinlicher, je geringer der Sorgfaltsverstoß objektiv und subjektiv wiegt.[117] Dies gilt erst recht für spezifische Risikosituationen, in denen kaum Zeit für das Abwägen von Handlungsalternativen besteht.

---

110 *Janson*, Ökonomische Theorie, S. 245.

111 Siehe bereits § 1 RN 5.

112 Vgl. § 1 RN 5.

113 So aber *Bokelmann*, ZRP 1972, 283, 285 ff.; in diese Richtung auch *Motzer*, Positive Vertragsverletzung, S. 239 ff.

114 *Brors*, Abschaffung der Fürsorgepflicht, S. 201 ff.; *Koller*, Risikozurechnung, S. 411; *Löwisch*, JZ 1984, 622; *Zöllner*, Anm. zu BAG EzA § 611 BGB Gefahrgeneigte Arbeit Nr. 14 (unter IV).

115 Dazu bereits § 1 RN 6 m.w.N.

116 *Däubler*, NJW 1986, 867, 870; restriktiv auch *Naendrup*, JuS 1984, 336, 339.

117 Siehe auch *Wagner*, Deliktsrecht, 14. Aufl., 4. Kapitel, Rn. 20 ff.; Für eine Berücksichtigung der Präventivfunktion der Schadensersatzpflicht auch bei leichter Fahrlässigkeit aber *Rieble*, Gem. Anm. zu BAG EzA § 611 BGB Gefahrgeneigte Arbeit Nr. 23 und EzA § 611 BGB Arbeitnehmerhaftung Nr. 53 (unter IV 2).

Zudem wird an der zurückhaltenden Geltendmachung von Schadensersatzansprüchen während des Bestehens von Arbeitsverhältnissen deutlich, dass selbst die Arbeitgeberseite dem Präventionsaspekt tatsächlich nur einen geringen Stellenwert einräumt. Andererseits darf nicht außer Acht gelassen werden, dass die gegenwärtige Rechtsprechung den Arbeitnehmer nur bei leichtester Fahrlässigkeit völlig haftungsfrei ausgehen lässt, während es in allen anderen Fällen zumindest zu einer Schadensteilung kommt. Da der Arbeitnehmer folglich vielfach mit einer empfindlichen Haftung rechnen muss, weil er die rechtliche Beurteilung nicht einschätzen kann, konnte bisher von einer Vernachlässigung der Prävention nicht die Rede sein.[118] Allerdings besteht auf längere Sicht die Gefahr, dass die von der Rechtsprechung befürwortete Verlagerung des Bezugspunkts für die Verschuldensprüfung von der Pflichtverletzung des Arbeitnehmers auf die Schadenszufügung[119] eine größere Sorglosigkeit verursacht. Denn selbst vorsätzliche oder grob fahrlässige Pflichtverletzungen begründen für sich genommen nicht mehr automatisch eine Schadensersatzpflicht,[120] mag die Einflußnahme dieser Feinheit des innerbetrieblichen Schadensausgleichs auf das tatsächliche Verhalten der Arbeitnehmer auch begrenzt sein.

Diese Überlegungen decken sich wiederum weithin mit denjenigen, die sich aus einer **rechtsökonomischen Perspektive** ergeben. Insoweit spricht gegen eine zu starke Einschränkung der Haftung des Arbeitnehmers, dass hierdurch zwar einerseits die Schadensvermeidungskosten für den Arbeitnehmer weiter sinken, andererseits aber die Gefahr von „moral hazard“ zunimmt und damit auch die primären Kosten auf ein suboptimales Gesamtniveau ansteigen.[121] Darüber hinaus ist gerade aus rechtsökonomischer Sicht hervorzuheben, dass eine Rechtsprechung, die sich bei der Schadensverteilung von einer Vielzahl einzelner Aspekte leiten lässt, zwar der Einzelfallgerechtigkeit dienen mag, aufgrund der Unvorhersehbarkeit der von ihr konkret erzielten Ergebnisse die tertiären Kosten der Schadensregulierung aber in die Höhe treibt.[122] 29

3. Sanktionsaspekt

Der **Sanktions- bzw. Genugtuungsgedanke** spielt im allgemeinen Haftungsrecht im Hinblick auf den Ersatz materieller Schäden nur eine untergeordnete Rolle.[123] Er vermag daher eine aus gewichtigen Gründen geforderte Enthaftung des Arbeitnehmers nicht zu verhindern, zumal es in den insoweit relevanten Fällen grober Fahrlässigkeit bei spürbaren finanziellen Einbußen des Beschäftigten bleibt und bleiben muss. Auch in dieser Hinsicht gibt die neuere Entwicklung der höchstrichterlichen Rechtsprechung 30

118 Zum Präventionsaspekt näher *Otto*, Gutachten zum 56. DJT, S. E 43 ff.
119 § 2 RN 13 und unten § 9 RN 3 ff.
120 Vgl. § 9 RN 3 ff.
121 *Janson*, Ökonomische Theorie, S. 241.
122 *Janson*, Ökonomische Theorie, S. 244; *Schneider/Sadowski*, in: Ott/Schäfer (Hrsg.), Ökonomische Analyse, S. 112, 131 f.
123 *Kötz*, FS Steindorff (1990), S. 643 m.w.N.

freilich zur Sorge Anlass,[124] insbesondere in der Kombination mit der Verlagerung des Bezugspunktes der Verschuldensprüfung, die eine strengere Haftung erst bei einer grob fahrlässigen Herbeiführung des Schadens in Erwägung zieht.[125] Deutlich wird der Aspekt der Sanktion zumeist erst bei dem Ausspruch einer außerordentlichen Kündigung wegen einer vorsätzlichen Vertragsverletzung, auch wenn das BAG insoweit den Vertrauensbruch in den Vordergrund stellt.

4. Unberechtigte Privilegierung unselbstständig Beschäftigter?

31 Schließlich wird zuweilen moniert, eine zu starke Einschränkung der Arbeitnehmerhaftung privilegiere unselbstständig Beschäftigte unberechtigt gegenüber selbstständig Tätigen.[126] Es lässt sich zwar einerseits nicht bestreiten, dass die haftungsrechtlichen Anforderungen an Selbstständige vor allem im freiberuflichen Bereich ständig angewachsen sind und teilweise gefährdungshaftungsähnliche Züge angenommen haben. Andererseits stehen dem Selbstständigen vielfältige Wege der Risikobegrenzung und -verlagerung offen, über die der Arbeitnehmer regelmäßig nicht verfügt. Neben den Möglichkeiten zur Versicherung von Gefahren, insbesondere durch Berufshaftpflichtversicherungen, der Vereinbarung von Freizeichnungsklauseln sowie der Abwälzung von Schadenslasten durch Preisgestaltung oder vermehrten Arbeitseinsatz ist vor allem die Möglichkeit zur Gründung einer GmbH – noch dazu gemäß § 5a GmbHG unter erleichterten Bedingungen als „Unternehmergesellschaft oder UG (haftungsbeschränkt)" – bzw. GmbH & Co. KG[127] zu nennen, durch die der Selbstständige im Grundsatz eine effektive Risikobeschränkung durch Haftungsabschirmung herbeiführen kann.[128]

124 § 2 RN 12 und unten § 9 RN 13 ff.
125 § 2 RN 13 und unten § 9 RN 13 ff.
126 *Eich*, NZA 1984, 65, 68.
127 Dies hebt auch *Döring*, Arbeitnehmerhaftung, S. 119, hervor.
128 Hierzu näher *Otto*, Gutachten zum 56. DJT, S. E 48 ff.; missverstanden von *Horbach*, Haftung, S. 71 f.

§ 4 Verfassungsrechtliche und rechtsquellentheoretische Legitimation der Enthaftung

Für eine hinreichende Fundierung der Grundsätze über die Haftung des Arbeitnehmers 1
ist es unumgänglich, sich auch mit den verfassungsrechtlichen und rechtsquellentheoretischen Rahmenbedingungen auseinanderzusetzen.

I. Verfassungsrechtliche Grundlagen für eine Haftungsreduktion

1. Sozialstaatsprinzip

Das **Sozialstaatsprinzip** (Art. 20 Abs. 1, 28 Abs. 1 GG) ist in der Rechtsprechung des BAG 2
von Anfang an in unterschiedlichen Zusammenhängen zur Begründung sozial angemessener Ergebnisse herangezogen worden. Man denke an die Einschränkung befristeter Arbeitsverträge[1], den Mutterschutz[2] oder das Urlaubsrecht[3]. Der Sozialstaatsgrundsatz gehört demnach zum traditionellen Argumentationsgut des Arbeitsrechts, mit dessen Hilfe gesetzliche Regelungen inhaltlich gerechtfertigt, aber auch Fortbildungen des geschriebenen Rechts legitimiert werden.[4] Es überrascht deshalb, dass sich die Rechtsprechung für die Enthaftung des Arbeitnehmers erst vergleichsweise spät auf das Sozialstaatsprinzip gestützt hat, wobei dieses regelmäßig in einem Atemzug mit den Grundrechten genannt wird.[5] So enthält insbesondere die für die weitere Entwicklung grundlegende Entscheidung des Großen Senats des BAG vom 25.9.1957[6] noch keinen entsprechenden Hinweis. Nachdem das BAG in seinen beiden Entscheidungen vom 12.10.1989[7] zunächst nur recht allgemein von den Wertvorstellungen aus Art. 20 Abs. 1 und 28 Abs. 1 GG gesprochen hat, ist es im Vorlagebeschluss vom 12.6.1992[8] etwas ausführlicher auf den Sozialstaatsgrundsatz eingegangen. Unter Berufung auf die Kindergeldentscheidung des BVerfG[9] wird eine Verbindungslinie zur Sicherung des Existenzminimums hergestellt und daraus auf eine Begrenzung der Haftung für Schädigungen geschlossen, wenn deren vollständiger Ersatz die wirtschaftliche Existenz des Arbeitnehmers gefährden würde. Nachdem sich der BGH von den verfassungsrechtlichen

1 BAG 21.10.1954 – 2 AZR 25/53 –, AP § 1 KSchG Nr. 7. Siehe aber auch BAG (GS) 12.10.1960 – GS 1/59 –, AP § 620 BGB Befristeter Arbeitsvertrag Nr. 16.

2 BAG 8.6.1955 – 2 AZR 14/54 –, AP § 9 MuSchG Nr. 2; 9.8.1963 – 1 AZR 497/62 –, AP § 10 MuSchG Nr. 3.

3 BAG 20.4.1956 – 1 AZR 476/54 –, AP § 611 BGB Urlaubsrecht Nr. 6.

4 Vgl. bereits *Fechner*, RdA 1955, 161 ff.; *Gamillscheg*, FS Molitor (1962), S. 57 ff.; siehe ferner *Benda*, RdA 1979, 1 ff.; *Wollny*, AuR 1973, 33 ff.; ausführlich *Post*, ZfA 1978, 421 ff.

5 Zur gleichzeitigen Erwähnung von Grundrechten des Arbeitnehmers siehe unten RN 5 ff.

6 BAG 25.9.1957 – GS 4/56, GS 5/56 –, AP §§ 898, 899 RVO Nr. 4.

7 BAG 12.10.1989 – 8 AZR 276/88 – unter II 2 b, AP § 611 BGB Haftung des Arbeitnehmers Nr. 97 = NZA 1990, 97; 12.10.1989 – 8 AZR 741/87 – unter B II 3 b, AP § 611 BGB Haftung des Arbeitnehmers Nr. 98 = NZA 1990, 95.

8 BAG 12.6.1992 – GS 1/89 – unter B III 4 a, AP § 611 BGB Haftung des Arbeitnehmers Nr. 101 = NZA 1993, 547.

9 BVerfG 29.5.1990 – 2 BvE 1/90 –, BVerfGE 82, 60, 85.

https://doi.org/10.1515/9783110728606-006

Ausführungen des Vorlagebeschlusses des BAG distanziert hatte,[10] wird das Sozialstaatsprinzip auch im Beschluss des Großen Senats des BAG vom 27.9.1994[11] nicht mehr erwähnt. Spätere Entscheidungen des BAG zur grundsätzlichen Möglichkeit einer Haftungsbegrenzung auch bei grober Fahrlässigkeit als Folge eines Missverhältnisses zwischen Verdienst und Schadensrisiko, bei denen ein Rekurs auf Art. 20 Abs. 1 GG noch am ehesten zu erwarten wäre, enthalten ebenfalls keine entsprechenden Hinweise.[12] Im Schrifttum finden sich nur vereinzelte Ausführungen zur Bedeutung des Sozialstaatsgrundsatzes für die Arbeitnehmerhaftung, deren Tenor dahin geht, dass sich aus diesem Prinzip allenfalls eine Sicherung des Lebensunterhaltes herleiten lässt.[13] Für den Sonderfall der Außenhaftung des Arbeitnehmers hat es der BGH ausdrücklich abgelehnt, aus dem Sozialstaatsgedanken eine Haftungseinschränkung abzuleiten.[14]

3 Tatsächlich ist die **Aussagekraft des Sozialstaatsprinzips für die Reduktion der Haftung des Arbeitnehmers vergleichsweise gering.** Dieses in Art. 20 Abs. 1 GG verankerte Staatsziel ist zwar verbindliches Recht, richtet sich als ein an den Staat adressierter verfassungsrechtlicher Auftrag zur sozial gerechten Ausgestaltung der gesellschaftlichen Ordnung[15] aber primär an den Gesetzgeber.[16] Die ganz h. M. lehnt es grundsätzlich ab, aus dem Sozialstaatsgrundsatz unmittelbare Rechtsfolgen abzuleiten.[17] Dementsprechend liefert das Prinzip des sozialen Staates im Allgemeinen keine

10 BGH 21.9.1993 – GmS OBG 1/93 –, AP § 611 BGB Haftung des Arbeitnehmers Nr. 102 = NZA 1994, 270.

11 BAG 27.9.1994 – GS 1/89 (A) –, AP § 611 BGB Haftung des Arbeitnehmers Nr. 103 = NZA 1994, 1083.

12 Vgl. BAG 23.1.1997 – 8 AZR 893/95 –, NZA 1998, 140; 25.9.1997 – 8 AZR 288/96 –, AP § 611 BGB Haftung des Arbeitnehmers Nr. 111 = NZA 1998, 310; 12.11.1998 – 8 AZR 221/97 –, AP § 611 BGB Haftung des Arbeitnehmers Nr. 117 = NZA 1999, 263; 15.11.2001 – 8 AZR 95/01 –, AP § 611 BGB Haftung des Arbeitnehmers Nr. 121 = NZA 2002, 612; 18.04.2002 – 8 AZR 348/01 –, AP § 611 BGB Haftung des Arbeitnehmers Nr. 122 = NZA 2003, 37; 28.10.2010 – 8 AZR 418/09 –, AP § 611 BGB Haftung des Arbeitnehmers Nr. 136 = NZA 2011, 345.

13 *Blomeyer*, JuS 1993, 903, 906; *Otto*, Gutachten zum 56. DJT, S. E 40; *Schlachter*, FS OLG Jena (1994), S. 253, 259. Das haftungsrechtlich bedingte Existenzrisiko des Arbeitnehmers für sozialstaatlich „unbefriedigend“ haltend auch *Döring*, Arbeitnehmerhaftung, S. 119.

14 BGH 19.9.1989 – VI ZR 349/88 – unter II 2 a dd, BGHZ 108, 305 = AP § 611 BGB Haftung des Arbeitnehmers Nr. 99 = NZA 1990, 415; 21.12.1993 – VI ZR 103/93 – unter II 2 b cc (b), AP § 611 BGB Haftung des Arbeitnehmers Nr. 104; 13.12.1994 – VI ZR 283/93 – unter II 2 a, NJW 1995, 1150.

15 BVerfG 18.7.1967 – 2 BvF 3/62 –, BVerfGE 22, 180, 204 = AP Art. 20 GG Nr. 5; 16.7.1985 – 1 BvL 5/80 –, BVerfGE 69, 272, 314; 30.6.2009 – 2 BvE 2/08 –, BVerfGE 123, 267, 362; ähnl. BVerfG 27.4.1999 – 1 BvR 2203/93 –, BVerfGE 100, 271, 284: „Ausgleich der sozialen Gegensätze“ = NZA 1999, 992; 23.10.2013 – 1 BvR 1842/11, 1 BvR 1843/11 – Rn. 73: „sozialen und wirtschaftlichen Ungleichgewichten entgegenwirken“. Siehe auch *Schnapp*, JuS 1998, 873, 877: Regelungsgegenstand sind die gesellschaftlichen Verhältnisse als solche. Zur Unterscheidung zwischen Staat und Gesellschaft als Prämisse des Sozialstaatsprinzips näher *Heinig*, Der Sozialstaat im Dienst der Freiheit, S. 293 ff.

16 BVerfG 19.12.1951 – 1 BvR 220/51 –, BVerfGE 1, 97, 105; 19.10.1983 – 2 BvR 485/80 –, BVerfGE 65, 182, 193; 27.1.1998 – 1 BvL 15/87 –, BVerfGE 97, 169, 185 = NZA 1998, 470; 27.4.1999 – 1 BvR 2203/93 –, BVerfGE 100, 271, 284 = NZA 1999, 992; *Badura*, DÖV 1989, 491, 494; *Kotzur*, in: v. Münch/Kunig, GG, 7. Aufl., Art. 20 Rn. 79; *Schnapp*, JuS 1998, 873, 877.

17 BVerfG 29.5.1990 – 1 BvL 20/84 –, BVerfGE 82, 60, 80; grdl. *W. Weber*, Der Staat, Bd. 4 (1965), 409, 415 f.; ferner *Neuner*, Privatrecht und Sozialstaat, S. 171; *Sachs*, in: Sachs, GG, 9. Aufl., Art. 20 Rn. 47; *Schnapp*, JuS 1998, 873, 877; *Sommermann*, in: Huber/Voßkuhle, GG, 8. Aufl., Art. 20 Rn. 103. Dazu auch *Wiederin*,

Grundlage für individuelle Rechtspositionen.[18] Wie das BVerfG ausdrücklich hervorgehoben hat, lässt sich beim Fehlen jeglicher einfachgesetzlicher Anhaltspunkte allein auf den Sozialstaatsgrundsatz regelmäßig weder eine Rechtsfortbildung[19] noch eine Grundrechtsbegrenzung[20] stützen. Ausnahmen sind lediglich die schon frühzeitig aus einer Kombination von Art. 20 Abs. 1 GG und Art. 1 Abs. 1 GG abgeleitete leistungsrechtliche Pflicht des Staates auf Sicherstellung eines menschenwürdigen Existenzminimums durch ein System sozialer Transferleistungen,[21] der Sonderfall der Versorgung mit einem bestimmten Medizinprodukt bei einer lebensbedrohlichen oder regelmäßig tödlichen Erkrankung[22] sowie die abwehrrechtliche Dimension, nicht – qua Steuerrecht – auf das existenzsichernde Einkommen bzw. Vermögen der Bürger zuzugreifen[23]. Darüber hinaus ist das Sozialstaatsprinzip bei der Auslegung bestehender Rechtsnormen zu berücksichtigen.[24] Dies gilt insbesondere für die Konkretisierung von Generalklauseln.[25]

Für die Arbeitnehmerhaftung folgt aus diesen Grundsätzen, dass das Sozialstaatsprinzip in erster Linie den **Gesetzgeber verpflichtet, eine angemessene Regelung dieser Thematik vorzunehmen.**[26] Solange er dieser Pflicht nicht nachgekommen ist, schreibt der Sozialstaatsgrundsatz für sich genommen aber keine bestimmte Ausformung der Haftung des Arbeitnehmers vor.[27] Dementsprechend hat es das BAG in einer jüngeren Entscheidung zur Arbeitnehmerhaftung zutreffend abgelehnt, aus dem in Art. 1 Abs. 1 i.V.m. Art. 20 Abs. 1 GG verankerten Recht auf Existenzsicherung eine feste 4

VVDStRL 64 (2005), 53, 79, der eine weitgehende Irrelevanz der Sozialverfassung für den Sozialstaat konstatiert.

18 *Grzeszick*, in: Dürig/Herzog/Scholz, GG (2022), Art. 20 I Rn. 19; *Hofmann*, in: Schmidt-Bleibtreu/Klein, GG, 15. Aufl., Art. 20 Rn. 38; *Zacher*, in: Handbuch des Staatsrechts II, 3. Aufl., § 28 Rn. 121.

19 BVerfG 19.10.1983 – 2 BvR 485/80 –, BVerfGE 65, 182, 193 f.

20 BVerfG 13.1.1982 – 1 BvR 848/77 u. a. –, BVerfGE 59, 231, 263 = AP § 611 BGB Abhängigkeit Nr. 48; *Sachs*, in: Sachs, GG, 9. Aufl., Art. 20 Rn. 50.

21 BVerfG 18.6.1975 – 1 BvL 4/74 –, BVerfGE 40, 121, 133; 24.5.1977 – 2 BvR 988/75 –, BVerfGE 44, 353, 375; 7.6.2005 – 1 BvR 1508/96 –, BVerfGE 113, 88, 108 f.; 9.2.2010 – 1 BvL 1/09 u. a. –, BVerfGE 125, 175, 222 ff.; 18.7.2012 – 1 BvL 10/10, 2/11 – Rn. 62 ff., BVerfGE 132, 134; 23.7.2014 – 1 BvL 10, 12/12 u. a. – Rn. 74 ff., BVerfGE 137, 34; 27.7.2016 – 1 BvR 371/11 – Rn. 36 ff., BVerfGE 142, 353; 5.11.2019 – 1 BvL 7/16 – Rn. 118 ff., BVerfGE 152, 68; 19.10.2022 – 1 BvL 3/21 – Rn. 52 ff., BVerfGE 163, 254.

22 BVerfG 6.12.2005 – 1 BvR 347/98 –, BVerfGE 115, 25, 49: Art. 2 Abs. 1 GG i.V.m. dem Sozialstaatsprinzip.

23 BVerfG 29.5.1990 – 1 BvL 20/84 –, BVerfGE 82, 60, 85; 14.6.1994 – 1 BvR 1022/88 –, BVerfGE 91, 93, 111; 10.11.1998 – 2 BvR 1057/91 –, BVerfGE 99, 216, 233 und 246, 259.

24 MHdB ArbR/*Fischinger*, 6. Aufl., § 6 Rn. 8; *Rixen*, in: *Stern/Sodan/Möstl*, Staatsrecht I, 2. Aufl., § 21 Rn. 40; *Zacher*, in: Handbuch des Staatsrechts II, 3. Aufl., § 28 Rn. 121.

25 BVerfG 7.2.1990 – 1 BvR 26/84 –, BVerfGE 81, 242, 255 = NZA 1990, 389; BVerfG 19.10.1993 – 1 BvR 567/89 –, BVerfGE 89, 214, 232 = AP Art. 2 GG Nr. 35.

26 Ebenso für die Arbeitnehmeraußenhaftung *Denck*, Außenhaftung, S. 302.

27 So auch BAG 24.11.1987 – 8 AZR 524/82 – unter B III 4, AP § 611 BGB Haftung des Arbeitnehmers Nr. 93 = NZA 1988, 579; in diesem Sinne für die Außenhaftung ebenfalls BGH 19.9.1989 – VI ZR 349/88 – unter II 2 a dd, BGHZ 108, 305 = AP § 611 BGB Haftung des Arbeitnehmers Nr. 99 = NZA 1990, 415; 21.12.1993 – VI ZR 103/93 – unter II 2 b cc (b), AP § 611 BGB Haftung des Arbeitnehmers Nr. 104; 13.12.1994 – VI ZR 283/93 – unter II 2 a, NJW 1995, 1150; *Annuß*, Haftung des Arbeitnehmers, S. 30.

Haftungshöchstgrenze, etwa auf drei Bruttomonatsentgelte, abzuleiten.[28] Soweit es um das Existenzminimum geht, lässt sich aus dem Sozialstaatsprinzip zwar folgern, dass die **Struktur der einfachgesetzlichen Rechtsordnung zwar keine Vernichtung der wirtschaftlichen Existenz eines Menschen zulassen darf.** Dies ergibt sich aus dem vom BVerfG anerkannten Verbot des Zugriffs auf das für ein menschenwürdiges Existenzminimum erforderliche Einkommen bzw. Vermögen der Bürger.[29] Diesen verfassungsrechtlichen Mindestanforderungen werden aber bereits der geltende vollstreckungsrechtliche Pfändungsschutz (§§ 850 ff. ZPO) sowie die insolvenzrechtliche Restschuldbefreiung (§§ 286 ff. InsO) gerecht.[30] Es würde den Sozialstaatsgedanken überdehnen, wenn man aus ihm herleiten wollte, dass Schadensersatzpflichten auch oberhalb des durch das Vollstreckungsrecht gewährten Existenzminimums unter bestimmten Voraussetzungen materiellrechtlich gekappt werden müssten. Zudem könnte eine solche Argumentation nicht auf die Arbeitnehmerhaftung beschränkt werden, sondern müsste das gesamte Haftungsrecht, also etwa auch die zum Teil sehr weitgehende Berufshaftung Selbstständiger, erfassen. Der Grundsatz des sozialen Staates darf indes nicht dazu missbraucht werden, rechtspolitische Wünsche als verfassungsrechtliches Postulat einzustufen.[31] Aus dem Sozialstaatsprinzip lassen sich somit **keine Kriterien für die konkrete Ausgestaltung des innerbetrieblichen Schadensausgleichs** gewinnen.[32] Vielmehr beschränkt sich die Wirkkraft des Sozialstaatsgedankens grundsätzlich darauf, den für die Enthaftung sprechenden einfachgesetzlichen Aspekten zusätzlich eine verfassungsrechtliche Dignität zu verleihen, die ein hinreichendes Gegengewicht für die mit der Haftungsreduktion einhergehende Einschränkung der grundrechtlichen Positionen des Arbeitgebers bildet. Insoweit bewegt sich die Arbeitnehmerhaftung aus sozialstaatsrechtlicher Perspektive also nicht im Gebotenheitsbereich, sondern lediglich im Möglichkeitsbereich.[33] Ob man darüber hinaus dem Sozialstaatsprinzip ein Verbot des sozialen Rückschritts in dem Sinne entnehmen kann, dass man die seit langem anerkannte und praktizierte Grundidee der Enthaftung unselbstständig Beschäftigter als verfassungsrechtlich garantiert anzusehen hat,[34] ist zweifelhaft,[35] angesichts des allseitigen Konsenses über diese Grundidee praktisch aber bedeutungslos.

---

28 BAG 15.11.2012 – 8 AZR 705/11 – unter B I 3 b bb, AP § 611 BGB Haftung des Arbeitnehmers Nr. 137 = NZA 2013, 640.

29 Nachweise oben FN 22.

30 BGH 21.12.1993 – VI ZR 103/93 – unter II 2 b cc (b), AP § 611 BGB Haftung des Arbeitnehmers Nr. 104; *Hammen*, WM 1993, 1450, 1452; *Marhold*, JZ 1993, 910, 912; *Schumacher*, Haftung des Arbeitnehmers, S. 129.

31 So etwa auch *Schwerdtner*, ZfA 1977, 47, 70.

32 Ebenso *Schnauder*, JuS 1995, 594, 597; *Schumacher*, Haftung des Arbeitnehmers, S. 126 ff., 132; ähnlich bereits *Lorenz*, SAE 1971, 202, 204.

33 Zur Unterscheidung *Heinig*, Der Sozialstaat im Dienst der Freiheit, S. 9 und öfter.

34 Für eine verfassungsrechtliche Gewährleistung anerkannter arbeitsrechtlicher Institute *Benda*, RdA 1979, 1, 5; *Kittner*, in: AK-GG, 3. Aufl., Art. 20 Abs. 1–3 IV Rn. 29.

35 Gegen ein allgemeines sozialstaatliches Rückschrittsverbot *Heinig*, Der Sozialstaat im Dienst der Freiheit, S. 450 f., 592.

2. Grundrechte

Der Anstoß für eine Mobilisierung der **Grundrechte** in der Haftungsfrage ist vom BAG ausgegangen. Allerdings sind entsprechende Überlegungen erst vergleichsweise spät artikuliert worden, obwohl das BAG bekanntlich zu den Vorreitern einer (zunächst als unmittelbar verstandenen) Wirkung der Grundrechte im Privatrecht[36] zählt. In den bereits genannten Urteilen vom 12.10.1989[37] stellte es erstmals unter Berufung auf Art. 1 Abs. 1 und 2 Abs. 1 GG[38] eine – wenn auch nicht näher konkretisierte – Verbindung zwischen der Belastung mit existenzgefährdenden Schadensersatzverpflichtungen und dem Persönlichkeitsschutz des Arbeitnehmers her. Mit seinem Vorlagebeschluss vom 12.6.1992[39] zur Abschaffung des Kriteriums der Gefahrgeneigtheit brachte der Große Senat des BAG dann auf breiter Front grundrechtliche Wertungen ins Spiel.[40] Dabei wurde zu Gunsten des Arbeitnehmers zum ersten Mal auch das Recht auf freie Berufsausübung gemäß Art. 12 Abs. 1 S. 2 GG in die Waagschale geworfen. Die **Berufsausübung des Arbeitnehmers werde** – so das BAG – **unverhältnismäßig beeinträchtigt, wenn er für jeden auch nur leicht fahrlässig verursachten Schaden unbeschränkt haften müsse.** Dasselbe gelte aufgrund der Fremdbestimmtheit seiner Arbeit, wenn die Ersatzpflicht des Arbeitnehmers zu einer **Gefährdung seiner wirtschaftlichen Existenz** führe oder auch nur in einem **erheblichen Missverhältnis zum Arbeitseinkommen stehe.** Umgekehrt müsse der Arbeitgeber eine Einschränkung seiner wirtschaftlichen Handlungsfreiheit (Art. 2 Abs. 1 GG) und seiner Berufsausübungsfreiheit (Art. 12 Abs. 1 S. 2 GG) hinnehmen. Mit diesen Ausführungen folgt das BAG einer vielfach zu beobachtenden Strömung, die den Schutz des sozial Schwächeren im Privatrecht zunehmend nicht mehr im als weitgehend unergiebig erkannten Sozialstaatsprinzip, sondern in den (vermeintlich) aussagekräftigeren Grundrechten ansiedelt. 5

Die starke Akzentuierung der Grundrechte durch das BAG bei der Enthaftung ist allerdings auf nahezu einhellige Ablehnung gestoßen. Der im Rahmen der Anrufung des Gemeinsamen Senats der obersten Gerichtshöfe des Bundes beteiligte BGH[41] konzedierte zwar, dass die betroffenen Rechtspositionen des Arbeitgebers und des Arbeitnehmers Bezüge zu Art. 2 GG und Art. 12 GG aufweisen würden. Nach seiner Ansicht sei dem Verfassungsrecht aber ein zu großes Gewicht beigemessen worden. Darüber hinaus laufe ein generelles Abstellen auf die Gefährdung der wirtschaftlichen Existenz des 6

36 Zur Diskussion über die verschiedenen Wirkungsformen klärend *Floren*, Grundrechtsdogmatik im Vertragsrecht, 1999, S. 19 ff.

37 BAG 12.10.1989 – 8 AZR 276/88 – unter II 2 b, AP § 611 BGB Haftung des Arbeitnehmers Nr. 97 = NZA 1990, 97. In dem am selben Tage ergangenen Vorlagebeschluss des BAG 12.10.1989 – 8 AZR 741/87 –, AP § 611 BGB Haftung des Arbeitnehmers Nr. 98 = NZA 1990, 95, ist allgemeiner von den „durch Art. 1 Abs. 1, Art. 2 Abs. 1, Art. 20 Abs. 1 und Art. 28 Abs. 1 GG geprägten Wertvorstellungen" die Rede.

38 Zum gleichzeitigen Rekurs auf das Sozialstaatsprinzip siehe bereits oben RN 2 f.

39 BAG 12.6.1992 – GS 1/89 –, AP § 611 BGB Haftung des Arbeitnehmers Nr. 101 = NZA 1993, 547.

40 Ob gerade die angestrebte Verbreiterung der Haftungsgrundsätze die verfassungsrechtliche Absicherung provoziert hat, so *Schumacher*, Haftung des Arbeitnehmers, S. 140 f., sei dahingestellt.

41 BGH 21.9.1993 – GmS-OGB 1/93 –, AP § 611 BGB Haftung des Arbeitnehmers Nr. 102 = NZA 1994, 270.

Beschäftigten auf eine verfassungsrechtlich unzulässige Aufhebung der gesetzgeberischen Konzeption der vollen Haftung für jedes Verschulden hinaus. Das Schrifttum ist den grundgesetzlichen Ableitungen des BAG ebenfalls von Anfang an kritisch entgegengetreten.[42]

7 In seinem Beschluss vom 27.9.1994[43] hat der Große Senat des BAG die verfassungsrechtliche Dimension weniger betont. Zugleich hat das BAG seine Argumentation modifiziert, indem es unter Anknüpfung an die Bürgschaftsentscheidung des BVerfG[44] nunmehr annimmt, dass der Gesetzgeber bei der Ausgestaltung des Haftungsrechts gehalten sei, im Falle einer **strukturellen Ungleichgewichtslage** schützend einzugreifen, um die betroffenen Grundrechtspositionen beider Vertragspartner angemessen auszugleichen. Dies entspricht einer im Schrifttum mehrfach vertretenen Ansicht, nach der eine Verbindungslinie zwischen dem fehlenden Gleichgewicht der Arbeitsvertragsparteien und der Ausgestaltung der Haftungsordnung im Arbeitsverhältnis zu ziehen sei[45] und die Begrenzung der Arbeitnehmerhaftung als Problem richterlicher Vertragskorrektur[46] begriffen wird.

8 Die **Verknüpfung von struktureller Disparität und Enthaftung leidet freilich an erheblicher Unschärfe.** Zwar kann nicht bestritten werden, dass zwischen dem Arbeitgeber und dem einzelnen Arbeitnehmer beim Aushandeln von Arbeitsbedingungen regelmäßig ein strukturelles Verhandlungsungleichgewicht besteht.[47] Die daraus auch

---

42 *Annuß*, Haftung des Arbeitnehmers, S. 124 ff.; *Bäumler*, Anwendungsbereich der Schadensteilung, S. 74 ff.; *Blomeyer*, JuS 1993, 903, 905 f.; *Koller*, SAE 1996, 5, 8; *Krause*, JR 1994, 494, 495 ff.; *Langenbucher*, ZfA 1997, 523, 545 f.; *Marhold*, JZ 1993, 910, 912; *Mayer-Maly*, Anm. zu BAG AR-Blattei ES 870 Nr. 130; *Otto*, AuR 1995, 72, 73; *Richardi*, NZA 1994, 241, 244; *Schnauder*, JuS 1995, 594, 596; zurückhaltend auch *Hanau/Rolfs*, NJW 1994, 1439, 1440; *Neuner*, Privatrecht und Sozialstaat, S. 253 Fn. 1644; mit gewissen Einschränkungen ebenso *Bydlinski*, SAE 1994, 93, 96 ff.; aus jüngerer Zeit abl. *Fischinger*, Haftungsbeschränkung, S. 540 ff.; MHdB ArbR/*Reichold*, 6. Aufl., § 57 Rn. 29; *Ruffert*, Vorrang der Verfassung, S. 452 ff.; *Schumacher*, Haftung des Arbeitnehmers, S. 135 ff.

43 BAG 27.9.1994 – GS 1/89 (A) –, AP § 611 BGB Haftung des Arbeitnehmers Nr. 103 = NZA 1994, 1083.

44 BVerfG 19.10.1993 – 1 BvR 567/89 –, BVerfGE 89, 214, 231 ff.= AP Art. 2 GG Nr. 35.

45 *M. Ahrens*, DB 1996, 934, 936 f.; *Frisch*, Haftungserleichterung für GmbH-Geschäftsführer, S. 217 ff.; *Hübsch*, NZA-RR 1999, 393, 397; *Kuhn*, Haftung leitender Angestellter, S. 42 ff.; *C. J. Müller*, Berufsfreiheit des Arbeitgebers, S. 135; *Preis*, AuR 1986, 360, 365; *Sandmann*, Haftung von Arbeitnehmern, S. 122 ff.; *Schlachter*, FS OLG Jena (1994), S. 253, 259; *dies.*, Anm. zu BAG AP § 611 BGB Haftung des Arbeitnehmers Nr. 103 (unter III); *Slapnicar/Reuter*, JA 1986, 472, 481 f.; von diesem Ansatz ausgehend auch *Bäumler*, Anwendungsbereich der Schadensteilung, S. 75. Im Grundsatz ebenso *Horbach*, Haftung, der zwar anerkennt, dass mangels einer Vereinbarung keine Vertragsinhaltskontrolle erfolgen kann (S. 132 ff.), aus der fehlenden Richtigkeitsgewähr dann aber kaum nachvollziehbar auf die Notwendigkeit einer Kontrolle der gesetzlichen Regelung schließt (S. 139 ff.).

46 *Buchner*, RdA 1972, 153, 158.

47 Siehe nur BVerfG 6.10.1987 – 1 BvR 1086, 1468, 1623/82 –, BVerfGE 77, 84, 116 f. = NZA 1989, 28; 26.6.1991 – 1 BvR 779/85 –, BVerfGE 84, 212, 229 = AP Art. 9 GG Arbeitskampf Nr. 117 = NZA 1991, 809; 28.1.1992 – 1 BvR 1025/82, 1 BvL 16/83 u. 10/91 –, BVerfGE 85, 191, 213 = EzA § 19 AZO Nr. 2; 4.7.1995 – 1 BvF 2/86 –, BVerfGE 92, 365, 395 = AP § 116 AFG Nr. 4 = NZA 1995, 754; 23.11.2006 – 1 BvR 1909/06 –, AP § 307 BGB Nr. 22 = NZA 2007, 85, 87; 1.12.2010 – 1 BvR 2593/09 –, AP Art. 9 GG Nr. 146 = NZA 2011, 60, 61; 11.7.2017 – 1 BvR 1571/15 u. a. – Rn. 146, BVerfGE 146, 71 = AP Art. 9 GG Nr. 151 = NZA 2017, 915; 6.6.2018 – 1 BvL 7/14, 1 BvR 1375/14 – Rn. 47,

verfassungsrechtlich erwachsende Pflicht, unter bestimmten Voraussetzungen korrigierend einzugreifen, bezieht sich indes nur auf die Kontrolle vertraglicher Vereinbarungen. In diesem Sinne betrafen die einschlägigen Entscheidungen des BVerfG stets die Frage, ob eine privatautonom getroffene Abrede aufgrund verfassungsrechtlicher Vorgaben ausnahmsweise als unwirksam anzusehen ist[48] Der **Schutzpflichtcharakter der Grundrechte** wirkt sich zwar nicht nur im Bereich der Vertragskontrolle aus, sondern umfasst auch Eingriffe in grundrechtliche Schutzgüter durch Ausübung einseitiger Gestaltungsrechte wie vor allem die Kündigung[49] sowie tatsächliches Handeln. Der **Schutzpflichtaspekt** ist aber nur dann aufgerufen, wenn es darum geht, dass **ein Grundrecht von einem Privaten beeinträchtigt** wird, und dem Staat deshalb die prinzipielle Pflicht obliegt, sich schützend vor den Grundrechtsträger zu stellen, auch wenn damit letztlich nur ein im Privatrecht bereits latent angelegter Freiheitsraum aktualisiert wird.[50] Sofern ein **grundrechtlich relevantes Handeln dem Staat zurechenbar** ist, ist stattdessen **die Abwehrfunktion der Grundrechte** betroffen. Dies gilt im Ausgangspunkt auch für staatliches Handeln in Gestalt der Zivilgesetzgebung. Insoweit halten sowohl das BVerfG[51] wie auch die ganz überwiegende Literatur[52] den **Privatrechtsgesetzgeber für unmittelbar an die Verfassung gebunden.** Die bürger-

---

BVerfGE 149, 126 = AP § 14 TzBfG Nr. 170 = NZA 2018, 774; 14.11.2018 – 1 BvR 1278/16 – Rn. 7, AP Art. 9 GG Nr. 153 = NZA 2019, 112; *Bydlinski*, Privatautonomie, S. 170; *Dieterich*, RdA 1995, 129, 134; *Fastrich*, RdA 1997, 67, 75; MHdB ArbR/*Fischinger*, 6. Aufl., § 3 Rn. 29; *Mayer-Maly*, AcP 194 (1994), 105, 159; *Schwarze*, ZfA 2005, 81, 97 ff.; *Wiedemann*, JZ 1994, 411, 413, *M. Wolf*, RdA 1988, 270, 272; krit. aber *Zöllner*, AcP 176 (1976), 221, 237 ff., grds. auch *ders.*, AcP 190 (1990), 1, 15 ff.

48 Vgl. BVerfG 19.10.1993 – 1 BvR 567/89 –, BVerfGE 89, 214, 231 ff. = AP Art. 2 GG Nr. 35; 5.8.1994 – 1 BvR 1402/89 –, NJW 1994, 2749, 2750; 2.5.1996 – 1 BvR 696/96 –, NJW 1996, 2021; 15.7.1998 – 1 BvR 1554/89 –, BVerfGE 98, 365, 395 ff. = AP § 18 BetrAVG Nr. 26; 6.2.2001 – 1 BvR 12/92 –, BVerfGE 103, 89, 100 f.; 26.7.2005 – 1 BvR 782/94 –, BVerfGE 114, 1, 34 f.; 29.5.2006 – 1 BvR 240/98 –, VersR 2006, 961, 962; 7.9.2010 – 1 BvR 2160/09 –, NJW 2011, 1339, 1340.

49 Dazu BVerfG 27.1.1998 – 1 BvL 15/87 –, BVerfGE 97, 169 ff. = NZA 1998, 470, 471 f. = JZ 1998, 852 ff. mit Anm. *Otto*; eingehend *Oetker*, RdA 1997, 9, 13 ff.

50 Anderenfalls würden sich die privatrechtlichen Rechtsbeziehungen in dem Augenblick verändern, in dem eine der beiden Seiten die staatlichen Gerichte anruft. Andere Herangehensweise bei *H. Hanau*, Grundsatz der Verhältnismäßigkeit, S. 64 ff., nach dem der Staat bei rechtlich präformierten Freiheiten wie der Vertragsfreiheit seine Mitwirkung schlicht zu unterlassen hat, wenn anderenfalls eine Grundrechtsverletzung erfolgen würde.

51 Siehe nur BVerfG 7.8.1962 – 1 BvL 16/60 –, BVerfGE 14, 263, 277 = AP Art. 14 GG Nr. 13; 1.3.1979 – 1 BvR 532/77 –, BVerfGE 50, 290, 339 = AP § 1 MitbestG Nr. 1; 13.5.1986 – 1 BvR 1542/84 –, BVerfGE 72, 155, 167; 7.3.1995 – 1 BvR 790/91 –, BVerfGE 92, 158, 179; 27.4.1999 – 1 BvR 1613/94 –, BVerfGE 100, 289, 302.

52 *Alexy*, Theorie der Grundrechte, S. 485; *Bleckmann*, DVBl. 1988, 938, 939; *Canaris*, AcP 184 (1984), 201, 212; *ders.*, JuS 1989, 161, 162; *ders.*, Grundrechte und Privatrecht, 1999, S. 16 ff.; *Sauer*, in: Dreier, GG, 4. Aufl., Vorb. Rn. 109; *Hager*, JZ 1994, 373, 375; *Hesse*, Verfassungsrecht, S. 27 (Fn. 42); *Rüfner*, in: Handbuch des Staatsrechts IX, 3. Aufl., § 197 Rn. 89; *Schaefer*, in: *Stern/Sodan/Möstl*, Staatsrecht III, 2. Aufl., § 78 Rn. 10; ErfK/*Schmidt*, 25. Aufl., Einleitung GG Rn. 11; *Singer*, JZ 1995, 1133, 1136; eingehend *Ruffert*, Vorrang der Verfassung, S. 89 ff.; a.A. *Oldiges*, FS Friauf (1996), S. 281, 284 f., 301 f.; *Rupp*, AöR 101 (1976), 161, 169; grds. gegen eine Heranziehung der Grundrechte im Privatrecht *Diederichsen*, in: Starck (Hrsg.), Rangordnung der Gesetze (1995), 39, 46 ff.; *ders.*, AcP 198 (1998), 171, 199 ff.

lich-rechtlichen Vorgaben der Haftung im Arbeitsverhältnis beruhen auf einem heteronomen Willensakt des Gesetzgebers. Es geht insoweit um eine vom Willen des Arbeitgebers unabhängige Zurechnung von Schadensfolgen kraft objektiven Rechts.[53] Dies betrifft die deliktische Haftung, aber auch die vertragliche Haftung. Der Arbeitsvertrag bildet zwar ein Tatbestandselement der Schadensersatzpflicht aus § 280 Abs. 1 BGB. Die **Anordnung, bei schuldhaften Vertragsverletzungen Schadensersatz leisten zu müssen**, beruht aber nicht auf dem konkreten Rechtsfolgewillen der Arbeitsvertragsparteien, sondern **auf der gesetzlichen Ausgestaltung vertraglicher Schuldverhältnisse.**[54] Anders als die Gegenansicht annimmt,[55] ist insoweit also nicht die Schutzgebotsfunktion,[56] sondern der **Abwehrgehalt der Grundrechte** einschlägig.[57] Daran ändert auch der Umstand nichts, dass die Grundsätze über die Arbeitnehmerhaftung auf richterlicher Rechtsfortbildung beruhen,[58] weil es darum geht, ob das gesetzliche Haftungsrecht den Arbeitnehmer zu intensiv belastet und deshalb vom Richter zurückzunehmen ist. Dagegen ist der Gedanke eines vom Richter als staatliches Organ zu gewährenden Schutzes vor dem staatlichen Gesetzgeber verfehlt. Damit ist freilich nicht gesagt, dass an die Grundrechtskonformität einer privatgesetzlichen Regelung derselbe Maßstab anzulegen ist wie bei Prüfung eines zu öffentlichen Zwecken vorgenommenen Grundrechtseingriffs. Vielmehr muss, wie noch im Einzelnen zu zeigen ist, berücksichtigt werden, dass der Staat in seiner Funktion als Privatgesetzgeber die Freiheitssphären von Privatrechtssubjekten abgrenzt und er demzufolge in der Zuweisung von Rechten und Pflichten deutlich freier als bei der Ausübung hoheitlicher Gewalt im Gemeinwohlinteresse ist.

9 Die Anbindung an die Grundsätze über die Vertragskorrektur wird offensichtlich von der Vorstellung beeinflusst, dass der Arbeitgeber dem Beschäftigten erst durch den Arbeitsvertrag das Haftungsrisiko auferlegt, ohne ihm hierfür einen angemessenen Risikoausgleich zu zahlen.[59] Diese Sicht überzeugt jedoch nicht, weil sie den soeben beschriebenen gesetzlichen Charakter der Schadensersatzpflicht verkennt. Da der

53 *Richardi*, NZA 1994, 241, 242.

54 Zutreffend *Richardi*, JZ 1986, 796, 797; zum materiellen Geltungsgrund der Schadensersatzpflicht in Sonderrechtsbeziehungen grds. *Picker*, AcP 183 (1983), 369, 393 ff.

55 Siehe die Nachweise in Fn. 45; ebenso im Ansatz – wenn auch krit. – *Langenbucher*, ZfA 1997, 523, 545 f.; MHdB ArbR/*Reichold*, 6. Aufl., § 57 Rn. 29 mit Fn. 113.

56 Insoweit auch *Schumacher*, Haftung des Arbeitnehmers, S. 136 ff.

57 Ebenso *Fischinger*, Haftungsbeschränkung, S. 540 f.; *Krause*, NZA 2003, 577, 581; *Manssen*, in: Huber/Voßkuhle, GG, 8. Aufl., Art. 12 Rn. 25; *Ruffert*, Vorrang der Verfassung, S. 452 ff.; für das Deliktsrecht ausdrücklich auch *Oeter*, AöR 119 (1994), 529 (535 f.); Im Sinne der hier vertretenen Konzeption ferner BVerfG 12.11.1997 – 1 BvR 479/92 –, BVerfGE 96, 375, 393. Nicht überzeugend daher *Schumacher*, Haftung des Arbeitnehmers, S. 138, der den Anknüpfungspunkt der grundrechtlichen Prüfung nicht richtig bestimmt.

58 So aber *Sandmann*, Haftung von Arbeitnehmern, S. 122 ff., der zwar nicht verkennt, dass die Haftung im Allgemeinen nicht auf einer vertraglichen Abmachung beruht (S. 124), aber dennoch meint, dass Vertragsinhaltskontrolle und Rechtsfortbildung gleichzusetzen seien; gegen die Konzeption von *Sandmann* ausdrücklich auch *Schumacher*, Haftung des Arbeitnehmers, S. 139 f. Fn. 343.

59 *Buchner*, RdA 1972, 15, 157 f.

entscheidende Zugriff auf die Rechtspositionen des Arbeitnehmers bereits in der normativen Auferlegung einer Verbindlichkeit liegt, wäre es auch verfehlt, auf die tatsächliche Geltendmachung des Schadensersatzbegehrens durch den Arbeitgeber abzustellen.[60]

Als Anknüpfungspunkt für die Schutzpflichtfunktion kommt allenfalls das Unter- 10
lassen einer angemessenen vertraglichen Regelung in Betracht.[61] Immerhin lässt sich sagen, dass die fehlende Verhandlungsmacht den einzelnen Arbeitnehmer daran hindert, für Fälle leichtester Fahrlässigkeit eine völlige Freistellung und für mittlere Fahrlässigkeit eine teilweise Enthaftung rechtsgeschäftlich durchzusetzen.[62] Im Ergebnis hilft auch diese Überlegung indes nicht weiter. Aus dem Schutzpflichtcharakter der Grundrechte kann nämlich nur eine unter bestimmten Voraussetzungen einsetzende Kontrolle bestehender vertraglicher Abreden hergeleitet werden. Demgegenüber ist es nicht möglich, die Grundrechte dahin zu interpretieren, dass den Richter beim völligen Fehlen entsprechender Vereinbarungen die Pflicht trifft, „schützend" eine zumutbare Vertragsregelung qua ergänzender Auslegung zu schaffen.

Im Übrigen bedarf es für einen effektiven Schutz der betroffenen Grundrechtspo- 11
sitionen der Arbeitnehmer ohnehin keiner derartigen Konstruktion, weil mangels vertraglicher Absprachen das gesetzliche Recht anzuwenden ist, das einer unmittelbaren Prüfung an den grundrechtlichen Maßstäben unterliegt. Soweit es darum geht, eine Veränderung der Haftungslage zu Gunsten des Beschäftigten zu legitimieren, ist die Schutzgebotsfunktion der Grundrechte nach alledem nur dann einschlägig, wenn rechtsgeschäftliche (oder betriebliche bzw. tarifliche) Vereinbarungen vorliegen, mittels derer die Haftung des Arbeitnehmers im Verhältnis zu den kraft Gesetzes bzw. Richterrechts geltenden Grundsätzen verschärft wird.[63] Dieser Aspekt betrifft in erster Linie den Bereich der Mankohaftung.[64] Mit der zunehmenden Befürwortung von Haftungserleichterungen auch in den Fällen grober Fahrlässigkeit geraten zudem diejenigen tariflichen Regelungen auf den Prüfstand, die zumindest prima facie eine unbe-

60 Die gegenteilige Ansicht von *Oldiges*, FS Friauf (1996), S. 281, 301 ff., der den entscheidenden Anknüpfungspunkt im Leistungsverlangen des Gläubigers sieht, vermag nicht zu überzeugen. Sie führt zu dem merkwürdigen Ergebnis, dass es nur dann zu einer Kontrolle anhand der Grundrechte kommt, wenn der Gläubiger Schadensersatz verlangt, nicht aber dann, wenn sich der Schuldner dem gesetzlichen Gebot von vornherein unterwirft und freiwillig zahlt.

61 Zutreffend *Annuß*, Haftung des Arbeitnehmers, S. 80.

62 Für ein solches Verständnis *Langenbucher*, ZfA 1997, 523, 545 f.; *Otto*, AuR 1995, 72, 73. Diesen Zusammenhang auf den Kopf stellend *Schlachter*, FS OLG Jena (1994), S. 253, 259, indem sie in der fehlenden Möglichkeit des Arbeitnehmers zur vertraglichen Haftungsbegrenzung die Ursache für ein gestörtes Gleichgewicht der Vertragsparteien sieht.

63 Für eine vor allem auf die verfassungsrechtlichen Ableitungen gestützte zwingende Wirkung der Haftungsgrundsätze *Peifer*, ZfA 1996, 69, 74 f.

64 Siehe hierzu § 13 RN 38 ff.

schränkte Haftung des Arbeitnehmers bei grober Fahrlässigkeit vorsehen.[65] Sofern man die richterrechtlich entwickelten Haftungsgrundsätze als zwingendes Recht einstuft,[66] wird die verfassungsrechtliche Grundierung des Schutzes vor unzumutbaren Haftungsrisiken indes nicht praktisch, weil aus den Grundrechten insoweit nur ein Mindestschutz gewonnen werden kann, der hinter dem kraft Richterrechts geschaffenen Schutzniveau zurückbleibt.

12 Kann die Schutzgebotsfunktion der Grundrechte somit nur wenig zu den verfassungsrechtlichen Rahmenbedingungen des innerbetrieblichen Schadensausgleichs beitragen, stellt sich stattdessen in aller Schärfe die Frage, **ob die gesetzliche Haftungsordnung des BGB** für den Teilbereich der Arbeitnehmerhaftung unter dem Blickwinkel der Abwehrfunktion der Grundrechte den **verfassungsrechtlichen Anforderungen standhält.** Dogmatischer Ausgangspunkt ist insoweit die Überlegung, dass die Auferlegung einer zivilrechtlichen Zahlungspflicht, die an ein Verhalten im Rahmen einer beruflichen Betätigung anknüpft, in das Grundrecht des Arbeitnehmers aus Art. 12 Abs. 1 S. 2 GG, zumindest aber in die allgemeine Handlungsfreiheit gemäß Art. 2 Abs. 1 GG eingreift und sich deshalb am **Verhältnismäßigkeitsgrundsatz** messen lassen muss. Bei existenzbedrohenden Haftpflichten, die zu Lebzeiten des Arbeitnehmers voraussichtlich nicht abgelöst werden können, kommt als Prüfungsmaßstab darüber hinaus das allgemeine Persönlichkeitsrecht (Art. 2 Abs. 1 GG i.V.m. Art. 1 Abs. 1 GG) in Betracht.[67] Nach Ansicht von *Canaris*, der diesen Gedanken für das allgemeine Schadensrecht entwickelt hat, folgt aus der Anwendung des Übermaßverbotes eine Abwägung der Interessen von Schädiger und Geschädigtem, bei der es vor allem auf die Vermögensverhältnisse der Beteiligten ankomme.[68] Wenn ein Ersatz des gesamten Schadens für den Schädiger existenzgefährdend wäre, während der Geschädigte für die Aufrechterhaltung seiner wirtschaftlichen Existenz auf die Ersatzleistung nicht angewiesen sei, sei eine zivilrechtliche Pflicht zum Ausgleich des vollständigen Interesses unverhältnismäßig.[69] Die Umsetzung der verfassungsrechtlichen Vorgaben erfolge in der Weise, dass der Schädiger dem ihn in Anspruch nehmenden Geschädigten den Rechtsmissbrauchseinwand (§ 242 BGB) entgegensetzen könne.[70] Teile des Schrifttums

---

65 Etwaige Konflikte werden allerdings von vornherein vermieden, wenn die tariflichen Bestimmungen Raum für eine Herabsetzung der Schadensersatzpflicht auch bei grober Fahrlässigkeit lassen, wie es im öffentlichen Dienst der Fall ist; vgl. § 14 RN 6.

66 Dazu bereits § 2 RN 15.

67 So der Ansatz von BVerfG 13.8.1998 – 1 BvL 25/96 –, NJW 1998, 3557, 3558 (zu § 828 Abs. 2 S. 1 BGB); ebenso generell zu unbegrenzten Zahlungspflichten BVerfG 13.5.1986 – 1 BvR 1542/84 –, BVerfGE 72, 155, 170 f.; ferner *Frenz*, JR 1994, 92 ff. (Menschenwürde); in diesem Sinne auch *Neuner*, Privatrecht und Sozialstaat, S. 105 („Recht auf Reversibilität" als Teil des „Schutzes vor Hoffnungslosigkeit"); gegen einen Rückgriff auf das Persönlichkeitsrecht aber *Ruffert*, Vorrang der Verfassung, S. 303, 324, 452.

68 JZ 1987, 993 ff.; JZ 1988, 494 ff.; JZ 1990, 679 ff.

69 JZ 1987, 993, 1001 f.; JZ 1990, 679, 681.

70 JZ 1987, 993, 1002.

stimmen diesen Überlegungen zu.[71] Der überwiegende Teil der Literatur lehnt sie indes ab.[72]

Für den vorliegenden Zusammenhang muss man sich zunächst vor Augen halten, dass die geschilderten verfassungsrechtlichen Ableitungen auf eine Einzelfallprüfung hinauslaufen. **Eine generelle Enthaftung des Arbeitnehmers** bei leichtester Fahrlässigkeit oder der Grundsatz der Schadensteilung bei mittlerer Fahrlässigkeit ohne Rücksicht darauf, ob der Ersatz des gesamten Schadens überhaupt die wirtschaftliche Existenz des Beschäftigten gefährden würde, **lassen sich mit ihnen von vornherein nicht begründen.** Ferner handelt es sich bei der Frage nach der Aussagekraft des Verhältnismäßigkeitsgrundsatzes nicht um eine Besonderheit der Arbeitnehmerhaftung, sondern um ein allgemeines Problem des Schadensersatzrechts.[73] Es kann daher allenfalls darum gehen, ob es generelle Regeln gibt, die folgerichtig auch im Arbeitsrecht gelten oder ob allgemeine Prinzipien auf die Haftung des abhängig Beschäftigten in besonderem Maße zutreffen. 13

Inhaltlich lautet die entscheidende Frage, ob es die Verfassung verbietet, an ein schuldhaftes Verhalten den Ersatz des gesamten verursachten Schadens zu knüpfen, falls der Schädiger hierdurch in seiner Existenz gefährdet wird und die Umstände der Schadensherbeiführung zu einem verminderten Gewicht des Selbstverantwortungsgedankens führen. Da die **Verfassung** bei der Festlegung der privatrechtlichen Rechte und Pflichten keine einfachgesetzlichen Detailregelungen der konfligierenden Grundrechte vorgibt, sondern nur unangemessenen Wertungen des einfachen Gesetzes entgegentritt,[74] ist es **im Grundsatz nicht zu beanstanden**, wenn **den Interessen des Geschädigten vergleichsweise pauschal der Vorrang vor den Interessen des Schädigers** eingeräumt wird. Ein **einfachgesetzliches Modell**, das auf den Elementen der **Selbstverantwortung** und der **Ausgleichsfunktion** aufbaut, kann nicht schon als solches verfassungsrechtlich verworfen werden, selbst wenn es in bestimmten Situationen zu Härten führt, die durch eine differenziertere Struktur des einfachen Rechts ver- 14

71 *Bydlinski*, SAE 1994, 93, 98; in diese Richtung bereits *ders.*, System und Prinzipien, S. 229 ff.; für Ausnahmefälle ebenso *Deutsch*, Haftungsrecht, 2. Aufl., Rn. 633; *Staudinger/Höpfner*, BGB (2021), Vorbem §§ 249 ff. Rn. 32; vorsichtige Zustimmung auch bei *H.-J. Ahrens*, VersR 1997, 1064, 1066; unter bestimmten Voraussetzungen ferner *Bartelt*, Beschränkung des Schadensersatzumfangs, S. 159 ff.

72 *Soergel/Ekkenga/Kuntz*, BGB, 13. Aufl., Vor § 249 Rn. 40; *Grüneberg/Grüneberg*, BGB, 84. Aufl., Vorb v § 249 Rn. 3; *Krause*, JR 1994, 494, 496 ff.; *Medicus*, AcP 192 (1992), 35, 66 ff.; *Hillgruber*, AcP 191 (1991), 69, 86; *Ruffert*, Vorrang der Verfassung, S. 324 ff.; grds. abl. auch MünchKommBGB/*Wagner*, 9. Aufl., Vor § 823 Rn. 92; krit. ferner *Diederichsen*, in: Starck (Hrsg.), Rangordnung der Gesetze (1995), 39, 66 f. Gegen eine auf § 242 BGB gestützte Aufweichung des schadensrechtlichen Alles-oder-Nichts-Prinzips bereits *Weitnauer*, VersR 1963, 101, 104. Im Erg. auch *v. Hippel*, Rechtspolitik, S. 322, indem er (nur) ein Eingreifen des Gesetzgebers zum Schutz des Bürgers vor ruinösen Haftungsrisiken fordert. Lediglich berichtend *Fuchs*, FS Zacher (1998), S. 169, 177 ff.

73 Ebenso *Annuß*, Haftung des Arbeitnehmers, S. 124; *Bydlinski*, SAE 1994, 93, 98; *Schumacher*, Haftung des Arbeitnehmers, S. 131 f.

74 Vgl. *Böckenförde*, Der Staat 29 (1990), 1, 20 („Angemessenheits-Verhältnismäßigkeit"); *Hager*, JuS 2006, 769, 771; *Maultzsch*, JZ 2012, 1040, 1045 f.

mieden würden.[75] Hinzu kommt, dass sich etwaige verfassungsrechtliche Anforderungen an die Sicherung der wirtschaftlichen Existenz eines Schädigers auf das einfache Recht in seiner Gesamtheit beziehen. Es wäre verfehlt, einzelne Elemente der einfachgesetzlichen Ordnung isoliert auf den Prüfstand der Verfassung zu stellen. Der durch den vollstreckungsrechtlichen Pfändungsschutz (§§ 850 ff. ZPO) sowie die insolvenzrechtliche Restschuldbefreiung (§§ 286 ff. InsO) bewirkte Existenzschutz darf daher ebenso wie bei der Frage nach den Auswirkungen des Sozialstaatsprinzips wiederum nicht ausgeblendet werden.[76] Wer das schadensrechtliche Alles-oder-Nichts-Prinzip als übermäßigen Eingriff in die Rechtssphäre des Schädigers deklariert, trägt somit die Begründungslast dafür, dass der Vollstreckungsschutz dem verfassungsrechtlichen Gebot des Schuldnerschutzes nicht hinreichend Rechnung trägt. Hierfür kann man sich nicht auf die Rechtsprechung des BVerfG zur Einschränkung der Kreditmithaftung Angehöriger[77] berufen. Eine unzumutbare finanzielle Belastung zwingt nämlich von Verfassungs wegen nicht schon für sich genommen, sondern erst im Zusammenwirken mit weiteren Umständen zu einer Korrektur materiellrechtlicher Pflichten. Dementsprechend hat noch niemand die Ansicht vertreten, dass eine Darlehensverbindlichkeit allein deshalb teilweise oder sogar ganz entfällt, weil der Kreditnehmer das empfangene Geld nicht mehr hat, ihn eine Rückgewähr in den wirtschaftlichen Ruin stürzen würde und der Gläubiger auf die Zahlung nicht zwingend angewiesen ist. Aus grundrechtlicher Perspektive lässt sich nur herleiten, dass sich eine Mitverantwortung des Geschädigten bei der Schadensherbeiführung in einer Haftungsreduktion niederschlagen muss.[78] Darüber hinaus würde die Auferlegung einer Gefährdungshaftung den Arbeitnehmer unverhältnismäßig belasten.[79] Alle weiteren Fragen sind dagegen auf der Ebene des einfachen Rechts angesiedelt.[80]

15 Dabei muss man sich zusätzlich vor Augen halten, dass detailreiche **grundrechtliche Ableitungen nicht auf die Positionen des Arbeitnehmers beschränkt werden könnten.** Jede Reduktion der Arbeitnehmerhaftung bewirkt nämlich gleichzeitig, dass **der durch das Haftungsrecht gewährte Schutz für die Rechtsgüter des Arbeitgebers eingeschränkt wird.** Insoweit bestehen nun aber wiederum verfassungsrechtli-

75 Siehe dazu auch BVerfG 12.11.1997 – 1 BvR 479/92 –, BVerfGE 96, 375, 393, das den Vorschriften des zivilen Vertrags- und Deliktsrechts (insbesondere §§ 611, 276, 249 BGB sowie §§ 823 Abs. 1, 847 a.F. BGB) pauschal verfassungsrechtliche Unbedenklichkeit attestiert.

76 *Krause*, JR 1994, 494, 497; in diesem Sinne auch BGH 21.12.1993 – VI ZR 103/93 – unter II 2 b cc [b], AP § 611 BGB Haftung des Arbeitnehmers Nr. 104; *Annuß*, Haftung des Arbeitnehmers, S. 127; *Hammen*, WM 1993, 1450, 1452; *Marhold*, JZ 1993, 910, 912; *Medicus*, AcP 192 (1992), 35, 66.

77 Siehe BVerfG 19.10.1993 – 1 BvR 567/89 –, BVerfGE 89, 214, 231 ff. = AP Art. 2 GG Nr. 35; 5.8.1994 – 1 BvR 1402/89 –, NJW 1994, 2749, 2750; 2.5.1996 – 1 BvR 696/96 –, NJW 1996, 2021.

78 Näher dazu *Krause*, JR 1994, 494, 496 ff.

79 So *Ruffert*, Vorrang der Verfassung, S. 454.

80 Für eine verfassungsrechtlich gebotene Enthaftung bei leichtester Fahrlässigkeit des Arbeitnehmers *Manssen*, in: Huber/Voßkuhle, GG, 8. Aufl., Art. 12 Rn. 219; in diese Richtung auch *Sandmann*, Haftung von Arbeitnehmern, S. 129 ff.; ebenso bei exorbitanten Schäden *Neuner*, Privatrecht und Sozialstaat, S. 253 Fn. 1644.

che Schutzpflichten. Grundrechtliche Freiheitsbereiche müssen zumindest im Grundsatz vor einer Schädigung durch Private bewahrt werden.[81] Das einfache Recht darf aus verfassungsrechtlichen Gründen die schadensrechtliche Haftung für schuldhaft verursachte Schäden durch Privatpersonen nicht abschaffen.[82] Die Bemühungen um eine Enthaftung des Beschäftigten werfen also die Frage auf, welches Maß an Arbeitnehmerschutz mit den Grundrechten des Arbeitgebers, Art. 12 Abs. 1 und Art. 14 Abs. 1 GG,[83] vereinbar ist.[84] Die Grundsätze über die Arbeitnehmerhaftung betreffen also durchaus auch die Schutzpflichtfunktion der Grundrechte, allerdings – abgesehen von Mankovereinbarungen o. ä. – eben nicht auf der Arbeitnehmerseite, sondern auf der Arbeitgeberseite.[85] Insoweit gilt unter umgekehrten Vorzeichen nichts anderes als etwa beim gesetzlichen Kündigungsschutz, der aus der Sicht der belasteten Arbeitgeber die Abwehrdimension der Grundrechte berührt, während es gleichzeitig aus der Sicht der begünstigten Arbeitnehmer um die Schutzpflichtdimension geht.[86] Würde man in dieser Ausgangssituation annehmen, dass sich den Grundrechten auch hierzu konkrete Angaben entnehmen lassen, so würde dies darauf hinauslaufen, die Grundsätze über die Haftung des Arbeitnehmers als punktgenaue Umsetzung verfassungsrechtlicher Vorgaben zu begreifen.[87] Die Folge wäre eine völlige Versteinerung der Rechtsordnung. Es spricht daher alles dafür, den Entscheidungsspielraum des einfachen Privatrechts durch eine Überinterpretation der Grundrechte nicht zu stark einzuschränken.[88] Im Übrigen wäre es erstaunlich, wenn die geringe Aussagekraft des Sozialstaatsprinzips zur Frage

81 In diesem Sinne auch *H. Hanau*, Grundsatz der Verhältnismäßigkeit, S. 68; *Isensee*, Handbuch des Staatsrechts IX, 3. Aufl., § 191 Rn. 222 ff.; *Oldiges*, FS Friauf (1996), S. 281, 302. Siehe in diesem Zusammenhang ferner BVerfG 11.10.1978 – 1 BvR 84/74 –, BVerfGE 49, 304, 319 (§ 823 Abs. 1 BGB als Ausprägung grundrechtlicher Schutzgehalte); zur Beweislastverteilung in Haftungsfällen BVerfG 25.7.1979 – 2 BvR 878/74 –, BVerfGE 52, 131, 144 ff. = AP § 249 BGB Arzthaftung Nr. 1.

82 Vgl. *Bullinger*, FS v. Caemmerer (1978), S. 297, 299; *Hohloch*, VersR 1979, 199, 204; *Löwe*, VersR 1970, 289, 291.

83 Zu eng *Sandmann*, Haftung von Arbeitnehmern, S. 127 ff., der ausschließlich Art. 12 Abs. 1 GG für einschlägig hält.

84 Siehe dazu auch *P. Krause*, JZ 1984, 828 f.: „Das Arbeitsrecht dürfe den Schutz des Arbeitnehmers nicht auf Kosten des Arbeitgebers überziehen". Zur Eigentumsgarantie als Grenze für eine Enthaftung im Außenverhältnis ferner *Denck*, Außenhaftung, S. 302. Ohne Problembewusstsein *Frey*, AuR 1959, 193, 202; *ders.*, BB 1960, 411, 413, indem er diesen Aspekt völlig übergeht und lediglich zur Begründung der Haftungsreduktion von einer „Ausstrahlung" des Unternehmereigentums aus Art. 14 GG spricht.

85 Ebenso *Fischinger*, Haftungsbeschränkung im Bürgerlichen Recht, S. 584 f.

86 Vgl. BVerfG 27.1.1998 – 1 BvL 15/87 –, BVerfGE 97, 169, 176 = NZA 1998, 470; *Jarass*, FS 50 Jahre BVerfG (2001), Bd. II, S. 37, 41 f.

87 Darauf läuft die Auffassung von *Peifer*, ZfA 1996, 69, hinaus, der die von der Rechtsprechung aufgestellten Grundsätze als Untergrenze der Haftungsreduktion einstuft (S. 74 f.) und gleichzeitig dazu tendiert, sie als Obergrenze anzusehen (S. 79 f.).

88 *Krause*, JR 1994, 494, 699 m.w.N. Insoweit ist der weitausholenden Kritik von *Diederichsen*, in: Starck (Hrsg.), Rangordnung der Gesetze (1995), 39, 66 ff., an grundrechtlich motivierten Einflussnahmen auf das Privatrechtssystem zuzustimmen; *ders.*, AcP 198 (1998), 171, 199 ff. Zur Eigengesetzlichkeit des Zivilrechts gegenüber dem verfassungsrechtlichen Grundrechtssystem eindringlich bereits *Dürig*, FS Nawiasky (1956), S. 157 ff. Den Rahmencharakter der Verfassung betonend auch *Starck*, JZ 1996, 1033, 1038 f.

der Arbeitnehmerhaftung durch grundrechtliche Ableitungen gewissermaßen „überholt“ werden könnte.

16 Nach alledem darf die **Steuerungskraft der Verfassung nicht überschätzt** werden. Dem Grundgesetz lassen sich letztlich **nur in geringem Umfang Anhaltspunkte für eine Enthaftung** des Arbeitnehmers entnehmen.[89]

II. Rechtsquellentheoretische Einordnung

17 Die richterrechtlich zur Arbeitnehmerhaftung entwickelten Grundsätze weichen augenscheinlich vom Grundprinzip des allgemeinen Haftungsrechts ab, nach dem der Schuldner für jedes Verschulden einzustehen hat.[90] Dies führt zu dem Problem, auf welcher formalen rechtlichen Grundlage diese Abkehr vom BGB beruht bzw. wie diese Abkehr methodisch gerechtfertigt werden kann.[91] Hierbei sind nicht nur die Grundlagen und Grenzen richterlicher Rechtsfortbildung in den Blick zu nehmen. Vielmehr bedürfen auch die vorgelagerten Fragen nach einer etwaigen gewohnheitsrechtlichen Verfestigung der Haftungsprivilegierung sowie insbesondere nach der Aussagekraft der Schuldrechtsmodernisierung einer näheren Betrachtung.

1. Bedeutung der Schuldrechtsmodernisierung

18 Die Umstellung der leistungsstörungsrechtlichen Schadensersatzpflicht auf den einheitlichen Grundtatbestand der zu vertretenden Pflichtverletzung (§ 280 Abs. 1 BGB) durch das Gesetz zur Modernisierung des Schuldrechts zielte zu keinem Zeitpunkt auf eine Abschaffung der privilegierten Arbeitnehmerhaftung und ihre Wiedereingliederung in das allgemeine Haftungsregime.[92] Ganz im Gegenteil gab der Gesetzgeber eindeutig zu erkennen, dass er die vom BAG entwickelten Grundsätze **nicht nur nicht in Frage stellen, sondern statt dessen bestätigen** und ihnen mit dem neu formulierten § 276 BGB sogar eine aus seiner Sicht vorzugswürdige normative Basis verschaffen wollte.[93] Freilich hat der Gesetzgeber davon Abstand genommen, das konkrete Ausmaß der haftungsrechtlichen Verantwortlichkeit des Arbeitnehmers eigenständig festzulegen. Unabhängig von der noch anzusprechenden Frage, ob die Haftungsbeschränkung nunmehr tatsächlich in § 276 BGB zu verorten ist, wie es dem Gesetzgeber vorschwebte,[94] kann von ihrer Kodifizierung keine Rede sein.[95] Insbesondere regelt § 619a

89 Ebenso *Fischinger*, Haftungsbeschränkung, S. 544 f.; MHdB ArbR/*Reichold*, 6. Aufl., § 57 Rn. 29; *Zöllner/Loritz/Hergenröder*, ArbR, 7. Aufl., § 8 Rn. 34 f.; ferner *C. J. Müller*, Berufsfreiheit des Arbeitgebers, S. 135.

90 Die konkrete Reichweite der Abweichung vom bürgerlichen Recht ist allerdings umstritten; siehe dazu noch § 9 RN 12 ff.

91 Zur hiervon zu unterscheidenden dogmatischen Umsetzung siehe § 5 RN 1 ff.

92 Nur rhetorisch in den Raum gestellt von *Däubler*, NZA 2001, 1329, 1331; *Schlodder*, Der Arbeitsvertrag im neuen Schuldrecht, S. 150.

93 BT-Drucks. 16/6857, S. 48.

94 BT-Drucks. 16/6857, S. 48.

BGB als einzige im Zuge der Schuldrechtsmodernisierung eingeführte Vorschrift, die ausdrücklich die Arbeitnehmerhaftung anspricht, lediglich das Sonderproblem der Beweislast für das Verschulden, während der Haftungsmaßstab gerade nicht geregelt werden sollte.[96] In inhaltlicher Hinsicht fehlt es daher nach wie vor an einer Normierung des innerbetrieblichen Schadensausgleichs. Dennoch sind die in den Gesetzesmaterialien enthaltenen Aussagen zur Haftung des Arbeitnehmers nicht völlig bedeutungslos. Auch wenn es zu keiner Überführung des judiziellen in ein legislatives Haftungsmodell gekommen ist, sind diese Ausführungen doch als grundsätzliche Absicherung der Rechtsprechungsentwicklung zu werten, zu der es im Laufe der Zeit gekommen ist,[97] ohne dass man umgekehrt davon ausgehen kann, dass der Rechtsprechungsstand des Jahres 2001 gleichsam eingefroren worden ist. Die konkrete Ausgestaltung der Arbeitnehmerhaftung bleibt daher auch weiterhin Rechtsprechung und Lehre überlassen,[98] die sich dieser Aufgabe mit dem anerkannten methodischen Rüstzeug zu widmen haben. Die prinzipielle Bestätigung der Judikatur durch den Gesetzgeber darf also nicht etwa als Blankettermächtigung für eine beliebige Fortbildung der Grundsätze über die Arbeitnehmerhaftung (miss-)verstanden werden.

2. Gewohnheitsrecht

19 Die mangels einer Kodifizierung der Grundsätze über den innerbetrieblichen Schadensausgleich in formaler Hinsicht einfachste Lösung bestünde darin, sie möglichst weitgehend auf **Gewohnheitsrecht** zu stützen. Während sich die Rechtsprechung in dieser Frage zurückhält,[99] finden sich im Schrifttum erhebliche Meinungsunterschiede. Einigkeit besteht lediglich darin, dass nicht jede Einzelregel über die Enthaftung des Arbeitnehmers als gewohnheitsrechtlich verfestigt angesehen werden kann.[100] Im Übrigen reicht das Spektrum der vertretenen Ansichten über die Verneinung jeglicher Gewohnheitsrechtsbildung auf dem Gebiet der Arbeitnehmerhaftung[101] bis zu der von

95 In diesem Sinne auch *Staudinger/Fischinger*, BGB (2022), § 619a Rn. 35; *Gotthardt*, Arbeitsrecht nach der Schuldrechtsreform, 2. Aufl., Rn. 194; *Lindemann*, AuR 2002, 81, 85; *Richardi*, FS Picker (2010), S. 1095, 1110; *Schlodder*, Der Arbeitsvertrag im neuen Schuldrecht, S. 150; *Walker*, FS Canaris (2007), Bd. I, S. 1503, 1513.

96 BT-Drucks. 14/7052, S. 204.

97 Ebenso *Preis*, FS 50 Jahre BAG (2004), S. 123, 151; *Schumacher*, Haftung des Arbeitnehmers, S. 157; *Walker*, FS Canaris (2007), Bd. I, S. 1503, 1513; *Waltermann*, RdA 2005, 98, 99.

98 *Schlodder*, Der Arbeitsvertrag im neuen Schuldrecht, S. 150.

99 BAG 24.11.1987 – 8 AZR 524/82 – unter B III 2 b, AP § 611 BGB Haftung des Arbeitnehmers Nr. 93 = NZA 1988, 579. Siehe auch BAG 27.9.1994 – GS 1/89 (A) – unter C I 3 b, AP § 611 BGB Haftung des Arbeitnehmers Nr. 103 = NZA 1994, 1083, wo – nur – von einer „allgemeinen Rechtsüberzeugung" gesprochen wird, nach der Arbeitnehmer nicht unbeschränkt haften.

100 Siehe nur *Däubler*, NJW 1986, 867, 868; *Kohte*, AuR 1983, 229, 235.

101 *Bauer/Schmidt*, ZRP 1986, 217, 218; *Horbach*, Haftung, S. 20 ff.; *Isele*, AcP 165 (1965), 378, 382; *Langenbucher*, ZfA 1997, 523, 532 f.; skeptisch auch *Dütz*, NJW 1986, 1779, 1783; *Lorenz*, SAE 1971, 202, 204.

Gamillscheg schon vor mehr als fünfzig Jahren getätigten Aussage, dass Grundgedanke und Kernbereich der Haftungseinschränkung in Gewohnheitsrecht erwachsen seien.[102]

20 Eine genauere Bestimmung dieses Kernbereichs ist angesichts der Vielzahl der unterschiedlichen Standpunkte allerdings nur mit Einschränkungen möglich. Zunächst lässt sich mit einiger Sicherheit als gleichsam **„negatives Gewohnheitsrecht"**[103] feststellen, dass die uneingeschränkte Anwendbarkeit der allgemeinen zivilrechtlichen Haftungsgrundsätze derogiert worden ist.[104] Angesichts der **langjährigen Übung durch die Rechtsprechung im Sinne eines festen Gerichtsgebrauchs**[105] und der – wenn auch erst daran anschließenden – **allgemeinen Anerkennung seitens der beteiligten Verkehrskreise**[106] **steht gewohnheitsrechtlich damit fest, dass Arbeitnehmer nicht für jede Fahrlässigkeit bei allen Tätigkeiten haften.** Größere Schwierigkeiten bereitet eine positive Formulierung der Reichweite des gewohnheitsrechtlich verfestigten Bereichs. Insoweit ist noch nicht viel mit der Umschreibung gewonnen, dass der Arbeitnehmer nur so weit zu haften habe, wie dies der Billigkeit entspreche.[107] Präziser ist dagegen die Aussage, dass sich die völlige Enthaftung des Arbeitnehmers bei leichtester Fahrlässigkeit zu Gewohnheitsrecht verdichtet hat,[108] wobei man diese Aussage auf sämtliche betriebliche Tätigkeiten zu beziehen hat[109]. Zum einen war der dem BGB unbekannte frühere Begriff der Gefahrneigung stets zu umstritten, um seinerseits in Gewohnheitsrecht erwachsen zu sein. Zum anderen ist die Ausdehnung der Haftungsprivilegierung auf die gesamte Bandbreite betrieblicher Tätigkeiten durch die höchstrichterliche Rechtsprechung in der Literatur auf ungeteilte Zustimmung gestoßen und wird nunmehr seit rund zwanzig Jahren ohne jeden Widerspruch praktiziert. Dagegen sind die von der Rechtsprechung entwickelten weiteren verschuldensgradbezogenen

---

102 Referat zum 45. DJT, S. G 33; grds. ebenso OLG Karlsruhe/Freiburg 31.12.1968 – 5 U 58/68 –, OLGZ 1969, 157; *Beckers*, Außenhaftung, S. 41 f.; *Brox/Walker*, DB 1985, 1469; *Gamillscheg/Hanau*, Haftung des Arbeitnehmers, 2. Aufl., S. 34; *Heinze*, MedR 1983, S. 6, 9; *v. Hoyningen-Huene*, in: Rehbinder (Hrsg.), Haftung des Arbeitnehmers, S. 23, 24, 32, 37 f.; *Lichtenberg*, Haftpflichtrisiko, S. 11; *Mayer-Maly*, Anm. zu BAG AR-Blattei ES 870 Nr. 130 (skeptischer noch *ders.*, RdA 1967, 112); MHdB ArbR/*Reichold*, 6. Aufl., § 57 Rn. 19; *Slapnicar*, BB 1986, 868; *Slapnicar/Reuter*, JA 1986, 472; *Walker*, JuS 2002, 736, 737; *Wiedemann*, Arbeitsverhältnis, S. 23; ähnlich *Canaris*, RdA 1966, 41, 49; noch weiter gehend anscheinend *Hanau*, FS Hübner (1984), S. 468, 478; etwas zurückhaltender *Gamillscheg*, AcP 165 (1965), 383.

103 *Däubler*, NJW 1986, 867, 868; krit. zur Begriffsbildung *Schumacher*, Haftung des Arbeitnehmers, S. 163.

104 *Gick*, JuS 1980, 393, 398; *Kohte*, AuR 1983, 229, 235; *Preis*, AuR 1986, 360, 361.

105 Zu diesem Kriterium siehe *Rüthers/Fischer/Birk*, Rechtstheorie, 12. Aufl., Rn. 232.

106 Zu den Voraussetzungen von Gewohnheitsrecht aus verfassungsrechtlicher Perspektive BVerfG 15.1. 2009 – 2 BvR 2044/07 –, BVerfGE 122, 248, 269. Grds. gegen Gewohnheitsrecht als Rechtsfigur *Möllers*, Methodenlehre, 6. Aufl., § 3 Rn. 59 ff.

107 So *Annuß*, Haftung des Arbeitnehmers, S. 120 ff., 122; *ders.*, NZA 1998, 1089, 1093.

108 *Sandmann*, Haftung von Arbeitnehmern, S. 18; *Schumacher*, Haftung des Arbeitnehmers, S. 164; ebenso bereits *Kohte*, AuR 1983, 229, 235; a.A. noch Voraufl., RN 64.

109 Entsprechend dem damaligen Stand der Rechtsentwicklung zurückhaltender noch *Otto*, Gutachten zum 56. DJT, S. E 86, wo der völlige Haftungsausschluss für leichteste Fahrlässigkeit lediglich bei gefahrgeneigter Tätigkeit als gewohnheitsrechtlich verfestigt eingestuft wird.

Abstufungen zu sehr im Fluss, als dass insoweit Formen einer gewohnheitsrechtlichen Verfestigung erkennbar sind.[110]

3. Rechtsfortbildung

Die letzte sich in diesem Zusammenhang stellende Frage besteht darin, welche über den gewohnheitsrechtlich abgesicherten Bereich hinausreichenden Aussagen der Rechtsprechung zur Arbeitnehmerhaftung als „geglückte" **richterliche Rechtsfortbildung** betrachtet werden können. Dabei soll nur der gegenwärtige Stand der Rechtsprechung untersucht werden. Ob frühere Ausprägungen der Arbeitnehmerhaftung den maßgeblichen Kriterien genügt hatten, was insbesondere im Anschluss an die Entscheidungen des 7. Senats aus dem Jahre 1983 sowie des 8. Senats aus dem Jahre 1987 vielfach erörtert worden ist,[111] kann für sich genommen dahinstehen. Dies schließt es allerdings nicht aus, früheren Überlegungen Anhaltspunkte für die Bewertung der jetzigen Situation zu entnehmen. 21

Soweit es um die **Voraussetzungen zulässiger richterlicher Fortbildung** des Rechts geht, hat die vor allem in den siebziger und achtziger Jahren hierüber intensiv geführte Diskussion zu dem Ergebnis geführt, dass sowohl verfassungsrechtliche als auch methodische Gesichtspunkte zu berücksichtigen sind. Fasst man die Kerngehalte der Rechtsprechung des BVerfG[112] und des Schrifttums[113] zusammen, lässt sich vereinfachend davon ausgehen, dass es im Wesentlichen auf drei Aspekte ankommt: Zum einen darf ein **expliziter gesetzgeberischer Wille nicht konterkariert** werden. Zum zweiten muss sich die Fortbildung des Rechts **in das Gefüge des geltenden Rechts einpassen.** Drittens ist erforderlich, dass das Richterrecht in den Fachkreisen auf **verbreitete Akzeptanz** stößt, wobei indes keine ohnehin nicht zu erzielende einhellige Zustimmung erforderlich ist. Darüber hinaus – so ist hinzuzufügen – darf der Gesichtspunkt der Praktikabilität der neu entwickelten Regeln nicht außer Acht gelassen werden. 22

Betrachtet man die Grundsätze über die Enthaftung des Arbeitnehmers näher, kann man bei der Frage nach einer Sperrwirkung gesetzlicher Vorgaben zwar entgegen der 23

110 *Schumacher*, Haftung des Arbeitnehmers, S. 164.

111 Vgl. *Denck*, AuR 1988, 325, 329; *Dütz*, NJW 1986, 1779, 1782 f.; *Hanau*, FS Hübner (1984), S. 467, 478 ff.; *Preis*, RdA 1989, 327 ff.; Andeutungen auch bei *Naendrup*, JuS 1984, 336, 338.

112 Vor allem BVerfG 14.2.1973 – 1 BvR 112/65 –, BVerfGE 34, 269, 286 ff. = AP Art. 2 GG Nr. 21; 11.10.1978 – 1 BvR 84/74 –, BVerfGE 49, 304, 318 ff.; 19.10.1983 – 2 BvR 485/80 –, BVerfGE 65, 182, 190 ff.; 26.6.1991 – 1 BvR 779/85 –, BVerfGE 84, 212, 226 f. = AP Art. 9 Arbeitskampf Nr. 117 = NZA 1991, 809; 12.11.1997 – 1 BvR 479/92 –, BVerfGE 96, 375, 395; 25.1.2011 – 1 BvR 918/10 –, BVerfGE 128, 193, 210 f.; 6.6.2018 – 1 BvL 7/14, 1 BvR 1375/14 – Rn. 72 ff., BVerfGE 149, 126 = AP § 14 TzBfG Nr. 170 = NZA 2018, 774; 30.10.2020 – 1 BvR 453/19 – Rn. 14 f., NJW 2021, 548.

113 Siehe etwa die umfänglichen Nachweise bei *Preis*, RdA 1989, 327 Fn. 2; aus neuerer Zeit *Rüthers/Fischer/Birk*, Rechtstheorie, 12. Aufl., Rn. 823 ff.

Ansicht des BAG[114] sowie einiger Stimmen im Schrifttum[115] aus den schon frühzeitig erhobenen Forderungen nach einer speziellen Regelung der schadensrechtlichen Aspekte des Arbeitsverhältnisses nicht einfach auf die anfängliche Lückenhaftigkeit des BGB schließen.[116] Aufgrund der soeben geschilderten gewohnheitsrechtlichen Derogation der allgemeinen zivilrechtlichen Haftungsgrundsätze ist jedoch **nachträglich eine Situation entstanden, in der die ursprüngliche Haftungskonzeption des BGB einer abweichenden Entwicklung im Arbeitsrecht nicht mehr entgegengehalten werden kann.**[117] In sachlicher Hinsicht lässt sich dies weiter dadurch rechtfertigen, dass die Vorstellung des historischen Gesetzgebers, den Arbeitnehmer bis zur Schaffung einer speziellen Regelung nach den allgemeinen Vorschriften haften zu lassen, durch die Herausbildung des Arbeitsrechts als ein eigenständiges Rechtsgebiet, das in vielfältiger Weise durch Schutzüberlegungen zu Gunsten des unselbstständig Beschäftigten geprägt ist, zunehmend überholt worden ist.[118] Vor allem aber kommt die vom gegenwärtigen Gesetzgeber gewollte Besserstellung des Arbeitnehmers auch und gerade im Bereich der Haftung durch die soeben geschilderten Ausführungen zum Ausdruck, zu denen sich der Gesetzgeber im Zuge der Schuldrechtsmodernisierung verstanden hat.[119] Eine uneingeschränkte Aufrechterhaltung der anfänglich strikten Haftungsgrundsätze würde daher zu nur schwer erträglichen Widersprüchen in der gesamten Rechtsordnung führen.[120] Aus diesen Gründen scheidet eine Sichtweise, die vor einer ausdrücklichen legislativen Regelung der Arbeitnehmerhaftung die von der Rechtsprechung entwickelten Maßstäbe durchweg verwirft und damit für ein „Zurück zum Gesetz“ plädiert,[121] von vornherein aus. Durch die Zurückdrängung der allgemeinen Regeln wird allerdings nur das Hindernis für eine vom Grundsatz umfassender Haftung abweichende Rechtsfortbildung beseitigt. Positive Aussagen über die exakte Reichweite der Enthaftung des Arbeitnehmers lassen sich daraus nicht ableiten.

24 **Soweit es um den Anwendungsbereich** der Enthaftungsregeln und damit um die Erweiterung **auf alle betrieblichen Tätigkeiten** geht, sind die zusätzlich erforderlichen Elemente für eine **gelungene Fortbildung des Rechts** zu bejahen. Das lange Zeit favorisierte Kriterium der Gefahrneigung kann zwar entgegen einer zuweilen vertretenen Ansicht[122] nicht als ein der Gesamtrechtsordnung fremder Aspekt bezeichnet werden.

114 BAG 12.6.1992 – GS 1/89 –, AP § 611 BGB Haftung des Arbeitnehmers Nr. 101 = NZA 1993, 547; 27.9.1994 – GS 1/89 (A) –, AP § 611 BGB Haftung des Arbeitnehmers Nr. 103 = NZA 1994, 1083.

115 *Däubler*, NJW 1986, 867, 868; *Kohte*, Arbeitnehmerhaftung, S. 302 ff.; *ders.*, AuR 1983, 234 f.

116 So zu Recht *Bydlinski*, SAE 1994, 93, 95.

117 Zur Legitimation einer Weiterentwicklung des Rechts aufgrund gewandelter Anschauungen siehe auch BVerfG 8.4.1997 – 1 PBvU 1/95 –, BVerfGE 95, 322, 333 f = AP Art. 101 GG Nr. 53.

118 *Bydlinski*, SAE 1994, 93, 95; in diesem Sinne schon *Larenz*, Kennzeichen geglückter richterlicher Rechtsfortbildungen, S. 3. Siehe ferner BVerfG 22.4.1958 – 2 BvL 32/56 –, BVerfGE 7, 342, 350 = AP § 1 UrlaubsG Hbg Nr. 2.

119 Siehe oben RN 18.

120 So bereits *Larenz*, Kennzeichen geglückter richterlicher Rechtsfortbildungen, S. 3.

121 *Bauer/Schmidt*, ZRP 1986, 217, 223.

122 *Hanau*, FS Hübner (1984), S. 467, 481; *ders.*, ZfA 1984, 453, 534; ihm folgend *Dütz*, NJW 1986, 1779, 1780.

Versteht man hierunter das bestimmten betrieblichen Tätigkeiten innewohnende besondere Gefährdungspotential, so lassen sich – wie bereits eingehend dargelegt[123] – durchaus Parallelen zur Vorstellungswelt der Gefährdungshaftung ziehen. Eine Verankerung in der sonstigen Rechtsordnung erst dann anzunehmen, wenn eine sonstige Haftungsprivilegierung ebenfalls ein solches Merkmal enthielte,[124] ist zu eng. Anderenfalls dürfte die Gefahrneigung auch schwerlich als Abwägungskriterium bei der konkreten Schadenszumessung herangezogen werden. Entscheidend ist vielmehr, dass die stärkere Gewichtung des Rechtsgedankens der Haftungserleichterung bei fremdnütziger und fremdbestimmter Tätigkeit und der damit einhergehende Verzicht auf die Gefahrneigung als Einstiegsvoraussetzung für eine Entlastung des Arbeitnehmers nicht das System des Zivilrechts sprengen. Zudem greift der Aspekt des Sozialschutzes des unselbständig Beschäftigten als ein der Gesamtrechtsordnung immanentes Prinzip unabhängig davon ein, ob die vom Arbeitnehmer ausgeübte Verrichtung besondere Gefährdungsmomente in sich birgt. Im Übrigen ist die schon lange[125] weithin geforderte Ausdehnung der Haftungsgrundsätze auf sämtliche betriebliche Tätigkeiten im einschlägigen Schrifttum einhellig auf Zustimmung gestoßen.[126] Ferner kann auch der Umstand, dass die Rechtsprechung jahrzehntelang die Gefahrneigung der Arbeit als Voraussetzung für eine Haftungsreduktion praktiziert hat, nicht gegen die Erstreckung auf alle betrieblichen Tätigkeiten ins Feld geführt werden. Richterrechtliche Aussagen sperren die von *Hanau* plastisch als „Richterrecht der zweiten Generation“ bezeichnete weitere Fortbildung des Rechts jedenfalls dann nicht, wenn die Abweichung – wie hier – durch hinreichende Sachgründe legitimiert werden kann.[127] Die Ausdehnung der Haftungsprivilegierung scheitert schließlich auch nicht an gewohnheitsrechtlichen Verfestigungen. Wie dargelegt, bezieht sich das Gewohnheitsrecht nämlich nur negativ auf die Abkehr vom BGB, nicht aber auf das Kriterium der Gefahrneigung als unabdingbare Voraussetzung einer Enthaftung des Arbeitnehmers.

---

123 Siehe oben § 3 RN 9, 14.

124 *Hanau*, FS Hübner (1984), S. 467, 481.

125 Vgl. *Brox/Walker*, DB 1985, 1469, 1473; *Däubler*, NJW 1986, 867, 871 f.; *Dütz*, NJW 1986, 1779, 1784; *Gamillscheg*, Referat zum 45. DJT, S. G 16 ff.; *Gamillscheg/Hanau*, Haftung des Arbeitnehmers, 2. Aufl., S. 52 ff.; *Hanau*, Anm. zu BAG AP § 611 BGB Haftung des Arbeitnehmers Nr. 53 (unter 2); *v. Hippel*, ZRP 1971, 217; *Isele*, AcP 165 (1965), 378, 380; *Kohte*, BB 1983, 1603, 1608 f.; *Küchenhoff*, AuR 1969, 193, 200; *Mayer-Maly*, FS Hilger/Stumpf (1983), S. 467, 469 ff.; *Otto*, Gutachten zum 56. DJT, S. E 52 ff.; *Steindorff*, AuR 1966, 65, 67 f. Für eine Beibehaltung lediglich *Löwisch/Arnold*, JZ 1984, 622. Nicht überzeugend deshalb die Verneinung einer allgemeinen Rechtsüberzeugung durch *Rieble*, Gem. Anm. zu BAG EzA § 611 BGB Gefahrgeneigte Arbeit Nr. 23 und EzA § 611 BGB Arbeitnehmerhaftung Nr. 53 (unter II 2).

126 *Staudinger/Fischinger*, BGB (2022), § 619a Rn. 41 ff.; MünchKommBGB/*Henssler*, 9. Aufl., § 619a Rn. 22; HWK/*Krause*, 11. Aufl., § 619a BGB Rn. 21 f.; *ders.*, NZA 2003, 577, 582; *Otto*, AuR 1995, 72, 74; ErfK/*Preis/Greiner*, 25. Aufl., § 619a BGB Rn. 12; MHdB ArbR/*Reichold*, 6. Aufl., § 57 Rn. 26, 31 ff.; *Richardi*, NZA 1994, 241, 242; *Schlachter*, Anm. zu BAG AP § 611 BGB Haftung des Arbeitnehmers Nr. 103; *Waltermann*, RdA 2005, 98, 103.

127 *Hanau*, FS Hübner (1984), S. 467, 477 f.; *Preis*, AuR 1986, 360, 362; anders wohl *Dütz*, NJW 1986, 1779, 1782.

25 Die von der Rechtsprechung entwickelten[128] und seither im Grundsatz fortgeschriebenen[129] Fahrlässigkeitsgrade werfen demgegenüber **erheblich größere Probleme** auf. Diese resultieren in erster Linie daraus, dass ein dreigestufter Fahrlässigkeitsbegriff mit seiner Unterteilung der einfachen Fahrlässigkeit in leichteste und mittlere Fahrlässigkeit dem BGB fremd ist.[130] Dies gilt erst recht für den in der neueren Judikatur[131] zusätzlich eingeführten Begriff der „gröbsten" Fahrlässigkeit,[132] auch wenn damit keine eigenständige vierte Schuldstufe eingeführt werden sollte[133]. Man ist sich deshalb darüber einig, dass es an gesetzlichen Leitbildern für die vom BAG fast schon inflationär geschaffenen Abstufungen fehlt. Dementsprechend wird in der Literatur vielfach die Ansicht vertreten, dass systemkonform nur eine Beschränkung der Haftung auf Vorsatz und grobe Fahrlässigkeit begründet werden könne.[134] Ein solches Haftungsmodell lässt sich methodisch durchaus halten,[135] zumal man sich hierfür auf die für den öffentlichen Dienst geltenden Regelungen berufen kann.[136] Dass sich die Judi-

---

128 BAG 19.3.1959 – 2 AZR 402/55 –, AP § 611 BGB Haftung des Arbeitnehmers Nr. 8.

129 BAG 27.9.1994 – GS 1/89 (A) –, AP § 611 BGB Haftung des Arbeitnehmers Nr. 103 = NZA 1994, 1083; 16.2.1995 – 8 AZR 493/93 –, AP § 611 BGB Haftung des Arbeitnehmers Nr. 106 = NZA 1995, 565; 5.2.2004 – 8 AZR 91/03 –, AP § 611 BGB Haftung des Arbeitnehmers Nr. 126 = NZA 2004, 649; 18.1.2007 – 8 AZR 250/06 –, AP § 254 BGB Nr. 15 = NZA 2007, 1230; 15.11.2012 – 8 AZR 705/11 –, AP § 611 BGB Haftung des Arbeitnehmers Nr. 137 = NZA 2013, 640; 15.9.2016 – 8 AZR 187/15 – Rn. 54, AP § 611 BGB Haftung des Arbeitnehmers Nr. 143 = VersR 2017, 875; 22.3.2018 – 8 AZR 779/16 – Rn. 49, AP § 611 BGB Haftung des Arbeitnehmers Nr. 145 = NZA 2018, 1216.

130 *Esser/Schmidt*, SchR I/2, 7. Aufl., § 26 II 3 c, S. 90; *Larenz*, SchR I, 14. Aufl., § 20 V, S. 293; *ders.*, SAE 1959, 189; *Mayer-Maly*, AcP 163 (1964), 114, 131; ebenso MünchKommBGB/*Henssler*, 9. Aufl., § 619a Rn. 37; MHdB ArbR/*Reichold*, 6. Aufl., § 57 Rn. 42; anders aber *Staudinger/Fischinger*, BGB (2022), § 619a Rn. 56 ff.; *Richardi*, JZ 1986, 796, 801 ff.: Entlastung von culpa levissima als Ausdruck einer richtig verstandenen Verschuldenshaftung jedenfalls bei unselbstständiger Arbeit (näher dazu § 5 RN 3 f.).

131 Vgl. BAG 25.9.1997 – 8 AZR 288/96 –, AP § 611 BGB Haftung des Arbeitnehmers Nr. 111 = NZA 1998, 310; 28.10.2010 – 8 AZR 418/09 –, AP § 611 BGB Haftung des Arbeitnehmers Nr. 136 = NZA 2011, 345; 15.9.2016 – 8 AZR 187/15 – Rn. 59, AP BGB § 611 Haftung des Arbeitnehmers Nr. 143 = VersR 2017, 875.

132 Ausdrücklich abl. *Krause*, NZA 2003, 577, 583; *Otto*, FS 50 Jahre BAG (2004), S. 97, 99.

133 Vgl. BAG 28.10.2010 – 8 AZR 418/09 –, AP § 611 BGB Haftung des Arbeitnehmers Nr. 136 = NZA 2011, 345.

134 *Hanau*, FS Hübner (1984), S. 467, 481 ff.; *Preis*, AuR 1986, 360, 365 f. Im Ergebnis ebenso *Denck*, AuR 1988, 325, 328 ff., der eine Parallele zur gesetzlichen Unfallversicherung zieht, und *Lorenz*, SAE 1971, 202, 205, auf der Grundlage einer haftpflichtversicherungsrechtlichen Qualifikation des innerbetrieblichen Schadensausgleichs. Ebenso *Schwerdtner*, DB 1988, 1799, 1800, der für eine entsprechende Rechtsfortbildung aber gleichwohl keine hinreichende Grundlage sieht. Noch weiter gehend *Kohte*, Arbeitnehmerhaftung, S. 323 ff.; *ders.*, AuR 1983, 229, 235 ff., der sich unter Berufung auf das Arbeitsunfallrecht sogar für eine Beschränkung der Haftung auf Vorsatz einsetzt. Strikt dagegen *Sieg*, SAE 1984, 224, 225.

135 A. A. aber BAG 24.11.1987 – 8 AZR 524/82 –, AP § 611 BGB Haftung des Arbeitnehmers Nr. 93 = NZA 1988, 579; *Brox/Walker*, DB 1985, 1469, 1475; *Staudinger/Fischinger*, BGB (2022), § 619a Rn. 44; *Heinze*, NZA 1986, 545, 554; MHdB ArbR/*Reichold*, 6. Aufl., § 57 Rn. 43; enger *Dütz*, NJW 1986, 1779, 1786 (im Wege der Rechtsfortbildung jedenfalls keine Beschränkung auf Vorsatz); zurückhaltender auch noch *Otto*, Gutachten zum 56. DJT, S. E 84 ff.

136 Dazu näher § 9 RN 36 ff.

katur von diesem zwischenzeitlich beschrittenen Weg[137] wieder abgewendet hat, bedeutet nicht, dass er ein für allemal versperrt ist. Allerdings ist dies nicht die einzige unter Rechtsfortbildungsaspekten zulässige Konzeption. Vielmehr wäre es durchaus möglich, die Problematik der Enthaftung des Arbeitnehmers über den Weg einer fallbezogenen Abwägung von betrieblichem Risikopotential und Überforderungsschutz mit dem Ausmaß des Arbeitnehmerverschuldens bzw. mit Hilfe einer gleitenden Fahrlässigkeit in Dauerrechtsverhältnissen, die auf ein Zusammenwirken der Beteiligten angelegt sind, stufenlos zu bewältigen.[138] Auf diese Weise könnte zum einen der vom Rechtsgedanken des § 254 BGB, auf den sich das BAG seit längerem beruft, an sich geforderten Gewichtung des konkreten Verschuldens[139] Rechnung getragen werden. Zum anderen würde hierdurch die in der neueren Rechtsprechung betonte Möglichkeit einer Haftungsreduktion auch bei grober Fahrlässigkeit[140] sowie selbst bei „gröbster" Fahrlässigkeit[141] ohne Systembruch eingebunden werden. Die bisherige Judikatur des BAG krankt in methodischer Hinsicht daran, dass die Umsetzung der Wertungsgesichtspunkte, die für eine Entlastung des Arbeitnehmers sprechen, in die entwickelten Abstufungen letztlich dezisionistischen Charakter hat und zudem – sofern zugleich eine Gesamtabwägung erfolgen soll – inkonsequent gehandhabt wird. Es gibt zwar durchaus Stimmen, die etwa die von der Rechtsprechung seit langem befürwortete völlige Enthaftung bei leichtester Fahrlässigkeit methodisch durch eine teleologische Reduktion rechtfertigen wollen,[142] die damit begründet wird, dass die Konzeption umfassender Fahrlässigkeitshaftung gemäß § 276 BGB nicht auf das Arbeitsverhältnis passe. In der Judikatur haben derartige Überlegungen indes keinen Niederschlag gefunden. Nimmt man hinzu, dass die Unterteilungen der Fahrlässigkeit in der die Rechtsprechung begleitenden Literatur zu keinem Zeitpunkt hinreichend verfestigt war,[143] kann in dieser

137 Vgl. BAG 23.3.1983 – 7 AZR 391/79 –, AP § 611 BGB Haftung des Arbeitnehmers Nr. 82; 21.10.1983 – 7 AZR 488/80 –, AP § 611 BGB Haftung des Arbeitnehmers Nr. 84 = NZA 1984, 83.

138 Zur gleitenden Fahrlässigkeit vgl. *Deutsch*, Haftungsrecht, 2. Aufl., Rn. 434 f.; ebenso *Krause*, NZA 2003, 577, 583 f.; MHdB ArbR/*Reichold*, 6. Aufl., § 57 Rn. 42; für die Legitimität einer entsprechenden Rechtsfortbildung ausdrücklich *Sieg*, SAE 1984, 224, 225; ähnlich *Mayer-Maly*, FS Hilger/Stumpf (1983), S. 467, 474: Schadenszuweisung nach dem Ausmaß des dem Arbeitnehmer gegebenen Freiheitsraumes. Siehe hierzu ferner schon *Larenz*, SAE 1959, 189: gegen ausnahmslose Enthaftung bei leichtester Fahrlässigkeit; ebenso *Rieble*, Gem. Anm. zu BAG EzA § 611 BGB Gefahrgeneigte Arbeit Nr. 23 und EzA § 611 BGB Arbeitnehmerhaftung Nr. 53 (unter IV 2).

139 Dies hervorhebend bereits *Hanau*, SAE 1971, 198.

140 Siehe nur BAG 12.11.1998 – 8 AZR 221/97 –, AP § 611 BGB Haftung des Arbeitnehmers Nr. 117 = NZA 1999, 263; 18.4.2002 – 8 AZR 348/01 –, AP § 611 BGB Haftung des Arbeitnehmers Nr. 122 = NZA 2003, 137; 15.11.2012 – 8 AZR 705/11 –, AP § 611 BGB Haftung des Arbeitnehmers Nr. 137 = NZA 2013, 640.

141 BAG 28.10.2010 – 8 AZR 418/09 – Rn. 23, AP § 611 BGB Haftung des Arbeitnehmers Nr. 136 = NZA 2011, 345. Nicht erwähnt aber in BAG 15.9.2016 – 8 AZR 187/15 – Rn. 54, AP § 611 BGB Haftung des Arbeitnehmers Nr. 143 = VersR 2017, 874; 22.3.2018 – 8 AZR 779/16 – Rn. 49, AP § 611 BGB Haftung des Arbeitnehmers Nr. 145 = NZA 2018, 1216.

142 *Bäumler*, Anwendungsbereich der Schadensteilung, S. 32 ff.; im Erg. ebenso *Richardi*, JZ 1986, 796, 802 f.

143 *Larenz*, SAE 1959, 189 f.

Frage **keine** abgesicherte Bildung von Richterrecht konstatiert werden, die als **„geglückte" richterliche Rechtsfortbildung** bezeichnet werden könnte.

26 Im Hinblick auf die sonstigen in Betracht kommenden Haftungsmodelle schreiben die für eine Rechtsfortbildung geltenden verfassungsrechtlichen bzw. methodischen Maßstäbe **nicht nur eine Lösung als allein zulässig** vor. Vielmehr stehen der einfachgesetzlichen Sachrechtsordnung angesichts der disparaten Wertungen des sonstigen Rechts sowohl die grundsätzliche Beschränkung auf Vorsatz und grobe Fahrlässigkeit als auch eine stufenlose Regulierung der Enthaftung zur Verfügung. Diese Brandbreite verdeutlicht einmal mehr, dass die Verfassung und die Methodenlehre konkrete Sachergebnisse einer Fortbildung des Rechts nicht vollständig determinieren, sondern lediglich den Rahmen bilden, innerhalb dessen sich die Entwicklung neuer Rechtsgrundsätze zu vollziehen hat. Letztlich wird die Rechtsprechung durch die insoweit geltenden Voraussetzungen nur daran gehindert, eigene Ordnungsgrundsätze ohne Verankerung im sonstigen Gefüge des geltenden Rechts zu dekretieren. Solange sie sich innerhalb des ihr eingeräumten Spielraums bewegt, ist jedes Haftungsmodell unter den hier allein untersuchten Anforderungen an eine zulässige Rechtsfortbildung legitim.

§ 5 Dogmatische Umsetzung der Enthaftung

1 Für die dogmatische Umsetzung der Haftungsreduktion und ihre zutreffende Einordnung in das geltende Recht[1] sind im Laufe der Zeit zahlreiche Ansätze vertreten worden. Allerdings haben die meisten Sichtweisen heute keine Relevanz mehr und bedürfen deshalb keiner eingehenderen Betrachtung. Immerhin bewahrt ein Rückblick auf die verschiedenen Wege, die sich das dogmatische Denken in der Vergangenheit gebahnt hat, vor vermeintlichen Neuentdeckungen. Die Lösungsvorschläge lassen sich danach unterscheiden, ob sie bereits bei der **Haftungsbegründung** oder erst bei den **Haftungsfolgen** ansetzen.[2]

I. Haftungsgrundorientierte Ansätze

2 Den am weitesten gehenden Eingriff in das überkommene Haftungssystem stellen diejenigen Ansichten dar, die bereits den Tatbestand einer Vertragspflichtverletzung des Arbeitnehmers verneinen, indem sie mit verschiedenen Begründungen eine Gesamtbetrachtung des Arbeitnehmerverhaltens vornehmen. So wird zum einen der Dauerschuldcharakter des Arbeitsverhältnisses hervorgehoben, der dazu führe, dass der Arbeitnehmer von vornherein keine vollständig fehlerfreie Arbeitsleistung schulde, sondern nur im Großen und Ganzen gut zu arbeiten habe. Der Arbeitnehmer werde daher den Gesamtanforderungen auch dann noch gerecht, wenn er schuldhaft einzelne Schadensfälle verursache.[3] Zum anderen wird das Arbeitsverhältnis als Gattungshandlungsschuldverhältnis qualifiziert. Die Arbeitsschuld stelle eine Menge einzelner Pflichten dar. Daher sei § 243 Abs. 1 BGB mit der Folge anwendbar, dass auch eine objektiv fehlerhafte Einzelleistung nach der Verkehrsanschauung noch als eine „Arbeitsleistung mittlerer Art und Güte" angesehen werden könne und somit nicht als Vertragsverletzung zu werten sei.[4] Diese letztlich auf privatautonome Gestaltung zurückzuführende Beschränkung der Haftung des Arbeitnehmers verdränge auch eine etwaige deliktische Haftung.[5] Gegen diese – im Einzelnen durchaus unterschiedlichen[6] – Ansätze spricht zunächst, dass sowohl die vertragliche als auch die deliktische Haftung nach dem Regelungsmodell des BGB **an die einzelne Handlung des Schädigers an-**

1 Zu Reformvorhaben siehe § 30 RN 1 ff.

2 Zu den verschiedenen denkbaren Kategorisierungen der Begründungsansätze eingehend *Schumacher*, Haftung des Arbeitnehmers, S. 61 f.

3 *Rother*, Haftungsbeschränkung, S. 266 ff. Ähnlich *Slapnicar/Reuter*, AuR 1986, 257, 260, die die Entlastung des Arbeitnehmers – entgegen der hierdurch geweckten Assoziation – allerdings nicht auf der Ebene der objektiven Pflichtwidrigkeit, sondern auf der Verschuldenebene ansiedeln wollen und sich darüber hinaus wenig später (S. 262 f.) zusätzlich auf § 254 BGB berufen.

4 *Hammen*, Gattungshandlungsschulden, S. 178 ff., 324 ff.

5 *Hammen*, Gattungshandlungsschulden, S. 341 f.

6 Dies betonend *Schumacher*, Haftung des Arbeitnehmers, S. 69 ff.; nivellierend dagegen etwa *Schlodder*, Der Arbeitsvertrag im neuen Schuldrecht, S. 142 mit Fn. 703.

https://doi.org/10.1515/9783110728606-007

knüpfen. Für den Bereich des vertraglichen Haftungsrechts hat der Gesetzgeber mit § 281 Abs. 1 S. 3 BGB zudem im Umkehrschluss deutlich zu verstehen gegeben, dass schon für den Anspruch auf (kleinen) Schadensersatz statt der Leistung kein Bagatellvorbehalt besteht.[7] Dasselbe gilt erst recht für nach §§ 280 Abs. 1, 241 Abs. 2 BGB zu ersetzende Integritätsschäden. Für Ausnahmen bei Dauerschuldverhältnissen bestehen keine Anhaltspunkte, wie Miete, Leihe, Verwahrung oder die BGB-Gesellschaft zeigen. Eine pauschal nur auf die Gesamtheit der erbrachten Leistungen des Schuldners abstellende Betrachtung würde somit die eindeutigen Vorgaben des Zivilrechts missachten, ohne dass dies zum Schutze des Arbeitnehmers geboten ist.[8] Darüber hinaus kann die Heranziehung von § 243 Abs. 1 BGB auf Arbeitsverträge mit dem Ziel, die Einschränkung der Arbeitnehmerhaftung auf einen „mengenbezogenen Qualitätsmaßstab"[9] zu stützen, nicht überzeugen, zumal sie in einen gewissen Konflikt mit dem von der Rechtsprechung vertretenen subjektiven Maßstab bei der Bestimmung der Leistungspflicht des Beschäftigten[10] gerät.[11] Ferner ist zu berücksichtigen, dass sich die Kategorie der rechtlichen Pflicht auf ein zukünftiges Verhalten bezieht.[12] Eine bereits auf der Ebene des Pflichtenprogramms ansetzende Reduktion würde deshalb zu empfindlichen Lücken im Rechtsgüterschutz führen,[13] zumal dem Arbeitgeber bei einer derartigen Betrachtungsweise auch andere Reaktionen, wie etwa eine Abmahnung, mangels einer objektiven Pflichtwidrigkeit verwehrt wären.[14] Schließlich würden sich bei wiederholten Schädigungen erhebliche Abgrenzungsprobleme ergeben.[15] Vor diesem Hintergrund ist auch der von *Schnorr von Carolsfeld*[16] in die Diskussion eingeführte „relative Rechtswidrigkeitsausschluss" abzulehnen.[17]

3 Mehrere Ansätze nehmen beim Verschulden ihren Ausgangspunkt. Dabei bemüht sich *Richardi*[18] um eine **zivilrechtsinterne Lösung.** Nach seiner Auffassung hat sich das

7 Vgl. *Staudinger/Schwarze*, BGB (2019), § 281 Rn. C 24.

8 Abl. auch *Annuß*, Haftung des Arbeitnehmers, S. 84 ff.; *ders.*, NZA 1998, 1089, 1090; *Brox/Walker*, DB 1985, 1469; *Canaris*, RdA 1966, 41, 44; *Däubler*, NJW 1986, 867, 869; *Eich*, NZA 1984, 65, 70; *Staudinger/Fischinger*, BGB (2022), § 619a Rn. 35; *Gamillscheg*, Referat zum 45. DJT, S. G 12 f.; *Gick*, JuS 1980, 393, 397; MünchKommBGB/*Henssler*, 9. Aufl., § 619a Rn. 10; *Preis*, AuR 1986, 360, 364; *Schlodder*, Der Arbeitsvertrag im neuen Schuldrecht, S. 143.

9 So *Hammen*, Gattungshandlungsschulden, S. 325.

10 Siehe dazu BAG 11.12.2003 – 2 AZR 667/02 –, AP § 1 KSchG 1969 Verhaltensbedingte Kündigung Nr. 48 = NZA 2004, 784; 17.1.2008 – 2 AZR 536/06 –, AP § 1 KSchG 1969 Nr. 85 = NZA 2008, 693.

11 Gegen die Konzeption von *Hammen* ausführlich *Schumacher*, Haftung des Arbeitnehmers, S. 74 ff.

12 Vgl. *Münzberg*, Verhalten, S. 11.

13 *Reinhardt*, Dogmatische Begründung, S. 167 f.

14 Diesen Aspekt erwähnend auch *Annuß*, Haftung des Arbeitnehmers, S. 85 Fn. 305.

15 *Däubler*, NJW 1986, 867, 869; *Preis*, AuR 1986, 360, 364.

16 *Schnorr von Carolsfeld*, Arbeitsrecht, 2. Aufl., § 8 B I 2 c ββ, S. 304 f.

17 So auch *Achterberg*, AcP 164 (1964), 14, 23; *Annuß*, Haftung des Arbeitnehmers, S. 87 f.; MHdB ArbR/*Blomeyer*, 2. Aufl., § 57 Rn. 25; *Canaris*, RdA 1966, 41, 44; *Gamillscheg/Hanau*, Haftung des Arbeitnehmers, 2. Aufl., S. 39 f.; *Gick*, JuS 1980, 393, 397; *Herschel*, JZ 1958, 257, 258.

18 *Richardi*, JZ 1986, 796, 801 ff.; *ders.*, FS Picker (2010), S. 1095, 1112 ff.; ebenso *Staudinger/Fischinger*, BGB (2022), § 619a Rn. 55 ff.

im BGB ursprünglich angelegte Verschuldensprinzip durch den objektiven Fahrlässigkeitsbegriff zu einer Art Gefährdungshaftung fortentwickelt. Diese Risikohaftung sei zwar bei Selbstständigen, nicht aber bei Arbeitnehmern gerechtfertigt. Durch die Denkfigur der culpa levissima und das Eingreifen einer Einstandspflicht erst jenseits dieser Grenze werde erreicht, dass der abhängig Beschäftigte erst bei wirklichem Verschulden zur Haftung herangezogen werde. *Bäumler* will die völlige Enthaftung des Arbeitnehmers bei leichtester Fahrlässigkeit mittels einer teleologischen Reduktion des § 276 BGB vornehmen, wobei er sich hierfür zum einen auf die Unangemessenheit des objektiven Fahrlässigkeitsbegriffs im Arbeitsverhältnis und zum anderen darauf beruft, dass das dem Verschuldensprinzip zugrundeliegende Sozialmodell des autonom handelnden Teilnehmers am Rechtsverkehr auf den Arbeitnehmer nicht zutreffe.[19]

Beide Betrachtungsweisen kranken daran, dass sie zwei Kategorien des Haftungs- 4
rechts miteinander vermengen.[20] Wenn man den objektiven Fahrlässigkeitsbegriff des allgemeinen Zivilrechts, der unbestritten Risikomomente in sich birgt,[21] als für das Arbeitsverhältnis unangemessen ansieht,[22] lässt sich aus dieser Überlegung lediglich die Anwendbarkeit eines subjektiven Maßstabs herleiten. Mit der Sonderform der leichtesten Fahrlässigkeit hat dies indes nichts zu tun. Während es bei der objektiven Fahrlässigkeit um das Risiko des Zurückbleibens des Schuldners gegenüber allgemeinen Verhaltensanforderungen geht,[23] betrifft die leichteste Fahrlässigkeit das Risiko eines Fehlgehens der eigenen Handlungen durch eine Außerachtlassung äußerster Sorgfalt an der Grenze zur schlichten Veranlassung.[24] Wenn das BGB auf die eigene Kategorie der culpa levissima mit einer entsprechenden Freistellung des Schädigers und einer korrespondierenden Belastung des Geschädigten bewusst verzichtet hat, dann sollte dieser gedankliche Ansatz weder durch Auslegung noch durch teleologische Reduktion in den zivilrechtlichen Haftungstatbestand reintegriert werden. Aus vergleichbaren Gründen ist auch der in der älteren Literatur in verschiedenartigen Varianten vertretene **arbeitsrechtliche Fahrlässigkeitsmaßstab**, der vor allem auf den Dauercharakter der geschuldeten Arbeitsleistungen gestützt wird,[25] abzulehnen.[26] Die bei einer Gesamtbe-

19 Schadensteilung, S. 41 ff.

20 Nicht überzeugend deshalb auch *Rieble*, Gem. Anm. zu BAG EzA § 611 BGB Gefahrgeneigte Arbeit Nr. 23 und EzA § 611 BGB Arbeitnehmerhaftung Nr. 53 (unter IV 2).

21 *Brüggemeier*, Deliktsrecht, Rn. 113; *Staudinger/Caspers*, BGB (2019), § 276 Rn. 5; *Esser/Schmidt*, SchR I/2, 8. Aufl., § 26 II 1 b, S. 84; *Larenz*, SchR I, 14. Aufl., § 20 III, S. 286; *ders.*, FS Wilburg (1965), S. 119, 125; *Larenz/Canaris*, SchR II/2, 13. Aufl., § 75 I 2 g, S. 353; für eine auf bestimmte Fallgruppen (u. a. Vertragshaftung) beschränkte Objektivierung des Fahrlässigkeitsmaßstabes deshalb *Koziol*, AcP 196 (1996), 593, 602 ff.

22 So auch *Marhold*, JZ 1993, 910, 911.

23 Eingehend *Deutsch*, Haftungsrecht, 2. Aufl., Rn. 399 ff.

24 Zum Zusammenhang zwischen culpa levissima und äußerster Sorgfalt siehe *Mayer-Maly*, AcP 163 (1963), 114, 130; dazu auch *Jansen*, Die Struktur des Haftungsrechts, S. 433 ff.; ferner § 9 RN 34 f.

25 Vgl. *Döring*, Arbeitnehmerhaftung, S. 50 ff.; *Grunsky*, JZ 1975, 109, 111; *Küchenhoff*, AuR 1969, 193, 200 f.; *Nikisch*, RdA 1948, 106 (anders aber *ders.*, Arbeitsrecht I, 3. Aufl., § 27 V 4, S. 305: Fürsorgepflicht); *Moritz*, DB 1985, Beil. 18, S. 9; *Scheuerle*, RdA 1958, 247, 251 f.; *Schmidt*, in: Grundlagen, § 4 II 4 a cc, S. 503; *Slapnicar/Reuter*, AuR 1986, 257, 260; *Steindorff*, JZ 1959, 1, 4 ff.; ähnlich *Dersch*, BB 1956, 501: „soziologisch elastische

trachtung langjähriger Arbeit durchaus zuzugebende Unvermeidbarkeit gewisser Fehler sollte nicht zum Anlass genommen werden, die in der jeweiligen Situation zu erwartenden Sorgfaltsanforderungen zu reduzieren. Vielmehr wird dem Arbeitnehmerschutz durch eine Ermäßigung der an die Erfüllung des Haftungstatbestandes an sich gekoppelten Schadensersatzverpflichtung hinreichend Rechnung getragen. Zudem würde man mit einer an den Fahrlässigkeitsbegriff anknüpfenden Betrachtungsweise bei Schädigungen zu Beginn eines Arbeitsverhältnisses nur schwer die gebotene Enthaftung des Arbeitnehmers begründen können. Eine sich durch die Neuinterpretation von Tatbestandselementen vollziehende „rechtsschöpferische Preisgabe des § 276 BGB" (*Herschel*)[27] vermag daher nicht zu überzeugen.

5 Im Zuge der Schuldrechtsreform ist es allerdings erneut zur Diskussion gekommen, ob die Grundsätze der beschränkten Arbeitnehmerhaftung nunmehr richtigerweise doch in § 276 Abs. 1 S. 1 BGB zu verorten sind. Anlass hierfür ist die in den Gesetzesmaterialien geäußerte Ansicht, mit der Neufassung dieser Vorschrift werde der Rechtsprechung eine gegenüber § 254 Abs. 1 BGB vorzugswürdigere Regelung an die Hand gegeben, um darauf die Haftungsprivilegierung zu stützen. Der neue Gesetzestext sehe nämlich ausdrücklich vor, dass sich eine mildere Haftung auch aus dem Inhalt des Schuldverhältnisses ergeben könne. Die von der Judikatur entwickelten Kriterien seien weniger als Mitverschulden des Arbeitgebers haftungsmildernd zu berücksichtigen, sondern sprächen eher für eine vertragliche Haftungsbeschränkung zu Gunsten des Arbeitnehmers, die künftig in § 276 Abs. 1 S. 1 BGB ihren Platz finden könne. Allerdings bleibe es der Rechtsprechung unbenommen, an der – aus Sicht des Gesetzgebers – unpassenden dogmatischen Begründung des innerbetrieblichen Schadensausgleichs und der daraus folgenden Verortung in § 254 Abs. 1 BGB festzuhalten.[28] Dieses Votum, dass sich teilweise als eine Wiederbelebung der eigentlich schon überwunden geglaubten Lehren von einem eigenständigen **arbeitsrechtlichen Fahrlässigkeitsmaßstab** darstellt, ist im Schrifttum vereinzelt auf positive Resonanz gestoßen.[29] Teilweise ist

Auslegung des § 276 BGB". Im Grundsatz zust. auch *Reinhardt*, Dogmatische Begründung, S. 167 ff., der diesen Ansatz aber nicht zu Ende führt, sondern sich aus Praktikabilitätsgründen letztlich für eine Beschränkung der Haftung auf Vorsatz und grobe Fahrlässigkeit einsetzt. Ebenfalls auf eine Verschiebung des Fahrlässigkeitsmaßstabes läuft es hinaus, wenn man auf der Grundlage der ökonomischen Analyse des Rechts die Vermeidung leichtester Fahrlässigkeit als „ineffzient" bezeichnet und darauf die Enthaftung des Arbeitnehmers stützt; vgl. *Behrens*, ZfA 1989, 209, 232.

26 Im Erg. ebenso BAG 8.12.1958 – 2 AZR 524/57 –, AP § 276 BGB Nr. 1; LAG Stuttgart 26.1.1951 – II Sa 176/50 –, AP 1952 Nr. 7; *Annuß*, Haftung des Arbeitnehmers, S. 89 f.; *Brox/Walker*, DB 1985, 1469; *Gick*, JuS 1980, 393, 398; *Isele*, NJW 1964, 1441, 1443; *Motzer*, Positive Vertragsverletzung, S. 211.

27 JW 1939, 454, 455.

28 BT-Drucks 14/6857, S. 48; für einen Rekurs auf § 276 BGB ohne nähere Begründung auch BT-Drucks. 14/7052, S. 204.

29 *Däubler*, NZA 2001, 1329, 1331; *Grüneberg/Grüneberg*, BGB, 84. Aufl., § 276 Rn. 44; *Jauernig/Stadler*, BGB, 19. Aufl., § 276 Rn. 53; *Taube*, Haftung des Arbeitnehmers, S. 81 ff., 107; grds. ferner *Huber/Faust/Faust*, Schuldrechtsmodernisierung, Kap. 3 Rn. 20; ursprünglich auch *Reichold*, ZTR 2002, 202, 209 (siehe aber sogleich FN 30).

auch davon die Rede, dass die eingeschränkte Arbeitnehmerhaftung formal auf § 276 Abs. 1 S. 1 BGB i.V.m. § 254 Abs. 1 BGB beruhe.[30] Die überwiegende Literatur lehnt eine Neuorientierung dagegen ab[31] und plädiert stattdessen für ein Festhalten an der bislang herrschenden Verortung in § 254 Abs. 1 BGB.[32] Die Rechtsprechung hat die Vorstellungen der Gesetzesmaterialien sogar vollständig mit Nichtachtung gestraft und ihren bisherigen Ansatz ohne jede inhaltliche Auseinandersetzung fortgeschrieben.[33]

Tatsächlich sprechen die überwiegenden Gründe gegen ein Umschwenken auf § 276 6
Abs. 1 BGB.[34] Insoweit ist zunächst festzuhalten, dass das Verhältnis der beiden Alternativen dieser Regelung, nämlich erstens die „andere Bestimmung" und zweitens der „sonstige Inhalt des Schuldverhältnisses", zwar unterschiedlich gedeutet wird.[35] Dennoch besteht im Ergebnis Einigkeit darüber, dass mit diesen beiden Varianten die gesamte Bandbreite gesetzlicher und vertraglicher Haftungsverschärfungen bzw. Haftungsmilderungen abgedeckt werden soll. Hieraus erhellt, dass der Weg über § 276 Abs. 1 BGB nicht gangbar ist, um das Phänomen der eingeschränkten Arbeitnehmerhaftung in vollem Umfang zu verankern. Zwar fällt Gewohnheitsrecht unter den Begriff der Rechtsnorm i.S. von Art. 2 EGBGB.[36] Daher ließe sich der gewohnheitsrechtlich verfestigte Kern des innerbetrieblichen Schadensausgleichs[37] noch auf § 276 Abs. 1 S. 1 Alt. 1 BGB stützen. Dies gilt jedoch nicht mehr für die sonstigen richterrechtlich entwickelten Maßstäbe zur Bestimmung der Reichweite der haftungsrechtlichen Verantwortlichkeit des Arbeitnehmers.[38] Eine Aufsplitterung der Verortung der Grundsätze über die Haftungsprivilegierung sollte indes vermieden werden. Weiter können diese

30 *Preis*, FS 50 Jahre BAG (2004), S. 123, 151; *Walker*, JuS 2002, 736, 737; für eine Kombination von § 254 Abs. 1 BGB mit §§ 241 Abs. 2, 276 Abs. 1 S. 1 BGB MHdB ArbR/*Reichold*, 6. Aufl., § 57 Rn. 30; ebenso offenbar *Staudinger/Caspers*, BGB (2019), § 276 Rn. 135, der beide Begründungsstränge nennt.

31 *Bengelsdorf*, Anm. zu BAG EzA § 611 BGB Arbeitnehmerhaftung Nr. 68 (unter II 2); *Staudinger/Fischinger*, BGB (2022), § 619a Rn. 35; *Gotthard*, Arbeitsrecht nach der Schuldrechtsreform, 2. Aufl., Rn. 195; MünchKommBGB/*Henssler*, 9. Aufl., § 619a Rn. 12; *ders.*, RdA 2002, 129, 133; *Krause*, NZA 2003, 577, 581; *Otto*, JURA 2002, 1, 8; *ders.*, FS 50 Jahre BAG (2004), S. 97, 98 f.; *Schlodder*, Der Arbeitsvertrag im neuen Schuldrecht, S. 151 ff.; *Schumacher*, Haftung des Arbeitnehmers, S. 151 ff.; *Schwirtzek*, NZA 2005, 437, 440; *Waltermann*, RdA 2005, 98, 99 f.; *ders.*, JuS 2009, 193, 195.

32 Hierzu näher sogleich RN 10 f.

33 BAG 18.4.2002 – 8 AZR 348/01 –, AP § 611 BGB Haftung des Arbeitnehmers Nr. 122 = NZA 2003, 37; 5.2.2004 – 8 AZR 91/03 –, AP § 611 BGB Haftung des Arbeitnehmers Nr. 126 = NZA 2004, 649; 18.1.2007 – 8 AZR 250/06 –, AP § 254 BGB Nr. 15 = NZA 2007, 1230; 25.10.2007 – 8 AZR 593/06 – Rn. 87, AP § 611 BGB Mobbing Nr. 6 = NZA 2008, 223; 15.11.2012 – 8 AZR 705/11 –, AP § 611 BGB Haftung des Arbeitnehmers Nr. 137 = NZA 2013, 640; 21.5.2015 – 8 AZR 116/14 – Rn. 48, AP § 611 BGB Haftung des Arbeitnehmers Nr. 141 = NZA 2015, 1517.

34 Ausführlich dazu insbesondere *Schumacher*, Haftung des Arbeitnehmers, S. 151 ff.; siehe auch *Fischinger*, Haftungsbeschränkung, S. 587 f.

35 Vgl. dazu MünchKommBGB/*Grundmann*, 9. Aufl., § 276 Rn. 171.

36 Vgl. *Staudinger/Merten*, BGB (2018), Art. 2 EGBGB Rn. 93.

37 Dazu oben § 4 RN 17 f.

38 Abl. auch MünchKommBGB/*Henssler*, 9. Aufl., § 619a Rn. 12; *Schumacher*, Haftung des Arbeitnehmers, S. 153 f.; gegen die Einordnung von bloßem Richterrecht als ungesetztes positives Recht auch *Staudinger/Merten*, BGB (2018), Art. 2 EGBGB Rn. 93.

Grundsätze entgegen der in den Gesetzesmaterialien zum Ausdruck kommenden Sichtweise nicht als eine Art vertragliche Haftungsbeschränkung zu Gunsten des Arbeitnehmers qualifiziert werden.[39] Von einer vertraglichen i.S. einer **freiwilligen Übernahme eines erhöhten Haftungsrisikos durch den Arbeitgeber** kann nämlich keine Rede sein.[40] Eine solche Annahme liefe auf eine **reine Fiktion** eines dahin gehenden Arbeitgeberwillens hinaus. Bei den Regeln über den innerbetrieblichen Schadensausgleich handelt es sich um heteronom entwickeltes und generell anwendbares Richterrecht, nicht aber um eine autonom vereinbarte Haftungsmodifikation, die aus dem einzelnen Arbeitsvertrag resultiert. Die Ausgestaltung des innerbetrieblichen Schadensausgleichs ist nicht Ausdruck des Parteiwillens. Vielmehr schlagen sich in ihm unterschiedliche objektive Zurechnungsgründe nieder, die zu einem Ausgleich zu bringen sind. Hinzu kommt entscheidend, dass § 276 Abs. 1 BGB im Hinblick auf die Rechtsfolge deshalb nicht passt, weil eine Einbettung der Arbeitnehmerhaftung in die Kategorie des Vertretenmüssens nur eine Alles-oder-Nichts-Lösung erlauben würde. Für die außerhalb der Fälle leichtester Fahrlässigkeit regelmäßig vorzunehmende Schadensquotelung bietet der Weg über § 276 Abs. 1 BGB daher keine hinreichende dogmatische Basis. Nach alledem gibt es keinen Anlass, zu der in der Judikatur anfänglich vertretenen Vorstellung einer **stillschweigenden vertraglichen Haftungsmilderung**[41] zurückzukehren, die schon frühzeitig zutreffend als bloße Fiktion zur Begründung eines für wünschenswert gehaltenen Ergebnisses entlarvt worden ist[42], zumal sich die Enthaftung auch bei einem fehlerhaften Arbeitsverhältnis[43] hierdurch nicht erklären ließe.

7 Ebenfalls auf der Verschuldensebene angesiedelt ist schließlich der Versuch, die Reduktion der Arbeitnehmerhaftung – auch – auf den Gedanken der **„diligentia quam in suis"** zu gründen und insoweit eine Analogie zu den §§ 690, 708, 1359, 1664 BGB zu ziehen.[44] Die Unterschiedlichkeit der jeweiligen Rechtsverhältnisse steht einer solchen Übertragung jedoch entgegen.[45] Außerdem lässt sich die gegenwärtige Ausprägung der Haftungsprivilegierung ohnehin nicht als Einstandspflicht für eigenübliche Sorgfalt begreifen. Ferner greift das Schrifttum immer wieder auf die Wertung des **Art. 34 S. 2**

39 *Wank*, FS Schwerdtner (2003), S. 247, 260, spricht denn auch kurzerhand von einem „Irrtum" des Gesetzgebers.

40 *Otto*, JURA 2002, 1, 8.

41 RAG 12.6.1937 ARS 30, 3, 7; 8.11.1939 ARS 37, 269, 271. Ebenso *Klein*, Schadenshaftung, S. 44 ff.; *Motzer*, Positive Vertragsverletzung, S. 212. Ansatzweise für einen Sonderfall auch BAG 30.10.1963 – 1 AZR 463/62 – unter 6, AP § 611 BGB Haftung des Arbeitnehmers Nr. 30.

42 *A. Hueck*, Anm. zu RAG ARS 41, 64, 65; *Isele*, NJW 1964, 1441, 1443; abl. auch *Brox/Walker*, DB 1985, 1469; *Preis*, AuR 1986, 360, 363; zum häufig nur fiktiven Charakter stillschweigender Vereinbarungen als ursprüngliche Denkform einer neuen Lehre bereits *Larenz*, FS Nikisch (1958), S. 275, 297 f.

43 *Denck*, AuR 1988, 325, 328 Fn. 27.

44 *Sandmann*, Haftung von Arbeitnehmern, S. 29 ff. (allerdings unter gleichzeitiger Heranziehung des Betriebsrisikos); ferner bereits *Clauß*, NJW 1959, 1408 f. Eine Parallele zu § 708 BGB ziehend auch BAG 25.9.1957 – GS 4/56, GS 5/56 –, AP §§ 898, 899 RVO Nr. 4.

45 *Achterberg*, AcP 164 (1964), 14, 24 f.; *Brox/Walker*, DB 1985, 1469 f.; zu § 708 BGB ebenso *Gick*, JuS 1980, 393, 398 f.; *Steindorff*, JZ 1959, 1, 4; abl. auch *Isele*, NJW 1964, 1441, 1443.

GG zurück und folgert daraus eine Beschränkung der Haftung auf Vorsatz und grobe Fahrlässigkeit.[46] Eine regelrechte Analogie als Instrument zur Umsetzung der Enthaftung im Arbeitsverhältnis kommt zwar nicht in Betracht.[47] Dies schließt eine Berücksichtigung der gesetzlichen Wertungen, die in verschiedenen Zusammenhängen die Haftung bzw. den Regress bei abhängig Beschäftigten einschränken (siehe § 75 BBG, § 110 Abs. 1 SGB VII[48]), allerdings nicht aus.[49]

II. Haftungsfolgenorientierte Lösungen

Im Gegensatz zu den vor allem in der Anfangsphase der Entwicklung des innerbe- 8
trieblichen Schadensausgleichs vertretenen Lösungsvorschlägen hat sich das Schwergewicht der Diskussion schon seit geraumer Zeit auf den Bereich der Haftungsfolgen verlagert, wobei es auch – wie soeben geschildert – nach der Schuldrechtsreform im Wesentlichen geblieben ist.

Zu den frühen[50] und bis heute immer wieder vertretenen[51] Erklärungsansätzen zählt 9
der – zumindest zusätzliche – Rekurs auf die **Fürsorgepflicht** des Arbeitgebers. Danach soll einer Inanspruchnahme des Arbeitnehmers, die in den anerkannten Haftungsfrei-

46 *Denecke*, RdA 1952, 209, 210; *Frey*, AuR 1953, 7, 9; *ders.*, AuR 1960, 28 f.; *Hanau*, FS Hübner (1984), S. 467, 482 f., *Preis*, AuR 1986, 360, 365 f.

47 So schon BAG 25.9.1957 – GS 4/56, GS 5/56 –, AP §§ 898, 899 RVO Nr. 4; abl. auch *Dütz*, NJW 1986, 1779, 1782; *Gick*, JuS 1980, 393, 398 f.

48 Früher § 640 Abs. 1 RVO.

49 Näher § 9 RN 37; vgl. im Übrigen bereits *Otto*, Gutachten zum 56. DJT, S. E 63 f.

50 Vgl. LAG Stuttgart 26.1.1951 – II Sa 176/50 –, AP 52 Nr. 7; BGH 10.1.1955 – III ZR 153/53 –, BGHZ 16, 111, 116; BAG 25.9.1957 – GS 4/56, GS 5/56 –, AP §§ 898, 899 RVO Nr. 4; 19.3.1959 – 2 AZR 402/55 –, AP § 611 BGB Haftung des Arbeitnehmers Nr. 8; 12.5.1960 – 2 AZR 78/58 –, AP § 611 BGB Haftung des Arbeitnehmers Nr. 16; 28.5.1960 – 2 AZR 548/59 –, AP § 611 BGB Haftung des Arbeitnehmers Nr. 19; BGH 7.10.1969 – VI ZR 223/67 –, AP § 611 BGB Haftung des Arbeitnehmers Nr. 51; *Achterberg*, AcP 164 (1964), 14, 31 ff.; *Becker-Schaffner*, VersR 1971, 195, 197; *Hueck/Nipperdey*, Arbeitsrecht I, 7. Aufl., § 35 II 4, S. 233; *Nikisch*, Arbeitsrecht I, 3. Aufl., § 27 V 4, S. 305.

51 LAG Frankfurt/M. 4.11.1987 – 10 Sa 1552/86 – unter 3 b, LAGE § 611 BGB Arbeitnehmerhaftung Nr. 10; *Fischinger*, Haftungsbeschränkung, S. 555 f.; *Langenbucher*, ZfA 1997, 523, 543 f. (arbeitsrechtliche Schutzpflicht); *Soergel/Kraft*, BGB, 12. Aufl., § 611 Rn. 130; MHdB ArbR/*Reichold*, 6. Aufl., § 57 Rn. 30; *Zöllner*, Anm. zu BAG EzA § 611 BGB Gefahrgeneigte Arbeit Nr. 14 (unter IV); *Zöllner/Loritz/Hergenröder*, ArbR, 7. Aufl., § 22 Rn. 15 f. (Schutz- und Rücksichtspflicht). So auch noch BGH 19.9.1989 – VI ZR 349/88 –, BGHZ 108, 305, 308 f.; 3.12.1991 – VI ZR 378/90 –, BGHZ 116, 200, 207; sich hiervon absetzend BGH 21.12.1993 – VI ZR 103/93 – unter II 2 b aa, AP § 611 BGB Haftung des Arbeitnehmers Nr. 104; unentschieden aber wieder BGH 11.11.2003 – VI ZR 13/03 –, BGHZ 157, 9, 17. Ansatzweise ferner *Bydlinski*, System und Prinzipien, S. 232; *ders.*, SAE 1994, 93, 101; *Peifer*, DRiZ 1986, 297, 300. Für einen Rückgriff auf die Fürsorgepflicht in Ausnahmefällen *Gamillscheg*, Referat zum 45. DJT, S. G 29. Ebenso bei unzumutbar hohen Schadensbelastungen *Sandmann*, Haftung von Arbeitnehmern, S. 138 ff., unter dem Aspekt einer Schadensvorsorgepflicht. Siehe im Übrigen noch BAG 23.6.1988 – 8 AZR 300/85 – unter I 1, AP § 611 BGB Haftung des Arbeitnehmers Nr. 94 bzgl. eines Freistellungsanspruchs bei Drittschädigung.

raum hineingreift, die Fürsorgepflicht entgegenstehen.[52] Die Fürsorgepflicht besagt als solche aber nichts über die Gründe, die eine Haftungsprivilegierung gebieten.[53] Darüber hinaus ist sie ein ungeeignetes Instrument zur Umsetzung der Enthaftung, weil streng genommen erst die Geltendmachung eines Schadensersatzanspruchs als fürsorgepflichtwidrig bezeichnet werden könnte.[54] Demgegenüber spricht mehr dafür, bereits unmittelbar bei den Haftungsfolgen anzusetzen und den Ersatzanspruch als solchen zu reduzieren, zumal sich die Fürsorgepflicht nur gegen den Arbeitgeber richtet und deshalb die Gefahr bestünde, dass Gläubiger des Arbeitgebers auf den Schadensersatzanspruch in vollem Umfang zugreifen, ohne sich eine Fürsorgepflichtwidrigkeit entgegenhalten lassen zu müssen. Dies gilt auch für die Überlegung, den Fürsorgegedanken zwar bewusst abzulehnen, dafür aber eine vertragskonkretisierende zwingende Nebenpflicht des Arbeitgebers anzunehmen, den Arbeitnehmer nicht stärker in Anspruch zu nehmen, als es den geläufigen Grundsätzen des innerbetrieblichen Schadensausgleichs entspricht.[55] Über diese Klippe hilft auch die Überlegung nicht hinweg, das Organisationsrisiko als Schutzpflichtverletzung i.S. von § 241 Abs. 2 BGB einzustufen,[56] weil die auf den Arbeitgeber zurückgehende und deshalb auch von ihm zu verantwortende Gestaltung der Arbeitsumgebung und des Arbeitsablaufs als Risikofaktoren nicht als ein noch dazu schuldhaft pflichtwidriges Verhalten des Arbeitgebers gegenüber den Arbeitnehmern eingestuft werden kann. Ferner besteht bei einer Instrumentalisierung der Fürsorgepflicht die Gefahr, in eine konturenlose Billigkeitsabwägung aller denkbaren Umstände zu geraten. Die Grundsätze über die Enthaftung des Arbeitnehmers sollten aber auch auf den Aspekt der Rechtssicherheit Rücksicht nehmen.[57] Gleiches gilt für den zuweilen erfolgten unmittelbaren Rekurs auf Treu und Glauben (§ 242 BGB).[58]

10 Das **BAG[59] und der weitaus überwiegende Teil des Schrifttums[60] sehen schon seit langem in § 254 BGB (analog)** die rechtliche Grundlage, mit der die eine Enthaftung

52 Siehe auch *Gaul*, DB 1962, 202, 203 ff.; *ders.*, AuR 1965, 225, 228 ff., der im Falle nicht risikogerechter Vergütung für einen aus einer Fürsorgepflichtverletzung abzuleitenden Gegenanspruch des Arbeitnehmers plädiert, der gemäß § 242 BGB oder durch Aufrechnung (§ 387 BGB) den an sich bestehenden Schadensersatzanspruch des Arbeitgebers zu Fall bringen soll.

53 *Annuß*, Haftung des Arbeitnehmers, S. 96 ff.; *Brox/Walker*, DB 1985, 1469, 1470; *Canaris*, RdA 1966, 41, 45; abl. bereits *Frey*, BB 1960, 411, 413.

54 Undeutlich *Langenbucher*, ZfA 1997, 523, 544: Arbeitgeber habe den Arbeitnehmer von Risiken „freizustellen".

55 So *Brors*, Abschaffung der Fürsorgepflicht, S. 198 ff.; zust. *Melot de Beauregard/Baur*, DB 2016, 1754, 1755.

56 MHdB ArbR/*Reichold*, 6. Aufl., § 57 Rn. 30.

57 *Bäumler*, Anwendungsbereich der Schadensteilung, S. 25.

58 LAG Breslau 5.6.1939 ARS 36, 92 f.; ebenfalls erwogen von RAG 23.11.1938 ARS 34, 357, 360; dagegen bereits *A. Hueck*, ARS 41, 64, 65. Für eine Interessenabwägung nach Treu und Glauben wieder *Horbach*, Haftung, S. 139 ff., 158 ff.

59 BAG 7.7.1970 – 1 AZR 505/69 –, AP § 611 BGB Haftung des Arbeitnehmers Nr. 58; 3.11.1970 – 1 AZR 228/70 –, AP § 611 BGB Haftung des Arbeitnehmers Nr. 61; 23.3.1983 – 7 AZR 391/79 –, AP § 611 BGB Haftung des Arbeitnehmers Nr. 82; 24.11.1987 – 8 AZR 524/82 –, AP § 611 BGB Haftung des Arbeitnehmers Nr. 93 = NZA 1988, 579; 12.6.1992 – GS 1/89 –, AP § 611 BGB Haftung des Arbeitnehmers Nr. 101 = NZA 1993, 547; 27.9.1994 – GS 1/89 (A) –, AP § 611 BGB Haftung des Arbeitnehmers Nr. 103 = NZA 1994, 1983. Ebenso BGH 21.12.

legitimierenden Wertungen dogmatisch in das geltende Haftungssystem eingebunden werden. Dabei weisen vor allem die Formulierungen der Rechtsprechung eine beträchtliche Bandbreite auf. Während zunächst von einer analogen Anwendung des „in den §§ 254, 430, 840, 846 BGB, § 17 StVG, § 41 LuftVG und § 9b HaftpflG zum Ausdruck gekommenen Rechtsgedankens" die Rede war,[61] sprach das BAG kurze Zeit später nur noch von einer entsprechenden Heranziehung des § 254 BGB[62]. Der Große Senat des BAG hatte in den Gründen seiner beiden Entscheidungen[63] sogar zuweilen den Eindruck erweckt, als wolle er die Einschränkung der Arbeitnehmerhaftung unmittelbar auf § 254 BGB stützen, was aber wohl nur als begriffliche Unschärfe zu betrachten ist. In seiner neueren Judikatur spricht das BAG überwiegend von § 254 BGB analog bzw. – gleichbedeutend – teilweise auch vom Rechtsgedanken des § 254 BGB. Der zentrale Aspekt in der Rechtsprechung des BAG ist und bleibt damit, das **Betriebsrisiko als einen verschuldensunabhängigen Zurechnungsfaktor** zu Lasten des Arbeitgebers einzuordnen, der durch eine Abwägung mit dem Verschulden des Arbeitnehmers im Rahmen des § 254 BGB zu einer Minderung der Haftung des Beschäftigten führt, wobei dieser Aspekt nicht mit einem echten mitwirkenden Verschulden des Arbeitgebers vermengt werden darf[64].

Soweit es nicht um ein echtes Mitverschulden des Arbeitgebers geht, hat sich gegen 11
den Rückgriff auf § 254 BGB zum Teil Widerstand erhoben. Freilich ist es ungenau, hierzu auch alle diejenigen Stimmen zu zählen,[65] die darauf hinweisen, dass die Vorschrift des § 254 BGB selbst keine Gründe für die Schadenszurechnung an den Arbeitgeber enthält, sondern das Vorhandensein solcher Gründe voraussetzt[66]. Im vorliegenden Kontext geht es nämlich nur um das Instrument, mit dessen Hilfe die Zurechnungsaspekte in die Rechtsbeziehung zwischen den Arbeitsvertragsparteien

1993 – VI ZR 103/93 – unter II 2 b aa, AP § 611 BGB Haftung des Arbeitnehmers Nr. 104; 11.3.1996 – II ZR 230/94 –, AP § 611 BGB Haftung des Arbeitnehmers Nr. 109.

60 *Canaris*, RdA 1966, 41, 46 f.; *Dütz*, NJW 1986, 1779, 1774; *Gick*, JuS 1980, 393, 398; *Gotthardt*, Arbeitsrecht nach der Schuldrechtsreform, 2. Aufl., Rn. 195; MünchKommBGB/*Henssler*, 9. Aufl., § 619a Rn. 10 ff.; *ders.* RdA 2002, 129, 133; *Schaub/Linck*, Arbeitsrechts-Handbuch, 20. Aufl., § 59 Rn. 27; *Waltermann*, RdA 2005, 98, 99 f. Grds. auch *Fischinger*, Haftungsbeschränkung, S. 586 ff. (allerdings nur neben dem Fürsorgegedanken). Im Ansatz bereits *Dersch*, RdA 1951, 78, 79, und BB 1956, 501, 503, der die vertragliche Übertragung besonders gefährlicher Tätigkeiten als Mitverursachung des späteren Schadens eingestuft hat. Unentschieden *Schlodder*, Der Arbeitsvertrag im neuen Schuldrecht, S. 150 ff., 153.

61 BAG 28.4.1970 – 1 AZR 146/69 – unter A II 4, AP § 611 BGB Haftung des Arbeitnehmers Nr. 55; 7.7.1970 – 1 AZR 505/69 – unter 3 a, AP § 611 BGB Haftung des Arbeitnehmers Nr. 58.

62 BAG 3.11.1970 – 1 AZR 228/70 – unter II 2 a cc, AP § 611 BGB Haftung des Arbeitnehmers Nr. 61.

63 BAG 12.6.1992 – GS 1/89 – unter B III 4 a, AP § 611 BGB Haftung des Arbeitnehmers Nr. 101 = NZA 1993, 547; 27.9.1994 – GS 1/89 (A) –, AP § 611 BGB Haftung des Arbeitnehmers Nr. 103 = NZA 1994, 1083.

64 Vgl. BAG 21.5.2015 – 8 AZR 116/14 – Orientierungssatz 6, AP § 611 BGB Haftung des Arbeitnehmers Nr. 141 = NZA 2015, 1517.

65 So etwa *Bauer/Schmidt*, ZRP 1986, 217, 222.

66 In diesem Sinne *Brox/Walker*, DB 1985, 1469, 1470, die sich selbst (S. 1473) für eine analoge Anwendung des § 254 BGB aussprechen; *Canaris*, RdA 1966, 41, 45; *Gick*, JuS 1980, 393, 398; *Isele*, NJW 1964, 1441, 1443, 1446; *Kohte*, BB 1983, 1603, 1610; *Langenbucher*, ZfA 1997, 523, 535; *Moritz*, DB 1985, Beil. 18, S. 7; *Naendrup*, JuS 1984, 336, 337.

transformiert werden. Dass die Anwendung des § 254 BGB das Herausarbeiten tragfähiger Wertungen, die es rechtfertigen, den Arbeitnehmer zu entlasten, nicht ersetzt, ist auch in der Rechtsprechung trotz mancher verkürzten Formulierungen unbestritten.

12 Gegen die Heranziehung des § 254 BGB werden allerdings auch grundsätzliche Einwände erhoben. So wird zunächst darauf verwiesen, dass Risikomomente nur dann zu Lasten des Geschädigten berücksichtigt werden dürften, soweit sie sich in einem eigenen Haftungstatbestand niedergeschlagen hätten.[67] Hintergrund dieser Überlegung ist die prinzipielle Streitfrage, ob die haftungsrechtliche (Mit-)Verantwortlichkeit für einen Schaden am eigenen Vermögen an die potentielle haftungsrechtliche Verantwortlichkeit für einen Fremdschaden gekoppelt ist, also nicht darüber hinausgehen darf. Verneint man diese Frage,[68] spricht von vornherein nichts dagegen, die Umsetzung der Haftungsprivilegierung über das Vehikel einer analogen Anwendung von § 254 BGB vorzunehmen. Aber auch bei ihrer Bejahung ist in Rechnung zu stellen, dass der Arbeitgeber den Arbeitnehmer nach Maßgabe der Grundsätze über den innerbetrieblichen Schadensausgleich verschuldensunabhängig von einer Haftung im Außenverhältnis freizustellen[69] sowie für betrieblich bedingte Eigenschäden des Arbeitnehmers einzustehen hat[70]. Auch wenn beide Ansprüche nicht als Gefährdungshaftungen im technischen Sinne zu qualifizieren sind, geht es doch jeweils um eine Risikozurechnung, die für den Fall, dass nicht ein Schaden des Arbeitgebers, sondern ein (Haftungs-)Schaden des Arbeitnehmers in Rede steht, in einem eigenständigen Freistellungs- bzw. Ersatzanspruch analog § 670 BGB ihren Ausdruck findet[71] und daher eine hinreichende Grundlage für eine Heranziehung von § 254 BGB bildet, auch wenn man mit der wohl h.M.[72] für einen Grundsatz der Gleichbehandlung von Schädiger und Geschädigtem („Spiegelbildtheorie“) plädiert.

13 Schwerer wiegt der Gedanke, dass § 254 BGB eine **Einzelfallbetrachtung** fordert und für eine **Ausformulierung vergleichsweise abstrakter Haftungsgrundsätze ungeeignet** ist.[73] Aus diesem Grunde sprechen sich manche Autoren – wenn auch

67 *Bauer/Schmidt*, ZRP 1986, 217, 222; *Heinze*, NZA 1986, 545, 551; *Moritz*, DB 1985, Beil. 18, S. 7; in diesem Sinne auch *Zöllner*, Anm. zu BAG EzA § 611 BGB Gefahrgeneigte Arbeit Nr. 14 (unter III 2).

68 So *Deutsch*, Haftungsrecht, 2. Aufl., Rn. 581; *Esser/Schmidt*, SchR I/2, 8. Aufl., § 35 II 4, S. 281; *Koziol*, FS Deutsch (2009), S. 781, 789 ff.; MünchKommBGB/*Oetker*, 9. Aufl., § 254 Rn. 6; differenzierend *Gernhuber*, AcP 152 (1952/53), 69, 81 ff.; einschränkend *Looschelders*, Die Mitverantwortlichkeit des Geschädigten im Privatrecht, S. 398 ff., der im Rahmen des Mitverschuldens nur eine Analogie zu bestehenden Gefährdungshaftungen für zulässig hält.

69 Hierzu § 16 RN 21 ff.

70 Dazu § 27 RN 1 ff.

71 Vgl. § 16 RN 24 ff. und § 27 RN 5. Zu kurz greifend daher *Lange*, in: Lange/Schiemann, Schadensersatz, 3. Aufl., § 10 VII 2, S. 561, der von einer Anrechnung nicht haftbarmachender Gefahren spricht.

72 So BGH 17.11.2009 – VI ZR 58/08 –, NJW 2010, 927, 928; *Soergel/Ekkenga/Kuntz*, BGB, 13. Aufl., § 254 Rn. 29; BeckOK BGB/*Lorenz*, (Stand: 11/2024), § 254 Rn. 9; grds. auch *Staudinger/Höpfner*, BGB (2021), § 254 Rn. 10 (aber mit Vorbehalt gerade für den innerbetrieblichen Schadensausgleich, vgl. Rn. 15).

73 *M. Ahrens*, DB 1996, 934; *Eich*, NZA 1984, 65, 72; *Hanau*, FS Hübner (1984), S. 467, 482; *v. Hoyningen-Huene*, BB 1989, 1889, 1893; *Langenbucher*, ZfA 1997, 523, 534 f.; *Preis*, AuR 1986, 360, 365.

teilweise unter analoger Heranziehung des § 254 BGB – offen für eine Billigkeitsentscheidung aus.[74]

14 Diesem Einwand entgeht man nicht dadurch, dass man – wie *Slapnicar/Reuter*[75] – das Verschulden des Arbeitnehmers mit dem „Gefährdungshaftungstatbestand der Betriebsgefahr" in entsprechender Anwendung des § 254 BGB „abwägen" will, dann aber unterhalb der Schwelle grober Fahrlässigkeit stets zu einer Enthaftung kommt, weil das Verschulden des Arbeitnehmers in diesen Fällen „gegen Null" gehe. Wenn man nämlich an das dem Arbeitgeber zuzuordnende betriebliche Gefährdungspotential der äußeren Arbeitsumstände anknüpft,[76] ist die Behauptung schlicht unzutreffend, dass sich in jedem Schadensfall, den der Arbeitnehmer zwar schuldhaft, aber nicht infolge grober Fahrlässigkeit verursacht, ausschließlich die Risiken des Arbeitsprozesses verwirklichen. Der von *Slapnicar/Reuter* ins Feld geführte Aspekt der Generalisierung von Gefährdungshaftungstatbeständen[77] übersieht, dass es auch innerhalb ihrer eigenen Konzeption insoweit gerade nicht darum geht, welches Gewicht den vom Arbeitgeber geschaffenen Gefahrenquellen, sondern welche Relevanz dem Verschulden des Arbeitnehmers zukommt.

15 Der **Kritik** ist vielmehr zuzugeben, dass die Anbindung des innerbetrieblichen Schadensausgleichs in der von der Rechtsprechung praktizierten Form an § 254 BGB in zweifacher Hinsicht ungenau ist: Zum einen passen die generellen Abstufungen der Fahrlässigkeitsgrade in der Tat schwerlich zu einer Norm, die auf eine **Gewichtung der beiderseitigen Verursachungsanteile im konkreten Einzelfall** abzielt. Zum anderen lässt diese Vorschrift **keinen Raum für die vom BAG geforderte Berücksichtigung allgemeiner Billigkeits- und Zumutbarkeitsgesichtspunkte.**

16 Über diese gleichsam immanenten Einwände gegen die Sichtweise des BAG hinaus lassen sich die als für die Enthaftung wesentlich herausgearbeiteten Aspekte der Fremdnützigkeit und der Fremdbestimmtheit der Tätigkeit des Arbeitnehmers[78] nicht in § 254 BGB integrieren. Will man diese Vorschrift ihres Inhaltes nämlich nicht völlig entkleiden, so **muss es bei der Anknüpfung an § 254 BGB um ein wie auch immer geartetes Schadenspotential gehen**, das dem Geschädigten zur Last gelegt werden kann und deshalb zu einer Reduktion der Verantwortlichkeit des Schädigers führt, mögen sich diese Umstände auch nicht zu einem eigenen Haftungstatbestand verdichtet haben. **Die Fremdbezogenheit** der Arbeitsleistung kann **für sich genommen indes nicht als eine solche Gefahrenlage** eingestuft werden. Es geht insoweit nicht darum, dass sich im konkreten Schadensfalle ein Faktor ausgewirkt hat, der aus der Sphäre des Geschädigten stammt. Vielmehr dienen die Elemente der Fremdnützigkeit und Fremdbestimmtheit dazu, die Zuständigkeit für die aus der Tätigkeit erwachsenden Risiken

74 *Brox/Walker*, DB 1985, 1469, 1473, 1475 f.; *v. Hoyningen-Huene*, BB 1989, 1889, 1895; in diesem Sinne bereits *Buchner*, RdA 1972, 153, 170.
75 *Slapnicar/Reuter*, AuR 1992, 33, 39.
76 *Slapnicar/Reuter*, JA 1986, 472, 477 f.; im Grundsatz bereits *Slapnicar*, BB 1986, 868, 873.
77 *Slapnicar/Reuter*, JA 1986, 472, 482.
78 Siehe oben § 3 RN 18 ff.

ganz generell bis zu einem gewissen Grade vom (schuldhaft) schädigenden Arbeitnehmer auf den (schuldlos) geschädigten Arbeitgeber zu verlagern. Insoweit wird dem Arbeitgeber also kein Beitrag zugerechnet, der gewissermaßen erst im Zeitpunkt der Schädigung auf die Handlung des Arbeitnehmers trifft. Stattdessen besteht der Kern des Kriteriums der Fremdbezogenheit darin, dass schon die schädigende Handlung selbst – je nach dem Ausmaß des Arbeitnehmerverschuldens – in die Verantwortungssphäre des Arbeitgeber gewiesen wird.

17 Bei der dogmatischen Umsetzung der Wertungen, die eine Enthaftung des Arbeitnehmers legitimieren, ist daher richtigerweise **zu differenzieren:**[79] Das **betriebliche Risikopotential**, das aus einer besonderen Gefahrenträchtigkeit der übertragenen Aufgaben[80] resultiert, kann über eine **entsprechende Anwendung des § 254 BGB** in die Bemessung der Ersatzpflicht des Beschäftigten einfließen. Demgegenüber kann die generelle Verantwortlichkeit des Arbeitgebers für die **allgemeinen Tätigkeitsrisiken**[81] **nicht mittels § 254 BGB**, sondern nur durch eine aus dem Prinzip der Haftungsreduktion bei fremdnütziger und fremdbestimmter Tätigkeit abzuleitende **ungeschriebene Regel** verwirklicht werden, die die allgemeinen Vorschriften über die Haftungsfolgen einer zum Schadensersatz verpflichtenden Handlung überlagert. Entsprechendes gilt erst recht für den **Sozialschutz des Arbeitnehmers**[82] vor einer unverhältnismäßigen und deshalb unzumutbaren Belastung. Ferner werden die durch die Heranziehung des § 254 BGB ausgelösten Friktionen dadurch etwas entschärft, dass man von einer Berücksichtigung allgemeiner Umstände, die mit dem eigentlichen Schadensfall nicht zusammenhängen, absieht.[83] Soweit es schließlich um die grundsätzliche Grenzziehung zwischen grober und einfacher Fahrlässigkeit geht,[84] lässt sich der Konflikt mit dem auf eine einzelfallbezogene Abwägung ausgerichteten § 254 BGB zwar nicht gänzlich vermeiden. Um der Rechtssicherheit willen ist eine gewisse Typisierung aber als statthaft anzusehen, auch wenn gegenläufige gesetzliche Wertungen dabei zwangsläufig zurückgestellt werden müssen.[85]

---

79 Ebenso HWK/*Krause*, 11. Aufl., § 619a BGB Rn. 19; teilweise übereinstimmend *Sandmann*, Haftung von Arbeitnehmern, S. 69 ff., der zwischen Organisationsrisiken und Tätigkeitsrisiken unterscheidet.

80 § 3 RN 3 ff.

81 § 3 RN 16 ff.

82 § 3 RN 23 ff.

83 Vgl. § 9 RN 30, § 10 RN 12.

84 Dazu § 9 RN 14 ff.

85 Von alledem zu unterscheiden sind sonstige Rücksichtnahmepflichten des Arbeitgebers (§ 241 Abs. 2 BGB) im Zusammenhang mit der Geltendmachung von Schadensersatzansprüchen gegen den Arbeitnehmer. So ist ein Arbeitgeber grundsätzlich verpflichtet, einen für den eingetretenen Schaden ebenfalls verantwortlichen außenstehenden Dritten vorrangig in Anspruch zu nehmen, sofern dies rechtlich und wirtschaftlich erfolgversprechend ist, bevor er an den verantwortlichen Arbeitnehmer herantritt, vgl. BAG 7.6.2018 – 8 AZR 96/17 –, AP § 611 BGB Haftung des Arbeitnehmers Nr. 146 = NZA 2019, 44.

2. Teil: Die Haftung des Arbeitnehmers gegenüber dem Arbeitgeber

§ 6 Die Grundlagen der vertraglichen Haftung

Die Haftung des Arbeitnehmers findet ihre rechtliche Grundlage in den allgemeinen zivilrechtlichen Regeln (§§ 280 ff. BGB, §§ 823 ff. BGB); fallbezogen können sondergesetzliche Anspruchsgrundlagen von Bedeutung sein. Das Haftungsrisiko des Arbeitnehmers wird maßgeblich durch die vertragliche bzw. vorvertragliche Haftung gem. §§ 280 ff. BGB bestimmt[1], da deliktisches Verhalten des Arbeitnehmers – auch gegenüber außerhalb des Arbeitverhältnisses stehenden Dritten – zugleich eine Verletzung des Arbeitsvertrages bedeutet. Zudem geht die vertragliche Haftung über die deliktsrechtliche Haftung hinaus. Demgemäß stehen die Grundlagen der **vertraglichen Haftung des Arbeitnehmers** gegenüber dem Arbeitgeber im Mittelpunkt dieses Abschnitts. Die **deliktsrechtliche** Verantwortlichkeit hat ihre praktische Bedeutung vor allem in der Frage, inwieweit geschädigte Dritte den Arbeitnehmer unmittelbar in Anspruch nehmen können, und wird im Zusammenhang mit dieser „Außenhaftung" erörtert.[2] Die vertragliche Verantwortlichkeit des Arbeitnehmers für Pflichtverletzungen ist **Teil des arbeitsvertraglichen Leistungsstörungsrechts.** Neben die Haftung können weitere störungsrechtliche Folgen treten, namentlich **Kürzung/Fortfall des Entgeltanspruchs** und die **Kündigung des Arbeitsverhältnisses.** Aus diesen Folgen erwächst dem Arbeitnehmer indessen nicht das Risiko einer seine Möglichkeiten übersteigenden Belastung mit finanziellen Nachteilen. Im äußersten Fall verliert der Arbeitnehmer seinen Entgeltanspruch. Diese Folgen können deshalb bei der Ausformung arbeitsrechtlicher Haftungsregeln außer Betracht bleiben. Dementsprechend werden sie in der vorliegenden Darstellung nur dort angesprochen, wo eine sachgerechte Erörterung der haftungsrechtlichen Lage dies angezeigt erscheinen lässt. 1

Die §§ 280 ff. BGB gliedern die Haftung zuerst nach dem **verletzten Interesse** (Leistungsinteresse im Wesentlichen in §§ 280 Abs. 2, 286 BGB und §§ 280 Abs. 3, 281–283 BGB, Integritätsinteresse in § 280 Abs. 1 BGB). Dem entsprechend wird im Folgenden zwischen Beeinträchtigungen des Leistungsinteresses (unter A) und Beeinträchtigungen des Integritätsinteresses unterschieden (unter B). Innerhalb dieser Abschnitte wird sodann nach der **Art der Pflichtverletzung** unterschieden, auf der die Beeinträchtigung des Interesses beruht. 2

1 Zur allgemein anerkannten Anwendbarkeit der §§ 280 ff. BGB im Arbeitsverhältnis MünchArbR/*Reichold*, 6. Aufl., § 43 Rn. 1; *Staudinger/Schwarze*, BGB (2019), Vorbem. B 9 und B 11 zu §§ 280–285; MünchKommBGB/*Ernst*, 9. Aufl., Vor § 275 Rn. 23; MünchKommBGB/*Spinner*, 9. Aufl., § 611a Rn. 2 f.

2 § 16 RN 2ff.

https://doi.org/10.1515/9783110728606-008

I. Die Haftung für Beeinträchtigung des Leistungsinteresses

1. Haftung wegen Nichtleistung der Arbeit

3 Das Gesetz regelt als erste Pflichtverletzung die **Nichtleistung der Arbeit.** Die Nichtleistung zeigt sich praktisch im Nichterscheinen am Arbeitsplatz oder im pflichtwidrigen Verlassen desselben, u.U. in der Absicht einer endgültigen Abkehr vom Vertrag (Vertragsbruch). Für die Haftung auf Schadensersatz statt der Leistung ist gem. § 280 Abs. 3 BGB danach zu unterscheiden, ob die Nichtleistung auf einem Leistungshindernis beruht (folgend unter 1, 2) oder die Arbeitsleistung weiterhin erbracht werden könnte (unter 3). Sodann ist die Verletzung von Nebenpflichten bzw. Nebenleistungspflichten (unter 4) und die Leistungsgefährdung (unter 5) in das Haftungssystem einzuordnen.

a) Schadensersatz statt der Leistung bei Vorliegen eines nachträglichen Leistungshindernisses (§§ 280 Abs. 1, Abs. 3, 283 BGB)

aa) Nichtleistung infolge nachträglichen Leistungshindernisses

(1) Physische und rechtliche Unmöglichkeit

4 Beruht die Nichtleistung auf einem Leistungshindernis (§ 275 BGB), entsteht der Anspruch auf Schadensersatz, ohne dass zuvor eine Frist gesetzt werden müsste. Praktisch in Betracht kommen für § 275 Abs. 1 BGB zum einen die Fälle, in denen die Erbringung der Arbeitsleistung an einem **physischen Hindernis** scheitert. Hierher gehört u. a. die Zerstörung oder Beseitigung des „Substrates", an dem die Arbeitsleistung stattfinden sollte, der „Arbeitsplatz".[3] Ferner gehört die Arbeitsunfähigkeit[4] oder die mangelnde Eignung/Befähigung des Arbeitnehmers zur Erbringung der Arbeitsleistung unter den Tatbestand des § 275 Abs. 1 BGB, wobei mit Blick auf die „Höchstpersönlichkeit" der Arbeitspflicht richtigerweise objektive Unmöglichkeit anzunehmen ist (§ 275 Abs. 1, 2. Alt. BGB).[5] **Rechtliche Unmöglichkeit** liegt insbesondere vor, wenn die geschuldete Arbeitsleistung verboten ist oder gerade dem Arbeitnehmer die Arbeitsleistung verboten ist.[6]

(2) Unmöglichkeit infolge Zeitgebundenheit

5 Besteht das Hindernis in den vorgenannten Konstellationen nicht dauerhaft, sondern vorübergehend, oder liegt ein solches Hindernis gar nicht vor, kann gleichwohl eine dauerhafte Unmöglichkeit der Arbeitsleistung eintreten, wenn der Arbeitnehmer nicht verpflichtet ist, die nicht erbrachte Arbeitsleistung nachzuholen. Dafür ist entscheidend

---

3 BAG 21.3.2018 – 10 AZR 560/16 – Rn. 20ff., BAGE 162, 221.

4 Nicht bloße Minderung der Leistungsfähigkeit: BAG 25.1.2018 – 2 AZR 382/17 – Rn. 32, NZA 2018, 845.

5 Die Rechtsprechung zum alten Recht hat hier oft subjektive Unmöglichkeit angenommen, um die sonst bei Anfänglichkeit des Leitungshindernisses drohende Nichtigkeit des Vertrages gem. § 306 BGB a.F. zu vermeiden, vgl. BGH 11.7.1953 – II ZR 126/52 –, BGHZ 10, 187, 188; BAG 26.3.1965 – 3 AZR 248/63 –, AP § 306 BGB Nr. 1; *Schwarze*, Leistungsstörungen, 3. Aufl., § 4 Rn. 13, 39.

6 BAG 1.6.2022 – 5 AZR 407/21 – Rn. 21, NZA 2022, 1407.

das Maß der **Zeitgebundenheit der Arbeitsleistung.** Dies läuft auf die Frage zu, ob die geschuldete Arbeitsleistung typischerweise eine absolute Fixschuld ist. Die überwiegende Auffassung sieht in der Verpflichtung zur Arbeitsleistung grundsätzlich eine **absolute Fixschuld**, die gleichsam im Minutentakt die (teilweise) **Unmöglichkeit der Leistung** zur Folge hat.[7] Das BAG hat demgegenüber in einer Entscheidung von einer **relativen Fixschuld** der Arbeitspflicht im Sinne des früheren § 361 BGB (vgl. jetzt § 323 Abs. 2 Nr. 2 BGB) gesprochen und angenommen, dass bei einer Verspätung des Arbeitnehmers Unmöglichkeit erst dann eintrete, wenn der Arbeitgeber die Arbeit auf andere Mitarbeiter übertrage.[8] Im Schrifttum mehren sich die Stimmen, die sich jedenfalls gegen eine unmittelbar mit dem Zeitablauf eintretende Unmöglichkeit wenden.[9] Während des möglichen Erfüllungszeitraumes soll Verzug, erst nach dessen Ablauf Unmöglichkeit vorliegen. Zusätzlich soll der Arbeitgeber die Befugnis haben, durch Umorganisation der Arbeitsaufgaben, also durch Übertragung der Ausführung auf andere Kräfte, Unmöglichkeit herbeizuführen.

Die generelle Einordnung als relative Fixschuld[10] trägt der tatsächlichen Arbeits- 6
situation nach Tatbestand und Rechtsfolge wohl nicht ausreichend Rechnung.[11] Kennzeichnend für die relative Fixschuld ist tatbestandlich, dass der Gläubiger einerseits sehr wahrscheinlich kein Nachleistungsinteresse hat, dass dieses Interesse aber andererseits nicht mit Sicherheit bzw. mit an Sicherheit grenzender Wahrscheinlichkeit ausgeschlossen werden kann.[12] Weil eine verspätete Leistung nach dem Vertragsinhalt doch noch sinnvoll sein könnte, wird dem Gläubiger zur Wahrnehmung seiner Interessen das Recht eingeräumt, ohne Rücksicht auf ein Verschulden des Schuldners zurückzutreten (§ 323 Abs. 2 Nr. 2 BGB).

Erst recht führt auf der Rechtsfolgenseite die bei einer relativen Fixschuld erforderliche Ausübung eines Gestaltungsrechts des Arbeitgebers[13] zur Beendigung des Schwebezustandes beim Arbeitsverhältnis nicht zu einer sachgerechten Lösung.

---

7 *Beuthien*, RdA 1972, 20, 22f.; *ders.*, ZfA 1972, 73, 74; *Ehmann*, NJW 1987, 401, 407; *Fabricius*, Leistungsstörungen, S. 98f., 103f.; *Kraft*, NZA 1989, 777, 779; *Lieb/Jacobs*, Arbeitsrecht, 9. Aufl., Rn. 204; *Motzer*, Positive Vertragsverletzung, S. 136, 142; *Schaub/Linck*, Arbeitsrechts-Handbuch, 20. Aufl., § 49 Rn. 5; *Söllner*, AcP 167 (1967), 132, 138f.; *Zöllner/Loritz/Hergenröder*, Arbeitsrecht, 7. Aufl., § 21 Rn. 3.

8 BAG 17.3.1988 – 2 AZR 576/87 –, AP § 626 BGB Nr. 99 = NZA 1989, 261.

9 Eingehend *Latzel*, AcP 221 (2021), 881ff.; MünchArbR/*Reichold*, 6. Aufl., § 43 Rn. 8 ff.; *v. Stebut*, RdA 1985, 66, 68. Gegen eine unterschiedslose Einordnung der Nichtleistung als Unmöglichkeit auch *Erman/Edenfeld/Bieder*, BGB, 17. Aufl., § 611a Rn. 290; *Waltermann*, Arbeitsrecht, 20. Aufl., Rn. 217; *Preis/Hamacher*, JURA 1998, 11, 13f.; *Tillmanns*, Strukturfragen des Dienstvertrages, S. 450 ff.

10 *Latzel*, AcP 221 (2021), 881ff.

11 So aber *Schaub/Linck*, Arbeitsrechts-Handbuch, 20. Aufl., § 49 Rn. 5. Gegen eine Heranziehung von § 361 BGB a.F. auch *Preis/Hamacher*, JURA 1998, 11, 13 Fn. 39; *Stoffels*, Vertragsbruch, S. 107 Fn. 411.

12 Dazu näher *Schwarze*, AcP 2007 (2007), 437 ff., 449 ff.

13 Dazu näher *Latzel*, AcP 221 (2021), 881, 904ff.

7 Geboten ist eine **differenzierte Betrachtung.** Entscheidende Bedeutung kommt dem durch Auslegung zu ermittelnden **Leistungszeitraum** zu.[14] Auch der Arbeitgeber hat i. d. R. ein Interesse daran, dass der Arbeitnehmer nicht zeitlich unbegrenzt zur Nachholung der Leistung berechtigt ist. Anderes gilt bei vertraglichen Flexibilisierungen der Arbeitszeit, insbes. vertraglich fixierter Gleitzeiten. Ferner ist an solche Fälle zu denken, in denen ein Arbeitnehmer abgrenzbare Aufträge in seiner Arbeitszeit zu erledigen hat und es primär auf deren Erledigung ankommt, weniger auf den genauen Zeitpunkt.

8 Beispiel:

> Der Arbeitnehmer ist in einem Heizungsinstallationsbetrieb beschäftigt und soll an einem Arbeitstag zehn Wartungsaufträge ausführen. Er erscheint schuldhaft zu spät zum Dienst.

Hier wird man den Arbeitnehmer in den Grenzen des § 242 BGB für berechtigt und verpflichtet halten müssen, die Verzögerung durch einen zusätzlichen Einsatz nach dem Ende der regulären Arbeitszeit auszugleichen. Ebenso ist der Arbeitgeber dazu berechtigt, Nachleistung zu fordern. Dies dürfte das Verhältnis von Regel und Ausnahme eher treffen als die Bejahung einer generellen Nacharbeitspflicht.[15]

Mit dem Ablauf des Leistungszeitraums tritt die Unmöglichkeit der Arbeitsleistung ein.

9 Einen Sonderfall der nachträglichen Unmöglichkeit stellt es dar, wenn der Arbeitnehmer sich weigert, weiterhin für den Arbeitgeber tätig zu sein, und damit einen **Vertragsbruch**[16] begeht. Bis zur Beendigung des Vertragsverhältnisses durch Kündigung bleibt er grundsätzlich zur Leistung verpflichtet. Kündigt der Arbeitgeber deshalb gemäß § 626 BGB außerordentlich, gelten für die Vergütung und den Ersatz des Auflösungsschadens die Maßgaben des § 628 BGB.[17]

(3) Abgrenzung der Nichtleistung zur Schlechtleistung

(a) Verrichtung anderer Arbeit

10 In den Grenzbereich von Nichtleistung und Schlechtleistung führen die Situationen, in denen der **Arbeitnehmer andere als die ihm aufgetragene Arbeit verrichtet.**

Beispiel:

> Arbeitnehmer bringen Jalousien in einem Haus mit zahlreichen neuen Eigentumswohnungen versehentlich nicht in der Wohnung des Auftraggebers des Arbeitgebers im 1. Stock, sondern im 2. Stock an.

---

14 *Staudinger/ Schwarze*, BGB (2019), § 281 Rn. C 17; *Staudinger/Fischinger*, BGB (2022), § 611a Rn. 1122; für zeitlich unbeschränkte Nacharbeitspflicht *Latzel*, AcP 221 (2021), 881, 916 f.

15 Dafür, gestützt auf die Einordnung als relative Fixschuld, *Latzel*, AcP 221 (2021), 881 ff.

16 Dazu umfassend *Berninger*, Vertragsbruch; *Stoffels*, Vertragsbruch.

17 Siehe RN 23.

Bei strenger Betrachtung könnte man diese „Aliud-Leistung" als (Teil-)Nichtleistung betrachten, sofern den Arbeitnehmern eine eindeutige Weisung erteilt worden war.[18] Damit trüge der Arbeitnehmer das Risiko einer (unverschuldeten) Fehleinschätzung des Gegenstandes der Arbeit (im Beispiel etwa werden die Arbeitnehmer durch falsche Auszeichnung der Wohnung im 2. Stock durch einen Dritten irregeleitet): Deutet man die Konstellation als Nichtleistung, bliebe der Vergütungsanspruch gem. § 320 BGB aus bzw. entfiele für die betreffende Zeit gem. § 326 Abs. 1 S. 1 BGB. Wie sich aus § 615 S. 1 BGB und § 615 S. 3 BGB ergibt, soll unverschuldete Nichtleistung den Arbeitnehmer nicht belasten, wenn er seine Arbeitsleistung angeboten hat. Dieser Wertung muss Rechnung getragen werden. Denkbar ist eine entsprechende Einschränkung des § 320 BGB bzw. § 326 BGB. Vorzugswürdig ist die Einordnung der Aliud-Leistung als Schlechtleistung und die Unterstellung unter die hierfür geltenden Regeln, die den Arbeitnehmer im Wege der Schadensersatzhaftung gem. §§ 280 Abs. 1, Abs. 3, 281 Abs. 1 S. 1, 2. Alt. BGB diese Folgen nur tragen lassen, wenn er die Aliud-Leistung zu vertreten hat.[19] Der Schaden gem. §§ 280 Abs. 1, Abs. 3, 281 Abs. 1 S. 1, 2. Alt. BGB besteht darin, dass der Arbeitgeber für den geschuldeten Lohn eine wertlose Arbeitsleistung erhalten hat, was im Ergebnis zum Fortfall des Lohnanspruchs führt. Hinzu tritt eine Haftung gem. § 280 Abs. 1 BGB für den mit dem Abbau der Jalousien verbundenen Arbeitsaufwand.

(b) Passive Resistenz

Ein eigenständiges Problem besteht schließlich darin, ob die sog. passive Resistenz als 11
Teil-Nichtleistung mit der Konsequenz der Anwendung des § 275 Abs. 1 BGB oder als Schlechtleistung anzusehen ist. Ein Teil der Literatur hat eine Einordnung als teilweise Nichtleistung befürwortet.[20] Andere Stimmen sehen darin eine Schlechterfüllung der Arbeitspflicht.[21] Das BAG hat diese Frage bislang offengelassen.[22] Relevanz kommt der Einordnung der Pflichtverletzung wiederum deshalb zu, weil eine Charakterisierung als Teil-Nichtleistung ohne weiteres zu einem teilweisen Entfallen der Entgeltpflicht des Arbeitgebers führen würde (§ 326 Abs. 1 S. 1 2. Hs. BGB)[23]. Nach richtiger Ansicht ist zu differenzieren:[24] Handelt es sich ausnahmsweise um eine zeitweise, vollständige Nichtleistung der Arbeit, liegt für diesen Zeitraum Unmöglichkeit vor. Besteht die passive Resistenz hingegen – wie in der Regel – lediglich in der vertragswidrigen Minde-

18 *Preis/Hamacher*, JURA 1998, 116, 117.

19 Zum Entgeltanspruch des Arbeitnehmers als Mindestschaden RN 21.

20 *Beuthien*, ZfA 1972, 73, 80 f.; MünchArbR/*Blomeyer*, 2. Aufl., § 57 Rn. 22; *Fenn*, Anm. zu BAG AP § 11 MuSchG 1968 Nr. 3; *Motzer*, Positive Vertragsverletzung, S. 126 ff.; ebenso *Staudinger/Fischinger*, BGB (2022), § 611a Rn. 1327.

21 *Dietz/Wiedemann*, JuS 1961, 116, 118; *Kraft*, NZA 1989, 777, 778; *Preis/Hamacher*, JURA 1998, 116, 117.

22 BAG 17.7.1970 – 3 AZR 423/69 –, AP § 11 MuSchG 1968 Nr. 3.

23 So folgerichtig etwa *Beuthien*, ZfA 1972, 73, 81.

24 MünchArbR/*Reichold*, 6. Aufl., § 43 Rn. 30. Differenzierend auch *Tillmanns*, Strukturfragen des Dienstvertrages, S. 445 ff.; *Servatius*, JURA 2005, 838, 840; *Singer/Schiffer*, JA 2006, 833, 836 f., befürworten eine Lohnminderung bei vorsätzlichem Fehlverhalten.

rung der Arbeitsleistung (Dienst nach Vorschrift, „go slow"), so ist dies als ein **Fall der Schlechtleistung** zu bewerten, da der Arbeitnehmer seine Arbeitsleistung als solche immerhin erbringt, und es ansonsten zu schwierigen Abgrenzungsproblemen käme, wenn die Schlechtleistung auf Unkonzentriertheit oder ähnlichen Ursachen beruht.

bb) Sonstige Haftungsvoraussetzungen

12 Hinsichtlich des Vertretenmüssens gelten als Ausgangspunkt die allgemeinen Grundsätze. Der Arbeitnehmer hat danach gemäß § 276 BGB Vorsatz und Fahrlässigkeit zu vertreten und schuldet somit die Beachtung der **verkehrserforderlichen** Sorgfalt (§ 276 Abs. 2 BGB). Soweit nach der vertraglichen Gestaltung der Arbeitserbringung die private Lebensführung des Arbeitnehmers die Arbeit beeinflusst, wie dies insbesondere bei **betriebsexterner Arbeit** in privaten Räumen des Arbeitnehmers der Fall ist, kann der Arbeitgeber grundsätzlich nur die Beachtung der **eigenüblichen** Sorgfalt (§ 277 BGB) des Arbeitnehmers erwarten.[25] Das gilt für die private Lebensführung des Arbeitnehmers während der arbeitsfreien Zeit, für die Beschaffenheit der privaten Infrastruktur und der privaten Arbeitsumgebung, soweit sie durch das private Verhalten mitgeprägt ist (z. B. bestimmte Einstellung des privaten WLAN, bestimmtes Nutzungsprofil des privaten PC, die jeweils für betriebsexterne Arbeit eingesetzt werden[26]; Schließpraxis bzgl. Brandschutztür oder Wohnungstür).[27] Die arbeitsvertragliche Erwartung, dass die erforderliche Sorgfalt umfassend und stets beachtet wird, gilt nicht für die private Lebensführung, auch wenn sie Interessen des Arbeitgebers berührt. Wohl kann der Arbeitgeber konkrete Sorgfaltsanforderungen vereinbaren und zur Bedingung betriebsexterner Arbeit im privaten Raum machen, sie ggf. in regelmäßigen Abständen zu erneuern mit dem Ziel aktueller Kenntnis,[28] wobei Umfang und Inhalt der Vorgaben mit zumutbarem Aufwand erfassbar und umsetzbar sein müssen.[29]. Das schließt die Pflicht des Arbeitnehmers zur Aufklärung über seine bisherige Praxis und daraus resultierende Gefahren ein, wenn deren Relevanz für die Interessen des Arbeitgebers erkennbar wird. Soweit sich die Haftung des Arbeitnehmers nach der eigenüblichen Sorgfalt richtet, geht sie wegen ihres privilegierenden Zwecks nicht weiter als die **hypothetische Haftung für die erforderliche Sorgfalt**, wie sie in §§ 9, 10 dargestellt wird: Der Arbeitnehmer haftet bei Wahrung der eigenüblichen Sorgfalt also gar nicht, bei Verletzung der eigenüblichen Sorgfalt geht die Haftung höchstens bis zur Grenze der arbeitsrechtlichen Haftung für die Wahrung der erforderlichen Sorgfalt.

---

25 *Schwarze*, ZFA 2024, 79, 86 ff.

26 Näher zu den Risiken des Einsatzes von privaten IT-Geräten im Betriebskontext *Brauer*, Haftungsrechtliche Fragen, S. 180 ff.

27 Eine über die erforderliche Sorgfalt hinausgehende Sorgfaltspraxis wirkt (jedenfalls im Arbeitsverhältnis) nicht haftungsverschärfend, *Staudinger/Caspers*, BGB (2019), § 277 Rn. 3; BeckOK/*Lorenz*, BGB (Stand: 05/2023), § 277 Rn. 8.

28 Zu externer Infrastruktur ohne rechtsgeschäftliche Grundlage *Schwarze*, ZFA 2024, 79, 100 ff. (dort unter VII. 3).

29 Vgl. RN 9 f.

Das Vertretenmüssen bezieht sich im Falle der §§ 280 Abs. 1, Abs. 3, 283 BGB auf die 13
Herbeiführung bzw. Nichtbeseitigung des Leistungshindernisses (§ 275 BGB). Vorsätzliches Handeln liegt dann vor, wenn der Arbeitnehmer seine Arbeitspflicht bewusst nicht erfüllt und die Pflichtwidrigkeit seines Tuns kennt oder billigend in Kauf nimmt. Geht der Arbeitnehmer irrtümlich davon aus, zur Arbeit zu dem bestimmten Zeitpunkt nicht verpflichtet zu sein, so kommt es darauf an, ob dieser Irrtum vermeidbar und damit vorwerfbar ist. Dies dürfte schon bei einem Tatsachenirrtum (der Arbeitnehmer nimmt eine Situation an, bei der objektiv keine Arbeitspflicht besteht) selten zutreffen. Im Falle eines Rechtsirrtums (der Arbeitnehmer geht irrtümlich von einem Recht aus, die Arbeit zeitweilig verweigern zu dürfen, oder bewertet eine von ihm selbst ausgesprochene Kündigung unzutreffend als wirksam[30]) legt die Rechtsprechung darüber hinaus einen sehr strengen Maßstab an die Vermeidbarkeit an. Es genügt nicht, eine Rechtsauffassung sorgfältig zu bilden; vielmehr muss der Fall so liegen, dass der Arbeitnehmer mit einer anderen Entscheidung durch das Gericht nicht hätte rechnen müssen.[31] Hinsichtlich der **Beweislast** ist zu beachten, dass die Ursache für Leistungshindernisse bzw. das Fehlverhalten des Arbeitnehmers im Falle der Nichtleistung oft im **„eigenwirtschaftlichen“** Bereich liegen wird, z. B. bei unberechtigtem Nichtantreten, Unterbrechen oder Beenden der Arbeit, wenn der Arbeitnehmer sich nicht hinreichend um geeignete Verkehrsmittel gekümmert hat, um die Arbeitsstätte rechtzeitig zu erreichen, wenn die Zwangslage bei der Kinderbetreuung, die die Erfüllung der Arbeitspflicht unzumutbar machte (§ 275 Abs. 2 BGB), vermeidbar war.[32] Hier kommt dem Arbeitnehmer weder die arbeitsrechtliche Haftungsprivilegierung zugute noch das Beweisprivileg des § 619a BGB.[33] Die Darlegungs- und Beweislast für den „betrieblichen“ Charakter des Fehlverhaltens liegt beim Arbeitnehmer.[34]

b) Nichtleistung infolge anfänglichen Leistungshindernisses (§ 311a Abs. 2 BGB)

Liegt das Leistungshindernis (§ 275 BGB) bereits bei Vertragsschluss vor, richtet sich die 14
Haftung des Arbeitnehmers für Schadensersatz statt der Leistung nach § 311a Abs. 2 BGB. Anders als nach der alten Rechtslage (§ 306 BGB a.F.) führt die anfängliche objektive Unmöglichkeit nach geltendem Recht nicht zur Nichtigkeit des Vertrages (§ 311a

30 Vgl. etwa BAG 24. 8. 1967 – 5 AZR 59/67 –, AP § 249 BGB Nr. 7.

31 BAG 29. 8. 2013 – 2 AZR 273/12 – Rn. 35, NJW 2014, 1323; vgl. auch BAG 14.10.1960 – 1 AZR 254/58 –, AP § 123 GewO Nr. 24 (unzulässige Einberufung einer Betriebsversammlung durch Betriebsrat ausreichend); 12.4.1973 – 2 AZR 291/72 –, AP § 611 BGB Direktionsrecht Nr. 24 (objektiv unzutreffende Auskunft einer Gewerkschaft beseitigt nicht Verschulden); 12.11.1992 – 8 AZR 503/91 –, AP § 285 BGB Nr. 1 = NZA 1993, 500 f. (berechtigtes Vertrauen auf höchstrichterliche Rechtsprechung und Gesetzgebungsverfahren). *Zedler*, Rechtsrisiko als Betriebsrisiko?, S. 200 ff., 224, schätzt die Handhabung des BAG milder ein als die des BGH.

32 Vgl. BAG 21. 5. 1992 – 2 AZR 10/92 –, AP § 1 KSchG Verhaltensbedingte Kündigung Nr. 29 = NZA 1993, 115.

33 Zur Darlegungs- und Beweislast im Einzelnen RN 30, 53 ff. sowie § 9 RN 41 ff.; zur betrieblich veranlassten Tätigkeit siehe § 8 RN 1 ff., 6.

34 RN 56, § 8 RN 31.

Abs. 1 BGB).[35] Daher ist die vormals befürwortete Beschränkung der objektiven Unmöglichkeit auf die äußerst seltenen Fälle, in denen die versprochene Arbeitsleistung physisch oder psychisch von niemandem zu erbringen ist, obsolet. Da der Arbeitnehmer die Arbeitsleistung in aller Regel höchstpersönlich zu erbringen hat, wird sie mit seiner Verhinderung objektiv unmöglich.[36] Im Übrigen ist die Zuordnung zu objektiver oder subjektiver Unmöglichkeit im geltenden Recht unerheblich.[37] Zu den einschlägigen Fallgestaltungen zählen vor allem Krankheiten, die den Arbeitnehmer dauerhaft an der Arbeitsleistung hindern,[38] sowie das Fehlen der für eine (rechtmäßige) Tätigkeit unbedingt erforderlichen öffentlich-rechtlichen Genehmigungen wie z. B. Fahr- und Fluglaubnisse oder die Arbeitserlaubnis für einen Ausländer gemäß §§ 4, 4a Aufenthaltsgesetz[39].

15 Der Arbeitnehmer haftet nicht, wenn er das Leistungshindernis bei Vertragsschluss nicht kannte und seine Unkenntnis auch nicht zu vertreten hat (§ 311a Abs. 2 S. 2 BGB). Das **„Vertretenmüssen"** kann zwar auch eine Garantie umfassen; aber in der Regel wird dem Arbeitnehmer die Exkulpation gemäß § 311a Abs. 2 S. 2 BGB nicht verwehrt sein.[40] Im Grenzbereich zwischen anfänglicher und nachträglicher Leistungsstörung sind die Fälle angesiedelt, in denen ein Arbeitnehmer, der bereits in einem Arbeitsverhältnis beschäftigt ist, einen weiteren Arbeitsvertrag abschließt und die Summe beider vereinbarten Arbeitszeiten die **zulässigen Höchstarbeitszeiten** des § 2 Abs. 1 S. 1 2. Hs. ArbZG **übersteigt.** Nach jetziger Rechtslage[41] ist wegen der wirksamen Doppelverpflichtung von einem nachträglichen Wegfall der Leistungspflicht (§ 275 Abs. 1 BGB) auszugehen, wenn und soweit die Arbeit nach dem konkreten Arbeitseinsatz – in welchem Arbeitsverhältnis auch immer – nicht mehr zulässig ist.[42] Dasselbe gilt, wenn ein Arbeitnehmer bei Abschluss eines zweiten Arbeitsvertrages irrtümlich davon ausgegangen ist, das erste Arbeitsverhältnis sei nicht wirksam zustande gekommen oder durch einen Auflösungstatbestand, etwa eine selbst ausgesprochene fristlose Kündigung, schon wieder beendet worden. Kann der Arbeitnehmer sich nicht entlasten (§ 280 Abs. 1 S. 2 BGB), haftet er gemäß §§ 280 Abs. 1 und 3, 283 BGB.[43] Hinzu treten kann eine

35 *Staudinger/Schwarze*, BGB (2019), Vorbem. C 7 zu §§ 280 – 285; MünchArbR/*Reichold*, 6. Aufl., § 43 Rn. 11 und 35.

36 *Schwarze*, Leistungsstörungen, 3. Aufl., § 4 Rn. 13 und 39.

37 Zutreffend MünchArbR/*Reichold*, 6. Aufl., § 43 Rn. 12.

38 Vgl. BAG 21.5.1992 – 2 AZR 399/91 –, AP § 1 KSchG 1969 Krankheit Nr. 30 = NZA 1993, 497 (zu einem Fall nachträglicher Unmöglichkeit); *Staudinger/Feldmann*, BGB (2023), § 311a Rn. 48.

39 Zum früheren § 19 AFG vergleiche BAG 7.2.1990 – 2 AZR 359/89 –, AP § 1 KSchG 1969 Personenbedingte Kündigung Nr. 14 = NZA 1991, 341.

40 *Staudinger/Feldmann*, BGB (2023), § 311a Rn. 50.

41 Zur Rechtslage vor der Schuldrechtsmodernisierung BAG 19.6.1959 – 1 AZR 565/57 –, AP § 611 BGB Doppelarbeitsverhältnis Nr. 1.

42 *Staudinger/Feldmann*, BGB (2023), § 311a Rn. 66.

43 Vgl. BAG 26.3.1965 – 3 AZR 248/63 –, AP § 306 BGB Nr. 1.

Haftung gem. §§ 280 Abs. 1, 311 Abs. 2 BGB wegen Nichtaufklärung des „zweiten Arbeitgebers“ über den bereits bestehenden ersten Arbeitsvertrag.[44]

c) Nichtleistung trotz Erbringbarkeit der Leistung (§§ 280 Abs. 1, Abs. 3, 281 Abs. 1 S. 1, 1. Alt. BGB)

Leistet der Arbeitnehmer trotz Erbringbarkeit und Nachholbarkeit der Leistung und ggf. Setzung einer Nachfrist zur Leistung innerhalb des Leistungszeitraums[45] nicht, ist der Arbeitnehmer zum Schadensersatz statt der Leistung gem. §§ 280 Abs. 1 und 3, 281 Abs. 1 S. 1, 1. Alt. BGB **wegen Nichtleistung trotz erbringbarer Leistung** verpflichtet.[46] Liegen die Voraussetzungen des Anspruchs einmal vor, entfällt er nicht deswegen, weil die Nachholung der Arbeitsleistung durch Zeitablauf unmöglich wird, vielmehr tritt nach richtiger Ansicht der (etwaige) Anspruch aus §§ 280 Abs. 1, Abs. 3, 283 BGB neben den Anspruch aus §§ 280 Abs. 1, Abs. 3, 281 BGB. Der praktische Vorteil des Anspruchs gem. § 281 kann für den Arbeitgeber im früheren Entstehenszeitpunkt liegen.[47] 16

d) Verletzung leistungsbezogener Nebenpflichten und Nebenleistungspflichten

Zur Hauptleistungspflicht des Arbeitnehmers – der Pflicht zur Arbeitsleistung – treten typischerweise leistungsbezogene Nebenpflichten und Nebenleistungspflichten hinzu.[48] 17

Nebenleistungspflichten definieren ein eigenes, von der Hauptleistungspflicht unterscheidbares Leistungsinteresse und sind idR **selbstständig einklagbar.** Ob solche Pflichten bestehen, entscheidet sich nach dem zwischen den Parteien Vereinbarten, ggf. durch Auslegung, und nach Maßgabe des ergänzenden Gesetzes- und Richterrechts. Eine solche Pflicht ist z. B. die Pflicht zur Rückgabe von Arbeitsmitteln, die dem Arbeitnehmer überlassen wurden, oder die Pflicht zur Herausgabe von Einnahmen, die der Arbeitnehmer in Vollzug seiner Arbeit erzielt hat (§ 667 BGB analog). Die Haftung für die Verletzung solcher Pflichten richtet sich nach denselben Regeln wie die bei der Verletzung von Hauptleistungspflichten: Der Schadensersatz statt der Leistung richtet sich nach §§ 280 Abs. 1, Abs. 3, 283 ff. BGB und hängt daher gem. § 280 Abs. 3 BGB von der Art der Störung ab.[49] Der Verzögerungsschadensersatz bestimmt sich nach §§ 280 Abs. 1, Abs. 2, 286 BGB, die Erstattung von Integritätsschäden nach § 280 Abs. 1 BGB.[50] Die Anwendung der arbeitsrechtlichen Haftungsregeln und der Beweiserleichterung gem. § 619a BGB richtet sich wiederum nach dem betrieblichen Charakter der Tätigkeit.[51] 18

---

44 Siehe RN 50. Zum Umfang des zu ersetzenden Schadens RN 51.

45 Zum Begriff RN 7.

46 *Staudinger/Schwarze*, BGB (2019), § 280 Rn. C 9; *Staudinger/Schwarze*, BGB (2019) § 281 Rn. A 37.

47 *Staudinger/Schwarze*, BGB (2019), § 281 Rn. B 147.

48 Zu den Begriffen und Beispielen näher *Staudinger/Schwarze*, BGB (2019), § 281 Rn. B 3.

49 Die Ausführungen RN 4 ff. gelten entsprechend.

50 MünchArbR/*Francke*, 5. Aufl., § 139 Rn. 7 ff. Vgl. dazu auch RN 39 ff.

51 RN 55.

19 **Leistungsbezogene Nebenpflichten** definieren kein besonderes, von der Hauptleistungspflicht unterscheidbares Leistungsinteresse, sondern dienen dem Hauptleistungsinteresse. Sie sind daher nicht selbständig einklagbar. Eine solche Pflicht ist i. d. R. etwa die Pflicht zur Dokumentation der Arbeitsleistung durch einen vom Kunden unterschriebenen Arbeitszettel, deren Fehlen zu einem Zahlungsausfall führt. Die Verletzung solcher Pflichten wird i. d. R. keine eigene schadensersatzpflichtige Störung darstellen, sondern zu einer Störung der Leistungspflicht führen, insbes. zur Schlechtleistung oder zur unzumutbaren Leistungsgefährdung (analog §§ 280 Abs. 1, Abs. 3, 281 ff. BGB[52]).

e) Unzumutbare Leistungsgefährdung

20 Verursacht der Arbeitnehmer vor Fälligkeit der Arbeitsleistung eine unzumutbare Ungewissheit über die Erbringung der Arbeitsleistung, haftet er analog den §§ 280 Abs. 1 und 3, 281 Abs. 1 S. 1, 1. Alt. BGB, auch wenn der dem Arbeitgeber daraus erwachsende Schaden (z. B. Nichtannahme von Aufträgen wegen der Ungewissheit) erst zu einem späteren Zeitpunkt eintritt.[53] Der Arbeitgeber wird einen solchen untragbaren Schwebezustand jedoch zumeist mit einer außerordentlichen Kündigung beenden.

f) Schadensersatz statt der Leistung

aa) Mindestschaden

21 Der Arbeitgeber ist im Rahmen des Schadensersatzes statt der Leistung so zu stellen, wie er bei ordnungsgemäßer Erbringung der Leistung stünde. Als Schadenspositionen kommen vor allem in Betracht: die bereits erbrachte **Gegenleistung des Arbeitgebers (Entgelt) als Mindestschaden.**[54] Hingegen ist die Gegenleistung nicht als vergebliche Aufwendung gemäß § 284 BGB ersatzfähig.[55] Den zweiten Posten bilden die Kosten, die dem Arbeitgeber für den Ausgleich des Arbeitsausfalls erwachsen sind. Dazu gehört die Mehrvergütung von Mitarbeitern, die die ausgefallene Arbeit durch Überstunden ausgeglichen haben,[56] oder die Differenz zwischen dem Entgelt des Arbeitnehmers und der

---

52 Unzutr., dem gesetzgeberischen Willen und der Rspr. des BGH widersprechend die Einordnung solcher Pflichten als „Rücksichtnahmepflichten" durch das BAG, z. B. BAG 23.8.2023 – 5 AZR 349/22 – Rn. 45, NZA 2023, 1607; näher *Schwarze*, JA 2024, 511, 513.

53 Ausführlich dazu *Staudinger/Schwarze*, BGB (2019), § 281 Rn. B 182 (zust. BGH 14.6.2012 – VII ZR 148/10 – Rn. 20, 21, NJW 2012, 3714). Siehe auch *Stoffels*, Vertragsbruch, S. 121. Für eine Qualifizierung als Verzug LAG Bremen 31.1.1951 – Sa 2/51 –, AP 52 Nr. 94; ausdrücklich offengelassen von BAG 24.8.1967 – 5 AZR 59/67 –, AP § 249 BGB Nr. 7; 13.7.1972 – 2 AZR 364/71 – unter 3 a, AP § 276 BGB Vertragsbruch Nr. 4.

54 A.A. *Servatius*, JURA 2005, 838, 843. Zur Berechnung des Schadensersatzes statt der Leistung allgemein *Staudinger/Schwarze*, BGB (2019), § 280 Rn. E 3 ff., 35 ff., zur Rentabilitätsvermutung Rn. E 116 ff.; § 284 Rn. 16.

55 BeckOGK/*Dornis*, BGB (Stand: 10/2022), § 284 Rn. 51; *Staudinger/Schwarze*, BGB (2019), § 284 Rn. 29; a.A. HWK/*Krause*, 11. Aufl., § 619a Rn. 9.

56 LAG Baden-Württemberg 21.12.1960 – 4 Sa 60/60 –, BB 1961, 529; LAG Düsseldorf 19.10.1967 – 2 Sa 354/67 –, DB 1968, 90.

an eine eingestellte Ersatzkraft gezahlten Vergütung.[57] Nach Ansicht des BAG kann der Arbeitgeber darüber hinaus die anteiligen Gehaltskosten für diejenigen Beschäftigten verlangen, die die ausgefallene Arbeit tatsächlich übernommen haben. Dabei soll es keine Rolle spielen, ob die von diesen Mitarbeitern eigentlich zu erledigenden Aufgaben später nachgeholt wurden oder liegengeblieben sind.[58] Wenn der Arbeitgeber den Arbeitsausfall in eigener Person ausgleicht, kann er grundsätzlich Ersatz für die ohne diesen Ausgleich hypothetisch entgangenen Einnahmen verlangen.[59] Insoweit lässt es das BAG aus Gründen der Praktikabilität zu, dass der Arbeitgeber seinen eigenen zeitlichen Aufwand mit einem entsprechenden Stundenentgelt bemisst und diesen Betrag der Berechnung seines Schadens zugrunde legt.[60] Weitere Schadenspositionen sind die dem Arbeitgeber durch die Nichtleistung erwachsenen Vermögensschäden (z. B. eine Vertragsstrafe) sowie sein entgangener Gewinn (§ 252 BGB).[61]

Die Befugnis zum Ersatz des ganzen Leistungsinteresses bei **Teilunmöglichkeit** 22
gem. § 283 S. 2 i.V.m. § 281 Abs. 1 S. 2 BGB wird im Arbeitsverhältnis nur ausnahmsweise von Bedeutung sein, da eine Gesamtleistung bei auf unbestimmte Dauer angelegtem Arbeitsverhältnis nicht bestimmt werden kann und bei befristeten oder bedingten Verträgen ein besonderes Interesse des Arbeitgebers an der Gesamtleistung i. d. R. nicht besteht.[62] Ausnahmen sind möglich: Als Beispiel sei der befristete Arbeitsvertrag eines Spezialisten genannt, der ein kompliziertes Steuerungsprogramm überprüfen soll und dessen teilweise erbrachte Arbeitsleistung wegen der erfolgten Einstellung der Tätigkeit keinen Wert hat.

bb) Weitere Schadensposten

Bei **Nichtantritt des Arbeitsverhältnisses oder endgültiger Einstellung der Ar-** 23
beitsleistung vor Beendigung des Arbeitsverhältnisses (**„Vertragsbruch“**) kann der Arbeitgeber nur den Ersatz solcher Kosten verlangen, die bei ordnungsgemäßer Einhaltung der arbeitsvertraglichen Kündigungsfrist vermeidbar gewesen wären (sog. **„Verfrühungsschaden“**).[63] Dies betrifft zum einen **Anwerbungskosten** (z. B. Kosten für

57 MünchArbR/*Reichold*, 6. Aufl., § 43 Rn. 36; *Stoffels*, Vertragsbruch, S. 150.

58 BAG 24.4.1970 – 3 AZR 324/69 –, AP § 60 HGB Nr. 5. Zust. LAG Schleswig-Holstein 13.4.1972 – 3 Sa 76/72 –, BB 1972, 1229; abl. MünchArbR/*Reichold*, 6. Aufl., § 43 Rn. 36.

59 MünchArbR/*Blomeyer*, 2. Aufl., § 55 Rn. 32.

60 BAG 24.8.1967 – 5 AZR 59/67 –, AP § 249 BGB Nr. 7 m. insoweit abl. Anm. *Larenz* = NJW 1968, 221 f.; zust. HWK/*Krause*, 11. Aufl., § 619a Rn. 8; ähnlich *Lieb/Jacobs*, Arbeitsrecht, 9. Aufl., Rn. 208; zurückhaltender *Lieb*, JZ 1971, 358, 362; *Tillmanns*, Strukturfragen des Dienstvertrages, S. 372; von vornherein an den Bedarf für eine Ersatzkraft anknüpfend *Zeuner*, GS Dietz (1973), S. 99, 114 ff. Krit. MünchArbR/*Reichold*, 6. Aufl., § 43 Rn. 36.

61 LAG Düsseldorf 19.10.1967 – 2 Sa 354/67 –, DB 1968, 90; LAG Köln 5.3.2021 – 10 Sa 802/20 –, juris; LAG Berlin-Brandenburg 18.8.2017 – 3 Sa 228/17 –, juris; MünchArbR/*Reichold*, 6. Aufl., § 43 Rn. 37 und 38.

62 Vgl. MünchArbR/*Reichold*, 6. Aufl., § 43 Rn. 6 f.; *Staudinger/Schwarze*, BGB (2019), § 283 Rn. 36; *Staudinger/Fischinger*, BGB (2022), § 611a Rn. 1325.

63 BAG 26.3.1981 – 3 AZR 485/78 –, AP § 276 BGB Vertragsbruch Nr. 7 = NJW 1981, 2430; 23.3.1984 – 7 AZR 37/81 –, AP § 276 BGB Vertragsbruch Nr. 8 = NZA 1984, 122; *Hanau*, Kausalität der Pflichtwidrigkeit, S. 159 f.;

Stellenanzeigen, Vorstellungsgespräche, Personalberatungsfirmen) für eine Ersatzkraft. Zum anderen geht es um **Aufwendungen des Arbeitgebers**, die sich aufgrund des Vertragsbruchs als nutzlos erweisen wie etwa die Anschaffung eines speziell ausgestatteten Dienstwagens oder der Druck von Visitenkarten. Im Falle des Nichtantritts trifft den Arbeitnehmer zudem die Nebenpflicht, den Arbeitgeber unverzüglich darüber zu unterrichten, dass er eine Arbeitsstelle nicht antreten kann oder will. Dies gilt zumindest dann, wenn er erkennen kann, dass der Arbeitgeber im Vertrauen auf die vertraglich zugesagte Arbeitsaufnahme erhebliche Aufwendungen tätigen wird.[64] Nutzlose Aufwendungen dieser Art kann der Arbeitgeber, gestützt auf die Rentabilitätsvermutung, als Schadensersatz statt der Leistung verlangen[65] oder an Stelle des Schadensersatzes statt der Leistung gem. § 284 BGB. Das Vorgehen gemäß § 284 BGB empfiehlt sich nur, wenn keine anderen Schadenspositionen vorliegen, da der Ersatz der Aufwendungen nur anstelle des Schadensersatzes statt der Leistung geltend gemacht werden kann.[66] Neben dem Schadensersatz statt der Leistung kann der Arbeitgeber gemäß § 280 Abs. 1 BGB Ersatz etwaiger Integritätsschäden verlangen, die durch das Ausbleiben der Arbeitsleistung verursacht sind (z. B. verdorbene Ware).[67]

g) Ersatz des Verzögerungsschadens bei vorübergehender Nichtleistung (§§ 280 Abs. 1, Abs. 2, 286 BGB)

24 Sofern und solange die Leistung des Arbeitnehmers möglich ist, weil weder eine absolute Fixschuld[68] vorliegt noch der Leistungszeitraum[69] überschritten ist, bleibt der Anspruch des Arbeitgebers auf die geschuldete Leistung bestehen. Hat der Arbeitnehmer die Nichtleistung zu vertreten, so gerät er in **Schuldnerverzug (§ 286 BGB)**, ohne dass es einer Mahnung bedarf (§ 286 Abs. 2 Nr. 1 BGB).[70] Wird die Arbeitsleistung nachgeholt und bleibt die Nichtleistung somit eine vorübergehende, hat der Arbeitnehmer gem. §§ 280 Abs. 1, Abs. 2, 286 BGB den Schaden zu ersetzen, der durch die Verzögerung verursacht worden ist und der durch die Nachholung nicht behoben wird (Verzögerungsschaden, z. B. Konventionalstrafen des Arbeitgebers wegen verspäteter Lieferung).[71]

Medicus, Anm. zu BAG AP § 276 BGB Vertragsbruch Nr. 3; vgl. nur MünchArbR/*Reichold*, 6. Aufl., § 43 Rn. 40; *Gessert*, Schadensersatz, S. 85 ff.; *Stoffels*, Vertragsbruch, S. 134 ff. jeweils m.w.N.; differenzierend *Hadding*, SAE 1976, 219, 220 ff.

64 BAG 14.9.1984 – 7 AZR 11/82 –, AP § 276 BGB Vertragsbruch Nr. 10 = NZA 1985, 25.

65 *Staudinger/Schwarze*, BGB (2019), § 280 Rn. E 115.

66 *Staudinger/Schwarze*, BGB (2019), § 284 Rn. 18; MünchArbR/*Reichold*, 6. Aufl., § 43 Rn. 42 mit Beispielen für denkbare Aufwendungen.

67 Näher RN 39.

68 RN 5.

69 Zum Begriff RN 7.

70 HWK/*Krause*, 11. Aufl., § 619a BGB Rn. 4.

71 Vgl. *Staudinger/Schwarze*, BGB (2019), § 280 Rn. C 7; *Staudinger/Schwarze*, BGB (2019), § 281 Rn. B 134 ff.; *Staudinger/Feldmann*, BGB (2019), § 286 Rn. 181 ff.; MünchArbR/*Reichold*, 6. Aufl., § 43 Rn. 20.

2. Haftung für Schlechtleistung

a) Schadensersatz statt der Leistung (§§ 280 Abs. 1, Abs. 3, 281 Abs. 1 S. 1, 2. Alt. und § 283 S. 2 BGB)

aa) Voraussetzungen

Erbringt der Arbeitnehmer die Arbeitsleistung „nicht so wie geschuldet", haftet er gem. §§ 280 Abs. 1, Abs. 3, 281 Abs. 1 S. 1, 2. Alt. BGB. Typischerweise führt die „schlechte" Arbeitsleistung zu einem mangelhaften Arbeitsergebnis und/oder einer sonstigen Schädigung des Arbeitgebers. Eine **Pflichtverletzung bei der Ausführung der Arbeit**, die **das Leistungsinteresse des Arbeitgebers** beeinträchtigt (§§ 280 Abs. 1 und 3, 281 Abs. 1 S. 1, 2. Alt. BGB), liegt dann vor, wenn der Arbeitnehmer zwar seine vertraglich übernommene Arbeitsleistung erbringen will, das Arbeitsergebnis aber nicht dem geschuldeten Leistungsinhalt entspricht. Hierzu zählen **Defizite des geschuldeten Leistungsumfangs**, ohne dass diese als Nichtleistung qualifiziert werden könnten (wie in Fällen der passiven Resistenz[72]), und **Qualitätsmängel**, die die Art und Weise der Arbeit betreffen (z.B. Produktion von Ausschuss, mangelhafte Dokumentation trotz unselbstständiger leistungsbezogener Nebenpflicht[73]). Auch die Erbringung einer **Aliud**-Leistung ist als Schlechtleistung einzuordnen, wenn der Arbeitnehmer von der Erbringung der geschuldeten Leistung ausgeht.[74] § 281 Abs. 1 BGB setzt die **Behebbarkeit der Schlechtleistung** voraus: Ist ausnahmsweise die Beseitigung des „Mangels" durch Nachholung der ordentlichen Leistung möglich und die Nachholung auch zeitlich möglich[75], hat der Arbeitgeber dem Arbeitnehmer die Gelegenheit hierzu durch Setzung einer angemessenen **Nachfrist** zu geben. Erst nach deren fruchtlosem Ablauf kann er Schadensersatz statt des schlechten Teils der Leistung verlangen. Praktisch wird es um die **Behebung der schlechten Qualität für die Zukunft** gehen. Hier muss der Arbeitgeber **abmahnen** (§ 281 Abs. 3 BGB) und kann zum Schadensersatz statt des mangelhaften Teils der Leistung erst nach Fortsetzung der Schlechtleistung übergehen. Zu beachten ist, dass der Arbeitnehmer nur verpflichtet ist, seine persönliche Leistungsfähigkeit auszuschöpfen; demgemäß hat das BAG einer Abmahnung den Erfolg versagt, mit der der Arbeitnehmer aufgefordert worden war, „durchschnittliche Produktionsergebnisse" zu erzielen.[76] Sodann muss die Pflichtverletzung auch **zu vertreten** sein.[77] 25

72 RN 11.

73 Siehe RN 19.

74 RN 10.

75 Siehe RN 7.

76 BAG 27.11.2008 – 2 AZR 675/07 – Rn. 24, AP § 611 BGB Abmahnung Nr. 33 = NZA 2009, 842. Vgl. dazu *Waltermann*, Arbeitsrecht, 20. Aufl., Rn. 227; *Singer/Schiffer*, JA 2006, 833, 835 ff., wollen zwar die Schlechtleistung nach einem objektiven Maßstab bestimmen, aber für den Schadensersatzanspruch zu Gunsten des Arbeitnehmers das Verschulden individuell bestimmen und ggf. den innerbetrieblichen Schadensausgleich berücksichtigen.

77 *Canaris*, FS K. Schmidt (2009), S. 177, 185 f.

26 Im Falle der **Nichtbehebbarkeit** der Schlechtleistung ergibt sich der Schadensersatzanspruch ohne vorherige Fristsetzung oder Abmahnung aus **§§ 280 Abs. 1, Abs. 3, 283 S. 2 BGB.**

27 Der **Umfang des Schadensersatzes** reicht grundsätzlich so weit wie die Schlechtleistung. Das gesamte Leistungsverhalten des Arbeitnehmers wird nur ausnahmsweise „schlecht" sein, etwa, wenn die erforderliche Qualifikation fehlt. Ist nur ein Teil der Arbeitsleistung mangelhaft, kann der Arbeitgeber in der Regel nur wegen des fehlerhaften Teils Schadensersatz statt der Leistung verlangen. Schadensersatz statt der ganzen Leistung (§ 281 Abs. 1 S. 2 BGB[78]) wird nur ausnahmsweise in Betracht kommen, da es beim auf unbestimmte Zeit geschlossenen Arbeitsvertrag schon an einer bestimmbaren „Gesamtleistung" fehlt, beim befristeten bzw. bedingten Arbeitsvertrag typischerweise an einem Gesamtleistungsinteresse.[79]

28 Die Schlechtleistung (im weiteren Sinn) kann auch darin bestehen, dass die **Durchführung der Arbeitsleistung eine Verletzung des Integritätsinteresses** (des Arbeitgebers oder von Dritten) verursacht (z. B. die Beschädigung von zur Verfügung gestelltem Arbeitsgerät, Eigentum von Kunden). Darin wird zugleich neben der Verletzung der Leistungspflicht die Verletzung einer Rücksichtnahmepflicht (§ 241 Abs. 2 BGB) liegen.[80] Die Qualifizierung eines Verhaltens als Verletzung beider Pflichten erleichtert den Parteivortrag bei Sachverhalten, die nicht eindeutig der Schlechtleistung im weiteren Sinn oder der Schutzpflichtverletzung zugeordnet werden können.

29 Dieselbe pflichtwidrige Handlung des Arbeitnehmers kann schließlich nicht nur als Verletzung zweier Pflichten aufgefasst werden, sondern **zur Verletzung sowohl des Leistungsinteresses als auch des Integritätsinteresses** führen: Fehler bei der Ausführung einer Autoreparatur entwerten nicht nur die Arbeitsleistung selbst (§ 281 Abs. 1 S. 1, 2. Alt BGB), sondern belasten den Arbeitgeber eventuell zusätzlich mit einer Schadensersatzforderung des Dritten wegen eines beschädigten Fahrzeugteils oder verspäteter Erfüllung des Werkvertrages (§ 280 Abs. 1 BGB).

bb) Darlegungs- und Beweislast

30 Die Schlechtleistung muss vom Arbeitnehmer zu vertreten sein.[81] Da die die Schlechtleistung darstellende/bewirkende Tätigkeit typischerweise betrieblich veranlasst sein wird,[82] greift mit der **Haftungsprivilegierung** auch die dem Arbeitnehmer im Vergleich mit § 280 Abs. 1 S. 2 BGB günstige Regelung des **§ 619a BGB** ein, sodass der Arbeitgeber nicht nur die Pflichtverletzung, sondern auch das Vertretenmüssen darzulegen und ggf.

78 Zur Anwendbarkeit des § 281 Abs. 1 S. 2 BGB auf Teilschlechtleistungen *Staudinger/Schwarze*, BGB (2019), § 281 Rn. C 7.

79 Zum Ausnahmefall siehe RN 22 a.E.

80 Allgemein dazu *Staudinger/Schwarze*, BGB (2019), § 280 Rn. C 39ff.; ebenso *Münch*, JURA 2002, 361, 364 f.; *Reichenbach*, JURA 2003, 512, 518; *Staudinger/Peters*, BGB (2019), § 634 Rn. 120.

81 *Canaris*, FS K. Schmidt (2009), S. 177, 185 f.

82 Zum Begriff näher § 8 RN 1ff.

zu beweisen hat.[83] Auch bei einer durch Rechtsirrtum verursachten Verweigerung einer einzelnen Tätigkeit (z. B. der Zuweisung einer besonderen Aufgabe) kann noch von betrieblicher Veranlassung gesprochen werden.[84]

b) Schadensersatz statt der Leistung

Soweit es um die Beeinträchtigung des Leistungsinteresses durch die Schlechtleistung 31
geht, besteht der Mindestschaden des Arbeitgebers in der Pflicht zur Zahlung des vollen Entgelts. Hier stellt sich die Frage, ob der Arbeitgeber sein Interesse auf einfacherem Wege – über ein verschuldensunabhängiges Minderungsrecht – durchsetzen kann (unter aa). Die mangelhafte Arbeitsleistung als solche kann aber auch zu einem Schaden führen, der über die zu zahlende oder gezahlte Vergütung für die fragliche Arbeitszeit hinausgeht (unter bb).

aa) Entgeltanspruch als Schaden/Minderungsrecht

Die Rechtsprechung und Teile der Literatur lehnen mangels gesetzlicher Gewährleis- 32
tungsvorschriften für den Dienst- bzw. Arbeitsvertrag eine **(verschuldensunabhängige) Minderung** ab.[85] Selbst wenn man einige Fallgruppen als „qualitative Unmöglichkeit" einordnen würde, bliebe die Gegenleistungspflicht des Gläubigers gemäß § 326 Abs. 1 S. 2 BGB in vollem Umfang bestehen.[86] Eine Teilunmöglichkeit mit der Folge der automatischen Minderung der Gegenleistung gemäß § 326 Abs. 1 S. 1 Hs. 2 kann darin nicht gesehen werden.[87] Dies gilt auch für solche Vertragstypen, die – wie der Arbeitsvertrag – bei einer nicht vertragsgemäßen Leistung i. d. R. keine Nacherfüllung vorsehen.[88] Die Schlechtleistung des Arbeitnehmers ist allein den allgemeinen Schadensersatzregeln über vertragliche Pflichtverletzungen unterworfen.[89]

---

83 Dazu RN 55 ff., § 8 RN 31.

84 Weiter gehend offenbar *Zedler*, Rechtsrisiko als Betriebsrisiko, S. 197.

85 BAG 6.6.1972 – 1 AZR 438/71 –, AP § 611 BGB Haftung des Arbeitnehmers Nr. 71; *Waltermann*, Arbeitsrecht, 20. Aufl., Rn. 227.

86 Ebenso HWK/*Krause*, 11. Aufl., § 619a Rn. 9; *Staudinger/Tischinger*, BGB (2022), § 611a Rn. 1341; im Ergebnis auch MünchArbR/*Reichold*, 6. Aufl., § 43 Rn. 31 f.

87 Begr. BT-Drucks. 14/6040, S. 189 unter Hinweis auf die herrschende Interpretation des § 323 Abs. 1 BGB a.F.; ferner die ausdrückliche Ablehnung der automatischen Minderung bei der Schlechtleistung S. 224; ebenso BeckOK/*Schmidt*, BGB (Stand: 05/2024), § 326 Rn. 23; *Canaris*, FS K. Schmidt (2009), S. 177, 179 f.; *Peukert*, AcP 205 (2005), 430, 453 ff.; *Wendehorst*, AcP 206 (2006), 205, 277 ff.; *Tillmanns*, Strukturfragen des Dienstvertrages, S. 412, die die Bewertungsschwierigkeiten darstellt (S. 402 ff.), allerdings beim Dienst- (S. 414 ff.) und Arbeitsvertrag (S. 439 ff., 454 ff.) von einer Teilunmöglichkeit i.S. des § 326 Abs. 1 S. 1 2. Hs. BGB bereits dann spricht, wenn eine eigenständige Teilfunktion endgültig nicht erfüllt wird.

88 Vgl. dazu *Staudinger/Schwarze*, BGB (2020), § 326 Rn. B 69, 71; *Soergel/Gsell*, BGB, 13. Aufl., § 326 Rn. 33; *Erman/Ulber*, BGB, 17. Aufl., § 326 Rn. 20; zur dogmatischen und teleologischen Einordnung der Minderung *Canaris*, FS K. Schmidt (2009), S. 177, 186 ff.

89 *Preis/Hamacher*, JURA 1998, 116 f. Die vom BAG im Zusammenhang mit dem Beginn von Ausschlussfristen zuweilen angesprochene Nachbesserungspflicht des Arbeitnehmers dürfte keine eigenständige

33 Der Arbeitgeber kann daher Vergütung nur insoweit für die Zeit der Schlechtleistung „einsparen", als er die Voraussetzungen für einen **Schadensersatzanspruch auf Ersatz des Leistungsinteresses** dartun kann. Ferner muss die Pflichtverletzung zu vertreten sein (§ 280 Abs. 1 S. 2 BGB).[90]

34 Ein Teil des Schrifttums suchte und sucht demgegenüber bei der Schlechtleistung nach einer Lösung außerhalb des geltenden Schadensersatzrechts. Zwar wird anerkannt, dass es keine expliziten Regeln über die Gewährleistung bei Dienst- bzw. Arbeitsverträgen gibt.[91] Diese Literaturansicht möchte aber **Mängel als Teil-Nichtleistung** behandeln, freilich unter der Voraussetzung, dass der Arbeitnehmer die Schlechtleistung zu vertreten hat.[92] Einige Autoren wollen dem Arbeitgeber bei einer verschuldeten mangelhaften Arbeitsleistung das Recht zu einer Gehaltsminderung zubilligen.[93] Andere verweisen den Arbeitgeber zwar auf den Weg des Schadensersatzes, sehen aber die unzulängliche Leistung des Arbeitnehmers selbst als auszugleichenden Schaden an.[94]

35 Gegen solche Konstruktionen ist einzuwenden, dass sie die bewusste Entscheidung des Gesetzgebers, beim Dienstvertrag auf Gewährleistungsregeln zu verzichten, unterlaufen.[95] Des Weiteren sind sie inkonsequent, weil sie nur die verschuldete, nicht aber die unverschuldete Schlechtleistung als Teil-Nichtleistung charakterisieren wollen. Eine Ausdehnung der Entgeltminderung auf die Fälle nicht verschuldeter Schlechtleistung würde zu unangemessenen Ergebnissen führen. Ferner stößt die Feststellung des konkreten Ausmaßes des Minderwertes einer Arbeitsleistung – anders als die Berechnung eines durch die Pflichtverletzung entstandenen Schadens – in der Praxis auf nahezu unüberwindliche Schwierigkeiten. Schließlich wird zu Recht darauf hingewiesen, dass das Arbeitsrecht dem Arbeitgeber hinreichende Befugnisse zubilligt, mit denen er auf eine Minderleistung des Arbeitnehmers reagieren kann.[96] So setzt eine personenbedingte Kündigung wegen Minderleistungen nicht einmal voraus, dass der Arbeitnehmer gegen die subjektiv zu bestimmende Leistungspflicht verstößt. Es komme – so das BAG – darauf an, ob die Arbeitsleistung die berechtigte Erwartung des Arbeitgebers von der

---

dogmatische Relevanz haben; vgl. BAG 27.10.1970 – 1 AZR 216/70 –, AP § 4 TVG Ausschlußfristen Nr. 44; 24.4.1974 – 5 AZR 80/73 –, AP § 611 BGB Akkordkolonne Nr. 4.

90 *Canaris*, FS K. Schmidt (2009), S. 177, 185 f.

91 *Beuthien*, ZfA 1972, 73, 74; *Lessmann*, FS Wolf (1985), S. 395, 397.

92 *Beuthien*, ZfA 1972, 73, 74 ff.; *Dietz/Wiedemann*, JuS 1961, 116, 119 f.; *Lessmann*, FS Wolf (1985), S. 393, 400 ff., 407 ff. (zum Dienstvertrag); *Motzer*, Positive Vertragsverletzung, S. 209 f.; einschränkend *Zöllner/Loritz/Hergenröder*, Arbeitsrecht, 7. Aufl., § 21 Rn. 39 ff.

93 So früher gemäß §§ 325 Abs. 1 S. 2 und 3, 323 Abs. 1 BGB *Dietz/Wiedemann*, *Lessmann* und *Motzer* jeweils a.a.O.; ferner *Zöllner/Loritz/Hergenröder*, Arbeitsrecht, 6. Aufl., § 19 III, S. 221, in Analogie zu §§ 326 Abs. 1 S. 1 2. Hs., 441 BGB. Dagegen überzeugend *Servatius*, JURA 2005, 838, 839. Nur noch einen aufrechenbaren Schadensersatzanspruch annehmend *Zöllner/Loritz/Hergenröder*, Arbeitsrecht, 7. Aufl., § 21 Rn. 42.

94 So *Beuthien* a.a.O.; *Ullrich*, NJW 1984, 585 ff. (zum Dienstvertrag).

95 *Staudinger/Schwarze*, BGB (2020), § 326 Rn. B 70.

96 HWK/*Krause*, 11. Aufl., § 619a Rn. 9.

Gleichwertigkeit der beiderseitigen Leistungen in einem Maße unterschreite, dass ihm ein Festhalten an dem (unveränderten) Arbeitsvertrag unzumutbar werde.[97]

Besonderheiten hinsichtlich einer verschuldensunabhängigen Entgeltkürzung gelten für den Bereich des **Leistungslohnes.** Hier sind individualvertragliche und tarifliche bzw. betriebliche Vergütungsabreden zulässig, nach denen der Entgeltberechnung nur mangelfreie Stücke zugrunde gelegt werden sollen.[98] In diesem Falle führt jede – vom Arbeitgeber nicht zu vertretende – quantitative und qualitative Minderleistung ohne weiteres zu einer niedrigeren Entlohnung.[99] 36

bb) Weitere Schadensposten

Der durch die Schlechtleistung entstandene Schaden wird den Mindestschaden in Höhe der an sich für den fraglichen Zeitraum geschuldeten Vergütung oft übersteigen. Zu denken ist insbesondere an **entgangenen Gewinn** (§ 252 BGB), den der Arbeitgeber aus der Verwertung des Arbeitsergebnisses gezogen hätte, an **Kosten für die Beseitigung eines mangelhaften Arbeitsprodukts** oder an **Vertragsstrafen**, die den Arbeitgeber aus Verträgen mit Auftraggebern treffen können.[100] Ersatzfähig sind ferner **Aufwendungen zur Aufklärung** des Verdachts einer erheblichen Verfehlung (Straftat, vorsätzliche Pflichtverletzung), die der Arbeitgeber betreiben muss (z. B. Kosten eines Detektivs oder einer mit der Aufklärung komplexer Vorgänge beauftragten Anwaltskanzlei), die ein vernünftiger, wirtschaftlich denkender Arbeitgeber für erforderlich halten würde. § 12a Abs. 1 S. 1 ArbGG schließt dies nicht aus.[101] 37

c) Schadensersatz bei vorübergehender Schlechtleistung (§ 280 Abs. 1 BGB)

Ist die ordentliche Arbeitsleistung nach Maßgabe des vertraglichen Leistungszeitraumes ausnahmsweise nachholbar und tatsächlich bzw. rechtlich durchführbar, ist wegen eines in der Zwischenzeit durch die vorübergehende Schlechtleistung entstandenen Schadens § 280 Abs. 1 BGB einschlägig.[102] Insofern schützt § 280 Abs. 1 S. 1 BGB auch das 38

97 BAG 11.12.2003 – 2 AZR 667/02 – Leits. 2, AP § 1 KSchG 1969 Verhaltensbedingte Kündigung Nr. 48 = NZA 2004, 784; zu qualitativen Minderleistungen BAG 17.1.2008 – 2 AZR 536/06 –, AP § 1 KSchG 1969 Nr. 85 = NZA 2008, 693 = RdA 2009, 391 m. Anm. *Tillmanns*; *Singer/Schiffer*, JA 2006, 833, 837 f. Weitere Nachw. bei KR-*Rachor*, 13. Aufl., § 1 KSchG Rn. 412 ff.; *Krause*, in: Linck/Krause/Bayreuther, KSchG, 16. Aufl., § 1 Rn. 651 ff.

98 Siehe *Staudinger/Fischinger*, BGB (2022), § 611a Rn. 1342; MünchArbR/*Blomeyer*, 2. Aufl., § 56 Rn. 13, der sich zugleich gegen die Zulässigkeit einer verschuldensunabhängigen Lohnminderung auf der Grundlage von Einheitsverträgen und Betriebsvereinbarungen ausgesprochen hatte.

99 Vgl. BAG 15.3.1960 – 1 AZR 301/57–, AP § 611 BGB Akkordlohn Nr. 13 (allerdings auf der Grundlage eines Verschuldens des Arbeitnehmers); *Rüthers*, ZfA 1977, 1, 18; *Schaub/Vogelsang*, Arbeitsrechts-Handbuch, 20. Aufl., § 67 Rn. 46.

100 Vgl. *Staudinger/Schwarze*, BGB (2019), § 280 Rn. E 4 f.

101 BAG 29.4.2021 – 8 AZR 276/20 – Rn 27 f., BAGE 175, 25; näher zur Erstattungsfähigkeit *Maschmann*, ZFA 2022, 589, 590 ff.

102 Vgl. *Staudinger/Schwarze*, BGB (2019), § 281 Rn. C 17; *ders.*, Leistungsstörungen, 3. Aufl., § 29 Rn. 1 ff.; *Staudinger/Fischinger*, BGB (2022), § 611a Rn. 1344; *Emmerich*, Leistungsstörungen, 6. Aufl., § 21 Rn. 24; zum

Leistungsinteresse. Nach richtiger Ansicht ist eine Mahnung nicht erforderlich. Ist die Fehlerhaftigkeit der Arbeitsleistung nicht behebbar, greifen §§ 280 Abs. 1 und 3, 283 BGB ein.[103]

II. Haftung für Integritätsschaden

1. Integritätsschaden durch Nicht-/Schlechtleistung (§ 280 Abs. 1 BGB)

39 Die Nicht- oder Schlechtleistung kann zur Verletzung des Integritätsinteresses des Arbeitgebers führen, also zur Beeinträchtigung der Rechtsgüter, Rechte und Interessen des Arbeitgebers, die von der arbeitsvertraglichen Leistung bzw. dem Leistungsanspruch verschieden sind: wenn z. B. der Pförtner den Schließgang unterlässt und dadurch einen Diebstahl ermöglicht, wenn der als Kraftfahrer beschäftigte Arbeitnehmer durch seine Fahrweise das Kraftfahrzeug des Arbeitgebers beschädigt, wenn der Restaurantleiter die Tageseinnahmen durch Unachtsamkeit verliert[104] oder der Vermögensschaden, den ein Arbeitgeber durch die Nichteingabe einer vom Kunden in Auftrag gegebenen Stopp-Loss-Order erlitten hat[105]. Dass diese Schäden ersatzfähig sind, ist nicht fraglich, ebenso wenig, dass der Ersatzanspruch nicht von einer vorherigen erfolglosen Fristsetzung oder Abmahnung abhängen kann. Durchaus umstritten ist aber die exakte Anspruchsgrundlage. Von Teilen der Literatur wird der Integritätsschaden als Teil des Schadensersatzes statt der Leistung gesehen und daher den §§ 280 Abs. 1, Abs. 3, 281–283 BGB unterstellt. Die besseren Gründe sprechen dafür, Integritätsschäden **§ 280 Abs. 1 BGB** zuzuordnen, unabhängig davon, ob die Verletzung der Leistungspflicht und/oder einer Rücksichtnahmepflicht ursächlich für den Schaden ist.[106] Mit der zu Integritätsschäden führenden Schlechtleistung wird in der Regel die Verletzung einer Schutz- und Rücksichtnahmepflicht i.S. des § 241 Abs. 2 BGB verbunden sein,[107] so dass der Anspruch auf zwei Pflichtverletzungen beruht. Da und soweit es sich bei der Verletzung um betriebliche Tätigkeit handelt[108], finden die arbeitsrechtlichen Haftungsregeln und die **Beweislastregel des § 619a BGB** zu Gunsten des Arbeitnehmers (für beide Pflichtverletzungen) Anwendung.[109]

---

alten Recht BGH 7.3.2002 – III ZR 12/01 –, NJW 2002, 1571, 1572 (Anspruch aus positiver Vertragsverletzung); *Otto/Schwarze*, 3. Aufl., Rn. 107 ff. m.w.N.; *Servatius*, JURA 2005, 838, 840 f., will stets § 280 Abs. 1 BGB anwenden.

103 *Staudinger/Schwarze*, BGB (2019), § 281 Rn. C 17; HWK/*Krause*, 11. Aufl., § 619a BGB Rn. 8.

104 Vgl. BAG 15.11.2001 – 8 AZR 95/01 –, AP § 611 BGB Haftung des Arbeitnehmers Nr. 121 = NZA 2002, 612.

105 Vgl. BAG 18.1.2007 – 8 AZR 250/06 –, AP § 254 BGB Nr. 15 = NZA 2007, 1230.

106 *Staudinger/Schwarze*, BGB (2019), § 281 Rn. C 17; MünchArbR/*Reichold*, 6. Aufl., § 43 Rn. 65.

107 RN 38.

108 Zum Begriff § 8 RN 1 ff.

109 Dazu RN 55 ff., § 8 RN 31.

2. Integritätsschaden durch die Verletzung von Rücksichtnahmepflichten (§ 280 Abs. 1 BGB)

a) Vertragliche Rücksichtnahmepflichten

aa) Grundlagen

Infolge der Einbindung des Arbeitnehmers in die betriebliche Organisation und durch seine Tätigkeit für den Arbeitgeber erhält der Arbeitnehmer erhebliche **Einwirkungsmöglichkeiten** auf die Rechtsgüter- und Interessensphäre des Arbeitgebers. Diese gesteigerte Einwirkung korreliert mit einer Fülle von Rücksichtnahmepflichten (§ 241 Abs. 2 BGB), die den Arbeitnehmer zur Wahrung der Rechtsgüter, Rechte und Interessen des Arbeitgebers verpflichten. Aus ihnen erwächst ein Haftungsrisiko, das praktisch dem aus der Leistungspflicht gleichkommt, es in vielen Berufen sogar übertreffen dürfte. Hinzu treten die Fälle der Schlechtleistung, die Verletzungen des Integritätsinteresses verursacht. Hier ist i.d.R. auch eine Rücksichtnahmepflicht (die betreffende Leistungshandlung so auszuüben, dass keine Integritätsverletzungen eintreten) verletzt.[110] 40

Die Haftung für die Verletzung von Rücksichtnahmepflichten richtet sich nach §§ 280 Abs. 1, 241 Abs. 2 BGB.[111] Einige **Beispiele:** Ein Arbeitnehmer beschädigt ein Fahrzeug des Arbeitgebers beim Öffnen seiner Fahrzeugtür. Er betreibt unzulässige Abwerbung,[112] übernimmt eine Streikführerrolle bei einem offensichtlich rechtswidrigen Arbeitskampf[113] oder „mobbt" einen Arbeitskollegen mit der Folge, dass der Arbeitgeber dafür haftet[114]. Eine Reinigungskraft reagiert außerhalb ihrer Arbeitszeit verfehlt auf das Notsignal eines wertvollen medizinischen Geräts (MRT) und verursacht einen von der Betriebsunterbrechungsversicherung nicht gedeckten Schaden in Höhe von fast 20.000 €.[115] 41

Rücksichtnahmepflichten können sich auch auf **Rechtsgüter, Rechte und Interessen Dritter** beziehen, insbesondere der Vertragspartner des Arbeitgebers, die ihre Rechtsgüter dem Arbeitgeber und damit seinen Arbeitnehmern anvertrauen. Jedoch ist dies nur eine mittelbar-faktische Einbeziehung. Der eigentliche rechtliche Schutz der Rücksichtnahmepflicht gilt dem Vermögen des Arbeitgebers vor etwaigen Haftungsansprüchen der durch Handlungen des Arbeitnehmers geschädigten Dritten. Eine echte drittschützende Wirkung der Rücksichtnahmepflicht besteht i.d.R. nicht, da das Arbeitsverhältnis grundsätzlich keine solche Wirkung entfaltet.[116] 42

---

110 Siehe RN 39. Zur Abgrenzung HWK/*Krause*, 11. Aufl., § 619a BGB Rn. 10.

111 MünchArbR/*Reichold*, 6. Aufl., § 54 Rn. 1, § 57 Rn. 1.

112 Vgl. BAG 26.9.2012 – 10 AZR 370/10 –, NZA 2013, 152; MünchArbR/*Reichold*, 6. Aufl., § 54 Rn. 59 ff.; *Meurer*, Die Zulässigkeit der Abwerbung von Mitarbeitern unter lauterkeits- und vertragsrechtlichen Gesichtspunkten, S. 193 ff.

113 *Otto*, Arbeitskampf- und Schlichtungsrecht, § 15 Rn. 33 ff. Dort auch zur Haftung wegen des Eingriffs in einen eingerichteten und ausgeübten Gewerbebetrieb (§ 823 Abs. 1 BGB).

114 Vgl. die Fallgestaltung in BAG 28.10.2010 – 8 AZR 546/09 –, AP § 611 BGB Mobbing Nr. 7 = NZA-RR 2011, 378.

115 BAG 28.10.2010 – 8 AZR 418/09 –, AP § 611 BGB Haftung des Arbeitnehmers Nr. 136 = NZA 2011, 345.

116 § 16 RN 3.

bb) Arbeitsvertragstypische Rücksichtnahmepflichten

43 Diverse Rücksichtnahmepflichten werden vom Gesetz besonders geregelt: Sozialversicherungsrechtliche Anzeigepflichten, Verschwiegenheitspflichten, Wettbewerbsverbote, das Verbot der Bestechlichkeit.

44 Zu nennen ist die Pflicht des Arbeitnehmers, der eine geringfügige, nach § 8 Abs. 1 SGB IV **sozialversicherungsfreie Beschäftigung** ausübt, dem Arbeitgeber das Bestehen eines zweiten geringfügigen Arbeitsverhältnisses anzuzeigen, soweit hierdurch die Sozialversicherungsfreiheit nach § 8 Abs. 2 SGB IV endet (§ 28o Abs. 1 SGB IV).[117] Dasselbe gilt beim Wegfall des Werkstudentenprivilegs i.S. von § 6 Abs. 1 Nr. 3 SGB V.[118] Der Arbeitgeber kann bei einer Verletzung der Mitteilungspflicht den Schaden geltend machen, der ihm durch die Nachentrichtung des Arbeitnehmeranteils am Gesamtsozialversicherungsbeitrag entstanden ist. § 28g S. 4 SGB IV erleichtert die Durchsetzung dieses Erstattungsanspruchs bei einer vorsätzlichen oder grob fahrlässigen Verletzung der Anzeigepflicht. Die nachzuentrichtenden Arbeitgeberanteile gehören dagegen nicht zu dem vom Arbeitnehmer zu ersetzenden Schaden, da der Arbeitgeber sie auch bei einer rechtzeitigen Anzeige der weiteren Beschäftigung hätte tragen müssen.[119] Ein deliktischer Anspruch ergibt sich auch nicht aus § 823 Abs. 2 BGB i.V. mit § 28o Abs. 1 SGB IV, da diese Vorschrift nicht den Arbeitgeber vor einer Beitragspflicht schützen, sondern nur die Voraussetzungen für eine ordnungsgemäße Abwicklung der gesetzlichen Beitragspflichten schaffen soll.[120] Eine Haftung hinsichtlich der Arbeitgeberanteile aus § 826 BGB bzw. – soweit eine Störung im Rahmen des Anbahnungsverhältnisses stattgefunden hat – aus einem Verschulden bei Vertragsschluss ist nur für den Fall zu befürworten, dass der Arbeitnehmer auf eine ausdrückliche Frage eine unzutreffende Antwort gegeben hat.[121] Darüber hinaus ist bei bestehendem Arbeitsverhältnis die Vereinbarung einer Anzeigepflicht möglich.[122]

45 Des Weiteren geht es um die Verletzung von **Verschwiegenheitspflichten.**[123] Hinsichtlich aller schutzwürdigen Belange des Arbeitgebers besteht gemäß §§ 241 Abs. 2, 242 BGB eine allgemeine Verschwiegenheitspflicht des Arbeitnehmers, deren Verletzung nach § 280 Abs. 1 BGB zum Schadensersatz verpflichtet.[124] Darüber hinaus macht sich der Arbeitnehmer nach § 23 GeschGehG durch den vorsätzlichen Verrat von Geschäftsgeheimnissen bzw. die unbefugte Verwertung von Vorlagen unter bestimmten

---

117 BAG 18.11.1988 – 8 AZR 12/86 –, AP § 611 BGB Doppelarbeitsverhältnis Nr. 3 = NZA 1989, 389.

118 LAG Berlin-Brandenburg 26.11.2010 – 6 Sa 1814/70 –, DB 2011, 244.

119 BAG 18.11.1988 – 8 AZR 12/86 –, AP § 611 BGB Doppelarbeitsverhältnis Nr. 3 m. krit Anm. *Gitter* = NZA 1989, 389; 27.4.1995 – 8 AZR 382/94 –, NZA 1995, 935.

120 BAG 27.4.1995 – 8 AZR 382/94 –, NZA 1995, 935.

121 Offengelassen von BAG 18.11.1988 – 8 AZR 12/86 –, AP § 611 BGB Doppelarbeitsverhältnis Nr. 3 = NZA 1989, 389; 27.4.1995 – 8 AZR 382/94 –, NZA 1995, 935.

122 Zutreffend *Gitter*, Anm. zu BAG AP § 611 BGB Doppelarbeitsverhältnis Nr. 3 unter 3.

123 Dazu mit vielen Details, auch zum „Whistleblowing“, MünchArbR/*Reichold*, 6. Aufl., § 54 Rn. 32 ff.

124 Vgl. nur *Krause*, AR-Blattei SD 220.2.1 Rn. 125, 153; *Schaub/Linck*, Arbeitsrechts-Handbuch, 20. Aufl., § 53 Rn. 46. Zur Schadensberechnung siehe BAG 24.6.1986 – 3 AZR 486/84 – AP § 611 BGB Betriebsgeheimnis Nr. 4 = NZA 1986, 781.

Voraussetzungen sogar strafbar.[125] In diesem Fall ist daher auch ein Anspruch aus § 823 Abs. 2 BGB sowie bei vorsätzlicher Schädigung aus § 826 BGB möglich.[126]

Ferner ist die Verletzung der **Pflicht zur Unterlassung von Wettbewerb** hervorzuheben. Soweit es um Verstöße während des bestehenden Arbeitsverhältnisses geht, ist bei kaufmännischen Angestellten ein Schadensersatzanspruch aus § 61 Abs. 1 HGB gegeben. Auch bei sonstigen Arbeitnehmern wendet das BAG §§ 60, 61 HGB analog an, sodass § 280 Abs. 1 BGB wegen der Verletzung der allgemeinen Rücksichtnahmepflicht (§ 241 Abs. 2 BGB) zurücktritt.[127] Außerdem ist der Erlös gemäß §§ 687 Abs. 2, 667 BGB herauszugeben;[128] hierzu gehört nicht die beim Wettbewerber bezogene Vergütung.[129] Nach der Beendigung des Arbeitsverhältnisses wird die Unterlassung von Wettbewerb bei allen Arbeitnehmern (§ 110 GewO) nur nach Maßgabe eines vereinbarten Wettbewerbsverbots gegen Karenzentschädigung geschuldet (§§ 74 bis 75f HGB). Die Rechtsprechung wendet auf dieses Rechtsverhältnis die §§ 320 ff. BGB an.[130] Bei einem schuldhaften Verstoß des Arbeitnehmers gegen seine Verpflichtung steht dem Arbeitgeber somit wegen des teilweisen Ausschlusses der Leistungspflicht (§ 275 Abs. 1 BGB) ein Anspruch aus §§ 280 Abs. 1 und 3, 283 BGB zu.[131] 46

Schließlich ist es einem Angestellten unter Strafandrohung verboten, sich im geschäftlichen Verkehr mit dem Ziel bestechen zu lassen, dass er einen anderen bei dem Bezug von Waren oder gewerblichen Leistungen im Wettbewerb in unlauterer Weise bevorzugt bzw. dabei seine Pflichten gegenüber dem Unternehmen verletzt (§ 299 Abs. 1 StGB). Zivilrechtlich entspricht dem eine **vertragliche Pflicht zur Unbestechlichkeit** und damit eine Haftung gem. §§ 280 Abs. 1, 241 Abs. 2 BGB.[132] Hinzu tritt eine Haftung gem. § 823 Abs. 2 BGB in Verbindung mit § 299 Abs. 1 StGB. Abgesehen davon kann der Arbeitgeber den Wert gemäß §§ 687 Abs. 2, 667 BGB abschöpfen.[133] 47

Die Haftung für die Verletzung von Rücksichtnahmepflichten wird nach den arbeitsrechtlichen Regeln abgeschwächt, wenn die Verletzung auf betrieblicher Tätigkeit beruht. Bei den zuletzt genannten Anzeige-, Verschwiegenheits-, Unterlassungspflichten wird es daran oft fehlen, da und soweit der Arbeitnehmer aus eigenwirtschaftlichen Gründen handelt.[134] Auch die Beweiserleichterung gem. § 619a BGB ist dann nicht anwendbar. 48

---

125 *Alexander*, in: Köhler/Bornkamm/Feddersen, UWG, 42. Aufl., § 23 GeschGehG Rn. 51, 79, 107 ff.; zur Haftung LAG Rheinland-Pfalz 24.5.2018 – 5 Sa 267/17 –, juris.

126 *Alexander*, in: Köhler/Bornkamm/Feddersen, UWG, 42. Aufl., § 10 GeschGehG Rn. 49.

127 BAG 26.9.2007 – 10 AZR 511/06 – Rn. 17, AP § 61 HGB Nr. 4 = NZA 2007, 1436; zust. MünchArbR/*Reichold*, 6. Aufl., § 54 Rn. 5 m.w.N.

128 BAG 16.6.1976 – 3 AZR 73/75 –, AP § 611 BGB Treuepflicht Nr. 8.

129 BAG 17.10.2012 – 10 AZR 809/11 –, NZA 2013, 207.

130 BAG 5.8.1968 – 3 AZR 128/67 –, AP § 74 HGB Nr. 24; 5.10.1982 – 3 AZR 451/80 –, AP § 74 HGB Nr. 42; ebenso *Staudinger/Schwarze*, BGB (2020), Vorbem. 44 zu §§ 320 – 326.

131 BAG 10.9.1985 – 3 AZR 490/83 –, AP § 74 HGB Nr. 49 = NZA 1986, 134.

132 MünchArbR/*Reichold*, 6. Aufl., § 54 Rn. 57.

133 BAG 26.2.1971 – 3 AZR 97/70 –, AP § 687 BGB Nr. 5.

134 Näher RN 13 und § 8 RN 6.

b) Vorvertragliche Rücksichtnahmepflichten (§ 311 Abs. 2, § 241 Abs. 2 BGB)

49 Ein Anspruch aus §§ 280 Abs. 1, 311 Abs. 2, 241 Abs. 2 BGB wegen **Verschuldens bei Vertragsverhandlungen** (culpa in contrahendo)[135] kann wegen der Verletzung der Rücksichtnahmepflicht gegeben sein, wenn ein Arbeitnehmer das Vertrauen des Arbeitgeber auf ein **wirksames Zustandekommen eines Arbeitsvertrages** hervorgerufen hat und anschließend ohne triftigen Grund den Abschluss verweigert bzw. über seinen Meinungswechsel nicht rechtzeitig informiert oder ein Wirksamkeitshindernis verursacht bzw. darüber nicht rechtzeitig informiert.[136] Ersatzfähig ist der Schaden, der dem Arbeitgeber dadurch entstanden ist, dass er auf den Abschluss des Vertrages vertraut hat.[137]

50 Die zweite Fallgruppe bildet die **Verletzung von Informationspflichten** i.S. von §§ 241 Abs. 2, 242 BGB. Der Arbeitnehmer hat während des Anbahnungsverhältnisses über **Umstände zu informieren, die für den Vertragswillen des Arbeitgebers wesentlich** sind und bezüglich derer der Arbeitnehmer einen Informationsvorsprung hat oder sich eines solchen gegenüber dem Arbeitgeber berühmt.[138] Ausgenommen sind solche Umstände, auf die der Arbeitgeber seine Entscheidung über den Abschluss des Arbeitsvertrages nicht stützen darf, wie insbes. die nach dem AGG inkriminierten Entscheidungskriterien (z.B. Schwangerschaft, Behinderung), ferner alle durch das Persönlichkeitsrecht des Arbeitnehmers geschützten Informationen, die für das Arbeitsverhältnis unerheblich sind und daher vom Arbeitnehmer verschwiegen werden dürfen.[139] Zu den aufklärungspflichtigen Tatsachen gehören insbesondere Umstände, die die Arbeitsleistung betreffen. So, wenn der Arbeitnehmer damit rechnen muss, infolge einer Krankheit oder des Fehlens eines gem. § 4a Abs. 5 Aufenthaltsgesetz erforderlichen Aufenthaltstitels oder einer demnächst anzutretenden Freiheitsstrafe[140] der Arbeitspflicht im Zeitpunkt der in Aussicht genommenen Arbeitsaufnahme nicht nachkommen zu können.[141] Neben der vorvertraglichen Haftung kann u.U. eine vertragliche Haftung in Frage kommen, die allerdings wegen der auf einen gegensätzlichen Endzustand zielenden Schadensersatzhypothese nur statt der vorvertraglichen Haftung geltend gemacht werden kann.[142]

51 Der Schadensersatzanspruch aus Verschulden bei Vertragsverhandlungen setzt außerdem voraus, dass dem Arbeitgeber durch die unterlassene Aufklärung ein **Scha-**

---

135 *Staudinger/Schwarze*, BGB (2019), § 280 Rn. B 10; *ders.*, Leistungsstörungen, 3. Aufl., § 31 Rn. 6.

136 *Staudinger/Feldmann*, BGB (2023), § 311a Rn. 73 ff.; MünchArbR/*Reichold*, 6. Aufl., § 43 Rn. 13.

137 BAG 7.6.1963 – 1 AZR 276/62 –, NJW 1963, 1843, 1844 (hier: Haftung des Arbeitgebers); ebenso OGH 22.3.2005–10 Ob 10/05a –, JBl. 2005, 716; siehe auch *Staudinger/Schwarze*, BGB (2019), § 280 Rn. E 29.

138 Vgl. *Schwarze*, Leistungsstörungen, 3. Aufl., § 33 Rn. 8 ff., 16 ff. m.w.N.

139 Vgl. *Schwarze*, Leistungsstörungen, 3. Aufl., § 33 Rn. 9.

140 Vgl. LAG Frankfurt/M. 7.8.1986 – 12 Sa 361/86 –, NZA 1987, 352: Anfechtung des Arbeitsvertrages gemäß § 123 BGB möglich.

141 Vgl. BAG 7.2.1964 – 1 AZR 251/63 –, AP § 276 BGB Verschulden bei Vertragsabschluß Nr. 6. Siehe auch LAG Berlin 18.4.1978 – 3 Sa 115/77 – Leits., BB 1979, 1145: Lohnzahlungsverlangen rechtsmissbräuchlich.

142 Insoweit schon zum früheren Recht nicht ganz überzeugend BAG 7.2.1964 – 1 AZR 251/63 –, AP § 276 BGB Verschulden bei Vertragsabschluß Nr. 6; 14.12.1967 – 5 AZR 74/67 –, AP § 1 AZO Nr. 2.

den entstanden ist. Hieran fehlt es nach Ansicht des BAG, wenn ein Arbeitnehmer unter Vortäuschung nicht vorhandener Fähigkeiten eine Anstellung erschleicht, der Arbeitgeber ihn trotz zwischenzeitlicher Kenntnis gleichwohl weiterbeschäftigt und nach der Beendigung des Arbeitsverhältnisses einen Teil des Gehaltes zurückverlangt.[143] Wenn ein Arbeitnehmer im Rahmen der Einstellung erklärt, er sei gesund, ihm dann aber aufgrund eines zuvor gestellten Antrages nach Beginn des Arbeitsverhältnisses eine Kur bewilligt wird, so soll es nach Auffassung des BAG im Hinblick auf die während dieser Zeit erbrachte Entgeltfortzahlung ebenfalls an einem Schaden fehlen.[144] Sofern es bereits zu einem Vertragsschluss gekommen ist, ist für einen Anspruch aus §§ 280 Abs. 1, 311 Abs. 2, 241 Abs. 2 BGB wegen einer späteren Verletzung von Informationspflichten kein Raum mehr.[145] Der fehlende Wille des Arbeitnehmers, den geschlossenen Arbeitsvertrag zu erfüllen, ist vielmehr als Vertragsbruch im Sinne der obigen Ausführungen zu bewerten.[146]

Ausnahmsweise kann es auch im vorvertraglichen Stadium zur Verletzung von 52
arbeitstypischen Rücksichtnahmepflichten kommen. So haftet ein Arbeitnehmer schon vor Vertragsschluss, wenn er anlässlich einer Bewerbung ein Fahrzeug des Arbeitgebers bei einer Probefahrt beschädigt.[147] In diesen Fällen ist auch an eine Haftungsprivilegierung und damit an die Anwendung des § 619a BGB über dessen Wortlaut hinaus statt des § 280 Abs. 1 S. 2 BGB mit der Folge zu denken, dass der Arbeitgeber für das Vertretenmüssen und den Verschuldensgrad darlegungs- und beweispflichtig ist.[148]

III. Darlegungs- und Beweislast

Der Schadensersatz begehrende **Arbeitgeber** hat nach der Grundregel der Beweis- 53
lastverteilung alle Voraussetzungen des Schadensersatzanspruchs darzulegen und zu beweisen. Im Fall der Haftung gem. §§ 280 ff. BGB[149] sind dies das Bestehen des Arbeitsverhältnisses, die Pflichtverletzung und deren haftungsbegründende und haftungsausfüllende Kausalität für den daraus resultierenden Schaden sowie dessen Umfang.[150] Für die Schätzung eines Schadens gemäß § 287 Abs. 1 ZPO bedarf es greifbarer Anhaltspunkte.[151]

143 BAG 6.6.1972 – 1 AZR 438/71 –, AP § 611 BGB Haftung des Arbeitnehmers Nr. 71.
144 BAG 27.3.1991 – 5 AZR 58/90 – unter 3, AP § 1 LohnFG Nr. 92 = NZA 1991, 895.
145 Insoweit zweifelhaft BAG 27.3.1991 – 5 AZR 58/90 –, AP § 1 LohnFG Nr. 92 = NZA 1991, 895.
146 RN 9.
147 BAG 24.1.1974 – 3 AZR 488/72 –, AP § 611 BGB Haftung des Arbeitnehmers Nr. 74.
148 MünchKommBGB/*Henssler*, 9. Aufl., § 619a Rn. 54. Siehe allg. RN 53 ff.
149 Zur deliktrechtlichen Haftung RN 58.
150 BAG 21.6.2012 – 2 AZR 694/11 – Rn. 49 ff., AP § 9 KSchG 1969 Nr. 68; vgl. auch *Staudinger/Schwarze*, BGB (2019), § 280 Rn. F 1 ff.; MünchArbR/*Reichold*, 6. Aufl., § 57 Rn. 13; MünchKommBGB/*Ernst*, 9. Aufl., § 280 Rn. 148 ff.; BeckOK/*Lorenz*, BGB (Stand: 05/2024), § 280 Rn. 78 ff.; *Gäntgen*, in: Baumgärtel/Laumen/Prütting, Handbuch der Beweislast, 5. Aufl., § 619a BGB Rn. 6.
151 BAG 26.9.2012 – 10 AZR 370/10 – Rn. 28, NZA 2013, 152.

54 Abweichend von der Grundregel trifft den Schuldner gemäß § 280 Abs. 1 S. 2 BGB grundsätzlich die Last, darzulegen und zu beweisen, dass er eine unstreitige oder vom Gläubiger bewiesene Pflichtverletzung nicht zu vertreten hat.[152] Der Arbeitgeber muss daher für die Geltendmachung des Schadensersatzanspruchs nicht einmal Tatsachen vortragen, aus denen das Vertretenmüssen des Arbeitnehmers folgt. Dies geht über eine Umkehr der Darlegungs- und Beweislast deutlich hinaus. Richtig betrachtet, begründet § 280 Abs. 1 S. 2 BGB sogar einen Haftungsausschlussgrund.[153]

55 Abweichend von § 280 Abs. 1 S. 2 BGB bleibt gem. **§ 619a BGB** der Arbeitgeber darlegungs- und beweisbelastet für das Vertretenmüssen.[154] Die Norm soll die bis zur Schuldrechtsmodernisierung von der Rechtsprechung praktizierte Beweislastverteilung zu Gunsten des Arbeitnehmers abweichend von § 280 Abs. 1 S. 2 BGB erhalten. Mit Blick auf diesen Zweck ist die Norm **einschränkend** dahin **auszulegen**, dass nur durch **betrieblich veranlasste Tätigkeit**[155] verursachte Pflichtverletzungen erfasst werden.[156] Den Arbeitgeber trifft die Darlegungs- und Beweislast auch für den Grad des Verschuldens, der für die arbeitsrechtliche Haftungsverteilung von entscheidender Bedeutung ist.[157] Zur (Un-)Abdingbarkeit des § 619a BGB s. § 13 RN 58 ff.

56 Der Arbeitnehmer muss – wiederum nach der Grundregel der Beweislast – die ihn begünstigende Tatsache der betrieblichen Veranlassung darlegen und beweisen.[158] Für die Beschränkung des § 619a BGB auf betriebliche Tätigkeit spricht auch, dass nicht betrieblich veranlasste Pflichtverletzungen der Sphäre des Arbeitnehmers zuzuordnen sind, der allein in der Lage ist, entlastende Umstände darzulegen und zu beweisen. Hier hat also gem. § 280 Abs. 1 S. 2 BGB der Arbeitnehmer sich zu entlasten.[159]

57 Dem Arbeitgeber können die Grundsätze der **abgestuften Darlegungs- und Beweislast** und der Anscheinsbeweis zugute kommen.[160] Zum ersten Aspekt hat das BAG

152 *Staudinger/Schwarze*, BGB (2019), § 280 Rn. D 1 und F 4; *Otto*, FS 50 Jahre BAG, S. 97, 106 f.

153 *Staudinger/Schwarze*, BGB (2019), § 280 Rn. D 4 f. m.w.N.

154 BAG 21.5.2015 – 8 AZR 116/14 – Rn. 25, NZA 2015, 1517.

155 Dazu bereits RN 30, näher § 8 RN 1 ff., 31; zu weit BAG 18.7.2006 – 1 AZR 578/05 – Rn. 14, NZA 2007, 462 („sämtliche Pflichtverletzungen"); zutr. *Staudinger/Fischinger*, BGB (2022), § 619a Rn. 20.

156 MünchKommBGB/*Henssler*, 9. Aufl., § 619a Rn. 55 f.; *Otto/Bieder*, Arbeitsrecht, 5. Aufl., Rn. 614; *Gotthardt*, Arbeitsrecht nach der Schuldrechtsreform, 2. Aufl., Rn. 197; *Henssler*, RdA 2002, 129, 132 f.; *Lieb/Jacobs*, Arbeitsrecht, 9. Aufl., Rn. 205; *Oetker*, BB 2002, 43, 44; *Schlodder*, Der Arbeitsvertrag im neuen Schuldrecht, S. 153 ff; *Zieglmeier*, JuS 2007, 701, 703; *Gäntgen*, in: Baumgärtel/Laumen/Prütting, Handbuch der Beweislast, 5. Aufl., § 619a BGB Rn. 4. Nur insoweit verfehlt BAG 18.07.2006 – 1 AZR 578/05 – Rn. 14, AP § 850 ZPO Nr. 15 = NZA 2007, 462 (vom Arbeitnehmer verursachte Lohnpfändung). Nicht problematisiert von BAG 21.6.2012 – 2 AZR 694/11 – Rn. 49 ff., AP § 9 KSchG 1969 Nr. 68, obgleich der Fall dazu Anlass gegeben hätte.

157 § 9 RN 42.

158 BAG 18.4.2002 – 8 AZR 348/01 – unter II 2 b dd, AP § 611 BGB Haftung des Arbeitnehmers Nr. 122 = NZA 2003, 378.

159 *Kraft*, NZA 1989, 777, 779; *Stoffels*, Vertragsbruch, S. 51.

160 BAG 21.6.2012 – 2 AZR 694/11 – Rn. 52 ff., AP § 9 KSchG 1969 Nr. 68; MünchKommBGB/*Henssler*, 9. Aufl., § 619a Rn. 58 f.; LAG Rheinland-Pfalz 30.11.2016 – 7 Sa 96/16 – Rn. 35, juris; *Gäntgen*, in: Baumgärtel/Laumen/Prütting, Handbuch der Beweislast, 5. Aufl., § 619a BGB Rn. 7 f.; § 9 RN 41.

ausgeführt, dass sich der Arbeitnehmer zu den konkreten Umständen eines Schadensfalls erklären müsse. An die Darlegungslast des Arbeitgebers dürften keine allzu hohen Anforderungen gestellt werden, wenn das schädigende Ereignis näher am Arbeitnehmer als am Arbeitgeber gelegen habe. Nur dann hätte für den Arbeitgeber die Möglichkeit bestanden, darzulegen und ggf. zu beweisen, dass und ggf. mit welchem Grad der Fahrlässigkeit der Arbeitnehmer gehandelt habe.[161]

IV. Deliktische Haftung

Den Arbeitnehmer kann eine allgemeine deliktsrechtliche (§§ 823 ff. BGB) oder spe- 58
zialgesetzliche Haftung sowohl im Verhältnis zum Arbeitgeber als auch zu außerhalb des Arbeitsverhältnisses stehenden Dritten treffen. Praktisch wird dies im Zusammenhang mit der Arbeitsleistung auf zweifache Weise: (1) Sofern der Arbeitnehmer durch eine Schlechtleistung ein Schutzgut i.S. des § 823 Abs. 1 BGB oder ein Schutzgesetz i.S. des § 823 Abs. 2 BGB (z. B. §§ 242, 246, 266, 299 StGB, § 23 GeschGehG) verletzt hat, besteht neben dem vertraglichen zugleich ein deliktischer Schadensersatzanspruch.[162] (2) Ferner kann den Arbeitnehmer im Zusammenhang mit seiner Tätigkeit eine Verkehrssicherungspflicht treffen, die zur Haftung nach § 823 Abs. 1 BGB führen kann. Da dies vor allem die Haftung gegenüber außenstehenden Dritten betrifft, wird das Problem im Kontext der Außenhaftung erörtert.[163] Weiterhin kommt eine Haftung aus § 823 Abs. 1 BGB bei einem Eingriff in den eingerichteten und ausgeübten Gewerbetrieb und aus § 826 BGB bei einer gegen die guten Sitten verstoßenden vorsätzlichen Schädigung in Betracht.[164] Da die deliktsrechtliche Haftung im Verhältnis zum Arbeitgeber von der latent strengeren vertraglichen Haftung praktisch überlagert wird, wird sie hier nicht detailliert erörtert. Die arbeitsrechtliche **Haftungsprivilegierung gilt für die deliktsrechtliche Haftung gegenüber dem Arbeitgeber**, sofern das Delikt im Rahmen betrieblich veranlasster Tätigkeit[165] begangen worden ist.[166] Da der geschädigte Arbeitgeber im Deliktsrecht ohnehin das Verschulden des „Täters" darlegen und beweisen muss, ist für § 619a BGB kein Anwendungsbedarf zu erkennen. Soweit aufgrund richterrechtlicher oder spezialgesetzlicher Regeln der Schädiger sich zu entlasten haben sollte, ist grundsätzlich § 619a BGB im Verhältnis zum Arbeitgeber entsprechend heranzuziehen. Das gilt auch dann, wenn die Haftung des Arbeitgebers

161 BAG 28.10.2010 – 8 AZR 647/09 – Rn. 51, AP § 611 BGB Haftung des Arbeitgebers Nr. 43 = NZA 2011, 406, unter Hinweis auf BAG 17.9.1998 – 8 AZR 175/97 – Leits. 3, AP § 611 BGB Mankohaftung Nr. 2 = NZA 1999, 141, und 2.10.1999 – unter III 2 b, AP § 611 BGB Mankohaftung Nr. 3 = NZA 2000, 715.

162 Zur vertraglichen Haftung des Arbeitnehmers RN 39.

163 § 16 RN 2 ff.

164 Vgl. die Übersicht von *Straub*, FS Jobst-Hubertus Bauer (2010), S. 1009 ff.

165 Zum Begriff § 8 RN 1 ff.

166 Allgemeine Meinung. So bereits BAG 12.5.1960 – 2 AZR 78/58 –, AP § 611 BGB Haftung des Arbeitnehmers Nr. 16; 30.8.1966 – 1 AZR 456/65 – Leits. b), NJW 1967, 269; HWK/*Krause*, 11. Aufl., § 619a BGB Rn. 10.

gegenüber dem vom Arbeitnehmer geschädigten Dritten von besonderen Beweisregeln geprägt ist, wie insbes. bei der Haftung für **medizinische Behandlungsfehler** gemäß § 630h BGB.[167] Möglich bleibt eine Beweiserleichterung nach den Regeln der abgestuften Darlegungs- und Beweislast.[168] Die **Haftung gegenüber** außerhalb des Arbeitsverhältnisses **stehenden Dritten** bleibt grundsätzlich **in vollem Umfang** bestehen;[169] bei Personenschäden des Arbeitgebers oder von Arbeitskollegen wird die bürgerlichrechtliche/arbeitsrechtliche Haftung durch den unfallversicherungsrechtlichen Schadensausgleich ersetzt.[170]

59 Sofern der Arbeitnehmer durch eine **Schlechtleistung** ein Schutzgut i.S. des § 823 Abs. 1 BGB oder ein Schutzgesetz i.S. des § 823 Abs. 2 BGB verletzt hat, besteht i.d.R. neben dem vertraglichen zugleich ein deliktischer Schadensersatzanspruch.[171] Die arbeitsrechtliche Haftungsprivilegierung gilt auch hier.

V. Durchsetzung von Schadensersatzansprüchen

60 Die Durchsetzung von Schadensersatzansprüchen **im gerichtlichen Verfahren kann ausnahmsweise erleichtert** sein. So können Detektivkosten unter Umständen im Kostenfestsetzungsverfahren geltend gemacht werden, wenn sie unmittelbar der prozessualen Vorbereitung dienen.[172] Anderenfalls bedarf es für den materiellrechtlichen Kostenerstattungsanspruch der Zahlungsklage.[173] Mit der Klage auf Vornahme einer geschuldeten Handlung innerhalb einer Frist kann der Antrag auf eine vom Arbeitsgericht nach billigem Ermessen festzusetzende Entschädigung verbunden werden (§ 61 Abs. 2 ArbGG).[174] Vor allem kann für den Arbeitgeber ein – auch nur deklaratorisches – Schuldanerkenntnis (§ 781 BGB) nützlich sein, weil es dem Arbeitnehmer solche Einwendungen nimmt, die er bei Abgabe des Anerkenntnisses kannte oder mit denen er zumindest rechnete.[175] Sittenwidrig ist ein solches Anerkenntnis nur bei einem auffälligen Missverhältnis zwischen Leistung und Gegenleistung. Dafür ist nach Ansicht des BAG nicht die Beweisbarkeit des zwischen den Parteien geregelten Schadens maßgeblich, sondern die Art und Weise, wie die Parteien bei Abgabe des Anerkenntnisses auf den festgehaltenen Schadensbetrag gekommen sind. Auch eine Anfechtung wegen widerrechtlicher Drohung (§ 123 BGB) nach einer Strafanzeige wegen zugegebener Unterschlagungen ist auszuschließen. Ein solches Anerkenntnis schließt in der Regel auch

167 Siehe etwa BGH 6.10.2009 – VI ZR 24/09 – Rn. 12, NJW-RR 2010, 831.
168 RN 57.
169 Dazu § 16 RN 1ff., 20 und zu Ausnahmen § 18 RN 1ff.
170 § 25 RN 1ff.
171 Zur vertraglichen Haftung des Arbeitnehmers RN 39.
172 BAG 28.5.2009 – 8 AZR 226/08 –, AP § 611 BGB Haftung des Arbeitnehmers Nr. 133 = NZA 2009, 1300.
173 BAG 28.10.2010 – 8 AZR 547/09 –, AP § 611 BGB Haftung des Arbeitnehmers Nr. 135 = NZA-RR 2011, 231.
174 MünchArbR/*Reichold*, 6. Aufl., § 42 Rn. 11.
175 BAG 22.7.2010 – 8 AZR 144/09 –, § 611 BGB Haftung des Arbeitnehmers Nr. 134 = NZA 2011, 743.

die Berufung auf eine Ausschlussfrist durch den Arbeitnehmer selbst im Fall der Anfechtung aus.[176]

61 Praktische Bedeutung haben die **zeitlichen Grenzen**, die der Verfolgung von Schadensersatzansprüchen durch **Verjährung** und **Ausschlussfristen** gesetzt sind.

1. Verjährung

62 Für Schadensersatzansprüche auf der Grundlage von § 280 BGB ist ebenso wie für deliktische Ansprüche grundsätzlich die **Regelverjährungsfrist der §§ 195, 199 BGB von drei Jahren** maßgeblich. Der Beginn der Verjährungsfrist mit dem Schluss des Jahres hängt gemäß § 199 Abs. 1 BGB von der Entstehung des Anspruchs sowie der Kenntnis bzw. der grob fahrlässigen Unkenntnis des Gläubigers von den anspruchsbegründenden Tatsachen und der Person des Schuldners ab. Hinsichtlich der Kenntnis greift der BGH auf seine Rechtsprechung zu § 852 Abs. 1 BGB a.F. zurück. Danach liegt die erforderliche Kenntnis vom Schaden und der Person des Ersatzpflichtigen im Allgemeinen vor, wenn dem Geschädigten die Erhebung der Schadensersatzklage, sei es auch nur als Feststellungsklage, Erfolg versprechend, wenn auch nicht risikolos möglich ist.[177]

63 Unter der **Entstehung des Anspruchs im verjährungsrechtlichen Sinn** ist der Zeitpunkt zu verstehen, in dem dieser erstmals vom Gläubiger geltend gemacht und notfalls im Wege der Klage durchgesetzt werden kann, was insbesondere grundsätzlich seine Fälligkeit gemäß § 271 BGB voraussetzt.[178] Dies kann zu einem Abstimmungsproblem mit einem etwaigen Freistellungsanspruch des Arbeitnehmers führen.[179] Hinsichtlich der hier zu behandelnden einzelnen Schadensersatzansprüche ist wie folgt zu differenzieren:

64 Der **Schadensersatzanspruch des Arbeitgebers gemäß § 280 Abs. 1 BGB** bzw. des Arbeitgebers, aber auch eines Dritten[180] aus **Delikt** entsteht regelmäßig mit dem *Eintritt des Schadens.* Dies gilt ebenfalls bei einem Anspruch aus einem Verschulden bei Vertragsschluss (§ 311 Abs. 2 und 3 BGB).[181] Treten infolge der Pflichtverletzung mehrere Teilschäden ein, so ist bereits der erste Schaden entscheidend.[182]

176 BAG 10.10.2002 – 8 AZR 8/02 –, AP § 4 TVG Ausschlussfristen Nr. 169 = NZA 2003, 329.

177 BGH 9.11.2007 – V ZR 25/07 –, NJW 2008, 506, 507; 27.5.2008 – XI ZR 132/07 –, NJW-RR 2008, 1495, 1497 f. Vgl. auch BAG 28.4.2011 – 8 AZR 769/09 – Rn. 26 f., AP § 104 SGB VII Nr. 6 = NZA-RR 2012, 290: Haftung des Arbeitgebers, Schadenswahrscheinlichkeit genügt. Vorbehalte gegen Zulässigkeit einer Feststellungsklage bei der privilegierten Arbeitnehmerhaftung wegen der notwendigen Gesamtabwägung äußert LAG Köln 22.4.2004 – 2 Sa 491/04 –, AR-Blattei ES 870 Nr. 140.

178 BGH 19.12.1990 – VIII ARZ 5/90 –, BGHZ 113, 188, 193; 8.7.2008 – XI ZR 230/07 – Rn. 17, NJW-RR 2009, 378; *Grüneberg/Ellenberger*, BGB, 83. Aufl., § 199 Rn. 3; *Stöber*, ZGS 2005, 290, 293.

179 § 16 RN 42; vgl. dazu *Löwisch*, FS Wiedemann (2002), S. 311, 313 f.

180 § 16 RN 1 ff.

181 Siehe dazu BeckOK/*Lorenz*, BGB (Stand: 05/2024), § 280 Rn. 75 ff.

182 MünchKommBGB/*Ernst*, 9. Aufl., § 280 Rn. 50; *Grüneberg/Ellenberger*, BGB, 83. Aufl., § 199 Rn. 14.

65 Im Ausgangspunkt trifft dasselbe auch auf **Schadensersatzansprüche statt der Leistung** gemäß §§ 280 Abs. 1 und 3, 281 bis 283 BGB zu. Im Fall des § 283 BGB entsteht der Anspruch mit Eintritt der nachträglichen Unmöglichkeit oder der wirksamen Erhebung der Einreden i.S. von § 275 Abs. 2 und 3 BGB;[183] denn hier kommt weder eine Fristsetzung noch eine Wahl zwischen Erfüllung oder Schadensersatz in Betracht.[184] Die vom Schuldner durch sein Leistungsverhalten zu beeinflussenden Voraussetzungen für die Entstehung des Schadensersatzanspruchs statt der Leistung gemäß § 281 BGB liegen demgegenüber grundsätzlich erst mit *Ablauf der Nachfrist* vor,[185] früher nur bei Entbehrlichkeit der Fristsetzung gemäß § 281 Abs. 2 BGB. Lässt man den Schadensersatzanspruch erst mit *Zugang des Schadensverlangens* (§ 281 Abs. 4 BGB) entstehen,[186] würde die Verjährung an sich erst zu diesem Zeitpunkt beginnen. Verjährungsrechtlich sollte es jedoch nicht auf das Verlangen von Schadensersatz ankommen, selbst wenn anzuerkennen ist, dass der Gläubiger seinen Anspruch erst danach einklagen kann. Denn dann könnte der Gläubiger allein den Beginn der Verjährung steuern.[187]

66 Beim **Verzögerungsschaden** gemäß §§ 280 Abs. 1 und 2, 286 BGB setzt die Anspruchsentstehung grundsätzlich die verzugsbegründende Mahnung voraus, es sei denn, diese ist aus den in § 286 Abs. 2 BGB genannten Gründen ausnahmsweise entbehrlich.[188] Nur in der zuletzt genannten Konstellation kann der Eintritt eines Verzögerungsschadens mit der Fälligkeit des primären Anspruchs zeitlich zusammenfallen.

67 Diese Grundsätze zur Regelverjährung werden durch die von der Kenntnis des Gläubigers unabhängigen **Maximalfristen** in **§ 199 Abs. 2 und 3 BGB** ergänzt, die nach dem von der Pflichtverletzung betroffenen Rechtsgut, Recht oder sonstigen Interessen unterscheiden: Hat der Schuldner das Leben, den Körper, die Gesundheit oder die Freiheit des Gläubigers verletzt, so verjähren die daraus resultierenden Schadensersatzansprüche ohne Rücksicht auf ihre Entstehung oder die Kenntnis des Gläubigers gemäß **§ 199 Abs. 2 BGB** erst nach **30 Jahren** von der Begehung der Pflichtverletzung an. Für Schäden an anderen als den in Abs. 2 genannten Rechtsgütern gilt **§ 199 Abs. 3 BGB**, der zwei Höchstfristen nebeneinander stellt. Die Ansprüche sollen unabhängig von der Kenntnis des Schuldners in **zehn Jahren nach ihrer Entstehung** oder in **30 Jahren von der Begehung der Pflichtverletzung** an verjähren. Nach § 199 Abs. 3 S. 2 BGB ist die

---

183 Siehe auch *Staudinger/Schwarze*, BGB (2019), § 283 Rn. 56.

184 *Stöber*, ZGS 2005, 290, 294.

185 A.A. *Grüneberg/Ellenberger*, BGB, 83. Aufl., § 199 Rn. 15, unter Hinweis auf die Gefahr einer willkürlichen Manipulation durch verspätete Nachfristsetzung des Gläubigers.

186 So *Staudinger/Schwarze*, BGB (2019), § 281 Rn. G 1, § 282 Rn. 56; siehe dazu *Staudinger/Schwarze*, BGB (2019), § 280 Rn. E 11.

187 So die Besorgnis von MünchKommBGB/*Ernst*, 9. Aufl., § 281 Rn. 185. Die Möglichkeit des Schuldners, dem Gläubiger eine Frist zur Ausübung der Schadensersatzbefugnis zu setzen (dazu *Staudinger/Schwarze*, BGB [2019], § 281 Rn. D 6), bedeutet für die Betroffenen jedenfalls solange zu viel Unsicherheit, als sich die Rechtsprechung nicht eindeutig zu dem späteren Verjährungsbeginn bekannt hat.

188 MünchKommBGB/*Ernst*, 9. Aufl., § 280 Rn. 50.

„früher endende Frist“ maßgeblich. Im Regelfall dürfte die zehnjährige Verjährungsfrist eingreifen.

Diese Verjährungsregeln sind ebenfalls heranzuziehen, wenn es um den Ersatz von **Schäden an Sachen** geht, die dem Arbeitnehmer im Rahmen des Arbeitsverhältnisses zum Gebrauch überlassen worden sind, weil solche Gebrauchsüberlassungen im Verhältnis zu den arbeitsvertraglichen Hauptpflichten nur eine sekundäre Bedeutung haben. Das BAG hat es demgemäß abgelehnt, die Vorschriften über die **sechsmonatige Verjährung** nach **§ 548 BGB** und **§ 606 BGB** auf einen Schadensersatzanspruch wegen der schuldhaften Beschädigung eines (auch) zum privaten Gebrauch überlassenen Firmenwagens anzuwenden.[189] Die kurze Verjährung des § 61 Abs. 2 HGB gilt nur für die Fälle, in denen der Schaden des Arbeitgebers auf einem verbotswidrigen Auftreten des Arbeitnehmers als Wettbewerber beruht. Für sonstige Pflichtwidrigkeiten verbleibt es bei den allgemeinen Regeln.[190] 68

2. Ausschlussfristen

Eine gegenüber der Verjährung erheblich größere Bedeutung für die betriebliche Praxis haben **vertragliche, betriebliche** und vor allem **tarifliche Ausschlussfristen**,[191] bei deren Eingreifen der von ihnen erfasste Anspruch – anders als bei der Verjährung (§ 214 Abs. 1 BGB) – regelmäßig erlischt.[192] Ausschlussfristen sind deshalb von Amts wegen zu berücksichtigen.[193] Die Voraussetzungen, die der Arbeitgeber erfüllen muss, wenn er mit Schadensersatzansprüchen gegen Arbeitnehmer nicht ausgeschlossen werden will, hängen von der jeweiligen Ausgestaltung der Klausel ab. Wird die schriftliche Geltendmachung vorausgesetzt, genügt die Textform i.S. des § 126b BGB.[194] Insbesondere kommt es darauf an, ob es sich um eine einstufige oder zweistufige Ausschlussfrist handelt.[195] Bei der Heranziehung der nicht ganz einheitlichen Rechtsprechung ist also stets zu berücksichtigen, welche Fassung die jeweils anwendbare Ausschlussklausel hat. 69

189 BAG 11.4.1984 – 7 AZR 115/81 –, AP § 611 BGB Haftung des Arbeitnehmers Nr. 85 = NZA 1984, 353. Anders LAG Baden-Württemberg 3.2.1978 – 7 Sa 150/77 –, DB 1978, 703.

190 BAG 11.8.1987 – 8 AZR 609/84 –, AP § 611 BGB Haftung des Arbeitnehmers Nr. 90 = NZA 1988, 200.

191 Grundsätzlich zu den Ausschlussfristen *Krause*, RdA 2004, 36 ff. und 106 ff.; *Däubler/Zwanziger/Yalçin*, TVG, 5. Aufl., § 4 Rn. 1023 ff.; ErfK/*Preis*, 25. Aufl., § 218 BGB Rn. 1 ff.; *Fitting*, BetrVG, 32. Aufl., § 77 Rn. 234 f.; *Löwisch/Rieble*, TVG, 4. Aufl., § 1 Rn. 1877 ff.; *Brecht-Heitzmann*, in: *Kempen/Zachert*, TVG, 5. Aufl., § 4 Rn. 607 ff.; *Wiedemann/Bayreuther*, TVG, 9. Aufl., § 4 Rn. 450 ff. Beispiele für Klauseln mit kritischer Würdigung *Preis/Greiner*, Der Arbeitsvertrag, 6. Aufl., II A 150 Rn. 53 ff.

192 Zur Wirkung von Ausschlussfristen BAG 23.1.2002 – 4 AZR 56/01 – unter 4 b cc, AP § 2 NachwG Nr. 5 = NZA 2002, 800; *Brecht-Heitzmann*, in: Kempen/Zachert, TVG, 5. Aufl., § 4 Rn. 608 f.; *Löwisch/Rieble*, TVG, 4. Aufl., § 1 Rn. 2077; *Wiedemann/Bayreuther*, TVG, 9. Aufl., § 4 Rn. 456 ff.; *Krause*, RdA 2004, 36, 38 f.

193 BAG 14.12.2006 – 8 AZR 628/05 – Rn. 33, AP § 618 BGB Nr. 28 = NZA 2007, 262; *Krause*, RdA 2004, 36, 39.

194 BAG 7.7.2010 – 4 AZR 549/08 – Rn. 88 ff., AP Art. 9 GG Nr. 140 = NZA 2010, 1068.

195 Dazu *Löwisch/Rieble*, 4. Aufl., TVG, § 1 Rn. 1879. Die Zulässigkeit zweistufiger Fristen mit einem Klagegebot in AGB ist strittig. Für die Zulässigkeit BAG 25.5.2005 – 5 AZR 572/04 – unter IV 5, AP § 310 BGB Nr. 1 = NZA 2005, 1111 – RdA 2006, 101 mit hinsichtlich der geforderten dreimonatigen Klagefrist krit. Anm. *Jacobs/Naber*; *Klumpp*, in: Clemenz/Kreft/Krause, AGB Arbeitsrecht, 3. Aufl., § 307 Rn. 122, 124; abl. *Däubler*,

a) Kontrollintensität

70 Das gilt erst recht, seit im Zuge der Schuldrechtsreform auch Allgemeine Arbeitsbedingungen gemäß den §§ 305 ff. BGB, wenn auch mit Modifikationen durch § 310 Abs. 4 BGB, der AGB-Kontrolle unterworfen sind.[196] Anlass für diesen gesetzgeberischen Schritt war u. a. die aus der Sicht des Gesetzgebers allzu großzügige Zulassung von beiderseitigen, aber sehr kurzen, zweistufigen Ausschlussfristen in der seinerzeitigen Rechtsprechung des BAG (u. a. wurde für zulässig gehalten die Vereinbarung einer Frist von lediglich einem Monat nach Fälligkeit eines Anspruchs und einer weiteren Frist von einem Monat für die gerichtliche Geltendmachung bei Ablehnung des Anspruchs oder Nichtäußerung binnen zweier Wochen).[197] Nach jetziger Rechtsprechung muss die **Dauer der Frist** in **vorformulierten Arbeitsverträgen** bei einer alle Ansprüche umfassenden Ausschlussfrist **mindestens drei Monate** (ggf. – bei zweistufigen Fristen – für beide Stufen) betragen[198] und beide Seiten betreffen.[199] Noch nicht entschieden ist, ob diese Maßgaben auch für eine generelle oder punktuelle Bezugnahme auf einen Tarifvertrag gelten.[200]

71 Im Falle einer **normativ geltenden tariflichen Regelung** (§§ 3, 4 TVG), die nicht der AGB-Kontrolle oder einer sonstigen Angemessenheitsprüfung unterliegt, sondern nur auf die Einhaltung höherern Rechts und ggf. auf Rechtsmissbrauch überprüft werden kann,[201] hält das BAG eine **Frist von zwei Monaten** für zulässig.[202] Ausschlussfristen von lediglich einem Monat,[203] insbesondere während eines bestehenden Arbeitsverhältnisses,[204] erscheinen dagegen nicht mehr unbedenklich.[205] Sie kommen allerdings

---

in: Däubler/Deinert/Walser, AGB-Kontrolle im Arbeitsrecht, 5. Aufl., § 309 Nr. 13 BGB Rn. 6 mit zahlreichen Nachw.

196 Vgl. die Gegenäußerung der Bundesregierung, BT-Drucks. 14/6857, Anl. 3 zu Nr. 50. Zu den Ausschlussfristen *Deinert*, in: Däubler/Deinert/Walser, AGB-Kontrolle im Arbeitsrecht, 5. Aufl., § 310 BGB Rn. 93 ff.; *Klumpp*, in: Clemenz/Kreft/Krause, AGB Arbeitsrecht, 3. Aufl., § 307 Rn. 122 ff.; *Preis/Greiner*, Der Arbeitsvertrag, 6. Aufl., II A 150 Rn. 9 ff.

197 BAG 13.12.2000 – 10 AZR 168/00 –, AP § 241 BGB Nr. 2 = NZA 2001, 723.

198 BAG 28.9.2005 – 5 AZR 52/05 – Rn. 34 ff., AP § 307 BGB Nr. 7 = NZA 2006, 149; 16.5.2012 – 5 AZR 251/11 – Rn. 35, NZA 2012, 971; *Klumpp*, in: Clemenz/Kreft/Krause, AGB Arbeitsrecht, 3. Aufl., § 307 Rn. 125 ff.

199 BAG 31.8.2005 – 5 AZR 545/04 – unter I 5 b dd, AP § 6 ArbZG Nr. 8 mit zust. Anm. *Krause* = NZA 2006, 324. Anders für tarifliche Klauseln *Krause*, RdA 2004, 36, 46 m.w.N.

200 BAG 18.8.2011 – 8 AZR 187/10 – Rn. 37, NJOZ 2012, 697. Bei punktueller Bezugnahme sollte man dies ausschließen, bei genereller Bezugnahme auf einen einschlägigen Tarifvertrag bejahen (vgl. *Krause*, RdA 2004, 36, 40 m.w.N.; *Deinert*, in: Däubler/Deinert/Walser, AGB-Kontrolle im Arbeitsrecht, 5. Aufl., § 310 BGB Rn. 97 mit Bedenken gegen die geringere Kontrollintensität).

201 BAG 18.8.2011 – 8 AZR 187/10 – Rn. 45 ff., NJOZ 2012, 697; vgl. auch *Löwisch/Rieble*, TVG, 4. Aufl., § 1 Rn. 1884 ff.

202 BAG 13.12.2011 – 9 AZR 399/10 – Rn. 27, AP § 7 BurlG Abgeltung Nr. 93 = NZA 2012, 514. Ebenso schon BAG 22.9.1999 – 10 AZR 839/98 –, AP § 1 TVG Tarifverträge: Bau Nr. 226 = NZA 2000, 551.

203 § 24 MTV Speditionsgewerbe Bayern i. d. F. vom 4.2.2009 mit Ausnahme der Ansprüche aus unerlaubter Handlung; § 22 MTV Stahlindustrie Nordwestdeutschland i.d.F vom 6.12.2006; § 17 Nr. 5 MTV Chemische Industrie i. d. F. vom 16.4.2008 nimmt Schadensersatzansprüche aus.

204 § 10 MTV Zeitarbeit (iGZ) i. d. F. v. 30.04.2012.

205 Anders *Krause*, RdA 2004, 106, 111.

kaum noch vor. Gegen eine nur die Arbeitnehmerseite begünstigende derart kurze Ausschlussfrist bestünden Bedenken, wenn sie dem Arbeitgeber durch einen Verbandstarif oktroyiert würde. Praktisch wird dies aber äußerst selten sein, da die Arbeitgeberseite eher mit Forderungen der Arbeitnehmer rechnen muss als umgekehrt. Eine partielle Aufrechterhaltung einer für beide Seiten geltenden, rechtswidrigen Fristregelung nur zu Gunsten des Arbeitnehmers (d.h. für Ansprüche des Arbeitgebers gegen ihn) kommt nicht in Betracht.

Inhaltlich ist zu prüfen, welche Ansprüche die Ausschlussfrist überhaupt erfassen 72
soll. Ist lediglich von „Ansprüchen aus diesem Tarifvertrag" die Rede, werden vertragliche und gesetzliche Schadensersatzansprüche nicht erfasst.[206] Eine „alle Ansprüche aus dem Arbeitsverhältnis" erfassende Ausschlussfrist gilt auch für die deliktischen Haftungsansprüche des Arbeitnehmers unter Einschluss von Ansprüchen für Persönlichkeitsverletzungen,[207] jedoch nicht für Ansprüche aus der Verletzung von Leben, Körper oder Gesundheit (§ 309 Nr. 7 Buchst. a BGB)[208]. Eine in AGB geregelte Ausschlussfrist ist dahin auszulegen, dass sie **vorsätzliche Pflichtverletzungen bzw. Rechtsgutsverletzungen** nicht erfassen soll, andernfalls sie unwirksam wäre (§ 202 Abs. 1 BGB, § 276 Abs. 3 BGB).[209] Bei einer tariflichen Ausschlussfrist kann dies anders sein,[210] auch wenn § 202 Abs. 1 BGB dies für **Rechtsgeschäfte** ausschließt. Während für die Dauer der Frist die Linie der Rechtsprechung für Rechte aus **Betriebsvereinbarungen** (§ 77 Abs. 4 S. 4 BetrVG) übernommen werden sollte,[211] wäre dies bei einer Erstreckung auf vorsätzliche Handlungen sehr bedenklich. Dies gilt erst recht für Ausschlussfristen in freiwilligen Betriebsvereinbarungen (§ 88 BetrVG), die zu einer Verkürzung von individualrechtlichen Ansprüchen führen.[212] Betriebsvereinbarungen unterliegen auch nach Ansicht des BAG jedenfalls einer strengeren Kontrolle als tarifliche Ausschlussfristen und müssen dem Grundsatz der Verhältnismäßigkeit genügen.[213]

206 BAG 15.11.2001 – 8 AZR 95/01 – unter II 6, AP § 611 BGB Haftung des Arbeitnehmers Nr. 121 = NZA 2002, 612.

207 BAG 16.5.2007 – 8 AZR 709/06 – Rn. 49, AP § 611 BGB Mobbing Nr. 5 = NZA 2007, 1154.

208 BAG 25.5.2005 – 5 AZR 572/04 – unter IV 6, AP § 310 BGB Nr. 1 = NZA 2005, 1111; *Schlewing*, in: Clemenz/Kreft/Krause, AGB Arbeitsrecht, 3. Aufl., § 309 Rn. 105 ff.

209 BAG 20.6.2013 – 8 AZR 280/12 –, NZA 2013, 1265, 1267.

210 BAG 18.8.2011 – 8 AZR 187/10 – NJOZ 2012, 697; offen gelassen für vertragliche Inbezugnahme tariflicher Regelungen von BAG 20.6.2013 – 8 AZR 280/12 – Rn. 24, NZA 2013, 1265; abl. *Krause*, RdA 2004, 36, 45 f.

211 ErfK/*Preis*, 25. Aufl., § 218 BGB Rn. 10; *Löwisch/Kaiser/Klumpp/Dahm*, BetrVG, 8. Aufl., § 77 Rn. 42.

212 Offengelassen von BAG 12.12.2006 – 1 AZR 96/06 – Rn. 26, AP § 77 BetrVG 1972 Nr. 94 = NZA 2007, 453; restriktiv *Richardi/Richardi/Picker*, BetrVG, 17. Aufl., § 77 Rn. 204; abl. *Kreutz*, in: GK-BetrVG, 12. Aufl., § 77 Rn. 374 m.w.N. Siehe auch *Krause*, RdA 2004, 36, 42 m.w.N.

213 BAG 12.12.2006 – 1 AZR 96/06 – Rn. 22 ff., AP § 77 BetrVG 1972 Nr. 94 = NZA 2007, 453.

b) Ansprüche auf Ersatz eigener Schäden des Arbeitgebers

73 Soweit die Ausschlussfrist – wie zumeist – an die Fälligkeit des Anspruchs anknüpft, beginnt die Frist nach der Definition der Fälligkeit durch das BAG nicht schon mit der objektiven Entstehung des Schadens. Diese soll entgegen § 271 BGB bei Schadensersatzansprüchen vielmehr erst eintreten, wenn der Schaden für den Gläubiger feststellbar ist, also sobald der Gläubiger vom Schadensereignis Kenntnis erlangt oder bei Beachtung der gebotenen Sorgfalt hätte erlangen können.[214] Darüber hinaus müsse der Gläubiger in der Lage sein, sich den erforderlichen Überblick ohne schuldhaftes Zögern zu verschaffen und seine Forderungen wenigstens annähernd zu beziffern. Bei mehreren Ansprüchen bedürfe es bezüglich jedes einzelnen Begehrens einer hinreichenden Bezifferung.[215] Denn der Schuldner müsse erkennen können, aus welchem Sachverhalt und in welcher ungefähren Höhe er in Anspruch genommen werden soll.[216] Bei der Inanspruchnahme eines Arbeitnehmers wegen unerlaubter Handlung soll der Arbeitgeber sogar den Abschluss des Strafverfahrens abwarten dürfen.[217] Jedoch findet man auch ältere Entscheidungen des BAG, die einen verhältnismäßig frühen Fristbeginn bejahen. So soll bei einer unmittelbar das Arbeitsprodukt betreffenden Schlechtleistung (fehlerhafte Mauerarbeiten oder Verlegung von Fliesen) der Anspruch spätestens mit der Abnahme[218] bzw. – bei offenbaren Mängeln – bereits mit der Schlechtleistung als solcher fällig sein.[219] Bei dieser Betrachtung ist wohl der Mangelschaden leitend. Besteht der Schaden in der Nichtdurchsetzbarkeit eines Anspruchs gegen einen Dritten (z. B. Herausgabeanspruch), muss der Arbeitgeber die Erfolglosigkeit der Rechtsverfolgung erkennen können.[220]

74 Während der BGH es für möglich hält, die Verjährung gemäß § 204 Abs. 1 Nr. 1 BGB durch eine unbezifferte Feststellungsklage zu **hemmen**,[221] schließt das BAG diesen Weg für die Ausschlussfrist aus, weil diese für den Gläubiger wesentlich folgenreicher sei als die Verjährung.[222] Zudem sei die Kürze einer Ausschlussfrist für den Gläubiger

---

214 BAG 16.5.2007 – 8 AZR 709/06 – Rn. 54, AP § 611 BGB Mobbing Nr. 5 = NZA 2007, 1154. Hingegen für den Zeitpunkt der objektiven Schadensentstehung ursprünglich BAG 25.1.1967 – 4 AZR 532/65 –, AP § 4 TVG Ausschlußfristen Nr. 35. Widersprüchlich BAG 14.12.2006 – 8 AZR 628/05 – Rn. 31 und 32, AP § 618 BGB Nr. 28 = NZA 2007, 262. Krit. hinsichtlich der Systematik *Krause*, RdA 2004, 106 f. m.w.N.; ErfK/*Preis*, 25. Aufl., § 218 BGB Rn. 28. Zust. hingegen *Brecht-Heitzmann*, in: *Kempen/Zachert*, TVG, 5. Aufl., § 4 Rn. 662.

215 BAG 30.5.1972 – 1 AZR 427/71 –, AP § 4 TVG Ausschlußfristen Nr. 50.

216 BAG 25.4.1974 – 3 AZR 371/73 –, AP § 611 BGB Haftung des Arbeitnehmers Nr. 76; 16.5.2007 – 8 AZR 709/06 – Rn. 54, AP § 611 BGB Mobbing Nr. 5 = NZA 2007, 1154; 7.7.2010 – 4 AZR 549/08 – Rn. 87, AP Art. 9 GG Nr. 140 = NZA 2010, 1068.

217 BAG 26.5.1981 – 3 AZR 269/78 –, AP § 4 TVG Ausschlußfristen Nr. 71 = NJW 1981, 2487.

218 BAG 3.2.1961 – 1 AZR 140/59 –, AP § 4 TVG Ausschlußfristen Nr. 14.

219 BAG 27.10.1970 – 1 AZR 216/70 –, AP § 4 TVG Ausschlußfristen Nr. 44; 24.4.1974 – 5 AZR 480/73 –, AP § 611 BGB Akkordkolonne Nr. 4.

220 BAG 20.06.2018 – 5 AZR 262/17 –, DB 2018, 2882.

221 Vgl. BGH 17.2.1971 – VIII ZR 4/70 –, BGHZ 55, 340, 341 = NJW 1971, 979; 22.2.1979 – VII ZR 256/77 –, BGHZ 73, 363, 365 = NJW 1979, 1550; 18.12.1980 – VII ZR 41/80 –, BGHZ 79, 176, 178 = NJW 1981, 814.

222 BAG 14.12.2006 – 8 AZR 628/05 – Rn. 33, AP § 618 BGB Nr. 28 = NZA 2007, 262. A.A. *Krause*, RdA 2004, 106, 108.

wesentlich belastender als die Frist für die Verjährung; andererseits diene die Notwendigkeit der wenigstens annähernden Bezifferung dem Schutz des Schuldners. Dagegen soll der Ablauf der Ausschlussfrist durch Vergleichsverhandlungen analog § 203 S. 1 BGB gehemmt werden können, allerdings ohne Anwendung der Mindestfrist in § 203 S. 2 BGB.[223]

c) Regressansprüche bei Schädigung Dritter

Wenn der Arbeitgeber durch das schuldhafte Handeln eines Arbeitnehmers einem Schadensersatzanspruch eines Dritten ausgesetzt ist und ihm deshalb ein Regressanspruch gegen den Arbeitnehmer zusteht, will das BAG einerseits die Ausschlussfrist regelmäßig erst mit der Inanspruchnahme durch den Dritten beginnen lassen,[224] jedenfalls aber nicht vor dem Drohen einer Schadensersatzforderung des Dritten.[225] Bei einem Streit um die Verantwortlichkeit des Arbeitgebers gegenüber dem Dritten soll die Frist sogar erst von der rechtskräftigen Verurteilung des Arbeitgebers an laufen.[226] Andererseits hat das BAG bei einer Schlechtleistung, die das Arbeitsprodukt betrifft, auf die Schlechtleistung als solche abgestellt.[227] Dies ist schadensersatzrechtlich richtig, da bereits der Minderwert des Arbeitsproduktes einen Schaden darstellt,[228] zwingt den Arbeitgeber aber zu einem verfrühten Vorgehen gegen den Arbeitnehmer. Es erscheint deshalb besser, in allen Fällen auf die **erfolgreiche Inanspruchnahme des Arbeitgebers durch den Dritten abzustellen.** Das Kriterium, zu welchem Zeitpunkt der Dritte zu erkennen gegeben hat, den Arbeitgeber haftbar machen zu wollen,[229] birgt demgegenüber ein zu hohes Maß an Rechtsunsicherheit und ist deshalb abzulehnen. 75

Wenn der Arbeitgeber seinen Anspruch schon zu einem früheren Zeitpunkt geltend macht und der Arbeitnehmer das Begehren bestreitet, muss der Arbeitgeber aber bei einer **zweistufigen Ausschlussfrist** die Klage innerhalb der in der Klausel genannten Frist unabhängig davon erheben, ob er auf der ersten Stufe mit der Geltendmachung des Anspruch noch hätte zuwarten können. Dies gebietet der Zweck zweistufiger Aus- 76

223 BAG 20.6.2018 – 5 AZR 262/17 – Rn. 23 ff., NZA 2018, 1402.

224 BAG 1.12.1988 – 8 AZR 65/84 –, AP § 840 BGB Nr. 2 = NZA 1989, 796; 16.3.1995 – 8 AZR 58/92 –, AP § 4 TVG Ausschlußfristen Nr. 129 = NZA 1995, 1213.

225 BAG 16.3.1966 – 1 AZR 411/65 –, AP § 4 TVG Ausschlußfristen Nr. 32; 30.5.1972 – 1 AZR 427/71 –, AP § 4 TVG Ausschlußfristen Nr. 50.

226 BAG 18.1.1966 – 1 AZR 247/63 –, AP § 611 BGB Haftung des Arbeitnehmers Nr. 37.

227 BAG 27.10.1970 – 1 AZR 216/70 –, AP § 4 TVG Ausschlußfristen Nr. 44, mit der zweifelhaften Begründung einer Nachbesserungspflicht des Arbeitnehmers; ebenso BAG 24.4.1974 – 5 AZR 480/73 –, AP § 611 BGB Akkordkolonne Nr. 4. Wieder anders BAG 25.1.1967 – 4 AZR 532/65 –, AP § 4 TVG Ausschlußfristen Nr. 35: Schadensentstehung, die mit der Schlechtleistung zeitlich zusammenfallen, aber auch von ihr abweichen kann, maßgebend. Für frühzeitigen Fristbeginn im Grundsatz *Brecht-Heitzmann*, in: *Kempen/Zachert*, TVG, 5. Aufl., § 4 Rn. 670.

228 *Lieb*, Anm. zu BAG AP § 4 TVG Ausschlußfristen Nr. 44.

229 So *Sieg*, Anm. zu BAG AP § 4 TVG Ausschlußfristen Nr. 35.

schlussklauseln, alsbald Klarheit über streitige Forderungen zu schaffen wie auch unnötige Rechtsstreitigkeiten zu vermeiden.[230]

77 Sofern sich die Ausschlussklausel umfassend auf alle vertraglichen Schadensersatzansprüche erstreckt, ist auch der Anspruch des Arbeitgebers gegen den Arbeitnehmer auf Freistellung von seiner Haftung im Außenverhältnis einbezogen. Wandelt sich dieser Anspruch durch Zahlung des Arbeitgebers an den Dritten in einen Erstattungsanspruch, beginnt keine erneute Ausschlussfrist, da der Anspruch auch weiterhin schadensersatzrechtlichen Charakter hat und lediglich seinen Inhalt ändert.[231]

3. Aufrechnung

78 Der Arbeitgeber kann einen ihm zustehenden Schadensersatzanspruch grundsätzlich im Wege der **Aufrechnung** (§§ 387 ff. BGB) gegen offene Arbeitnehmerforderungen durchsetzen. Eine Aufrechnung ist allerdings gemäß § 394 S. 1 BGB nur gegen solche Entgeltbestandteile zulässig, die nicht unter die Pfändungsschutzbestimmungen der §§ 850 ff. ZPO fallen. Hier bildet § 850c ZPO mit seinen gemäß Abs. 4 dynamisierten Pfändungsfreigrenzen für Arbeitseinkommen eine hohe Hürde. Bei Schadensersatzansprüchen aus einer vorsätzlichen unerlaubten Handlung des Arbeitnehmers kann der Arbeitgeber aber darüber hinaus nach § 242 BGB (Einwand des Rechtsmissbrauchs) auch auf die unpfändbaren Bezüge bis zu dem Teil zugreifen, der der Sicherung des Existenzminimums dient.[232]

---

230 BAG 16.3.1995 – 8 AZR 58/92 –, AP Nr. 129 zu § 4 TVG Ausschlußfristen = NZA 1995, 1213.

231 BAG 16.3.1995 – 8 AZR 58/92 –, AP § 4 TVG Ausschlußfristen Nr. 129 = NZA 1995, 1213; *Löwisch/Rieble*, TVG, 4. Aufl., § 1 Rn. 1981.

232 BAG 18.3.1997 – 3 AZR 756/95 –, AP § 394 BGB Nr. 30 = NZA 1997, 1108 m.w.N. zur Einschränkung des Aufrechnungsverbotes gemäß § 242 BGB; für eine Berücksichtigung der Wertung des § 850f Abs. 2 ZPO *Bötticher*, Anm. zu BAG AP § 394 BGB Nr. 9 (unter I 2).

§ 7 Begünstigter Personenkreis

I. Arbeitnehmer

Die Grundsätze über die Enthaftung sind in personeller Hinsicht auf alle Arbeitnehmer 1
anwendbar.[1] Dabei gilt der allgemeine Arbeitnehmerbegriff im Sinne des § 611a BGB.[2] Hierzu zählen auch **geringfügig Beschäftigte (Minijobber)**[3] sowie **Telearbeitnehmer**[4] bzw. **Arbeitnehmer im Homeoffice** und bei **mobiler Arbeit**[5]. **Plattformbeschäftigte (Crowdworker)** werden somit von vornherein dann erfasst, wenn sie als Arbeitnehmer zu qualifizieren sind.[6] Dagegen spielen der europarechtliche Arbeitnehmerbegriff sowie die damit verbundenen Weiterungen durch den EuGH für sich genommen keine Rolle.

Die Einbeziehung **leitender Angestellter** in die Haftungserleichterung ist nach wie 2
vor umstritten und noch nicht abschließend geklärt.[7] Sie wurde vom BGH ursprünglich abgelehnt,[8] während sich das BAG nach einer frühen eher zurückhaltenden Stellungnahme[9] in der Weise geholfen hat, dass es die konkret schadenstiftende Tätigkeit als nicht charakteristisch für einen leitenden Angestellten einstufte und auf dieser Grundlage eine Reduktion des Schadensersatzes auf die Hälfte billigte.[10] In einer späteren Entscheidung hat sich der BGH ohne eine nähere Diskussion für eine Anwendbarkeit der Grundsätze über den innerbetrieblichen Schadensausgleich auf leitende Angestellte ausgesprochen „jedenfalls, soweit sie nicht Geschäftsführer sind“, wobei der Anlassfall (kapitalauszehrende Auszahlung von Vermögen an einen Gesellschafter) allerdings einen singulären Charakter hatte.[11] Immerhin hat der BGH diese Sichtweise in jüngerer Zeit in einem obiter dictum bestätigt.[12] In der instanzgerichtlichen Recht-

1 *Schaub/Linck*, Arbeitsrechts-Handbuch, 20. Aufl., § 59 Rn. 26; MHdB ArbR/*Reichold*, 6. Aufl., § 57 Rn. 64.

2 MünchKommBGB/*Henssler*, 9. Aufl., § 619a Rn. 16.

3 *Staudinger/Fischinger*, BGB (2022), § 619a Rn. 64; siehe auch BAG 28.10.2010 – 8 AZR 418/09 –, AP § 611 BGB Haftung des Arbeitnehmers Nr. 136 = NZA 2011, 345.

4 *Albrecht*, NZA 1996, 1240, 1245; *Collardin*, Rechtsfragen der Telearbeit, S. 172 ff.; *Wedde*, Telearbeit, 3. Aufl., Rn. 324. Zur Haftung von Angehörigen des Telearbeitnehmers siehe unten RN 11, § 8 RN 29.

5 *Müller*, Homeoffice in der arbeitsrechtlichen Praxis, 3. Aufl., Rn. 324; *Wilhelm*, NZA 2021, 15, 16; eingehend *Schwarze*, ZFA 2024, 79, 85 ff.

6 Zur Arbeitnehmereigenschaft eines Crowdworkers siehe BAG 1.12.2020 – 9 AZR 102/20 –, AP § 611 BGB Abhängigkeit Nr. 132 = NZA 2021, 552. Hierzu jetzt auch Art. 4 ff. RL (EU) 2024/2831.

7 *Bröckner*, Nebenpflichten und Haftung, S. 217; *Fritz*, NZA 2017, 673, 675: „Frage der Haftungsprivilegierung bei Führungskräften kann keineswegs als entschieden gelten“.

8 BGH 25.2.1969 – VI ZR 225/67 –, VersR 1969, 474, 477 (Leiter der Kreditabteilung); 7.10.1969 – VI ZR 223/67 –, AP § 611 BGB Haftung des Arbeitnehmers Nr. 51 = NJW 1970, 34, 35 (Justitiar); 14.2.1985 – IX ZR 145/83 –, NJW 1985, 2194, 2196 (Geschäftsführer einer Innungskrankenkasse). Dazu krit. *Hanau*, FS Steffen (1995), S. 177, 179 f.

9 BAG 14.10.1970 – 1 AZR 58/70 –, AP § 611 BGB Haftung des Arbeitnehmers Nr. 60.

10 BAG 11.11.1976 – 3 AZR 266/75 – unter 4 b, AP § 611 BGB Haftung des Arbeitnehmers Nr. 80: Betriebsleiter als bloßer Baustellenleiter.

11 BGH 25.6.2001 – II ZR 38/99 –, BGHZ 148, 167, 172 = NJW 2001, 3123, 3124 (Prokurist).

12 BGH 18.3.2019 – AnwZ (Brfg) 22/17 – Rn. 6, NJOZ 2019, 964.

https://doi.org/10.1515/9783110728606-009

sprechung mehren sich die Stimmen, die eine Haftungsprivilegierung befürworten.[13] Im Übrigen hat das BAG klargestellt, dass sich ein Vorgesetzter (Chefarzt), der eine ihm übertragene Schutzpflicht gegenüber einem ihm unterstellten Arbeitnehmer verletzt, nicht auf die Grundsätze über die Einschränkung der Arbeitnehmerhaftung berufen kann, zumal sich dies letztlich zu Gunsten des Arbeitgebers auswirken würde.[14] Nach alledem zeichnet sich in der Judikatur zumindest eine Tendenz in Richtung einer Haftungserleichterung auch für leitende Angestellte ab, mag es insoweit auch noch an letzter Klarheit fehlen. Im Schriftum plädiert mittlerweile eine deutliche Mehrheit für die Anwendbarkeit der Grundsätze über den innerbetrieblichen Schadensausgleich auch auf leitende Angestellte.[15] Andere Stimmen wollen danach differenzieren, ob der leitende Angestellte den Schaden durch eine betriebliche (arbeitstechnische) oder eine unternehmerische (wirtschaftliche) Tätigkeit herbeigeführt hat, und lehnen für den letztgenannten Fall eine Haftungsprivilegierung zumindest grundsätzlich ab.[16] Für eine prinzipielle Einbeziehung auch der leitenden Angestellten spricht zunächst der Aspekt der Rechtssicherheit, weil eine auf das Haftungsrecht ausgerichtete, praktikable Definition des leitenden Angestellten gefunden werden müsste, ohne dass schlicht auf die an anderen Zwecken orientierten Definitionen nach § 14 Abs. 2 KSchG oder nach § 5 Abs. 3 BetrVG zurückgegriffen werden könnte. Weiter sollten trotz des größeren Spielraums für eigenverantwortliche Entscheidungen die Einflußnahmemöglichkeit von leitenden Angestellten auf die Schadensexposition gerade in größere Unternehmen nicht überschätzt werden. Dies betrifft nicht nur Handlungen auf der arbeitstechnischen Ebene, sondern auch auf der wirtschaftlichen Ebene, weil leitende Angestellte auch insoweit kaum die allgemeine Schadensträchtigkeit des Unternehmens grundlegend umsteuern können und zudem die generellen Vorgaben der Unternehmensspitze zu beachten haben. Darüber hinaus trifft gerade bei diesem Personenkreis der Gesichtspunkt zu, dass sie mit Verantwortungs- und Entscheidungsfreude handeln und nicht durch schwer

---

13 LAG Niedersachsen 7.7.2003 – 5 Sa 188/02 –, NZA–RR 2004, 142 (Kreditprokurist); LAG Düsseldorf 27.11. 2015 – 14 Sa 800/15 – Rn. 235, BeckRS 2015, 122538 (Leiter eines Verkaufsbüros); im Erg. auch LAG Niedersachsen 27.5.2009 – 17 Sa 1424/08 –, VersR 2010, 1599 (Pilot).

14 BAG 25.10.2007 – 8 AZR 593/06 – Rn. 86 ff., AP § 611 BGB Mobbing Nr. 6 = NZA 2008, 223.

15 *Fischinger*, Haftungsbeschränkung, S. 570 ff.; *Staudinger/Fischinger*, BGB (2022), § 619a Rn. 67; *Hanau*, FS Lorenz (2004), S. 283, 284 ff.; *Joussen*, RdA 2006, 129, 132 ff.; HWK/*Krause*, 11. Aufl., § 619a BGB Rn. 20; *ders.*, NZA 2003, 577, 581; *Schaub/Linck*, Arbeitsrechts-Handbuch, 20. Aufl., § 59 Rn. 26; *Lücke*, NZA 2024, 1317, 1321 ff.; ErfK/*Preis/Greiner*, 25. Aufl., § 619a BGB Rn. 19; MHdB ArbR/*Reichold*, 6. Aufl., § 57 Rn. 64; *Waltermann*, RdA 2005, 98, 100; umfassend jetzt *Kuhn*, Haftung leitender Angestellter, S. 78 ff.; im Grundsatz ebenso – aber jeweils für eine erleichterte Abdingbarkeit – MünchKommBGB/*Henssler*, 9. Aufl., § 619a Rn. 17; *Sandmann*, Haftung von Arbeitnehmern, S. 552 ff. Siehe ferner *Brox/Walker*, DB 1985, 1469, 1476 f.; *Buchner*, RdA 1972, 153, 168; *Däubler*, NJW 1986, 867, 874 Fn. 131; *Gamillscheg/Hanau*, Haftung des Arbeitnehmers, 2. Aufl., S. 18 ff.; *v. Hoyningen-Huene*, BB 1989, 1889, 1891; *Koller*, Risikozurechnung, S. 409 f. Prinzipiell abl. *Kaiser*, AR-Blattei SD 70.2 Rn. 227 ff., 230 ff.

16 *Bröckner*, Nebenpflichten und Haftung, S. 223 ff.; *Bürkle/Fecker*, NZA 2007, 589, 592 f. (mit Ausdehnung auf sonstige Führungskräfte mit erheblichem unternehmerischem Entscheidungsspielraum in Fn. 58); *Fritz*, NZA 2017, 673, 676 f. (einschränkend aber bei einer existenzbedrohenden Ersatzpflicht); *Möller*, NZA 2017, 1567, 1570; *Pallasch*, RdA 2013, 338, 348 f.; *Reiserer/Tormählen*, BB 2023, 1396, 1398; ähnl. *Peifer*, ZfA 1996, 69, 77.

einschätzbare Haftungsrisiken zu einem zögerlichen Verhalten veranlasst werden sollen. Eine Differenzierung zwischen leitenden und nichtleitenden Beschäftigten ist dem Beamtenrecht und damit dem Recht des öffentlichen Dienstes deshalb aus gutem Grund fremd. Selbstverständlich sind aber die Sorgfaltsanforderungen an leitende Angestellte höher.[17] Nicht umsonst nennt der Große Senat des BAG die „Stellung des Arbeitnehmers im Betrieb“ als Kriterium bei der Abwägung der Gesamtumstände.[18] Darüber hinaus gebieten es die besonderen Kenntnisse und Fähigkeiten leitender Angestellter eher, das schadenstiftende Verhalten als mittlere oder gar als grobe Fahrlässigkeit[19] einzustufen. Eine weitere Komponente der Schadensverteilung im Falle mittlerer Fahrlässigkeit ist außerdem gerade bei ihnen die vom Großen Senat ebenfalls erwähnte Einkommenshöhe. Diese Entwicklung leuchtet umso mehr ein, als für den **GmbH-Geschäftsführer** trotz § 43 Abs. 1 GmbHG („Sorgfalt eines ordentlichen Kaufmanns“) vermehrt die Ansicht vertreten wird, dass zumindest außerhalb des Bereichs originärer unternehmerischer Betätigung die Anwendung arbeitsrechtlicher Haftungsprinzipien nicht von vornherein ausgeschlossen ist.[20] Aber selbst im Kernbereich unternehmerischen Handelns findet man eine Haftungsmilderung, hier unter dem Topos der fehlenden Pflichtverletzung.

---

17 *Bäumler*, Anwendungsbereich der Schadensteilung, S. 179 f.; *Brox/Walker*, DB 1985, 1469, 1476; *Fischinger*, Haftungsbeschränkung, S. 572; MünchKommBGB/*Henssler*, 8. Aufl., § 619a Rn. 17; *Joussen*, RdA 2006, 129, 133; HWK/*Krause*, 11. Aufl., § 619a BGB Rn. 20; *ders.*, NZA 2003, 577, 582; MHdB ArbR/*Reichold*, 6. Aufl., § 57 Rn. 64; *Waltermann*, RdA 2005, 98, 100.

18 BAG 27.9.1994 – GS 1/89 (A) – unter C IV 1, AP § 611 BGB Haftung des Arbeitnehmers Nr. 103 = NZA 1994, 1083.

19 Gegen die Möglichkeit einer Enthaftung in den Fällen grober Fahrlässigkeit *Bäumler*, Anwendungsbereich der Schadensteilung, S. 179 f.

20 Vgl. OLG Zweibrücken 18.8.2022 – 4 U 198/21 – Rn. 42 ff., NJW 2023, 1589; *Krause*, Mitarbeit in Unternehmen, S. 559 ff., 568 ff.; MHdB ArbR/*Reichold*, 6. Aufl., § 57 Rn. 66; ferner *Bachmann*, NZG 2023, 316, 319; *Fritz*, NZA 2017, 673, 678 f.; *Hanau*, ZfA 2018, 65, 68 f.; *Kleindiek*, in: Lutter/Hommelhoff, GmbHG, 21. Aufl., Anh. zu § 6 Rn. 3b (für den GmbH-Geschäftsführer, soweit die Funktionsfähigkeit der GmbH nicht beeinträchtigt wird); *Wank*, FS Wiedemann (2002), S. 587, 611 (bei fehlender unternehmerischer Betätigung); noch großzügiger *Wilhelmi*, NZG 2017, 681, 684 ff. Siehe auch *Altmeppen*, in: Altmeppen, GmbHG, 11. Aufl., § 43 Rn. 5; *Beurskens*, in: Noack/Servatius/Haas, GmbHG, 23. Aufl., § 43 Rn. 43 (nur bei Pflichtverletzungen außerhalb des Sorgfaltsmaßstabs des § 43 GmbHG); *Frisch*, Haftungserleichterung für GmbH-Geschäftsführer, S. 177 ff.; *Gissel*, Arbeitnehmerschutz, S. 139; *Köhl*, DB 1996, 2597, 2601 ff.; *Pullen*, BB 1984, 989 ff.; *Schneider*, FS Werner (1984), S. 795, 812 f.; zurückhaltend *Fischinger*, Haftungsbeschränkung, S. 573 ff. (nur bei vergleichbarer persönlicher Abhängigkeit); *Kleindieck*, Deliktshaftung, S. 387 f.; abl. *Bayreuther*, NZA 2015, 1239, 1242; *Boemke*, ZfA 1998, 209, 229 f.; *Joussen*, RdA 2006, 129, 133 ff.; *Podewils*, DB 2018, 2304, 2306 ff.; offenlassend OLG Koblenz 14.5.1998 – 5 U 1639/97 –, NJW-RR 1999, 911, 912. Eine Anwendung der Grundsätze im Verhältnis zwischen der Treuhandanstalt und den vorläufigen Leitungsorganen ehemaliger volkseigener Betriebe und Kombinate erwog BGH 20.2.1995 – II ZR 143/93 –, BGHZ 129, 30, 37 = NJW 1995, 1290, 1292. Für Österreich unter Betonung des Vorrangs des dortigen § 25 GmbHG ablehnend OGH 26.1.2000 – 9 ObA 326/99b –, JBl. 2000, 530 mit insoweit krit. Anm. *Kerschner*. Für eine Ausdehnung sogar auf Vorstandsmitglieder *Bachmann*, ZIP 2017, 841, 842 ff.; *Koch*, AG 2012, 429, 435 ff.; dagegen aber etwa *Fehrenbach*, AG 2015, 761, 769 ff.; *Fleischer*, ZIP 2014, 1305, 1306 f.; abl. auch BGH 27.2.1975 – II ZR 112/72 – VersR 1975, 612, 613 (bei Verletzung „normaler Vorstandspflichten“ durch Vorstandsmitglied einer Genossenschaft); 5.12.1983 – II ZR 252/82 –, BGHZ 89, 153, 159 = NJW 1984, 789, 790 (obiter).

Gemäß § 93 Abs. 1 S. 2 AktG liegt diese nämlich nicht vor, „wenn das Vorstandsmitglied bei einer unternehmerischen Entscheidung vernünftigerweise annehmen durfte, auf der Grundlage angemessener Information zum Wohle der Gesellschaft zu handeln" (sogenannte „business judgment rule").[21] Jedenfalls dies muss auch für leitende Angestellte mit vergleichbaren Aufgaben gelten.[22] Zumindest handelt es sich um einen für die Feststellung des Verschuldens bzw. des Verschuldensmaßstabs maßgeblichen Umstand.

3 Die Haftungsprivilegierung gilt auch für **angestellte Rechtsanwälte.** Das Leitbild des Anwalts als unabhängiges Organ der Rechtspflege (§ 1 BRAO), der einen freien Beruf ausübt (§ 2 Abs. 1 BRAO), schließt für den Fall, dass der Rechtsanwalt im Rahmen eines Arbeitsverhältnisses tätig wird (§ 46 BRAO), eine Heranziehung der Grundsätze über die beschränkte Arbeitnehmerhaftung nicht aus. Für die **Syndikusrechtsanwälte** hat sich der Gesetzgeber dies sogar ausdrücklich ausgesprochen und damit die Herausnahme dieser Personengruppe aus der Verpflichtung zum Abschluss einer Berufshaftpflichtversicherung (§§ 46c Abs. 3, 51 BRAO) begründet.[23] Zwar verlangt § 46 Abs. 3 BRAO für die Stellung als Syndikusrechtsanwalt ausdrücklich fachliche Unabhängigkeit und Eigenverantwortlichkeit, sodass es an den für die Haftungsprivilegierung rechtfertigenden Gründen teilweise fehlt. Zum einen bleibt es aber ebenso wie bei den sonstigen leitenden Angestellten dabei, dass das für die Schadensträchtigkeit relevante Arbeitsumfeld in erheblichem Maße durch die Verhältnisse des Unternehmens geprägt wird, in dem der Syndikusrechtsanwalt tätig ist.[24] Zum anderen sollte man sich nicht ohne Not über die explizite Begründung des Gesetzgebers hinwegsetzen, mag der gesetzgeberische Wille im Normtext auch keinen unmittelbaren Niederschlag gefunden haben.

4 Die Gründe für die Einschränkung der Arbeitnehmerhaftung, das betriebliche Risikopotential, die Fremdbezogenheit der Tätigkeit und der erforderliche Sozialschutz, hängen nicht vom Bestehen eines wirksamen Arbeitsvertrages ab. Deshalb gelten auch für Beschäftigte, die ihre Tätigkeit auf der Grundlage eines **fehlerhaften Arbeitsverhältnisses** oder eines **allgemeinen Weiterbeschäftigungsverhältnisses** erbringen, die Grundsätze des innerbetrieblichen Schadensausgleichs.[25]

---

21 Dies ist auch auf andere Organe übertragbar, z. B. auf den Geschäftsführer der GmbH, vgl. BGH 4.11. 2002 – II ZR 224/00 –, BGHZ 152, 280, 284 f. = NJW 2003, 358, 359; *Beurskens*, in: Noack/Servatius/Haas, GmbHG, 23. Aufl., § 43 Rn. 33 ff.; *Kleindiek*, in: Lutter/Hommelhoff, GmbHG, 21. Aufl., § 43 Rn. 23. Ursprünglich sollte es an einer Pflichtverletzung sogar schon dann fehlen, wenn dem Vorstandsmitglied bei solchem Handeln keine grobe Fahrlässigkeit vorzuwerfen war (dazu krit. *Ulmer*, DB 2004, 859 ff.). Für einen Schutz vor existenzvernichtender Haftung von Vorständen und Aufsichtsräten durch eine anfängliche vertragliche Haftungsmilderung hingegen *G. M. Hoffmann*, NJW 2012, 1393 ff.

22 Ebenso *Bürkle/Fecker*, NZA 2007, 589, 593 ff.; *Fritz*, NZA 2017, 673, 676; *Kuhn*, Haftung leitender Angestellter, S. 111 ff.; *Möller*, NZA 2017, 1567, 1571; *Pallasch*, RdA 2013, 338, 349.

23 BT-Drs. 18/6915, 23.

24 *Diller/Schuster*, in: Henssler/Prütting, BRAO, 6. Aufl., Anhang §§ 46, 46a-c Rn. 53, unter Verweis auf die vom Arbeitgeber zu verantwortende Ausstattung mit Ressourcen für die Recherche.

25 *Beckers*, Außenhaftung, S. 102 ff.; für das Weiterbeschäftigungsverhältnis ebenso *Geffert*, Beschäftigung wider Willen, S. 180 ff.; *Joussen*, RdA 2006, 129, 130; *Pallasch*, Beschäftigungsanspruch, S. 140 f.; *Walker*, DB 1988, 1596, 1601. Siehe auch § 8 RN 1.

Die Regeln über die Haftungsprivilegierung gelten weiter für **Auszubildende.**[26] Dies lässt sich unmittelbar aus § 10 Abs. 2 BBiG herleiten, wonach auf den Berufsausbildungsvertrag prinzipiell die für den Arbeitsvertrag geltenden Rechtsvorschriften und Rechtsgrundsätze anzuwenden sind.[27] Zudem muss stets darauf geachtet werden, ob die vom Ausbilder übertragene Aufgabe überhaupt noch zum Tätigkeitsbereich des Berufsausbildungsverhältnisses gehört. Bei der Beschäftigung mit ausbildungsfremden Hilfstätigkeiten haftet der Auszubildende zwar nicht nur deliktisch,[28] weil auch in diesem Falle gemäß §§ 241 Abs. 2, 242 BGB die vertragliche Nebenpflicht besteht, den Ausbilder nicht zu schädigen. Die Haftung ist indessen auf Vorsatz und grobe Fahrlässigkeit zu beschränken.[29] 5

Die Enthaftungsregeln sind ferner auf die Rechtsbeziehungen zwischen dem **Leiharbeitnehmer** und dem Entleiher anzuwenden,[30] wie es § 7 Abs. 1 des österreichischen AÜG ausdrücklich bestimmt.[31] Dies ist sachlich gerechtfertigt, weil der Entleiher durch die ihm übertragene Ausübung des arbeitgeberseitigen Weisungsrechts den Leiharbeitnehmer wie einen eigenen Beschäftigten in den von ihm organisierten 6

26 BAG 7.7.1970 – 1 AZR 507/69 –, AP § 611 BGB Haftung des Arbeitnehmers Nr. 59 m. zust. Anm. *Medicus*; 18.4.2002 – 8 AZR 348/01 – unter II 2 b ee, AP § 611 BGB Haftung des Arbeitnehmers Nr. 122 = NZA 2003, 37; 19.3.2015 – 8 AZR 67/14 – Rn. 17, AP SGB VII § 105 Nr. 5 = NZA 2015, 1057; LAG Rheinland-Pfalz 13.12.1989 – 2 Sa 749/89 –, LAGE § 611 BGB Gefahrgeneigte Arbeit Nr. 8; *Bäumler*, Anwendungsbereich der Schadensteilung, S. 175 f.; *Beckers*, Außenhaftung, S. 107 f.; *Gick*, JuS 1980, 393, 400; *v. Hoyningen-Huene*, BB 1989, 1889, 1891; HWK/*Krause*, 11. Aufl., § 619a BGB Rn. 20; ErfK/*Preis/Greiner*, 25. Aufl., § 619a BGB Rn. 19; MHdB ArbR/*Reichold*, 6. Aufl., § 57 Rn. 64; MHdB ArbR/*Schneider*, 5. Aufl., § 149 Rn. 140 f.

27 LAG Hamm 16.5.2012 – 3 Sa 1229/11 –, BeckRS 2012, 71351; *Banke/Pepping*, in: Wohlgemuth/Pepping, BBiG, 2. Aufl., § 13 Rn. 34; *Benecke*, in: Benecke/Hergenröder, BBiG, 2. Aufl., § 10 Rn. 29. Einbezogen sind damit auch dual Studierende im Rahmen ihrer Praxisphasen, vgl. *Loges*, Duales Studium, S. 243 f.

28 So aber LAG Düsseldorf 23.3.1973 – 8 Sa 598/72 –, EzA § 611 BGB Arbeitnehmerhaftung Nr. 16.

29 ArbG Kiel 24.4.1963 – 3a Ca 266/63 –, AP § 611 BGB Lehrverhältnis Nr. 21, *Gamillscheg/Hanau*, Haftung des Arbeitnehmers, 2. Aufl., S. 21. Dies gilt erst recht, wenn man sich der hier vertretenen generellen Position anschließt, vgl. § 9 RN 36 ff. Siehe auch § 8 Abs. 1 NachwuchskräfteTV EVG bzw. AGV MOVE GDL für den DB Konzern (in Kraft seit 1.3.2021), verbunden mit einer zusätzlichen Haftungsmilderung in Abs. 2 bei grober Fahrlässigkeit. Anders MHdB ArbR/*Schneider*, 5. Aufl., § 149 Rn. 142: eigenübliche Sorgfalt.

30 BGH 10.7.1973 – VI ZR 66/72 –, NJW 1973, 2020, 2021; 22.5.1978 – II ZR 111/76 –, VersR 1978, 819; OLG Frankfurt/M. 5.7.1995 – 19 U 63/93 –, VersR 1996, 1403, 1405; OLG Hamm 11.6.2002 – 21 U 89/01 – Rn. 50, BeckRS 2010, 6013; LAG Hamm 4.8.2003 – 2 Ta 739/02 –, NZA-RR 2004, 106, 107; *Bäumler*, Anwendungsbereich der Schadensteilung, S. 177; *Becker*, NJW 1976, 1827, 1828; *Beckers*, Außenhaftung, S. 101; *Brors*, in: Schüren/Hamann, AÜG, 6. Aufl., Einl. Rn. 496 ff.; *Gamillscheg/Hanau*, Haftung des Arbeitnehmers, 2. Aufl., S. 23; *Gick*, JuS 1980, 393, 400; MünchkommBGB/*Henssler*, 9. Aufl., § 619a Rn. 16; *v. Hoyningen-Huene*, BB 1989, 1889, 1891; *Katzenstein*, RdA 2003, 346, 355 f.; *Schaub/Koch*, Arbeitsrechts-Handbuch, 20. Aufl., § 120 Rn. 72 und 74; HWK/*Krause*, 11. Aufl., § 619a BGB Rn. 20; ErfK/*Preis/Greiner*, 25. Aufl., § 619a BGB Rn. 19; MHdB ArbR/*Reichold*, 6. Aufl., § 58 Rn. 11; *Schwab*, NZA-RR 2017, 517, 518; *Thüsing*, AÜG, 4. Aufl., Einf. Rn. 38; ErfK/*Roloff*, 25. Aufl., § 1 AÜG Rn. 91; a.A. nur *Sandmann*, Haftung von Arbeitnehmern, S. 178.

31 Bundesgesetz v. 23.3.1988, BGBl. 1988 Nr. 196. Dazu OGH 6.4.2005 – 9 ObA 80/04 m –, DRdA 2006, 207 m. zust. Anm. *Kerschner*.

und gesteuerten Arbeitsprozess einbindet.[32] Allerdings sind die Grundlagen der Haftung des Leiharbeitnehmers gegenüber dem Entleiher bei der (rechtmäßigen) gewerbsmäßigen Arbeitnehmerüberlassung umstritten. Das wohl noch überwiegende Schrifttum verneint insoweit jede vertragliche Beziehung.[33] Daher werden unmittelbare vertragliche Ansprüche des Entleihers gegen den Arbeitnehmer bei Nicht- oder Schlechtleistung abgelehnt.[34] Der Entleiher kann sich nach dieser Ansicht im Verhältnis zum Leiharbeitnehmer nur auf deliktische Ansprüche stützen. Bei einem Vertragsbruch oder einer Schlechtleistung des Arbeitnehmers wäre somit allein der Verleiher Inhaber des vertraglichen Schadensersatzanspruchs.[35] Allerdings erleidet der Verleiher im Falle einer Schlechtleistung grundsätzlich keinen eigenen Schaden, da er gegenüber dem Entleiher nur zur Überlassung geeigneter Kräfte, nicht aber zur Ausführung bestimmter Aufgaben verpflichtet ist und demnach für ein Fehlverhalten der überlassenen Arbeitnehmer nicht gemäß § 278 BGB einzustehen hat.[36] Deshalb muss man den Verleiher zumindest als berechtigt ansehen, den beim Entleiher entstandenen Schaden im Wege der Drittschadensliquidation gegenüber dem Arbeitnehmer geltend zu machen.[37] Darüber hinaus hätte der Entleiher gegen den Verleiher in entsprechender Anwendung des § 285 BGB einen Anspruch auf Abtretung des Schadensersatzanspruchs des Verleihers gegen den Arbeitnehmer bzw. auf Auskehrung des bereits eingezogenen Schadensersatzes. In neuerer Zeit wird dagegen zutreffend die Ansicht vertreten, dass zwischen Entleiher und Leiharbeitnehmer vertragliche Beziehungen bestehen, da der Vertrag zwischen dem Arbeitnehmer und dem Verleiher als echter Vertrag zu Gunsten Dritter (§ 328 BGB) anzusehen sei oder doch zumindest Schutzwirkung für den Entleiher entfalte. Daher stehen dem Entleiher bei Nichtleistung, jedenfalls aber bei Schlechtleistung, eigene vertragliche Schadensersatzansprüche gegen den Leiharbeitnehmer zu.[38] Soweit der Entleiher gegen den Arbeitnehmer einen eigenen Anspruch auf Schadensersatz hat, bedarf es somit keines Rückgriffs auf die Drittschadensliquidation.

---

32 Hiervon zu unterscheiden ist die Frage, ob dem Leiharbeitnehmer bei einer Drittschädigung der Freistellungsanspruch gegen den Verleiher oder gegen den Entleiher zusteht, vgl. dazu BAG 15.9.2016 – 8 AZR 187/15 – Rn. 52, AP § 611 BGB Haftung des Arbeitnehmers Nr. 143 = VersR 2017, 875 (im konkreten Fall gegen den Verleiher); grds. für einen Anspruch gegen den Verleiher ErfK/*Roloff*, 25. Aufl., § 1 AÜG Rn. 88; für einen regelmäßigen Anspruch gegen den Entleiher *Brors*, in: Schüren/Hamann, AÜG, 6. Aufl., Einl. Rn. 473; *Jerczynski/Zimmermann*, NZS 2007, 243, 248.

33 *Schaub/Koch*, Arbeitsrechts-Handbuch, 20. Aufl., § 120 Rn. 71; *Löwisch/Caspers/Klumpp*, Arbeitsrecht, 12. Aufl., Rn. 912. Vgl. zu den Lösungsansätzen ausführlich ErfK/*Roloff*, 25. Aufl., § 1 AÜG Rn. 89 f.

34 *Becker*, NJW 1976, 1827, 1828; *Beckers*, Außenhaftung, S. 100 f.; *Schaub/Koch*, Arbeitsrechts-Handbuch, 20. Aufl., § 120 Rn. 74.

35 *Becker*, NJW 1976, 1827, 1828; *Konzen*, ZfA 1982, 259, 280.

36 BGH 9.3.1971 – VI ZR 138/69 –, AP § 611 BGB Leiharbeitsverhältnis Nr. 1; 13.5.1975 – VI ZR 247/73 –, AP § 12 AÜG Nr. 1; *Becker*, NJW 1976, 1827; *Becker/Wulfgramm*, AÜG, 3. Aufl., Art. 1 § 12 Rn. 44.

37 *Schaub/Koch*, Arbeitsrechts-Handbuch, 20. Aufl., § 120 Rn. 74; *Konzen*, ZfA 1982, 259, 280 f.

38 *Brors*, in: Schüren/Hamann, AÜG, 6. Aufl., Einl. Rn. 179 ff., 492 ff.; ErfK/*Roloff*, 25. Aufl., § 1 AÜG Rn. 91; *Walker*, AcP 194 (1994), 295, 307 ff.

Besondere Aufmerksamkeit ist in denjenigen Fällen geboten, in denen **Maschinen mit Bedienungspersonal** überlassen worden sind und ein abgeordneter Arbeitnehmer beim Empfänger einen Schaden verursacht. Soweit in der Personalüberlassung ein Dienstverschaffungsvertrag liegt und der Arbeitnehmer den Schaden im Rahmen der ihm vom Entleiher übertragenen Aufgaben herbeiführt, kommt es entsprechend den obigen Ausführungen zu einer Haftungsbeschränkung im Verhältnis zum Entleiher.[39] Denkbar ist aber auch, dass der Arbeitnehmer den Empfänger bei einer Tätigkeit schädigt, die noch zu den Aufgaben des überlassenden Unternehmens (z. B. der Transport der Maschine auf den Betriebshof des Empfängers) gehört. Da der Arbeitnehmer insoweit keine betriebliche Tätigkeit für den Empfänger ausübt, liegt ein Fall der Außenhaftung vor.[40] Für die Abgrenzung kommt es somit darauf an, ob die konkrete schadenstiftende Handlung letztlich dem Verleiher oder dem Entleiher zuzuordnen ist.[41] 7

Die Regeln über die Enthaftung gelten weiterhin, wenn der Unternehmer im Falle eines sog. **mittelbaren Arbeitsverhältnisses** unmittelbar auf den Arbeitnehmer zugreift.[42] 8

II. Arbeitnehmerähnliche Personen

Weiter ist die Entlastung auch auf **arbeitnehmerähnliche Personen**, also wirtschaftlich abhängig Beschäftigte (z. B. Heimarbeiter), auszudehnen,[43] soweit die besondere Eigenart des konkreten Rechtsverhältnisses dem nicht entgegensteht.[44] Für Österreich bestimmt dies § 1 Abs. 1 S. 2 DHG sogar ausdrücklich. Die anderslautende Auffassung des 9

39 Im Grundsatz ebenso OLG Frankfurt/M. 5.7.1995 – 19 U 63/93 –, VersR 1996, 1403, 1405; *Hammacher*, BB 1992, 1510, 1513. Zur Eigenschaft des Kranführers als Leiharbeitnehmer des Kranbestellers bei einem herkömmlichen Autokranvertrag siehe auch *Saller/Winter*, VersR 1997, 1191, 1195.

40 Zu den hierfür geltenden Grundsätzen vgl. § 16 RN 2 ff.

41 *Hammacher*, VersR 1996, 1406. Zur Abgrenzung siehe auch OLG Düsseldorf 7.11.1997 – 22 U 66/97 –, NJW-RR 1998, 382.

42 *Waas*, RdA 1993, 153, 156.

43 BSG 24.6.2003 – B 2 U 39/02 –, NJW 2004, 966, 967 unter Hinweis auf § 2 Abs. 2 SGB VII (wegen der konkreten Tätigkeit in privater Nachbarschaftshilfe krit. dazu mit Recht *Waltermann*, NJW 2004, 901, 904); LAG Hessen 2.4.2013 – 13 Sa 857/12 –, BB 2013, 1726. Im Grundsatz bejahend ebenfalls: *Brox/Walker*, DB 1985, 1469, 1477; *Canaris*, RdA 1966, 41, 48; *Däubler*, NJW 1986, 867, 874; *Gamillscheg/Hanau*, Haftung des Arbeitnehmers, 2. Aufl., S. 21 ff.; *Hanau*, ZfA 2018, 65, 70; MünchKommBGB/*Henssler*, 9. Aufl., § 619a Rn. 16; *Joussen*, RdA 2006, 136 f.; *Koller*, Risikozurechnung, S. 418; *ders.*, SAE 1996, 5, 8; HWK/*Krause*, 11. Aufl., § 619a BGB Rn. 20; *ders.*, NZA 2003, 577, 582; *Larenz*, JuS 1965, 373, 376; *Neumann-Duesberg*, JZ 1964, 433, 436 ff.; *Zeuner*, RdA 1975, 84, 86 f.; ebenso *Schubert*, Schutz der arbeitnehmerähnlichen Person, S. 415 ff. (aber dispositiv); zurückhaltend MHdB ArbR/*Reichold*, 6. Aufl., § 57 Rn. 65; *Waltermann*, RdA 2005, 98, 100 ff.; abl. *Fischinger*, Haftungsbeschränkung, S. 568 f.; *Staudinger/Fischinger*, BGB (2022), § 619a Rn. 69; *Schaub/Linck*, Arbeitsrechts-Handbuch, 20. Aufl., § 59 Rn. 26; ErfK/*Preis/Greiner*, 25. Aufl., § 619a BGB Rn. 19.

44 *Schumacher*, Die privilegierte Haftung des Arbeitnehmers, S. 30 ff., 33, plädiert demgegenüber für eine Rechtfertigung nach Maßgabe der konkreten Situation.

BGH[45] vermag angesichts der regelmäßig vergleichbaren Schutzbedürftigkeit dieses Personenkreises nicht zu überzeugen. Auch läßt sich aus den erwähnten speziellen Regelungen über eine Anwendbarkeit der Haftungsgrundsätze auf bestimmte Personengruppen außerhalb der Arbeitnehmerschaft[46] sowie aus den allgemeinen Regelungen über arbeitnehmerähnliche Personen kein Umkehrschluss ziehen. Soweit arbeitnehmerähnlichen Personen jedoch die Organisation ihrer Tätigkeit selbst überlassen ist und sie somit das Gefahrenpotential weitgehend eigenständig steuern, können die entsprechenden Risiken dem Dienstgeber nicht ohne weiteres angelastet werden.[47] Bei **„freien Mitarbeitern"** ist darauf abzustellen, inwieweit das übernommene Risiko außer Verhältnis zum Entgelt steht.[48] Die vom BAG obiter getroffene Aussage, nach der freien Mitarbeitern die Grundsätze der beschränkten Arbeitnehmerhaftung nicht zugute kommen,[49] erscheint zu pauschal, zumal sich eine freie Mitarbeit nicht immer eindeutig von einer Arbeitnehmerähnlichkeit abgrenzen lässt. Daher können auch **Solo-Selbstständige** nicht generell aus den Grundsätzen über den innerbetrieblichen Schadensausgleich ausgeklammert werden.[50] Vielmehr ist eine Einzelbetrachtung vorzunehmen, bei der es vor allem auf den Umfang der Gefahrsteuerung durch den Auftraggeber sowie das Missverhältnis zwischen Entgelt und Haftungsrisiko ankommt. Für die Berufgruppe der **Binnenlotsen** hat der BGH das Haftungsproblem in der Weise bewältigt, dass er die in § 21 Abs. 3 SeeLG (Seelotsengesetz) vorgesehene Haftungsbeschränkung auf grobe Fahrlässigkeit und Vorsatz analog auf die Binnenlotsen übertragen hat, die – vereinfacht gesagt – den Kapitänen auf den harmloseren Binnengewässern statt auf hoher See zur Seite stehen.[51] Tragende Gründe für die Korrektur der „unbefriedigenden" Haftungslage seien – so der BGH – die gefährdeten großen materiellen und immateriellen Werte, das unangemessene Äquivalent wegen der niedrigen Lotsengebühren und die fehlende Versicherbarkeit wegen wirtschaftlich nicht tragbarer Prämien. Eine Ausweitung dieses „Lotsenprivilegs" durch eine entsprechende Anwendung der zur Arbeitnehmerhaftung entwickelten Grundsätze mit der Folge einer etwaigen Quotierungsmöglichkeit bei grob fahrlässiger Schadensherbeiführung hat der BGH dagegen mangels einer vergleichbaren Steuerung der Tätigkeit des Binnenlotsen durch dessen Auftraggeber abgelehnt und im Übrigen auf den Gesetzgeber verwiesen.[52]

45 BGH 1.2.1963 – VI ZR 271/61 –, AP § 611 BGB Haftung des Arbeitnehmers Nr. 28 m. zust. Anm. *A. Hueck* (Autoüberführung durch Werkstudenten); ebenso LAG Berlin 29.10.1990 – 9 Sa 67/90 –, LAGE § 611 BGB Arbeitnehmerhaftung Nr. 15; grds. auch OLG Celle 18.10.1972 – 9 U 76/70 –, JZ 1973, 246, 248 (Schwarzarbeit eines Handwerkers), das aber über § 242 BGB doch zu einer Haftungsreduktion gelangt.

46 Oben RN 9.

47 LAG Berlin 11.4.2003 – 6 Sa 2262/02 –, AR-Blattei ES 160.10.2 (1979) Nr. 70 (Beratervertrag).

48 HWK/*Krause*, 11. Aufl., § 619a BGB Rn. 20.

49 Vgl. BAG 26.6.2019 – 5 AZR 178/18 – Rn. 26, AP § 812 BGB Nr. 37 = NZA 2019, 1558; ebenso *Staudinger/Fischinger*, BGB (2022), § 619a Rn. 69.

50 So aber *Fischels*, RdA 2019, 208, 213 ff.

51 BGH 20.2.1989 – II ZR 26/88 –, BGHZ 107, 32 ff. = AP § 611 BGB Lotse Nr. 3 m. Anm. *Bemm*. Bestätigt in BGH 26.7.2016 – VI ZR 322/15 – Rn. 27, NJW-RR 2017, 146.

52 BGH 26.7.2016 – VI ZR 322/15 – Rn. 28 ff., NJW-RR 2017, 146.

Auch sonst lässt die Rechtsprechung erkennen, dass sie ausdrückliche Beschränkungen der Haftung auf Vorsatz und grobe Fahrlässigkeit für ausreichend hält und keine Notwendigkeit sieht, eine solche Regelung durch eine den Grundsätzen über den innerbetrieblichen Schadensausgleich entlehnte Haftungseinschränkung auch bei grober Fahrlässigkeit zu ergänzen.[53] Schließlich hat der BGH einem **ehrenamtlich tätigen Vereinsmitglied**, das sich durch die Verletzung seiner Aufsichtspflicht über Jugendliche schadensersatzpflichtig gemacht hat, gegen den Verein einen Freistellungsanspruch zugebilligt und in diesem Zusammenhang auf die Grundsätze zur beschränkten Arbeitnehmerhaftung verwiesen.[54] Bei grober Fahrlässigkeit hat der BGH jedoch an der vollen Haftung festgehalten.[55]

Auf im Rahmen von **Eingliederungsvereinbarungen** i.S. der §§ 14 ff. SGB II Be- 10
schäftigte **(„Ein-Euro-Jobber")** sind die Grundsätze über den innerbetrieblichen Schadensausgleich aufgrund der Verweisung gemäß § 16d Abs. 7 S. 3 SGB II „für Schäden bei Ausübung ihrer Tätigkeit" anzuwenden. Dasselbe gilt für **berufliche Rehabilitanden** (§ 52 S. 3 SGB IX) sowie für diejenigen, die **Freiwilligendienste** leisten (§ 13 S. 2 JFDG, § 9 Abs. 2 BFDG[56]).

III. Begünstigung Dritter

Demgegenüber gelten die Enthaftungsregeln grundsätzlich nicht zu Gunsten **Dritter**, die 11
in irgendeiner Form mit dem Arbeitsverhältnis in Berührung kommen. Die für die Haftungsreduktion maßgeblichen Umstände lassen sich in der Regel nicht auf die Rechtsbeziehungen zwischen dem Arbeitgeber und dem Dritten übertragen.[57] Ausnahmen sind insbesondere für Angehörige von Telearbeitnehmern bzw. Arbeitnehmern im Homeoffice anzuerkennen, denen durch eine Auslegung des Arbeitsvertrags[58] bzw. durch eine objektive Risikozuweisung[59] zumindest grundsätzlich eine Entlastung zuzubilligen ist, um die Haftungsprivilegierung zu Gunsten der Arbeitnehmer nicht durch

---

53 Vgl. VG Augsburg 13.4.2018 – Au 2 K 17.1704 – Rn. 37, BeckRS 2018, 9283 (zu einem Schadensersatzanspruch gemäß § 75 Abs. 1 S. 1 BBG i.V.m. § 7 Abs. 2 PostPersRG).

54 BGH 5.12.1983 – II ZR 252/82 –, BGHZ 89, 153, 158 ff. = NJW 1984, 789, 790 f.; 13.12.2004 – II ZR 17/03 –, NJW 2005, 981 f.; OLG Saarbrücken 18.3.1994 – 4 U 315/93 – 56 –, VersR 1995, 832.

55 BGH 15.11.2011 – II ZR 304/09 – Rn. 9, NJW-RR 2012, 280. Zu §§ 31a, 31b BGB siehe § 2 RN 13.

56 Dazu näher *Leube*, ZTR 2013, 542 ff.

57 Siehe in diesem Zusammenhang auch BGH 17.10.1995 – VI ZR 358/94 –, NJW 1996, 53 (keine analoge Anwendung des verminderten Sorgfaltsmaßstabes gemäß § 1664 BGB auf einen im Familienverband lebenden Hauswirtschaftspraktikanten).

58 Im Erg. ebenso *Barrein*, Das Recht auf Home-Office, S. 161 f.; *Boemke*, BB 2000, 147, 153; *Collardin*, Rechtsfragen der Telearbeit, S. 179 ff.; *Isenhardt*, DB 2016, 1499, 1501; *Körner*, NZA 1999, 1190, 1192; *Wedde*, Telearbeit, 3. Aufl., Rn. 345 (zu allgemein: Erstreckung auf Familienangehörige); a.A. *Bissels/Meyer-Michaelis*, DB 2015, 2331, 2335; *Wilhelm*, NZA 2021, 15, 17 f.

59 So *Brauer*, Haftungsrechtliche Fragen, S. 169 ff.; wohl auch *Voigt*, AuR 2018, 452, 454. Zu Einzelheiten § 8 RN 29 sowie *Schwarze*, ZFA 2024, 79, 115 ff.

einen das Familieneinkommen schmälernden Schadensersatzanspruch zu unterlaufen. Besser noch wäre eine dahingehende gesetzliche Klarstellung, wie sie sich seit dem 1.4. 2021 im österreichischen Recht findet.[60] Wird ein Dienstfahrzeug auch zu Privatfahrten überlassen und das Fahrzeug befugt von einem Dritten, insbesondere einem Familienangehörigen, gefahren, wirkt die Obliegenheit zum Abschluss einer Vollkaskoversicherung mit einer üblichen Selbstbeteiligung auch zu Gunsten des Dritten.[61]

12 Sofern ein Arbeitnehmer und ein außenstehender Dritter gemeinsam für einen Schaden verantwortlich sind, reduziert sich die Haftung eines für sich genommen nicht privilegierten Dritten gegenüber dem Arbeitgeber nach den Grundsätzen über den **gestörten Gesamtschuldnerausgleich** in dem Umfang, wie der Arbeitnehmer über einen ansonsten bestehenden Regressanspruch (§§ 426, 840 BGB) seine ihm im Verhältnis zum Arbeitgeber zustehenden Haftungsprivilegierung einbüßen würde.[62]

IV. Sonderfall: Amtspflichtverletzungen von Betriebsratsmitgliedern

13 Eine weitergehende Haftungsmilderung ist für die **persönliche Haftung von Betriebsratsmitgliedern für Amtspflichtverletzungen** bei der Ausübung von Beteiligungsrechten anzunehmen. Hier ist wiederum die Ehrenamtlichkeit der Tätigkeit das kennzeichnende Merkmal, die auch in der (allerdings nur das Innenverhältnis betreffenden) Haftungseinschränkung nach §§ 31a, 31b BGB zum Ausdruck kommt.[63] Mit Recht wird vielfach befürwortet, die Einstandspflicht sowohl im Innenverhältnis als auch im Außenverhältnis nur bei Vorsatz und grober Fahrlässigkeit anzuerkennen.[64] Andere fordern eine noch weitergehende Privilegierung bis zur Beschränkung auf vorsätzliche sittenwidrige Schädigungen.[65] Im Außenverhältnis bejaht der BGH indessen eine Haftung der handelnden Betriebsratsmitglieder gemäß § 179 BGB analog beim Abschluss eines Beratungsvertrages im Fall der Überschreitung ihrer Kompetenz[66] und

60 Vgl. § 2 Abs. 4 DHG; siehe dazu auch § 28 RN 3.

61 LAG Köln 22.4.2004 – 7 Sa 859/04 –, LAGE § 611 BGB 2002 Arbeitnehmerhaftung Nr. 1.

62 Näher dazu § 8 RN 30.

63 Siehe hierzu auch oben RN 8 a.E. Zur Haftung für sonstige Tätigkeiten unten § 8 RN 18.

64 *Belling*, Haftung des Betriebsrats, S. 246 ff.; *Fitting*, BetrVG, 32. Aufl., § 1 Rn. 315 f.; *Lunk/Rodenbusch*, NJW 2014, 1989, 1993 f.; Richardi/*Thüsing*, BetrVG, 17. Aufl., Vor § 26 Rn. 14; abl. GK-BetrVG/*Franzen*, 12. Aufl., § 1 Rn. 80; für eine Erweiterung der beschränkten Arbeitnehmerhaftung auf Betriebsratsmitglieder *Posth*, Haftungsprivilegierung des Betriebsrats, S. 87 ff., nur im Innenverhältnis zum Arbeitgeber auch *H. Hanau*, Liber amicorum Düwell (2021), S. 817, 828 ff. (dabei Haftung für Vorsatz und grobe Fahrlässigkeit); grds. gegen eine Übertragung der arbeitsrechtlichen Haftungserleichterung *Schmitt*, Haftung betriebsverfassungsrechtlicher Gremien, S. 597 ff.

65 Däubler/Klebe/Wedde, BetrVG, 19. Aufl., Einl. Rn. 77 (*Däubler*) und 150 (*Wedde*) jeweils m.w.N.; *Gamillscheg*, AuR 1992, 176 ff.

66 BGH 25.10.2012 – III ZR 266/11 – Rn. 33 ff., AP § 40 BetrVG 1972 Nr. 110 = NZA 2012, 1382; näher dazu § 8 RN 18. Ferner *Bergmann*, NZA 2013, 57 ff.; *Richardi*, RdA 2013, 317 f.

lehnt eine Haftungsprivilegierung ausdrücklich ab.[67] Immerhin will der BGH bei der ex-ante-Beurteilung der Erforderlichkeit des Beratungsvertrages durch den Betriebsrat den Spielraum im Interesse der Funktions- und Handlungsfähigkeit nicht zu eng ziehen.[68]

67 BGH 25.10.2012 – III ZR 266/11 – Rn. 44 ff., AP § 40 BetrVG 1972 Nr. 110 = NZA 2012, 1382. Zweifelnd *Bergmann*, NZA 2013, 57, 60 f., mit dem Vorschlag einer D&O-Versicherung (dazu § 11 RN 27) zu Gunsten der Betriebsratsmitglieder.

68 Für eine Heranziehung der Grundsätze über den innerbetrieblichen Schadensausgleich bei Eigenschäden von Betriebsratsmitgliedern BAG 24.10.2018 – 7 ABR 23/17 – Rn. 16, AP § 37 BetrVG 1972 Nr. 137 = NZA 2019, 407.

§ 8 Die betrieblich veranlasste Tätigkeit als Voraussetzung der Enthaftung

I. Grundsätzliches

1 Es ist selbstverständlich, dass die Grundsätze des innerbetrieblichen Schadensausgleichs nur für solche Handlungen eingreifen, die der Arbeitnehmer[1] in Vollzug des Arbeitsverhältnisses vornimmt. In Rechtsprechung und Literatur hat sich in Anlehnung an das Unfallversicherungsrecht dafür der Begriff der **betrieblich veranlassten Tätigkeit** (synonym: **betrieblichen Tätigkeit)**[2] durchgesetzt.[3] Sie ist das Nadelöhr, durch das die Enthaftung des Arbeitnehmers eingefädelt wird. Der *Große Senat* fasst es in folgende Worte:

> „Die Grundsätze über die Beschränkung der Arbeitnehmerhaftung gelten für alle Arbeiten, die durch den Betrieb veranlasst sind und aufgrund eines Arbeitsverhältnisses geleistet werden…“[4]

Methodisch ist die Abgrenzung der betrieblich veranlassten Tätigkeit eine Frage der richterlichen Rechtsfortbildung – wie alle anderen Entscheidungen über die Grundsätze des innerbetrieblichen Schadensausgleichs auch. Sie spannt den Rahmen, innerhalb dessen die vertraglichen Vereinbarungen der Parteien zum Tragen kommen können. Diese vertraglichen Vereinbarungen sind hier allerdings von ungleich größerer Bedeutung: Betrieblich veranlasst ist zunächst einmal die **vertraglich geschuldete Arbeitsleistung** des Arbeitnehmers. Über diesen Punkt ist in Zweifelsfällen durch Auslegung des Arbeitsvertrages (§§ 133, 157 BGB) zu entscheiden; dabei ist das Interesse der Parteien, namentlich das Interesse des Arbeitgebers an der Tätigkeit des Arbeitnehmers von maßgeblicher Bedeutung. Das vertraglich festgelegte Tätigkeitsfeld bildet den Kern betrieblich veranlasster Tätigkeit, um den sich weitere Tätigkeitsbereiche lagern, die zum Betriebsrisiko des Arbeitgebers gehören. Über den betrieblichen Charakter dieser Tätigkeiten ist teleologisch, nach Maßgabe der die Enthaftung des Arbeitnehmers tragenden Prinzipien zu entscheiden. Die **Unwirksamkeit des Arbeitsvertrages** hindert

---

1 Bzw. gleichgestellte Personen, siehe § 7 RN 9 ff.

2 Im öffentlichen Dienst: dienstliche Tätigkeit. Eine terminologische Unterscheidung, auf die im Weiteren nicht jeweils hingewiesen wird.

3 MünchArbR/*Reichold*, 6. Aufl., § 57 Rn. 31. Solange die Gefahrgeneigtheit Voraussetzung der arbeitsrechtlichen Enthaftung war, scheint die Betrieblichkeit oft als Bestandteil der Gefahrgeneigtheit gesehen worden zu sein, vgl. *Denck*, DB 1986, 590. Gemäß § 2 Abs. 1 DHG muss der Schaden „bei Erbringung“ einer Dienstleistung eingetreten sein; dazu § 28 RN 3 f. u. *Kohlmeyer*, Haftung des Arbeitnehmers, S. 41 ff.

4 BAG 27.9.1994 – GS 1/89 (A) – Leits., AP § 611 BGB Haftung des Arbeitnehmers Nr. 103 m. Anm. *Schlachter* = NZA 1994, 1083; siehe auch BAG 12.10.1989 – 8 AZR 741/87 –, AP § 611 BGB Haftung des Arbeitnehmers Nr. 98 = NZA 1990, 95 = BB 1990, 64 m. zust. Anm. *Arens* = EzA § 611 BGB Gefahrgeneigte Arbeit Nr. 23 m. zust. Anm. *Rieble* = SAE 1990, 93 m. zust. Anm. *Brox* = AR-Blattei Haftung des Arbeitnehmers Nr. 121 m. zust. Anm. *Mayer-Maly*.

https://doi.org/10.1515/9783110728606-010

die Anwendung der Grundsätze des innerbetrieblichen Schadensausgleichs – ihrem Schutzzweck gemäß – nicht.[5]

Die „betriebliche Tätigkeit“ entscheidet über den **Anwendungsbereich des gesamten innerbetrieblichen Schadensausgleichs:** des gesetzlichen Unfallversicherungsschutzes (§ 8 Abs. 1 SGB VII, „versicherte Tätigkeit“), des Haftungsausschlusses unter Betriebskollegen (§ 105 SGB VII) und des Ersatzes von (Sach-, Vermögens-)Eigenschäden des Arbeitnehmers, ferner über die Reichweite der privaten Betriebshaftpflichtversicherung.[6] Der Begriffsinhalt ist in weiten Bereichen derselbe, aber nicht völlig identisch.[7] Die Ausführungen in diesem Abschnitt behandeln die betriebliche Tätigkeit als Voraussetzung für die arbeitsrechtliche Haftungsmilderung. Sie gelten für das Unfallversicherungsrecht und den Ersatz von Eigenschäden im Grundsatz entsprechend; auf Abweichungen oder Besonderheiten wird in den entsprechenden Abschnitten eingegangen.[8] 2

II. Erbringung der geschuldeten Arbeitsleistung

Alle Tätigkeiten, die der Arbeitnehmer zur Erfüllung der geschuldeten Arbeitsleistung vornehmen muss, sind betrieblich veranlasst. Darüber bestimmen die vertraglichen Vereinbarungen und die sie konkretisierenden Weisungen des Arbeitgebers. Fehlt es an ausdrücklichen Festlegungen, ist durch Auslegung zu entscheiden; im Zweifel ist auf das „übliche Tätigkeitsbild“ abzustellen. Betrieblich ist auch die Tätigkeit eines auf Grundlage eines Arbeitsvertrages tätigen Compliance-Officers. Dass er für die Einhaltung der Verhaltensregeln zu sorgen hat und insoweit „unabhängig“ von Weisungen des Arbeitgebers ist, ändert nichts an der Fremdnützigkeit seiner Tätigkeit und der daraus folgenden Unangemessenheit einer unbeschränkten Haftung.[9] Zur geschuldeten Arbeitsleistung in diesem Sinne gehören nicht nur die eigentliche Leistungserbringung, sondern auch die **leistungsergänzenden Tätigkeiten,** zu denen der Arbeitnehmer aus dem Treuegedanken und § 242 BGB verpflichtet ist; so gehört z. B. das Freischleppen einer festgefahrenen Raupe mit zur geschuldeten Tätigkeit des Raupenfahrers.[10] Dagegen zählt zum Abladen eines Lkw mit Waren nicht die Bedienung eines Gabelstaplers, 3

5 § 7 RN 4; vgl. zur Maßgeblichkeit des Faktischen BAG 15.2.1974 – 2 AZR 57/73 – unter II 2, AP § 637 RVO Nr. 7; *Kohte,* AuR 1986, 251, 252 (zur „Eingliederung“ im Sinne des § 637 RVO).

6 Vgl. dazu BGH 17.1.1973 – IV ZR 166/71 –, VersR 1973, 313, 314.

7 So aber *Rolfs,* Haftung unter Arbeitskollegen, S. 76; wohl auch *Gamillscheg/Hanau,* Haftung des Arbeitnehmers, 2. Aufl., S. 189; im österreichischen Recht ist das ebenfalls umstritten, vgl. *Schrammel,* ZAS 1985, 203, 206 m.w.N.

8 Zu einigen Besonderheiten der Unfallversicherung § 22 RN 12 ff., 36 ff.; § 23 RN 3 ff., zu Besonderheiten beim Ersatz von Eigenschäden § 27 RN 14 f., 16.

9 I. E. ebenso *Giesen,* CCZ 2009, 102 ff.

10 Implicite BAG 20.11.1969 – 1 AZR 200/69 – unter II 1, AP § 611 BGB Haftung des Arbeitnehmers Nr. 50, Bl. 2 R; anders *Söllner,* Anm. a.a.O.

wenn hierfür eine besondere Fahrerlaubnis erforderlich ist, die der Arbeitnehmer nicht besitzt.[11]

4 Zur geschuldeten Arbeitsleistung gehören weiter solche Tätigkeiten, die der Arbeitnehmer nur aufgrund eines **vorhergehenden Fehlverhaltens** vornehmen muss („Nachbesserung"). Hat ein Bauarbeiter beispielsweise Arbeitsgerät auf der Baustelle vergessen und fährt deshalb noch einmal zur Baustelle, ist diese zusätzliche Fahrt betriebliche Tätigkeit, da – bei Beurteilung zum Zeitpunkt des Fahrtantritts – im Interesse des Arbeitgebers liegend; für einen Unfall wird daher nach den Grundsätzen des innerbetrieblichen Schadensausgleichs gehaftet.[12] Zwar hat der Arbeitnehmer diese Fahrt durch pflichtwidriges Verhalten verursacht, das löst aber nicht den betrieblichen Zusammenhang, sondern führt nur seinerseits zu Schadensersatzpflichten (wenn z. B. das Gerät mittlerweile gestohlen wurde).[13] Zur geschuldeten Arbeitsleistung gehören auch alle **Betriebswege**,[14] nicht hingegen der normale **Weg zur Arbeit**,[15] im Zweifel auch dann nicht, wenn der Arbeitnehmer dafür sein Dienstfahrzeug einsetzen darf.[16] Anderes gilt, wenn die Fahrt vom Arbeitgeber organisiert ist,[17] ferner für Wege im Rahmen von Rufbereitschaften[18] oder außer der Reihe.[19] Zur geschuldeten Leistung zählt die **Verwahrung von Arbeitsmitteln und Gegenständen des Arbeitgebers** (z. B. eines Generalschlüssels) einschließlich deren Rückgabe bei Beendigung des Arbeitsverhältnisses.[20] Betriebliche Tätigkeit ist die Aufbewahrung im erforderlichen bzw. verkehrsüblichen Rahmen; wird dieser überschritten – nimmt der Arbeitnehmer z. B. den Schlüssel unnötigerweise auf Freizeitunternehmungen mit –, liegt insoweit keine betriebliche Tätigkeit vor.[21]

5 Der betriebliche Charakter der Tätigkeit geht nicht dadurch verloren, dass der Arbeitnehmer bei Durchführung der Tätigkeit grob fahrlässig oder vorsätzlich seine

11 Dafür aber *Schwab*, AiB 2003, 319 f. zu BAG 18.4.2002 – 8 AZR 348/01 –, AP § 611 Haftung des Arbeitnehmers Nr. 122 = NZA 2003, 37, 40; zu weiteren Einwänden gegen den betrieblichen Charakter in casu *Schwarze*, Anm. EzA § 611 Arbeitnehmerhaftung Nr. 70.

12 Vgl. zum Unfallversicherungsrecht LSG Berlin-Brandenburg 15.11.2012 – L 3 U 287/11 –, BeckRS 2013, 65559.

13 Unzutreffend daher bei einem ähnlichen Sachverhalt LAG Hannover 4.10.1967 – 6 Sa 336/67 –, ARST 1968, Nr. 182.

14 Zu Begriff und einzelnen Fällen § 22 RN 43 ff.

15 LAG Frankfurt/M. 24.6.1981 – 10 Sa 1271/80 –, BB 1983, 574. Der Unfallversicherungsschutz geht weiter (§ 8 Abs. 2 SGB VII, § 22 RN 44; zur sozialpolitischen Bewertung *Kranig/Aulmann*, NZS 1995, 203, 208 f.), hier können unter Umständen sogar die Bewältigung des Arbeitsweges vorbereitende Handlungen versichert sein, BSG 24.1.1995 – 8 RKNu 1/94 –, NZS 1995, 279.

16 LAG Köln 24.6.1994 – 13 Sa 37/94 –, LAGE § 611 BGB Arbeitnehmerhaftung Nr. 18 = NZA 1995, 1163; LAG Rheinland-Pfalz 9.10.2018 – 6 Sa 75/18 –, juris.

17 § 22 RN 44.

18 BAG 22.6.2011 – 8 AZR 102/10 –, NZA 2012, 91; *Schwarze*, RdA 2012, 317 ff.

19 BSG 23.10.1970 – RU 6/69 –, AP § 611 BGB Ärzte, Gehaltsansprüche Nr. 28.

20 LAG Rheinland-Pfalz 18.11.2015 – 4 Sa 126/15 – Rn. 25, juris.

21 Die Abgrenzung der betrieblichen Tätigkeit ist nicht völlig deckungsgleich mit der nach § 8 Abs. 2 Nr. 5 SGB VII, da es dort um die Betrieblichkeit des Personenschadens geht.

Verhaltenspflichten verletzt. Zwar liegen derartige Verhaltensverstöße nicht im Interesse des Arbeitgebers, dem wird aber durch einen entsprechenden Haftungsumfang Rechnung getragen. Für die Betrieblichkeit reicht es, dass die jeweilige **Tätigkeit als solche (abstrakte Betrachtung)** dem vertraglich Geschuldeten entspricht, mag das für die konkrete Durchführung auch nicht gelten.[22] Die von der sozialgerichtlichen Rechtsprechung zu § 8 SGB VII entwickelten Grundsätze zur „Lösung" vom betrieblichen Zusammenhang aufgrund erheblichen Fehlverhaltens bei der Durchführung der Tätigkeit gelten also nicht.[23] Anders ist zu entscheiden, wenn die **Durchführung der geschuldeten Tätigkeit bereits als solche erkennbar nicht dem Interesse des Arbeitgebers entspricht.** Das ist der Fall, wenn der Arbeitnehmer von vornherein nicht oder nicht mehr in der Lage ist, die Tätigkeit überhaupt durchzuführen, z. B. mangels Ausbildung oder infolge schwerer Alkoholisierung.[24] Hier sind nicht erst einzelne Modalitäten der Arbeitsdurchführung pflichtwidrig, sondern bereits die Übernahme/ Weiterführung der Arbeit als solche. Ist dies für den Arbeitnehmer erkennbar, entfällt der betriebliche Zusammenhang[25], und er hat für jede Fahrlässigkeit bei der Arbeit einzustehen. Die Verletzung zwingenden Rechts bzw. von Compliance-Regeln führt nicht zum Fortfall der Betrieblichkeit, wenn sie vom Arbeitgeber befürwortet oder geduldet wird (z. B. Duldung wettbewerbswidriger Preisabreden[26]). Dem Ordnungsinteresse an der Einhaltung der Regeln ist damit Genüge getan, dass eine etwaige Strafbarkeit des Arbeitnehmers nicht auf den Arbeitgeber abgewälzt werden kann.[27] Trifft die Strafe bzw. staatliche Sanktion den Arbeitgeber (z. B. Kartellstrafe), entspricht es deren Zweck, dass der wissende bzw. duldende Arbeitgeber sie nicht vollständig auf den Arbeitnehmer abwälzen kann. Der Arbeitgeber kann durch **„absolute" Verbote** die Betrieblichkeit der Tätigkeit steuern, mit denen er verdeutlicht, dass Tätigkeiten generell oder unter näher bestimmten Umständen niemals in seinem Interesse sind (z. B. absolutes Verbot an einen kaufmännischen Auszubildenden, den Gabelstapler zu fahren).[28] Soweit das Verbot die private Nutzung **privater Arbeitsmittel** oder privater Infrastruktur

22 Vgl. zu §§ 636, 637 RVO BAG 9.8.1966 – 1 AZR 426/65 – Leits. 3 und I 2 d der Gründe, AP § 637 RVO Nr. 1 und 14.3.1967 – 1 AZR 310/66 –, AP § 636 RVO Nr. 1; BGH 19.12.1967 – 6 ZR 6/66 –, AP § 637 RVO Nr. 2 = VersR 1967, 353; *Hagen*, VersR 72, 809, 812; *Rolfs*, Haftung unter Arbeitskollegen, S. 73. Vergleichbar auch die Abgrenzung der „betrieblichen" Tätigkeit in der Betriebshaftpflichtversicherung und bei §§ 278, 831 BGB, vgl. dazu *Denck*, Außenhaftung, S. 219 f. Enger im Zusammenhang mit der analogen Anwendung des § 670 BGB bei ehrenamtlich tätigen Vereinsmitgliedern *Löwisch/Arnold*, JZ 1984, 622, gegen BGH 5.12.1983 – 2 ZR 252/82 –, JZ 1984, 619, 620 f.

23 BGH 19.12.1967 – VI ZR 6/67 –, AP § 637 RVO Nr. 2; *Hagen*, VersR 1972, 808, 812; dazu unten § 22 RN 40.

24 Vgl. zur entsprechenden Problematik im Rahmen des § 8 SGB VII § 22 RN 40 f. Es geht wohlgemerkt nur um Fälle völlig fehlender Eignung.

25 Es gilt der gleiche Maßstab wie für die Übernahme von Tätigkeiten außerhalb der vertraglich geschuldeten Tätigkeit, dazu im Einzelnen unter RN 11 ff.

26 LAG Düsseldorf 27.11.2015 – 14 Sa 800/15 – Rn. 321 ff., juris.

27 § 27 RN 27.

28 *Schwarze*, NZA 2018, 65, 67; unzutr. BAG 18.4.2002 – 8 AZR 348/01 –, AP § 611 BGB Haftung des Arbeitnehmers Nr. 122; dazu *Schwarze*, Anm. EzA § 611 BGB Arbeitnehmerhaftung Nr. 70.

betrifft (z. B. Verbot der Nutzung bestimmter gefährlicher Internetseiten), muss das Verbot mit den berechtigten Interessen des Arbeitnehmers an einer selbstbestimmten Lebensführung abgewogen werden (§ 106 GewO, § 307 BGB) mit der Folge, dass der Arbeitnehmer bis zur Grenze der groben Fahrlässigkeit nutzen können muss (vgl. § 277 BGB).[29]

6 An der betrieblichen Veranlassung der Tätigkeit fehlt es, wenn der Arbeitnehmer **eigenwirtschaftliche Interessen** verfolgt, z. B. unter Verstoß gegen ein vertragliches Wettbewerbsverbot für einen Konkurrenten des Arbeitgebers tätig wird[30] oder eine „Spaßfahrt" mit dem Gabelstapler durchführt.[31] Keine betriebliche Tätigkeit ist daher auch die Teilnahme an einem **Streik.** Ist der Streik rechtmäßig, ist die Arbeitspflicht suspendiert und insoweit der betriebliche Bezug beendet; schon deshalb handelt es sich um eigenwirtschaftliche Tätigkeit. Ist der Streik rechtswidrig, liegt eine pflichtwidrige Nichtleistung der Arbeit vor, die nicht dem betrieblichen, sondern eigenen Interessen des Arbeitnehmers dient. Der Arbeitnehmer haftet daher für streikbedingte Schäden nach allgemeinen zivilrechtlichen Regeln.[32] Dasselbe gilt entsprechend für andere Kampftätigkeiten. Betrieblich veranlasst ist dagegen die Durchführung von Not- und Erhaltungsarbeiten während des Arbeitskampfes.

7 Die Abgrenzung betrieblicher von privaten Interessen ist nicht immer eindeutig. Weicht beispielsweise der Berufskraftfahrer von der vorgesehenen Fahrstrecke für einen häuslichen Zwischenaufenthalt ab[33], kann dies durchaus betrieblich veranlasst, weil zur Erhaltung der Arbeitskraft erforderlich sein. Maßgeblich sind die erkennbaren Interessen des Arbeitgebers. Dient der **Umweg** allein privaten Zwecken, liegt keine betriebliche Tätigkeit vor,[34] mag er auch nur klein sein.[35] Das gilt erst recht für unerlaubte Schwarzfahrten[36]. Die privat motivierte **Unterbrechung der Fahrt** kann zu einer

---

29 *Schwarze*, ZFA 2024, 79, 86 f. (unter V. 3); für die Verwendung eigener Informations- und Kommunikationstechnik *Brauer*, Haftungsrechtliche Fragen S. 210 ff.

30 Daher volle Haftung für etwaige Schäden, BAG 28.10.2010 – 8 AZR 547/09 –, AP § 611 BGB Haftung des Arbeitnehmers Nr. 135.

31 BAG 18.4.2002 – 8 AZR 348/01 – Leits. 1, AP § 611 BGB Haftung des Arbeitnehmers Nr. 122; dazu *Schwarze*, Anm. EzA § 611 BGB Arbeitnehmerhaftung Nr. 70.

32 Otto, Arbeitskampfrecht, § 15 Rn. 36.

33 BAG 21.10.1983 – 7 AZR 488/80 –, AP § 611 BGB Haftung des Arbeitnehmers Nr. 84 = NZA 1984, 83; in LAG München 24.8.1988 – 7 (8) Sa 763/86 –, NZA 1989, 218, schien ein leichter Umweg zur Umgehung eines Staus erforderlich; siehe auch ArbG Heidelberg 9.4.1968 – 1 Ca 602/67 –, ARST 1968, Nr. 1331, wo der Arbeitnehmer an anderer Stelle eingekauft hatte als vom Arbeitgeber angegeben.

34 Vgl. BAG 21.10.1983 – 7 AZR 488/80 –, AP § 611 BGB Haftung des Arbeitnehmers Nr. 84 = NZA 1984, 83; ArbG Gießen 30.8.1965 – 2 Ca 32065 –, ARST 1965, Nr. 423.

35 Anders LAG Stuttgart 16.6.1954 – II Sa 27/54 –, DB 1954, 867, wohl nur aus den Zeitumständen heraus zu erklären.

36 BAG 9.11.1967 – 5 AZR 147/67 –, BAGE 20, 142, 146 = AP § 67 VVG Nr. 1 zur Betriebshaftpflichtversicherung = SAE 1968, 192 m. zust. Anm. *Richardi*; LAG Bremen 8.10.1958 – I Sa 88/58 – Leits., BB 1958, 1208; ArbG Ludwigshafen 25.5.1966 – 2 Ca 604/65 – Leits., ARST 1967, Nr. 1012; ArbG Düsseldorf 12.3.1968 – 1 Ca 3296/67 – Leits., ARST 1969, Nr. 1037; ArbG Bochum 8.1.1970 – 2 Ca 948/69 –, DB 1970, 885; auch LAG Frankfurt/ M. 22.8.1967 – 5 Sa 137/67 –, ARST 1968, Nr. 181.

völligen Lösung vom betrieblichen Zusammenhang führen, wenn sie von erheblicher Dauer ist;[37] dann kann die weitere Fahrt sich als dem Privatbereich zuzurechnender Weg zur Arbeit darstellen. Ansonsten wird mit Fortsetzung der Fahrt der betriebliche Zusammenhang wieder hergestellt.[38] Verfolgt der Arbeitnehmer mit ein und derselben Tätigkeit **betriebliche und private Zwecke zugleich** (Dienstfahrt dient zugleich dem Besuch eines Verwandten), liegt betriebliche Tätigkeit vor, wenn die Tätigkeit auch ohne den privaten Zweck durchgeführt worden wäre. Wäre die Tätigkeit ohne den privaten Zweck nicht durchgeführt worden, ist sie grundsätzlich nicht betrieblich veranlasst, ausgenommen solche – abtrennbaren – Risiken (z. B. Umweg, längere Fahrt usw.), die allein zur Verfolgung des betrieblichen Zwecks übernommen werden müssen.

Eine besondere Regel erfordert die **Mitursächlichkeit** betrieblicher und eigen- 8
wirtschaftlicher Ursachen für einen Schaden. Sie ist in zwei Konstellationen denkbar. Zum einen können zwei voneinander unterscheidbare Handlungen, von denen die eine betrieblichem, die andere privatem Zweck dient, schadensursächlich sein, ohne dass jeder Ursache ein realer Teil des Schadens zuzuordnen wäre: Wenn etwa der Lkw-Fahrer während einer Fahrt (betriebliche Tätigkeit) infolge Ablenkung durch den Verzehr von Süßigkeiten (eigenwirtschaftliche Tätigkeit) die Vorfahrt eines anderen missachtend einen Unfall verursacht,[39] sind für den eingetretenen Totalschaden am Lkw i.H.v. 150.000 Euro sowohl betriebliche als auch private Tätigkeit ursächlich im Sinne der Condicio-Formel.[40] Dasselbe gilt, wenn die Tätigkeit nur einem privaten Zweck dient, der Schaden aber zugleich auf einen Umstand zurückgeht, der dem Risikobereich des Arbeitgebers zuzurechnen ist, z. B. der am Dienst-PC durchgeführte Privateinkauf der Sekretärin, in dessen Folge der PC mit einem Virus verseucht wird, wenn dafür auch ein dem Normalstandard nicht entsprechender Virenschutz des PC ursächlich ist. In solchen Fällen findet der Schadensausgleich nach arbeitsrechtlichen Regeln statt. Im ersten Schritt ist der Haftungsanteil nach diesen Regeln so zu ermitteln, als handele es sich auch beim privaten Handlungsanteil um betriebliche Tätigkeit. Der so ermittelte Schadensanteil des Arbeitnehmers ist in einem zweiten Schritt mit Blick auf den privaten Charakter des schadensursächlichen Verhaltens zu erhöhen, und zwar um 1/5, wenn die private Tätigkeit arbeitsvertraglich erlaubt war, und um 1/3, wenn sie arbeitsvertraglich verboten war.[41] Die Mitursächlichkeit wird durch Zunahme betriebsexterner Arbeit

37 Vgl. BSG 10.10.2006 – B 2 U 20/05 R –, juris (mehrtätige Unterbrechung einer Geschäftsfahrt zwecks Angehörigenbesuch, Unfall auf der anschließend erfolgten Rückfahrt).

38 Zur Abgrenzung, auch bei anderer Art der Fortbewegung, BSG 28.6.2022 – B 2 U 16/20 R – Rn. 24, NZS 2023, 465.

39 Vgl. auch LSG Bayern 26.3.2015 – L 17 U 409/14 –, juris (betriebliches Telefonat während privater Skifahrt).

40 Rein privat verursacht wäre dagegen die Beschmutzung der Fahrersitze, *Schwarze*, NZA 2018, 65, 66; zur entsprechenden *Abgrenzung* in § 8 SGB VII siehe § 22 RN 40, § 23 RN 5; siehe ferner BSG 27.10.1987 – 2 RU 31/87 –, SozSich 198, 222.

41 Näher *Schwarze*, NZA 2018, 65 ff.; ebenso NK-GA/*Brors/Rudnik*, 2. Aufl., § 611a BGB Rn. 656; BeckOGK/*Feuerborn*, BGB (Stand: 06/2024), § 619a Rn. 60; HWK/*Krause*, 11. Aufl., § 619a BGB Rn. 22; *Wilhelm*, NZA 2021, 15, 16; BeckOK/*Wullenkord*, Arbeitsrecht (Stand: 03/2024), § 619a BGB Rn. 7.

(Homeoffice, mobile Arbeit usw.) praktisch bedeutsamer werden, da die Arbeit oft in Räumen stattfindet, die sich im Verantwortungsbereich des Arbeitnehmers befinden. Das betrifft die Umstände der Arbeit, die zur Erbringung der Arbeit verwendete Infrastruktur und die Umgebung, die Einfluss auf die Arbeitsleistung nehmen kann.[42]

9 Im Falle eines **Irrtums** des Arbeitnehmers über den betrieblichen Charakter der Tätigkeit bedarf es des Schutzes des § 670 BGB[43] nicht, wenn die Tätigkeit objektiv dem Interesse des Arbeitnehmers diente und er sie bei Kenntnis des eigenwirtschaftlichen Zwecks auch durchgeführt haben würde. Holt z. B. der im Homeoffice tätige Arbeitnehmer ein Paket von der Poststation ab im Glauben, es handele sich um eine Sendung für den Betrieb, während die Sendung in Wirklichkeit privaten Charakters ist, liegt private Tätigkeit vor, da er die Sendung auch bei Kenntnis dieses Umstands abgeholt haben würde.[44]

10 Die Haftungsprivilegierung gilt für die **Schlechtleistung.**[45] Sie gilt ferner für die **Verletzung von Rücksichtnahmepflichten** (§ 241 Abs. 2 BGB), soweit diese im Zusammenhang mit der Erbringung der Arbeitsleistung steht und nicht auf eigenwirtschaftlichen Motiven beruht,[46] etwa für die Übermittlung einer Arbeitsunfähigkeitsbescheinigung zur Erfüllung der den Arbeitnehmer treffenden Mitteilungspflicht.[47]

Pflichtverletzungen, die auf der **Nichterbringung der Arbeitsleistung** überhaupt beruhen (Nichtantritt; pflichtwidrige Unterbrechung oder vorzeitige Beendigung der Arbeit) sind i. d. R. nicht „betriebliche Tätigkeit" und gehören nicht zum privilegierten Bereich (z. B. irrtümlich für wirksam gehaltene Eigenkündigung).[48] Es geht hier nicht um die Art und Weise der Durchführung einer betrieblichen Tätigkeit, sondern darum, ob eine Tätigkeit (bzw. deren Unterlassung) überhaupt betrieblich ist, d. h. im Interesse des Arbeitgebers liegt oder eigenwirtschaftlichen Zwecken des Arbeitnehmers dient. Für diesbezügliche Fehleinschätzungen haftet der Arbeitnehmer nach allgemeinen Regeln für jede Fahrlässigkeit.[49]

---

42 Näher *Schwarze*, ZFA 2024, 79, 88 ff.

43 S. zum subjektiven Maßstab RN 12.

44 Vgl. LSG Baden-Württemberg 9. 2. 2015 – L 1 U 1882/14 –, juris.

45 Abl. zur Haftungsprivilegierung bei Schlechtleistung *Richardi*, NZA 2002, 1004, 1011; dagegen zutr. *Krause*, NZA 2003, 577, 582.

46 Näher § 6 RN 41 f.; die Haftungsmilderung ist nicht auf die Schlechtleistung beschränkt (so aber *Pallasch*, RdA 2013, 338, 344 ff.)

47 BSG 30. 3. 2023 – B 2 U 1/21 R – Rn. 25 ff., NZS 2023, 934.

48 *Otto*, Gutachten, S. E 51; *Schlachter*, FS OLG Jena (1993), S. 253, 260; zum österreichischen Recht *Schrammel*, ZAR 1985, 203 ff.

49 RN 12.

III. Tätigkeiten außerhalb des vertraglich festgelegten Tätigkeitsfeldes

1. Arbeitsvertragliche Verpflichtung zur Durchführung dieser Tätigkeit

Betrieblich veranlasst sind auch solche Tätigkeiten, die zwar nicht zur vertraglich geschuldeten Arbeitsleistung zählen,[50] aber **im Interesse des Arbeitgebers** sind und seiner aus dem Arbeitsvertrag abzuleitenden **Weisungsbefugnis unterliegen.**[51] Diese arbeitsvertragliche Weisungsbefugnis reicht so weit, wie der Arbeitnehmer aus der arbeitsvertraglichen Rücksichtnahme- bzw. Treuepflicht (§ 241 Abs. 2 BGB) verpflichtet ist, eine außerhalb seines eigentlichen Tätigkeitsfeldes liegende Arbeit bzw. Tätigkeit durchzuführen, wenn die Interessen des Arbeitgebers die Erledigung dieser Aufgabe in der jeweiligen Situation erfordern; zu denken ist vor allem an Neben- und Notarbeiten oder sonstige der Schadensvermeidung dienende Tätigkeiten.[52] In welchem Umfang diese Verpflichtung besteht, ist eine Frage der Auslegung des Arbeitsvertrages nach Maßgabe der Interessenlage. Im Rechtsprechungsfall des Kohlenkarrers, der zur Vermeidung von Schäden die Abschlammung des Heizkessels übernimmt,[53] wird man eine derartige Verpflichtung annehmen können. Zu allgemeinen Hilfsleistungen für Arbeitskollegen in Notsituationen ist der Arbeitnehmer wenn nicht unbedingt arbeitsvertraglich verpflichtet, so doch befugt.[54] 11

Allerdings besteht die Verpflichtung zunächst nur latent, solange eine konkretisierende Weisung des Arbeitgebers fehlt.[55] Wird der Arbeitnehmer von sich aus, ohne eine Weisung tätig, ist die Betriebsbedingtheit seiner Tätigkeit dann unproblematisch, wenn sie den objektiven Interessen des Arbeitgebers entspricht. Aber auch die **objektiv interessenwidrige Übernahme** ist dem Arbeitgeber zuzurechnen, wenn der Arbeitnehmer bei Beurteilung der Arbeitgeberinteressen die **erforderliche Sorgfalt** beobachtet hat.[56] So wenn beispielsweise der Kohlenkarrer trotz fehlender Sachkompetenz[57] die Abschlammung des Heizkessels übernimmt, weil andernfalls erheblicher Schaden droht oder wenn die in einer Arztpraxis beschäftige Reinigungskraft einen Magnetresonanztomographen abschaltet, von dem ein Alarmsignal ausgeht.[58] Das steht nicht in Widerspruch zu § 677 BGB, wonach die Berechtigung der auftragslosen Geschäftsfüh- 12

50 Auch außerhalb der Arbeitszeit, BAG 28.10.2010 – 8 AZR 418/09 –, AP § 611 BGB Haftung des Arbeitnehmers Nr. 136.

51 Vgl. BGH 2.3.1971 – VI ZR 146/69 –, AP § 637 RVO Nr. 6 m. Anm. *Sokoll.*

52 Vgl. BAG 28.10.2010 – 8 AZR 418/09 – Rn. 14 f., AP § 611 BGB Haftung des Arbeitnehmers Nr. 136 = NZA 2011, 345; MünchArbR/*Reichold*, 6. Aufl., § 57 Rn. 33.

53 BAG 11.9.1975 – 3 AZR 561/74 –, AP § 611 BGB Haftung des Arbeitnehmers Nr. 78 m. Anm. *Mühl.*

54 Vgl. OLG München 29.10.1976 – 1 U 3071/76 –, VersR 1977, 329 (zu § 637 RVO).

55 Umgekehrt kann eine trotz eindeutigem und konkretem Verbot durchgeführte Tätigkeit nicht mehr betrieblich sein, so aber BAG 18.4.2002 – 8 AZR 348/01 –, AP § 611 BGB Haftung des Arbeitnehmers Nr. 122; abl. *Schwarze*, Anm. BAG EzA § 611 BGB Arbeitnehmerhaftung Nr. 70; *Sandmann*, SAE 2003, 163.

56 BAG 11.9.1975 – 3 AZR 561/74 –, AP § 611 BGB Haftung des Arbeitnehmers Nr. 78 m. Anm. *Mühl.*

57 Vorausgesetzt, eine brauchbare Tätigkeit ist nicht von vornherein völlig ausgeschlossen, vgl. oben RN 5.

58 BAG 28.10.2010 – 8 AZR 418/09 – Rn. 15, AP § 611 BGB Haftung des Arbeitnehmers Nr. 136.

rung allein nach der objektiven Interessenlage zu beurteilen ist. Denn der Arbeitnehmer handelt im Rahmen seiner arbeitsvertraglichen Pflichten, steht daher bei der Entscheidung über die Übernahme der Tätigkeit nicht wie der auftragslose Geschäftsführer ganz außerhalb der Sphäre des Geschäftsherrn (Arbeitgebers). Deshalb ist die niedrigere Legitimationsschwelle in §§ 665, 670 BGB angemessen, nach der es für die Rechtfertigung der Tätigkeit gegenüber dem Geschäftsherrn ausreicht, dessen Interessen sorgfältig eingeschätzt zu haben. Für die Beurteilung des Interesses an der Durchführung der Tätigkeit ist sodann nicht die konkrete und womöglich fehlerhafte Durchführung der Tätigkeit zu Grunde zu legen – sie wäre nie im Interesse des Arbeitgebers. Entscheidend ist vielmehr die **ex-ante-Sicht des Arbeitnehmers**, nach der es allein darauf ankommt, ob die **Übernahme der Tätigkeit als solche** (abstrakte Betrachtung) mit dem Willen zur ordentlichen Durchführung im Interesse des Arbeitgebers liegt.[59]

13 Weitere Haftungserleichterungen sind dem Arbeitnehmer bei der Einschätzung der Arbeitgeberinteressen nicht zuzubilligen; weder gelten die Haftungsmaßstäbe der Arbeitnehmerhaftung, noch hat der Arbeitnehmer nur für grob fahrlässige Fehleinschätzungen einzustehen.[60] Beurteilt der Arbeitnehmer die Interessen des Arbeitgebers an der Durchführung der Tätigkeit **fahrlässig falsch**, ist seine Tätigkeit also nicht betrieblich. Insofern ist strikt zu unterscheiden zwischen der Übernahme einer Tätigkeit und ihrer Durchführung.[61] Die Grundsätze des innerbetrieblichen Schadensausgleichs greifen erst bei der Durchführung. Die Legitimation, für den Arbeitgeber überhaupt tätig werden zu dürfen, können und wollen sie nicht regeln. Ein Schutzbedürfnis des Arbeitnehmers mag auch hier bestehen, doch haben die Interessen des Arbeitgebers, nicht über Gebühr mit erkennbar interessewidrigen Maßnahmen belastet zu werden, größeres Gewicht. Der Arbeitnehmer haftet daher bei der **Durchführung einer erkennbar gegen die Interessen des Arbeitgebers** übernommenen Tätigkeit für jede Fahrlässigkeit. In diesem Sinne hat das **BAG** mehrfach entschieden – nicht expressis verbis, aber in der Sache.[62] Dass im Recht der gesetzlichen Unfallversicherung erst bei grob fahrlässiger Fehleinschätzung der betrieblichen Interessen der betriebliche Zusammenhang verloren geht,[63] besagt nichts. Die großzügigere Handhabung geht hier nicht zu Lasten eines einzelnen Arbeitgebers, sondern des Kollektivs der Versicherten. Dieser Unterschied wird vom BAG in einer neueren Entscheidung nicht genügend beachtet. Das Gericht geht offenbar von der vollständigen Identität des Tatbestandes der betrieblichen Tätigkeit im Arbeitsrecht und Unfallversicherungsrecht aus und ver-

59 BAG 28.10.2010 – 8 AZR 418/09 – Rn. 14, AP § 611 BGB Haftung des Arbeitnehmers Nr. 136.

60 Anders *Gamillscheg/Hanau*, Haftung des Arbeitnehmers, 2. Aufl., S. 12; *Denck*, DB 1986, 590, 591; *Rolfs*, Haftung unter Arbeitskollegen, S. 75 i.V.m. S. 76.

61 Das gleiche Problem stellt sich, wie bereits angesprochen, wenn der Arbeitnehmer von Weisungen des Arbeitgebers abweicht oder überhaupt nicht in der Lage ist, seiner Arbeit nachzukommen.

62 BAG 11.9.1975 – 3 AZR 561/74 –, AP § 611 BGB Haftung des Arbeitnehmers Nr. 78 m. Anm. *Mühl*; 21.10.1983 – 7 AZR 488/80 – Leits. 3 und II 1 c der Gründe, AP § 611 BGB Haftung des Arbeitnehmers Nr. 3; ebenso *Waltermann*, RdA 2005, 98, 103; wohl auch *Blomeyer*, JuS 1993, 903, 906.

63 Vgl. unten § 22 RN 39; § 23 RN 4.

wendet Umschreibungen, die dahin verstanden werden können, dass erst die **grob fahrlässige** Fehleinschätzung der arbeitgeberischen Interessen der „Betrieblichkeit" der Tätigkeit entgegensteht.[64] Ob dies wirklich gemeint ist, lässt sich aber nicht eindeutig sagen.[65] Zu Gunsten des Arbeitnehmers wirkt sich aus, dass die Beurteilung der erkennbaren Interessenlage sich auch hier auf die Übernahme der Tätigkeit als solcher (**abstrakte Betrachtung**) beschränkt. Im MRT-Fall ist es im erkennbaren Interesse des Arbeitgebers, dass die in einer radiologischen Praxis beschäftigte Reinigungskraft auf das Alarmsignal einer MRT-Anlage hin „etwas" unternimmt,[66] womit die Betrieblichkeit ihrer anschließenden Tätigkeit zu bejahen ist; dass sie das Falsche tut (Abschalten der Anlage), betrifft die Art und Weise der Tätigkeit und ist unschädlich.

Der Arbeitnehmer haftet auch in Fällen **dringender Gefahr** für Rechtsgüter des 14 Arbeitgebers für eine fahrlässige Fehleinschätzung der arbeitgeberischen Interessen; dem besonderen Handlungsdruck kann mit einer entsprechenden Modifizierung des Sorgfaltsmaßes Rechnung getragen werden. Eine Haftungsbeschränkung auf grobe Fahrlässigkeit analog § 680 BGB lässt sich nicht rechtfertigen, denn der Arbeitnehmer ist wegen seiner besseren Vertrautheit mit den betrieblichen Abläufen und wegen der Entgeltlichkeit des Arbeitsverhältnisses nicht mit dem auftragslosen Geschäftsführer zu vergleichen.

Die Frage, unter welchen Voraussetzungen die Übernahme einer Tätigkeit dem 15 Arbeitgeber zuzurechnen ist, ist zu trennen von der **Haftung für die fehlerhafte Übernahmeentscheidung** selbst. Die – positive oder negative – Übernahmeentscheidung selbst ist betriebliche Tätigkeit. Führt *sie selbst* zu einem Schaden, richtet sich die Haftung des Arbeitnehmers nach den Grundsätzen des innerbetrieblichen Schadensausgleichs. Am abgewandelten Kohlenkarrerfall verdeutlicht: Entscheidet sich der Kohlenkarrer zu Unrecht gegen ein Eingreifen und verursacht *dadurch* einen Schaden an den Heizkesseln, haftet er nur nach den Grundsätzen des innerbetrieblichen Schadensausgleichs.

Der Arbeitnehmer handelt nicht mehr betrieblich, wenn er Teile seiner Tätigkeit 16 gegen die erkennbaren Interessen des Arbeitgebers einem Betriebsfremden überlässt (diesem beispielsweise das Steuer überlässt[67]), ohne dass ein Notfall vorliegt. Für daraus resultierende Schäden haftet der Arbeitnehmer nach den allgemeinen Regeln.[68]

64 BAG 28.10.2010 – 8 AZR 418/09 – Rn. 14 f., AP § 611 BGB Haftung des Arbeitnehmers Nr. 136 (betriebliche Tätigkeit zu bejahen, … „wenn bei objektiver Betrachtungsweise aus Sicht des Schädigers im Betriebsinteresse zu handeln war, sein Verhalten unter Berücksichtigung der Verkehrsüblichkeit nicht untypisch war und keinen Exzess darstellte"), übernommen aus BAG 22.4.2004 – 8 AZR 159/03 – Rn. 28, AP § 105 SGB VII Nr. 3.

65 Zum großzügigeren Maßstab der Unfallversicherung näher § 22 RN 39.

66 Vgl. BAG 28.10.2010 – 8 AZR 418/09 – Rn. 14 f., AP § 611 BGB Haftung des Arbeitnehmers Nr. 136 (wenn „zu handeln" war).

67 LAG Düsseldorf 16.5.1967 – 8 Sa 90/67 –, NJW 1967, 2177.

68 Zur Haftung des Dritten siehe unten RN 23 ff.

2. Einverständliche Erweiterung der betrieblichen Tätigkeit

17 Arbeitgeber und Arbeitnehmer können das vertraglich fixierte Tätigkeitsfeld (einschließlich der Neben- und Notarbeiten) einverständlich erweitern. Dem äußeren Erscheinungsbild nach wird es sich zumeist um eine „Weisung" des Arbeitgebers handeln,[69] rechtlich liegt darin eine einverständliche Regelung, da die vertragliche Weisungsmacht des Arbeitgebers nicht so weit reicht. Auch genuin eigenwirtschaftliche Tätigkeiten des Arbeitnehmers können mit Zustimmung des Arbeitgebers zu betrieblichen werden.[70] Praktisch relevant kann das sein, wenn der Arbeitgeber dem Arbeitnehmer **Arbeitsmittel zur privaten Nutzung überlässt**, z. B. das Dienstfahrzeug oder den Rechner. Ebenso kann der Weg von und zur Arbeit, der eigentlich Sache des Arbeitnehmers ist, zur betrieblichen Tätigkeit werden, z. B. bei der vom Arbeitgeber „angeordneten" Mitnahme Betriebsangehöriger.[71] Die Gestattung, nach Erledigung des letzten Auftrages mit dem Firmenfahrzeug statt in den Betrieb direkt nach Hause zu fahren, darf der Arbeitnehmer so verstehen, dass diese Fahrt zur betrieblichen Tätigkeit wird, wenn die Wegstrecke nicht wesentlich länger ist als der Weg in den Betrieb.[72] Ansonsten wird das allerdings nicht dem Willen des Arbeitgebers entsprechen.[73] Anders dürfte im Regelfall zu entscheiden sein, wenn der Arbeitgeber dem Arbeitnehmer eine private Fahrt mit dem Firmenfahrzeug gestattet und der Arbeitnehmer gelegentlich dieser Fahrt einen Auftrag im Interesse des Arbeitgebers erledigt.

3. Ehrenamtliche Tätigkeit

18 Betriebliche Tätigkeit liegt auch vor, wenn der Arbeitnehmer in ehrenamtlichen Funktionen tätig wird, die mit seiner Stellung als Arbeitnehmer zusammenhängen, so etwa die Mitgliedschaft im Betriebsrat und vergleichbaren Vertretungsorganen.[74] Gleiches

69 *Mädrich*, NJW 1982, 859, 862; BAG 14.3.1967 – 1 AZR 310/66 –, AP § 636 RVO Nr. 1; BGH 22.10.1968– VI ZR 173/67 –, AP § 637 RVO Nr. 4.

70 Dass hier allein die Tatsache, dass sie auch im Interesse des Arbeitgebers liegen mögen, nicht zur Zurechnung reicht, betont zutreffend BGH 5.11.1991 – VI ZR 20/91 –, BGHZ 116, 30, 35 f. = NJW 1992, 572; ebenso *Rolfs*, Haftung unter Arbeitskollegen, S. 85.

71 BGH 23.11.1955 – VI ZR 193/54 –, BGHZ 19, 114, 119 = AP § 1 Ges. SchadErsAnspr. Dienst- und ArbUnfall Nr. 1 m. Anm. *Hueck*; 5.11.1991 – VI ZR 20/91 –, BGHZ 116, 30, 35 m.w.N.; einen Sonderfall betrifft BGH 7.2.1958 – VI ZR 49/57 –, AP § 2 ArbGG 1953 Nr. 48; weiterhin *Rolfs*, Haftung unter Arbeitskollegen, S. 84 ff., der allerdings, a.a.O. S. 86, übersieht, dass die „Weisung" des Arbeitgebers den Kreis der betrieblichen Tätigkeiten gerade erweitern kann. Siehe noch § 23 RN 6.

72 Zutr. LAG München 24.8.1988 – 7 (8) Sa 763/86 –, NZA 1989, 218; ähnlich, wenn der Arbeitgeber dem Arbeitnehmer zur Heimfahrt einen Firmenwagen überlässt, weil wegen einer unvorhergesehenen Dienstverlängerung der Arbeitnehmer mit den sonst benutzten öffentlichen Verkehrsmitteln nicht mehr nach Hause käme, vgl. LAG Frankfurt/M. 24.6.1981 – 10 Sa 1271/80 –, BB 1983, 574.

73 Vgl. OGH 22.12.1994 – 8 Ob A 327/94 –, JBl 1995, 470 zu § 2 DHG m. Anm. *Kerschner*. Anders ArbG Bremen 1.12.1966 – 4 Ca 4199/66 –, AuR 1967, 348, wo der Arbeitgeber den Umweg zum Zahnarzt geduldet hatte; doch darf der Arbeitnehmer daraus nicht schließen, der Arbeitgeber wolle den Umweg als betriebliche Tätigkeit gelten lassen.

74 Vgl. *Mayer-Maly*, NZA 1991, Beil. 3, S. 7, zum Erstattungsanspruch analog § 670 BGB.

gilt für die Teilnahme an Betriebsversammlungen gemäß § 42 BetrVG, so sie während der Arbeitszeit und/oder im Herrschaftsbereich des Arbeitgebers stattfindet. Die Fahrt vom Wohnort zur Betriebsversammlung ist wie die Fahrt zur Arbeit keine betriebliche Tätigkeit.[75] Löscht das Betriebsratsmitglied, z.B. bei zulässiger Nutzung eines betrieblichen PC für Zwecke des Betriebsrats, versehentlich wichtige betriebliche Daten, wird die Haftung nach arbeitsrechtlichen Regeln gemildert, da die Nutzung des PC im beschriebenen Sinne „betrieblich" war. Nicht betrieblich veranlasst sind Betätigungen außerhalb des gesetzlich zugewiesenen Aufgabenbereichs, mögen diese auch auf einem „Beschluss" des Betriebsrats beruhen[76], wobei analog § 670 BGB ein subjektiv-normativer Maßstab zugrunde zu legen ist, so dass es für die Betrieblichkeit genügt, dass der Handelnde bei Anwendung der erforderlichen Sorgfalt annehmen durfte, sich innerhalb des Aufgabenbereichs des Betriebsrats zu betätigen. Nicht betrieblich veranlasst ist ferner der **Abschluss von Verträgen für den Betriebsrat durch dessen Vorsitzenden** (stellv. Vorsitzenden, beauftragte Betriebsratsmitglieder), wenn dieser nach Gegenstand und/oder Umfang den Rahmen des § 40 BetrVG überschreitet. Der Abschluss des Vertrages (z.B. Beauftragung des Sachverständigen) ist der Sache und der gesetzlichen Einordnung (§ 40 BetrVG) nach eine Aufwendungsentscheidung.[77] Das Vermögensopfer – die Zahlungsverpflichtung gegenüber dem Sachverständigen – nimmt der Betriebsrat (durch den handelnden Betriebsratsvorsitzenden) „freiwillig" auf sich. Sie kann dem Arbeitgeber daher nur nach der für den Aufwendungsersatz geltenden Norm (§ 40 BetrVG) und nur nach den hierfür maßgeblichen sachlichen Prinzipien zugerechnet werden, also nur dann, wenn sie – bei Anwendung der im Verkehr erforderlichen Sorgfalt – für erforderlich gehalten werden durfte. Insoweit liegt eine abschließende Regelung vor. Dass den Betriebsratsvorsitzenden gegenüber dem Dritten eine „Haftung" trifft (gemäß § 179 BGB),[78] ändert nichts. Sie ist nur das Pendant der verfehlten Aufwendungsentscheidung, deren Zurechnung zum Arbeitgeber durch § 40 BetrVG geregelt ist. Die haftungsbegründende Handlung des Vorsitzenden ist kraft der Wertung des § 40 BetrVG nicht „betrieblich veranlasst". Ein über § 40 BetrVG hinausgehender „arbeitsvertraglicher" Freistellungsanspruch des Betriebsratsvorsitzenden (Stellvertreter, bevollmächtigte Betriebsratsmitglieder) besteht daher nicht. Die Tätigkeit als **Beauftragter**, der auf gesetzlicher Grundlage die Einhaltung arbeitsrechtlicher Schutzregeln im Betrieb zu besorgen und zu überwachen hat (z.B. Datenschutzbeauftragter gemäß Art. 37 ff. DS-GVO, § 38 BDSG), ist betriebliche Tätigkeit, gleichviel, ob sie ehrenamtlich oder als Teil der geschuldeten Arbeitsleistung erbracht wird. Betrieblich veranlasst sind außerdem Vermögensnachteile des Arbeitgebers, des Arbeitnehmers oder Dritter in-

75 Vgl. BGH 11.5.1993 – VI ZR 279/92 –, AP § 637 RVO Nr. 23.

76 BAG 24.4.1986 – 6 AZR 607/83 –, NZA 1986, 100, 101.

77 Darauf der Sache nach und zu Recht abstellend BGH 25.10.2012 – III ZR 266/11 – Rn. 45 ff., NJW 2013, 464. Infolgedessen scheidet eine analoge Anwendung des § 31a BGB [dafür MünchArbR/*Boemke*, 5. Aufl., § 286 Rn. 24 m.w.N.] aus.

78 BGH 25.10.2012 – III ZR 266/11 – Rn. 32 ff., NJW 2013, 464.

folge fehlerhafter **Ausübung von Beteiligungsrechten.** Ob das einzelne Betriebsratmitglied dafür aber überhaupt haftet, ist umstritten.[79]

IV. Geschäftsführung ohne Auftrag

19 Ist die vom Arbeitnehmer übernommene Tätigkeit so weit von seinem vertraglichen Tätigkeitsfeld entfernt, dass er aus dem Arbeitsvertrag weder verpflichtet noch berechtigt ist, diese Tätigkeit zu übernehmen, mag sie auch im Interesse des Arbeitgebers liegen, kommen die Regeln über Geschäftsführung ohne Auftrag zur Anwendung, z. B. bei einem Lkw-Fahrer, der für seinen Arbeitgeber aus einem Sonderposten Büromaterial kauft. Alle mit diesem Kaufvorgang zusammenhängenden Aktivitäten sind nur unter den Voraussetzungen des § 677 BGB betriebliche Tätigkeit, d. h. der Kauf müsste den Interessen des Arbeitgebers objektiv entsprechen.[80] Tut er das nicht, haftet der Arbeitnehmer, z. B. für einen Unfall auf dem Parkplatz des Geschäfts, in dem er einkauft, für jede Fahrlässigkeit. Verfolgt der Arbeitnehmer genuin eigenwirtschaftliche Tätigkeiten (z. B. Hinfahrt zur Arbeitsstätte), führt der Umstand allein, dass diese mittelbar auch im Interesse des Arbeitgebers liegen, nicht zur GoA und nicht zur „Betrieblichkeit".

V. Tätigkeiten im Herrschaftsbereich des Arbeitgebers

20 Der Arbeitnehmer unterliegt auch jenseits der Erbringung seiner Arbeitsleistung der Weisungsbefugnis des Arbeitgebers, soweit er sich in dessen Herrschafts- und Organisationsbereich aufhält. Der Arbeitgeber hat aus dem Arbeitsverhältnis die Befugnis, Fragen der Ordnung des Betriebs und des Verhaltens der Arbeitnehmer im Betrieb (vgl. § 87 Abs. 1 Nr. 1 BetrVG) zu regeln. Alle Verhaltensweisen, die dieser Ordnungsgewalt unterliegen, sind betriebliche Tätigkeit. Denn der Arbeitgeber hat den entscheidenden Einfluss auf die Gestaltung des Risikos, und die Tätigkeit ist dem Arbeitgeber im weiteren Sinn von Nutzen. Praktisch relevant ist diese Ergänzung vor allem für **Wege des Arbeitnehmers.** So gehören alle Wege des Arbeitnehmers auf dem Betriebsgelände zur betrieblichen Tätigkeit.[81] Beschädigt der Arbeitnehmer auf dem Betriebsparkplatz bei der Anfahrt zur Arbeit oder beim Verlassen des Betriebsgeländes nach Ende der Arbeit Eigentum des Arbeitgebers, haftet er nur nach den Grundsätzen des innerbetrieblichen Schadensausgleichs.[82] Dasselbe muss für den Weg auf dem Betriebsgelände zur

---

79 Dafür MünchArbR/*Boemke*, 5. Aufl., § 286 Rn. 24; abl. ErfK/*Koch*, 25. Aufl., § 1 BetrVG Rn. 20; *Fitting*, BetrVG, 32. Aufl., § 1 Rn. 314.

80 Siehe noch RN 26.

81 Zur vergleichbaren Abgrenzung beim Versicherungsschutz vgl. noch § 22 RN 44.

82 BAG 14.12.2000 – 8 AZR 92/00 –, AP § 105 SGB VII Nr. 1 unter 2 c; LAG Nürnberg 22.9.1992 – 2 (4) Sa 505/91 –, NZA 1994, 1089; der Sache nach BGH 9.2.1995 – III ZR 164/94 –, VersR 1995, 561; siehe BAG 14.3.1974 – 2 AZR 90/73 –, AP § 637 RVO Nr. 8 unter 2 b, c m. Anm. *Sokoll*; zur Abgrenzung von betrieblichem und öf-

Werkskantine gelten[83], ebenso für Tätigkeiten des Arbeitnehmers auf einer vom eigentlichen Betrieb verschiedenen, auswärtigen Arbeitsstätte, auch diese gehört zu dem dem Arbeitgeber zuzurechnenden Herrschaftsbereich.[84] Die unter II, III erörterten Regeln über eigenwirtschaftlich motivierte, weisungswidrige oder von vornherein ungeeignete Handlungen gelten entsprechend. So haftet nach allgemeinen Regeln, wer auf dem Betriebsgelände **eigenwirtschaftliche Tätigkeiten** verfolgt, die – anders als der Weg zur Arbeit – auch nicht mittelbar einem betrieblichen Zweck dienen, z. B. als Beschäftigter eines Kaufhauses einen Privateinkauf erledigt,[85] vor der Arbeitsaufnahme in der Betriebsküche einen Kaffee zubereitet[86] oder im Spind eine Trinkflasche deponiert,[87] die Arbeit zur Verfolgung privater Zwecke **unterbricht** (z. B. Pause, Nahrungsaufnahme während der Pause[88]) oder Spielereien, Raufereien usw. nachgeht.[89] Dasselbe gilt bei **betriebsexterner Arbeit**, die in einem nicht vom Arbeitgeber beherrschten Raum stattfindet,[90] insbes. bei Arbeit im Homeoffice bzw. mobiler Arbeit. Auch hier entscheidet der Zweck der Tätigkeit, so dass die Verfolgung eigenwirtschaftlicher Zwecke (z. B. Nahrungsaufnahme, Abholen privater Post, Transport eines Kindes) nicht zur betrieblichen Tätigkeit gehört.[91]

VI. Vorvertragliche Tätigkeit

Der Arbeitnehmer (Bewerber) geht vor und bei Abschluss des Arbeitsvertrages keiner betrieblichen Tätigkeit nach. Er unterliegt nicht der Organisationsgewalt des Arbeitgebers und seine Tätigkeit wird auch nicht vom Arbeitgeber unternehmerisch verwertet, mag ein Teil der vorvertraglichen Aktivitäten – z. B. die Anreise zum Bewerbungsgespräch – auch im Interesse des Arbeitgebers liegen.[92] Die Zurechenbarkeitsgrenze wird überschritten, wenn der Bewerber sich in dieser Phase **auf Wunsch des Arbeitgebers in den betrieblichen Arbeitsablauf eingliedert**, z. B. eine Probefahrt mit dem Lkw 21

---

fentlichem Parkplatz OLG Oldenburg 29.10.1993 – 11 U 41/93 –, VersR 1995, 239; OLG Brandenburg 7.4.2022 – 12 U 26/21 –, juris. Zur Verkehrsregelung auf Betriebsparkplätzen OLG Köln 11.6.1992 – 12 U 240/91 –, AP § 611 BGB Parkplatz Nr. 6.

83 OLG Hamm 20.12.1993 – 6 U 120/93 –, AP § 636 RVO Nr. 20.

84 Vgl. BGH 25.10.2005 – VI ZR 334/04 – unter II 2 c, AP § 8 SGB VII Nr. 1.

85 Vgl. BSG 19.1.1995 – 2 RU 3/94 –, NZS 1995, 371 f. (zum Unfallversicherungsschutz); dazu *Gitter/Singler*, Jahrbuch des Sozialrechts der Gegenwart, Bd. 18, 1996, 75, 88 ff.

86 A.A. OLG Schleswig-Holstein 19.3.2015 – 16 U 58/14 – Rn. 27, NJW 2015, 2742.

87 LSG Thüringen 4.6.2020 – L 1 U 1340/19 –, juris.

88 LSG Baden-Württemberg 16.6.2015 – L 9 U 1534/14 –, BeckRS 2015, 69961; großzügiger die Beurteilung der versicherten Tätigkeit bzgl. geringfügiger Unterbrechung, s. § 22 RN 39.

89 BAG 19.3.2015 – 8 AZR 67/14 – Rn. 21, NZA 2015, 1057; vgl. auch § 27 RN 14 ff. Siehe ferner SG Berlin 23.1.2013 – S 68 U 577/12 –, BeckRS 2013, 66059 (Raucherpause).

90 Zum Begriff näher *Schwarze*, ZFA 2024, 79, 81 ff.

91 BSG 5.7.2016 – B 2 U 5/15 R – Rn. 23, BSGE 122, 1; zur Unfallversicherung noch § 22 RN 39.

92 § 6 RN 49; *Schlachter*, FS OLG Jena (1993), S. 260.

unternimmt;[93] hier gelten die Grundsätze des innerbetrieblichen Schadensausgleichs. Der Bewerber könnte sich dem Ansinnen zwar entziehen, hätte dann aber keine Aussicht mehr, genommen zu werden – für ihn also eine der Situation im Arbeitsverhältnis vergleichbare Unausweichlichkeit des Haftungsrisikos. Nicht im betrieblichen, sondern im eigenwirtschaftlichen Interesse des Stellenbewerbers ist der mehrtägige Aufenthalt des Bewerbers im Betrieb, mit dem dieser sich eine Informationsgrundlage für seine Entscheidung über den Abschluss des Arbeitsvertrages verschaffen will. Dasselbe gilt für einen Praktikanten, soweit er nur zur eigenen Fortbildung im Betrieb ist. Ist der Praktikant dagegen generell oder hinsichtlich einzelner Tätigkeiten zumindest auch im betrieblichen Interesse tätig, liegt betriebliche Tätigkeit vor.[94]

VII. Verletzung besonderer vertraglicher Verhaltenspflichten

22 Die Verletzung besonderer vertraglicher Verhaltenspflichten, insbesondere Rücksichtnahmepflichten (§ 241 Abs. 2 BGB), die auf eine Unterlassung zielen (Wettbewerbs- oder Nebentätigkeitsverbot, Verschwiegenheitspflicht), ist nicht privilegiert, wenn und soweit die Verletzungshandlung eigenwirtschaftlich motiviert ist.[95] Außerdem befindet sich der Arbeitnehmer außerhalb des betrieblichen Zusammenhangs.[96]

VIII. Einbeziehung Dritter in die Enthaftung

23 Auch außerhalb des Betriebes stehende Dritte, die kein Arbeitsverhältnis mit dem Arbeitgeber haben,[97] können in den Genuss der arbeitsrechtlichen Haftungsprivilegierung kommen: einmal kraft richterlicher Rechtsfortbildung (unter 1), zum anderen durch vertragliche Erstreckung (unter 2).

1. Mithelfende Dritte

23 Die Haftungsprivilegierung kraft richterlicher Rechtsfortbildung auszudehnen, fordert einen dem Arbeitsverhältnis ähnlichen Tatbestand. Um der einheitlichen Dogmatik willen sollte auch hier die „betriebliche Tätigkeit" den Zugang zur Enthaftung des Dritten eröffnen. Die Frage ist demnach so zu stellen: Unter welchen Voraussetzungen

93 BAG 24.1.1974 – 3 AZR 488/72 –, AP § 611 BGB Haftung des Arbeitnehmers Nr. 74 m. Anm. *Wussow;* zur Unfallversicherung in diesen Fällen § 22 RN 12.

94 BGH 25.6.1985 – VI ZR 34/84 –, AP Nr. 17 zu § 637 RVO = VersR 1985, 1082; zur unfallversicherungsrechtlichen Einordnung der Praktikanten § 22 RN 12, 21.

95 § 6 RN 40, 43 ff.

96 *Schlachter,* FS OLG Jena (1993), S. 260, unter Hinweis auf die Herauslösung aus dem betrieblichen Zusammenhang infolge der Beendigung des Arbeitsverhältnisses. Doch greift diese Überlegung nicht immer.

97 Zu den arbeitnehmerähnlichen Personen siehe § 7 RN 9.

ist die Tätigkeit eines Dritten für den Betrieb des Arbeitgebers „betriebliche Tätigkeit"? Dass die Frage ernst zu nehmen ist, zeigt § 2 Abs. 2 S. 1 SGB VII, der die Mithilfe Außenstehender dem Versicherungsschutz unterstellt und damit der materiellen Schadensverantwortlichkeit des Arbeitgebers zurechnet. Der arbeitsrechtlichen Haftungsprivilegierung bedarf es allerdings nur, wenn dem Außenstehenden überhaupt eine Haftung droht. Bei bloßen **Gefälligkeitshandlungen** kann die Haftung bereits nach allgemeinen zivilrechtlichen Regeln ausgeschlossen sein (soweit es die Haftung aus dem Gefälligkeitsverhältnis betrifft)[98] bzw. beschränkt sein (soweit es die Haftung aus Delikt betrifft)[99]. Die Abgrenzung zwischen Gefälligkeitshandlung und Rechtsverhältnis bereitet im Hinblick auf unentgeltliche Rechtsverhältnisse Probleme; erhält der Außenstehende eine Gegenleistung, liegt im Zweifel ein Rechtsverhältnis vor. Als unentgeltliche Vorgänge in Frage kommen Auftrag (§ 662 BGB) und berechtigte Geschäftsführung ohne Auftrag (§ 677 BGB). Abzugrenzen ist nach dem Empfängerhorizont (§§ 133, 157 BGB bzw. § 677 BGB), d.h. im Zweifel nach der (erkennbaren) Interessenlage der Beteiligten. Dabei spielen die wirtschaftliche Bedeutung, Art und Umfang der Tätigkeit eine entscheidende Rolle. Im Zweifel wird bei nicht völlig unerheblichen Aktivitäten (z.B. Reparatur eines Fahrzeuges)[100] nicht von einer bloßen Gefälligkeit auszugehen sein. Anderes kann sich aus dem freundschaftlichen, familiären oder nachbarschaftlichen Kontext ergeben, in dem die Tätigkeit stattfindet.[101]

Die Geltung der Grundsätze des innerbetrieblichen Schadensausgleichs lässt sich 24
aber andererseits nicht allein darauf stützen, dass jemand aufgrund eines Rechtsverhältnisses für den Arbeitgeber tätig wird. Weil diese Haftungsprivilegierung auf die besondere Situation des Arbeitnehmers gemünzt ist, kann ihre Übertragung auf außenstehende Dritte nur gerechtfertigt sein, wenn sie sich in einer zwar nicht gleichen, aber **ähnlichen Lage** befinden. Die arbeitsrechtliche Haftungsprivilegierung ist durch drei Elemente legitimiert: die Fremdnützigkeit der arbeitnehmerischen Tätigkeit, die Beherrschung der Betriebsorganisation durch den Arbeitgeber und die soziale Schutzwürdigkeit des Arbeitnehmers (§ 3 RN 1ff.). Der außenstehende Dritte wird nicht alle Voraussetzungen im selben Umfang erfüllen – dann wäre er Arbeitnehmer –, aber Fremdnützigkeit seiner Arbeit und eine dem Arbeitnehmer vergleichbare soziale Schutzwürdigkeit müssen gegeben sein.

Die betriebliche Tätigkeit kann einmal im Rahmen eines (unentgeltlichen) **Auf-** 25
trages (§ 662 BGB) des Arbeitgebers stattfinden, z.B. der Arbeitgeber gestattet einem Bekannten des bei ihm beschäftigten Kraftfahrers, sich auf einer längeren Fahrt mit diesem abzuwechseln. Für die Abgrenzung der dem Auftrag zuzurechnenden Tätig-

98 Etwa BGH 16.5.1974 – II ZR 12/73 –, NJW 1974, 1705 ff.; zur Haftung analog § 670 BGB BGH 23.7.2015 – III ZR 346/14 –, NJW 2015, 2880.

99 *Medicus/Petersen*, BGB AT, 12. Aufl., Rn. 186 ff.

100 BGH 16.12.1986 – VI ZR 5/86 –, VersR 1987, 202, 203; anders bei bloßer Überbringung einer Telefonnachricht, vgl. BSG 30.4.1979 – 8a RU 38/78 –, SozR 2200 § 539 Nr. 57.

101 Zu Einzelheiten vgl. die Rechtsprechung zu § 2 Abs. 2 S. 1 SGB VII; dazu § 22 RN 12 ff. und die dort zitierte Rechtsprechung und Literatur.

keiten im Einzelnen gelten die zum Arbeitsverhältnis entwickelten Regeln (RN 3 ff.) entsprechend. Praktische Bedeutung erhält diese Konstellation zunehmend bei **betriebsexterner Arbeit** (insbes. Homeoffice, mobile Arbeit), wenn z. B. **Familien- oder Haushaltsangehörige** mit Zustimmung des Arbeitgebers oder in seinem erkennbaren Interesse (§ 670 BGB analog) dem Arbeitnehmer helfen. Das pflichtwidrige Verhalten kann aber nicht gem. § 278 BGB dem Arbeitnehmer zugerechnet werden, da dieser sonst ohne eigenes Verschulden haften müsste, was mit den Regeln der Arbeitnehmerhaftung nicht vereinbar ist.[102]

Dagegen sind Tätigkeiten aufgrund **entgeltlicher Verträge außerhalb des Arbeitsverhältnisses** (z. B. Dienst- oder Werkvertrag) von vornherein keine „betriebliche Tätigkeit", weil hier „selbstständig", also gerade nicht „einem Arbeitnehmer vergleichbar" agiert wird.

26 Fehlt es – wie meist – an der ausdrücklich oder konkludent erklärten Beauftragung des Außenstehenden, kann er als berechtigter **Geschäftsführer ohne Auftrag** (§§ 677 ff. BGB) tätig geworden sein. Für Betrieblichkeit der Tätigkeit ist dann gemäß § 677 BGB von entscheidender Bedeutung, ob sie – unter Berücksichtigung des tatsächlichen oder mutmaßlichen arbeitgeberischen Willens (in den Grenzen des § 679 BGB) – dem **Interesse des Arbeitgebers objektiv entspricht.** Eine auch nur leicht fahrlässige Fehleinschätzung der Interessenlage geht zu Lasten des Geschäftsführers; für etwaige Schäden aus seiner Tätigkeit haftet er dann in vollem Umfang. Es gibt keinen Grund, diese Regeln zu Lasten des Arbeitgebers zu verändern. Der einzelne Arbeitgeber verdient wie jeder andere den Schutz der Rechtsordnung gegen die Aufdrängung interessewidriger Fremdaktivitäten. So ist die Übernahme des Kfz-Steuers durch einen außenstehenden, mit dem Arbeitnehmer bekannten Dritten ob der Schadensgefahren und der erforderlichen fahrerischen Qualifikationen im Zweifel nicht im Interesse des (unwissenden) Arbeitgebers, solange kein Notfall (§ 680 BGB) vorliegt.[103] Auch die großzügigere sozialgerichtliche Rechtsprechung zu § 2 Abs. 2 S. 1 SGB VII bzw. § 105 SGB VII[104], derzufolge betriebliche Tätigkeit erst bei grob fahrlässiger Fehleinschätzung der Arbeitgeberinteressen ausscheidet, ändert daran nichts. Im Rahmen der Unfallversicherung kann man mit der Zurechnung großzügig sein, weil sie nicht zu Lasten des einzelnen Arbeitgebers geht, sondern auf die Schultern aller Versicherten verteilt wird.[105] Nicht im Interesse des Arbeitgebers, sondern aus **Eigeninteresse** wird der Außenstehende tätig, der Aktivitäten allein ausübt, um Erfahrungen zu sammeln, den

102 *Schwarze*, ZFA 2024, 97, 110 f.

103 LAG Köln 27.9.1989 – 7 Sa 264/89 – unter II 1, LAGE § 611 BGB Gefahrgeneigte Arbeit Nr. 7; anders *Kohlmeyer*, Haftung des Arbeitnehmers, S. 32 ff., die undifferenziert die Nützlichkeit der Tätigkeit des Dritten bejaht; dort, S. 36 ff., auch zum österreichischen Recht.

104 Vgl. OLG Düsseldorf 11.7.1978 – 4 U 285/77 – unter I 3, AP § 637 RVO Nr. 11; OLG Celle 10.3.1976 – 9 U 165/75 –, VersR 1977, 815, 816.

105 Dazu noch § 22 RN 13, 40.

Betrieb zu besichtigen, eigene Fähigkeiten zu testen.[106] Allerdings können einzelne Handlungen während des Betriebsaufenthaltes wiederum „betrieblich" sein, so sie der Erledigung von Arbeitsaufgaben im Interesse des Arbeitgebers und nicht der Eigenerfahrung dienen. Nicht im Eigen-, sondern im Fremdinteresse handelt der Außenstehende, der einem Arbeitgeber hilft, den er selbst beauftragt hat: Geht der Hauseigentümer dem von ihm bestellten Handwerker bei der Durchführung von Reparaturarbeiten zur Hand, wird er für den Handwerker tätig, weil er diesem einen Teil der ihm obliegenden Aufgaben abnimmt.[107]

Wer für einen **Arbeitgeber aufgrund Auftrages oder auftragsloser berechtigter** 27
Geschäftsführung tätig wird, ist im Zweifel einem Arbeitnehmer vergleichbar und daher „betrieblich" tätig. Denn er arbeitet im Interesse des Arbeitgebers, hat auf die Betriebsorganisation keinen Einfluss und erhält keinen angemessenen Ausgleich für das übernommene Haftungsrisiko. Die „Eingliederung" in den Betrieb, verstanden als Unterordnung unter Weisungen des Arbeitgebers bzw. seiner Beauftragten,[108] kann hinzukommen, muss aber nicht zwingend vorliegen. Typischerweise wird die Tätigkeit für den Betrieb nur vorübergehend und spontan sein. Ist unter den genannten Umständen im Regelfall von der Vergleichbarkeit mit arbeitnehmerischer Tätigkeit auszugehen, können entgegenstehende Gesichtspunkte ausnahmsweise für den **selbstständigen Charakter** der Tätigkeit bzw. der Auftragsdurchführung sprechen. Die arbeitsrechtlich motivierte Haftungsprivilegierung kommt dann nicht in Frage, weil entscheidende Wertungsaspekte der Enthaftung (Abhängigkeit, Fremdnützigkeit) fehlen. Als „selbstständig" wird die Tätigkeit im Zweifel zu qualifizieren sein, wenn der für den Arbeitgeber Handelnde einer selbstständigen Berufstätigkeit nachgeht und die betreffende Tätigkeit dieser Berufsausübung zugerechnet werden kann. Dann ist er im eigenen unternehmerischen Interesse tätig, wird sein eigenes unternehmerisches Knowhow, seine eigenen betrieblichen Kapazitäten nutzen, die dem Betriebsrisiko des Arbeitgebers nicht zuzurechnen sind.

Die sozialgerichtliche Rechtsprechung zum Versicherungsschutz Mithelfender, die 28
wie ein Arbeitnehmer tätig werden (§ 2 Abs. 2 S. 1, Abs. 1 Nr. 1 SGB VII), führt zu vergleichbaren Abgrenzungsproblemen und – sieht man von der abweichenden Behandlung der fahrlässigen Fehleinschätzung der Arbeitgeberinteressen bei der Übernahme der Tätigkeit ab – im Wesentlichen zu gleichen Ergebnissen. Das SGB gibt der Rechtsprechung in § 2 Abs. 2 S. 1 SGB VII eine spezielle Regelung für die Problematik des mithelfenden Außenstehenden an die Hand, die im Arbeits- bzw. Zivilrecht fehlt.

---

106 Vgl. BGH 25.6.1985 – VI ZR 34/84 – unter II 1, AP § 637 RVO Nr. 17 (zu § 539 Abs. 2 RVO); dort auch zum Lehrverhältnis.

107 Vgl. OLG Celle 10.3.1976 – 9 U 165/75 –, VersR 1977, 815, 816; OLG Hamm 14.6.1976 – 13 U 236/75 –, VersR 1977, 869; *Rolfs*, Haftung unter Arbeitskollegen, S. 109 f. (jeweils zu § 539 Abs. 2 RVO, heute § 2 Abs. 2 S. 1 SGB VII).

108 Vgl. unten § 22 RN 15.

2. Vertragliche Ausdehnung der Privilegierung auf sonstige Dritte

29 Selbst wenn außenstehende Dritte nicht betrieblich tätig werden, können **sie aufgrund besonderer Absprache** in den innerbetrieblichen Schadensausgleich einbezogen sein. Praktisch relevant wird dies bei **betriebsexterner Arbeit** (Homeoffice, mobile Arbeit); der Arbeitsvertrag kann insoweit begünstigende, entlastende Wirkung für Dritte entfalten. Der betriebsextern tätige Arbeitnehmer hat ein erkennbares Interesse daran, mitwohnende Familienangehörige und Lebenspartner oder Mitglieder seiner Wohngemeinschaft in die Enthaftung einzubeziehen, soweit es um Schadensgefahren geht, die aus unvermeidlichen Berührungen der Arbeits- und privaten Lebenssphäre resultieren,[109] z. B. wenn ein Angehöriger die betriebliche PC-Anlage bei Reinigung der Wohnung beschädigt. Gleiches gilt für vom Arbeitnehmer beschäftigtes Hauspersonal, das er (als Arbeitgeber) seinerseits von Haftung freizustellen hat. Besucher des Arbeitnehmers wird man nicht pauschal in die Privilegierung einbeziehen können (z. B. Handwerker)[110], sondern nur dann, wenn sie zum sozialen Umfeld des Arbeitnehmers gehören.[111] Dieses Interesse ist für den Arbeitgeber bei Vereinbarung betriebsexterner Arbeit erkennbar. Die Auslegung des Arbeitsvertrages[112] führt deshalb in den genannten Fällen regelmäßig zur Anwendung der Grundsätze des innerbetrieblichen Schadensausgleichs. Die so ermittelte Haftung ist angemessen zu erhöhen, da und soweit die schädigende Tätigkeit des Dritten typischerweise privaten Charakters sein wird und somit eine Mitursächlichkeit betrieblicher und privater Ursachen vorliegt.[113]

Die Unausweichlichlichkeit des betrieblichen Risikos für die Familien- und Haushaltsangehörigen spricht dafür, einen (arbeits-)**vertraglichen Ausschluss** ihrer Mitprivilegierung als unangemessen (§ 307 BGB) zu betrachten. Die Haftungsbeschränkung greift nicht, wenn sich die Dritten unbefugt an den Geräten zu schaffen machen.

IX. Einbeziehung nicht privilegierter Mitschädiger

30 Ist für die Schädigung des Arbeitgebers neben dem Arbeitnehmer ein außenstehender Dritter mitverantwortlich, haftet der Dritte dem Arbeitgeber an und für sich unbeschränkt (z. B. Auslieferer eines Porzellangeschäfts stößt auf dem Bürgersteig mit einem Fußgänger zusammen, beide hatten einander übersehen. Infolgedessen geht ein Fürstenberg-Service im Wert von 2.000 € zu Bruch. Der Fußgänger haftet dem Arbeitgeber aus § 823 Abs. 1 BGB, so sich der Arbeitgeber wegen § 831 Abs. 1 S. 2 BGB kein Mitverschulden anrechnen lassen muss. Wird der Dritte in Anspruch genommen, müsste er gemäß § 426 BGB beim Arbeitnehmer anteilig Regress nehmen können. Weil die

109 Auf die „bestimmungsgemäße Berührung“ stellt *Collardin*, Rechtsfragen der Telearbeit, S. 180 ab.

110 So aber *Wedde*, Telearbeit, 3. Aufl., S. 115 f.

111 *Schwarze*, ZFA 2024, 97, 117.

112 Nur in der Begründung, nicht im Inhalt dem vertraglichen Drittschutz gleich, *Schwarze*, ZFA 2024, 97, 115 f.; siehe auch § 18 RN 4.

113 Die Ausführungen RN 8 gelten entsprechend.

Schadensverantwortlichkeit des Arbeitnehmers aber durch die Grundsätze des innerbetrieblichen Schadensausgleichs gemindert ist, wird die nach § 426 BGB eigentlich bestehende Regressmöglichkeit entsprechend geschmälert, der **Ausgleich unter den Gesamtschuldnern ist gestört** (haftet im Beispiel der Arbeitnehmer dem Arbeitgeber wegen der arbeitsrechtlichen Enthaftung nur auf 1000 €, könnte der Dritte, hälftiges Verschulden unterstellt, statt in Höhe von 1000 € nur in Höhe von 500 € Regress beim Arbeitnehmer nehmen). Es ist aber nicht Sache des außenstehenden Dritten, sondern des Arbeitgebers, die Last der arbeitsrechtlichen Enthaftung zu tragen. Haftungsprivilegien belasten, wie die Rechtsprechung in vergleichbaren Konstellationen des gestörten Gesamtschuldverhältnisses zu Recht entschieden hat, grundsätzlich den Geschädigten, nicht den mitschädigenden Dritten.[114] Rechtstechnisch ist diese Wertung durch eine entsprechende Begrenzung der Haftung des Dritten ins Werk zu setzen (im Beispiel haftet der Fußgänger dem Arbeitgeber maximal auf 1.500 €, da er beim Arbeitnehmer maximal in Höhe von 500 € Regress nehmen kann, so dass er im Ergebnis den ihm nach § 426 BGB zukommenden Schadensanteil von 1.000 € zu tragen hat).

X. Beweislast

Die Beweislast für die Betrieblichkeit der schadensursächlichen Tätigkeit trägt nach der 31
Grundregel der Beweislastverteilung[115] derjenige, dem diese Tatsache günstig ist, also der Arbeitnehmer.[116] § 619a BGB setzt betriebliche Tätigkeit voraus[117] und greift erst nach dem Nachweis der betrieblichen Tätigkeit.[118] Für die Betriebsbedingtheit einer Tätigkeit während der Arbeitszeit und im Betrieb spricht eine tatsachliche Vermutung, ebenso bei Tätigkeit an einem vom Arbeitgeber eingerichteten betriebsexternen Arbeitsplatz oder in einem regelmäßig betrieblich genutzten Privatraum.[119] Bei der betriebsexternen Arbeit verhält es sich ebenso, wenn der Ort, an dem gearbeitet wird, vom Arbeitnehmer aus betrieblichen Gründen aufgesucht worden ist. Außerhalb solcher raumzeitlichen Verdichtungen der externen Betrieblichkeit ist eine Vermutung nicht begründbar. Hat der Arbeitnehmer den Beweis der Betriebsbedingtheit erbracht, liegt

114 Grundlegend BGH 12.6.1973 – VI ZR 163/71 –, BGHZ 61, 51, 53ff.; ferner BGH 17.2.1987 – VI ZR 81/86 –, NJW 1987, 2669f.; BGH 23.1.1990 – VI ZR 209/89 –, BGHZ 110, 114, 116f.; BGH 18.11.2014 – VI 47/13 –, NJW 2015, 940. Zum selben Problem bei der Haftungsprivilegierung gemäß §§ 104, 105 SGB VII unten § 26 RN 1f.

115 Vgl. *Rosenberg*, Beweislast, 5. Aufl., S. 12; *Prütting*, Beweislast, S. 265f.

116 *Gäntgen*, in: Baumgärtel/Laumen/Prütting, Handbuch der Beweislast, 5. Aufl., § 619a BGB Rn. 2; offen gelassen bei *Erman/Edenfeld*, BGB, 11. Aufl., § 611 Rn. 347. Zur Darlegungs- und Beweislast des Arbeitgebers bezüglich der Haftungsvoraussetzungen § 6 RN 53ff.

117 § 6 RN 13.

118 Entsprechendes galt vormals für die Gefahrneigung der Tätigkeit, *Leisten*, in: Baumgärtel/Laumen/Prütting, Handbuch der Beweislast, 3. Aufl., § 611 Rn. 15; LAG Berlin 28.10.1976 – 7 Sa 87/76 – Leits., BB 1977, 194.

119 *Schwarze*, ZFA 2024, 79, 103; zum Nachweis der versicherten Tätigkeit gem. § 8 SGB VII BSG 8.12.2021 – B 2 U 4/21 – Rn. 19, juris = BSGE 133, 180 m.w.N.; *Gräf*, VSSAR 2021, 253, 299ff.

der Beweis für eine etwaig mitwirkende private Schadensursache, welche die Haftung bzw. sonstige Schadensverantwortung des Arbeitnehmers erhöht,[120] beim Arbeitgeber, dem bei Unzugänglichkeit der Tatsachen eine Abstufung der Darlegungslast zugutekommen kann.[121]

120 S. *Schwarze*, ZFA 2024, 79, 86.
121 *Schwarze*, NZA 2018, 65, 70.

§ 9 Die Haftungsverteilung nach dem Maß des Verschuldens

I. Die haftungsdogmatische Verortung des Verschuldens

Das Verschuldensmaß ist nach herrschender Ansicht das primäre haftungsdogmatische Instrument, mit dem die Enthaftung des Arbeitnehmers umzusetzen ist, denn, so die Vorstellung, Betriebsrisiko und andere dem Schadensrisiko des Arbeitgebers zuzurechnende Aspekte mindern die (individuelle) Vorwerfbarkeit.[1] Bevor über den Umfang der Enthaftung zu sprechen ist, stellt sich die Frage, ob und inwieweit überhaupt **Grade des Verschuldens** unterschieden werden können. Diese Frage lässt sich nur beantworten, wenn das Verhältnis des Verschuldens zu den anderen Elementen des Haftungstatbestandes geklärt ist. 1

1. Verschulden und Pflicht- bzw. Rechtswidrigkeit

Das Verschulden ist zu unterscheiden von der Rechts- bzw. Pflichtwidrigkeit des Verhaltens. Die Rechtswidrigkeit definiert einen äußeren (Erfolgs- oder Verhaltens-)Unwert,[2] das Verschulden die individuelle **Vorwerfbarkeit** dieses Unwerts, seine Rückführung auf den (fehlgesteuerten) Willen des Schädigers. Diese der Idee nach klare Unterscheidung verliert ihre Konturen, soweit es, wie in den meisten Fällen, um die Verschuldensform der **Fahrlässigkeit** geht. § 276 Abs. 2 BGB definiert diese Verschuldensform als „Außerachtlassung der im Verkehr erforderlichen Sorgfalt“. Nach ganz herrschender Auffassung ist die Sorgfalt objektiv-typisierend zu definieren; der Handelnde wird durch persönliche Unzulänglichkeiten nicht entschuldigt.[3] Was aber unterscheidet die objektive Sorgfalt dann von der Rechts- bzw. Pflichtwidrigkeit? Ist nicht jede ausdrücklich formulierte Verhaltenspflicht, z. B. die Pflicht, nicht bei „Rot“ über die Kreuzung zu fahren, eine Konkretisierung der objektiv erforderlichen Sorgfalt? Und werden nicht generalklauselartige Verhaltensanforderungen, z. B. die Pflicht des Arbeitnehmers, seine Arbeit „ordnungsgemäß“ zu erbringen, mit Hilfe der „erforderlichen Sorgfalt“ konkretisiert? Zwar hat die Verschuldensprüfung bei unmittelbaren Verletzungen eines Rechtsgutes im Sinne des § 823 Abs. 1 BGB bzw. bei Ausbleiben des Leistungserfolges im Vertrag eigenständige Bedeutung: Folgert man hier mit der wohl überwiegenden Ansicht die Rechtswidrigkeit des schadensursächlichen Verhaltens aus 2

1 Siehe oben § 5 RN 8 ff.; *Kohte*, Arbeitnehmerhaftung, S. 308 f.; krit. *Heinze*, NZA 1986, 545, 551, der deshalb eine Haftungsdifferenzierung unterhalb grober Fahrlässigkeit nicht für durchführbar hält. Zur generell möglichen Abhängigkeit des Haftungsumfangs vom Verschulden § 1 RN 5.

2 *Deutsch*, Haftungsrecht, 2. Aufl., Rn. 246, 248.

3 Siehe oben § 5 RN 2 ff.; BGH 4. 3. 1957 – GSZ 1/65 –, BGHZ 24, 21, 27 = NJW 1957, 785; *Staudinger/Caspers*, BGB (2019), § 276 Rn. 29 m.w.N.; weitere Nachw. bei *Koziol*, AcP 196 (1996), 593 Fn. 1, der selbst eine differenzierende Ansicht vertritt; für die Haftung des Arbeitnehmers anders *Döring*, Arbeitnehmerhaftung, S. 52 ff.

https://doi.org/10.1515/9783110728606-011

dem eingetretenen **Verletzungserfolg** („Indizwirkung“),[4] ohne dass es einer besonderen Würdigung der Verletzungshandlung bedarf, kann die Außerachtlassung der erforderlichen Sorgfalt erst beim Verschulden erörtert werden. Im Übrigen aber, dort wo die Rechts- bzw. Pflichtwidrigkeit in jedem Fall als Verhaltenswidrigkeit verstanden werden muss, also bei der Verletzung gesetzlicher oder vertraglicher Verhaltenspflichten oder bei nur mittelbaren Eingriffen in Rechtsgüter,[5] kann man in der Tat an der eigenständigen Bedeutung des Verschuldens zweifeln. So wird von Teilen der Literatur die verkehrserforderliche Sorgfalt des § 276 Abs. 2 BGB als Maßstab der Rechtswidrigkeit bzw. Pflichtwidrigkeit betrachtet.[6] Dann wäre, so könnte man annehmen, auf der Ebene des Verschuldens nur noch die **„innere Sorgfaltswidrigkeit“** zu prüfen:[7] das Erkennenkönnen der Norm und das Befolgenkönnen,[8] Kognition und Motivation. Die **„äußere“ Sorgfaltswidrigkeit** (das nach außen tretende Fehlverhalten, z. B. Fahren mit überhöhter Geschwindigkeit) wäre mit der Pflichtwidrigkeit bereits festgestellt. Für die Enthaftung des Arbeitnehmers hätte dies die zweifelhafte Konsequenz, dass nur Umstände, die die Erkennbarkeit der Pflichtwidrigkeit betreffen, bei der Beurteilung des Verschuldens und damit für die Enthaftung zu berücksichtigen wären. Gegen diese Ineinssetzung werden aber zu Recht Bedenken angemeldet. Zum einen kann es sein, dass eine gesetzliche oder vertragliche Pflicht auf die Einhaltung der äußersten, nicht nur der erforderlichen Sorgfalt zugeschnitten, also am schlicht sachgemäßen Verhalten orientiert ist;[9] mit der Pflichtwidrigkeit wäre dann noch nicht über die Verletzung der verkehrserforderlichen Sorgfalt entschieden. Aber auch wenn der Inhalt der Verhaltenspflicht identisch ist mit dem, was die „erforderliche Sorgfalt“ gemäß § 276 Abs. 2 BGB fordert, bleibt es sinnvoll, auch das äußere Verhalten im Rahmen der Verschuldensprüfung zu betrachten.[10] Für gewöhnlich gibt es viele Möglichkeiten, gegen eine Verhaltenspflicht zu verstoßen. Auf der Ebene der Rechts- oder Pflichtwidrigkeit wird nur der Verstoß als solcher registriert: ob die Ampel gerade erst auf „Rot“ gesprungen war oder bereits mehrere Sekunden „Rot“ anzeigte, als der Busfahrer in den

---

4 Vgl. *Deutsch*, Haftungsrecht, 2. Aufl., Rn. 248; *Koziol*, AcP 196 (1996), 593, 594; siehe auch § 16 RN 6; dagegen etwa *Staudinger/Caspers*, BGB (2019), § 276 Rn. 13. Zur vergleichbaren Diskussion bei der Haftung gemäß §§ 280, 283 BGB *Schwarze*, Leistungsstörungen, 3. Aufl., § 18 Rn. 4, § 34 Rn. 7.

5 Siehe § 16 RN 6; zum Meinungsstand *Döring*, Arbeitnehmerhaftung, S. 44 ff.

6 *Nipperdey*, NJW 1957, 1777, 1780; *Enneccerus/Nipperdey*, AT, 15. Aufl. 1960, § 209; *Staudinger/Caspers*, BGB (2019), § 276 Rn. 12 ff. *Döring*, Arbeitnehmerhaftung, S. 44 ff., 48 f.

7 Einige Vertreter dieser Lehre (etwa *Nipperdey*, NJW 1957, 1777, 1780 f.; *Döring*, Arbeitnehmerhaftung, S. 50 ff.) haben dem Verschulden dadurch eigenständige Bedeutung erhalten wollen, dass sie – wie im österreichischen Recht (vgl. *Koziol*, AcP 196 [1996], 593, 595 m.w.N) – einen individuellen Sorgfaltsverstoß forderten; das hat sich aber in dieser Allgemeinheit gegen die zivilrechtlichen Verkehrserfordernisse nicht durchsetzen können; krit. und differenzierend *Koziol* a.a.O. Zu Fallgruppen, in denen ausnahmsweise ein subjektiv-individueller Sorgfaltsmaßstab gilt, *Deutsch*, Haftungsrecht, 2. Aufl., Rn. 401.

8 Dazu *Deutsch*, Haftungsrecht, 2. Aufl., Rn. 388.

9 Vgl. *Deutsch*, Haftungsrecht, 2. Aufl., Rn. 385.

10 Im Ergebnis ebenso *Deutsch*, Haftungsrecht, 2. Aufl., Rn. 390.

Kreuzungsbereich fuhr,[11] ist für die Rechts-/Pflichtwidrigkeit irrelevant, der „Unwert" ist der gleiche. Für die individuelle Vorwerfbarkeit dagegen ist das „Wie" der Pflichtverletzung von erheblicher Bedeutung. Hier können äußere – belastende und entlastende – Umstände der Pflichtverletzung Berücksichtigung finden (z. B. ob der Fahrer durch einen Funkruf des Arbeitgebers abgelenkt wurde).[12] Sie entscheiden – neben den die innere Sorgfaltswidrigkeit betreffenden Umständen – über das **Verschuldensmaß.** Ob der Busfahrer grob fahrlässig handelt, hängt unter anderem davon ab, wie lange die Ampel bereits „Rot" zeigte. **Fahrlässigkeit** ist somit die **Nichteinhaltung der äußeren und inneren Sorgfalt** im Sinne des § 276 Abs. 1 BGB. Mit Feststellung der Rechts- bzw. Pflichtwidrigkeit wird zwar in der Regel auch der äußere Sorgfaltsverstoß gegeben sein, doch bleibt auch dann im Verschulden das Maß der äußeren Sorgfaltswidrigkeit (also der Pflichtwidrigkeit) zu prüfen.

2. Bezugspunkt des Verschuldens

a) Problemstellung

Der Bezugspunkt des Verschuldens ist für die Verteilung des Schadensrisikos – im all- 3
gemeinen Zivilrecht wie im Arbeitsrecht – von zentraler Bedeutung. Ein Kraftfahrer, der wissentlich die vom Arbeitgeber angeordnete wöchentliche Kontrolle des Ölstandes beim Dienstfahrzeug unterlässt,[13] verletzt vorsätzlich seine vertragliche Pflicht; hinsichtlich des daraus resultierenden Schadens trifft ihn dagegen möglicherweise – je nach Lage des Falles – nicht einmal normale oder grobe Fahrlässigkeit. Eine Flugbegleiterin, die entgegen den ihr bekannten Dienstvorschriften auf einen Amerikaflug ihren Reisepass nicht mitnimmt und dadurch eine Einreisestrafe von 3000 US-Dollar für den Arbeitgeber verursacht,[14] verletzt vorsätzlich die Vorschrift, hat aber von der Einreisestrafe möglicherweise nie etwas gehört. Und die in einer radiologischen Praxis beschäftigte Reinigungskraft hätte zwar erkennen können, dass sie auch im Falle eines Alarms außerhalb der Praxiszeit als Unkundige nicht einfach eine „Stopp"-Taste an einem MRT-Gerät betätigen darf, sie hätte aber wohl kaum damit rechnen müssen, dass es dadurch – infolge eines Zusammenbruchs des Magnetfeldes – zu einer Teilzerstörung des Geräts (Schaden: rd. 46.000 €) kommt.[15] Die Wahl des Bezugspunktes entscheidet hier wie in vielen anderen Fällen, ob der Arbeitnehmer von vornherein entlastet wird oder die – regelmäßig volle – Haftung nur ausnahmsweise bei Vorliegen eines erheblichen Missverhältnisses zwischen Entgelt und Haftungsumfang gemildert wird. Es gehört nun zum gesicherten Erkenntnisstand, dass das Verschulden in der zivilrechtlichen Verschuldenshaftung sich **lediglich auf den jeweiligen Haftungstatbestand beziehen**

11 Vgl. BAG 12.10.1989 – 8 AZR 276/88 –, AP § 611 BGB Haftung des Arbeitnehmers Nr. 97 = NZA 1990, 97.

12 LAG Köln 29.1.1997 – 7 Sa 1079/96 –, LAGE § 611 BGB Arbeitnehmerhaftung Nr. 23.

13 ArbG Ludwigshafen 23.6.1966 – 2 Ca 124/66 –, ARST-Kurz 1967 Nr. 1013.

14 BAG 16.2.1995 – 8 AZR 493/93 –, AP § 611 BGB Haftung des Arbeitnehmers Nr. 106 = NZA 1995, 565.

15 So aber BAG 28.10.2010 – 8 AZR 418/09 –, AP § 611 BGB Haftung des Arbeitnehmers Nr. 136 = NZA 2011, 342, allerdings „gröbste" Fahrlässigkeit verneinend.

muss.[16] Für die vertragliche Haftung genügt damit bereits die schuldhafte Verletzung einer einschlägigen vertraglichen Pflicht (§ 280 BGB); der Schaden wird dann nur noch „objektiv“ zugerechnet (adäquate Kausalität, Rechtswidrigkeitszusammenhang). Gleiches gilt für besondere gesetzliche Verhaltenspflichten (§ 823 Abs. 2 BGB).

4 Diese Vorverlagerung der Schadenshaftung ist der Arbeitsteiligkeit hochentwickelter Gesellschaften einerseits, ihren besonderen vor allem technischen Gefahren andererseits geschuldet und wird weder dogmatisch noch rechtspolitisch ernsthaft in Frage gestellt. Gesetzlichen oder richterrechtlichen Haftungsprivilegierungen, die beim Verschuldensmaß ansetzen, steht sie allerdings im Wege, wie *Deutsch*[17] gezeigt hat. Denn auf die Pflichtverletzung bezogen, ist auch das Verschuldensmaß der Haftungsprivilegierung schnell erreicht, z. B. bei einem Lkw-Fahrer, der die vom Arbeitgeber vorgegebene Geschwindigkeitsbeschränkung wissentlich geringfügig überschreitet, oder beim Kraftfahrer im eingangs geschilderten Ölwechselfall. An den vorsätzlichen Pflichtverstoß angeknüpft, wäre ihre volle Haftung für alle im „Schutzbereich“ liegenden Schäden unausweichlich. Es braucht daher ein Korrektiv, worüber weitgehende Einigkeit besteht. Fraglich ist, auf welchem Weg eine angemessene Haftung des Arbeitnehmers in diesen Fällen zu gewährleisten ist.

b) Herrschende Meinung: Schaden als Bezugspunkt

5 Die wohl überwiegende Lehre und nunmehr auch das **BAG**[18] verortet die Lösung an der Stelle, an der das Problem vermeintlich entsteht: bei der lediglich objektiven Zurechnung der Schadensfolgen. Nach dieser Ansicht muss sich das **Verschulden**[19] des Arbeitnehmers immer **auf die „Rechtsgutsverletzung“**[20] (wie in § 823 Abs. 1 BGB) oder – so das BAG – **auf den „Schaden“**[21] beziehen. Auch wenn der Arbeitgeber den Arbeit-

16 Siehe *Deutsch*, NJW 1966, 705 und 707, unter Hinweis auf § 704 Abs. 2 des 1. Entwurfs zum BGB (Haftpflicht, „auch wenn die Entstehung des Schadens nicht vorauszusehen war“); *ders.*, RdA 1996, 1, 2; MünchArbR/*Reichold*, 6. Aufl., § 57 Rn. 8.

17 *Deutsch*, NJW 1966, 705, 708 u. 709 f.; *ders.*, RdA 1996, 1, 3.

18 BAG 18.4.2002 – 8 AZR 348/01 –, AP § 611 Haftung des Arbeitnehmers Nr. 122 = NZA 2003, 37; noch auf den Pflichtverstoß abstellend BAG 12.11.1998 – 8 AZR 221/97 – unter I 2, AP § 611 BGB Haftung des Arbeitnehmers Nr. 117 = NZA 1999, 263, 264; zum Schwanken der vorherigen Rechtsprechung siehe 3. Aufl. RN 168 m.w.N.

19 *Deutsch*, NJW 1966, 705, 710, spricht insoweit von der „besonderen Vorhersehbarkeit“ des Schadens; für dessen Beurteilung müsste aber der für die Privilegierung maßgebliche Verschuldensgrad entscheidend sein, also im Arbeitsrecht zumindest „normale“ Fahrlässigkeit. In diesem Sinne auch *Gamillscheg*, RdA 1967, 375.

20 *Gamillscheg/Hanau*, Haftung des Arbeitnehmers, 2. Aufl., S. 64; *Hanau*, Kausalität der Pflichtwidrigkeit, S. 86 f., 125; *Däubler*, NJW 1986, 867, 870 („Erfolg“); *Hanau/Rolfs*, NJW 1994, 1439, 1442. Dies entspricht dem Verletzungserfolg als Bezugspunkt des Verschuldens bei der Regresshaftung gemäß § 110 SGB VII, § 25 RN 6 f. und beim ihr vorhergehenden Haftungsausschluss gem. §§ 104, 105 SGB VII.

21 BAG 18.4.2002 – 8 AZR 348/01 – unter II 3 c ee, AP § 611 Haftung des Arbeitnehmers Nr. 122 = NZA 2003, 37, 39 f.; ebenfalls auf den „Schaden“ als Bezugspunkt abstellend: BAG 9.11.1967 – 5 AZR 147/67 –, BAGE 20, 142, 148 = AP § 67 VVG Nr. 1 unter 4 m. Anm. *Weitnauer*; *Benitz*, Schadenszurechnung, S. 112; *Döring*, Arbeitnehmerhaftung, S. 77 f.; *Denck*, BB 1985, 1736, 1738 f.; *Richardi*, SAE 1968, 194, 195; JZ 1986, 796, 805 f.;

nehmer zur regelmäßigen Kontrolle des Ölstandes anweist, um im Beispiel zu bleiben, wäre für die Haftung die schuldhafte Herbeiführung des Motorschadens maßgeblich. Dafür könnte der bewusste Weisungsverstoß ein Begründungselement sein, mehr aber nicht. Diese Lösung hat den Vorzug, dass sie auf andere Fälle der Haftungsprivilegierung (z.B. §§ 1359, 1664 Abs. 1 BGB) übertragbar und in § 31a Abs. 2 S. 2 BGB nunmehr gesetzlich verankert ist. Sie verhindert außerdem, dass der Arbeitgeber per Weisung unbillig Schadensrisiken auf den Arbeitnehmer verlagert.[22]

c) Kritik

Die Lösung der herrschenden Meinung leidet indessen an Widersprüchen: Es entsteht ein **Widerspruch zur Regresshaftung** des Arbeitnehmers gegenüber dem Unfallversicherungsträger **gemäß § 110 SGB VII**, die ein Verschulden nur bezüglich der unfallursächlichen „Handlung“ bzw. „Unterlassung“ voraussetzt.[23] Der Arbeitnehmer würde folglich dem Unfallversicherungsträger gegenüber strenger haften als dem einzelnen Arbeitgeber und müsste zudem im Fall der Inanspruchnahme durch den Unfallversicherungsträger einen Freistellungsanspruch gegen den Arbeitgeber haben. Sodann verwendet das BAG **verschiedene Bezugspunkte** für das Verschulden; Mal wird der **Schaden in seiner konkreten Höhe**[24] genannt, mal soll es genügen, dass **„ein Schaden“**[25] hätte vorhergesehen werden können. Es entsteht sodann ein Widerspruch zur (auch die Arbeitnehmer des öffentlichen Dienstes erfassenden[26]) **Beamtenhaftung**, in der die Pflichtwidrigkeit Bezugspunkt des Verschuldens ist.[27] Außerdem müsste etwaiges Mitverschulden des Arbeitnehmers bei der Erstattung von **Eigenschäden** ebenfalls schadensbezogen sein,[28] was zu unbilligen Belastungen des Arbeitgebers führen würde. Schließlich steht die herrschende Meinung im Widerspruch zum **Wortlaut des § 619a BGB**, der das Vertretenmüssen ausdrücklich auf die Pflichtver- 6

MünchArbR/*Blomeyer* 2. Aufl., § 59 Rn. 41 (anders inzwischen MünchArbR/*Reichold*, 6. Aufl., § 57 Rn. 36); MünchKommBGB/*Grundmann*, 9. Aufl., § 276 Rn. 52; wohl auch *Gamillscheg*, RdA 1967, 375; *Waltermann*, RdA 2005, 98, 105 f.; zu den möglichen Bezugspunkten beim „Schaden“ siehe ferner *Brose*, RdA 2011, 205, 212.

22 *Deutsch*, NJW 1966, 705, 710; *Benitz*, Schadenszurechnung, S. 118.

23 § 25 RN 6; *Waltermann*, RdA 2005, 98, 105, hält deshalb die Regelung des § 110 Abs. 1 S. 3 SGB VII für „missglückt“.

24 BAG 18.4.2002 – 8 AZR 348/01 – unter II 3 b aa, AP § 611 Haftung des Arbeitnehmers Nr. 122 = NZA 2003, 37, 41 = EzA § 611 BGB Arbeitnehmerhaftung Nr. 70 m. abl. Anm. *Schwarze;* Unklar auch Deutsch (in NJW 1966, 705, 710 die „zu ersetzende Schadensfolge“ bzw. den „Schadensumfang“, in RdA 1996, 1, 3, die „Art“ und den „groben Rahmen“ des Schadens).

25 BAG 28.10.2010 – 8 AZR 418/09 – Rn. 22, AP § 611 BGB Haftung des Arbeitnehmers Nr. 136 = NZA 2011, 345, 348; 18.1.2007 – 8 AZR 250/06 – Rn. 40, AP § 254 BGB Nr. 15 = NZA 2007, 1230, 1235.

26 § 14 RN 6 f.

27 § 14 RN 7.

28 § 27 RN 44 f.

letzung bezieht.[29] Sie steht außerdem im Widerspruch zur Maßgeblichkeit der Pflichtverletzung bei der Bewertung der Verschuldensschwere.[30]

d) Eigene Position: Pflichtverletzung als Bezugspunkt des Verschuldens

7 Diese Widersprüche zeigen an, dass die herrschende Meinung die Lösung an der falschen Stelle verortet.[31] Der Bezug des Verschuldens auf die Pflichtverletzung konfrontiert die Haftungsordnung im Arbeitsverhältnis mit zwei Problemen. *Erstens* können die Haftungsrisiken für den Arbeitnehmer durch eine vom Arbeitgeber veranlasste **Ausweitung der Verhaltenspflichten** übermäßig werden. Wenn dies so ist, wenn eine Weisung des Arbeitgebers und die daraus resultierende Verhaltenspflicht auf eine **„unbillige" Verlagerung von Schadensrisiken** hinausläuft (jeder weiß, dass sie in der täglichen Arbeit nicht einzuhalten ist oder dass der Arbeitnehmer mit einer übermäßigen Menge an Anweisungen überfrachtet wird), ist die **Kontrolle nach § 106 GewO** bzw. – bei vertraglicher Regelung – nach §§ 305, 307 BGB oder § 138 BGB der richtige Weg. Ist es aber **nicht unbillig**, die **Befolgung der Weisung zu verlangen**, kann es nicht von vornherein unbillig sein, an den schuldhaften Verstoß gegen die Weisung bzw. die durch sie begründete Pflicht eine Haftung zu knüpfen. Die Weisung soll ebenso wie einschlägige gesetzliche Regelungen Gefährdungen von Rechtsgütern, Rechten und Vermögen vorbeugen (**Präventionszweck**),[32] also „gefährliches Handeln" unterbinden. Was gefährlich ist, kann der Arbeitgeber oft besser überblicken als der Arbeitnehmer, und beim Schutz seines Vermögens kommt dem Arbeitgeber – anders ist es gar nicht möglich – sogar eine Definitionskompetenz zu: Er entscheidet z. B. darüber, welcher Arbeitnehmer zu welchen Bedingungen Verträge für das Unternehmen schließen kann. Ist es aber recht, derartige **Weisungen haftungsrechtlich sanktionslos zu stellen**, dem Arbeitnehmer von vornherein das Haftungsrisiko sogar für vorsätzliche Verstöße abzunehmen, selbst dann noch, wenn der Arbeitgeber auf deren strikte Einhaltung besonderes Gewicht gelegt hat, ja sie dem Arbeitnehmer regelrecht eingeschärft hat?[33] Ist

29 *Otto*, FS 50 Jahre BAG (2004), S. 97, 101.

30 S. RN 14; s. ferner zur Maßgeblichkeit der Pflichtverletzung beim Haftungsumfang BAG 29.4.2021 – 8 AZR 276/20 – Rn. 39, NZA 2021, 1465.

31 Siehe bereits *Otto*, Gutachten, S. E 64ff.; ebenso *Heinze*, NZA 1986, 545, 552; MünchKommBGB/*Wagner*, 9. Aufl., § 823 Rn. 51; *Zöllner*, Anm. zu BAG 23.3.1983 – 7 AZR 391/79 –, EzA § 611 BGB Gefahrgeneigte Arbeit Nr. 14 unter IV.

32 Vgl. *Deutsch*, NJW 1966, 705, 707.

33 Wie weit das BAG hier zu gehen bereit ist, zeigt seine Entscheidung im Gabelstaplerfall (18.4.2002 – 8 AZR 348/01 –, AP § 611 Haftung des Arbeitnehmers Nr. 122 = NZA 2003, 37), in dem die Nichtbeachtung einer klaren Anweisung an einen nicht über die erforderliche Fahrerlaubnis verfügenden Auszubildenden, den Gabelstapler nicht zu bedienen, für die Verteilung der Haftungsfolgen praktisch unerheblich wird; näher *Schwarze*, Anm. EzA § 611 BGB Arbeitnehmerhaftung Nr. 70 unter 1. Auch *Deutsch*, NJW 1966, 705, 710, hält das offenbar für problematisch, da er meint, der Präventionszweck des Schadensersatzrechts lasse sich im Arbeitsverhältnis auf andere Weise besser erreichen. Aber es gibt kein flächendeckendes, dem Beamtenrecht vergleichbares Disziplinarrecht, und nicht jeder Haftungsfall berechtigt zur Kündigung.

es sinnvoll, solchen Weisungen Haftungsrelevanz nur dann zuzubilligen, wenn der Arbeitgeber mit der Verhaltensanweisung auch noch eine Belehrung über die möglichen Schadensfolgen verbunden hat? Wenn z. B. der Inhaber einer Radiologiepraxis der bei ihm beschäftigten Reinigungskraft verbietet, im Falle eines Alarmsignals am MRT-Gerät einzugreifen und Schalter zu betätigen, muss bei Verstoß gegen diese Weisung grundsätzlich gehaftet werden auch dann, wenn die Beschäftigte in Ermangelung von ihr nicht zu fordernder technischer Kenntnisse nicht damit rechnen musste, durch die Bedienung eines Schalters die Teilzerstörung des Gerätes herbeizuführen.[34] Die h.M. schüttet das Kind mit dem Bade aus, da sie im Falle eines nur auf die Pflichtverletzung beschränkten Arbeitnehmerverschuldens zur Haftungsfreistellung kommen muss[35] und damit die Haftungsrelevanz von Arbeitgeberweisungen weitgehend beseitigt. Den Weisungsverstoß bei der Bestimmung des Verschuldensmaßes mit zu berücksichtigen,[36] wird nicht immer zum gerechten Ergebnis führen, vor allem dann nicht, wenn die Weisung nicht „schadensnah" ist oder es um einen primären Vermögensschaden ohne vorhergehende Rechtsgutverletzung geht[37] und der Schaden nicht evident ist.[38] Hinzu kommt, dass der Arbeitgeber das schadensbezogene Verschulden oft nicht wird beweisen können.[39] Im Übrigen konterkariert die h.M. die **entlastende** Wirkung einer Arbeitgeberweisung, die dem Arbeitnehmer eine eigene Überprüfung von Schadensrisiken erspart, solange nicht Anhaltspunkte für die Fehlerhaftigkeit der Weisung vorliegen.

Unbillig kann dann *zweitens* der im Einzelfall **übermäßige Haftungsumfang** sein.[40] Dieses Problem findet seine Lösung auf der vom BAG selbst anerkannten **zweiten Stufe der Haftungsmilderung wegen unzumutbarer wirtschaftlicher Belastung des Arbeitnehmers.**[41] Hier, bei der abwägenden Beurteilung der Unzumutbarkeit, kann ein Verschulden bezüglich der Schadensfolgen einen größeren Haftungsumfang rechtfertigen als bei einem nur auf die Pflichtverletzung beschränkten Verschulden.[42] Mit dieser Lösung ist eine „punktgenaue" Verwertung der haftungsrelevanten Daten möglich. **Praktisch relevant** wird der Unterschied zwischen der hier vertretenen Lösung und 8

34 Vgl. den Fall BAG 28.10.2010 – 8 AZR 418/09 –, AP § 611 BGB Haftung des Arbeitnehmers Nr. 136 = NZA 2011, 345.

35 Deshalb nicht überzeugend der Versuch von *Waltermann*, RdA 2005, 98, 106, den Bezugspunkt des Verschuldens als Problem einer adäquaten Entlastung von einer bereits bestehenden Haftung aufzufassen.

36 So *Gamillscheg*, RdA 1967, 375; *Benitz*, Schadenszurechnung, S. 120 ff.; LAG Berlin 22.10.1984 – 12 Sa 66/84 –, DB 1985, 339; ähnlich *Waltermann*, RdA 2005, 98, 106; krit. *Deutsch*, Fahrlässigkeit, 2. Aufl., S. 174 f.

37 Vgl. BAG 21.5.2015 – 8 AZR 116/14 – Rn. 31, NZA 2015, 1517 (Überbezahlung von Arbeitnehmern infolge pflichtwidriger Festlegung der Vorgabezeiten): die Erkennbarkeit des Schadens bleibt ungeprüft.

38 Vgl. dazu *Benitz*, Schadenszurechnung, S. 121 f.

39 Siehe bereits *Otto*, Gutachten, S. E 64.

40 So übereinstimmend die Problemanalyse des BAG (18.4.2002 – 8 AZR 348/01 – unter II 3 c ee, AP § 611 Haftung des Arbeitnehmers Nr. 122 = NZA 2003, 37, 41) und der Literatur (*Deutsch*, NJW 1966, 705, 706, 709; *Benitz*, Schadenszurechnung, S. 112).

41 Näher § 10 RN 3 ff.

42 Im Einzelnen § 10 RN 5.

der vom BAG verfolgten Linie bei **kleineren und mittleren Schäden:** Bei vorsätzlichem oder grob fahrlässigem Pflichtverstoß kommt die hier vertretene Auffassung zur vollen Haftung, die Ansicht des BAG wird dagegen oft zur vollständigen Enthaftung, zumindest zur Teilenthaftung führen, wenn nicht grobe Fahrlässigkeit hinsichtlich des Schadens vorliegt.

e) Anforderungen an haftungsrechtlich erhebliche Weisungen

9 Die Haftung auslösen können somit – wie auch sonst – alle vertraglichen und gesetzlichen Verhaltenspflichten, deren Zweck die Verhinderung des eingetretenen Schadens ist. Im Arbeitsverhältnis kommt den pflichtenkonkretisierenden **Weisungen des Arbeitgebers** erhebliche praktische Bedeutung zu. Verbindlich sind sie natürlich nur, wenn der Arbeitnehmer zur Erfüllung verpflichtet ist. Weisungen des Arbeitgebers sind Willenserklärungen und können deshalb nur dann Pflichten begründen, wenn sie **hinreichend konkret** und für den **Arbeitnehmer erkennbar** sind.[43] Die allgemein gehaltene Aufforderung zu „vorsichtigem" oder „sorgfältigem" Verhalten[44] bewirkt keine Verschärfung der vertraglichen Verhaltenspflichten. Soweit der Arbeitnehmer im Rahmen seiner Tätigkeit mit selbstlernender **künstlicher Intelligenz** (KI) arbeitet, kann der Arbeitgeber das Risiko unvorhersehbarer Veränderungen des „Verhaltens" der künstlichen Intelligenz bzw. einer von ihr gesteuerten Robotik[45] nicht auf den Arbeitnehmer abwälzen durch eine generelle Pflicht zur Anpassung der Arbeitsleistung an eintretende Änderungen des Interaktionsprofils der KI.[46] Solange der Arbeitgeber ihm nicht hinreichend konkrete und umsetzbare Weisungen zur strengeren Kontrolle erteilt, darf der Arbeitnehmer auf die Funktionsfähigkeit der KI auch beim Lernen vertrauen und muss nur offensichtliche Fehlentwicklungen erkennen.[47] Dies gilt entsprechend für den Umgang des Arbeitnehmers mit **automatisiertem Fahren.**[48] Nicht erforderlich ist aber, dass die Weisung einer **konkreten Gefahr** gilt; auch Weisungen, die lediglich abstrakte Gefahrensituationen vermeiden sollen, führen bei Nichtbeachtung zur Haftpflicht, wenn der Schaden in deren Schutzbereich liegt. Von Bedeutung ist die Gefahrennähe der Weisung allerdings insoweit, als sie das schadensbezogene Verschulden indizieren kann.

---

43 *Döring*, Arbeitnehmerhaftung, S. 86 f.

44 Vgl. BAG 18.1.1966 – 1 AZR 247/63 –, AP § 611 BGB Haftung des Arbeitnehmers Nr. 37.

45 *Wagner*, VersR 2020, 717, 719 f.

46 *Schwarze*, in: Ebers/Heinze/Steinrötter, Künstliche Intelligenz und Robotik, 2. Aufl., § 8 Rn. 85; *Denga*, CR 2018, 69, 73 ff.; zur unvorhersehbaren Wirkungsweise von KI/Robotik: *Müller-Hengstenberg/Kirn*, MMR 2014, 307, 313; *Stiemerling*, CR 2015, 762, 764; *Denga*, CR 2018, 69, 70 („Vorhersehbarkeit des Unvorhersehbaren").

47 *Schwarze*, in: Ebers/Heinze/Steinrötter, Künstliche Intelligenz und Robotik, 2. Aufl., § 8 Rn. 86.

48 S. die ausdrückliche Begrenzung der Sorgfaltspflicht auf „offensichtliche" Funktionsfehler in § 1b Abs. 2 Nr. 2 StVG; näher Schwarze, in: Ebers/Heinze/Steinrötter, Künstliche Intelligenz und Robotik, 2. Aufl., § 8 Rn. 86.

Die Weisung muss den Arbeitnehmer „erreichen".[49] Was im Hinblick auf die Erkennbarkeit und **Verständlichkeit** der Weisung zu fordern ist, bestimmen die Umstände des Einzelfalls. So können handbuchartige schriftliche Richtlinien, auf die immer wieder zurückgegriffen werden kann, bei der Einweisung des Flugzeug- oder Computertechnikers angemessen sein, den Kfz-Mechaniker aber überfordern. Am besten, allerdings oft nicht durchführbar, ist die mündlich erteilte Einzelweisung mit Verständigungskontrolle und Gewissensappell, aber für gewöhnlich tut es auch der Aushang am (digitalen) Schwarzen Brett.[50] **Schriftliche Weisungen** müssen übersichtlich gestaltet sein und dem Arbeitnehmer in geeigneter Weise vermittelt werden; ggf. ist ihm Zeit zur Lektüre zu geben. Es kann erforderlich sein, Weisungen wieder ins Gedächtnis zu rufen: etwa um einer gewissen Gewöhnung an warnende Hinweise entgegenzusteuern oder wenn die betreffende Tätigkeit vom Arbeitnehmer nur gelegentlich ausgeübt wird und die letzte (Ein-)Weisung schon lange zurückliegt[51] oder wenn der Arbeitnehmer in der Einarbeitungsphase ist und wegen der typischen Häufung von Weisungen in dieser Phase damit zu rechnen ist, dass die eine oder andere verloren geht.[52] Von der Form der Weisung wird in der Regel auch abhängen, ob der Weisungsverstoß auf Vorsatz beruht. Umfassende Richtlinien und handbuchartige Einweisungen in schriftlicher Form wird der Arbeitnehmer nicht oder nur unvollkommen zur Kenntnis nehmen können bzw. in großen Teilen wieder vergessen. Dagegen wird die mündlich erteilte Einzelweisung meistens im Gedächtnis bleiben, jedenfalls dann, wenn sie das tägliche Arbeitsverhalten betrifft, z. B. den beladenen Gabelstapler nur rückwärts zu fahren[53] oder das Fahrgeld beim Toilettengang mitzunehmen und nicht im verschlossenen Bus zu lassen.[54] Auch für auf Weisungen beruhende Verhaltenspflichten gilt, dass das Schadensrisiko in deren Schutzbereich liegen muss. Erteilt der Arbeitgeber einem unerfahrenen Fahrer die Weisung, den Lkw auf dem Betriebshof zu wenden, was wegen dessen Enge und anderer abgestellter Lastzüge mit einem erheblichen Schadensrisiko verbunden ist, liegt ein Schaden nicht im Schutzbereich der Weisung, der dadurch entsteht, dass der Arbeitnehmer das Wendemanöver durch eine Fahrt um den Häuserblock vermeiden will.[55] Eine vergleichbare Situation liegt vor, wenn der Arbeitnehmer entgegen der ausdrücklichen Anweisung des Arbeitgebers die Lenkzeiten überschreitet, der Unfall aber auf anderen Ursachen als Übermüdung beruht (z. B. überhöhte Geschwindigkeit). Oder 10

49 Vgl. dazu BAG 7.7.1970 – 1 AZR 505/69 – unter 3 c, AP § 611 BGB Haftung des Arbeitnehmers Nr. 58; *Döring*, Arbeitnehmerhaftung, S. 86.

50 Problematisch aber wieder bei umfangreichen Anweisungen, *Medicus*, Anm. zu BAG 7.7.1970 – 1 AZR 505/69 – unter III, AP § 611 BGB Haftung des Arbeitnehmers Nr. 58.

51 Vgl. LAG Frankfurt/M. 19.2.1988 – 15/9 Sa 800/87 –, LAGE § 611 BGB Arbeitnehmerhaftung Nr. 11 (letzte Einweisung eines Aushilfs-Gabelstaplerfahrers lag fünf Jahre zurück).

52 Vgl. *Döring*, Arbeitnehmerhaftung, S. 34 f., 87, krit. zu BAG 18.12.1970 – 1 AZR 171/70 –, AP § 611 BGB Haftung des Arbeitnehmers Nr. 62.

53 Vgl. LAG Frankfurt/M. 19.2.1988 – 15/9 Sa 800/87 –, LAGE § 611 BGB Arbeitnehmerhaftung Nr. 11.

54 Vgl. LAG Hamm 13.5.1991 – 17 Sa 264/91 –, LAGE § 611 BGB Arbeitnehmerhaftung Nr. 16 = NZA 1991, 900.

55 Vgl. BAG 23.3.1983 – 7 AZR 391/79 – unter I, AP § 611 BGB Haftung des Arbeitnehmers Nr. 82 m. Anm. *Brox*.

wenn der Arbeitnehmer in Trunkenheit einen Kfz-Unfall verursacht, der Schaden des Arbeitgebers aber darauf beruht, dass der Versicherungsschutz wegen fehlender Fahrerlaubnis entfallen ist.[56]

3. Verschuldensgrade

11 Stellt man sich das Verschulden als ein Kontinuum vor, beginnend mit ganz leichten Fehlern und endend bei der bösen Absicht, müsste die arbeitsrechtliche Haftungsprivilegierung jedem individuellen Verschuldensmaß einen passenden Haftungsanteil zuordnen. Die Rechtssicherheit fordert eine vergröbernde, übersichtliche Einteilung der Verschuldensgrade. Das BGB unterscheidet mit Vorsatz und Fahrlässigkeit (§ 276 Abs. 1 S. 1 BGB) zwei Verschuldensformen. Innerhalb der Verschuldensformen kennt es mehrere Grade, von denen hier nur jene der Fahrlässigkeit von Interesse sind: die einfache Fahrlässigkeit (Verletzung der erforderlichen Sorgfalt, § 276 Abs. 2 BGB), die grobe Fahrlässigkeit als besonders schwere Verletzung der erforderlichen Sorgfalt (vgl. § 277 BGB). Diese Nomenklatur ist auch der Ausgangspunkt der arbeitsrechtlichen Enthaftung. Die spezifisch arbeitsrechtlichen Differenzierungen des Verschuldensgrades sind von hier aus zu denken. Die Verletzung der eigenüblichen Sorgfalt (diligentia quam in suis, § 277 BGB) beschreibt die Verletzung eines von der verkehrserforderlichen Sorgfalt verschiedenen Sorgfaltsmaßes, das an der privaten Sorgfaltspraxis orientiert ist und i. d. R. schwächer als die erforderliche Sorgfalt ist.[57]

II. Keine Enthaftung bei Vorsatz hinsichtlich Rechtsgutsverletzung/Schaden

12 Der Arbeitnehmer kann unter keinem erdenklichen Gesichtspunkt enthaftet werden, wenn er die Rechtsgutsverletzung oder – bei primären Vermögensschäden – den Schaden (= grober Schadensumfang) vorsätzlich (Absicht, direkter Vorsatz und dolus eventualis) und im Bewusstsein der Rechts- bzw. Pflichtwidrigkeit[58] verursacht hat.[59] Das vom Arbeitgeber zu tragende Betriebsrisiko ist hier als Schadensursache völlig eliminiert. Mindernd kann allenfalls ein (echtes) Mitverschulden des Geschädigten wirken, vor allem dann, wenn er den Schädiger provoziert hat.

---

56 Vgl. BAG 23.6.1988 – 8 AZR 300/85 – unter II 2, AP § 611 BGB Haftung des Arbeitnehmers Nr. 94 m. abl. Anm. *Hj. Weber.*

57 Zur Relevanz und zur Begrenzung der Haftung für eigenübliche Sorgfalt § 6 RN 12; zur Bedeutung der eigenüblichen Sorgfalt bei betriebsexterner Arbeit s. Schwarze ZFA 2024, 79, 86 ff.

58 So zutreffend die h.M., vgl. *Staudinger/Caspers*, BGB (2019), § 276 Rn. 24 f. m.w.N.; anders MünchKommBGB/*Grundmann*, 9. Aufl., § 276 Rn. 153, 155.

59 BGH 10.1.1955 – III ZR 153/53 –, BGHZ 16, 111, 120. Vgl. z. B. den Sachverhalt BAG 11.8.1987 – 8 AZR 609/84 –, AP § 611 BGB Haftung des Arbeitnehmers Nr. 90; 7.5.1976 – 3 AZR 323/75 –, AP § 611 BGB Arbeitnehmerhaftung Nr. 79 m. Anm. *Beitzke*; wohl auch BGH 21.10.1980 – X ZR 56/78 – unter c, AP § 4 ArbNErfG Nr. 3 = BGHZ 78, 252, 256 (Überlegungen hinsichtlich einer technischen Verbesserung werden bewusst unterlassen); *Döring*, Arbeitnehmerhaftung, S. 77.

III. Keine Enthaftung bei vorsätzlicher oder grob fahrlässiger Pflichtverletzung aufgrund Betriebsrisikos

1. Keine Beschränkung der Haftung auf vorsätzliche Schädigung

Nach der hier vertretenen Auffassung rechtfertigt das Betriebsrisiko keine Haftungsmilderung, wenn der Arbeitnehmer eine konkrete gesetzliche oder vertragliche Verhaltenspflicht vorsätzlich (im Bewusstsein der Pflichtwidrigkeit) oder grob fahrlässig verletzt hat. Das **schließt Haftungsmilderungen mit Blick auf die Unzumutbarkeit des Schadensumfangs nicht aus.**[60] Mit seiner gegenteiligen Auffassung, der Arbeitnehmer hafte nur für vorsätzlich verursachte Schäden, hat sich *Kohte*[61] zu Recht nicht durchsetzen können. Die von ihm gezogene Parallele zum Unfallversicherungsrecht (§§ 553, 723 und 637 RVO a.F., jetzt §§ 8 Abs. 1,[62] 150 und § 105 SGB VII) trägt wegen der bei grober Fahrlässigkeit eintretenden Regresshaftung des schädigenden Arbeitnehmers gemäß § 110 SGB VII nicht; der Regress dient nicht sozialstrafrechtlichen Zwecken.[63] Dass eine derart weitgehende Enthaftung dem Leichtsinn Vorschub leisten würde, wird von *Kohte* unter Hinweis auf die grob fahrlässiges Verhalten deckende Haftpflichtversicherung in Abrede gestellt.[64] Darüber lässt sich streiten, nicht aber über die Unbilligkeit eines Schadensersatzsystems, das dem Arbeitgeber pauschal den Schaden sogar für bewusst fahrlässiges, leichtsinniges und rücksichtsloses Verhalten aufbürdet[65], von den Schwierigkeiten der dem Arbeitgeber obliegenden Beweisführung ganz zu schweigen. Schließlich ist es kaum möglich, grobe Verstöße, die nach der Rechtsprechung auch individuell vorwerfbar sein müssen, dem steuerbaren Risiko des Arbeitgebers zuzurechnen.[66] 13

2. Zur groben Fahrlässigkeit im Einzelnen

Während die Abgrenzung des Vorsatzes nicht allzu schwierig ist, bereitet die der **groben Fahrlässigkeit** theoretisch und praktisch Probleme – theoretisch, weil ihre Definition nur näherungsweise gelingen will, praktisch, weil der Richter eine Fülle von Einzelumständen beachten und feststellen muss. So sehr sie auch anerkannte Verschuldens- 14

60 Näher § 10 RN 1ff.

61 *Kohte*, Arbeitnehmerhaftung, S. 320ff.; ebenso ArbG Rheine 3.11.1981 – 3 Ca 685/81 –, EzA § 611 BGB Arbeitnehmerhaftung Nr. 37; de lege ferenda *Bokelmann*, Grobe Fahrlässigkeit, S. 77ff., 92.

62 Das UVEG regelt den Ausschluss des Versicherungsschutzes bei absichtlicher Herbeiführung des Versicherungsfalls (vormals § 553 RVO) durch den Versicherten nicht mehr ausdrücklich, da hier bereits begrifflich kein Versicherungsfall vorliegt, Begr. zum RegE BR-Drucks. 263/95, S. 282; im Übrigen siehe § 101 SGB VII.

63 Siehe § 25; anders *Kohte*, Arbeitnehmerhaftung, S. 311f., 205ff., der der Norm deshalb kritisch gegenübersteht.

64 *Kohte*, Arbeitnehmerhaftung, S. 328f.; dagegen *Denck*, BB 1985, 1736, 1738f., der zutreffend darauf hinweist, dass auch der Arbeitgeber durch den Schaden ruiniert werden kann.

65 Ebenso *Naendrup*, JuS 1984, 336, 339.

66 *Däubler*, NJW 1986, 867, 870.

form ist, sind doch alle Definitionsbemühungen über Umschreibungen nicht hinausgekommen; wohl deshalb, weil es letztlich um ein Evidenzurteil geht, das sich erst aus den konkreten Fallumständen erschließt.[67] Auf die Arbeitnehmerhaftung gemünzt, hat *Frey* die Formel vorgeschlagen, Fahrlässigkeit liege vor, wenn man sagt: „Das kann vorkommen", grobe Fahrlässigkeit, wenn man sagen muss: „Das darf nicht vorkommen".[68] Aber das wäre wohl eher die Grenzziehung zwischen leichtester und einfacher (normaler) Fahrlässigkeit. Der Gesetzgeber hat sich in § 45 Abs. 2 S. 3 Nr. 3 (2. Halbs.) SGB X selbst um eine für verallgemeinerungsfähig gehaltene[69] Präzisierung bemüht: „grobe Fahrlässigkeit liegt vor, wenn ... die erforderliche Sorgfalt in besonders schwerem Maße verletzt (wird)." Angeknüpft wird damit an die aus der zivilgerichtlichen Rechtsprechung geläufige Formel, wonach die erforderliche Sorgfalt nach den gesamten Umständen in **ungewöhnlich großem** (auch: besonders schwerem) **Maße** verletzt sein muss und unbeachtet geblieben ist, was im gegebenen Fall **jedem hätte einleuchten** müssen[70], wenn schon einfachste, ganz naheliegende Überlegungen nicht angestellt worden sind.[71] Soweit es nicht um die Verletzung spezieller Verhaltenspflichten geht, ist die besonders hohe Gefährlichkeit (Schadensträchtigkeit) des pflichtwidrigen Verhaltens ein wichtiges Indiz für grobe Fahrlässigkeit.[72] Der qualifizierte Verstoß muss sowohl die **äußere wie die innere Sorgfalt** erfassen. Neben[73] oder anstelle[74] der groben Fahrlässigkeit hat das BAG, veranlasst durch den Beschluss des Großen Senats vom 25.9. 1957[75], des Öfteren von „schwerer Schuld" gesprochen; der Begriff hat aber keinen rechten Nutzen und nicht selten Verwirrung gestiftet.[76] Man sollte auf ihn verzichten,

67 Mit den Worten von *Deutsch* (Haftungsrecht, 2. Aufl., Rn. 421): „Jeder fühlt, wann grob fahrlässig vorgegangen wird, aber niemand vermag es schlüssig zu formulieren." Siehe auch *Bydlinski*, SAE 1993, 93 f.

68 *Frey*, AuR 1953, 7, 8.

69 *Naendrup*, JuS 1984, 336, 337; ebenso *Denck*, BB 1985, 1736, 1739; krit. zum einheitlichen Begriff grober Fahrlässigkeit *Bokelmann*, Grobe Fahrlässigkeit, S. 28 ff., 41.

70 RG 26.5.1933 – VII 69/33 –, RGZ 141, 129, 131; BGH 21.5.1953 – IV ZR 192/52 –, BGHZ 10, 69 = NJW 1953, 1099, 1100, u. 13.4.1994 – II ZR 196/93 –, NJW 1994, 2022, 2023. Ablehnend zu diesem Teil der Formel wegen der Nähe zum Vorsatzverdacht *Deutsch*, Haftungsrecht, 2. Aufl., Rn. 422 a.E.

71 BAG 28.5.1960 – 2 AZR 548/59 –, AP § 611 BGB Haftung des Arbeitnehmers Nr. 19, Bl. 3. *Bydlinski* (SAE 1993, 93, 94) spricht von der leichten Erkennbarkeit der erheblichen Gefahr eines größeren oder unkontrollierbaren Schadens.

72 *Döring*, Arbeitnehmerhaftung, S. 81, 90.

73 Siehe nur BAG 9.8.1966 – 1 AZR 473/65 – unter I, AP § 611 BGB Haftung des Arbeitnehmers Nr. 39 m. Anm. *Wussow* = NJW 1966, 2233; 7.7.1970 – 1 AZR 507/69 – Leits. 6 und unter 2, AP § 611 BGB Haftung des Arbeitnehmers Nr. 59 m. Anm. *Medicus*.

74 So BAG 18.12.1970 – 1 AZR 177/70 – unter II 1, AP § 611 BGB Haftung des Arbeitnehmers Nr. 63 = NJW 1971, 957, 958; 18.1.1972 – 1 AZR 125/71 –, AP § 611 BGB Haftung des Arbeitnehmers Nr. 69; wohl auch BAG 13.3.1968 – 1 AZR 362/67 – unter I, AP § 611 BGB Haftung des Arbeitnehmers Nr. 42.

75 BAG – GS 5/56 –, AP §§ 898, 899 RVO Nr. 4; *Bokelmann*, Grobe Fahrlässigkeit, S. 59 f.

76 Siehe die Kritik von *Gamillscheg*, AuR 1983, 317, 318 f.; *Deutsch*, Haftungsrecht, 2. Aufl., Rn. 424; *Bokelmann*, Grobe Fahrlässigkeit, S. 61.

was die Rechtsprechung, von wenigen Ausnahmen abgesehen,[77] mittlerweile auch zu tun scheint. Einige **Beispiele für grobe Fahrlässigkeit** aus der Praxis der Gerichte geben Anschauung:

- Überholen eines Radfahrers, wenn der zur Verfügung stehende Gesamtraum der Fahrbahn 2,85 m beträgt, von denen allein der überholende Lkw 2,20 m einnimmt;[78]
- Einschlafen am Steuer infolge Übermüdung, wenn die Müdigkeit nicht so schnell eintritt, dass Gegenmaßnahmen nicht mehr ergriffen werden können;[79]
- Zurücksetzen eines (großen) Fahrzeugs ohne Einsicht in den rückwärtigen Fahrbereich;[80]
- Überfahren einer Ampel, die bereits seit knapp 6 Sekunden „Rot" zeigt;[81]
- Überholen zweier Fahrzeuge vor einer Rechtskurve bei Nebel mit Sichtweite von 20 – 30 m;[82]
- Fahrt mit einem großen Lkw (Möbelwagen), obwohl der Fahrer zehn Jahre nicht mehr gefahren ist;[83]
- Einfahren in einen Tunnel unter Überschreitung der zulässigen Durchfahrtshöhe, weil das einschlägige Verkehrsschild übersehen wurde;[84]
- Fahren mit Blutalkoholgehalt von 1,4 g Promille nach durchzechter Nacht;[85]
- Überholen bei Unübersichtlichkeit der Überholstrecke;[86]
- Unfallverursachung im Zustand „absoluter"[87] Fahruntüchtigkeit[88] oder infolge erheblicher Alkoholisierung;[89]

---

77 BAG 23.3.1983 – 7 AZR 391/79 – unter II 3 c, AP § 611 BGB Haftung des Arbeitnehmers Nr. 82; krit. dazu *Gamillscheg*, AuR 1983, 317, 318 f.

78 BAG 9.8.1966 – 1 AZR 473/65 – unter I, AP § 611 BGB Haftung des Arbeitnehmers Nr. 39 m. Anm. *Wussow*.

79 BAG 29.6.1964 – 1 AZR 434/63 – unter 5 a, AP § 611 BGB Haftung des Arbeitnehmers Nr. 33 m. Anm. *Mayer-Maly*. Allerdings kann das Fehlverhalten subjektiv entschuldigt sein, siehe BAG 20.3.1973 – 1 AZR 337/72 –, AP § 611 BGB Haftung des Arbeitnehmers Nr. 72. Zur Beweislastverteilung siehe RN 42 f.

80 BAG 29.9.1961 – 1 AZR 505/59 – unter 5, AP § 611 BGB Haftung des Arbeitnehmers Nr. 26, Bl. 3 R.

81 BAG 12.10.1989 – 8 AZR 276/88 – unter II 1, AP § 611 BGB Haftung des Arbeitnehmers Nr. 97 (unterstellt, es liegt nicht ein vorsätzlicher Pflichtverstoß vor); ebenso 10.3.1961 – 1 AZR 488/59 – unter III, AP § 611 BGB Haftung des Arbeitnehmers Nr. 23 m. Anm. *Hueck*.

82 BAG 22.2.1972 – 1 AZR 223/71 –, AP § 611 BGB Haftung des Arbeitnehmers Nr. 70 m. Anm. *Beuthien* = NJW 1972, 1388.

83 BAG 24.1.1974 – 3 AZR 488/72 –, AP § 611 BGB Haftung des Arbeitnehmers Nr. 74 m. Anm. *Wussow*.

84 LAG Köln 17.6.1993 – 6 Sa 111/93 –, LAGE § 611 BGB Gefahrgeneigte Arbeit Nr. 10. Anders, wenn der Arbeitnehmer mit dem Fahrzeug noch nicht genügend vertraut ist, BAG 23.3.1983 – 7 AZR 391/79 – unter II 2, AP § 611 BGB Haftung des Arbeitnehmers Nr. 82 m. Anm. *Brox*; dazu noch im Folgenden.

85 BAG 23.1.1997 – 8 AZR 893/95 –, NZA 1998, 140.

86 BAG 28.5.1960 – 2 AZR 548/59 – AP § 611 BGB Haftung des Arbeitnehmers Nr. 19, Bl. 2, 2 R; LAG Rheinland-Pfalz 13.12.1989 – 2 Sa 749/89 –, LAGE § 611 BGB Gefahrgeneigte Arbeit Nr. 8.

87 Eine verunglückte Begriffsbildung: nicht die Fahruntüchtigkeit ist „absolut" oder „relativ", sondern der Beweiswert der Alkoholisierung für die Fahruntüchtigkeit.

88 LAG Berlin 24.10.1988 – 9 Sa 71/88 –, LAGE § 611 BGB Gefahrgeneigte Tätigkeit Nr. 6.

89 BAG 15.11.2012 – 8 AZR 705/11 – Rn. 23, NZA 2013, 640.

- Abstellen eines Kfz, ohne Bremsen anzuziehen oder Gang einzulegen;[90]
- Zurücklassen eines 10 × 10 cm großen Mulltupfers in der Operationswunde;[91]
- Verabreichen von Blut einer falschen Blutgruppe bei Bluttransfusion;[92]
- Betätigung eines Alarmknopfes bei MRT-Gerät ohne Kenntnisse über dessen Funktion.[93]

15 Den Vorwurf grober Fahrlässigkeit muss sich auch der Arbeitnehmer gefallen lassen, der **mehrfach gleiche oder ähnliche Fehler** begeht:[94] Wer aus Schaden nicht klug wird, handelt leichtfertig. Die Häufung kann auch in der Weise erfolgen, dass diverse leichtere Fehler durch ihr Zusammenwirken zum Schaden führen.[95] Zu einem – dann schwereren – Schuldvorwurf lässt sich das aber nur zusammenfassen, wenn die einzelnen Fehler als Teil einer einheitlichen Handlung betrachtet werden können.[96]

16 Ohne rechten Sinn ist der in jüngeren Entscheidungen unternommene Versuch, innerhalb der groben Fahrlässigkeit eine **„gröbste Fahrlässigkeit"** auszuweisen.[97] Dadurch entsteht der Eindruck, es handele sich um eine eigene Stufe der arbeitsvertraglichen Haftungsordnung. Das ist aber weder tatbestandlich-begrifflich der Fall, denn die gröbste Fahrlässigkeit meint nichts anderes als einen besonders schweren Fall grober Fahrlässigkeit. Noch gibt es eine von der Behandlung der groben Fahrlässigkeit abweichende Haftung. Zwar hat das BAG anfangs den Begriff mit der Rechtsfolge der uneingeschränkten Haftung verknüpft,[98] hält aber inzwischen auch hier eine Milderung für möglich, so dass die Haftungsfolgen dieselben sind, die auch sonst für grobe Fahrlässigkeit gelten. Die Unterscheidung belastet die Gerichte mit unnützer Begründungsarbeit.[99]

---

90 BAG 19.3.1959 – 2 AZR 402/55 – unter II 4 b, AP § 611 BGB Haftung des Arbeitnehmers Nr. 8 m. Anm. *Hueck*.

91 LAG Köln 28.3.1988 – 5 Sa 106/88 –, LAGE § 611 BGB Arbeitnehmerhaftung Nr. 9.

92 BAG 25.9.1997 – 8 AZR 288/96 –, AP § 611 BGB Haftung des Arbeitnehmers Nr. 111 = NZA 1998, 310.

93 BAG 28.10.2010 – 8 AZR 418/09 –, AP § 611 BGB Haftung des Arbeitnehmers Nr. 136.

94 Weiter gehend RAG 30.9.1941 – 88/1941 –, ARS 43, 108, 115; LAG Frankfurt/M. 17.9.1952 – II LA 301/52 –, BB 1952, 858 = DB 1952, 932 und *Gumpert*, BB 1955, 480, 482 zu Anm. 13, die nur an die Häufigkeit, nicht auch an die Ähnlichkeit von Fehlleistungen anknüpfen.

95 BAG 7.7.1970 – 1 AZR 505/69 – unter 3 a, b, AP § 611 BGB Haftung des Arbeitnehmers Nr. 58 (Umstürzen eines Kippers infolge falschen Kippens, Nichtlösen der Spannkette und Nichtberücksichtigung eines schweren Erdbrockens).

96 Vgl. *Medicus*, Anm. zu BAG 7.7.1970 – 1 AZR 505/69 – unter I, AP § 611 BGB Haftung des Arbeitnehmers Nr. 58.

97 Zuerst BAG 25.9.1997 – 8 AZR 288/96 –, AP § 611 BGB Haftung des Arbeitnehmers Nr. 111 = NZA 1998, 310; ferner etwa BAG 28.10.2010 – 8 AZR 418/09 – Rn. 22 f., AP § 611 BGB Haftung des Arbeitnehmers Nr. 136 = NZA 2011, 345; krit. *Otto*, FS 50 Jahre BAG (2004), 97, 98 f.

98 BAG 25.9.1997 – 8 AZR 288/96 –, AP § 611 BGB Haftung des Arbeitnehmers Nr. 111 = NZA 1998, 310.

99 Exemplarisch BAG 28.10.2010 – 8 AZR 418/09 –, AP § 611 BGB Haftung des Arbeitnehmers Nr. 136 = NZA 2011, 345, das sich zuerst die Mühe macht, nach Bejahung der groben Fahrlässigkeit die „gröbste Fahrlässigkeit" zu prüfen (Rn. 22), um dann festzustellen, dass sie nicht anders behandelt wird als die grobe (Rn. 23).

Grundsätzlich gilt für die Fahrlässigkeit ein **objektiv-typisierender Maßstab**, der 17
von den individuellen Unfähigkeiten des Schädigers abstrahiert.[100] Doch kann der Zweck der Haftungsnorm zur **„Individualisierung“ oder „Subjektivierung“** des Maßstabs führen. Das wird im Zivilrecht allgemein für zulässig erachtet, wo die Haftung von einem bestimmten Verschuldensgrad abhängt,[101] und gilt ebenso für die Haftung des Arbeitnehmers im Verhältnis zum Arbeitgeber. Die grobe Fahrlässigkeit des Arbeitnehmers setzt nach Ansicht des BAG und des BGH eine „auch subjektiv schlechthin unentschuldbare“ bzw. „auch subjektiv vorwerfbare Verhaltensweise“ des Täters voraus.[102] Von einem objektiven Maßstab ausgehend[103] müssen die **konkreten Umstände** des Schadensfalles mit in die Betrachtung einbezogen werden, die den individuellen Schuldvorwurf beeinflussen. Welche Umstände dies sind, hängt von der dogmatischen Grundlage der Individualisierung ab. Sie ist nicht darin zu sehen, dass die Arbeitnehmerhaftung in diesem Verschuldensbereich noch pönalen Charakter hat und deshalb auch subjektive Vorwerfbarkeit fordert.[104] Von den grundsätzlichen Bedenken gegen diese Sicht abgesehen, haftet der Arbeitnehmer bei grob fahrlässigem Verhalten in der Regel in vollem Umfang, was ein ausreichender Beleg für den Schadensausgleichsgedanken sein dürfte. Die Fürsorgepflicht[105] hat hier gleichfalls nichts zu suchen, denn der Arbeitgeber kann schwerlich von vornherein verpflichtet sein, nicht mehr nur unerhebliches Fehlverhalten hinzunehmen. Wohl aber rechtfertigt der Gedanke des vom Arbeitgeber zu tragenden Betriebsrisikos die Subjektivierung:[106] Weil und soweit der Arbeitgeber auch die gefahrenträchtigen individuellen Schadensmomente beeinflussen kann, z. B. durch entsprechende Organisation des Arbeitsprozesses (der übermüdete

100 Siehe oben FN 3; ferner *Deutsch*, Haftungsrecht, 2. Aufl., Rn. 401; *Bokelmann*, Grobe Fahrlässigkeit, S. 8 ff.

101 BGH 11.7.1967 – VI ZR 14/66 –, VersR 1967, 909, 910; *Medicus*, Anm. zu BAG 7.7.1970 – 1 AZR 507/69 – unter III, AP § 611 BGB Haftung des Arbeitnehmers Nr. 59, Bl. 6 R; *Denck*, Außenhaftung, S. 264; grundlegend *Deutsch*, Fahrlässigkeit, 2. Aufl., S. 70 ff.

102 BAG 13.3.1968 – 1 AZR 362/67 – unter II 1, AP § 611 BGB Haftung des Arbeitnehmers Nr. 42 m. Anm. *Sieg*; 7.7.1970 – 1 AZR 507/69 – unter 4 b, AP § 611 BGB Haftung des Arbeitnehmers Nr. 59; 18.1.1972 – 1 AZR 125/71 – unter II 1 a, AP § 611 BGB Haftung des Arbeitnehmers Nr. 69; 20.3.1973 – 1 AZR 337/72 – unter 3, AP § 611 BGB Haftung des Arbeitnehmers Nr. 72; BAG 28.10.2010 – 8 AZR 418/09 – Rn. 22 f., AP § 611 BGB Haftung des Arbeitnehmers Nr. 136 = NZA 2011, 345, 347 f.; zur Entwicklung der BAG-Rechtsprechung *Döring*, Arbeitnehmerhaftung, S. 68 ff.

103 Vgl. *Bokelmann*, Grobe Fahrlässigkeit, S. 27 f.

104 Krit. dazu *Steindorff*, AuR 1966, 65, 68; *Bokelmann*, Grobe Fahrlässigkeit, S. 75; *Gamillscheg*, FS Rheinstein Bd. II (1969), S. 1043, 1057; allgemein für die Arbeitnehmerhaftung etwa *Döring*, Arbeitnehmerhaftung, S. 59.

105 Darauf stützt BGH 11.11.1969 – IV ZR 71/68 – unter IV 1, AP § 611 BGB Haftung des Arbeitnehmers Nr. 52, die Subjektivierung; geprüft auch in BAG 9.8.1966 – 1 AZR 473/65 – unter III a, AP § 611 BGB Haftung des Arbeitnehmers Nr. 39.

106 So auch BAG 7.7.1970 – 1 AZR 507/69 – unter 4 b, AP § 611 BGB Haftung des Arbeitnehmers Nr. 59 m. Anm. *Medicus; Denck*, Außenhaftung, S. 264, der zudem den Präventionscharakter der Arbeitnehmerhaftung herausstellt. Doch ändert die Nichterreichbarkeit der Prävention nichts am Gedanken des Schadensausgleichs.

Arbeitnehmer wird nicht für Arbeit eingesetzt, die volle Aufmerksamkeit fordert), kann dem Arbeitnehmer nicht die besonders schwere Verletzung seiner Pflichten vorgeworfen werden und muss ein Teil des Schadensrisikos beim Arbeitgeber verbleiben, wenn derartige Umstände mitgewirkt haben. Es sind deshalb nur vom Arbeitgeber beeinflussbare (beherrschbare) Umstände zu beachten. Außerdem müssen sie, wie das BAG zutreffend sagt, „mit dem Unfallgeschehen selbst in Zusammenhang stehen und geeignet (sein), auf dieses einzuwirken";[107] ein unfallverursachender Kfz-Fahrer kann sich deshalb nicht damit entlasten, bereits jahrelang unfallfrei gefahren zu sein.[108] Die **Subjektivierung** betrifft das **äußere Verhalten** des Arbeitnehmers ebenso wie die **innere Seite:** Auch bezüglich der Erkennbarkeit muss eine „gesteigerte Vorwerfbarkeit" bezogen auf die konkreten und individuellen Umstände und Verhältnisse vorliegen.[109]

18 **Entlastend bezüglich der subjektiv-individuellen Vorwerfbarkeit** können einmal die **äußeren Umstände der Schadensverursachung** wirken: So z. B. konkrete, dem Arbeitgeber zuzurechnende Gefahrenmomente (z. B. schlechter Zustand der Fahrzeugbremsen oder Reifen[110]) oder erhebliches Fehlverhalten anderer Personen.[111] Die **Duldung** der Pflichtwidrigkeit durch einen Vorgesetzten wirkt nicht entlastend, wenn der Arbeitnehmer erkennen kann, dass dieser nicht zur Entscheidung über die Sorgfaltsanforderungen befugt ist und also seinerseits pflichtwidrig handelt.[112] Vor allem das Vorliegen einer Druck- oder Eilsituation kann die Schwere des Verschuldens mindern.[113] Auch die Üblichkeit einer Verhaltensweise kann den Schuldvorwurf herabsetzen; ihre Gefährlichkeit drängte sich deshalb möglicherweise nicht auf.[114] Schließlich können Weisungen des Arbeitgebers, die den Arbeitnehmer zu gefährlichem Tun veranlasst haben, die Vorwerfbarkeit mildern: z. B., wenn der Arbeitgeber einen Arbeitnehmer ohne Fahrerlaubnis zum Fahren eines Lkw anweist, der dann verunglückt,[115] oder auch nur die mehrfache Aufforderung, schneller zu arbeiten.[116]

---

107 BAG 22.2.1972 – 1 AZR 223/71 – Leits. und II 2 b, AP § 611 BGB Haftung des Arbeitnehmers Nr. 70, Bl. 2 R; 24.1.1974 – 3 AZR 488/72 – unter I 3, AP § 611 BGB Haftung des Arbeitnehmers Nr. 74.

108 BAG 22.2.1972 – 1 AZR 223/71 – unter II 2 b der Gründe, AP § 611 BGB Haftung des Arbeitnehmers Nr. 70, Bl. 2 R; LAG Schleswig-Holstein 27.1.1988 – 5 Sa 582/87–, LAGE § 611 BGB Gefahrgeneigte Arbeit Nr. 2 unter II 2.

109 BAG 28.10.2010 – 8 AZR 418/09 – Rn. 22, AP § 611 BGB Haftung des Arbeitnehmers Nr. 136; 18.1.2007 – 8 AZR 250/06 – Rn. 41 f., AP § 254 BGB Nr. 15

110 Vgl. BAG 18.1.1966 – 1 AZR 247/63 – unter III 2 b, AP § 611 BGB Haftung des Arbeitnehmers Nr. 37.

111 Vgl. BAG 25.4.1974 – 3 AZR 371/73 – unter 1 b, AP § 611 BGB Haftung des Arbeitnehmers Nr. 76.

112 Vgl. BAG 21.5.2015 – 8 AZR 116/14 – Rn. 31 f., NZA 2015, 1517.

113 BAG 26.11.1969 – 1 AZR 200/69 – unter II 2, AP § 611 BGB Haftung des Arbeitnehmers Nr. 50; BAG 22.2.1972 – 1 AZR 223/71 –, AP § 611 BGB Haftung des Arbeitnehmers Nr. 70; LAG Baden-Württemberg 4.11.1986 – 14 Sa 42/86 – unter I 2 b, LAGE § 611 BGB Arbeitnehmerhaftung Nr. 8; *Döring*, Arbeitnehmerhaftung, S. 111 f.

114 BGH 12.5.1959 – VI ZR 117/58 – unter II b, AP §§ 898, 899 RVO Nr. 25; *Döring*, Arbeitnehmerhaftung, S. 114.

115 So die Fallgestaltung in BAG 6.7.1964 – 1 AZR 17/64 –, AP § 611 BGB Haftung des Arbeitnehmers Nr. 34; das BAG ließ die Haftung (Regress des Versicherers) aus anderen Gründen entfallen; dazu *G. Hueck*, Anm. a.a.O., unter 2; siehe auch *Döring*, Arbeitnehmerhaftung, S. 112 ff.

Entlastende Umstände können zum anderen mit der **Person des Arbeitnehmers** verknüpft sein: je nach geschuldeter Arbeitsleistung und Situation Alter, Jugend[117] oder eine Behinderung, ebenso fehlende Erfahrung[118] oder Eignung (z. B. fehlende Fahrerlaubnis[119]) bzw. das fehlende Vertrautsein mit einer Arbeitsgerätschaft (z. B. den Abmessungen eines Lkw)[120], vorausgesetzt die Haftung entfällt wegen unzureichender Unterweisung seitens des Arbeitgebers nicht ohnehin.[121] So soll beispielsweise eine deutlich überhöhte Fahrgeschwindigkeit (80 km/h) bei Glatteisgefahr und Nebel und trotz vorheriger Warnung des Arbeitgebers noch entschuldbar sein wegen des jugendlichen Alters des Arbeitnehmers, der geringen Fahrpraxis und mangelnden Vertrautseins mit dem Fahrzeugtyp.[122] Oder das Fahren in übermüdetem Zustand kann entschuldbar sein, weil sich dem Arbeitnehmer seine Müdigkeit noch nicht aufdrängte[123] oder die Übermüdung arbeitsbedingt war,[124] wie überhaupt die Aufmerksamkeit durch Routine[125], Eintönigkeit oder längere Anspannung nachlassen kann.[126] 19

Derartige Umstände sind **unabhängig von der Kenntnis des Arbeitgebers**[127] zu berücksichtigen, da der Arbeitgeber als Organisator des betrieblichen Geschehens mit ihnen rechnen muss. Anderes gilt, wenn der Arbeitgeber aufgrund des Verhaltens des 20

116 Vgl. LAG Baden-Württemberg 4.11.1986 – 14 Sa 42/86 – unter I 2 b, LAGE § 611 BGB Arbeitnehmerhaftung Nr. 8.

117 BGH 11.11.1969 – VI ZR 71/68 – unter IV 2 b, AP § 611 BGB Haftung des Arbeitnehmers Nr. 52; BAG 18.1.1972 – 1 AZR 125/71 – unter II 1, AP § 611 BGB Haftung des Arbeitnehmers Nr. 69.

118 BAG 18.1.1972 – 1 AZR 125/71 – unter II 1 a, AP § 611 BGB Haftung des Arbeitnehmers Nr. 69; anders, zumindest zurückhaltend noch BAG 9.8.1966 – 1 AZR 473/65 – unter III a und b a.E., AP § 611 Haftung des Arbeitnehmers Nr. 39.

119 BAG 23.6.1988 – 8 AZR 300/85 –, AP § 611 BGB Haftung des Arbeitnehmers Nr. 94 m. Anm. *Weber*.

120 BAG 23.3.1983 – 7 AZR 391/79 –, AP § 611 BGB Haftung des Arbeitnehmers Nr. 82 m. Anm. *Brox*.

121 Vgl. *Medicus*, Anm. zu BAG 7.7.1970 – 1 AZR 507/69 – unter II, AP § 611 BGB Haftung des Arbeitnehmers Nr. 58.

122 BAG 18.1.1972 – 1 AZR 125/71 –, AP § 611 BGB Haftung des Arbeitnehmers Nr. 69.

123 BAG 20.3.1973 – 1 AZR 337/72 – unter 4, AP § 611 BGB Haftung des Arbeitnehmers Nr. 72.

124 BAG 18.1.1972 – 1 AZR 125/71 – unter II 2, AP § 611 BGB Haftung des Arbeitnehmers Nr. 69, das allerdings unzutreffend am Vorwurf grober Fahrlässigkeit festhält und stattdessen eine Ausnahme zur vollen Haftung bei grober Fahrlässigkeit annimmt mit der missverständlichen Formulierung, der Arbeitgeber könne sich auf die grobe Fahrlässigkeit nicht berufen. Umfassend zur nicht immer widerspruchsfreien Behandlung der arbeitsbedingten Übermüdung in der Rechtsprechung *Kohte*, DB 1982, 1617 ff., der die Fahrlässigkeitshaftung über den Einwand unzulässiger Rechtsausübung (§ 242 BGB) und über § 254 BGB vollständig entfallen lassen will (a.a.O. S. 1619 f.), wenn die Übermüdung durch Verletzung von Arbeitszeitvorschriften vom Arbeitgeber veranlasst wurde; im Einzelnen § 12 RN 15.

125 Vgl. BAG 16.2.1995 – 8 AZR 493/93 – unter B II 3, AP § 611 BGB Haftung des Arbeitnehmers Nr. 106 = NZA 1995, 565.

126 Vgl. BAG 18.1.1966 – 1 AZR 247/63 – unter III 2 b, AP § 611 BGB Haftung des Arbeitnehmers Nr. 37; LAG Frankfurt/M. 24.2.1988 – 10 Sa 503/87 – unter 4, LAGE § 611 BGB Gefahrgeneigte Arbeit Nr. 4.

127 Darauf hebt aber BAG 7.7.1970 – 1 AZR 505/69 – Leits. 5 und unter 4 b der Gründe, AP § 611 BGB Haftung des Arbeitnehmers Nr. 58, ab; der BGH 11.11.1969 – VI ZR 71/68 – unter IV 3 der Gründe, AP § 611 Haftung des Arbeitnehmers Nr. 52, Bl. 4, lässt Kennenmüssen (im Hinblick auf fehlende Vorsorge des Arbeitnehmers hinsichtlich Versicherungsschutz) genügen.

Arbeitnehmers annehmen durfte, entlastende Umstände lägen nicht vor. Das ist der Fall, wenn der Arbeitnehmer entsprechende Fragen des Arbeitgebers (z. B. nach Übermüdung) vorsätzlich oder grob fahrlässig falsch beantwortet oder wenn er es unterlässt, unaufgefordert auf solche Umstände hinzuweisen, die von vornherein der ordnungsgemäßen Erbringung der Arbeitsleistung – generell oder einem besonderen Arbeitsauftrag – entgegenstehen und der Arbeitnehmer dies wusste oder grob fahrlässig verkannt hat; dann nämlich muss der **Arbeitnehmer den Arbeitgeber darüber informieren.** Im Übrigen trifft ihn hier ein Übernahmeverschulden.[128] Bei Jugendlichen und anderen erkennbar Unerfahrenen kann man einen solchen Vorwurf allerdings nur erheben, wenn der Arbeitgeber sich nach ihren Fähigkeiten erkundigt hat und dessen Fragen vorsätzlich oder grob fahrlässig falsch beantwortet werden.[129]

21 Es liegt in der Sachlogik der aus der Individualisierung des Verschuldensvorwurfs folgenden Konkretisierung der Verschuldensbewertung, konkrete Fallumstände auch **haftungsverschärfend** zu berücksichtigen: Wenn der Arbeitnehmer gegen konkrete gefahrenbezogene Weisungen des Arbeitgebers (insbes. Warnungen) verstoßen hat[130] oder über Berufserfahrungen verfügt,[131] was ihm die Gefahren besonders nahe legt, oder wenn ihm entsprechende Kenntnisse vom Arbeitgeber vermittelt wurden.[132]

22 Die **Be- oder Entlastung durch subjektive Umstände wirkt nur relativ**, im Verhältnis zu demjenigen Geschädigten, dem sie zuzurechnen sind. Das Verschulden ist eine relative Größe: Es bezieht sich auf ein Verhalten des Schädigers gegenüber dem Geschädigten und wird daher von den Besonderheiten dieses Verhältnisses geprägt. So bleiben jene entlastenden Umstände, die dem Betriebsrisiko des Arbeitgebers zuzurechnen sind, im Verhältnis zum geschädigten Dritten unbeachtet. Dieselbe Verhaltensweise – z. B. Verursachung eines Verkehrsunfalls bei Glatteis –, die im Verhältnis zum verletzten Dritten (z. B. anderer Verkehrsteilnehmer) grob fahrlässig erscheint, kann im Verhältnis zum geschädigten Arbeitgeber (z. B. hinsichtlich Sachschadens am Kfz) aufgrund entlastender, dem Arbeitgeber zuzurechnender Umstände (z. B. Übermüdung infolge langer Fahrt) einfache Fahrlässigkeit sein.[133]

---

128 Vgl. BAG 24.1.1974 – 3 AZR 488/72 – unter I 4, AP § 611 BGB Haftung des Arbeitnehmers Nr. 74 m. Anm. *Wussow* (Lkw-Fahrt trotz fehlender Praxis).

129 Vgl. BAG 18.1.1972 – 1 AZR 125/71 – unter II 1 a, AP § 611 BGB Haftung des Arbeitnehmers Nr. 69.

130 BAG 19.3.1959 – 2 AZR 402/55 – unter II 4 b, AP § 611 BGB Haftung des Arbeitnehmers Nr. 8 m. Anm. *Hueck*; 28.5.1960 – 2 AZR 548/59 –, AP § 611 BGB Haftung des Arbeitnehmers Nr. 19, Bl. 3; 7.7.1970 – 1 AZR 505/69 – unter 4 b, AP § 611 BGB Haftung des Arbeitnehmers Nr. 58; siehe auch die Kritik *Bydlinskis* am „Polier"-Beschluss des Großen Senates des BAG v. 12.6.1992 – GS 1/89 –, in SAE 1994, 93.

131 BAG 22.2.1972 – 1 AZR 223/71 – unter II 2 b, AP § 611 BGB Haftung des Arbeitnehmers Nr. 70.

132 Derartige Kenntnisse sind auch dann zu beachten, wenn sie im Rahmen einer beruflichen Bildung vermittelt wurden, die ohne die erforderliche Zustimmung des Betriebsrates (§ 98 Abs. 1 BetrVG) durchgeführt wurde, BAG 23.6.1994 – 8 AZR 599/92 –, AuR 1994, 379.

133 Unzutreffend deshalb BAG 24.1.1974 – 3 AZR 488/72 – unter I 5, AP § 611 BGB Haftung des Arbeitnehmers Nr. 74, wo das Gericht die Kenntnis des Arbeitgebers von der mangelnden Fahrpraxis des Arbeitnehmers erst bei der Schadenszurechnung berücksichtigen will; zutr. dagegen BAG 18.1.1972 – 1 AZR 125/71 – unter II 1 a, AP § 611 BGB Haftung des Arbeitnehmers Nr. 69; auch 18.1.1966 – 1 AZR 247/63 – unter

Der eingetretene **Schaden muss auf das grob fahrlässige Verhalten zurückzuführen sein** (Zurechnungszusammenhang). Verursacht der Fahrer eines Radladers in betrunkenem Zustand einen Unfall, für den die Haftpflichtversicherung wegen fehlender Fahrerlaubnis nicht aufkommt, ist der eingetretene Schaden (= Wegfall der Leistungspflicht der Versicherung) nicht auf die Trunkenheit zurückzuführen. Liegt hinsichtlich der fehlenden Fahrerlaubnis keine grobe Fahrlässigkeit vor, z. B. weil der Arbeitgeber den Arbeitnehmer in Kenntnis dieses Umstandes einsetzte, ist der Arbeitnehmer ganz oder zumindest teilweise[134] zu enthaften.[135] 23

Ohne Einfluss auf das Verschuldensmaß bleiben solche dem Arbeitgeber zuzurechnenden Umstände, die nicht das schadensursächliche Verhalten des Arbeitnehmers in milderem Licht erscheinen lassen, sondern erst auf den daraus entstehenden Schaden Einfluss nehmen: Erscheint z. B. die Verursachung eines Verkehrsunfalls infolge starker Alkoholisierung des Arbeitnehmers als grob fahrlässig, ändert sich an diesem Urteil nichts, wenn auch der schlechte Zustand der Bremsen mit zum Unfall beigetragen hat. Solche und vergleichbare Umstände mindern nicht das Verschulden des Arbeitnehmers, sondern die **Schadenszurechnung** – entweder gemäß § 254 BGB, wenn dem Arbeitgeber ein Vorwurf zu machen ist,[136] oder entsprechend § 254 BGB, so sie dem Betriebsrisiko zugezählt werden müssen.[137] Überhaupt mindert echtes Mitverschulden des Arbeitgebers gemäß § 254 BGB nicht das Verschulden des Arbeitnehmers,[138] sondern nur die Haftung. 24

IV. Die Haftung unterhalb grober Fahrlässigkeit

Unterhalb der groben Fahrlässigkeit muss der Arbeitnehmer von der Schadenshaftung entlastet werden; darüber besteht Einigkeit. Umstritten ist, nach welchen Kriterien und in welchem Umfang die Haftung zu begrenzen ist. 25

III 2 b, AP § 611 BGB Haftung des Arbeitnehmers Nr. 37; weiterhin *Denck*, Außenhaftung, S. 263 ff.; *Gamillscheg*, AuR 1983, 317, 319; grundlegend *Deutsch*, Fahrlässigkeit, 2. Aufl., S. 70 ff.

134 Zur Enthaftung beim Verschulden unterhalb grober Fahrlässigkeit im Folgenden unter RN 25 ff.

135 BAG 23.6.1988 – 8 AZR 300/85 –, AP § 611 BGB Haftung des Arbeitnehmers Nr. 94 mit krit., insoweit aber zustimmender (unter II 2 b) Anmerkung *Hj. Weber*, der in seiner Kritik am BAG nicht hinreichend würdigt, dass das Fahren ohne Fahrerlaubnis zwar im Verhältnis zur Versicherung eine schwere Obliegenheitsverletzung ist, die Pflichten des Arbeitsverhältnisses aber nicht verletzt, weil mit Wissen und Willen des Arbeitgebers geschehen.

136 Dazu § 12 RN 1 ff.

137 Dazu § 10 RN 2; zur entsprechenden Anwendung des § 254 BGB § 5 RN 10 ff.

138 *Medicus*, Anm. zu BAG 7.7.1970 – 1 AZR 507/69 – unter III, AP § 611 BGB Haftung des Arbeitnehmers Nr. 59.

1. Das Haftungsmodell der Rechtsprechung

26 Die Arbeitsgerichtsbarkeit schwankte zunächst zwischen vollständiger und nur partieller Enthaftung[139], bis das BAG mit seinem Urteil vom 19.3.1959 eine weitere Unterteilung der Verschuldensgrade einführte: Für „geringe Schuld" („leichteste" Fahrlässigkeit) soll danach gar nicht, für „normale" Fahrlässigkeit anteilig gehaftet werden.[140] An der sich daraus ergebenden **Dreiteilung der Fahrlässigkeitshaftung** hält das **BAG**, von einer vorübergehenden Abkehr abgesehen,[141] bis heute fest.[142] Der **BGH** teilt den Standpunkt, dass auch unterhalb grober Fahrlässigkeit grundsätzlich gehaftet werden müsse, hält aber zur Unterscheidung zwischen leichter und mittlerer Fahrlässigkeit als Fahrlässigkeitsstufen Distanz und belässt es bei der Abwägung der gesamten Umstände.[143]

a) Anteilige Haftung bei normaler Fahrlässigkeit

27 Normale[144] (in der Rechtsprechung synonym: leichte,[145] gewöhnliche,[146] mittlere[147]) Fahrlässigkeit – bezogen auf den Schaden[148] – führt nach Ansicht der Rechtsprechung grundsätzlich zur Haftung des Arbeitnehmers. Die Rechtsprechung legt den objektiven, am jeweiligen Verkehrskreis orientierten Sorgfaltsmaßstab des § 276 Abs. 2 BGB zu Grunde.[149] Die insoweit begründete Haftung wird aber unter Abwägung der Umstände des Einzelfalls eingeschränkt. In den veröffentlichten Entscheidungen spielt die normale Fahrlässigkeit eine große Rolle.[150] Die vom BAG – nicht abschließend – aufge-

---

139 Haftung nur für grobe Fahrlässigkeit: RAG 12.6.1937 – 297/36 –, ARS 30, 3 ff. (grundsätzlich möglich); LAG Hamburg 26.4.1947 – 20 Sa 34/74 –, RdA 1948, 106 (grundsätzlich möglich); LAG Stuttgart 17.9.1954 – II Sa 141/54 –, AP § 611 BGB Haftung des Arbeitnehmers Nr. 2; LAG Hamburg 13.1.1956 – 3 Sa 180/55 –, ARST XVI Nr. 82; nicht ganz eindeutig LAG Düsseldorf 6.12.1950 – 2 Sa 278/50 –, AP 51 Nr. 255; siehe auch *Frey*, AuR 1953, 8 f.; *Gumpert*, BB 1958, 740, 741. Haftung auch für normale Fahrlässigkeit: LAG Bremen 22.6.1949 – 2 Sa 23/49 –, RdA 1951, 75, 77; LAG Düsseldorf 7.4.1954 – 4 Sa 5/54 –, DB 1954, 520; *Dersch*, RdA 1958, 441, 443. Zur Entwicklung der Rechtsprechung auch § 2 RN 2 ff.

140 – 2 AZR 402/55 –, AP § 611 BGB Haftung des Arbeitnehmers Nr. 8; ebenso AP Nr. 14 und 19 a.a.O.

141 BAG 23.3.1983 – 7 AZR 391/79 –, AP § 611 BGB Haftung des Arbeitnehmers Nr. 82 und BAG 21.10.1983 – 7 AZR 488/80 –, AP Nr. 84 a.a.O.

142 BAG 24.11.1987 – 8 AZR 524/82 – Leits. 1, AP § 611 BGB Haftung des Arbeitnehmers Nr. 93; zur Entwicklung auch *Arens*, BB 1988, 1596 ff.

143 BGH 11.3.1996 – II ZR 230/94 – unter 3, AP § 611 BGB Haftung des Arbeitnehmers Nr. 109 = NJW 1996, 1532 = EzA § 611 BGB Arbeitnehmerhaftung Nr. 61.

144 BAG 19.3.1959 – 2 AZR 402/55 – Leits. 3, AP § 611 BGB Haftung des Arbeitnehmers Nr. 8; *Otto*, Gutachten, S. E 17 f m.w.N.

145 BAG 12.5.1960 – 2 AZR 78/58 –, AP § 611 BGB Haftung des Arbeitnehmers Nr. 16, Bl. 2.

146 BAG 12.5.1960 – 2 AZR 78/58 –, AP § 611 BGB Haftung des Arbeitnehmers Nr. 16, Bl. 2.

147 BAG 18.12.1970 – 1 AZR 177/70 – unter II 1, AP § 611 BGB Haftung des Arbeitnehmers Nr. 63 („mittlere Schuld"); *Döring*, Arbeitnehmerhaftung, S. 121 ff.

148 Seit der Grundsatzentscheidung vom 18.4.2002 (RN 5); die ältere Rechtsprechung ist uneinheitlich.

149 Dazu noch im Folgenden bei der Darstellung der entlastenden Umstände.

150 Z. B. in AP Nr. 19, 42, 56, 59, 63, bejahten die Vorinstanzen, in AP 72, 82, 84, 92, 93, 106 auch das BAG, in AP Nr. 69 (jeweils zu § 611 BGB Haftung des Arbeitnehmers) nur das BAG normale Fahrlässigkeit. Deshalb

zählten Kriterien[151] lassen sich folgendermaßen strukturieren: Zu berücksichtigen sind zum einen alle **Faktoren**, die – im weitesten Sinn – mit der **Schadensentstehung** zu tun haben. Zweitens fallen jene Umstände in die Waagschale, die das **Verhältnis von Leistung und Gegenleistung** im Arbeitsverhältnis betreffen. Drittens ist die **wirtschaftlich-soziale Situation des Arbeitnehmers** zu würdigen. Schließlich ist viertens die **Schadensvorsorge** seitens des Arbeitgebers einzubeziehen. *Gamillscheg* hat dieses Streben nach letzter Gerechtigkeit mit der Bemerkung bedacht, sie mache den Schadensersatzprozess zum „Lotteriespiel".[152] Das geht vielleicht etwas zu weit, denn auch die normale Verschuldensprüfung ist nur in Maßen kalkulierbar. Aber einiges an dieser Rechtsprechung ist doch bedenklich: Nicht alle haftungsrelevanten Faktoren sind – wie es eigentlich sein müsste – aus den Enthaftungsgründen ableitbar. Der konkrete Einfluss der meisten Faktoren auf die Haftung ist nicht kontrollierbar; die Instanzgerichte begnügen sich oft mit einer Aufzählung der fallrelevanten Umstände, ohne sie mit Haftungsquoten zu verbinden. Schließlich gibt es keine Rangabstufung zwischen den einzelnen Aspekten.

aa) Umstände der Schadensentstehung

Dass jene Umstände für die Schadensteilung relevant sind, die innerhalb der Ver- 28
schuldensstufe der normalen Fahrlässigkeit das Verschuldensmaß (quasi von leichter bis schwerer normaler Fahrlässigkeit) beeinflussen, liegt in der Logik des verschuldensorientierten Systems der Enthaftung des Arbeitnehmers. Entlastet werden kann der Arbeitnehmer insbesondere durch jene Umstände, die die Größe der Gefahr nach Häufigkeit und Schwere beeinflussen, die die Tätigkeit konkret – **„gefahrgeneigt"** machen. Weiterhin gehören hierher alle belastenden und entlastenden Umstände, die auch bei der individuellen Bewertung grob fahrlässigen Verhaltens zu beachten sind und die das Verschuldensmaß beeinflussen, also Zeitdruck, fehlende berufliche Erfahrung usw.[153] Insoweit findet eine gewisse Subjektivierung bzw. Individualisierung der eigentlich objektiv, nach dem maßgeblichen Verkehrskreis zu bestimmenden Fahrlässigkeit statt. Die Geltung des objektiven Sorgfaltsbegriffs des § 276 Abs. 2 BGB wird dadurch aber nicht grundsätzlich in Frage gestellt, sondern nur punktuell relativiert. Nach der Vorstellung der Rechtsprechung führt fehlende **individuelle Vorwerfbarkeit** des Pflichtverstoßes nicht zum Wegfall des Verschuldens, sondern mindert nur die Haftungsfolgen des Verschuldens.[154] Das kann, muss aber nicht zur völligen Enthaftung führen. Diese Konstruktion ist um der Einheit des Verschuldensbegriffs willen und

unverständlich die Aussage *Hanaus*, es gäbe praktisch keine Fälle, in denen die Gerichte mittlere Fahrlässigkeit bejahten, um der Abwägung zu entgehen, *Hanau*, FS Hübner (1984), S. 467, 479 Fn. 25; *Hanau/Rolfs*, NJW 1994, 1439; ebenso *Döring*, Arbeitnehmerhaftung, S. 124; *Preis*, AuR 1986, 360, 361.

151 BAG 27.9.1994 – GS 1/89 (A) – unter C IV 1, AP § 611 BGB Haftung des Arbeitnehmers Nr. 103; BAG 24.11.1987 – 8 AZR 66/82 – unter III 2 b dd, AP § 611 BGB Haftung des Arbeitnehmers Nr. 92.

152 AcP 165, 383, 384.

153 Siehe oben RN 18.

154 Vgl. *Döring*, Arbeitnehmerhaftung, S. 43.

wegen des berechtigten Vertrauens des Arbeitgebers in die objektiv bestimmte Leistungsfähigkeit des Arbeitnehmers grundsätzlich einer arbeitsvertragsspezifischen Subjektivierung des Verschuldens[155] vorzuziehen. Sie dürfte dem von der Rechtsprechung erstrebten Ziel der falladäquaten Lösung dienlicher sein, weil sie flexiblere Reaktionen ermöglicht; denn wer individuelle Vorwerfbarkeit fordert, muss bei individuell entlastenden Umständen grundsätzlich zur völligen Enthaftung kommen.[156]

bb) Austauschgerechtigkeit im Arbeitsverhältnis

29 Auch die Austauschgerechtigkeit innerhalb des Arbeitsverhältnisses liefert abwägungsrelevante Aspekte. Etwa die **Stellung des Arbeitnehmers** im Betrieb: Einem angelernten Arbeiter ist eher etwas nachzusehen als dem Werksmeister oder gar dem leitenden Angestellten, denn dieser hat entsprechend größere Verantwortlichkeit übernommen und wird besser bezahlt. Der konkrete Schadensfall erscheint auch in einem anderen Licht, wenn der Arbeitnehmer über lange Jahre schadensfrei gearbeitet hat; dann hat der Arbeitgeber bislang mehr als nur eine Arbeitsleistung „mittlerer Art und Güte" erhalten. Dies schließt die Haftung nicht aus,[157] es abwägend haftungsmindernd zu berücksichtigen, ist aber nicht gänzlich sachfremd, wenngleich kaum konkret zu bemessen. Von praktisch wichtiger, ja wichtigster Bedeutung ist zum Zweiten das **Verhältnis von Arbeitsentgelt und eingetretenem Schaden.**[158] Zum einen können im Entgelt – angemessene – Risikoprämien enthalten sein, derentwegen der Arbeitnehmer einzelne Schadensrisiken voll zu tragen hat.[159] Zum anderen ist das **Arbeitsentgelt** für die Praxis eine **Richtgröße zur Berechnung der Schadensteilung.** Das gilt vor allem bei hohen Schadenssummen, die den Monatsverdienst um ein Vielfaches überschreiten,[160] während bei kleineren und mittleren Schäden (bis zu einigen tausend €) das Verschuldensmaß stärker im Vordergrund steht und meistens eine wirkliche „Teilung"

155 So *Richardi* (JZ 1986, 801, 802 f., 806; ebenso *Staudinger/Fischinger*, BGB (2022), § 611a Rn. 1356 ff., § 619a Rn. 31 ff.; dazu noch § 5 RN 3 f.), demzufolge der objektive Sorgfaltsmaßstab des BGB nur für selbstständige Tätigkeit gilt. Für das Arbeitsverhältnis gelte vielmehr ein besonderer (an den individuellen Fähigkeiten des jeweiligen Arbeitnehmers orientierter) Fahrlässigkeitsbegriff. Die „culpa levissima" beschreibe jenen Grad von Fahrlässigkeit, von dem an den Arbeitnehmer der Vorwurf einer Nachlässigkeit treffe. Für subjektiven Verschuldensbegriff auch *Döring*, Arbeitnehmerhaftung, S. 50 ff., dagegen und gegen *Moritz* (DB 1985, Beil. 18, S. 9, 11) zutr. *Preis*, AuR 1986, 360, 364.

156 Deshalb kann *Slapnicar/M. Reuter*, AuR 1992, 33, 39, nicht zugestimmt werden, die dieses Problem letztlich für (ergebnis-)irrelevant halten.

157 So *Rother*, Haftungsbeschränkung, S. 266 ff.; siehe auch oben § 5 RN 2 und *Slapnicar/M. Reuter*, AuR 1992, 33, 35 f.; dagegen etwa *Eich*, NZA 1984, 65, 70.

158 Skeptisch BGH 21.9.1993 – GmS – OBG 1/93 –, NZA 1994, 270; krit. dazu *Gamillscheg*, AuR 1994, 100.

159 § 13 RN 46, 90.

160 Anders aber LAG Berlin 27.11.1987 – 5 Sa 64 u. 68/87 –, LAGE § 611 BGB Gefahrgeneigte Arbeit Nr. 1, das (unter III 3) einen Filialleiter von 111.000 DM Schaden 74.000 DM tragen ließ, ohne ein Wort über dessen Einkommensverhältnisse zu verlieren.

des Schadens stattfindet.[161] So hat das LAG Köln bei einem Schaden von knapp 14.000 DM in zwei Nettomonatsgehältern (dort 4.000 DM) die Richtgröße gesehen und zu einem Drittel des Schadens verurteilt.[162] Dem Sächsischen LAG gab ein ausgesprochen niedriger Stundenlohn (5 DM) Anlass, den Arbeitnehmer bei einem Schaden von 20.000 DM ganz zu enthaften.[163]

cc) Persönliche Verhältnisse des Arbeitnehmers

Nicht nur methodisch, sondern auch inhaltlich fragwürdig ist die Einzelfallabwägung 30
dort, wo die persönlichen Verhältnisse[164] des Arbeitnehmers einbezogen werden, die mit der Schadensverursachung in keinerlei Beziehung stehen. Der Große Senat nennt **Lebensalter, Betriebszugehörigkeit**, ja sogar die **Familienverhältnisse**[165] **und Berufsaussichten.**[166] Zutreffend dagegen ist die Berücksichtigung etwaiger **Unterhaltslasten**, die das für den Schadensausgleich verfügbare Nettoeinkommen mindern.[167] Die **Vermögenssituation** des Arbeitnehmers ist demgegenüber grundsätzlich unerheblich;[168] ob sich das auch auf laufende Einkünfte, insbesondere aus weiteren Beschäftigungsverhältnissen bezieht, ist nicht klar auszumachen. Virulent könnte die Frage vor allem werden, wenn der Schaden im Rahmen eines Teilzeitarbeitsverhältnisses verursacht wird, der Arbeitnehmer aber noch ein anderes „Hauptarbeitsverhältnis" hat. Es spricht einiges dafür, dass die Rechtsprechung derartiges Einkommen berücksichtigt.[169]

dd) Schadensvorsorge durch Versicherung

Hier wird vor allem die Versicherbarkeit bzw. unterlassene Versicherung des Schadens 31
haftungsmindernd beachtet, wenn im Einzelfall eine zumutbare, den Arbeitnehmer mit versichernde[170] Versicherungsmöglichkeit bestand.[171] Der **Selbstbeteiligungsbe-**

---

161 Vgl. etwa LAG Frankfurt/M. 4.11.1987 – 10 Sa 1552/86 –, LAGE § 611 BGB Arbeitnehmerhaftung Nr. 10 (Schadensbetrag von knapp 2.000 DM).

162 LAG Köln 7.5.1992 – 5 Sa 448/91 –, LAGE § 611 BGB Arbeitnehmerhaftung Nr. 17.

163 Sächs. LAG 4.2.1997 – 9 Sa 954/96 –, AuA 1997, 389 m. Anm. *Keßler.*

164 Entgegen der Ansicht des Großen Senats (27.9.1994 – GS 1/89 (A) – unter C IV 1, AP § 611 BGB Haftung des Arbeitnehmers Nr. 103) gehört das bisherige Verhalten (schadensfrei oder nicht) nicht zu den „persönlichen Verhältnissen", sondern zum Austauschverhältnis.

165 BAG 27.9.1994 – GS 1/89 (A) – unter C IV 1, AP § 611 BGB Haftung des Arbeitnehmers Nr. 103.

166 BAG 7.7.1970 – 1 AZR 505/69 – unter 4 e, AP § 611 BGB Haftung des Arbeitnehmers Nr. 58 mit insoweit zust. Anm. *Medicus* (unter IV).

167 BAG (GS) 27.9.1994 – GS 1/ 89 (A) – unter C IV 1, AP § 611 BGB Haftung des Arbeitnehmers Nr. 103; a.A. *Staudinger/Fischinger,* BGB (2022), § 619a Rn. 84.

168 BAG 24.11.1987 – 8 AZR 66/82 – unter III 2 b dd, AP § 611 BGB Haftung des Arbeitnehmers Nr. 92; zur – ausnahmsweisen – Beachtlichkeit bei grober Fahrlässigkeit § 10 RN 12f.

169 So berücksichtigt das LAG Nürnberg (20.3.1996 – 3 Sa 803/95 –, NZA 1997, 3, 4) bei einem geringfügig Beschäftigten dessen Erwerbsunfähigkeitsrente; anders aber wohl LAG Köln 5.4.2012 – 7 Sa 1334/11 – Rn. 29, juris.

170 BAG 18.1.2007 – 8 AZR 250/06 – Rn. 43, AP § 254 BGB Nr. 15.

171 Dazu unten § 11 RN 31, 39ff.

trag wird dann entweder als der zu ersetzende Schaden[172] oder zumindest als Orientierungsgröße[173] genommen. Auch – zulässige – Dispositionen, die das Schadensausmaß beeinflussen, werden dem Arbeitgeber angelastet, z. B. die Einrichtung einer Hauptschließanlage, die bei Schlüsselverlust die Auswechselung aller Schlösser erfordert.[174] Die in umgekehrte Richtung zielende Frage, ob eine bestehende **Versicherung haftungsverschärfend** – bis hin zur Nichtanwendung der arbeitsrechtlichen Haftungsmilderung überhaupt – zu berücksichtigen ist, betrifft das allgemeine Problem der Trennung von Haftung und Versicherung. Nach der hier vertretenen Auffassung entfällt bei bestehendem Versicherungsschutz jene Haftungsbegrenzung, die den Arbeitnehmer vor wirtschaftlich übermäßiger Belastung mit Haftungsfolgen schützen soll.[175] Bei dem auf Risikoerwägungen beruhenden Teil der Haftungsmilderung im Bereich der leichtesten und mittleren Fahrlässigkeit trägt diese Erwägung aber nicht.[176] Hier kann allenfalls im Einzelfall der **Zweck der Versicherung** die Nichtbeachtung der arbeitsrechtlichen Haftungsprivilegierung rechtfertigen.[177] So wird man der **gesetzlichen Pflicht** zum Abschluss einer Kfz-Haftpflichtversicherung (§ 1 PflVG) und zur Ausgestaltung deren Umfangs (§ 2 KfzPflVV) das Ziel eines einheitlichen, an der allgemeinen gesetzlichen Haftpflicht des Kfz-Halters bzw. Kfz-Führers orientierten Versicherungsschutzes für Geschädigte entnehmen können, was die generelle Außerachtlassung der arbeitsrechtlichen Haftungsmilderung im Anwendungsbereich der Kfz-Haftpflichtversicherung auch für das Verhältnis zwischen Arbeitnehmer und geschädigtem Arbeitgeber rechtfertigen mag.[178]

ee) Kritik

32 Das Bemühen des BAG um Einzelfallgerechtigkeit bei der Haftung des Arbeitnehmers für mittlere Fahrlässigkeit bürdet den Instanzgerichten zu viel auf. Wer kann z. B. sagen, welche Haftungsminderungsquote der Familienstand ausmacht? Sehr oft gibt das Verhältnis von Einkommen und Schaden den Ausschlag, während die Abwägung im Übri-

---

172 So LAG Frankfurt/M. als Vorinstanz zu BAG 24.11.1987 – 8 AZR 66/82 –, AP § 611 BGB Haftung des Arbeitnehmers Nr. 92, wiedergegeben und bestätigt unter II 3, III. LAG Niedersachsen als Vorinstanz zu BAG 24.11.1987 – 8 AZR 524/82 –, AP § 611 BGB Haftung des Arbeitnehmers Nr. 93, wiedergegeben unter B VII 1. Siehe auch § 11 RN 30.

173 So etwa LAG Köln 7.5.1992 – 5 Sa 448/91 –unter 2, LAGE § 611 BGB Arbeitnehmerhaftung Nr. 17, S. 5; allgemein auch BAG 12.10.1989 – 8 AZR 267/88 – unter II 2 b, AP § 611 BGB Haftung des Arbeitnehmers Nr. 97.

174 LAG Frankfurt/M. 4.11.1987 – 10 Sa 1552/86 – unter 3 b, LAGE § 611 BGB Arbeitnehmerhaftung Nr. 10.

175 § 11 RN 7.

176 Undifferenziert BGH 3.12.1991 – VI ZR 378/90 –, NJW 1992, 900, 902.

177 Näher dazu § 11 RN 6 ff.

178 So – im Ergebnis – BGH 3.12.1991 – VI ZR 378/90 –, NJW 1992, 900, 902; § 11 RN 11; zur Schädigung Dritter § 11 RN 12.

gen nicht mehr als ein Aufzählungsritual ist.[179] Das sollte Anlass genug sein, den Kriterienkatalog zu reduzieren und **auf die persönlichen Verhältnisse** (außer einkommensmindernden Unterhaltspflichten) **zu verzichten.**[180] Nicht dass dem Arbeitsrecht so etwas völlig unbekannt wäre, auch liefert die Fürsorgepflicht eine gewisse dogmatische Stütze. Aber einen Argumentationswert haben diese Aspekte doch nur, soweit es den wirtschaftlichen Ruin des Arbeitnehmers zu verhindern gilt.[181] Bei kleineren und mittleren Schäden sind sie fehl am Platze. Ob die Flugbegleiterin die Geldstrafe ihres Arbeitgebers in Höhe von 3.000 Dollar vollständig oder nur teilweise zu ersetzen hat,[182] kann nicht aus ihrem Familienstand oder der Zahl ihrer Kinder oder der Dauer ihrer Betriebszugehörigkeit abgeleitet werden. Man wird dementsprechend kaum Entscheidungen finden, in denen die haftungsmindernde Wirkung der persönlichen Verhältnisse bei kleineren und mittleren Schäden konkrete Formen annähme. Außerdem ist die **doppelte Verwertung** von Abwägungsaspekten zu vermeiden: Das Maß des Verschuldens hängt unter anderem von jenen Umständen ab, die die Gefahrgeneigtheit der Tätigkeit ausmachen; die Gefahrneigung würde also doppelt berücksichtigt, wenn sie neben dem Verschuldensmaß zu Buche schlüge.[183]

ff) Regel-Obergrenze

Einen Schritt weiter geht die Überlegung, **die Haftung auf bestimmte Höchstbeträge zu begrenzen** (summenmäßige Haftungsbegrenzung), namentlich auf das **Ein- bis Dreifache des (Brutto-)Monatsverdienstes.**[184] Dies zu verwirklichen, ist zwar in erster Linie Sache des Gesetzgebers; das BAG könnte aber durchaus gewisse Leitlinien entwickeln[185], nicht als starre Obergrenzen, aber als Abwägungsregel. Damit würde nur deutlich ausgesprochen, was längst ist. Soweit es in der Abwägung um das Missver- 33

179 Dass zuweilen auch eindeutig sachfremde Erwägungen – z. B. Gegenansprüche des Arbeitnehmers – über die Höhe des Ersatzanspruchs entscheiden, hat *Gamillscheg*, FS Rheinstein II (1969), S. 1043, 1056 f., zu Recht kritisiert.

180 Ebenso *Hanau/Preis*, JZ 1988, 1072, 1075, die aber – über die hier vertretene Position (siehe § 10) hinausgehend – grundsätzlich auf derartige Überlegungen verzichten wollen; *v. Hoyningen-Huene*, BB 1989, 1889, 1896; *Blomeyer*, JuS 1993, 903, 907; *Canaris*, RdA 1966, 41, 47; *Schnorbus*, MDR 1994, 961, 965 f.; *Staudinger/Fischinger*, BGB (2022), § 619a Rn. 84.

181 Zur Bedeutung dieses Aspekts § 10 RN 3.

182 BAG 16. 2. 1995 – 8 AZR 493/93 –, AP § 611 BGB Haftung des Arbeitnehmers Nr. 106.

183 So aber der Große Senat 27. 9. 1994 – GS 1/89 (A) – unter C IV 1, AP § 611 BGB Haftung des Arbeitnehmers Nr. 103.

184 Vgl. *Otto*, Gutachten, S. E 57 f.; *Däubler*, NJW 1986, 867, 871 (ein – drei Monatsgehälter); *Pfeifer*, DRiZ 1986, 297, 302 (drei Monatsgehälter); *Hanau/Rolfs*, NJW 1994, 1439, 1442. *Heinzes* Vorschlag (NZA 1986, 545, 553), die Prämie einer ausreichenden Schadensversicherung als Obergrenze zu nehmen, wäre nur dann praktikabel, wenn es für alle Schadensfälle eine zumutbare Versicherungsmöglichkeit gäbe. Daran fehlt es (so *Heinze* selbst, im Übrigen unten § 11 RN 3 f.). Siehe auch § 2 RN 11 und rechtsvergleichend § 28 RN 1 ff.

185 *Otto*, Gutachten, S. E 56 ff.; dagegen aber BAG 12. 10. 1989 – 8 AZR 345/87 – unter II 2 e, AP § 611 BGB Haftung des Arbeitnehmers Nr. 97; BAG 15. 11. 2012 – 8 AZR 705/11 – Rn. 28 ff., NZA 2013, 640 (im Falle grober Fahrlässigkeit); *Hanau/Preis*, JZ 1988, 1072, 1074; *Koch*, AuA 1995, 125, 398, 432.

hältnis von Schadenshöhe und Entgelt geht, orientieren sich die Gerichte stark am Monatsentgelt bzw. einem Vielfachen davon.[186] In der Entscheidung des **BAG**, das Dreifache des Bruttomonatsgehalts als *Untergrenze* der Haftung bei grober Fahrlässigkeit (hinsichtlich des Schadens) zu betrachten,[187] kann man durchaus eine mittelbare Bestätigung als Regel-Obergrenze für mittlere Fahrlässigkeit sehen. Den gleichen Vorzug hätte eine feste Schadensbeteiligungsquote (z. B. Arbeitnehmer trägt grundsätzlich ein Viertel des Schadens) mit Obergrenze (z. B. ein Monatsgehalt), die allerdings zu Unausgewogenheiten zwischen Beziehern kleinerer Einkommen und solchen mit höherem Einkommen führt.[188]

b) Vollständige Enthaftung bei leichtester Fahrlässigkeit

34 Bei „leichtester" Fahrlässigkeit (synonym: geringe Fahrlässigkeit[189] oder geringe Schuld[190]) haftet der Arbeitnehmer der Rechtsprechung zufolge gar nicht. Kleinere Fehler oder Versehen können vorkommen und fallen gegenüber dem vom Arbeitgeber zu tragenden Betriebsrisiko nicht ins Gewicht. Darüber herrscht weitgehend Einigkeit. Beispiele sind in der Rechtsprechung selten,[191] nicht zuletzt deshalb, weil der Arbeitgeber schon von sich aus ein Einsehen haben wird, dass man wegen eines kleinen Fehlers keinen Schadensersatz verlangt. Auch dürften die Schäden oft den Aufwand eines Haftungsprozesses nicht lohnen. Das LAG Frankfurt/M. hat einen Gabelstaplerfahrer vollständig von der Haftung freigestellt, der trotz Sichtbehinderung durch die Ladung vorwärts gefahren war und dabei ein anderes Fahrzeug beschädigt hatte, weil der Fahrer nur aushilfsweise tätig war und fünf Jahre zuvor eine lediglich einstündige Einweisung erhalten hatte.[192] Dass es sich hier um leichteste Fahrlässigkeit handelte, darf man ebenso bezweifeln[193] wie das Ergebnis.[194]

---

186 *Hanau/Rolfs*, NJW 1994, 1439, 1442.

187 § 10 RN 10.

188 *Otto*, Gutachten, S. E 58 f. mit Regelungsvorschlag E 92; siehe im Übrigen zu Regelungsvorschlägen § 30 RN 1 ff.

189 BAG 28. 5.1960 – 2 AZR 548/59 –, AP § 611 BGB Haftung des Arbeitnehmers Nr. 19, Bl. 1 R.

190 BAG 19. 3.1959 – 2 AZR 402/55 – Leits. 3, AP § 611 BGB Haftung des Arbeitnehmers; missverständlich BAG – 1 AZR 177/70 – unter II 1, AP § 611 BGB Haftung des Arbeitnehmers Nr. 63 („leichte Schuld"); zur Missverständlichkeit auch *Döring*, Arbeitnehmerhaftung, S. 123.

191 BGH 8.12.1971 – IV ZR 102/70 – unter III 1, AP § 611 BGB Haftung des Arbeitnehmers Nr. 68 (Tankwart rutscht nach Waschen eines Kfz mit nasser Schuhsohle vom Bremspedal ab). Die Feststellung von *Hanau/Rolfs*, NJW 1994, 1439, in der Rechtsprechung des BAG seien kaum Fälle mittlerer, dafür umso mehr Fälle leichtester Fahrlässigkeit zu finden, ist nicht nachvollziehbar. Im von *Döring*, Arbeitnehmerhaftung, S. 124, angeführten Beispiel BAG 28. 5.1960 – 2 AZR 548/59 –, AP § 611 BGB Haftung des Arbeitnehmers Nr. 19, nahm das BAG einen groben Verstoß an. Erwogen wird leichteste Fahrlässigkeit in BAG 25. 4.1974 – 3 AZR 371/73 – unter 1 b, AP § 611 BGB Haftung des Arbeitnehmers Nr. 76.

192 LAG Frankfurt/M. 19. 2.1988 – 15/9 Sa 800/87 –, LAGE § 611 Arbeitnehmerhaftung Nr. 11.

193 Das LAG vermeidet eine klare Zuordnung.

194 Abwegig die Annahme leichtester Fahrlässigkeit in BAG 10. 5.1990 – 8 AZR 400/88 – Rn. 18, juris; dazu RN 36 ff.

So sehr der **Rechtsprechung im Ergebnis zuzustimmen** ist, so fragwürdig ist die Vorstellung einer besonderen Fahrlässigkeitsstufe, die – vergleichbar zur groben Fahrlässigkeit – allgemein definiert oder zumindest umschrieben werden könnte. Den Vorwurf der Unvereinbarkeit mit der Fahrlässigkeitsdichotomie des BGB[195] darf das BAG dabei noch am leichtesten nehmen – schließlich steht die gesamte Enthaftung des Arbeitnehmers neben dem gesetzten Recht. Aber die schon von *Larenz*[196] aufgeworfene Frage nach einer **allgemeinen Unterscheidbarkeit von normaler und leichtester Fahrlässigkeit** ist bis heute weder theoretisch noch praktisch beantwortet. Gewiss verdient das Bemühen des Gerichts, nicht alles der Einzelfallbetrachtung zu überlassen und Regeln allgemeinerer Art aufzufinden, Respekt. Doch auch bis heute hat die Unterscheidung nicht an Kontur gewonnen, und dies ist Ausdruck eines nicht behebbaren theoretischen Defizits. Jede Sorgfaltswidrigkeit wird von der geforderten Sorgfalt her bestimmt. Die allgemeine Umschreibung eines bestimmten Grades der Sorgfaltswidrigkeit (Verschuldensgrades), z. B. „leichteste Fahrlässigkeit“, setzt daher eine damit korrespondierende, allgemeine Umschreibung des geforderten Sorgfaltsmaßes voraus.[197] So bedeutet grobe Fahrlässigkeit die Außerachtlassung der von „jedermann“, nicht nur vom ordentlichen Durchschnittsmenschen zu erbringenden Sorgfalt, eines „traurigen Mindestmaßes“ an Sorgfalt.[198] Und im römischen Recht war die culpa levissima als Verletzung der äußersten Sorgfalt definiert.[199] Die vom BAG gemeinte leichteste Fahrlässigkeit in dieser Weise als Verletzung eines verallgemeinerungsfähigen Sorgfaltsmaßstabes zu definieren, ist bislang nicht gelungen und wohl auch nicht erreichbar. Denn sie **bezieht sich ebenso auf die „erforderliche“ (und nicht „äußerste“) Sorgfalt wie die normale Fahrlässigkeit.**[200] Immerhin mochte man, solange die Enthaftung nur für gefahrgeneigte Tätigkeit galt, an eine Definition in Anlehnung an die Gefahrneigung denken, die ja durch die erfahrungsgemäße „Unvermeidbarkeit“ von Schäden charakterisiert war: leichte Fahrlässigkeit als aus dieser Gefährlichkeit resultierendes Abirren.[201] Es führt deshalb kein Weg daran vorbei, die Vorstellung von der 35

195 Etwa *Larenz*, SAE 1959, 189; *Hanau*, FS Hübner (1984), S. 467, 482.

196 *Larenz*, SAE 1959, 189; krit. ebenfalls *Hueck*, Anm. BAG 6.7.1964 – 1 AZR 17/64 – unter 3, AP § 611 BGB Haftung des Arbeitnehmers Nr. 34; Zurückhaltung auch beim BGH 10.1.1955 – III ZR 153/53 –, BGHZ 16, 111, 120; *Döring*, Arbeitnehmerhaftung, S. 123; *Brox*, Anm. zu BAG 23.3.1983 – 7 AZR 391/79 – unter I 1 e, AP § 611 BGB Haftung des Arbeitnehmers Nr. 82; *Heinze*, NZA 1986, 545, 551.

197 Vgl. *Mayer-Maly*, AcP 163 (1964), 114 117 f.

198 Vgl. *Deutsch*, Haftungsrecht, 2. Aufl., Rn. 423.

199 Vgl. *Mayer-Maly*, AcP 163 (1964), 114, 130; vgl. auch die in BAG 13.2.1974 – 4 AZR 13/73 –, AP § 611 BGB Haftung des Arbeitnehmers Nr. 77, vom Berufungsgericht vertretene Auslegung einer Mankoabrede dahingehend, der Arbeitnehmer habe für „größtmögliche Sorgfalt“ einzustehen.

200 Siehe nur BAG 19.3.1959 – 2 AZR 402/55 – unter II 3 b, AP § 611 BGB Haftung des Arbeitnehmers Nr. 8; *Richardi*, JZ 1986, 796, 801, 802 f., 806, ordnet der leichtesten Fahrlässigkeit den objektiven, der normalen Fahrlässigkeit den auch subjektiv vorwerfbaren Sorgfaltsverstoß zu, stellt damit aber den objektiven Fahrlässigkeitsbegriff für das gesamte Zivilrecht in Frage; dagegen und gegen *Moritz* (DB 1985, Beil. 18, S. 9, 11) zutr. *Preis*, AuR 1986, 360, 364.

201 Vgl. BAG 19.3.1959 – 2 AZR 402/55 –, AP § 611 BGB Haftung des Arbeitnehmers Nr. 8; *Deroch*, RdA 1968, 441, 443.

leichtesten Fahrlässigkeit als eine definierbare Fahrlässigkeitsstufe aufzugeben. Der Begriff ist lediglich Bezeichnung für einen sehr geringen Verstoß gegen die erforderliche Sorgfalt und kann immer nur in Bezug auf ein konkretes Verhalten sinnvoll verwendet werden; zur Subsumtion taugt er nicht. Dass das BAG im Einzelfall die vollständige Enthaftung auch bei normaler Fahrlässigkeit erwägt,[202] darf man als Bestätigung dieser Erkenntnis betrachten. Gleichwohl hält das Gericht an einer formellen Unterscheidung zwischen leichtester und mittlerer Fahrlässigkeit fest.[203] In der Sache wird man die Position der Rechtsprechung aber dahingehend zusammenfassen können, dass der normal **fahrlässig handelnde Arbeitnehmer je nach dem konkreten Verschuldensmaß und unter Berücksichtigung sonstiger Umstände des Einzelfalls teilweise oder ganz enthaftet wird.**[204]

2. Fortentwicklung des Haftungsmodells

36 Definitionsprobleme bei der leichtesten Fahrlässigkeit und überzogene Einzelfallabwägung bei der normalen Fahrlässigkeit machen die Schadenshaftung des Arbeitnehmers unterhalb grober Fahrlässigkeit unkalkulierbar und jeden Haftungsprozess zu einem fragwürdigen Unternehmen. Das ist Anlass, über eine vollständige Enthaftung des Arbeitnehmers in diesem Bereich nachzudenken.[205] Dafür sprechen mehrere

---

202 BAG 18.12.1970 – 1 AZR 177/70 – unter III 2, AP § 611 BGB Haftung des Arbeitnehmers Nr. 63; vgl. auch BAG (GS) 25.9.1957 – GS 4/56 – unter III 3 c, AP §§ 898, 899 RVO Nr. 4: Auch ein grob fahrlässiger Verstoß könne einmal typische Abirrung sein. Auch die Entscheidung des LAG Frankfurt/M. 19.2.1988 – 15/9 Sa 800/87 –, LAGE § 611 BGB Arbeitnehmerhaftung Nr. 11 (Gabelstapler), dürfte hier einzuordnen sein.

203 Zur Unterscheidung zwischen grober und „gröbster" Fahrlässigkeit näher RN 16.

204 Zutreffend LAG Frankfurt/M. 19.2.1988 – 15/9 Sa 800/87 –, LAGE § 611 BGB Arbeitnehmerhaftung Nr. 11, S. 6; in diese Richtung auch BGH 11.3.1996 – II ZR 230/94 –, AP § 611 BGB Haftung des Arbeitnehmers Nr. 109.

205 Für die Beschränkung der Haftung des Arbeitnehmers auf grobe Fahrlässigkeit (allerdings meistens mit der Vorstellung, der Schaden sei Bezugspunkt des Verschuldens):

– de lege lata: *Gamillscheg*, Verhandlungen des 45. Deutschen Juristentages, Bd. II, 1964, Thesen zum Referat, S. G 34f. (These 5 und 9); *Bokelmann*, Grobe Fahrlässigkeit, S. 58ff., 75ff., 92 (de lege ferenda überdies keine Haftung bei grober Fahrlässigkeit, sondern nur Betriebsbuße); *Döring*, Arbeitnehmerhaftung, S. 121ff.; *Gamillscheg*, AuR 1983, 317, 318; *Hanau*, FS Hübner (1984), 467, 481 ff.; *ders./Preis*, JZ 1988, 1072f.; *Denck*, BB 1985, 1736, 1738f.; *Moritz*, DB 1985, Beil. 18, S. 9, 11; *Preis*, AuR 1986, 360ff.; *Slapnicar*, BB 1986, 868, 876; *ders./M. Reuter*, AuR 1986, 260, 262ff.; *Lipperheide*, BB 1993, 720, 724; noch weiter gehend *Kohte* Arbeitnehmerhaftung, S. 320ff. Krit. *Naendrup*, JuS 1984, 336, 337f.

– de lege ferenda: Arbeitsgesetzbuchkommission §§ 26 Abs. 1, 30; DGB Entwurf 1977 § 29 Abs. 1 (RdA 1977, 166, 169; nur nach Billigkeit und mit zusätzlicher Begrenzung auf drei Monatsverdienste); zu weiteren Vorschlägen § 30 RN 13ff.; *v. Hippel*, ZRP 1971, 217, 219 (mit zusätzlicher Begrenzung auf einen Monatslohn); *Mayer-Maly*, ZAS 1976, 68ff., 69 (§ 16, mit Reduktionsklausel).

Für Beibehaltung der grundsätzlichen Verantwortlichkeit für normale Fahrlässigkeit: *Brox*, Anm. zu BAG 23.3.1983 – 7 AZR 391/79 – unter I 1 e, AP § 611 BGB Haftung des Arbeitnehmers Nr. 82; *Eich*, NZA 1984, 65, 70; *Löwisch/Arnold*, JZ 1984, 622, unter Hinweis auf Präventionsgedanken; *Mayer-Maly*, Anm. zu AR-Blattei, Haftung des Arbeitnehmers Nr. 107 (de lege lata); *Sieg*, SAE 1984, 224, 225; *Zöllner*, Anm. zu BAG EzA § 611 BGB Gefahrgeneigte Arbeit Nr. 14 unter IV; *Richardi*, JZ 1986, 796, 803ff., unter Betonung der Scha-

Gründe. Der **erste** kommt aus der Haftungspraxis: Die Inanspruchnahme des Arbeitnehmers für nicht gravierende Pflichtverletzungen ist im bestehenden Arbeitsverhältnis die Ausnahme.[206] Der Arbeitgeber nimmt Arbeitsfrieden und Funktionieren des Arbeitsverhältnisses bei leichteren und mittleren Fällen typischerweise wichtiger als Schadensausgleich und Prävention. Die Haftung ist dann nur noch Druckmittel bei Auflösung des Arbeitsverhältnisses; sie dazu aufrechtzuerhalten, besteht kein Grund.

Zweitens eine rechtliche Erwägung: Die **Haftung des Beamten** ist generell, auch für fiskalisches Handeln, **auf grobe Fahrlässigkeit beschränkt.**[207] Die Regelung gilt kraft tarifvertraglicher Inbezugnahme auch für die **Arbeitnehmer des öffentlichen Dienstes.**[208] Überzeugende Gründe für eine Differenzierung zwischen öffentlichem Dienst und Privatwirtschaft sind schwer zu finden. Die vom beamtenrechtlichen Gesetzgeber angeführte Begründung, die „Entschlusskraft und Verantwortungsfreude" des Beamten solle gestärkt werden[209], gilt sicher für den Beamten, der einem Richter ähnlich Entscheidungen im öffentlichen Interesse zu treffen hat, insbesondere Verwaltungsakte erlässt.[210] Hier hat sie ihren guten, auf die Privatwirtschaft nicht übertragbaren Sinn. Im Übrigen aber, für die meisten anderen Tätigkeitsbereiche, insbesondere die in die Privilegierung einbezogenen verwaltungsprivatrechtlichen und fiskalischen Tätigkeiten, tut man sich mit der Begründung schwer. Stärkt etwa der unvorsichtig fahrende Beamte die „Schlagkraft" der Verwaltung? Wer das meint, kann die gleiche Verhaltensweise des privat Beschäftigten schlecht als Leichtsinn brandmarken, sondern müsste anerkennen, dass auch der private Arbeitgeber ein Interesse an verantwortungsfreudigen Mitarbeitern hat. Ein etwas genauerer Blick legt offen, dass sich hinter der gesetzgeberischen Zielformulierung „Stärkung der Verantwortungsfreude" nichts anderes verbirgt als der Schutz des Beamten vor überfordernder Haftung.[211] Sie erkennt implicite an, dass die uneingeschränkte Haftung des Beamten zu unbefriedigenden 37

densausgleichsfunktion; *Bauer/Schmidt*, ZRP 1986, 217, 223 f.; *Dütz*, NJW 1986, 1779, 1786; *Heinze*, NZA 1986, 545, 551; *Henssler/Preis*, Diskussionsentwurf eines ArbVG, NZA Beilage 1/2007, § 89 Abs. 2 S. 2.

206 *Otto*, Gutachten, S. E 24 ff.; siehe auch *Hanau*, FS Hübner (1984), S. 467, 484; *Kohte*, Arbeitnehmerhaftung, S. 38 ff. Der 7. Senat begründete die Beschränkung der Haftung auf grobe Fahrlässigkeit seinerzeit (23.3.1983 – 7 AZR 391/79 –, AP § 611 BGB Haftung des Arbeitnehmers Nr. 82) vor allem mit dem durch Technisierung gestiegenen Haftungsrisiko und der durch Rationalisierung erreichten Einsparung von Lohnkosten. Dagegen überzeugend *Zöllner*, Anm. zu jener Entscheidung EzA § 611 BGB Gefahrgeneigte Arbeit Nr. 14 unter 4–6; ebenso *Brox*, Anm. zu BAG 24.11.1987 – 8 AZR 524/82 – unter B I 2 b, AP § 611 BGB Haftung des Arbeitnehmers Nr. 93; *ders./Walker*, DB 1985, 1469, 1474; *Naendrup*, JuS 1984, 336, 337.

207 Siehe § 14 RN 2.

208 Siehe § 14 RN 6 ff.

209 Siehe § 14 RN 1. Auch das BAG 24.11.1987 – 8 AZR 524/82 – unter B III 3 b ff., AP § 611 BGB Haftung des Arbeitnehmers Nr. 93, hob darauf ab; ebenso *Brox*, Anm. zu BAG 24.11.1987 – 8 AZR 524/82 – unter B I 2 b, AP zu § 611 BGB Haftung des Arbeitnehmers Nr. 93.

210 Wenngleich auch andere hoheitliche Tätigkeiten erfasst wurden, war dies doch das gesetzgeberische Leitbild.

211 Den sozialen Schutz des Beamten als *zusätzlichen* Zweck ansehend *Hanau*, FS Hübner (1984), S. 467, 479, 482; *Preis*, AuR 1986, 360, 366.

Arbeitsergebnissen führen würde. Die Enthaftung des Beamten dient im Kern demselben Ziel wie die arbeitsrechtliche Rechtsprechung, sie trifft nur eine andere Gewichtung zwischen Arbeitgeber-/Dienstherrn- und Beschäftigteninteressen. Dafür kann man anführen, der öffentlich-rechtliche Dienstherr finanziere sich aus Steuermitteln, folglich trage die Allgemeinheit die Enthaftung für fahrlässiges Verhalten.[212] Ein hinreichender Grund ist das nicht, denn die Beibehaltung der Haftung für normale Fahrlässigkeit bringt dem privaten Arbeitgeber beim Schadensausgleich nichts Entscheidendes: Die dem privaten Arbeitgeber drohende Gefahr ruinöser Schädigung kann die schärfere Haftung nicht verhindern; denn ruinöse Schäden würden den Arbeitnehmer ebenso ruinieren und ihm deshalb bei normaler Fahrlässigkeit niemals auferlegt werden. Und im Übrigen nimmt die Haftung für normale Fahrlässigkeit dem privaten Arbeitgeber wegen der regelmäßig nur anteiligen, oft nur bruchteiligen Haftungsbeteiligung des Arbeitnehmers nicht allzu viele Schadensrisiken ab. Auf kurz oder lang führt deshalb nichts an einer Angleichung der Haftungssysteme vorbei, und zwar in dem hier für richtig gehaltenen Sinne. Art. 3 Abs. 1 GG fordert sie.

38 **Drittens** bringt die hier befürwortete Haftungsbeschränkung durchaus einen **Gewinn an Rechtssicherheit.** Das ist kein zwingender Grund für eine generelle Haftungsbeschränkung,[213] aber immerhin ein Vorzug. Zwar gibt es auch hier Haftungseinschränkungen im Einzelfall.[214] Von jener Beliebigkeit, die derzeit bei der Haftung für normale Fahrlässigkeit herrscht, sind sie aber um einiges entfernt, zumal auf Fälle grober Fahrlässigkeit begrenzt. Und es bräuchte schon den bösen Willen der Gerichte, die Abgrenzung zwischen normaler und grober Fahrlässigkeit so unberechenbar zu machen[215] wie die Haftung bei normaler Fahrlässigkeit nach der Rechtsprechungskonzeption; denn deren Problem liegt ja weniger in der „Abgrenzung" zwischen normaler und leichtester Fahrlässigkeit, sondern in der Schadensverteilung nach einer unübersehbaren Vielzahl von Kriterien. Der 56. DJT hat ebenfalls für dieses Haftungsmodell votiert.[216]

---

212 Vgl. *Brox/Walker*, DB 1985, 1469, 1475, die die Abwälzung des Schadensrisikos auf den Steuerzahler bei der Haftungsbeschränkung im öffentlichen Dienst hervorheben; *Eich*, NZA 1984, 65, 72.

213 Insoweit zutreffend BAG 24.11.1987 – 8 AZR 524/82 – unter B III 1 b cc, AP § 611 BGB Haftung des Arbeitnehmers Nr. 93; *Dütz*, NJW 1986, 1779, 1784.

214 § 10 RN 1ff.

215 So die Befürchtung des BAG 24.11.1987 – 8 AZR 524/82 – unter B III 1 b cc, BAGE 57, 55 = NZA 1988, 579; ebenso *Brox/Walker*, DB 1985, 1469, 1575; *Brox*, Anm. zu BAG 23.3.1983 – 7 AZR 391/79 – unter I 1 e, AP § 611 BGB Haftung des Arbeitnehmers Nr. 82; *Dütz*, NJW 1986, 1779, 1784; *Gamillscheg*, AuR 1983, 317, 318; *Palme*, BlStSozArbR 1984, 337, 339.

216 Arbeitsrechtliche Abteilung, Beschlüsse A 10 und A 12, wiedergegeben in NZA 1986, 669. Der 59. DJT 1992 hat zwar gegen die Beschlüsse des DJT 1986 Stellung bezogen (Beschluss II 11 der Arbeitsrechtlichen Abteilung, abgedr. in NZA 1992, 1070, 1071), allerdings ohne eingehende Diskussion der haftungsrechtlichen Problematik im Zusammenhang mit dem eigentlichen Thema – dem Entwurf eines Arbeitsvertragsgesetzes.

Zwar birgt die Enthaftung für normale Fahrlässigkeit **Gefahren für die Schadensprävention.**[217] Bedenken in dieser Hinsicht sind nicht auf die leichte Schulter zu nehmen, und selbstverständlich muss die Bereitschaft zur Kurskorrektur vorhanden sein, sollte wider Erwarten auf breiter Front Schlendrian einreißen. Aus derzeitiger Sicht ist das aber nicht zu erwarten: Haftungsbefreiungen bis zur groben Fahrlässigkeit sind im Zeitalter der Allgemeinen Geschäftsbedingungen gang und gäbe, ohne dass die Präventionsmentalität erkennbar gelitten hätte. Der Grund dafür dürfte vor allem sein, dass der Schuldner das Verschuldensmaß nicht exakt kalkulieren kann; er hat immer damit zu rechnen, dass der Richter vermeintlich normale Fahrlässigkeit als grobe einstuft. Das muss sich auch der Arbeitnehmer sagen. Die Haftungsbeschränkung im öffentlichen Dienst hat bislang jedenfalls nicht zu unzuträglichen Verhältnissen geführt. Auch in jenen ausländischen Rechtsordnungen, die die Arbeitnehmerhaftung auf grobe Fahrlässigkeit beschränkt haben,[218] scheint man keine Veranlassung zu Änderungen zu sehen. Ausreichende Prävention ist zudem dadurch gesichert, dass sich nach der hier vertretenen Auffassung das **Verschulden nur auf die Pflichtverletzung** beziehen muss; der Arbeitgeber verfügt durch seine Weisungsbefugnis über genügend Steuerungspotential für die betrieblichen „Gefahrenherde".[219] Von daher gerät er auch nicht in Beweisschwierigkeiten. 39

Ob die somit befürwortete vollständige Enthaftung des Arbeitnehmers für einfache Fahrlässigkeit vom Richter durch Fortbildung des gesetzlichen Rechts eingeführt werden darf oder dem Gesetzgeber vorbehalten bleiben muss, ist das zweite, nicht minder schwere Problem der hier vertretenen Haftungskonzeption. Überwogen früher die Bedenken gegen eine Entscheidung des Richters,[220] ist heute die generelle Beschränkung der Beamtenhaftung auf grobe Fahrlässigkeit in Rechnung zu stellen.[221] Hält man wie hier das unterschiedliche Haftungsrecht für **nicht vereinbar mit Art. 3 Abs. 1 GG**, ist eine richterliche Rechtsfortbildung unumgänglich. Aber auch ohne den Segen der Verfassung ist sie zu legitimieren. Der Gesetzgeber hat seine beamtenrechtliche Entscheidung im Wissen um deren tarifvertragliche Erstreckung auf die Arbeitnehmer des öffentlichen Dienstes getroffen und folglich für einen quantitativ gewichtigen Teil abhängig Beschäftigter die Haftung auf grobe Fahrlässigkeit reduziert. Damit existiert ein **gesetzgeberisches Leitbild** für die Rechtsfortbildung. Außerdem gilt in der gesetzli- 40

217 Vgl. BAG 24.11.1987 – 8 AZR 524/82 – unter B III 3 b cc, AP § 611 BGB Haftung des Arbeitnehmers Nr. 93; *Zöllner*, Anm. zu BAG 23.3.1983 – 7 AZR 391/79 – unter IV, EzA § 611 BGB Gefahrgeneigte Arbeit Nr. 14; *Löwisch/Arnold*, JZ 1984, 622; *Eich*, NZA 1984, 65, 70 f.; *Naendrup*, JuS 1984, 336. Zurückhaltend zum Präventionszweck des Schadens *Richardi*, JZ 1986, 801, 803 f. Krit. zur Präventionswirkung gegen leicht fahrlässiges Verhalten des Arbeitnehmers *Otto*, Gutachten, S. E 44 f., 62 f.; *Däubler*, NJW 1986, 867, 870.

218 Noch weiter die schwedische Regelung, siehe § 28 RN 46; *Döring*, Arbeitnehmerhaftung, S. 122.

219 Vgl. auch *Brüggemeier*, in: *Ott/Schäfer*, Ökonomische Analyse des Arbeitsrechts, 2001, S. 140, 148.

220 *Otto*, Gutachten, S. E 94.

221 Schon vorher für eine entsprechende Rechtsfortbildung die in FN 207 Angeführten; *Preis*, AuR 1986, 360, 363.

chen Unfallversicherung derselbe Verschuldensmaßstab (§ 110 Abs. 1 SGB VII).[222] Das BAG hat daher auch ohne Art. 3 Abs. 1 GG allen Grund, seine ablehnende Haltung aus der Zeit vor Novellierung der Haftung im öffentlichen Dienst[223] zu überdenken. Dass eine derartige Rechtsfortbildung allgemein gebilligt wird, ist nicht erforderlich.[224] Konsens muss nur über die Unzulänglichkeit der gesetzlichen Regelung und das grundsätzliche Bedürfnis richterlichen Eingreifens bestehen. Einzelheiten der Rechtsfortbildung können und müssen im streitigen Diskurs gelöst werden. Auch hier Konsens zu fordern, hieße richterliche Rechtsfortbildung unmöglich zu machen; die Rechtsfortbildung auf ein Minimum zu reduzieren,[225] darf nicht zu unsachgerechten Lösungen führen.[226] Im Übrigen rechnet das BAG die bisherige Rechtsfortbildung bewusst klein, wenn es sie als Enthaftung „im Einzelfall" der „generellen" Enthaftung bei „normaler" Fahrlässigkeit gegenüberstellt.[227] Auch die Rechtsprechung hat das BGB-Leitbild der vollen Haftung bei Fahrlässigkeit „generell" aufgegeben. In Gewohnheitsrecht ist die bisherige Rechtsprechung ebenfalls nicht erwachsen,[228] was den genauen Umfang der Enthaftung anlangt, denn darüber herrschte von Beginn an Streit.[229] Auch als Präjudiz muss sich Rechtsprechung immer wieder in Frage stellen lassen,[230] insbesondere dann, wenn über die Sachgerechtigkeit des Richterrechts von Beginn an Streit bestand. Dass tarifliche Regelungen,[231] soweit es sie gibt, ebenfalls oft die Haftung auf grobe Fahrlässigkeit reduzieren,[232] sei abschließend erwähnt.[233]

---

222 Ebenso *Hanau*, FS Hübner (1984), S. 467, 482 ff. Der Regress hat spätestens mit der Neufassung in § 110 Abs. 1 SGB VII keine Straffunktion mehr, siehe § 25 RN 3; anders zu § 640 RVO in diesem Zusammenhang: *Brox/Walker*, DB 1985, 1469, 1475.

223 BAG 24.11.1987 – 8 AZR 524/82 –, AP § 611 BGB Haftung des Arbeitnehmers Nr. 93.

224 So aber BAG 24.11.1987 – 8 AZR 524/82 – unter B III 3 a b, AP § 611 BGB Haftung des Arbeitnehmers Nr. 93; dagegen zutr. *Hanau/Preis*, JZ 1988, 1072; *Schwerdtner*, DB 1988, 1799, 1800 f.

225 So BAG 24.11.1987 – 8 AZR 524/82 – unter B III 1, AP § 611 BGB Haftung des Arbeitnehmers Nr. 93.

226 *Hanau/Preis*, JZ 1988, 1072, 1073.

227 BAG 24.11.1987 – 8 AZR 524/82 – unter B III 1 b, AP § 611 BGB Haftung des Arbeitnehmers Nr. 93.

228 Erwägend BAG 24.11.1987 – 8 AZR 524/82 – unter B III 2 b, AP § 611 BGB Haftung des Arbeitnehmers Nr. 93; zutr. *Däubler*, NJW 1986, 867, 868.

229 Anderes gilt für die Aussage, dass das Haftungsmodell des BGB jedenfalls nicht vollständig gelten darf, vgl. § 4 RN 20; *Otto*, Gutachten, S. E 86; *Gick*, JuS 1980, 393, 398; *Däubler*, JuS 1986, 425, 426; *Preis*, AuR 1986, 360, 361.

230 Zutr. *Hanau*, FS Hübner (1984), S. 467, 476 ff., 481 ff.; *Preis*, AuR 1986, 360, 362; siehe auch BAG 23.2.1967 – 5 AZR 234/66 – Leits. 4, AP § 611 BGB Gratifikation Nr. 57 (keine Änderung der Rechtsprechung, wenn für die eine wie die andere Ansicht gute Gründe sprechen); ebenso *Dütz*, NJW 1986, 1779, 1782; strenger wohl BGH 4.10.1982 – GSZ 1/82 –, BGHZ 85, 64, 66; 21.10.1983 – V ZR 166/82 –, VersR 1984, 276, 277.

231 Zur Bedeutung tariflicher Regelungen für Rechtsfortbildung im Arbeitsrecht *Hanau*, BlStSozArbR 1985, 17, 20; *Hanau/Preis*, JZ 1988, 1072, 1073.

232 *Otto*, Gutachten, S. E 24; *Wall*, Tarifliche Regelungen, S. 65 ff.

233 *Hanau/Preis*, JZ 1988, 1072, 1073. Es mag sein, dass die unumgängliche Anrufung des Gemeinsamen Senats der Obersten Gerichtshöfe des Bundes das BAG bislang davon abgehalten hat, den Schritt zur Begrenzung der Haftung auf grobe Fahrlässigkeit zu gehen.

V. Das Verschulden im Prozess

1. Beweislast

Wieviel die Haftungserleichterung dem Arbeitnehmer tatsächlich nützt, hängt in der 41
forensischen Wirklichkeit nicht selten von der Verteilung des Beweislast ab. Für die **Haftung aus der Verletzung von Pflichten aus einem Schuldverhältnis** besagt § 280 Abs. 1 S. 2 BGB, dass der Schuldner darlegen und beweisen muss, dass er die Pflichtverletzung nicht zu vertreten hat. § 619a BGB nimmt die vom Arbeitnehmer begangene „Verletzung einer Pflicht aus dem Arbeitsverhältnis" von dieser Regelung aus und erlegt unter Wiederherstellung der beweisrechtlichen Grundregel dem **Arbeitgeber** auf, **das Vertretenmüssen des Arbeitnehmers darzulegen und zu beweisen.**[234] Dies trägt dem Umstand Rechnung, dass der Arbeitnehmer – anders als der typische Schuldner – seine Leistung nicht in einer eigenen, vom Gläubiger getrennten Sphäre, sondern in der vom Arbeitgeber (Gläubiger) organisierten und kontrollierten betrieblichen Sphäre erbringt. Damit liegt, beschränkt auf die Haftung für betriebliche Tätigkeit (§ 8 RN 1ff.),[235] der wesentliche Grund für die gläubigergünstige Beweislastverteilung des § 280 Abs. 1 S. 2 BGB für die vertragliche Haftung des Arbeitnehmers nicht vor. Für die gesetzliche **Haftung aus § 823 BGB** liegt die Beweislast schon nach der beweisrechtlichen Grundregel, derzufolge jede Partei die Voraussetzungen der ihr günstigen Normen zu beweisen hat,[236] beim Arbeitgeber.[237] Dem Arbeitgeber wird beim Verschuldensbeweis oftmals der erste **Anschein** zur Hilfe kommen;[238] so spricht der erste Anschein für ein Verschulden, wenn der Arbeitnehmer mit seinem Fahrzeug auf gerader Strecke bei guten Witterungs- und Sichtverhältnissen ohne sonst erkennbaren Grund von der Straße abkommt.[239] Außerdem muss sich nach der hier vertretenen Ansicht das Verschulden nur auf den Pflichtverstoß beziehen.[240] Insoweit wird man aus der festgestellten objektiven (Verhaltens-)Pflichtwidrigkeit oft auf normales Verschulden schließen können.[241] Das gilt allerdings nur, wenn es sich nicht um unvermeidbare tätigkeitstypische Fehler handelt, was der Arbeitgeber darzulegen hat.[242] § 619a BGB gilt grundsätzlich auch für **betriebsexterne Arbeit.** Die Arbeit in arbeitgeberfremdem Raum[243] führt nicht per se zur Unzugänglichkeit der haftungserheblichen Tatsachen,

---

234 § 6 RN 53ff.; BAG 21.5.2015 – 8 AZR 116/14 – Rn. 25 u. Orientierungssatz 1, NZA 2015, 1517, das auch die Beweislast für die Pflichtverletzung auf § 619a stützt; sie ergibt sich indessen aus § 280 Abs. 1 S. 1 BGB.

235 *Otto*, FS 50 Jahre BAG (2004), S. 97, 106; näher § 6 RN 55f.; *Wank*, FS Schwerdtner (2003), 247, 254.

236 Vgl. *Rosenberg*, Beweislast, 5. Aufl., S. 12; *Prütting*, Beweislast, S. 265f.

237 § 6 RN 58.

238 BAG 30.8.1966 – 1 AZR 456/65 – unter IV 1, AP § 282 BGB Nr. 5; ebenso *Sieg*, Anm. a.a.O.; *Gäntgen*, in: Baumgärtel/Laumen/Prütting, Handbuch der Beweislast, 5. Aufl., § 619a BGB Rn. 7; s. auch § 6 RN 57.

239 BAG 13.3.1968 – 1 AZR 362/67 – unter I, AP § 611 BGB Haftung des Arbeitnehmers Nr. 42.

240 RN 7.

241 Vgl. *Baumgärtel*, FS Pleyer (1986), S. 257, 259; *Beuthien*, Anm. zu BAG 3.8.1971 – 1 AZR 122/71 – unter I 2 c, AP § 611 BGB Haftung des Arbeitnehmers Nr. 67.

242 BAG 21.5.2015 – 8 AZR 116/14 – Rn. 30, NZA 2015, 1517.

243 *Schwarze*, ZFA 2024, 79, 81ff. (unter II.).

insbes. bei digitaler Arbeit (Homeoffice, mobile Arbeit etc.). Ist der Arbeitgeber im Einzelfall von der Wahrnehmung haftungserheblicher Tatsachen ausgeschlossen oder ist diese erheblich erschwert, während der Arbeitnehmer Zugang zu ihnen hat, ist die abgestufte Darlegungs- und Beweislast nach Maßgabe der Beweisfähigkeit eine angemessene Lösung, so dass der Arbeitnehmer auf den arbeitgeberseitigen Vortrag von Indizien, die ein haftungsbegründendes Fehlverhalten nahelegen, die näheren Umstände eines Schadenshergangs in seiner Sphäre darlegen muss (§ 138 ZPO), so ihm dies möglich und zumutbar ist.[244] Die Beweislast bleibt aber beim Arbeitgeber: Ein non liquet geht zu seinen Lasten. Für die Beschädigung betriebsexterner Infrastruktur im Eigentum des Arbeitgebers (z. B. Dienst-PC) ergibt sich diese Lösung (zusätzlich) aus den Beweislastregeln für die Mankohaftung, deren Voraussetzungen in etwa denen der Betriebsexternität entsprechen.[245] Über die Abstufung der Beweislast hinaus wird hier eine Umkehr der Beweislast befürwortet.[246] Das ist zumindest im Hinblick auf die Rückforderung einer vereinbarten Kompensationszahlung („Mankogeld") vertraglich regelbar.[247]

42 Muss der Arbeitgeber nicht nur Verschulden überhaupt, sondern **grobe Fahrlässigkeit** beweisen, kann ihm der **Anscheinsbeweis** nach der Rechtsprechung nicht helfen. Grobe Fahrlässigkeit verlangt persönliche Vorwerfbarkeit und damit die Berücksichtigung individueller Umstände; darüber könne es notwendigerweise keine allgemeinen Erfahrungssätze geben, meint das BAG.[248] Für die meisten Fälle ist das richtig. So gestattet die feststehende Tatsache, dass ein Unfall auf Einschlafen zurückzuführen ist, nicht die (verallgemeinerungsfähige) Annahme, dies beruhe auf einer Übermüdung, die sich dem Arbeitnehmer hätte aufdrängen müssen.[249] Aber es kann doch auch hier – ausnahmsweise – Erfahrungszusammenhänge geben, sodass die Haltung der Rechtsprechung etwas zu apodiktisch ist.[250] So erwägt auch das BAG beim Kfz-Unfall eines betrunkenen Fahrers einen Anscheinsbeweis für die Kausalität der Alkoholisierung für das Schadensereignis.[251]

---

244 Vgl. BAG 21.5.2015 – 8 AZR 116/14 – Rn. 49, juris = NZA 2015, 1517; BGH 22.5.1984 – III ZR 18/83 – Rn. 63, juris = BGHZ 91, 243.

245 § 13 RN 2 ff.

246 *Staudinger/Fischinger*, BGB (2022), § 619a Rn. 111; abl. *Krause*, in: Otto/Schwarze/Krause, Die Haftung des Arbeitnehmers, 4. Aufl., § 13 Rn. 6 ff., 25 ff.

247 S. *Schwarze*, ZFA 2024, 79, 106 f. (unter X. 1); s. auch *Kamanabrou*, Arbeitsrecht, 2. Aufl., Rn. 1207; *Krause*, Arbeitsrecht, 4. Aufl., § 16 Rn. 12; vgl. zu Mankoabreden auch *Preis/Temming*, Arbeitsrecht – Individualarbeitsrecht, 6. Aufl., Rn. 2429 ff.

248 BAG 20.3.1973 – 1 AZR 337/72 – unter 3, AP § 611 BGB Haftung des Arbeitnehmers Nr. 72; davon zu trennen ist der – zulässige – Schluss auf grobe Fahrlässigkeit aus einzelnen Umständen mit Indizwirkung, vgl. BAG 22.2.1972 – 1 AZR 223/71 – unter II 2 b, AP § 611 BGB Haftung des Arbeitnehmers Nr. 70; ebenso *Döring*, Arbeitnehmerhaftung, S. 140 f.

249 BAG 13.3.1968 – 1 AZR 362/67 – unter I 2 b, AP § 611 BGB Haftung des Arbeitnehmers Nr. 42.

250 *Baumgärtel*, FS Pleyer (1986), S. 257, 266; *Hanau*, SAE 1974, 105, 106.

251 BAG 13.3.1968 – 1 AZR 362/67 – unter I 2 a, AP § 611 BGB Haftung des Arbeitnehmers Nr. 42.

Tragen die feststehenden Tatsachen den Vorwurf grober Fahrlässigkeit, ist es **Sache des Arbeitnehmers, entlastende Umstände darzulegen und zu beweisen,**[252] z. B., dass die Übermüdung, die sich ihm hätte aufdrängen müssen, auf Überarbeitung zurückzuführen ist. Ebenso hat der Arbeitnehmer im Rahmen der von der Rechtsprechung befürworteten Schadensteilung bei normaler Fahrlässigkeit jene Tatsachen vorzutragen und zu beweisen, die für eine Haftungsmilderung oder einen Haftungsausschluss („leichteste Fahrlässigkeit") sprechen, wenn die feststehenden Tatsachen den Vorwurf der Fahrlässigkeit tragen. Dagegen ändert die Beweislast des Schädigers für das Fehlen wesentlicher Verschuldenselemente in §§ 827, 828 BGB nichts an der Beweislast des Arbeitgebers für die grobe Fahrlässigkeit.[253] 43

2. Revisibilität der Verschuldensbewertung

Das BAG betrachtet die Fahrlässigkeitsstufen als „Rechtsbegriffe", deren Anwendung 44
durch den Instanzrichter **grundsätzlich revisibel** ist. Andererseits gesteht es diesem einen „erheblichen" Beurteilungsspielraum bei der Beurteilung des Verschuldensgrades, insbesondere bei der Bewertung einzelner verschuldenserheblicher Umstände zu.[254] Eine Aufhebung des tatrichterlichen Urteils kommt daher nicht schon deshalb in Frage, weil eine andere Bewertung möglich und vom Revisionsgericht für vorzugswürdig gehalten wird.[255] Die Subsumtion des Tatrichters wird auf die Vollständigkeit des Tatsachenstoffs und die Verletzung von Denkgesetzen und Erfahrungssätzen überprüft,[256] ferner auf die rechtliche Zulässigkeit der Erwägungen, welche der Abwägung zugrunde liegen.[257] Ersteres ist in der Praxis von erheblicher Bedeutung wegen der geradezu unüberschaubaren Zahl von Einzelfallumständen, die in die Haftungsabwägung bei normaler Fahrlässigkeit nach Ansicht des BAG einzustellen sind.[258] Im Übrigen darf man vermuten, dass die Revisionsinstanz ihren Zugriff in dem Maße verstärkt, in dem sie das Ergebnis des Vorderrichters missbilligt.[259]

---

252 BAG 22.2.1972 – 1 AZR 223/71 –, AP § 611 BGB Haftung des Arbeitnehmers Nr. 70; LAG Frankfurt/M. 24.2.1988 – 10 Sa 503/87 – unter 4, LAGE § 611 BGB Gefahrgeneigte Arbeit Nr. 4; *Baumgärtel*, FS Pleyer (1986), S. 257, 267.

253 *Hanau*, SAE 1974, 105 f.

254 BAG 15.11.2012 – 8 AZR 705/11 – Rn. 20, NZA 2013, 640.

255 BAG 15.11.2012 – 8 AZR 705/11 – Rn. 20, NZA 2013, 640.

256 Etwa BAG 18.12.1970 – 1 AZR 177/70 – unter II am Anfang der Gründe, AP § 611 BGB Haftung des Arbeitnehmers Nr. 63; 13.3.1968 – 1 AZR 362/67 – unter II, AP Nr. 42 a.a.O.; BAG 19.2.2009 – 8 AZR 188/08 – Rn. 47 f., AP § 105 SGB VII Nr. 3.

257 BAG 21.5.2015 – 8 AZR 116/14 – Rn. 25, NZA 2015, 1517.

258 Siehe § 3 RN 2 ff.

259 *Döring*, Arbeitnehmerhaftung, S. 134, konstatiert allgemein eine volle Überprüfung des Verschuldens in der Revision.

§ 10 Haftungsmilderung bei der Zurechnung des Schadensumfangs

1 Für grob fahrlässiges und vorsätzliches Fehlverhalten haftet der Arbeitnehmer an und für sich unbeschränkt. Das wird bei hohen Schäden weithin als unbillig empfunden.[1] Die ganz herrschende Meinung hält auch hier Haftungsmilderungen für möglich, **solange der Arbeitnehmer die Rechtsgutsverletzung bzw. – bei reinen Vermögensschäden – den Schaden (= grober Schadensumfang) nicht vorsätzlich herbeigeführt** hat.[2] Die Rechtsprechung stand derartigen Milderungen zunächst skeptisch gegenüber. Wenngleich eine Haftungsmilderung bei grober Fahrlässigkeit nicht ausgeschlossen war, sollte doch „in aller Regel" voll gehaftet werden.[3] Lockerungstendenzen zeigen sich in diversen Entscheidungen aus den sechziger und siebziger Jahren, in denen besondere, dem Arbeitgeber zurechenbare Umstände zum Anlass genommen wurden, über Haftungsmilderungen trotz grober Fahrlässigkeit nachzudenken.[4] Die Entscheidung im Busfahrerfall hat dann eine deutliche Akzentverschiebung gebracht, da nun das **Missverhältnis zwischen Verdienst und Schadensrisiko** zum entscheidenden Argument für eine Enthaftung wird.[5] Zuvor hatte sich der 56. Deutsche Juristentag 1986 für eine Härteklausel bei grob fahrlässigem Verhalten ausgesprochen.[6]

1 Zur etwaigen wirtschaftlichen Unzumutbarkeit der Haftung bei mittlerer Fahrlässigkeit s. RN 14.

2 BAG 12.10.1989 – 8 AZR 276/88 –, AP § 611 BGB Haftung des Arbeitnehmers Nr. 97; *Bokelmann*, Grobe Fahrlässigkeit, S. 75 ff.; *Lichtenberg*, Haftpflichtrisiko, S. 97 ff., 116 f.; *Döring*, Arbeitnehmerhaftung, S. 116 ff.; *Koller*, Risikozurechnung, S. 413; *Gamillscheg*, AuR 1983, 317, 320; *Brox/Walker*, DB 1985, 1469, 1476; *Zöllner*, Anm. zu BAG 23.3.1983 – 7 AZR 391/79 – unter IV, EzA § 611 BGB Gefahrgeneigte Arbeit Nr. 14. Grundsätzlich gegen Haftungserleichterungen bei grober Fahrlässigkeit *Heinze*, NZA 1986, 545, 552 (unter Hinweis auf die gesetzliche Gleichstellung von Vorsatz und grober Fahrlässigkeit in §§ 277, 521, 599, 690, 708 [a.F.], 702, 702a BGB).

3 BAG 25.9.1957 – GS 4/56 – unter III 3 c, BAGE 5, 1, 17 f. = AP §§ 898, 899 RVO Nr. 4, im Anschluss an BGH 10.1.1955 – III ZR 153/53 –, BGHZ 16, 111, 120; BAG 19.3.1959 – 2 AZR 402/55 – Leits. 3 und unter II 3 c der Gründe, AP § 611 BGB Haftung des Arbeitnehmers Nr. 8; 21.11.1959 – 2 AZR 547/58 – unter Leits. 2 a.a.O. und unter 2, AP § 611 BGB Haftung des Arbeitnehmers Nr. 14; ausdrücklich gegen die Befugnis zur richterlichen Rechtsfortbildung in dieser Frage noch LAG Berlin 27.11.1987 – 5 Sa 64 u. 68/87 – unter III 4, LAGE § 611 BGB Gefahrgeneigte Arbeit Nr. 1; andererseits aber LAG Bayern als Vorinstanz zu BAG 10.3.1961 – 1 AZR 448/59 –, AP § 611 BGB Haftung des Arbeitnehmers Nr. 23; siehe auch RAG 18.12.1940 – 49/40 –, ARS 41, 55, 61; *Bokelmann*, Grobe Fahrlässigkeit, S. 58 ff.

4 Siehe die im Urteil vom 12.10.1989 – 8 AZR 276/88 – unter II 2 a dargestellten Entscheidungen, AP § 611 BGB Haftung des Arbeitnehmers Nr. 97; außerdem – unter zutreffendem Hinweis auf die Relativität der Verschuldensbewertung – BAG 28.4.1970 – 1 AZR 146/69 – unter A II 4, AP § 611 BGB Haftung des Arbeitnehmers Nr. 55.

5 BAG 12.10.1989 – 1 AZR 146/69 – Leits. 1, AP § 611 BGB Haftung des Arbeitnehmers Nr. 97; siehe auch BAG 27.9.1994 – GS 1/89 (A) – unter C I 1, AP § 611 BGB Haftung des Arbeitnehmers Nr. 103; 23.1.1997 – 8 AZR 893/95 –, NZA 1998, 140.

6 Verhandlungen des 56. Deutschen Juristentag 1986, N 209, Beschluss A 12, abgedr. in NZA 1986, 669; auch hier heißt es allerdings, der Arbeitnehmer hafte bei grober Fahrlässigkeit „in der Regel" unbeschränkt.

https://doi.org/10.1515/9783110728606-012

I. Haftungsmilderung aufgrund Betriebsrisikos?

Das BAG stützt auch die Haftungsmilderung bei grober Fahrlässigkeit auf das Betriebsrisiko des Arbeitgebers.[7] Dessen Argumentationswert geht aber keineswegs so weit, um alle vom BAG in diesem Kontext befürworteten Haftungsbeschränkungen zu rechtfertigen. Versteht man das **Betriebsrisiko als aus der Organisationsmacht des Arbeitgebers abgeleitete Schadensverantwortlichkeit** bei fremdnütziger Tätigkeit – und nur insoweit hat der Gedanke Substanz[8] –, wird man die Schadenshöhe allein nicht als einen Umstand betrachten können, der dem Arbeitgeber zuzurechnen wäre.[9] Dazu müsste sie für ihn „beherrschbar" sein, was aber bei grob fahrlässigem Fehlverhalten des Arbeitnehmers nicht mehr der Fall ist;[10] jedenfalls ist nicht ersichtlich, warum für die Haftungsausfüllung anderes gelten sollte als für die Haftungsbegründung. „Schadensträchtigkeit", „besondere Schadenshöhe"[11], ruinöse Haftungsfolgen[12] oder das „Missverhältnis von Verantwortung und Einkommen"[13] liegen nicht im technisch-organisatorischen Herrschaftsbereich des Arbeitgebers, wenn der Arbeitnehmer grob fahrlässig gehandelt hat. Wer das Betriebsrisiko ernst nimmt, muss seine Grenzen akzeptieren.[14] Auf das Betriebsrisiko lässt sich die Haftungsreduktion nur stützen, sollten bei der Schadensentwicklung vom Arbeitgeber beherrschbare konkrete Umstände mitgewirkt haben, die nicht schon bei der Haftungsbegründung berücksichtigt werden konnten. Das dürfte die Ausnahme sein. Die hier beispielhaft angeführten Umstände – mangelnde Vertrautheit mit dem Arbeitsgerät,[15] unverschuldete Fehler des Arbeitsgerätes[16], Ermüden des Arbeitnehmers[17] – werden meistens bereits bei der Haftungsbe- 2

7 BAG 12.10.1989 – 8 AZR 276/88 – unter II 2 b, AP § 611 BGB Haftung des Arbeitnehmers Nr. 97; ebenso LAG Nürnberg 18.4.1990 – 3 Sa 38/90 –, LAGE § 611 BGB Arbeitnehmerhaftung Nr. 14; LAG München 21.9. 1995 – 4 Sa 1114/94 – unter 2, LAGE § 611 BGB Arbeitnehmerhaftung Nr. 20; ähnlich *Hanau*, SAE 1973, 9; *Hanau/Preis*, JZ 1988, 1072, 1074, die allerdings auch die Unverhältnismäßigkeit der Haftung betonen. Abzulehnen ist die Begründung, auch grob fahrlässiges Verhalten könne einmal eine typische Abirrung sein (MünchArbR/*Reichold*, 6. Aufl., § 57 Rn. 37). Zum einen wird man wegen der „Subjektivierung" des Fahrlässigkeitsbegriffs im Falle der Abirrung kaum den Vorwurf grober Fahrlässigkeit erheben können. Zum anderen besteht die Notwendigkeit einer Haftungsreduktion auch in solchen Fällen, in denen kein Abirren vorliegt.

8 Näher § 3 RN 3ff.

9 Ebenso *Fischinger*, Haftungsbeschränkung im Bürgerlichen Recht, S. 535ff.

10 § 9 RN 13.

11 *Hanau*, SAE 1973, 9.

12 BAG 12.10.1989 – 8 AZR 276/88 – unter II 2 a dd, AP § 611 BGB Haftung des Arbeitnehmers Nr. 97, unter Hinweis auf den Sachverhalt in BGH 11.11.1969 – VI ZR 71/68 –, AP § 611 BGB Haftung des Arbeitnehmers Nr. 52.

13 BAG 3.2.1970 – 1 AZR 188/69 –, AP § 611 BGB Haftung des Arbeitnehmers Nr. 53 m. Anm. *Hanau*; 12.10. 1989 – 8 AZR 276/88 – unter II 2 a dd, AP § 611 BGB Haftung des Arbeitnehmers Nr. 97.

14 S. auch *Fischinger*, Haftungsbeschränkung im Bürgerlichen Recht, S. 537.

15 BAG 12.10.1989 – 8 AZR 276/88 – unter II 2 a cc, AP § 611 BGB Haftung des Arbeitnehmers Nr. 97.

16 *Hanau*, SAE 1973, 9.

gründung (Feststellung der groben Fahrlässigkeit oder deren Kausalität für den Schaden) zu beachten sein. Schlagen sie hier nicht durch – z. B. weil der Vorwurf grober Fahrlässigkeit trotzdem gerechtfertigt ist oder Fehlverhalten und Schaden auch ohne diesen Umstand eingetreten wären –, spielen sie auch in der haftungsausfüllenden Kausalität keine Rolle. Ebenso wenig gehört das Unterlassen einer zumutbaren Versicherung zum Betriebsrisiko,[18] sondern kann nur unter dem Gesichtspunkt wirtschaftlicher Absorbierbarkeit des Risikos und der Fürsorgepflicht[19] von Belang sein. Das Betriebsrisiko kann demnach zur Begründung der Haftungsreduktion bei grob fahrlässigem Verhalten wenig beitragen. Vor allem rechtfertigt es keine Haftungsreduzierung wegen des bloßen Missverhältnisses von Einkommens- oder Vermögenslage des Arbeitnehmers und Schadensumfang.

II. Haftungsmilderung wegen Unzumutbarkeit infolge sozialer Schutzbedürftigkeit des Arbeitnehmers

1. Dogmatische Grundlage

a) Rechtfertigung aus der Struktur des Arbeitsverhältnisses

3 Hier ist vielmehr die aus der **sozialen Schutzbedürftigkeit des Arbeitnehmers**[20] folgende wirtschaftliche **Unzumutbarkeit**[21] als haftungsbegrenzender Aspekt maßgeblich.[22] Im Busfahrerfall wurde die Haftung eines grob fahrlässig handelnden Arbeitnehmers erstmalig allein aufgrund der Unzumutbarkeit des Haftungsumfangs für reduzierungsbedürftig gehalten.[23] Dafür gibt es durchaus gesetzliche Vorbilder.[24] § 110 Abs. 2 SGB VII enthält für den Regress des gesetzlichen Unfallversicherungsträgers

17 BAG 18.1.1972 – 1 AZR 125/71 – unter II 2, AP § 611 BGB Haftung des Arbeitnehmers Nr. 69; das BAG scheint hier die Relativität des Verschuldensvorwurfs – gegenüber Dritten einerseits, gegenüber dem Arbeitgeber andererseits – übersehen zu haben (§ 9 RN 22).

18 So aber BAG 18.1.2007 – 8 AZR 250/06 – Rn. 43, AP § 254 BGB Nr. 15; BAG 12.10.1989 – 8 AZR 276/88 – unter II 2 b, AP § 611 BGB Haftung des Arbeitnehmers Nr. 97; siehe aber auch unter f).

19 BGH 10.1.1955 – III ZR 153/53 – Leits. 2 und S. 120, BGHZ 16, 111; 11.11.1969 – VI ZR 71/68 – unter IV 3, AP § 611 BGB Nr. 52.

20 § 3 RN 23 ff.; *Otto*, Gutachten, S. E 66; *Däubler*, NJW 1986, 867, 871; nicht eindeutig zuzuordnen *Hanau/Rolfs*, NJW 1994, 1439, 1441.

21 *Gamillscheg*, AuR 1983, 317, 320, spricht von Unverhältnismäßigkeit.

22 Auch § 26 des AGB-Entwurfes 1977 (abgedr. bei Ramm (Hrsg.), Entwürfe zu einem Deutschen Arbeitsvertragsgesetz, 1992, S. 401 ff.), S. 43, spricht von „unzumutbarer Härte“; *Dütz*, NJW 1986, 1779, 1784, 1785; *Lichtenberg*, Haftpflichtrisiko, S. 97; wohl auch *Zöllner*, Anm. zu BAG 23.3.1983 – 7 AZR 391/79 – unter IV, EzA § 611 BGB Gefahrgeneigte Arbeit Nr. 14.

23 BAG 12.10.1989 – 8 AZR 276/88 – unter II 2 a dd, b, AP § 611 BGB Haftung des Arbeitnehmers Nr. 97. Das BAG stützt sich (a.a.O.) im Ausgangspunkt zwar auf den Persönlichkeits- und Sozialschutz, greift aber dann – wohl zu dessen Konkretisierung – auf den Gedanken des Betriebsrisikos und die entsprechende Anwendung des § 254 BGB zurück.

24 Zu bislang nicht umgesetzten Vorschlägen für eine allgemeine zivilrechtliche Reduktionsklausel *Müller*, VersR 2005, 1461, 1462.

ebenfalls eine Härteklausel. § 571 Abs. 1 S. 2 BGB stellt den Wohnungsmieter von Schadensersatzansprüchen des Vermieters frei, soweit die Billigkeit dies erfordert. Analogiefähig sind die Vorschriften nicht, denn die Haftungsbeschränkung des § 110 SGB VII geht nicht zu Lasten des einzelnen Arbeitgebers, sondern eines Kollektivs, und § 571 Abs. 1 S. 2 BGB bezieht sich auf die Schutzwürdigkeit des Wohnungsmieters. Die maßgeblichen Motive der Begrenzung aus Zumutbarkeitserwägungen bei der arbeitsrechtlichen Privilegierung liegen in den Besonderheiten des Arbeitsverhältnisses. Die Schutzbedürftigkeit des Arbeitnehmers ist hier Folge des Verzichts auf die eigene unternehmerische Verwertung der Arbeitskraft, den der Arbeitnehmer mit Abschluss des Arbeitsvertrages leistet[25] und der ihm eine **aus dem Arbeitsentgelt zu bestreitende ausreichende eigene Vorsorge für arbeitsbedingte Schadensrisiken im Allgemeinen nicht erlaubt.**[26] Deshalb wird das Haftungsrisiko des Arbeitnehmers – trotz der bereits vorgenommenen Haftungsbeschränkung beim Verschulden – im Hinblick auf die mögliche **Schadenshöhe im Missverhältnis zur Vergütung** stehen. Diese Schutzbedürftigkeit kann die unbeschränkte Haftung des Arbeitnehmers unzumutbar werden lassen und eine entsprechende richterliche Rechtsfortbildung fordern.[27] Ihr entspricht eine höhere Belastbarkeit des Arbeitgebers, der den unternehmerischen Nutzen aus der Arbeit zieht.

Noch schwerer wiegt das Argument der sozialen Schutzbedürftigkeit, wenn dem Arbeitnehmer der **wirtschaftliche Ruin** droht,[28] er also sein sonstiges Vermögen verlieren und in Insolvenz fallen würde,[29] zumal die sonst verbreitete Bewältigung solcher Risiken durch Versicherung nicht flächendeckend möglich ist.[30] Andererseits ist der Arbeitgeber dank der unternehmerischen Verwertung der Arbeitskraft des Arbeitnehmers typischerweise eher in der Lage, die Belastungen solcher Schadensspitzen wirtschaftlich aufzufangen. Schließlich spricht auch der Fürsorgegedanke dafür, dass der Arbeitgeber auf diese Schutzbedürftigkeit Rücksicht nehmen muss.[31] Wegen dieses 4

25 Grundlegend zur negativen Auswirkung dieses Verzichts auf die Daseinsvorsorge des Arbeitnehmers *Wiedemann/Moll*, RdA 1977, 13; zur Bedeutung des Verzichts für die Unabdingbarkeit *Schwarze*, ZfA 2005, 81 ff. m.w.N.; *H. Hanau*, ZfA 2012, 269, 272 ff.

26 Darauf stellt auch BAG 12.10.1989 – 8 AZR 276/88 – unter II 2 b, AP § 611 BGB Haftung des Arbeitnehmers Nr. 97, ab; *Koller*, Risikozurechnung, S. 401; *Zöllner*, Anm. zu BAG 23.3.1983 – 7 AZR 391/79 – unter IV, EzA § 611 BGB Gefahrgeneigte Arbeit Nr. 14.

27 Es geht also nicht um einen Fall unzulässiger Rechtsausübung durch den Arbeitgeber, wie LAG Schleswig-Holstein 27.1.1988 – 5 Sa 582/87 – unter III, LAGE § 611 BGB Gefahrgeneigte Arbeit Nr. 2, meint.

28 BAG 15.11.2012 – 8 AZR 705/11 – Rn. 30, NZA 2013, 640, spricht von einem „Recht auf Existenzsicherung (Art. 1 Abs. 1 iVm Art 20 Abs. 1 GG)".

29 Das BAG 12.10.1989 – 8 AZR 276/88 – unter II 2 b, AP § 611 BGB Haftung des Arbeitnehmers Nr. 97, setzt vorschnell das Missverhältnis von Schaden und Lohn mit Existenzgefährdung gleich; ebenfalls nur darauf für den wirtschaftlichen Ruin abstellend *Däubler*, NJW 1986, 867, 871.

30 Siehe im Übrigen *Döring*, Arbeitnehmerhaftung, S. 118 f.

31 Ebenso *Gamillscheg*, AuR 1983, 317, 320; *Fischinger*, Haftungsbeschränkung im Bürgerlichen Recht, S. 550 ff.; *Döring*, Arbeitnehmerhaftung, S. 119, stellt auf das Sozialstaatsprinzip ab; das ist aber für sich genommen zu unbestimmt, um eine richterliche Rechtsfortbildung zu tragen. Auch das BAG (12.10.1989 – 8 AZR 276/88 – unter II 2 b, AP § 611 BGB Haftung des Arbeitnehmers Nr. 97) bemüht augenscheinlich das

spezifisch arbeitsrechtlichen Begründungszusammenhangs ist die Haftungsbegrenzung zu Gunsten des Arbeitnehmers nicht jenen Einwänden ausgesetzt, die nicht zu Unrecht gegen eine generelle Begrenzung zivilrechtlicher Haftung wegen ruinöser Folgen erhoben werden.[32] Vor allem *Canaris* hat den Versuch unternommen, dies zu begründen.[33] Doch wird die Existenz des Haftungsschuldners durch Pfändungsschutz und Insolvenzrecht gesichert.[34] Es braucht schon besondere Gründe, wie im Arbeitsverhältnis, um die Haftung wegen Unzumutbarkeit zu reduzieren.

5 Es liegt in der Sachlogik dieser Erwägungen, dass sie mit den Interessen des Arbeitgebers abgewogen werden müssen. Insbesondere in zwei Fallgruppen ist dies von Belang: zum einen wenn dem Arbeitnehmer ein **besonders schweres Verschulden** anzulasten ist und er auch hinsichtlich der Rechtsgutsverletzung bzw. des Schadens[35] grob fahrlässig gehandelt hat;[36] zum Zweiten, wenn die wirtschaftliche **Existenz des Arbeitgebers** durch den Schadensfall **bedroht** ist. Es wäre deshalb vorschnell, aus dem Missverhältnis von Einkommen und konkretem Schadensumfang in jedem Fall auf eine Haftungsreduktion zu schließen.

Zusammengefasst versteht sich die Begrenzung des Haftungsumfangs demnach als **eine den Besonderheiten des Arbeitsverhältnisses Rechnung tragende Konkretisierung des allgemeinen Prinzips der Unzumutbarkeit.**

b) Abgrenzung zum Vollstreckungs- und Insolvenzschutz

6 Das Problem der zumutbaren Haftung ist zu trennen vom Vollstreckungsschutz bzw. insolvenzrechtlichen Schuldnerschutz. Einerseits wird das Problem der wirtschaftlichen Unzumutbarkeit der Haftung nicht schon durch die **insolvenzrechtliche Restschuldbefreiung** (§§ 286 ff. InsO) gelöst.[37] Die Restschuldbefreiung setzt Zahlungsunfähigkeit (§ 17 InsO) des Schuldners/Arbeitnehmers voraus, eine Situation also, die durch die arbeitsrechtliche Haftungsbegrenzung auf das Zumutbare gerade verhindert werden soll. Der Arbeitnehmer wäre stets zum Einsatz seines gesamten pfändbaren Vermögens gezwungen, wäre sein Schutz auf die insolvenzrechtliche Restschuldbefreiung beschränkt. Auf der anderen Seite wird das, was dem Arbeitnehmer bei Fest-

---

Sozialstaatsprinzip mit seinem Verweis auf Art. 20, 28 GG; im Übrigen zu den dogmatischen Grundlagen der Enthaftung oben § 5 RN 2 ff.

32 Abl. aber *Fischinger*, Haftungsbeschränkung im Bürgerlichen Recht, S. 559 ff.

33 Siehe oben § 4 RN 12 ff., 4; in diese Richtung auch die – wenngleich auf das Arbeitsverhältnis bezogene – Argumentation von *Däubler*, NJW 1986, 867, 871; abl. *Fischinger*, Haftungsbeschränkung im Bürgerlichen Recht, S. 603 ff.

34 Den Schutz vor übermäßigem Haftungsumfang auf den Existenzschutz stützend *M. Ahrens*, Anm. BAG 12.11.1998 – 8 AZR 221/97 – unter III, AP § 611 BGB Haftung des Arbeitnehmers Nr. 117.

35 Auf den Schaden ist bei reinen Vermögensschäden abzustellen.

36 Exemplarisch BAG 18.1.2007 – 8 AZR 250/06 – Rn. 43, AP § 254 BGB Nr. 15, das eine Haftungsmilderung zutreffend ablehnt.

37 So aber *Fischinger/Hofer*, NZA 2017, 349, 351 f.; *Fischinger*, Haftungsbeschränkung im Bürgerlichen Recht, S. 618 ff.

legung der Haftungsbelastung zugemutet werden kann, nicht durch die Grenzen des Pfändungs- und Insolvenzschutzes bestimmt.[38] Es ist dem Schuldner zur Vermeidung von Vollstreckung und Insolvenz gerade mehr zuzumuten, also eine höhere Haftungssumme und im Einzelfall durchaus der über die Pfändungsgrenze hinausgehende Einsatz seines Einkommens und ein länger als die Wohlverhaltensperiode der Restschuldbefreiung (3 Jahre, § 287 Abs. 2 S. 1 InsO) dauernder Rückzahlungszeitraum.[39] Der Arbeitnehmer ist andererseits nicht gehindert, bei Vorliegen der Voraussetzungen ein (Verbraucher-)Insolvenzverfahren und ggf. eine Restschuldbefreiung zu beantragen, um sich auf diesem Wege von einer weiter gehenden Haftung zu befreien.

2. Die Ausgestaltung der Haftungsmilderung

Für die Frage, ob und in welchem Umfang die Schadenshaftung zu mindern ist, ist das Verschuldensmaß von entscheidender Bedeutung.[40] Je größer das dem Arbeitnehmer zur Last zu legende Verschulden, desto mehr an Haftung kann dem Arbeitnehmer zugemutet werden.[41] 7

a) Keine Haftungsmilderung bei vorsätzlicher Rechtsgutsverletzung/ Schadensverursachung

Eindeutig zu verneinen ist die Möglichkeit einer Haftungsmilderung, wenn der Arbeitnehmer Rechtsgutsverletzung oder – bei reinen Vermögensschäden – Schaden (= grober Schadensumfang) vorsätzlich herbeigeführt hat. Dazu gehört, dass der Arbeitnehmer die Rechts- bzw. Pflichtwidrigkeit der Rechtsgutsverletzung bzw. des Schadens kennt oder zumindest billigend in Kauf nimmt („Vorsatztheorie").[42] 8

b) Haftungsmilderung bei grob fahrlässiger Rechtsgutsverletzung/ Schadensverursachung

Grundsätzlich möglich ist nach der Rechtsprechung und nach herrschender Literaturmeinung die Haftungsmilderung wegen wirtschaftlicher Unzumutbarkeit der Haftungsfolgen schon bei der unmittelbar unterhalb des Vorsatzes liegenden Verschuldensstufe, also bei grober Fahrlässigkeit hinsichtlich Rechtsgutsverletzung oder Schaden[43] (= grober Schadensumfang). Das gilt – entgegen einer ursprünglich anderslautenden Entscheidung des BAG – auch für Fälle im „oberen Bereich" der groben 9

---

38 So aber LAG Hessen 8.12.2005 – 11 Sa 121/04 – Rn. 44, juris (in Anlehnung an §§ 286ff. InsO a.F.).

39 Vgl. BAG 18.4.2002 – 8 AZR 348/01 – unter II 2 d, AP § 611 BGB Haftung des Arbeitnehmers Nr. 122; BAG 23.1.1997 – 8 AZR 893/95 –, AP § 611 BGB Haftung des Arbeitnehmers Nr. 97.

40 Im Grundsatz ebenso BAG 12.10.1989 – 8 AZR 276/88 – unter II 2 b, AP § 611 BGB Haftung des Arbeitnehmers Nr. 97.

41 Vgl. zu diesem Zusammenhang § 275 Abs. 2 S. 2 BGB, der auch auf § 275 Abs. 3 BGB anzuwenden ist, *Schwarze*, Leistungsstörungen, 3. Aufl., § 5 Rn. 31ff.

42 BGH 12.5.1992 – VI ZR 257/91 –, BGHZ 118, 201, 208, *Schwarze*, Leistungsstörungen, 3. Aufl., § 34 Rn. 11.

43 Darauf ist in Fällen der Haftung für reine Vermögensschäden abzustellen.

Fahrlässigkeit, die die Rechtsprechung entbehrlicherweise als eigene Verschuldensstufe ausweist („**gröbste Fahrlässigkeit**"); auch hier kann der Arbeitnehmer Haftungsmilderung erfahren.[44] Grobe Fahrlässigkeit hinsichtlich der Rechtsgutsverletzung dürfte etwa im Busfahrerfall[45] vorgelegen haben: Ein Busfahrer fuhr in den Kreuzungsbereich ein, obgleich die Verkehrsampel bereits knapp sechs Sekunden „rot" anzeigte. Hier wird man von einem zumindest grob fahrlässigen Pflichtverstoß auszugehen haben, aber auch hinsichtlich der daraus resultierenden Rechtsgutsverletzung (nicht nur hinsichtlich des Unfalls) liegt grobe Fahrlässigkeit nahe.[46] Ähnlich liegt ein vom LAG Rheinland-Pfalz entschiedener Fall, in dem ein Arbeitnehmer mit einem Blutalkoholspiegel von 2,15 g ‰ einen Autounfall verursachte; hier wird man grobe Fahrlässigkeit auch hinsichtlich des Schadens annehmen können.[47] Auch der Bluttransfusionsfall (Ärztin nimmt Blutkonserve einer falschen Blutgruppe)[48] liegt so.[49]

10 In solchen Fällen hat das **BAG drei Bruttomonatsverdienste als Untergrenze** bestimmt,[50] andererseits eine Obergrenze in dieser Höhe abgelehnt.[51] Der Haftungsumfang kann also im Einzelfall **deutlich oberhalb von drei Bruttomonatsverdiensten**

44 So schon 3. Aufl. RN 175 f.; inzwischen auch das BAG 28.10.2010 – 8 AZR 418/09 – Rn. 22 f., AP § 611 BGB Haftung des Arbeitnehmers Nr. 136, in (unausgesprochener) Abkehr von BAG 25.9.1997 – 8 AZR 288/96 –, AP § 611 BGB Haftung des Arbeitnehmers Nr. 111.

45 BAG 12.10.1989 – 8 AZR 276/88 –, AP § 611 BGB Haftung des Arbeitnehmers Nr. 97. Anders urteilt das LAG Berlin (27.11.1987 – 5 Sa 64 u. 68/87 – unter III 2, LAGE § 611 BGB Gefahrgeneigte Arbeit Nr. 1) über einen Filialleiter, der vorsätzlich gegen Weisungen zum Transport der Tageseinnahmen verstoßen hatte im Hinblick auf die Vorhersehbarkeit eines Überfalls.

46 Die Vorinstanz (LAG Schleswig-Holstein 27.1.1988 – 5 Sa 582/87 – unter II 2, LAGE § 611 BGB Gefahrgeneigte Arbeit Nr. 2) nahm grobe Fahrlässigkeit hinsichtlich des „Verkehrsunfall[s]" an.

47 Undeutlich LAG Rheinland-Pfalz 2.11.1995 – 7 Sa 843/95 –, NZA-RR 1996, 443 = LAGE § 611 BGB Gefahrgeneigte Tätigkeit Nr. 11; auch in LAG München 21.9.1995 – 4 Sa 1114/94 –, LAGE § 611 BGB Arbeitnehmerhaftung Nr. 20, dürfte angesichts der Alkoholisierung und vorherigen Einnickens grobe Fahrlässigkeit hinsichtlich des Schadens von 150.000 DM vorgelegen haben. Das Gericht stellt nicht nur auf die Einkommensverhältnisse (2.400 DM netto monatlich) ab, sondern zieht auch die Vermögensverhältnisse in Betracht und verurteilt zu einer Schadensquote von 20.000 DM. Auch im Falle des LAG Rheinland-Pfalz 13.12.1989 – 2 Sa 749/89 –, LAGE § 611 BGB Gefahrgeneigte Arbeit Nr. 8, lag grobe Fahrlässigkeit hinsichtlich des Schadens vor (Überholen bei unübersichtlicher Verkehrslage), sodass im Ergebnis zutreffend die Haftung für den Schaden von 17.300 DM nicht reduziert wurde. Nicht ganz eindeutig LAG Köln 17.6.1993 – 6 Sa 111/93 –, LAGE § 611 Gefahrgeneigte Arbeit Nr. 10 – Übersehen oder Fehldeuten eines Verkehrszeichens zur Durchfahrtshöhe, Haftungsreduzierung bejaht.

48 BAG 25.9.1997 – 8 AZR 288/6 –, AP § 611 BGB Haftung des Arbeitnehmers Nr. 111.

49 Dagegen lag im MRT-Fall hinsichtlich des (groben) Schadensumfangs keine grobe Fahrlässigkeit vor (so wohl auch BAG 28.10.2010 – 8 AZR 418/09 – Rn. 22 f., AP § 611 BGB Haftung des Arbeitnehmers Nr. 136, das grobe Fahrlässigkeit nur hinsichtlich des Schadens [nicht Schadenshöhe] bejaht). Daher im Ergebnis richtig die Orientierung am Missverhältnis von Einkommen und Schaden.

50 BAG 15.11.2001 – 8 AZR 95/01 – Orientierungssatz 1 und unter II 4, AP § 611 BGB Haftung des Arbeitnehmers Nr. 121; LAG Köln 17.6.1993 – 6 Sa 111/93 –, LAGE § 611 BGB Gefahrgeneigte Arbeit Nr. 10; ferner LAG Berlin-Brandenburg 28.2.2017 – 7 Sa 1010/16 – Rn. 32, juris; dementsprechend volle Haftung bei niedrigeren Beträgen: LAG Köln 28.3.1988 – 5 Sa 90/88 –, LAGE § 611 BGB Arbeitnehmerhaftung Nr. 9; LAG München 28.3.2018 – 11 Sa 871/17 –, juris.

51 BAG 15.11.2012 – 8 AZR 705/11 – Rn. 28 f., NZA 2013, 640.

liegen. Dementsprechend wurde im Busfahrerfall die Haftung bei einem Schaden von rund 110.000 DM von der Tatinstanz nur auf rund die Hälfte reduziert.[52] Ebenso ließ das LAG Rheinland-Pfalz im Fall der Alkoholfahrt bei einem Schaden von 37.000 DM die volle Haftung bestehen.[53] Ähnlich bejaht das BAG die Haftung einer Reinigungskraft (Bruttomonatsverdienst 320 €) auf sechs Bruttomonatsverdienste (1920 €, bei einem Schaden von rd. 46.000 €)[54] oder die volle Haftung eines Bankangestellten (Bruttomonatsentgelt rd. 5200 €) für rd. 18.000 € Schaden,[55] das Sächsische LAG eine Haftung auf 150.000 € bei einem bereits durch echtes Mitverschulden auf 210.000 € geminderten Schaden von ursprünglich 420.000 € bei einem Bruttojahresverdienst von 100.000 €.[56]

Eine **Obergrenze** ist für den Regelfall dahin zu ziehen, dass die **Ausgleichung des Schadens durch das erzielte Einkommen nicht ausgeschlossen sein darf**,[57] wobei dem Arbeitnehmer aber zuzumuten ist, sein Einkommen über die Pfändungsgrenzen (§ 850c ZPO) hinaus zur Bezahlung des Schadensersatzes einzusetzen. Eine feste Grenze für den **Abzahlungszeitraum** gibt es nicht. Die Tatsache, dass das BAG einen Zeitraum von fünf Jahren unbeanstandet gelassen hat, gibt einen Orientierungspunkt.[58] 11

Für die Bestimmung des genauen Haftungsumfangs innerhalb des durch Untergrenze und Obergrenze aufgezeigten Rahmens können neben dem Verhältnis von Einkommen und Schadenssumme **weitere Umstände** erheblich sein, die das Zumutbarkeitsurteil zu Gunsten oder zu Lasten des Arbeitnehmers beeinflussen. Die Rechtsprechung lässt hier wie bei der Haftungsquotelung im Falle mittlerer Fahrlässigkeit alle Umstände zur Geltung kommen.[59] Dabei gerät außer Acht, dass, selbst wenn man die Einbeziehung aller Einzelumstände entgegen der hier vertretenen Auffassung[60] grundsätzlich befürwortet, im Falle grober Fahrlässigkeit die volle Haftung der Normalfall ist und nur die wirtschaftliche Unzumutbarkeit Anlass zu Haftungsbegrenzun- 12

---

52 Mit hoher Wahrscheinlichkeit zu weit gehend die Haftungsreduktion der Berufungsinstanz in BAG 23.1.1997 – 8 AZR 893/95 –, NZA 1998, 140 = BB 1998, 107: Der Arbeitnehmer hatte sich mit 1,41 g Promille ans Steuer eines 30 t schweren Fahrzeugs gesetzt und einen Schaden von 150.000 DM verursacht. Das LAG verurteilt bei einem Monatseinkommen von 2.500 DM netto (mit Billigung des BAG) zu 20.000 DM Schadensersatz; das ArbG hatte 120.000 DM für richtig gehalten.

53 Allerdings stellt das LAG Rheinland-Pfalz allein auf das Missverhältnis zwischen Schaden und Einkommen ab, das mit der zweifelhaften Begründung verneint wird, die Schadenssumme entspreche etwa dem Preis eines „Mittelklassewagens", den der Bekl. sich leisten könne (NZA-RR 1995, 443, 444); dazu hätte man doch gern etwas über dessen Einkommen erfahren.

54 BAG 28.10.2010 – 8 AZR 418/09 –, AP § 611 BGB Haftung des Arbeitnehmers Nr. 136. Die Annahme grober Fahrlässigkeit hinsichtlich des Schadenseintritts erscheint hier allerdings äußerst fraglich.

55 BAG 18.1.2007 – 8 AZR 250/06 –, AP § 254 BGB Nr. 15; diese Linie bestätigend die tabellarische Übersicht bei *Hübsch*, NZA-RR 1999, 393, 396.

56 Sächs. LAG 13.6.2017 – 3 Sa 556/16 – Rn. 130 ff., juris.

57 S. LAG Rheinland-Pfalz – 7 Sa 84/13 – Rn. 83, juris (Begrenzung auf sechs Bruttomonatsentgelte trotz Alkoholfahrt).

58 BAG 23.1.1997 – 8 AZR 893/95 –, BB 1998, 107, 108.

59 BAG 12.10.1989 – 8 AZR 276/88 – Leits. 1 und unter II 2 am Anfang, AP § 611 BGB Haftung des Arbeitnehmers Nr. 97; 23.9.1997 – 8 AZR 288/90 –, BB 1998, 476 f.

60 § 9 RN 27 ff.

gen gibt. Das BAG verliert auf seinem Weg die Anbindung an den Grund der Haftungsmilderung und droht die Rechtsprechung der Instanzgerichte in eine falsche Richtung zu lenken. Am Ende steht eine unkalkulierbare Einzelfallhaftung wie bei der mittleren Fahrlässigkeit. So hat z. B. das Lebensalter des Arbeitnehmers außen vor zu bleiben.[61] In Betracht zu ziehen sind nur jene **Umstände, die für die wirtschaftliche Unzumutbarkeit des Haftungsumfangs aussagekräftig** sind, also alle Umstände, die die „wirtschaftlichen Verhältnisse" des Arbeitnehmers bestimmen. Dazu gehören einmal die Umstände, die das Missverhältnis von wirtschaftlichem Nutzen und wirtschaftlichem Risiko (Haftungsrisiko) des Arbeitsvertrages für den Arbeitnehmer beeinflussen können, also die Aspekte, die für das vertragliche Äquivalenzverhältnis bedeutsam sind. Dies sind insbes. die **Art der vom Arbeitnehmer zu verrichtenden Arbeit**, die **Stellung des Arbeitnehmers im Betrieb** und sein **bisheriges Arbeitsverhalten.** Ferner sind Umstände außerhalb des Arbeitsvertrages beachtlich, soweit sie den Arbeitnehmer wirtschaftlich belasten, insbesondere etwaige Unterhaltslasten des Arbeitnehmers. Vorhandenes **Vermögen** ist zu Lasten des Arbeitnehmers grundsätzlich nicht zu berücksichtigen.[62]

c) Haftungsmilderung bei grob fahrlässiger/vorsätzlicher Pflichtverletzung

13 Bei **Vorsatz oder grober Fahrlässigkeit nur hinsichtlich einer verletzten Pflicht** (nicht hinsichtlich der Rechtsgutsverletzung bzw. Herbeiführung des Schadens[63]) ist im Regelfall mit Überschreitung einer **Haftungssumme von drei Bruttomonatsverdiensten** die Unzumutbarkeit zu bejahen.[64] Eine höhere Haftung ist im Einzelfall bei besonders hohem Schaden aber nicht ausgeschlossen. Wohlgemerkt gilt dies nur für grob fahrlässige oder vorsätzliche Pflichtverletzungen, die nicht zugleich auch grobe Fahrlässigkeit hinsichtlich der Rechtsgutsverletzung oder des Schadens bedeuten.[65] Das **BAG** hat dies in die jüngere Rechtsprechung partiell aufgenommen, indem es drei Bruttomonatsverdienste als Untergrenze bestimmt, unterhalb derer bei grober Fahrlässigkeit eine Enthaftung des Arbeitnehmers wegen des Missverhältnisses von Schaden und Einkommen ausscheidet.[66] Da sich diese Aussage auf die grob fahrlässige Herbei-

---

61 Anders aber LAG München 21.9.1995 – 4 Sa 1114/94 – unter 2, LAGE § 611 BGB Arbeitnehmerhaftung Nr. 20.

62 Zur Ausnahme RN 15 ff.

63 § 9 RN 6.

64 *Otto*, Gutachten, S. E 67 und S. E 92 f.; ebenso § 26 des AGB-Entwurfes 1977; siehe ferner § 30 RN 13 ff.; außerdem *Dütz*, NJW 1986, 1779, 1784 f.; *Biebrach-Nagel*, ZTR 1987, 257, 263; *Bodenbender/Griese*, FS *Wlotzke* (1996), S. 3, 16.

65 Auf dieser Linie BAG 12.11.1998 – 8 AZR 221/97 – unter II 3 b, AP § 611 Haftung des Arbeitnehmers Nr. 117 m. Anm. *M. Ahrens*, das bei grob fahrlässigem Pflichtverstoß eine Haftungsbegrenzung ablehnt, wenn der Schaden nicht erheblich über einem Bruttomonatsverdienst liegt, und dies auf die Dreimonatsverdienstgrenze stützt.

66 BAG 15.11.2001 – 8 AZR 95/01 – Orientierungssatz 1 und unter II 4, AP § 611 BGB Haftung des Arbeitnehmers Nr. 121. Die Instanzrechtsprechung zeigte schon zuvor eine Neigung, sich an der Dreimonatsverdienstgrenze zu orientieren, vgl. LAG Köln 17.6.1993 – 6 Sa 111/93 –, LAGE § 611 BGB Gefahrge-

führung des Schadens bezieht, wird man darin durchaus eine mittelbare Bestätigung der drei Bruttoverdienste als Orientierungsgröße für die Haftung unterhalb dieses Verschuldensmaßes sehen können. Die genaue Bestimmung des Haftungsumfangs wird von den weiteren Umständen beeinflusst, die Ausführungen unter b) (RN 12) gelten entsprechend. Der Einfluss dieser Umstände wird aber wegen der ohnehin starken Orientierung an der Regelgrenze von drei Monatsverdiensten nur ein beschränkter sein.

d) Haftungsmilderung bei fahrlässiger Pflichtverletzung

Hält man entgegen der hier vertretenen Auffassung[67] eine Haftung unterhalb der grob fahrlässigen Pflichtverletzung, also für **mittlere („normale") Fahrlässigkeit**, für geboten, ergibt sich für mit mittlerer Fahrlässigkeit begangene Pflichtverletzungen nach hier vertretener Auffassung schon wegen des Betriebsrisikos in der Regel eine Begrenzung der Haftung **auf ein bis drei Monatsverdienste.**[68] Damit ist zugleich das Problem einer unzumutbaren wirtschaftlichen Belastung durch den Schadensumfang gelöst. Im Übrigen gelten die vorstehenden Ausführungen über die Haftungsmilderung wegen wirtschaftlicher Unzumutbarkeit des Haftungsumfangs (RN 1–13) entsprechend, so dass jedenfalls unter dem Gesichtspunkt der wirtschaftlichen Unzumutbarkeit die regelmäßige Begrenzung der Haftung auf ein bis drei Monatsgehälter gerechtfertigt ist. 14

e) Haftungsverschärfende Berücksichtigung der Vermögensverhältnisse des Arbeitnehmers im Ausnahmefall

Bei der Bewertung der wirtschaftlichen Unzumutbarkeit steht das **Missverhältnis zwischen Einkommen und eingetretenem Schaden** im Mittelpunkt. Auf die Vermögensverhältnisse des Arbeitnehmers kommt es dagegen für gewöhnlich nicht an, denn die soziale Schutzbedürftigkeit ergibt sich bereits aus der fehlenden Ausgeglichenheit von Arbeitsentgelt und (realisiertem) Haftungsrisiko. 15

Auf die **Vermögensverhältnisse des Arbeitnehmers** ist aber abzustellen, wenn der Schadensfall **die wirtschaftliche Existenz des Arbeitgebers** unmittelbar gefährdet und somit eine Härte auf Seiten des Arbeitgebers droht.[69] Sollte es ausnahmsweise so sein, dass der Arbeitnehmer eine über die vorstehend skizzierten Grenzen hinausgehende Belastung verkraften kann, während der Arbeitgeber bei Haftungsreduktion in Insolvenz geriete bzw. seinen Betrieb schließen müsste, muss es trotz Missverhältnisses von Einkommen und Schaden bei der vollen bzw. einer erhöhten Haftung des grob 16

neigte Arbeit Nr. 10; LAG Hamm 13.5.1991 – 17 Sa 264/91 –, LAGE § 611 BGB Arbeitnehmerhaftung Nr. 16; siehe auch LAG Köln 28.3.1988 – 5 Sa 106788 –, LAGE § 611 BGB Arbeitnehmerhaftung Nr. 9: volle Haftung bei einem Schadensbetrag von rd. 1.700 DM.

67 § 9 RN 27 ff., 32.

68 Siehe § 9 RN 33.

69 Ausnahmslos ablehnend aber die Rechtsprechung, BAG 24.11.1987 – 8 AZR 332/82 –, juris; zur Existenzgefährdung als abwägungserheblichem Belang vgl. BAG 24.11.1987 – 8 AZR 332/82 – Rn. 24, juris.

fahrlässig[70] handelnden Arbeitnehmers bleiben. Dabei kann dem Arbeitnehmer der Einsatz seines aktiven Vermögens, so es nicht zur angemessenen Daseinsvorsorge (insbes. Eigenheim, private Altersvorsorge) dient, zugemutet werden. Wenn der vermögensmäßige Einsatz des Arbeitnehmers den Ruin des Arbeitgebers nicht verhindern könnte, bleibt dies aber außer Betracht.

f) Fortfall der Haftungsmilderung wegen Versicherung

17 Der Arbeitnehmer ist nicht wegen wirtschaftlicher Unzumutbarkeit der Haftung zu entlasten, wenn eine **vom Arbeitnehmer abgeschlossene Versicherung** (i. d. R. Haftpflichtversicherung) für den Schaden aufkommt.[71] Das gilt nicht nur für den grob fahrlässig handelnden Arbeitnehmer, sondern muss auch für mittlere/„normale" Fahrlässigkeit gelten, wenn man entgegen der hier vertretenen Auffassung[72] die Haftung des Arbeitnehmers für diese Fahrlässigkeitsstufe bejaht.[73] Was zu Gunsten des Unfallversicherungsträgers beim Regress gemäß § 110 SGB VII gilt,[74] muss erst recht zu Gunsten des einzelnen Arbeitgebers greifen. Das **BAG** will dagegen eine bestehende Haftpflichtversicherung des Arbeitnehmers (mit der Folge voller Haftung) nur berücksichtigen, wenn eine **gesetzliche oder arbeitsvertragliche Pflicht zur Versicherung** besteht,[75] wohl auch, wenn dem Arbeitnehmer – ohne Vereinbarung einer ausdrücklichen Pflicht – vom Arbeitgeber eine die Versicherungsprämie abdeckende Zulage gezahlt wird.[76] Die Begründung für diese Einschränkung, die Anwendung der arbeitsrechtlichen Grundsätze der Haftung dürfe nicht vom zufälligen Bestehen einer Haftpflichtversicherung abhängen[77] und es werde das versicherungsrechtliche Trennungsgebot (Versicherung folgt der Haftung, nicht umgekehrt, § 100 VVG) verletzt,[78] beachtet nicht genügend, dass **nicht die Haftung, sondern die *Ent*haftung vom Bestehen einer Versicherung abhängig gemacht wird**,[79] und zwar die Enthaftung von

---

70 Bejaht man entgegen der hier vertretenen Ansicht (§ 9 RN 27 ff., 32) eine Haftung auch bei mittlerer/normaler Fahrlässigkeit, erscheint eine haftungsverschärfende Berücksichtigung der Vermögensverhältnisse nicht angemessen. Von der Rechtsprechung wird sie ohnehin nicht praktiziert, vgl. RN 13 f.

71 Anders BAG 25.9.1997 – 8 AZR 288/96 – unter I 4 d, AP § 611 Haftung des Arbeitnehmers Nr. 111; zutr. die Vorinstanz.

72 § 9 RN 36 ff.

73 Die im Folgenden erörterte Rechtsprechung unterscheidet ebenfalls nicht nach der Verschuldensstufe. Praktisch dürfte sich die Frage in erster Linie in Fällen grober Fahrlässigkeit stellen.

74 Siehe § 25 RN 14; wie hier *Otto*, FS 50 Jahre BAG (2004), S. 97; *Walker*, JuS 2002, 736, 739.

75 BAG 25.9.1997 – 8 AZR 288/96 –, AP § 611 Haftung des Arbeitnehmers Nr. 111; 28.10.2010 – 8 AZR 418/09 – Rn. 28 f., AP § 611 BGB Haftung des Arbeitnehmers Nr. 136.

76 So wird man die in voriger Fußnote zitierten Entscheidungen wohl – trotz Hervorhebung der vertraglichen Pflicht – verstehen bzw. weiterentwickeln dürfen.

77 BAG 25.9.1997 – 8 AZR 288/96 – unter I 4 d, AP § 611 BGB Haftung des Arbeitnehmers Nr. 111.

78 *Hanau*, FS E. Lorenz (2004), S. 283, 292 u. passim.

79 Das gilt insbes. für *Hanau*, FS E. Lorenz (2004), S. 283, der (a.a.O. S. 292) die vom BGH zu § 829 BGB bejahte haftungserweiternde Wirkung einer Versicherung akzeptiert, die hier vertretene Position aber

einem Teil der als wirtschaftlich übermäßig erachteten Haftungsfolgen. Deshalb ist es weder unsachgerecht noch ein Verstoß gegen das Trennungsgebot,[80] einen bestehenden Versicherungsschutz in die Bewertung dieses wirtschaftlichen Übermaßes einfließen zu lassen und von einer Milderung der Haftung wegen übermäßiger Belastung abzusehen, soweit der Schaden durch eine bestehende Versicherung gedeckt ist.[81] Abzulehnen, weil in der Tat gegen das Trennungsgebot verstoßend, ist dagegen die Vorstellung des **BGH**, die arbeitsrechtliche Haftungsmilderung generell entfallen und den Arbeitnehmer uneingeschränkt haften zu lassen, wenn eine Pflichthaftpflichtversicherung besteht.[82] Ebenso nicht vereinbar mit dem Trennungsgebot wäre die Anbindung der arbeitsrechtlichen Haftungsmilderung an die nach § 81 Abs. 2 VVG maßgebliche Versicherungsquote.[83] Die vom Arbeitgeber nicht genutzte zumutbare **Möglichkeit einer Versicherung durch den Arbeitgeber** wird nach der Rechtsprechung grundsätzlich als haftungsmildernder Aspekt in die Abwägung eingestellt.[84] Zum Abschluss einer Vollkaskoversicherung für ein Firmenfahrzeug sieht die Rechtsprechung den Arbeitgeber nicht generell verpflichtet.[85] Unberücksichtigt bleiben Versicherungen bzw. Versicherungsmöglichkeiten selbstverständlich, wenn sie das Haftungsrisiko nicht decken bzw. gedeckt hätten oder wenn der Versicherer beim Arbeitnehmer Regress nehmen kann.[86]

3. Die rechtliche Umsetzung der Haftungsmilderung

Die Haftungsmilderung wegen wirtschaftlicher Unzumutbarkeit ist, soweit es um 18
Schadensersatzansprüche des Arbeitgebers geht, als (anspruchsvernichtende/-begrenzende) **Einwendung des Arbeitnehmers** gegen diesen Anspruch einzuordnen. Sie bedarf nicht der Geltendmachung durch den Arbeitnehmer, sondern ist von Amts wegen zu beachten. Maßgeblicher Zeitpunkt für die Beurteilung der Unzumutbarkeit ist der

---

mit dem Argument ablehnt, die Versicherung dürfe nicht die Haftung überhaupt erst begründen (a.a.O. S. 292, 300).

80 Das von der h.M. auch bei § 829 BGB differenzierend dahin interpretiert wird, dass bestehender Versicherungsschutz bei der Haftungsausfüllung berücksichtigt werden darf, näher MünchKommBGB/*Wagner*, 9 Aufl., § 829 Rn. 21f. m.w.N.; *Otto*, FS 50 Jahre BAG (2004), S. 97, 109ff.

81 Der Sache nach hat das BAG in der Leitentscheidung vom 25.9.1997 – 8 AZR 288/96 –, AP § 611 Haftung des Arbeitnehmers Nr. 111, nichts anderes getan: Das Ergebnis der Entscheidung – volle Haftung einer nach BAT bezahlten Ärztin bei einem grob fahrlässig verursachten Schaden von rd. 110.000 DM (!) – lässt sich kaum anders als mit der in casu bestehenden Schadensdeckung durch eine Berufshaftpflichtversicherung der Ärztin erklären. Um den offenkundigen Widerspruch zur sonstigen Rechtsprechung, etwa den ganz parallel liegenden Busfahrerfall (12.10.1989 – 8 AZR 276/88 –, AP § 611 Haftung des Arbeitnehmers Nr. 97) zu vermeiden, erfindet das BAG ad hoc die „gröbste Fahrlässigkeit", die die volle Haftung in casu rechtfertigen soll, in späteren Entscheidungen aber nicht anders behandelt wird als die grobe Fahrlässigkeit, nämlich mit Milderungsmöglichkeit (§ 9 RN 16).

82 BGH 3.12.1991 – VI ZR 378/90 – Rn. 22ff., BGHZ 116, 200, 207ff.

83 BAG 15.11.2012 – 8 AZR 705/11 – Rn. 38f., NZA 2013, 640.

84 Siehe § 9 RN 31.

85 BAG 15.11.2012 – 8 AZR 705/11 – Rn. 45, NZA 2013, 640, siehe noch § 11 RN 37ff.

86 BAG 18.1.2007 – 8 AZR 250/06 – Rn. 43, AP § 254 BGB Nr. 15; § 11 RN 2.

Zeitpunkt der gerichtlichen Entscheidung, also, soweit es die Tatsachenfeststellung betrifft, die letzte mündliche Verhandlung der Tatsacheninstanz. Die Einwendung führt zum Teil-Fortfall des Schadensersatzanspruchs.[87] Die gerichtliche Entscheidung über den Schadensersatzanspruch ist erkennender, nicht gestaltender Natur; sie konkretisiert die Unzumutbarkeit. Das gilt auch, soweit ein besonderer Modus des Schadensausgleichs (z. B. Ratenzahlung, Stundung) bestimmt wird.

19 Abzulehnen ist die Vorstellung, die sachlich gebotene Entlastung des Arbeitnehmers über eine der arbeitsvertraglichen Fürsorgepflicht entnommene „Schadensvorsorgepflicht“ des Arbeitgebers zu bewirken, die zu einem **Anspruch des Arbeitnehmers „auf Reduzierung der Haftung“** führe.[88] Diese Konstruktion ist weder ausreichend noch erforderlich. Nicht ausreichend: Sie erlaubt die Entstehung des Haftungsanspruchs in übermäßiger Höhe. Dieser könnte im Falle der Insolvenz von Gläubigern des Arbeitgebers gepfändet werden, während der „Anspruch auf Reduzierung“ sich weiterhin gegen den Arbeitgeber richten müsste, womit dem Arbeitnehmer ein weiteres Insolvenzrisiko aufgebürdet würde. Nicht erforderlich: Die Zumutbarkeit als pflichten- und haftungsbegrenzendes Prinzip in Gestalt einer Einwendung stellt eine ausreichende dogmatische Grundlage dar.

4. Beweislast

a) Höherer Verschuldensgrad

20 Für die Beweislast hinsichtlich eines höheren Verschuldensgrades gilt: Der Arbeitgeber muss gemäß § 280 Abs. 1 BGB und § 619a BGB alle Voraussetzungen seines Schadensersatzanspruchs darlegen und beweisen. Dies gilt auch für das **Vorliegen grober Fahrlässigkeit oder eines Vorsatzes hinsichtlich des Schadens.**[89] Das gilt grundsätzlich auch nach der hier vertretenen Ansicht, derzufolge die Haftung an die verschuldete Pflichtverletzung anknüpft; mit der Darlegung der grob fahrlässigen/vorsätzlichen Pflichtverletzung sind nur die Voraussetzungen für den dafür vorgesehenen Haftungsumfang dargelegt, nicht für die weiter gehende Haftung, die bei grober Fahrlässigkeit hinsichtlich der Rechtsgutsverletzung bzw. Schaden gerechtfertigt ist.[90] Wohl aber kann die grob fahrlässige oder vorsätzliche Verletzung einer auf Schadensvermeidung gerichteten Verhaltenspflicht die **Vermutung** begründen, dass grobe Fahrlässigkeit auch hinsichtlich der Rechtsgutsverletzung bzw. des Schadens (grober Umfang) vorliegt. Dies ist im Einzelfall zu beurteilen und hängt von der „Schadensnähe“ der Verhaltenspflicht ab. Ist die Vermutung begründet (wie z. B. bei vorsätzlichem oder grob fahrlässigem Überfahren einer roten Ampel hinsichtlich der daraus resultierenden

---

87 Der nach in RN 9 ff. dargestellten Regeln bestimmt wird.

88 So *Sandmann*, Die Haftung von Arbeitnehmern, S. 147. Die „Reduzierung“ müsste im Wege des Erlasses erfolgen, der Anspruch zielte demnach auf Abschluss eines Erlassvertrages (§ 397 Abs. 1 BGB).

89 § 6 RN 53 ff.

90 Anders noch 3. Aufl. RN 208.

Rechtsgutsverletzung), muss der Arbeitnehmer Umstände darlegen und ggf. beweisen, die die Vermutung entkräften. Dies gilt auch vom Standpunkt der Rechtsprechung aus.

b) Wirtschaftliche Unzumutbarkeit

Der Arbeitnehmer muss nach der Grundregel der Beweislastverteilung die Voraussetzungen der von ihm erhobenen Einwendung der wirtschaftlichen Unzumutbarkeit darlegen und beweisen, d.h. die ihn wirtschaftlich belastenden Umstände.[91] Der Arbeitgeber hat die unmittelbare Bedrohung seiner wirtschaftlichen Existenz[92] darzulegen und zu beweisen, will er eine geringere Entlastung des Arbeitnehmers erreichen; der Arbeitnehmer hat daraufhin Vermögensverhältnisse darzulegen und zu beweisen, die einer strengeren Haftung entgegenstehen,[93] ebenso ggf. die ihm drohende Insolvenz.[94] 21

91 RN 9ff., 12.
92 RN 15f.
93 RN 15f.
94 RN 16.

§ 11 Privatrechtliche Versicherung und Versicherbarkeit von Risiken

1 Die Haftung des Arbeitnehmers wird in vielfältiger Weise durch **privatversicherungsrechtliche**[1] **Aspekte beeinflusst.**[2] Die Rechtslage ist in diesem Bereich allerdings aus verschiedenen Gründen unübersichtlich. Denn zum einen bestehen zwischen den einzelnen Versicherungsarten (Haftpflichtversicherungen, sonstige Schadenversicherungen) erhebliche Unterschiede. Dies gilt insbesondere für deren Üblichkeit und die Reichweite des Versicherungsschutzes (Einbeziehung der Arbeitnehmer, Folgen grob fahrlässigen Verhaltens, Ausschluss von Risiken). Zum anderen ist danach zu differenzieren, ob eine Versicherung tatsächlich genommen wurde oder lediglich die Möglichkeit einer Versicherung des Risikos bestanden hat. Weiter spielt es eine gewichtige Rolle, welche der beiden Arbeitsvertragsparteien Versicherungsnehmer ist bzw. als Versicherungsnehmer in Betracht kommt. Ferner ist die Rechtslage bei gestörten Versicherungsverhältnissen zu berücksichtigen.

2 Um Missverständnissen vorzubeugen, ist vor der Erörterung der einzelnen Versicherungsarten zu betonen, dass jeder Versicherungsschutz nur dann für die Risikoverteilung bedeutsam ist, wenn der Schadensfall überhaupt von einer bestehenden oder potenziellen Versicherung erfasst würde. Zutreffend stellt das BAG bei der Berücksichtigung bestehender oder üblicher Versicherungen, die sich zu Gunsten des Arbeitnehmers auswirken könnten, besonders heraus: „Von Relevanz ist eine abgeschlossene oder abzuschließende Versicherung aber nur dann, wenn durch sie ein Schutz des Arbeitnehmers erreicht wird. Decken Versicherungen das eingetretene Haftungsrisiko entweder nicht oder nicht mit der Folge ab, dass der Arbeitnehmer von diesen nicht in Regress genommen werden könnte, können sie bei der Beurteilung des Haftungsumfangs nicht berücksichtigt werden."[3]

I. Haftpflichtversicherungen

1. Der Arbeitnehmer als Versicherungsnehmer

a) Berufshaftpflichtversicherung

3 Eine allgemeine **Arbeitnehmerberufshaftpflichtversicherung** wird auf dem Versicherungsmarkt nicht angeboten.[4] Die private Haftpflichtversicherung schließt Ansprüche, die aus einer betrieblichen oder beruflichen Tätigkeit des Versicherungs-

1 Zum unfallversicherungsrechtlichen Schadensausgleich § 21 RN 1 ff.; *Brose*, RdA 2011, 205 ff.

2 Zu Versicherungsschutz und Versicherbarkeit als Risikozurechnungsfaktoren siehe § 3 RN 13, 21, 31, § 9 RN 31, § 10 RN 17.

3 BAG 18.1.2007 – 8 AZR 250/06 – Orientierungssatz Nr. 6 u. Rn. 43, AP § 254 BGB Nr. 15 = NZA 2007, 1230.

4 *Annuß*, Haftung des Arbeitnehmers, S. 45; *Buchner*, RdA 1972, 153, 159, 160; *Denck*, Außenhaftung, S. 253; *ders.*, AuR 1988, 325, 328; *Gamillscheg/Hanau*, Haftung des Arbeitnehmers, 2. Aufl., S. 116 f.; *Hanau*, BB 1972, 4, 8 f.; *Lichtenberg*, Haftpflichtrisiko, S. 167; *Sommer*, NZA 1990, 837.

https://doi.org/10.1515/9783110728606-013

nehmers herrühren, vom Versicherungsschutz aus (vgl. Ziff. 7.7 AHB 2016 sowie die negative Abgrenzung in Ziff. 1.1 der regelmäßig vereinbarten Besonderen Bedingungen und Risikobeschreibungen für die Privathaftpflichtversicherung: „aus den Gefahren des täglichen Lebens als Privatperson und nicht aus den Gefahren eines Betriebes, Berufes, Dienstes oder Amtes"). Der Ausschluss erfasst alle auf Dauer angelegten Tätigkeiten und bezieht sich auch auf nebenberufliche Beschäftigungen.[5] Damit ist insbesondere die Beschädigung von Rechtsgütern des Arbeitgebers, die einem Telearbeitnehmer zur Benutzung in der eigenen Wohnung zur Verfügung gestellt worden sind, nicht gedeckt.[6] Für die restriktive Haltung der Versicherungswirtschaft lassen sich im Wesentlichen drei Gründe anführen:[7] Erstens ist das Haftungsrisiko des Arbeitnehmers je nach Beschäftigungsart sehr unterschiedlich, sodass das Aufstellen einheitlicher Versicherungsbedingungen und die Kalkulation der Prämien auf erhebliche Schwierigkeiten stieße. Zum zweiten enthält die Betriebshaftpflichtversicherung eine Reihe von Risikobegrenzungen und Ausschlussklauseln.[8] Deren Übertragung auf eine Arbeitnehmerhaftpflichtversicherung würde diese zu großen Teilen wertlos machen, ein weitergehender Versicherungsschutz dagegen das abgewogene System der Betriebshaftpflichtversicherung konterkarieren. Drittens würde eine allgemeine Haftpflichtversicherung für Arbeitnehmer dazu führen, Beschäftigte in verstärktem Maße in den Schadensausgleich einzubeziehen, was sich nicht zuletzt bei gestörten Versicherungsverhältnissen zu Lasten des Arbeitnehmers auswirkte.

Wenngleich es somit an einer flächendeckenden Möglichkeit von Arbeitnehmern 4
zur Eigenvorsorge durch Abschluss einer Haftpflichtversicherung fehlt, so bestehen doch für einige Berufsfelder Ausnahmen. Zu nennen ist hier zunächst der **Bereich des öffentlichen Dienstes.** Hier bietet die Versicherungswirtschaft (nicht ganz einheitlich) verschiedene Versicherungsmodelle an. Dabei geht es zum einen um eine Amts- bzw. Diensthaftpflichtversicherung, die allerdings offenbar nicht separat, sondern nur zusätzlich zu einer Privathaftpflichtversicherung genommen werden kann. Diese Versicherung umfasst die gesetzliche Haftpflicht für Schäden an Sachen des Dienstherrn (mit der wichtigen Ausnahme von Schäden an Fahrzeugen, die von manchen Versicherern bis zu einer bestimmten Summe aber inzwischen abgedeckt werden) bzw. für Personen- und Sachschäden Dritter, die im Rahmen der dienstlichen Tätigkeit von Richtern, Beamten, Angestellten, Arbeitern und Soldaten entstanden sind.[9] Dabei ist der Rückgriffsanspruch des Dienstherrn gegen den Beschäftigten wegen des Ersatzes der Schä-

5 Zur Abgrenzung des Deckungsbereichs der Privathaftpflichtversicherung vgl. BGH 11.12.1980 – IV a ZR 29/80 –, BGHZ 79, 145 = NJW 1981, 2057; OLG Karlsruhe 19.3.1987 – 12 U 188/86 –, VersR 1988, 1175; KG 26.10. 2001 – 6 U 4294/00 –, NVersZ 2002, 229; *Lücke*, in: Prölss/Martin, VVG, 32. Aufl., AHB Ziff. 7 Rn. 56 ff., BB PHV Ziff. 1 Rn. 3 f.; siehe dazu auch *Schneider*, VersR 2020, 667, 668 f.

6 *Wedde*, Telearbeit, 3. Aufl., Rn. 328.

7 Vgl. *Denck*, Außenhaftung, S. 293 f.; *Hanau*, BB 1972, 4, 8 f.

8 Dazu sogleich unter RN 23 f.

9 Vgl. die Versicherungsbedingungen der HUK-Privat-Haftpflichtversicherung (Stand 1.7.2022), unter A Ziff. 2.1.1 und 2.1.2.

digung Dritter mitversichert. Schadensersatzansprüche, die aus dem Abhandenkommen von Sachen erwachsen, sind im Allgemeinen nicht abgedeckt. Soweit es um das Abhandenkommen von fiskalischem Eigentum geht, kann aber ein zusätzlicher Versicherungsschutz genommen werden. Außerdem umfasst der Versicherungsschutz teilweise von vornherein Schäden, die aus dem Abhandenkommen von Dienstschlüsseln resultieren. Zum anderen können im öffentlichen Dienst Beschäftigte (zusätzlich) eine Vermögensschadenhaftpflichtversicherung nehmen, die sich auf reine Vermögensschäden bezieht und sowohl Schäden Dritter einschließlich etwaiger Regressansprüche als auch unmittelbare Eigenschäden des Dienstherrn deckt. Teilweise sind reine Vermögensschäden aber auch schon von vornherein einbezogen.[10] Ferner werden spezielle Berufshaftpflichtversicherungen für **Lehrer** angeboten, die teilweise nicht nur freiberuflich tätigen, sondern auch angestellten Lehrern innerhalb und außerhalb des öffentlichen Dienstes offenstehen.[11] Einen weiteren Bereich bildet die – standesrechtlich geforderte (vgl. §§ 21, 23 Abs. 1 MBO-Ä 1997) – Möglichkeit auch für angestellte **Ärzte**, eine eigene Berufshaftpflichtversicherung abzuschließen,[12] ohne dass dies allerdings von den Ärztekammern durchgängig kontrolliert wird[13]. Darüber hinaus sehen die Heilberufskammergesetze in manchen Bundesländern vor, dass alle Kammermitglieder berufsordnungsrechtlich zum Abschluss einer ausreichenden Haftpflichtversicherung zur Deckung von sich aus der Berufstätigkeit ergebenden Haftpflichtansprüchen verpflichtet werden müssen, soweit sie nicht in vergleichbarem Umfang im Rahmen eines Beschäftigungsverhältnisses gegen Haftpflichtansprüche abgesichert sind.[14] Zu einer solchen Einbeziehung in die Berufs- bzw. Betriebshaftpflichtpolice des Arbeitgebers[15] kommt es freilich regelmäßig bei den angestellten Ärzten von niedergelassenen Ärzten sowie im Krankenhaussektor[16]. Angestellte **Rechtsanwälte**[17] sind gesetzlich sogar unmittelbar dazu verpflichtet, für einen Versicherungsschutz zu sorgen, weil § 51 Abs. 1 S. 1 BRAO generell verlangt, dass „der Anwalt" „eine Berufshaftpflichtversicherung zur Deckung der sich aus seiner Berufstätigkeit ergebenden Haftpflichtgefahren für Ver-

10 Vgl. die Versicherungsbedingungen der HUK-Privat-Haftpflichtversicherung (Stand 1.7.2022), unter A Ziff. 2.1.3 a.

11 Haftpflichtversicherungsbedingungen der Gothaer (Stand 4/2020), unter C.

12 Vgl. BAG 25.9.1997 – 8 AZR 288/96 –, AP § 611 BGB Haftung des Arbeitnehmers Nr. 111 = NZA 1998, 310; *Gamillscheg/Hanau*, Haftung des Arbeitnehmers, 2. Aufl., S. 107; *Heinze*, MedR 1983, 6, 12. Übergangen von *Annuß*, Haftung des Arbeitnehmers, S. 137 ff.

13 Vgl. *Bergmann/Wever*, in: van Bühren, Handbuch Versicherungsrecht, 7. Aufl., § 11 Rn. 28 ff.; *Deutsch/Spickhoff*, Medizinrecht, 7. Aufl., Rn. 192 ff.; *Scholz*, in: Spickhoff, Medizinrecht, 4. Aufl., § 21 MBO Rn. 2. Weitere Einzelheiten zur Berufshaftpflichtversicherung *Bergmann/Wever*, a.a.O., Rn. 71 ff.

14 Vgl. *Scholz*, in: Spickhoff, Medizinrecht, 4. Aufl., § 21 MBO Rn. 3.

15 Näher RN 23 ff.

16 Vgl. *Knoch*, RDG 2011, 318 f.; *Scholz*, in: Spickhoff, Medizinrecht, 4. Aufl., § 21 MBO Rn. 6.

17 Die Vereinbarkeit der Tätigkeit als Rechtsanwalt mit einem Arbeitsverhältnis ist durch § 46 Abs. 1 BRAO nunmehr ausdrücklich vorgesehen, war aber auch schon zuvor allgemein anerkannt, vgl. *Busse*, in: Henssler/Prütting, BRAO, 6. Aufl., § 1 Rn. 61 ff., § 2 Rn. 31 f.

mögensschäden“ abschließt.[18] Anders ist dies gemäß § 46c Abs. 3 BRAO kraft ausdrücklicher gesetzgeberischer Anordnung nur bei Syndikusrechtsanwälten, mag darin auch eine gewisse Inkonsequenz liegen. Im Übrigen hängt es auf dem Gebiet der Berufshaftpflichtversicherungen von der Ausgestaltung der einzelnen Versicherungsbedingungen ab, ob nur die Haftpflicht im Zusammenhang mit freiberuflichen, selbstständigen Tätigkeiten oder auch im Rahmen einer abhängigen Beschäftigung gedeckt werden kann. Soweit sich feststellen lässt, wird eine Berufshaftpflichtsicherung in anderen Berufsfeldern nur bei selbstständiger Ausübung des Berufs angeboten. So hat der BGH für die Architektenberufshaftpflichtversicherung ausgesprochen, dass sie nur die selbstständige Tätigkeit des **Architekten** umfasst.[19]

b) Kfz-Pflichthaftpflichtversicherung

Für den arbeitsrechtlich wichtigen **Kfz-Bereich** ist vorweg Folgendes festzuhalten: Zu- 5
nächst ist denkbar, dass der Arbeitnehmer ein eigenes, selbst versichertes Fahrzeug für betriebliche Zwecke einsetzt und hierbei den Arbeitgeber oder einen Dritten schädigt. Soweit es um einen dem Arbeitgeber zugefügten Schaden geht, ist hervorzuheben, dass die Ausschlussklausel gemäß A.1.5.6 AKB 2015 (vgl. § 4 Nr. 1 KfzPflVV) nicht eingreift. Ein etwaiger Schadensersatzanspruch des Arbeitgebers gegen den Arbeitnehmer ist daher grundsätzlich gedeckt. Eine Ausnahme gilt lediglich im Hinblick auf Schäden an Gegenständen, die mit dem Fahrzeug befördert worden sind, wenn der Beförderungszweck im Vordergrund steht (vgl. § 4 Nr. 3 KfzPflVV und A.1.5.5 AKB 2015). Wenn der angestellte Fernsehmechaniker durch einen Unfall mit seinem eigenen Fahrzeug ein transportiertes TV-Gerät des Arbeitgebers oder eines Kunden zerstört, entfällt folglich der Haftpflichtschutz. Benutzt der Arbeitnehmer ein Fahrzeug des Arbeitgebers oder eines Dritten (Sicherungseigentümer, Leasinggeber, Kunde), ist er gemäß § 2 Abs. 2 Nr. 3 KfzPflVV und A.1.2 Buchst. d AKB 2015 mitversichert.[20] Dies dürfte der Grund dafür sein, dass eine Versicherung mit einem typisierten Regelwerk speziell für **Berufskraftfahrer**, mit dem Ziel sich gegen die gesetzliche Haftpflicht aus dem Gebrauch fremder Fahrzeuge zu versichern oder versichern zu lassen, nicht mehr angeboten wird. Diese Versicherung umfasste auch die sonst nach § 11 Nr. 2 AKB 95 von vornherein ausgeschlossenen Ansprüche des Versicherungsnehmers, Halters oder Eigentümers des genutzten

---

18 *Diller*, in: Henssler/Prütting, BRAO, 6. Aufl., § 51 Rn. 21; *Kilimann*, in: Weyland, BRAO, 11. Aufl., § 51 Rn. 4. Einzelheiten zur Berufshaftpflichtversicherung *Hartmann/Hartmann*, in: van Bühren, Handbuch Versicherungsrecht, 7. Aufl., § 10 Rn. 139 ff. mit Abdruck von Bedingungen Rn. 229 ff.

19 BGH 21.1.1976 – IV ZR 123/74 –, VersR 1976, 477, 478 f.; ebenso *Lücke*, in: Prölss/Martin, VVG, 32. Aufl., BBR Arch A. Ziff. 1 Rn. 6; *Schmalz/Krause-Allenstein*, Berufshaftpflichtversicherung des Architekten und Bauunternehmers, 2. Aufl., Rn. 449.

20 Vgl. RN 16 ff., zur Freistellung siehe auch § 16 RN 31 ff. Gegenüber dem unberechtigten Fahrer wird der Versicherer aber zumindest beschränkt leistungsfrei, so *Klimke*, in: Prölss/Martin, VVG, 32. Aufl., AKB A.1.2 Rn. 11.

Fahrzeugs wegen Sach- oder Vermögensschäden.[21] Erwähnung verdient hingegen noch eine Regress-Haftpflichtversicherung, wenn Kraftfahrer fremde Fahrzeuge benutzen, deren Halter gemäß § 2 Abs. 1 Nr. 1 bis 5 PflVG von der Versicherungspflicht befreit sind.[22] Insoweit kann der Schutz des Beschäftigten auf den Ersatz des Fahrzeugschadens ausgedehnt werden.[23]

c) Auswirkungen bestehenden Versicherungsschutzes

6 In allen Fällen, in denen der Arbeitnehmer ausnahmsweise selbst gegen eine Haftpflicht versichert ist, die Folge einer betrieblich veranlassten Tätigkeit ist, stellt sich die Frage, wie sich der bestehende Versicherungsschutz auf seine Haftung auswirkt.

aa) Freiwillige Versicherungen

7 Hat der Arbeitnehmer **freiwillig eine Haftpflichtversicherung** genommen und schädigt er den Arbeitgeber unmittelbar, so ist man sich weitgehend darin einig, dass der **Versicherungsschutz grundsätzlich nicht zu Lasten des Arbeitnehmers zu berücksichtigen** ist.[24] Die allgemeinen Grundsätze für die Enthaftung bei betrieblichen Tätigkeiten[25] finden demnach regelmäßig uneingeschränkt Anwendung. Dies folgt zum

---

21 So die Sonderbedingung 1 zur Kraftfahrtversicherung, VerBAV 1973, 308, 309. Eine Obliegenheit des Arbeitgebers eines Berufskraftfahrers, auf den Abschluss einer Berufshaftpflichtversicherung hinzuwirken, deutete BGH 11.11.1969 – VI ZR 71/68 – unter IV 3, AP § 611 BGB Haftung des Arbeitnehmers Nr. 52, an. Für **Gelegenheitsfahrer** galt die Sonderbedingung 2 zur Kraftfahrtversicherung, VerBAV 1973, 308, 309.

22 Vgl. die Versicherungsbedingungen der HUK-Privat-Haftpflichtversicherung (Stand 1.7.2022), unter A Ziff. 2.5.2. Jedoch ist der Regress ohnehin sehr weitgehend unzulässig (vgl. *Feyock/Jacobsen/Lemor*, Kraftfahrtversicherung, 3. Aufl., § 2 PflVG Rn. 14 f.). Zudem kann die arbeitsrechtliche Privilegierung über die Versicherungssumme (50.000 EUR für Schäden am Dienstfahrzeug) hinausgehen.

23 Vgl. die Versicherungsbedingungen der HUK-Privat-Haftpflichtversicherung (Stand 1.7.2022), unter A Ziff. 2.5.2.

24 BAG 14.10.1993 – 8 AZR 242/92 –, EzA § 611 BGB Gefahrgeneigte Arbeit Nr. 28; 23.9.1997 – 8 AZR 288/96 – unter I 4 d, AP § 611 BGB Haftung des Arbeitnehmers Nr. 111 = NZA 1998, 310; 28.10.2010 – 8 AZR 418/09 – Rn. 29, AP § 611 BGB Haftung des Arbeitnehmers Nr. 136 = NZA 2011, 345; 13.12.2012 – 8 AZR 432/11 – Rn. 15, AP § 611 BGB Haftung des Arbeitnehmers Nr. 138 = NZA 2013, 622; LAG Düsseldorf 7.4.1954 – 4 Sa 5/54 –, DB 1954, 520; LAG Berlin 30.5.1983 – 9 Sa 21/83 –, VersR 1983, 937, 940; LAG Baden-Württemberg 22.12.2003 – 15 Sa 98/03 –, LAGE § 611 BGB Arbeitnehmerhaftung Nr. 29; BGH 8.12.1971 – VI ZR 38/71 – unter III 3, AP § 611 BGB Haftung des Arbeitnehmers Nr. 68; *Staudinger/Fischinger*, BGB (2022), § 619a Rn. 84; *Gamillscheg/Hanau*, Haftung des Arbeitnehmers, 2. Aufl., S. 106; *Gick*, JuS 1980, 393, 401; *Hirschberg*, VersR 1973, 786, 790; *Kohte*, BB 1983, 1603, 1610; *Naendrup*, JuS 1984, 336, 339; ErfK/*Preis/Greiner*, 25. Aufl., § 619a BGB Rn. 20; MHdB ArbR/*Reichold*, 6. Aufl., § 57 Rn. 51. Für die Diensthaftpflichtversicherung eines Beamten OVG Saarlouis 21.2.1968 – III R 33/67 – unter II 3, AP § 611 BGB Haftung des Arbeitnehmers Nr. 43. Ebenso BGH 13.12.2004 – II ZR 17/03 –, NJW 2005, 981 f., für die Freistellung eines ehrenamtlich tätigen Vereinsmitglieds. Zur Rechtslage in Österreich *Kerschner*, DHG, 3. Aufl., § 2 Rn. 55/1.

25 Hieran fehlt es, wenn der Arbeitnehmer sein Dienstfahrzeug vor der Fahrt von zuhause mit einem Heizlüfter aufwärmen will und dadurch einen Brandschaden herbeiführt, BGH 13.2.2006 – IV ZR 120/05 –, NJW-RR 2007, 464 f.

einen aus dem **versicherungsrechtlichen Trennungsprinzip**, d. h. der grundsätzlichen Trennung zwischen Haftpflicht- und Deckungsverhältnis,[26] zum anderen aus der Überlegung, dass seine Durchbrechung zu erheblichen Gefahren für den Arbeitnehmer (etwa wegen einer letztlich doch zu bejahenden Leistungsfreiheit des Versicherers) führen kann.[27] Eine abweichende Sichtweise („Deckung schafft Haftung") würde darauf hinauslaufen, dass der Arbeitnehmer durch die von ihm aus seinem Einkommen freiwillig gezahlten Versicherungsbeiträge letztlich den Arbeitgeber von betrieblichen Risiken entlastet.[28] Das Trennungsprinzip gilt aber **nicht ausnahmslos.**[29] Vor allem dann, wenn der bestehende Versicherungsschutz den Anspruch gegen den Schädiger nicht erst dem Grunde nach rechtfertigen soll, sondern es nur um dessen Höhe geht, können für die Berücksichtigung bei der Bestimmung des Haftungsumfangs überzeugende Gründe sprechen.[30] Von einer Begründung der Haftung mit einem bestehenden Versicherungsschutz kann indes keine Rede sein, wenn der Arbeitnehmer ohne die Haftungsprivilegierung für den Schaden einstehen müsste. Zutreffend erwägt das BAG daher eine Ausnahme, wenn der Arbeitgeber vor der Einstellung wegen besonderer Risiken den Abschluss einer solchen Versicherung verlangt hat, insbesondere sofern hierfür eine zusätzliche Vergütung vereinbart wird.[31] Falls der Prämienaufwand für die Versicherung ganz oder überwiegend vom Arbeitgeber getragen wird, sollte das hierdurch abgedeckte Risiko dem Arbeitnehmer nicht noch zusätzlich durch eine Haf-

26 Zum Trennungsprinzip BGH 1.10. 2008 – IV ZR 285/06 –, NJW-RR 2009, 36, 37; 27.10.2009 – VI ZR 296/08 –, NJW 2010, 537, 539; 20.4.2016 – IV ZR 531/14 – Rn. 14, NJW 2016, 3453, 3453 f.; *Lichtenberg*, Haftpflichtrisiko, S. 157; *Sieg*, Haftpflichtversicherung, S. 67, 83, ferner *Koch*, in: Druck/Möller, VVG IV, 10. Aufl., Vor §§ 100 – 112 Rn. 70; *Looschelders/Derkum*, ZIP 2017, 1249, 1250 f.; *Witschen*, AcP 219 (2019), 300, 313 f.; gegen eine Berücksichtigung von Haftpflichtversicherungsschutz in der Person des Schädigers auch *Fuchs*, AcP 191 (1991), 318, 338; krit. gegenüber dem Trennungsprinzip aber *v. Bar*, AcP 181 (1981), 289 ff.; widersprüchlich BAG (GS) 25.9.1957 – GS 4/56 (5/56) – unter IV, AP §§ 898, 899 RVO Nr. 4, das einerseits das Trennungsprinzip hervorhebt, andererseits eine Einwirkung des Haftpflichtschutzes auf die Haftung für möglich hält; dazu krit. *Klein*, JZ 1958, 585, 591.

27 *Hanau*, VersR 1969, 291, 294; *Hirschberg*, VersR 1973, 786, 790. Dies entspricht der Ablehnung des Durchgriffs auf eine freiwillige Haftpflichtversicherung des Arbeitnehmers beim Kameradenunfall vor der Neuregelung der §§ 636, 637 RVO im Jahre 1963; vgl. BGH 12.5.1959 – VI ZR 55/58 – unter II d, AP §§ 898, 899 RVO Nr. 25; ebenso *Steindorff*, SAE 1962, 33; in diesem Sinne auch OLG Bamberg 22.5.1959 – 1 W 61/5 –, BB 1959, 957, im Falle einer Ansprüche gegen Betriebsangehörige einschließenden Betriebshaftpflichtversicherung; gegen eine Differenzierung zwischen freiwilliger und Pflichthaftpflichtversicherung *Gerlach*, BB 1972 Beil. 3, S. 9, 15.

28 *Otto*, FS 50 Jahre BAG (2004), S. 97, 110.

29 So jedoch *Hanau*, FS E. Lorenz (2004), S. 283, 302 ff.; *Annuß*, NZA 1998, 1089, 1095. Anders BGH 6.11.1955 – 1 GSZ 1/55 –, BGHZ 18, 149, 165 ff., mit Blick auf die Billigkeitshaftung gemäß § 829 BGB bei der Berücksichtigung der wirtschaftlichen Verhältnisse. Ebenso für die gesetzliche Haftpflichtversicherung BGH 11.10.1994 – VI ZR 303/93 – BGHZ 127, 186, 190 ff. Zurückhaltender für die private Haftpflichtversicherung, aber gerade nicht für übliche Berufshaftpflichtversicherungen BGH 18.12.1979 – VI ZR 27/78 –, BGHZ 76, 279, 286. Vgl. auch RN 11 und 27.

30 Vgl. BGH 24.4.1979 – VI ZR 8/78 –, NJW 1979, 2096 f. mit zahlreichen Nachweisen.

31 BAG 28.10.2010 – 8 AZR 418/09 – Rn. 29, AP § 611 BGB Haftung des Arbeitnehmers Nr. 136 = NZA 2011, 345; zust. LAG Rheinland-Pfalz 29.10.2015 – 3 Sa 464/14 – Rn. 70, BeckRS 2016, 67460.

tungsprivilegierung abgenommen werden, zumal sich der finanzielle Aufwand für den Arbeitgeber ansonsten als nutzlos erweisen würde.[32] Dies sollte nicht zuletzt für die D&O-Versicherung gelten.[33] Eine weitere und praktisch bedeutsamere **Ausnahme** ist im Unterschied zum BAG **für die Fälle grober Fahrlässigkeit** anzuerkennen, erst recht, wenn sich diese – wie es das BAG verlangt – nicht nur auf die Pflichtverletzung, sondern sogar auf den Schadenseintritt bezieht. Die in diesen Konstellationen vermehrt bejahte Einschränkung der Arbeitnehmerhaftung lässt sich nämlich ausschließlich auf den gebotenen Schutz vor einer wirtschaftlich unzumutbaren Belastung zurückführen.[34] Dasselbe gilt bei fahrlässiger Pflichtverletzung, soweit auch hier eine Entlastung allein wegen wirtschaftlicher Unzumutbarkeit in Betracht kommt.[35] Sofern der Arbeitnehmer unter dem Deckungsschutz eines Haftpflichtversicherers steht, fehlt es an seiner wirtschaftlichen Überforderung durch eine uneingeschränkte Haftung als dem Auslöser für eine entsprechende Rücksichtnahmepflicht des Arbeitgebers.[36] Dies alles gilt freilich nur dann, wenn für den verursachten Schaden auch tatsächlich Versicherungsschutz besteht. Darüber hinaus ist der erforderliche Schutz des Arbeitnehmers vor einer Haftung mit seinem gesamten Vermögen dadurch zu bewerkstelligen, dass die Haftung für denjenigen Teil des Schadensersatzanspruchs, für den der Arbeitnehmer lediglich mit Rücksicht auf den Versicherungsschutz einzustehen hat, gegenständlich auf die dem Arbeitnehmer vom Versicherer konkret geschuldete Versicherungsleistung zu beschränken ist.[37]

8 Hat der Arbeitnehmer einen **Dritten geschädigt** und ist der Schaden durch eine Versicherung gedeckt, stellt sich die Frage nach dem Verhältnis von **versicherungsrechtlichem Deckungsschutz** und **arbeitsrechtlichem Freistellungsanspruch.**[38] Hier gilt grundsätzlich: Der Freistellungsanspruch entfällt nicht wegen der Versicherung, und der den Schaden deckende Versicherer kann beim Arbeitgeber aufgrund des übergegangenen Anspruchs Regress nehmen.[39] Dagegen kann es keinen Regress des Versicherers gegen den Arbeitgeber geben, wenn der Arbeitgeber sich angemessen an der Finanzierung der Versicherung beteiligt hat und der Freistellungsanspruch abbedungen ist oder der Arbeitgeber in den Versicherungsschutz einbezogen ist.[40] Der

---

32 *Otto*, FS 50 Jahre BAG (2004), S. 97, 112. Ebenso BeckOGK/*Maties*, BGB (Stand: 10/2024), § 611a Rn. 1821.

33 Dazu noch näher unten RN 27.

34 Dazu § 10 RN 3 ff.; ebenso MünchKommBGB/*Henssler*, 9. Aufl., § 619a Rn. 43; *Otto*, FS 50 Jahre BAG (2004), S. 97, 112.

35 Näher § 10 RN 17.

36 A.A. *Hanau*, FS E. Lorenz (2004), S. 283, 298 ff.; *Waltermann*, RdA 2005, 98, 107. Hierzu näher § 10 RN 3, 9 ff. Siehe in diesem Zusammenhang ferner BAG 14.10.1993 – 8 AZR 242/92 –, EzA § 611 BGB Gefahrgeneigte Arbeit Nr. 28: Geringes Entgelt eines Praktikanten nicht zu seinen Gunsten zu berücksichtigen, wenn Arbeitgeber Einstellung vom Bestehen einer privaten Haftpflichtversicherung abhängig gemacht hat.

37 Vgl. *Otto*, FS 50 Jahre BAG (2004), S. 97, 119 f., wobei diese Beschränkung im Urteilstenor auszusprechen ist.

38 Siehe dazu auch § 16 RN 31 ff.

39 Näher § 16 RN 36.

40 Näher § 16 RN 38.

Versicherer kann ferner nicht Regress beim Arbeitgeber nehmen, soweit es um die Freistellung des Arbeitnehmers wegen wirtschaftlicher Unzumutbarkeit des Haftungsumfangs geht.[41] Wegen des Versicherungsschutzes ist eine Entlastung des Arbeitnehmers insoweit nicht erforderlich, und es entsteht daher kein Freistellungsanspruch gegen den Arbeitgeber.[42]

Wenn der Arbeitgeber den geschädigten Dritten befriedigt, weil er hierzu aus Vertragspflichtverletzung gemäß § 280 Abs. 1 BGB oder aus § 831 BGB verpflichtet ist, kann er den Beschäftigten nach den Regeln über den innerbetrieblichen Schadensausgleich im Umfang des vom Arbeitnehmer zu tragenden Schadensteils gemäß § 280 Abs. 1 BGB in Haftung nehmen sowie u.U. auch über § 426 BGB Ausgleich verlangen. Der Arbeitnehmer kann sich wiederum bei seinem Haftpflichtversicherer schadlos halten. 9

bb) Kfz-Pflichthaftpflichtversicherung

Verursacht der Arbeitnehmer beim Gebrauch seines eigenen Kfz zu betrieblichen Zwecken einen Schaden, so unterfällt er dem Schutz der **Kfz-Pflichthaftpflichtversicherung.** Für diese Versicherung haben sich teilweise andere Grundsätze herausgebildet als bei einer freiwilligen Haftpflichtversicherung des Arbeitnehmers. So hat der BGH wiederholt die Ansicht vertreten, dass eine Haftungsfreistellung des Arbeitnehmers bei einer Schädigung außenstehender Dritter dann entfällt, wenn der Schaden durch eine Pflichtversicherung gedeckt ist.[43] Die Rechtsprechung des BAG liegt auf derselben Linie.[44] Zur Begründung führt der BGH an, dass die Grundsätze über die Enthaftung auf dem Gedanken des Sozialschutzes beruhten, für eine von den allgemeinen zivilrechtlichen Regeln abweichende Regelung aber dann kein Bedürfnis bestehe, wenn den Arbeitnehmer die Last einer Haftung wegen des Eingreifens einer Pflichtversicherung ohnehin nicht treffe. Die Entscheidungen bezogen sich zwar jeweils auf vom Arbeitgeber abgeschlossene Versicherungen, durch die der berechtigte Fahrer gemäß § 2 Abs. 2 Nr. 2 KfzPflVV und § 10 Abs. 2 Buchst. c AKB 95 (jetzt A.1.2 Buchst. d AKB 10

41 Dazu § 16 RN 36.

42 Näher § 10 RN 17, 31ff., 36. Nur im Ergebnis zutreffend BAG 25.9.1997 – 8 AZR 288/96 –, AP § 611 BGB Haftung des Arbeitnehmers Nr. 111 = NZA 1998, 310.

43 BGH 8.12.1971 – VI ZR 102/70 –, AP § 611 BGB Haftung des Arbeitnehmers Nr. 68 = NJW 1972, 440; 3.12. 1991 – VI ZR 378/90 –, BGHZ 116, 200, 207ff. = NJW 1992, 900, 902; ebenso OLG Frankfurt/M. 5.7.1995 – 22 U 192/88 –, VersR 1996, 1403, 1405.

44 BAG 25.9.1997 – 8 AZR 288/96 –, AP § 611 BGB Haftung des Arbeitnehmers Nr. 111 = NZA 1998, 310, 311f.; zust. LAG Rheinland-Pfalz 29.10.2015 – 3 Sa 464/14 – Rn. 70, BeckRS 2016, 67460. Dies korrespondiert mit der Berücksichtigung der Kfz-Haftpflichtversicherung beim Kameradenunfall bis 1963 zu Lasten des schädigenden Arbeitnehmers; vgl. BAG 14.2.1958 – 1 AZR 576/55 –, AP §§ 898, 899 RVO Nr. 18; BGH 1.4.1958 – VI ZR 60/57 –, BGHZ 27, 62, 66ff. = AP §§ 898, 899 RVO Nr. 19; BAG 19.5.1961 – 1 AZR 35/60 –, AP § 611 BGB Haftung des Arbeitnehmers Nr. 25; 30.10.1963 – 1 AZR 463/62 –, AP § 611 BGB Haftung des Arbeitnehmers Nr. 30; 29.11.1963 – 1 AZR 50/63 –, AP § 611 BGB Haftung des Arbeitnehmers Nr. 31; 11.1.1966 – 1 AZR 361/65 –, AP § 611 BGB Haftung des Arbeitnehmers Nr. 36; 16.3.1966 – 1 AZR 414/65 –, AP § 611 BGB Haftung des Arbeitnehmers Nr. 38; dazu zust. *Walker*, JuS 2002, 736, 739; *Waltermann*, RdA 2005, 98, 107; krit. etwa *Annuß*, NZA 1998, 1089, 1095; *Schultz*, JR 1960, 361, 364.

2015) mitversichert war.[45] Die Argumentation erfasst aber ohne weiteres auch die Fälle, in denen es um die Auswirkungen einer Kfz-Haftpflichtversicherung des Arbeitnehmers geht. Das Schrifttum ist gespalten. Ein Teil der Literatur folgt der Rechtsprechung.[46] Ein anderer Teil ist demgegenüber der Auffassung, dass vom Arbeitnehmer genommene Versicherungen beim innerbetrieblichen Schadensausgleich durchgängig nicht berücksichtigt werden dürften, also auch dann, wenn es sich um eine Pflichthaftpflichtversicherung handelt.[47]

11 Soweit der **Arbeitgeber unmittelbar geschädigt** worden ist, verdient die Sichtweise des BGH schon deshalb Zustimmung, weil nur dadurch das mit der Kfz-Haftpflichtversicherung allgemein verfolgte Ziel einer möglichst umfassenden Absicherung von Straßenverkehrsunfallopfern erreicht wird. Es wäre nicht gerechtfertigt, den Schutz des Arbeitgebers in solchen Fällen unter Hinweis auf die arbeitsrechtliche Haftungsprivilegierung einzuschränken.[48] Das Trennungsprinzip muss somit hintangestellt werden.[49]

12 Wird ein **Dritter geschädigt**, ist die Sachlage komplizierter, wenn dieser nicht den Direktanspruch gegen den Versicherer aus § 115 Abs. 1 S. 1 Nr. 1 VVG geltend macht, sondern gegen den Arbeitnehmer vorgeht. Ein Fortfall des Freistellungsanspruchs wegen der Kfz-Pflichthaftpflichtversicherung lässt sich nicht schon auf den gebotenen Unfallopferschutz stützen, weil der Direktanspruch des geschädigten Dritten gegen den Versicherer nicht vom Ausmaß der Innenhaftung des Arbeitnehmers abhängt. Die zu einem anderen Ergebnis führenden Erwägungen des BGH können nur teilweise überzeugen. Zwar darf man als Zweck der Kfz-Haftpflichtversicherung auch den Schutz des Schädigers vor ruinösen Verbindlichkeiten ansehen. Mit dieser Erwägung allein lässt sich die Freistellung des Arbeitnehmers aber gerade nicht einschränken. Soweit die Haftungsreduktion ihren Grund im betrieblichen Risikopotential des Arbeitgebers findet,[50] bleibt dieser Umstand von einem Versicherungsschutz des Arbeitnehmers nämlich unberührt.[51] Die Kfz-Haftpflichtversicherung stellt aus der Perspektive des Ar-

45 Dabei wendet der BGH den genannten Grundsatz auch im Falle einer Begünstigung des Arbeitnehmers aus einem geschäftsplanmäßigen Regressverzicht an; vgl. BGH 5.2.1992 – IV ZR 340/90 –, BGHZ 117, 151, 156 = NZA 1992, 688, 689. Zust. *Hanau*, FS Steffen (1995), S. 181. Bedeutsam war dies für solche Altverträge, bei denen nicht die AKB 95, sondern noch die AKB 88 galten.

46 *Hunold* DB 1985, Beil. 1, 10; MHdB ArbR/*Reichold*, 6. Aufl., § 57 Rn. 52; grds. auch *Riedmaier*, BB 1979, 1513, 1516 f.

47 *Gick*, JuS 1980, 393, 401; *Hübsch*, BB 1998, 690, 691; *Kohte*, BB 1983, 1603, 1610; *Lichtenberg*, Haftpflichtrisiko, S. 160; in diesem Sinne auch *Gamillscheg*, Referat zum 45. DJT, S. G 25; differenzierend *Gamillscheg/Hanau*, Haftung des Arbeitnehmers, 2. Aufl., S. 105 f.: Bei leichtester Fahrlässigkeit keine Berücksichtigung, bei mittlerer Fahrlässigkeit haftungssteigernde Heranziehung der Kfz-Haftpflichtversicherung „in Ausnahmefällen".

48 A.A. *Hirschberg*, VersR 1973, 786, 794 f.

49 Siehe auch RN 7 und 27.

50 Siehe § 3 RN 4 ff.

51 Insoweit zutreffend *Gamillscheg*, Referat zum 45. DJT, S. G 25; *Heinze*, MedR 1983, 6, 11; *Kohte*, BB 1983, 1603, 1610; *Lichtenberg*, Haftpflichtrisiko, S. 160. Aufgrund der zu pauschalen Annahme einer Haft-

beitsverhältnisses vielmehr eine der Privatsphäre des Arbeitnehmers zuzuordnende Schadensvorsorge dar. Sie hat nicht die Funktion, den Arbeitgeber aus seiner Verantwortlichkeit für Schäden, die aus einer betrieblichen Tätigkeit erwachsen, zu entlasten.[52] Etwas anderes gilt für die **Freistellung wegen wirtschaftlicher Unzumutbarkeit des Haftungsumfangs.** Die diese Enthaftung legitimierende wirtschaftliche Unzumutbarkeit entsteht nicht, weil die (Pflicht-)Versicherung diese Belastung verhindert.[53]

Die Kfz-Haftpflichtversicherung des Arbeitnehmers ist erst recht **zu Gunsten des Arbeitgebers** zu berücksichtigen, wenn sich dieser in angemessener Höhe an den **Kosten für die Versicherung beteiligt.** Kommt es in einer solchen Situation zu einem Drittschaden, so hat ein bestehender Versicherungsschutz Bezug zum Arbeitsverhältnis und ist demzufolge als konkludente Abbedingung des Freistellungsanspruchs[54] zu Lasten des Arbeitnehmers zu beachten. Darüber hinaus spricht einiges dafür, dem Arbeitnehmer zwar keine Rücksichtnahmepflicht,[55] wohl aber eine **Obliegenheit** aufzuerlegen, **sich vorrangig an den Versicherer zu halten**, wenn dieser zur Zahlung verpflichtet sowie ohne einen Rechtsstreit dazu auch bereit ist. Sofern der Arbeitnehmer anderenfalls einen Anspruch auf Freistellung hätte, muss der Arbeitgeber gegebenenfalls höhere Versicherungsprämien infolge einer Rückstufung ausgleichen. 13

Im Übrigen wird die Kontroverse um die Auswirkung der Kfz-Haftpflichtversicherung des Arbeitnehmers auf die Innenhaftung dadurch erheblich entschärft, dass der **Arbeitgeber** bei einem mit Zustimmung des Versicherungsnehmers erfolgenden Einsatz des Fahrzeugs für dienstliche Zwecke gemäß § 2 Abs. 2 Nr. 6 KfzPflVV und A.1.2 AKB 2015 **mitversichert** ist. Damit entstehen keine Regressansprüche des Versicherers gegen den Arbeitgeber, die nach § 86 VVG übergehen könnten.[56] 14

2. Der Arbeitgeber als Versicherungsnehmer

Praktisch wichtiger als die Fälle der Versicherung durch den Arbeitnehmer selbst sind diejenigen Konstellationen, in denen der Arbeitgeber eine Versicherung genommen hat. 15

a) Kfz-Pflichthaftpflichtversicherung

Die größte Bedeutung kommt in diesem Zusammenhang der **Kfz-Haftpflichtversicherung** zu. So sind Fahrer sowie Beifahrer und Omnibusschaffner im Rahmen ihres Ar- 16

pflichtversicherungsfunktion des Freistellungsanspruchs nicht berücksichtigt von *Denck*, Außenhaftung, S. 259.

52 In diesem Sinne auch *Sieg*, VersR 1973, 194, 195; HWK/*Krause*, 11. Aufl., § 619a BGB Rn. 39.

53 Siehe dazu auch § 16 RN 36.

54 Vgl. hierzu bereits RN 8.

55 So BAG 21.6.1963 – 1 AZR 386/62 – unter III, AP § 611 BGB Haftung des Arbeitnehmers Nr. 29 = NJW 1963, 1940; *Rieger*, Anm. zu BAG AP § 611 BGB Haftung des Arbeitnehmers Nr. 47 (unter III): Treuepflicht.

56 *Klimke*, in: Prölss/Martin, VVG, 32. Aufl., AKB A.1.2 Rn. 17.

beitsverhältnisses[57] gemäß § 2 Abs. 2 Nr. 3 bis 5 KfzPflVV und A.1.2 AKB 2015 mitversichert. Dies bedeutet, dass für Schadensersatzansprüche gegen den Arbeitnehmer, die aus dem Gebrauch des versicherten Fahrzeugs resultieren,[58] grundsätzlich Versicherungsschutz besteht. Soweit der Arbeitnehmer unter den Schutz der Haftpflichtversicherung fällt, findet kein Regress des Versicherers gemäß § 86 Abs. 1 S. 1 VVG statt. Falls der Fahrzeughalter nach § 2 Abs. 1 Nr. 1–5 PflVG von der Versicherungspflicht befreit ist (sog. Eigenversicherer; z. B. Bund und Länder), werden Arbeitnehmer durch § 2 Abs. 2 S. 6 PflVG vor einem Rückgriff bewahrt. Die Beschränkung der Verantwortlichkeit des Arbeitnehmers im Innenverhältnis auf das vorsätzliche Herbeiführen des Schadens durch § 103 VVG[59] und A.1.5.1 AKB 2015[60], führt dazu, dass der Arbeitnehmer nicht der Haftungsprivilegierung bedarf, wenn der Versicherungsschutz eingreift. Die allgemeinen Regeln über den innerbetrieblichen Schadensausgleich werden also verdrängt.[61]

17 Zu einer solchen Überlagerung der arbeitsrechtlichen Grundsätze durch die Vorschriften über die Pflichtversicherung kommt es auch dann, wenn der Arbeitgeber einen gemäß § 114 Abs. 2 S. 1 VVG seit 2008 in engen Grenzen selbst bei Pflichtversicherungen **zulässigen Selbstbehalt** vereinbart,[62] weil der Ausschluss des Einwandes des Selbstbehalts durch § 114 Abs. 2 S. 2 VVG im Verhältnis zu Dritten und mitversicherten Personen nicht nur an den Versicherer, sondern nach Ansicht des BAG auch an den Versicherungsnehmer adressiert ist, sofern dieser beim mitversicherten Arbeitnehmer Regress nehmen will.[63] Dabei unterstreicht das BAG, dass selbst ohne die spezielle Regelung des § 114 Abs. 2 S. 2 VVG eine Klausel, nach welcher der Arbeitnehmer bis zur Höhe des Selbstbehalts zu haften hat, der AGB-Kontrolle jedenfalls wegen einer den Arbeitnehmer entgegen den Geboten von Treu und Glauben unangemessenen Benachteiligung (§ 307 Abs. 1 Nr. 1 BGB) nicht standhielte, wobei der 8. Senat zusätzlich die

57 Zum Begriff des Beifahrers und des Omnibusschaffners *Klimke*, in: Prölss/Martin, VVG, 32. Aufl., AKB A.1.2 Rn. 15 f. und 18; *Maier*, in: Stiefel/Maier, Kraftfahrtversicherung, 19. Aufl., AKB 2015 A.1.2 Rn. 158 ff. und Rn. 166.

58 Hervorzuheben ist, dass der „Gebrauch" i.S. der § 2 Abs. 1 KfzPflVV und A.1.1.1 AKB 2008, weiter reicht als der „Betrieb" i.S. des § 7 Abs. 1 StVG und insbesondere auch den Einsatz des Fahrzeugs als Arbeitsmaschine umfasst; vgl. BGH 26.6.1979 – VI ZR 122/78 –, BGHZ 75, 45, 48 f. = NJW 1979, 2408, 2409; Einzelheiten bei *Klimke*, in: Prölss/Martin, VVG, 32. Aufl., AKB A.1.1 Rn. 7 ff.; *Maier*, in: Stiefel/Maier, Kraftfahrtversicherung, 19. Aufl., AKB 2015 A.1.1 Rn. 29 ff. Zur Reichweite des versicherten Arbeitsrisikos vor allem im Hinblick auf Be- und Entladeschäden ferner *Saller/Winter*, VersR 1997, 1459, 1460.

59 Die Norm ist gemäß § 112 VVG an sich abdingbar, eine Abweichung muss jedoch der AGB-Kontrolle standhalten, vgl. MünchKommVVG/*Littbarski*, 3. Aufl., § 103 Rn. 15 ff.

60 MünchKommVVG/*Maier*, 2. Aufl., Kraftfahrzeug-Haftpflichtversicherung Rn. 60 ff.

61 Vgl. hierzu auch BGH 26.9.1985 – III ZR 61/84 –, BGHZ 96, 50 = NJW 1986, 848: Bei Regress gegenüber einem Landesbeamten Berücksichtigung von § 2 Abs. 2 S. 4 PflVG a.F. (jetzt S. 6) im Rahmen der Fürsorgepflicht des Dienstherrn. Dazu *Klimke*, in: Prölss/Martin, VVG, 32. Aufl., § 2 PflVG Rn. 7.

62 Hierzu *Klimke*, in: Prölss/Martin, VVG, 32. Aufl., § 114 VVersG Rn. 8.

63 BAG 13.12.2012 – 8 AZR 432/11 –, AP § 611 BGB Haftung des Arbeitnehmers Nr. 138 = NZA 2013, 622: Selbstbehalt 5.000 EUR.

Fürsorgepflicht ins Spiel bringt.[64] Damit kommt in § 114 Abs. 2 S. 2 VVG nach Einschätzung des BAG letztlich nur die Wertung zum Ausdruck, die sich ohnehin bereits aus allgemeinen Grundsätzen ergibt.[65]

Allerdings weist der Schutz **Lücken** auf: Gemäß A.1.5.6 AKB 2015 sind Ansprüche des Versicherungsnehmers, Halters oder Eigentümers gegen mitversicherte Personen wegen der durch den Gebrauch des Fahrzeugs verursachten **Sach- oder Vermögensschäden von der Versicherung ausgeschlossen.** Dies betrifft insbesondere Ansprüche eines vom Arbeitgeber verschiedenen Eigentümers des versicherten Fahrzeugs. Darüber hinaus bezieht sich der Ausschluss nach überwiegender Ansicht auch auf die Beschädigung anderer Fahrzeuge des Versicherungsnehmers.[66] Nach A.1.5.3 bis 5 AKB 2015 sind weiter Sachschäden am versicherten Fahrzeug, an Anhängern, ferner – mit gewissen Einschränkungen – an abgeschleppten Fahrzeugen und an beförderten Sachen ausgeschlossen. Diese Klauseln haben vor allem für die Fälle Bedeutung, in denen der Arbeitnehmer ein dem Arbeitgeber nicht gehörendes (sicherungsübereignetes oder geleastes) Kfz beschädigt[67] oder transportierte Waren zerstört. Nicht ausgeschlossen sind dagegen **Personenschäden** des Arbeitgebers.[68] 18

Andererseits wird der durch eine Kfz-Haftpflichtversicherung des Arbeitgebers dem Arbeitnehmer gewährte Schutz in den Fällen eines **gestörten Versicherungsverhältnisses** verstärkt: Da es sich gemäß § 1 PflVG bzw. A.1.2 AKB 2015 stets um eine Versicherung für fremde Rechnung handelt, kann der Versicherer nach § 123 Abs. 1 VVG die Leistungsfreiheit gegenüber dem Arbeitgeber als Versicherungsnehmer nicht dem mitversicherten Arbeitnehmer entgegenhalten, es sei denn, dass die der Leistungsfreiheit zugrunde liegenden Umstände in der Person des Arbeitnehmers vorliegen oder diesem bekannt oder grob fahrlässig nicht bekannt waren. Erfasst werden sämtliche Fälle der Leistungsfreiheit im Innenverhältnis, also nicht nur Obliegenheitsverletzungen, sondern auch die Verletzung von Rechtspflichten wie insbesondere das Unterlassen der Prämienzahlung durch den Arbeitgeber (vgl. §§ 37, 38 VVG). Hierdurch wird eine empfindliche Schutzlücke geschlossen.[69] Darüber hinaus wird nicht nur der Regress 19

64 BAG 13.12.2012 – 8 AZR 432/11 – Rn. 21, AP § 611 BGB Haftung des Arbeitnehmers Nr. 138 = NZA 2013, 622.

65 Dazu auch RN 20.

66 BGH 25.6.2008 – IV ZR 313/06 –, NJW-RR 2008, 1350; OLG Hamm 11.6.1980 – 20 U 39/80 –, VersR 1981, 825; 15.3.1989 – 20 U 291/88 –, VersR 1989, 1081, 1082; OLG Jena 6.1.2004 – 4 U 936/03, VersR 2004, 1168; *Klimke*, in: Prölss/Martin, VVG, 32. Aufl., AKB A.1.5 Rn. 27; krit. *Maier*, in: Stiefel/Maier, Kraftfahrtversicherung, 19. Aufl., AKB 2015 A.1.5 Rn. 261 ff., insbesondere wegen der allgemeinen Erstreckung auf Sach- und Vermögensschäden.

67 Vgl. BGH 18.3.1986 – VI ZR 213/84 –, NJW 1986, 1813, 1814; *Denck*, BB 1986, 1568, 1569. Zur Schädigung von Betriebsmittelgebern siehe auch § 17 RN 1 ff.

68 Vgl. BGH 10.6.1986 – VI ZR 113/85 –, NJW-RR 1986, 1402 (anders aber bei Leistungsfreiheit des Versicherers gegenüber dem Versicherungsnehmer); OLG Jena 6.1.2004 – 4 U 936/03, VersR 2004, 1168; *Klimke*, in: Prölss/Martin, VVG, 32. Aufl., AKB A.1.5 Rn. 28.

69 Zur früheren Rechtslage siehe BGH 20.1.1971 – IV ZR 42/69 –, BGHZ 55, 281 – AP § 611 BGB Haftung des Arbeitnehmers Nr. 65 m. Anm. *Buchner*.

gegen den Arbeitnehmer eingeschränkt, sondern bereits die Leistungsfreiheit des Versicherers begrenzt.[70] Folgerichtig ist die Subsidiarität des Kfz-Haftpflichtversicherers gegenüber anderen Schadenversicherern und Sozialversicherungsträgern bei „krankem" Versicherungsverhältnis nach § 117 Abs. 3 S. 2 VVG beseitigt worden (§ 123 Abs. 2 S. 2 VVG). Dadurch ist der dem Arbeitnehmer drohende Regress des Sozialversicherungsträgers gemäß § 116 SGB X bei Schädigung eines sozialversicherten Dritten praktisch gegenstandslos geworden.[71] Jedoch ist der Umfang der Leistungspflicht nach §§ 123 Abs. 2, 117 Abs. 3 S. 1 VVG in allen Fällen auf die Mindestdeckungssumme begrenzt.

20 Allerdings kann der Haftpflichtversicherer bei einer **Verletzung von Rechtspflichten oder Obliegenheiten** grundsätzlich beim Arbeitgeber **Regress** nehmen (vgl. § 123 Abs. 3 VVG).[72] Dabei wird dem Arbeitgeber als Versicherungsnehmer das Fehlverhalten von Repräsentanten zugerechnet.[73] Dies könnte auch ein Arbeitnehmer sein, wenn er selbstständig anstelle des Versicherungsnehmers handeln soll. Mit Recht verfährt die Praxis insoweit jedoch ausgesprochen restriktiv.[74] Kommt es zum Regress des Versicherers gegen den Arbeitgeber, scheidet dessen weiterer Rückgriff gemäß § 280 Abs. 1 BGB gegen den schädigenden Arbeitnehmer selbst dann aus, wenn der Beschäftigte nach den Grundsätzen über den innerbetrieblichen Schadensausgleich einen Teil des Schadens übernehmen müsste. Den Arbeitgeber trifft im Verhältnis zum Arbeitnehmer die Pflicht, für den gesetzlich vorgeschriebenen Haftpflichtversicherungsschutz zu sorgen.[75] Insbes. darf der Arbeitgeber nicht durch die Überlassung eines verkehrsunsicheren Fahrzeugs[76] oder den Einsatz eines Fahrers, der – wie der Arbeitgeber weiß – nicht über die erforderliche Fahrerlaubnis verfügt,[77] einen Entzug des Versicherungsschutzes herbeizuführen. Bei einer Verletzung dieser Pflichten muss der Arbeit-

70 F.1.3 S. 2 AKB 2008. Dazu *Maier*, in: Stiefel/Maier, Kraftfahrtversicherung, 19. Aufl., AKB 2015 F Rn. 55.

71 *Klimke*, in: Prölss/Martin, VVG, 32. Aufl., § 123 VVG Rn. 8. Die Rspr. hatte auf diesen Regress ursprünglich § 158i VVG a.F. sowie den geschäftsplanmäßigen Regressverzicht der Haftpflichtversicherer analog angewendet; vgl. BGH 14.7.1976 – IV ZR 235/74 –, BGHZ 67, 138, 147 ff. = NJW 1976, 1892, 1895; 27.5.1981 – IVa ZR 66/80 –, BGHZ 80, 332, 335 ff. = NJW 1981, 1843, 1845 f. Mit der Neuregelung des Rückgriffs durch § 116 SGB X sah sich der BGH 5.10.1983 – IV a ZR 190/81 –, BGHZ 88, 296, 299 ff. = NJW 1984, 240, 241, an der Fortführung dieser Rspr. gehindert und plädierte – entsprechend den Gesetzesmaterialien – stattdessen für einen Schutz des Arbeitnehmers durch § 31 Abs. 2 HGrG und § 76 Abs. 2 SGB IV (Stundung, Erlass).

72 Siehe aber die Beschränkung der Leistungsfreiheit des Versicherers auf höchstens 5.000 EUR des versicherten Schadens durch § 5 Abs. 3 KfzPflVV (dazu noch FN 75).

73 MünchKommVVG/*Littbarski*, 3. Aufl. § 103 Rn. 68.

74 MünchKommVVG/*Littbarski*, 3. Aufl. § 103 Rn. 69. Abl. z. B. für den Baustellenleiter einer größeren Baugesellschaft OLG Celle 18.3.1999 – 8 U 48/98 –, VersR 2001, 453, erst recht für den Fahrer eines Kfz BGH 20.5.1969 – IV ZR 616/68 –, NJW 1969, 1387, 1388.

75 BAG 9.8.1966 – 1 AZR 473/65 –, AP § 611 BGB Haftung des Arbeitnehmers Nr. 39; 22.3.1968 – 1 AZR 392/67 –, AP § 67 VVG Nr. 2; BGH 20.1.1971 – IV ZR 42/69 – unter 1 a, BGHZ 55, 281, 285 = AP § 611 BGB Haftung des Arbeitnehmers Nr. 65 m. zust. Anm. *Buchner*; ebenso *Lichtenberg*, Haftpflichtrisiko, S. 156.

76 BAG 18.1.1966 – 1 AZR 247/63 –, AP § 611 BGB Haftung des Arbeitnehmers Nr. 37.

77 BAG 6.7.1964 – 1 AZR 17/64 –, AP § 611 BGB Haftung des Arbeitnehmers Nr. 34; 23.6.1988 – 8 AZR 300/85 –, AP § 611 BGB Haftung des Arbeitnehmers Nr. 94 = NZA 1989, 181.

geber dem Arbeitnehmer für sämtliche daraus resultierenden Nachteile einstehen. Demzufolge entfällt im Falle eines vom Arbeitgeber verschuldeten gestörten Versicherungsverhältnisses ein Regress des Arbeitgebers gegen den Beschäftigten.[78] Dies gilt selbst bei grob fahrlässiger Herbeiführung eines Verkehrsunfalles durch einen Arbeitnehmer, weil der Fahrer bei ordnungsgemäßer Versicherung aufgrund der Regelung des § 103 VVG bis zur Grenze der vorsätzlichen und widerrechtlichen Herbeiführung des Schadens geschützt gewesen wäre.[79] Der auf Schadensersatz gerichtete Freistellungsanspruch aus einer schuldhaften Verletzung der Rücksichtnahmepflicht bzw. Fürsorgepflicht (§§ 280 Abs. 1, 241 Abs. 2 BGB) verdrängt somit den aus den allgemeinen Enthaftungsgrundsätzen resultierenden Anspruch auf Freistellung.

Zu Gunsten des mitversicherten Arbeitnehmers gelten außerdem **Einschränkungen der Leistungsfreiheit des Versicherers:** Bei einer vorsätzlichen oder grob fahrlässigen Obliegenheitsverletzung des Arbeitnehmers vor Eintritt des Versicherungsfalles (z. B. Schwarzfahrt, Verstoß gegen die Führerscheinklausel, Fahruntüchtigkeit wegen Alkohol oder anderer berauschender Mittel i.S. von D.1.2 und 3 sowie D.2.1 AKB 2015) oder bei einer Gefahrerhöhung i.S. des § 23 VVG (z. B. Inbetriebnahme eines verkehrsunsicheren Fahrzeugs) ist die Beteiligung des Versicherten am versicherten Schaden gemäß § 5 KfzPflVV auf höchstens 5.000 EUR begrenzt.[80] Werden Obliegenheiten nach Eintritt des Versicherungsfalles verletzt, ist die Leistungsfreiheit nach § 6 KfzPflVV und E.2 AKB 2015, in der Regel auf 2.500 EUR, bei besonders schwerwiegender vorsätzlicher Verletzung der Aufklärungs- oder Schadensminderungspflicht (z. B. Unfallflucht[81]) auf 5.000 EUR beschränkt.[82] Vor der Anwendung der Kappungsgrenzen wird die Leistungspflicht gemäß D.2.1 AKB 2015 nach Maßgabe der Schwere des Verschuldens gekürzt.[83] 21

Die Rechtsprechung hat zuweilen versucht, den mitversicherten Arbeitnehmer auf einem weiteren Weg vor dem Regress des Versicherers bei bestehender Leistungsfreiheit[84] zu bewahren: Zum einen sei der von einem Rückgriff bedrohte Arbeitnehmer als 22

78 BAG 6.7.1964 – 1 AZR 17/64 –, AP § 611 BGB Haftung des Arbeitnehmers Nr. 34; 18.1.1966 – 1 AZR 247/63 –, AP § 611 BGB Haftung des Arbeitnehmers Nr. 37; nicht berücksichtigt von BGH 5.2.1992 – IV ZR 340/90 –, BGHZ 117, 151 = NZA 1992, 688.

79 So zu § 152 VVG a.F. BAG 23.6.1988 – 8 AZR 300/85 –, AP § 611 BGB Haftung des Arbeitnehmers Nr. 94 = NZA 1989, 181.

80 *Klimke*, in: Prölss/Martin, VVG, 32. Aufl., § 5 KfzPflVV Rn. 15. Die Wirksamkeit der Beschränkung der Leistungsfreiheit unmittelbar durch § 5 Abs. 3 KfzPflVV ist allerdings wegen der Ermächtigungsgrundlage umstritten (*Wandt*, VersR 1995, 494 ff.).

81 LAG Düsseldorf 12.2.2003 – 12 Sa 1345/02 –, LAGE § 611 BGB Arbeitnehmerhaftung Nr. 27; siehe dazu auch *Klimke*, in: Prölss/Martin, VVG, 32. Aufl., AKB E.2 Rn. 12.

82 *Klimke*, in: Prölss/Martin, VVG, 32. Aufl., AKB E.2 Rn. 10.

83 *Klimke*, in: Prölss/Martin, VVG, 32. Aufl., § 5 KfzPflVV Rn. 11 und AKB 2015 D.2 Rn. 29. Vgl. auch § 26 Abs. 1 S. 2 und § 28 Abs. 2 S. 2 VVG für die grob fahrlässige Gefahrerhöhung bzw. die Obliegenheitsverletzung vor Eintritt des Schadensfalls.

84 Siehe nur BGH 13.7.1988 – IV a ZR 55/87–, BGHZ 105, 140, 143 = NJW 1988, 2734, 2735; *Deckmann*, in: Bruck/Möller, VVG IV, 10. Aufl., § 116 Rn. 8 ff.

geschädigter Dritter i.S. des § 115 Abs. 1 S. 1 Nr. 1 VVG (§ 3 Nr. 1 PflVG a.F.) anzusehen. Zum anderen werde der Freistellungsanspruch des Arbeitnehmers gegen den Arbeitgeber, der sich – wie dargetan[85] – aus einer Verletzung der Rücksichtnahmepflicht bzw. Fürsorgepflicht ergibt, wenn der Arbeitgeber den zur Leistungsfreiheit der Versicherung führenden Umstand zu vertreten hat, von dessen Haftpflichtversicherung nach A.1.1 AKB 2015 (§ 10 Abs. 1 AKB 95) gedeckt. Schließlich müsse sich der Fahrer eine Leistungsfreiheit der Versicherung im Verhältnis zum Arbeitgeber gemäß § 117 Abs. 1 VVG (§ 3 Nr. 4 PflVG a.F.) nicht entgegenhalten lassen.[86] Folglich stehe einer Inanspruchnahme des Arbeitnehmers durch den Kfz-Haftpflichtversicherer § 242 BGB entgegen. Diese Rechtsprechung kann nicht überzeugen. Zwar kann anerkanntermaßen auch ein Schädiger „Dritter" i.S. der Pflichtversicherung sein.[87] Dies gilt jedoch nicht für schlichte Ausgleichsansprüche gegen den Versicherungsnehmer aus einer Vertragsverletzung.[88] Aus der Regressregelung des § 116 Abs. 1 S. 2 VVG (§ 3 Nr. 9 PflVG a.F.) ist zu schließen, dass die Leistungsfreiheit des Versicherers durch einen internen Rückgriffsanspruch des angestellten Fahrers gegen den Arbeitgeber nicht berührt wird.[89] Ferner ist eine Deckung des Schadensersatzanspruchs des Arbeitnehmers gegen seinen Arbeitgeber abzulehnen, weil der Sinn der Kfz-Haftpflichtversicherung nicht darin besteht, Versicherungsschutz gegen die Folgen mangelnden Versicherungsschutzes zu gewähren.[90] Ein gewisser Schutz kommt dem Arbeitnehmer aber dadurch zugute, dass die Rechtsprechung dem Versicherer den Rückgriff gegen den Mitversicherten offenbar allenfalls in der Höhe zubilligen will, die der zwischen ihm und dem Arbeitgeber/Versicherungsnehmer bestehenden Verursachungsquote (§ 254 BGB) entspricht.[91]

---

85 RN 20 a.E.

86 Vgl. – mit Unterschieden im Detail – OLG Hamm 3.1.1969 – 20 U 147/68 –, VersR 1969, 340 f.; OLG Frankfurt/M. 25.4.1969 – 3 U 180/68 –, VersR 1970, 266, 267; LG Aurich 6.3.1968 – 1 S 187/67 –, AP § 611 BGB Haftung des Arbeitnehmers Nr. 46 = NJW 1968, 1633; LG Kiel 21.9.1972 – 6 O 29/72 –, VersR 1973, 535.

87 Zum PflVG a.F. BGH 3.12.1962 – II ZR 47/60 –, NJW 1963, 487, 489; *E. Lorenz*, NJW 1969, 471, 472; *Prölss*, VersR 1969, 533; a.A. *Böttger*, NJW 1969, 55.

88 BGH 20.1.1971 – IV ZR 42/69 –, BGHZ 55, 281, 287 = AP § 611 BGB Haftung des Arbeitnehmers Nr. 65; *Klimke*, in: Prölss/Martin, VVG, 32. Aufl., § 115 VVG Rn. 5.

89 Vgl. BGH 20.1.1971 – IV ZR 42/69 –, BGHZ 55, 281, 287 = AP § 611 BGB Haftung des Arbeitnehmers Nr. 65; OLG Köln 3.3.1975 – 8 U 21/74 –, NJW 1975, 1746, 1747; *Jahnke*, in: Stiefel/Maier, Kraftfahrtversicherung, 19. Aufl., § 116 VVG Rn. 42, § 123 VVG Rn. 27.

90 BGH 20.1.1971 – IV ZR 42/69 –, BGHZ 55, 281, 288 = AP § 611 BGB Haftung des Arbeitnehmers Nr. 65; OLG Köln 3.3.1975 NJW 1975, 1746, 1747; *Klimke*, in: Prölss/Martin, VVG, 32. Aufl., AKB A.1.1 Rn. 5; *Prölss*, VersR 1969, 533, 534.

91 BGH 13.7.1988 – IV a ZR 55/87 –, BGHZ 105, 140, 146 = NJW 1988, 2734, 2735; *Klimke*, in: Prölss/Martin, VVG, 32. Aufl., § 116 VVG Rn. 5; a.A. *Prölss*, Anm. JZ 1989, 148, 149 f.: Gesamtschuldner.

b) Betriebs- und Berufshaftpflichtversicherung des Arbeitgebers

Den zweiten großen Komplex bildet die **Betriebs- bzw. Berufshaftpflichtversicherung** 23
des Arbeitgebers.[92] Dabei zielt vor allem die Betriebshaftpflichtversicherung darauf ab, eine eigene finanzielle Inanspruchnahme des Arbeitgebers zu vermeiden, indem er für den Fall, dass eine persönliche Haftpflicht von Betriebsangehörigen gegenüber Dritten für Personen- oder Sachschäden zu einer Haftungsallokation beim Arbeitgeber führt, Versicherungsschutz erhält.[93] Zugleich dient sie dem Betriebsfrieden, indem Streitigkeiten zwischen dem Arbeitgeber und den Betriebsanhörigen über die Ersatzpflicht bei einer Schädigung Dritter möglichst vermieden werden.[94] Die Versicherungsdichte ist außerhalb des öffentlichen Dienstes sehr hoch. Insbesondere Großbetriebe sowie Betriebe mit hohem Risikopotential sind nahezu ausnahmslos versichert. Aber auch bei kleineren Unternehmen ist diese Form der Risikoabdeckung weit verbreitet.[95] Die personelle Reichweite des Versicherungsschutzes erstreckt sich im Gegensatz zum früheren § 151 Abs. 1 S. 1 VVG a.F. nicht nur auf die zur Vertretung des Unternehmens befugten Personen, sondern seit der VVG-Reform 2008 bereits kraft Gesetzes nach § 102 Abs. 1 S. 1 VVG, der freilich nicht zwingend ist (Umkehrschluss aus § 112 VVG),[96] auf sämtliche Personen, die in einem Dienstverhältnis zu dem Unternehmen stehen, soweit sie bei Dritten Schäden in Ausübung dienstlicher Verrichtungen (betriebsbezogen)[97] verursachen.[98] Erfasst sind auch Leiharbeitnehmer.[99] Da die Betriebshaftpflichtversicherung die arbeitsrechtliche Haftungsprivilegierung unberührt lässt, kann ein Kfz-Haftpflichtversicherer nur in den durch das Arbeitsrecht gezogenen Grenzen Regress nehmen, wenn ein Arbeitnehmer, der – ohne Fahrer zu sein – den Schaden durch schuldhaft fehlerhafte Sicherheitskontrollen mitverursacht hat, in Anspruch genommen werden soll.[100] Soweit überhaupt Deckungsschutz einer Kfz-Haftpflichtversiche-

92 Zur Abgrenzung MünchKommVVG/*Littbarski*, 3. Aufl., § 102 Rn. 17 ff. Zur Vielzahl der Pflichthaftpflichtversicherungen i.S. des § 113 VVG MünchKommVVG/*Brand*, 3. Aufl., Vorbemerkung zu §§ 113–124 Rn. 17 ff.

93 BAG 15.9.2016 – 8 AZR 187/15 – Rn. 33, AP § 611 BGB Haftung des Arbeitnehmers Nr. 143 = VersR 2017, 875.

94 BAG 15.9.2016 – 8 AZR 187/15 – Rn. 32, AP § 611 BGB Haftung des Arbeitnehmers Nr. 143 = VersR 2017, 875.

95 Nach einer Marktanalyse der Volksfürsorge vom Dezember 1993 verfügen 82 % aller Unternehmen bis 499 Beschäftigte über eine betriebliche Haftpflichtversicherung.

96 MünchKommVVG/*Littbarski*, 3. Aufl., § 102 Rn. 133; *Lücke*, in: Prölss/Martin, VVG, 32. Aufl., § 102 VVG Rn. 23.

97 Hierzu BGH 12.1.1961 – II ZR 249/58 –, VersR 1961, 121; 17.1.1973 – IV ZR 176/71 –, VersR 1973, 313; OLG Hamm 7.12.2018 – 20 U 107/17 –, VersR 2019, 533; siehe auch BGH 2.6.1976 – IV ZR 163/75 –, VersR 1976, 921; 26.10.1988 – IVa ZR 73/87 –, VersR 1988, 1283.

98 Vgl. *Hanau*, BB 1972, 4, 7; *Hübsch*, BB 1998, 690, 691; *Lichtenberg*, Haftpflichtrisiko, S. 166, 192; *Lücke*, in: Prölss/Martin, VVG, 32. Aufl., § 102 VVG Rn. 5 ff. Siehe ferner beispielhaft BGH 5.7.1995 – IV ZR 133/94 –, NJW-RR 1995, 1303: Deckungsschutz für Außenhaftung in Höhe von rund 80.000 DM.

99 *Lücke*, in: Prölss/Martin, VVG, 32. Aufl., § 102 VVG Rn. 14. Zur Reichweite des Deckungsschutzes einer Betriebshaftpflichtversicherung des Verleihers *Boclunluk*, VersR 1998, 283 ff.

100 OLG Hamm 11.11.2011 – 20 U 3/11 –, NJW 2012, 1594, 1595 ff.

rung besteht, begünstigt dies im Ergebnis wirtschaftlich den Betriebshaftpflichtversicherer.

24 Der durch die Betriebshaftpflichtversicherung selbst bei grob fahrlässig herbeigeführten Schadensereignissen (§ 103 VVG) grundsätzlich (§ 112 VVG) gewährte Schutz (7.1 AHB 2016)[101] weist allerdings eine Reihe bedeutsamer Lücken auf. Neben zu niedrigen Versicherungssummen ist zum einen die **„Besitzklausel"** gemäß Nr. 7.6 AHB 2016 zu nennen, nach der Schäden an fremden Sachen und alle sich daraus ergebenden Vermögensschäden ausgeschlossen sind, wenn der Versicherungsnehmer diese Sachen gemietet, geleast, gepachtet, geliehen, durch verbotene Eigenmacht erlangt oder besonders in Verwahrung genommen hat.[102] Sieht man es als einen Zweck dieser Klausel an, eine Umgehung des Grundsatzes, nach der die Haftpflichtversicherung nicht zur Deckung von Schäden des Versicherungsnehmers dient, zu verhindern,[103] so müssen hierunter alle Fallgruppen gefasst werden, in denen der Arbeitgeber formal fremde Betriebsmittel in den eigenen Arbeitsprozess eingliedert und sie somit wie eigene Betriebsmittel nutzt. Der Ausschluss bezieht sich deshalb auch auf unter Eigentumsvorbehalt erworbene Gegenstände sowie sicherungsübereignete Betriebsmittel.[104] Zum anderen führt die **„Tätigkeitsklausel"** nach Nr. 7.7(1) AHB 2016, die an fremden Sachen durch eine gewerbliche oder berufliche Tätigkeit entstandene Schäden grundsätzlich ausschließt (z. B. Bearbeitung, Reparatur, Beförderung der Sache, Nutzung als Materialablagefläche[105]), zu einer gravierenden Beschränkung des Versicherungsschutzes.[106] Hinzuweisen ist schließlich auf den Risikoausschluss gemäß der im Vergleich mit § 4 Abs. 2 Nr. 5 AHB 1992 stark erweiterten „Herstellungs- und Lieferungsklausel" in Nr. 7.8 AHB 2016, die sich u. a. nicht nur auf Schäden an den vom Arbeitgeber hergestellten Sachen bezieht, sondern auch auf deren Lieferung einschließlich etwaiger Weiterfres-

---

101 NK-VersR/*Halm/Fitz*, VVG, 3. Aufl., AHB 2016 Ziff. 7 Rn. 2; MünchKommVVG/*Littbarski*, 3. Aufl., § 103 Rn. 15 ff.; *Lücke*, in: Prölss/Martin, VVG, 32. Aufl., § 103 VVG Rn. 16 ff. Abweichungen unterliegen der AGB-Kontrolle.

102 Dieser Ausschluss kann allerdings abbedungen werden; vgl. NK-VersR/*Halm/Fitz*, VVG, 3. Aufl., AHB 2016 Ziff. 7 Rn. 17; *Lücke*, in: Prölss/Martin, VVG, 32. Aufl., AHB Ziff. 7 Rn. 44; *Sieg*, BB 1994, 299, 300; hierfür genügt allerdings nicht schon der Abschluss einer Betriebshaftpflichtversicherung: OLG Düsseldorf 2.12. 1986 – 4 U 58/86 –, VersR 1988, 393; siehe auch BGH 9.6.2004 – IV ZR 228/03, NJW-RR 2004, 1394.

103 Vgl. MünchKommVVG/*Büsken*, 2. Aufl., Allgemeine Haftpflichtversicherung Rn. 182.

104 Missverständlich *Lücke*, in: Prölss/Martin, VVG, 32. Aufl., AHB Ziff. 7 Rn. 40, weil Eigentumsvorbehalt und Sicherungsübereignung nur im Zusammenhang mit der Verwahrung als bloßer Nebenpflicht erwähnt werden. A.A. für Eigentumsvorbehalt und Sicherungsübereignung *Krause*, VersR 1995, 752, 755 f.

105 Anders zu § 4 Abs. 1 Nr. 6 Buchst. b AHB 1992 BGH 3.5.2000 – IV ZR 172/99 –, VersR 2000, 964 f.

106 Zur Tätigkeitsklausel näher *Denck*, Außenhaftung, S. 228 ff.; NK-VersR/*Halm/Fitz*, VVG, 3. Aufl., AHB 2016 Ziff. 7 Rn. 18 ff.; *Th. Honsell*, VersR 1985, 3 ff.; *Lücke*, in: Prölss/Martin, VVG, 32. Aufl., AHB Ziff. 7 Rn. 47 ff. mit bedeutsamen Ausnahmen in Rn. 49; *Nickel*, VersR 1987, 965 ff.; *Rottmüller*, VersR 1986, 843 ff.; ferner BGH 12.11.1997 – IV ZR 338/96 –, VersR 1998, 228: Ausschluss greift nicht nur, wenn schadenstiftende Handlung selbst berufliche Tätigkeit ist; OLG Hamburg 14.8.1996 – 5 U 14/96 –, VersR 1997, 1137: Beschränkung des Ausschlusses auf unmittelbar bearbeitete Teile. Siehe auch LAG Köln 7.5.1992 – 5 Sa 448/91 –, NZA 1992, 1032.

ser- bzw. Vermögensschäden.[107] Wie schon *Denck* hervorgehoben hatte, kann die zunehmend großzügigere Rechtsprechung des BGH zu eigenständigen Eigentumsverletzungen bei von vornherein mangelhaft hergestellten Sachen[108] hier zu Haftungsrisiken für den Arbeitnehmer führen. Abhilfe verspricht nur eine restriktive Haltung bei der Annahme entsprechender Verkehrspflichten des einzelnen Beschäftigten.[109]

Des Weiteren bietet die Versicherungswirtschaft seit einiger Zeit **Produkthaftpflicht- und Umwelthaftpflichtversicherungen** an, die zu einer Erweiterung bzw. Erhöhung der durch die Betriebshaftpflichtversicherung gewährten Deckung führen.[110] Allerdings ist ihr Verbreitungsgrad im Verhältnis zur Betriebshaftpflichtversicherung erheblich geringer.[111] In diesen Versicherungen sind die Betriebsangehörigen regelmäßig mitversichert. Dasselbe gilt für die **Berufshaftpflichtversicherung von Architekten, Bauingenieuren und Beratenden Ingenieuren** (vgl. A. Ziff. 5 BBR Arch 2016).[112] Hinzuweisen ist ferner auf die sog. **Hakenlastversicherung**, mit der die Schutzlücke für eine Haftung hinsichtlich des von einem Kran beförderten Gutes, die sich durch die Ausschlüsse in der Kraftfahrtversicherung (A.1.5.4 AKB 2015) und in der Betriebshaftpflichtversicherung (Ziff. 7.6.3 BetrH AT 2015) ergibt, geschlossen werden kann.[113] 25

Eine spezielle Form der Berufshaftpflichtversicherung ist die allgemeine **Vermögensschadenhaftpflichtversicherung**, die Deckungsschutz für **reine Vermögensschäden** bietet, also solche, die weder Personen- noch Sachschäden sind noch sich aus solchen Schäden herleiten und die deshalb aus dem Deckungsbereich der allgemeinen Haftpflichtversicherung ausgeschlossen sind.[114] Der Versicherungsschutz greift bei Schäden, die der Versicherungsnehmer im Zusammenhang mit der Ausübung seiner beruflichen Tätigkeit aufgrund gesetzlicher Haftpflichtbestimmungen zu ersetzen hat. Ausdrücklich ausgeklammert sind etwa Haftpflichtansprüche gegen den Arbeitgeber wegen Schäden durch Fehlbeträge bei der Kassenführung, Verstöße beim Barzah- 26

107 *Lücke*, in: Prölss/Martin, VVG, 32. Aufl., AHB Ziff. 7 Rn. 89 ff.

108 Vgl. etwa BGH 24.11.1976 – VIII ZR 137/75 –, BGHZ 67, 359 = NJW 1977, 379 (Schwimmerschalter); 18.1.1983 – VI ZR 310/79 –, BGHZ 86, 256 = NJW 1983, 810 (Gaszug); 24.3.1992 – VI ZR 210/91 –, NJW 1992, 1678 (Austauschmotor); zu „Weiterfresserschäden" näher (aber abl.) MünchKommBGB/*Wagner*, 9. Aufl., § 823 Rn. 323 ff.

109 Eingehend dazu unten § 16 RN 10 ff.; ferner *Krause*, VersR 1995, 752, 758 f.

110 *Laschet*, in: van Bühren, Handbuch Versicherungsrecht, 7. Aufl., § 23; *Lenz*, in: van Bühren, Handbuch Versicherungsrecht, 7. Aufl., § 12; MünchKommVVG/*Schimikowski*, 2. Aufl., Umwelthaftpflicht- und Umweltschadensversicherung; MünchKommVVG/*Thürmann*, 2. Aufl., Produkthaftpflichtversicherung; *Voit*, in: Prölss/Martin, VVG, 32. Aufl., Produkthaftpflicht-Modell; Umwelthaftpflicht-Modell.

111 Laut einer Marktanalyse der Volksfürsorge vom Dezember 1993 haben 16 % aller Unternehmen bis 499 Beschäftigte eine Produkthaftpflichtversicherung genommen.

112 Näher dazu *Lücke*, in: Prölss/Martin, VVG, 32. Aufl., BBR Arch A. *Schmalzl/Krause-Allenstein*, Berufshaftpflichtversicherung des Architekten und Bauunternehmers, 2. Aufl., Rn. 430 ff., zum Bauunternehmer Rn. 658 ff. Zur durch Landesrecht angeordneten Pflichthaftpflichtversicherung i.S. des § 113 VVG MünchKommVVG/*Brand*, 3. Aufl., Vorbemerkung zu §§ 113–124 Rn. 20.

113 Dazu näher *Hammacher*, VersR 1997, 288; *Saller/Winter*, VersR 1997, 1459, 1460 f.

114 Siehe zu dieser Versicherung *Lücke*, in: Prölss/Martin, VVG, 32. Aufl., Vorbem. AVB Verm mit weiterführenden Hinweisen auf die Vielfalt der Bedingungswerke.

lungsakt sowie durch Veruntreuung seitens des Personals (§ 4 Nr. 4 AVB Verm). Diese Versicherung enthält zugleich einen Regressverzicht zu Gunsten der Angestellten des Versicherungsnehmers, der nur vorsätzliche bzw. wissentliche Pflichtverletzungen ausnimmt (§ 7 Nr. 3.2 AVB Verm).[115] Erwähnt sei zudem die noch recht neuartige **Cyber(risiko)-Versicherung**, die neben Haftungsrisiken beispielsweise aus Verstößen gegen die DSGVO auch Eigenschäden des Arbeitgebers etwa infolge eines Hackerangriffs abdeckt[116] und bei der sowohl angestellte Arbeitnehmer als auch Leiharbeitnehmer mitversichert sind (A1–7 AVB Cyber), sodass es sich insoweit um eine Fremdversicherung i.S. des § 43 Abs. 1 VVG handelt.[117]

27 Ferner wird auf dem deutschen Markt seit Mitte der 1980er Jahre die in den USA entwickelte **Vermögensschadenhaftpflicht-Versicherung für Manager** angeboten (Directors' and Officers' Liability Insurance, **D&O-Versicherung**).[118] Diese Versicherung kann zwar teilweise auch von Einzelpersonen abgeschlossen werden, wird in der Praxis jedoch nahezu ausnahmslos vom Unternehmen vornehmlich zu Gunsten der **Organwalter**,[119] verbreitet aber auch – was hier allein von Interesse ist – zu Gunsten von **Prokuristen** und **bestimmten sonstigen leitenden Angestellten**[120] als Gruppenversicherung[121] genommen (Versicherung für fremde Rechnung, § 43 Abs. 1 VVG).[122] Sie gewährt Versicherungsschutz wegen Vermögensschäden, die von der Betriebshaftpflichtversicherung, die nur Personen- und Sachschäden deckt, von vornherein nicht umfasst werden. Dabei deckte die Versicherung früher grundsätzlich nur die Außen-

115 *Lücke*, in: Prölss/Martin, VVG, 32. Aufl., AVB Verm § 7 Rn. 12. Dies gilt insbesondere auch für die Vermögensschaden-Haftpflichtversicherung von Rechtsanwälten und Patentanwälten; vgl. AVB-P § 7 Abs. 4 Nr. 2.

116 Siehe zu dieser Versicherung *Klimke*, in: Prölss/Martin, VVG, 32. Aufl., Vorbem. Zu A1–1 Cyber. Zum unzureichenden Deckungsschutz durch die üblichen Industrieversicheruungen näher *Achenbach*, VersR 2017, 1493, 1494 ff.

117 *Achenbach*, VersR 2017, 1493, 1498.

118 Zur Geschichte MünchKommVVG/*Ihlas*, 2. Aufl., Directors & Officers Versicherung Rn. 1 ff.

119 Siehe MünchKommVVG/*Ihlas*, 2. Aufl., Directors & Officers Versicherung Rn. 119: über 95 % Firmenpolicen. Seit der Einführung des Pflicht-Selbstbehalts gemäß § 93 Abs. 3 S. 2 AktG im Jahr 2009 durch das VorstAG kommen zu dessen Abdeckung auch Einzelpolicen vor, was im vorliegenden Kontext aber keine Rolle spielt.

120 *Armbrüster*, in: Bruck/Möller, VVG IV, 10. Aufl., AVB D&O A-1 Rn. 88 ff.; MünchKommVVG/*Ihlas*, 2. Aufl., Directors & Officers Versicherung Rn. 167 ff.; *Lenz*, in: van Bühren, Handbuch Versicherungsrecht, 7. Aufl., § 25 Rn. 51; NK-VersR/*Staudinger/Friesen*, VVG, 3. Aufl., AVB-D&O Rn. 31. Während Nr. 1.1 AVB-AVG 2011 nur Organmitglieder als Versicherte nennt, nicht aber leitendende Angestellte, um deren arbeitsrechtliche Haftungsprivilegierung nicht zu „gefährden“ (vgl. *Armbrüster*, in: Bruck/Möller, VVG IV, 10. Aufl., AVB D&O A-1 Rn. 32), geht z. B. die BusinessGuard Organhaftpflichtversicherung der AIG Europe, Zürich, Stand: 6/1999, bereits darüber hinaus (abgedr. in: *Bandle*, L'assurance D&O, Lausanne 1999, S. 319 ff.).

121 Vgl. *Koch*, in: Looschelders/Pohlmann, VVG, 4. Aufl. § 43 Rn. 39; näher *Dreher/Fritz*, VersR 2021, 220 ff.

122 BGH 13.4.2016 – IV ZR 304/13 – Rn. 20, BGHZ 209, 373 = NJW 2016, 2184; 5.4.2017 – IV ZR 360/15 – Rn. 13, BGHZ 214, 314 = NJW 2017, 2466; 4.3.2020 – IV ZR 110/19 – Rn. 10, NJW 2020, 1886; *Armbrüster*, FS K. Schmidt, Bd. I (2019), S. 23, 24; *Hucke*, DB 1996, 2267, 2268; MünchKommVVG/*Ihlas*, 2. Aufl., Directors & Officers Versicherung Rn. 119; *Schneider/Ihlas*, DB 1994, 1123, 1125; *Scholl*, D&O-Versicherung, Rn. 2. Abl. *Lattmann*, NVersZ 1999, 49, 50 f.

haftung ab, also die Inanspruchnahme von Leitungsorganen durch außenstehende Dritte, während die Einbeziehung der Innenhaftung ausdrücklich vereinbart werden musste, was freilich vielfach geschah. Seit der Veränderung der Musterbedingungen im Jahr 2013 stehen die Deckung der Außenhaftung und der Innenhaftung zumindest gleichberechtigt nebeneinander.[123] Dies wird nicht zuletzt daran deutlich, dass die Klausel gestrichen worden ist, nach der nur solche Ersatzansprüche gedeckt sind, die nicht allein vom Versicherungsnehmer (dem Auftraggeber/Arbeitgeber des Managers), sondern mit Zustimmung etwa von Aktionären, Gesellschaftern oder Dritten initiiert und gerichtlich gegen den Manager geltend gemacht werden.[124] Bei der Gestaltung der Versicherungsbedingungen besteht im Einzelnen allerdings viel Spielraum, der auch genutzt wird. Aufgrund der Eigenschaft der Führungskräfte als versicherte Personen kommt ein Regress des Versicherers weder bei der Außen- noch bei der Innenhaftung in Betracht.[125] Strittig ist, inwieweit bei dieser vom Unternehmen genommenen Versicherung das Ersatzinteresse des Unternehmens im Vordergrund steht. Während *Hanau*[126] unter Berufung auf das „Trennungsprinzip“[127] die Ansicht vertritt, dass die arbeitsrechtliche Haftungsprivilegierung mit der Folge den Vorrang hat, dass der an die Haftung des Arbeitnehmers anknüpfende Versicherungsschutz entsprechend gekürzt wird oder sogar ganz entfällt, verdient die Auffassung den Vorzug, dass die **Haftung des Arbeitnehmers** und damit auch der Versicherungsschutz **in vollem Umfang bestehen bleibt.**[128] Immerhin räumt *Hanau* die Tendenz ein, die D&O-Versicherung aus einer Haftpflichtversicherung in eine allgemeine Versicherung des Unternehmens gegen durch Manager verursachte Vermögensschäden zu verwandeln bzw. mit diesem Ziel zu ergänzen.[129] Auch steuerrechtlich ist dies anerkannt.[130] Allerdings hat der Unternehmer

123 Zur Entwicklung *Lenz*, in: van Bühren, Handbuch Versicherungsrecht, 7. Aufl., § 25 Rn. 79; *Scholl*, D&O-Versicherung, Rn. 2; *Voit*, in: Prölss/Martin, VVG, 32. Aufl., AVB D&O A-1 Rn. 19. Für *Looschelders/Derkum*, ZIP 2017, 1249, steht die Abdeckung der Innenhaftung sogar im Vordergrund.

124 1.3 AVB-AVG ist nicht in A-1 AVB D&O übernommen worden. Zur Änderung krit. MünchKommVVG/*Ihlas*, 2. Aufl., Directors & Officers Versicherung Rn. 60: „ungeklärtes Rätsel“; zu den verschiedenen Einwänden gegen eine Versicherung von Ansprüchen im Innenverhältnis siehe dort Rn. 639 ff.

125 Weitere Einzelheiten bei *Frisch*, Haftungserleichterung für GmbH-Geschäftsführer, S. 67 ff.; *Schneider/Ihlas*, DB 1994, 1123, 1125 ff.; *Sieg*, BB 1996, 71, 74; *ders.*, VersR 1996, 1210, 1211 f.; *Thümmel/Sparberg*, DB 1995, 1023, 1016 ff.; siehe ferner *Hucke*, DB 1996, 2267, 2268 ff.

126 *Hanau*, FS E. Lorenz (2004), S. 283, 288 ff.; ebenso die ganz h.M.: MünchKommBGB/*Henssler*, 9. Aufl., § 619a Rn. 421 f.; *Koch*, FS Langheid (2022), S. 295, 306 f.; *Kuhn*, Haftung leitender Angestellter, S. 202 ff.; *Lange*, D&O-Versicherung, 2. Aufl., Rn. 1257; *Schaub/Linck*, Arbeitsrechts-Handbuch, 20. Aufl., § 59 Rn. 40; MHdB ArbR/*Reichold*, 6. Aufl., § 57 Rn. 51; *Scholl*, D&O-Versicherung, Rn. 81 ff.; *Waltermann*, RdA 2005, 98, 108; BeckOK ArbR/*Wullenkord*, BGB (Stand: 12/2024), § 619a Rn. 14.

127 Zum „Trennungsprinzip“ siehe RN 7.

128 HWK/*Krause*, 11. Aufl., § 619a BGB Rn. 39; *Otto*, FS 50 Jahre BAG (2004), S. 97, 114 ff.; dem folgend *Erne/Buksch*, GWR 2017, 371, 372 f.

129 *Hanau*, FS E. Lorenz (2004), S. 283, 290; siehe auch *Peltzer*, FS H. P. Westermann (2008), S. 1257, 1265, 1267 f.

130 Schreiben des BMF v. 24.1.2002 – IV C 5 – S 2332 – 8/02, DB 2002, 399 f., MünchKommVVG/*Ihlas*, 2. Aufl. Directors & Officers Versicherung Rn. 35 ff.

ohne besondere Vereinbarung keinen unmittelbaren Leistungsanspruch gegen den Versicherer.[131] Der versicherungsrechtliche Freistellungsanspruch (§ 100 VVG) steht vielmehr zunächst dem versicherten Arbeitnehmer zu. Dieser hat ein Recht darauf, sich wegen der ihm vorgeworfenen Pflichtverletzung oder unerlaubten Handlung zu rechtfertigen bzw. zu entlasten und damit dem Freistellungsanspruch die Grundlage zu nehmen. Anders als nach § 156 VVG a.F. kann die Abtretung des Freistellungsanspruchs an den Geschädigten gemäß § 108 Abs. 2 VVG seit der VVG-Novelle 2008 durch AVB aber nicht mehr ausgeschlossen werden.[132] Dies hat auch in A-9 AVB D&O 2020 seinen Niederschlag gefunden. Im Schrifttum wird daher vom „faktischen Direktanspruch" gesprochen.[133] Zudem hat der BGH eine Abtretbarkeit des Freistellungsanspruchs in Innenhaftungsfällen sogar an das geschädigte Unternehmen selbst bejaht, indem das Unternehmen als geschädigter Dritten eingestuft wurde.[134] Mit der wirksamen Abtretung verwandelt sich der Freistellungsanspruch in einen Zahlungsanpruch gegen den Versicherer,[135] was insbesondere auch in Innenhaftungsfällen im Rahmen einer D&O-Versicherung gilt.[136] Im Rahmen der prozessualen Geltendmachung des Deckungsanspruchs durch den Arbeitgebers gegen den Versicherer wird dann der Haftpflichtanspruch des Arbeitgebers gegen den Arbeitnehmer inzident geprüft.[137] Damit besteht erst recht kein hinreichender sachlicher Grund, den Versicherer allein durch die Berufung auf die arbeitsrechtliche Haftungsprivilegierung des schädigenden Arbeitnehmers zu entlasten. Auch ist es zweifelhaft, ob sich die Prämienkalkulation im Hinblick auf leitende Angestellte an den Grundsätzen über die eingeschränkte Arbeitnehmerhaftung orientiert,[138] der Arbeitgeber also übermäßig profitieren würde. Zudem kann sich der Inhalt des geltende Rechts ohnehin nicht an den internen Kalkulationen der Versicherungswirtschaft orientieren. Allerdings ist klarzustellen, dass sich nicht etwa der Umfang des Freistellungsanspruchs mit der Abtretung an den Arbeitgeber verändert.[139] Vielmehr führt die Existenz einer vom Arbeitgeber finanzierten versicherungsrechtli-

131 So OLG München 15.3.2005 – 25 U 3940/04 –, DB 2005, 1675; OLG Köln 2.9.2008 – 9 U 151/07 –, VersR 2008, 1673; LG Marburg 3.6.2004 – 4 O 2/03 –, DB 2005, 437. Insoweit überzeugend *Dreher*, DB 2005, 1669 ff., *Dreher/Thomas*, ZGR 2009, 31, 35 ff. und *v. Westphalen*, DB 2005, 431 ff., die auf die Frage der Haftungsprivilegierung allerdings nicht eingehen.

132 Vgl. *Dreher/Thomas*, ZGR 2009, 31, 41 ff.; MünchKommVVG/*Ihlas*, 2. Aufl., Directors & Officers Versicherung Rn. 408 ff. Zu dieser Konstellation ausführlich *Ingwersen*, Die Stellung des Versicherungsnehmers bei Innenhaftungsfällen in der D&O-Versicherung, S. 146 ff., 186 ff.

133 MünchKommVVG/*Ihlas*, 2. Aufl., Directors & Officers Versicherung Rn. 422 f. Zu dem komplexen Problemfeld siehe dort Rn. 424 ff.

134 BGH 13.4.2016 – IV ZR 304/13 –, BGHZ 209, 373 = NJW 2016, 2184; 13.4.2016 – IV ZR 51/14, AG 2016, 395. Hierzu *Koch*, VersR 2016, 765 ff. Zur Prozessführung durch den Versicherungsnehmer siehe BGH 5.4.2017 – IV ZR 360/15 –, NJW 2017, 2466.

135 *Lücke*, in: Prölss/Martin, VVG, 32. Aufl., § 108 VVG Rn. 26.

136 NK-VersR/*Heinrichs*, VVG, 3. Aufl., § 108 VVG Rn. 14.

137 Vgl. BGH 12.3.1975 – IV ZR 102/74 –, NJW 1975, 1276, 1277; *Dreher/Thomas*, ZGR 2009, 31, 43.

138 So aber *Kuhn*, Haftung leitender Angestellter, S. 202; *Waltermann*, RdA 2005, 98, 108; BeckOK ArbR/*Wullenkord*, BGB (Stand 12/2024), § 619a Rn. 14.

139 So der Einwand von *Lange*, D&O-Versicherung, 2. Aufl., Rn. 1257, unter Hinweis auf § 404 BGB.

chen Abdeckung des Schadensersatzrisikos zumindest bei der D&O-Versicherung von vornherein zu einer eigenständigen Risikoverteilung. Zumindest aber entfällt der Grund für die Haftungsprivilegierung insoweit, als diese nicht auf dem betrieblichen Risiko, sondern auf der sozialen Schutzwürdigkeit des Arbeitnehmers infolge seiner wirtschaftlichen Schwäche beruht.[140] Verklagt der Arbeitgeber den Arbeitnehmer somit gegebenenfalls erfolgreich auf Leistung von Schadensersatz, muss dieser durch die Formulierung des Urteilstenors freilich davor geschützt werden, mit seinem ganzen Vermögen für den vollen Schaden (mit Ausnahme des üblichen Selbstbehalts) einzustehen.[141] Ein Urteil könnte daher beispielsweise lauten: „Der Arbeitnehmer wird zur Zahlung von 50.000 EUR verurteilt. Hinsichtlich des 5.000 EUR übersteigenden Betrages beschränkt sich die Haftung gegenständlich auf die aufgrund der Versicherungspolice (genaue Bezeichnung) geschuldete Versicherungsleistung."[142]

Zu den Schwächen der genannten Betriebs- bzw. Berufshaftpflichtversicherungen 28
zählt in erster Linie der – durch den teilweise hohen Verbreitungsgrad allerdings gemilderte – fehlende allgemeine gesetzliche Zwang zum Abschluss einer derartigen Versicherung.[143] Immerhin hat der Bundes- und Landesgesetzgeber den Abschuss einer Pflichtversicherung für überraschend zahlreiche Berufsgruppen bzw. Branchen vorgeschrieben.[144] Zum einen existiert für eine Reihe von **freien Berufen** eine **Berufshaftpflichtversicherungspflicht** (**Rechtsanwälte**, § 51 BRAO, **Notare**, § 19a BNotO, **Steuerberater**, § 67 StBerG, **Wirtschaftsprüfer**, § 54 WPO). Zum anderen spielt bei den **Branchen** der **Güterverkehr** eine besondere Rolle.[145] So gilt für den innerdeutschen Güterkraftverkehr gemäß § 7a GüKG eine Versicherungspflicht hinsichtlich der Schäden, für die der Unternehmer nach dem Vierten Abschnitt des HGB in Verbindung mit dem Frachtvertrag haftet.[146] Für den **Luftverkehr** ist § 50 LuftVG einschlägig.[147] Zu nennen ist schließlich das **Bewachungsgewerbe**, für das § 14 der BewachungsV i.V.m. § 34a Abs. 1 S. 3 Nr. 4 GewO eine Pflichthaftpflichtversicherung vorschreibt, die auch Ansprüche gegen das Bewachungspersonal einschließt.

Ist der Arbeitnehmer nach Maßgabe der vorstehenden Ausführungen in den Ver- 29
sicherungsschutz bestehender Versicherungen einbezogen, geht der **Freistellungsanspruch** des Arbeitnehmers gegen den Arbeitgeber primär dahin, alles zu tun, um **bei dem Versicherer die Deckung des Schadens des geschädigten Dritten** durchzuset-

140 Zu den Prinzipien der Haftungsentlastung siehe § 3 RN 2ff.

141 Näher dazu *Otto*, FS 50 Jahre BAG (2004), S. 97, 119 f.

142 Zur vollstreckungsrechtlichen Lösung krit. aber *Hanau*, FS E. Lorenz (2004), S. 283, 304.

143 Zu den Gründen gegen die Einführung einer gesetzlichen Betriebshaftpflichtversicherung *Annuß*, Haftung des Arbeitnehmers, S. 44 f.; *Denck*, Außenhaftung, S. 291 f.; *Lichtenberg*, Haftpflichtrisiko, S. 238 f.

144 Vgl. die Auflistung der Pflichtversicherungen auf der Ebene des Bundes und der Länder durch die Bundesanstalt für Finanzdienstleistungen http://www.bafin.de/SharedDocs/Downloads/DE/Liste/dl_li_vu_vers_mit_avbpflicht.pdf?__blob=publicationFile.

145 Unten RN 56ff.

146 § 7a GüKG i. d. F. vom 2.9.2004 (BGBl. I, S. 2302); in Bezug genommen ist das HGB in der durch das Transportrechtsreformgesetz vom 25.6.1998 (BGBl. I, S. 1588) geänderten Fassung.

147 Zur Luftfahrtversicherung siehe MünchKommVVG/*Sigl*, 2. Aufl., Luftfahrtversicherung.

zen, notfalls auch auf dem Rechtsweg. Leistet der Versicherer an den Dritten, wird der Arbeitnehmer grundsätzlich selbst bei einer grob fahrlässigen Schadenszufügung in vollem Umfang geschützt.[148] Nur wenn und soweit die Deckung durch die genommene Versicherung ohne Verschulden des Arbeitgebers scheitert, gilt die normale nach Maßgabe des Verschuldens abgestufte Haftungsprivilegierung.[149] Dies betrifft insbesondere auf der einen Seite einen die Versicherungssumme überschreitenden Schaden, aber auch einen vereinbarten Selbstbehalt, sofern dieser zu Lasten des Arbeitgebers wirkt.

30 Fraglich ist, **in welcher Reihenfolge die Haftungsprivilegierung und der Selbstbehalt zum Tragen kommen.**[150] Bewertet man den Selbstbehalt des Arbeitgebers als maßgeblichen Schaden, hätte dies zur Folge, dass ein Arbeitnehmer z. B. bei einem mittleren Verschulden dem Arbeitgeber selbst einen geringen Selbstbehalt von 1.000 EUR nicht in voller Höhe ersetzen müsste, sondern nur bei grober Fahrlässigkeit.[151] Da dieses Ergebnis nicht überzeugt, verdient folgende Lösung den Vorzug: In einem ersten Schritt ist der Umfang der (privilegierten) Ersatzpflicht des Arbeitnehmers ohne Rücksicht auf den bestehenden Versicherungsschutz zu ermitteln (z. B. bei mittlerem Verschulden in Höhe von 5.000 EUR bei einem Schaden von 10.000 EUR). In einem zweiten Schritt ist der Selbstbehalt von 1.000 EUR als Haftungsobergrenze zu berücksichtigen. Bei einer Haftungssumme, die den Selbstbehalt übersteigt, wäre die Ersatzpflicht des Arbeitnehmers danach zwar stets auf den Betrag des Selbstbehalts fixiert, gleichgültig, wie hoch der Schaden ist. Man darf jedoch nicht übersehen, dass der vom Arbeitgeber finanzierte Versicherungsschutz im Beispielsfall schon zu einer Privilegierung des Arbeitnehmers im Umfang von 9.000 EUR führt. Das hier bevorzugte Vorgehen entspricht im Übrigen demjenigen bei einem konkreten Mitverschulden des Arbeitgebers: Dort soll das Mitverschulden des Arbeitgebers erst in Rechnung gestellt werden, wenn die Haftungsverteilung nach den richterrechtlichen Grundsätzen des innerbetrieblichen Schadensausgleichs abgeschlossen ist.[152]

31 Soweit keine gesetzliche Versicherungspflicht des Arbeitgebers besteht, stellt sich vor dem Hintergrund von § 102 Abs. 1 S. 1 VVG die **Frage**, ob im Verhältnis zum Arbeitnehmer eine **Vertragspflicht** zum Abschluss einer Betriebs- bzw. Berufshaftpflichtversicherung anzunehmen ist. Das BAG tendiert einerseits dahin, aus dem Gedanken der Fürsorgepflicht nur denjenigen Versicherungsschutz zu verlangen, der gesetzlich vorgeschrieben ist.[153] Andererseits ist die Versicherbarkeit eines Risikos schon frühzeitig generell zu den Umständen gezählt worden, die bei der innerbetrieb-

148 Im Ergebnis zutreffend *Gross/Wesch*, NZA 2008, 849, 850.

149 Vgl. § 9 RN 13 ff.

150 Diese Frage wird von § 114 Abs. 2 S. 2 VVG nicht geregelt.

151 So das ArbG Zürich 12. 8. 2003 – AN 03058 –, nach *R. Müller*, Mitteilungen des Schweizer Instituts für Arbeitsrecht 2006, 13, 29, für die Fahrzeugkaskoversicherung. Siehe dazu auch RN 17.

152 Unten § 12 RN 1 ff.

153 BAG 9. 8. 1966 – 1 AZR 473/65 –, AP § 611 BGB Haftung des Arbeitnehmers Nr. 39; 22. 3. 1968 – 1 AZR 392/67 –, AP § 67 VVG Nr. 2; 1. 12. 1988 – 8 AZR 65/84 –, AP § 840 BGB Nr. 2 = NZA 1989, 796.

lichen Schadensverteilung zu berücksichtigen seien.[154] Das Schrifttum hat sich zuweilen für eine echte Rechtspflicht zum Abschluss einer Betriebshaftpflichtversicherung ausgesprochen.[155] Damit wird vor allem bezweckt, den Arbeitnehmer vor den Risiken der Außenhaftung im Falle eines insolventen Arbeitgebers und damit eines wertlosen Freistellungsanspruchs frühzeitig zu bewahren. Überwiegend beschränkt man sich jedoch darauf, dem Arbeitgeber die nicht genutzte Versicherungsmöglichkeit im Rahmen des innerbetrieblichen Schadensausgleichs als Obliegenheitsverletzung anzulasten.[156] *Sandmann* kritisiert zwar die Bejahung einer Obliegenheit, aber die von ihm stattdessen befürwortete, auf § 242 BGB gestützte Schadensvorsorgepflicht soll ebenfalls keine Versicherungspflicht begründen.[157]

In der Tat würde man die Fürsorgepflicht[158] überstrapazieren, wenn man aus ihr 32
eine generelle Vertragspflicht herleiten würde, eine Betriebs- bzw. Berufshaftpflichtversicherung zu nehmen. Dagegen ist eine **Obliegenheit** des Arbeitgebers zum Abschluss einer solchen Versicherung in den Berufen bzw. Branchen **zu bejahen**, in denen diese einen **hohen Verbreitungsgrad** hat und die **Prämien dem Arbeitgeber wirtschaftlich zumutbar** sind.[159] Hierbei muss das Personal selbstverständlich in den Versicherungsschutz einbezogen werden.[160] Für die weiteren Konditionen ist auf die Marktüblichkeit abzustellen.[161] Dies bedeutet, dass Schäden Dritter, die sonst durch eine übliche Betriebshaftpflichtversicherung gedeckt wären, im Innenverhältnis zwischen den Arbeitsvertragsparteien dem Arbeitgeber zur Last fallen. Ebenso ist der Arbeitnehmer in den Fällen des „kranken" Versicherungsverhältnisses zu schützen, soweit die den Mitversicherten vor einem Regress schützende Norm des § 123 VVG nicht zur An-

---

154 BAG 19.3.1959 – 2 AZR 402/55 – unter II 2 a, AP § 611 BGB Haftung des Arbeitnehmers Nr. 8.

155 *Becker-Schaffner*, VersR 1970, 893 ff.; *Stehl*, BlStSozArbR 1970, 284, 287; ansatzweise auch BGH 11.11.1969 – VI ZR 71/68 – unter IV 3, AP § 611 BGB Haftung des Arbeitnehmers Nr. 52; ebenso *Gumpert*, BB 1955, 480, 483.

156 *v. Bar*, AcP 181 (1981), 289, 322; *Gamillscheg/Hanau*, Haftung des Arbeitnehmers, 2. Aufl., S. 113 f. (anders aber *Hanau*, BB 1972, 4, 9); allgemein auch *A. Hueck*, Anm. zu BGH AP § 611 BGB Haftung des Arbeitnehmers Nr. 1 (unter 2).

157 Vgl. *Sandmann*, Haftung von Arbeitnehmern, S. 12 ff., 134 ff., insbesondere S. 146 ff.

158 Mit ihr hatte das BAG für den Fall der fehlenden eigenen Kfz-Haftpflichtversicherung des öffentlichen Arbeitgebers ursprünglich den Freistellungsanspruch des Arbeitnehmers, also eine echte Rechtspflicht begründet (11.6.1959 – 1 AZR 337/56 – unter 4 a, AP § 611 BGB Haftung des Arbeitnehmers Nr. 9).

159 Vgl. HWK/*Krause*, 11. Aufl., § 619a BGB Rn. 38; *Löwisch/Caspers/Klumpp*, Arbeitsrecht, 12. Aufl., Rn. 547; in diesem Sinne auch *Fischinger*, Haftungsbeschränkung, S. 558. So bereits *Gamillscheg/Hanau*, Haftung des Arbeitnehmers, 2. Aufl., S. 113 f.; *Hanau/Preis*, JZ 1988, 1072, 1075; *Otto*, Gutachten zum 56. DJT, S. E 70; ebenso § 99 Abs. 6 S. 2 des brandenburgischen Entwurfs für ein ArbVG, BR-Drucks. 671/96 vom 12.9.1996. Für eine Versicherungsobliegenheit mit einer Selbstbeteiligung von 5.000 DM sogar im Hinblick auf eine Zusatzversicherung für an sich gemäß § 4 Abs. 1 Nr. 6 Buchst. b AHB a.F. ausgeschlossene Bearbeitungsschäden in einem Kfz-Reparaturbetrieb LAG Köln 7.5.1992 – 5 Sa 448/91 –, NZA 1992, 1032. Im Ergebnis auch *Gross/Wesch*, NZA 2008, 849, 850. Siehe ferner die Überlegungen zur Fahrzeugversicherung unter RN 16 ff. Zurückhaltend MHdB ArbR/*Reichold*, 6. Aufl., § 57 Rn. 54.

160 Vgl. *Hubsch*, BB 1998, 690, 691 f.

161 Dazu näher *Hübsch*, BB 1998, 690, 692.

wendung kommt. Es fehlt an Versicherungsklauseln oder geschäftsplanmäßigen Erklärungen, die die Leistungsfreiheit oder zumindest den Regress des Versicherers zu Gunsten des Arbeitnehmers einschränken. Die dadurch dem Beschäftigten erwachsenden Gefahren scheinen im Baugewerbe durchaus real zu sein. Selbstverständlich bleibt die soeben geschilderte Schadensverteilung im Innenverhältnis zu Lasten des Arbeitgebers hiervon unberührt.

3. Dritte als Versicherungsnehmer

33 Soweit im Zusammenhang mit der Arbeitnehmerhaftung Dritte als Haftpflichtversicherungsnehmer angesprochen werden, geht es praktisch ausschließlich um den Kfz-Bereich. In Betracht kommen insoweit Fälle, in denen der in einer Kfz-Werkstatt oder einer Tankstelle Beschäftigte mit dem Fahrzeug eines Kunden einen Unfall verursacht. Hinsichtlich des Haftpflichtschadens gegenüber außenstehenden Vierten genießt der Arbeitnehmer wiederum gemäß A.1.2 c AKB 2015 Versicherungsschutz. Schäden des Arbeitgebers sind mangels eines Ausschlusstatbestandes ebenfalls gedeckt. Eine Einschränkung der Haftung des Beschäftigten im Verhältnis zum Arbeitgeber aus arbeitsrechtlichen Gründen ist – entsprechend den Überlegungen zur Rechtslage bei einer eigenen Kfz-Haftpflichtversicherung des Arbeitnehmers[162] – abzulehnen. Dagegen ist die Beschädigung des Kundenfahrzeuges selbst nach A.1.5.3 AKB 2015 nicht erfasst.[163]

34 Schädigt der Arbeitnehmer mit einem Kundenfahrzeug einen Vierten, kommt an sich ein Schadensersatzanspruch des Kunden gegen den Arbeitgeber auf Freistellung von der Haftung aus einer Pflichtverletzung des Reparatur- oder Reinigungsvertrages (§§ 280 Abs. 1, 241 Abs. 2, 278 BGB) in Betracht. Dennoch kann der Haftpflichtversicherer des Kunden nach Entschädigung des Vierten nicht gemäß § 86 Abs. 1 VVG Regress beim Arbeitgeber nehmen, weil der Arbeitgeber dann nämlich einen Rückgriffsanspruch gegen den Arbeitnehmer hätte, für den der Versicherer aber einstehen müsste. Dies ergibt sich aus einer teleologischen Reduktion des § 86 VVG[164] bzw. aus dem Einwand unzulässiger Rechtsausübung (§ 242 BGB)[165]. Falls der mitversicherte Arbeitnehmer im Einzelfall ausnahmsweise keine Deckung genießt (z. B. wegen der Führerscheinklausel nach D.1.1.3 AKB 2015), kann der Versicherer Regress nehmen, freilich beschränkt auf seine Leistungsfreiheit bis 5.000 EUR gemäß § 5 Abs. 3 KfzPflVV und D.2.3 AKB 2015.[166]

162 Vgl. dazu oben RN 11.

163 *Maier*, in: Stiefel/Maier, Kraftfahrtversicherung, 19. Aufl., AKB 2015 A.1.5 Rn. 227 ff.

164 OLG Hamburg 18.11.1969 – 7 U 108/68 –, VersR 1970, 537 f.

165 Vgl. BGH 8.12.1971 – IV ZR 102/70 – unter IV, AP § 611 BGB Haftung des Arbeitnehmers Nr. 68 = NJW 1972, 440; 5.2.1992 – IV ZR 340/90 –, BGHZ 117, 151, 153 ff. = NZA 1992, 688, 689; *Armbrüster*, in: Prölss/Martin, VVG, 32. Aufl., § 86 VVG Rn. 100. Krit. aber *Sieg*, VersR 1973, 194 f., der hierin eine über § 10 AKB a.F. hinausgehende und deshalb unzulässige Ausdehnung des Kfz-Haftpflichtversicherungsschutzes auf den unmittelbaren Fremdbesitzer eines versicherten Fahrzeugs sah. Gerade umgekehrt für eine Einbeziehung des Arbeitgebers in den Schutz der Kfz-Haftpflichtversicherung über den Wortlaut von § 10 AKB hinaus *Hirschberg*, VersR 1973, 786, 796; in diese Richtung bereits *ders.*, NJW 1972, 1451, 1452.

166 Vgl. zur Problematik LG Siegen 3.3.1972 – 1 O 18/72 –, VersR 1973, 263 f.

II. Sonstige Schadenversicherungen

1. Der Arbeitnehmer als Versicherungsnehmer

Als eine weitere, vom Arbeitnehmer genommene Schadenversicherung zur Deckung 35
eines bei betrieblicher Tätigkeit verursachten Schadens ist im vorliegenden Kontext praktisch allein die – freiwillige – **Fahrzeugversicherung (Kaskoversicherung)** relevant.[167] Dabei geht es um die Frage, wie sich eine solche Versicherung auf die an sich bestehende Pflicht des Arbeitgebers zum Ersatz des dem Arbeitnehmer an seinem eigenen, zu betrieblichen Zwecken eingesetzten Fahrzeug entstandenen Schadens[168] auswirkt. Insoweit spricht am meisten dafür, sich grundsätzlich an der bereits erörterten Rechtslage bei Inanspruchnahme durch einen geschädigten Dritten und bestehender freiwilliger Haftpflichtversicherung des Beschäftigten[169] zu orientieren. In beiden Konstellationen geht es nämlich gleichermaßen um das Verhältnis zwischen einem arbeitsrechtlichen und einem versicherungsrechtlichen Deckungsanspruch. Dementsprechend ist dem Arbeitnehmer regelmäßig ein Ersatzanspruch analog § 670 BGB ohne Rücksicht auf das Bestehen der Kaskoversicherung zuzubilligen.[170] Soweit der Kaskoversicherer zur Leistung verpflichtet und ohne Rechtsstreit bereit ist, muss sich der Beschäftigte unter dem Aspekt der Rücksichtnahme allerdings primär an den Versicherer halten. Eine solche Obliegenheit[171] liegt im Übrigen schon deshalb nahe, weil die Versicherungsleistung häufig den nach den Grundsätzen über die Arbeitnehmerhaftung zu bemessenden Ersatzanspruch gegen den Arbeitgeber übersteigen dürfte. Im Verhältnis zwischen Arbeitgeber und Kaskoversicherer sind wiederum keine durchgreifenden Gründe dafür ersichtlich, die Schadenstragung letztlich allein dem Versicherer aufzuerlegen.[172] Demzufolge kann der Fahrzeugversicherer gemäß § 86 VVG Regress beim Arbeitgeber nehmen, soweit dieser im Verhältnis zum Arbeitnehmer zum Ersatz verpflichtet ist.[173]

Geändert hat sich die Rechtslage in den Fällen **grober Fahrlässigkeit** des Arbeit- 36
nehmers im Verhältnis zum Arbeitgeber, soweit überhaupt Versicherungsschutz besteht (vgl. § 81 VVG). Anders als früher ist der Versicherer bei grober Fahrlässigkeit gemäß

---

167 Die Hausrat-Versicherung könnte nach VHB 2022 (QM), Stand: 5.2022, A 1.1, nur bei einem durch betriebliche Tätigkeit im häuslichen Bereich (Homeoffice) ausgelösten Brand mit dadurch verursachten Sachschaden schützen (https://www.gdv.de/resource/blob/6114/a8fa9b02e3afa59f345f59d61097bc3a/allgemeine-hausrat-versicherungsbedingungen-vhb-2022-quadratmetermodell–data.pdf). Gegenstände, die ausschließlich dem Beruf dienen, sind indes kein Hausrat, vgl. *Klimke*, in: Prölss/Martin, VVG, 32. Aufl., VHB A. § 6 Rn. 4.

168 Zur grundsätzlichen Pflicht des Arbeitgebers zum Ersatz von Eigenschäden des Arbeitnehmers siehe unten § 27 RN 1 ff.

169 Siehe dazu oben RN 7.

170 Zur Frage der Erstattung verlorener Prämienrabatte siehe § 27 RN 7, 21.

171 Vgl. RN 20.

172 § 16 RN 36 zum Übergang des Freistellungsanspruchs auf den Versicherer.

173 Zur Übergangsfähigkeit von Freistellungsansprüchen *Hanau*, VersR 1969, 291, 295; *Prölss*, Karlsruher Forum 1959, S. 41, 43.

§ 81 Abs. 2 VVG nunmehr nur noch berechtigt, die Leistung in einem der Schwere des Verschuldens des Versicherungsnehmers entsprechendem Verhältnis zu kürzen (sog. Quotenregelung).[174] Die Kürzung kann indes vollständig sein.[175] In der Praxis finden sich allerdings zunehmend Klauseln, in denen der Versicherer auf den Einwand der groben Fahrlässigkeit nach § 81 VVG verzichtet.[176] Soweit der Versicherer leistet, entfällt mangels sozialer Schutzbedürftigkeit ein Ersatzanspruch des Beschäftigten, falls dieser trotz grober Fahrlässigkeit überhaupt zu erwägen ist.[177] Beteiligt sich der Arbeitgeber in angemessener Höhe an den Kosten für die Kaskoversicherung, ist ferner in Anlehnung an die obigen Überlegungen[178] von einem stillschweigenden Verzicht des Arbeitnehmers auf den Ersatzanspruch aus § 670 BGB analog auszugehen.

2. Der Arbeitgeber als Versicherungsnehmer

a) Fahrzeugversicherung

37 Von größerer Bedeutung sind wiederum die Fälle, in denen der Arbeitgeber eine Kaskoversicherung für seine Betriebsfahrzeuge genommen hat.[179] Die Versicherungsdichte ist in diesem Bereich beträchtlich.[180] Um die Versicherungsprämien nicht in die Höhe schnellen zu lassen, werden zumeist Selbstbeteiligungen vereinbart (A.2.5.8 AKB 2015), in der Regel in Höhe von 300 EUR bis 1.000 EUR bei PKW[181]. Für andere Fahrzeuge findet man in neueren Urteilen Selbstbehalte von 500 EUR bis zu 5.000 EUR.[182] Diese Selbstbehalte sind nunmehr in engen Grenzen sogar bei Pflichtversicherungen zulässig, wirken dort aber nur zu Lasten des Versicherungsnehmers (§ 114 VVG).[183] Zur rechnerischen Berücksichtigung eines Selbstbehalts ist bereits Stellung bezogen worden.[184]

38 Soweit der Kaskoversicherer im Schadensfalle leistungspflichtig ist,[185] besteht eine Obliegenheit des Arbeitgebers gegenüber dem Arbeitnehmer, sich vorrangig an den

---

174 *Armbrüster*, in: Prölss/Martin, VVG, 32. Aufl., § 81 VVG Rn. 56 ff.; MünchKommVVG/*Looschelders*, 3. Aufl., § 81 Rn. 132 ff.; *E. Lorenz*, FS Deutsch (2009), S. 855 ff.

175 BGH 22.6.2011 – IV ZR 225/10 – Rn. 20 ff., BGHZ 190, 120 = NJW 2011, 3299 (absolute Fahruntüchtigkeit).

176 MünchKommVVG/*Looschelders*, 3. Aufl., § 81 Rn. 180; *E. Lorenz*, FS Deutsch (2009), S. 855, 867.

177 Vgl. dazu oben RN 7 f., 12.

178 Siehe oben RN 8, 13.

179 Vgl. für Österreich *Löschnigg*, Arbeitsrecht, 13. Aufl., 6/793 und 6/797; für die Schweiz *R. Müller*, Mitteilungen des Schweizer Instituts für Arbeitsrecht 2006, 13, 28.

180 Nach einer Marktanalyse der Volksfürsorge vom Dezember 1993 hatten 67 % aller Unternehmen bis 499 Beschäftigte eine Kfz-Vollkaskoversicherung abgeschlossen.

181 MHdB ArbR/*Reichold*, 6. Aufl., § 57 Rn. 54.

182 LAG Sachsen-Anhalt 26.5.2010 – 5 Sa 66/09 –, BeckRS 2010, 75188 (500 EUR bei LKW); LG Potsdam 8.2.2008 – 6 O 179/07 –, BeckRS 2008, 23760 (5.000 EUR bei Sattelzug).

183 Dazu näher bereits RN 17.

184 RN 30.

185 Siehe zum Versicherungsschutz trotz grober Fahrlässigkeit RN 36. Für die Unwirksamkeit der Ausschlussklausel A.2.3.2 AKB 2008 „Schaden aufgrund eines Betriebsvorgangs“ LG Stuttgart 17.2.2012 – 22 O 503/11 –, NJW-Spezial 2012, 491.

Versicherer zu halten und notfalls sogar den Rechtsweg zu beschreiten.[186] Der Versicherer wiederum kann gegen den berechtigten Fahrer aufgrund der bereits seit dem 1.1. 1971 geltenden Beschränkung gemäß § 15 Abs. 2 AKB 95 (jetzt A.2.8 Abs. 3 AKB 2015) nur bei vorsätzlicher oder grob fahrlässiger Herbeiführung des Schadensereignisses gemäß § 86 Abs. 1 S. 1 VVG Regress nehmen.[187] Dies ist aber selbst bei grober Fahrlässigkeit nicht uneingeschränkt der Fall.[188] Dabei muss sich das Verschulden entsprechend den allgemeinen versicherungsrechtlichen Grundsätzen zur Konkretisierung des Versicherungsfalls[189] nur auf das äußere Ereignis, das den Schaden unmittelbar auslöst, beziehen.[190] Die Rückgriffsbeschränkung ist in dogmatischer Hinsicht als pactum de non petendo einzuordnen, das dem Haftpflichtigen eine dauernde Einrede gegen eine Inanspruchnahme gewährt.[191] Die Kaskoversicherung wirkt damit partiell wie eine Haftpflichtversicherung des Arbeitnehmers.[192] Wenn der Arbeitnehmer danach keinen Versicherungsschutz genießt, geht der Anspruch insoweit auf den Versicherer über, als der Arbeitnehmer vom geschädigten Arbeitgeber in Anspruch genommen werden könnte.

Der durch die Fahrzeugversicherung herbeigeführte Schutz des Beschäftigten führt 39
zu der Frage, ob sich schon die für den Arbeitgeber bestehende **Möglichkeit, eine solche Versicherung zu nehmen**, zu Gunsten des Arbeitnehmers auswirkt. Das BAG sieht in der Regressbegrenzung keinen hinreichenden Grund, die ältere höchstrichterliche Rechtsprechung, nach der es keine allgemeine Pflicht des Arbeitgebers im Verhältnis zum Arbeitnehmer zum Abschluss einer Kaskoversicherung gibt,[193] zu ändern.[194] Danach trifft den Arbeitgeber eine derartige Pflicht lediglich dann, wenn eine entsprechende individual- oder kollektivrechtliche Vereinbarung dies vorschreibt.[195] Das Schrifttum ist dieser Sichtweise überwiegend gefolgt.[196] Demgegenüber haben die

186 *Gamillscheg/Hanau*, Haftung des Arbeitnehmers, 2. Aufl., S. 109 f.; MHdB ArbR/*Reichold*, 6. Aufl., § 57 Rn. 54. Vgl. für die Schweiz *R. Müller*, Mitteilungen des Schweizer Instituts für Arbeitsrecht 2006, 13, 28 f., für Österreich *Kerschner*, DHG, 3. Aufl., § 2 Rn. 19.

187 *Feyock/Jacobsen/Lemor*, Kraftfahrtversicherung, 3. Aufl., A.2 AKB 2008 Rn. 175, 192; MünchKommVVG/*Maier*, 2. Aufl., KraftfahrtV Rn. 254.

188 LAG Sachsen-Anhalt 26.5.2010 – 5 Sa 66/09 –, BeckRS 2010, 75188; LG Potsdam 8.2.2008 – 6 O 179/07 –, BeckRS 2008, 23760; MünchKommVVG/*Maier*, 2. Aufl., KraftfahrtV Rn. 254. Zur Rechtslage bei der Beschädigung eines Leasingfahrzeugs a.a.O. Rn. 404.

189 Vgl. BGH 18.12.1954 – II ZR 206/53 –, BGHZ 16, 37, 42 f. = NJW 1955, 419; 27.6.1957 – II ZR 299/55 –, BGHZ 25, 34, 36 ff. = NJW 1957, 1477; *Armbrüster*, in: Prölss/Martin, VVG, 32. Aufl., § 1 VVG Rn. 166.

190 *Feyock/Jacobsen/Lemor*, Kraftfahrtversicherung, 3. Aufl., § 7 AKB Rn. 25.

191 Vgl. *Möller*, FS Hauß (1978), S. 251, 265.

192 *Otto*, Gutachten zum 56. DJT, S. E 28; *Sommer*, NZA 1990, 837, 838.

193 BGH 10.1.1955 – III ZR 153/53 –, BGHZ 16, 111, 119 = AP § 611 BGB Haftung des Arbeitnehmers Nr. 1; BAG 22.3.1968 – 1 AZR 392/67 –, AP § 67 VVG Nr. 2.

194 BAG 24.11.1987 – 8 AZR 66/82 –, AP § 611 BGB Haftung des Arbeitnehmers Nr. 92 = NZA 1988, 584.

195 Siehe etwa die in BAG 24.11.1987 (FN zuvor) erwähnte Regelung des § 5 Abs. 3 MTV für die gewerblichen Arbeitnehmer des privaten Omnibusgewerbes NRW vom 7.4.1986.

196 *Brox*, Gem. Anm. zu BAG AP § 611 BGB Haftung des Arbeitnehmers Nr. 92 und 93 (unter II 1); *Schwerdtner*, DB 1988, 1799, 1801 f.; *Sommer*, NZA 1990, 837, 838 f.

Instanzgerichte sowie einzelne Stimmen in der Literatur wiederholt für eine echte Rechtspflicht des Arbeitgebers plädiert.[197] Stattdessen will das **BAG** „bei Abwägung aller für den Haftungsumfang maßgebenden Umstände zu Lasten des Arbeitgebers [lediglich] ins Gewicht fallen lassen, dass dieser für das Unfallfahrzeug keine Kaskoversicherung abgeschlossen hatte". Dies könne dazu führen, dass der Arbeitnehmer nur in Höhe einer Selbstbeteiligung hafte, die bei Abschluss einer Kaskoversicherung zu vereinbaren gewesen wäre.[198] Im Ergebnis läuft dies auf eine **Obliegenheit des Arbeitgebers zum Abschluss einer Fahrzeugversicherung** hinaus.

40 Der **Unterschied zwischen Rechtspflicht und Obliegenheit** ist keineswegs nur akademischer Natur. Würde man eine echte Pflicht des Arbeitgebers bejahen, so hätte der Arbeitnehmer unabhängig von einem Schadensfall einen einklagbaren Anspruch auf den Abschluss einer Kaskoversicherung. Vor allem aber müsste man ihm ein Leistungsverweigerungsrecht zubilligen, sofern der Arbeitgeber das Führen eines nicht kaskoversicherten Fahrzeugs anordnet.[199] Diese Konsequenzen zeigen, dass die **Annahme einer Rechtspflicht** nicht überzeugen kann. Den schutzwürdigen Interessen des Arbeitnehmers ist bereits damit hinreichend gedient, dass die Möglichkeit einer Kaskoversicherung im Rahmen des innerbetrieblichen Schadensausgleichs zu seinen Gunsten berücksichtigt wird. Demgegenüber ist eine **Obliegenheit** des Arbeitgebers zum Abschluss einer Fahrzeugversicherung zumindest im Grundsatz **zu bejahen.** Angesichts des hohen Verbreitungsgrades dieser Versicherung und der Zumutbarkeit der Prämienzahlung darf es dem Arbeitnehmer nicht zum Nachteil gereichen, wenn der Arbeitgeber aus wirtschaftlichen Gründen darauf verzichtet, hinreichende Eigenvorsorge zu betreiben.[200] Insoweit ähnelt die Rechtslage der bei dem Verleih eines Kraftfahrzeugs zu einer Probefahrt oder als Ersatzwagen, bei denen der Entleiher ohne einen gegenteiligen Hinweis auf das Bestehen einer Vollkaskoversicherung vertrauen darf.[201] Ein bloßer Hinweis könnte den Arbeitgeber mit Rücksicht auf die gebotene Risikoverteilung allerdings nicht entlasten.

---

197 LAG Bremen 31.1.1979 – 2 Sa 194/78 u. 203/78 –, DB 1979, 1235 f.; OLG Stuttgart 19.12.1979 – 1 U 88/79 –, EzA § 611 BGB Fürsorgepflicht Nr. 26; *Kohte*, BB 1983, 1603, 1609; *Wichmann*, AuR 1973, 105, 106; in diese Richtung auch LAG Rheinland-Pfalz 17.10.1980 – 6 Sa 452/80 –, DB 1981, 223, 224.

198 BAG 24.11.1987 – 8 AZR 66/82 – Leits. 3, AP § 611 BGB Haftung des Arbeitnehmers Nr. 92 = NZA 1988, 584; LAG Köln 22.12.2004 – 7 Sa 859/04 –, LAGE § 611 BGB 2002 Arbeitnehmerhaftung Nr. 1 (Selbstbehalt 500 EUR); LAG Rheinland-Pfalz 29.10.2015 – 3 Sa 464/14 – Rn. 69, BeckRS 2016, 67460.

199 *Arens*, BB 1988, 1596, 1598; *Sommer*, NZA 1990, 837, 838.

200 Ebenso *v. Bar*, AcP 181 (1981), 289, 321 f.; *Brox*, Gem. Anm. zu BAG AP § 611 BGB Haftung des Arbeitnehmers Nr. 92 und 93 (unter II 1); *Fischinger*, Haftungsbeschränkung, S. 558 f.; *Gamillscheg/Hanau*, Haftung des Arbeitnehmers, 2. Aufl., S. 112; *Hübsch*, BB 1998, 690, 691; HWK/*Krause*, 11. Aufl., § 619a BGB Rn. 40; *Otto*, Gutachten zum 56. DJT, S. E 70; *Wohlgemuth*, DB 1991, 910, 912. Widersprüchlich *Horbach*, Haftung, S. 191 ff.

201 BGH 7.6.1972 – VIII ZR 35/71 –, NJW 1972, 1363 f.; 10.1.1979 – VIII ZR 264/76, NJW 1979, 643, 644; OLG Hamm 17.12.1999 – 29 U 54/99 –, NJW-RR 2000, 1047 f. Zum Schutz des angestellten Fahrers eines Mieters bei einem gewerblichen Kfz-Mietvertrag mit der Klausel Haftungsbefreiung oder -reduzierung nach Art der Vollkaskoklausel durch den Grundgedanken des § 81 Abs. 2 VVG siehe BGH 11.10.2011 – VI ZR 46/10 –, NJW 2012, 222 ff.

Soweit es um die Voraussetzungen für das Bestehen einer Versicherungsobliegenheit im Einzelnen geht, hat das BAG nur verhältnismäßig unpräzise Kriterien entwickelt. Danach soll es neben dem Zeitwert des Fahrzeugs auch auf Umstände ankommen, die in der Person des Arbeitnehmers liegen, wie vor allem das Verhältnis zwischen Verdienst und Haftungsrisiko.[202] Ein Abstellen auf Aspekte, die an die Person des Beschäftigten anknüpfen, ist jedoch zumindest dann problematisch, wenn ein Betriebsfahrzeug – wie es häufig der Fall ist – von mehreren Arbeitnehmern abwechselnd gefahren wird.[203] Eine unterschiedliche Beurteilung hinsichtlich der Annahme einer Versicherungsobliegenheit je nach der Person des konkreten Fahrers bei ein und demselben Fahrzeug überzeugt nicht. Außerdem führt die Sichtweise des BAG wegen der Vielzahl der zu berücksichtigenden Gesichtspunkte zu erheblicher Rechtsunsicherheit für den Arbeitgeber bei der Frage, ob ihn eine Obliegenheit zum Versichern eines bestimmten Fahrzeugs trifft.[204] Es spricht deshalb mehr für eine vergleichsweise generelle Kaskoversicherungsobliegenheit, bei der es nur auf den Zeitwert des Fahrzeugs im Unfallzeitpunkt ankommt.[205] Neuerdings stellt sich bei grober Fahrlässigkeit des Arbeitnehmers zusätzlich die Frage, ob der Arbeitgeber über den partiellen Schutz durch § 81 Abs. 2 VVG hinaus, der bei der Anerkennung der Obliegenheit zu Gunsten des Arbeitnehmers berücksichtigt werden müsste,[206] den Arbeitnehmer so zu behandeln hat, als hätte er die grobe Fahrlässigkeit mitversichert. Dies wäre jedoch nur zu bejahen, wenn sich eine entsprechende Üblichkeit schon feststellen ließe. Anderenfalls bleibt es bei den allgemeinen Regeln für die Haftung bei grober Fahrlässigkeit. 41

Ein weiteres sich in diesem Zusammenhang stellendes Problem betrifft die Höhe der **Selbstbeteiligung**, die der Arbeitgeber vorsehen kann, ohne eine Obliegenheitsverletzung zu begehen. Das BAG hat insoweit im Falle eines Pkw bei einem Zeitwert von 8.000 DM einen Selbstbehalt von 650 DM[207] und im Falle eines Funkmietwagens bei einem Zeitwert von 10.500 DM eine Selbstbeteiligung von 2.000 DM[208] gebilligt.[209] Da die Reduzierung des Schadensersatzanspruchs auf den fiktiven Selbstbehalt dazu dient, die Belastung für den einzelnen Arbeitnehmer erträglich zu gestalten, konnte sich der Arbeitgeber nicht auf einen jährlichen unternehmensbezogenen Selbstbehalt von damals 250.000 DM berufen; das LAG Bremen wollte bei einem LKW nur 2.000 DM akzeptieren.[210] In der Tat sollte man für einen **PKW** die Obergrenze bei einem fiktiven Selbst- 42

202 Vgl. BAG 24.11.1987 – 8 AZR 66/82 –, AP § 611 BGB Haftung des Arbeitnehmers Nr. 92 = NZA 1988, 584.

203 *Brox*, Gem. Anm. zu BAG AP § 611 BGB Haftung des Arbeitnehmers Nr. 92 und 93 (unter II 1); *Sommer*, NZA 1990, 837, 839.

204 Deshalb krit. *Schwerdtner*, DB 1988, 1799, 1801.

205 Für eine allgemeine Kfz-Vollkaskoversicherungsobliegenheit des Arbeitgebers auch § 99 Abs. 6 S. 1 des brandenburgischen Entwurfs für ein ArbVG, BR-Drucks. 671/96 vom 12.9.1996. Eine zusätzliche Berücksichtigung des Arbeitseinkommens befürwortend aber *Walker*, NZA 1988, 753, 758.

206 Vgl. RN 35.

207 BAG 24.11.1987 – 8 AZR 66/82 –, AP § 611 BGB Haftung des Arbeitnehmers Nr. 92 = NZA 1988, 584.

208 BAG 24.11.1987 – 8 AZR 524/82 –, AP § 611 BGB Haftung des Arbeitnehmers Nr. 93 = NZA 1988, 579.

209 Weitere unveröffentlichte Fälle bei *Arens*, BB 1988, 1596, 1599.

210 LAG Bremen 26.7.1999 – 4 Sa 116/99 –, NZA-RR 2000, 126, 128.

behalt von 1.000 EUR ziehen.[211] Derselbe Betrag ist für die Vollkaskoversicherung eines **LKW** aber zu niedrig. Je nach dem **Wert des Fahrzeugs** (Kleintransporter, Lastzug, Omnibus, Tankwagen usw.) sind 2.500 bis 5.000 EUR angemessen. Die Erstattung eines solchen Betrages ist dem Arbeitnehmer regelmäßig zumutbar.[212] Deshalb darf man nicht zusätzlich davon ausgehen, dass der Anspruch des Arbeitgebers von vornherein nur in Höhe der Selbstbeteiligung besteht und somit in einem zweiten Schritt entsprechend der Haftungsquote zwischen Arbeitgeber und Arbeitnehmer noch einmal geteilt werden muss.[213]

43 Im Übrigen können die soeben dargelegten Grundsätze auch auf das **„kranke" Kaskoversicherungsverhältnis** angewendet werden, weil es im Verhältnis zwischen Arbeitgeber und Arbeitnehmer keinen Unterschied macht, ob der Arbeitgeber von vornherein auf den Abschluss einer Fahrzeugversicherung verzichtet oder ob er durch die Verletzung von Rechtspflichten oder Obliegenheiten seinen Versicherungsschutz ganz oder teilweise verloren hat.

b) Feuerversicherung und Technische Versicherungen

44 Zur Gruppe der Sachversicherungen (§§ 88 ff. VVG) zählen ferner die weit verbreitete **Feuerversicherung** (AFB 2010)[214] sowie die erhebliche seltenere Feuer-Betriebsunterbrechungsversicherung (FBUB 2010)[215]. Darüber hinaus bietet die Versicherungswirtschaft dem Arbeitgeber eine Reihe von sog. **Technischen Versicherungen** an, durch die er sich gegen verschiedene mit dem Betriebs- und Arbeitsprozess verbundene Risiken, auch Vermögensschäden, versichern kann. Genannt seien hier die Maschinenversicherung, die Elektronikversicherung, die Montageversicherung, die Bauleistungsversicherung und die verschiedenen Varianten der Technischen Betriebsunterbrechungsversicherung – vorrangig für den Ausfall von Maschinen.[216]

---

211 MHdB ArbR/*Reichold*, 6. Aufl., § 57 Rn. 54.

212 Vgl. *Otto*, Gutachten zum 56. DJT, S. E 70 f. Ebenso LAG Bremen 31.1.1979 – 2 Sa 194/78 u. 203/78 –, DB 1979, 1235 f.; LAG Niedersachsen 6.9.1982 – 14 Sa 65/82 –, DB 1982, 2628, 2629; *Däubler*, NJW 1986, 867, 871; *Walker*, NZA 1988, 753, 759. Nach dem Einkommen des Arbeitnehmers differenzierend *Hübsch*, BB 1998, 690, 691; zu restriktiv *Klimke*, DB 1986, 114, 116: Obliegenheit zur Versicherung ohne Selbstbeteiligung. Siehe ferner bereits LAG Stuttgart 26.1.1951 – II Sa 176/50 –, AP 52 Bd. I Nr. 7: Abschluss einer Kaskoversicherung ohne Selbstbehalt dem Arbeitgeber nicht zumutbar.

213 Vgl. RN 30; *Hübsch*, BB 1998, 690, 69; *Sommer*, NZA 1990, 837, 840. Im Ergebnis auch LAG Bremen 26.7. 1999 – 4 Sa 116/99 –, NZA-RR 2000, 126, 128. Anders aber *Arens*, BB 1988, 1596, 1600; LAG Sachsen-Anhalt 26.5.2010 – 5 Sa 66/09 –, BeckRS 2010, 75188; ArbG Zürich 12.8.2003 – AN 03058 –, abgedr. bei *R. Müller*, Mitteilungen des Schweizer Instituts für Arbeitsrecht 2006, 13, 29.

214 Hierzu *Armbrüster*, in: Prölss/Martin, VVG, 32. Aufl., AFB; *Brand*, in: Looschelders/Pohlmann, VVG, 4. Aufl., Teil 3 I Feuerversicherung.

215 Dazu *Armbrüster*, in: Prölss/Martin, VVG, 32. Aufl., FBUB. Hinzuweisen ist ferner auf die Inhaltsversicherung von Geschäften und Betrieben sowie die dynamische Sachversicherung des Gewerbes und freier Berufe; vgl. *Sieg*, BB 1994, 299, 300.

216 Zu diesen Versicherungsarten näher MünchKommVVG/*Günther/Eckes*, 2. Aufl., Technische Versicherungen Rn. 1 ff.; *Voit*, in: Prölss/Martin, VVG, 32. Aufl., Technische Versicherungen.

Diese Versicherungen zeichnen sich dadurch aus, dass sie grundsätzlich **keine Regressbeschränkung** zu Gunsten des Arbeitnehmers enthalten, d. h. dieser kann nach Maßgabe der Haftungsprivilegierung in Anspruch genommen werden. Eine Ausnahme gilt insoweit allerdings für die Elektronikversicherung und die Maschinen-Betriebsunterbrechungsversicherung, deren Tarifklauseln 1820 bzw. 4820 einen Regressverzicht zu Gunsten des Personals des Versicherungsnehmers vorsehen, soweit der Schaden nicht vorsätzlich oder grob fahrlässig herbeigeführt worden oder durch eine Haftpflichtversicherung gedeckt ist.[217] Außerdem existierte von 1961 bis 2017 ein **Abkommen der deutschen Feuerversicherer**, an dem sich auch Hausrat- und Wohngebäudeversicherer beteiligt hatten, über einen allgemeinen unentgeltlichen Regressverzicht bei übergreifenden Schadensereignissen hinsichtlich bestimmter Schadenssummen.[218] Die für den Verzicht festgelegte untere Grenze der Schadenssumme von seinerzeit über 150.000 EUR galt gemäß Nr. 6 b RVA nicht, wenn eine Haftpflichtversicherung den Schaden nicht decken würde, eine Regelung, die gerade auch den Arbeitnehmern gemäß Nr. 4 RVA zugutekam, wenn sie nicht vorsätzlich gehandelt hatten (Nr. 5 c).[219] Die Aufhebung dieses Regressverzichtsabkommens zum 31.12.2017 beruht offenbar auf den mittlerweile verbesserten Möglichkeiten, potenzielle Schäden durch eine Haftpflichtversicherung zu decken.[220] 45

Im Übrigen ist zwar anerkannt, dass der Versicherer dann keinen Regress nehmen kann, wenn sich der in Anspruch genommene Dritte, also auch der Arbeitnehmer, selbst wiederum beim Versicherungsnehmer schadlos halten könnte. Zur Begründung beruft man sich teilweise auf eine teleologische Reduktion des § 86 VVG (§ 67 VVG a.F.)[221], überwiegend auf den Einwand unzulässiger Rechtsausübung (§ 242 BGB).[222] Hierdurch wird der Arbeitnehmer aber nur in dem Maße geschützt, in dem der von ihm verursachte Schaden nach den Grundsätzen des innerbetrieblichen Schadensausgleichs vom versicherten Arbeitgeber zu tragen ist. Folglich könnte beispielsweise ein Beschäftigter, sofern und soweit er dem Arbeitgeber nach allgemeinen arbeitsrechtlichen Grundsätzen haftet, gemäß § 86 Abs. 1 VVG von dessen Schadenversicherer für den niederge- 46

---

217 Zur TK ABE 2020 https://www.gdv.de/resource/blob/6226/975e914e90aa3f84109c9107660742ee/06-klauseln-zu-den-allgemeinen-bedingungen-fuer-die-elektronikversicherung-tk-abe-2020-data.pdf; zur TK AMBUB 2018 https://www.gdv.de/resource/blob/5864/9774731500fa9f009adff90c3741e2f8/02-klauseln-zu-den-allgemeinen-bedingungen-fuer-die-maschinen-betriebsunterbrechungsversicherung-tk-ambub-2011-data.pdf.

218 Vgl. *Gamillscheg/Hanau*, Haftung des Arbeitnehmers, 2. Aufl., S. 116; *Hanau*, BB 1972, 4, 8; *Hübsch*, BB 1998, 690, 692; *Siegel*, VersR 2009, 46, 47 und 48 f.; MünchKommVVG/*Möller/Segger*, 3. Aufl., § 86 Rn. 269 f.

219 Fassung Januar 2010 unter http://www.gdv.de (Suchbegriff: Regressverzichtsabkommen); dazu *Siegel*, VersR 2009, 46 ff.

220 Vgl. *Armbrüster*, in: Prölss/Martin, VVG, 32. Aufl., § 86 VVG Rn. 160.

221 OLG Hamburg 18.11.1969 – 7 U 108/68 –, VersR 1970, 537 f.

222 Vgl. BGH 8.12.1971 – VI ZR 102/70 – unter IV, AP § 611 BGB Haftung des Arbeitnehmers Nr. 68 = NJW 1972, 440; *Armbrüster*, in: Prölss/Martin, VVG, 32. Aufl., § 86 VVG Rn. 100, *Sulleı/Winter*, VersR 1997, 1459 für die Maschinenversicherung.

brannten Betrieb und die folgende Betriebsunterbrechung in Anspruch genommen werden.[223]

47 Ein **weitergehender Schutz des Arbeitnehmers** lässt sich aus dem vom Arbeitgeber abgeschlossenen **Versicherungsvertrag** als solchem allenfalls begrenzt herleiten. Zum einen ist die Rückgriffsbeschränkung nach § 86 Abs. 3 VVG (Leben in häuslicher Gemeinschaft) einer analogen Anwendung auf sämtliche Betriebsangehörige nicht zugänglich.[224] Zum anderen können in den jeweiligen Sachversicherungsvertrag weder eine Ausdehnung des Deckungsschutzes zu Gunsten des Arbeitnehmers noch ein Regressverzicht hineininterpretiert werden. Allerdings wird im versicherungsrechtlichen Schrifttum zum Teil seit längerem vorgeschlagen, bestimmte potentiell Haftpflichtige in den Schutz der vom Eigentümer genommene Sachversicherung durch eine im Wege der Vertragsauslegung zu gewinnende Erweiterung des Versicherungsschutzes[225] bzw. eine Rückgriffsbegrenzung[226] einzubeziehen. Zu den dadurch Begünstigten sollen insbesondere auch Arbeitnehmer gehören, denen Arbeitsmittel nicht nur ganz vorübergehend zum bestimmungsgemäßen Gebrauch anstelle des Eigentümers überlassen worden sind.[227] Nach der bisherigen Ansicht des BGH sollte eine derartige Wertung ohne konkrete Anhaltspunkte im jeweiligen Versicherungsvertrag jedoch die der Auslegung gezogenen Grenzen übersteigen. Demgemäß lehnte es der BGH in ständiger Rechtsprechung lange ab, das Haftpflichtrisiko in reine Sachversicherungen einzubeziehen.[228]

48 Mit Urteil vom 8.11.2000 hat der **BGH** indessen seine Ansicht aufgegeben, in eine reine Sachversicherung des Vermieters könne ein Haftungsrisiko des Mieters nicht einbezogen werden.[229] So ist der vom Vermieter abgeschlossene Gebäudeversicherungsvertrag nunmehr ergänzend dahin auszulegen, dass ihm ein Regressverzicht des Versicherers zu Gunsten des Mieters für die Fälle zu entnehmen ist, in denen der Mieter einen Schaden durch einfache Fahrlässigkeit verursacht hat, und zwar selbst dann,

---

223 *Denck*, Außenhaftung, S. 28; *Otto*, Gutachten zum 56. DJT, S. E 28. Siehe auch BAG 3.8.1971 – 1 AZR 327/70 – unter 2 c, AP § 611 BGB Haftung des Arbeitnehmers Nr. 66 zur Waldbrandversicherung.

224 So auch BAG 22.3.1968 – 1 AZR 392/67 –, AP § 67 VVG Nr. 2; *Denck*, Außenhaftung, S. 29; *Armbrüster*, in: Prölss/Martin, VVG, 32. Aufl., § 86 VVG Rn. 97 ff. Siehe ferner BGH 30.4.1959 – II ZR 126/57 –, BGHZ 30, 40, 45 = NJW 1959, 1221, 1222.

225 Siehe *Fuchs*, BB 1992, 1217, 1220 f.; *Honsell*, VersR 1985, 301, 303 f.; *Martin*, VersR 1974, 821, 825. Dies soll allerdings nur dann gelten, wenn das Drittverhalten keine Risikoerhöhung bewirkt.

226 Vgl. *Armbrüster*, Schutz von Haftpflichtinteressen, S. 103 ff., 113 ff.; *ders.*, VersR 1994, 893, 896; *ders.*, NJW 1997, 177, 178. Ähnlich bereits *von Hippel*, NJW 1966, 1012, 1013 f.

227 *Armbrüster*, Schutz von Haftpflichtinteressen, S. 150.

228 Vgl. (zu verschiedenen Versicherungsarten) BGH 29.10.1956 – II ZR 64/56 –, BGHZ 22, 109, 114; 30.4.1959 – II ZR 126/57 –, BGHZ 30, 40, 43; 23.1.1991 – IV ZR 284/89 –, NJW-RR 1991, 527; 18.12.1991 – IV ZR 259/91 –, NJW 1992, 980, 981; 27.10.1993 – IV ZR 33/93 –, NJW 1994, 585, 586; 13.12.1995 – VIII ZR 41/95 –, BGHZ 131, 288; zögernd BGH 7.3.1990 – IV ZR 342/88 –, NJW-RR 1990, 1175, 1176. Abl. auch *Hübsch*, BB 1998, 690, 692 Fn. 32; *C. Huber*, VersR 1998, 265, 271 f.; *E. Lorenz*, VersR 1992, 399 ff.; *Sieg*, BB 1996, 71, 73 Fn. 29, 74.

229 BGH 8.11.2000 – IV ZR 298/99 –, BGHZ 145, 393, 397 f. = NJW 2001, 1353, 1354; ebenso BGH 13.9.2006 – IV ZR 273/05 – Rn. 8, BGHZ 169, 86 = NJW 2006, 3707; 15.11.2011 – II ZR 304/09 – Rn. 11, NJW-RR 2012, 280; 21.1.2014 – VIII ZR 48/13 –, VersR 2014, 999 m.w.N.

wenn der Mieter über eine den Schaden an gemieteten Sachen deckende Haftpflichtversicherung verfügt.[230] Der Regressverzicht soll aber nicht etwa einer eintrittspflichtigen Haftpflichtversicherung des Mieters zugutekommen.[231] Diese Grundsätze wendet der BGH auch auf den Fall eines unentgeltlichen Nutzungsverhältnisses an.[232] Der BGH erwägt darüber hinaus, dieselben Grundsätze heranzuziehen, wenn ein versicherter Verein durch ein Vereinsmitglied durch Arbeiten am Vereinsheim leicht fahrlässig geschädigt wird.[233] Deshalb liegt es jetzt nicht mehr so fern, diese Überlegungen **auf das Arbeitsverhältnis zu übertragen.**

Als zweite Möglichkeit zum Schutz des Arbeitnehmers bei Bestehen einer Sach- 49
versicherung ist an einen **arbeitsvertraglichen Haftungsausschluss** für die von der Versicherung gedeckten Schäden zu denken. Ein Regress des Versicherers nach § 86 Abs. 1 S. 1 VVG würde dann mangels eines übergangsfähigen Anspruchs ausscheiden. Zwar steht die Rechtsprechung der Annahme konkludenter Freizeichnungen in diesem Zusammenhang aufgeschlossen gegenüber.[234] Sie hat hierfür jedoch stets das Vorliegen konkreter Anhaltspunkte, etwa eine Überwälzung der Versicherungsprämie auf den späteren Schädiger, verlangt.[235] Dementsprechend würde es auf eine Fiktion hinauslaufen, wenn man jedem Arbeitsvertrag ohne weiteres eine vertragliche Haftungsreduktion zu Gunsten des Arbeitnehmers hinsichtlich der von der Sachversicherung umfassten Schäden entnehmen würde. Eine vom jeweiligen Vertrag gelöste Weiterentwicklung des objektiven Rechts[236] erscheint ebenfalls nicht möglich. Falls eine Freizeichnung ausnahmsweise bejaht werden kann, ist diese als Ausprägung des arbeitsrechtlichen Fürsorgegedankens anzusehen und führt deshalb nicht zu einer (partiellen) Leistungsfreiheit des Versicherers analog § 86 Abs. 2 VVG.[237] Im Übrigen verbleibt es dabei, dass einem Regress des Sachversicherers gegen den Arbeitnehmer in der Regel keine rechtlichen Hindernisse entgegenstehen. Zwar machen die Versicherer von dieser Möglichkeit tatsächlich kaum Gebrauch. Dies ändert aber nichts daran, dass insoweit eine Schutzlücke existiert.

---

230 BGH 13.9.2006 – IV ZR 273/05 – Rn. 9 ff., BGHZ 169, 86 = NJW 2006, 3707; 27.1.2010 – IV ZR 129/09 – Rn. 9, BGHZ 184, 148 = NJW-RR 2010, 691. Ausführlich zum Mieterregress und dessen eventueller Limitierung gemäß § 81 Abs. 2 VVG bei grober Fahrlässigkeit MünchKommVVG/*Möller/Segger*, 3. Aufl., § 86 Rn. 214 ff., 250 ff.

231 Zum Ausgleich unter den Versicherungen entsprechend den Grundsätzen der Doppelversicherung (jetzt § 78 VVG) unter Berücksichtigung des seinerzeitigen Regressverzichtsabkommens der Feuerversicherer BGH 27.1.2010 – IV ZR 129/09 – Rn. 11 ff., BGHZ 184, 148 = NJW-RR 2010, 691.

232 BGH 13.9.2006 – IV ZR 116/05 – Rn. 12, NJW 2006, 3711.

233 BGH 15.11.2011 – II ZR 304/09 – Rn. 12, NJW-RR 2012, 280.

234 BGH 29.10.1956 – II ZR 64/56 –, BGHZ 22, 109, 112 ff. = NJW 1956, 1915 f.; 30.3.1965 – VI ZR 248/63 –, BGHZ 43, 295, 299 f. = NJW 1965, 1269; 7.3.1990 – IV ZR 342/88 –, NJW-RR 1990, 1175, 1176; 13.12.1995 – VIII ZR 41/95 – BGHZ 131, 288 = NJW 1996, 715; siehe aber auch BGH 23.1.1991 – IV ZR 284/89 –, NJW-RR 1991, 527, 528. Dazu ausführlich *C. Huber*, VersR 1998, 265 ff.

235 Vgl. etwa BGH 30.4.1959 – II ZR 126/57 –, BGHZ 30, 40, 48 f. = NJW 1959, 1221 f.

236 In diesem Sinne wohl *Denck*, Außenhaftung, S. 29.

237 Zur Leistungsfreiheit des Versicherers nur bei ungewöhnlichen Haftungsausschlüssen siehe *Armbrüster*, in: Prölss/Martin, VVG, 32. Aufl., § 86 VVG Rn. 71.

50 Sofern ein Rückgriff des Versicherers gegen den Arbeitnehmer versicherungsrechtlich möglich ist, wird man eine **Obliegenheit** des Arbeitgebers zum Abschluss einer entsprechenden Versicherung de lege lata **zu verneinen haben.**[238] Wenn sich der Versicherer beim Beschäftigten schadlos halten kann, verbessert sich dessen Position durch das Bestehen einer Versicherung nämlich nicht.[239] Eine zusätzliche Obliegenheit des Arbeitgebers, den Arbeitnehmer vor einem Regress über das übliche Maß hinaus durch die Vereinbarung eines Haftungsausschlusses zu schützen,[240] geht zu weit und ist somit abzulehnen. In den Fällen einer Mitversicherung bzw. Rückgriffsbeschränkung zu Gunsten von Betriebsangehörigen ist außerdem darauf abzustellen, ob die jeweilige Versicherung im Berufszweig des Arbeitgebers bereits weit verbreitet ist.[241] Deshalb rechtfertigten etwa der hohe Verbreitungsgrad der **Feuerversicherung** zusammen mit dem erwähnten Regressverzichtsabkommen eine entsprechende Versicherungsobliegenheit des Arbeitgebers.[242] Mit dem Auslaufen des Regressverzichtsabkommens der Feuerversicherer zum 31.12.2017 (RN 45) lässt sich eine solche Obliegenheit indes nicht mehr annehmen. Angesichts des zunehmend unübersichtlicher und internationaler werdenden Versicherungsmarktes widerspricht es zudem dem Gebot der Rechtssicherheit, wenn man die Bejahung einer Obliegenheit schon auf das bloße Vorhandensein irgendeiner Versicherungsmöglichkeit stützen würde.[243]

c) Vertrauensschadenversicherung

51 Erwähnt sei schließlich noch die **Vertrauensschadenversicherung.**[244] Durch diese Versicherung kann der Arbeitgeber Deckung für primäre Vermögensschäden erlangen, die ihm durch Handlungen von Vertrauenspersonen, insbesondere Arbeitnehmern zugefügt worden sind (Personengarantieversicherung).[245] Hierbei werden Schäden

---

238 *Horbach*, Haftung, S. 195; *Hübsch*, BB 1998, 690, 691; in diesem Sinne auch LAG Rheinland-Pfalz 17.10. 1980 – 6 Sa 452/80 –, DB 1981, 223, 224: fehlende Kausalität einer Obliegenheitsverletzung bei grob fahrlässiger Herbeiführung des Versicherungsfalls i.S. des § 15 Abs. 2 AKB 95.

239 BAG 3.8.1971 – 1 AZR 327/70 – unter 2 c, AP § 611 BGB Haftung des Arbeitnehmers Nr. 66.

240 Hierfür bei „besonderen Risiken" *Gamillscheg/Hanau*, Haftung des Arbeitnehmers, 2. Aufl., S. 116.

241 So bereits *Otto*, Gutachten zum 56. DJT, S. E 70.

242 *Hanau/Preis*, JZ 1988, 1072, 1075; *Otto*, Gutachten zum 56. DJT, S. E 70; im Erg. auch *Hübsch*, BB 1998, 690, 692. Zurückhaltend MHdB ArbR/*Reichold*, 6. Aufl., § 57 Rn. 54. Abl. *Fischinger*, Haftungsbeschränkung, S. 559.

243 In diese Richtung aber *Hübsch*, BB 1998, 690, 693.

244 Zu einem konkreten Anwendungsfall siehe BAG 29.4.2021 – 8 AZR 276/20 – Rn. 11, AP § 611 BGB Haftung des Arbeitnehmers Nr. 150 = NZA 2021, 1465.

245 VerBAV 1974, 314 ff.; MünchKommVVG/*Grote*, 3. Aufl., Vertrauensschadenversicherung; *Koch/Sommer*, in: van Bühren, Handbuch Versicherungsrecht, 7. Aufl., § 19 mit dem Abdruck der Allgemeinen Bedingungen für die Vertrauensschadenversicherung (AVB-VSV/P) in Rn. 83; *Looschelders/Hofer*, in: Looschelders/Pohlmann, VVG, 4. Aufl., Teil 3 V Vertrauensschadenversicherung. Siehe ferner bereits *Sieg*, ZVersWiss 1963, 265 ff.

aufgrund vorsätzlicher unerlaubter Handlungen von Mitarbeitern erfasst.[246] Allerdings können auch fahrlässige Handlungen einbezogen werden. Das BAG hat eine Obliegenheit des Arbeitgebers zum Abschluss einer solchen Versicherung schon bei der Möglichkeit eines Regresses verneint.[247] Einen Unterfall der Vertrauensschadenversicherung stellt die Personenkautionsversicherung dar.[248] Hier tritt der Beschäftigte als Versicherungsnehmer, der Arbeitgeber als Versicherter auf (Fremdversicherung).[249] In allen Varianten kann es zu einem Regress des Versicherers gegen den (vorsätzlich handelnden) Arbeitnehmer kommen.[250] Soweit wegen eines vorsätzlich verursachten Schadens Ersatz geleistet worden ist, findet kein Rückgriff des Versicherers gegen Arbeitnehmer statt, die bei der Schadensentstehung fahrlässig mitgewirkt haben.[251]

3. Dritte als Versicherungsnehmer

Die Stellung Dritter als Versicherungsnehmer wird vor allem wiederum im Bereich der 52
Kfz-Fahrzeugversicherung virulent. Soweit das Fahrzeug eines Dritten, etwa des Kunden einer Kfz-Werkstatt oder einer Tankstelle, durch einen Arbeitnehmer während einer Fahrt beschädigt worden ist, gilt für den Beschäftigten als berechtigter Fahrer das Regressverbot des A.2.8 AKB 2015. Fraglich ist, ob der Kaskoversicherer des Dritten anstelle des Arbeitnehmers auf den Arbeitgeber zugreifen kann, der dem Dritten aus Vertragspflichtverletzung gemäß § 280 Abs. 1 BGB bzw. unter Umständen § 831 BGB haftet. Einem Regress steht zwar – anders als in den Haftpflichtfällen – nicht schon die Überlegung entgegen, dass der Arbeitgeber dann einen Rückgriffsanspruch gegen den Arbeitnehmer hätte, für den der Versicherer einzustehen hat, weil der berechtigte Fahrer in der Fahrzeugversicherung nur durch die Regressbeschränkung, nicht aber durch eine Einbeziehung seines Haftpflichtinteresses geschützt ist. Man wird in diesen Fällen aber das Rückgriffsverbot des A.2.8 AKB 2015 regelmäßig auf den Arbeitgeber selbst ausdehnen müssen, weil der Arbeitgeber versicherungsrechtlich nicht schlechter gestellt werden darf, als wenn er das Fahrzeug selbst gefahren hätte. Eine Risikoerhöhung ist darin nicht zu sehen.[252]

Ein weiteres Problem besteht darin, ob der kaskoversicherte Eigentümer uneinge- 53
schränkt auf den schädigenden Arbeitnehmer zugreifen kann oder ob ihn die Oblie-

---

246 *Koch/Sommer*, in: van Bühren, Handbuch Versicherungsrecht, 7. Aufl., § 19 Rn. 45 ff.; *Denck*, AuR 1988, 325, 328 Fn. 28; *Ostheimer*, BB 1988, Beil. 12, S. 22.

247 BAG 18.1.2007 – 8 AZR 250/06 –, Rn. 43, AP § 254 BGB Nr. 15 = NZA 2007, 1230. In diesem Sinne auch *Hübsch*, NZA-RR 1999, 393, 394; MHdB ArbR/*Reichold*, 6. Aufl., § 57 Rn. 54.

248 VerBAV 1974, 318 ff.

249 Vgl. BGH 24.11.1971 – IV ZR 71/70 –, NJW 1972, 437 f.

250 Vgl. BGH 11.7.1960 – II ZR 254/58 –, BGHZ 33, 97, 99 ff. = NJW 1960, 1903 ff.; 24.11.1971 – IV ZR 71/70 –, NJW 1972, 437, 438. Siehe auch LAG Bremen 1.2.1957 – 1 Sa 42/55 –, DB 1957, 460: Keine Pflicht des Arbeitgebers, sich vorrangig an den Kautionsversicherer zu halten, wenn dieser erst nach rechtskräftiger Feststellung der Haftpflicht des Arbeitnehmers einstandspflichtig ist.

251 Vgl. *Hanau*, BB 1972, 4, 8.

252 Siehe hierzu auch § 16 RN 35.

genheit trifft, vorrangig seine Versicherung in Anspruch zu nehmen, um den Beschäftigten durch die Regresslimitierung nach A.2.8 AKB 2015 zu schonen. Der BGH hat eine solche Obliegenheit in einem Fall, in dem der geschädigte Eigentümer eines Kfz wegen des Konkurses des Arbeitgebers unmittelbar gegen den Arbeitnehmer vorgegangen war, abgelehnt.[253] Allerdings lässt sich aus den weiteren Ausführungen des BGH herleiten, dass das Gericht die Inanspruchnahme des Arbeitnehmers dann als rechtsmissbräuchlich angesehen hätte, wenn der Arbeitgeber von vornherein erkennbar insolvent und deshalb von Anfang an nicht in der Lage gewesen wäre, den Arbeitnehmer durch Freistellung von einer möglichen Außenhaftung zu entlasten.[254] Es besteht jedoch keine Veranlassung, den Rechtsmissbrauchseinwand auf diesen Ausnahmefall zu beschränken. Vielmehr spricht der Arbeitnehmerschutzgedanke dafür, es dem Dritten bei einem von ihm versicherten Eigenschaden grundsätzlich zu verwehren, unmittelbar auf den schädigenden Arbeitnehmer zuzugreifen, sofern und soweit der Arbeitgeber bei seiner Inanspruchnahme durch den Dritten in der Durchsetzung des Regresses zu Lasten des Arbeitnehmers nach arbeitsrechtlichen Grundsätzen beschränkt ist.[255]

III. Sonderfälle

54 Abschließend sollen noch zwei Bereiche beleuchtet werden, in denen Haftpflicht- und Kaskoversicherungselemente ineinander verwoben sind und die sich deshalb einer einfachen Einordnung entziehen.

1. Sonderbedingungen für Kfz-Handel und -Handwerk

55 Für **Kfz-Handel und -Handwerk** existieren Sonderbedingungen zur Kfz-Haftpflicht- und Kaskoversicherung (KfzSBHH 2017), die auf den ständigen Durchlauf von Fahrzeugen Rücksicht nehmen.[256] Da im Rahmen der Haftpflichtversicherung die Bedingung A.1.5.3 AKB 2015 anwendbar ist, wonach Ansprüche wegen der Beschädigung des Fahrzeugs, auf das sich die Versicherung bezieht, ausgeschlossen sind, sind Sachschäden

253 BGH 18.3.1986 – VI ZR 213/84 –, NJW 1986, 1813, 1814.

254 So auch *Denck*, BB 1986, 1568, 1569. Im Übrigen nimmt die neuere Judikatur zunehmend eine Rücksichtnahmepflicht (§ 241 Abs. 2 BGB) des Geschädigten an, vorrangig den eigenen Versicherer und nicht den durch einen (konkludenten) Regressverzicht geschützten Schädiger in Anspruch zu nehmen, wobei der Schädiger den Schadensersatzanspruch aus einer schuldhaften Verletzung dieser Pflicht (§ 280 Abs. 1 BGB) dem Geschädigten gemäß § 242 BGB (dolo agit) entgegenhalten könne, verlangt hierfür aber stets eine schuldrechtliche Sonderverbindung zwischen dem Schädiger und dem Geschädigten, die zwischen dem Arbeitnehmer und einem außenstehenden Dritten indes nicht besteht, vgl. BGH 3.11.2004 – VIII ZR 28/04 –, NJW-RR 2005, 381; 10.11.2006 – V ZR 62/06 –, NJW 2007, 292; 21.1.2014 – VIII ZR 48/13 –, VersR 2014, 999; siehe dazu auch *Koch*, in: Bruck/Möller, VVG XII, 9. Aufl., A.2 AKB 2015 Rn. 719 f.

255 *Krause*, VersR 1995, 752, 760. Näher dazu § 19 RN 3.

256 Unverbindliche Musterbedingungen des GDV (Stand 8/2017). Abgedr. bei *Klimke*, in: Prölss/Martin, VVG, 32. Aufl., KfzSBHH.

an Kundenfahrzeugen nicht gedeckt.[257] Soweit jedoch eine Fahrzeugversicherung genommen ist, gewährt sie zugleich Haftpflichtschutz für Folgeschäden (vgl. A.4.2 KfzSBHH 2017). Im Übrigen gilt für die Kaskoversicherung aber A.2.2.2 AKB 2015. Somit sind Schäden, die nicht durch einen Unfall, sondern als Folge fehlerhafter Reparaturen entstehen, nicht gedeckt. Die Lücke kann durch eine Zusatz-Haftpflichtversicherung für Kfz-Handel und -Handwerk geschlossen werden.[258] Diese Versicherung bietet dem Arbeitgeber als Versicherungsnehmer sowie den Betriebsangehörigen Schutz bei Instandsetzungs- und sonstigen Arbeiten, die eine Beschädigung usw. fremder Fahrzeuge verursachen.

2. Transportschäden

Äußerst unübersichtlich ist die Rechtslage schließlich im rechtlich zersplitterten **Transportsektor.**[259] Insoweit kann hier lediglich ein grober Überblick gegeben werden. Für den Ersatz von Transportschäden kommen gegenwärtig vor allem zwei Versicherungsformen in Betracht: Die Güterversicherung, in den §§ 130 ff. VVG als **Transportversicherung** bezeichnet, ist eine Schadenversicherung, die vor allen Gefahren für die Güter während des Transports schützen soll.[260] Demgegenüber ist die Verkehrshaftungs- und Speditionsversicherung eine Haftpflichtversicherung i.S. der §§ 100 ff. VVG, die Transportunternehmern Schutz vor Haftungsrisiken in ihrer Eigenschaft als Verfrachter, Frachtführer, Spediteure und Lagerhalter wegen ihrer gewerblichen Tätigkeit bietet.[261] Die **Speditions- und Rollfuhrversicherung** war eine Schadenversicherung eigener Art[262], bei der der Deckungsanspruch des Geschädigten gegen den Speditionsversicherer an die Stelle der Haftung des Spediteurs trat (Haftungsersetzung durch Versicherung).[263] 56

257 BGH 13.3.1974 – IV ZR 30/73 –, VersR 1974, 637, 638.

258 Abgedr. mit Stand 5/2011 bei *Schurer*, in: Stiefel/Maier, Kraftfahrtversicherung, 19. Aufl., Musterbedingungen, Abschnitt 4.

259 Mit dem am 1.7.1998 in Kraft getretenen Transportrechtsreformgesetz (TRG), BGBl. I, S. 1588, hat der Gesetzgeber eine erhebliche Flurbereinigung durchgeführt. Einen Überblick über die Haftungsgrundlagen gibt *Koller*, in: Prölss/Martin, VVG, 32. Aufl., Verkehrshaftung Rn. 2 ff. Zu den Beschränkungen der Außenhaftung zu Gunsten des Arbeitgebers und deren Übertragbarkeit auf die Arbeitnehmer vergleiche § 18 RN 2.

260 MünchKommVVG/*Kollatz*, 3. Aufl., Vor §§ 130–141; *Koller*, in: Prölss/Martin, VVG, 32. Aufl., Transportversicherung; *Steinborn/Wege*, in: van Bühren, Handbuch Versicherungsrecht, 7. Aufl., § 18 Rn. 23 ff.

261 *Koller*, in: Prölss/Martin, VVG, 32. Aufl., Verkehrshaftung Rn. 1; *Steinborn/Wege*, in: van Bühren, Handbuch Versicherungsrecht, 7. Aufl., § 18 Rn. 153 ff.

262 Vgl. BGH 27.10.1967 – I b ZR 157/65 –, BGHZ 49, 160, 165 = NJW 1968, 591, 592. Die pflichtgemäße Speditions- und Rollfuhrversicherung aufgrund der §§ 41 Buchst. a, 63 Buchst. a ADSp a.F. (Voraufl., RN 251) ist jedoch im Zuge der Reform des Transportrechts abgelöst worden (*Kollatz*, in: Knorre/Demuth/Schmid, Handbuch des Transportrechts, 3. Auflage 2022, II. Kommentierung der Allgemeinen Deutschen Spediteur-Bedingungen (ADSp), Stand. 1. Januar 2017, Rn. 68 ff.

263 Zu allen Versicherungsarten eingehend *Helm*, 25 Jahre Karlsruher Forum 1983, S. 116 ff.

57 Die **Güterversicherung**,[264] die das Interesse des Absenders oder Empfängers der beförderten Güter deckt, kann grundsätzlich gegen die am Transport beteiligten Unternehmer sowie deren Bedienstete uneingeschränkt Regress nehmen. Die im Schrifttum zu Gunsten der Arbeitnehmer geforderte Obliegenheit des späteren Geschädigten zum Abschluss einer Güterversicherung[265] leuchtet daher nicht ein, weil sie grundsätzlich nur einen Wechsel in der Person des Ersatzberechtigten bewirkt.[266] Ein Schutz wird den Arbeitnehmern in diesen Fällen nur durch die Erstreckung gesetzlicher und vertraglicher Haftungsprivilegierungen des eigenen Arbeitgebers zuteil, die von vornherein zu einer Einschränkung der Außenhaftung und somit auch des Rückgriffsanspruchs führen.[267]

58 Die **Verkehrshaftungsversicherung**[268] bezieht die Haftpflicht von Arbeitnehmern des Versicherungsnehmers – anders als früher[269] – hingegen typischerweise ein.[270] Dies bestimmt Ziff. 2.2 der DTV-Verkehrshaftpflichtversicherungs-Bedingungen für die laufende Versicherung für Frachtführer, Spediteure und Lagerhalter (DTV-VHV laufende Versicherung 2003/2011). Darüber hinaus sieht Ziff. 10.1 DTV-VHV einen Verzicht auf den Rückgriff gegen den Versicherungsnehmer und dessen Arbeitnehmer vor, sofern der Schaden nicht vorsätzlich herbeigeführt worden ist. Gemäß § 7a GüKG ist diese Versicherung in dessen Anwendungsbereich sogar eine Pflichtversicherung i.S. der §§ 113 ff. VVG.[271]

264 *Koller*, in: Prölss/Martin, VVG, 32. Aufl., ADS Gü.

265 *Marly*, Anm. zu BGH LM § 242 (D) BGB Nr. 132.

266 *Krause*, VersR 1995, 752, 760.

267 Dazu unten § 18 RN 2ff.; *Krause*, VersR 1995, 752, 753ff.

268 *Koller*, in: Prölss/Martin, VVG, 32. Aufl., Verkehrshaftung.

269 Vgl. *Voigt*, VersR 1972, 1005, 1006f. Für das Personal des KVO- und des CMR-Frachtführers ausdrücklich auch *Helm*, in: Staub, HGB, 4. Aufl, § 429 Rn. 318.

270 *Koller*, in: Prölss/Martin, VVG, 32. Aufl., DTV-VHV Ziff. 2 Rn. 2; *Steinborn/Wege*, in: van Bühren, Handbuch Versicherungsrecht, 7. Aufl., § 18 Rn. 164.

271 *Koller*, in: Prölss/Martin, VVG, 32. Aufl., DTV-VHV Ziff. 10 Rn. 1. Für den Luftverkehr bestimmt dies § 50 LuftVG gerade auch im Hinblick auf Personenschäden. Wird der Passagier im Schadensfalle aus dieser Versicherung entschädigt, so erlischt der Schadensersatzanspruch. Hierdurch werden auch die Beschäftigten entlastet; vgl. *Sieg*, BB 1996, 71, 72. Zur Fluggastunfallversicherung siehe ferner *Fuchs*, BB 1992, 1217, 1218.

§ 12 Konkretes Mitverschulden des Arbeitgebers

I. Das Mitverschulden im innerbetrieblichen Schadensausgleich

Wie jede Schadenshaftung kann auch die des Arbeitnehmers durch ein Mitverschulden des Geschädigten gemäß § 254 BGB eingeschränkt werden.[1] Aus der Perspektive des innerbetrieblichen Schadensausgleichs interessiert allein das Mitverschulden des Arbeitgebers, nicht das des geschädigten Dritten. Denn nur im Verhältnis zwischen Arbeitgeber und Arbeitnehmer kommen arbeitsvertragliche Besonderheiten zum Tragen. 1

Zuerst muss dem Mitverschulden ein Platz im Gerüst des innerbetrieblichen Schadensausgleichs zugewiesen werden. Das **Mitverschulden des Arbeitgebers** ist **erst in Rechnung zu stellen**, wenn die **Haftungsverteilung nach den richterrechtlichen Grundsätzen der Arbeitnehmerhaftung abgeschlossen** ist.[2] Diese nämlich ziehen der Schadensverantwortung des Arbeitnehmers eine generelle und (mit-)verschuldensunabhängige Grenze. So könnte zum Beispiel bei einem Verkehrsunfallschaden in Höhe von 20.000 € die Risikoverteilung auf Grundlage der Rechtsprechung bei mittlerer Fahrlässigkeit zu einem Schadensanteil des Arbeitnehmers in Höhe von 10.000 € führen; dieser Anteil ist dann um den vom Arbeitgeber zu tragenden Mitverschuldensanteil (z. B. wegen unzureichend gewarteter Bremsen) zu kürzen. Wer die Enthaftung des Arbeitnehmers hinsichtlich des Betriebsrisikos ganz oder teilweise auf eine Analogie zu § 254 BGB stützt[3], hat folglich § 254 BGB zuerst analog, dann unmittelbar anzuwenden.[4] Das echte Mitverschulden kann – und in der Regel wird es – Verantwortungsbereiche des Arbeitgebers betreffen, die zu seinem „Betriebsrisiko" zählen, und bereits insoweit für die Schadensverteilung zwischen Arbeitgeber und Arbeitnehmer von Bedeutung sind. Darin liegt keine fragwürdige Doppelverwertung, weil es um zwei verschiedene Umstände geht: hier die Beherrschbarkeit beispielsweise des Personaleinsatzes oder des Zustandes der Arbeitsgerätschaften, dort das vorwerfbare Versagen beim Personaleinsatz oder bei der Materialbeschaffung.[5] 2

1 Siehe nur BAG 18.12.1970 – 1 AZR 177/70 – unter III 2, AP § 611 BGB Haftung des Arbeitnehmers Nr. 63 m. zust. Anm. *Medicus;* umf. zum Mitverschulden Looschelders, Die Mitverantwortlichkeit des Geschädigten im Privatrecht.

2 In umgekehrter Reihenfolge vorgehend BAG 18.1.2007 – 8 AZR 250/06 – Rn. 23 u. 29, AP § 254 BGB Nr. 15, das in casu allerdings Entlastung nach Grundsätzen der Arbeitnehmerhaftung verneint und daher die Reihenfolge nicht festlegen musste; ebenso BAG 19.11.1998 – 8 AZR 221/97 –, AP § 611 BGB Haftung des Arbeitnehmers Nr. 117. Wie hier BAG 16.2.1995 – 8 AZR 493/93 – unter II 1 und 4, AP a.a.O. Nr. 106; *M. Ahrens*, Anm. AP § 611 BGB Haftung des Arbeitnehmers Nr. 117 unter I.

3 § 5 RN 10 ff. Weiterhin BeckOGK/*Looschelders*, BGB (Stand: 03/2024), § 254 Rn. 129 f.; MünchArbR/*Reichold*, 6. Aufl., § 57 Rn. 28; *Rieger*, Anm. zu AP § 611 BGB Haftung des Arbeitnehmers Nr. 61.

4 BAG 3.11.1970 – 1 AZR 228/70 – Leits. 2 und II 2 a cc, AP § 611 BGB Haftung des Arbeitnehmers Nr. 61 m. insoweit zust. Anm. *Rieger*; *Medicus*, Anm. zu BAG 7.7.1970 – 1 AZR 507/69 – unter III, AP § 611 BGB Haftung des Arbeitnehmers Nr. 59.

5 Anders offenbar *Marhold*, JZ 1993, 910, 911 f., wie hier wohl *Medicus*, Anm. zu BAG 18.12.1970 – 1 AZR 177/70 – unter II 2, AP § 611 BGB Haftung des Arbeitnehmers Nr. 63.

https://doi.org/10.1515/9783110728606-014

3 § 254 BGB erfasst unmittelbar nur das **echte Mitverschulden.** Bloße Risikoerhöhungen sind bereits bei der spezifisch arbeitsrechtlichen Schadensverteilung berücksichtigt: folgt man der Rechtsprechung, im Rahmen der Einzelfallabwägung bei mittlerer Fahrlässigkeit;[6] folgt man der hier vertretenen Auffassung, durch die Haftungsbeschränkung auf grobe Fahrlässigkeit.[7] Nicht ausgeschlossen ist, dass der Arbeitgeber derartige besondere Schadensrisiken bewusst übernimmt; das kann anzunehmen sein, wenn der Arbeitgeber den Arbeitnehmer unter bewusster Inkaufnahme eines derartigen Risikos (z. B. Unerfahrenheit des Arbeitnehmers) einsetzt. Möglich ist zudem die haftungsentlastende Berücksichtigung **verschuldensunabhängiger Haftungstatbestände.** Die herrschende Meinung zu § 254 BGB rechnet ferner gesetzlich begründete **Gefährdungshaftungen** als Mitverschuldensanteile an.[8] Das gilt auch für das Verhältnis Arbeitnehmer-Arbeitgeber, denn die gesetzlich besonders ausgestaltete Gefährdungshaftung ist im allgemeinen Betriebsrisiko nicht enthalten. Die praktisch bedeutsame Betriebsgefahr des Kfz muss sich der Arbeitgeber als Kfz-Halter (§ 7 StVG) aber im Verhältnis zum Arbeitnehmer als Kfz-Führer bei Beschädigung des Fahrzeugs nicht entsprechend § 254 BGB entgegenhalten lassen, weil die Gefährdungshaftung nicht gegenüber dem Fahrer gilt (§ 8 StVG).[9] Fehlfunktionen bei der Nutzung von **KI-Systemen** gehören zum allgemeinen Betriebsrisiko des Arbeitgebers wie der Einsatz anderer Techniken. Dies ist in der Ausprägung besonderer Haftungsregeln bereits berücksichtigt. Eine Risikoverantwortung, die bei der konkreten Haftungsverteilung gem. § 254 BGB zusätzlich entlastend wirken könnte zu Gunsten des Arbeitnehmers, ist gesetzlich nicht vorgesehen. Die KI-VO statuiert oder fordert eine verschuldensunabhängige Haftung nicht.[10] Eine in der Literatur diskutierte verschuldensunabhängige Zurechnung KI-verursachter Schäden kraft Analogie zu §§ 278, 831, 833 BGB ist abzulehnen, da ein KI-System keine haftungsfähige Einheit ist und dem Arbeitgeber nicht den Regress gewährt, den er gegenüber Gehilfen hat. Davon zu trennen ist die punktuelle Anerkennung einer Risiko- oder Gefährdungsverantwortung. So gehört die Verwendung von KI im Rahmen von Fahrautomatik (§§ 1a ff. StVG) zum Halterrisiko gem. § 7 StVG, das analog § 254 BGB bei der konkreten Haftungsverteilung zu berücksichtigen ist. Im Rahmen der Mitverschuldensprüfung können auch Umstände berücksichtigt werden, die bereits an einer anderen Stelle des haftungsrechtlichen Systems von Bedeutung waren, soweit ihr Gewicht dort noch nicht ausgeschöpft ist. So

6 § 9 RN 27 ff.

7 § 9 RN 36 ff.

8 BGH 23.6.1952 – III ZR 297/51 –, BGHZ 6, 319 ff.; *Staudinger/Höpfner*, BGB (2021), § 254 Rn. 8 m.w.N.; MünchKommBGB/*Oetker*, 9. Auflage, § 254 Rn. 5. Für die Haftung aus §§ 833 – 838 BGB ist die Ausnahmeregelung des § 840 Abs. 3 BGB zu beachten. Zur Bedeutung gesetzlicher Verschuldensvermutungen RN 6.

9 BGH 30.5.1972 – VI ZR 38/71 –, NJW 1972, 1415 f.; *Staudinger/Höpfner*, BGB (2021), § 254 Rn. 9 m.w.N.; MünchKommBGB/*Oetker*, 9. Auflage, § 254 Rn. 14; anders OLG Düsseldorf 24.1.1974 – 12 U 46/73 –, DAR 1974, 157 f.

10 Auch der Vorschlag einer Haftungs-RL seitens der EU-Kommission sieht nur eine Verschuldenshaftung vor (FN 22).

kann nach den Umständen des Einzelfalls die Unerfahrenheit des Arbeitnehmers einmal den Vorwurf grober Fahrlässigkeit blockieren, darüber hinaus aber auch ein Mitverschulden des Arbeitgebers begründen.[11] Das Mitverschulden ist bei jedem Verschuldensgrad auf Seiten des schädigenden Arbeitnehmers in Betracht zu ziehen.

Nicht nur das eigene Fehlverhalten, auch solches seiner **Gehilfen** muss sich der Arbeitgeber gemäß §§ 254 Abs. 2 S. 2, 278 BGB zurechnen lassen.[12] In der Arbeitspraxis wird es sich meistens um Arbeitskollegen oder Vorgesetzte des Schädigers handeln, denen nach ihrer Arbeitsaufgabe (betrieblichen Funktion) die Wahrnehmung der Schadensvorbeugung im Interesse des Arbeitgebers oblag. So hatte im Heizkesselfall[13] der Arbeitgeber im Rahmen des § 254 BGB dafür einzustehen, dass der zur Beaufsichtigung eines Kohlenkarrers eingesetzte Kesselwärter abwesend war und der allein gelassene Kohlenkarrer infolgedessen in einer irrtümlich angenommenen Notlage selbst den Kessel bediente, was zu Schäden führte. Dagegen kann sich der Vorgesetzte nicht entlastend auf ein Fehlverhalten der ihm unterstellten Person berufen, wenn sein Fehlverhalten gerade in mangelnder Beaufsichtigung dieses Mitarbeiters liegt.[14] 4

§ 254 BGB ist auch bei der **Mankohaftung** anwendbar. Soweit es um Schadensersatzansprüche geht, versteht sich das von selbst. Aber auch wenn Erfüllungsansprüche (z.B. § 667 BGB analog) in Rede stehen, muss der Einwand erhoben werden können. Die Unterscheidung zwischen Erfüllungs- und Schadensersatzrecht ist in diesen Fällen fast nur eine konstruktive und ohne materiellen Erkenntniswert. Das BAG hat zu Recht eine entsprechende Anwendung des § 254 BGB bejaht.[15] 5

Im **Haftungsprozess** hat der Richter das Mitverschulden **von Amts wegen** zu berücksichtigen, eine besondere Geltendmachung durch den Arbeitnehmer ist nicht erforderlich.[16] Allerdings müssen entsprechende Tatsachen vorgetragen sein.[17] Das gilt auch für die Revisionsinstanz, wobei das Revisionsgericht auf die Überprüfung der ordnungsgemäßen Feststellung und Verwertung der Tatsachen durch die Tatgerichte sowie die Verletzung von Denkgesetzen und Erfahrungssätzen beschränkt ist.[18] Die 6

11 Enger wohl *Medicus*, Anm. zu BAG 7.7.1970 – 1 AZR 507/69 –, AP § 611 BGB Haftung des Arbeitnehmers Nr. 59.

12 BAG 25.9.1997 – 8 AZR 288/96 –, AP § 611 Haftung des Arbeitnehmers Nr. 111; BAG 21.5.2015 – 8 AZR 116/14 – Rn. 46, NZA 2015, 1517; MünchKommBGB/*Oetker*, 9. Aufl., § 254 Rn. 127 ff., 135; zum Einstehenmüssen für Organe und dessen Grenzen BAG 19.4.1974 – 3 AZR 379/73 –, AP § 611 BGB Haftung des Arbeitnehmers Nr. 75.

13 BAG 11.9.1975 – 3 AZR 561/74 – unter II 4 a, AP § 611 BGB Haftung des Arbeitnehmers Nr. 78 m. Anm. *Mühl*.

14 BAG 25.9.1997 – 8 AZR 288/96 –, AP § 611 Haftung des Arbeitnehmers Nr. 111.

15 BAG 26.1.1971 – 1 AZR 252/70 – unter 2 a, AP § 611 BGB Haftung des Arbeitnehmers Nr. 64 mit zust. Anm. *Gerhardt*.

16 BAG 21.5.2015 – 8 AZR 116/14 – Rn. 33, NZA 2015, 1517.

17 BAG 3.8.1971 – 1 AZR 122/71 – unter 5, AP § 611 BGB Haftung des Arbeitnehmers Nr. 66 („Anhaltspunkte im Parteivortrag") m. Anm. *Buchner*; 18.12.1970 – 1 AZR 177/70 – unter IV, AP § 611 BGB Haftung des Arbeitnehmers Nr. 63 m. Anm. *Medicus* – NJW 1971, 957, 958.

18 BAG 18.1.2007 – 8 AZR 250/06 – Rn. 25, AP § 254 BGB Nr. 15.

Beweislast für ein Mitverschulden und für seine Ursächlichkeit liegt beim schädigenden Arbeitnehmer.[19] Ihm können Beweiserleichterungen nach den allgemeinen Grundsätzen zur Hilfe kommen, namentlich die Mitwirkung des Arbeitgebers bei der Beweisführung hinsichtlich Umständen aus dessen Sphäre; dazu kann die Darlegung von Maßnahmen zur Schadensminderung gehören.[20] Dagegen kann sich der Arbeitnehmer nach der Rechtsprechung nicht auf Verschuldensvermutungen zu Lasten des Arbeitgebers aus besonderen gesetzlichen Haftungsregeln berufen (z. B. praktisch erheblich insbesondere für § 831 BGB).[21] Vielmehr müssen die das Mitverschulden begründenden Tatsachen feststehen. Das würde auch für die Verschuldensvermutung beim Einsatz von **KI-Systemen** zu gelten haben, die der Vorschlag einer Haftungs-RL der EU-Kommission vorsieht.[22]

II. Obliegenheiten des Arbeitgebers

7 Ein Mitverschulden des Arbeitgebers wird überwiegend bei der Schadensverursachung (§ 254 Abs. 1 BGB) und der Schadensabwendung (§ 254 Abs. 2 S. 1, 1 u. 2 Alt. BGB) relevant werden. Seltener wird das Mitverschulden im Rahmen der Schadensbeseitigung („Schadensminderung“, § 254 Abs. 2 S. 1 BGB) sein.[23] Die zuweilen aufgeworfene Frage, ob der geschädigte Arbeitgeber **anderweitige Ersatzmöglichkeiten** in Anspruch nehmen müsse, betrifft in der Regel die Fürsorgepflicht[24] und wird zu bejahen sein, wenn dem Arbeitgeber keine erheblichen Nachteile drohen. Der Blick in die Praxis der Gerichte zeigt, dass das Mitverschulden des Arbeitgebers oder eines seiner Erfüllungsgehilfen (entspr. § 278 BGB[25]) weniger als Fehlverhalten unmittelbar beim Schadensereignis vorkommt (etwa falsche Reaktion, Nichtanlegen eines Sicherheitsgurtes), sondern meistens spezifische Obliegenheiten bezüglich des Zusammenwirkens im Arbeitsver-

19 BAG 21.5.2015 – 8 AZR 116/14 – Rn. 47, NZA 2015, 1517; *Luckey*, in: Baumgärtel/Laumen/Prütting, Handbuch der Beweislast, 5. Aufl., § 254 BGB Rn. 1ff. und § 619a BGB Rn. 9.

20 BAG 21.5.2015 – 8 AZR 116/14 – Rn. 47, NZA 2015, 1517.

21 BGH 20.3.2006 – VI ZR 3/11 –, NJW 2012, 2425ff.

22 Art. 3 Abs. 5 des Vorschlags für eine Richtlinie des Europäischen Parlaments und des Rates zur Anpassung der Vorschriften über außervetragliche zivilrechtliche Haftung an künstliche Intelligenz (Richtlinie über KI-Haftung) COM(2022) 496 final.

23 Siehe aber BAG 18.12.1970 – 1 AZR 177/70 – unter IV, AP § 611 BGB Haftung des Arbeitnehmers Nr. 63 (Schadensminderung durch Anordnung von Überstunden).

24 Als Frage des Mitverschuldens betrachtet von ArbG Emden 3.10.1966 – Ca 200/65 –, ARST 1967, Nr. 78 (Verzicht des Arbeitgebers auf Anspruch gegen Dritten); LAG Berlin 4.5.1971 – 4 Sa 26/71 –, BB 1971, 1412 = DB 1971, 2366 (sowohl aus Schadensminderungs- wie Fürsorgepflicht). In BAG 5.3.1968 – 1 AZR 318/67 –, AP § 611 BGB Haftung des Arbeitnehmers Nr. 40, betraf die vorherige Inanspruchnahme des Dritten die Frage, ob dem Arbeitgeber überhaupt ein Schaden entstanden war; der Dritte war Auftraggeber des Arbeitgebers und verweigerte wegen eines Fehlers des Arbeitnehmers die Zahlung des vereinbarten Entgelts.

25 BAG 21.5.2015 – 8 AZR 116/14 – Rn. 46, NZA 2015, 1517; BAG 26.11.1969 – 1 AZR 200/69 – unter 4, AP § 611 BGB Haftung des Arbeitnehmers Nr. 50.

hältnis betrifft (unter 1). Nur sie bedürfen hier näherer Erörterung. Einen Sonderfall stellt die Verletzung von Pflichten zur Versicherung dar (unter 2).

1. Obliegenheiten aus betrieblichem Zusammenwirken

Der Arbeitnehmer erbringt seine Arbeitsleistung im Rahmen der betrieblichen Orga- 8
nisation. Diese Einbindung des Leistungsvorgangs fordert die **Mitwirkung des Arbeitgebers:** Er muss den Arbeitnehmer mit der Arbeitsorganisation vertraut machen, er hat in der Regel das Arbeitsgerät zu stellen und er hat – vor allem – den Arbeitsprozess selbst zu organisieren. Daraus erwächst nicht nur jene „Beherrschung" der Arbeitsorganisation, die einer der Gründe für generelle Haftungsverlagerungen zu Gunsten des Arbeitnehmers sind,[26] es entstehen auch Verhaltensobliegenheiten im Verhältnis zum einzelnen Arbeitnehmer. Wie jeder Geschädigte ist auch der Arbeitgeber im eigenen Interesse gehalten, die ihm zuzumutenden Vorkehrungen zur Vermeidung und Begrenzung von Schäden zu treffen (§ 254 BGB). Besonders ist aber die spezifische Prägung jener Obliegenheiten, die an die beherrschende Rolle des Arbeitgebers im Arbeitsprozess anknüpfen; sie fordern, dass der Arbeitgeber seine Organisationsgewalt auch im Sinne der Schadensvorbeugung einsetzt[27] und führen bei Defiziten zu einem Organisations(mit)verschulden.[28] Zwar steht dem Arbeitgeber bei der Organisation des Arbeitsprozesses seine **unternehmerische Freiheit** zur Seite, aber auch sie hat sich grundsätzlich den Geboten der Schadensvermeidung unterzuordnen. Was das im Einzelnen heißt, richtet sich nach den konkreten Umständen. Allerdings ist es nicht die Aufgabe des Richters, dem Arbeitgeber die (vermeintlich) bessere Arbeitsorganisation vorzuschreiben. Es kann nur darum gehen, das im Interesse der Schadensvorbeugung Notwendige und Zumutbare zu benennen.[29] Vor allem bei den Aufsichtspflichten des Arbeitgebers hat die Rechtsprechung diese Maxime nicht immer beherzigt.

a) Zuweisung der Arbeit

Schadensvermeidungsobliegenheiten treffen den Arbeitgeber bei Zuweisung der Arbeit, 9
zunächst bei der **erstmaligen Zuweisung** zu Beginn des Arbeitsverhältnisses oder einer **neuartigen Aufgabe** während des laufenden Arbeitsverhältnisses. Der Arbeitgeber (bzw. sein Vertreter) weiß um die Anforderungen der von ihm vergebenen Arbeit. Er wird aus diesem Informationsvorsprung oftmals erkennen können, ob der Arbeitnehmer überhaupt – nach Ausbildung, Konstitution, Reife usw. – **geeignet** ist, diese An-

26 § 3 RN 3 ff.

27 BAG 27.2.1970 – 1 AZR 150/69 – unter I 3, AP § 611 BGB Haftung des Arbeitnehmers Nr. 54 m. Anm. *Hueck*; weiterhin 18.6.1970 – 1 AZR 520/69 – unter 4 d, AP § 611 BGB Haftung des Arbeitnehmers Nr. 57 m. Anm. *Steindorff* = NJW 1970, 1861, 1862.

28 BAG 18.1.2007 – 8 AZR 250/06 – Rn. 25, AP § 254 BGB Nr. 15; 15.11.2001 – 8 AZR 95/01 –, AP § 611 BGB Haftung des Arbeitnehmers Nr. 121.

29 Das BAG (18.6.1970 – 1 AZR 520/69 – unter 4 d, AP § 611 BGB Haftung des Arbeitnehmers Nr. 57) spricht von „ordentliche[r] Organisation"; den sozialstaatlichen Aspekt bemüht *Steindorff*, Anm., a.a.O.

forderungen zu erfüllen. Ist das nicht der Fall, darf der Arbeitnehmer nicht mit der Aufgabe betraut werden. Andernfalls geht das in der fehlenden Eignung liegende Schadensrisiko voll zu Lasten des Arbeitgebers, und zwar wegen Mitverschuldens gemäß § 254 Abs. 1 BGB. Man kann in diesen Fällen sicher auch an eine (einverständliche) Veränderung der Verantwortungsbereiche zu Lasten des Arbeitgebers denken,[30] sodass die Haftung des Arbeitnehmers von vornherein entfiele. Doch dürfte dies in der Regel den erkennbaren Interessen des Arbeitgebers widersprechen, der, selbst wenn er um die Eignungsdefizite weiß, immer noch darauf setzt, sie möchten sich nicht auswirken.

10 An **Beispielsfällen** sind vor allem jene aus dem Straßenverkehr zu nennen. So kommt es nicht selten vor, dass der Arbeitgeber Kraftfahrer mit unzureichender Fahrpraxis – allgemein oder im Hinblick auf den benutzten Fahrzeugtyp – einsetzt.[31] Beruht ein Unfall allein oder jedenfalls auch darauf, muss sich der Arbeitgeber dies als Mitverschulden entgegenhalten lassen.[32] Je nach Lage des Falles kann die Haftung auch vollständig entfallen.[33] Die bewusste Überschreitung der zulässigen Höchstgeschwindigkeit ist hingegen kein typischer Anfängerfehler, den sich der Arbeitgeber entgegenhalten lassen müsste.[34] Weitere Beispiele aus der Instanzrechtsprechung: die Betrauung einfacher Schreibkräfte mit Buchhaltungsaufgaben,[35] die Beschäftigung eines Kohlenarbeiters als Filialleiter,[36] die Übertragung von Verwaltungsarbeiten auf unqualifizierte Kräfte nach Ausscheiden des Arbeitnehmers (infolgedessen Verjährung von Ansprüchen, die bereits der Arbeitnehmer nicht mit der gebotenen Sorgfalt verfolgt hatte).[37] Dagegen verletzt der Arbeitgeber keine Obliegenheit zur Schadensvermeidung, wenn er dem Arbeitnehmer einen Verantwortungsbereich zuweist, der außer Verhältnis zu dessen Gehalt steht;[38] vielmehr steht hier die soziale Schutzbedürftigkeit des Arbeitnehmers in Rede,[39] die über seine Fähigkeit zur Schadensvermeidung wenig besagt.

11 Der Arbeitgeber muss darüber hinaus den Arbeitnehmer über die Anforderungen seiner Arbeit („Aufgabe und Verantwortung sowie über Art seiner Tätigkeit und ihre Einordnung in den Arbeitsablauf des Betriebs“, vgl. § 81 Abs. 1 S. 1 BetrVG) **aufklären**

---

30 So *Medicus*, Anm. zu BAG 7.7.1970 – 1 AZR 505/69 – unter II, AP § 611 BGB Haftung des Arbeitnehmers Nr. 58; in diese Richtung auch BAG 6.7.1964 – 1 AZR 17/64 – unter 1 der Gründe, AP § 611 BGB Haftung des Arbeitnehmers Nr. 34 (kein Bruch des Arbeitsvertrages bzw. Einwand widersprüchlichen Verhaltens), in einem Fall, in dem der Arbeitgeber einen Fahrer einsetzte im Wissen um die fehlende Fahrerlaubnis. Dass diese Umstände zudem das Verschuldensmaß des Arbeitnehmers beeinflussen können, ist unter I dargelegt worden. Eher für den Einwand unzulässiger Rechtsausübung *Kohte*, DB 1982, 1617, 1619.

31 LAG Hannover 13.2.1958 – 3 Sa 466/57 –, BB 1958, 841.

32 BAG 18.1.1972 – 1 AZR 12/71 – unter II 2, AP § 611 BGB Haftung des Arbeitnehmers Nr. 69.

33 LAG Köln 3.12.2007 – 14 Sa 760/07 –, juris.

34 BAG 7.7.1970 – 1 AZR 507/69 – unter 4 b, AP § 611 BGB Haftung des Arbeitnehmers Nr. 59.

35 LAG Hamburg 13.1.1956 – 3 Sa 180/55 –, ARST XVI Nr. 82.

36 ArbG Kiel 9.4.1959 – 3b Ca 150/59 –, ARST XXIII Nr. 76.

37 ArbG Ludwigsburg 31.1.1966 – Ca 449/65 –, BB 1966, 287.

38 So aber BAG 3.2.1970 – 1 AZR 188/69 – unter 2 b, AP § 611 BGB Haftung des Arbeitnehmers Nr. 53 m. Anm. *Hanau* = NJW 1970, 1206, 1207.

39 Dazu näher § 10 RN 1 ff.

und in die Arbeit einweisen.[40] Gleiches gilt für Veränderungen im Arbeitsbereich (vgl. § 81 Abs. 2 S. 1 BetrVG) und für Auswirkungen, die die Planung von technischen Anlagen, Arbeitsverfahren und Arbeitsabläufen auf den Arbeitsplatz des Arbeitnehmers hat (§ 81 Abs. 4 BetrVG).[41] Diese Unterrichtung soll den Arbeitnehmer befähigen, den Anforderungen der Arbeit gerecht zu werden, aber auch instand setzen, seine etwaige Überforderung zu erkennen und dem Arbeitgeber, so sie für diesen nicht erkennbar ist, mitzuteilen oder Abhilfe vorzuschlagen. Der Arbeitgeber hat diese Bedenken zu beachten, so sie berechtigt sind. Vor allem die mangelnde Unterweisung in die Handhabung technischen Geräts begründet den Vorwurf des Mitverschuldens.[42] Beim Einsatz von **KI-Systemen** zur Erledigung der Arbeit hat die Unterweisung entlang der Sorgfaltspflichten des Arbeitgebers zu erfolgen, die diesen nach Maßgabe der KI-VO vornehmlich als Betreiber (Art. 3 Nr. 4 KI-VO) treffen. Bei der Verwendung von Hochrisiko-KI-Systemen (Art. 1 Abs. 2 lit. c, Art. 6 KI-VO) ist dafür die Betriebsanleitung des Anbieters (Art. 26 Abs. 1 KI-VO) von maßgeblicher Bedeutung.[43] Die gesetzliche Pflicht des Arbeitgebers gem. § 26 Abs. 7 KI-VO und § 81 BetrVG wird über §§ 241, 242 BGB zur vertraglichen Pflicht. Obliegenheiten treffen den Arbeitgeber auch bei der **Zuweisung einzelner Arbeitsaufträge** im laufenden Arbeitsverhältnis. So kann der Arbeitgeber zu „Belehrungen“ über die Einhaltung der Höchstgeschwindigkeit[44] gehalten sein oder zu konkreten Weisungen zur Schadensvorbeugung.[45]

b) Bereitstellung der Arbeitsmittel

Der Arbeitgeber ist für **fehlerhaftes Arbeitsgerät** verantwortlich, soweit es von ihm gestellt wird:[46] für abgefahrene Reifen,[47] für Verschleißschäden an Lenkung[48] oder Bremsen, überhaupt für Betriebssicherheit.[49] Wäre der Schadensfall bei Fehlerfreiheit 12

40 BAG 3.2.1970 – 1 AZR 188/69 – unter 2 b, AP § 611 BGB Haftung des Arbeitnehmers Nr. 53 m. Anm. *Hanau* = NJW 1970, 1206, 1207; *Naendrup*, JuS 1984, 336, 337 f., und *Kohte*, BB 1983, 1603, 1607, zu BAG 23.3. 1983 – 7 AZR 391/79 –, AP § 611 BGB Haftung des Arbeitnehmers Nr. 82.

41 Die Unterrichtung über Maßnahmen des Unfall- und Gesundheitsschutzes (§ 81 Abs. 1 S. 2, Abs. 3 BetrVG, §§ 12, 14 ArbSchG) bezweckt vorrangig den Schutz des Arbeitnehmers.

42 In BAG 7.7.1970 – 1 AZR 505/69 – unter 3 a, AP § 611 BGB Haftung des Arbeitnehmers Nr. 58, und 7.7. 1970 – 1 AZR 507/69 – unter 4 c, AP § 611 BGB Haftung des Arbeitnehmers Nr. 59, stand deshalb bereits der haftungsbegründende Verschuldensvorwurf zur Diskussion.

43 Näher *Schwarze*, in: Ebers/Heinze/Steinrötter, KI und Robotik, 2. Aufl., § 8 Rn. 37.

44 BAG 7.7.1970 – 1 AZR 507/69 – unter 4 c, AP § 611 BGB Haftung des Arbeitnehmers Nr. 59.

45 BAG 26.11.1969 – 1 AZR 200/69 – unter II 4, AP § 611 BGB Haftung des Arbeitnehmers Nr. 50; 18.12.1970 – 1 AZR 171/70 – unter 3 der Gründe, AP § 611 BGB Haftung des Arbeitnehmers Nr. 62 m. krit. Anm. *Schnorr v. Carolsfeld*; dazu auch *Döring*, Arbeitnehmerhaftung, S. 34 f. Zu den Anforderungen an eine wirksame Weisung siehe § 9 RN 9.

46 Siehe auch Betriebssicherheitsverordnung v. 27. September 2002 (BGBl. I S. 3777), die allerdings den Schutz der benutzenden Arbeitnehmer bezweckt.

47 BAG 21.11.1959 – 2 AZR 547/58 –, AP § 611 BGB Haftung des Arbeitnehmers Nr. 14 m. Anm. *Hueck*.

48 LAG Düsseldorf 16.4.1963 – 8 Sa 47/63 –, DB 1963, 1053.

49 BGH 10.1.1955 – III ZR 153/53 – unter 3 a, AP § 611 BGB Haftung des Arbeitnehmers Nr. 1 m. Anm. *Hueck* = NJW 1955, 458, 459.

vermieden worden,[50] wird das Mitverschulden des Arbeitgebers bei normaler Fahrlässigkeit des Arbeitnehmers in der Regel zum Haftungsausschluss, bei grober Fahrlässigkeit des Arbeitnehmers zur Haftungsteilung führen.[51] Ob und inwieweit eine **Überprüfungspflicht des Arbeitnehmers** das Mitverschulden des Arbeitgebers entfallen lässt, hängt von den Umständen ab. Betrifft die Überprüfungspflicht des Arbeitnehmers nur einen bestimmten Umstand (z. B. Bremsentest) und ist die Pflicht auch zeitlich bestimmt, z. B. wöchentlich, kann das Mitverschulden des Arbeitgebers völlig entfallen[52], wenn der Schaden bei Erfüllung der Pflicht nicht entstanden wäre. Geht es dagegen um eine allgemeine Pflicht, z. B. allgemeine Verkehrssicherheitsprüfung vor der Fahrt, die ohnehin im Betriebsalltag untergeht, verbleibt es beim Mitverschulden des Arbeitgebers. Hat der Arbeitnehmer den Arbeitgeber vergeblich **auf den Fehler hingewiesen**, wird man ebenfalls ein haftungsausschließendes Mitverschulden annehmen müssen, wenn der Schaden bei betriebssicherem Gerät vermieden worden wäre. Umgekehrt entfällt das Mitverschulden, wenn der Arbeitnehmer die Kontrolle oder Kenntnisnahme seitens des Arbeitgebers treuwidrig oder sogar arglistig verhindert hat.[53] Verantwortlich ist der Arbeitgeber auch für die **Bereitstellung der Betriebsmittel**, die zur Gefahren- und Schadensabwehr erforderlich sind, von Pflegemitteln[54] bis zu Maßnahmen der Verkehrssicherung,[55] und die Einholung erforderlicher behördlicher Genehmigungen.[56] Der Einsatz unangemessen teurer Arbeitsgeräte kann allenfalls ein Mitverschulden begründen. Für die Verwendung einer Hauptschließanlage kann es aber gute Gründe geben, sodass man im Falle des Schlüsselverlustes seitens des Arbeitnehmers dem Arbeitgeber nicht allein schon wegen der grundsätzlich möglichen Alternativen ein Mitverschulden anlasten kann.[57]

c) Zusammenwirken innerhalb der betrieblichen Organisation

13 Auch bei der Organisation des betrieblichen Arbeitsprozesses hat der Arbeitgeber im eigenen Interesse auf Schadensverhütung zu sinnen. Der Arbeitgeber hält die Fäden in der Hand, er koordiniert die einzelnen Arbeitsvorgänge, bestimmt im Rahmen seines

50 Was bei erheblicher Alkoholisierung des Fahrers unwahrscheinlich ist, BAG 21.11.1959 – 2 AZR 547/58 – unter 4, AP § 611 BGB Haftung des Arbeitnehmers Nr. 14 m. Anm. *Hueck*.

51 Zu Letzterem vgl. den Fall BAG 21.11.1959 – 2 AZR 547/58 –, AP § 611 BGB Haftung des Arbeitnehmers Nr. 14.

52 Undifferenziert weit BGH 10.1.1955 – III ZR 153/53 – unter 5 a, AP § 611 BGB Haftung des Arbeitnehmers Nr. 1.

53 BAG 18.12.1970 – 1 AZR 177/70 – unter III 2, AP § 611 BGB Haftung des Arbeitnehmers Nr. 63.

54 ArbG Leipzig 24.10.1939 – 202 Ca. 107/39 –, ARS 38, 85 (unterlassene Bereitstellung von Frostschutzmittel für Kfz).

55 BAG 18.12.1970 – 1 AZR 171/70 – unter 3, AP § 611 BGB Haftung des Arbeitnehmers Nr. 62 (Mittel zur Befestigung von Holzkeilen zur Transportsicherung von Fässern).

56 ArbG Ludwigshafen 18.10.1967 – Ca 120/67 –, ARST 1968 Nr. 1154, wobei allerdings die Kausalität dieses Mitverschuldens für den eingetretenen Schaden fraglich war.

57 So aber LAG Frankfurt/M. 4.11.1987 – 10 Sa 1552/86 – unter 3 b, LAGE § 611 BGB Arbeitnehmerhaftung Nr. 10.

Weisungsrechts – und oft darüber hinaus – über Art und Intensität der Arbeitsleistung. Das ist nicht nur Grund und Anlass für eine grundsätzlich vom BGB abweichende Verteilung der Schadensrisiken, sondern begründet darüber hinaus **konkrete Organisationsobliegenheiten**, deren Nichtbeachtung als Mitverschulden anzulasten ist. Allerdings darf der Richter dem Arbeitgeber nicht mehr als das zur Schadensverhütung und Gefahrenvermeidung Erforderliche und Zumutbare abverlangen. Über die bestmögliche Betriebsorganisation zu sinnen, ist Sache des Unternehmers.

Organisationsfehler können einmal im Bereich der **Zusammenarbeit der Arbeitnehmer** entstehen: durch personelle Unterbesetzung oder den Einsatz unqualifizierter Mitarbeiter. So können die unzureichende Besetzung einer Baustelle mit Arbeitskräften und der Einsatz unqualifizierter Bauarbeiter im Verhältnis zum innerbetrieblich für den Bau verantwortlichen Bauingenieur ein Mitverschulden des Arbeitgebers begründen, wenn sich später erhebliche Baumängel zeigen.[58] Beim Einsatz von KI und Robotik begründet die unzureichende Ausgestaltung der **Schnittstelle** zur menschlichen Arbeit ein Mitverschulden.[59] 14

Des Weiteren können Organisationsfehler in der **arbeitsbedingten[60] Überforderung des Arbeitnehmers** sichtbar werden. Arbeit unter Zeitdruck oder in arbeitsbedingter Ermüdung wird sich im betrieblichen Alltag nicht vermeiden lassen; denn in einer freien Wirtschaftsordnung ist nicht alles planbar, und der Betrieb ist keine stressfreie Zone. Im Normalfall sind derartige Umstände deshalb nur bei der Bestimmung des Verschuldensmaßes auf Seiten des Arbeitnehmers und – folgt man der Rechtsprechung – im Rahmen der Einzelfallabwägung zu Gunsten des Arbeitnehmers zu berücksichtigen,[61] begründen aber kein Mitverschulden des Arbeitgebers. Das ändert sich, wenn die Arbeitsanforderungen die Kräfte des Arbeitnehmers **eindeutig** übersteigen, sei es durch die Umstände der **konkreten Situation** (die Arbeit ist in vorgegebener Zeit selbst bei Höchstleistung nicht zu schaffen, der Arbeitnehmer überschreitet die gesetzlichen Höchstarbeitszeiten[62], Verletzung anderer arbeitsrechtlicher Schutzvorschriften[63]), sei es, weil auf **längere Dauer** unter erschwerenden Umständen gearbeitet werden muss. Dass der Arbeitnehmer sich „freiwillig" auf die Nichtbeachtung gesetzlicher Schutzvorschriften wie z. B. § 3 ArbZG eingelassen hat, ändert nichts, denn die zwingende gesetzliche Regelung gibt dem Arbeitgeber einen unzweideutigen Maßstab dafür an die Hand, was er dem Arbeitnehmer abverlangen kann. Ist der Schaden in 15

58 Vgl. den Sachverhalt BAG 11.11.1976 – 3 AZR 266/75 –, AP § 611 BGB Haftung des Arbeitnehmers Nr. 80 = NJW 1977, 598. Das BAG zieht diese Umstände in jener Entscheidung nur zur Begründung der Gefahrengeneigtheit heran (unter 4 a).

59 *Schwarze*, in: Ebers/Heinze/Steinrötter, KI und Robotik, 2. Aufl., § 8 Rn. 74.

60 Im Gegensatz zur eignungsbedingten Überforderung, dazu oben RN 9 ff.

61 So zieht beispielsweise BAG 11.11.1976 (– 3 AZR 266/75 – unter 4 a, AP § 611 BGB Haftung des Arbeitnehmers Nr. 80) die Arbeit unter Zeitdruck zur Begründung der Gefahrgeneigtheit heran.

62 LAG Frankfurt/M. 15.12.1964 – 5 Sa 237/64 –, BB 1965, 827 = DB 1965, 1105; *Kohte*, DB 1982, 1617, 1619 f.; ArbG Herford 13.7.1976 – 1 Ca 1033/75 –, AuR 1977, 253 (über 90 Wochenstunden).

63 *Kohte*, DB 1982, 1617 ff.; BB 1983, 1603, 1607.

solchen Fällen allein auf die Überforderung zurückzuführen, wird das Mitverschulden meistens zum völligen Haftungsausschluss führen.[64] Zu den Organisationspflichten des Arbeitgebers gehört es außerdem, dem Arbeitnehmer die erforderlichen Mittel an die Hand zu geben, mit denen dieser das Eigentum des Arbeitgebers gegen Einwirkungen Dritter schützen kann.

d) Beaufsichtigung

16 Der Arbeitgeber muss als Teil seiner Organisationspflicht die Arbeitnehmer beaufsichtigen und kontrollieren,[65] ggf. unter Ausnutzung eingerichteter digitaler Kontrollmöglichkeiten.[66] Dies schließt die Kontrolle der Rechtmäßigkeit des Arbeitnehmerverhaltens (**Compliance**) ein.[67] Hätte eine erforderliche,[68] aber unterbliebene Kontrolle den Schaden verhindern können, kann dies als Mitverschulden gemäß § 254 Abs. 1 BGB zu Lasten des Arbeitgebers in die Waagschale fallen, ggf. bis zum Ausschluss der Haftung.[69] Es geht hier wohlgemerkt nicht um Aufsichtspflichten zum Schutze außenstehender Dritter, sondern zum Schutze und im Interesse des Arbeitgebers selbst. Insofern gilt zunächst, dass der Arbeitnehmer aus eigener Verantwortung ordentlich und sorgfältig zu arbeiten hat und dazu nicht ständig angehalten werden muss. Andererseits sind Fehlleistungen auf lange Sicht fast unausweichlich, weshalb der Arbeitgeber zumindest stichprobenartig kontrollieren muss.[70] Verstärkte Kontrollen sind geboten, wenn aufgrund besonderer Umstände eine überdurchschnittliche Wahrscheinlichkeit von Fehlleistungen besteht oder in der Vergangenheit Fehler aufgetreten sind.[71] So zum Beispiel, wenn der Mitarbeiter erkennbar unzuverlässig arbeitet[72] oder wenn ein **unerfahrener Arbeitnehmer** am Werke ist. Das BAG hat etwa den Abteilungsleiter zur Überprüfung eines Angebots für verpflichtet gehalten, das ein noch berufsunerfahrener Gehilfe eingeholt hatte und dessen Preisangabe infolge eines Irrtums deutlich von den ursprünglichen Preisvorstellungen des Abteilungsleiters abwich.[73] Vor allem die **größere**

---

64 *Kohte*, DB 1982, 1617, 1619 f.

65 BAG 21.5.2015 – 8 AZR 116/14 – Rn. 33 f., NZA 2015, 1517; BAG 27.2.1970 – 1 AZR 150/69 – unter I 3, AP § 611 BGB Haftung des Arbeitnehmers Nr. 54 m. Anm. *Hueck*.

66 BAG 21.5.2015 – 8 AZR 116/14 – Rn. 54, NZA 2015, 1517.

67 Vgl. LAG Düsseldorf 27.11.2015 – 14 Sa 800 – 15 –, juris (Duldung von Compliance-Verstößen als Mitverschulden).

68 Unzutreffend BAG 18.6.1970 – 1 AZR 520/69 – unter 4 d, AP § 611 BGB Haftung des Arbeitnehmers Nr. 57: „eine dem Üblichen entsprechende Kontrolle"; dagegen zutr. *Steindorff*, Anm. a.a.O.

69 LAG Rheinland-Pfalz 26.10.2017 – 2 Sa 56/17 –, juris.

70 BAG 21.5.2015 – 8 AZR 116/14 – Rn. 35, 46, NZA 2015, 1517.

71 BAG 21.5.2015 – 8 AZR 116/14 – Rn. 46, NZA 2015, 1517.

72 Obergericht des Kantons Appenzell Ausserrhoden 29.7.1992, Jahrbuch des Schweiz. Arbeitsrechts 1994, S. 135 f.

73 BAG 3.2.1970 – 1 AZR 188/69 – unter 2 b, AP § 611 BGB Haftung des Arbeitnehmers Nr. 53 m. Anm. *Hanau* = NJW 1970, 1206, 1207. Ähnlich BAG 7.7.1970 – 1 AZR 507/69 – unter 4 c, AP § 611 BGB Haftung des Arbeitnehmers Nr. 59: Der Arbeitgeber müsse einen 18-jährigen Fahrer schon aufgrund seines Alters überwachen.

Sachkompetenz des Arbeitgebers bzw. der für ihn Tätigen zieht Kontrollpflichten nach sich: Unterhält ein Speditionsunternehmer für seinen Fuhrpark eine eigene Reparaturwerkstatt, darf diese sich nicht auf Angaben der Fahrer zur Funktionstüchtigkeit der Bremsen verlassen, sondern muss Kontrollen durchführen.[74]

Ebenso kann die **Art der Tätigkeit** häufigere Fehlleistungen mit sich bringen; 17
auch hier sind höhere Anforderungen an die Kontrollen zu stellen. Auch auf **punktuelle Gefahrenquellen** im Arbeitsprozess muss der Arbeitgeber mit verstärkten Kontrollen reagieren. Das BAG hält etwa eine Fluggesellschaft für verpflichtet, die Einreisedokumente des Flugpersonals vor einem Auslandsflug zu kontrollieren, um diesbezügliche Strafen des Zielstaates zu vermeiden.[75] Beruht die Schädigung auf einer **vorsätzlichen Pflichtverletzung** des Arbeitnehmers, kann dem Arbeitgeber nur dann ein auf mangelnde Kontrolle gestütztes Mitverschulden angelastet werden, wenn der Zweck der Kontrolle auch in der Erfassung derartiger Verstöße liegt; das ist nicht ausgeschlossen, aber weniger selbstverständlich als bei fahrlässigen Verstößen. So zum Beispiel im Filialleiterfall:[76] Nach den Weisungen des Arbeitgebers hätte der Filialleiter die Geschäftseinnahmen mehrmals täglich zu wechselnden Zeiten und bis spätestens 18.00 Uhr bei der Bank einzahlen müssen. Unter bewusstem Verstoß gegen diese Weisungen hatte der Filialleiter mehrere Tageseinnahmen aufbewahrt; als er sie zur Bank bringen wollte, wurde er beraubt. Hier wird man dem Arbeitgeber schwerlich einen (Mitverschuldens-)Vorwurf daraus machen können, er habe den Filialleiter unzureichend kontrolliert.[77]

2. Fehlen einer vorgeschriebenen Versicherung

Unterlässt der Arbeitgeber den Abschluss einer gesetzlich oder sonst wie vorgeschrie- 18
benen Versicherung – zu denken ist vor allem an die Haftpflichtversicherung des Kfz-Halters –, ist ihm dies als Mitverschulden anzulasten, ebenso wenn der Versicherungsschutz infolge Verletzung einer Versicherungsobliegenheit (z. B. Fahren mit abgefahrenen Reifen) wegfällt.[78] Im Verhältnis zum Arbeitnehmer besteht in der Regel nicht nur eine Obliegenheit des Arbeitgebers zu Abschluss und Aufrechterhaltung einer

74 BAG 18.12.1970 – 1 AZR 177/70 – unter III 2, AP § 611 BGB Haftung des Arbeitnehmers Nr. 63; siehe auch BAG 11.9.1975 – 3 AZR 561/74 – unter 4 a, AP § 611 BGB Haftung des Arbeitnehmers Nr. 78 m. Anm. *Mühl* = NJW 1976, 1229 f.

75 BAG 16.2.1995 – 8 AZR 493/93 – unter B II 4, AP § 611 BGB Haftung des Arbeitnehmers Nr. 106 = NZA 1995, 565; zu Recht gegen regelmäßige Alkoholkontrollen des Arbeitgebers bei Kraftfahrern BAG 11.12.1997 – 8 AZR 729/96 –, BB 1998, 107, 108.

76 LAG Berlin 27.11.1987 – 5 Sa 64 u. 68/87 –, LAGE § 611 BGB Gefahrgeneigte Arbeit Nr. 1.

77 In diese Richtung aber LAG Berlin 27.11.1987 – 5 Sa 64 u. 68/87 – unter 3, LAGE § 611 BGB Gefahrgeneigte Arbeit Nr. 1, wenn auch im Rahmen der Gesamtabwägung bei mittlerer Fahrlässigkeit.

78 BAG 5.12.1969 – 1 AZR 239/69 –, DB 1970, 540, *Staudinger/Höpfner*, BGB (2021), § 254 Rn. 71, der diesen Fall der „Selbstgefährdung" zuordnet.

derartigen Versicherung, sondern eine Rechtspflicht aus der Fürsorgepflicht,[79] deren Verletzung den Arbeitgeber zur Freistellung des Arbeitnehmers von nachteiligen Folgen (z. B. Regress des Versicherers) verpflichtet.[80] Wäre der Arbeitnehmer wie bei der Kfz-Haftpflichtversicherung als Fahrer selbst bei grober Fahrlässigkeit mitversichert gewesen, entfällt seine Haftung im Verhältnis zum Arbeitgeber im Umfang des potenziellen Versicherungsschutzes, also unter Umständen vollständig. Das gilt nicht nur, wenn der Arbeitgeber den Versicherungsschutz bewusst unterlässt, sondern auch, wenn der Versicherungsschutz infolge einer vom Arbeitgeber zu vertretenden Gefahrerhöhung entfällt.[81] Eine generelle **Obliegenheit** gemäß § 254 BGB **zum Abschluss finanziell zumutbarer Versicherungen** (auch ohne ausdrückliche rechtliche Verpflichtung) besteht nicht. Wohl aber kann eine zumutbare Versicherbarkeit des Schadens haftungsmildernd berücksichtigt werden, insbesondere im Rahmen der wirtschaftlichen Unzumutbarkeit des Haftungsumfangs.[82]

3. Gewichtung der Verursachungsanteile

19 Das Mitverschulden muss für den Schaden mitursächlich sein.[83] Die Gewichtung der Verursachungsanteile und ihre Abwägung gegeneinander gehören zur Domäne des Tatrichters. Er hat einen „nicht unerheblichen"[84] bzw. „erheblichen Beurteilungsspielraum".[85] Allgemeine Regeln lassen sich kaum formulieren, jeder Fall liegt anders. Hier muss es mit einem Hinweis auf die Kommentarliteratur und Rechtsprechung sein Bewenden haben.

---

79 BAG 6.7.1964 – 1 AZR 17/64 – unter 2, AP § 611 BGB Haftung des Arbeitnehmers Nr. 34 m. Anm. *G. Hueck*; 18.1.1966 – 1 AZR 247/63 – unter III 1, AP § 611 BGB Haftung des Arbeitnehmers Nr. 37 a.a.O.

80 Siehe § 11 RN 20.

81 BAG 18.1.1966 – 1 AZR 247/63 – Leits. 5 und unter III 1, AP § 611 BGB Haftung des Arbeitnehmers Nr. 37 m. Anm. *G. Hueck*.

82 § 9 RN 31; § 10 RN 17; § 11 RN 32, 39 ff.

83 BAG 18.1.2007 – 8 AZR 250/06 – Rn. 25, AP § 254 BGB Nr. 15.

84 BAG 26.11.1969 – 1 AZR 200/69 – unter II 4, AP § 611 BGB Haftung des Arbeitnehmers Nr. 50.

85 BAG 18.12.1970 – 1 AZR 177/70 – Leits. 2, AP § 611 BGB Haftung des Arbeitnehmers Nr. 63 m. Anm. *Medicus* = NJW 1971, 957.

§ 13 Besondere Fallgruppen der Arbeitnehmerhaftung und angrenzende Erscheinungen

Mehrere Problemfelder, die auf dem Gebiet bzw. im Umfeld der Arbeitnehmerhaftung angesiedelt sind, bedürfen einer eigenständigen Erörterung, weil sie in vielfacher Hinsicht Besonderheiten aufweisen. Hierzu zählen die Mankohaftung und die Haftung bei Gruppenarbeit sowie – als Instrumente zur Flankierung der Arbeitnehmerhaftung – die Vertragsstrafe und die Betriebsbuße. 1

I. Mankohaftung

Schon seit langem bildet die sog. **Mankohaftung** eine besondere Form der schadensersatzrechtlichen Verantwortlichkeit von Arbeitnehmern, die sowohl in der Rechtsprechung[1] als auch im Schrifttum[2] bis heute ein Eigenleben führt. Die hierunter zu fassenden Fälle weisen als gemeinsames Merkmal den Umstand auf, dass der **Schaden in einem Fehlbestand im Sinne einer Differenz zwischen Soll- und Istbestand (Manko) von Geldbeträgen oder Gegenständen besteht, die dem Arbeitnehmer anvertraut wurden.** 2

1 Vgl. BAG 9.4.1957 – 2 AZR 403/58 –, AP § 611 BGB Haftung des Arbeitnehmers Nr. 4; 12.8.1959 – 2 AZR 75/59 –, AP § 305 BGB Nr. 1; 30.6.1960 – 2 AZR 403/58 –, AP § 611 BGB Haftung des Arbeitnehmers Nr. 20; 13.3.1964 – 1 AZR 100/63 –, AP § 611 BGB Haftung des Arbeitnehmers Nr. 32; 21.6.1966 – 1 AZR 271/65 –, AP § 1 ErstattG Nr. 2; 11.11.1969 – 1 AZR 216/69 –, AP § 611 BGB Haftung des Arbeitnehmers Nr. 49, 27.2.1970 – 1 AZR 150/69 –, AP § 611 BGB Haftung des Arbeitnehmers Nr. 54; 30.9.1970 – 1 AZR 495/69 –, AP § 56 ZPO Nr. 3; 26.1.1971 – 1 AZR 252/70 –, AP § 611 BGB Haftung des Arbeitnehmers Nr. 64; 3.8.1971 – 1 AZR 122/71 –, AP § 611 BGB Haftung des Arbeitnehmers Nr. 67; 13.2.1974 – 4 AZR 13/73 –, AP § 611 BGB Haftung des Arbeitnehmers Nr. 77; 13.2.1975 – 3 AZR 211/74 –, AP § 308 ZPO Nr. 2; 6.6.1984 – 7 AZR 292/81 –, AP § 11a TV Ang Bundespost Nr. 1 = NZA 1985, 183; 29.1.1985 – 3 AZR 570/82 –, AP § 611 BGB Haftung des Arbeitnehmers Nr. 87 = NZA 1986, 23; 22.5.1997 – 8 AZR 562/95 –, AP § 611 BGB Mankohaftung Nr. 1 = NZA 1997, 1279; 17.9.1998 – 8 AZR 175/97 –, AP § 611 BGB Mankohaftung Nr. 2 = NZA 1999, 141; 2.12.1999 – 8 AZR 386/98 –, AP § 611 BGB Mankohaftung Nr. 3 = NZA 2000, 715; 28.3.2019 – 8 AZR 421/17 –, AP § 611 BGB Haftung des Arbeitnehmers Nr. 148 = NZA 2019, 1212; LAG Rheinland-Pfalz 29.10.2015 – 3 Sa 464/14 – Rn. 70, BeckRS 2016, 67460. Zur Judikatur des RAG siehe *Krause*, RdA 2013, 129, 130 Fn. 4.

2 *Bulla*, DB 1952, 58 ff. und 81 ff.; *Endemann*, AuR 1953, 297 ff.; *Woltereck*, AuR 1963, 271 ff.; *ders.*, RdA 1963, 314 ff.; *ders.*, AuR 1964, 329 ff.; *ders.*, DB 1964, Beil. Nr. 2, S. 1 ff.; *Palme*, BlStSozArbR 1964, 154 ff.; *Moser*, BB 1966, 372 ff.; *Hansen*, AuR 1968, 295 ff.; *Bleistein*, DB 1971, 2213 ff.; *Jung*, BlStSozArbR 1985, 289 ff.; *Reinecke*, ZfA 1976, 215 ff.; *Pauly*, JR 1995, 228 ff.; *ders.*, BB 1996, 2038 ff.; *Lansnicker/Schwirtzek*, BB 1999, 259 ff.; *Stoffels*, AR-Blattei SD 870.2; *Deinert*, RdA 2000, 22 ff.; *Schwirtzek*, NZA 2005, 437 ff.; *Krause*, RdA 2013, 129 ff.; monographisch: *Langer*, Die Mankohaftung, 1957; *Barton*, Die Mankohaftung von Filialleitern, 1961; *Woltereck*, Ersatzansprüche des Arbeitgebers gegen den Arbeitnehmer bei Mankoschäden, 1963; *Jung*, Mankohaftung aus dem Arbeitsvertrag, 1995; *Ruff*, Mankohaftung im Arbeitsrecht, 2001; *Schwirtzek*, Die Mankohaftung im Arbeitsverhältnis, 2003; *Stollenwerk*, Mankohaftung – Sondergebiet oder Fallgruppe?, 2002; *Pander*, Mankohaftung und Beweislastverteilung, 2006; *Zhu*, Die Mankohaftung im Arbeitsverhältnis nach der Schuldrechtsmodernisierung, 2013.

https://doi.org/10.1515/9783110728606-015

3 Üblicherweise[3] werden vier Fallgruppen unterschieden:

1. Eine vom Arbeitnehmer geführte Kasse enthält einen (tatsächlichen) Fehlbetrag.
2. Ein dem Arbeitnehmer anvertrauter Warenbestand weist eine Fehlmenge auf.
3. Dem Arbeitnehmer zum Transport übergebene Waren oder Geldbeträge werden nicht (vollständig) abgeliefert.
4. Der Arbeitnehmer gibt die ihm zur Ausführung seiner Arbeit überlassenen Gegenstände (Werkzeug, Dienstwagen) nicht wieder heraus.

4 Eine weitere Eigenheit der Mankohaftungsfälle besteht darin, dass anders als in sonstigen Gestaltungen nicht selten spezielle Vereinbarungen über den Ersatz von Mankoschäden durch den Arbeitnehmer getroffen werden. Tritt ein Manko auf, kommt es für die Haftung des Arbeitnehmers deshalb an sich in erster Linie darauf an, ob die Parteien eine solche Mankovereinbarung getroffen haben oder nicht. Da durch eine Mankoabrede Haftungsrisiken aber nicht in unbegrenztem Ausmaß auf den Arbeitnehmer übergewälzt werden können, sondern eine Abweichung von den gesetzlichen Grundsätzen nur in beschränktem Umfang zulässig ist, soll zunächst die Rechtslage beim Fehlen einer entsprechenden Vereinbarung (**allgemeine, gesetzliche Mankohaftung**) erläutert werden. Auf die beim Vorliegen einer entsprechenden Abrede geltenden Grundsätze (**besondere, vertragliche Mankohaftung**) wird anschließend eingegangen.

1. Allgemeine (gesetzliche) Mankohaftung

5 Zur allgemeinen Mankohaftung haben sich verschiedene Sonderregeln herausgebildet. Sie betreffen die **Anspruchsgrundlagen** sowie die damit zusammenhängende Frage der **Darlegungs- und Beweislastverteilung**. Dagegen ist die früher heftig umstrittene **Anwendbarkeit der Grundsätze über die Enthaftung im Arbeitsverhältnis** heute eindeutig in einem positiven Sinne geklärt.

a) Anspruchsgrundlagen

6 Soweit es um das vertragliche Haftungsrecht geht, hängt die **Wahl der richtigen Anspruchsgrundlage** davon ab, welche Pflichten den Arbeitnehmer treffen und welche Interessen der Arbeitgeber geltend macht. Unstreitiger Ausgangspunkt ist, dass den Arbeitnehmer **bestimmte Verhaltenspflichten** treffen.[4] So hat der Arbeitnehmer Schädigungen des Arbeitgebers durch aktives Tun strikt zu unterlassen (also nicht selbst

---

3 Siehe etwa *Deinert*, RdA 2000, 22, 23; *Jung*, Mankohaftung, S. 9; *Krause*, RdA 2013, 129; *Pander*, Mankohaftung, S. 2; *Pauly*, JR 1995, 228; *ders.*, BB 1996, 2038; MHdB ArbR/*Reichold*, 6. Aufl., § 57 Rn. 69; *Reinecke*, ZfA 1976, 215, 216 f. Gegen die Einbeziehung überlassener Arbeitsmittel in das Problemfeld der Mankohaftung *Herrmann*, FS Reuter (2010), S. 525, 534. Siehe auch LAG Frankfurt/M. 4.11.1987 – 10 Sa 1552/86 –, EzA § 611 BGB Arbeitnehmerhaftung Nr. 46 (LS) = DB 1988, 2652, 2653: Ersatz der Folgekosten aufgrund des Verlustes eines berufstypisch anvertrauten Schlüsselbundes kein Fall der Mankohaftung.

4 Siehe nur HWK/*Thüsing*, 11. Aufl., § 611a BGB Rn. 435 ff., 500 ff.

Geld oder Waren unberechtigt an sich zu nehmen). Zum anderen ist er dazu verpflichtet, seine Arbeitsaufgabe (z. B. das Führen einer Kasse) im Rahmen des Möglichen und Zumutbaren so zu erfüllen, dass Schädigungen des Arbeitgebers (z. B. durch einen Griff Dritter in die Kasse) vermieden werden (z. B. durch regelmäßiges Abschließen der Kasse bei einem Toilettengang). Die erste Variante (der eigene Zugriff auf Geld des Arbeitgebers) ist ausschließlich als **Verletzung einer Rücksichtnahmepflicht i.S. von § 241 Abs. 2 BGB** zu werten, nicht aber (zusätzlich) als Schlechtleistung im Sinne einer objektiv unzureichenden Erfüllung der Arbeitspflicht als Hauptleistungspflicht, weil es insoweit von vornherein nur darum geht, dass der Arbeitnehmer solche Handlungen zu unterlassen hat, die das Integritätsinteresse des Arbeitgebers verletzen. Dies wird besonders in den Fällen deutlich, in denen der Zugriff durch den Arbeitnehmer nach Dienstschluss erfolgt, also nach dem Ende der Arbeitspflicht. In der zweiten Variante (unzureichende Sicherung der Kasse bei vorübergehender Abwesenheit) verletzt der Arbeitnehmer dagegen seine auf eine Verbesserung der wirtschaftlichen Lage des Arbeitgebers gerichtete Leistungspflicht, sodass unter diesem Blickwinkel eine **Schlechtleistung** vorliegt.[5] Dies gilt auch dann, wenn kein Schaden eintritt (weil niemand zwischenzeitlich in die Kasse greift), sodass der Arbeitgeber beispielsweise berechtigt ist, einen solchermaßen nachlässigen Arbeitnehmer abzumahnen. Darüber hinaus spricht einiges dafür, in einem solchen Verhalten im Wege einer **„Doppelanknüpfung" zugleich die Verletzung einer Rücksichtnahmepflicht** durch den Arbeitnehmer zu sehen, weil es auch um den Schutz des Integritätsinteresses des Arbeitgebers geht.[6] Relevant wird dieser Aspekt freilich nur, wenn es infolge der Nachlässigkeit zu einem Schaden des Arbeitgebers an seinen sonstigen Rechtsgütern kommt (wenn also jemand die Möglichkeit eines Zugriffs auf die ungeschützte Kasse nutzt).

Im Hinblick auf das geltend gemachte Interesse ist als Ausgangspunkt festzuhalten, 7
dass es dem Arbeitgeber in Mankohaftungsfällen unabhängig davon, ob er dem Arbeitnehmer einen eigenen Zugriff auf die anvertrauten Güter oder statt dessen lediglich eine Nachlässigkeit bei deren Überwachung vorwirft, praktisch ausschließlich darum geht, **Ersatz für das entstandene Manko zu erlangen** (also einen Ausgleich für den Fehlbestand an Geld oder Waren). Soweit ersichtlich, ist in keinem Fall um einen Ersatz für die Einbuße gestritten worden, die in der zweiten Variante zumindest theoretisch dadurch entsteht, dass der Arbeitgeber dem Arbeitnehmer das für dessen Tätigkeit vereinbarte Entgelt in vollem Umfang zahlt, dafür aber nur eine unzureichende Ar-

5 MünchKommBGB/*Henssler*, 9. Aufl., § 619a Rn. 45; HWK/*Krause*, 11. Aufl., § 619a BGB Rn. 48; ErfK/*Preis/Greiner*, 25. Aufl., § 619a BGB Rn. 30.

6 Dazu auch § 6 RN 39. Näher *Staudinger/Schwarze*, BGB (2019), § 280 Rn. B 13 f., C 3 ff.; *Schwarze*, Leistungsstörungen, 3. Aufl., § 16 Rn. 9, § 20 Rn. 7; ebenso offenbar *Staudinger/Fischinger*, BGB (2022), § 619a Rn. 109: Unmöglichkeit der Herausgabe ist Schlechtleistung, für die der Arbeitnehmer nach §§ 280 Abs. 1, 241 Abs. 2 BGB haftet. Der Sache nach handelt es sich bei einem Mankoschaden, zu dem es durch die unzureichende Aufsicht über eine Kasse bzw. ein Warenlager kommt, um einen durch die Mangelhaftigkeit der Arbeitsleistung verursachten Schaden an anderen Rechtsgütern des Arbeitgebers und damit technisch gesprochen um einen Mangelfolgeschaden.

beitsleistung erhält, was an der Schwierigkeit der Berechnung des Minderwertes der Arbeitsleistung, vor allem aber daran liegen dürfte, dass es sich insoweit regelmäßig um eine im Vergleich zum Mankoschaden zu vernachlässigende Größe handelt. Im Übrigen ist der Weg über das Schadensersatzrecht im Hinblick auf die unzulängliche Leistung des Arbeitnehmers als solche ohnehin abzulehnen, weil hierdurch die bewusste Entscheidung des Gesetzgebers konterkariert würde, beim Dienstvertrag auf Gewährleistungsregeln zu verzichten.[7] Auf der Grundlage einer Deutung des Pflichtenkanons des Arbeitnehmers als ausschließlich verhaltensbezogen verlangt der Arbeitgeber demnach lediglich Ersatz wegen Verletzung seines **Integritätsinteresses**, nicht aber Ersatz wegen Verletzung seines **Leistungsinteresses** (Äquivalenzinteresses). Folglich scheidet §§ 280 Abs. 1, 3, 283 BGB, obwohl die Norm an sich einschlägig ist (da die Kasse nicht rückwirkend abgeschlossen werden kann, wird die Arbeitsleistung infolge Nichtnachholbarkeit unmöglich),[8] als Anspruchsgrundlage aus, weil sich diese Vorschrift auf das Leistungsinteresse beschränkt (vgl. § 280 Abs. 3 BGB) und nicht das Integritätsinteresse umfasst. Für den Ersatz des Mankos bleibt es daher insoweit bei **§ 280 Abs. 1 BGB als alleinige Anspruchsgrundlage.**[9] Dies muss auch dann gelten, wenn man den Zweck der Leistung des Arbeitnehmers in diesen Fällen primär im Schutz des Integritätsinteresses des Arbeitgebers sieht und sich mit dieser Begründung gegen die Existenz einer eigenständigen Rücksichtnahmepflicht und damit gegen eine „Doppelanknüpfung" wendet. Sofern ein Schaden an sonstigen Rechtsgütern des Arbeitgebers auf eine Schlechtleistung des Arbeitnehmers zurückzuführen ist (also etwa die Ermöglichung eines Diebstahls seitens eines Dritten durch die unzureichende Aufsicht über eine Kasse), spricht nämlich mehr dafür, ihn nicht dem Schadensersatz statt der Leistung zuzuschlagen,[10] sondern es bei § 280 Abs. 1 BGB zu belassen.[11] Zudem wäre eine solche Einordnung der Arbeitspflicht vielfach unangemessen, weil die vom Arbeitnehmer geschuldete Leistung schwerpunktmäßig nicht darin besteht, einen fixen Bestand an Vermögenswerten des Arbeitgebers lediglich gegen eine Schmälerung abzusichern, sondern mit Geld und Waren im Interesse des Arbeitgebers zu hantieren und *dabei* darauf zu achten, dass keine Fehlbestände auftreten.

8 Die Rechtsprechung ist bei einer verhaltensbezogenen Qualifikation der Pflichten des Arbeitnehmers allerdings nicht stehengeblieben, sondern hat sehr frühzeitig damit begonnen, die Vorschriften über die **Geschäftsbesorgung (§§ 675, 663, 665 bis 670, 672 bis 674 BGB)** bzw. über die **Verwahrung (§§ 688 ff. BGB) in bestimmten Mankohaf-**

7 Näher dazu § 6 RN 32 m.w.N.

8 Siehe *Staudinger/Schwarze*, BGB (2019), § 281 Rn. C 17.

9 Ebenso MünchKommBGB/*Henssler*, 9. Aufl., § 619a Rn. 45; HWK/*Krause*, 11. Aufl., § 619a BGB Rn. 48; *ders.*, RdA 2013, 129, 131; ErfK/*Preis/Greiner*, 25. Aufl., § 619a BGB Rn. 30; MHdB ArbR/*Reichold*, 6. Aufl., § 57 Rn. 70. Zu den allgemeinen leistungsstörungsrechtlichen Grundlagen *Canaris*, Karlsruher Forum 2002 (2003), S. 5, 36 ff.

10 So *Griegoleit/Riehm*, AcP 203 (2003), 727, 752 f.

11 *Schwarze*, Leistungsstörungen, 3. Aufl., § 30 Rn. 3.

tungsfällen auf Arbeitsverhältnisse anzuwenden.[12] Der – wenn auch nicht immer ganz klar zum Ausdruck kommende – Kerngedanke dieses Ansatzes besteht in der Vorstellung, dass der Arbeitnehmer im Rahmen seines Arbeitsverhältnisses die tatsächliche Verfügungsgewalt über bestimmte Vermögenswerte (Geld, Waren, Arbeitsmittel) erlangt, die er dem Arbeitgeber auf dessen Verlangen in vollem Umfang herauszugeben hat (§ 667 BGB bzw. § 695 BGB). Hierdurch ändere sich der Charakter der Pflichten des Arbeitnehmers. So soll der Arbeitnehmer in diesen Konstellationen nicht nur eine objektiv sorgfältige Arbeitsleistung schulden. Vielmehr soll ihn die **Pflicht** treffen, einen **bestimmten Erfolg zu bewirken**, indem er einen Bestand an Geld oder Waren, der in seine Obhut gelangt ist, an den Arbeitgeber abzuführen hat. Die einschlägigen Entscheidungen zeichnen sich zwar im Einzelnen durch ein erhebliches Maß an Unschärfe aus, soweit es um die Fragen geht, ob im Einzelfall Geschäftsbesorgungsrecht oder Verwahrungsrecht heranzuziehen ist, ob beide Normenkomplexe unter Umständen auch parallel anwendbar sind, ob ein typengemischter Vertrag anzunehmen ist, ob es um die analoge Anwendung einzelner Vorschriften geht oder ob nur gewisse Grundsätze der jeweiligen Rechtsmaterien anzuwenden sind.[13] Indes stimmt diese Rechtsprechung konzeptionell mit der Grundthese überein, dass es innerhalb der Gruppe der Mankohaftungsfälle eine eigenständige Kategorie von Fällen gibt, bei der den Arbeitnehmer nicht nur bestimmte Verhaltenspflichten treffen, sondern er darüber hinaus die Pflicht hat, einen bestimmten Erfolg herbeizuführen.[14]

Im Hinblick auf die Rechtsfolgen führt diese Auffassung in den Fällen der zweiten Kategorie an sich zunächst zu einem **primären Herausgabeanspruch**, der in der älteren Rechtsprechung auch vereinzelt bejaht worden ist.[15] Tatsächlich geht es regel- 9

---

12 Beginnend mit RG 9.11.1910 RGZ 74, 342 (allerdings zu einem Beamten); deutlich bereits LAG München 9.4.1935 ARS 24, 153, 155; ebenso BAG 13.3.1964 – 1 AZR 100/63 –, AP § 611 BGB Haftung des Arbeitnehmers Nr. 32; 21.6.1966 – 1 AZR 271/65 –, AP § 1 ErstattG Nr. 2; 26.1.1971 – 1 AZR 252/70 –, AP § 611 BGB Haftung des Arbeitnehmers Nr. 64; 3.8.1971 – 1 AZR 122/71 –, AP § 611 BGB Haftung des Arbeitnehmers Nr. 67; 29.1.1985 – 3 AZR 570/82 –, AP § 611 BGB Haftung des Arbeitnehmers Nr. 87 = NZA 1986, 23; 22.5.1997 – 8 AZR 562/95 –, AP § 611 BGB Mankohaftung Nr. 1 = NZA 1997, 1279; 17.9.1998 – 8 AZR 175/97 –, AP § 611 BGB Mankohaftung Nr. 2 = NZA 1999, 141; 2.12.1999 – 8 AZR 386/98 –, AP § 611 BGB Mankohaftung Nr. 3 = NZA 2000, 715. Keine Erwähnung dieses Ansatzes aber in BAG 15.11.2001 – 8 AZR 95/01 – unter II, AP § 611 BGB Haftung des Arbeitnehmers Nr. 121 = NZA 2002, 612, im Hinblick auf eine in einem Zugrestaurant entwendete Brieftasche eines Kellners.

13 Sehr krit. deshalb *Herrmann*, FS Reuter (2010), S. 525, 535 ff.

14 Die in der Sache berechtigte Kritik von *Herrmann*, FS Reuter (2010), S. 525, 535 ff., betrifft daher eher einen Nebenaspekt.

15 Vgl. BAG 13.3.1964 – 1 AZR 100/63 –, AP § 611 BGB Haftung des Arbeitnehmers Nr. 32; hierfür im Grundsatz bei für den Arbeitgeber eingenommenen Geldern auch RAG 7.11.1934 ARS 22, 128, 131; BAG 26.1.1971 – 1 AZR 252/70 – unter III 2, AP § 611 BGB Haftung des Arbeitnehmers Nr. 64; tendenziell anders dagegen BAG 18.12.1964 – 1 AZR 88/64 –, AP § 242 BGB Verwirkung Nr. 36, wo die Veruntreuung eingenommener Gelder ohne weiteres als positive Vertragsverletzung (und nicht als zu vertretende Unmöglichkeit der Herausgabe) eingeordnet wird. Siehe auch OLG Koblenz 30.1.2006 – 12 U 127/01 –, WM 2006, 1452, 1453: Anspruch gegen (selbstständigen) Inhaber einer Postagentur auf Erstattung eines Kassenfehlbestandes als vertraglicher Erfüllungsanspruch.

mäßig aber nicht um die Herausgabe gerade derjenigen Vermögenswerte (Geld oder Waren), die in den Verantwortungsbereich des Arbeitnehmers gelangt sind. Vielmehr dient der Rückgriff auf Geschäftsbesorgungs- bzw. Verwahrungsrecht den Gerichten nur als Anknüpfungspunkt für die Anwendung von sekundärem Schadensersatzrecht in Gestalt des Unmöglichkeitsrechts, weil die einschlägigen Entscheidungen – wenn auch zumeist ohne nähere Prüfung – davon ausgehen, dass dem Arbeitnehmer die Herausgabe des Erlangten nicht (mehr) möglich, d. h. seine Leistungspflicht in der Diktion von § 275 Abs. 1 BGB ausgeschlossen ist. Das Unmöglichkeitsrecht wird durch eine veränderte Sicht auf den Bestand an Geld oder Waren mobilisiert, der dem Arbeitnehmer anvertraut ist. Eine rein verhaltensbezogene Deutung der Pflichten des Arbeitnehmers liegt die Vorstellung zugrunde, dass die vermögenswerten Güter **bereits in der Herrschaftssphäre des Arbeitgebers** sind und der Arbeitnehmer (nur) dafür zu sorgen hat, dass sie dort auch verbleiben bzw. allein durch ordnungsgemäße Transaktionen diese Sphäre verlassen. Demgegenüber basiert eine erfolgsbezogene Deutung der Pflichten des Arbeitnehmers auf der Grundannahme, dass sich die fraglichen Vermögenswerte **noch in der Herrschaftssphäre des Arbeitnehmers** befinden und erst noch in diejenige des Arbeitgebers überführt werden müssen. Soll ein Fehlbestand ersetzt werden, ist bei einer erfolgsbezogenen Pflichtenbindung des Arbeitnehmers folgerichtig somit nicht das Integritätsinteresse, sondern das Leistungsinteresse betroffen. Nach diesem Ansatz ist ein Manko auf der Grundlage von **§§ 280 Abs. 1, Abs. 3, 283 BGB** als Schadensersatz statt der Leistung zu ersetzen.[16] Dies läuft auf ein **zweiteiliges Haftungskonzept** dergestalt hinaus, dass der Arbeitgeber in einer Gruppe von Mankohaftungsfällen Schadensersatz (nur) auf der Grundlage von § 280 Abs. 1 BGB verlangen kann, während sich der Anspruch in der zweiten Gruppe auf die §§ 280 Abs. 1, Abs. 3, 283 BGB gründet.

10 Die Rechtsprechung hat die Anreicherung des Arbeitsverhältnisses mit **erfolgsbezogenen Pflichten** mit der Folge eines Anspruchs auf Herausgabe des Erlangten als Anknüpfungspunkt für eine zu vertretende Unmöglichkeit im Bereich der Mankohaftung stets an **bestimmte Voraussetzungen** gebunden. Lange Zeit wurde darauf abgestellt, ob der Arbeitnehmer eine **besondere Vertrauensstellung** innehatte und seine Tätigkeit mit einer **gewissen Selbstständigkeit** verbunden war.[17] Dabei deutete das BAG in seiner früheren Rechtsprechung an, dass unter Umständen derselbe Arbeitnehmer bei seiner Tätigkeit teilweise als weitgehend selbstständig und teilweise als unselbstständig angesehen werden könne. Als Beispiel für diese Differenzierung wurde der

16 Vgl. *Gotthardt*, Arbeitsrecht nach der Schuldrechtsreform, 2. Aufl., Rn. 205; HWK/*Krause*, 11. Aufl., § 619a BGB Rn. 48; MHdB ArbR/*Reichold*, 6. Aufl., § 57 Rn. 71; *Walker*, JuS 2002, 736, 740. Allerdings wurde teilweise trotz eines Rekurses auf § 667 BGB die (frühere) Leistungsstörungsform der positiven Vertragsverletzung, also gerade nicht eine zu vertretende Unmöglichkeit, angenommen, vgl. BAG 26.1.1971 – 1 AZR 252/70 – unter III 1, AP § 611 BGB Haftung des Arbeitnehmers Nr. 64.

17 BAG 13.3.1964 – 1 AZR 100/63 –, AP § 611 BGB Haftung des Arbeitnehmers Nr. 32; 29.1.1985 – 3 AZR 570/82 –, AP § 611 BGB Haftung des Arbeitnehmers Nr. 87 = NZA 1986, 23; in diesem Sinne auch BAG 14.10.1970 – 1 AZR 58/70 –, AP § 611 BGB Haftung des Arbeitnehmers Nr. 60.

Kundendienstmonteur angeführt, der hinsichtlich einzuziehender Gelder, nicht aber im Hinblick auf mitgeführte Werkzeuge und Geräte eine eigenständige Stellung innehabe.[18] Ende der 1990er Jahre kam es durch eine Entscheidungsserie[19] zu einer deutlichen Akzentverschiebung. Danach soll es für die Existenz eines Schadenersatzanspruchs wegen Unmöglichkeit der Herausgabe darauf ankommen, dass der Arbeitgeber eine Tatsachenlage geschaffen hat, nach der er **nicht mehr (unmittelbarer) Besitzer des jeweiligen Kassen- oder Warenbestandes** gewesen ist. Da der Arbeitnehmer regelmäßig nur Besitzdiener im Sinne des § 855 BGB ist, setze dies seinen **alleinigen Zugang zur Sache** sowie deren **selbstständige Verwaltung** voraus. Zu einer solchen selbstständigen Verwaltung gehöre es, dass der Arbeitnehmer **wirtschaftliche Überlegungen anzustellen** und **Entscheidungen über die Verwendung der Sache zu treffen** habe. Trotz gewisser Zweifel[20] wird man davon auszugehen haben, dass das BAG mit dieser neueren Argumentation einen gegenüber der zuvor vertretenen Sichtweise engeren Ansatz favorisiert.[21]

Das BAG hatte bislang noch keine Gelegenheit, darüber zu entscheiden, ob es an 11
seinem zweiteiligen Haftungskonzept auch unter dem seit 2002 geltenden neuen Schuldrecht festhält. Zweifel hieran könnten zumindest auf den ersten Blick aus dem **im Zuge der Schuldrechtsreform eingeführten § 619a BGB** erwachsen. Nach dieser Vorschrift gilt die generelle Norm des § 280 Abs. 1 S. 2 BGB, die den Schuldner mit dem Nachweis belastet, dass er die (objektive) Pflichtverletzung nicht zu vertreten hat,[22] nicht für Schadensersatzansprüche aus der Verletzung arbeitsvertraglicher Pflichten. Im Anwendungsbereich von § 619a BGB trifft die Beweislast für das Vertretenmüssen des Arbeitnehmers somit den Arbeitgeber. Nun war einer der wesentlichen Beweggründe für die Anwendung von Unmöglichkeitsrecht auf bestimmte Mankohaftungsfälle der Umstand, dass auf diese Weise zugleich § 282 BGB a.F. herangezogen werden konnte, der im Fall einer Unmöglichkeit der Leistungserbringung dem Schuldner die Beweislast für sein Nichtvertretenmüssen auferlegte.[23] Während § 282 BGB a.F. im Bereich der

---

18 BAG 29.1.1985 – 3 AZR 570/82 –, AP § 611 BGB Haftung des Arbeitnehmers Nr. 87 = NZA 1986, 23.

19 BAG 22.5.1997 – 8 AZR 562/95 –, AP § 611 BGB Mankohaftung Nr. 1 = NZA 1997, 1279; 17.9.1998 – 8 AZR 175/97 –, AP § 611 BGB Mankohaftung Nr. 2 = NZA 1999, 141; 2.12.1999 – 8 AZR 386/98 –, AP § 611 BGB Mankohaftung Nr. 3 = NZA 2000, 715; daran anknüpfend LAG Baden-Württemberg 19.9.2001 – 17 Sa 9/01 –, BeckRS 2001, 16803; LAG Sachsen 26.11.2003 – 2 Sa 657/02 –, BeckRS 2003, 31031576; LAG Berlin-Brandenburg 17.12.2009 – 25 Sa 1571/09 –, BeckRS 2011, 67169; LAG Rheinland-Pfalz 25.3.2014 – 6 Sa 514/13 –, BeckRS 2014, 70011; LAG Rheinland-Pfalz 29.10.2015 – 3 Sa 464/14 – Rn. 114 ff., BeckRS 2016, 67460.

20 So nimmt das für die genauere Konturierung des neuen Kurses maßgebliche Urteil des BAG 17.9.1998 – 8 AZR 175/97 –, AP § 611 BGB Mankohaftung Nr. 2 = NZA 1999, 141 ausdrücklich Bezug auf BAG 29.1.1985 – 3 AZR 570/82 –, AP § 611 BGB Haftung des Arbeitnehmers Nr. 87 = NZA 1986, 23, wo noch der ältere – großzügigere – Ansatz vertreten wurde.

21 Ebenso die Selbsteinschätzung von BAG 2.12.1999 – 8 AZR 386/98 – unter II 1, AP § 611 BGB Mankohaftung Nr. 3 = NZA 2000, 715; ferner MünchKommBGB/*Henssler*, 9. Aufl., § 619a Rn. 47; *Lansnicker/Schwirtzek*, BB 1999, 259 f.; *Pallasch*, Anm. zu BAG EzA BGB § 611 Arbeitnehmerhaftung Nr. 64 (unter 1).

22 Zur Deutung als Beweislastregel oder Einwendungsnorm *Staudinger/Schwarze*, BGB (2019), § 280 Rn. D 2 f. m.w.N.; siehe auch BGH 22.10.2008 – XII ZR 148/06 –, NJW 2009, 142 (Beweislastumkehr).

23 Hierzu noch unten RN 21.

Arbeitnehmerhaftung im Allgemeinen gerade nicht angewendet wurde,[24] stand somit auf dem Gebiet der Mankohaftung in bestimmten Konstellationen eine Regelung zur Verfügung, welche die Beweislast für die Frage nach der Verantwortlichkeit des Arbeitnehmers für das Manko auf den Beschäftigten verlagerte.[25] Würde § 619a BGB eine solche Beweislastverlagerung kategorisch ausschließen, würde das hauptsächliche Motiv für die Konzeption eines Schadenersatzanspruchs des Arbeitgebers wegen Unmöglichkeit der Herausgabe und damit für einen Schadensersatz statt der Leistung entfallen. Im Ergebnis spielte es dann nämlich keine Rolle, ob man diesen Anspruch auf eine Verletzung des Integritätsinteresses oder des Leistungsinteresses stützt. Die Heranziehung unterschiedlicher Anspruchsgrundlagen (§ 280 Abs. 1 oder §§ 280 Abs. 1, Abs. 3, 283 BGB) wäre nur ein juristisches Glasperlenspiel. Allerdings ist es zumindest nicht von vornherein auszuschließen, dass die Rechtsprechung ihre zum früheren Recht entwickelte Ansicht, in bestimmten Konstellationen mittels Geschäftsbesorgungs- bzw. Verwahrungsrecht auf Unmöglichkeitsrecht zurückzugreifen und die Beweislast für das Nichtvertretenmüssen auf diesem Wege dem Arbeitnehmer zuzuschieben, in das heutige Recht hinein verlängert und § 619a BGB in solchen Fällen ausnahmsweise unangewendet lässt. Immerhin finden sich in der Literatur vereinzelt Stimmen, die – im Ergebnis vergleichbar – zwar das zweiteilige Haftungskonzept des BAG ablehnen, § 619a BGB in diesen Gestaltungen aber dennoch zurückdrängen wollen.[26] Die **Schuldrechtsreform als solche zwingt die Judikatur** somit **nicht, die bisher vertretene Auffassung aufzugeben.**[27]

12 Während das ältere Schrifttum das duale Haftungskonzept der Rechtsprechung gebilligt hatte,[28] wird es in der neueren Literatur schon seit längerem heftig kritisiert[29] und heute nahezu[30] allgemein abgelehnt.[31] Die Sichtweise des BAG kann in der Tat **bereits aus der Perspektive des Geschäftsbesorgungs- bzw. Verwahrungsrechts nicht überzeugen.** So ist es schwer verständlich, warum die vergleichsweise selbstständige Verwaltung eines Kassen- oder Warenbestandes durch einen Arbeitnehmer zu

---

24 Vgl. BAG 2.4.1958 – 4 AZR 486/55 –, AP § 549 ZPO Nr. 5; 30.8.1966 – 1 AZR 456/65 –, AP § 282 BGB Nr. 5.

25 Aufschlussreich auch BAG 3.6.1971 – 1 AZR 122/71 –, AP § 611 BGB Haftung des Arbeitnehmers Nr. 67, das zwar eine Nichtanwendung von § 282 BGB a.F. konzediert, dann aber über § 667 BGB dazu gelangt, dass der Arbeitnehmer zu beweisen hat, aus einem Kassenbestand keine Beträge für sich unberechtigterweise entnommen zu haben.

26 MünchKommBGB/*Henssler*, 9. Aufl., § 619a Rn. 47; MHdB ArbR/*Reichold*, 6. Aufl., § 57 Rn. 82.

27 *Dedek*, ZGS 2002, 320, 322; MünchKommBGB/*Henssler*, 9. Aufl., § 619a Rn. 47.

28 Siehe etwa *Bulla*, DB 1952, 58; in diese Richtung auch *Sieg*, Anm. zu BAG AP § 276 BGB Vertragsverletzung Nr. 1 (unter I 3); offenlassend aber *ders.*, ZVersWiss 52 (1963), 265, 266.

29 Vgl. 3. Aufl., RN 273 f. m.w.N. zu Stellungnahmen bis 1998.

30 Befürwortend lediglich MHdB ArbR/*Blomeyer*, 2. Aufl., § 59 Rn. 83; *Lansnicker/Schwirtzek*, BB 1999, 259; *Gäntgen*, in: Baumgärtel/Laumen/Prütting, Handbuch der Beweislast, 5. Aufl., § 619a BGB Rn. 18; *Pander*, Mankohaftung, S. 153 ff.; ebenso offenbar *Walker*, JuS 2002, 736, 740.

31 *Boemke/Müller*, SAE 2000, 6, 7; *Deinert*, RdA 2000, 22, 23 ff.; MünchKommBGB/*Henssler*, 9. Aufl., § 619a Rn. 47; *Krause*, RdA 2013, 129, 132 f.; ErfK/*Preis/Greiner*, 25. Aufl., § 619a BGB Rn. 30; MHdB ArbR/*Reichold*, 6. Aufl., § 57 Rn. 70; *Staudinger/Fischinger*, BGB (2022), § 619a Rn. 109.

einem Geschäftsbesorgungsverhältnis führen soll, während das durch § 675 BGB in Bezug genommene Auftragsrecht gerade eine – wenn auch nur auf das konkrete Geschäft bezogene – strikte Weisungsbindung vorsieht (§ 665 BGB).[32] Ferner setzt ein Verwahrungsverhältnis im Kern eine Aufbewahrung der Sache voraus (vgl. § 688 BGB). Der Verwahrer muss einer hinterlegten Sache „Raum und Obhut" gewähren.[33] Von einer Gewährung von eigenem Raum für Sachen des Arbeitgebers kann bei einem Arbeitnehmer indes regelmäßig nicht die Rede sein.[34] Darüber hinaus bestehen auch aus der Perspektive des Arbeitsrechts erhebliche Einwände.[35] Mit der Einbeziehung von Elementen der Geschäftsbesorgung oder der Verwahrung **verwandelt die Judikatur den Charakter des Arbeitsverhältnisses**, das auf eine kontinuierliche objektiv sorgfaltsgemäße Tätigkeit beim Umgang mit Geld oder Waren des Arbeitgebers gerichtet ist, systemwidrig in eine Vielzahl einzelner erfolgsbezogener Herausgabepflichten.[36] Zudem hätte es der Arbeitgeber auf der Grundlage der Auffassung des BAG in der Hand, durch eine schlichte Organisationsentscheidung bezüglich des Umfangs der arbeitnehmerseitigen Selbstständigkeit (z. B. wird in einer Filiale, in der bislang zwei Arbeitnehmer tätig waren, aus Kostengründen eine Stelle eingespart) die Arbeitspflicht, die bislang eine reine Tätigkeitspflicht war, in eine Erfolgspflicht umzuwandeln.[37] Darüber hinaus ist die Vorstellung eines eigenständigen Herausgabeanspruchs entbehrlich, weil der Arbeitgeber kraft seines Weisungsrechts ohnehin schon jederzeit berechtigt ist, die Ablieferung eines Kassen- bzw. Warenbestandes anzuordnen. Schließlich ist die Bindung einer erfolgsbezogenen Pflicht an das Merkmal einer gewissen Selbstständigkeit des Arbeitnehmers nicht zuletzt deshalb fragwürdig, weil sich die Arbeitnehmereigenschaft nach herkömmlicher Auffassung bereits qua definitionem durch eine Pflicht zu unselbstständiger Tätigkeit auszeichnet.

An alledem vermag auch das in der jüngeren Rechtsprechung entwickelte **Kriterium des unmittelbaren Besitzes des Arbeitnehmers nichts zu ändern**, soweit auf diesem Wege in Mankohaftungsfällen das Unmöglichkeitsrecht mobilisiert werden soll. So ist der Umstand, ob der Auftragnehmer im Zuge der Durchführung eines Geschäftsbesorgungsverhältnisses eine vom Auftraggeber unabhängige Besitzposition erlangt, für das Zustandekommen eines entsprechenden Vertrages unerheblich.[38] Auch 13

32 Siehe nur MünchKommBGB/*Althammer*, 9. Aufl., § 665 Rn. 1, 4. Krit. deshalb *Herrmann*, FS Reuter (2010), S. 525, 537.

33 BGH 5.10.1951 – I ZR 92/50 –, BGHZ 3, 200, 202; MünchKommBGB/*Henssler*, 9. Aufl., § 688 Rn. 7; *Soergel/Schur*, BGB, 13. Aufl., § 688 Rn. 2.

34 *Herrmann*, FS Reuter (2010), S. 525, 533.

35 Dazu eingehend bereits *Krause*, Anm. zu BAG AP § 611 BGB Mankohaftung Nr. 1 (unter I 6).

36 Dieses Argument schließt die Anwendung von § 667 BGB in besonderen Gestaltungen außerhalb der Mankohaftungsfälle nicht aus; vgl. BAG 11.4.2006 – 9 AZR 500/05 –, AP § 667 BGB Nr. 1 = NZA 2006, 1089; 14.12.2011 – 10 AZR 283/10 –, AP § 667 BGB Nr. 2 = NZA 2012, 501; 21.8.2014 – 8 AZR 655/14 – Rn. 36, AP § 611 BGB Haftung des Arbeitnehmers Nr. 140 = NZA 2015, 94.

37 Vgl. schon *Krause*, Anm. zu BAG AP § 611 BGB Mankohaftung Nr. 3 (unter II 1); *Boemke/Müller*, SAE 2000, 6, 8.

38 *Herrmann*, FS Reuter (2010), S. 525, 536 f.

ein Verwahrungsverhältnis kommt nicht allein durch die Übertragung des unmittelbaren Besitzes zustande. Hiervon abgesehen ist es zwar durchaus denkbar, dass ein Arbeitnehmer alleiniger (unmittelbarer) Besitzer im sachenrechtlichen Sinne des § 854 Abs. 1 BGB an einer dem Arbeitgeber gehörenden Sache und, worauf es für die Anwendung von Unmöglichkeitsrecht allein ankommt, zudem Schuldner eines eigenständigen Herausgabeanspruchs ist. Paradebeispiel ist der **Dienstwagen, der vom Arbeitnehmer privat genutzt werden darf.** Anders als bei einem rein dienstlich genutzten Wagen darf der Arbeitgeber ein solches Fahrzeug nicht einfach an sich nehmen oder den Arbeitnehmer anweisen, es herauszugeben, weil der Arbeitnehmer in einem solchen Fall nicht Besitzdiener, sondern Fremdbesitzer ist und ein Besitzmittlungsverhältnis (§ 868 BGB) besteht.[39] Stattdessen hat der Arbeitgeber einen Herausgabeanspruch aus dem Dienstwagenüberlassungsvertrag (sowie aus § 985 BGB), wenn das Arbeitsverhältnis endet. Erfüllt der Arbeitnehmer den Herausgabeanspruch nicht (z. B. weil das Fahrzeug im Urlaub entwendet wurde) und kann er sich nicht entlasten, haftet er nach Maßgabe von §§ 280 Abs. 1, Abs. 3, 283 BGB auf Schadensersatz statt der Leistung.[40] Um Mankohaftungsfälle handelt es sich hierbei freilich nicht.[41] Vielmehr geht es in diesen Fällen um einen Schadensersatzanspruch aus einem neben dem Arbeitsverhältnis stehenden Rechtsverhältnis, mag dieses auch mit dem Arbeitsverhältnis verknüpft sein. Die hierin zum Ausdruck kommende Erfolgsbezogenheit der Pflichten des Arbeitnehmers wird dadurch legitimiert, dass ihm einzelne Betriebsmittel auf Zeit mit der Befugnis, sie auch zu privaten Zwecken zu nutzen, und der Verpflichtung, sie – in der Regel bei der Beendigung des Arbeitsverhältnisses – wieder zurückzugeben, anvertraut werden. Umgekehrt ist ein Umschlagen von einer Tätigkeits- in eine Erfolgspflicht nur dann gerechtfertigt, wenn der engere Bereich des Arbeitsverhältnisses überschritten wird. Wird ein Fahrzeug sowohl dienstlich als auch privat genutzt **(dual use)**, kommt es deshalb darauf an, ob die **Entwendung der betrieblichen oder der privaten Sphäre zuzuordnen** ist. Erfolgt der Schadenseintritt im Zusammenhang mit einer betrieblichen Tätigkeit, befindet sich der Dienstwagen in der Herrschaftssphäre des Arbeitgebers, sodass es gerechtfertigt ist, dem Arbeitnehmer nur tätigkeitsbezogene Pflichten aufzuerlegen. Wird das Fahrzeug in die private Sphäre des Arbeitnehmers überführt (nach Dienstschluss, am Wochenende, im Urlaub, aber auch bei einer Fahrtunterbrechung zu privaten Zwecken), steigert sich die Tätigkeits- zu einer Erfolgsverbindlichkeit, sodass er für einen Verlust nach Maßgabe von §§ 280 Abs. 1, Abs. 3, 283 BGB einzustehen hat.

14 In allen anderen Gestaltungen ist dagegen nicht zu bestreiten, dass der Arbeitnehmer **sachenrechtlich lediglich Besitzdiener im Sinne von § 855 BGB** ist und daher

---

39 Siehe LAG Düsseldorf 4.7.1975 – 11 Sa 689/75 –, DB 1975, 1849; OLG Düsseldorf 12.2.1986 – 11 U 76/85 –, NJW 1986, 2513; LAG Hamm 9.11.2010 – 12 Sa 1376/10 –, BeckRS 2011, 67819; *Becker-Schaffner*, DB 1993, 2078, 2079.

40 Daneben kommt ein Anspruch aus den §§ 987 ff. BGB in Betracht.

41 Ebenso *Gotthardt*, Arbeitsrecht nach der Schuldrechtsreform, 2. Aufl., Rn. 205; MHdB ArbR/*Reichold*, 6. Aufl., § 57 Rn. 71.

gerade keine den Arbeitgeber verdrängende besitzrechtliche Position innehat.[42] Die neuere Argumentation, mit der die Rechtsprechung versucht, der Heranziehung von Geschäftsbesorgungs- bzw. Verwahrungsrecht und damit von Unmöglichkeitsrecht innerhalb des Arbeitsverhältnisses wenigstens einen schmalen Anwendungsbereich zu sichern, ist folglich auch sachenrechtlich nicht haltbar. Unter einem zivilrechtlichen Blickwinkel kommt man nicht daran vorbei, dass die Vermögenswerte als Substrat der Mankohaftungsfälle dem Arbeitgeber bereits besitzrechtlich (und eigentumsrechtlich) zustehen und nicht erst vom Arbeitnehmer verschafft werden müssen, wenn sie in die tatsächliche Verfügungsgewalt des Arbeitnehmers gelangen. Dem durchaus berechtigten Anliegen des BAG, den Umstand zu berücksichtigen, dass der Arbeitnehmer in bestimmten Fällen „näher dran" ist und deshalb eher als der Arbeitgeber zur Aufklärung des Geschehensablaufs beitragen kann, der zu einem Fehlbestand geführt hat, kann besser auf andere Weise als durch die Annahme einer Pflicht zur Vermögensaufstockung Rechnung getragen werden, wie dies in der Konsequenz der neueren Judikatur liegt.[43] Der künstlichen Vorstellung von in das Arbeitsverhältnis eingebetteten Elementen des Geschäftsbesorgungs- oder Verwahrungsrechts bedarf es hierfür nicht. Damit ist in allen Fällen der Mankohaftung **innerhalb des Leistungsstörungsrechts nur auf § 280 Abs. 1 BGB als Anspruchsgrundlage zurückzugreifen.**

Außerhalb des Leistungsstörungsrechts kommen weiterhin **deliktische Anspruchsgrundlagen** in Betracht. Hierbei ist vor allem an § 823 Abs. 1 BGB im Falle einer Verletzung des Arbeitgebereigentums an Geld oder Waren zu denken.[44] Das Vermögen als solches wird durch § 823 Abs. 1 BGB indessen nicht geschützt.[45] Ggf. lassen sich Schadensersatzansprüche auch auf § 823 Abs. 2 BGB i.V.m. § 242 StGB (Diebstahl), § 246 StGB (Unterschlagung) bzw. § 266 StGB (Untreue) sowie auf § 826 BGB stützen.[46] Im Rahmen der deliktischen Haftung muss der Arbeitgeber grundsätzlich sämtliche Haftungsvoraussetzungen nachweisen.[47] Dazu zählen insbesondere ein effektiver Fehlbestand[48] und das Verschulden des Arbeitnehmers. Da die deliktische Haftung dem Arbeitgeber gegenüber der vertraglichen Mankohaftung somit zumindest keine Vorteile verschafft,[49] spielt sie nur dann eine eigenständige Rolle, wenn vertragliche Ansprüche 15

42 *Staudinger/Fischinger*, BGB (2022), § 619a Rn. 109. Siehe auch BAG 15.11.2001 – 8 AZR 95/01 – unter II 1, AP § 611 Haftung des Arbeitnehmers Nr. 121 = NZA 2002, 612; LAG Rheinland-Pfalz 29.10.2015 – 3 Sa 464/14 – Rn. 117, BeckRS 2016, 67460.

43 Dazu unten RN 29 ff.

44 Siehe etwa BAG 15.11.2001 – 8 AZR 95/01 – unter II, AP § 611 Haftung des Arbeitnehmers Nr. 121 = NZA 2002, 612.

45 BAG 13.2.1974 – 4 AZR 13/73 –, AP § 611 BGB Haftung des Arbeitnehmers Nr. 77.

46 *Deinert*, RdA 2000, 22, 26.

47 Anders nur *Beuthien*, Anm. zu BAG AP § 611 BGB Haftung des Arbeitnehmers Nr. 67 (unter I 3).

48 BAG 11.11.1969 – 4 AZR 13/73 –, AP § 611 BGB Haftung des Arbeitnehmers Nr. 49; 3.8.1971 – 1 AZR 122/71 –, AP § 611 BGB Haftung des Arbeitnehmers Nr. 67; in diesem Sinne auch BAG 13.2.1975 – 3 AZR 211/74 –, AP § 300 ZPO Nr. 2.

49 Siehe dazu sogleich unter RN 16 ff.

wegen einer Ausschlussklausel nicht mehr geltend gemacht werden können.[50] Entsprechendes gilt für **Bereicherungsansprüche** (§§ 812 ff. BGB).

b) Darlegungs- und Beweislast

16 Das sowohl in rechtlicher wie in tatsächlicher Hinsicht zentrale Problem der Mankohaftung bildet die Frage nach der zutreffenden **Verteilung der Darlegungs- und Beweislast.**[51] Hierfür muss man sich zunächst hinreichende Klarheit über die einzelnen Elemente des Haftungstatbestandes und damit über die verschiedenen Beweisthemen verschaffen. Soweit es um den Regelfall einer Verantwortlichkeit des Arbeitnehmers nach § 280 Abs. 1 BGB geht, setzt der Schadensersatzanspruch – abgesehen von dem stets erforderlichen Schuldverhältnis in Gestalt des Arbeitsvertrages – eine objektive Pflichtverletzung, Verschulden des Beschäftigten i. S. d. § 276 BGB sowie den Eintritt eines kausalen Schadens auf Seiten des Arbeitgebers voraus. Für jedes Merkmal ist zu klären, welche der beiden Parteien des Arbeitsverhältnisses die Darlegungs- und Beweislast trifft. Allerdings wird diese Frage in einem nicht unerheblichen Maße vom keineswegs einheitlichen Verständnis der materiellrechtlichen Voraussetzungen des Haftungstatbestandes und dabei insbesondere der objektiven Pflichtwidrigkeit überlagert. Hinzu kommt der Streit um die Folgen der im Zuge der Schuldrechtsmodernisierung eingeführten Regelungen der §§ 280 Abs. 1, 619a BGB für die Darlegungs- und Beweislast einschließlich des Problems, ob und inwieweit ältere Stellungnahmen überholt sind oder fortwirken. Eine bloße Wiedergabe abstrakter Ausführungen läuft daher gerade im Bereich der Mankohaftung Gefahr, dem Bedeutungsgehalt der jeweiligen Aussagen nicht gerecht zu werden.

17 Ebenso wie bei den materiellrechtlichen Haftungsregeln[52] lässt sich im Hinblick auf die Darlegungs- und Beweislast ein **verfassungsrechtlicher Hintergrund** ausmachen.[53] So hat das BVerfG zur Frage der Beweislastverteilung in Zivilprozessen ausgeführt, dass der Gleichheitssatz (Art. 3 Abs. 1 GG) und das Rechtsstaatsprinzip (Art. 20 Abs. 3 GG) bestimmte Anforderungen an die Handhabung des Beweisrechts stellen.[54] Danach verbieten es sowohl das Gebot der Waffengleichheit im Prozess als auch der Grundsatz des fairen Verfahrens, die Beweislast für ein bestimmtes Vorbringen generell derjenigen Seite aufzubürden, die aufgrund der tatsächlichen Gegebenheiten typischerweise nicht in der Lage ist, den erforderlichen Beweis zu erbringen.[55] Obwohl die

---

50 *Krause*, RdA 2013, 129, 130; ErfK/*Preis/Greiner*, 25. Aufl., § 619a BGB Rn. 31; *Stoffels*, AR-Blattei SD 870.2 Rn. 22. Zu Ausschlussklauseln näher oben § 6 RN 69 ff.

51 *G. Hueck*, Anm. zu BAG AP § 611 BGB Haftung des Arbeitnehmers Nr. 54.

52 Siehe hierzu oben § 4, insb. RN 5 ff.

53 Dazu auch *Krause*, RdA 2013, 129, 134.

54 BVerfG 25.7.1979 – 2 BvR 878/74 –, BVerfGE 52, 131, 144 ff. = AP § 249 BGB Arzthaftung Nr. 1. Bestätigend BVerfG 26.9.2017 – 1 BvR 1486/16 u. a. – Rn. 31, NJW 2017, 3507; 18.2.2019 – 1 BvR 2556/17 – Rn. 14, NJW 2019, 1510.

55 BVerfG 25.7.1979 – 2 BvR 878/74 –, BVerfGE 52, 131, 146 = AP § 249 BGB Arzthaftung Nr. 1. Zu den verfassungsrechtlichen Vorgaben für die Beweislastverteilung näher *Reinhardt*, NJW 1994, 93 ff.

Situation einer ärztlichen Heilbehandlung nicht mit der Verantwortung eines Arbeitnehmers für einen Kassen- oder Warenbestand gleichgesetzt werden kann, muss man bei der angemessenen Justierung der Darlegungs- und Beweislast in Mankohaftungsfällen doch danach fragen, ob der Arbeitgeber auf gewisse Erleichterungen angewiesen ist. Andernfalls bestünde die Gefahr, dass der Schutz, den ihm das Haftungsrecht grundsätzlich zubilligt, leerläuft. Dies gilt umso mehr, als der Arbeitgeber ohnehin schon mit einem durch die Grundsätze über die eingeschränkte Arbeitnehmerhaftung verringerten haftungsrechtlichen Schutz leben muss. Freilich ist in Rechnung zu stellen, dass hinter der Enthaftung des Arbeitnehmers ebenfalls grundrechtlich geschützte Interessen stehen (Art. 12 Abs. 1 GG)[56] und die Verbesserung der beweisrechtlichen Situation des Arbeitgebers die durch das materielle Recht gewährte Privilegierung des Arbeitnehmers nicht aushöhlen darf.

aa) Schaden

Nach allgemeiner Ansicht muss **der Arbeitgeber das Vorliegen eines Schadens in Form eines Geld- oder Warenmankos darlegen und beweisen.**[57] Hierunter ist grundsätzlich ein **effektiver Fehlbestand**, also eine tatsächliche Differenz zwischen Soll- und Istbestand zu verstehen. Ein lediglich buchmäßiger Fehlbestand, der nur auf Rechenfehlern beruht, genügt nicht, weil das Schadensersatzrecht nicht dem Ausgleich fiktiver Schäden dient.[58] Auch fällt ein natürlicher Schwund (z. B. Verderben von alternden Lebensmitteln) von vornherein heraus,[59] sofern er nicht auf unterlassenen Erhaltungsmaßnahmen des Arbeitnehmers beruht. Wenn der Arbeitnehmer den alleinigen Zugang zu der Kasse oder dem Warenbestand hat, was im Bestreitensfalle vom Arbeitgeber zu beweisen ist,[60] erleichtert die Rechtsprechung im Rahmen der Vertragshaftung dem Arbeitgeber die Darlegung eines Schadens durch zwei Regeln: Zum einen geht das BAG davon aus, dass der **Arbeitgeber für die Einnahmen**, der **Arbeitnehmer dagegen für die vertragsgemäße Verwendung geleisteter Ausgaben beweispflichtig** ist.[61] Zum anderen nimmt das BAG an, dass ein mit der buchmäßigen Kassenführung beauftragter **Arbeitnehmer seine eigenen Buchungen grundsätzlich** 18

56 Dazu § 4 RN 12 ff.

57 BAG 3.8.1971 – 1 AZR 122/71 –, AP § 611 BGB Haftung des Arbeitnehmers Nr. 67; 13.2.1974 – 4 AZR 13/73 –, AP § 611 BGB Haftung des Arbeitnehmers Nr. 77; LAG Bremen 5.1.1955 – Sa 109/54 –, AP § 611 BGB Haftung des Arbeitnehmers Nr. 3 m. zust. Anm. *Larenz*; *Stoffels*, AR-Blattei SD 870.2 Rn. 41; *Woltereck*, AuR 1964, 329, 330; *ders.*, Mankohaftung, S. 33.

58 *Gäntgen*, in: Baumgärtel/Laumen/Prütting, Handbuch der Beweislast, 5. Aufl., § 619a BGB Rn. 11.

59 *Deinert*, RdA 2000, 22, 28.

60 BAG 11.11.1969 – 1 AZR 216/69 –, AP § 611 BGB Haftung des Arbeitnehmers Nr. 49; 27.2.1970 – 1 AZR 150/69 –, AP § 611 BGB Haftung des Arbeitnehmers Nr. 54; 6.6.1984 – 7 AZR 292/81 –, AP § 11a TV Ang Bundespost Nr. 1 = NZA 1985, 183.

61 BAG 9.4.1957 – 2 AZR 532/54 –, AP § 611 Haftung des Arbeitnehmers Nr. 4; 13.3.1964 – 1 AZR 100/63 –, AP § 611 Haftung des Arbeitnehmers Nr. 32, 3.8.1971 – 1 AZR 122/71 –, AP § 611 BGB Haftung des Arbeitnehmers Nr. 67; 13.2.1975 – 3 AZR 211/74 –, AP § 308 ZPO Nr. 2.

gegen sich gelten lassen muss.[62] Hinsichtlich der Ausgabenbuchungen stimmen beide Regeln im Ergebnis überein.[63] Da der Arbeitnehmer ohnehin gehalten ist, die geleisteten Ausgaben nachzuweisen, bewirkt die zusätzliche Vermutung, dass keine anderen Ausgaben als die verbuchten Vorgänge erfolgt sind,[64] keine weitere Verschlechterung seiner beweisrechtlichen Lage. Bei den Einnahmen verbessert sich die Beweissituation des Arbeitgebers aber insoweit, als er sich zu Lasten des Arbeitnehmers auf die leichter nachweisbare buchmäßige Lage stützen kann. Dabei meint das BAG offenbar nicht nur eine Beweiserleichterung für den Arbeitgeber im Sinne eines Anscheinsbeweises, sondern legt die Beweislast für Fehlbuchungen auf der Einnahmen- oder Ausgabenseite in vollem Umfang dem Arbeitnehmer auf.[65] Rechtfertigen lässt sich diese Beweisverschiebung durch den Gedanken, dass sich der Arbeitnehmer durch die Behauptung von fehlerhaften Buchungen zu seinem eigenen früheren Verhalten in Widerspruch setzt und er das daraus resultierende Risiko der Unaufklärbarkeit nicht auf den Arbeitgeber abwälzen darf.[66] Schließlich ist festzuhalten, dass der durch die Schuldrechtsreform eingeführte § 619a BGB keinen Anlass gibt, diese Regeln zu modifizieren, weil sich diese Vorschrift nur auf das Vertretenmüssen bezieht.

19 Bei einem **Kassenmanko** besteht der Schaden im fehlenden Geldbetrag.[67] Bei einem **Warenmanko** ist im Allgemeinen lediglich der Wiederbeschaffungswert anzusetzen.[68] Der höhere Verkaufswert ist nur dann maßgeblich, wenn die Waren nicht mehr beschaffbar sind und damit tatsächlich ein entgangener Gewinn im Sinne von § 252 BGB zugrunde gelegt werden kann.[69] Weiter kann der Arbeitnehmer dem Arbeitgeber Überschüsse gemäß § 242 BGB entgegenhalten, wenn sie mit demjenigen Verhalten des Arbeitnehmers, welches das Manko verursacht hat, in einem inneren Zusammenhang stehen (z. B. ein Arbeitnehmer verrechnet sich bei einem Kunden zunächst zu Lasten des Arbeitgebers und beim nächsten Kunden zu Gunsten des Arbeitgebers).[70] Bei einem vorsätzlichen Handeln des Arbeitnehmers scheidet ein solcher Einwand aber aus.

62 BAG 21.6.1966 – 1 AZR 271/65 –, AP § 1 ErstattG Nr. 2; 3.8.1971 – 1 AZR 122/71 –, AP § 611 BGB Haftung des Arbeitnehmers Nr. 67; 13.2.1975 – 3 AZR 211/74 –, AP § 308 ZPO Nr. 2. So auch BGH 8.7.1985 – II ZR 198/84 –, AP § 43 GmbHG Nr. 3 zur Haftung des GmbG-Geschäftsführers.

63 So bereits BAG 21.6.1966 – 1 AZR 271/65 –, AP § 1 ErstattG Nr. 2; *Reinicke*, ZfA 1976, 215, 224.

64 Vgl. BAG 13.2.1975 – 3 AZR 211/74 –, AP § 308 ZPO Nr. 2.

65 BAG 3.8.1971 – 1 AZR 122/71 –, AP § 611 BGB Haftung des Arbeitnehmers Nr. 67.

66 Wie hier *Gäntgen*, in: Baumgärtel/Laumen/Prütting, Handbuch der Beweislast, 5. Aufl., § 619a BGB Rn. 12; ähnlich bereits *Canaris*, Anm. zu BAG AP § 611 BGB Haftung des Arbeitnehmers Nr. 49.

67 MHdB ArbR/*Reichold*, 6. Aufl., § 57 Rn. 78.

68 LAG Düsseldorf 14.5.1974 – 11 Sa 437/73 –, DB 1974, 2115, 2116; *Deinert*, RdA 2000, 22, 28; *Schaub/Linck*, Arbeitsrechts-Handbuch, 20. Aufl., § 59 Rn. 58; MHdB ArbR/*Reichold*, 6. Aufl., § 57 Rn. 78.

69 *Deinert*, RdA 2000, 22, 28; MHdB ArbR/*Reichold*, 6. Aufl., § 57 Rn. 78 Fn. 335; offenbar stets für einen Ersatz des nicht erzielten Verkaufserlöses ErfK/*Preis/Greiner*, 25. Aufl., § 619a BGB Rn. 34.

70 *Deinert*, RdA 2000, 22, 28; strenger wohl ErfK/*Preis/Greiner*, 25. Aufl., § 619a BGB Rn. 34; MHdB ArbR/*Reichold*, 6. Aufl., § 57 Rn. 78.

bb) Objektive Pflichtwidrigkeit und haftungsbegründende Kausalität

Soweit es um die die Darlegungs- und Beweislast für die das äußere Verhalten betreffende objektive Pflichtwidrigkeit sowie die haftungsbegründende Kausalität geht, könnte man auf den ersten Blick meinen, dass mit den Regelungen der §§ 280 Abs. 1 S. 1, 619a BGB die seit Jahrzehnten diskutierte Problematik[71] durch ein Machtwort des Gesetzgebers gelöst worden ist. Bei näherem Hinsehen zeigt sich indes, dass es mit einem schlichten Verweis auf den Wortlaut der Vorschriften nicht getan ist, sondern eine tiefergehende Auseinandersetzung vonnöten ist. Immerhin gibt es nach wie vor eine nicht unerhebliche Anzahl an Stimmen, die sich trotz § 619a BGB, der die Darlegungs- und Beweislast sogar für das Vertretenmüssen des Arbeitnehmers an sich dem Arbeitgeber auferlegt, in bestimmten Gestaltungen der Mankohaftung für eine – wenn auch unterschiedlich weit gefasste – Belastung des Arbeitnehmers aussprechen.[72] Um die gegenwärtige Rechtslage beurteilen zu können, bedarf es eines Rückblicks auf die frühere rechtliche Situation,[73] zumal die für die gegenwärtige Ausgestaltung der Mankohaftung maßgebliche Entscheidungstrias aus den späten 1990er Jahren stammt[74] und es an höchstrichterlichen Judikaten zur Darlegungs- und Beweislast in Mankohaftungsfällen nach der Schuldrechtsmodernisierung fehlt. 20

Insoweit ist zunächst festzuhalten, dass die beschriebene Heranziehung von Geschäftsbesorgungs- bzw. Verwahrungsrecht[75] stets weniger dazu diente, diese Normenkomplexe umfassend in das Arbeitsverhältnis zu integrieren. Vielmehr ging es in erster Linie um eine **Verbesserung der beweisrechtlichen Lage des Arbeitgebers.** So hat die Rechtsprechung schon sehr frühzeitig § 282 BGB a.F. herangezogen und damit die Beweislast für das Nichtvertretenmüssen für den Eintritt des Mankos dem Arbeitnehmer auferlegt.[76] Nimmt man hinzu, dass das Manko, dessen Nachweis dem Arbeitgeber vielfach ohne größere Schwierigkeiten möglich ist, als Unmöglichkeit der Herausgabe eines ungeschmälerten Bestandes eingestuft wurde und es daneben keiner weiteren Haftungsvoraussetzungen in Gestalt eines ggf. vom Arbeitgeber zu beweisenden objektiv pflichtwidrigen Verhaltens des Arbeitnehmers bedurfte, waren die Anforderungen für eine Inanspruchnahme des Arbeitnehmers in denjenigen Mankohaftungsfällen, in denen die Judikatur Geschäftsbesorgungs- bzw. Verwahrungsrecht anwandte, im Hinblick auf die Darlegungs- und Beweislast vergleichsweise gering. Die Anziehungskraft dieser 21

71 Hierzu eingehend 3. Aufl., RN 279 ff.; siehe dazu auch *Krause*, Anm. zu BAG AP § 611 BGB Mankohaftung Nr. 3.

72 Vgl. MünchKommBGB/*Henssler*, 9. Aufl., § 619a Rn. 47; *Gäntgen*, in: Baumgärtel/Laumen/Prütting, Handbuch der Beweislast, 5. Aufl., § 619a BGB Rn. 14; *Pander*, Mankohaftung, S. 257 ff.; MHdB ArbR/*Reichold*, 6. Aufl., § 57 Rn. 82. Wohl auch LAG Rheinland-Pfalz 29.10.2015 – 3 Sa 464/14 – Rn. 114 ff., BeckRS 2016, 67460.

73 Ebenso *Staudinger/Fischinger*, BGB (2022), § 619a Rn. 16.

74 BAG 22.5.1997 – 8 AZR 562/95 –, AP § 611 BGB Mankohaftung Nr. 1 = NZA 1997, 1279; 17.9.1998 – 8 AZR 175/97 –, AP § 611 BGB Mankohaftung Nr. 2 = NZA 1999, 141; 2.12.1999 – 8 AZR 386/98 –, AP § 611 BGB Mankohaftung Nr. 3 = NZA 2000, 715.

75 Siehe oben RN 8 ff.

76 Vgl. RG 9.11.1910 RGZ 74, 342, 343 f. (bei einem Beamten).

für den Arbeitgeber vorteilhaften Beweislastregelung war so stark, dass sie von der Judikatur in Mankohaftungsfällen bei einem alleinigen Zugang des Arbeitnehmers zur Kasse oder zum Warenlager zuweilen sogar unmittelbar und ohne die Krücke des § 667 BGB oder des § 695 BGB mobilisiert wurde.[77] Daran zeigt sich, dass die vieldiskutierte Frage einer Qualifikation des Arbeitsverhältnisses als gemischter Vertrag letztlich nur einen Nebenschauplatz im Vergleich zum Hauptproblem der Beweislastverteilung bei der Mankohaftung bildet. Im Ergebnis jedenfalls musste der Arbeitgeber nur einen Fehlbestand an Geld oder Waren sowie den Umstand, dass die Kasse, das Warenlager o.Ä. dem Arbeitnehmer zur alleinigen Verwaltung anvertraut war, darlegen und notfalls beweisen.[78] Dabei wurde teilweise sogar der Eindruck erweckt, als würde der alleinige Zugang des Arbeitnehmers nicht zu den Voraussetzungen einer verantwortlichen Verwaltung der Kasse bzw. des Warenbestandes zählen und daher vom Arbeitgeber nachzuweisen sein, sondern gerade umgekehrt das Fehlen eines alleinigen Zugangs eine der dem Arbeitnehmer offenstehenden Entlastungsmöglichkeiten darstellen,[79] was freilich verfehlt ist und später stillschweigend revidiert wurde.[80] Auch wenn man von dieser Übersteigerung absieht, bleibt es dabei, dass es nach dieser Judikatur Sache des Arbeitnehmers war, bei einer (echten) Alleinverwaltung darzulegen und ggf. zu beweisen, dass das Manko nicht durch einen von ihm zu vertretenden Umstand herbeigeführt worden ist. Allerdings hat die Rechtsprechung schon seit jeher versucht, dieser Beweislastregelung – die vom Arbeitnehmer an sich einen Negativbeweis verlangt – die Spitze zu nehmen und eine **gewisse Wahrscheinlichkeit für ein erfolgreiches Führen des Entlastungsbeweises ausreichen** zu lassen. Dabei weisen die einschlägigen Entscheidungen freilich eine erhebliche Unschärfe auf: So wurde auf der einen Seite der bloße Nachweis der Möglichkeit für ausreichend gehalten, dass das Manko ohne ein Verschulden des Arbeitnehmers eingetreten ist,[81] während auf der anderen Seite der Nachweis der konkreten Ursache verlangt wurde[82]. Zuweilen sollte sogar die allgemeine

77 BAG 30.6.1960 – 2 AZR 403/58 – unter II 2, AP § 611 BGB Haftung des Arbeitnehmers Nr. 20; ebenso – ohne Nennung auch nur von § 280 BGB a.F. – etwa RG 21.11.1911 Recht 1912 Nr. 192; RAG 24.1.1934 ARS 20, 130, 141; BAG 6.6.1984 – 7 AZR 292/81 –, AP § 11a TV Ang Bundespost Nr. 1 = NZA 1985, 183; 29.8.1984 – 7 AZR 572/81 –, BeckRS 1984, 4605. In diesem Sinne auch *Hueck/Nipperdey*, Arbeitsrecht, Bd. I, 7. Aufl., § 35 II 3 Fn. 33b, S. 231; *Larenz*, Anm. zu LAG Bremen AP § 611 BGB Haftung des Arbeitnehmers Nr. 3, der trotz Heranziehung von § 282 BGB a.F. im Hinblick auf die Ursächlichkeit des Verschuldens für den Schaden aber (inkonsequent) nur von einem Anscheinsbeweis spricht. Ferner *Baumgärtel*, FS Pleyer (1986), S. 257, 261f.; der die Beweislastumkehr analog § 282 BGB a.F. ausdrücklich auch auf die objektive Pflichtverletzung sowie die haftungsbegründende Kausalität erstrecken will.

78 BAG 11.11.1969 – 1 AZR 216/69 –, AP § 611 BGB Haftung des Arbeitnehmers Nr. 49; 6.6.1984 – 7 AZR 292/81 –, AP § 11a TV Ang Bundespost Nr. 1 = NZA 1985, 183; 29.8.1984 – 7 AZR 572/81 –, BeckRS 1984, 4605. In diesem Sinne bereits BAG 10.12.1959 – 2 AZR 265/59 –, § 242 BGB Herausgabepflicht Nr. 1. Ebenso LAG Hamm 14.4.1953 – 2 Sa 493/52 –, AP 54 Nr. 69; LAG Düsseldorf 23.6.1966 – 2 Sa 418/65 u. 3 Sa 419/65 –, BB 1966, 1145.

79 BAG 3.8.1971 – 1 AZR 122/71 – unter III 2, AP § 611 BGB Haftung des Arbeitnehmers Nr. 67.

80 Vgl. BAG 2.12.1999 – 8 AZR 386/98 – unter III 2 b, AP § 611 BGB Mankohaftung Nr. 3 = NZA 2000, 715.

81 RG 9.11.1910 RGZ 74, 342, 344.

82 Tendenziell RG 17.9.1926 HRR 1933 Nr. 670.

Zuverlässigkeit des Arbeitnehmers in die Waagschale geworfen werden.[83] Das BAG bewegte sich auf einer mittleren Linie und ließ die hinreichende Wahrscheinlichkeit eines Geschehensablaufs ausreichen, bei dem der Arbeitnehmer für das Manko nicht verantwortlich ist, wobei als Beispiel Unzulänglichkeiten in der Organisation des Betriebes genannt wurden.[84] Freilich blieb unklar, ob die geringeren Anforderungen an den Entlastungsbeweis stets zum Tragen kommen sollten oder nur dann, wenn zusätzlich die ernsthafte Möglichkeit bestanden hatte, dass die Ursache für das Manko aus dem Gefahrenbereich des Arbeitgebers stammte. Letztlich ging die Tendenz aber dahin, an den Entlastungsbeweis keine allzu hohen Anforderungen zu stellen.[85] Diese Einschränkung belegt, dass bereits der älteren Rechtsprechung eine konsequente Verlagerung einer Vielzahl von objektiven Ungewissheiten auf den Arbeitnehmer als unbillig erschien und sie durch flexible Kriterien versuchte, in den Mankofällen – freilich auf Kosten der Rechtssicherheit – zu größtmöglicher Einzelfallgerechtigkeit zu gelangen.

Ob § 619a BGB nunmehr jeder Beweislastumkehr in Mankohaftungsfällen definitiv 22
einen Riegel vorschiebt und damit das zweiteilige Haftungskonzept wenn auch nicht kategorisch ausschließt, so doch überflüssig macht, weil dem Arbeitgeber das Privileg einer Verlagerung der Darlegungs- und Beweislast auf den Arbeitnehmer genommen wird, ist umstritten. Neben zahlreichen bejahenden Stimmen[86] existiert wie erwähnt eine nicht unbeträchtliche Gegenströmung[87]. Für ein weites Verständnis von § 619a BGB spricht neben dem Wortlaut der Norm prima facie die Gesetzesbegründung, nach der § 280 Abs. 1 S. 2 BGB, der das Nichtvertretenmüssen der (objektiven) Pflichtverletzung zu einem anspruchsausschließenden Einwand umgeformt und dadurch die Darlegungs- und Beweislast insoweit generell auf den Schuldner verlagert hat, im Arbeitsrecht nicht gelten soll.[88] Bei näherem Hinsehen zeigt sich indes, dass diese Deutung zu kurz greift. So heißt es in der Gesetzesbegründung nämlich weiter, dass § 619a BGB die seinerzeit vorhandene Judikatur des BAG aufrechterhalten wolle.[89] Zur Erläuterung wird auf die kurz zuvor ergangene Entscheidung des BAG[90] zur Unanwendbarkeit von § 282 BGB a.F.

83 RG 9.11.1910 – III 502/09 –, RGZ 74, 342, 344; 8.11.1935 RGZ 149, 282, 286.

84 BAG 30.6.1960 – 2 AZR 403/58 –, AP § 611 BGB Haftung des Arbeitnehmers Nr. 20 (bei unterstellter Anwendbarkeit von § 282 BGB a.F.).

85 Vgl. BAG 3.8.1971 – 1 AZR 122/71 –, AP § 611 BGB Haftung des Arbeitnehmers Nr. 67; *Hansen*, AuR 1968, 295, 300; *Reinecke*, ZfA 1976, 215, 233.

86 *Gotthardt*, Arbeitsrecht nach der Schuldrechtsreform, 2. Aufl., Rn. 205 ff.; *Schaub/Linck*, Arbeitsrechts-Handbuch, 20. Aufl., § 59 Rn. 58; ErfK/*Preis/Greiner*, 25. Aufl., § 619a BGB Rn. 30; *Schlodder*, Der Arbeitsvertrag im neuen Schuldrecht, S. 163 f.; *Walker*, JuS 2002, 736, 740. Grds. auch *Pander*, Mankohaftung, S. 256 f., der § 619a BGB ausdrücklich auch auf Ansprüche aus §§ 667, 695 i.V.m. §§ 280 Abs. 1 u. 3, 283 BGB anwenden will, dann aber doch wieder (S. 257 ff.) über die Gefahrenbereichslehre zu § 280 Abs. 1 S. 2 BGB zurückkehren will. Pauschal für eine Anwendbarkeit von § 619a BGB auf sämtliche Pflichtverletzungen des Arbeitnehmers BAG 18.7.2006 – 1 AZR 578/05 – Rn. 14, AP § 850 ZPO Nr. 15 = NZA 2007, 462.

87 Siehe die Nachw. in Fn. 72.

88 BT-Drucks 14/7052, S. 204.

89 BT-Drucks 14/7052, S. 204; In diesem Sinne bereits BT-Drucks. 14/6040, S. 136.

90 BAG 17.9.1998 – 8 AZR 175/97 –, AP § 611 BGB Mankohaftung Nr. 2 = NZA 1999, 141.

verwiesen. Daran solle die Neuregelung nichts ändern, wodurch dahingehenden Befürchtungen in der Literatur[91] Rechnung getragen wurde. Nun hatte das BAG seine Ansicht darauf gestützt, dass § 282 BGB a.F. nicht nur auf dem Aspekt der Beweisnähe beruhe. Vielmehr sei die Vorschrift zugleich Ausdruck des vom Schuldner übernommenen Leistungsrisikos. Dieser Gedanke treffe auf die Arbeitnehmerhaftung nicht zu. Jene Urteilspassage bezieht sich allerdings ausschließlich auf diejenigen Fälle, in denen es nach früherem Verständnis um eine Einstandspflicht des Arbeitnehmers aus positiver Vertragsverletzung ging.[92] Die Aussage des BAG betrifft also nur die eine Seite des zweiteiligen Haftungskonzepts. Die andere Seite dieses Haftungsmodells und damit jene Gestaltungen, die sich nach Ansicht des BAG durch eine Erfolgsbezogenheit der Pflicht als Folge der Anwendbarkeit von Geschäftsbesorgungs- oder Verwahrungsrecht mit entsprechenden Konsequenzen für die Darlegungs- und Beweislastverteilung auszeichnen, werden in der in den Gesetzesmaterialien zitierten Entscheidung des BAG an anderer Stelle erwähnt.[93] Wenn § 619a BGB eine bestimmte Sichtweise der Rechtsprechung aufrechterhalten soll,[94] diese Auffassung aber nur auf spezifische Fälle gemünzt ist, kann die Vorschrift im Nachhinein nicht weiter verstanden werden, indem die seinerzeit ausgeklammerten Konstellationen umstandslos einbezogen werden. **§ 619a BGB steht damit für sich genommen einer Beweislastverteilung nach dem Modell des § 280 Abs. 1 S. 2 BGB nicht entgegen**, soweit hierdurch lediglich frühere Grundsätze des BAG für Ausnahmefälle fortgeschrieben würden.[95] Umgekehrt lässt sich die zu § 619a BGB gelieferte Begründung des Gesetzgebers nicht als bindende Entscheidung in dem Sinne begreifen, dass die Konzeption der älteren Judikatur zur Darlegungs- und Beweislastverteilung in allen ihren Bestandteilen, also auch hinsichtlich der (angeblich) nach Geschäftsbesorgungs- oder Verwahrungsrecht zu behandelnden Fälle, uneingeschränkt aufrecht zu erhalten sei. Kurz gesagt enthält § 619a BGB **weder ein absolutes Verbot noch ein absolutes Gebot**, in bestimmten Fällen zur Grundregel des § 280 Abs. 1 S. 2 BGB zurückzukehren, wenn hierfür triftige Gründe vorliegen.

23 Die soeben getätigten Überlegungen betreffen zwar unmittelbar nur das Vertretenmüssen, haben aber insofern eine **darüber hinausgehende Bedeutung**, als sie überhaupt erst die Möglichkeit für eine substantielle Darlegungs- und Beweislastverlagerung auf den Arbeitnehmer eröffnen. Solange man nämlich davon ausgeht, dass der Arbeitgeber spätestens beim erforderlichen Verschulden des Arbeitnehmers das konkret schadenstiftende Verhalten (also der eigenmächtige Zugriff auf die Kasse oder das Warenlager bzw. die unzureichende Überwachung) darlegen und beweisen muss, spielt es nur eine untergeordnete Rolle, ob man an den Nachweis der objektiven Pflichtwidrigkeit lediglich vergleichsweise geringe Anforderungen stellt. Dies ändert sich jedoch,

91 *Löwisch*, NZA 2001, 465, 466.

92 Siehe BAG 17.9.1998 – 8 AZR 175/97 – unter B II 2 c aa, AP § 611 BGB Mankohaftung Nr. 2 = NZA 1999, 141.

93 Siehe BAG 17.9.1998 – 8 AZR 175/97 – unter B I 1, AP § 611 BGB Mankohaftung Nr. 2 = NZA 1999, 141.

94 Vgl. *Staudinger/Fischinger*, BGB (2022), § 619a Rn. 16 „Versteinerung".

95 Insoweit im Erg. auch *Dedek*, ZGS 2002, 320, 323; MünchKommBGB/*Henssler*, 9. Aufl., § 619a Rn. 47; *ders.*, RdA 2002, 129, 132 f.; *Staudinger/Fischinger*, BGB (2022), § 619a Rn. 18.

wenn es zumindest nicht von vornherein kraft Gesetzes ausgeschlossen ist, dass in bestimmten Gestaltungen wieder eine Darlegungs- und Beweispflichtigkeit des Arbeitnehmers nach Maßgabe von § 280 Abs. 1 S. 2 BGB zum Zuge kommt. Denn in diesem Augenblick gewinnt die Frage an Bedeutung, unter welchen Voraussetzungen vom Vorliegen einer objektiven Pflichtverletzung gesprochen werden kann. Je geringer die insoweit gestellten Anforderungen sind, desto eher würde eine Verlagerung der Darlegungs- und Beweislast für das Vertretenmüssen auf den Arbeitnehmer ergebnisrelevant sein. Ausgangspunkt ist insoweit, dass das neue Leistungsstörungsrecht zwar die **„Pflichtverletzung" als Zentralbegriff** wählt, hierunter aber nicht stets ein vom vertraglich Gesollten objektiv abweichendes konkretes Schuldnerverhalten versteht, sondern **bei erfolgsbezogenen Leistungspflichten ein objektives Leistungsdefizit genügen** lässt.[96] Ein solches Verständnis der objektiven Pflichtverletzung unter Verzicht auf ein objektiv pflichtwidriges Verhalten und die damit einhergehende Verortung des konkreten Schuldnerverhaltens auf der Ebene des Vertretenmüssens ist allerdings nur dann gerechtfertigt, wenn den Schuldner eine Erfolgsherbeiführungspflicht trifft, sodass schon das Ausbleiben des (vollen) Erfolges gegen die rechtliche Ordnung verstößt. Dieser Gedanke lag wie soeben erwähnt schon der Regelung des § 282 BGB a.F. zugrunde, auch wenn man nicht immer zwischen der Bezeichnung eines schlichten Zustandes als objektiv pflichtwidrig und dem Schluss aus dem Eintritt eines bestimmten Erfolges auf ein objektiv pflichtwidriges Verhalten des Schuldners unterschied, was im Ergebnis freilich keine Rolle spielt.

Gerade die Entscheidungen des BAG aus den späten 1990er Jahren kennzeichnet 24
insoweit eine **gewisse Ambivalenz.** So hat das BAG auf der einen Seite zwar versucht, die Anwendbarkeit von Unmöglichkeitsrecht durch das vergleichsweise enge Kriterium des Besitzverlustes auf Seiten des Arbeitgebers zurückzudrängen.[97] Auf der anderen Seite wird im Urteil vom 22.5.1997 in gedanklicher Fortführung einer älteren Entscheidung[98] aber davon gesprochen, dass die Nichtabgabe einer zum Transport übergebenen Geldkassette bereits als solche eine objektive Pflichtverletzung darstelle.[99] Diese Sichtweise impliziert eine erfolgsbezogene Komponente der Tätigkeit des Arbeitnehmers und kann schon deshalb nicht überzeugen, weil das BAG es in derselben Entscheidung gerade abgelehnt hat, die erfolgsbezogene Haftungsvorschrift des § 280 Abs. 1 BGB a.F. (über das Geschäftsbesorgungs- bzw. Verwahrungsrecht) analog heran-

96 MünchKommBGB/*Ernst*, 9. Aufl., § 280 Rn. 21; *Staudinger/Schwarze*, BGB (2019), § 280 Rn. C 1ff.; *Schwarze*, Leistungsstörungen, 3. Aufl., § 16 Rn. 11, § 34 Rn. 7; siehe aber auch *Köhler*, ZZP 118 (2005), 25, 40 ff., der bei erfolgsbezogenen Pflichten zwischen der (objektiven) Pflichtwidrigkeit des Zustands der Nichtherbeiführung des geschuldeten Erfolgs und der (objektiven) Pflichtwidrigkeit des Schuldnerverhaltens unterscheiden will, wobei für den Fall des Vorliegens eines pflichtwidrigen Zustands (offenbar unabhängig von § 280 Abs. 1 S. 2 BGB) eine widerlegliche Vermutung für ein pflichtwidriges Verhalten bestehen soll.

97 Dazu näher oben RN 10.

98 BAG 6.6.1984 – 7 AZR 292/81 – unter II 4 a, AP § 11a TV Ang Bundespost Nr. 1 = NZA 1985, 183; ebenso schon *Hansen*, AuR 1968, 295, 299 f.; *Prütting*, Beweislast, S. 222 f.

99 BAG 22.5.1997 – 8 AZR 562/95 – unter III 2 c, AP § 611 BGB Mankohaftung Nr. 1 = NZA 1997, 1279.

zuziehen. Darüber hinaus steht sie im Widerspruch zur zitierten Vorgängerentscheidung, bei der es um die Nichtablieferung eines wertvollen Gegenstandes (Videorecorder) ging.[100] In jenem Urteil wurde nicht die unterlassene Ablieferung als objektiv pflichtwidrig qualifiziert, sondern (zu Recht) danach gefragt, ob der Arbeitnehmer seine Pflicht, die ihm überlassenen Gegenstände sicher zu verwahren, objektiv verletzt hat (etwa durch unzureichende Sicherungsmaßnahmen). Die Entscheidung vom 17.9.1998 nuanciert die kurz zuvor zum Ausdruck gebrachte Auffassung, indem sie ausführt, dass aus der Existenz eines Kassenfehlbestandes bei alleinigem Zugang des Arbeitnehmers zur Kasse auf eine objektive Pflichtverletzung geschlossen werden könne.[101] Ohne einen alleinigen Zugang des Arbeitnehmers zur Kasse – so das Urteil vom 2.12.1999 – soll es dagegen schon an der dem Arbeitgeber obliegenden hinreichend konkreten Darlegung einer objektiven Pflichtwidrigkeit fehlen.[102] Die Position des BAG lässt sich damit grosso modo dahin umschreiben, dass es auch jenseits der Fälle, in denen Geschäftsbesorgungs- bzw. Verwahrungsrecht zur Anwendung kommen soll, an den vom Arbeitgeber zu führenden Nachweis einer objektiven Pflichtverletzung des Arbeitnehmers bei einer Alleinberechtigung im Hinblick auf eine Kasse, einen Warenbestand oder einen einzelnen Gegenstand nur rudimentäre Anforderungen stellt und im Ergebnis **einen negativen Erfolg als objektive Pflichtwidrigkeit wertet** oder doch zumindest **aus einem solchen Erfolg das Vorliegen einer objektiven Pflichtwidrigkeit ableitet.**[103] Zwar findet sich in den beiden zuletzt genannten Urteilen die damit nicht kompatible Aussage, dass es bereits an einer objektiven Pflichtverletzung (und damit nicht etwa nur am Verschulden) fehle, wenn der Arbeitnehmer den Schaden des Arbeitgebers bei angemessener Anspannung seiner Kräfte und Fähigkeiten nicht vermeiden könne.[104] Darüber hinaus wurde die zu Lasten des Arbeitnehmers gehende „Ausdünnung" der objektiven Pflichtwidrigkeit vom BAG dadurch wieder aufgefangen, dass der Arbeitgeber infolge der Nichtanwendung von § 282 BGB a.F. für das Vertretenmüssen des Arbeitnehmers und damit für das konkret schuldhafte Verhalten darlegungs- und beweispflichtig sein sollte. Wenn man jedoch erst einmal die Schwelle zur Annahme einer Erfolgsbezogenheit der Pflicht des Arbeitnehmers überschritten hat, ist es wenig folgerichtig, beim Vertretenmüssen wieder eine Kehrtwende zu vollziehen, zumal § 619a BGB bei erfolgsbezogenen Pflichten kaum als Hindernis für eine beim Arbeitnehmer

100 BAG 29.1.1985 – 3 AZR 570/82 – AP § 611 BGB Haftung des Arbeitnehmers Nr. 87 = NZA 1986, 23.
101 BAG 17.9.1998 – 8 AZR 175/97 – unter B II 2 b aa, AP § 611 BGB Mankohaftung Nr. 2 = NZA 1999, 141.
102 BAG 2.12.1999 – 8 AZR 386/98 – unter III 2 b, AP § 611 BGB BGB Mankohaftung Nr. 3 = NZA 2000, 715.
103 Historischer Vorläufer dieser Auffassung ist die von *Stoll*, FS v. Hippel (1967), S. 517, 531ff., und *Larenz*, FS Hauß (1978), S. 225, 234ff., entwickelte Auffassung, nach der zwischen erfolgs- und tätigkeitsbezogenen Leistungspflichten zu unterscheiden ist, wobei der Eintritt eines – negativen – Erfolges (Schadens) bei erfolgsbezogenen Pflichten die Annahme einer objektiven Pflichtverletzung rechtfertigt, sodass sich der Schuldner insoweit zu entlasten hat, während bei verhaltensbezogenen Pflichten die Beweislast beim Gläubiger verbleibt. Dazu auch *Heinemann*, Beweislastverteilung, S. 45ff., 65ff., 121ff. Siehe ferner *Krause*, Anm. zu BAG AP § 611 BGB Mankohaftung Nr. 1 (unter II 7 c).
104 BAG 17.9.1998 – 8 AZR 175/97 – unter B II 2 a, AP § 611 BGB Mankohaftung Nr. 2 = NZA 1999, 141; 2.12.1999 – 8 AZR 386/98 – unter III 2 a, AP § 611 BGB Mankohaftung Nr. 3 = NZA 2000, 715.

verbleibende Beweislast angesehen werden kann, und zwar unabhängig davon, ob man insoweit auf Unmöglichkeitsrecht im technischen Sinne rekurriert oder von einer sonstigen objektiven Pflichtverletzung ausgeht. Der Arbeitgeber müsste bei einer Qualifikation der Pflicht des Arbeitnehmers als erfolgsbezogen im Ergebnis also lediglich das Manko sowie den alleinigen Zugang des Beschäftigten zur Kasse oder zum Warenlager nachweisen, damit dessen objektive Pflichtverletzung im Sinne von § 280 Abs. 1 S. 1 BGB abschließend feststeht.

Wie schon im Zusammenhang mit der Frage nach der Anspruchsgrundlage aus- 25
geführt,[105] ist eine **Erfolgsherbeiführungspflicht mit dem Charakter des Arbeitsverhältnisses indes nicht vereinbar.** Der Arbeitnehmer schuldet in sämtlichen echten Mankohaftungsfällen nur eine sorgfaltsgemäße Tätigkeit, nicht aber einen konkreten Erfolg. Daran kann auch der Umstand nichts ändern, dass der Arbeitnehmer beispielsweise eine Filiale allein zu betreuen hat. Andernfalls könnte der Arbeitgeber – wie bereits erwähnt – durch eine schlichte betriebliche Umorganisation (z. B. wird in einer Filiale, in der bislang zwei Arbeitnehmer tätig waren, aus Kostengründen eine Stelle eingespart) die Arbeitspflicht, die bislang eine reine Tätigkeitspflicht war, in eine Erfolgsherbeiführungspflicht umwandeln. Dies hätte zur Folge, dass geschäftliche Verluste (etwa durch Ladendiebstahl) faktisch dadurch auf den Arbeitnehmer abgewälzt werden, dass sich die Beweislast für die Frage, wie es zum Verlust kommen konnte, auf den Arbeitnehmer verlagert. Dem Arbeitgeber ist eine solche einseitige Veränderung der Haftungsrisiken im Arbeitsverhältnis indes verwehrt.[106] Dass der Arbeitnehmer auf Verlangen des Arbeitgebers Geld und Waren herauszugeben hat, ist kein Beleg für die Existenz einer echten erfolgsbezogenen Leistungspflicht im Arbeitsverhältnis, die eine entsprechende Beweislastverteilung rechtfertigen könnte. Denn es geht vorliegend ausschließlich um die Frage, ob der Arbeitnehmer allein schon deshalb auf Schadensersatz statt der Leistung haften soll, weil er zu einer Herausgabe eines ungeschmälerten Bestandes an Geld und Waren nicht in der Lage ist und sich auch nicht entlasten kann. Eine Beweislastverlagerung auf den Arbeitnehmer kann somit in den echten Mankohaftungsfällen[107] nicht auf die Vorstellung einer Erfolgsbezogenheit seiner Arbeitspflicht gestützt werden. Ausgangspunkt für eine Haftung des Arbeitnehmers für Mankoschäden ist und bleibt vielmehr die objektive Verletzung einer Verhaltenspflicht.

Nun befürwortet die zivilgerichtliche Rechtsprechung schon seit langem eine **Be-** 26
weislastverteilung nach Gefahrenbereichen,[108] die nach dem Selbstverständnis der

---

105 Dazu oben unter RN 6 ff.

106 Ebenso *Deinert*, RdA 2000, 22, 30; *Gäntgen*, in: Baumgärtel/Laumen/Prütting, Handbuch der Beweislast, 5. Aufl., § 619a BGB Rn. 13.

107 In Abgrenzung zu den Fällen privat genutzter Sachen des Arbeitgebers durch den Arbeitnehmer.

108 Vgl. BGH 18.12.1952 – VI ZR 54/52 –, BGHZ 8, 239, 241; 8.5.1958 – II ZR 304/56 –, BGHZ 27, 236, 238; 9.12.1976 – II ZR 205/74 –, BGHZ 67, 383, 387; 18.12.1990 – VI ZR 169/90 –, NJW 1991, 1540, 1541; 18.5.1994 – XII ZR 188/92 –, BGHZ 126, 124, 129 f.; 18.2.1993 – III ZR 23/92 –, NJW-RR 1993, 795; 19.10.1995 – IX ZR 82/94 –, BGHZ 131, 95, 103. Siehe dazu auch *Prölss*, VersR 1964, 901 ff., *ders.*, Beweiserleichterungen im Schadensersatzprozess, 1966, S. 3.

Judikatur über die Fälle der Verletzung (erfolgsbezogener) Leistungspflichten hinausreicht[109] und im Einzelfall zu einer Beweislastumkehr auch im Hinblick auf die objektive Pflichtverletzung führen kann[110]. An dieser **Konzeption hat der BGH nach der Schuldrechtsreform** und damit auf der Grundlage von § 280 Abs. 1 S. 1 und S. 2 BGB **ausdrücklich festgehalten.**[111] Diese Lehre dürfte ebenfalls denjenigen arbeitsrechtlichen Entscheidungen zugrunde liegen, die sich in Mankohaftungsfällen für eine Beweislastverlagerung auf den Arbeitnehmer ausgesprochen haben und ohne einen Rekurs auf das Unmöglichkeitsrecht die Darlegung eines Fehlbestandes und eines alleinigen Zugangs des Arbeitnehmers zu einer Kasse oder einem Warenlager haben genügen lassen, auch wenn dabei regelmäßig nicht zwischen der objektiven Pflichtverletzung und dem Verschulden im Sinne einer Verletzung der inneren Sorgfalt unterschieden wurde.[112] Darüber hinaus ist sie auch im arbeitsrechtlichen Schrifttum in diesem Zusammenhang immer wieder ausdrücklich herangezogen worden.[113] Gleichwohl führt auch dieser gedankliche Ansatz im vorliegenden Zusammenhang nicht weiter.

27 Zum einen stößt das Kriterium des Gefahren- und Verantwortungsbereichs in der allgemeinen zivilrechtlichen und zivilprozessualen Literatur schon seit langem auf Widerstände.[114] Dies hängt in erster Linie mit der **Unbestimmtheit des Gefahrenkreises** zusammen, für den der Schuldner zuständig sein soll. Damit bleiben nämlich die Voraussetzungen einer derart begründeten Beweislastverschiebung unklar.[115] Versteht man das Kriterium des Verantwortungsbereiches in dem Sinne, dass ein Schadenseintritt im (räumlichen) Herrschaftsbereich des Schuldners ausreicht und damit zunächst auch potentielle Drittursachen erfasst werden, dem Schuldner aber die Möglichkeit eingeräumt wird, sich durch ihren Nachweis zu entlasten,[116] so bedeutete dies für die Fälle der Mankohaftung, dass unternehmerische Risiken ohne eine überzeugende Begründung letztlich zum Gefahrenbereich des Arbeitnehmers gerechnet wer-

109 BGH 17.12.1992 – III ZR 133/91 –, NJW 1993, 1704, 1706. Zum umstrittenen Verhältnis beider Rechtsgedanken siehe etwa *Heinemann*, Beweislastverteilung, S. 25ff.; *Musielak*, AcP 176 (1976), 465, 471ff.; *Prütting*, Beweislast, S. 220f.

110 BGH 25.3.1987 – IVa ZR 224/85 –, NJW 1988, 60, 62; 18.5.1994 – XII ZR 188/92 –, BGHZ 126, 124, 129f.; 18.2.1993 – III ZR 23/92 –, NJW-RR 1993, 795; 19.10.1995 – IX ZR 82/94 –, BGHZ 131, 95, 103. Zur Analyse der älteren Judikatur siehe *Heinemann*, Beweislastverteilung, S. 32ff.

111 BGH 22.10.2008 – XII ZR 148/06 –, NJW 2009, 142, 142f.; 5.10.2016 – XII ZR 50/14 – Rn. 31, NJW-RR 2017, 635; 19.7.2018 – VII ZR 251/17 – Rn. 14, NJW 2018, 2956; 25.10.2022 – VI ZR 1283/20 – Rn. 17, NJW-RR 2023, 95.

112 Vgl. BAG 6.6.1984 – 7 AZR 292/81 –, AP TV § 11a Ang Bundespost Nr. 1 = NZA 1985, 183; LAG Düsseldorf 14.6.1976 – 16 Sa 80/76 –, EzA BGB § 282 Nr. 7.

113 Siehe etwa *Beuthien*, Anm. zu BAG AP § 611 BGB Haftung des Arbeitnehmers Nr. 67 (unter I 2 c); *Canaris*, Anm. zu BAG AP § 611 BGB Haftung des Arbeitnehmers Nr. 49 (unter I 2); *Kniffka*, BB 1976, 274, 276; *Pauly*, BB 1996, 2038, 2041; *Preis/Kellermann*, SAE 1998, 133, 139 f.; *Trinkner*, BB 1967, 672, 673.

114 *Musielak*, AcP 176 (1976), 465ff.; *Reinecke*, Beweislastverteilung, S. 131ff.; *Schwab*, FS Bruns (1978), S. 505, 515f. Zurückhaltend ferner *Larenz*, SchR I, 14. Aufl., § 24 I b, S. 376.

115 Siehe zum Folgenden auch *Krause*, Anm. zu BAG AP § 611 BGB Mankohaftung Nr. 1 (unter II 7 d); ferner *Heinemann*, Beweislastverteilung, S. 28ff.

116 So offenbar das Verständnis der zivilgerichtlichen Judikatur; vgl. die Nachweise in Fn. 108.

den.[117] Aus dem bloßen Umstand, dass der Arbeitnehmer eine Kasse oder ein Warenlager in seiner alleinigen Obhut hat, kann gerade nicht gefolgert werden, dass sämtliche möglichen Ursachen eines Fehlbestandes in den Verantwortungsbereich des Arbeitnehmers fallen und er deshalb „näher dran" sei, das Risiko der Unaufklärbarkeit zu tragen.[118] Es besteht kein Anlass, im Arbeitsverhältnis zu Lasten des Arbeitnehmers andere Maßstäbe als etwa im Mietverhältnis anzulegen, bei dem die Beweislast nach Ansicht des BGH schon dann beim Vermieter bleibt, wenn sich nicht ausschließen lässt, dass der Schaden an der Mietsache vom Mieter nicht veranlasst bzw. beeinflusst worden ist[119]. Wenn man mit der Formulierung, dass die Ursache des Schadens erwiesenermaßen im alleinigen Zuständigkeitsbereich des Schuldners liegen soll, dagegen ernst macht, müsste dies folgerichtig dazu führen, dass der Arbeitgeber sämtliche möglichen vom Arbeitnehmer nicht zu verantwortenden Drittursachen auszuschließen hätte. Stellt man an diesen Nachweis hohe Anforderungen, könnte dem Arbeitgeber dies letztlich nur gelingen, wenn er diejenige konkrete Handlung des Arbeitnehmers darlegt und beweist, die zum Manko geführt hat oder zumindest geführt haben könnte. In einem solchen Falle müsste indes auf der Ebene des objektiven Tatbestandes lediglich noch geprüft werden, ob das tatsächliche Verhalten des Arbeitnehmers rechtlich als pflichtwidrig zu bewerten ist. Einer Darlegung weiterer Umstände, für die dem Arbeitnehmer die Beweislast aufzuerlegen wäre, bedürfte es dann nicht. Die Gefahrenkreislehre hätte somit jedenfalls im Hinblick auf die objektive Pflichtwidrigkeit einen tautologischen Charakter.[120] Eine eigenständige Bedeutung käme dieser Lehre deshalb nur dann zu, wenn man es für die Beweislastverschiebung auf den Arbeitnehmer dabei bewenden ließe, dass alle ernsthaft in Betracht kommenden Drittursachen ausgeschlossen sind und folglich zumindest irgendein Verhalten des Arbeitnehmers mit großer Wahrscheinlichkeit für den Schadenseintritt ursächlich geworden ist. Man ersparte dem Arbeitgeber auf diese Weise den Nachweis einer konkreten schadensursächlichen Handlung des Arbeitnehmers als Anknüpfungspunkt für die Prüfung einer Verhaltenspflichtverletzung. Eine solche Regel ließe sich zwar dadurch rechtfertigen, dass sie den Schuldner nur unter der Voraussetzung belastete, dass irgendeine für den Schaden ursächliche Handlung mit großer Wahrscheinlichkeit feststeht. Es wäre dann Sache des Arbeitnehmers, sämtliche Verhaltensalternativen auszuschließen, die als objektiv pflichtwidrig zu bezeichnen wären. Indes gehören konkrete wie auch abstrakte Wahr-

---

117 Gegen eine Ausgliederung eigener Gefahrenbereiche des Arbeitnehmers aus der vom Arbeitgeber zu verantwortenden Betriebsorganisation auch *Bötticher*, Anm. zu BAG AR-Blattei Haftung des Arbeitnehmers Nr. 43 (unter II). Vgl. in diesem Zusammenhang ferner *Schwab*, FS Bruns (1978), S. 505, 515: Gefahrenkreislehre führt zu allgemeiner Risikohaftung des Schuldners.

118 So auch *Barton*, Mankohaftung, S. 82 ff.; *Stehl*, AuR 1970, 257, 266 f.

119 BGH 19.10.1995 – IX ZR 82/94 –, BGHZ 131, 95, 103 f. In diesem Sinne auch BVerwG 11.2.1986 – 6 B 117/85 –, NJW 1986, 2523: Keine Beweislastumkehr bei Verlust von Ausrüstungsgegenständen eines Soldaten, wenn Tätigkeitsbereich nicht frei von fremder Einflussnahme. Im Ergebnis etwas großzügiger BGH 18.5. 1994 – XII 188/92 –, BGHZ 126, 124, 128 f.

120 Ähnlich *Heinemann*, Beweislastverteilung, S. 31: Bei nachgewiesener Beweisnähe des potentiellen Schädigers besteht in der Regel kein Beweisnotstand des Geschädigten mehr.

scheinlichkeitsurteile in den Bereich der Beweiswürdigung. Als Grundlage für eine Beweislastverschiebung stellen sie eine Anomalie im Beweisrecht dar und sollten deshalb vermieden werden.[121] Im Bereich der Mankohaftung **liefe die Beweislast nach Verantwortungs- und Gefahrenbereichen also darauf hinaus**, dass die vom Arbeitgeber gewählte Organisation des Betriebes bzw. der Gefahren- und Verantwortungsbereich des Arbeitgebers **in die Risikosphäre des Arbeitnehmers verlagert würde.**

28 Zum anderen kann in diesem Zusammenhang § 619a BGB angeführt werden, der für alle Fälle der Verletzung von nicht erfolgsbezogenen arbeitsvertraglichen Pflichten die Beweislast für das Vertretenmüssen des Arbeitnehmers dem Arbeitgeber aufbürdet und damit der **Vorstellung eines Gefahrenbereichs des Arbeitnehmers als Anknüpfungspunkt für eine entsprechende Beweislastverteilung den Boden entzieht.** Wie bereits ausgeführt,[122] stellt § 619a BGB für sich genommen zwar kein Hindernis für eine Verlagerung der Darlegungs- und Beweislast auf den Arbeitnehmer dar, die auf eine Deutung seiner vertraglichen Pflichten als erfolgsbezogen gestützt würde, mag eine solche Deutung auch aus Gründen, die außerhalb dieser Vorschrift angesiedelt sind, abzulehnen sein. § 619a BGB erteilt aber allen Überlegungen eine klare Absage, eine solche Verlagerung auf einen vom Arbeitnehmer zu beherrschenden Gefahrenbereich zu stützen. Die Regelung soll nämlich den zuvor erreichten Entwicklungsstand der Rechtsprechung vor einer Veränderung absichern.[123] Diese Judikatur zeichnet sich nun aber dadurch aus, dass der allgemeine Gedanke eines „Näher-Dran-Seins" des Arbeitnehmers gerade nicht ausreichen soll, eine Beweislastverteilung nach dem Vorbild von § 282 BGB a.F. zu rechtfertigen.[124] Vielmehr soll es hierzu nur bei einem Erfolgsbezug der Pflichten des Arbeitnehmers kommen, der im Normalfall der Mankohaftung, also außerhalb eines „Alleinbesitzes" im Sinne der Konzeption des BAG, nicht vorliege. Dieser Hintergrund von § 619a BGB schließt es aus, in denjenigen Gestaltungen, in denen den Arbeitnehmer keine erfolgsbezogenen Pflichten treffen, was richtiger Ansicht nach auf alle „echten" Mankohaftungsfälle zutrifft,[125] mit der Vorstellung eines Gefahrenbereichs zu arbeiten, der zu Lasten des Arbeitnehmers eine Beweislastumkehr rechtfertigen soll.[126] Mit der ausdrücklichen Zuweisung der Beweislast für das Vertretenmüssen auf den Arbeitgeber kommt vielmehr gerade zum Ausdruck, dass die damit verbundenen **Risiken bei der Anspruchsdurchsetzung im Arbeitsverhältnis dem Arbeitgeber zugewiesen werden sollen.** Insbesondere kann es nicht überzeugen, das vom BAG entwickelte Kriterium des „Alleinbesitzes" zunächst sachenrechtlich (mit Recht) als zu

121 Vgl. *Heinemann*, Beweislastverteilung, S. 38 ff.; *Musielak*, Beweislast, S. 291; *Schwab*, FS Bruns (1978), S. 505, 513 f.

122 RN 22.

123 Vgl. *Staudinger/Fischinger*, BGB (2022), § 619a Rn. 16: „Versteinerung".

124 BAG 17.9.1998 – 8 AZR 175/97 – unter B II 2 c aa, AP § 611 BGB Mankohaftung Nr. 2 = NZA 1999, 141.

125 RN 12 ff.

126 Ebenso *Gäntgen*, in: Baumgärtel/Laumen/Prütting, Handbuch der Beweislast, 5. Aufl., § 619a BGB Rn. 13. Nicht überzeugend daher *Pander*, Mankohaftung, S. 257 ff., der über die Gefahrenbereichslehre § 619a BGB gerade überwinden will, um hierdurch wieder zu § 280 Abs. 1 S. BGB zu gelangen.

weit gefasst zu kritisieren, weil der Arbeitnehmer außerhalb der Fälle der (erlaubten) Privatnutzung betrieblicher Mittel nur Besitzdiener ist, dann aber beweisrechtlich zu einem mit der Sichtweise des BAG übereinstimmenden „arbeitsrechtlichen" Verständnis von „Alleinbesitz" zurückzukehren, um darauf unter impliziter Anlehnung an die Gefahrenbereichslehre eine Verlagerung der Beweislast auf den Arbeitnehmer zu stützen.[127] Darüber hinaus ist es widersprüchlich, die Grundsätze über die eingeschränkte Arbeitnehmerhaftung, die zumindest bis zu einem gewissen Grade auf die Organisationsmacht des Arbeitgebers zurückzuführen sind,[128] auch auf Mankohaftungsfälle anzuwenden,[129] zugleich aber von einem vom Arbeitnehmer zu verantwortenden Gefahrenbereich auszugehen, welcher derart verselbstständigt ist, dass er eine regelrechte Beweislastumkehr sogar im Hinblick auf eine objektive Pflichtverletzung rechtfertigen soll.[130] Dies gilt umso mehr, als die Schaffung eines solchen Gefahrenbereiches weitgehend in der Organisationsbefugnis des Arbeitgebers liegen, also nicht auf einer eigenständigen Entscheidung des Arbeitnehmers beruhen würde. Mindestvoraussetzung einer gefahrenbereichsbezogenen Verteilung der Darlegungs- und Beweislast muss es aber sein, dass dieser Bereich frei verantwortlich übernommen worden ist. Dass die Rechtsprechung eine auf diese Weise begründete Beweislastverlagerung auf den Arbeitnehmer durch eine Abschwächung der Anforderungen an den Entlastungsbeweis wieder abmildert, ist nur ein schwacher Trost, weil die hierfür geltenden Grundsätze wenig gefestigt erscheinen. Da auch die früher teilweise diskutierten Topoi der Wahrscheinlichkeit und der Prävention[131] eine umfassende Beweislastverlagerung auf den Arbeitnehmer für sein konkretes (Fehl-)Verhalten nicht rechtfertigen können,[132] bleibt es nach alledem im Hinblick auf die objektive Pflichtverletzung sowie deren Kausalität für das Manko dabei, dass die **Darlegungs- und Beweislast beim Arbeitgeber liegt**.[133]

Allerdings ist nicht zu bestreiten, dass es dem Arbeitgeber regelmäßig schwer fallen wird, die objektive Pflichtwidrigkeit zu beweisen. Das BAG hat hier zutreffend von einem **„Beweisnotstand" des Arbeitgebers** gesprochen.[134] Diesem „Beweisnotstand" ist zwar wie dargelegt nicht durch eine Beweislastumkehr abzuhelfen. Stattdessen ist für die objektive Pflichtverletzung einschließlich der haftungsbegründenden Kausalität auf das Instrument einer **abgestuften Darlegungs- und Beweislast** zurückzugreifen, wenn es sich um Umstände handelt, die **außerhalb des Wahrnehmungsbereichs des Ar-** 29

127 So aber MünchKommBGB/*Henssler*, 9. Aufl., § 619a Rn. 47; MHdB ArbR/*Reichold*, 6. Aufl., § 57 Rn. 82; ebenso offenbar *Staudinger*/*Fischinger*, BGB (2022), § 619a Rn. 18 (freilich mit restriktiv gehaltenen Fallbeispielen in Rn. 19).

128 Siehe hierzu oben § 3 RN 10f.

129 Siehe dazu noch RN 35ff.

130 Ebenso (für auch nach Ansicht der Rechtsprechung nicht erfolgsbezogene Mankohaftungsfälle) BAG 17.9.1998 – 8 AZR 175/97 – unter B II 2 c aa, AP § 611 BGB Mankohaftung Nr. 2 = NZA 1999, 141.

131 Vgl. *Reinecke*, ZfA 1976, 215, 230ff.

132 Dazu bereits *Krause*, Anm. zu BAG AP § 611 BGB Mankohaftung Nr. 1 (unter II 7 a u. b).

133 Zust. *Flaßhoff*, Beweislastverteilung, S. 122ff.

134 BAG 6.6.1984 – 7 AZR 292/81 – unter II 4 a, AP § 11a TV Ang Bundespost Nr. 1 = NZA 1985, 183.

beitgebers und zugleich **innerhalb des Wahrnehmungsbereichs des Arbeitnehmers** liegen.[135] Für dieses von den Gerichten schon seit langem in den unterschiedlichsten Zusammenhängen praktizierte Vorgehen kann man sich auf den materiellrechtlichen Grundsatz von Treu und Glauben[136] oder – überzeugender – auf die verfahrensrechtliche Prozessförderungspflicht in Verbindung mit der Wahrheits- und Vollständigkeitspflicht berufen[137]. Mit dem Rekurs auf das Prozessrecht kommt zum Ausdruck, dass es im Bereich der Mankohaftung nicht darum geht, dem Arbeitnehmer solche Risiken materiellrechtlich wieder zuzuschieben, von denen ihn die Grundsätze über den innerbetrieblichen Schadensausgleich gerade befreien wollen. Tragender Gedanke der abgestuften Darlegungs- und Beweislast ist vielmehr, dass jede Partei in einem Prozess an bestimmte Grundsätze gebunden ist, um das Verfahrensziel einer zügigen und inhaltlich zutreffenden Entscheidung zu gewährleisten.[138] Dies gilt auch für den Arbeitnehmer und wird **mit dem Begriff Wahrnehmungsbereich besser umschrieben als mit dem Begriff Gefahrenbereich**, der den Anschein erweckt, als ginge es darum, eine Gefahr dem Verantwortungsbereich des Arbeitnehmers endgültig zuzuordnen, obwohl er seine Tätigkeit im Organisationsbereich des Arbeitgebers erbringt und es letztlich der Arbeitgeber ist, der die unternehmerischen Risiken trägt. Das BAG hat diesen Ansatz gerade bei der Mankohaftung gleichsam als Kompensation für die abgelehnte Beweislastumkehr ins Spiel gebracht.[139] Zwar bezogen sich die seinerzeitigen Ausführungen explizit nur auf das Verschulden des Arbeitnehmers. Da das BAG in jener Entscheidung aber von einer „verdünnten" Konzeption der objektiven Pflichtwidrigkeit ausging, deren Nachweis dem Arbeitgeber nur wenig abverlangt, spricht nichts dagegen, die Konzeption der abgestuften Darlegungs- und Beweislast auf die **objektive Pflichtwidrigkeit auszudehnen**, wenn man bereits insoweit den Nachweis eines konkreten Fehlverhaltens des Arbeitnehmers verlangt. § 619a BGB steht dieser Art von Beweiserleichterungen zu Gunsten des Arbeitgebers nicht entgegen. Vielmehr hat der Gesetzgeber klar zum Ausdruck gebracht, dass sich an der vom BAG gerade im Bereich der Mankohaftung entwickelten abgestuften Darlegungs- und Beweislast nichts ändern solle.[140] Dies steht im Einklang mit der oben skizzierten[141] verfassungsrechtlichen Tendenz, dass es dem Arbeitgeber verfahrensrechtlich nicht unmöglich gemacht werden darf, das materielle Haftungsrecht durchzusetzen. Dieselben Grundsätze hat das BAG im Zusammenhang

135 Ebenso MünchKommBGB/*Henssler*, 9. Aufl., § 619a Rn. 47 f.; HWK/*Krause*, 11. Aufl., § 619a BGB Rn. 50; *ders.*, RdA 2013, 129, 136 f.; ErfK/*Preis/Greiner*, 25. Aufl., § 619a BGB Rn. 30; MHdB ArbR/*Reichold*, 6. Aufl., § 57 Rn. 59; *Walker*, JuS 2002, 736, 740; siehe auch BAG *Oetker*, BB 2002, 43, 44.

136 So ausdrücklich BGH 10.5.2012 – I ZR 109/11 – Rn. 29, NJW 2013, 778.

137 So MünchKommZPO/*Fritsche*, 6. Aufl., § 138 Rn. 24 f.

138 Näher *Peters*, FS Schwab, 1990, S. 399 ff.

139 BAG 17.9.1998 – 8 AZR 175/97 – unter B II 2 c, AP § 611 BGB Mankohaftung Nr. 2 = NZA 1999, 141; 2.12.1999 – 8 AZR 386/98 – unter III 2 b, AP § 611 BGB Mankohaftung Nr. 3 = NZA 2000, 715. Im Erg. auch BAG 28.3.2019 – 8 AZR 421/17 – Rn. 18, AP § 611 BGB Haftung des Arbeitnehmers Nr. 148 = NZA 2019, 1212; LAG Rheinland-Pfalz 29.10.2015 – 3 Sa 464/14 – Rn. 119, BeckRS 2016, 67460.

140 BT-Drucks. 14/7052, S. 204.

141 RN 17.

mit einem strukturell vergleichbaren Entschädigungsanspruch des Arbeitnehmers angewendet.[142]

Das bedeutet im Einzelnen, dass **der Arbeitgeber zunächst – konkrete – Indizien vorzutragen hat**, die auf das Vorliegen einer objektiven Pflichtverletzung seitens des Arbeitnehmers hindeuten (§ 138 Abs. 1 ZPO).[143] Sache des **Arbeitnehmers** ist es daraufhin, **sich auf die vorgetragenen Indizien substantiiert einzulassen** (§ 138 Abs. 2 ZPO). Ansonsten gilt das Vorbringen des Arbeitgebers als zugestanden (§ 138 Abs. 3 ZPO). Ggf. muss über Indiztatsachen Beweis erhoben werden, wobei die Beweislast hierfür den Arbeitgeber trifft. Das vergleichsweise flexible Instrument der abgestuften Darlegungs- und Beweislast erlaubt es, den zu beurteilenden Sachverhalt insgesamt angemessen zu würdigen. Das Kriterium des alleinigen Zugangs bzw. der alleinigen Kontrolle des Arbeitnehmers über einen bestimmten Kassen- oder Warenbereich steht zwar weiterhin im Mittelpunkt, ist aber nicht allein ausschlaggebend, wie es für eine „harte" Beweislastumkehr erforderlich wäre. So kann etwa die Vornahme zahlreicher Stornierungen ohne entsprechende Geschäftsvorfälle ein Indiz für unlautere Machenschaften sein.[144] In bestimmten Fällen, nämlich bei einem ausschließlichen Zugang des Arbeitnehmers zu einer Kasse oder einem Warenlager, bei der es zu einem Manko kommt, sowie dem Fehlen jeglicher Anzeichen für einen unbefugten Zugriff durch Dritte unter Überwindung der gebotenen Schutzmaßnahmen kann man darüber hinaus zu Gunsten des Arbeitgebers einen **Anscheinsbeweis** für ein Fehlverhalten des Arbeitnehmers bejahen.[145] Unter diesen Voraussetzungen kann nämlich von einem Erfahrungssatz ausgegangen werden, dass der Arbeitnehmer zumindest durch irgendein objektiv pflichtwidriges Verhalten den Fehlbestand mitverursacht hat.[146] In einem solchen Falle ist es erforderlich wie ausreichend, dass der Arbeitnehmer den prima-facie-Beweis erschüttert, indem er die ernsthafte Möglichkeit eines Geschehensablaufs nachweist, bei dem kein objektives Fehlverhalten vorliegt bzw. für den eingetretenen Schaden mitursächlich war. In der Praxis dürften sich hierdurch keine nennenswerten 30

142 BAG 28.10.2010 – 8 AZR 647/09 – Rn. 51, AP § 611 BGB Haftung des Arbeitgebers Nr. 43 = NZA 2011, 406; 28.3.2019 – 8 AZR 421/17 – Rn. 18, AP BGB § 611 Haftung des Arbeitnehmers Nr. 148 = NZA 2019, 1212.

143 Pauschale Behauptungen des Arbeitgebers über eine Verantwortlichkeit des Arbeitnehmers im Fall eines unstreitigen Zugangs auch anderer Beschäftigter und/oder Kunden zu einer Kasse bzw. zu einem Warenbestand genügen hierfür nicht; vgl. BAG 2.12.1999 – 8 AZR 386/98 – unter III 2 b, AP § 611 BGB Mankohaftung Nr. 3 = NZA 2000, 715; LAG Rheinland-Pfalz 1.10.2007 – 5 Sa 358/07 –, BeckRS 2008, 51645.

144 Vgl. LAG Hamm 16.5.2012 – 3 Sa 1229/11 –, BeckRS 2012, 73151.

145 In diesem Sinne LAG Düsseldorf 14.5.1974 – 11 Sa 437/73 –, DB 1974, 2115, 2116. Dagegen ist es verfehlt, für die Voraussetzungen des Anscheinsbeweises ihrerseits einen Anscheinsbeweis genügen lassen zu wollen; so aber offenbar BAG 6.6.1984 – 7 AZR 292/81 – unter II 4 a, AP § 11a TVAng Bundespost Nr. 1 = NZA 1985, 183. Gegen einen Anscheinsbeweis für ein pflichtwidrig unterlassenes Abschließen eines Kfz bei einem Diebstahl aus dem Fahrzeug BAG 29.1.1985 – 3 AZR 570/82 –, AP § 611 BGB Haftung des Arbeitnehmers Nr. 87 = NZA 1986, 23.

146 So auch *Gäntgen*, in: Baumgärtel/Laumen/Prütting, Handbuch der Beweislast, 5. Aufl., § 619a BGB Rn. 14; für einen Anscheinsbeweis bereits *Barton*, Mankohaftung, S. 90 ff.; *Jung*, BlStSozArbR 1985, 289, 295; *Palme*, BlStSozArbR 1964, 164, 166; ebenso – obgleich ohne Problembewusstsein – *Woltereck*, AuR 1964, 329, 330.

Abweichungen zum Vorgehen im Wege der abgestuften Darlegungs- und Beweislast ergeben.[147]

31 Nach alledem gibt es in den Fällen der allgemeinen Mankohaftung regelmäßig **keine hinreichenden Gründe**, von der prinzipiellen Beweislastregelung, dass der Arbeitgeber die objektive Pflichtwidrigkeit sowie die Ursächlichkeit des Verhaltens für den Schaden nachzuweisen hat, **zu Lasten des Arbeitnehmers abzuweichen.** Dies ist nicht zuletzt deswegen gerechtfertigt, weil der Arbeitgeber die Möglichkeit hat, durch eine spezielle Mankoabrede seine Situation in haftungsrechtlicher Hinsicht zu verbessern.[148]

cc) Verschulden

32 Bezüglich des Vertretenmüssens greift bei der Mankohaftung wie auch sonst im Arbeitsverhältnis statt der Beweislastumkehr des § 280 Abs. 1 S. 2 BGB bei betrieblich veranlassten Tätigkeiten zu Gunsten des Arbeitnehmers die **Sondervorschrift des § 619a BGB** ein. Es ist somit grundsätzlich Sache des Arbeitgebers, dem Arbeitnehmer Vorsatz oder Fahrlässigkeit im Sinne von § 276 BGB nachzuweisen.[149] § 619a BGB bezieht sich nur auf die vertragliche Haftung des Arbeitnehmers, nicht jedoch auf deliktische Ansprüche, bei denen der Arbeitgeber aber ohnehin die Beweislast für alle Anspruchsvoraussetzungen trägt.[150] Weiter gilt § 619a BGB nicht für diejenigen Fälle, in denen es um den Verlust einer dem Arbeitgeber gehörenden Sache geht, die der Arbeitnehmer ausnahmsweise privat nutzen darf (z.B. Überlassung eines Dienstwagens).[151] Allerdings handelt es sich insoweit nicht mehr um eine der Mankohaftung zuzuordnende Gestaltung. Zudem tritt der Schaden in einer solchen Konstellation nicht bei einer betrieblichen Tätigkeit ein, sofern der Arbeitnehmer das Fahrzeug privat genutzt hat.

33 Fordert man im Rahmen der allgemeinen Mankohaftung bereits für die objektive Pflichtwidrigkeit den Nachweis eines konkreten Arbeitnehmerverhaltens, das vom vertraglichen Leistungsprogramm abweicht und den Schaden kausal verursacht hat, bleibt für das Vertretenmüssen nur noch die **subjektive Erkennbarkeit und Vermeidbarkeit der objektiven Pflichtwidrigkeit** und damit die **Verletzung der inneren Sorgfalt**[152] durch den Beschäftigten übrig. Man könnte sogar in Erwägung ziehen, insoweit eine Beweislastumkehr zuzulassen, weil es nicht zweifelfrei feststeht, welche Bedeutung der Gesetzgeber mit den Begriffen Pflichtverletzung und Vertretenmüssen

147 Ebenso *Deinert*, RdA 2000, 22, 30.

148 Siehe dazu unter RN 38ff.

149 MHdB ArbR/*Reichold*, 6. Aufl., § 57 Rn. 13, 82.

150 LAG Rheinland-Pfalz 29.10.2015 – 3 Sa 464/14 – Rn. 121, BeckRS 2016, 67460; *Gotthardt*, Arbeitsrecht nach der Schuldrechtsreform, 2. Aufl., Rn. 198; ErfK/*Preis/Greiner*, 25. Aufl., § 619a BGB Rn. 31.

151 *Staudinger/Fischinger*, BGB (2022), § 619a Rn. 18f.

152 Zur inneren Sorgfalt *Deutsch*, Haftungsrecht, 2. Aufl., Rn. 387ff.; *ders.*, AcP 202 (2002), 889, 903 f.; die Kategorie der inneren Sorgfalt abl. aber *Brüggemeier*, Haftungsrecht, S. 59f., 74f.; *Jansen*, Die Struktur des Haftungsrecht, S. 427ff.; *Wagner*, Deliktsrecht, 14. Aufl., 5. Kapitel, Rn. 26.

als vom Arbeitgeber zu beweisende Umstände verbunden hat,[153] und es ihm möglicherweise nur darum ging, zu verhindern, dass die Beweislast für ein äußerlich sorgfaltsgemäßes Verhalten dem Arbeitnehmer aufgebürdet wird. Indes sprechen letztlich sowohl die Gesetzesbegründung[154] als auch die in Bezug genommene Entscheidung des BAG[155] dafür, die Frage, welche Elemente des Haftungstatbestandes welcher Ebene bei dessen Aufbau zuzuordnen sind, nicht auf die grundsätzliche Verteilung der Darlegungs- und Beweislast bei der Mankohaftung durchschlagen zu lassen, sondern statt dessen wiederum die Regeln über die abgestufte Darlegungs- und Beweislast zur Anwendung zu bringen.[156] Dies gilt umso mehr, als sich der Arbeitgeber im Hinblick auf beim Arbeitnehmer vorliegende subjektive Momente erst recht in einem „Beweisnotstand" befindet.

Im Einzelnen bedeutet dies, dass der Arbeitgeber Indizien vorzutragen hat, die ein 34
Vertretenmüssen des Arbeitnehmers nahelegen (§ 138 Abs. 1 ZPO). Anschließend obliegt es dem Arbeitnehmer, sich substantiiert auf die vorgetragenen Indizien einzulassen (§ 138 Abs. 2 ZPO). Äußert sich der Arbeitnehmer nicht oder nur substanzlos, kann das Vorbringen des Arbeitgebers als zugestanden angesehen werden (vgl. § 138 Abs. 3 ZPO). Die in § 619a BGB zu Gunsten des Arbeitnehmers geregelte Beweislast lässt seine prozessuale Einlassungs- und Erklärungslast also vollkommen unberührt.[157] Darüber hinaus kann wiederum an einer Heranziehung der Grundsätze über den **Beweis des ersten Anscheins** gedacht werden. Sofern der Arbeitnehmer den alleinigen Zugang zu einer Kasse oder einem Warenlager hat und keine Anzeichen für einen unbefugten Zugriff durch Dritte vorliegen, kann von einem Erfahrungssatz ausgegangen werden, dass nicht nur eine objektive Pflichtverletzung, sondern auch ein (irgendein) Verschulden seitens des Arbeitnehmers vorliegt. Diese auf der Ebene des Haftungsgrundes angesiedelten Regeln werden allerdings noch durch den der Ebene der Haftungsfolgen zuzuordnenden innerbetrieblichen Schadensausgleich und die daraus resultierenden Darlegungs- und Beweislastgrundsätze ergänzt.

c) Anwendbarkeit der allgemeinen Enthaftungsgrundsätze und Mitverschulden des Arbeitgebers

Die Rechtsprechung und Teile des Schrifttums nahmen ursprünglich davon Abstand, die 35
Grundsätze über den innerbetrieblichen Schadensausgleich auf die Fälle der Mankohaftung anzuwenden.[158] Die Hauptargumente gingen dahin, dass zum einen die jewei-

153 BT-Drucks. 17/7052, S. 204.
154 BT-Drucks. 17/7052, S. 204.
155 BAG 17.9.1998 – 8 AZR 175/97 – unter B II 2 c aa, AP § 611 BGB Mankohaftung Nr. 2 = NZA 1999, 141.
156 Ebenso LAG Niedersachsen 5.9.2005 – 11 Sa 189/05 –, LAGE § 280 BGB 2002 Nr. 3.
157 So ausdrücklich LAG Niedersachsen 5.9.2005 – 11 Sa 189/05 – Rn. 49, LAGE § 280 BGB 2002 Nr. 3; LAG Rheinland-Pfalz 13.11.2007 – 3 Sa 975/06 – Rn. 46, BeckRS 2008, 51311.
158 BAG 13.3.1964 – 1 AZR 100/63 –, AP § 611 BGB Haftung des Arbeitnehmers Nr. 32; 11.11.1969 – 1 AZR 216/69 –, AP § 611 BGB Haftung des Arbeitnehmers Nr. 49, 20.1.1971 – 1 AZR 252/70 –, AP § 611 BGB Haftung des Arbeitnehmers Nr. 64; 13.2.1974 – 4 AZR 13/73 –, AP § 611 BGB Haftung des Arbeitnehmers Nr. 77; LAG

ligen Tätigkeiten nicht als gefahrgeneigt anzusehen seien. Zum anderen verpflichte die übertragene Aufgabe den Arbeitnehmer zu gesteigerter Sorgfalt. Schließlich würde die Anwendung der Regeln über die Haftungsprivilegierung die Arbeitgeberinteressen ungebührlich zurücksetzen. Die erste Überlegung ist durch die Ausdehnung der Enthaftungsgrundsätze auf alle betrieblichen Tätigkeiten durch den Großen Senat des BAG[159] hinfällig geworden. Demgemäß hat das BAG in seiner neueren Judikatur einen Kurswechsel vollzogen und **wendet die Grundsätze über den innerbetrieblichen Schadensausgleich nunmehr auch auf die Fälle der Mankohaftung an.**[160] Dies entspricht auch der mittlerweile einhelligen Ansicht in der Literatur.[161] Zudem konnte die Ausklammerung der Mankohaftungsfälle auch inhaltlich regelmäßig nicht überzeugen. Immerhin hatte schon das RAG die Tätigkeit bei einer Zahlkasse, bei der große Umsätze in Gestalt vieler kleiner Einzelbeträge erfolgten, als typischen Fall einer gefahrgeneigten Arbeit bezeichnet.[162] Der Hinweis auf die gesteigerte Sorgfaltspflicht übersah, dass das Ausmaß der vom Arbeitnehmer geschuldeten Sorgfalt auch außerhalb der Mankofälle erheblich sein kann.[163] Außerdem können die diesbezüglichen Anforderungen ohne weiteres als Kriterium im Rahmen der konkreten Haftungsverteilung herangezogen werden. Im Übrigen treffen die der Haftungsprivilegierung zugrunde liegenden Überlegungen auch auf die Mankohaftung zu, weil das Haftungsrisiko durch organisatorische Vorkehrungen vom Arbeitgeber zumindest mitbeherrscht werden kann und der Arbeitnehmer ebenso wie in den sonstigen Fällen schutzwürdig ist. Besonders einleuchtend ist dies in den Fällen der Führung einer Kasse oder eines Warenlagers durch den Arbeitnehmer, in denen es durch Verzählen, Verrechnen und Verwiegen infolge gelegentlicher Unachtsamkeit zu Fehlbeständen kommen kann.[164] Die erreichte **einheitliche Beurteilung der Arbeitnehmerhaftung** ist daher uneingeschränkt zu begrüßen. Die Regeln über die Haftungsprivilegierung müssen konsequenterweise auch für diejenigen Fälle gelten, in denen das BAG von einer eigenständigen Pflicht zur Herausgabe ausgeht, sofern nur der Schädigung eine betriebliche Tätigkeit zugrunde liegt.[165] Ge-

---

Hannover 10.2.1953 – Sa 573/52 –, DB 1953, 555; LAG Bremen 5.1.1955 – Sa 109/54 –, AP § 611 BGB Haftung des Arbeitnehmers Nr. 3 mit zust. Anm. von *Larenz*; *Bulla*, DB 1952, 58, 59; *Palme*, BlStSozArbR 1964, 154, 157; siehe auch *Zöllner/Loritz/Hergenröder*, ArbR, 7. Aufl., § 22 Rn. 26: keine gefahrengeneigte Tätigkeit.

159 Vgl. § 2 RN 10; eingehend § 8 RN 1ff.

160 BAG 17.9.1998 – 8 AZR 175/97 – unter B II 1 b, AP § 611 BGB Mankohaftung Nr. 2 = NZA 1999, 141; 2.12. 1999 – 8 AZR 386/98 – unter III 1, AP § 611 BGB Mankohaftung Nr. 3 = NZA 2000, 715; stillschweigend bereits BAG 22.5.1997 – 8 AZR 562/95 –, AP § 611 BGB Mankohaftung Nr. 1 = NZA 1997, 1279. Ebenso LAG Rheinland-Pfalz 29.10.2015 – 3 Sa 464/14 – Rn. 118, BeckRS 2016, 67460.

161 Siehe nur *Deinert*, RdA 2000, 22, 26f.; MünchKommBGB/*Henssler*, 9. Aufl., § 619a Rn. 45; HWK/*Krause*, 11. Aufl., § 619a BGB Rn. 49; *ders.*, RdA 2013, 129, 133; MHdB ArbR/*Reichold*, 6. Aufl., § 57 Rn. 70; *Staudinger/Fischinger*, BGB (2022), § 619a Rn. 110.

162 RAG 18.12.1940, ARS 41, 55, 58. So auch LAG Bremen 5.1.1955 – Sa 109/54 –, AP § 611 BGB Haftung des Arbeitnehmers Nr. 3; ebenso BAG 13.5.1970 – 1 AZR 336/69 – unter 2 a, AP § 611 BGB Haftung des Arbeitnehmers Nr. 56 in einem obiter dictum.

163 *Stoffels*, AR-Blattei SD 870.2 Rn. 71.

164 Siehe RN 3 Fallgruppen 1 und 2.

165 A.A. offenbar *Walker*, JuS 2002, 736, 740.

meint sind damit die Konstellationen, bei denen das BAG von einem „Alleinbesitz" des Arbeitnehmers spricht, ohne dass tatsächlich ein Alleinbesitz im sachenrechtlichen Sinne vorliegt. Dieser Bereich wird erst verlassen, wenn es um Gegenstände geht, die vom Arbeitnehmer privat genutzt werden, wobei dann aber ohnehin keine Mankohaftung mehr in Rede steht. Für die Verteilung der Haftungsquoten gelten im Ausgangspunkt dieselben Kriterien wie im Bereich der sonstigen Arbeitnehmerhaftung.[166]

Die frühere Weigerung der Judikatur, die Grundsätze über die eingeschränkte Ar- 36
beitnehmerhaftung auf Mankohaftungsfälle anzuwenden, hatte in der Rechtsprechung als Nebenfolge zu einer vergleichsweise großzügigen Annahme eines **Mitverschuldens des Arbeitgebers** bei der Schadensentstehung durch Organisationsmängel bzw. durch eine Zurechnung des Verhaltens von Vorgesetzten geführt.[167] Dabei konnte man zuweilen den Eindruck gewinnen, als würden allgemeine betriebliche Risiken zu konkreten Fehlern des Arbeitgebers aufgewertet und ihm über § 254 Abs. 1 BGB als „echtes" Mitverschulden zur Last gelegt. Mit der generellen Ausdehnung der Haftungsprivilegierung auf die Mankohaftung ist eine solche Anreicherung des Mitverschuldenseinwandes durch allgemeine Risiken indes nicht nur überflüssig geworden, sondern wäre sogar regelrecht unzutreffend. Stattdessen muss es auch im Bereich der Mankohaftung dabei bleiben, dass man das **betriebliche Risiko nicht doppelt verwerten** darf, einmal als Begründung für die grundsätzliche Einschränkung der Arbeitnehmerhaftung und einmal als konkretes Mitverschulden des Arbeitgebers.[168] Dem Arbeitgeber dürfen daher nur solche Verhaltensweisen schadensersatzmindernd entgegengehalten werden, die tatsächlich als fehlerhaft zu qualifizieren sind und zudem zur Entstehung des Mankos beigetragen haben.[169] Hierzu können etwa mangelnde Vorkehrungen gegen den Zugriff Dritter zählen,[170] aber auch unterlassene Kontrollen, die es dem Arbeitnehmer erschweren, einem durch Dritte verursachten und sich stetig vertiefenden Defizit wirksam entgegenzutreten,[171] ferner die Zuweisung unzuverlässiger Hilfskräfte sowie die Überforderung bzw. Überlastung des Arbeitnehmers.

Infolge der mittlerweile geklärten Anwendbarkeit der Grundsätze über die privi- 37
legierte Arbeitnehmerhaftung ist es im Rahmen der abgestuften Darlegungs- und Beweislast eindeutig Sache des Arbeitgebers, den Verschuldensgrad des Arbeitnehmers darzutun, der erforderlich ist, damit ein Anspruch in derjenigen Höhe besteht, die vom

166 Dazu § 9 RN 1 ff.

167 Vgl. BAG 27.2.1970 – 1 AZR 150/69 –, AP § 611 BGB Haftung des Arbeitnehmers Nr. 54; 30.9.1970 – 1 AZR 40/70 –, AuR 1970, 346; 26.1.1971 – 1 AZR 252/70 –, AP § 611 BGB Haftung des Arbeitnehmers Nr. 64; 3.8.1971 – 1 AZR 12/71 –, AP § 611 BGB Haftung des Arbeitnehmers Nr. 67; LAG Baden-Württemberg 3.4.1973 – 7 Sa 5/73 –, DB 1973, 1853; zurückhaltend aber BAG 28.9.1989 – 8 AZR 73/88 –, EzA § 611 BGB Arbeitnehmerhaftung Nr. 54. Eingehende Fallanalyse bei *Zhu*, Mankohaftung, S. 203 ff.; siehe auch *Pauly*, BB 1996, 2038, 2039.

168 Zu dieser Gefahr bereits *Krause*, NZA 2003, 577, 584.

169 Generell ebenso BAG 18.1.2007 – 8 AZR 250/06 –, AP § 254 BGB Nr. 15 = NZA 2007, 1230.

170 Vgl. BAG 27.2.1970 – 1 AZR 150/69 –, AP § 611 BGB Haftung des Arbeitnehmers Nr. 54.

171 Vgl. BAG 26.1.1971 – 1 AZR 252/70 –, AP § 611 BGB Haftung des Arbeitnehmers Nr. 64.

Arbeitgeber geltend gemacht wird.[172] Insbesondere ist ein Vortrag von Indizien erforderlich, die den Schluss auf eine mindestens mittlere Fahrlässigkeit des Arbeitnehmers zulassen. Ein Anscheinsbeweis für grobe Fahrlässigkeit oder gar für Vorsatz kommt nicht in Betracht,[173] weil insoweit auf Seiten des Arbeitnehmers (auch) subjektive Umstände eine Rolle spielen[174]. Die Besonderheiten der Mankofälle rechtfertigen keine hiervon abweichende Beurteilung.[175] Ein (echtes) Mitverschulden des Arbeitgebers ist dagegen selbstverständlich vom Arbeitnehmer vorzubringen und ggf. zu beweisen.

2. Besondere (vertragliche) Mankohaftung

38 **Vertragliche Mankoabreden** zielen darauf ab, **die haftungs- oder beweisrechtliche Situation des Arbeitgebers** im Vergleich zur gesetzlichen Lage **zu verbessern.**[176] Ganz im Vordergrund stehen dabei einzelvertragliche Vereinbarungen, die regelmäßig vorformuliert und vom Arbeitgeber gestellt werden. Daneben ist an kollektivvertragliche Vereinbarungen zu denken. Das Hauptproblem besteht insoweit darin, unter welchen Voraussetzungen und bis zu welchen Grenzen die kraft Gesetzes geltenden Regeln und die richterlichen Grundsätze zur privilegierten Arbeitnehmerhaftung zu Lasten des Arbeitnehmers verändert werden dürfen.

a) Vereinbarung und Auslegung

39 Die Mankoabrede muss auf einer **wirklich getroffenen Vereinbarung** beruhen.[177] Aus einer bestimmten Tätigkeit als solcher (etwa das alleinige Führen einer Kasse) folgt keinesfalls eine Haftung für einen unverschuldeten Fehlbestand.[178] Der Arbeitgeber kann die Mankohaftung des Arbeitnehmers auch nicht einseitig durch Geschäftsanweisung verschärfen.[179] Ferner muss die Absprache klar und eindeutig die auf den Arbeitnehmer zukommenden zusätzlichen Risiken erkennen lassen.[180] Zweifel am Inhalt des Vereinbarten gehen zu Lasten des Arbeitgebers. Die Erklärung des Arbeitnehmers, er übernehme die „volle Verantwortung“, hat dem BAG dementsprechend nicht

---

172 Vgl. BAG 17.9.1998 – 8 AZR 175/97 – unter B II 2 c aa, AP § 611 BGB Mankohaftung Nr. 2 = NZA 1999, 141: Vortrag von Indizien erforderlich, die den Schluss auf eine mindestens mittlere Fahrlässigkeit des Arbeitnehmers zulassen.

173 BAG 20.3.1973 – 1 AZR 337/72 –, AP § 611 BGB Haftung des Arbeitnehmers Nr. 72.

174 Siehe (für die grobe Fahrlässigkeit) HWK/*Krause*, 11. Aufl., § 619a BGB Rn. 44; MHdB ArbR/*Reichold*, 6. Aufl., § 57 Rn. 60.

175 Nicht überzeugend daher die gegenteilige Aussage in BAG 6.6.1984 – 7 AZR 292/81–, AP § 11a TV Ang Bundespost Nr. 1 = NZA 1985, 183.

176 Vgl. *Bieder*, Kompensatorische Vertragsgestaltung, S. 30 f.

177 LAG Rheinland-Pfalz 29.10.2015 – 3 Sa 464/14 – Rn. 104, BeckRS 2016, 67460.

178 BAG 9.4.1957 – 2 AZR 532/54 –, AP § 611 BGB Haftung des Arbeitnehmers Nr. 4.

179 BAG 30.6.1960 – 2 AZR 403/58 –, AP § 611 BGB Haftung des Arbeitnehmers Nr. 20; in diesem Sinne auch BAG 25.1.1985 – 3 AZR 570/82 – unter I, AP § 611 BGB Haftung des Arbeitnehmers Nr. 87 = NZA 1986, 23.

180 BAG 13.2.1974 – 4 AZR 13/73 –, AP § 611 BGB Haftung des Arbeitnehmers Nr. 77; *Gamillscheg/Hanau*, Haftung des Arbeitnehmers, 2. Aufl., S. 38.

für eine verschuldensunabhängige Haftung ausgereicht.[181] Erst recht kann daher die schlichte Zahlung eines Mankogeldes nicht zu einer Verschlechterung der beweisrechtlichen Lage oder gar zu einer vom Verschulden unabhängigen Einstandspflicht des Arbeitnehmers führen.[182] Das Mankogeld bildet, wie sogleich darzulegen ist, den notwendigen Ausgleich für das aufgrund einer Abrede erhöhte Haftungsrisiko. Es vermag die dementsprechende Verpflichtung des Arbeitnehmers aber nicht zu ersetzen.

Im Übrigen zählt eine Mankovereinbarung zu **den wesentlichen Vertragsbedingungen i. S. d. § 2 Abs. 1 S. 1 NachwG.**[183] Der Verstoß gegen die Nachweispflicht führt für sich genommen allerdings nicht zur Unwirksamkeit der Abrede.[184] Da den Arbeitgeber ohnehin die Beweislast für das Vorliegen einer Mankovereinbarung trifft, kommen ferner auch keine Beweiserleichterungen zu Gunsten des Arbeitnehmers als Folge eines unterlassenen oder unvollständigen Nachweises in Betracht.[185] 40

b) Wirksamkeit

Das BAG hat von Anfang an Mankoabreden zwar auf der einen Seite im Grundsatz für zulässig gehalten, sie aber einer Wirksamkeitskontrolle unterzogen, wobei ursprünglich primär auf § 138 Abs. 1 BGB sowie teilweise zusätzlich auf § 242 BGB abgestellt wurde.[186] Die Heranziehung dieser allgemeinen Vorschriften war seinerzeit durchaus konsequent, wurde die Mankohaftung doch jahrzehntelang aus dem Anwendungsbereich der Grundsätze über die privilegierte Arbeitnehmerhaftung ausgenommen, die somit als Maßstab einer Inhaltskontrolle nicht zur Verfügung standen. Zudem setzte sich mit dem Rekurs auf § 138 Abs. 1 BGB nur eine Linie bei der Beurteilung der Wirksamkeit von Mankovereinbarungen fort, die noch aus der Zeit stammte, in der es an jeglichen Abweichungen der Arbeitnehmerhaftung vom bürgerlichrechtlichen Haftungsregime fehlte.[187] Im Zentrum der Inhaltskontrolle standen zwei Überlegungen: Zum einen sprach sich die Judikatur dagegen aus, dass dem Arbeitnehmer **Risiken auferlegt wurden, die völlig außerhalb seines Einflussbereichs lagen** (z. B. freier Zugang Dritter, Blitzschlag, Demonstrationsschäden). Diese Gefahren wurden entweder bereits im Wege der Auslegung ausgeklammert[188] oder ihre Einbeziehung in die Mankoabrede 41

181 BAG 12.8.1959 – 2 AZR 75/59 –, AP § 305 BGB Nr. 1.

182 *Barton*, Mankohaftung, S. 107 f.; *Deinert*, RdA 2000, 22, 32; *Stoffels*, AR-Blattei SD 870.2 Rn. 112; in diesem Sinne auch BAG 27.2.1970 – 1 AZR 150/69 – unter I 1 a, AP § 611 BGB Haftung des Arbeitnehmers Nr. 54. Anders LAG Düsseldorf 20.7.1966 – 3 Sa 164/66 –, BB 1966, 1145; *Woltereck*, Mankohaftung, S. 72; ebenso wohl ErfK/*Preis/Greiner*, 25. Aufl., § 619a BGB Rn. 35; offenlassend MHdB ArbR/*Reichold*, 6. Aufl., § 57 Rn. 73.

183 *Krause*, AR-Blattei SD 220.2.2 Rn. 173.

184 *Krause*, AR-Blattei SD 220.2.2 Rn. 220.

185 Vgl. *Krause*, AR-Blattei SD 220.2.2 Rn. 245.

186 BAG 17.4.1956 – 2 AZR 340/55 –, AP § 626 BGB Nr. 8; 22.11.1973 – 2 AZR 580/72 –, AP § 626 BGB Nr. 67. Siehe auch BAG 13.2.1974 – 4 AZR 13/73 –, AP § 611 BGB Haftung des Arbeitnehmers Nr. 77.

187 Vgl. RAG 27.9.1930 ARS 10, 156, 159; LAG München 9.4.1935 ARS 24, 153, 155.

188 In diesem Sinne BAG 13.2.1974 – 4 AZR 13/73 –, AP § 611 BGB Haftung des Arbeitnehmers Nr. 77.

wurde als unwirksam angesehen[189]. Umgekehrt bedeutete dies, dass dem Arbeitnehmer die Verantwortung für solche Risiken aufgebürdet werden konnte, denen durch entsprechende Vorkehrungen seitens des Beschäftigten im Prinzip begegnet werden konnte und die deshalb in einem weiteren Sinne in seinen (räumlichen) Arbeits- und Kontrollbereich fielen. Zum anderen musste dem erhöhten Haftungsrisiko ein **angemessener finanzieller Risikoausgleich** gegenüberstehen.[190] Dem Arbeitnehmer war ein Mankogeld zu gewähren, dessen Höhe zumindest dem Durchschnitt der erfahrungsgemäß zu erwartenden Fehlbeträge entspricht. Aufgrund der Orientierung an bloßen Durchschnittswerten konnte es dazu kommen, dass ein im Einzelfall höherer Schaden vom Arbeitnehmer zu ersetzen war, der Beschäftigte also mit seinem sonstigen Arbeitsentgelt solche Verluste des Arbeitgebers auszugleichen hatte, die bei völliger Aufklärung des Sachverhalts in den Bereich des unternehmerischen Risikos fallen würden, wie etwa ein durch die objektiv gebotenen Sicherungsmaßnahmen nicht zu vermeidender Diebstahl durch einen Dritten.

42 Mit seinen noch vor der Schuldrechtsmodernisierung ergangenen Urteilen vom 17.9. 1998[191] und 2.12.1999[192] hat das BAG **einen Kurswechsel eingeleitet.** Danach genügt es nicht mehr als angemessener wirtschaftlicher Ausgleich, dass dem Arbeitnehmer für die Übernahme eines erhöhten Haftungsrisikos ein Mankogeld gewährt wird, das sich an den zu erwartenden durchschnittlichen Fehlbeträgen orientiert. Vielmehr dürfe die **Haftung aufgrund einer besonderen vertraglichen Abrede die Summe der Mankogelder nicht überschreiten.**[193] Auslöser dieser Neuorientierung war die Ausdehnung der Grundsätze über die privilegierte Arbeitnehmerhaftung auf sämtliche betrieblichen Tätigkeiten, sodass sich die ursprüngliche Ausklammerung der Mankohaftungsfälle überlebt hatte. Damit gerieten Mankoabreden nicht länger nur in einen Gegensatz zum allgemeinen bürgerlichen Haftungsrecht sowie zu generellen arbeitsrechtlichen Schutzerwägungen, sondern zu den speziellen richterrechtlichen Regeln über den innerbetrieblichen Schadensausgleich, wodurch sich erstmals die Notwendigkeit ergab, den rechtlichen Charakter dieser Grundsätze eindeutig klarzustellen. Hierbei votierte das BAG in Weiterführung eines Ansatzes des Großen Senats des BAG[194] klar für eine **Qualifikation als einseitig zwingendes Arbeitnehmerschutzrecht**, von

---

189 So etwa BAG 22.11.1973 – 2 AZR 580/72 –, AP § 626 BGB Nr. 67.

190 BAG 17.4.1956 – 2 AZR 340/55 –, AP § 626 BGB Nr. 8; 9.4.1957 – 2 AZR 532/54 –, AP § 611 BGB Haftung des Arbeitnehmers Nr. 4; 27.2.1970 – 1 AZR 150/69 –, AP § 611 BGB BGB Haftung des Arbeitnehmers Nr. 54; 22.11. 1973 – 2 AZR 580/72 –, AP § 626 BGB Nr. 67; 29.1.1985 – 3 AZR 570/82 –, AP § 611 BGB Haftung des Arbeitnehmers Nr. 87 = NZA 1986, 23.

191 BAG 17.9.1998 – 8 AZR 175/97 – unter B IV 2, AP § 611 BGB Mankohaftung Nr. 2 = NZA 1999, 141.

192 BAG 2.12.1999 – 8 AZR 386/98 – unter I 2 b, AP § 611 BGB Mankohaftung Nr. 3 = NZA 2000, 715.

193 Ebenso LAG Rheinland-Pfalz 29.10.2015 – 3 Sa 464/14 – Rn. 105, BeckRS 2016, 67460. Soweit der Arbeitnehmer bereits nach allgemeinen Grundsätzen haftet, bleibt es aber dabei, d.h. die Ersatzpflicht beschränkt sich dann nicht auf das Mankogeld, das nur eine erweiterte Haftung kompensieren soll, vgl. *Deinert*, AuR 2001, 26, 27; *Pallasch*, Anm. zu BAG EzA § 611 BGB Arbeitnehmerhaftung Nr. 64 (unter 1).

194 BAG (GS) 27.9.1994 – GS 1/89 (A) – unter C III 2, AP § 611 BGB Haftung des Arbeitnehmers Nr. 103 = NZA 1994, 1083: „unabdingbare Berücksichtigung des Betriebsrisikos".

dem weder einzel- noch kollektivvertraglich zu Lasten des Arbeitnehmers abgewichen werden dürfe.[195] Es war daher nur folgerichtig, einzelvertragliche Mankovereinbarungen nunmehr unmittelbar an diesen Grundsätzen zu messen und nicht mehr auf § 138 Abs. 1 BGB bzw. § 242 BGB zurückzugreifen. In späteren Urteilen zu Fällen außerhalb der Mankohaftung, die noch aus der Zeit vor der Schuldrechtsreform stammen, wurde diese Sichtweise bestätigt.[196] Schon frühzeitig haben sich freilich auch Gegenstimmen zu Wort gemeldet, die sich für eine Dispositivität der Grundsätze über den innerbetrieblichen Schadensausgleich aussprachen.[197]

Neuen Zündstoff hat diese Diskussion durch die **Schuldrechtsmodernisierung** erhalten, was darauf beruht, dass sich der Gesetzgeber zum einen in die Debatte um die rechtliche Verortung der Grundsätze über die Arbeitnehmerhaftung eingeschaltet hat,[198] während er zum anderen mit der Ausdehnung des AGB-Rechts auf vorformulierte Arbeitsbedingungen einen Kontrollmechanismus installiert hat, der sich gerade gegen die vertragliche Abweichung von dispositivem Recht richtet. Die h.M. hat sich von diesen Veränderungen auf der legislativen Ebene allerdings nicht davon abbringen lassen, die Regeln über den innerbetrieblichen Schadensausgleich weiterhin als einseitig zwingendes und nicht nur als dispositives Arbeitnehmerschutzrecht zu begreifen.[199] 43

Die Gegenströmung, die zunehmend an Boden gewinnt,[200] beruft sich in erster Linie auf einfachrechtliche Gesichtspunkte, führt jedoch auch verfassungsrechtliche und methodologische Erwägungen ins Feld. Auf der einfachrechtlichen Ebene geht es um den Gedanken, dass die von der Rechtsprechung entwickelten Haftungsgrundsätze auf § 254 BGB bzw. auf § 276 BGB aufbauen und damit auf Vorschriften, die ihrerseits dispositiver Natur seien.[201] Soweit es um die vom Gesetzgeber befürwortete Verortung der Haftungsprivilegierung in § 276 BGB geht, ist diese **Neuorientierung freilich bereits als solche zurückzuweisen**,[202] sodass es auf etwaige daraus abzuleitende Schlussfol- 44

195 In diesem Sinne bereits ArbG Plauen 4.11.1936 ARS 29, 62.

196 BAG 27.1.2000 – 8 AZR 876/98 –, AP § 611 BGB Musiker Nr. 31 = NZA 2000, 727; 5.2.2004 – 8 AZR 91/03 –, AP § 611 BGB Haftung des Arbeitnehmers Nr. 126 = NZA 2004, 649.

197 *Preis*, Vertragsgestaltung, S. 464 f.

198 Dazu bereits § 5 RN 5.

199 MünchKommBGB/*Henssler*, 9. Aufl., § 619a Rn. 13; *Krause*, NZA 2003, 577, 585; *Schaub/Linck*, Arbeitsrechts-Handbuch, 20. Aufl., § 59 Rn. 45; *Otto*, JURA 2002, 1, 8; *Taube*, Haftung des Arbeitnehmers, S. 140 ff.; *Waltermann*, RdA 2005, 98, 108 f.; *ders.*, JuS 2009, 193, 197; mit Einschränkungen auch *Walker*, FS Canaris (2007), Bd. I, S. 1503, 1511 ff.; ebenso bereits *Peifer*, ZfA 1996, 69, 74 f.; *Schwarze*, RdA 2001, 178, 179.

200 *Preis*, FS 50 Jahre BAG (2004), S. 123, 151 f.; ErfK/*Preis/Greiner*, 25. Aufl., § 619a BGB Rn. 11; zust. *Staudinger/Fischinger*, BGB (2022), § 619a Rn. 91 f.; *ders.*, Haftungsbeschränkung im Bürgerlichen Recht, S. 700 ff.; *Gotthardt*, Arbeitsrecht nach der Schuldrechtsreform, 2. Aufl., Rn. 195; *Klumpp*, in: Clemenz/Kreft/Krause, AGB-Arbeitsrecht, 3. Aufl., § 307 Rn. 227; MHdB ArbR/*Reichold*, 6. Aufl., § 57 Rn. 68; *Sandmann*, Haftung von Arbeitnehmern, S. 149 ff.; *Schwirtzek*, NZA 2005, 437, 438 f.; *Stoffels*, ZfA 2009, 861, 874; *Thüsing/Leder*, BB 2005, 1563, 1569 (unentschieden aber *Thüsing*, AGB-Kontrolle, Rn. 316); eingehend *Schumacher*, Haftung des Arbeitnehmers, S. 181 ff.

201 *Preis*, FS 50 Jahre BAG (2004), S. 123, 151 f.

202 Siehe § 5 RN 6.

gerungen von vornherein nicht ankommt. Insbesondere lässt sich die Einschränkung der Arbeitnehmerhaftung nicht als (stillschweigende) vertragliche Abrede qualifizieren, die ggf. auch mit einem den Beschäftigten stärker belastenden Inhalt getroffen werden könne, zumal man bei einer Rückführung der Haftungsprivilegierung auf eine autonom getroffene Vereinbarung die heteronomen richterrechtlichen Regeln als Kontrollmaßstab völlig aus den Augen verlieren würde.[203] Darüber hinaus bleibt aber auch der Verweis auf die von der Rechtsprechung und dem überwiegenden Schrifttum favorisierte analoge Anwendung von § 254 BGB als gesetzlicher Anknüpfungspunkt des innerbetrieblichen Schadensausgleichs[204] letztlich unergiebig. Denn § 254 BGB ist nur das Vehikel, mit dem die Haftungsprivilegierung in die Denkwelt des BGB zumindest teilweise integriert wird. Dagegen kann dieser Norm keine Aussage über die Abdingbarkeit der Haftungsregeln entnommen werden. Maßgebend ist vielmehr, dass **das richterrechtliche Modell auf eine angemessene Verteilung der Schäden abzielt**, zu denen es bei der Durchführung von Arbeitsverhältnissen kommen kann und die im Grundsatz zwingenden Charakter haben muss, damit sie nicht auf Betreiben des Arbeitgebers sogleich wieder ausgehebelt werden kann. Die Verantwortlichkeit für Haftungsrisiken ist keine auf der einzelvertraglichen Ebene zu Lasten des Arbeitnehmers handelbare Ware. Zudem führt die Qualifikation der Haftungsregeln als grundsätzlich zwingendes Richterrecht zu einheitlichen Kontrollmaßstäben für vorformulierte Verträge und echte Individualabreden, was der Rechtssicherheit dient. Ferner ist in Rechnung zu stellen, dass die von der Rechtsprechung entwickelten Grundsätze gesetzessubstituierende Wirkung haben, indem sie ein der Risikostruktur des Arbeitsverhältnisses angepasstes Haftungsmodell darstellen, das eigentlich der Gesetzgeber hätte schaffen müssen, zu dem es aber mangels eines Arbeitsvertragsgesetzes oder auch nur einer speziellen Regelung über die Arbeitnehmerhaftung niemals gekommen ist.[205] Wenn sich der Gesetzgeber der Materie angenommen hätte, wäre es aber kaum zweifelhaft, dass er die Vorschriften über die Haftung des Arbeitnehmers als zwingendes Recht erlassen und allenfalls einen schmalen Korridor für Mankoabreden gelassen hätte. Dies belegen die zahlreichen Entwürfe für eine Regelung der Arbeitnehmerhaftung, darunter nicht zuletzt der *Henssler/Preis*-Entwurf eines Arbeitsvertragsgesetzes,[206] zur Genüge.[207] Schließlich lässt sich aus der von der ganz überwiegenden Ansicht bejahten Abdingbarkeit von § 619a BGB[208] ebenfalls kein Argument für den dispositiven Charakter der

203 In diesem Sinne auch *Schwirtzek*, NZA 2005, 437, 441: Mankoabrede wäre „an sich selbst zu messen".

204 Dazu eingehend § 5 RN 10 ff.

205 Für eine hypothetische Prüfung, welchen Charakter eine gesetzliche Norm hätte, auch *Richardi*, GS Dietz (1973), S. 269, 282.

206 §§ 89, 148 Abs. 1 Diskussionsentwurf eines ArbVG, NZA Beilage 1/2007.

207 Dazu im Einzelnen *Walker*, FS Canaris (2007), Bd. I, S. 1503, 1507 ff.

208 Hierzu noch RN 58.

Haftungsregeln gewinnen,[209] weil sich diese Vorschrift nicht mit dem Haftungsmaßstab, sondern nur mit der Beweislast befasst.[210]

In verfassungsrechtlicher Hinsicht läuft die Argumentation der abweichenden Ansicht darauf hinaus, dass die Einordnung der richterrechtlichen Haftungsgrundsätze als zwingendes Recht nicht erforderlich sei und deshalb dem Verhältnismäßigkeitsgrundsatz nicht standhalte, weil die Vorschriften über die AGB-Kontrolle bereits ein hinreichendes Schutzinstrumentarium darstellen würden.[211] Diese Sichtweise überschätzt indes die Bedeutung der Ausdehnung der AGB-Kontrolle auf vorformulierte Arbeitsverträge, deren **Ziel** darin besteht, das **Schutzniveau für die Arbeitnehmerseite zu verbessern**,[212] nicht aber darin, den in der Judikatur bereits erreichten Schutz wieder abzusenken. Umgekehrt wird der Freiraum für richterliche Rechtsfortbildung im Arbeitsrecht unterschätzt, wenn man den Gerichten grundsätzlich die Befugnis absprechen will, die von ihnen geschaffenen Rechtssätze als einseitig zwingendes Schutzrecht zu qualifizieren.[213] Vergleichbares gilt für die methodologische Überlegung, nach der es einer eigenständigen Gesetzeslücke für die Einordnung der Haftungsgrundsätze als zwingend bedürfe, an der es angesichts der §§ 305 ff. BGB aber gerade fehle.[214] Auch insoweit werden die Vorschriften über die AGB-Kontrolle überinterpretiert, wenn man aus ihnen einen gesetzgeberischen Plan ableiten will, nach dem durch richterliche Rechtsfortbildung künftig keine zwingenden Rechtssätze im Arbeitsrecht mehr kreiert werden dürften. Hinzu kommt, dass der Gesetzgeber in der Gesetzesbegründung ausdrücklich davon spricht, an den vom BAG entwickelten Grundsätzen über die Haftung des Arbeitnehmers nichts ändern zu wollen, wobei er ausdrücklich auf ein Urteil Bezug nimmt, das sich für den zwingenden Charakter dieser Grundsätze ausspricht.[215] Ferner sei in Erinnerung gerufen, dass die intensive Diskussion über tarifdispositives Richterrecht, die in den späten 1960er und frühen 1970er Jahren geführt wurde, ausschließlich um die Frage kreiste, ob das BAG befugt ist, den von ihm im Wege richterlicher Rechtsfortbildung entwickelten Rechtssätzen eine Tarifdispositivität beizulegen. An der grundsätzlichen Befugnis, Richterrecht mit zwingendem Charakter zu kreieren, wurde dagegen niemals gezweifelt.[216] 45

209 Allerdings auch nicht umgekehrt ein Argument für deren zwingenden Charakter; so aber *Däubler*, NZA 2001, 1329, 1331.

210 Insoweit ebenfalls *Gotthardt*, Arbeitsrecht nach der Schuldrechtsreform, 2. Aufl., Rn. 195; ErfK/*Preis*/*Greiner*, 25. Aufl., § 619a BGB Rn. 11; MHdB ArbR/*Reichold*, 6. Aufl., § 57 Rn. 25.

211 *Schumacher*, Haftung des Arbeitnehmers, S. 190 ff.; ähnlich *Schwirtzek*, NZA 2005, 437, 439.

212 Siehe nur BT-Drucks. 14/6857, S. 53 f.

213 In diesem Sinne auch *Lieb*/*Jacobs*, Arbeitsrecht, 9. Aufl., Rn. 226.

214 *Schumacher*, Haftung des Arbeitnehmers, S. 198 ff. Für eine Umsteuerung auf das AGB-Recht als Kontrollinstrument auch MHdB ArbR/*Reichold*, 6. Aufl., § 57 Rn. 68; *Schwirtzek*, NZA 2005, 437, 440 f.; *Stoffels*, ZfA 2009, 861, 874; *Thüsing*/*Leder*, BB 2005, 1563, 1569.

215 BT-Drucks. 14/6857, S. 48 unter Verweis auf BAG 17.9.1998 – 8 AZR 175/97 –, AP § 611 BGB Mankohaftung Nr. 2 = NZA 1999, 141.

216 Vgl. *Adomeit*, Rechtsquellenfragen im Arbeitsrecht, 1969, S. 100; *Bötticher*, SAE 1967, 203; *Canaris*, GS Dietz (1973), S. 199, 202 ff.; *Herschel*, RdA 1973, 147, 149; *Lieb*, RdA 1972, 129, 134 ff.; *Richardi*, GS Dietz (1973),

46 Ein weiterer Einwand gründet sich auf die Überlegung, dass die Konzeption des BAG zu einem Funktionsverlust von Mankoabreden führe, weil sie für den Arbeitgeber bestenfalls **ein „Nullsummenspiel“** bedeute.[217] Wenn sich die Haftung des Arbeitnehmers für ein Defizit auf die Summe der Mankogelder beschränkt, mache es für Arbeitgeber keinen Sinn, überhaupt noch Mankovereinbarungen abzuschließen. Betrachtet man die Situation aus einer gleichsam versicherungsrechtlichen Perspektive, verpflichtet sich der Arbeitgeber als „Versicherungsnehmer“ zur Zahlung von Prämien, um vom Arbeitnehmer als „Versicherer“ im „Versicherungsfall“ in Gestalt eines eingetretenen Fehlbestandes höchstens die Prämien zurückzuerhalten **(„Prämientheorie“).**[218] Eine hierauf gestützte Kritik an der Sichtweise der h.M. übersieht indes, dass derartige Vereinbarungen dennoch einen **ökonomischen Sinn** haben, weil sie für den Arbeitnehmer den Anreiz generieren, es durch **überobligationsmäßige Sorgfaltsmaßnahmen** gar nicht erst zu einem Defizit kommen zu lassen. Bei der Führung einer Kasse oder eines sonstigen Warenbestandes wird der Arbeitnehmer nämlich stets die zusätzliche Verdienstmöglichkeit vor Augen haben und aus rationalem Eigeninteresse die größtmögliche Sorgfalt an den Tag legen, um die gezahlten Mankogelder endgültig behalten zu können. Dies wiederum wirkt sich für den Arbeitgeber positiv aus, indem zugleich ein **eventueller viel höherer Schaden des Arbeitgebers abgewendet** wird, den der Arbeitnehmer nach den allgemeinen Regeln über die gesetzliche Arbeitnehmerhaftung womöglich nur teilweise oder sogar gar nicht zu tragen hätte, weil es dem Arbeitgeber beispielsweise nicht gelingt, dem Beschäftigten ein Verschulden nachzuweisen.[219] Damit fügen sich Mankoabreden nahtlos in rechtsökonomische Kategorien ein. Zum einen tragen sie der grundsätzlichen Forderung Rechnung, dass Haftungsregeln **verhaltenssteuernde Wirkung** entfalten und hierdurch dazu beitragen sollen, dass es erst gar nicht zu einem Schaden kommt, der die Frage nach einem Ausgleich aufwirft.[220] Zum anderen wird mit der Gewährung von Mankogeldern, die der Arbeitnehmer nur dann behalten darf, wenn in einem bestimmten Zeitraum kein Defizit auftritt, einem potentiellen **opportunistischen Verhalten des Beschäftigten**, also der Ausnutzung eines für den Arbeitgeber häufig nicht bis in den letzten Winkel kontrollierbaren Bereichs für verborgene Handlungen zum eigenen Vorteil,[221] **entgegengewirkt.** Hierdurch hat es der Arbeitgeber in der Hand, durch die Zahlung von vergleichsweise geringen Mankogeldern Schadensrisiken hintanzuhalten, für deren Abwendung er anderenfalls kostspielige Überwachungsmechanismen einrichten müsste. Mankovereinbarungen behalten für den Arbeitgeber also durchaus ihren

---

S. 269, 279 ff.; *Thiele*, FS Larenz (1973), S. 1043, 1048 ff.; monographisch: *Vossen*, Tarifdispositives Richterrecht, 1974, S. 97 ff.

217 *Schwirtzek*, NZA 2005, 437, 438.

218 *Krause*, Anm. zu BAG AP § 611 BGB Mankohaftung Nr. 3 (unter I 2); ebenso *Schwirtzek*, NZA 2005, 437, 438.

219 So bereits *Krause*, Anm. zu BAG AP § 611 BGB Mankohaftung Nr. 3 (unter I 2).

220 Dazu *Schäfer/Ott*, Lehrbuch der ökonomischen Analyse des Zivilrechts, 6. Aufl., S. 165 ff.

221 Vgl. *Richter/Furubotn*, Neue Institutionenökonomik, 4. Aufl., S. 160 f.

wirtschaftlichen Sinn, auch wenn der vom Arbeitnehmer zu leistende Ersatz auf die Summe der Mankogelder begrenzt ist. Nach alledem ist somit daran festzuhalten, dass es sich bei den richterrechtlich entwickelten Grundsätzen der Arbeitnehmerhaftung – vorbehaltlich einer gewissen Ausfüllungsbefugnis der Tarifvertragsparteien – um einseitig zwingendes Arbeitnehmerschutzrecht handelt.

Wie sich der einschlägigen Entscheidung des BAG entnehmen lässt, schließt diese 47
Charakterisierung abweichende Vereinbarungen allerdings nicht aus, **sofern nur das generell geforderte Schutzniveau nicht unterschritten wird.**[222] Es sind also nicht etwa die einzelnen Bestandteile der Mankoabrede daraufhin zu untersuchen, ob sie dem Arbeitnehmer Risiken aufbürden, die er nach den Regeln über die gesetzliche Mankohaftung nicht zu tragen hat. Vielmehr ist im Wege einer Gesamtbetrachtung zu ermitteln, ob der Arbeitnehmer aufgrund der Vereinbarung höchstens auf einen Betrag in Anspruch genommen werden kann, der den einem bestimmten Referenzzeitraum zuzuordnenden Mankogeldern entspricht. Dabei kommt es lediglich auf diejenigen Mankogelder an, die dem konkreten Beschäftigten gewährt werden. Ob und in welcher Höhe im Unternehmen insgesamt Mankogelder gezahlt werden, ist unerheblich,[223] weil der Arbeitnehmer ansonsten im Ergebnis möglicherweise aus seinem sonstigen Arbeitsentgelt den Fehlbestand auszugleichen hätte. Insoweit findet also ausschließlich eine individuelle und keine kollektive Betrachtung statt.

In der im Vordergrund stehenden Frage nach der **Länge des Referenzzeitraums** 48
hat das BAG gegen eine **Dauer von einem Jahr** keine Bedenken zu erkennen gegeben, sich im Übrigen aber bedeckt gehalten.[224] Tatsächlich spricht viel dafür, hierin eine **Höchstgrenze** zu sehen. Jedenfalls wäre es nicht angängig, wenn ein Arbeitnehmer die über viele Jahre erhaltenen Mankogelder auf einen Schlag zurückzahlen müsste, wenn es nunmehr zu einem Defizit kommt. In diesem Sinne hat sich das BAG bereits in einer früheren Entscheidung geäußert.[225] Danach war der Arbeitnehmer im konkreten Fall nicht gehalten, aus den rund 6,5 Jahre lang bezogenen Mankogeldern eine Rücklage zu bilden, um hieraus einen späteren Fehlbestand begleichen zu können. Kommt es im Referenzzeitraum zu mehreren Schadensfällen, ist eine Zusammenrechnung vorzunehmen, um eine Überschreitung der diesem Zeitraum insgesamt zuzuordnenden Mankogelder zu verhindern. Dies schließt eine danebenstehende Haftung nach den allgemeinen Regeln nicht aus, wenn dem Arbeitnehmer ein entsprechendes Verschulden nachgewiesen werden kann. Ein darauf gestützter Schadensersatzanspruch steht von vornherein außerhalb der Mankovereinbarung und ist nicht etwa auf die Höchstsumme anzurechnen, die der Arbeitnehmer aufgrund der Abrede für ein weiteres Defizit schuldet, dessen Ursache unaufklärbar bleibt.

222 BAG 2.12.1999 – 8 AZR 386/98 –, AP § 611 BGB Mankohaftung Nr. 3 = NZA 2000, 715; ferner *Krause*, NZA 2003, 577, 585.

223 BAG 2.12.1999 – 8 AZR 386/98 – unter I 2 c, AP § 611 BGB Mankohaftung Nr. 3 = NZA 2000, 715.

224 BAG 17.9.1998 – 8 AZR 175/97 – unter B IV 2, AP § 611 BGB Mankohaftung Nr. 2 = NZA 1999, 141; 2.12.1999 – 8 AZR 386/98 – unter I 2 b, AP § 611 BGB Mankohaftung Nr. 3 = NZA 2000, 715.

225 BAG 22.11.1973 – 2 AZR 580/72 – unter III 2 e, AP § 626 BGB Nr. 67.

49 Kommt es zu Beginn oder während des Ausgleichzeitraums zu einem Fehlbestand, umfasst die schadensrechtliche Verantwortlichkeit des Arbeitnehmers **nicht nur die tatsächlich bereits geleisteten, sondern auch die in dem betreffenden Zeitraum noch zu leistenden Mankogelder.** Während das die Rechtsprechungswende einleitende Urteil des BAG insoweit noch Zweifel hinterlassen hatte,[226] lässt sich dies der zweiten Entscheidung mit hinreichender Deutlichkeit entnehmen[227]. Allerdings ist nicht von der Hand zu weisen, dass die Mankoabrede als verhaltenssteuerndes Instrument einen Teil ihrer Wirkung einbüßt, wenn ein etwaiger Fehlbestand gleich zu Beginn des Referenzzeitraums auftritt und mit künftigen Mankogeldern vollständig verrechnet wird, weil eine gesteigerte **Motivationswirkung für den Arbeitnehmer für den restlichen Zeitraum hierdurch entfällt.**[228] Der Arbeitgeber ist daher gut beraten, wenn er die Anreizwirkung dennoch aufrechterhält, indem er eine **stufenweise Anrechnung auf die Mankogelder** vorsieht, sodass dem Arbeitnehmer wenigstens die Aussicht auf ein restliches Mankogeld bleibt. Im Übrigen erwächst daraus die Folgefrage, ob der Arbeitnehmer von vornherein auf den Betrag in Anspruch genommen werden kann, welcher der Summe der im Referenzzeitraum künftig noch zu zahlenden Mankogelder entspricht. Tatsächlich spricht das meiste dafür, diese vom BAG noch nicht ausdrücklich entschiedene Frage zu verneinen. Anderenfalls könnte es bei einem Ausscheiden des Arbeitnehmers noch während des Referenzzeitraums nämlich dazu kommen, dass der Beschäftigte endgültig ein Defizit zu tragen hat, das durch die infolge der Beendigung des Arbeitsverhältnisses nicht mehr vereinnahmten Mankogelder nicht mehr gedeckt wird, wodurch der Arbeitnehmer unter das generelle Schutzniveau des innerbetrieblichen Schadensausgleichs absinken würde. Damit ist im praktischen Ergebnis zwar bei einem Fortbestand des Arbeitsverhältnisses eine Verrechnung von künftig im Referenzzeitraum fällig werdenden Mankogeldern statthaft, nicht aber die Geltendmachung der gesamten Summe im Vorgriff auf noch nicht gewährte Zahlungen.

50 Eine weitere Grenze für Mankovereinbarungen bildet das **Tarifrecht** (§ 4 Abs. 3 TVG). Da das tarifliche Gehalt nur das übliche Haftungsrisiko abdeckt, muss das Mankogeld im Fall eines normativ anwendbaren Tarifvertrags als übertarifliche Leistung gezahlt werden. Anderenfalls fehlt ihm die Eigenschaft als angemessener Risikoausgleich, sodass die Vereinbarung bereits aus diesem Grunde unwirksam ist. Auf die – fragwürdige – Konstruktion einer Tarifunterschreitung durch Ersatzansprüche des Arbeitgebers aus der Mankoabrede[229] kommt es somit nicht an. Unterfällt das Arbeitsverhältnis keinem Tarifvertrag, darf das sonstige Entgelt die Sittenwidrigkeitsgrenze[230]

---

226 BAG 17.9.1998 – 8 AZR 175/97 – unter B IV 2, AP § 611 BGB Mankohaftung Nr. 2 = NZA 1999, 141: „Summe der *gezahlten* (Hervorhebung nur hier) Mankogelder".

227 BAG 2.12.1999 – 8 AZR 386/98 – unter I 2 b, AP § 611 BGB Mankohaftung Nr. 3 = NZA 2000, 715: „Höhe des für den bestimmten Zeitraum geleisteten *oder noch zu leistenden* (Hervorhebung nur hier) Mankogeldes".

228 *Krause*, Anm. zu BAG AP § 611 BGB Mankohaftung Nr. 3 (unter I 3 d).

229 So aber *Stoffels*, AR-Blattei SD 870.2 Rn. 103 f.; *Woltereck*, Mankohaftung, S. 67 f.

230 Vgl. BAG 22.4.2009 – 5 AZR 436/08 –, AP § 138 BGB Nr. 64 = NZA 2009, 837.

nicht unterschreiten. Das Mankogeld darf mit anderen Worten nicht wirtschaftlich gesehen Teil des regulären Entgelts sein, weil dessen Funktion nicht darin besteht, besondere Risiken zu kompensieren, sondern muss stets eine echte zusätzliche Leistung darstellen.

Noch **nicht abschließend geklärt** ist, ob als weitere Voraussetzung für die Wirk- 51
samkeit einer Mankoabrede eine wie auch immer geartete Kontrollmöglichkeit des Arbeitnehmers über den Bereich zu fordern ist, für dessen Fehlbestand er haften soll. Während das BAG in seinem Urteil vom 17.9.1998 bei einem Zugriff anderer Personen ohne Rücksicht auf die Höhe der Ausgleichszahlung noch von einer unzulässigen Verlagerung des Arbeitgeberrisikos gesprochen hatte,[231] ist in der anschließenden Entscheidung vom 2.12.1999 eindeutig davon die Rede, dass eine Mankoabrede auch nicht voll beherrschbare Umstände und Risiken wie etwa die Beaufsichtigung von Mitarbeitern und Hilfskräften sowie sogar den Zugriff Dritter abdecken könne[232]. Mit der Beschränkung der vertraglichen Mankohaftung auf die Summe der in einem bestimmten Referenzzeitraum gezahlten bzw. zu zahlenden Mankogelder ist die **innere Berechtigung für ein weiteres einschränkendes Kriterium in der Tat entfallen.** Daher wird man selbst solche Mankovereinbarungen, die sich auf Risiken beziehen, die völlig außerhalb des Einflussbereichs des Arbeitnehmers liegen, für zulässig zu halten haben.[233] Zwar kann der Beschäftigte in einem solchen Fall die abzuwehrenden Risiken nicht steuern, sodass eine solche Regelung unter diesem Blickwinkel keinen rechten Sinn macht. Da der Arbeitnehmer aber im Schadensfall höchstens die zusätzlichen Mankogelder wieder einbüßt, steht er im Ergebnis nicht schlechter als bei einer Anwendung der allgemeinen Haftungsregeln da, sodass es letztlich keinen hinreichenden Grund gibt, die Wirksamkeitskontrolle entsprechender Abreden mit der schwierigen Abgrenzungsfrage zu belasten, welche Risiken für den Beschäftigten noch in einem gewissen Sinne beherrschbar sind und welche Risiken völlig außerhalb seines Einflussbereichs liegen. Allerdings wird eine Auslegung der Mankoabrede häufig ergeben, dass völlig ungewöhnliche Risiken wie etwa Naturereignisse und auch ein Flashmob in einer Einzelhandelsfiliale nicht zu den Ereignissen gehören sollen, für die der Arbeitnehmer einzustehen hat.

Handelt es sich bei der Mankoabrede um eine **vorformulierte Klausel** im Sinne der 52
§§ 305 Abs. 1, 310 Abs. 3 BGB, **greifen zusätzlich die AGB-rechtlichen Kontrollmechanismen ein.**[234] Die Qualifikation des innerbetrieblichen Schadensausgleichs als einseitig zwingendes Arbeitnehmerschutzrecht schließt es nicht aus, die §§ 305 ff. BGB

231 BAG 17.9.1998 – 8 AZR 175/97 – unter IV 2, AP § 611 BGB Mankohaftung Nr. 2 = NZA 1999, 141; zustimmend *Boemke/Müller*, SAE 2000, 6, 13 f.; *Lansnicker/Schwirtzek*, BB 1999, 259, 261.

232 BAG 2.12.1999 – 8 AZR 386/98 – unter I 2 b bzw. I 4, AP § 611 BGB Mankohaftung Nr. 3 = NZA 2000, 715.

233 *Krause*, RdA 2013, 129, 139; strenger noch HWK/*Krause*, 11. Aufl., § 619a BGB Rn. 52; *ders.*, Anm. zu BAG AP § 611 BGB Mankohaftung Nr. 3 (unter I 4); 3. Aufl., RN 300. Anders auch LAG Rheinland-Pfalz 29.10.2015 – 3 Sa 464/14 – Rn. 108, BeckRS 2016, 67460 (allerdings unter Verweis nur auf überholte Entscheidungen des BAG); *Deinert*, AuR 2001, 26, 27.

234 *Lakies*, AGB im Arbeitsrecht, 2. Aufl., Kap. 5 Rn. 297.

heranzuziehen, wenn ihre Voraussetzungen vorliegen. Für die Gegenansicht, nach der die privilegierte Arbeitnehmerhaftung dispositiven Charakter hat, bildet das AGB-Recht ohnehin den hauptsächlichen Anknüpfungspunkt für eine Inhaltskontrolle, wobei die richterrechtlich entwickelten Grundsätze als im Arbeitsrecht geltende Besonderheiten im Sinne von § 310 Abs. 4 S. 2 BGB den Maßstab bilden, an dem sich die Angemessenheitskontrolle zu orientieren hat.[235] Daran wird deutlich, dass die **verschiedenen Ansichten zur Abdingbarkeit der Haftungsprivilegierung im Ergebnis weniger weit auseinanderliegen**, als es der unterschiedliche Ausgangspunkt vermuten lässt.[236] In der Sache stimmen beide Ansätze nämlich darin überein, dass eine Mankovereinbarung das Schutzniveau der gesetzlichen Mankohaftung nicht beliebig unterschreiten darf. Allerdings besteht ein Unterschied darin, dass zumindest die Mehrheit derjenigen Autoren, die es im Wesentlichen bei einer AGB-Kontrolle bewenden lassen wollen, es im Sinne der älteren Judikatur für ausreichend halten, dass sich das Mankogeld an den durchschnittlichen Fehlbeträgen orientiert.[237] Danach ist es möglich, dass es im Falle eines einmal auftretenden erhöhten Fehlbetrages zu einer Einstandspflicht des Arbeitnehmers kommt, die nicht vollständig durch die Zahlung von Mankogeldern kompensiert wird und somit zur Notwendigkeit der Deckung aus seinem sonstigen Entgelt führt. Immerhin halten selbst Verfechter einer AGB-rechtlichen Herangehensweise diese Kriterien für zu unbestimmt[238] und wollen sie daher durch eine absolute Kappungsgrenze ergänzen, die sich allerdings nicht an den gezahlten Mankogeldern, sondern am Entgelt des Arbeitnehmers bemessen soll und ein bis drei Bruttomonatsgehälter nicht überschreiten dürfe[239]. Im Übrigen liegt ein Unterschied darin, dass echte Individualvereinbarungen nach dem Gegenmodell nur äußersten Schranken unterliegen,[240] während die Einstufung der Haftungsgrundsätze als einseitig zwingendes Arbeitnehmerschutzrecht zu einem identischen Kontrollmaßstab führt.

53 Die bei einer vorformulierten Mankoabrede in jedem Fall ergänzend vorzunehmende Anwendung AGB-rechtlicher Vorschriften hat wichtige Konsequenzen: Zwar sind § 309 Nr. 5 BGB (Schadenspauschalierung) oder § 309 Nr. 6 BGB (Vertragsstrafenverbot) auf Mankovereinbarungen nicht anwendbar.[241] Jedoch muss die Klausel gemäß

235 In diesem Sinne MHdB ArbR/*Reichold*, 6. Aufl., § 57 Rn. 68 Fn. 282; HWK/*Roloff*, 11. Aufl., Anh. §§ 305 – 310 BGB Rn. 3.

236 So bereits *Krause*, NZA 2003, 577, 585.

237 *Gotthardt*, Arbeitsrecht nach der Schuldrechtsreform, 2. Aufl., Rn. 319; ErfK/*Preis*, 25. Aufl., § 307 BGB Rn. 69; MHdB ArbR/*Reichold*, 6. Aufl., § 57 Rn. 75; HWK/*Roloff*, 11. Aufl., Anh. §§ 305 – 310 BGB Rn. 3; strenger *Klumpp*, in: Clemenz/Kreft/Krause, AGB-Arbeitsrecht, 3. Aufl., § 307 Rn. 227 f., der trotz einer Qualifikation der Rechtsprechungsgrundsätze als dispositiv für eine Beschränkung der Haftung auf das vereinbarte Mankogeld plädiert und damit letztlich seinen eigenen Ansatz dementiert; inkonsequent auch *Lakies*, AGB im Arbeitsrecht, 2. Aufl., Kap. 5 Rn. 296 a.E. und 297 a.E.

238 *Schwirtzek*, Mankohaftung, S. 143 ff.

239 *Schwirtzek*, NZA 2005, 437, 441 f.

240 Vgl. *Schumacher*, Haftung des Arbeitnehmers, S. 219 ff.

241 *Schwirtzek*, NZA 2005, 437, 440 f.; a.A. *Schlewing*, in: Clemenz/Kreft/Krause, AGB-Arbeitsrecht, 3. Aufl., § 309 Rn. 68.

dem **Transparenzgebot** des § 307 Abs. 1 S. 2 BGB aus sich heraus erkennen lassen, dass der Arbeitnehmer unabhängig vom konkreten Umfang des Fehlbestandes nur bis zur Höhe der im Referenzzeitraum gezahlten bzw. noch zu leistenden Mankogelder haftet. Der Arbeitnehmer soll von vornherein wissen, welches Haftungsrisiko er mit der vertraglichen Regelung übernimmt, kurz „was auf ihn zukommt“. Es ist zwar verständlich, dass das BAG bei der Begründung seiner neuen Judikatur weiter gefasste Mankoabreden noch im Sinne einer Beschränkung auf die neu entwickelte Haftungshöchstsumme auslegen und sie damit retten wollte.[242] Mittlerweile gibt es aber keinen hinreichenden Grund mehr, das auch im Arbeitsrecht anwendbare AGB-rechtliche **Verbot der geltungserhaltenden Reduktion**[243] unangewendet zu lassen. Insbesondere sind die von der Rechtsprechung entwickelten Maßstäbe präzise genug, um zu verhindern, dass an die Formulierung wirksamer Mankovereinbarungen unzumutbare Anforderungen gestellt werden.[244] Sofern eine Klausel die Haftungsbeschränkung auf die Summe der Mankogelder nicht deutlich zum Ausdruck bringt, ist sie deshalb insgesamt und nicht nur im Hinblick auf ihren überschießenden Teil unwirksam. Der Arbeitgeber kann sich in einem solchen Fall auch dann nicht auf eine solche Mankoabrede stützen, wenn das Defizit unterhalb der zulässigen Haftungshöchstsumme liegt. Insoweit gelten dieselben Grundsätze wie auch in anderen Bereichen der AGB-Kontrolle, in denen es für die Frage der Wirksamkeit ebenfalls darauf ankommt, welche Rechte die Klausel dem Arbeitgeber grundsätzlich einräumt und nicht darauf, welche Rechte er im konkreten Einzelfall geltend macht.[245] Der Arbeitnehmer ist also nicht etwa stets in Höhe der erhaltenen Mankogelder ersatzpflichtig. Vielmehr richtet sich seine Verantwortlichkeit dann nach den Grundsätzen über die allgemeine Mankohaftung. Dagegen spielt es keine Rolle, dass die Klausel das Risiko eines Fehlbestandes in einer Kasse oder einem Warenlager nur vergleichsweise allgemein beschreibt, weil die Wirksamkeit der Klausel – wie soeben erläutert[246] – nicht von der Ausklammerung bestimmter Gefahren abhängt und sich entsprechende Formulierungen deshalb erübrigen.

Nach alledem **genügt die Klausel** 54

Der Arbeitnehmer haftet für jeden im Rahmen seiner Kassenführung entstandenen Fehlbetrag.

nicht (mehr) den an Mankoabreden zu stellenden inhaltlichen und formalen Anforderungen. Zulässig wäre dagegen die Klausel

---

242 Vgl. BAG 2.12.1999 – 8 AZR 386/98 – unter I 2 d, AP § 611 BGB Mankohaftung Nr. 3 = NZA 2000, 715.

243 Siehe dazu *Staudinger/Krause*, BGB (2022), Anh zu §§ 305 – 310 Rn. K 273 ff. m.w.N.

244 Zu dieser Einschränkung (mit der Folge einer Vertragsergänzung) *Staudinger/Krause*, BGB (2022), Anh zu § 305 – 310 Rn. K 263 ff., K 275.

245 Dazu etwa *Staudinger/Krause*, BGB (2022), Anh zu §§ 305 – 310 Rn. K 40 m.w.N.

246 Siehe RN 51.

Der Arbeitnehmer haftet für jeden im Rahmen seiner Kassenführung entstandenen Fehlbetrag bis zur Höhe der ihm im jeweiligen Kalenderjahr zustehenden Mankogelder, die sich auf einen Betrag von monatlich 50 EUR belaufen.

55 Vergleichbare Überlegungen gelten für solche Mankoabreden, die dem Arbeitnehmer – weniger weitgehend – nicht das gesamte Risiko eines auch verschuldensunabhängigen Defizits aufbürden wollen, sondern mit denen lediglich die Haftung nach den **allgemeinen zivilrechtlichen Grundsätzen wiederhergestellt** werden soll. In diesem Fall haftet der Arbeitnehmer für diejenigen Schäden, die er nicht zu übernehmen hätte, wenn die Grundsätze über die beschränkte Haftung zur Anwendung kämen, nur in Höhe der dem Referenzzeitraum zuzuordnenden Mankogelder.

56 Wenn die Mankovereinbarung unwirksam ist, ergibt sich das selten erörterte **Zusatzproblem**, ob der Arbeitgeber die an den Arbeitnehmer gezahlten **Mankogelder aus Bereicherungsrecht (§ 812 Abs. 1 S. 1 BGB) zurückverlangen kann.**[247] Sofern der Arbeitgeber die Unwirksamkeit der vertraglichen Regelung kannte, steht einem Rückforderungsanspruch bereits § 814 BGB entgegen. Aber auch sonst wird man einen Rückzahlungsanspruch abzulehnen haben. Dies gilt zunächst für den Fall, dass es nicht zu einem Fehlbestand kommt. Ob sich in dieser Konstellation schon aufgrund der Saldotheorie ergibt, dass auf Seiten des Beschäftigten kein herauszugebender Überschuss existiert, ist zwar nicht unzweifelhaft, weil es zu einem ausgeglichenen Kassen- oder Warenbestand auch ohne besondere Anstrengungen des Arbeitnehmers, die ebenfalls bereicherungsrechtlich auszugleichen wären, gekommen sein kann. Dennoch wäre es zumindest widersprüchlich (§ 242 BGB), wenn der Arbeitgeber die Mankogelder nunmehr mit der Begründung zurückfordern könnte, dass es an einer wirksamen Rechtsgrundlage für die Zahlung fehle, obwohl das mit der Mankoabrede verfolgte Ziel letztlich erreicht worden ist. Sofern es dagegen zu einem Defizit gekommen ist, sprechen Schutzzweckerwägungen gegen ein Rückforderungsrecht. Denn wenn der Arbeitgeber in einer solchen Konstellation in jedem Fall die geleisteten Mankogelder zurückverlangen könnte, sei es aufgrund einer wirksamen Vereinbarung, sei es bei einer unwirksamen Abrede aus Bereicherungsrecht, bestünde für ihn kein Anreiz, sich um eine von vornherein wirksame Klausel zu bemühen. Vielmehr würde wirtschaftlich dann genau dasselbe Ergebnis eintreten, zu dem es durch eine geltungserhaltende Reduktion kommen würde, bei der eine Klausel, die den Arbeitnehmer zum Ersatz des gesamten Fehlbestandes ohne eine Kappungsgrenze verpflichtet, auf das gerade noch zulässige Maß einer Pflicht zum Ersatz in Höhe der gezahlten Mankogelder reduziert wird. Insoweit entfaltet das AGB-rechtliche Verbot der geltungserhaltenden Reduktion eine Art Fernwirkung im Bereicherungsrecht, um dessen Schutzzweck nicht auszuhebeln.[248]

---

247 Hierzu schon *Krause*, RdA 2013, 129, 139.

248 Siehe auch die teilweise vergleichbare Argumentation des BAG bei unwirksamen Klauseln über die Rückzahlung von Ausbildungskosten; vgl. BAG 21.8.2012 – 3 AZR 698/10 – Rn. 46, AP § 611 BGB Ausbildungsbeihilfe Nr. 46 = NZA 2012, 1428; 28.5.2013 – 3 AZR 103/12 – Rn. 25ff., AP § 611 BGB Ausbildungsbeihilfe Nr. 47 = NZA 2013, 1419.

Sonstige Kontrollmechanismen haben sich damit erledigt, soweit sie sich auf die allgemeine Angemessenheitskontrolle beziehen. Bei einer Qualifikation der Grundsätze über die Haftungsprivilegierung als einseitig zwingendes Arbeitnehmerschutzrecht versteht sich dies von selbst. Dies gilt aber auch für diejenigen, die stattdessen auf das AGB-rechtliche Kontrollregime setzen, soweit dessen Anwendungsbereich reicht.[249] Auf **§ 138 Abs. 1 BGB als Kontrollmaßstab** ist nur noch in den Fällen zurückzugreifen, in denen es um den Aspekt einer **Benachteiligung Dritter** geht. So ist eine Mankoabsprache dann als sittenwidrig und damit nichtig anzusehen, wenn sie durch ihre Ausgestaltung den Arbeitnehmer dazu anreizt, einen Fehlbestand auf Kosten Dritter auszugleichen. Dies ist etwa der Fall, wenn vereinbart wird, dass ein festgestelltes Manko mit einem Überschuss im Rahmen einer folgenden Inventur verrechnet werden soll, weil der Arbeitnehmer dann versucht sein kann, etwa bei der Rückgabe von Wechselgeld die Kunden zu übervorteilen.[250] Von vornherein **entbehrlich ist die Heranziehung von § 138 Abs. 2 BGB** für den Fall, dass zwischen dem Mankorisiko für den Arbeitnehmer und dem Mankogeld ein Missverhältnis besteht.[251] Sofern ein solches Missverhältnis vorliegen sollte, besteht die Rechtsfolge nämlich schlicht darin, dass der Arbeitnehmer für ein Manko dann eben nur in Höhe der (niedrigen) Mankogelder einzustehen hat. Zudem erspart man sich hierdurch die schwierige Frage, wie das Mankorisiko im konkreten Fall zu bemessen ist, weil sich ein Missverhältnis erst dann konstatieren lässt, wenn die auf den beiden Seiten einzustellenden Werte hinreichend bestimmt sind. Da es bei Mankovereinbarungen im Übrigen lediglich darum geht, die Voraussetzungen für eine schadensersatzrechtliche Inanspruchnahme des Arbeitnehmers zu erleichtern, nicht aber eine vertragsgemäße Leistung des Beschäftigten zu erzwingen, handelt es sich nicht um vertragsstrafenähnliche Abreden.[252] Somit scheidet eine (zusätzliche) Heranziehung von § 343 BGB als Kontrollnorm aus. 57

Als weitere Variante kommen Mankoabreden in Betracht, mit denen die **Beweislast in einer von den allgemeinen Regeln zu Lasten des Arbeitnehmers abweichenden Weise** geregelt werden soll. Als Beispiele seien genannt: „Der Arbeitnehmer wird von seiner Haftung für Fehlbeträge nur dann frei, wenn er nachweist, dass er keine Pflichtverletzung begangen hat." oder „Der Arbeitnehmer wird von seiner Haftung für Fehlbeträge nur dann frei, wenn er nachweist, dass er seine Pflichtverletzung nicht zu vertreten hat." oder schlicht „§ 619a BGB findet keine Anwendung.". Die ganz h.M. hält die **Beweislastregelung in § 619a BGB** für **abdingbar.**[253] Danach würden echte Individualvereinbarungen nicht durch zwingendes Recht begrenzt. Dieser Ansicht kann indes **nicht gefolgt** werden. Eine Unabdingbarkeit von § 619a BGB folgt zwar nicht 58

249 MHdB ArbR/*Reichold*, 6. Aufl., § 57 Rn. 74.

250 *Stoffels*, AR-Blattei SD 870.2 Rn. 102.

251 So aber LAG Rheinland-Pfalz 29.10.2015 – 3 Sa 464/14 – Rn. 107, BeckRS 2016, 67460.

252 Siehe auch unten RN 112 zur Abgrenzung von Vertragsstrafen und Schadenspauschalierungen.

253 *Gotthardt*, Arbeitsrecht nach der Schuldrechtsreform, 2. Aufl., Rn. 200; MünchKommBGB/*Henssler*, 9. Aufl., § 619a BGB Rn. 61; *ders.*, RdA 2002, 129, 133, ErfK/*Preis/Greiner*, 23. Aufl., § 619a BGB Rn. 11 a.E.; *Staudinger/Fischinger*, BGB (2022), § 619a Rn. 5; a.A. wohl *Däubler*, NZA 2001, 1329, 1332.

schon aus einer systematischen Interpretation der Vorschrift. Die schlichte räumliche Nähe zu § 619 BGB, der die Pflichten des Arbeitgebers nach den §§ 617, 618 BGB für zwingend erklärt, genügt hierfür nicht.[254] Vielmehr spricht dieser Aspekt bei isolierter Betrachtung im Umkehrschluss eher für eine Abdingbarkeit von § 619a BGB. Entsprechendes gilt, wenn man einen Blick auf andere Normen wirft, die ausdrücklich die Dispositivität bestimmter Arbeitnehmerschutzvorschriften einschränken oder völlig ausschließen (z. B. § 31 AGG, § 22 Abs. 1 TzBfG, § 13 Abs. 1 S. 3 BUrlG).[255] Allerdings muss berücksichtigt werden, dass Vereinbarungen, welche die Beweislast zum Nachteil einer Seite verschieben, zwar grundsätzlich zulässig sind, von der praktisch einhelligen Ansicht im zivilprozessualen Schrifttum aber dann als unwirksam angesehen werden, wenn die Parteien über das jeweils infrage stehende Tatbestandsmerkmal materiellrechtlich nicht dispositionsbefugt sind.[256] Diese Einschränkung folgt aus der Zuordnung der Beweislastnormen zum Recht der jeweiligen Materie.[257] Dementsprechend schließt man etwa aus der Unabdingbarkeit des Kündigungsschutzgesetzes, dass Beweislastverträge, die dem Arbeitnehmer die Beweislast für das Nichtvorliegen eines Kündigungsgrundes entgegen § 1 Abs. 2 S. 4 KSchG auferlegen, nicht statthaft sind, auch wenn dies nicht ausdrücklich im Normtext des KSchG verankert ist.[258] Sofern man die Grundsätze über den innerbetrieblichen Schadensausgleich für disponibel hält, ist es in der Tat konsequent, auch § 619a BGB als abdingbar einzustufen.[259] Da die Grundsätze aber richtiger Ansicht nach als einseitig zwingendes Arbeitnehmerschutzrecht zu qualifizieren sind,[260] ergibt sich daraus zwangsläufig, dass Vereinbarungen, nach denen der Arbeitnehmer sein Nichtvertretenmüssen oder sogar das Nichtvorliegen einer objektiven Pflichtverletzung nachweisen muss, ebenfalls zumindest nicht ohne weiteres zulässig sein können.[261] Ansonsten käme es in allen non-liquet-Fällen in der Sache zu einer Haftungsverschärfung zu Lasten des Arbeitnehmers und damit zu einem Ergebnis, das gerade vermieden werden soll. Der Unterschied zwischen einer Modifikation des materiellen Rechts und einer Einschränkung der Verteidigungsmöglichkeiten des Arbeitnehmers in einem Prozess ist nicht so erheblich, dass eine abweichende Beurteilung gerechtfertigt wäre.[262] In diesem Sinne lässt sich schon die ältere Judikatur dahin verstehen, dass Vereinbarungen in Mankofällen über eine verschuldensunabhängige

254 Insoweit zutr. *Staudinger/Fischinger*, BGB (2022), § 619a Rn. 5.
255 Insoweit zutr. *Staudinger/Fischinger*, BGB (2022), § 619a Rn. 5.
256 Musielak/Voit/*Foerste*, ZPO, 21. Aufl., § 286 Rn. 61; *Jäckel*, Beweisvereinbarungen, S. 142 ff.; *Laumen*, in: Baumgärtel/Laumen/Prütting, Handbuch der Beweislast, 5. Aufl., Grundlagen, Kap. 26 Rn. 9; MünchKommZPO/*Prütting*, 6. Aufl., § 286 Rn. 169; *Rosenberg*, Die Beweislast, 5. Aufl., S. 87; *Stein/Jonas/Thole*, ZPO, 23. Aufl., § 286 Rn. 287; *Wagner*, Prozessverträge, S. 697 ff.
257 Näher dazu *Prütting*, Beweislast, S. 176 ff.
258 Siehe *Ascheid*, Beweislastfragen im Kündigungsschutzprozess, S. 134.
259 So etwa ErfK/*Preis/Greiner*, 25. Aufl., § 619a BGB Rn. 11.
260 Siehe oben RN 43 ff.
261 In diesem Sinne bereits *Boemke/Müller*, SAE 2000, 6, 13.
262 So aber *Staudinger/Fischinger*, BGB (2022), § 619a Rn. 5.

Haftung einerseits und über eine Veränderung der Beweislast andererseits nicht völlig unterschiedlich zu behandeln sind.[263]

Bei der Frage nach der Reichweite der Unabdingbarkeit ist allerdings in Rechnung zu stellen, dass das einschlägige materielle Recht in Gestalt der richterrechtlichen Grundsätze über die Arbeitnehmerhaftung **nur eine Einhaltung des generellen Schutzniveaus verlangt.** Eine Abänderung von einzelnen Aspekten des Haftungstatbestandes zu Lasten des Arbeitnehmers ist statthaft, wenn hierfür ein hinreichender finanzieller Ausgleich vereinbart wird, der so bemessen ist, dass der Arbeitnehmer im Ergebnis aufgrund der autonomen Abrede nicht stärker in Anspruch genommen werden kann, als wenn das heteronome Richterrecht zur Anwendung kommen würde.[264] Folgerichtig ist die Wirksamkeit von Beweislastvereinbarungen von der Gewährung eines Risikoausgleichs abhängig, wobei sichergestellt sein muss, dass der Arbeitnehmer für denjenigen Schaden, den er nur deshalb ersetzen muss, weil ihm keine Entlastung gelingt, lediglich mit den gewährten Mankogeldern haftet. Für die Frage des Referenzzeitraums und weitere Detailaspekte gelten die für unmittelbar materiellrechtlich wirkende Mankoabreden entwickelten Grundsätze entsprechend.[265] 59

Sofern Beweislastregelungen in einem **Formulararbeitsvertrag** enthalten sind, ist 60
zusätzlich das AGB-Recht zu beachten, wobei vor allem fraglich ist, ob **§ 309 Nr. 12 BGB** jeglicher Beweislastveränderung zu Lasten des Arbeitnehmers unabhängig von einem finanziellen Risikoausgleich generell einen Riegel vorschiebt. Die ganz h.M. bejaht dies und kann insbesondere keine im Arbeitsrecht geltenden Besonderheiten im Sinne von § 310 Abs. 4 S. 2 BGB erkennen, die eine Nichtanwendung von § 309 Nr. 12 BGB rechtfertigen würden.[266] Dem berechtigten Interesse des Arbeitgebers an einer Verbesserung seiner beweisrechtlichen Situation im Hinblick auf Umstände im Wahrnehmungsbereich des Arbeitnehmers werde bereits durch die geschilderten Grundsätze über die abgestufte Darlegungs- und Beweislast sowie ggf. durch einen Anscheinsbeweis Rechnung getragen.[267] Daran ändere auch eine Ausgleichszahlung nichts, weil sich der wirtschaftliche Wert von Beweislastregelungen nicht bemessen lasse.[268] Diese Sichtweise kann nicht überzeugen. Tatsächlich stehen arbeitsrechtliche Besonderheiten einer strikten Anwendung von § 309 Nr. 12 BGB entgegen.[269] Zwar ist § 619a BGB für sich genommen gerade Ausdruck einer solchen Besonderheit, sodass prima facie alles da-

---

263 Vgl. BAG 29.1.1985 – 3 AZR 570/82 – unter I, AP § 611 BGB Haftung des Arbeitnehmers Nr. 87 = NZA 1986, 23.

264 In diese Richtung auch *Däubler*, NZA 2001, 1329, 1332 Fn. 26.

265 RN 48 ff.

266 *Staudinger/Fischinger*, BGB (2022), § 619a Rn. 115; *Gotthardt*, Arbeitsrecht nach der Schuldrechtsreform, 2. Aufl., Rn. 286, 320; *Häuser*, FS Beuthien, 2009, S. 411, 425; MünchKommBGB/*Henssler*, 9. Aufl., § 619a Rn. 61; *Gäntgen*, in: Baumgärtel/Laumen/Prütting, Handbuch der Beweislast, 5. Aufl., § 619a BGB Rn. 20; *Löwisch*, FS Wiedemann (2002), S. 311, 319; *Otto*, FS 50 Jahre BAG (2004), S. 97, 106; ErfK/*Preis*, 25. Aufl., § 307 BGB Rn. 70; *Schlewing*, in: Clemenz/Kreft/Krause, AGB-Arbeitsrecht, 3. Aufl., § 309 Rn. 150.

267 *Deinert*, RdA 2000, 22, 35.

268 *Deinert*, RdA 2000, 22, 35.

269 MHdB ArbR/*Reichold*, 6. Aufl., § 57 Rn. 81.

gegen spricht, diese Sonderregelung durch AGB zu verdrängen.[270] Die im Arbeitsrecht geltende Besonderheit ist indes in der Verbreitung von Mankoabreden zu sehen, durch die – zulässigerweise – das Risiko der Unaufklärbarkeit eines Fehlbestandes auf den Arbeitnehmer verlagert werden kann, wenn sichergestellt ist, dass er nur bis zur Höhe des hierfür gewährten finanziellen Ausgleichs haftet.[271] Im Anschluss an eine verbreitete Strömung im allgemeinen AGB-Recht[272] ist nicht einzusehen, warum der weniger intensive Eingriff in die Rechtsposition des Arbeitnehmers in Form einer bloßen Beweislastumkehr unzulässig sein soll.[273] Insoweit **bedarf § 309 Nr. 12 BGB einer teleologischen Reduktion.**[274] Soweit man vorformulierte Beweislastverschiebungen zum Nachteil des Arbeitnehmers an die Voraussetzung knüpft, dass der Arbeitnehmer für das zusätzlich übernommene Risiko der Unaufklärbarkeit des zu einem Defizit führenden Geschehensablaufs Mankogelder erhält und durch eine Zusatzklausel sichergestellt wird, dass er aufgrund der Abrede nicht auf eine höhere Summe in Anspruch genommen werden kann, als sie den Mankogeldern im Referenzzeitraum entspricht, liegt daher kein Verstoß gegen den intendierten Regelungsgehalt des § 309 Nr. 12 BGB vor. Dass dies im Ergebnis ebenso wie bei der verschuldensunabhängigen Haftung zu einem Ersatz von Schäden führen kann, die an sich vom Arbeitgeber zu tragen wären (z. B. durch sorgfaltsgemäßes Verhalten des Arbeitnehmers nicht zu verhindernder Diebstahl seitens eines Dritten), ist angesichts des finanziellen Risikoausgleichs hinnehmbar. Der allgemein gehaltene Verweis auf Gründe der Rechtsklarheit und Rechtssicherheit[275] kann als Gegenargument nicht ausreichen. Ferner spielt es anerkanntermaßen keine Rolle, dass es sich bei § 309 Nr. 12 BGB um ein Klauselverbot ohne Wertungsmöglichkeit handelt, weil § 310 Abs. 4 S. 2 BGB gerade in diesen Fällen zum Tragen kommt.[276] Schließlich lässt sich auch nicht argumentieren, dass eine bloße Arbeitsvertragspraxis, nämlich die tatsächliche Verbreitung von Mankovereinbarungen, nicht zur Zulässigkeit von Klauseln führen kann, die nach allgemeinem AGB-Recht an sich unzulässig sind. Das entscheidende Argument für die Zulässigkeit von Beweislastveränderungen besteht nämlich nicht im schlichten Umstand, dass sich Mankoabreden in der Vertragspraxis finden, sondern darin, dass sie vom Arbeitsrecht unter bestimmten Voraussetzungen als zulässige Ausgestaltung der Arbeitnehmerhaftung anerkannt werden. Folgerichtig sind auch formularmäßige Beweislastverlagerungen unter denselben Konditionen wie formularmäßige materiellrechtliche Haftungsverschärfungen als zulässig anzusehen. Ge-

270 *Staudinger/Fischinger*, BGB (2022), § 619a Rn. 115; MünchKommBGB/*Henssler*, 9. Aufl., § 619a Rn. 61.

271 *Schwirtzek*, NZA 2005, 437, 442.

272 Vgl. *Staudinger/Coester-Waltjen*, BGB (2022), § 309 Nr. 12 Rn. 7; *Grüneberg/Grüneberg*, BGB, 84. Aufl., § 309 Rn. 107; MünchKommBGB/*Wurmnest*, 9. Aufl., § 309 Nr. 12 Rn. 8.

273 HWK/*Krause*, 11. Aufl., § 619a BGB Rn. 53; MHdB ArbR/*Reichold*, 6. Aufl., § 57 Rn. 81; ferner *Staudinger/Coester-Waltjen*, BGB (2022), § 309 Nr. 12 Rn. 7.

274 A.A. aber ausdrücklich *Stoffels*, AGB-Recht, 4. Aufl., Rn. 1045 m.w.N.

275 So *Deinert*, RdA 2000, 22, 35; ErfK/*Preis*, 25. Aufl., § 307 BGB Rn. 70; *Stoffels*, AR-Blattei SD 870.2 Rn. 138.

276 Siehe BAG 4. 3. 2004 – 8 AZR 196/03 – unter B II 2 b aa, AP § 309 BGB Nr. 3 = NZA 2004, 727 (zu § 309 Nr. 6 BGB).

lingt dem Arbeitgeber unabhängig von der Klausel der Nachweis einer mit einem hinreichenden Verschuldensgrad zu vertretenden Pflichtverletzung des Arbeitnehmers, haftet der Arbeitnehmer daneben selbstverständlich nach den allgemeinen Grundsätzen. Die Klausel hat nicht etwa die Wirkung, die schadensrechtliche Verantwortlichkeit von vornherein nur auf die Summe der Mankogelder zu beschränken.

Für Mankoabreden in **Betriebsvereinbarungen** gelten die geschilderten Grenzen 61
entsprechend. Bei Mankoregelungen in **Tarifverträgen** kommt es in Anlehnung an die allgemeinen Grundsätze für eine tarifvertragliche Abweichung vom richterrechtlichen Modell der Arbeitnehmerhaftung[277] darauf an, dass der zusätzlichen Belastung des Arbeitnehmers ein angemessener Ausgleich gegenübersteht, wobei es in diesem Fall nicht zwingend erforderlich ist, dass sich die mögliche Inanspruchnahme des Arbeitnehmers exakt auf einen Betrag beschränkt, welcher der Summe der Mankogelder in einem bestimmten Zeitraum entspricht.[278] Eine die wirtschaftliche Existenz des Arbeitnehmers bedrohende Ersatzpflicht muss aber in jedem Fall vermieden werden. Im Übrigen unterliegen kollektive Regelungen über die Zahlung von Mankogeld der **betrieblichen Mitbestimmung** gemäß § 87 Abs. 1 Nr. 10 BetrVG.[279]

II. Haftung bei Gruppenarbeit

Die zweite Fallgruppe, mit der sich die Rechtsprechung und die Literatur näher befasst 62
haben, betrifft die Haftung bei **Gruppenarbeit.** Allerdings bereitet schon die Frage, unter welchen Voraussetzungen von Gruppenarbeit gesprochen werden kann, gewisse Schwierigkeiten, weil es an einer allgemein gültigen Definition fehlt und die verschiedenen angebotenen Umschreibungen durchaus voneinander abweichen.[280] Einigkeit besteht noch darüber, dass bloße Zufallsgemeinschaften wie etwa Arbeitnehmer in einem Großraumbüro – auch in der modernen Form des Desk Sharing – nicht erfasst werden, weil die jeweiligen Tätigkeiten ebenso in Einzelbüros geleistet werden könnten.[281] Auch genügt es nicht, wenn lediglich der äußere Arbeitsablauf so organisiert ist, dass verschiedene Arbeitsvorgänge einer Mehrzahl von Arbeitnehmern tatsächlich ineinandergreifen müssen, damit ein bestimmtes Arbeitsergebnis, etwa die Fertigung einer Maschine, erzielt wird. Stattdessen ist Grundvoraussetzung, dass mehrere (mindestens zwei) Arbeitnehmer arbeitsorganisatorisch so zusammengefasst sind, dass sie

277 Siehe oben § 2 RN 15.

278 Strenger offenbar *Deinert*, AuR 2001, 26, 27 f.: Keine Tarifdispositivität.

279 Vgl. *Deinert*, AuR 2001, 26, 28; *Klebe*, in: Däubler/Klebe/Wedde, BetrVG, 19. Aufl., § 87 Rn. 328.

280 Eingehend *Elert*, Gruppenarbeit, S. 47 ff.; *Franken*, Gruppenarbeitsverhältnisse, S. 25, 51 ff.; ferner *Klein*, Gruppenarbeitsverhältnisse, S. 23 ff., *Schuck*, Gruppenarbeit, S. 88.

281 *Rüthers*, ZfA 1977, 1, 4; ebenso *Schaub/Koch*, Arbeitsrechts-Handbuch, 20. Aufl., § 181 Rn. 2.

eine bestimmte Arbeitsaufgabe als Gruppe zu erfüllen haben.[282] Im Übrigen ist zweifelhaft, ob Gruppenarbeit nur dann vorliegt, wenn die Gruppenmitglieder gesteigerte Nebenpflichten treffen, die sich bis zu einer gewissen Verantwortlichkeit für das Arbeitsergebnis verdichten.[283] Da sich die Reichweite der vertraglichen Pflichten unmittelbar auf die Haftungsproblematik auswirkt,[284] wird mit der Frage, wie weit der Kreis derjenigen Gestaltungen zu ziehen ist, die noch als Gruppenarbeit im rechtlichen Sinne gelten, letztlich zugleich über die Reichweite etwaiger Sonderregeln entschieden. Um nicht durch eine zu enge Begriffswahl von vornherein bestimmte Konstellationen auszuschließen, empfiehlt sich eine terminologische Unterscheidung zwischen einfacher und qualifizierter Gruppenarbeit. Bei der **einfachen Gruppenarbeit** sind die einzelnen Gruppenmitglieder nur zu einem Zusammenwirken mit ihren Kollegen im Sinne einer Selbstorganisation der gruppeninternen Arbeitsabläufe verpflichtet, ohne dass sie eine Verantwortlichkeit für das Arbeitsergebnis trifft.[285] Da sich Arbeitnehmer auch sonst nicht einfach zurückziehen können, sondern zu einer den betrieblichen Zwecken förderlichen Zusammenarbeit mit anderen Mitarbeitern verpflichtet sind, geht es insoweit lediglich um eine gewisse Intensivierung von ohnehin mit jedem Arbeitsverhältnis verbundenen Pflichten.[286] Bei der **qualifizierten Gruppenarbeit** dagegen besteht eine auf das Arbeitsergebnis bezogene Verantwortlichkeit, die aber nicht im Sinne einer werkvertragsähnlichen Erfolgsherbeiführungspflicht zu verstehen ist. Dieses – weite – Verständnis von Gruppenarbeit korrespondiert mit § 87 Abs. 1 Nr. 13 BetrVG. Danach liegt Gruppenarbeit dann vor, wenn es um die eigenverantwortliche Erledigung einer übertragenen Gesamtaufgabe durch eine Gruppe von Arbeitnehmern geht, wobei sich die Eigenverantwortlichkeit auf die Arbeitsleistung bezieht, also nicht ergebnisbezogen, sondern lediglich tätigkeitsbezogen ist.[287] Eine wie auch immer geartete Verantwortlichkeit für das Gruppenergebnis ist somit nicht konstitutiv für das Vorliegen von Gruppenarbeit im Rechtssinne.

63 Mit der Verantwortlichkeit der gruppenangehörigen Arbeitnehmer gegenüber dem Arbeitgeber zumindest für die Arbeitsorganisation zwangsläufig verbunden ist die **Teilautonomie** bzw. die Befugnis zur **Selbststeuerung der Gruppe.** Diese Selbststeuerung ist rechtlich als stellvertretende Ausübung des Direktionsrechts zu qualifizieren, wobei sich der Arbeitgeber eines Letztentscheidungsrechts aber grundsätzlich nicht begibt,[288] zumal man ansonsten daran zweifeln müsste, ob überhaupt noch ein

---

282 *Benecke*, FS Otto (2008), S. 1, 2; *Elert*, Gruppenarbeit, S. 48 ff.; gleichsinnig *Häuser*, FS Beuthien (2009), S. 411, 414; *Schaub/Koch*, Arbeitsrechts-Handbuch, 20. Aufl., § 181 Rn. 2; ErfK/*Preis*, 25. Aufl., § 611a BGB Rn. 183.

283 In diesem Sinne BAG 24.4.1974 – 5 AZR 480/73 –, AP § 611 BGB Akkordkolonne Nr. 4; *Staudinger/Fischinger*, BGB (2022), § 611a Rn. 171 f.; *Rüthers*, ZfA 1977, 1, 7.

284 Siehe unten RN 70 ff.

285 *Elert*, Gruppenarbeit, S. 56 f.; *Franken*, Gruppenarbeitsverhältnisse, S. 51 ff.

286 Vgl. *Elert*, Gruppenarbeit, S. 54 ff.

287 *Fitting*, BetrVG, 32. Aufl., § 87 Rn. 569; GK-BetrVG/*Gutzeit*, 12. Aufl., § 87 Rn. 1092; *Preis/Elert*, NZA 2001, 371, 372.

288 *Elert*, Gruppenarbeit, S. 88 f.

Arbeitsverhältnis vorliegt. Die autonome Verteilung der einzelnen Arbeitsschritte innerhalb der Gruppe ist gerade der Auslöser für gruppenspezifische Fragen wie insbesondere diejenige nach der Haftung für Schlechtleistungen und Verletzungen der Rücksichtnahmepflicht. Auch wenn **Gruppenarbeit** als solche schon seit langem geläufig ist, hat sie doch in den letzten Jahrzehnten einen **erheblichen Aufschwung** erfahren, was darauf beruht, dass sie sowohl betrieblichen Interessen (u. a. Produktivitätssteigerung, Flexibilisierung, Verbesserung der Wettbewerbsfähigkeit) als auch Arbeitnehmerinteressen (u. a. Einräumung von unmittelbarer Mitverantwortung, Erhöhung der Arbeitszufriedenheit, Humanisierung der Arbeitswelt) dient.[289] Insbesondere ist Gruppenarbeit nicht mehr auf traditionelle Gestaltungen im tendenziell eher auf gleichförmige Tätigkeiten angelegten Fertigungsbereich beschränkt (z. B. Bauhandwerkerkolonnen, Automobilproduktion), sondern erstreckt sich zunehmend auch auf den Bereich der anlassbezogenen Projektarbeit,[290] was sich allerdings bislang soweit ersichtlich noch nicht in entsprechenden Haftungsfällen niedergeschlagen hat. Ausdruck dieser Entwicklung ist die erstmalige betriebsverfassungsrechtliche Normierung von Gruppenarbeit (§§ 28a, 87 Abs. 1 Nr. 13 BetrVG) durch die BetrVG-Reform von 2001. Zur Gruppenarbeit im Sinne der vorstehenden Ausführungen sind auch **agile Arbeitsformen** zu zählen, die ausgehend von der Softwareentwicklung seit einigen Jahren in anderen Bereichen ebenfalls immer stärker um sich greifen. Hierfür kommt es nicht auf die äußere Bezeichnung und auch nicht auf die Einhaltung einer bestimmten Arbeitsmethode wie etwa Scrum mit seinen verschiedenen Rollenmustern (Product Owner, Entwicklungsteam, Scrum Master) an. Vielmehr ist für die Anwendbarkeit der nachfolgend erörterten Sonderregeln im Ausgangspunkt allein maßgeblich, ob einer Gruppe von Arbeitnehmern eine Gesamtaufgabe übertragen wird, die von der Gruppe im Wesentlichen eigenverantwortlich zu erledigen ist, wofür für die in haftungsrechtlicher Hinsicht relevante Abgrenzung zwischen einfachen und qualifizierten Formen agiler Arbeit wiederum darauf abzustellen ist, ob sich die Eigenverantwortlichkeit der Beschäftigten nur auf die Organisation der Arbeitsprozesse oder auch auf das jeweilige Produkt bzw. Teilprodukt als solches bezieht.[291]

Bei der Gruppenarbeit wird herkömmlicherweise zwischen der Betriebsgruppe und der Eigengruppe unterschieden. Von einer **Betriebsgruppe** spricht man, wenn Arbeitnehmer, die einzeln und unabhängig voneinander Arbeitsverträge mit dem Arbeitgeber geschlossen haben, zum Erreichen einer Arbeitsaufgabe vom Arbeitgeber zusammengefasst werden.[292] Die Arbeitsverhältnisse müssen dabei wie erwähnt in ei- 64

289 Dazu *Blanke*, RdA 2003, 140, 143 f.

290 Vgl. *Kalkowski/Mickler*, Industrielle Beziehungen 2013, 96 ff.

291 Zu agiler Arbeit, Scrum sowie der Einordnung als Gruppenarbeit näher *Krause*, Agile Arbeit, S. 11 ff., 18 ff., 87 ff.

292 BAG 23.2.1961 – 5 AZR 110/60 –, AP § 611 BGB Akkordkolonne Nr. 2; LAG Sachsen-Anhalt 26.2.2004 – 6 Sa 474/03 –, BeckRS 2005, 40079; *Staudinger/Fischinger*, BGB (2022), § 611a Rn. 171; *Häuser*, FS Beuthien (2009), S. 411, 414; *Schaub/Koch*, Arbeitsrechts-Handbuch, 20. Aufl., § 101 Rn. 2; ErfK/*Preis*, 23. Aufl., § 611a BGB Rn. 184; HWK/*Thüsing*, 11. Aufl., § 611a BGB Rn. 136.

ner Weise verbunden sein, die über die gemeinsame Betriebsangehörigkeit und eine rein tatsächliche Zusammenarbeit hinausgeht. Die Arbeitspflicht der Gruppenmitglieder muss so ausgestaltet sein, dass die jeweilige Arbeit als Gruppenleistung zu erbringen ist, was zumindest bedeutet, dass die konkrete Organisation der internen Arbeitsvorgänge in die Hände der Gruppe gelegt wird. Ob der Arbeitgeber kraft seines Direktionsrechts zur Bildung einer Betriebsgruppe befugt ist, wird unterschiedlich beurteilt,[293] was freilich auf nicht immer transparent gemachte Differenzen im Hinblick auf die Frage beruht, ob Gruppenarbeit zwangsläufig zu einer erheblichen Erweiterung der Pflichten des Arbeitnehmers führt. Richtigerweise ist im Grundansatz danach zu unterscheiden, ob es um einfache oder um qualifizierte Gruppenarbeit geht. Während der Arbeitgeber **einfache Gruppenarbeit grundsätzlich durch Weisungsrecht einführen** kann, bedarf es bei **qualifizierter Gruppenarbeit** aufgrund der damit verbundenen Ergebnisverantwortung **einer darüber hinausgehenden Legitimation.** Hier kann es sich um eine einzelvertragliche Rechtsgrundlage (einvernehmliche Vertragsänderung bzw. Zusatzvereinbarung oder wirksame Änderungskündigung),[294] aber auch um einen Kollektivvertrag[295] handeln.

65 Als **Eigengruppe** werden die Fälle bezeichnet, in denen sich **mehrere Personen aus eigener Initiative zu einer Gruppe zusammenschließen** und dem Arbeitgeber ihre Tätigkeit als Gruppe anbieten.[296] Klassische Fälle sind das Hausmeisterehepaar oder die Musikkapelle. Allerdings sind die Grenzen zwischen den verschiedenen Formen der Zusammenarbeit fließend, weil die Beteiligten ihre vertraglichen Beziehungen sehr unterschiedlich ausgestalten können. Es gibt daher nicht die Betriebsgruppe oder die Eigengruppe schlechthin.[297] Vor allem können nicht allein aus der begrifflichen Einordnung bestimmte Rechtsfolgen abgeleitet werden. Vielmehr hat die Lösung konkreter Probleme stets von einer genauen Analyse der jeweils getroffenen vertraglichen Vereinbarungen auszugehen.

66 Die im Zusammenhang mit der Haftung bei Gruppenarbeit hauptsächlich auftretenden Fragen betreffen die Auswirkung von Minder- und Schlechtleistung auf den Gehaltsanspruch sowie die Schadensersatzansprüche gegen einzelne Gruppenmitglieder bei Schlechtleistung. Soweit es um Schadensersatz geht, liegen die Probleme vor-

293 Dafür etwa *Schaub/Koch*, Arbeitsrechts-Handbuch, 20. Aufl., § 181 Rn. 3; dagegen *Benecke*, FS Otto (2008), S. 1, 3; *Staudinger/Fischinger*, BGB (2022), § 611a Rn. 171; *Rüthers*, ZfA 1977, 1, 7; unklar ErfK/*Preis*, 25. Aufl., § 611a BGB Rn. 184 einerseits, Rn. 187 andererseits.

294 Umfassend *Elert*, Gruppenarbeit, S. 125 ff., mit weiteren Differenzierungen im Hinblick auf die Intensität der Gruppenarbeit offenbar auch unterhalb der Schwelle einer echten Ergebnisverantwortung.

295 Siehe beispielhaft den Rahmentarifvertrag für Leistungslohn im Baugewerbe vom 29. Juli 2005, der die Möglichkeit der Einführung von qualifizierter Gruppenarbeit vorsieht (vgl. §§ 7, 8 TV), diese allerdings zusätzlich an den Abschluss einer freiwilligen Betriebsvereinbarung oder – sofern kein Betriebsrat besteht – einer Vereinbarung zwischen dem Arbeitgeber und der Leistungsgruppe (Kolonne) bindet.

296 BAG 23.2.1961 – 5 AZR 110/60 –, AP § 611 BGB Akkordkolonne Nr. 2; *Staudinger/Fischinger*, BGB (2022), § 611a Rn. 176; *Schaub/Koch*, Arbeitsrechts-Handbuch, 20. Aufl., § 181 Rn. 13; ErfK/*Preis*, 25. Aufl., § 611a BGB Rn. 188; *Rüthers*, ZfA 1977, 1, 4; HWK/*Thüsing*, 11. Aufl., § 611a BGB Rn. 135.

297 *Dütz*, Anm. zu BAG AP § 4 TVG Ausschlussfristen Nr. 50; *Rüthers*, ZfA 1977, 1, 26.

rangig in der Bestimmung der konkreten vertraglichen Pflichten der Arbeitnehmer, der Beweislastverteilung und des Umfangs des gegen das einzelne Mitglied der Gruppe gerichteten Anspruchs. Im Folgenden sollen zunächst die für die häufiger auftretende Betriebsgruppe, sodann die für die Eigengruppe geltenden Grundsätze erörtert werden.

1. Betriebsgruppe

a) Entgeltanspruch

Da bei einer Betriebsgruppe jeweils ein Arbeitsvertrag unmittelbar zwischen dem Arbeitgeber und dem einzelnen Mitglied besteht, hat jeder Arbeitnehmer einen direkten Entgeltanspruch gegen den Arbeitgeber.[298] Wenn die Gruppenmitglieder im Zeitlohn arbeiten, wirken sich eine Minder- und Schlechtleistung nicht nachteilig auf den Lohnanspruch aus.[299] Es gilt insoweit dasselbe wie bei nicht gruppenbezogenen Arbeitsverhältnissen.[300] Anders ist die Situation dagegen bei **leistungsabhängiger Gruppenentlohnung**, die vom Arbeitgeber nach einhelliger Ansicht allerdings nicht einseitig durch Direktionsrecht festgesetzt werden darf, sondern für die eine vertragliche Vereinbarung notwendig ist.[301] Darüber hinaus ist gem. § 87 Abs. 1 Nr. 10 und 11 BetrVG der Betriebsrat zwingend zu beteiligen. 67

Insoweit sind zwei Konstellationen zu unterscheiden: Zum einen kann es auf eine rein quantitative Gruppenleistung ankommen. In diesem Fall führt eine Minderleistung, nicht aber eine Schlechtleistung der Gruppe als solcher zu einer Verringerung des Lohnanspruchs des einzelnen Gruppenmitglieds.[302] Sofern keine andere Vereinbarung getroffen wurde, ist die Entgeltminderung entsprechend den Anteilen am Gesamtlohn der Gruppe zu verteilen.[303] Zum anderen kann festgelegt werden, dass nur mangelfreie Stücke vergütet werden.[304] Wenn die Gruppe dann eine mangelhafte Leistung erbringt, wirkt sich dies automatisch zum Nachteil der gruppenangehörigen Arbeitnehmer auf das Entgelt aus.[305] Ein derartiger Gruppenakkord kann somit zur Folge haben, dass sich der Entgeltanspruch des Arbeitnehmers auch dann verringert, wenn er selbst einwandfrei gearbeitet hat, weil es nur auf die Schlechtleistung der Gruppe als solcher 68

298 BAG 23.2.1961 – 5 AZR 110/60 –, AP § 611 BGB Akkordkolonne Nr. 2; *Staudinger/Fischinger*, BGB (2022), § 611a Rn. 173; *Franken*, Gruppenarbeitsverhältnisse, S. 72; *Schaub/Koch*, Arbeitsrechts-Handbuch, 20. Aufl., § 181 Rn. 7; *Soergel/Kraft*, BGB, 12. Aufl., Vor § 611 Rn. 70; *Wiese*, BB 2002, 198, 202.

299 *Franken*, Gruppenarbeitsverhältnisse, S. 79 f.; *Schaub/Koch*, Arbeitsrechts-Handbuch, 20. Aufl., § 181 Rn. 8.

300 Siehe dazu näher § 6 RN 32 ff.

301 Vgl. nur *Schaub/Koch*, Arbeitsrechts-Handbuch, 20. Aufl., § 181 Rn. 7.

302 *Beuthien/Häuser*, JuS 1971, 478, 481; *Schaub/Koch*, Arbeitsrechts-Handbuch, 20. Aufl., § 181 Rn. 9.

303 *Rüthers*, ZfA 1977, 1, 17 f.

304 *Franken*, Gruppenarbeitsverhältnisse, S. 82; im Grundsatz ebenso BAG 15.3.1960 – 1 AZR 301/57 –, AP § 611 BGB Akkordlohn Nr. 13; *Staudinger/Fischinger*, BGB (2022), § 611a Rn. 1482; *Schaub/Linck*, Arbeitsrechts-Handbuch, 20. Aufl., § 52 Rn. 5; *Schaub/Vogelsang*, Arbeitsrechts-Handbuch, 20. Aufl., § 67 Rn. 46; einschränkend aber *Schaub/Koch*, Arbeitsrechts-Handbuch, 20. Aufl., § 181 Rn. 10: Vereinbarung nur bei zusätzlicher Vergütung wirksam.

305 *Rüthers*, ZfA 1977, 1, 18.

ankommt.[306] Eine derartige Vereinbarung stellt für den Arbeitnehmer eine erhebliche Belastung dar. Deshalb ist sie zu denjenigen Regelungen zu zählen, die in die Niederschrift der wesentlichen Vertragsbedingungen gemäß § 2 Abs. 1 S. 1 NachwG aufzunehmen sind.[307] Eine AGB-Kontrolle scheidet gemäß § 307 Abs. 3 S. 1 BGB dagegen aus, weil es nicht um die Modifikation eines Hauptleistungsversprechens, sondern um das Hauptleistungsversprechen selbst geht, wenn lediglich mangelfrei hergestellte Arbeitsergebnisse bezahlt werden sollen, was freilich nur bei einem Akkordlohn statthaft ist.

b) Schadensersatzanspruch

69 Wenn ein Gruppenmitglied nachweislich durch Schlechtleistung oder durch die Verletzung einer Rücksichtnahmepflicht einen Schaden verursacht, haftet dieser Arbeitnehmer ohne weiteres nach den allgemeinen Vorschriften.[308] Dabei sind zu Gunsten der Mitglieder einer Betriebsgruppe die **Grundsätze über den innerbetrieblichen Schadensausgleich anwendbar.** Die Übertragung der Befugnis zur teilautonomen Organisation der gruppeninternen Arbeitsabläufe ändert nichts an der grundsätzlichen Eingliederung in die betrieblichen Strukturen sowie an der Fremdnützigkeit der Tätigkeit der Arbeitnehmer, sodass eine Rückkehr zum allgemeinen Haftungsrecht des BGB nicht in Frage kommt.[309] Dies schließt es nicht aus, den Freiraum für eine gewisse Selbststeuerung bei der Abwägungsentscheidung über die konkrete Schadensverteilung zu berücksichtigen. Sofern ein bestimmtes Gruppenmitglied danach Schadensersatz zu leisten hat, stellt sich die Frage, ob und unter welchen Voraussetzungen auch die anderen Mitglieder der Betriebsgruppe hierfür haften. Daneben ist zweifelhaft, wie mit denjenigen Fällen umzugehen ist, in denen der genaue Geschehensablauf innerhalb der Gruppe ungeklärt bleibt. Schließlich ist der Umfang einer etwaigen Schadensersatzpflicht klärungsbedürftig.

Beispiel:

Der Arbeitgeber stellt aus den bei ihm beschäftigten Fliesenlegern eine Gruppe von sechs Arbeitnehmern zusammen und beauftragt sie, eine Halle zu fliesen. Dabei wird ein Gruppenakkord vereinbart. Nach einiger Zeit ergeben sich am Plattenbelag an einigen Stellen Mängel, die auf unfachmännischer Arbeit beruhen. Es lässt sich nicht mehr feststellen, welcher der einzelnen Arbeitnehmer die schadhaften Flächen verfliest hat.

aa) Pflichtenstruktur und Zurechnungsfragen

70 Um in der Schadensersatzproblematik festen Boden unter den Füßen zu gewinnen, bedarf es zunächst einer Analyse der **materiellrechtlichen Regeln über die Pflichten**

306 *Beuthien/Häuser*, JuS 1971, 478, 481.

307 Zur Unabgeschlossenheit des Katalogs in § 2 Abs. 1 S. 2 NachwG vgl. *Krause*, AR-Blattei SD 220.2.2 Rn. 170 m.w.N.

308 Siehe nur *Häuser*, FS Beuthien (2009), S. 411, 415.

309 *Elert*, Gruppenarbeit, S. 243 f.; *Franken*, Gruppenarbeitsverhältnisse, S. 101 ff.

der einzelnen Mitglieder einer Betriebsgruppe sowie über eine **etwaige Zurechnung des Fehlverhaltens anderer Gruppenmitglieder.** Hinsichtlich des Primäranspruchs auf die Arbeitsleistung ging die ältere Rechtsprechung vereinzelt davon aus, dass bei einer Betriebsgruppe eine gemeinschaftliche Verpflichtung zur Arbeitsleistung im Sinne des § 427 BGB bzw. des § 431 BGB und damit eine Gesamtschuld vorliege. Weiter ergebe sich „aus dem Schuldverhältnis“, dass jeder gruppenangehörige Arbeitnehmer entgegen der in § 425 Abs. 2 BGB an sich angeordneten Einzelwirkung für die schuldhafte Schlechtleistung eines anderen Gruppenmitglieds einzustehen habe, also eine Gesamtwirkung anzunehmen sei.[310] Nach dieser Auffassung kommt es aus materiellrechtlichen Gründen also von vornherein nicht darauf an, welches konkrete Mitglied der Betriebsgruppe den Schaden des Arbeitgebers verursacht hat. Vielmehr würde es für eine Haftung jedes einzelnen Gruppenmitglieds genügen, wenn das Gruppenergebnis als solches fehlerhaft ist und feststeht, dass jedenfalls ein Gruppenmitglied den Schaden in einer Weise herbeigeführt hat, die eine Inanspruchnahme nach den Grundsätzen über die eingeschränkte Arbeitnehmerhaftung rechtfertigt. Gegen diesen Ansatz ist jedoch einzuwenden, dass die Verpflichtung zur Gruppenarbeit im Rahmen einer Betriebsgruppe nach heute einhelliger Ansicht **keine Gesamtschuld der einzelnen Mitglieder** im Hinblick auf das Gruppenergebnis als solches begründet.[311] Die Arbeitnehmer sollen nämlich nicht jeder für sich allein verpflichtet sein, die ganze Arbeitsaufgabe zu erfüllen, im genannten Beispiel also die gesamte Halle zu fliesen. Unter diesem Blickwinkel lässt sich daher keine Gesamtwirkung begründen.

Eine Reihe von Stimmen nimmt stattdessen an, dass die Mitglieder einer Be- 71
triebsgruppe zu einem Zusammenwirken bei der Erfüllung der Arbeitsaufgabe in der Form einer sog. **gemeinschaftlichen Schuld** verpflichtet sind.[312] Ungeachtet der Frage, ob es sich insoweit um eine begrifflich von der Gesamtschuld eindeutig zu unterscheidende Form einer Schuldnermehrheit handelt,[313] wird bei einer gemeinschaftlichen Schuld regelmäßig eine wechselseitige Zurechnung des Verschuldens bejaht, so dass ein beteiligter Schuldner auch dann auf Schadensersatz haftet, wenn er selbst

---

310 LAG Düsseldorf 27.1.1967 – 4 Sa 673/66 –, DB 1967, 909; ebenso anscheinend *K. H. Schmidt*, JuS 1966, 490, 492; offenlassend LAG Hamburg 3.7.1980 – 2 Sa 41/80 –, DB 1980, 2087.

311 LAG Bremen 12.11.1969 – 1 Sa 61/69 –, DB 1970, 1696; LAG Berlin 30.10.1989 – 9 Sa 66/89 –, LAGE § 611 BGB Arbeitnehmerhaftung Nr. 13 = NZA 1990, 106; *Beuthien/Häuser*, JuS 1971, 478, 481 f.; *Elert*, Gruppenarbeit, S. 236 Fn. 529; *Franken*, Gruppenarbeitsverhältnisse, S. 83; *Gaul*, DB 1968, 984; *Häuser*, FS Beuthien (2009), S. 411, 416; *Hanau*, Anm. zu BAG EzA § 611 BGB Arbeitnehmerhaftung Nr. 24 (unter IV); *Hoffmann*, Gruppenakkordarbeit, S. 23 f.; *Rüthers*, ZfA 1977, 1, 27; *Stehl*, DB 1969, 348, 349; grds. ebenso BAG 24.4.1974 – 5 AZR 480/73 –, AP § 611 BGB Akkordkolonne Nr. 4.

312 *Hanau*, Anm. zu BAG EzA § 611 BGB Arbeitnehmerhaftung Nr. 24 (unter IV); *Selb*, Mehrheiten, § 9 IV 3, S. 196; *Jauernig/Stürner*, BGB, 19. Aufl, § 431 Rn. 2.

313 Hierfür die ganz h.M., vgl. *Erman/Böttcher*, BGB, 17. Aufl., § 431 Rn. 3; MünchKommBGB/*Heinemeyer*, 9. Aufl., Vor § 420 Rn. 7; *Soergel/Gebauer*, BGB, 13. Aufl., Vor § 420 Rn. 13 f.; *Grüneberg/Grüneberg*, BGB, 84. Aufl., Überbl v § 420 Rn. 7, siehe auch OLG Schleswig 25.6.1982 – 6 REMiet 1/82 –, NJW 1982, 2672; OLG Braunschweig, 12.12.1996 – 1 U 49/96 –, NJW-RR 1997, 1038.

fehlerfrei geleistet hat.[314] Auf der Grundlage dieser Konzeption könnte die Frage, welcher Arbeitnehmer durch sein Fehlverhalten schadensursächlich geworden ist, also ebenfalls offen bleiben. Selbst wenn die Verantwortlichkeit eines Mitglieds der Gruppe feststeht, würde sich im Außenverhältnis zum Arbeitgeber am Ergebnis nichts ändern, weil die anderen Gruppenmitglieder hierfür miteinzustehen haben und lediglich im Innenverhältnis (gemäß § 426 BGB) Ausgleich vom schädigenden Arbeitnehmer verlangen könnten. Allerdings wird man davon auszugehen haben, dass sich diese Konzeption nur auf solche Pflichtverletzungen bezieht, die in einer Schlechtleistung gerade der gemeinschaftlichen Schuld bestehen und sich in einem mangelhaften Gruppenarbeitsergebnis niederschlagen, während Verstöße gegen die Rücksichtnahmepflicht (§ 241 Abs. 2 BGB) wie etwa der bei Gelegenheit einer gemeinsamen Arbeit verübte Diebstahl von arbeitgebereigenem Werkzeug nicht erfasst wird.

72 Auch wenn man diese Einschränkung in Rechnung stellt, kann diese (schon im allgemeinen Zivilrecht nicht unumstrittene)[315] Sichtweise bei der **einfachen Betriebsgruppe** nicht überzeugen. Eine – von einer bloßen Beweislastverlagerung zu unterscheidende[316] – Zurechnung des Verhaltens anderer Gruppenmitglieder als solches ist erst dann anzuerkennen, wenn eine eindeutige Vereinbarung darüber getroffen wurde, dass die Arbeitnehmer die Verantwortung für das Gruppenergebnis übernommen haben. Aus der schlichten Zusammenarbeit in einer einfachen Betriebsgruppe lässt sich eine solche Verantwortlichkeit dagegen nicht folgern.[317] Insbesondere hat es der Arbeitgeber nicht in der Hand, den Arbeitnehmern derartige Lasten allein durch die Bildung einer Betriebsgruppe im Wege der schlichten Ausübung seines Direktionsrechts aufzuerlegen.[318] In diesem Sinne hat sich auch das BAG dahin geäußert, dass selbst bei einer im Gruppenakkord arbeitenden Betriebsgruppe der einzelne Arbeitnehmer regelmäßig nur dann schadensersatzpflichtig ist, wenn er seine eigenen Vertragspflichten schuldhaft verletzt hat. Eine Haftung für das Verschulden anderer Gruppenmitglieder sei im Zweifel nicht anzunehmen.[319] Erst recht können die einzelnen Mitglieder einer Betriebsgruppe **nicht als Erfüllungsgehilfen der anderen Mitglieder eingestuft** werden, um auf diesem Wege eine Zurechnung zu begründen.[320]

73 Anders ist dies bei einer **qualifizierten Betriebsgruppe** zu beurteilen. So ist es nicht von vornherein begrifflich ausgeschlossen, dass die Mitglieder einer Betriebsgruppe eine Zusatzabsprache mit dem Arbeitgeber treffen, die auf eine Verschärfung

314 In diesem Sinne (wenn auch teilweise unter Verwendung des Begriffs der Gesamtschuld bereits für die Primärleistungspflicht) BGH 18.10.1951 – III ZR 138/50 –, NJW 1952, 217; OLG Nürnberg 21.12.1989 – 12 U 2890/89 –, NJW-RR 1991, 28; *Staudinger/Looschelders*, BGB (2022), Vorbem zu §§ 420 – 432 Rn. 76; *Selb*, Mehrheiten, § 9 IV 3, S. 196; a.A. *Grüneberg/Grüneberg*, BGB, 84. Aufl., Überbl v § 420 Rn. 9.

315 Siehe MünchKommBGB/*Heinemeyer*, 9. Aufl., § 425 Rn. 2.

316 Dazu sogleich RN 75 f.

317 *Gaul*, DB 1968, 984; *Hoffmann*, Gruppenakkordarbeit, S. 45 f.; in diesem Sinne auch *Franken*, Gruppenarbeitsverhältnisse, S. 83 ff., 91 f.

318 Dazu bereits RN 64.

319 BAG 24.4.1974 – 5 AZR 480/73 –, AP § 611 BGB Akkordkolonne Nr. 4.

320 *Franken*, Gruppenarbeitsverhältnisse, S. 92 f.; *Häuser*, FS Beuthien (2009), S. 411, 416.

der materiellrechtlichen Einstandspflicht gerichtet ist.[321] Allerdings ist für eine derart weitreichende Haftung eine **hinreichend deutliche Vereinbarung** zu fordern. Darüber hinaus ist die Wirksamkeit entsprechender einzelvertraglicher Abreden, durch die eine wechselseitige Zurechnung von schuldhaften Schlechtleistungen begründet werden soll, an einen **finanziellen Risikoausgleich** zu koppeln.[322] Durch eine Einstandspflicht, die den Arbeitnehmer unabhängig von einem eigenen Verschulden für das Verschulden eines anderen Gruppenmitglieds trifft, werden nämlich Risiken, die an sich der Arbeitgeber zu tragen hätte, auf den Arbeitnehmer abgewälzt. Da es sich bei den Grundsätzen über den innerbetrieblichen Schadensausgleich um einseitig zwingendes Arbeitnehmerschutzrecht handelt,[323] ist eine solche Risikoverlagerung nur dann als statthaft anzusehen, wenn dem erhöhten Haftungsrisiko – ebenso wie bei der vertraglichen Mankohaftung[324] – ein finanzieller Ausgleich gegenübersteht und die Vereinbarung so gestaltet ist, dass die Arbeitnehmer höchstens die zusätzlich gezahlten Gelder einbüßen, wobei wiederum ein Referenzzeitraum von einem Jahr zu veranschlagen ist[325]. Dass diese Grundsätze nur dann gelten sollen, wenn die Abrede neben dem materiellrechtlichen Eintreten für das Fehlverhalten anderer Gruppenmitglieder zusätzlich Beweislasterleichterungen zu Gunsten des Arbeitgebers enthält,[326] ist allerdings nicht einzusehen, weil Beweiserleichterungen im Hinblick auf den Nachweis eines konkreten rechtswidrigen Verhaltens entbehrlich sind, wenn der in Anspruch genommene Arbeitnehmer kraft materiellrechtlicher Vereinbarung auch ohne eigenes Fehlverhalten haftet. Ob eine Ausdehnung der materiellrechtlichen Verantwortlichkeit für Gruppenmitglieder zu den Grundsätzen über die Durchführung von Gruppenarbeit gemäß § 87 Abs. 1 Nr. 13 BetrVG mit der Folge zählt, dass es bei einem fehlenden Einverständnis des Betriebsrats bei der Haftung des Arbeitnehmers für eigenes Verschulden bleibt,[327] ist zumindest zweifelhaft.[328]

Von der Zurechnung des fremden Verschuldens eines anderen Gruppenmitglieds zu unterscheiden ist die vom BAG ins Spiel gebrachte **Steigerung der vertraglichen Nebenpflichten** der Arbeitnehmer durch die Annahme gegenseitiger **Kontrollpflichten.** Danach soll die Vereinbarung eines Gruppenakkords dazu führen, dass der Einzelne in den Grenzen des ihm Zumutbaren alles tun müsse, um eine etwaige Schlechtleistung seines Kollegen durch Hinweise an diesen sowie unter Umständen auch durch eine 74

321 Anders *Franken*, Gruppenarbeitsverhältnisse, S. 83ff., der sich in der Sache für einen strengen Dualismus ausspricht und nur Betriebsgruppen ohne jegliche Zusatzpflichten auf der einen Seite und Eigengruppen mit umfassenden Zusatzpflichten auf der anderen Seite (S. 191ff.) anerkennt.

322 Im Grundsatz ebenso *Benecke*, FS Otto (2008), S. 1, 4f., 14.

323 Siehe oben RN 43ff., vgl. auch schon § 2 RN 15.

324 Siehe dazu oben RN 40ff.

325 Siehe oben RN 48.

326 So *Benecke*, FS Otto (2008), S. 1, 5.

327 Dafür *Benecke*, FS Otto (2008), S. 1, 6f.

328 Abl. GK-BetrVG/*Gutzeit*, 12. Aufl., § 87 Rn. 1107.

Anzeige an den Vorarbeiter oder den Arbeitgeber zu verhindern.[329] Das BAG zieht diesen Ansatz zwar im Ergebnis nur heran, um darauf eine Beweislastumkehr zu stützen. Sofern man von einer entsprechenden materiellrechtlichen wechselseitigen Überwachungspflicht aller Gruppenmitglieder ausgeht, so könnte die Frage, welcher Arbeitnehmer den Schaden unmittelbar verursacht hat, aber offen bleiben, wenn nach Lage der Dinge davon auszugehen ist, dass die übrigen Mitglieder der Gruppe zumindest ihre Kontrollpflicht schuldhaft verletzt haben und deshalb wegen einer eigenen Pflichtverletzung aus § 280 Abs. 1 BGB haften.[330] Eine derart weit gehende gegenseitige Überwachungspflicht der Arbeitnehmer lässt sich indes nicht aus der Vereinbarung eines Gruppenakkords ableiten.[331] Die Entlohnungsform hat mit der Reichweite der vertraglichen Nebenpflichten der Gruppenmitglieder nichts zu tun.[332] Dies gilt erst recht für die bloße Zusammenstellung einer einfachen Betriebsgruppe durch den Arbeitgeber, die nicht zur Folge haben kann, dass sich der Arbeitgeber eigener Kontrollobliegenheiten entledigt und das Risiko der Unaufklärbarkeit mit diesem Kunstgriff auf die Arbeitnehmer verlagert.[333] Ohne weiteres denkbar ist es aber natürlich, dass ein Gruppenmitglied die Rolle eines Vorgesetzten einnimmt und deshalb zu einer Überwachung der anderen Arbeitnehmer verpflichtet ist, sodass er auf den ganzen Schaden haftet, wenn er seine **Aufsichtspflicht** nachweislich schuldhaft verletzt hat.[334] Insoweit gilt grundsätzlich nichts anderes als außerhalb der Fälle von Gruppenarbeit. Allerdings genügt es hierfür nicht, wenn sich die Rolle eines Vorarbeiters im Wesentlichen darin erschöpft, Weisungen des Arbeitgebers weiterzuleiten.[335]

bb) Darlegungs- und Beweislastverteilung

75 Das zweite Problem betrifft die **Darlegungs- und Beweislastverteilung**, die vor allem dann virulent wird, wenn die Voraussetzungen für eine materiellrechtliche Zurechnung des Schadens an alle Gruppenmitglieder mangels einer entsprechenden (wirksamen) Vereinbarung nicht vorliegen. Insoweit ist nicht von der Hand zu weisen, dass die teilautonome Steuerung der Arbeitsabläufe durch die Gruppe den Arbeitgeber vor besondere Schwierigkeiten stellt, wenn es darum geht, einem Gruppenmitglied die Verantwortlichkeit für den konkreten Schaden nachzuweisen.

76 Ausgangspunkt der Diskussion ist nach wie vor die sog. „Fliesenlegerentscheidung" von 1974, in der sich das BAG für eine **partielle Darlegungs- und Beweislastumkehr** ausgesprochen hat, wenn der Arbeitgeber einer Akkordgruppe eine Arbeitsaufgabe zur gemeinschaftlichen Erfüllung mit der Befugnis zur Selbstorganisation der Arbeitsab-

329 BAG 24.4.1974 – 5 AZR 480/73 –, AP § 611 BGB Akkordkolonne Nr. 4; zust. *Staudinger/Fischinger*, BGB (2022), § 611a Rn. 172.

330 So *Franken*, Gruppenarbeitsverhältnisse, S. 90.

331 *Franken*, Gruppenarbeitsverhältnisse, S. 91; *Hoffmann*, Gruppenakkordarbeit, S. 69 f., 119.

332 Dazu auch noch RN 79 ff.

333 In diesem Sinne auch *Heinze*, NJW 1985, 2112, 2118.

334 Vgl. *Hanau*, Anm. zu BAG EzA § 611 BGB Arbeitnehmerhaftung Nr. 24 (unter IV).

335 BAG 24.4.1974 – 5 AZR 480/73 – unter V 2, AP § 611 BGB Akkordkolonne Nr. 4.

läufe übertragen hat und nunmehr einzelne Gruppenmitglieder auf Schadensersatz wegen einer Schlechtleistung in Anspruch nimmt.[336] Danach muss der geschädigte Arbeitgeber lediglich nachweisen, dass der Schaden durch eine vertragswidrige Schlechtleistung der Gruppe als solcher herbeigeführt worden sei. Insoweit sei es erforderlich, aber auch ausreichend, mögliche Drittursachen auszuschließen. Sodann soll es Sache der einzelnen Arbeitnehmer sein, sich durch den Nachweis eigener vertragsgemäßer Arbeit sowie des Einhaltens der vertraglichen Nebenpflichten zu entlasten. Schließlich sollte das Gruppenmitglied unter den genannten Voraussetzungen auch sein fehlendes Verschulden nachzuweisen haben. Das BAG stützt sich hierfür neben dem allgemeinen Hinweis auf die für den geschädigten Arbeitgeber ansonsten kaum überwindbaren Beweisschwierigkeiten auf die bereits erwähnte angebliche gegenseitige Kontrollpflicht der Gruppenmitglieder, auf den Gedanken einer Verteilung der Darlegungs- und Beweislast nach Gefahrenbereichen, wie er vom BGH insbesondere im Rahmen der Produzentenhaftung entwickelt worden ist, sowie hinsichtlich des Verschuldens auf eine Analogie zu § 282 BGB a.F.

Schon nach alter Rechtslage lehnte ein erheblicher Teil des Schrifttums die Vor- 77
stellungen des BAG ab und wollte es im Grundsatz bei der allgemeinen Regel bewenden lassen, dass der Arbeitgeber den gesamten Haftungstatbestand nachzuweisen hat, wenn er von einem einzelnen Gruppenmitglied Schadensersatz verlangt.[337] Diese Ablehnungsfront hat sich nach der Schuldrechtsreform noch verstärkt,[338] wobei ein Teil des Schrifttums in diesem Zusammenhang ausdrücklich auf § 619a BGB abstellt,[339] der die Beweislast für das Vertretenmüssen des Arbeitnehmers als Voraussetzung eines Schadensersatzanspruchs abweichend von § 280 Abs. 1 S. 2 BGB dem Arbeitgeber zuweist.

Allein mit dem Verweis auf § 619a BGB lässt sich die seinerzeit vom BAG für 78
Schlechtleistungen durch eine Betriebsgruppe entwickelte Sichtweise allerdings nicht verwerfen. Zunächst kann man schon fragen, ob die Vorschrift überhaupt auf die Gruppenarbeit gemünzt ist. So ist bereits im Rahmen der Ausführungen zur Mankohaftung näher dargelegt worden,[340] dass es bei § 619a BGB grundsätzlich nur darum geht, den erreichten Stand der Rechtsprechungsentwicklung im Hinblick auf die Verteilung der Beweislast gegen eine mögliche Verschlechterung abzusichern, während eine Verbesserung nicht intendiert wurde.[341] Dementsprechend lassen die Gesetzesmaterialien nicht erkennen, dass die Frage der Beweislastverteilung bei der Gruppen-

336 BAG 24.4.1974 – 5 AZR 480/73 –, AP § 611 BGB Akkordkolonne Nr. 4.

337 *Hoffmann*, Gruppenakkordarbeit, S. 45f.; *Lieb*, Anm. zu BAG AP § 611 BGB Akkordkolonne Nr. 4; *Neumann-Duesberg*, SAE 1975, 98, 99f.; restriktiv auch *Kniffka*, BB 1976, 274, 276f. Strikt gegen jede Gruppenverantwortung bei einer Betriebsgruppe ebenfalls *Elert*, Gruppenarbeit, S. 240f.; *Heinze*, NJW 1985, 2112, 2118.

338 *Benecke*, FS Otto (2008), S. 1, 10ff.; *Franken*, Gruppenarbeitsverhältnisse, S. 101ff.; in diesem Sinne auch LAG Sachsen-Anhalt 26.2.2004 – 6 Sa 474/03 –, BeckRS 2005, 40079.

339 *Häuser*, FS Beuthien (2009), S. 411, 421ff.; *Schaub/Koch*, Arbeitsrechts-Handbuch, 20. Aufl., § 181 Rn. 11; *Staudinger/Looschelders*, BGB (2022), § 427 Rn. 41; ErfK/*Preis*, 25. Aufl., § 611a BGB Rn. 185.

340 Oben RN 22, 28.

341 Vgl. BT-Drucks. 14/7052, S. 204.

arbeit in einer von der Judikatur des BAG abweichenden Weise geregelt werden sollte.[342] Vielmehr ist davon auszugehen, dass dieses Sonderproblem dem Gesetzgeber schlicht nicht vor Augen stand. Deshalb ist entsprechend den Überlegungen zur Mankohaftung § 619a BGB dahin zu interpretieren, dass er einer Beweislastverlagerung auf die Arbeitnehmerseite nicht entgegensteht, wenn eine solche Verlagerung nur die Konsequenz von wirksam vereinbarten erfolgsbezogenen Pflichten darstellt.[343]

79 Demzufolge kommt es – ebenso wie bei der Mankohaftung[344] – entscheidend darauf an, ob sich die Arbeitnehmer (wirksam) zu einer **gemeinsamen erfolgsbezogenen Tätigkeit** verpflichtet haben.[345] Nur in einem solchen Falle ist es gerechtfertigt, den einzelnen Mitgliedern der Gruppe die Beweislast für den konkreten Geschehensablauf aufzubürden, sofern feststeht, dass der Schaden aus einem Fehlverhalten der Gruppe herrührt. Gemeint ist damit im vorliegenden Zusammenhang eine Vereinbarung, die auf der einen Seite zu gesteigerten Nebenpflichten der Arbeitnehmer führt, für ein ordnungsgemäßes Arbeitsergebnis zu sorgen, ohne auf der anderen Seite eine unbedingte Einstandspflicht für den Gruppenerfolg im Sinne einer Garantie zu begründen, weil eine solche materiellrechtliche Mithaftung für das Fehlverhalten anderer Gruppenmitglieder eine Beweislastumkehr im Hinblick auf eigenes Fehlverhalten erübrigen würde. Eine derartige Ausdehnung der vertraglichen Nebenpflichten führt bereits in den Bereich der qualifizierten Betriebsgruppe hinein und entspricht jedenfalls in ihrer Wirkung den Regelungen in § 8 des Rahmentarifvertrags für Leistungslohn im Baugewerbe vom 29. Juli 2005. Diese Bestimmung definiert die Verantwortlichkeit der Mitglieder einer Leistungsgruppe dahingehend, dass zwar keine unbedingte Haftung für die sonstigen Mitglieder der Leistungsgruppe statuiert, sondern jedem Mitglied trotz einer mangelhaften Gesamtleistung die Möglichkeit einer Entlastung bei eigener ordnungsgemäßer Arbeit eingeräumt wird, dass eine solche Entlastung aber eben auch verlangt wird, wenn das Gruppenmitglied der (anteiligen) Haftung für einen von der Leistungsgruppe verursachten Schaden entgehen will.

80 Eine solche Gruppenverantwortung kommt freilich von vornherein dann nicht in Betracht, wenn die Betriebsgruppe durch den Arbeitgeber ohne jede Beteiligung der Arbeitnehmer zusammengestellt worden ist.[346] Sie kann aber – entgegen dem BAG sowie verschiedenen Stimmen aus der Literatur[347] – auch nicht einfach aus der Vereinbarung eines Gruppenakkords gefolgert werden.[348] Durch den Gruppenakkord einigen

342 *Franken*, Gruppenarbeitsverhältnisse, S. 88 f., 98 f.

343 Ebenso im Erg. *Gäntgen*, in: Baumgärtel/Laumen/Prütting, Handbuch der Beweislast, 5. Aufl., § 619a BGB Rn. 22; in diesem Sinne trotz starker Betonung von § 619a BGB letztlich auch *Häuser*, FS Beuthien (2009), S. 411, 420 ff.

344 Siehe oben unter RN 23 ff.

345 *Gäntgen*, in: Baumgärtel/Laumen/Prütting, Handbuch der Beweislast, 5. Aufl., § 619a BGB Rn. 22; ferner bereits *Otto*, Gutachten zum 56. DJT, S. E 78; *Prütting*, Beweislast, S. 223.

346 *Hanau*, Anm. zu BAG EzA § 611 BGB Arbeitnehmerhaftung Nr. 24 (unter III); *Kniffka*, BB 1976, 274, 276.

347 *Hanau*, Anm. zu BAG EzA § 611 BGB Arbeitnehmerhaftung Nr. 24 (unter III); *Rüthers*, ZfA 1977, 1, 23; *Stehl*, DB 1969, 348, 351.

348 Ebenso *D. Gaul*, DB 1968, 984.

sich der Arbeitgeber und die Arbeitnehmer auf eine bestimmte Form der Entlohnung. Eine Minderleistung der Gruppe soll sich unmittelbar auf den Entgeltanspruch der einzelnen Gruppenmitglieder auswirken. Die Vergütung hat damit einen erfolgsbezogenen Charakter. Damit wird jedoch nicht zugleich festgelegt, dass die Tätigkeit der Arbeitnehmer ebenfalls erfolgsbezogen sein und bei Schlechtleistung zu einer erleichterten Schadensersatzpflicht führen soll. Unter diesem Aspekt lässt sich eine Beweislastverschiebung auf die Arbeitnehmer demnach nicht legitimieren. Vielmehr ist eine solche Verlagerung der Beweislast nur dann anzunehmen, wenn aus der Vereinbarung die **Erfolgsbezogenheit auch der Gruppenarbeitsleistung eindeutig hervortritt.** Allerdings kann eine solche Vereinbarung dazu führen, dass der Arbeitnehmer für einen Schaden haften muss, den er nicht selbst schuldhaft herbeigeführt hat und den er auch unter Berücksichtigung seiner gesteigerten Nebenpflichten nicht hätte verhindern können. Insoweit kann die Abrede also zur Folge haben, dass der Arbeitnehmer über die Grundsätze des innerbetrieblichen Schadensausgleichs hinaus zum Ersatz eines dem Arbeitgeber entstandenen Schadens herangezogen wird. Eine Aushebelung dieser Grundsätze, bei denen es sich um einseitig zwingendes Arbeitnehmerschutzrecht handelt,[349] über den Umweg einer an zusätzliche vertragliche Nebenpflichten anknüpfenden Beweislastumkehr muss indes verhindert werden. Daher ist für den Fall ein **angemessener Risikoausgleich** zu fordern, dass der Arbeitgeber seinen Schadensersatzanspruch nicht auf eine nachgewiesene, sondern nur auf eine nicht ausgeräumte Verletzung einer Nebenpflicht stützt. Im Einzelnen ist entsprechend den Überlegungen zur unmittelbaren Ausdehnung der materiellrechtlichen Einstandspflicht somit auch in dieser Gestaltung zu verlangen, dass die Haftung des einzelnen Gruppenmitglieds wegen bloßer Unaufklärbarkeit des tatsächlichen Geschehensablaufs nicht über den Betrag hinausgeht, der dem Arbeitnehmer als zusätzlicher Risikoausgleich im Referenzzeitraum gewährt wird.

Als weiteren Anknüpfungspunkt für eine Beweislastumkehr zu Lasten der Arbeit- 81
nehmerseite hatte das BAG seinerzeit den Gedanken der **Verteilung der Darlegungs- und Beweislast nach Gefahrenbereichen** genannt und dabei Parallelen zur Produzentenhaftung sowie zur Mankohaftung gezogen. Allerdings führt auch dieser Gedanke nicht weiter. Zum einen kann insoweit in der Tat § 619a BGB angeführt werden, der bei allen nicht erfolgsbezogenen arbeitsvertraglichen Pflichten die Beweislast für ein Vertretenmüssen des Arbeitnehmers dem Arbeitgeber auferlegt. Um perplexe Ergebnisse zu vermeiden, muss die Beweislast für die objektive Pflichtverletzung des Arbeitnehmers damit erst recht vom Arbeitgeber getragen werden. Zum anderen lässt die Aussage des BAG, eine durch die Gruppe verursachte Schlechtleistung falle in den Verantwortungsbereich sämtlicher Mitglieder,[350] auch inhaltlich die entscheidende Frage gerade offen, warum die Arbeitnehmer für die Fehlleistung anderer verantwortlich sein sollen. Die **Beweisnot für den Arbeitgeber reicht als Begründung nicht aus.** Zu Beweis-

349 Oben RN 42 ff.; vgl. auch schon § 2 RN 15.
350 BAG 24.4.1974 – 5 AZR 480/73 – unter IV 3 b, AP § 611 BGB Akkordkolonne Nr. 4.

schwierigkeiten kann es bei jeder Form der Zusammenarbeit von Arbeitnehmern kommen. Auch der Vergleich mit der Produzentenhaftung überzeugt nicht. Denn in diesen Fällen hat der Verbraucher tatsächlich keinen Einblick in die Sphäre des Produzenten, während sich der Arbeitgeber bei der Gruppenarbeit Aufsichtsrechte vorbehalten und auch eine **Dokumentation der gruppeninternen Arbeitsaufteilung** verlangen kann.[351] Wenn – wie dargelegt – keine materiellrechtliche Einstandspflicht des einzelnen Arbeitnehmers für das Verschulden anderer Gruppenmitglieder besteht und es somit bei getrennter persönlicher Verantwortlichkeit bleibt, dann ist es widersprüchlich, das (mögliche) Fehlverhalten eines anderen Mitglieds der Gruppe zum Verantwortungsbereich des Arbeitnehmers zu zählen. Im Ergebnis fällt die Schlechtleistung eines Gruppenmitglieds im Verhältnis zwischen dem Arbeitgeber und einem anderen, selbst fehlerfrei arbeitenden Beschäftigten bei einer materiellrechtlichen Betrachtung in die Risikosphäre des Arbeitgebers. Diese materiellrechtlichen Vorgaben dürfen nicht durch die Behauptung eines erweiterten Verantwortungsbereichs jedes einzelnen Mitglieds der Gruppe überspielt werden.[352] Dieses Ergebnis ist umso eher hinnehmbar, als es dem Arbeitgeber unbenommen bleibt, ein Gruppenmitglied mit der Kontrolle der anderen Arbeitnehmer zu beauftragen.[353] Der erfolgsbezogene Charakter einer solchen Kontrolltätigkeit erweitert nämlich den Verantwortungsbereich des betreffenden Arbeitnehmers. Allerdings muss die Eigenart der Arbeitsaufgabe eine effektive Kontrolle zulassen. Zudem darf man an den Entlastungsbeweis eines auf diese Weise herausgehobenen Vorgesetzten keine übermäßigen Anforderungen stellen, damit die **Haftung aus einer Verletzung der Aufsichtspflicht** nicht in eine garantieähnliche Haftung für sämtliche Fehlleistungen der nachgeordneten Mitarbeiter umschlägt.[354]

82 Schließlich führt auch die Überlegung des BAG, dass die Schlechtleistung eines Gruppenmitglieds häufig erst deshalb Schäden zeitige, weil die anderen der Schlechtleistung nicht hinreichend entgegengewirkt hätten, zu keinem anderen Ergebnis. Zum einen wird dieser angebliche Erfahrungssatz keineswegs allen Geschehensabläufen gerecht. Es kann nämlich durchaus vorkommen, dass die Schlechtleistung eines einzelnen Gruppenmitglieds für die anderen nur schwer oder überhaupt nicht erkennbar ist. Zum anderen führt ein Erfahrungssatz, der in offenkundigen Fällen durchaus angebracht sein kann, lediglich zu einem **Anscheinsbeweis**, nicht aber zu einer Beweislastumkehr.[355] Die vom BAG befürwortete allgemeine Beweislastverteilung ist daher **abzulehnen.** Vielmehr ist eine Verlagerung der Darlegungs- und Beweislast für die objektive Pflichtwidrigkeit und das Verschulden auf die Arbeitnehmer nur dann zu bejahen, wenn die Tätigkeit der Gruppenmitglieder aufgrund einer entsprechenden Vereinbarung als erfolgsbezogen zu charakterisieren ist, ohne dass sich diese Erfolgs-

351 *Franken*, Gruppenarbeitsverhältnisse, S. 109; ähnl. *Benecke*, FS Otto (2008), S. 1, 12.

352 Im Erg. ebenso *Kniffka*, BB 1976, 274, 276 f.

353 *Benecke*, FS Otto (2008), S. 1, 13; *Lieb*, Anm. zu BAG AP § 611 BGB Akkordkolonne Nr. 4; *Neumann-Duesberg*, SAE 1975, 98, 99.

354 Zum Haftungsumfang bei einer Aufsichtspflichtverletzung siehe noch unten RN 98 f.

355 Vgl. *Zöller/Greger*, ZPO, 34. Aufl., Vor § 284 Rn. 29 ff.; MünchKommZPO/*Prütting*, 6. Aufl., § 286 Rn. 53.

bezogenheit zu einer unbedingten Einstandspflicht für das Fehlverhalten der anderen Gruppenmitglieder verdichtet hat.

Eine weitere Ausnahme stellt **§ 830 Abs. 1 S. 2 BGB** dar, der in Betracht kommt, 83
wenn sich der Arbeitgeber auf deliktische Ansprüche stützt. Diese Vorschrift entlastet den deliktisch Geschädigten in bestimmten Fällen vom Nachweis der Kausalität zwischen der Handlung eines Beteiligten und einem Schaden, indem sie eine schadensrechtliche Verantwortlichkeit aller Beteiligten anordnet. Voraussetzung ist allerdings, dass jeder der Beteiligten nachweislich eine gefährliche Handlung begangen hat, die geeignet gewesen ist, den eingetretenen Schaden zu verursachen.[356] § 830 Abs. 1 S. 2 BGB überbrückt nicht den Zweifel, ob der Anspruchsgegner überhaupt in die Schutzsphäre des Betroffenen eingegriffen hat.[357] Die bloße Anwesenheit der einzelnen Gruppenmitglieder genügt demnach regelmäßig nicht, um ihnen den eingetretenen Schaden zuzurechnen. Folglich kommt auch eine etwaige Übertragung des Rechtsgedankens aus § 830 Abs. 1 S. 2 BGB auf den Bereich der vertraglichen Haftung insoweit nicht in Betracht.

Kann eine regelrechte Beweislastumkehr nach alledem somit nur in Ausnahme- 84
fällen gerechtfertigt werden, ist das Bedürfnis für gewisse Beweiserleichterungen angesichts der vielfach bestehenden Schwierigkeiten für den Arbeitgeber, die gruppeninternen Arbeitsabläufe von außen umfassend nachzuvollziehen, nicht zu leugnen. Deshalb ist auch bei der Gruppenarbeit auf die **Grundsätze der abgestuften Darlegungs- und Beweislast** zurückzugreifen, die von § 619a BGB nicht ausgeschlossen werden[358] und deren Heranziehung nicht anders als bei der Mankohaftung[359] gerechtfertigt ist, wenn und soweit es sich um Umstände handelt, die einerseits außerhalb des Wahrnehmungsbereichs des Arbeitgebers und andererseits innerhalb des Wahrnehmungsbereichs der Arbeitnehmer liegen. Allerdings genügt es hierfür nicht, dass der Arbeitgeber lediglich die Übertragung einer Arbeitsaufgabe auf eine Betriebsgruppe sowie den Umstand darlegt und beweist, dass es überhaupt zu einem fehlerhaften Arbeitsergebnis gekommen ist, das irgendein Gruppenmitglied mit mindestens mittlerer Fahrlässigkeit verursacht hat. Der Umstand, dass ein Mitglied der Betriebsgruppe eine zum Schadensersatz verpflichtende Handlung verübt hat, stellt für sich genommen nämlich kein Indiz dafür dar, dass auch alle anderen Gruppenmitglieder eine solche Handlung begangen haben. Dies zeigt sich besonders in denjenigen Gestaltungen, in

356 Zur Rückführung der Zurechnungsnorm des § 830 Abs. 1 S. 2 BGB auf den Gedanken der Haftung für eine potentiell schadensursächliche Gefährdung vgl. *M. Bauer*, JZ 1971, 4, 6 f.; *Bydlinski*, JBl. 1959, 1, 13; *ders.*, FS Beitzke (1979), S. 3, 9; *Heinze*, VersR 1973, 1081, 1084 ff.; *Soergel/Krause*, BGB, 13. Aufl., § 830 Rn. 14; *Larenz/Canaris*, SchR II/2, 13. Aufl., § 82 II 2 c, S. 574; a.A. *Deutsch*, JZ 1972, 105, 106 f.; *ders.*, Haftungsrecht, 2. Aufl., Rn. 519: Zurechnung der interferierenden Kausalität beruht auf Voraussehbarkeit des Handelns eines Dritten im Schädigungsbereich.

357 Vgl. BGH 24.1.1984 – VI ZR 37/82 –, BGHZ 89, 383, 399; 20.6.1989 – VI ZR 320/88 –, NJW 1989, 2943, 2944; 11.1.1994 – VI ZR 41/93 –, NJW 1994, 932, 934; 24.4.2018 – VI ZR 25/17 – Rn. 13, NJW 2018, 3439.

358 Vgl. BT-Drucks. 14/7052, S. 204.

359 Dazu oben RN 29.

denen der Mangel des Arbeitsergebnisses so geartet ist, dass nur ein einziges Gruppenmitglied ihn verursacht haben kann, sodass eine gleichzeitige Inanspruchnahme aller anderen Arbeitnehmer zwangsläufig zu einem falschen Ergebnis führen muss. Anderenfalls würde man wieder zu der verfehlten Vorstellung zurückkehren, dass jedes Mitglied einer Betriebsgruppe die materiellrechtliche Pflicht trifft,[360] für ein mangelfreies Arbeitsergebnis zu sorgen, obwohl es im vorliegenden Zusammenhang nur um eine abgestufte Darlegungs- und Beweislast geht, die an den Wahrnehmungsbereich einer Prozesspartei anknüpft, um zu einer möglichst richtigen Entscheidung zu gelangen. Für einen Anscheinsbeweis ist daher erst recht kein Raum.[361] Insoweit besteht ein struktureller Unterschied zu den Mankohaftungsfällen, in denen nur ein Arbeitnehmer den Alleinzugang zu einem Kassen- oder Warenbereich hat, bei dem es zu einem Defizit kommt. Um ein bestimmtes Gruppenmitglied erfolgreich in Anspruch nehmen zu können, muss der Arbeitgeber deshalb Indizien dartun, die auf einen zumindest mit mittlerer Fahrlässigkeit[362] verursachten Schaden gerade durch diesen Arbeitnehmer hindeuten (§ 138 Abs. 1 ZPO), wobei sich der Arbeitgeber aber durchaus auf eine Dokumentation der gruppeninternen Arbeitsabläufe stützen kann.[363] Erst wenn dies geschehen ist, muss sich der in Anspruch genommene Arbeitnehmer auf die vorgetragenen Indizien substantiiert einlassen (§ 138 Abs. 2 BGB), um eine Geständnisfiktion (§ 138 Abs. 3 ZPO) zu vermeiden.

85 Fraglich ist, ob über die geschilderten Grundsätze hinaus **einzelvertragliche Vereinbarungen** zulässig sind, nach denen die Beweislast für das Nichtvorliegen einer objektiven Pflichtverletzung sowie für das Nichtvertretenmüssen auf die einzelnen Gruppenmitglieder verlagert wird, wenn der Arbeitgeber ein objektiv fehlerhaftes Gruppenergebnis dargetan hat. Hierdurch würden auf vertragliche Weise die Regeln nachgebildet werden, die vom BAG in der Fliesenleger-Entscheidung von 1974 entwickelt worden sind und die richtiger Ansicht nach bei der „einfachen" Betriebsgruppe nicht schon kraft Gesetzes gelten. Bei einer solchen Vereinbarung ging es nicht darum, die materiellrechtliche Pflichten- und Haftungsstruktur zu verändern. Eine derartige Abrede würde den Arbeitnehmern also keine erfolgsbezogenen Pflichten auferlegen. Vielmehr bestünde der Regelungsgehalt in einer Beweislastumkehr im Hinblick auf verhaltensbezogene Pflichten der Mitglieder einer Betriebsgruppe.

86 Für die Beurteilung solcher Vereinbarungen kann auf die zu vertraglichen Beweislastveränderungen in Mankohaftungsfällen entwickelten Grundsätze[364] zurückgegriffen werden. Danach ist § 619a BGB – entgegen der h.M. – nicht abdingbar. Genauer gesagt führt der Charakter der richterrechtlichen Regeln über den innerbetrieblichen Schadensausgleich als einseitig zwingendes Arbeitnehmerschutzrecht dazu, dass die Beweislast nur dann zum Nachteil der Arbeitnehmerseite verändert werden kann,

360 Siehe hierzu oben RN 70 ff.

361 Zu unspezifisch daher *Benecke*, FS Otto (2008), S. 1, 13.

362 Zu diesem Erfordernis vgl. RN 37.

363 *Franken*, Gruppenarbeitsverhältnisse, S. 110.

364 RN 58 ff.

wenn der betroffene Arbeitnehmer einen Risikoausgleich erhält und er für ein Risiko, das er nach den allgemeinen Grundsätzen nicht zu tragen hätte, nur mit den zusätzlich gewährten finanziellen Mitteln einstehen muss.[365] Im Fall einer Beweislastvereinbarung durch Formulararbeitsvertrag stellt sich zusätzlich das Problem der Vereinbarkeit mit dem AGB-Recht, konkret mit § 309 Nr. 12 BGB. Würde man die vom BAG in der „Fliesenlegerentscheidung" entwickelten Grundsätze über die Verteilung der Darlegungs- und Beweislast als Maßstab ansehen, von dem nicht zu Lasten der Mitglieder einer Betriebsgruppe abgewichen werden darf, ergäben sich von vornherein keine Probleme, weil eine entsprechende Vereinbarung im Allgemeinen nur diese Regeln nachbilden und daher insoweit nicht zum Nachteil der Arbeitnehmer abweichen wird.[366] Wie bereits dargelegt[367], kann spätestens mit dem Inkrafttreten von § 619a BGB an den Rechtsprechungsgrundsätzen aber nicht mehr festgehalten werden. Daraus ergibt sich freilich nicht im Umkehrschluss, dass jede den Arbeitnehmer nachteilige Beweislastregelung unzulässig ist. Nicht anders als bei der Mankohaftung[368] gibt es keinen Grund, Beweislastvereinbarungen auch dann für unzulässig zu halten, wenn das auf diese Weise den Gruppenmitgliedern zusätzlich auferlegte Haftungsrisiko in vollem Umfang durch eine Zulage abgedeckt ist.

Tarifverträge unterliegen gemäß § 310 Abs. 4 S. 1 BGB von vornherein keiner AGB- 87
Kontrolle. Damit scheitert eine Regelung wie in § 8 des Rahmentarifvertrags für Leistungslohn im Baugewerbe vom 29. Juli 2005, die im Grundsatz eine – anteilige – Haftung jedes Mitglieds einer Leistungsgruppe für die sach- und fachgerechte Ausführung der gesamten Arbeit anordnet und es sodann den einzelnen Gruppenmitglieder überlässt, sich zu entlasten, von vornherein nicht an § 309 Nr. 12 BGB. Schwieriger zu beantworten ist die Frage, ob und welche Grenzen sich aus den grundsätzlich als einseitig zwingend einzustufenden Regeln über den innerbetrieblichen Schadensausgleich ergeben. Insoweit gilt auf der einen Seite, dass den Tarifvertragsparteien ein größerer Freiraum für die Ausgestaltung der Arbeitnehmerhaftung als den Arbeitsvertragsparteien zuzubilligen ist.[369] Die Regeln über die Arbeitnehmerhaftung sind nicht zuletzt deshalb bis zu einem gewissen Grad als tarifdispositiv anzusehen, um den Bedürfnissen bestimmter Branchen Rechnung tragen zu können. Auf der anderen Seite können Tarifverträge den durch diese Regeln gewährten Arbeitnehmerschutz nicht völlig zur Seite schieben. Vor dem Hintergrund wäre eine umfassende und kompensationslose Verlagerung der Beweislast für ein Nichtvertretenmüssen auf die Mitglieder einer Betriebsgruppe nicht

---

365 Teilweise anders *Benecke*, FS Otto (2008), S. 1, 14f., die für die Wirksamkeit einer individualrechtlichen Vereinbarung zu Lasten der Gruppenmitglieder ein berechtigtes Interesse des Arbeitgebers sowie eine angemessene Entschädigung verlangt, dabei aber eine stärkere Pauschalierung zulassen will. Keine inhaltlichen Anforderungen für echte Individualvereinbarungen nennt *Häuser*, FS Beuthien (2009), S. 411, 424ff.

366 Vgl. *Benecke*, FS Otto (2008), S. 1, 15, die diesen Gedanken aber selbst verwirft.

367 Oben RN 75ff.

368 RN 59.

369 Dazu bereits § 2 RN 15.

statthaft. Dabei kann im schlichten Umstand einer Leistungslohnvereinbarung kein hinreichender Risikoausgleich gesehen werden, weil der Leistungslohn ausschließlich als Gegenleistung für die geleistete Arbeit fungiert, aber keine hiervon abschichtbare Komponente enthält, die das Risiko vergüten soll, dass ein Arbeitnehmer möglicherweise auch ohne ein eigenes Verschulden haftet. Allerdings ist der Entlastungsbeweis gemäß § 8 Abs. 1 S. 3 a.E. des erwähnten Rahmentarifvertrags schon dann geführt, wenn das einzelne Gruppenmitglied die nicht sach- und fachgerechte Arbeit bzw. den Schaden den Umständen nach weder verursacht noch verschuldet haben kann. Damit sind die Anforderungen an den Entlastungsbeweis abgesenkt, sodass nur noch ein geringer Unterschied zur Behandlung der Haftungsfälle nach den Grundsätzen über die abgestufte Darlegungs- und Beweislast besteht. Eine den spezifischen Gegebenheiten und langjährigen Gepflogenheiten der Baubranche angepasste Regelung, die zu einer geringfügig schärferen Ausgestaltung der Haftung in einer Betriebsgruppe führt, kann den Tarifvertragsparteien aber nicht versagt werden, zumal den betroffenen Arbeitnehmern in jedem Fall der Schutz zugutekommt, dass sie nur anteilmäßig für den Ersatz eines von der Leistungsgruppe verursachten Schadens haften sollen. Die Haftungs- und Beweislastregelung in § 8 des Rahmentarifvertrags für Leistungslohn im Baugewerbe vom 29. Juli 2005 hält sich also auch dann noch im Rahmen des rechtlich Zulässigen, wenn man von einem grundsätzlich einseitig zwingenden Charakter des innerbetrieblichen Schadensausgleichs ausgeht und den Tarifvertragsparteien nur begrenzte Spielräume für Abweichungen zuerkennt.

cc) Haftungsumfang

88 Ein weiteres Problem bildet der **Umfang der Haftung der einzelnen Gruppenmitglieder.** Im Vordergrund steht dabei, ob mehrere für die Schlechtleistung verantwortliche Arbeitnehmer für den eingetretenen Schaden im Ausgangspunkt gesamtschuldnerisch oder – nach Köpfen, Verantwortungsbeitrag oder Bruttoverdiensten – teilschuldnerisch haften. Allerdings sind pauschale Aussagen fehl am Platz, weil sich die Fallgestaltungen erheblich voneinander unterscheiden können. Außerdem wirkt sich in diesem Zusammenhang aus, unter welchen Voraussetzungen man eine schadensersatzrechtliche Verantwortlichkeit des Arbeitnehmers bejaht. Ferner ist vorab klarzustellen, dass es im Folgenden nur um die prinzipielle Zuordnung des Schadens zu den einzelnen Mitgliedern der Betriebsgruppe geht. Davon unberührt bleibt die nach den allgemeinen Regeln über den innerbetrieblichen Schadensausgleich zu beantwortende Frage einer Enthaftung entsprechend dem jeweiligen Verschuldensgrad.

89 Wenn man entsprechend den soeben beschriebenen Grundsätzen eine Haftung zumindest regelmäßig an den vom Arbeitgeber zu erbringenden Nachweis einer schuldhaften Schlechtleistung durch das einzelne Gruppenmitglied knüpft und wenn darüber hinaus feststeht, dass das Fehlverhalten der Beteiligten zu jeweils klar abgrenzbaren Schäden geführt hat, die kein anderes Gruppenmitglied mitverursacht hat,

haftet der einzelne Arbeitnehmer grds. für den **gesamten auf sein individuelles Verhalten zurückzuführenden Schaden.**[370] Für eine Gesamtschuld im Hinblick auf die verschiedenen trennbaren Einzelschäden ist in einer solchen Konstellation kein Raum.[371] Dasselbe gilt für die etwaige Vorstellung einer – nach welchen Kriterien auch immer zu bemessenden – Teilschuld der betroffenen Gruppenmitglieder an der Summe der Einzelschäden.

Beispiel:

Im eingangs geschilderten Fliesenlegerfall ist der Bodenbelag an drei verschiedenen Stellen schadhaft. Diese Schlechtleistungen lassen sich jeweils den Mitgliedern der Betriebsgruppe A, B und C zuordnen. Daher haften A, B und C jeweils für den individuell verursachten Schaden. Die Schäden werden nicht zusammengerechnet und auf A, B und C verteilt.

Sodann sind die Fälle zu nennen, in denen die Arbeitnehmer eine von einem eigenen 90
Verschulden unabhängige und nach Maßgabe der oben geschilderten Voraussetzungen[372] als zulässig zu erachtende **Einstandspflicht für das Verschulden anderer Gruppenmitglieder** übernommen haben. Eine solche Abrede ist regelmäßig dahin auszulegen, dass nicht nur eine Zurechnung des fremden Verschuldens erfolgen, sondern auch für den dadurch verursachten Schaden grundsätzlich in vollem Umfang gehaftet werden soll. Es ist jedoch ohne weiteres zulässig, die Ausdehnung der Verantwortlichkeit hinsichtlich der Haftungsvoraussetzungen mit einer Einschränkung im Hinblick auf die Haftungsfolgen zu koppeln und von vornherein eine Stellung der Arbeitnehmer lediglich als Teilschuldner vorzusehen. Darüber hinaus ist in Erinnerung zu rufen, dass die Übernahme einer Ersatzpflicht, die über die Verantwortlichkeit nach den (zwingenden) Grundsätzen über den innerbetrieblichen Schadensausgleich hinausgeht, an eine Risikozulage gebunden ist und der jeweilige Arbeitnehmer höchstens mit der Summe der im Referenzzeitraum gezahlten Prämien zu haften hat. Der Risikoausgleich bildet also gleichsam eine Kappungsgrenze für die Haftung des Arbeitnehmers aus der vertraglich übernommenen Einstandspflicht für ein Fremdverschulden. Dagegen ist ein Grundsatz des Inhalts, dass bei einer Betriebsgruppe zwingend nur anteilig gehaftet wird,[373] weder erforderlich noch begründbar. Denn die richterrechtlich entwickelten Grundsätze über die Arbeitnehmerhaftung wollen verhindern, dass der Arbeitnehmer mit seinem regulären Arbeitsentgelt bzw. seinem sonstigen Vermögen für einen Schaden des Arbeitgebers einzustehen hat, den er ohne eine entsprechende Vereinbarung nicht ersetzen müsste. Sofern dies gewährleistet ist, gibt es keinen Grund, das Mitglied einer Betriebsgruppe noch weiter zu schonen.

370 Gleichsinnig *Franken*, Gruppenarbeitsverhältnisse, S. 110.

371 In diesem Sinne auch LAG Sachsen-Anhalt 26.2.2004 – 6 Sa 474/03 –, BeckRS 2005, 40079; *Benecke*, FS Otto (2008), S. 1, 8; ErfK/*Preis*, 25. Aufl., § 611a BGB Rn. 185.

372 RN 72.

373 Dies erwägend *Leipold*, Anm. zu BAG AP § 1 TVG Tarifverträge Verträge: Bau Nr. 51.

Beispiel:

Eine Betriebsgruppe besteht aus sechs Personen. Der Arbeitgeber gewährt eine Risikoprämie von 50 EUR pro Monat und hat mit den Arbeitnehmern vereinbart, dass jeder Arbeitnehmer ohne die Möglichkeit einer Entlastung bis zu einer Höhe von insgesamt 600 EUR für jeden von einem Gruppenmitglied schuldhaft verursachten Schaden einstehen soll. Ein Arbeitnehmer führt schuldhaft einen Schaden von 3.000 EUR herbei. Der Arbeitgeber kann auch jedes andere Mitglied der Betriebsgruppe bis zu einem Betrag von 600 EUR (und nicht nur bis zu einem Anteil von einem Sechstel = 500 EUR) heranziehen, insgesamt aber selbstverständlich nur 3.000 EUR.

91 Bei einer Erfolgsbezogenheit der Tätigkeit der Gruppe sind die einzelnen Mitglieder zwar nicht definitiv für den gesamten Schaden verantwortlich, der durch eine aus der Gruppe heraus erbrachte Schlechtleistung verursacht worden ist. Aus der Erfolgsbezogenheit der Leistungspflicht lässt sich aber nicht nur für den Haftungstatbestand, sondern auch für den Umfang des zu ersetzenden Schadens eine Beweislastumkehr herleiten. § 619a BGB steht dem nicht entgegen, weil sich diese Vorschrift nicht mit der Schadensbemessung befasst und der Sonderfall erfolgsbezogener Pflichten ohnehin nicht einbezogen ist. Dies bedeutet im Einzelnen, dass der Arbeitnehmer in solchen Fällen dartun muss, dass seine Fehlleistung nicht den gesamten eingetretenen Schaden herbeigeführt hat. Da die Beweislastverlagerung zu Lasten jedes einzelnen Gruppenmitglieds geht, gelangt man auf diese Weise im Ausgangspunkt zu einer umfassenden Verantwortlichkeit aller Arbeitnehmer, die sich nicht entlasten können. Die betroffenen Arbeitnehmer haften dann als **Gesamtschuldner** i.S. der §§ 421ff. BGB. Freilich gilt aus den bereits dargelegten Gründen[374] auch in diesem Fall, dass die Haftung nicht über einen zu gewährenden finanziellen Risikoausgleich hinausgehen darf, soll der Arbeitnehmer unter Umständen für einen Schaden des Arbeitgebers einzustehen haben, den er nach den allgemeinen Grundsätzen über den innerbetrieblichen Schadensausgleich nicht ersetzen müsste.

92 Einen weiteren Fall einer gesamtschuldnerischen Verantwortlichkeit stellen die Konstellationen dar, in denen die Gruppenmitglieder in **bewusstem Zusammenwirken eine Vertragsverletzung** begehen. Hierbei ist in unmittelbarer oder entsprechender Anwendung des § 830 Abs. 1 S. 1 BGB eine wechselseitige Zurechnung der Verursachungsbeiträge gerechtfertigt, sodass es nicht mehr darauf ankommt, welche konkrete Handlung eines Arbeitnehmers für welchen Teil des Schadens ursächlich geworden ist. Jedes der beteiligten Mitglieder der Gruppe haftet in einer derartigen Situation nach Maßgabe der allgemeinen Grundsätze über die Arbeitnehmerhaftung für den gesamten Schaden.[375]

93 Am schwierigsten zu lösen sind die für die Gruppenarbeit charakteristischen Fälle, in denen mehrere Arbeitnehmer nachweislich eine Pflichtverletzung begangen bzw.

374 Siehe oben RN 44ff.

375 So im Erg. auch BAG 30.5.1972 – 1 AZR 427/71 –, AP § 4 TVG Ausschlussfristen Nr. 50; *Hanau*, Anm. zu BAG EzA § 611 BGB Arbeitnehmerhaftung Nr. 24 (unter IV); *Schaub/Koch*, Arbeitsrechts-Handbuch, 20. Aufl., § 181 Rn. 11; *Rüthers*, ZfA 1977, 1, 29.

sich – unter Heranziehung der Grundsätze über die abgestufte Darlegungs- und Beweislast – nicht hinreichend entlastet haben, ohne dass sich ermitteln lässt, welches Gruppenmitglied welchen **Schadensanteil** herbeigeführt hat. Das Schrifttum tendiert hierbei zu einer teilschuldnerischen Haftung der Gruppenmitglieder. Begründet wird die anteilige Haftung vor allem damit, dass jedes Gruppenmitglied als Erfüllungsgehilfe des Arbeitgebers bei der Wahrnehmung der Schadensabwendungsobliegenheit anzusehen sei. Der in Anspruch genommene Arbeitnehmer könne dem Arbeitgeber also gemäß §§ 254 Abs. 2 S. 2, 278 BGB jeweils das Mitverschulden der übrigen Mitglieder der Gruppe entgegenhalten.[376] Die Problematik dieser Ansicht besteht darin, dass sie die grundsätzliche Verantwortlichkeit des einzelnen Arbeitnehmers für den gesamten Schaden stillschweigend voraussetzt und eine Beschränkung nur über den Gesichtspunkt des Mitverschuldens vorsieht. Die vorrangige Frage ist aber, ob bei Zweifeln über die Ursächlichkeit einer Schlechtleistung für einen konkreten Schaden überhaupt von einer Haftung auf das gesamte Interesse ausgegangen werden kann. Außerdem führt die genannte Auffassung zwangsläufig zu einer Haftungsverteilung nach Verantwortungsbeiträgen. Die stattdessen – für sich genommen durchaus überzeugende[377] – vorgeschlagene Haftung nach Kopfzahl bzw. nach Verdiensthöhe steht mit der für die anteilige Schuldnerschaft gegebenen Begründung aber in keinem Zusammenhang.

Nun ist eine Zurechnung von Verantwortungsbeiträgen in den bereits erwähnten 94
Fällen des **§ 830 Abs. 1 S. 2 BGB** gerechtfertigt, weil diese Vorschrift nicht nur über die Urheber-, sondern auch über die Anteilszweifel hinweghelfen will. Dabei kann § 830 Abs. 1 S. 2 BGB umso eher angewendet werden, als in den hier interessierenden Konstellationen eine schadensträchtige Schlechtleistung der Arbeitnehmer feststeht oder doch zumindest zugrunde zu legen ist. Allerdings findet diese Vorschrift grundsätzlich nur im Bereich des Deliktsrechts Anwendung. Eine Übertragung auf die Vertragshaftung wird bislang nur vereinzelt diskutiert.[378] Wegen der Rückführung der erweiterten Verantwortlichkeit auf ein Gefährdungselement[379] sowie den damit verbundenen weitreichenden Folgen für den Schuldner sollte man die Zurechnung von Drittverhalten gemäß § 830 Abs. 1 S. 2 BGB analog allenfalls bei der nachgewiesenen Verletzung (quasideliktischer) vertraglicher Schutz- und Obhutspflichten (z.B. der vereinbarte Verstoß gegen Sicherheitsregeln),[380] nicht aber bei der reinen Schlechtleistung der Hauptleistungspflicht annehmen.

376 *Benecke*, FS Otto (2008), S. 1, 9; *Hanau*, Anm. zu BAG EzA § 611 BGB Arbeitnehmerhaftung Nr. 24 (unter IV); *Franken*, Gruppenarbeitsverhältnisse, S. 111; *Häuser*, FS Beuthien (2009), S. 411, 426; *Hoffmann*, Gruppenakkordarbeit, S. 125 f.; *Rüthers*, ZfA 1977, 1, 28. Für eine anteilige Haftung unter Berufung auf den begrenzten Anteil an der Arbeitsleistung *Stehl*, DB 1969, 393.

377 Siehe dazu sogleich RN 97.

378 Vgl. z. B. *Heinze*, VersR 1973, 1081, 1087 f. Eine Anwendung von § 830 Abs. 1 S. 2 BGB auf Fälle außerhalb unerlaubter Handlungen kategorisch ablehnend RG 6.7.1921 RGZ 102, 316, 319 f.; ebenso *Däubler*, NJW 1986, 867, 873.

379 Siehe dazu oben FN 348.

380 Vgl. *Benecke*, FS Otto (2008), S. 1, 8.

95 Im Übrigen kann man aus der Unklarheit über die Verursachungsbeiträge der einzelnen Gruppenmitglieder trotz der Beweisnot für den Arbeitgeber nicht einfach auf eine grundsätzliche Gesamtverantwortung schließen, die dann erst durch zusätzliche Überlegungen zu einer quotenmäßigen Haftung zu mildern ist. Vielmehr ist es an sich **Sache des Arbeitgebers**, den Nachweis zu führen, dass das vertragswidrige Verhalten des Arbeitnehmers für den geltend gemachten Schaden auch ursächlich geworden ist.

96 Eine gewisse Erleichterung kann sich für den Arbeitgeber in diesem Zusammenhang aus den Grundsätzen über die **richterliche Schadensschätzung gemäß § 287 ZPO** ergeben. Allerdings hängt der Anwendungsbereich dieser Vorschrift von der überaus strittigen Frage ab, welche Elemente man bei Vertragsverletzungen zu dem nach § 286 ZPO zu beweisenden Haftungsgrund zählt.[381]

97 Trotz einiger dogmatischer Bedenken erscheint daher letztlich die Annahme einer **quotenmäßigen anteiligen Haftung** für die Fälle sachgerecht, in denen nicht genau ermittelt werden kann, welcher Anteil am insgesamt entstandenen Schaden auf die jeweilige Schlechtleistung der beteiligten Arbeitnehmer entfällt.[382] Hierfür sprechen vor allem die erheblichen Beweisprobleme für den Arbeitgeber. Zudem lässt sich die Belastung der Arbeitnehmer dadurch rechtfertigen, dass die genannte Regel nur dann eingreift, wenn eine Vertragsverletzung feststeht oder zumindest zugrunde zu legen ist. In einer solchen Konstellation liegen die Schadensursache und damit der Grund für Unaufklärbarkeit des konkreten Geschehensablaufs eindeutig in der Sphäre der Arbeitnehmer. Darüber hinaus besteht in diesen Fällen eine privatautonom legitimierte Gruppenverantwortung.[383] Dabei ist einer **Ausrichtung des Anteils am Bruttoverdienst** der Vorzug gegenüber einer Haftung nach Köpfen zu geben.[384] Ein solches Kriterium hat zwar mit der Kausalität nichts mehr zu tun. Die Vergütungshöhe ist aber regelmäßig ein Gradmesser für die interne Verantwortlichkeit der Gruppenmitglieder.[385] Eine daran orientierte Bemessung des von den Gruppenmitgliedern zu leistenden Anteils bei einer dem Grunde nach bestehenden Ersatzpflicht kann im Wege der **Rechtsfortbildung** als spezifische Form des innerbetrieblichen Schadensausgleichs bei Gruppenarbeit begriffen werden. Dieser Grundsatz ist allerdings **nicht tariffest.** Eine Aufteilung nach Köpfen, wie sie anscheinend § 8 Abs. 1 S. 2 des bereits mehrfach er-

---

381 Ein Teil der Lehre fordert den Nachweis zumindest irgendeiner Rechts-, Rechtsguts- oder Vermögensverletzung; vgl. MünchKommZPO/*Prütting*, 6. Aufl., § 287 Rn. 10. Tendenziell großzügiger BGH 9.6. 1982 – IVa ZR 9/81 –, BGHZ 84, 244, 253; 4.11.2002 – II ZR 224/00 –, BGHZ 152, 280, 287; *Arens*, ZZP 88 (1975), 1, 21ff.; *Hanau*, Kausalität der Pflichtwidrigkeit, S. 122; *Gottwald*, Schadenszurechnung, S. 78 ff.; *Stein/Jonas/Thole*, ZPO, 23. Aufl., § 287 Rn. 15; strenger *Wahrendorf*, Beweislast, S. 47ff.

382 So im Erg. auch *Benecke*, FS Otto (2008), S. 1, 9; *Schaub/Koch*, Arbeitsrechts-Handbuch, 20. Aufl., § 181 Rn. 11.

383 Vgl. RN 64.

384 *Rüthers*, ZfA 1977, 1, 29f.; ebenso *Häuser*, FS Beuthien (2009), S. 411, 427; ansatzweise auch *Hanau*, Anm. zu BAG EzA § 611 BGB Arbeitnehmerhaftung Nr. 24 (unter IV): Haftung nach Köpfen unter Berücksichtigung von Status und Verdienst; a.A. *Benecke*, FS Otto (2008), S. 1, 9: bei Unaufklärbarkeit Haftung lediglich nach Kopfteilen.

385 *Rüthers*, ZfA 1977, 1, 30.

wähnten Rahmentarifvertrags für Leistungslohn im Baugewerbe vom 29. Juli 2005 zugrunde liegt, ist daher unproblematisch statthaft.

Fraglich ist schließlich, ob von dem Grundsatz der anteiligen Haftung im soeben beschriebenen Sinne dann Ausnahmen zu machen sind, wenn für einen Schaden mehrere Gruppenmitglieder in der Weise verantwortlich sind, dass einzelne Arbeitnehmer unmittelbar schlecht gearbeitet haben, während anderen lediglich eine **Verletzung gesteigerter Nebenpflichten** bzw. eine **Aufsichtspflichtverletzung** zur Last fällt. 98

Beispiel:

Im Fliesenlegerfall lässt sich feststellen, dass drei Arbeitnehmer die Fliesen unfachmännisch verlegt haben, ohne dass sich der von jedem einzelnen verursachte Schadensanteil feststellen lässt. Die drei anderen Arbeitnehmer, von denen einer als Vorarbeiter mit der ausdrücklichen Verpflichtung zur Anleitung und Aufsicht tätig war, haben hiergegen nichts unternommen, obwohl sie dazu in der Lage gewesen wären.

Die Besonderheit dieser Fallgruppe besteht darin, dass einige Gruppenmitglieder den Schaden nachweislich durch ihr Fehlverhalten eigenhändig herbeigeführt haben, während die anderen Arbeitnehmer nur der belegbare Vorwurf trifft, das Verhalten der unmittelbar Verantwortlichen nicht verhindert zu haben. In einer solchen Gestaltung gibt es **keinen Anlass**, die unmittelbar schlecht arbeitenden Gruppenmitglieder von vornherein dadurch zu entlasten, dass andere Arbeitnehmer lediglich ihre Schadensverhinderungspflichten verletzt haben. Stattdessen ist der gesamte Schaden in einem ersten Schritt auf die unmittelbar Handelnden entsprechend den oben genannten Grundsätzen zu verteilen. Die Schadensersatzpflicht mindert sich lediglich in dem Maße, wie sich den anderen Arbeitnehmern eine Mitverursachung nachweisen lässt, die sich der Arbeitgeber als Mitverschulden anrechnen lassen muss (z. B. ¼). Im Beispielsfall würden also die drei Arbeitnehmer, welche die Fliesen unfachmännisch verlegt haben, für ¾ des Schadens entsprechend ihrem Bruttoverdienst anteilig haften. Die übrigen Arbeitnehmer sind aufgrund der nachweislichen Verletzung einer gesteigerten Nebenpflicht in einem zweiten Schritt nur hinsichtlich des dem Arbeitgeber insgesamt zuzurechnenden Mitverschuldensanteils (also ¼) heranzuziehen. Hierbei trifft sie ebenfalls lediglich eine am Bruttoverdienst orientierte anteilige Verantwortlichkeit. Bei dieser Rechenoperation ist der Vorarbeiter fiktiv mitzuzählen, um zu verhindern, dass sich der Anteil der einfachen Arbeitnehmer nur deshalb erhöht (nämlich auf ½ von ¼ = ⅛ statt ⅓ von ¼ = 1/12), weil der Arbeitgeber ein Gruppenmitglied zur Aufsichtskraft bestellt hat. Schließlich haftet der Vorarbeiter (vorbehaltlich einer Haftungsbeschränkung nach allgemeinen Grundsätzen) auf den gesamten Schaden, sofern seine Aufsichtspflichtverletzung diesen Schaden nachweislich herbeigeführt hat.[386] Da seine 99

386 *Rüthers*, ZfA 1977, 1, 29. In diese Richtung auch *Hanau*, Anm. zu BAG EzA § 611 BGB Arbeitnehmerhaftung Nr. 24 (unter IV).

Pflicht unmittelbar darin besteht, die Schädigungen durch andere Arbeitnehmer zu verhindern, ist weder eine Verringerung auf eine schlichte Anteilshaftung noch eine Bewertung des Verhaltens der anderen Arbeitnehmer als Mitverschulden des Arbeitgebers gerechtfertigt.

100 Soweit zwischen den unmittelbaren Schädigern und dem Vorarbeiter im Außenverhältnis zum Arbeitgeber eine **Gesamtschuld** besteht, haben die unmittelbar Handelnden im Innenausgleich grundsätzlich den gesamten Schaden zu tragen. Falls ein besonders hoher Schaden aber gerade dadurch eingetreten ist, dass der Vorarbeiter seine Aufsichtspflicht verletzt hat (z. B. unterlassener Hinweis auf naheliegende Schadensquellen), muss man ihm auch im Innenverhältnis einen Teil des Schadens zuweisen.

2. Eigengruppe

101 Wie eingangs bereits skizziert, ist die deutlich seltener als die Betriebsgruppe vorkommende **Eigengruppe** von ihrem äußeren Erscheinungsbild her dadurch gekennzeichnet, dass mehrere Personen sich aufgrund eigener Initiative zusammenfinden und eine Tätigkeit als Gruppe anbieten.[387] Dies kann bei Hausmeisterehepaaren und Musikkapellen, aber auch bei Bauarbeitergruppen der Fall sein. Dabei können die Rechtsbeziehungen zum Auftraggeber höchst unterschiedlich ausgestaltet sein, was zu jeweils abweichenden Rechtsfolgen bei Minder- und Schlechtleistungen führen kann. Die folgenden Ausführungen verstehen sich deshalb nur als ein grober Überblick über die hauptsächlich geltenden Grundsätze.

102 Soweit es um die grundsätzlichen Rechtsbeziehungen zwischen der Eigengruppe und ihren Mitgliedern auf der einen Seite und dem Auftraggeber auf der anderen Seite geht, entspricht es zunächst einhelliger Ansicht, dass der Auftraggeber nach der Kontaktaufnahme mit der Eigengruppe mit den **einzelnen Gruppenmitgliedern jeweils einen eigenen Arbeitsvertrag mit Gruppenbezug** abschließen kann.[388] Die zweite denkbare Grundform für das Außenverhältnis besteht in **ausschließlichen Vertragsbeziehungen zwischen dem Auftraggeber und der Eigengruppe**, die regelmäßig eine **Gesellschaft bürgerlichen Rechts** bildet und die gemäß § 705 Abs. 2 BGB[389] somit als solche Vertragspartner ist.[390] Wenn es sich beim Vertrag zwischen der Eigengruppe und dem Auftraggeber um einen selbstständigen Dienstvertrag oder um einen Werkvertrag handelt, fehlt es an jeglichen arbeitsrechtlichen Beziehungen zwischen dem Auftrag-

387 Vgl. RN 65 mit zahlreichen Nachweisen in FN 288.

388 Vgl. BAG 9.2.1960 – 2 AZR 585/57 –, AP § 626 BGB Nr. 39; 23.2.1961 – 5 AZR 110/60 –, AP § 611 BGB Akkordkolonne Nr. 2; 21.10.1971 – 2 AZR 17/71 –, AP § 611 BGB Gruppenarbeitsverhältnis Nr. 1; LG München 11.11.1957 – 11 O 481/56 –, AP § 611 BGB Akkordkolonne Nr. 1.

389 Die Neuregelung ist m.W.v. 1.1.2024 durch das Gesetz zur Modernisierung des Personengesellschaftsrechts (MoPeG) eingeführt worden. Die Rechtsfähigkeiten der Außen-GbR war aber zuvor bereits durch BGH 29.1.2001 – II ZR 331/00 –, BGHZ 146, 341, anerkannt.

390 *Staudinger/Fischinger*, BGB (2022), § 611a Rn. 180.

geber und den einzelnen Gruppenmitgliedern.[391] Die Auswirkung einer Minder- oder Schlechtleistung auf den Entgeltanspruch bzw. die schadensersatzrechtliche Verantwortlichkeit richtet sich in solchen Konstellationen deshalb nach den allgemeinen zivilrechtlichen Grundsätzen. Zu einer Haftungsreduktion kann es allerdings dann kommen, wenn die Auftragnehmer als arbeitnehmerähnliche Personen anzusehen sind.[392] Eine verbreitete Auffassung hält weiter einen Dienstverschaffungsvertrag für möglich, durch den sich die Gesellschaft gegenüber dem Auftraggeber zur Überlassung der Arbeitskraft eines jedes einzelnen Gruppenmitglieds verpflichten soll.[393]

Diese **Sichtweise kann jedoch nicht überzeugen.**[394] Eine von einem unmittelbaren Dienstvertrag zwischen der Gesellschaft und dem Auftraggeber zu unterscheidende Pflicht der Eigengruppe zur Verschaffung selbstständiger Dienste ergibt keinen Sinn und führt im Übrigen wiederum sofort aus dem Arbeitsrecht heraus. Eine Pflicht zur Verschaffung unselbstständiger Dienste ist zwar grundsätzlich denkbar, auch wenn damit streng genommen eine erlaubnispflichtige bzw. im Baugewerbe sogar unzulässige (vgl. § 1b AÜG) Arbeitnehmerüberlassung vorliegen würde.[395] Gegen diese Konzeption spricht jedoch, dass zwischen der Gesellschaft und ihren Gruppenmitgliedern keine Arbeitsverträge bestehen,[396] weil sich die Mitglieder der Eigengruppe als gleichberechtigt zusammengeschlossen haben und deshalb kein für ein Arbeitsverhältnis konstitutives Unterordnungsverhältnis besteht.[397] Mangels eines Weisungsrechts zwischen Eigengruppe und Gruppenmitglied kann ein solches Weisungsrecht auch nicht auf den Auftraggeber übertragen werden, wie es für die Konzeption eines Dienstverschaffungsvertrags an sich erforderlich wäre.[398] Zudem liegt es nahe, in einer Vertragsgestaltung, nach der die Mitglieder einer Eigengruppe beim Auftraggeber unselbstständige Dienste leisten sollen, ohne dass an irgendeiner Stelle arbeitsrechtliche Beziehungen entstehen, eine unzulässige Umgehung zwingender arbeitsrechtlicher Schutzvorschriften zu sehen. Wenn mit Hilfskonstruktionen wie einem mittelbaren Arbeitsverhältnis versucht wird, Schutzdefiziten entgegenzuwirken, zeigt dies nur, dass die Annahme eines bloßen Dienstverschaffungsvertrags nicht tragfähig ist. Dies gilt erst recht für die Konstruktion kumulativer Vertragsbeziehungen zwischen der Eigengruppe und den Gruppenmitgliedern einerseits und dem Auftraggeber andererseits. Sofern die Mitglieder einer Eigengruppe und der Auftraggeber unmittelbar arbeitsvertraglich gebunden sind, besteht zwar nicht die Gefahr einer Umgehung von Arbeitsrecht. Da die 103

391 *Franken*, Gruppenarbeitsverhältnisse, S. 168.

392 Dazu näher § 7 RN 7.

393 So etwa *Schaub/Koch*, Arbeitsrechts-Handbuch, 20. Aufl., § 181 Rn. 17; ErfK/*Preis*, 25. Aufl., § 611a BGB Rn. 189; *Staudinger/Fischinger*, BGB (2022), § 611a Rn. 180 f.; *Rüthers*, ZfA 1977, 1, 36.

394 Abl. auch *Franken*, Gruppenarbeitsverhältnisse, S. 169 ff.; *Hoffmann*, Gruppenakkordarbeit, S. 78 f.

395 Vgl. ErfK/*Preis*, 25. Aufl., § 611a BGB Rn. 189; *Staudinger/Fischinger*, BGB (2022), § 611a Rn. 181.

396 Insoweit auch *Staudinger/Fischinger*, BGB (2022), § 611a Rn. 177.

397 *Franken*, Gruppenarbeitsverhältnisse, S. 157 f. Siehe dazu auch BAG 10.4.1991 – 4 AZR 467/90 –, AP § 611 BGB Abhängigkeit Nr. 54 = NZA 1991, 856 (Gesellschafter-Geschäftsführer eines Zimmereiunternehmens).

398 *Franken*, Gruppenarbeitsverhältnisse, S. 170 f.

Gruppenmitglieder in diesem Fall aufgrund eines eigenen Vertrags zur Leistung unselbstständiger Arbeit beim Auftraggeber verpflichtet sind, ist ein danebenstehender Dienstverschaffungsvertrag der Eigengruppe als solcher aber überflüssig. Stattdessen könnte man an einen **Gesamtarbeitsvertrag** denken, durch den sich die Eigengruppe als Gesellschaft bürgerlichen Rechts zur Erbringung einer Gesamtarbeitsleistung verpflichtet.[399] Sofern man angesichts der Personengebundenheit der Arbeitsleistung sowie der Verselbstständigung der GbR zu einem eigenen Rechtsträger eine solche Rechtsfigur freilich verneint,[400] bleibt nur der sich hiervon lediglich geringfügig unterscheidende Ansatz übrig, die Vereinbarung zwischen der Eigengruppe und dem Auftraggeber regelmäßig als eine Mehrzahl von Arbeitsverträgen zu qualifizieren, die sich jeweils durch einen besonderen Gruppenbezug auszeichnen und die gegebenenfalls im Wege der Stellvertretung zu Stande kommen.

104 Soweit es um den Charakter der Primärschuld der Mitglieder einer Eigengruppe als Vorfrage der Haftungsproblematik geht, ist in diesen Fällen von einer **gemeinschaftlichen Schuld** auszugehen. Die rechtliche Verbindung der verschiedenen Arbeitsverträge ergibt sich daraus, dass die Arbeitnehmer als geschlossene Gruppe auftreten und es für beide Seiten nur deshalb zum Abschluss der Arbeitsverträge mit den einzelnen Gruppenmitgliedern kommt, weil beide Seiten die Vorteile der Eigengruppenbildung (Vorhandensein eines „eingespielten Teams", höhere Produktivität, größere Arbeitszufriedenheit)[401] nutzen wollen. In haftungsrechtlicher Hinsicht ergibt sich aus diesem Befund im Wesentlichen folgendes: Zunächst haftet ein Mitglied der Eigengruppe abweichend von der Grundregel des § 425 Abs. 2 BGB unabhängig von einem eigenem Verschulden, wenn irgendein Gruppenmitglied die gemeinschaftliche Leistungspflicht schuldhaft verletzt hat.[402] Diese persönliche Einstandspflicht für das Fehlverhalten von Kollegen folgt aus der Vereinbarung, die Leistung gegenüber dem Arbeitgeber gerade im Zusammenwirken mit den anderen Gruppenmitgliedern zu erbringen, bildet das Äquivalent für die größere organisatorische Selbstständigkeit der Gruppe und entspricht allgemeinen zivilrechtlichen Maßstäben bei gemeinschaftlichen Schulden.[403] Sodann ist mangels eines Gesamthandvermögens, das dem Zugriff des Arbeitgebers offensteht, davon auszugehen, dass die einzelnen Arbeitnehmer mit ihrem Privatvermögen für Schäden aus einer mangelhaften Gruppenleistung haften. Schließlich ist die Haftung ihrem Umfang nach nicht schon von vornherein auf einen Teilbetrag etwa entsprechend der Kopfzahl der Gruppenmitglieder oder des Anteils an der Gesamtvergütung beschränkt.[404] Vielmehr liegt im Ausgangspunkt eine Gesamtschuld aller

399 *Heinze*, NJW 1985, 2112, 2119; *Hoffmann*, Gruppenakkordarbeit, S. 79 ff.; *Ramm*, ZfA 1973, 263, 275.

400 So *Franken*, Gruppenarbeitsverhältnisse, S. 167 f.

401 Dazu näher *Franken*, Gruppenarbeitsverhältnisse, S. 144 f.; *Hoffmann*, Gruppenakkordarbeit, S. 72 f.

402 *Rüthers*, ZfA 1977, 1, 38. Ebenso *Kniffka*, BB 1976, 274, 277, der sich aber zugleich für eine – materiellrechtlich unnötige – Beweislastumkehr ausspricht.

403 Vgl. *Larenz*, SchR I, 14. Aufl., § 36 II c, S. 630 f.; *Staudinger/Looschelders*, BGB (2022), Vorbem zu §§ 420 – 432 Rn. 76.

404 *Rüthers*, ZfA 1977, 1, 39; a.A. *Hoffmann*, Gruppenakkordarbeit, S. 84 ff.; *Kniffka*, BB 1976, 274, 277.

Mitglieder der Eigengruppe für den gesamten durch die Gruppe verursachten Schaden vor.[405] Anders als bei einer Betriebsgruppe ist es nicht gerechtfertigt, dem Arbeitgeber das Verschulden der Mitglieder der Eigengruppe über §§ 254 Abs. 2 S. 2, 278 BGB als Mitverschulden entgegenzuhalten.[406] Die automatisch eintretende Gesamtwirkung bei Störungen der Primärverbindlichkeit führt in Übereinstimmung mit allgemeinen zivilrechtlichen Grundsätzen[407] somit zu einer Gesamtschuld aller Mitglieder der Eigengruppe für die Sekundärverbindlichkeiten. Von einer Gesamtschuld ist auch bei einem gemeinschaftlich begangenen Vertragsbruch auszugehen.[408]

Zu einer teilweisen Enthaftung gelangt man erst über die allgemeinen Grundsätze 105
zur Haftungsprivilegierung des Arbeitnehmers. Diese **Grundsätze sind auch auf die Eigengruppe anwendbar**, weil die maßgeblichen Legitimationsgrundlagen, nämlich die prinzipielle Fremdsteuerung der Arbeitsleistung der Mitglieder der Eigengruppe sowie die Fremdnützigkeit ihrer Tätigkeit,[409] auch in dieser Konstellation vorliegen.[410] Soweit bei der Schadensverteilung an Umstände anzuknüpfen ist, die mit dem einzelnen Arbeitnehmer und nicht mit der Arbeitssituation als solcher zu tun haben,[411] ist eine Einzelbetrachtung vorzunehmen. Die hierdurch eintretende Entlastung einzelner Gruppenmitglieder kommt aber letztlich allen Arbeitnehmern in der Weise zugute, dass der Arbeitgeber den auf ihn entfallenden Anteil nicht von den anderen Mitgliedern der Eigengruppe verlangen kann. Soll die Haftung darüber hinaus erweitert werden, bedarf es entsprechend den obigen Ausführungen[412] wiederum eines hinreichenden Risikoausgleichs.

III. Instrumente zur Flankierung der Arbeitnehmerhaftung

Der Stellenwert der schadensersatzrechtlichen Verantwortlichkeit des Arbeitnehmers 106
lässt sich erst dann richtig einschätzen, wenn man zugleich einen Blick auf die anderen Instrumente wirft, mit denen der Arbeitgeber auf Vertragsverletzungen des Arbeitnehmers reagieren kann. Hierzu zählen vor allem die Vertragsstrafe und die Betriebsbuße.[413]

---

405 In diesem Sinne auch *Staudinger/Fischinger*, BGB (2022), § 611a Rn. 177; *Schaub/Koch*, Arbeitsrechts-Handbuch, 20. Aufl., § 181 Rn. 23; *Rüthers*, ZfA 1977, 1, 41.

406 *Schaub/Koch*, Arbeitsrechts-Handbuch, 20. Aufl., § 181 Rn. 23; *Rüthers*, ZfA 1977, 1, 39; a.A. *Franken*, Gruppenarbeitsverhältnisse, S. 199 ff.; *Hoffmann*, Gruppenakkordarbeit, S. 139 f.

407 Vgl. *Staudinger/Looschelders*, BGB (2022), Vorbem zu §§ 420 – 432 Rn. 76.

408 BAG 30.5.1972 – 1 AZR 427/71 –, AP TVG § 4 Ausschlussfristen Nr. 50.

409 Siehe hierzu oben § 3 RN 12, 18.

410 Generell ebenso *Schaub/Koch*, Arbeitsrechts-Handbuch, 20. Aufl., § 181 Rn. 23; eingehend *Franken*, Gruppenarbeitsverhältnisse, S. 202 ff.; a.A. *Rüthers*, ZfA 1977, 1, 41.

411 Vgl. dazu im Einzelnen § 10 RN 3 ff.

412 RN 73.

413 Weitere Reaktionsmöglichkeiten des Arbeitgebers wie Abmahnung und Kündigung werden im Folgenden nicht behandelt.

1. Vertragsstrafe

a) Funktion und Erscheinungsformen

107 **Vertragsstrafen**, die sich an die Verbindlichkeit eines Schuldners anlehnen (sog. unselbstständige Strafversprechen),[414] haben nach allgemeiner Auffassung eine **doppelte Funktion**: Zum einen dienen sie dazu, den Schuldner zu einer vertragsmäßigen Leistung anzuhalten. Zum anderen erleichtern und sichern sie bei vom Schuldner zu vertretenden Leistungsstörungen die Schadensersatzersatzforderung des Gläubigers.[415] Beide Zwecke treffen anerkanntermaßen auch auf arbeitsrechtliche Vertragsstrafenvereinbarungen zu.[416] Abweichende Ansichten, nach denen die Vertragsstrafe ausschließlich der Erfüllungssicherung, nicht aber zugleich der Schadenspauschalierung dient,[417] haben sich nicht durchsetzen können.

108 Die arbeitsvertragliche Praxis verwendet Konventionalstrafen vorwiegend in drei Bereichen:

Die erste Fallgruppe betrifft Vertragsstrafen, die den Arbeitnehmer zum vereinbarten Antritt der Arbeit bzw. zum Einhalten der Kündigungsfrist anhalten, also einem **Vertragsbruch vorbeugen** sollen.

Beispiel:

> Löst der Arbeitnehmer das Dienstverhältnis vertragswidrig oder tritt er die Tätigkeit gar nicht an, so hat er eine Vertragsstrafe in Höhe dreier Bruttomonatsvergütungen zu bezahlen.[418]

---

414 Selbstständige Strafversprechen, bei denen es von vornherein an einer Verpflichtung fehlt (vgl. § 343 Abs. 2 BGB), spielen im vorliegenden Zusammenhang keine Rolle.

415 BGH 27.11.1974 – VIII ZR 9/73 –, BGHZ 63, 256, 259; 18.11.1982 – VII ZR 305/81 –, BGHZ 85, 305, 312 f.; 23.6.1988 – VII ZR 117/87 –, BGHZ 105, 24, 27; 6.5.1993 – I ZR 144/92 –, NJW 1993, 2993 f.; 12.7.1995 – I ZR 176/93 –, BGHZ 130, 288, 295 f.; 20.1.2000 – VII ZR 46/98 –, NJW 2000, 2106, 2107; 20.1.2016 – VIII ZR 26/15 – Rn. 36, NJW 2016, 1230 f.; *Brendler*, Die Vertragsstrafe und ihre Grenzen, S. 41 ff.; MünchKommBGB/*Gottwald*, 9. Aufl., Vor § 339 Rn. 6; *Grüneberg/Grüneberg*, BGB, 84. Aufl., § 339 Rn. 1; *Staudinger/Rieble*, BGB (2020), Vorbem zu §§ 339 ff. Rn. 17 ff.

416 BAG 4.3.2004 – 8 AZR 196/03 – unter B III 2 a, AP § 309 BGB Nr. 3 = NZA 2004, 727; 18.12.2008 – 8 AZR 81/08 – Rn. 50, AP § 309 BGB Nr. 4 = NZA-RR 2009, 519; 19.8.2010 – 8 AZR 645/09 – Rn. 45, AP § 307 BGB Nr. 49; 22.2.2023 – 4 AZR 68/22 – Rn. 25, AP § 1 TVG Auslegung Nr. 241 = NZA 2023, 1059; *Klumpp*, in: Clemenz/Kreft/Krause, AGB-Arbeitsrecht, 3. Aufl., § 307 BGB Rn. 296; ErfK/*Müller-Glöge*, 25. Aufl., § 339 BGB Rn. 2; *Preis/Stoffels*, Der Arbeitsvertrag, 6. Aufl., II V 30 Rn. 4.

417 *Lindacher*, Phänomenologie, S. 57 ff; ebenso LAG Düsseldorf 8.1.2003 – 12 Sa 1301/02 –, AP § 309 BGB Nr. 2 = NZA 2003, 382: „Hinweis auf die ‚Doppelfunktion' der Vertragsstrafe ist ein Griff in die Mottenkiste der Rechtsprechung".

418 Vgl. BAG 18.12.2008 – 8 AZR 81/08 –, AP § 309 BGB Nr. 4 = NZA-RR 2009, 519; vergleichbar BAG 19.8.2010 – 8 AZR 645/09 –, AP § 307 BGB Nr. 49; 23.1.2014 – 8 AZR 130/13 –, AP § 309 BGB Nr. 5 = NZA 2014, 777; 17.3.2016 – 8 AZR 665/14 –, AP § 309 BGB Nr. 6 = NZA 2016, 945; 24.8.2017 – 8 AZR 378/16 –, AP § 309 BGB Nr. 7 = NZA 2018, 100; ferner ArbG Freiburg 11.1.1996 – 13 Ca 319/95 –, NZA-RR 1997, 44: Vorvertragliche Vertragsstrafenabrede mit dem Ziel einer Sicherung des späteren Arbeitsvertragsabschlusses sowie der anschließenden Tätigkeitsaufnahme.

Zuweilen wird dies durch die Androhung einer Vertragsstrafe auch für den Fall ergänzt, dass der Arbeitnehmer durch ein schuldhaft vertragswidriges Verhalten den Arbeitgeber zur fristlosen Kündigung des Arbeitsverhältnisses veranlasst hat.[419]

In der zweiten Fallgruppe geht es um die **Sicherung von Wettbewerbsverboten.**

Beispiel:

> Der Mitarbeiter hat im Falle eines gravierenden Vertragsverstoßes (etwa gegen das Wettbewerbsverbot, die Geheimhaltungspflicht oder bei einem Überschreiten der Befugnisse aus seinen Vollmachten) für jeden Einzelfall eine Vertragsstrafe in Höhe des ein- bis dreifachen Betrages des jeweiligen Monatsgehaltes bzw. nach seinem Ausscheiden des letzten Monatsgehaltes an den Arbeitgeber zu bezahlen.[420]

Eine gewisse Verbreitung haben schließlich drittens Klauseln, durch die der **Verstoß gegen Verschwiegenheitspflichten sanktioniert** werden soll.

Beispiel:

> Bei Verletzung der Verschwiegenheitspflicht kann der Arbeitgeber eine Vertragsstrafe in Höhe eines durchschnittlichen Bruttomonatseinkommens verlangen.[421]

Selten sind dagegen Vertragsstrafen, die eine einwandfreie Erfüllung der Arbeitspflicht als solche sichern sollen.

Beispiel:

> Der Angestellte hat einen Betrag von 5.000 DM zu zahlen, wenn er gegen Bestimmungen des Dienstvertrages bzw. gegen Weisungen des Arbeitgebers verstößt oder vorsätzlich eine dienstliche Schlechtleistung erbringt.[422]

Selbstständige Strafversprechen, die für den Fall vereinbart werden, dass jemand eine Handlung vornimmt oder unterlässt, zu der er rechtlich nicht verpflichtet ist, spielen im Arbeitsrecht soweit ersichtlich keine Rolle, sofern man den Problemkreis der Rückzahlungsklauseln nicht hierunter fasst.[423] 109

419 Vgl. BAG 4.3.2004 – 8 AZR 196/03 –, AP § 309 BGB Nr. 3 = NZA 2004, 727; 23.9.2010 – 8 AZR 897/08 –, AP § 307 BGB Nr. 48 = NZA 2011, 89; 20.10.2022 – 8 AZR 332/21 –, AP § 309 BGB Nr. 8 = NZA 2023, 423.
420 Vgl. BAG 18.8.2005 – 8 AZR 65/050 –, AP § 336 BGB Nr. 1 = NZA 2006, 34.
421 Vgl. BAG 14.8.2007 – 8 AZR 973/06 –, AP § 307 BGB Nr. 28 = NZA 2008, 170.
422 LAG Frankfurt/M. 5.9.1967 – 5 Sa 122/67 –, AR-Blattei Vertragsstrafe Nr. 1.
423 *Preis/Stoffels*, Der Arbeitsvertrag, 6. Aufl., II V 30 Rn. 5.

b) Abgrenzung

110 Vertragsstrafenvereinbarungen sind von anderen Regelungen zu unterscheiden, die sich für den Arbeitnehmer in ähnlicher Weise auswirken können, aber teilweise abweichenden Rechtmäßigkeitsanforderungen unterliegen.

111 Den Vertragsstrafen am nächsten kommen **Verfallklauseln**, die für den Fall einer Vertragsverletzung keine zusätzliche Zahlung durch den Arbeitnehmer, sondern einen Verlust von Rechten, etwa die Verwirkung rückständigen Entgelts, vorsehen. Die Verfallabrede steht einer Vertragsstrafe funktional gleich, weil sie präventiv wirkt und zugleich einen konkreten Schadensnachweis erübrigt.[424] Die Parallelität rechtfertigt es, die §§ 339 ff. BGB zumindest entsprechend anzuwenden.[425] Dies bedeutet vor allem, dass das Ausmaß des Verfalls gemäß § 343 Abs. 1 BGB auf seine Angemessenheit hin kontrolliert werden kann.[426] Einen von vornherein eigenständigen Charakter hat dagegen die aufsichtsrechtlich vorgeschriebene ex-post-Reduzierung variabler Vergütungsbestandteile gemäß § 18 Abs. 5 S. 3 Nr. 1 InstitutsVergV auf „Null" für den Fall, dass ein sog. Risikoträger, zu denen auch Arbeitnehmer gehören können (vgl. § 2 Abs. 8 InstitutsVergV, §§ 1 Abs. 21, 25a Abs. 5b KWG) an einem Verhalten beteiligt war, das für ein von dieser Vorschrift erfasstes Finanzinstitut zu einem erheblichen finanziellen Verlust geführt hat. Insoweit geht es nämlich nicht zwingend um eine schuldhafte Vertragsverletzung. Vielmehr steht der Gedanke im Vordergrund, dass ein Risikoträger keinen Bonus verdient, wenn sein Umgang mit finanziellen Risiken zu einer wirtschaftlichen Schieflage des Unternehmens beigetragen hat. Weiter sind vorformulierte Verfallklauseln aufgrund ihrer funktionalen Übereinstimmung mit Vertragsstrafen in gleicher Weise am AGB-Recht[427] zu messen.[428] Wegen ihrer Anknüpfung an eine zu vertretende Pflichtwidrigkeit[429] stellt eine Verfallklausel allerdings auch dann, wenn der Verfall das tarifliche Entgelt betrifft, keinen unzulässigen Lohnverzicht i.S. von § 4 Abs. 4 S. 1 TVG dar.[430] Im Übrigen sind das Aufrechnungsverbot des § 394 BGB sowie die Pfändungs-

---

424 MHdB ArbR/*Reichold*, 6. Aufl., § 43 Rn. 58; *Preis/Stoffels*, Der Arbeitsvertrag, 6. Aufl., II V 30 Rn. 122 ff. Im Erg. auch BAG 18.11.1960 – 1 AZR 238/59 –, AP § 4 TVG Vertragsstrafe Nr. 1 mit zust. Anm. *A. Hueck*.

425 Vgl. BGH 27.6.1960 – VII ZR 101/59 –, NJW 1960, 1568; 8.10.1992 – IX ZR 98/91 –, NJW-RR 1993, 243; *Bötticher*, ZfA 1970, 3, 39; *Engel*, Konventionalstrafen, S. 25 ff.; ErfK/*Müller-Glöge*, 25. Aufl., § 339 BGB Rn. 4; *Staudinger/Rieble*, BGB (2020), § 339 Rn. 463; *Schwerdtner*, FS Hilger/Stumpf (1983), S. 631, 633 f.; *Söllner*, AuR 1981, 97, 101.

426 *Preis/Stoffels*, AR-Blattei SD 1710 Rn. 25.

427 Dazu unten RN 119 ff.

428 MHdB ArbR/*Reichold*, 6. Aufl., § 43 Rn. 58.

429 Sofern eine Verfallklausel an ein erlaubtes Verhalten anknüpft, kommen von vornherein zusätzliche Aspekte ins Spiel. So liegt etwa bei der Absicherung des Arbeitgebers vor dem Ausspruch einer fristgerechten Arbeitnehmerkündigung eine von vornherein unzulässige Kündigungserschwerung vor; vgl. BAG 11.3.1971 – 5 AZR 349/70 –, AP § 622 BGB Nr. 9.

430 BAG 18.11.1960 – 1 AZR 238/59 –, AP § 4 TVG Vertragsstrafe Nr. 1; MHdB ArbR/*Reichold*, 6. Aufl., § 43 Rn. 58.

schutzvorschriften der §§ 850 ff. ZPO grundsätzlich entsprechend anwendbar.[431] Freilich entfällt der dadurch bewirkte Schutz im Falle einer vorsätzlichen Schädigung des Arbeitgebers durch den Arbeitnehmer.[432]

Weiterhin sind **Schadenspauschalierungen** zu nennen. Ihr Zweck liegt nicht in der Sicherung der Hauptverbindlichkeit. Vielmehr geht es allein darum, im Rahmen eines bestehenden Schadensersatzanspruchs den Nachweis des Umfangs eines Schadens zu ersetzen. Trotz gewisser Ähnlichkeiten mit der Vertragsstrafe handelt es sich somit um ein eigenständiges Rechtsinstitut.[433] Die Abgrenzung, zu der nicht zuletzt die klare Unterscheidung von Schadenspauschalierung und Vertragsstrafe in § 309 Nr. 5 und Nr. 6 BGB zwingt, ist nach dem durch Auslegung zu ermittelnden Ziel der jeweiligen Vereinbarung vorzunehmen.[434] Handelt es sich um eine antizipierte Schadensschätzung, sind die §§ 339 ff. BGB weder unmittelbar noch analog anwendbar.[435] Somit scheidet insbesondere eine Reduktion der Pauschalierung nach § 343 BGB aus.[436] Generell unzulässig ist die Festsetzung von Pauschbeträgen in Ausbildungsverträgen (§ 12 Abs. 2 Nr. 4 BBiG). Für formularmäßige Schadenspauschalierungen gelten zudem die Grenzen des § 309 Nr. 5 BGB. Arbeitsrechtliche Besonderheiten i.S. von § 310 Abs. 4 S. 2 BGB – wie etwa Beweisschwierigkeiten des Arbeitgebers – stehen einer Anwendung dieser Vorschrift nicht entgegen, weil die Interessenlage nicht wesentlich anders ist als im Rahmen anderer Schuldverhältnisse.[437] Gemäß § 309 Nr. 5 BGB darf zum einen die Pauschale den gewöhnlich zu erwartenden Schaden nicht übersteigen (Buchstabe a). Diese Voraussetzung bringt die schwierige Aufgabe mit sich, den durchschnittlichen Schaden in der betreffenden Branche zu schätzen, wobei es schnell zu Abweichungen zwischen richterlicher und arbeitgeberseitiger Einschätzung kommen kann. Ein zu hoch angesetzter Schaden führt dann zur Unwirksamkeit der Klausel. Umgekehrt sind Klauseln weniger effektiv, wenn sie nur von einem geringen Schaden ausgehen.[438] Zum anderen muss dem Arbeitnehmer ausdrücklich die Möglichkeit verbleiben, das Nichtvorliegen eines Schadens bzw. einen wesentlich geringeren Schaden nachzuweisen 112

---

431 Vgl. LAG Berlin 14.7.1989 – 6 Sa 34/89 –, LAGE § 339 BGB Nr. 3: Tarifvertragliche Regelung über Rückzahlung von Urlaubsgeld bei Vertragsbruch durch nachträgliche Umqualifizierung als Entgeltvorschuss.

432 Vgl. BAG 31.3.1960 – 5 AZR 441/57 –, AP § 394 BGB Nr. 5; 18.3.1997 – 3 AZR 756/95 –, AP § 394 BGB Nr. 30 = NZA 1997, 1108.

433 BAG 14.12.1966 – 5 AZR 168/66 –, AP § 138 BGB Nr. 26; LAG Berlin 19.5.1980 – 8 Sa 19/80 –, AP § 339 BGB Nr. 8; *Engel*, Konventionalstrafen, S. 12 f.

434 BGH 6.11.1967 – VIII ZR 81/65 –, BGHZ 49, 84, 89; LAG Berlin 19.5.1980 – 8 Sa 19/80 –, AP § 339 BGB Nr. 8; *Bötticher*, ZfA 1970, 3, 36; *Preis/Stoffels*, AR-Blattei SD 1710 Rn. 36 ff.; *Schlewing*, in: Clemenz/Kreft/Krause, AGB-Arbeitsrecht, 3. Aufl., § 309 BGB Rn. 59; ausführlich *Stoffels*, Vertragsbruch, S. 244 ff.; zur Kritik an den Unterscheidungskriterien siehe auch MünchKommBGB/*Wurmnest*, 9. Aufl., § 309 Nr. 5 Rn. 6.

435 MHdB ArbR/*Reichold*, 6. Aufl., § 43 Rn. 57; *Staudinger/Rieble*, BGB (2020), Vorbem zu §§ 339 ff. Rn. 67.

436 Vgl. *Beisenkötter*, Arbeitsvertragsbruch, S. 72; *Heinze*, NZA 1994, 244, 248. A.A. LAG Düsseldorf 15.11.1972 – 2 Sa 292/72 –, DB 1973, 85; *Stoffels*, Vertragsbruch, S. 257.

437 DDW/*Däubler*, 5. Aufl., § 309 Nr. 5 BGB Rn. 3; *Preis/Stoffels*, Der Arbeitsvertrag, 6. Aufl., II S 20 Rn. 16.

438 Näher Preis/*Stoffels*, Der Arbeitsvertrag, 6. Aufl., II S 20 Rn. 17.

(Buchstabe b).[439] Zu einem Konflikt mit den Grundsätzen über die Haftungsprivilegierung führt eine Schadenspauschalierung aber nicht.[440] Die Pauschalierung betrifft nämlich nur die Frage, welcher Schaden bei der Anwendung der Regeln über den innerbetrieblichen Schadensausgleich einzustellen ist. Hingegen zielt eine Schadenspauschalierung nicht darauf ab, dass der Arbeitnehmer ohne Rücksicht auf die allgemeine Haftungsgrundsätze die Pauschale in jedem Fall ohne Abzüge zu leisten hat. Da eine solche Abrede nicht gegen die arbeitsrechtliche Haftungsreduktion verstößt, kann sie auch nicht unter diesem Blickwinkel unwirksam sein.

113 Schließlich sind Vertragsstrafen von **Betriebsbußen** abzugrenzen. Während die Vertragsstrafe allein das individuelle Interesse des Arbeitgebers als Gläubiger der Arbeitsleistung schützen soll, geht es bei der Betriebsbuße um eine Sanktion wegen eines kollektivbezogenen, gemeinschaftswidrigen Verhaltens des Arbeitnehmers.[441] Die Wirksamkeit einer Vertragsstrafe richtet sich allein nach den Vorschriften des Arbeitsvertragsrechts sowie den §§ 339 ff. BGB und dem AGB-Recht. Demgegenüber werden Betriebsbußordnungen durch die Mitwirkung des Betriebsrats zumindest wesentlich mitgeprägt.[442] Zwar kann ein- und dasselbe Arbeitnehmerverhalten beide Pflichtenkreise zugleich verletzen und dementsprechend kumulativ Rechtsfolgen auslösen. Man denke an den Verstoß gegen ein Alkoholverbot, der Betriebsmittel gefährdet und zugleich die betriebliche Verbundenheit der Arbeitnehmer untergräbt. Zudem können in einer Betriebsvereinbarung jedenfalls nach Ansicht des BAG auch Vertragsstrafen geregelt werden.[443] Diese Überschneidungen rechtfertigen es entgegen einer verbreiteten Auffassung[444] aber nicht, Betriebsbußen lediglich als eine besondere Form der Vertragsstrafe anzusehen.[445]

c) Grundsätzliche Zulässigkeit von Vertragsstrafen

114 Hinsichtlich der Wirksamkeitsgrenzen muss deutlich zwischen der **Kontrolle des Vertragsstrafeversprechens** als solchem und **der Kontrolle des späteren Strafver-**

439 Vgl. *Preis/Stoffels*, AR-Blattei SD 1710 Rn. 46.

440 A.A. *Schlewing*, in: Clemenz/Kreft/Krause, AGB-Arbeitsrecht, 3. Aufl., § 309 BGB Rn. 67.

441 BAG 5.2.1986 – 5 AZR 564/84 –, AP § 339 BGB Nr. 12 = NZA 1986, 782; *Gamillscheg*, KollArbR II, § 50, 3 b (2), S. 883; *Löwisch/Würtenberger*, JuS 1970, 261; *Preis/Stoffels*, AR-Blattei SD 1710 Rn. 42 ff.; zur Abgrenzung ausführlich *Engel*, Konventionalstrafen, S. 128 ff.

442 Siehe dazu näher unter RN 136.

443 BAG 6.8.1991 – 1 AZR 3/90 –, AP § 77 BetrVG 1972 Nr. 52 = NZA 1992, 177. Hierzu noch unter RN 130.

444 *Baur*, JZ 1965, 163, 165 ff.; *Bötticher*, ZfA 1970, 3, 61; *Leinemann*, AuR 1970, 134, 140 f.; Richardi/*Maschmann*, BetrVG, 17. Aufl., § 87 Rn. 219 ff.; *Weitnauer*, FS Reinhardt (1972), S. 179, 191 ff.; *Zöllner*, ZZP 83 (1970), 365, 387 ff.

445 Im Erg. ebenso *Gamillscheg*, KollArbR II, § 50, 3 b (2), S. 883; MünchKommBGB/*Gottwald*, 9. Aufl., Vor § 339 Rn. 50; *Löwisch/Würtenberger*, JuS 1970, 261 f.; *Michaelis/Oberhofer/Rose*, ArbRGegw 19 (1981), S. 19, 24 f.; *Preis/Stoffels*, AR-Blattei SD 1710 Rn. 42 ff.; *Söllner*, AuR 1981, 97 Fn. 1; GK-BetrVG/*Wiese*, 12. Aufl., § 87 Rn. 252 m.w.N.; Für eine Abgrenzung beider Institute auch *Stoffels*, Vertragsbruch, S. 188 f.; siehe auch unten RN 133.

langens unterschieden werden.[446] Im Folgenden geht es zunächst nur um den erstgenannten Aspekt. Dabei bedarf es aufgrund unterschiedlicher Rechtmäßigkeitsanforderungen und Prüfungsmaßstäbe im Ausgangspunkt einer Differenzierung zwischen echten individualvertraglichen und vorformulierten Vertragstrafen. In der Arbeitsvertragspraxis spielen freilich nur formularmäßige Konventionalstrafen eine nennenswerte Rolle.

Eine unstreitige Grenze für alle Vertragsstrafenvereinbarungen stellt **§ 12 Abs. 2 Nr. 2 BBiG** dar. Das darin enthaltene Verbot gilt jedoch nur für solche Vertragsstrafen, die sich auf das Berufsausbildungsverhältnis bzw. auf ein Vertragsverhältnis i. S. d. § 26 BBiG[447] selbst beziehen. Eine Übertragung des Verbots auf andere Fälle kommt nicht in Betracht.[448] Nicht erfasst wird daher eine Abrede, die den Bruch eines – nach Maßgabe des § 12 Abs. 1 S. 2 BBiG wirksam vereinbarten – anschließenden Arbeitsverhältnisses sanktionieren will.[449] 115

Manche Stimmen halten Vertragsstrafen zu Lasten des Arbeitnehmers generell für unwirksam, weil sie sich einseitig zum Nachteil des Beschäftigten auswirken.[450] Gegen diese Sichtweise spricht jedoch bereits die Existenz von § 75c HGB, der die grundsätzliche Möglichkeit einer Vertragsstrafevereinbarung zur Sicherung der Pflichten des Arbeitnehmers voraussetzt. Außerdem wäre das soeben erwähnte spezielle Vertragsstrafenverbot in § 12 Abs. 2 Nr. 2 BBiG bei Annahme einer generellen Unzulässigkeit überflüssig.[451] Aus § 75c HGB und § 12 Abs. 2 Nr. 2 BBiG lässt sich folglich im Wege eines argumentum e contrario die **generelle Zulässigkeit von Vertragsstrafen im Arbeitsrecht** ableiten.[452] 116

Ein Teil vor allem des älteren Schrifttums ist dennoch der Auffassung, dass sich aus dem Ausschluss der Vollstreckbarkeit von Dienstleistungen gemäß **§ 888 Abs. 3 ZPO** mittelbar ein generelles Verbot ergebe, den Vertragsbruch im Arbeitsrecht durch eine Vertragsstrafe zu sanktionieren.[453] Der Gesetzgeber habe persönliche Dienstleistungen generell von der Erzwingbarkeit durch wirtschaftliche Druckmittel ausnehmen wollen.[454] Diese Ansicht vermag indes aus mehreren Gründen nicht zu überzeugen: Zunächst lässt sich nicht bestreiten, dass der Arbeitgeber einen klagbaren Anspruch auf die Arbeitsleistung hat. Schon aus diesem Umstand erwächst ein **legitimes Interesse des Arbeitgebers daran, diesen Erfüllungsanspruch durch eine Vertragsstrafen-** 117

---

446 Vgl. *Bötticher*, ZfA 1970, 3, 24 ff.; *Preis*, Vertragsgestaltung, S. 475 f.

447 Dazu LAG Nürnberg 4.11.1992 – 3 Sa 367/92 –, LAGE § 339 BGB Nr. 10.

448 MHdB ArbR/*Reichold*, 6. Aufl., § 43 Rn. 57; *Preis/Stoffels*, Der Arbeitsvertrag, 6. Aufl., II S 20 Rn. 15.

449 BAG 23.6.1982 – 5 AZR 168/80 –, AP § 5 BBiG Nr. 4 m. abl. Anm. *Stein*.

450 *Hildebrandt*, Disparität und Inhaltskontrolle, S. 56 ff.; in diese Richtung auch *Däubler*, NJW 1986, 867, 873 f.

451 *Engels*, Konventionalstrafen, S. 120 f.; *Stoffels*, Vertragsbruch, S. 205.

452 *Gotthardt*, Arbeitsrecht nach der Schuldrechtsreform, 2. Aufl., Rn. 278; ErfK/*Müller-Glöge*, 25. Aufl., § 339 BGB Rn. 9; *Niemann*, RdA 2013, 92, 93; a.A. ArbG Bochum 8.7.2002 – 3 Ca 1287/02 –, NZA 2002, 978, 980.

453 Zu § 888 Abs. 2 ZPO a.F.: *Lindacher*, Phänomenologie, S. 72 ff. Ihm folgend *Krauß*, AuR 1975, 152; *Langheid*, DB 1980, 1219 f.

454 DDW/*Däubler*, 5. Aufl., § 309 Nr. 6 BGB Rn. 9.

abrede zu sichern.[455] Der hiervon ausgehende Druck auf den Arbeitnehmer ist nicht wesentlich höher als die Belastung durch einen drohenden Schadensersatzanspruch nach § 628 Abs. 2 BGB oder eine vom Arbeitsgericht nach § 61 Abs. 2 ArbGG festgesetzte Entschädigung. Sinn und Zweck des § 888 Abs. 3 ZPO ist zudem die Wahrung des Persönlichkeitsschutzes des Arbeitnehmers, weshalb nicht ersichtlich ist, warum dem Arbeitgeber Vertragsstrafen generell verwehrt werden sollten.[456] Darüber hinaus wird dem Arbeitgeber trotz der Regelung des § 613 BGB zunehmend die Befugnis zugebilligt, die Arbeitsleistung als vertretbar zu behandeln und nach § 887 ZPO zu vollstrecken.[457] Im Übrigen stellen weder eine Vollstreckung gemäß § 887 ZPO noch eine entsprechende Vertragsstrafe eine unzulässige Beeinträchtigung der Berufsfreiheit oder gar der Menschenwürde des Arbeitnehmers dar, denn sie sind nur Konsequenzen aus der vertraglich übernommenen Pflicht zur Arbeitsleistung.[458] Aus § 888 Abs. 3 ZPO lässt sich demnach kein Verbot von Vertragsstrafen ableiten.[459]

118 Zu den umstrittensten Fragen der durch die Schuldrechtsmodernisierung eingeführten AGB-Kontrolle im Arbeitsrecht gehörte die Frage nach der weiteren Zulässigkeit von vorformulierten Konventionalstrafen angesichts des kategorischen Klauselverbots gemäß § 309 Nr. 6 BGB. In seiner Grundsatzentscheidung vom 4.3.2004 hat das BAG entschieden, dass diese Vorschrift formularmäßigen Vertragsstrafen nicht grundsätzlich entgegensteht[460] und ist damit im Schrifttum ganz überwiegend auf Zustimmung gestoßen[461]. Das BAG hat damit allen Ansätzen eine Absage erteilt, die unter Berufung auf diese Vorschrift klauselartige Strafabreden im Arbeitsrecht als Sanktion für Vertragsbruch[462] oder sogar generell[463] nunmehr für unzulässig erklären wollten. Diese Grundaussage ist vom BAG mittlerweile so häufig wiederholt worden,[464] dass dem

455 BAG 23.5.1984 – 4 AZR 129/82 –, AP § 339 BGB Nr. 9 = NZA 1984, 255; *Heinze*, NZA 1994, 244, 249 f.; *Niemann*, RdA 2013, 92, 93; *Schwerdtner*, FS Hilger/Stumpf (1983), S. 631, 651; *Preis/Stoffels*, Der Arbeitsvertrag, 6. Aufl., II V 30 Rn. 8; *Söllner*, AuR 1981, 97, 102.

456 *Krause*, FS Reuter (2010), S. 627, 629.

457 Näher dazu *G. Lüke*, FS E. Wolf (1985), S. 459, 463 ff.; *Krause*, AR-Blattei SD 220.2.1 Rn. 100; *Schwerdtner*, FS Hilger/Stumpf (1983), S. 631, 648 ff.; *Stoffels*, Vertragsbruch, S. 65 ff.; *M. Wolf*, JZ 1963, 434 ff.

458 *Schwerdtner*, FS Hilger/Stumpf (1983), S. 631, 650 f.; *M. Wolf*, JZ 1963, 434, 435.

459 Ebenso ErfK/*Müller-Glöge*, 25. Aufl., § 339 BGB Rn. 10; *Staudinger/Rieble*, BGB (2020), § 339 Rn. 186; *Stoffels*, Vertragsbruch, S. 206 f.

460 BAG 4.3.2004 – 8 AZR 196/03 –, AP § 309 BGB Nr. 3 = NZA 2004, 727.

461 *Staudinger/Krause*, BGB (2022), Anh zu §§ 305 – 310 Rn. K 151, K 229; *ders.*, FS Reuter (2010), S. 627, 628 f.; ErfK/*Müller-Glöge*, 25. Aufl., § 339 BGB Rn. 9; MHdB ArbR/*Reichold*, 6. Aufl., § 43 Rn. 49; *Schlewing*, in: Clemenz/Kreft/Krause, AGB-Arbeitsrecht, 3. Aufl., § 309 BGB Rn. 79 ff.; *Preis/Stoffels*, Der Arbeitsvertrag, 6. Aufl., II V 30 Rn. 24; ferner *Chasapis*, Herabsetzung, S. 384 ff.

462 *Birnbaum*, NZA 2003, 944, 946 ff.; *Däubler*, NZA 2001, 1329, 1336; *Reinecke*, DB 2002, 583, 585 f.

463 *von Koppenfels*, NZA 2002, 598, 599 ff.

464 Vgl. BAG 21.4.2005 – 8 AZR 425/04 –, AP § 307 BGB Nr. 3 = NZA 2005, 1053; 18.8.2005 – 8 AZR 65/05 –, AP § 336 BGB Nr. 1 = NZA 2006, 34; 14.8.2007 – 8 AZR 973/06 –, AP § 307 BGB Nr. 28 = NZA 2008, 170; 25.9.2008 – 8 AZR 717/07 –, AP § 307 BGB Nr. 39 = NZA 2009, 370; 18.12.2008 – 8 AZR 81/08 –, AP § 309 BGB Nr. 4 = NZA-RR 2009, 519; 28.5.2009 – 8 AZR 896/07 –, AP § 306 BGB Nr. 6 = NZA 2009, 1337; 19.8.2010 – 8 AZR 645/09 –, AP § 307 BGB Nr. 49; 23.9.2010 – 8 AZR 897/08 –, AP § 307 BGB Nr. 48 = NZA 2011, 89; 23.1.2014 – 8 AZR 130/13 –

hiergegen immer noch vereinzelt anzutreffenden literarischen Widerstand[465] keine praktische Bedeutung mehr zukommt. Zur Begründung stützt sich das BAG im Kern auf den **Ausschluss der Zwangsvollstreckung des Anspruchs auf die Arbeitsleistung gemäß § 888 Abs. 3 ZPO**, den es als **im Arbeitsrecht geltende Besonderheit i.S. des § 310 Abs. 4 S. 2 BGB** einstuft. Da es dem Arbeitgeber nicht möglich ist, den vertraglichen Primäranspruch auf die Arbeitsleistung unmittelbar durchzusetzen, muss ihm die **Vertragsstrafe als häufig einzig wirksames Instrument** zur Verfügung stehen, um einen Vertragsbruch des Arbeitnehmers zu verhindern, der erhebliche Schäden verursachen kann. § 888 Abs. 3 ZPO spricht damit nicht gegen, sondern gerade umgekehrt für die Zulässigkeit von Konventionalstrafen. Hinzu kommen die für den Arbeitgeber bestehenden **Schwierigkeiten, einen durch einen Vertragsbruch eingetretenen Schaden darzulegen und zu beweisen.** Hiervon abgesehen würde es nicht überzeugen, formularmäßige Vertragsstrafen im Arbeitsrecht nur bei Vertragsbruch für unzulässig zu halten, während andere relevante Fälle (Wettbewerbsverstoß und Verschwiegenheitspflichtverletzung) schon vom Wortlaut des § 309 Nr. 6 BGB nicht erfasst werden.[466]

d) Formale Anforderungen an den Sanktionstatbestand

Das BAG hat sein Votum für eine generelle Zulässigkeit von vorformulierten Vertrags- 119
strafen allerdings mit erheblichen Einschränkungen versehen,[467] die es in die Angemessenheitskontrolle nach § 307 BGB integriert.[468] Hieran wird deutlich, dass die arbeitsrechtlichen Besonderheiten zwar spezielle Klauselverbote zurückdrängen können, aber nicht vor einer Kontrolle vorformulierter Arbeitsbedingungen auf eine unangemessene Benachteiligung immunisieren.[469] Diese Einschränkungen betreffen zunächst die Anforderungen an die Formulierung der Pflichtverletzung des Arbeitnehmers als Anknüpfungspunkt für die Verwirkung der Konventionalstrafe. Insoweit beruft sich das BAG auf das aus dem **Transparenzgebot** (§ 307 Abs. 1 S. 2 BGB) abgeleitete **Bestimmtheitsgebot** und verlangt, dass die auslösende Pflichtverletzung in einer hinreichend klaren und verständlichen Weise umschrieben wird. Die Regelung muss erkennen

Rn. 21, AP § 309 BGB Nr. 5 = NZA 2014, 777; 17.3.2016 – 8 AZR 664/14 – Rn. 11, AP § 309 BGB Nr. 6 = NZA 2016, 945; 24.8.2017 – 8 AZR 378/16 – Rn. 16, AP BGB § 309 Nr. 7 = NZA 2018, 100; 20.10.2022 – 8 AZR 332/21 – Rn. 33, AP § 309 BGB Nr. 8 = NZA 2023, 423.

465 DDW/*Däubler*, 5. Aufl., § 309 Nr. 6 BGB Rn. 6 ff.

466 Vgl. BAG 21.4.2005 – 8 AZR 425/04 –, AP § 307 BGB Nr. 3 = NZA 2005, 1053; BAG 18.8.2005 – 8 AZR 65/05 –, AP § 336 BGB Nr. 1 = NZA 2006, 34. Für Konventionalstrafen zur Sicherung nachvertraglicher Wettbewerbsverbote folgt die grundsätzliche Zulässigkeit zudem bereits aus § 75c HGB.

467 Insoweit ist immer wieder von einem „strengen Maßstab" die Rede, vgl. BAG 17.3.2016 – 8 AZR 664/14 – Rn. 11, AP § 309 BGB Nr. 6 = NZA 2016, 945; 24.8.2017 – 8 AZR 378/16 – Rn. 16, AP § 309 BGB Nr. 7 = NZA 2018, 100; 20.10.2022 – 8 AZR 332/21 – Rn. 33, AP § 309 BGB Nr. 7 = NZA 2023, 424.

468 Nur am Rande sei vermerkt, dass eine Vertragsstrafenklausel selbstverständlich nicht überraschend i.S. von § 305c Abs. 1 BGB sein darf; siehe nur BAG 25.9.2008 – 8 AZR 717/07 – Rn. 23 ff., AP § 307 BGB Nr. 39 = NZA 2009, 370 (in concreto aber verneint); ferner BAG 20.10.2022 – 8 AZR 332/21 – Rn. 31 f., AP § 309 BGB Nr. 8 = NZA 2023, 423.

469 *Staudinger/Krause*, BGB (2022), Anh zu §§ 305 – 310 Rn. K 151.

lassen, welche konkreten Pflichten durch sie tatsächlich gesichert werden sollen.[470] Das BAG stützt sich hierbei vor allem auf die Überlegung, dass die Vertragsstrafenregelung eine Warnfunktion hat, die sie nur dann entfalten kann, wenn der Arbeitnehmer weiß, was gegebenenfalls „auf ihn zukommt“, und er sein Verhalten somit darauf einrichten kann.[471] Darüber hinaus soll der Sanktionscharakter der Konventionalstrafe aus rechtsstaatlichen Grundsätzen eine hinreichende Bestimmtheit der strafbewehrten Pflichtverletzung gebieten. Bei alledem stellt das BAG hohe Anforderungen auf.[472] So soll die Formulierung „schuldhaft vertragswidriges Verhalten des Arbeitnehmers, das den Arbeitgeber zur fristlosen Kündigung des Arbeitsverhältnisses veranlasst“, nicht ausreichen.[473] Entsprechendes gilt für die Formulierung „gravierende Vertragsverstöße“.[474] Anders soll dies nur dann sein, wenn durch Beispiele klargestellt wird, welche konkreten Fälle gemeint sind. Dagegen bedarf es keines ausdrücklichen Hinweises, dass die Vertragsstrafe nur bei einem Verschulden des Arbeitnehmers verwirkt sein soll.[475] Ferner hat das BAG das Bestimmtheitsgebot auch auf die Höhe der Vertragsstrafe ausgedehnt, damit dem Arbeitnehmer vor Augen geführt wird, welche Lasten auf ihn im Falle einer Vertragsverletzung zukommen.[476]

e) Materielle Anforderungen an den Sanktionstatbestand

120 Weiter verlangt das BAG im Rahmen von § 307 Abs. 1 S. 1 BGB, dass die Vertragsstrafenregelung einem **berechtigten Interesse des Arbeitgebers** dient, um den Arbeitnehmer nicht unangemessen zu benachteiligen.[477] Sie darf nicht auf die Schöpfung neuer Geldforderungen abzielen, die bereits dem Grunde nach von jeglichem Sachinteresse des Arbeitgebers losgelöst sind.[478] Wenn sowohl ein Schadensausgleichsinteresse als auch ein Präventionsinteresse des Arbeitgebers bestehen, ist ein berechtigtes Interesse unproblematisch zu bejahen.[479] Beide Voraussetzungen sind typischerweise bei der vorzeitigen Beendigung des Arbeitsverhältnisses durch Vertragsbruch, aber

---

470 BAG 21.4.2005 – 8 AZR 425/04 – AP § 307 BGB Nr. 3 = NZA 2005, 1053; 18.8.2005 – 8 AZR 65/05 – AP § 336 BGB Nr. 1 = NZA 2006, 34; 14.8.2007 – 8 AZR 973/06 –, AP § 307 BGB Nr. 28 = NZA 2008, 170; 23.1.2014 – 8 AZR 130/13 – Rn. 23, AP § 309 BGB Nr. 5 = NZA 2014, 777.

471 Siehe dazu auch *Staudinger/Krause*, BGB (2022), Anh zu §§ 305 – 310 Rn. K 247.

472 Krit. *Coester*, FS Löwisch (2007), S. 57, 67 f.; *Hanau*, FS Konzen (2006), S. 249, 254 f.; MHdB ArbR/*Reichold*, 6. Aufl., § 43 Rn. 50; ferner *Krause*, FS Reuter (2010), S. 627, 632 f.

473 BAG 21.4.2005 – 8 AZR 425/04 –, AP § 307 BGB Nr. 3 = NZA 2005, 1053. Großzügiger aber offenbar BAG 28.5.2009 – 8 AZR 896/07 –, NZA 2009, 1337.

474 BAG v. 18.8.2005 – 8 AZR 65/05 –, AP § 336 BGB Nr. 1 = NZA 1006, 34.

475 BAG 18.12.2008 – 8 AZR 81/08 – Rn. 46, AP § 309 BGB Nr. 4 = NZA-RR 2009, 519; 19.8.2010 – 8 AZR 645/09 – Rn. 52, AP § 307 BGB Nr. 49; 20.10.2022 – 8 AZR 332/21 – Rn. 38, AP § 309 BGB Nr. 8 = NZA 2023, 423.

476 BAG v. 14.8.2007 – 8 AZR 973/06 –, AP § 307 BGB Nr. 28 = NZA 2008, 170; 20.10.2022 – 8 AZR 332/21 – Rn. 39, AP § 309 BGB Nr. 8 = NZA 2023, 423.

477 BAG 21.4.2005 – 8 AZR 425/04 –, AP § 307 BGB Nr. 3 = NZA 2005, 1053.

478 BAG 18.12.2008 – 8 AZR 81/08 – Rn. 50, AP § 309 BGB Nr. 4 = NZA-RR 2009, 519.

479 *Klumpp*, in: Clemenz/Kreft/Krause, AGB-Arbeitsrecht, 3. Aufl., § 307 BGB Rn. 296.

auch bei der vorübergehenden Arbeitsverweigerung[480] erfüllt. Dasselbe gilt bei Verletzungen von Wettbewerbsverboten oder von Verschwiegenheitspflichten. Neben dem generellen Interesse des Arbeitgebers an der Einhaltung der vertraglichen Pflichten durch den Arbeitnehmer droht dem Arbeitgeber in diesen Fällen typischerweise ein nicht unerheblicher Schaden, wobei er auch unter Berücksichtigung der schadensersatzrechtlichen und zivilprozessualen Erleichterungen gemäß § 252 S. 2 BGB und § 287 ZPO aber nur schwer in der Lage ist, einen ihm durch die Vertragsverletzung zugefügten Schaden nachzuweisen. Demgegenüber führt es zu einer **unangemessenen „Übersicherung“**, wenn die Konventionalstrafe durch jegliches schuldhaftes vertragswidriges Verhalten des Arbeitnehmers, das den Arbeitgeber zu einer Kündigung veranlasst, verwirkt werden soll, weil den Interessen des Arbeitgebers grundsätzlich bereits durch das Recht zur außerordentlichen Kündigung hinreichend Rechnung getragen wird.[481] Ausgehend von der doppelten Funktion der Vertragsstrafe als Instrument zur Schadenspauschalierung und zur Sicherung der Vertragserfüllung[482] ist es allerdings nicht zwingend, dass stets beide Zwecke kumulativ verfolgt werden, um von einem berechtigten Interesse des Arbeitgebers sprechen zu können.[483] Vielmehr kann es in typisierten Situationen genügen, wenn der Arbeitgeber ein **gesteigertes Interesse an der Einhaltung einer bestimmten Pflicht** durch den Arbeitnehmer hat, auch wenn dem Arbeitgeber im Einzelfall kein wesentlicher Schaden droht bzw. die Schadensberechnung voraussichtlich auf keine größeren Schwierigkeiten stoßen wird.[484] Unzulässig sind dagegen formularmäßige Vertragsstrafenregelungen, wenn sie die **Kündigungsfreiheit des Arbeitnehmers einschränken.** Daher ist eine Klausel über die Verwirkung einer Vertragsstrafe bei einer wirksamen ordentlichen oder außerordentlichen Kündigung des Arbeitnehmers unwirksam.[485] Darüber hinaus ist – insoweit im Gegensatz zum allgemeinen Zivilrecht[486] – eine Vereinbarung als unzulässig anzusehen, welche die Vertragsstrafe lediglich an ein objektives Fehlverhalten des Arbeitnehmers ohne Rücksicht auf dessen Verschulden knüpft und damit eine garantieähnliche Wirkung entfaltet.[487] Dies ergibt sich bereits aus der gesetzlichen Wertung, dass das

---

480 Vgl. BAG 28.5.2009 – 8 AZR 896/07 –, AP § 306 BGB Nr. 6 = NZA 2009, 1337.

481 BAG 21.4.2005 – 8 AZR 425/04 –, AP § 307 BGB Nr. 3 = NZA 2005, 1053; *Klumpp*, in: Clemenz/Kreft/Krause, AGB-Arbeitsrecht, 3. Aufl., § 307 BGB Rn. 297 ff.; *Krause*, FS Reuter (2010), S. 627, 636 f.

482 Siehe oben RN 107.

483 BAG 4.3.2004 – 8 AZR 196/03 – unter B III 2 a, AP § 309 BGB Nr. 3 = NZA 2004, 727.

484 BAG 19.8.2010 – 8 AZR 645/09 – Rn. 45, AP § 307 BGB Nr. 49. Näher *Krause*, FS Reuter (2010), S. 627, 637; siehe dazu auch MHdB ArbR/*Reichold*, 6. Aufl., § 43 Rn. 51.

485 Vgl. BAG 11.3.1971 – 5 AZR 349/70 –, AP § 622 BGB Nr. 9; 9.3.1972 – 5 AZR 246/71 –, AP § 622 BGB Nr. 12.

486 Vgl. BGH 18.4.1984 – VIII ZR 50/83 –, NJW 1985, 57; 28.1.1997 – XI ZR 42/96 –, DB 1997, 1560; 16.7.1998 – VII ZR 9/97 –, NJW 1998, 3488; MünchKommBGB/*Gottwald*, 9. Aufl., § 339 Rn. 16. Für die Zulässigkeit einer formularmäßigen Abbedingung bei ausreichenden sachlichen Gründen sogar BGH 28.9.1978 – II ZR 10/77 –, BGHZ 72, 174, 178 ff.; grds. ebenso BGH 24.4.1991 – VIII ZR 180/90 –, NJW-RR 1991, 1013. Gegen jede Abdingbarkeit des Verschuldensprinzips *Staudinger/Rieble*, BGB (2020), § 339 Rn. 397.

487 ErfK/*Müller-Glöge*, 25. Aufl., § 339 BGB Rn. 37.

Dienstvertragsrecht keine Mängelgewährleistung kennt.[488] Außerdem dürfen durch das Strafversprechen die Grundsätze über die **Enthaftung des Arbeitnehmers bei betrieblicher Tätigkeit** ganz generell **nicht umgangen werden.**[489] Daher können nur solche schuldhaften Pflichtverletzungen mit einer Vertragsstrafe sanktioniert werden, die zu einer unbeschränkten Haftung führen, weil der Arbeitnehmer anderenfalls durch die Summe aus begrenztem Schadensersatz und Vertragsstrafe im Ergebnis in einem umfangreicheren Maß in Anspruch genommen würde als es dem innerbetrieblichen Schadensausgleich entspricht.[490]

f) Materielle Anforderungen an die Höhe der Vertragsstrafe

121 Eine unangemessene Benachteiligung des Arbeitnehmers i.S. von § 307 Abs. 1 S. 1 BGB kann sich auch aus der Höhe der Vertragsstrafe ergeben.[491] Ausgangspunkt ist auch insoweit der Gedanke, dass es nicht zu einer „Übersicherung" des Arbeitgebers kommen darf, indem die Konventionalstrafe zweckwidrig dazu eingesetzt wird, Geldforderungen zu generieren, die der Höhe nach vom berechtigten Sachinteresse des Arbeitgebers abgekoppelt sind.[492] Allerdings hat das BAG einer generellen Höchstgrenze für arbeitsrechtliche Vertragsstrafen (beispielsweise ein Bruttomonatsgehalt) eine klare Absage erteilt.[493] Vielmehr sei im Rahmen von § 307 Abs. 1 S. 1 BGB – nicht zuletzt unter Berücksichtigung der den Vertragsschluss begleitenden Umstände gemäß § 310 Abs. 3 Nr. 3 BGB – eine umfassende Interessenabwägung vorzunehmen, bei welcher der Vertragsgegenstand des Strafversprechens als auch die jeweils betroffene Arbeitnehmergruppe in Rechnung zu stellen seien, sodass eine pauschale Betrachtungsweise verfehlt wäre.

122 Soweit es um die konkrete Höhe der Vertragsstrafe geht, stellt das BAG für den Fall des **Vertragsbruchs** auf die beiden Parameter „Länge der Kündigungsfrist" und „Höhe des Bruttoentgelts" ab und stuft **das in der Kündigungsfrist anfallende Arbeitsentgelt** als grundsätzlich maßgeblichen Faktor ein, weil sich darin regelmäßig das wirtschaftliche Interesse des Arbeitgebers an der Arbeitskraft des Arbeitnehmers widerspiege-

---

488 *Söllner*, AuR 1981, 97, 104. Näher dazu oben § 6 RN 32ff.

489 *Beuthien*, BB 1973, 92, 95 Fn. 19; *Engel*, Konventionalstrafen, S. 92; *Preis/Stoffels*, AR-Blattei SD Rn. 151; *Schwerdtner*, FS Hilger/Stumpf (1981), S. 631, 644; *Söllner*, AuR 1981, 97, 104; *Thüsing*, AGB-Kontrolle, Rn. 441.

490 *Krause*, FS Reuter (2010), S. 627, 638.

491 BAG 4.3.2004 – 8 AZR 196/03 – unter B III 2 a, AP § 309 BGB Nr. 3 = NZA 2004, 727; 28.5.2009 – 8 AZR 896/07–, AP § 306 BGB Nr. 6 = NZA 2009, 1337; 19.8.2010 – 8 AZR 645/09 –, AP § 307 BGB Nr. 49 = NZA-RR 2011, 280; 23.9.2010 – 8 AZR 897/08 –, AP § 307 BGB Nr. 48 = NZA 2011, 89; 17.3.2016 – 8 AZR 664/14 – Rn. 23, AP § 309 BGB Nr. 6 = NZA 2016, 945; 24.8.2017– 8 AZR 378/16 – Rn. 27, AP § 309 BGB Nr. 7 = NZA 2018, 100; 20.10.2022 – 8 AZR 332/21 – Rn. 42, AP § 309 BGB Nr. 8 = NZA 2023, 423.

492 BAG 18.8.2005 – 8 AZR 65/05 –, AP § 336 BGB Nr. 1 = NZA 2006, 34; 25.9.2008 – 8 AZR 717/07 –, AP § 307 BGB Nr. 39 = NZA 2009, 370; 18.12.2008 – 8 AZR 81/08 –, AP § 309 BGB Nr. 4 = NZA-RR 2009, 519.

493 BAG 25.9.2008 – 8 AZR 717/07 – Rn. 54ff., AP § 307 BGB Nr. 39 = NZA 2009, 370; 20.10.2022 – 8 AZR 332/21 – Rn. 43f., AP § 309 BGB Nr. 8 = NZA 2023, 423.

le.[494] Zwar wird der Wert der Arbeitsleistung in diesen Fällen zu einem nicht unerheblichen Teil durch den Wegfall der Entgeltzahlungspflicht ausgeglichen.[495] Der Arbeitgeber hat jedoch ein berechtigtes Bedürfnis, die Einarbeitung eines Nachfolgers zu ermöglichen und die nahtlose Erbringung von Dienstleistungen gegenüber seinen Kunden zu gewährleisten.[496] Dies führt dazu, dass für die Probezeit regelmäßig nur ein halbes Monatsgehalt,[497] für die Zeit danach ein volles Monatsgehalt[498] vereinbart werden kann. Bei wirksam vereinbarten längeren Kündigungsfristen sowie bei befristeten Arbeitsverhältnissen ohne die Möglichkeit vorzeitiger Kündigung sind auch höhere Beträge denkbar.[499] Dasselbe gilt bei typisierbaren besonderen Sanktionsinteressen des Arbeitgebers.[500] Sechs Monatsgehälter sollten aber selbst bei einem gesuchten Spezialisten als absolute Höchstgrenze anzusehen sein.[501] Im Regelfall dürften bei entsprechend bestandsgeschützten Arbeitsverhältnissen drei Monatsgehälter ausreichen, um die Interessen des Arbeitgebers an Prävention und erleichterter Schadloshaltung zu wahren, zumal die Geltendmachung eines nachweislich höheren Schadens stets offenbleibt. Wird die ordentliche Kündigung nach Ablauf der Probezeit (konkret fünf Monate) für einen längeren Zeitraum ausgeschlossen (konkret 42 Monate ab dem Beginn des Arbeitsverhältnisses) und zugleich eine Vertragsstrafe von drei Bruttomonatsvergütungen vereinbart, so wertet das BAG in einer neueren Entscheidung gerade diese Kombination als eine besonders starke Beeinträchtigung der Interessen des Arbeitnehmers (konkret Beschäftigung zwecks Weiterbildung zum Facharzt) mit der Folge, dass eine Konventionalstrafe in dieser Höhe jedenfalls nicht für den hypothetischen Fall einer Kündigung unmittelbar nach dem Ablauf der Probezeit interessengerecht sein soll.[502] Wird die zulässige Höhe überschritten, ist die Vertragsstrafenvereinbarung unwirksam. Eine geltungserhaltende Reduktion findet entsprechend allgemeinen Grundsätzen nicht statt.[503]

---

494 BAG 4.3.2004 – 8 AZR 196/03 –, AP § 309 BGB Nr. 3 = NZA 2004, 727; 25.9.2008 – 8 AZR 717/07 –, AP § 307 BGB Nr. 39 = NZA 2009, 370; 18.12.2008 – 8 AZR 81/08 –, AP § 309 BGB Nr. 4 = NZA-RR 2009, 519; 23.9.2010 – 8 AZR 897/08 –, AP § 307 BGB Nr. 48 = NZA 2011, 89; 17.3.2016 – 8 AZR 664/14 – Rn. 23, AP § 309 BGB Nr. 6 = NZA 2016, 945; 24.8.2017 – 8 AZR 378/16 – Rn. 27, AP § 309 BGB Nr. 7 = NZA 2018, 100.

495 Für eine Höchstgrenze von einem Monatsgehalt deshalb *Preis/Stoffels*, AR-Blattei SD 1710 Rn. 121; einschränkend auch DDW/*Däubler*, 5. Aufl., § 309 Nr. 6 BGB Rn. 14; ErfK/*Müller-Glöge*, 25. Aufl., § 339 BGB Rn. 21.

496 So BAG 4.3.2004 – 8 AZR 196/03 – unter B III 2 a, AP § 309 BGB Nr. 3 = NZA 2004, 727; 18.12.2008 – 8 AZR 81/08 – Rn. 50, NZA-RR 2009, 519; dazu auch *Niemann*, RdA 2013, 92, 97.

497 Vgl. § 622 Abs. 3 BGB.

498 Vgl. § 622 Abs. 1 BGB.

499 *Preis/Stoffels*, Der Arbeitsvertrag, 6. Aufl., II V 30 Rn. 30.

500 BAG 18.12.2008 – 8 AZR 81/08 – Rn. 54, AP § 309 BGB Nr. 4 = NZA-RR 2009, 519.

501 *Krause*, FS Reuter (2010), S. 627, 640; a.A. *Staudinger/Rieble*, BGB (2020), § 339 Rn. 174: zehn Monatsgehälter.

502 BAG 20.10.2022 – 8 AZR 332/21 – Rn. 50 ff., AP § 309 BGB Nr. 8 = NZA 2023, 423.

503 BAG 4.3.2004 – 8 AZR 196/03 –, AP § 309 BGB Nr. 3 = NZA 2004, 727; 18.8.2005 – 8 AZR 65/05 –, AP § 336 BGB Nr. 1 = NZA 2006, 34; 25.9.2008 – 8 AZR 717/07 –, AP § 307 BGB Nr. 39 = NZA 2009, 370; 18.12.2008 – 8 AZR 81/08 –, AP § 309 BGB Nr. 4 = NZA-RR 2009, 519; 23.9.2010 – 8 AZR 897/08 –, AP § 307 BGB Nr. 48 = NZA 2011,

123 Für andere Fälle, insbesondere bei Verstößen gegen **Wettbewerbsverbote** und **Verschwiegenheitspflichten**, haben sich noch keine festen Grenzen oder Bezugsgrößen wie die Vergütungshöhe und die maßgebliche Kündigungsfrist herauskristallisiert. Auch § 75c Abs. 1 HGB gibt den Vertragsparteien keinerlei Grenzen vor. Dementsprechend hat das BAG schon frühzeitig klargestellt, dass es bei Konventionalstrafen zur Sicherung von Wettbewerbsverboten (ebenfalls) keinen Rechtssatz gibt, wonach die Höhe des für die Kündigungsfrist zu zahlenden Entgelts nicht überschritten werden dürfe.[504] Tatsächlich sind diese Fälle auch zu unterschiedlich, um von vornherein einen vergleichsweise festen Wert auswerfen zu können. Als Lösung bietet sich eine Rahmenregelung an, die es dem Arbeitgeber erlaubt, innerhalb einer klar definierten Höchstgrenze (z. B. bis zu drei Monatsgehältern) die konkrete Höhe der Vertragsstrafe entsprechend dem jeweiligen Gewicht des Verstoßes festzusetzen. Dem Arbeitnehmer wird auf diese Weise verdeutlicht, was höchstens „auf ihn zukommt". Das BAG hatte eine solche Vertragsgestaltung nach altem Recht gebilligt[505] und akzeptiert sie zutreffend grundsätzlich auch nach neuem Recht[506].

124 Im Übrigen ist ein Strafversprechen nicht schon deshalb unwirksam, weil einseitig nur Handlungen des Arbeitnehmers mit der Verwirkung einer Vertragsstrafe bedroht werden. Anders als der Arbeitgeber ist der Arbeitnehmer gegen vertragswidrige Maßnahmen seines Vertragspartners bereits hinreichend durch das KSchG und § 615 BGB geschützt.[507]

g) Kontrolle des Strafverlangens

125 Sofern die Vertragsstrafenabrede als solche den oben beschriebenen Kriterien standhält und damit wirksam ist, bedarf es in einem zweiten Schritt der **Überprüfung des jeweiligen Strafverlangens.**[508] Insoweit kann das Strafverlangen etwa wegen widersprüchlichen Verhaltens gemäß § 242 BGB unwirksam sein.[509] Darüber hinaus kann eine im Einzelfall unverhältnismäßig hohe Konventionalstrafe nach § 343 Abs. 1 BGB herabgesetzt werden.[510] Diese Möglichkeit besteht auch bei formularmäßigen Vertrags-

---

89; 17. 3. 2016 – 8 AZR 664/14 – Rn. 29, AP § 309 BGB Nr. 6 = NZA 2016, 945; 24. 8. 2017 – 8 AZR 378/16 – Rn. 32, AP § 309 BGB Nr. 7 = NZA 2018, 100.

504 BAG 25.10.1994 – 9 AZR 265/93 –, BeckRS 2009, 56449; siehe auch BAG 14. 8. 2007 – 8 AZR 973/06 –, AP § 307 BGB Nr. 28 = NZA 2008, 170, woraus sich entnehmen lässt, dass eine Strafe von zwei Monatsentgelten nicht generell unangemessen ist.

505 BAG 5. 2.1986 – 5 AZR 564/84 –, AP § 339 BGB Nr. 12 = NZA 1986, 782.

506 Vgl. BAG 18. 8. 2005 – 8 AZR 65/05 –, AP § 336 BGB Nr. 1 = NZA 2006, 34.

507 Vgl. LAG Berlin 19. 5.1980 – 8 Sa 19/80 –, AP § 339 BGB Nr. 8; *Becker-Schaffner*, BlStSozArbR 1979, 321, 323; *Brox*, Anm. zu BAG AP § 339 BGB Nr. 9; *Söllner*, AuR 1981, 97, 102 Fn. 35.

508 Gemeint ist damit sowohl das Verlangen einer bereits im Vertragsstrafeversprechen der Höhe nach fest fixierten Strafe als auch das Verlangen einer erst nachträglich (vom Gläubiger) festgesetzten Strafe.

509 Vgl. etwa BGH 23.1.1991 – VIII ZR 42/90 –, LM § 242 (Cd) BGB Nr. 311; recht weitgehend LAG Berlin 14. 7. 1989 – 6 Sa 34/89 –, DB 1990, 639: Arbeitgeber muss Arbeitnehmer unverzüglich verdeutlichen, dass er Vertragsbruch nicht hinnehmen will.

510 Siehe dazu auch *Staudinger/Krause*, BGB (2022), Anh zu §§ 305 – 310 Rn. K 44.

strafen.[511] Dies ergibt sich schon daraus, dass auf unterschiedliche Zeitpunkte abzustellen ist. Während es für die Prüfung der Wirksamkeit der Vertragsstrafenklausel auf den Zeitpunkt ihrer Vereinbarung ankommt, ist für die Herabsetzung der Strafe gemäß § 343 BGB der möglicherweise erst Jahre später liegende Zeitpunkt der Geltendmachung des Strafanspruchs[512] bzw. der letzten mündlichen Verhandlung[513] maßgebend. Im Rahmen der individuellen Billigkeitskontrolle sind allerdings nicht alle Aspekte, die bei der AGB-rechtlichen Wirksamkeitskontrolle in Rechnung zu stellen waren, ein weiteres Mal umfassend zu würdigen. Vielmehr kann es nur darum gehen, unbilligen Härten im Einzelfall entgegenzutreten.[514] Eine Herabsetzung erfolgt nicht von Amts wegen, sondern nur „auf Antrag". Hierfür genügt aber jede Äußerung des Arbeitnehmers, die seinen Willen zu einer Ermäßigung erkennen lässt.[515] Haben die Vertragsparteien die konkrete Höhe der verwirkten Vertragsstrafe der Bestimmung durch den Arbeitgeber überlassen,[516] so muss die Festsetzung nach billigem Ermessen erfolgen.[517] Der Kontrollmechanismus des § 315 BGB verdrängt in diesem Falle das richterliche Ermäßigungsrecht nach § 343 BGB.[518]

h) Verhältnis zu Erfüllungsverlangen und Entschädigung

Gemäß § 340 Abs. 1 BGB schließt die Geltendmachung der Vertragsstrafe den Erfül- 126
lungsanspruch aus. Folgerichtig entfällt damit auch die Entschädigungsmöglichkeit nach § 61 Abs. 2 ArbGG.[519] Eine Abdingbarkeit dieses Exklusivitätsverhältnisses ist abzulehnen.[520] In den – seltenen – Fällen des Strafversprechens für nicht gehörige Erfüllung kann der Gläubiger gemäß § 341 Abs. 1 BGB die verwirkte Strafe neben der Erfüllung verlangen. § 75c Abs. 1 HGB erlaubt dem Arbeitgeber bei Vertragstrafen zur Sicherung nachvertraglicher Wettbewerbsverbote nur ein Vorgehen nach § 340 BGB und schließt somit die Wahlfreiheit des § 341 BGB aus.[521]

---

511 ErfK/*Müller-Glöge*, 25. Aufl., § 343 BGB Rn. 1; *Niemann*, RdA 2013, 92, 100; *Wensing/Niemann*, NJW 2007, 401, 402 ff.; *Winter*, BB 2010, 2757, 2760 ff.; a.A. LAG Hamm 4.5.2004 – 19 Sa 360/04 –, BeckRS 2004, 42047; LAG Niedersachsen 15.9.2011 – 7 Sa 1908/10 –, BeckRS 2011, 77438.

512 So ErfK/*Müller-Glöge*, 25. Aufl., § 343 BGB Rn. 2; *Wensing/Niemann*, NJW 2007, 401, 403.

513 So MünchKommBGB/*Gottwald*, 9. Aufl., § 343 Rn. 20; *Staudinger/Rieble*, BGB (2020), § 343 Rn. 141.

514 ErfK/*Müller-Glöge*, 25. Aufl., § 343 BGB Rn. 1.

515 Vgl. BGH 22.5.1968 – VIII ZR 69/66 –, NJW 1968, 1625; 18.3.2010 – III ZR 254/09 –, NJW 2010, 3222, 3226; *Bötticher*, ZfA 1970, 3, 40; *Grüneberg/Grüneberg*, BGB, 84. Aufl., § 343 Rn. 5.

516 Zur grds. Zulässigkeit siehe nur BGH 30.9.1993 – I ZR 54/91 –, NJW 1994, 45, 46.

517 BAG 5.2.1986 – 5 AZR 564/84 –, AP § 339 BGB Nr. 12 = NZA 1986, 782.

518 *Soergel/Lindacher*, BGB, 13. Aufl., § 343 Rn. 7; eingehend *Staudinger/Rieble*, BGB (2020), § 343 Rn. 163 ff.

519 *Heinze*, NZA 1994, 244, 250; *Schwerdtner*, FS Hilger/Stumpf (1983), S. 631, 651; *Söllner*, AuR 1981, 97, 102.

520 *Heinze*, NZA 1994, 244, 250.

521 Zur grds. Anwendbarkeit der §§ 74 ff. HGB auf alle Arbeitnehmer BAG 16.5.1969 – 3 AZR 137/68 –, AP § 133 f GewO Nr. 23 m. Anm. *Hofmann*.

i) Verhältnis zum Schadensersatz

127 Sofern dem Arbeitgeber gegen den Arbeitnehmer ein Anspruch auf Schadensersatz wegen Nichterfüllung zusteht, ist er nach § 340 Abs. 2 S. 1 BGB befugt, die verwirkte Strafe als Mindestbetrag des Schadens geltend zu machen. Ein weitergehendes Schadensersatzverlangen wird hierdurch gemäß § 340 Abs. 2 S. 2 BGB nicht ausgeschlossen.

j) Ausschlussfristen

128 Unterfällt der Vertragsstrafenanspruch einer tariflichen Ausschlussklausel, beginnt die Ausschlussfrist – bei einem rechtlich fortbestehenden Arbeitsverhältnis – erst, wenn der Arbeitgeber sein Strafverlangen erklärt. Allerdings muss der Arbeitgeber den zunächst weiter bestehenden Erfüllungsanspruch auf die Arbeitsleistung tarifgemäß geltend machen.[522]

k) Vertragsstrafen in Kollektivverträgen

129 Die Regelung von Vertragsstrafen in Tarifverträgen ist grundsätzlich zulässig,[523] wird aber selten praktiziert.[524] Eine Kontrolle der Tarifnormen einschließlich der konkreten Strafhöhe anhand der §§ 339 ff. BGB wird im Schrifttum abgelehnt.[525] In der Tat würde eine uneingeschränkte Ausübung der gerichtlichen Ermäßigungsbefugnis nach § 343 BGB der Tarifautonomie widersprechen. Krassen Fällen ist mit § 138 BGB zu begegnen. Eine AGB-Kontrolle tariflich vereinbarter Vertragsstrafen findet nach § 310 Abs. 4 S. 1 BGB nicht statt.

130 Vertragsstrafen zu Lasten der Arbeitnehmer können nach überwiegend vertretener Ansicht auch in Betriebsvereinbarungen niedergelegt werden.[526] Ihre Kontrolle erfolgt ebenfalls nicht gemäß dem AGB-Recht, sondern nur nach § 75 BetrVG. Danach sind sowohl die Sanktionierung von Pflichten ohne ein hinreichendes Arbeitgeberinteresse als auch übermäßig hohe Strafandrohungen als unzulässig anzusehen. Ebenso ist eine Vereinbarung unwirksam, die den Vorrang von für die Arbeitnehmer ungünstigeren

---

522 BAG 7.11.1969 – 3 AZR 303/69 –, AP § 340 BGB Nr. 1 m. im Erg. zust. Anm. *H. P. Westermann*; a.A. aber BAG 18.1.1974 – 3 AZR 3/73 –, AP § 345 ZPO Nr. 4: Beginn mit Möglichkeit der Ausübung des Wahlrechts.

523 Siehe *Groß*, Vertragsstrafen, S. 67 ff.; *Schaub/Linck*, Arbeitsrechts-Handbuch, 20. Aufl., § 57 Rn. 6; ErfK/*Müller-Glöge*, 25. Aufl., § 339 BGB Rn. 35.

524 Als Beispiel siehe etwa LAG Baden-Württemberg 5.12.1995 – 7 Sa 105/95 –, AiB 1997, 65 m. Anm. *Däubler* (§ 5 MTV Bäckerhandwerk Baden-Württemberg); vgl. ferner die Vorinstanz ArbG Reutlingen 18.10.1994 – 1 Ca 284/94 –, AiB 1995, 806 m. Anm. *Däubler*.

525 *Preis/Stoffels*, AR-Blattei SD 1710 Rn. 174; a.A. *Wall*, Tarifliche Regelungen, S. 385, der sich zudem dafür ausspricht, dass eine tarifliche Vertragsstrafe nur die Verletzung tariflich vereinbarter Pflichten erfassen kann, wodurch ihr Anwendungsbereich freilich gegen Null tendiert.

526 BAG 6.8.1991 – 1 AZR 3/90 –, AP § 77 BetrVG 1972 Nr. 52 = NZA 1992, 177; LAG Düsseldorf 13.10.1971 – 10 Sa 756/70 –, DB 1971, 1017; *Fitting*, BetrVG 32. Aufl., § 77 Rn. 132; *Rieble*, SAE 1992, 199, 200; a.A. Richardi/*Picker*, BetrVG, 17. Aufl., § 77 Rn. 113.

einzelvertraglichen Strafversprechen anordnet, weil sie der Schutzfunktion der Betriebsvereinbarung zuwiderläuft.[527]

2. Betriebsbußen

Ein weiteres im Zusammenhang mit der Arbeitnehmerhaftung zu erörterndes Instrument des Arbeitgebers stellen **Betriebsbußen** dar. Damit gerät der Komplex der vor allem in der zweiten Hälfte der 1960er und der ersten Hälfte der 1970er Jahre intensiv diskutierten Betriebsjustiz[528] ins Blickfeld. Hierunter ist ganz allgemein jedes betriebliche System rechtlicher Sanktionen für Verstöße der Arbeitnehmer gegen bestimmte Verhaltensregeln zu verstehen.[529] Die dadurch aufgeworfenen rechtlichen Probleme sollen indes nicht in aller Breite, sondern nur insoweit näher beleuchtet werden, als sie für das Verhältnis der Betriebsbuße zur schadensersatzrechtlichen Verantwortlichkeit des Arbeitnehmers von Bedeutung sind. 131

a) Funktion und Abgrenzung

Betriebsbußen dienen der **Sicherung und Durchsetzung einer kollektiven betrieblichen Ordnung.**[530] Ihr Bezugspunkt sind allgemeine Regeln über das Verhalten der Arbeitnehmer im Betrieb. Auf der Tatbestandsseite geht es somit um Verstöße des Arbeitnehmers gegen bestimmte Verhaltensmaßstäbe. Auf den Eintritt oder auch nur das Risiko eines Schadens kommt es nicht an.[531] Als Rechtsfolgen kommen vorwiegend Verwarnungen, Verweise und Geldbußen in Betracht.[532] Betriebsbußen haben in erster Linie einen repressiven Charakter, indem sie ein begangenes Fehlverhalten ahnden.[533] Zudem sollen sie durch ihre vorherige Androhung Arbeitnehmer zu einem ordnungsgemäßen Verhalten motivieren und auf diese Weise präventive Wirkung entfalten.[534] 132

527 BAG 6.8.1991 – 1 AZR 3/90 –, AP § 77 BetrVG 1972 Nr. 52 = NZA 1992, 177. Darüber hinaus ist bereits die Kompetenz der Betriebsparteien zum Abschluss von Betriebsvereinbarungen, die sich ausschließlich zu Lasten der Arbeitnehmer auswirken, zweifelhaft; vgl. *Otto*, Anm. zu BAG EzA § 77 BetrVG 1972 Nr. 34 (unter I).

528 Vgl. *Baur*, JZ 1965, 163 ff.; *Herschel*, Betriebsbußen; *Leinemann*, AuR 1970, 134 ff.; *Löwisch/Würtenberger*, JuS 1970, 261 ff.; *Meyer-Cording*, NJW 1966, 225 ff.; *Schumann*, GS Dietz (1973), S. 323 ff.; *Söllner*, JZ 1966, 803 ff.; *Zöllner*, ZZP 83 (1970), 365 ff.

529 *Schumann*, GS Dietz (1973), S. 323, 324; *Zöllner*, ZZP 83 (1970), 365, 368.

530 BAG 5.12.1975 – 1 AZR 94/74 –, AP § 87 BetrVG 1972 Betriebsbuße Nr. 1; 17.10.1989 – 1 ABR 100/88 –, AP § 87 BetrVG 1972 Betriebsbuße Nr. 12 = NZA 1990, 193; *Fitting*, BetrVG, 32. Aufl., § 87 Rn. 75; *Preis/Stoffels*, AR-Blattei SD 1710 Rn. 43; GK-BetrVG/*Wiese*, 12. Aufl., § 87 Rn. 249.

531 *Löwisch/Würtenberger*, JuS 1970, 261.

532 *Schaub/Linck*, Arbeitsrechts-Handbuch, 20. Aufl., § 58 Rn. 6 ff.; GK-BetrVG/*Wiese*, 12. Aufl., § 87 Rn. 267.

533 BAG 30.1.1979 – 1 AZR 342/76 –, AP § 87 BetrVG 1972 Betriebsbuße Nr. 2; 7.11.1979 – 5 AZR 962/77 –, AP § 87 BetrVG 1972 Betriebsbuße Nr. 3; 5.2.1986 – 5 AZR 564/84 –, AP § 339 BGB Nr. 12 = NZA 1986, 782; *Brox*, Anm. zu BAG AP § 87 BetrVG 1972 Betriebsbuße Nr. 12 (unter II 2 b); *Schaub/Linck*, Arbeitsrechts-Handbuch, 20. Aufl., § 58 Rn. 3; MHdB ArbR/*Salamon*, 5. Aufl., § 320 Rn. 35; *Walker*, FS Kissel (1994), S. 1205, 1206; GK-BetrVG/*Wiese*, 12. Aufl., § 87 Rn. 256.

534 *Walker*, FS Kissel (1994), S. 1205, 1206.

133 Der kollektive Bezug und der Sühnecharakter unterscheiden Betriebsbußen von Vertragsstrafen, die lediglich der Durchsetzung individueller Gläubigerinteressen des Arbeitgebers dienen.[535] Damit zusammenhängend kommt nur der Betriebsbuße, nicht aber der Vertragsstrafe die Aufgabe zu, ein Unwerturteil über das Fehlverhalten des Arbeitnehmers auszusprechen. Darüber hinaus fehlt betrieblichen Bußen auch dann, wenn es um die Verhängung von Geldbußen geht, die den Vertragsstrafen eigene Funktion, bei vom Schuldner zu vertretenden Leistungsstörungen die Schadensersatzforderung des Gläubigers zu sichern.[536] Schließlich gilt für die Ahndung von Verstößen gegen die betriebliche Ordnung durch Betriebsbußen das Opportunitätsprinzip, während Vertragsstrafen mit der – schuldhaften – Vertragsverletzung kraft Gesetzes verwirkt werden.[537] Diese Unterschiede sprechen dagegen, Betriebsbußen lediglich als eine besondere Variante von Vertragsstrafen aufzufassen.[538]

134 Für die Abgrenzung der Betriebsbuße zur Abmahnung ist ebenfalls danach zu differenzieren, ob es um die Sanktionierung eines Verstoßes gegen die kollektive betriebliche Ordnung oder um die Ausübung eines Gläubigerrechts geht.[539] Dies ist im Einzelfall freilich schwierig, weil ein Arbeitnehmer durch sein Verhalten sowohl gegen die kollektive Ordnung verstoßen als auch eine Verletzung seines Arbeitsvertrags begehen kann. Die Einhaltung einer rechtmäßig zustande gekommenen betrieblichen Ordnung gehört nämlich unstreitig auch zu den einzelvertraglichen Pflichten des Arbeitnehmers.[540] Da die Abmahnung aber nur als regelmäßiges Erfordernis im Vorfeld einer verhaltensbedingten Kündigung,[541] nicht aber im Haftungsrecht eine Rolle spielt, bedarf dieser Aspekt hier keiner näheren Vertiefung.

135 Die Problematik des Verhältnisses von Geldbuße und Schadensersatzforderung schließlich liegt aufgrund ihres gänzlich unterschiedlichen Erscheinungsbildes nicht in der Abgrenzung beider Rechtsinstitute, sondern in der noch näher zu erörternden Gefahr einer Kumulation von Sanktionen bzw. einer Umgehung von Haftungsprivilegierungen des Arbeitnehmers.

---

535 BAG 5.2.1986 – 5 AZR 564/84 –, AP § 339 BGB Nr. 12 = NZA 1986, 782; *Stoffels*, Vertragsbruch, S. 188 f.

536 GK-BetrVG/*Wiese*, 12. Aufl., § 87 Rn. 252.

537 *Löwisch/Würtenberger*, JuS 1970, 261; GK-BetrVG/*Wiese*, 12. Aufl., § 87 Rn. 252.

538 Siehe hierzu bereits die Nachweise in FN 437 sowie zur gegenteiligen Ansicht in FN 436. Die Relevanz der Unterscheidung zeigt sich bei den abweichenden Zulässigkeitsvoraussetzungen und Kontrollmechanismen; siehe dazu auch noch unter RN 136.

539 BAG 30.1.1979 – 1 AZR 342/76 –, AP § 87 BetrVG 1972 Betriebsbuße Nr. 2; BAG 17.1.1991 – 2 AZR 375/90 – unter II 4 b, AP § 1 KSchG 1969 Verhaltensbedingte Kündigung Nr. 25 = NZA 1991, 557; *Fitting*, BetrVG, 32. Aufl., § 87 Rn. 79 f.; *Heinze*, NZA 1990, 169, 173; GK-BetrVG/*Wiese*, 12. Aufl., § 87 Rn. 254 ff.; Auf die Verhängung einer eigenständigen Sanktion abstellend LAG Köln 12.5.1995 – 13 Sa 137/95 –, NZA-RR 1996, 204, 205; in diesem Sinne auch OGH 10.5.1995 – 9 Ob A 51/95 –, DRdA 1996, 131; noch anders *Gamillscheg*, KollArbR II, § 50, 3 b (7), S. 887.

540 Vgl. *Leinemann*, AuR 1970, 134, 141; MHdB ArbR/*Salamon*, 5. Aufl., § 320 Rn. 35; *Pfarr*, Anm. zu BAG AP § 87 BetrVG 1972 Betriebsbuße Nr. 2; *Wiese*, Anm. zu BAG EzA § 87 BetrVG 1972 Betriebliche Ordnung Nr. 1 (unter C II 3 a).

541 Siehe nur *Krause*, in: Linck/Krause/Bayreuther, KSchG, 16. Aufl., § 1 Rn. 472 ff.

b) Zulässigkeit

Die an die generelle Zulässigkeit von Betriebsbußenregelungen zu stellenden Anforderungen sind Gegenstand einer bis heute nicht endgültig ausgetragenen Auseinandersetzung. In arbeitsrechtlicher Hinsicht[542] kann zwar die Auffassung, nach der dem Arbeitgeber kraft seines Direktionsrechts eine arbeitsrechtliche Disziplinargewalt zukommt,[543] als überwunden angesehen werden.[544] Weiterhin umstritten ist aber, ob eine Betriebsvereinbarung als eigenständige Grundlage einer Bußordnung angesehen werden kann oder ob es zumindest einer rahmenmäßigen individualvertraglichen Unterwerfung des Arbeitnehmers bedarf. Die ständige Rechtsprechung des BAG[545] sowie das überwiegende Schrifttum[546] sprechen den Betriebsparteien aus § 87 Abs. 1 Nr. 1 BetrVG bzw. dem Gedanken einer autonomen Betriebsstrafgewalt die grundsätzliche Kompetenz zu, Regeln zur Sanktionierung und Durchsetzung einer betrieblichen Ordnung aufzustellen.[547] Demgegenüber beharrt eine beachtliche Mindermeinung bis in die jüngste Zeit darauf, dass Betriebsbußen nur bei einer entsprechenden Grundlage auf der individualvertraglichen Ebene anzuerkennen seien.[548] Die an dieser Stelle nicht im Detail zu diskutierende h.M., für die der allgemeine Gedanke streitet, dass derjenige, der zur Aufstellung einer Ordnung befugt ist, auch in der Lage sein muss, diese Ordnung durch Androhung und Verhängung von Sanktionen tatsächlich durchzusetzen, bändigt die von ihr befürwortete autonome Strafgewalt der Betriebsparteien aber durch eine Reihe von Anforderungen: So setzt eine wirksam verhängte Buße im Einzelnen voraus, dass die Bußordnung unter Beteiligung des Betriebsrats wirksam geschaffen und bekanntgemacht ist, die Tatbestände und Sanktionen eindeutig normiert sowie nach Art und Höhe angemessen sind, ein rechtsstaatliches Verfahren einschließlich der Gewährung rechtlichen Gehörs eingehalten und der Betriebsrat bei der Verhängung der 136

542 Zu rechtsstaatlichen und strafrechtlichen Aspekten siehe etwa *Baumann*, ZZP 84 (1971), 297 ff.; *Baur*, JZ 1965, 163 ff.; *Meyer-Cording*, NJW 1966, 225 ff.; *Zöllner*, ZZP 83 (1970), 365, 372 ff.

543 *Herschel*, Betriebsbußen, S. 32; *Löwisch/Würtenberger*, JuS 1970, 261, 264.

544 BAG 5.12.1975 – 1 AZR 94/74 –, AP § 87 BetrVG 1972 Betriebsbuße Nr. 1 mit insoweit zust. Anm. von *Konzen*; Richardi/*Maschmann*, BetrVG, 17. Aufl., § 87 Rn. 219; *Fitting*, BetrVG, 32. Aufl., § 87 Rn. 77; ErfK/*Kania*, 25. Aufl., § 87 BetrVG Rn. 22; *Leinemann*, AuR 1970, 134, 140; *Söllner*, JZ 1966, 803, 804; *Walker*, FS Kissel (1994), S. 1205, 1209; GK-BetrVG/*Wiese*, 12. Aufl., § 87 Rn. 250; *Zöllner*, ZZP 83 (1970), 365, 369 Fn. 5.

545 BAG 12.9.1967 – 1 AZR 34/66 –, AP § 56 Betriebsbuße Nr. 1; 5.12.1975 – 1 AZR 94/74 –, § 87 BetrVG 1972 Betriebsbuße Nr. 1; 17.10.1989 – 1 ABR 100/88 –, AP § 87 BetrVG 1972 Betriebsbuße Nr. 12 = NZA 1990, 193.

546 *Fitting*, BetrVG, 32. Aufl., § 87 Rn. 75; *Kraft*, NZA 1989, 777, 783; MHdB ArbR/*Salamon*, 5. Aufl., § 320 Rn. 39; *Scholz*, in: Kaiser/Metzger-Pregizer, Betriebsjustiz, S. 311, 328 f. (Annexkompetenz); GK-BetrVG/*Wiese*, 12. Aufl., § 87 Rn. 248 f. m.w.N.

547 Im Personalvertretungsrecht lässt sich Kompetenz zum Aufstellen einer Disziplinarordnung durch Dienstvereinbarung heutzutage auf § 80 Abs. 1 Nr. 18 BPersVG stützen, vgl. *Annuß*, in: Richardi/Dörner/Weber/Annuß, Personalvertretungsrecht, 6. Aufl., § 80 BPersVG Rn. 280; *Kascherus*, in: Ilbertz/Widmaier, BPersVG, 15. Aufl., § 80 Rn. 156.

548 *Konzen*, Anm. zu BAG AP § 87 BetrVG 1972 Betriebsbuße Nr. 1 (unter I 1 c); *Schumann*, GS Dietz (1973), S. 323, 326 ff.; *Walker*, FS Kissel (1994), S. 1205, 1210 ff. Gegen die h.M. auch *v. Hoyningen-Huene*, RdA 1990, 193, 204; *Klebe*, in: Däubler/Klebe/Wedde, BetrVG, 19. Aufl., § 87 Rn. 69; *Michaelis/Oberhofer/Rose*, ArbRGegw 19 (1981), S. 19, 23 f.

einzelnen Buße eingeschaltet wird.[549] Aufgrund der Unterschiede zwischen Betriebsbußen und Vertragsstrafen finden die §§ 339 ff. BGB nach h.M. dagegen keine Anwendung.[550] Damit scheidet insbesondere eine Herabsetzung nach § 343 BGB aus.[551]

c) Verhältnis zum Haftungsrecht

137 Für den vorliegenden Zusammenhang von besonderer Bedeutung ist die Frage, welche Wechselwirkungen zwischen Betriebsbußensystemen und der arbeitsvertraglichen Haftungsordnung bestehen.

138 Die stärkste Einflussnahme des Betriebsstrafenwesens auf das Haftungsrecht würde es bedeuten, wenn man – einem Vorschlag *Gamillschegs*[552] folgend – für alle Fälle unterhalb der Schwelle grob fahrlässiger Schädigung lediglich das Instrument der betrieblichen Buße für zulässig halten würde. Eine solche Sicht könnte sich zwar darauf stützen, dass auch Schadensersatzbegehren von der Arbeitgeberseite ähnlich wie Betriebsbußen vielfach als „Denkzettel" eingesetzt werden, also Sanktionscharakter haben. Dennoch ist eine allein auf das Instrument der Betriebsbuße gestützte **Substitution haftungsrechtlicher Zurechnungsmechanismen abzulehnen.** Hiergegen spricht vor allem, dass in vielen Betrieben nach wie vor kein Betriebsrat existiert.[553] Sofern man ein legitimes Bedürfnis des Arbeitgebers nach Ahndung auch einer nicht grob fahrlässigen Schädigung durch den Arbeitnehmer grundsätzlich anerkennt, darf diese nicht an eine Voraussetzung geknüpft werden, die allein vom Willen der Belegschaft abhängt.[554] Diese Überlegung schließt es selbstverständlich nicht aus, eine Enthaftung des Arbeitnehmers für einfache Fahrlässigkeit auf andere Argumente zu stützen.[555]

139 Eine schwächere Auswirkung hätte die Berücksichtigung insbesondere von Geldbußen bei der Bemessung des vom Arbeitnehmer in einem Haftungsfall zu tragenden Schadens. Geht man mit einer verbreiteten Auffassung im Schrifttum davon aus, dass Geldbußen nicht dem Arbeitgeber, sondern nur einem Sozialfond oder karitativen Zwecken zugeführt werden dürfen,[556] so ist indes von vornherein kein Grund dafür ersichtlich, die Belastung des Arbeitnehmers wegen der gleichzeitigen Verhängung einer Betriebsbuße zu reduzieren. Auch sonst wäre es ungereimt, nur die stärkste Form der Betriebsbuße im Rahmen der haftungsrechtlichen Verantwortung mildernd zu

549 BAG 12.9.1967 – 1 AZR 34/66 –, AP § 56 BetrVG Betriebsbuße Nr. 1; *Fitting*, BetrVG, 32. Aufl., § 87 Rn. 75, 86 f.; *Kraft*, NZA 1989, 777, 783; vgl. zu den Voraussetzungen auch Richardi/*Maschmann*, BetrVG, 17. Aufl., § 87 Rn. 226 f.; GK-BetrVG/*Wiese*, 12. Aufl., § 87 Rn. 271 ff.

550 MünchKommBGB/*Gottwald*, 9. Aufl., Vor § 339 Rn. 50 m.w.N

551 A.A. *Staudinger/Rieble*, BGB (2020), § 339 Rn. 258 f.; für eine Analogie *Gamillscheg*, KollArbR II, § 50, 3 b (5), S. 885.

552 Referat zum 45. DJT, S. G 29 ff.

553 Nähere Angaben bei *Hohendanner/Kohaut*, WSI Mitteilungen 2024, 289, 291 ff.

554 *Otto*, Gutachten zum 56. DJT, S. E 48.

555 Dazu ausführlich § 10 RN 2 ff.

556 *Fitting*, BetrVG, 32. Aufl., § 87 Rn. 84; *Gamillscheg*, KollArbR II, § 50, 3 b (3), S. 884; GK-BetrVG/*Wiese*, 12. Aufl., § 87 Rn. 273; a.A. Richardi/*Maschmann*, BetrVG, 17. Aufl., § 87 Rn. 238.

berücksichtigen, während weniger gewichtige Arten wie die Verwarnung oder der Verweis hierbei naturgemäß ausscheiden. Darüber hinaus ist nicht gewährleistet, dass die Strenge der jeweiligen betrieblichen Sanktion an die Faktoren angelehnt wird, die für die Frage des Schadensersatzes von Bedeutung sind. Würde man eine Berücksichtigung zulassen, so könnte dies somit unter Umständen dazu führen, dass sich in zwei in haftungsrechtlicher Hinsicht ähnlich gelagerten Fällen abweichende Betriebsbußen unterschiedlich auswirken würden. Daher ist die haftungsrechtliche Bewertung ohne Rücksicht auf die Verhängung einer Betriebsbuße vorzunehmen. Eine etwaige **Kumulation von Rechtsfolgen** bei einem entsprechenden Fehlverhalten des Arbeitnehmers muss in Kauf genommen werden. Schließlich besteht bei einer vorsätzlichen Schädigung ebenfalls kein Zweifel daran, dass der Arbeitgeber im Grundsatz eine Kündigung aussprechen und zugleich vollen Schadensersatz verlangen kann.

Nur am Rande ist umgekehrt danach zu fragen, ob und in welchem Umfang Be- 140
triebsbußensysteme die Grundsätze über die Enthaftung des Arbeitnehmers beachten müssen. Nach einer häufig vertretenen Ansicht ist die Verhängung einer Betriebsbuße in den Fällen, in denen der Arbeitnehmer von seiner Haftung befreit ist, als Umgehung der Privilegierung stets unzulässig.[557] Diese Meinung ist gegenwärtig von geringer praktischer Relevanz, weil man eine Umgehung durch den Ausspruch einer Buße ernstlich nur dann bejahen könnte, wenn das Risiko eines Fehlverhaltens vollständig vom Arbeitgeber zu tragen ist. Dies ist derzeit nach der Rechtsprechung nur bei leichtester Fahrlässigkeit der Fall. Darüber hinaus erscheint die Gedankenführung im Grundsätzlichen angreifbar. Denn anders als bei der Vertragsstrafe[558] spielen bei der Betriebsbuße schadensersatzrechtliche Elemente keine Rolle. Das Interesse an der Einhaltung kollektiver Mindeststandards besteht – nicht zuletzt zum Vorteil der gesamten Belegschaft – auch dann, wenn dem Arbeitgeber selbst kein materieller Schaden droht. Zudem lässt sich aus dem Umstand, dass dem Arbeitgeber das Risiko der Folgen eines Fehlverhaltens des Arbeitnehmers aufgebürdet wird,[559] nicht schließen, dass er an der Vermeidung des fehlerhaften Verhaltens selbst kein schützenswertes Interesse hat. Einer übermäßigen Belastung des Arbeitnehmers wird nicht zuletzt dadurch vorgebeugt, dass die in einer Betriebsbußordnung vorgesehenen finanziellen Sanktionen nicht unangemessen hoch sein dürfen.

Betriebsbußenregelungen und Haftungsordnung bilden nach alledem **zwei autarke** 141
Systeme, die in den entsprechenden Fällen kumulativ zur Anwendung kommen können, ohne sich wechselseitig zu beeinflussen.

557 Richardi/*Maschmann*, BetrVG, 17. Aufl., § 87 Rn. 237; *Scholz*, in: Kaiser/Metzger-Pregizer, Betriebsjustiz, S. 311, 336; *Schumann*, GS Dietz (1973), S. 323, 346 f.
558 Hierzu oben unter RN 107.
559 Näher dazu oben § 3 RN 3 ff., § 5 RN 10 ff.

§ 14 Besonderheiten der Haftung im öffentlichen Dienst

I. Die beamtenrechtliche Haftung

1 Die Haftung der Beschäftigten des öffentlichen Dienstes[1] – Beamte[2] und Arbeitnehmer – ist durch besondere Vorschriften (für die Beamten durch Gesetz, für Arbeitnehmer durch Tarif- und Arbeitsvertrag) abgemildert. Ausgangspunkt der Haftungsprivilegierung ist das Beamtenrecht. § 75 Abs. 1 S. 1 BBG, § 48 BeamtStG und die Beamtengesetze der Länder[3] **begrenzen die Haftung des Beamten auf grob fahrlässige und vorsätzliche Pflichtverletzungen.**[4] Bezugspunkt des Verschuldens ist dabei die Pflichtverletzung.[5] Zweck dieser Privilegierung[6] soll die **Stärkung der Entschlusskraft und Verantwortungsfreude** des Beamten und damit der Leistungsfähigkeit der Verwaltung sein.[7] Die Privilegierung galt – in Umsetzung des Art. 34 S. 2 GG – ursprünglich nur für die Regresshaftung des Beamten bei Schädigung Dritter. Seit 1957 wurde von der Privilegierung auch die Haftung für Schädigung des Dienstherrn durch hoheitliche Tätigkeit erfasst. Die Privilegierung galt aber nur für die Wahrnehmung öffentlicher Aufgaben, was nach herrschender Meinung bedeutete: für Tätigkeiten in öffentlich-rechtlicher Gestalt.[8] Bereits die Wahrnehmung öffentlicher Aufgaben in Gestalt des Privatrechts („Verwaltungsprivatrecht") war ausgeschlossen[9], erst recht alle rein fis-

1 Zum Begriff *Schoch/Kunig*, BesVerwR, 15. Aufl., Kap. 6 Rn. 1ff.; *Müller/Preis*, Arbeitsrecht im öffentlichen Dienst, 7. Aufl., S. 1ff.

2 Den Beamten weitgehend gleichgestellt sind Richter und Soldaten. Für Richter gilt, soweit es ihre Spruchtätigkeit betrifft, das Privileg des § 839 Abs. 2 BGB. Im Übrigen gelten die Vorschriften des Beamtenrechts entsprechend (§ 46 DRiG für Bundesrichter, § 2 Abs. 1 Nds. RiG beispielhaft für eine Regelung für Landesrichter). Soldaten erhalten in § 24 Soldatengesetz eine den beamtenrechtlichen Regelungen entsprechende haftungsrechtliche Position. Die Ausführungen zu den Beamten gelten im Folgenden jeweils entsprechend, ohne dass dies jeweils besonders erwähnt würde.

3 § 59 LBG BaWü; Art. 78 BayBG; § 72 LBG Berlin; § 60 LBG Brandenburg; § 51 BremBG; § 52 HmbBG; § 56 HessBG; § 52 LBG Mecklbg.-Vorp.; § 51 Nieders. BG; § 80 LBG NRW; § 60 LBG Rhld.-Pf.; § 65 Saarl. BG; § 76 SächsBG; § 56 LBG Sachsen-Anh.; § 51 LBG Schl.-Hlstn.; § 46 ThürBG. Für die neuen Bundesländer war zunächst die einschlägige Vorschrift (§ 9) des nach Anl. II Kap. III Sachgeb. B Abschn. III Nr. 1 EinigungsV als Landesrecht fortgeltenden Staatshaftungsgesetzes der DDR maßgeblich (DDR-Sartorius 120), die aber durch die zitierten Vorschriften der mittlerweile erlassenen Beamtengesetze abgelöst wurde.

4 Die Vorschrift ist aber nicht nur Haftungsbegrenzungsregelung, sondern (öffentlich-rechtliche) Anspruchsgrundlage, die im Verhältnis zwischen Dienstherrn und Beamten andere denkbare Anspruchsgrundlagen (z. B. § 823 BGB) ausschließt; *Plog/Wiedow/Beck/Lemhöfer*, BBG (alt), Stand: September 2010, § 78 Rn. 4.

5 Siehe nur *Schoch/Kunig*, BesVerwR, 15. Aufl., Kap. 6 Rn. 149. Zur Diskussion im Arbeitsrecht § 9 RN 3ff.

6 Zur verfahrensmäßigen Besserstellung durch Beteiligung des Personalrates § 15 RN 1ff.

7 Gesetzesbegründung zum 9. Gesetz zur Änderung dienstrechtlicher Vorschriften, BT-Drucks. 12/544, S. 10; *Sachs/Detterbeck*, GG, 9. Aufl., Art. 34 Rn. 81; *Schoch/Kunig*, BesVerwR, 15. Aufl., Kap. 6 Rn. 148; näher § 9 RN 37.

8 Etwa MünchKommBGB/*Papier/Shirvani*, 9. Aufl., § 839 Rn. 206ff.; vgl. auch *Ossenbühl/Cornils*, Staatshaftungsrecht, 6. Aufl., S. 14ff., 28ff.

9 Anders die Gegenmeinung, vertreten etwa von *Ossenbühl/Cornils*, Staatshaftungsrecht, 6. Aufl., S. 29f.

https://doi.org/10.1515/9783110728606-016

kalischen Tätigkeiten (z. B. Einkauf von Büromaterial). Der wachsenden Kritik an dieser auf obrigkeitsstaatlichen Vorstellungen beruhenden Unterscheidung trug der Gesetzgeber schließlich mit dem 9. Gesetz zur Änderung dienstrechtlicher Vorschriften vom 11.6.1992 (BGBl. I, S. 1030), in Kraft getreten zum 1.1.1993,[10] Rechnung. Damit war die Privilegierung in § 78 a.F. BBG, im seinerzeit geltenden § 46 BRRG[11] und in den Landesbeamtengesetzen auf privatrechtliches Handeln des Beamten ausgedehnt worden. Dieses Haftungskonzept gilt auch nach Beseitigung der Rahmengesetzgebung und der Aufhebung des BRRG fort: Für **Beamte der Länder, Gemeinden, Gemeindeverbände** und der sonstigen der Aufsicht eines Landes unterstehenden rechtsfähigen Körperschaften, Anstalten und Stiftungen des öffentlichen Rechts regeln § 48 BeamtStG und die entsprechenden Regelungen in den Landesgesetzen[12] die Haftung, für **Bundesbeamte** § 75 BBG.

Der Gesetzgeber hat die schwindende Legitimität der **Unterscheidung von hoheitlicher und privatrechtlicher Tätigkeit**[13] zutreffend erkannt und ein **einheitliches Haftungskonzept** normiert.[14] Die Haftungsprivilegierung ist nicht nur auf die Wahrnehmung öffentlicher Aufgaben in privatrechtlicher Form („Verwaltungsprivatrecht") ausgedehnt worden, sondern erfasst angesichts des uneingeschränkten Wortlauts auch rein fiskalische Tätigkeiten. Damit erübrigt sich für die interne Schadensverteilung jegliche Unterscheidung nach einzelnen Tätigkeitssegmenten – alles in allem eine Vereinfachung, die indessen die Friktionen der Außenhaftung umso deutlicher hervortreten lässt. Auch die umfassende Haftungsprivilegierung ist, soweit sie über die arbeitsrechtliche Enthaftung inhaltlich hinausgeht, vom – in dieser Form fragwürdigen[15] – Gedanken getragen, die Entschlusskraft des Beamten zu stärken.[16] 2

Über die Beschränkung der Haftung auf vorsätzliche und grobe Pflichtverletzungen hinaus kann ähnlich wie bei den arbeitsrechtlichen Grundsätzen des innerbetrieblichen Schadensausgleichs ausnahmsweise auch die **Haftung für grobe Fahrlässigkeit gemildert** werden, wenn die volle Haftung Lebenshaltung und Dienstfreude des Beamten 3

10 Das BVerwG bejaht die Geltung der Regelung auch für vor Inkrafttreten des Gesetzes eingetretene, noch nicht abgewickelte Schadensfälle, BVerwG 22.2.1996 – 2 C 12/94 – Leits. 3, NJW 1996, 2175. Siehe im Übrigen *Hofmann*, ZTR 1995, 99, 103; *Plog/Wiedow/Beck/Lemhöfer*, BBG (alt), Stand: Oktober 2007, § 78 Rn. 2.

11 Gleiches gilt für § 24 Soldatengesetz.

12 § 59 LBG BaWü; Art. 78 BayBG; § 72 LBG Berlin; § 60 LBG Brandenburg; § 51 BremBG; § 52 HmbBG; § 56 HessBG; § 52 LBG Mecklbg.-Vorp.; § 51 Nieders. BG; § 80 LBG NRW; § 60 LBG Rhld.-Pf.; § 65 Saarl. BG; § 76 SächsBG; § 56 LBG Sachsen-Anh.; § 51 LBG Schl.-Hlstn.; § 46 ThürBG.

13 *Hofmann*, ZTR 1995, 99, 100; siehe auch *Schnupp*, PersV 1994, 66, 67 f.

14 Bereits das Staatshaftungsgesetz 1982 hatte in diesem Sinne entschieden, war aber aus Kompetenzgründen vom BVerfG (19.10.1982 – 1 BvF 1/81 –, BVerfGE 61, 149 = NJW 1983, 25) für verfassungswidrig erklärt worden. Die Beamtengesetze der Länder Berlin (§ 41 LBG), Nordrhein-Westfalen (§ 84 LBG) – in Umsetzung des Staatshaftungsgesetzes – und Schleswig-Holstein (§ 94 LBG) sahen ebenfalls schon vor 1993 eine einheitliche Haftungsprivilegierung vor.

15 Siehe § 9 RN 37.

16 Gesetzesbegründung zum 9. Gesetz zur Änderung dienstrechtlicher Vorschriften, BT-Drucks. 12/544, S. 10.

unerträglich beeinträchtigen würde.[17] Das wird bei sehr hohen Haftungssummen der Fall sein[18], namentlich, wenn die wirtschaftliche Existenz des Beamten auf dem Spiel steht.[19] Legitimiert ist diese Beschränkung nach wohl überwiegender Ansicht durch den beamtenrechtlichen Fürsorgegedanken.[20] Anders als im Arbeitsrecht wird aber nicht der Schadensersatz- oder Regressanspruch des Dienstherrn automatisch gemindert, sondern kann erlassen werden, wenn die Einziehung des Anspruchs für den Schuldner eine **besondere Härte** bedeuten würde (für den Bundesbereich geregelt in § 59 Abs. 1 S. 1 Nr. 3 BHO).[21] Für die Verwaltungspraxis ist auf die Existenz von Richtlinien für die Ausübung des Niederschlagungsermessens hinzuweisen.[22] Ist der Beamte vom geschädigten Dritten in Anspruch genommen worden, hat er gegen den Dienstherrn einen Anspruch auf Freistellung.[23] Eine zusätzliche Haftungsbeschränkung für Amtshandlungen im Bereich der Steuererhebung normiert **§ 32 AO.** Danach können Pflichtverletzungen eines Amtsträgers, die zu Steuerausfällen führen, nur dann zum Regress führen, wenn die Amts- oder Dienstpflichtverletzung mit einer Strafe bedroht ist. Diese weiter gehende Entlastung ist wohl der Tatsache geschuldet, dass eine zur Übervorsicht neigende Amtswaltung bei der Steuererhebung den Bürger wirtschaftlich unmittelbar treffen und belasten würde.[24] Deshalb wäre außerdem in größerem Umfang mit Rechtsstreitigkeiten zu rechnen als bei „normaler“ Verwaltungstätigkeit.[25]

4 Die **Verjährung** der Schadensersatzpflicht ist für die Bundesbeamten in § 75 Abs. 2 BBG, für die dem Landesrecht unterfallenden Beamten in den jeweiligen Landesbeamtengesetzen[26] geregelt, und zwar durchweg nach Maßgabe der oder zumindest in Anlehnung an die Verjährungsregelung des BGB (drei Jahre ab Kenntnis von der Ersatzpflicht zum Jahresschluss, unabhängig von der Kenntnis höchstens zehn Jahre).

5 Entbehrlich ist die Unterscheidung zwischen hoheitlicher und nicht-hoheitlicher Tätigkeit in der praktischen Rechtsanwendung nicht geworden. Erstens bleibt sie für die Gestaltung der Außenhaftung bedeutsam.[27] Zum Zweiten entscheidet sie über den

---

17 BVerwG 17.9.1964 – II C 147.61 –, NJW 1965, 458, 461.

18 Siehe etwa BGH 28.10.1993 – III ZR 67/92 –, NJW 1994, 660, 662; *Fürst*, ZBR 1987, 289, 298.

19 Vgl. *Beckmann*, Die Haftung des Beamten gegenüber seinem Dienstherrn, S. 234 ff.

20 Darstellung des Meinungsstandes m.w.N. bei *Beckmann*, S. 244 ff., der selbst für eine ausschließlich haushaltsrechtliche Lösung eintritt (a.a.O., S. 250 ff.).

21 In der beamtenrechtlichen Literatur wird zum Teil für eine Anwendung der arbeitsrechtlichen Haftungsmilderung eingetreten, etwa *Pfohl*, ZBR 2004, 119, 124 f.; *Zetsche*, ZBR 2004, 130 ff.; dagegen *Beckmann*, Die Haftung des Beamten gegenüber seinem Dienstherrn, S. 234 ff.

22 *Hofmann*, ZTR 1995, 99, 102.

23 Siehe § 20 RN 4.

24 *Koch/Scholtz*, Abgabenordnung, 5. Aufl., § 32 Rn. 2.

25 Zur Bedeutung des Gesetzes zur Regelung der Staatshaftung in der DDR v. 12.5.1969 (GBl. I, S. 34) für die Rechtslage im Beitrittsgebiet nach der Wiedervereinigung siehe *Lörler*, NVwZ 1990, 830 ff; *Ossenbühl*, NJW 1991, 1201 ff.; *Christoph*, NVwZ 1991, 536 ff.

26 § 59 LBG BaWü; Art. 78 BayBG; § 72 LBG Berlin; § 60 LBG Brandenburg; § 51 BremBG; § 52 HmbBG; § 56 HessBG; § 52 LBG Mecklbg.-Vorp.; § 51 Nieders. BG; § 80 LBG NRW; § 60 LBG Rhld.-Pf.; § 65 Saarl. BG; § 76 SächsBG; § 56 LBG Sachsen-Anh.; § 51 LBG Schl.-Hlstn.; § 46 ThürBG.

27 Siehe § 20 RN 2 ff.

Rechtsweg, der im Schadensersatz- oder Regressstreit zwischen Beamten und Dienstherrn zu beschreiten ist. Die Rechtsprechung gestattet dem Dienstherrn die Geltendmachung des Schadensersatzanspruchs durch Verwaltungsakt.[28] Grundsätzlich ist dafür der Verwaltungsrechtsweg eröffnet (§ 126 Abs. 2 BRRG, Leistungsklage)[29]; anders aber beim Amtshaftungsregress, hier sind die ordentlichen Gerichte zuständig (Art. 34 S. 3 GG), wobei über alle Klagegründe entschieden wird (§ 17 Abs. 2 GVG).[30]

II. Die Übertragung der beamtenrechtlichen Haftung auf Arbeitnehmer des öffentlichen Dienstes

Die Beamtengesetze gelten nicht für Angestellte und Arbeiter des öffentlichen Dienstes. 6 Art. 34 S. 2 GG verlangt aber auch für sie das Haftungsprivileg bei Schädigung Dritter, wenn die Schädigung bei Wahrnehmung öffentlicher Aufgaben eingetreten ist. Haftungsrechtlich können also Arbeitnehmer Amtsträger sein. Von einer gesetzlichen Regelung der Haftungsprivilegierung wurde bislang allerdings abgesehen. Stattdessen wird durch tarifvertragliche Regelung eine der Beamtenhaftung entsprechende Rechtslage für die Arbeitnehmer des öffentlichen Dienstes hergestellt mit der Folge, dass auch die Arbeitnehmer nicht nur beim Amtshaftungsregress (Art. 34 S. 2 GG), sondern allgemein nur noch **für grobe Fahrlässigkeit und Vorsatz haften.**[31] Dieses Haftungsregime erfasst praktisch alle Arbeitnehmer des öffentlichen Dienstes, da die Tarifverträge unabhängig von der Gewerkschaftszugehörigkeit (ggf. kraft vertraglicher Inbezugnahme) angewandt werden. Unterbleibt die vertragliche Inbezugnahme, ist auf Art. 34 S. 2 GG zurückzugreifen, soweit es um die Schädigung Dritter geht, im Übrigen auf den Grundsatz der Gleichbehandlung, soweit eine entsprechende Regelung für vergleichbare Arbeitnehmer im Betrieb gilt.

Bis zum Jahre 2004 wurde die haftungsrechtliche Gleichstellung durch Inbezug- 7 nahme der beamtenrechtlichen Haftungsregeln in § 14 BAT bzw. § 14 BAT-O für die Angestellten und in § 11a MTArb, § 9a BMT-G II bzw. § 11a MTArbO für die Arbeiter

28 BVerwG 17.9.1964 – II C 147.61 – Leits. 1 und S. 246, BVerwGE 19, 243 = NJW 1965, 458; krit. *Schoch/Kunig*, BesVerwR, 15. Aufl., Kap. 6 Rn. 150.

29 Dies gilt auch dann, wenn das Beamtenverhältnis letztlich nicht zustande kommt, BVerwG 22.2.1996 – 2 C 12.94 –, BVerwGE 100, 280 = NJW 1996, 2175.

30 Für die Erstattung von Fehlbeständen im Vermögen des Dienstherrn sah das Erstattungsgesetz (in der im Bundesgesetzblatt Teil III, Gliederungsnummer 2030–10, veröffentlichten bereinigten Fassung, geändert durch Artikel 40 des Gesetzes vom 2.3.1974 BGBl. I, S. 469) ein besonderes Verfahren vor. Das Gesetz ist durch Art. 10 Abs. 1 Nr. 1 des Besoldungsstrukturgesetzes v. 21.6.2002 (BGBl. I, S. 2138) als Bundesrecht aufgehoben worden. In Bremen galt das Gesetz als Landesrecht bis zum 31.12.2014 (Art. 1 Abs. 6 Drittes RechtsbereinigungsG vom 24.11.2009, Brem.GBl., S. 517).

31 Die entsprechende Anwendung ist so zu verstehen, dass die beamtenrechtlichen Vorschriften nur in ihrer haftungsbegrenzenden Funktion anzuwenden sind, nicht als Anspruchsgrundlagen; insoweit bleibt es auch im Verhältnis zum Arbeitgeber bei den allgemeinen zivilrechtlichen Grundlagen (§§ 280 ff., 823 BGB usw.).

geregelt. Nach der Neustrukturierung der Tarifverträge stellt sich das Bild regelungstechnisch etwas anders dar, ohne dass sich in der Sache etwas geändert hätte: Der für die **Arbeitnehmer des Bundes und der kommunalen Arbeitgeber** geltende **§ 3 TVöD** regelt in § 3 Abs. 7 für die Arbeitnehmer des Bundes die entsprechende Anwendung der für Bundesbeamte geltenden Bestimmungen. Für die kommunalen Arbeitgeber (Gemeinden, Gemeindeverbände, kommunale Versorgungsunternehmen usw.) regelt § 3 Abs. 6, dass die Arbeitnehmer nur für grobe Fahrlässigkeit und Vorsatz haften. Mit Blick auf die beabsichtigte Gleichstellung mit den Beamten bzw. den Regelungszusammenhang wird man diese Regelung so zu verstehen haben, dass auch sie auf eine entsprechende Anwendung des beamtenrechtlichen Haftungsregimes zielt, was bedeutet, dass **grobe Fahrlässigkeit und Vorsatz sich nur auf die Pflichtverletzung beziehen** müssen, nicht auf den Schaden.[32]

8 Für **Arbeitnehmer der Länder** regeln § 3 TV-L und ggf. besondere Tarifverträge für einzelne Länder (§ 3 TV-Hessen) die entsprechende Anwendung der beamtenrechtlichen Haftungsregelung (§ 48 BeamtStG und die jeweiligen landesrechtlichen Vorschriften über die Verjährung).

9 Fraglich ist das **Verhältnis** der per Tarifvertrag implementierten beamtenrechtlichen Haftungsregeln **zu den arbeitsrechtlichen Grundsätzen** des innerbetrieblichen Schadensausgleichs, die als Richterrecht erst einmal für jedes Arbeitsverhältnis anwendbar sind. Die intendierte Gleichstellung der Arbeitnehmer mit den Beamten scheint für eine abschließende, die arbeitsrechtlichen Grundsätze ausschließende Regelung zu sprechen. Indessen erscheint insbesondere die Vermeidung wirtschaftlicher Härten infolge übermäßigen Haftungsumfangs als durchaus nicht befriedigend gelöstes Problem der beamtenrechtlichen Haftung[33], die sogar im beamtenrechtlichen Schrifttum die Frage einer entsprechenden Heranziehung der arbeitsrechtlichen Grundsätze aufgeworfen hat.[34] Diese Unklarheit spricht gegen eine abschließende Wirkung der tarifvertraglichen Inbezugnahme des Beamtenrechts. Außerdem würde man angesichts der nachteiligen Wirkung für den Arbeitnehmer eine ausdrückliche Regelung in diesem Sinne erwarten. Die **arbeitsrechtlichen Haftungsregeln bleiben** also, soweit sie den Arbeitnehmer besser stellen, **anwendbar.**[35]

10 Schadensersatzansprüche gegen den Arbeitnehmer werden **bei den Arbeitsgerichten** geltend gemacht, anders nur beim Amtshaftungsregress (Art. 34 S. 3 GG), für den die Zivilgerichte zuständig sind.

32 Wie dies – nach der Rspr. – bei den richterrechtlichen Haftungsregeln der Fall sein soll, § 9 RN 5.

33 Siehe RN 3.

34 Näher *Pfohl*, ZBR 2004, 119, 124 f.; abl. *Beckmann*, Die Haftung des Beamten gegenüber seinem Dienstherrn, S. 234 ff. m.w.N.; dafür *Zetsche*, ZBR 2004, 130 ff.

35 So auch die Praxis des BAG, siehe nur BAG 25.9.1997 – 8 AZR 288/96 –, AP § 611 BGB Haftung des Arbeitnehmers Nr. 111 = NZA 1998, 310 (implicite). Im Übrigen müsste eine tarifliche Regelung, die die richterrechtlichen Enthaftungsgrundsätze ausschlösse oder abwandelte, auf verfassungsrechtliche Grenzen achten, siehe § 4 RN 11; *Wall*, Tarifliche Regelungen, S. 72 f., 311 ff.

§ 15 Beteiligung von Arbeitnehmervertretungen

I. Öffentlicher Dienst

Im Unterschied zum Betriebsverfassungsgesetz sieht das Personalvertretungsrecht des Bundes und der Länder eine **Beteiligung des Personalrats bei der Geltendmachung von Ersatzansprüchen gegen einen Beschäftigten** in der Regel ausdrücklich vor. Der Mitbestimmungstatbestand dient dem Schutz der Beschäftigten.[1] Der Personalrat hat die Aufgabe, die Rechtmäßigkeit der Inanspruchnahme zu prüfen sowie auf die Gleichbehandlung aller Beschäftigten und die Berücksichtigung sozialer Belange zu achten.[2] Im Folgenden soll vor allem die in § 78 Abs. 1 Nr. 15 BPersVG (zuvor § 76 Abs. 2 S. 1 Nr. 9 BPersVG) enthaltene Regelung näher skizziert werden. In den Bundesländern gelten überwiegend vergleichbare Regelungen,[3] allerdings in Hessen (§ 74 Abs. 2 HPersVG) herabgestuft zu einem bloßen Mitwirkungsrecht. Nur in Bremen, Sachsen-Anhalt und Schleswig-Holstein ist keine ausdrückliche Beteiligung des Personalrats vorgesehen; jedoch verfügen Bremen und Schleswig-Holstein über Generalklauseln zur Mitbestimmung (§§ 52 Abs. 1 S. 1, 65 Abs. 3 BremPersVG; § 51 Abs. 1 S. 1 MBG Schl.-H.), auf die sich ein entsprechendes Beteiligungsrecht des Personalrats stützen lässt.[4] Auf Landespersonalgesetze wird ansonsten nur im Hinblick auf einige besonders markante Regelungsvarianten eingegangen. 1

1. Voraussetzungen der Mitbestimmung

a) Inhaltlich erfasste Ansprüche

Das in **§ 78 Abs. 1 Nr. 15 BPersVG** vorgesehene **Mitbestimmungsrecht** bei der Geltendmachung von Ersatzansprüchen gegen einen Beschäftigten erstreckt sich in **personeller Hinsicht** auf alle Ansprüche einer Dienstbehörde des Bundes gegen Beamte, Angestellte oder Arbeiter einschließlich der zu ihrer Berufsausbildung Beschäftigten.[5] Dabei bezieht sich das Mitbestimmungsrecht nicht auf Ersatzansprüche, die erst nach 2

1 *Annuß*, in: Richardi/Dörner/Weber/Annuß, Personalvertretungsrecht, 6. Aufl., § 78 BPersVG Rn. 187; *Rehak*, in: Lorenzen et al., BPersVG, § 78 Rn. 425 (Stand: Mai 2024).

2 BVerwG 19.12.1990 – 6 P 24/88 –, NVwZ 1992, 175 = PersR 1991, 133 m. zust. Anm. *Plander;* 24.4.2002 – 6 P 4/01 – unter II b, AP § 86 LPVG Hamburg Nr. 8; OVG Münster 18.11.1982 – 1 A 1957/80 –, ZBR 1983, 239, 240; OVG Hamburg 10.1.2005 – 8 Bf 222/04.PVL –, PersV 2005, 265, 266; *Lenders*, PersR 2/2020, 8, 10 f.; ebenso (zu § 65 Abs. 1 Nr. 28 NdsPersVG) *Bieler/Müller-Fritzsche*, NdsPersVG, 19. Aufl., § 65 Rn. 73 f.

3 § 75 Abs. 3 Nr. 9 LPVG BW, § 75 Abs. 1 S. 1 Nr. 13 BayPVG, § 86 Abs. 1 Nr. 4 BlnPersVG, § 63 Abs. 1 Nr. 23 LPersVG Brdbg, § 88 Abs. 1 Nr. 29 HmbPersVG, § 68 Abs. 1 Nr. 23 MVPersVG, § 65 Abs. 1 Nr. 28 (Beamte), Abs. 2 Nr. 21 (Arbeitnehmer) NdsPersVG, § 72 Abs. 4 S. 1 Nr. 11 NRW-LPVG, § 78 Abs. 2 S. 1 Nr. 14 (Arbeitnehmer), Abs. 2 S. 1 Nr. 12 (Beamte) LPersVG RP, § 78 Abs. 1 Nr. 17 SPersVG, § 80 Abs. 1 S. 1 Nr. 16 SächsPersVG, § 73 Abs. 1 Nr. 10 (Arbeitnehmer), Abs. 2 Nr. 13 (Beamte) ThürPersVG.

4 Überblick über die landesrechtlichen Regelungen auch bei *Baden*, in: Altvater et al., BPersVG, 11. Aufl., § 78 Rn. 381; *Rehak*, in: Lorenzen et al., BPersVG, § 78 Rn. 610 (Stand: Mai 2024).

5 *Annuß*, in: Richardi/Dörner/Weber/Annuß, Personalvertretungsrecht, 6. Aufl., § 78 BPersVG Rn. 187; *Rehak*, in: Lorenzen et al., BPersVG, § 78 Rn. 420 (Stand: Mai 2024).

https://doi.org/10.1515/9783110728606-017

dem Ausscheiden des Beschäftigten entstanden sind.[6] Dagegen sind mit einer im Vordringen befindlichen Ansicht nach dem Sinn und Zweck des Mitbestimmungsrechts solche Ersatzansprüche einzubeziehen, die gegen einen Beschäftigten auf die (angebliche) Verletzung einer Dienstpflicht vor dem Zeitpunkt des Eintritts in den Ruhestand gestützt werden, weil es in diesem Zusammenhang nicht nur um den Schutz individueller Interessen des Beschäftigten, sondern auch um die Belange weiterer aktiver Beschäftigter geht.[7] In **sachlicher Hinsicht** werden sämtliche Schadensersatzansprüche erfasst, die mit dem Beschäftigungsverhältnis zusammenhängen.[8] Hierzu gehören alle Ansprüche auf Ersatz von Eigenschäden des Dienstherrn sowie Regressansprüche bei der Verursachung von Fremdschäden, für die der Dienstherr einem außenstehenden Dritten Schadensersatz leisten musste. Demgegenüber erfasst der Mitbestimmungstatbestand keine bereicherungsrechtlichen Ansprüche auf Rückzahlung von überbezahlten Dienstbezügen.[9] § 78 Abs. 1 Nr. 15 BPersVG greift allerdings dann wieder ein, wenn die Rückzahlung unter Berufung auf eine schuldhafte Pflichtverletzung des Bediensteten als Schadensersatz geltend gemacht wird.[10] Ferner erstreckt sich das Mitbestimmungsrecht nicht auf Schadensersatzansprüche aus unerlaubten Handlungen gegenüber dem Dienstherrn außerhalb der dienstlichen Sphäre sowie auf Ansprüche von Beschäftigten gegeneinander.[11]

6 *Baden*, in: Altvater et al., BPersVG, 11. Aufl., § 78 Rn. 275.

7 ThürOVG 12.6.2014 – 2 ZKO 968/10 –, Juris; OVG NRW 11.2.2015 – 6 A 1832/12, DÖV 2015, 1018; *Baden*, in: Altvater et al., BPersVG, 11. Aufl., § 78 Rn. 275; *Rehak*, in: Lorenzen et al., BPersVG, § 78 Rn. 424 (Stand: Mai 2024); a.A. OVG Hamburg 9.10.1979 – Bs PH 4/79 –, ZBR 1980, 259; LAG Berlin 22.10.1990 – 9 Sa 56/90 –, DB 1991, 971; *Annuß*, in: Richardi/Dörner/Weber/Annuß, Personalvertretungsrecht, 6. Aufl., § 78 BPersVG Rn. 191; *Ilbertz*, in: Ilbertz/Widmaier, BPersVG, 15. Aufl., § 78 Rn. 109.

8 *Annuß*, in: Richardi/Dörner/Weber/Annuß, Personalvertretungsrecht, 6. Aufl., § 78 BPersVG Rn. 188; *Baden*, in: Altvater et al., BPersVG, 11. Aufl., § 78 Rn. 275; BeckOK BPersVG/*Else*, BPersVG (Stand: 10/2024), § 78 Rn. 100. Für den von *Walldorf*, PersV 1984, 445, 448, angedeuteten Ausschluss der Mitbestimmung durch „bestehende gesetzliche oder tarifliche Regelungen" (jetzt § 75 BBG bzw. § 3 Abs. 7 TVöD und TV-L oder § 3 Abs. 6 TVöD-V sowie § 56 TVöD-BT-K), bestehen keine Anhaltspunkte; vgl. *Fischer/Goeres/Gronimus*, in: GKÖD V, K § 76 BPersVG Rn. 53 a.E. (Stand: Oktober 2009). Etwas Anderes gilt bei einer abschließenden tariflichen Regelung der Herausgabe von Nebentätigkeitsvergütungen (BAG 25.7.1996 – 6 AZR 683/95 – unter II 1, AP § 11 BAT Nr. 6 = NZA 1997, 320); bei diesen handelt es sich aber ohnehin nicht um einen Ersatzanspruch.

9 BVerwG 27.1.2006 – 6 P 5.05 –, NVwZ 2006, 835 (a.A. als Vorinstanz OVG Hamburg 10.1.2005 – 8 Bf 222/04.PVL –, PersV 2005, 265 zu § 86 Abs. 1 Nr. 18 HmbPersVG a.F.); VGH München 14.7.1993 – 18 P 93.1164 –, PersR 1993, 563; VG Köln 10.9.1981 – PVB 15/81 –, PersV 1982, 334; *Baden*, in: Altvater et al., BPersVG, 11. Aufl., § 78 Rn. 277; *Fischer/Goeres/Gronimus*, in: GKÖD V, K § 76 BPersVG Rn. 53a (Stand: Oktober 2009); *Rehak*, in: Lorenzen et al., BPersVG, § 78 Rn. 422 (Stand: Mai 2024); *v. Roetteken*, PersR 2005, 481, 486 ff.; ebenso (zu § 65 Abs. 1 Nr. 28 NdsPersVG) *Bieler/Müller-Fritzsche*, NdsPersVG, 19. Aufl., § 65 Rn. 76.

10 BVerwG 27.1.2006 – 6 P 5.05 –, NVwZ 2006, 835, 837; OVG Münster 18.11.1982 – 1 A 1957/80 –, ZBR 1983, 239, 240; VGH München 14.7.1993 – 18 P 93.1164 –, PersR 1993, 563, 564; *Baden*, in: Altvater et al., BPersVG, 11. Aufl., § 78 Rn. 277; *Fischer/Goeres/Gronimus*, in: GKÖD V, K § 76 BPersVG Rn. 53a (Stand: Oktober 2009); *Ilbertz*, in: Ilbertz/Widmaier, BPersVG, 15. Aufl., § 78 Rn. 108.

11 Vgl. zur insoweit vergleichbaren Vorschrift des § 65 Abs. 1 Nr. 28 NdsPersVG *Otte*, in: Basiskomm. NdsPersVG, 8. Aufl., § 65 Rn. 82d (ebenso *Dierßen*, a.a.O., Rn. 118c).

b) Formen der Durchsetzung

Das Mitbestimmungsrecht bezieht sich auf **alle Formen der Durchsetzung von Ersatzansprüchen.** Somit greift § 78 Abs. 1 Nr. 15 BPersVG bei der Geltendmachung durch Leistungsbescheid (im Beamtenverhältnis), durch Leistungsklage, Mahnverfahren oder Aufrechnung ein.[12] Wenn die Dienststelle im Vorfeld dieser förmlichen Maßnahmen in eindeutiger, unbedingter Weise einen Anspruch gegen den vermeintlich Ersatzpflichtigen behauptet, unterliegt jedoch bereits dieses Vorgehen der Mitbestimmung.[13] Eine Zahlungsaufforderung muss damit noch nicht verbunden sein; diese könnte auch den Handlungsspielraum des Personalrats schmälern.[14] Solange sich der Dienststellenleiter darauf beschränkt, den Sachverhalt aufzuklären, findet aber noch keine Mitbestimmung statt.[15] Gleiches gilt für den Fall, dass der Leiter der Dienststelle von der Geltendmachung eines Ersatzanspruchs aus Billigkeitsgründen absehen will.[16] 3

c) Antrag auf Beteiligung

Die Mitbestimmung setzt gemäß § 78 Abs. 2 Halbs. 1 BPersVG voraus, dass der **Beschäftigte die Einschaltung des Personalrats beantragt.**[17] Das Gesetz verlangt damit mehr als die schlichte Zustimmung des Betroffenen zur Mitwirkung der Personalvertretung. Das Antragserfordernis **dient dem Persönlichkeitsschutz**, indem es den Beschäftigte in die Lage versetzt, selbst darüber zu entscheiden, ob der Personalrat mit einer die eigene Persönlichkeitssphäre betreffenden Angelegenheit befasst werden soll.[18] Dabei hat es der Beschäftigte nur in der Hand, die Beteiligung des Personalrats insgesamt zu beantragen, nicht aber – im Gegensatz zu § 79 Abs. 2 S. 1 Halbs. 2 BPersVG – auf die Einschaltung des Vorstands des Personalrats zu beschränken. Inhaltlich muss sich der Antrag auf die konkrete Durchsetzung eines bestimmten Ersatzanspruchs be- 4

12 *Annuß*, in: Richardi/Dörner/Weber/Annuß, Personalvertretungsrecht, 6. Aufl., § 78 BPersVG Rn. 189; *Fischer/Goeres/Gronimus*, in: GKÖD V, K § 76 BPersVG Rn. 53 (Stand: Oktober 2009); *Walldorf*, PersV 1984, 445, 447. Speziell zur Aufrechnung VGH München 7.2.1990 – 3 B 89.00806 –, NVwZ-RR 1990, 624, 625.

13 BVerwG 24.4.2002 – 6 P 4/01 –, AP § 86 LPVG Hamburg Nr. 8; *Annuß*, in: Richardi/Dörner/Weber/Annuß, Personalvertretungsrecht, 6. Aufl., § 78 BPersVG Rn. 189; *Rehak*, in: Lorenzen et al., BPersVG, § 78 Rn. 421 (Stand: Mai 2024).

14 BVerwG 2.6.2010 – 6 P 9.09 –, ZTR 2010, 434, 435; zust. *Baden*, in: Altvater et al., BPersVG, 11. Aufl., § 78 Rn. 278.

15 *Annuß*, in: Richardi/Dörner/Weber/Annuß, Personalvertretungsrecht, 6. Aufl., § 78 BPersVG Rn. 190; *Baden*, in: Altvater et al., BPersVG, 11. Aufl., § 78 Rn. 278; *Ilbertz*, in: Ilbertz/Widmaier, BPersVG, 15. Aufl., § 78 Rn. 106.

16 OVG Münster 25.2.1980 – CL 28/79 –, PersV 1981, 335; *Rehak*, in: Lorenzen et al., BPersVG, § 78 Rn. 421 (Stand: Mai 2024).

17 § 51 Abs. 5 S. 1 MBG Schl.-H. spricht von einer erforderlichen Zustimmung des Betroffenen. § 86 Abs. 1 Nr. 4 BlnPersVG sieht vor, dass die „Dienstkraft" der Mitbestimmung des Personalrats widersprechen kann; dazu BVerwG 2.6.2010 – 6 P 9.09 –, ZTR 2010, 434. § 88 Abs. 1 Nr. 29 HmbPersVG kennt nicht einmal dies.

18 Vgl. BT-Drs. 7/176, S. 34 (zu § 73 Abs. 1 S. 3 BPersVG 1974); BVerwG 23.2.1989 – 2 C 76.86 –, BVerwGE 81, 277, 279.

ziehen, während ein antizipierter Pauschalantrag auf Beteiligung des Personalrats keine Wirkung entfaltet.[19] Der Antrag ist grundsätzlich beim (zuständigen) Dienststellenleiter[20] zu stellen. Dagegen genügt eine bloße Antragstellung beim Personalrat für sich genommen nicht.[21] Man sollte es aber als ausreichend ansehen, wenn der Beschäftigte den Personalrat darum ersucht, den eingereichten Antrag gleichsam als Bote an den Dienststellenleiter weiterzuleiten.[22] Der Antrag muss nicht zwingend vor der erstmaligen Geltendmachung des Ersatzanspruchs durch die Dienststelle gestellt werden. Vielmehr kann der Beschäftigte die Einschaltung des Personalrats auch noch nachträglich beantragen.[23] Dies ergibt sich daraus, dass die Mitbestimmung nicht an die Einleitung des Verfahrens, sondern an die Geltendmachung und damit an einen zeitlich gestreckten Vorgang anknüpft. Ein Antrag ist deshalb bei Beamten zumindest bis zur abschließenden Entscheidung der Verwaltung, also bis zum Erlass eines Widerspruchsbescheides möglich.[24] Bis dahin kann der betroffene Beschäftigte einen Antrag auf Beteiligung des Personalrats auch wieder zurücknehmen.[25]

2. Durchführung, Inhalt und Wirkung des Mitbestimmungsverfahrens

5 Um dem Beschäftigten die Möglichkeit zu eröffnen, durch einen Antrag die Heranziehung zu Ersatzleistungen der Mitbestimmung zu unterwerfen, sieht § 78 Abs. 2 Hs. 2 BPersVG vor, dass „diese" oder „dieser" von der beabsichtigten Maßnahme, d.h. der Geltendmachung eines Ersatzanspruchs, rechtzeitig vorher in Kenntnis zu setzen ist. Diese **Unterrichtungspflicht** bezieht sich sowohl nach dem eindeutigen Wortlaut als

19 *Rehak*, in: Lorenzen et al., BPersVG, § 78 Rn. 459 (Stand: Mai 2024).

20 Für eine Wirksamkeit des Antrags auch bei dessen Abgabe seitens des Beschäftigten bei einer unzuständigen Dienststelle *Rehak*, in: Lorenzen et al., BPersVG, § 78 Rn. 462 (Stand: Mai 2024).

21 *Annuß*, in: Richardi/Dörner/Weber/Annuß, Personalvertretungsrecht, 6. Aufl., § 78 BPersVG Rn. 192; *Rehak*, in: Lorenzen et al., BPersVG, § 78 Rn. 460 (Stand: Mai 2024); *Widmaier*, in: Ilbertz/Widmaier, BPersVG, 15. Aufl., § 78 Rn. 112; a.A. *Pfohl*, ZBR 2004, 119, 127.

22 Siehe dazu VG Oldenburg 29.4.1988 – 6 VG A 139/87 –, PersV 1989, 447, das (offenbar noch weitergehend) eine eigenmächtige Weiterleitung des Antrags durch den Personalrat an den Dienststellenleiter genügen lässt; ebenso *Rehak*, in: Lorenzen et al., BPersVG, § 78 Rn. 460 (Stand: Mai 2024); ferner (zu § 65 Abs. 1 Nr. 28 NdsPersVG) *Bieler/Müller-Fritzsche*, NdsPersVG, 19. Aufl., § 65 Rn. 74; generell a.A. *Annuß*, in: Richardi/Dörner/Weber/Annuß, Personalvertretungsrecht, 6. Aufl., § 78 BPersVG Rn. 192.

23 *Annuß*, in: Richardi/Dörner/Weber/Annuß, Personalvertretungsrecht, 6. Aufl., § 78 BPersVG Rn. 192 (in jedem Verfahrensstadium); *Widmaier*, in: Ilbertz/Widmaier, BPersVG, 15. Aufl., § 78 Rn. 111.

24 VG Oldenburg 29.4.1988 – 6 VG A 139/87 –, PersV 1989, 447, 448; *Annuß*, in: Richardi/Dörner/Weber/Annuß, Personalvertretungsrecht, 6. Aufl., § 78 BPersVG Rn. 192; *Baden*, in: Altvater et al., BPersVG, 11. Aufl., § 78 Rn. 280; *Fischer/Goeres/Gronimus*, in: GKÖD V, K § 76 BPersVG Rn. 54 (Stand: Oktober 2009). Siehe ferner zu § 65 Abs. 1 Nr. 28 NdsPersVG *Bieler/Müller-Fritzsche*, NdsPersVG, 19. Aufl., § 65 Rn. 75; *Otte*, in: Basiskomm. NdsPersVG, 8. Aufl., § 65 Rn. 82 f. Noch großzügiger OVG Berlin – OVG 70 PV 2.97 –, PersR 2000, 246 f. Abl. *Rehak*, in: Lorenzen et al., BPersVG, § 78 Rn. 426, 428 (Stand: Mai 2024). Vgl. für die Versetzung eines Beamten OVG Münster 22.3.1996 – 1 B 353/96 –, PersR 1997, 252 f. Einschränkend für die Beteiligung im Fall der Entlassung eines Beamten auf Probe bei trotz einer vorherigen Unterrichtung verspäteter Antragstellung BVerwG 23.2.1989 – 2 C 76.86 –, BVerwGE 81, 277.

25 *Rehak*, in: Lorenzen et al., BPersVG, § 78 Rn. 463 (Stand: Mai 2024).

auch nach dem Sinn und Zweck der Regelung in personeller Hinsicht eindeutig **auf den Beschäftigten** und nicht auf den Personalrat.[26] Die Gegenansicht[27] übersieht den seit 2021 geänderten Wortlaut der Vorschrift und verkennt im Übrigen, dass die Mitbestimmung erst mit dem Beteiligungsantrag des Betroffenen einsetzt. Im Gegensatz etwa zu § 65 Abs. 1 Nr. 28 Hs. 2 (Beamte) bzw. Abs. 2 Nr. 21 Hs. 2 (Arbeitnehmer) NdsPersVG ordnet das BPersVG zwar keinen Hinweis auf das Antragsrecht als solches an, sondern lässt es bei einer Unterrichtung über die beabsichtigte Maßnahme bewenden. Aus dem Gedanken der beamtenrechtlichen bzw. arbeitsvertraglichen Fürsorgepflicht ist aber eine entsprechende **Aufklärungspflicht** zu folgern.[28] Sofern der Betroffene daraufhin (oder später) einen Beteiligungsantrag stellt, muss der Dienststellenleiter im Bereich des BPersVG die Zustimmung des Personalrats zur beabsichtigten Durchsetzung des Ersatzanspruchs einholen. Somit findet das Mitbestimmungsverfahren des § 70 BPersVG Anwendung. Allerdings ist zu beachten, dass die u.U. angerufene Einigungsstelle in den Fällen des § 78 Abs. 1 BPersVG nicht abschließend entscheidet, sondern gemäß § 75 Abs. 3 BPersVG nur eine Empfehlung aussprechen kann, sofern sie sich nicht der Auffassung der obersten Dienstbehörde anschließt. Die oberste Dienstbehörde entscheidet sodann endgültig.

In inhaltlicher Hinsicht steht dem Personalrat grundsätzlich ein **umfassendes** 6
Mitbestimmungsrecht zu. Im Einzelnen muss freilich differenziert werden: Auf der ersten Stufe geht es um eine Prüfung und Mitbeurteilung der Frage, ob ein Ersatzanspruch gegen den Beschäftigten besteht und die beabsichtigte Durchsetzung der Ersatzforderung rechtmäßig wäre.[29] Wenn die Entscheidung über die Geltendmachung des Ersatzanspruchs im Ermessen des Dienstellenleiters liegt, bezieht sich das Mitbeurteilungsrecht auf die Grenzen des Ermessens.[30] Zur Mitbeurteilung gehören vor allem die Umstände, die für die Schwere des Verschuldens von Bedeutung sind, sowie die

---

26 So schon VGH München 7.2.1990 – 3 B 89.00806 –, NVwZ-RR 1990, 624, 625.

27 *Annuß*, in: Richardi/Dörner/Weber/Annuß, Personalvertretungsrecht, 6. Aufl., § 78 BPersVG Rn. 193 (allerdings bei gleichzeitiger Bejahung einer allgemeinen Pflicht zur Information des Beschäftigten über die Möglichkeit der Mitbestimmung auf Antrag in Rn. 192).

28 Vgl. OVG Münster 18.11.1982 – 1 A 1957/80 –, ZBR 1983, 239, 240; *Baden*, in: Altvater et al., BPersVG, 11. Aufl., § 78 Rn. 279; *Fischer/Goeres/Gronimus*, in: GKÖD V, K § 76 BPersVG Rn. 54 (Stand: Oktober 2009); *Peiseler*, PersR 1985, 111; *Pfohl*, ZBR 2004, 119, 127; *Rehak*, in: Lorenzen et al., BPersVG, § 78 Rn. 468 (Stand: Mai 2024); *Widmaier*, in: Ilbertz/Widmaier, BPersVG, 15. Aufl., § 78 Rn. 111. Im Kontext anderer Mitbestimmungsrechte teilweise zurückhaltender BVerwG 24.11.1983 – 2 C 27.82 –, BVerwGE 68, 197, 200 ff.; 23.2. 1989 – 2 C 76.86 –, BVerwGE 81, 277, 279; 9.12.1999 – 2 C 4.99 –, BVerwGE 110, 173, 177 f.; BAG 26.8.1993 – 2 AZR 376/93 –, AP § 72 LPVG NW Nr. 8 = NZA 1994, 281; 6.3.2003 – 2 AZR 50/02 –, ZTR 2004, 107 f. Siehe aber auch BVerwG 2.6.2010 – 6 P 9.0 –, ZTR 2010, 434 zu § 86 Abs. 1 Nr. 4 LPersVG Berlin.

29 Zu § 86 Abs. 1 Nr. 4 LPersVG Berlin BVerwG 19.12.1990 – 6 P 24.88 –, NVwZ 1992, 175 = PersR 1991, 133 m. zust. Anm. *Plander*, S. 135, sowie BAG 14.11.1991 – 8 AZR 151/91 –, AP § 86 LPVG Berlin Nr. 1 = NZA 1992, 995; zu § 86 Abs. 1 Nr. 18 HmbPersVG OVG Hamburg 25.11.1997 – Bs PH 5/96 –, PersR 1998, 473, 474; zu § 78 Abs. 2 Nr. 15 BPersVG *Baden*, in: Altvater et al., BPersVG, 11. Aufl., § 78 Rn. 274; *Ilbertz*, in: Ilbertz/Widmaier, BPersVG, 15. Aufl., § 78 Rn. 105; grds. ebenso *Walldorf*, PersV 1984, 445, 450. Zurückhaltender *Fischer/Goeres/Gronimus*, in: GKÖD V, K § 76 BPersVG Rn. 54 (Stand: Oktober 2009).

30 *Ilbertz*, in: Ilbertz/Widmaier, BPersVG, 15. Aufl., § 78 Rn. 105.

Überwachung einer Gleichbehandlung aller Beschäftigten.[31] Auf der zweiten Stufe ist darüber mitzuentscheiden, ob die an sich rechtmäßige Inanspruchnahme des Betroffenen ausnahmsweise unterbleiben soll. Gesetzlicher Anknüpfungspunkt ist insoweit vor allem § 59 Abs. 1 Nr. 1 bis 3 BHO.[32] Hierbei spielen in erster Linie Billigkeitsgesichtspunkte sowie der Fürsorgeaspekt eine Rolle.[33]

7 Wie oben dargelegt, unterliegt bereits die für die Wahrung tariflicher **Ausschlussfristen** (z. B. § 37 Abs. 1 TVöD) erforderliche vorgerichtliche Geltendmachung von Ersatzansprüchen der Mitbestimmung. Der Einleitung des Mitbestimmungsverfahrens in Verbindung mit einer Unterrichtung des Beschäftigten muss daher die Wirkung zugesprochen werden, den Lauf dieser Ausschlussfristen zu hemmen.[34] Damit ist nicht die entsprechende Anwendung der §§ 203 ff. BGB gemeint, sondern der dort auch zum Ausdruck kommende Rechtsgedanke, dass die Rechtsverfolgung nicht endgültig durch nicht vom Gläubiger beherrschbare Umstände blockiert sein kann. Demgegenüber ist eine Hemmung oder gar Unterbrechung der **Verjährung** von Ersatzansprüchen durch das Mitbestimmungsverfahren mit dem BVerwG[35] mangels einer entsprechenden gesetzlichen Regelung abzulehnen. Einer drohenden Verjährung kann durch eine vorläufige Regelung gemäß § 76 BPersVG vorgebeugt werden. Soweit es um die Heranziehung eines Beamten geht, kommt ein Leistungsbescheid, dessen Vollstreckung bis zum Abschluss des Mitbestimmungsverfahrens ausgesetzt wird, als zulässige Maßnahme in Betracht.[36] Bei Arbeitnehmern ist an die Erhebung einer Leistungsklage (§ 204 Abs. 1 Nr. 1 BGB) mit einem anschließenden Ruhen des Verfahrens (§ 251 ZPO) zu denken.

3. Rechtsfolgen bei Verletzung des Mitbestimmungstatbestandes

8 Sofern das Mitbestimmungsverfahren nicht ordnungsgemäß durchgeführt worden ist, darf der **Dienststellenleiter keine Maßnahmen treffen**, durch die der Ersatzanspruch geltend gemacht wird.[37] Das BAG verneint die Klagbarkeit des Schadensersatzanspruchs, sodass eine gleichwohl erhobene Klage jedenfalls im Grundsatz zunächst unzulässig ist.[38] Gleiches ist anzunehmen, wenn ein Hinweis auf das Antragsrecht unter-

31 *Rehak*, in: Lorenzen et al., BPersVG, § 78 Rn. 423 (Stand: Mai 2024); *Schnellenbach*, PersV 1991, 457, 458 f.

32 *Ilbertz*, in: Ilbertz/Widmaier, BPersVG, 15. Aufl., § 78 Rn. 105. Weiterreichende Überlegungen bei *Zetzsche*, ZBR 2004, 130 ff.

33 Näher dazu *Schnellenbach*, PersV 1991, 457, 459 f.; siehe auch OVG Münster 25. 2. 1980 – CL 28/79 –, PersV 1981, 335; 18. 11. 1982 – 1 A 1211/80 –, ZBR 1983, 239, 240: Beachtung sozialer Gesichtspunkte.

34 *Fischer/Goeres/Gronimus*, in: GKÖD V, K § 76 BPersVG Rn. 55b (Stand: Oktober 2009); *Pfohl*, ZBR 2004, 119, 127; a.A. *Baden*, in: Altvater et al., BPersVG, 11. Aufl., § 78 Rn. 281 unter Berufung auf ErfK/*Preis*, 24. Aufl., §§ 194–218 BGB Rn. 57.

35 BVerwG 25.10.1979 – 6 P 53.78 –, PersV 1981, 203, 204 f.; 19.12.1990 – 6 P 24.88 –, NVwZ 1992, 175.

36 Vgl. BVerwG 25.10.1979 – 6 P 53.78 –, PersV 1981, 203.

37 So OVG Lüneburg 10.12.1985 – 5 OVG A 31/84 –, PersR 1986, 240.

38 Zu § 86 Abs. 1 Nr. 4 LPVG Berlin BAG 14.11.1991 – 8 AZR 151/91 –, AP § 86 LPVG Berlin Nr. 1 = NZA 1992, 994; zu § 79 LPVG Baden-Württemberg BAG 25.7.1996 – 6 AZR 683/95 – unter II 1, AP § 11 BAT Nr. 6 = NZA 1997, 320; ebenso *Baden*, in: Altvater et al., BPersVG, 11. Aufl., § 78 Rn. 279; *Ilbertz*, in: Ilbertz/Widmaier,

blieben ist.[39] Allerdings muss es möglich sein, eine drohende Ausschlussfrist oder Verjährung zu hemmen.[40] Der Beschäftigte kann somit erst nach dem Abschluss des Mitbestimmungsverfahrens erfolgreich zu einer Ersatzleistung herangezogen werden. Im Hinblick auf eine Aufrechnungserklärung darf deshalb nach Ansicht des VGH München dem Dienstherrn nicht der Wille unterstellt werden, die Aufrechnung habe sich auch auf einen potentiellen Schadensersatzanspruch bezogen. Eine solche Annahme ließe nämlich außer Acht, dass der dem Grundsatz der Gesetzmäßigkeit (Art. 20 Abs. 3 GG) verpflichtete Dienstherr dann wegen der fehlenden Beteiligung des Personalrats gegen geltendes Personalvertretungsrecht verstoßen hätte.[41]

II. Privatwirtschaft

Das für privatrechtlich organisierte Unternehmen (§ 130 BetrVG) geltende Betriebsver- 9
fassungsgesetz enthält keinen gesetzlichen Beteiligungstatbestand für die Geltendmachung von Schadensersatzansprüchen gegen Arbeitnehmer. Immerhin gewährt § 84 BetrVG dem Arbeitnehmer ein **Beschwerderecht**, wenn er sich benachteiligt oder ungerecht behandelt oder in sonstiger Weise benachteiligt fühlt.[42] Dies ist z. B. dann denkbar, wenn der Arbeitgeber ihn aus seiner Sicht zu Unrecht in Anspruch nimmt oder sich bei der Beurteilung von Schadensfällen oder der Durchsetzung von Schadensersatzansprüchen unterschiedlich oder gar willkürlich verhält. Der Arbeitnehmer darf nach § 85 BetrVG auch den **Betriebsrat** einschalten. Wenn es sich – wie hier – um einen Rechtsanspruch handelt, kann der Betriebsrat nach h.M. aber nicht nach Abs. 2 die **Einigungsstelle** anrufen, wenn es nicht zu einer Einigung kommt.[43] Da die Einigungsstelle nach § 85 Abs. 2 S. 3 nicht verbindlich entscheiden kann, ergibt schon die Einschaltung der Einigungsstelle nach h.M. keinen Sinn. Allerdings ist ein freiwilliges Ei-

---

BPersVG, 15. Aufl., § 78 Rn. 106; *Pfohl*, ZBR 2004, 119, 127. A.A. LAG Hamm 8.6.1989 – 17 Sa 2034/88 –, PersR 1990, 115 (L): unbegründet; ebenso *Honnen*, ZfPR 2000, 214. Unklar VG Oldenburg 29.4.1988 – 6 VG A 139/87 –, PersV 1989, 447: Inanspruchnahme des Bediensteten unzulässig.

39 Siehe ferner zu § 77 Abs. 4 LPVG Rheinland-Pfalz VG Trier 22.3.1985 – 1 K 116/84 –, PersR 1985, 110 f.: Bei unterlassener Information über beabsichtigte Geltendmachung eines Ersatzanspruchs Rechtswidrigkeit eines Erstattungsbescheides.

40 Siehe dazu RN 7. Insoweit *Baden*, in: Altvater et al., BPersVG, 11. Aufl., § 78 Rn. 280 einerseits und Rn. 281 andererseits.

41 VGH München 7.2.1990 – 3 B 89.00806 –, NVwZ-RR 1990, 624, 625.

42 Zum weiten Verständnis der Norm BAG 22.11.2005 – 1 ABR 50/04 – Rn. 32, AP § 85 BetrVG Nr. 2 = NZA 2006, 803; GK-BetrVG/*Franzen*, 12. Aufl., § 84 Rn. 8; ErfK/*Kania*, 25. Aufl., § 84 BetrVG Rn. 5; *Löwisch*, in: Löwisch/Kaiser/Klumpp, BetrVG, 8. Aufl., § 84 Rn. 3; Richardi/*Thüsing*, BetrVG, 17. Aufl., § 84 Rn. 6.

43 BAG 28.6.1984 – 6 ABR 5/83 –, AP § 85 BetrVG Nr. 1 = NZA 1985, 189; 22.11.2005 – 1 ABR 50/04 – Rn. 36, AP § 85 BetrVG Nr. 2 = NZA 2006, 803; ErfK/*Kania*, 25. Aufl., § 85 BetrVG Rn. 4; GK-BetrVG/*Franzen*, 12. Aufl., § 85 Rn. 14; *Löwisch*, in: Löwisch/Kaiser/Klumpp, BetrVG, 8. Aufl., § 85 Rn. 8, a.A. *Buschmann*, in: Däubler/Klebe/Wedde, BetrVG, 19. Aufl., § 85 Rn. 12.

nigungsstellenverfahren i.S. von § 76 Abs. 6 BetrVG möglich.[44] In der Zusammenschau erinnert dies sehr an die Abhängigkeit der Einschaltung des Personalrats von einem Antrag des Beschäftigten und an das in Hessen zu einem Mitwirkungsrecht abgeschwächten Beteiligungsrecht. Außerdem sieht § 86 S. 1 BetrVG vor, dass Einzelheiten des Beschwerdeverfahrens durch Tarifvertrag oder Betriebsvereinbarung geregelt werden können. Ein Beispiel hierfür liefert § 16 MTV für die Metallindustrie Südbaden vom 14.6.2005 unter 16.3.4:

> Ergeben sich über die Frage, ob der Arbeitsfehler grob fahrlässig verschuldet ist, Meinungsverschiedenheiten, so kann der betroffene Beschäftigte beim Arbeitgeber oder beim Betriebsrat Einspruch erheben. Über den Einspruch entscheidet eine paritätische Kommission, der je zwei sachkundige Vertreter des Arbeitgebers und des Betriebsrats angehören.[45]

Hier bezieht sich die Mitbestimmung jedoch lediglich auf schiedsgutachtliche Beurteilung einer Haftungsvoraussetzung.[46]

10 Die Schaffung eines neuen **Mitbestimmungstatbestandes „Arbeitnehmerhaftung" i.S. des § 87 BetrVG**, der generell die Beteiligung des Betriebsrats ohne „Antrag" des Arbeitnehmers vorsieht, ist weder durch Betriebsvereinbarung auf der Grundlage einer auf § 88 BetrVG gestützten Globalkompetenz[47] noch durch eine betriebsverfassungsrechtliche Tarifnorm gemäß § 4 Abs. 1 S. 2 TVG zulässig. § 86 Abs. 2 S. 1 BetrVG beschränkt die Regelungsermächtigung für die Tarifvertragsparteien bei Individualbeschwerden bewusst auf das Beschwerdeverfahren.[48] Bei der Geltendmachung des Schadensersatzanspruchs handelt es sich zudem um eine personelle Einzelmaßnahme, bei der hinsichtlich der vom BAG sehr weitgehend zugelassenen Erweiterung der Mitbestimmungsrechte durch Tarifvertrag[49] größere Zurückhaltung geboten ist.[50] Zumindest folgt aus der Konzeption des BetrVG, dass eine für den Konfliktfall vorgesehene Einigungsstelle die Rechtsfrage nicht verbindlich entscheiden könnte (§§ 76 Abs. 7, 85 Abs. 2 S. 3 BetrVG). Hier bietet sich eine Parallele zu § 102 Abs. 6 BetrVG an. Obwohl dort ausdrücklich bestimmt ist, dass die Kündigung eines Arbeitnehmers durch Betriebs-

---

44 *Fitting*, BetrVG, 32. Aufl., § 85 Rn. 7; GK-BetrVG/*Franzen*, 12. Aufl., § 85 Rn. 16; Richardi/*Thüsing*, BetrVG, 17. Aufl., § 85 Rn. 19.

45 Abgedr. bei *Löwisch/Rieble*, TVG, 4. Aufl., § 1 Rn. 1860.

46 *Löwisch/Rieble*, TVG, 4. Aufl., § 1 Rn. 1867, siehe auch Rn. 2380 ff.

47 BAG 7.11.1989 – GS 3/85 –, AP § 77 BetrVG 1972 Nr. 46 = NZA 1990, 816 = EzA § 77 BetrVG Nr. 34 mit krit. Anm. *Otto* insbesondere hinsichtlich der Einbeziehung betriebsverfassungsrechtlicher Fragen unter I 1; 12.12.2006 – 1 AZR 96/06 –, AP § 77, BetrVG 1972 Nr. 94 = NZA 2007, 453; *Dahm*, in: Löwisch/Kaiser/Klumpp, BetrVG, 8. Aufl., § 88 Rn. 15.

48 ErfK/*Kania*, 25. Aufl., § 86 BetrVG Rn. 1.

49 BAG 10.2.1988 – 1 ABR 70/86 –, AP § 99 BetrVG 1972 Nr. 53 = NZA 1988, 699; 21.6.2000 – 4 AZR 379/99 –, AP § 102 BetrVG Nr. 121 mit abl. Anm. *Kraft* = NZA 2001, 271; *Wendeling-Schröder*, in: Kempen/Zachert, TVG, 5. Aufl., § 1 Rn. 834; GK-BetrVG/*Wiese*, 12. Aufl., § 87 Rn. 11.

50 Vgl. GK-BetrVG/*Wiese*, 12. Aufl., § 87 Rn. 13, 14.

vereinbarung – und ebenso durch Tarifvertrag –[51] von der Zustimmung des Betriebsrats abhängig gemacht werden kann, geht man gemeinhin zutreffend davon aus, dass eine Überprüfung durch das Arbeitsgericht nicht wirksam ausgeschlossen werden kann.[52] Die Zuständigkeit des Arbeitsgerichts würde § 76 Abs. 7 BetrVG ohne eine eingeschränkte Ermessensprüfung i.S. des Abs. 5 S. 3 und 4 bzw. § 99 Abs. 4 BetrVG bei anderen personellen Einzelmaßnahmen entsprechen.

In Betracht kommt jedoch die **„Indienstnahme des Betriebsrats“** aufgrund einer **tariflichen Inhaltsnorm i.S. von § 4 Abs. 1 S. 1 TVG.**[53] Der Betriebsrat kann bei der Konkretisierung von Inhaltsnormen beteiligt werden. Bekannt sind tarifliche Bestimmungsklauseln, z.B. hinsichtlich der Vergütung, die nicht nur an den Arbeitgeber, sondern auch an den Betriebsrat oder eine paritätische Kommission adressiert sein können.[54] Raum für eine Konkretisierung besteht ebenfalls bei einer tariflichen Regelung der Arbeitnehmerhaftung, wie am Beispiel der Beteiligung des Personalrats im öffentlichen Dienst deutlich wird. Die Indienstnahme geschieht zwar zumeist durch eine tarifliche „Ermächtigung“ zum Abschluss einer Betriebsvereinbarung.[55] Soll aber – wie hier – eine Entscheidung in einem Einzelfall getroffen werden, sind auch andere Formen der Beteiligung der Arbeitnehmerseite vorstellbar. Die Einschaltung des Betriebsrats bei der Festlegung von Arbeitsbedingungen allein aufgrund einer einzelarbeitsvertraglichen Regelung ist nach – allerdings wenig überzeugender – Ansicht des BAG indes nicht möglich.[56] 11

Auf dieser Grundlage ist die folgende **tarifliche Regelung im Bereich der Deutschen Telekom**[57] zulässig, wenn man die besonders hervorgehobenen Gestaltungselemente berücksichtigt: 12

> Bei der Geltendmachung des Schadensersatzes für einen grob fahrlässig verursachten Schaden sind die Gesamtumstände des Einzelfalles zu berücksichtigen. Dabei wird **auf Wunsch des Arbeit-**

51 BAG 21.6.2000 – 4 AZR 379/99 –, AP § 102 BetrVG Nr. 121 m. abl. Anm. *Kraft* = NZA 2001, 271; KR-*Rinck*, 14. Aufl., § 102 BetrVG Rn. 324.

52 *Deinert*, in: Däubler/Klebe/Wedde, BetrVG, 19. Aufl., § 102 Rn. 342 ff.; ErfK/*Kania*, 25. Aufl., § 102 BetrVG Rn. 43, 46; KR-*Rinck*, 14. Aufl., § 102 BetrVG Rn. 336 ff.

53 Dazu näher *Schwarze*, Der Betriebsrat im Dienst der Tarifvertragsparteien, S. 313 ff. (mit Nachweisen zu Rspr. und Lit., S. 35 ff., 252); *ders.*, Anm. zu BAG AP § 1 TVG Tarifverträge: Metallindustrie Nr. 257 (unter I-V).

54 *Löwisch/Rieble*, TVG, 4. Aufl., Rn. 2286 ff.; *Nebe*, in: Däubler, TVG, 5. Aufl., § 1 Rn. 232 ff.; *Thüsing*, in: Wiedemann, 9. Aufl., § 1 TVG Rn. 251 ff. mit einer Rechtsprechungsübersicht (Rn. 254).

55 *Schwarze*, Der Betriebsrat im Dienst der Tarifvertragsparteien, S. 313, am Beispiel einer Erschwerniszulage.

56 BAG 23.4.2009 – 6 AZR 263/08 – Rn. 10 ff., AP § 102 BetrVG 1972 Nr. 160 m. zust. Anm. *Rieble* = NZA 2009, 215; 20.1.2021 – 4 AZR 283/20 – Rn. 26, AP § 1 TVG Tarifverträge: Metallindustrie Nr. 257 m. abl. Anm. *Schwarze* = NZA 2021, 792; a. A. *Schwarze*, Der Betriebsrat im Dienst der Tarifvertragsparteien, S. 253 ff., 259 ff.; *ders.*, 100 Jahre Betriebsverfassungsrecht (2020), S. 717 ff.

57 § 7 Abs. 2 TV zwischen der Deutschen Telekom Netzproduktion GmbH (DTNP) und ver.di v. 25.6.2007; inhaltsgleich der TV vom 25.6.2007 für die Deutsche Telekom Technischer Service GmbH (DTTS). Nahezu wortgleich bereits der Haus-TV Deutsche Telekom AG, in Kraft seit 1.7.2001.

nehmers bei der **Festsetzung der Höhe des Schadenersatzanspruches** der betriebliche Haftungsausschuss beteiligt. Der betriebliche Haftungsausschuss besteht aus jeweils zwei Vertretern des Arbeitgebers und des Betriebsrates. Von Fall zu Fall hat ein Vertreter des Arbeitgebers bzw. des Betriebsrates ein Doppelstimmrecht. Der Haftungsausschuss hat innerhalb von drei Wochen eine **Empfehlung** über die Höhe des Schadensersatzanspruches gegenüber dem Arbeitgeber abzugeben. Der Arbeitgeber entscheidet unter Berücksichtigung dieser Empfehlung über die Höhe des Schadensersatzanspruches. Folgt der Arbeitgeber der Empfehlung nicht, kann der Betriebsrat innerhalb von zwei Wochen nach dieser Entscheidung den zentralen Haftungsausschuss anrufen. Der zentrale Haftungsausschuss besteht aus jeweils zwei Vertretern des Arbeitgebers und des Gesamtbetriebsrates. Von Fall zu Fall hat ein Vertreter des Arbeitgebers bzw. des Gesamtbetriebsrates ein Doppelstimmrecht. Der **zentrale Haftungsausschuss** hat innerhalb von drei Wochen über die Höhe des Schadensersatzanspruches **abschließend** zu entscheiden.

Der gemeinsame Ausschuss (§ 28 Abs. 2 BetrVG) wird nur auf Wunsch des Arbeitnehmers beteiligt. Das entspricht § 84 Abs. 1 S. 2 BetrVG sowie dem Antragserfordernis im Personalvertretungsrecht. Die Beteiligung bezieht sich nur auf die Höhe des Anspruchs und damit vornehmlich auf die soziale Komponente. Schließlich kommt es zu einer verbindlichen Entscheidung erst durch den zentralen Haftungsausschuss und dies gegen den Willen des Arbeitgebers nur, wenn das Doppelstimmrecht der Arbeitnehmerseite zusteht. Selbst in diesem Fall ist die **Unwirksamkeit des Beschlusses**, der in der Sache einem Schiedsgutachten i.S. der §§ 317 ff. BGB und nicht einer gemäß §§ 4, 101 ArbGG unzulässigen schiedsrichterlichen Entscheidung entspricht[58], wegen offenbarer Unbilligkeit (§ 75 Abs. 1 BetrVG, § 319 Abs. 1 BGB) nicht auszuschließen.

13 Für den Sonderfall **mobiler Arbeit** i.S. von § 87 Abs. 1 Nr. 14 BetrVG umfasst das Mitbestimmungsrecht trotz des nicht näher eingegrenzten Wortlauts („Ausgestaltung“) weder die Einschränkung der Haftung des Arbeitnehmers für Schäden an einer vom Arbeitgeber gestellten Informations- und Kommunikationstechnik noch umgekehrt die Ausdehnung der Erstattungspflicht des Arbeitgebers für etwaige Schäden des Arbeitnehmers an eigenen Endgeräten über die allgemeinen Grundsätze hinaus, weil der Mitbestimmungstatbestand nicht darauf ausgerichtet ist, dem Arbeitgeber durch eine Modifizierung des innerbetrieblichen Schadensausgleichs ggf. zusätzliche finanzielle Lasten aufzuerlegen.[59]

58 Vgl. *Löwisch/Rieble*, TVG, 4. Aufl., § 1 Rn. 2381 ff.

59 In diesem Sinne auch NK-GA/*Schwarze*, 2. Aufl., § 87 BetrVG Rn. 302

3. Teil: Die Haftung des Arbeitnehmers gegenüber Dritten

§ 16 Außenhaftung und Freistellung des Arbeitnehmers

Hat ein vom Arbeitnehmer verursachtes schädigendes Ereignis außerhalb des Arbeits- 1
verhältnisses stehende „Dritte“, d.h. Arbeitskollegen oder Personen außerhalb des Betriebes/Unternehmens und deren Rechtsgüter, in Mitleidenschaft gezogen, wird der Arbeitnehmer oft selbst dem Geschädigten aus Delikt oder speziellen gesetzlichen Haftungstatbeständen zum Schadensersatz verpflichtet sein.[1] Diese sogenannte „Außenhaftung“ lässt eine empfindliche Lücke im Schutzwall des innerbetrieblichen Schadensausgleichs. Zwar kann der Arbeitnehmer vom Arbeitgeber im Umfang des arbeitgeberischen Haftungsanteils Freistellung fordern, aber das nützt ihm nichts, wenn der Arbeitgeber insolvent ist (RN 41). Hier bleibt ein Risiko übermäßiger Haftungsbelastung. Die Diskussion der letzten Jahrzehnte ist bestimmt von dem Bemühen, dieses Risiko zu minimieren,[2] und der Erkenntnis, dass es dem Arbeitnehmer jedenfalls de lege lata nicht völlig abgenommen werden kann (§§ 18, 19). Wohl mildert die insolvenzrechtliche Restschuldbefreiung (§§ 286 ff. InsO) die vermögensmäßigen Folgen dieses Haftungsrisikos dahin, dass der Arbeitnehmer nicht ein Leben lang „im Schuldturm sitzt“. Vor den akuten Folgen der Haftung bis hin zum Verlust seines wesentlichen Vermögens bietet sie ihm keinen Schutz. Die Beschäftigten des öffentlichen Dienstes müssen demgegenüber nicht die Insolvenz ihres Arbeitgebers befürchten, soweit es sich um die nach § 12 I InsO nicht insolvenzfähigen juristischen Personen des öffentlichen Rechts handelt. Überdies ist ihre Außenhaftung deutlich eingeschränkt (§ 20). Im vorliegenden Paragraphen werden Grundlagen und Umfang der Außenhaftung und die Milderung der Haftung durch Freistellung erläutert.

I. Anspruchsgrundlagen für die Außenhaftung des Arbeitnehmers

1. Vertragliche Haftung

§§ 280 ff. BGB werden als Grundlage für die Haftung des Arbeitnehmers einem Dritten 2
gegenüber nur ausnahmsweise in Betracht kommen, da zwischen beiden **typischerweise kein Schuldverhältnis besteht.** Existiert es ausnahmsweise – wie z.B. bei vom Mandanten (Dritten) des Notars (Arbeitgebers) beauftragten Notarangestellten (Arbeitnehmer) oder bei einem vom Arbeitnehmer zu rein betrieblichen Zwecken abgeschlossenen Kreditkartenvertrag –, so haftet der Arbeitnehmer grundsätzlich dem Dritten **nach den allgemeinen zivilrechtlichen Regeln** und somit für jede Fahrläs-

1 Soweit nicht die §§ 105 ff. SGB VII die Haftung ausschließen, näher 4. Teil, §§ 21–23.

2 Zu rechtspolitischen Vorschlägen siehe noch RN 41 und § 30.

https://doi.org/10.1515/9783110728606-018

sigkeit (§ 276 BGB) in vollem Umfang. Aus der Tatsache allein, dass der Arbeitnehmer das Vertragsverhältnis mit dem Dritten zur Erfüllung seiner arbeitsvertraglichen Pflichten eingegangen ist und deren Erkennbarkeit für den Dritten, ergibt sich weder eine objektive Grenze der Vertragsgestaltung noch eine konkludent vereinbarte Beschränkung der Haftung nach Maßgabe der arbeitsrechtlichen Regeln.[3] Zu beachten ist aber, dass bei AGB-Verträgen über § 307 BGB und bei ausgehandelten Verträgen über § 138 BGB der für den Dritten erkennbare Bezug des Drittvertrages zum Arbeitsverhältnis zur **Unwirksamkeit des Drittvertrages** oder zumindest der die Haftung des Arbeitnehmers begründenden Pflicht führen kann, wenn darin eine unangemessene Belastung des Arbeitnehmers mit einem Außenhaftungs- und Insolvenzrisiko liegt. Das ist insbesondere anzunehmen, wenn die vertraglichen Beziehungen zwischen Drittem und Arbeitnehmer nur dem Zweck dienen, dem Dritten einen zusätzlichen Schuldner zu verschaffen.[4] Dafür spricht eine Vermutung, wenn die Leistungsabwicklung zwischen Arbeitgeber und Drittem ohne vertragliche Beziehung zwischen Arbeitnehmer und Drittem ohne erheblichen Nachteil möglich wäre.

3 In der Regel werden zwischen Arbeitnehmer und Drittem aber keine vertraglichen Beziehungen bestehen. Das gilt auch im Verhältnis zum Geschäftspartner des Arbeitgebers und zu Arbeitskollegen im Hinblick auf die nicht durch §§ 104–107 SGB VII ausgeschlossenen Schäden. Erteilt der Arbeitnehmer im Rahmen seiner Tätigkeit (z. B. als Bankkaufmann) einem Kunden des Arbeitgebers Auskünfte, kommt ein etwaiger Auskunftsvertrag mit dem Arbeitgeber, nicht mit dem Arbeitnehmer zustande.[5] Ebensowenig entfaltet der **Arbeitsvertrag Drittschutzwirkung** für Arbeitskollegen und Geschäftspartner, gleichviel, ob diese Schutzwirkung als ergänzende Vertragsauslegung oder als Rechtsfortbildung konstruiert wird.[6] Erstem steht das erkennbare Interesse des Arbeitnehmers entgegen, Letztem die fehlende Schutzbedürftigkeit des Dritten, jedenfalls aber das überwiegende Schutzbedürfnis des Arbeitnehmers. In diesem Sinne hat der BGH im *Wachmannfall* entschieden.[7] Im Regelfall wird bei der Verletzung eines Dritten durch betriebliche Tätigkeit des Arbeitnehmers auch keine Drittschadensliquidation des Arbeitgebers gegen den Arbeitnehmer in Betracht kommen.[8]

2. Quasivertragliche Haftung/Rechtsscheinhaftung

4 Praktisch bedeutsam könnte die Haftung des Arbeitnehmers aus vorvertraglichem Schuldverhältnis (§§ 280 Abs. 1, 311 Abs. 2, Abs. 3 BGB) sein. Wenn die Vertragsverhandlungen für den Arbeitgeber geführt werden, aber der Arbeitnehmer der eigentliche Adressat von Vertrauenserwartungen ist, kommt eine eigene Vertrauenshaftung des

---

3 BGH 14.11.2002 – III ZR 87/02 – unter I 2 a aa, NJW 2003, 578.

4 Zu den Grenzen der Einbeziehung des Arbeitnehmers in einen Firmenkreditkartenvertrag *Burkhard/Lambrecht*, NZI 2011, 96 ff.

5 BAG 3.12.1985 – 3 AZR 477/83 – unter IV, NJW 1986, 2663; *Wiegand*, Sachwalterhaftung, S. 103.

6 Zur Ausnahme im Falle der Leiharbeit § 7 RN 6.

7 BGH 16.6.1987 – IX ZR 74/86 –, NJW 1987, 2510, 2511; ebenso *Wiegand*, Sachwalterhaftung, S. 104.

8 Vgl. Hess. LAG 29.1.2015 – 5 Sa 922/14 – Rn. 32 ff., juris.

Vertreters **(„Sachwalterhaftung")** in Betracht, und zwar insbesondere dann, wenn der „Sachwalter" entweder ein eigenes wirtschaftliches Interesse an der Durchführung des haftungsursächlichen Geschäfts hat oder wenn er gerade ihm persönlich entgegengebrachtes Vertrauen in Anspruch genommen und enttäuscht hat.[9] Ein eigenes wirtschaftliches Interesse wird beim abhängig und fremdnützig tätigen Arbeitnehmer in der Regel nicht vorliegen,[10] selbst dann nicht, wenn der Arbeitnehmer als Organmitglied (z. B. GmbH-Geschäftsführer, Vereinsvorstand) handelt.[11] Ein besonderes Vertrauen wird der Arbeitnehmer i. d. R. ebenfalls nicht in Anspruch nehmen.[12] Als weiterer Vertrauens- und Haftungsbezugspunkt kommt der (hochspezialisierte) **Sachverstand** des Arbeitnehmers in Frage (vgl. § 311 Abs. 3 BGB). Doch setzt der Arbeitnehmer sein Fachwissen für den Arbeitgeber, nicht im eigenen Interesse ein. Deshalb lässt sich daran in der Regel keine Eigenhaftung anknüpfen.[13] Auch spezialgesetzliche Regelungen zur vorvertraglichen Haftung (insbes. bei der Geldanlagenberatung) treffen grundsätzlich den Arbeitgeber, nicht den Arbeitnehmer. Für Fehlverhalten bei der Durchführung des Vertrages haftet der Arbeitnehmer nur deliktisch. Die Interessen des Geschädigten sind hier durch die vertragliche Haftung des Arbeitgebers (ggf. über § 278 BGB) hinreichend gewahrt.[14] Die arbeitsrechtliche Haftungsprivilegierung schränkt die vertragliche Haftung des Arbeitgebers für das Fehlverhalten des Arbeitnehmers gemäß § 278 BGB nicht ein; denn der Arbeitnehmer erfüllt hier Pflichten des Arbeitgebers gegenüber dem Gläubiger.[15] Eine Haftung kann den für den Arbeitgeber rechtsgeschäftlich handelnden Arbeitnehmer bei **Fehlen oder Überschreiten der Vertretungsmacht aus § 179 BGB** treffen.[16]

3. Spezialgesetzliche Haftung

Der Arbeitnehmer kann aus besonderen gesetzlichen Haftungsregelungen schadenser- 5
satzpflichtig werden. Als Beispiel sei die Haftung des Kfz-Führers aus § 18 StVG genannt. Ebenso kommt § 7 StVG in Betracht, wenn der Arbeitnehmer Halter des unfallverursachenden Fahrzeugs ist.

---

9 BGH 5.4.1971 – VII ZR 163/69 –, BGHZ 56, 81, 83; MünchKommBGB/*Emmerich*, 9. Aufl., § 311 Rn. 206 ff., insbes. 212 f. Zur Reichweite und Begründbarkeit dieser Haftung umfassend *Wiegand*, Sachwalterhaftung, S. 191 ff., 230 ff. und passim.

10 *Wiegand*, Sachwalterhaftung, S. 102 f., 246 f.

11 BAG 20.3.2013 – 8 AZR 45/13 – Rn. 22, NJW 2014, 2669.

12 Vgl. Hess. LAG 27.3.2015 – 3 Sa 696/14 – Rn. 43 f., juris.

13 BGH 4.7.1983 – II ZR 220/82 –, BGHZ 88, 67, 68 f.; *Denck*, Außenhaftung, S. 82 ff.; *Wiegand*, Sachwalterhaftung, S. 246 f.

14 Zutr. *Denck*, Außenhaftung, S. 85 ff.; allerdings kann das vorvertragliche Verhalten eine Vertrauenserwartung auch auf ein bestimmtes Verhalten nach Vertragsschluss begründen, BGH 19.12.1977 – II ZR 164/76 –, BGHZ 70, 337, 342 f.

15 Im Ergebnis ebenso, aber in der Konstruktion unzutr. BAG 25.10.2007 – 8 AZR 593/06 – Rn. 88, AP § 611 BGB Mobbing Nr. 6 („Übertragung" der Schutzpflichten auf den Arbeitnehmer).

16 Zur Haftung des BR-Vorsitzenden gem. § 179 BGB § 8 RN 18.

4. Allgemeine deliktsrechtliche Haftung

a) § 823 Abs. 1 BGB

aa) Die Haftung für mittelbar schädigende Handlungen und Unterlassungen als Problem

6 Im Mittelpunkt der arbeitnehmerischen Außenhaftung stehen die Normen des allgemeinen Deliktsrechts (§§ 823ff. BGB), und hier vor allem § 823 Abs. 1 BGB. Die Haftung des Arbeitnehmers aus § 823 Abs. 1 BGB ist nur dann richtig zu bestimmen, wenn die von der Norm nicht näher geregelten Voraussetzungen einer unerlaubten Handlung geklärt sind. Problematisch sind vor allem die Voraussetzungen der Rechtswidrigkeit. Bei **vorsätzlicher** Herbeiführung der Rechtsgutsverletzung bereitet das keine Schwierigkeiten; diese ist immer verboten, auch wenn zwischen der schadensverusachenden Tätigkeit des Arbeitnehmers und dem Schaden noch eine Reihe weiterer Handlungen liegt (z. B. Arbeitnehmer streut Scherben in ein Glas des von seinem Arbeitgeber vertriebenen Brunnenwassersalzes). Für die praktisch bedeutsameren Fälle **fahrlässiger** Schadensverursachung hat sich in Literatur und Rechtsprechung diesbezüglich eine auf *v. Caemmerer*,[17] *Larenz*[18] und *Stoll*[19] zurückgehende **Unterscheidung zwischen „unmittelbar" und „mittelbar" schädigenden Handlungen** durchgesetzt.[20] **Unmittelbar schädigende Handlungen** liegen vor, wenn das Schadensereignis „im Rahmen des Handlungsablaufs selbst" liegt.[21] Solche Handlungen sind schon deshalb rechtswidrig, weil und wenn sie einen tatbestandlichen Erfolg (Verletzung eines Rechtsgutes oder absolut geschützten Rechts) verursacht haben. Der Arbeitnehmer haftet für sie – Verschulden (innere Sorgfaltswidrigkeit) vorausgesetzt – wie jeder andere auch; so z. B. wenn der Kranführer seinen Kran überlädt, dieser infolgedessen umstürzt und einen Menschen erschlägt[22] oder wenn der Gabelstaplerfahrer einen anderen überfährt.[23] Mag dieser Schadensvorgang auch im Organisationsbereich des Arbeitgebers liegen, so rechtfertigt sich die Haftung des Arbeitnehmers doch aus seiner Gefahrenbeherrschung, die bei derartiger „Nähe" des Schadensereignisses, seiner Erkennbarkeit und Vermeidbarkeit im Allgemeinen besteht. Bei bloß **„mittelbar" schädigendem Verhalten**, dessen Schadensrelevanz wegen einer Reihe dazwischentretender Ursachen nicht ohne weiteres zu erkennen und das auch nicht durch spezielle schutzgesetzliche Regelungen (i.S. von § 823 Abs. 2 BGB) verboten ist, bedarf es dagegen einer besonderen, situationsbezogenen Begründung der Rechtswidrigkeit. Gleiches gilt, wenn die Haftung

17 *v. Caemmerer*, DJT 1960 Bd. II, S. 49, 77.

18 *Larenz*, FS Dölle Bd. I (1963), S. 169, 198.

19 *Stoll*, AcP 162 (1963), 203, 226f.

20 *v. Bar*, Verkehrspflichten, S. 154 ff.; *Larenz/Canaris*, SchR II/2, 13. Aufl., § 76 III 1 c, S. 401 ff.; *Krause*, VersR 1995, 752, 758 m.w.N.; *Rogge*, JuS 1995, 581, 582; *Kleindiek*, Deliktshaftung, S. 374, 23 ff.; MünchKommBGB/*Wagner*, 9. Aufl., § 823 Rn. 21f.; *Ahrens/Spickhoff*, Deliktsrecht, § 14 Rn. 1ff.

21 *Larenz*, FS Dölle Bd. I (1963), S. 169, 198; stärker wertend *Denck* (BB 1989, 1192, 1194), der „phänomenologisch-normativ" nach der konkreten Gefährlichkeit urteilt, mit der sich der Täter dem Rechtsgut nähert. Dazu noch RN 13.

22 OLG Köln 2.3.1978 – 18 U 133/77 –, VersR 1979, 266.

23 Vgl. BAG 12.12.2002 – 8 AZR 94/02 – unter II 3 a, AP § 105 SGB VII Nr. 2.

an ein Unterlassen des Arbeitnehmers anknüpft.[24] Diese Begründung erfolgt durch **Verkehrs- bzw. Verkehrssicherungspflichten.**[25] Ihrer Grundidee nach knüpfen sie an die Verursachung bzw. Beherrschung einer Gefahrenquelle an und verpflichten den Verkehrssicherungspflichtigen zu Sicherheitsvorkehrungen, deren Umfang sich nach dem berechtigten Vertrauen der im Gefahrenbereich Befindlichen einerseits, der technischen Möglichkeit und wirtschaftlichen Zumutbarkeit andererseits bestimmt; für die Bestimmung des Verkehrspflichtigen ist außerdem der Aspekt der Vorteilsziehung aus der Gefahr von erheblicher Bedeutung.[26] Die Haftung des Arbeitnehmers für mittelbar schädigende Handlungen und Unterlassungen – und damit für die meisten seiner Arbeitstätigkeiten – ist somit **eine Frage seiner Verkehrssicherungspflichtigkeit.** Hier wird über einen praktisch wesentlichen Teil des Außenhaftungsrisikos bestimmt.

bb) Das Meinungsbild in Literatur und Rechtsprechung

Die mit der **Verkehrspflichtigkeit des Arbeitnehmers** zuvörderst befasste Recht- 7
sprechung des BGH hat bis heute keine klare Linie entwickelt, jedenfalls wird sie vom Gericht selbst nicht kenntlich gemacht. Während in einigen Urteilen Arbeitnehmer als verkehrssicherungspflichtig betrachtet wurden,[27] hat das Gericht im „Wachmannfall" anders entschieden mit einer die Vorgängerentscheidungen scheinbar desavouierenden Begründung: Verkehrssicherungspflichten knüpften an die **selbstständige** Berufsausübung an und könnten daher nicht Arbeitnehmern im Hinblick auf ihre Berufsausübung auferlegt werden.[28] Über die Bedeutung dieses Urteils streitet man sich. Einige sehen in ihr ein grundsätzliches Votum gegen arbeitnehmerische Verkehrspflichten;[29] dagegen spricht allerdings die fehlende Auseinandersetzung mit entgegengesetzten Judikaten. Andere halten sie für eine singuläre Billigkeitsentscheidung;[30] dem steht indessen die ins Grundsätzliche gehende Begründung entgegen. Im Schrifttum findet sich ein breites Meinungsspektrum, das von einer weitgehenden Ablehnung arbeitnehmerischer Verkehrssicherungspflichten[31] über differenzierende Ansätze[32] bis hin zur weitgehenden Anlehnung an allgemeine Grundsätze[33] reicht.

---

24 Zur Abgrenzbarkeit von aktivem Tun und Unterlassen *Deutsch*, Haftungsrecht, 2. Aufl., Rn. 108 ff.; *v. Bar*, Verkehrspflichten, S. 67 ff.; *Rogge*, JuS 1995, 581, 585 f.

25 Zur Terminologie *v. Bar*, Verkehrspflichten, S. 43, 49; *ders.*, JuS 1988, 169 f.

26 *v. Bar*, Verkehrspflichten, S. 112 ff.

27 BGH 12.5.1964 – VI ZR 35/63 –, VersR 1964, 942, 943 f. (Bauleiter); 12.6.1973 – VI ZR 163/71 –, VersR 1973, 836, 838 (Polier); 14.1.1982 – III ZR 58/80 –, LM BGB § 823 (Ea) Nr. 66 Bl. 2 = NJW 1982, 2187 (Bauführer); 7.12. 1976 – VI ZR 272/75 –, LM § 823 (Eh) Nr. 32 = NJW 1977, 626 (Redakteur); 7.10.1986 – VI ZR 187/85 –, LM § 823 (Db) Nr. 22 Bl. 4 = NJW 1987, 372 (Laborleiter); zur Verkehrssicherungspflicht eines Organwalters (GmbH-Geschäftsführer) 5.12.1989 – VI ZR 335/88 –, BGHZ 109, 297 (dazu krit. *Mertens/Mertens*, JZ 1990, 488 ff.; *Krebs/Dylla-Krebs*, DB 1990, 1271 ff.; *Medicus*, FS W. Lorenz (1991), S. 155 ff.; siehe zudem *v. Bar*, FS Kitagawa (1992), S. 297 ff., und BGH 15.10.1996 – VI ZR 319/95 –, BB 1996, 2531.

28 BGH 16.6.1987 – IX ZR 74/86 –, NJW 1987, 2510.

29 *Denck*, Außenhaftung, S. 63 ff.; *ders.*, BB 1989, 1192, 1196.

30 *Hanau*, Karlsruher Forum, S. 24, 25.

31 *Denck*, Außenhaftung, S. 59 ff.; *ders.*, BB 1989, 1192, 1196.

cc) Verkehrspflichten des Arbeitnehmers als Teil der Haftungsorganisation des Unternehmens

8 Die Verkehrspflichtigkeit des Arbeitnehmers ist Teil der Haftungsorganisation im Unternehmen und nur aus diesem Kontext heraus richtig zu beurteilen. Verkehrspflichten des Arbeitnehmers müssen auf die Haftungszuständigkeit des Unternehmensträgers abgestimmt sein; eine organisatorisch ineffektive und durch das Opferinteresse nicht geforderte Doppelung von Verhaltensanforderungen muss grundsätzlich ausgeschlossen sein. Damit ist als erstes die grundsätzliche Frage zu klären, ob es **eigene, originäre Verkehrspflichten des Arbeitnehmers** gibt. Dafür könnte man auf § 831 BGB verweisen. Doch sind die Verkehrspflichten eine nachlegislative Entdeckung, die auf der Unvollständigkeit der gesetzlichen Haftungskonzeption beruht. Der Norm des § 831 BGB lässt sich daher nicht die Aussage entnehmen, die Verkehrspflichtigkeit des Unternehmers sei von vornherein auf Auswahl und Kontrolle beschränkt. Die deliktsrechtliche Rechtsprechung ist denn auch sehr viel weiter gegangen. Namentlich in den Grundsätzen der Herstellerhaftung und der Organisationshaftung findet sich eine weitreichende deliktische Verantwortlichkeit des Unternehmensträgers, die das Modell des § 831 BGB weit hinter sich lässt.[34] Deren Basis ist die Vorstellung, dass den Unternehmensträger eine materielle Verantwortlichkeit für deliktisch einwandfreies Arbeiten des Unternehmens trifft.[35] Der Unternehmensträger ist derjenige, der mit der vom Unternehmen produzierten Leistung bzw. Gegenständen auf den Markt tritt und das Vertrauen des Verkehrs in Anspruch nimmt. Er spannt die Arbeitnehmer für seine Interessen ein. Diese Tätigkeit ist die Quelle aller mit der Tätigkeit des Arbeitnehmers zusammenhängenden Verkehrssicherungspflichten. Dem steht nicht entgegen, dass der Unternehmer die vielfältigen und zahlreichen deliktischen Verhaltensanforderungen an die Arbeitsvorgänge in seinen Betrieben niemals in persona erfüllen könnte,[36] also stets auf die Einschaltung Dritter angewiesen ist. Denn trotz dieser Sachzwänge richtet sich das Vertrauen des Verkehrs an den Unternehmensträger – und sei es nur das Vertrauen in eine Organisation, die Fehlverhalten der eingeschalteten Gehilfen ausschaltet.[37] Dennoch kann man weder de lege lata noch de lege ferenda das Heil in der puristischen Verwirklichung eines ganz auf den Unternehmer zugeschnittenen Haftungsmodells sehen. Gewiss käme eine weitgehende Enthaftung des Arbeitnehmers der Bewältigung existentieller Haftungsrisiken entgegen. Nur vernachlässigt diese Sicht, dass die Verkehrspflichtigkeit des Arbeitnehmers aus vielen Gefahrenquellen entstehen

32 *Krause*, VersR 1995, 758 f.; *Eckardt*, JbJZWiss 1996, S. 61 ff.; *Kleindiek*, Deliktshaftung, S. 369 ff., 393 ff., 446 ff.

33 *Brüggemeier*, AcP 191 (1991), 33, 58 unter Berufung auf RG 21.10.1937, RGZ 156, 193, 198.

34 Dazu *v. Bar*, Verkehrspflichten, S. 269 ff.; zur Eigenhaftung des Organwalters in einer juristischen Person BGH 5.12.1989 – VI ZR 335/88 –, BGHZ 109, 297.

35 *v. Bar*, Verkehrspflichten, S. 269 f.; vgl. zur Grundsatzdiskussion über Haftungsorganisation im Unternehmen *K. Schmidt*, Karlsruher Forum, S. 5 ff., 12 ff.; *Kleindiek*, Deliktshaftung.

36 Vgl. *Ulmer*, JZ 1969, 163, 171.

37 In diese Richtung aber *Ulmer*, JZ 1969, 163, 171.

kann, beispielsweise auch aus einer von ihm selbst ohne Weisung des Arbeitgebers geschaffenen Gefahr für andere. Angesichts dessen und mit Blick auf die unübersichtliche Vielzahl von Gefahrenzuständen innerhalb einer betrieblichen Organisation **verbietet sich die pauschale Ablehnung eigener Verkehrssicherungspflichten des Arbeitnehmers.**

Auf der anderen Seite – und darin liegt die ratio der „Wachmann II" – Entschei- 9
dung[38] – darf man **Verkehrssicherungspflichten nicht einfach an die Berufsausübung des Arbeitnehmers knüpfen**[39] und ihn damit pauschal für alle Gefahrenquellen verantwortlich machen, die mit seiner Arbeitstätigkeit zusammenhängen und von ihm jedenfalls in dem Sinne „beherrscht" werden, dass er den konkreten Schadensfall durch ordnungsgemäßes Arbeiten hätte verhindern können. Die Übertragung einschlägiger Argumentationsmuster aus der deliktischen Haftung Selbstständiger und Unternehmer – die Leistung bzw. das Produkt als Gefahrenquelle, der Leistende als verantwortlicher Beherrscher dieser Gefahr – mag auf den ersten Blick in der am Schadensausgleichsinteresse des Opfers orientierten Sachlogik der Verkehrspflichtenlehre liegen.[40] Doch ist diese Sachlogik nur eine scheinbare. Die Verkehrspflichtenlehre ist eine deliktische Generalklausel,[41] die die haftungsbegrenzende Berücksichtigung jener Umstände erlaubt, die die spezifische Situation des Arbeitnehmers kennzeichnet: die Einbindung in eine vom Arbeitgeber gesteuerte Organisation, das Missverhältnis von potentiellem Haftungsrisiko und Profit, das Fehlen einer relevanten Vertrauenswerbung gegenüber Dritten. Die allgemeine Haftungsverantwortlichkeit für die Fehlerhaftigkeit des Produkts bzw. der Leistung, die das Unternehmen am Markt anbietet, trifft allein den Unternehmensträger. Haftungszuständigkeiten des Arbeitnehmers können insoweit nur als abgeleitete begründet werden.[42]

dd) Eigene Verkehrspflichten des Arbeitnehmers

Auch eigene oder originäre („primäre"[43]) Verkehrssicherungspflichten des Arbeitneh- 10
mers sind natürlich in dem abgeschwächten – Sinne „derivativ", als sie mit der Arbeitsleistung zusammenhängen, folglich auf einer fremdbestimmten und fremdnützigen Tätigkeit für einen „Geschäftsherrn" beruhen. Dennoch ist es richtig, von „eigenen" Verkehrssicherungspflichten des Arbeitnehmers zu sprechen, da sie in dieser Gestalt **nur den Arbeitnehmer, nicht – subsidiär – auch den Unternehmer treffen.** Den Unternehmer treffen insoweit Überwachungs- und Organisationspflichten; aber diese Pflichten sind nicht „an die Stelle" der eigentlich ihn treffenden materiellen Verkehrs-

38 BGH 16.6.1987 – IX ZR 74/86 –, NJW 1987, 2510.

39 Im Ansatzpunkt wohl anders, im Ergebnis aber differenzierend *Eckardt*, JbJZWiss 1996, S. 61, 70.

40 So liest sich *Hanau*, Karlsruher Forum, S. 24, 25.

41 *v. Bar*, JuS 1988, 169, 170.

42 Ähnlich insoweit *Larenz/Canaris*, SchR II/2, 13. Aufl., § 76 III 5 d, S. 421, die eine „Bereichs- oder Zustandshaftung" des Arbeitnehmers ausschließen, da der Arbeitnehmer im Geschäftsbereich des Geschäftsherrn tätig werde.

43 BGH 13.3.2007 – VI ZR 178/05 –, NZBau 2007, 449, 450.

pflicht getreten,[44] wie dies bei der Übernahme der Fall ist. Vielmehr ist die Verantwortlichkeit des Arbeitgebers hier von vornherein auf Überwachung, Organisation und Anleitung beschränkt. Eigene deliktische Verantwortlichkeiten des Arbeitnehmers sind unproblematisch gegeben, wo es **besondere gesetzliche Regelungen** gibt, die an den Arbeitnehmer adressiert und als deliktische Verhaltensregelung anzusehen sind. Dies gilt z.B. für die Regelungen der Straßenverkehrsordnung, die sich an den Kfz-Führer wenden, damit auch an den betrieblich tätigen Kfz-Führer.[45] Im Übrigen lassen sie sich nur im Einzelfall für besondere Gefahrenquellen begründen. Der **Arbeitnehmer muss diese Gefahrenquellen beherrschen**, was einen gewissen Spielraum bei der Gefahrensteuerung voraussetzt.[46] Er muss außerdem **derjenige sein, an den der Verkehr**[47] **sein Vertrauen richtet.** Im Einzelnen heißt das:

11 Die **Gefahrenquelle**, die das vom Arbeitgeber am **Markt angebotene Produkt** (z.B. Kfz) bzw. die angebotene **Leistung** (z.B. Bauarbeiten) darstellt,[48] wird allein von diesem „beherrscht". Originäre Verkehrssicherungspflichten im Hinblick auf die Nutzung des Produkts (z.B. Sicherheit der Bremsen) bzw. der Leistung (z.B. Beachtung der Statik) treffen deshalb grundsätzlich allein den Arbeitgeber; denn das Produkt bzw. die Leistung ist das Resultat eines meistens vielaktigen Arbeitsvorgangs, den allein der Arbeitgeber organisatorisch und wirtschaftlich beherrscht. Und nur der Unternehmer wirbt am Markt um das Vertrauen der Nutzer in die Fehlerfreiheit seiner Leistung, er ist es, dem der Verkehr Vertrauen entgegenbringt. Vergisst beispielsweise der Monteur eines Unternehmens, das Gebrauchtmotoren erneuert, beim Einbau eines Motors die Nockenwellensteuerradschraube,[49] hat er zwar seine vertraglichen Pflichten verletzt, aber keine Verkehrssicherungspflichten gegenüber dem Nutzer.[50] Das ist die ratio des Wachmann II-Urteils: Der Arbeitnehmer haftet den Nutzern seiner Arbeitsleistung **nicht deliktisch allgemein für die ordnungsmäße Erbringung der eigentlichen Arbeitsleistung.** Weder das Schadensausgleichsinteresse des Opfers noch die für not-

---

44 Vgl. zur primären materiellen Verkehrsverantwortlichkeit und der daraus folgenden „unselbstständigen" Organisations- und Aufsichtspflicht *v. Bar*, Verkehrspflichten, S. 270; *Brüggemeier*, Deliktsrecht, Rn. 128, der allerdings bestreitet, dass es auch primäre Organisationspflichten gibt.

45 Vgl. *Denck*, Außenhaftung, S. 75.

46 *Krause*, VersR 1995, 752, 759; *Eckardt*, JbJZWiss 1996, S. 61, 71f.

47 Zur Maßgeblichkeit der Verkehrsanschauung *Ulmer*, JZ 1969, 163, 170; krit. BeckOGK/*T. Voigt*, BGB (Stand: 03/2024), § 823 Rn. 466.

48 Vgl. zu dieser Anknüpfung MünchKommBGB/*Wagner*, 9. Aufl., § 823 Rn. 512f.

49 Vgl. den Sachverhalt BGH 24.3.1992 – VI ZR 210/91 –, NJW 1992, 1678.

50 *v. Bar*, FS Kitagawa (1992), S. 279, 292; *Brüggemeier*, Deliktsrecht, Rn. 883; *Leßmann*, JuS 1979, 853, 856; *Lieb*, JZ 1976, 526, 527; anders *Brüggemeier*, AcP 191 (1991), 33, 56f., 58 ff., unter Aufgabe seiner vormaligen Position. Der BGH (19.6.1973 – VI ZR 178/71 –, NJW 1973, 1602) ging im *Knallkörperfall* zwar ebenfalls von einer rechtswidrigen Handlung des in der Fabrikation tätigen Arbeitnehmers aus, doch dürfte der Entscheidung insoweit die Erfolgsunrechtslehre Pate gestanden haben, d.h. die Entscheidung enthält auch implicite keine Aussage über eine Verkehrssicherungspflicht des in der Fabrikation tätigen Arbeitnehmers.

wendig erachtete Verhaltenssteuerung beim Arbeitnehmer[51] können dies in Frage stellen, da sie in dieser Allgemeinheit eine „unwerte“ Handlung des Arbeitnehmers nicht begründen. Als Einwand bleibt das Gebot der Gleichbehandlung von unmittelbar und mittelbar schädigenden Handlungen,[52] das aber nur dann ein verwertbares Argument ist, wenn man dieser Differenzierung keinen Gerechtigkeitswert beilegt. Das ist in jener Grauzone der Fall, in der „mittelbar“ und „unmittelbar“ nicht klar voneinander zu trennen sind. Im Übrigen aber ist der vorherrschenden Auffassung zuzustimmen, die für die vom Schadensereignis zeitlich-räumlich weiter entfernte Verusachungshandlung eine besondere Begründung der Rechtswidrigkeit verlangt.[53] Damit aber muss die deliktische Haftung des Arbeitnehmers aus mittelbar schädigenden Handlungen positiv begründet werden, es braucht überwiegende Argumente für eine derartige Haftung. Die sind nach dem oben Gesagten nicht zu erkennen.

Nicht ausgeschlossen sind **punktuelle originäre Verkehrssicherungspflichten,** 12
die an andere Gefahrenquellen als die Arbeitsleistung als solche anknüpfen, aber durchaus mit ihr in Zusammenhang stehen. So können arbeitnehmerische Verkehrssicherungspflichten aus der Gefahrenquelle „Verkehr im engeren Sinne“ entstehen, z. B. bei der Eröffnung eines Verkehrs (Baustelle),[54] bei Teilnahme an einem bestehenden Verkehr (z. B. Kraftfahrer) oder bei Eingriffen in bestehenden Verkehr.[55] Zwar ist auch hier zunächst der Unternehmer die Bezugsperson für Vertrauen in die Verkehrssicherheit.[56] Doch kann dieses **Vertrauen situativ bedingt und für Teilbereiche dem Arbeitnehmer entgegengebracht** werden, insbesondere wenn dieser durch **vorangegangenes Tun** gefährliche Situationen für den Verkehr geschaffen hat.[57] Wenn beispielsweise ein Arbeitnehmer im Rahmen eines Arbeitsauftrags ein Lichtschachtgitter entfernt, trifft ihn gegenüber jedermann die Pflicht, den Deckel nach getaner Arbeit wieder zu schließen;[58] denn das wird von jedem, der einen Lichtschacht öffnet, erwartet, sei er Arbeitnehmer oder nicht. Gleiches gilt, wenn der Malergeselle einen Farbeimer auf der Treppe stehen lässt, über den dann ein Hausbewohner stürzt. Die Absicherung der Baustelle hinsichtlich Gefährdungen Dritter (z. B. Sperrung einer gestrichenen, daher nur auf jeder zweiten Stufe betretbaren Treppe) dagegen ist erst

51 Darauf u. a. stützt *Brüggemeier*, AcP 191 (1991), 33, 55, 57, seine gegenteilige Auffassung; siehe aber zum Schutz des Arbeitnehmers dort S. 62 f.

52 *Brüggemeier*, AcP 191 (1991), 33, 57.

53 Siehe RN 6.

54 BGH 13.3.2007 – VI ZR 178/05 –, NZBau 2007, 449 f. (angestellte Architektin als Bauleiterin).

55 BGH 31.1.2002 – 4 StR 289/01 –, NJW 2002, 1887 ff. (Nichtbeseitigung einer „Kralle“ bei Schwebebahn).

56 Vgl. *Rogge*, JuS 1995, 581, 584.

57 Vgl. BGH 13.3.2007 – VI ZR 178/05 –, NZBau 2007, 449 f.; für vorangegangenes Tun als mögliche Quelle arbeitnehmerischer Verkehrspflichten auch *Larenz/Canaris*, SchR II/2, 13. Aufl., § 76 III 5 d, S. 421; *Sandmann*, Die Haftung von Arbeitnehmern, S. 216 ff.; zur Erwartung gegenüber Mitarbeitern *Eckardt*, JbJZWiss 1996, S. 61, 75 f; König, Unternehmenshaftung, S. 227 f.

58 Zutr. BGH 30.1.1961 – III ZR 226/59 –, LM § 823 (Ea) BGB Nr. 29 = MDR 61, 486; 8.12.1987 – VI ZR 79/87 –, VersR 1988, 516; anders *Denck*, Außenhaftung, S. 73, der den Arbeitgeber auch hier für verkehrssicherungspflichtig hält.

einmal Sache des Arbeitgebers, denn nur von ihm können Koordinierung und Organisation der Sicherheit erwartet werden.[59] Gibt es allerdings einen **Bauleiter** mit entsprechender Organisationskompetenz, treffen auch diesen aufgrund entsprechender Verhaltenserwartungen des Verkehrs Verkehrssicherungspflichten.[60] Den Bauarbeiter kann eine Verkehrssicherungspflicht treffen, wenn es sich um eine übersichtliche Baustelle handelt (z. B. kleine Straßenschachtung) und der Verkehr gegen von ihm geschaffene Gefahren abzusichern ist; denn das erwartet der Verkehr von ihm. Gleiches gilt für den Schwimmmeister, dessen Aufgabe gerade die Verkehrssicherung ist und dem vom Verkehr Vertrauen entgegengebracht wird.[61] Verkehrspflichten des Arbeitnehmers können sich ferner bei **betriebsexterner Arbeit** in Räumen des Arbeitnehmers ergeben (z. B. Homeoffice), denn hier richtet sich das Vertrauen auf die Verkehrssicherheit etwa des Weges auf dem Grundstück z. B. eines Kunden des Arbeitgebers, der den Arbeitnehmer in dessen Haus zur Besprechung eines Auftrags aufsucht, an diesen als Eigentümer bzw. berechtigten Besitzer.[62]

13 Darüber hinaus sind Verkehrssicherungspflichten im Einzelfall auch aus der **konkreten Gefährlichkeit und Schadensnähe des Arbeitnehmerverhaltens** zu begründen. Grenzt man den Begriff der unmittelbar schädigenden Handlung im Anschluss an *Larenz* ab,[63] sind Verhaltensweisen als „mittelbar" anzusehen, deren konkrete Gefährlichkeit noch so groß ist, dass sich allein aus diesem Umstand Verkehrssicherungspflichten ableiten lassen.[64] So macht es keinen Unterschied für die deliktische Verantwortlichkeit des Arbeitnehmers, ob dieser den Brand durch unvorsichtiges Schweißen (unmittelbar) herbeiführt oder durch unzureichende Montage der Schutzwand (mittelbar im Sinne der *Larenz*schen Definiton). Schon aus der Schadensnähe lässt sich hier ein Verhaltensunwert der fehlerhaften Montage und damit eine Verkehrssicherungspflicht ableiten.

Diese Verkehrspflichtigkeit ist als Korrektiv zu den Randunschärfen der Abgrenzung von mittelbarem und unmittelbarem schadensursächlichen Verhalten gedacht. Derartige Unschärfen gibt es auch bei der Abgrenzung von **Tun und Unterlassen.** Dort vor allem, wo die schadensträchtige Gefahrensituation vom Arbeitnehmer selbst geschaffen wird (z. B. Schweißen), ist die Anknüpfung an Tun (Schweißen) oder Unterlassen (notwendiger Sicherheitsvorkehrungen) fast beliebig. Dass der Haftungszusammenhang davon nicht abhängen kann, leuchtet ein. Wer die Haftung hier auf das

59 OLG Düsseldorf 5.5.1993 – 22 U 182/92 –, BauR 1993, 617, 618 f.; *Rogge*, JuS 1995, 581, 584.

60 BGH 18.11.2014 – VI ZR 47/13 – Rn. 12 ff., NZA 2015, 689; 13.3.2007 – VI ZR 178/05 –, NZBau 2007, 449 f.; *Rogge*, JuS 1995, 581, 584; OLG Düsseldorf 5.5.1993 – 22 U 182/92 –, BauR 1993, 617, 618 stellt wohl eher auf die Delegation vom Arbeitgeber ab; u.U. kann die Verantwortlichkeit des Bauleiters die Bauarbeiter entlasten, OLG Hamm, 25.6.1998 – 6 U 146/96 –, NJW-RR 1999, 1324.

61 BGH 13.3.1962 – VI ZR 142/61 –, NJW 1962, 959 f.; siehe auch *Ulmer*, JZ 1969, 163, 167, 2. Sp.

62 *Schwarze*, ZFA 2024, 79, 118 f.

63 Siehe RN 6, 13.

64 Bestimmt man die „Unmittelbarkeit" stärker nach normativen Kriterien – Schadensnähe, Gefährlichkeit – wäre in derartigen Fällen Unmittelbarkeit zu bejahen, und die deliktische Haftung des Arbeitnehmers ergäbe sich ohne weiteres aus § 823 Abs. 1 BGB.

Unterlassen stützt, wird in der Regel keine Mühe haben, eine Verkehrssicherungspflicht aus vorangegangenem gefährlichem Tun zu begründen. Irrelevant ist die Unterscheidung zwischen Unterlassen und Tun aber nicht.[65] Rührt die schadensträchtige Gefahr von Naturgewalten her oder von Dritten (z. B. Diebstahl der vom Arbeitnehmer zu bewachenden Gegenstände oder Sicherung der Schweißarbeiten durch einen zweiten Arbeitnehmer[66]), kann die Verkehrspflicht nicht allein aus der Nähe zum Schadenshergang und aus der Möglichkeit des Eingreifens hergeleitet werden; lehnt man – wie hier – eine allgemeine berufsbedingte Verkehrssicherungspflicht des Arbeitnehmers ab, haftet er hier nicht.

Zusammenfassend ist festzustellen: (1) Den Arbeitnehmer trifft nicht schon aufgrund der Erbringung der Arbeitsleistung eine eigene Verkehrssicherungspflicht (RN 8 – 9). (2) Eine eigene Verkehrssicherungspflicht kommt ausnahmsweise in Frage, wenn der Arbeitnehmer die Gefahrenquelle beherrscht und Adressat der Verhaltenserwartungen des Verkehrs ist (RN 10 ff.), was situationsbedingt (RN 10 – 12) oder aufgrund einer besonderen Schadensnähe der Tätigkeit (RN 13) möglich ist.

ee) Übernahme der Erfüllung arbeitgeberischer Verkehrspflichten

Zur zweiten Quelle arbeitnehmerischer Verkehrssicherungspflichten kann die **Über- 14
nahme der Erfüllung arbeitgeberischer Verkehrspflichten** werden.[67] Im Umfang der Erfüllungsübernahme ist der Übernehmer dem Geschädigten deliktisch verantwortlich. Eine Bedeutung hat die Erfüllungsübernahme nur dort, **wo der Arbeitnehmer nicht schon** nach den unter dd) erörterten Kriterien **selbst „primär“ verkehrspflichtig ist**, also insbesondere nicht schon deshalb verkehrspflichtig ist, weil der Verkehr berechtigterweise von ihm in Person die Vornahme ausreichender Sicherungsvorkehrungen erwartet. Eine Übernahme hat nur dann Sinn, wenn der Unternehmer von seinen Verpflichtungen im Umfang der Erfüllungsübernahme entlastet wird.[68] Die nach wie vor herrschende Auffassung hält partiell befreiende Erfüllungsübernahmen jedenfalls zwischen Selbstständigen (z. B. Hauseigentümer und Vermieter) für möglich.[69] Wohl-

---

65 *v. Bar*, Karlsruher Forum 1993, S. 37; *Rogge*, JuS 1995, 581, 585.

66 Vgl. *Steffen*, Karlsruher Forum 1993, S. 27.

67 Allgemein zur Erfüllungsübernahme als Grund einer Verkehrspflicht *Ulmer*, JZ 1969, 163 ff. (a.a.O. S. 169 zur Unterscheidung von eigenen Verkehrspflichten des „Übernehmers“); MünchKommBGB/*Wagner*, 9. Aufl., § 823 Rn. 578 ff.; speziell zum Arbeitsrecht *Krause*, VersR 1995, 752, 759; krit. *Vollmer*, JZ 1977, 371 ff. In der Literatur wird das häufig nicht unterschieden, sondern die Verkehrspflichtigkeit des Arbeitnehmers insgesamt als Problem der zulässigen „Übernahme“ gesehen (missverständlich in diesem Zusammenhang die oft gebrauchte Formulierung von der „Einschaltung“ eines Dritten, die nicht deutlich macht, ob der Dritte mit der Erfüllung der Verkehrssicherungspflicht oder lediglich mit einer Arbeitsaufgabe betraut wurde). Das ist aber nur dann folgerichtig, wenn jede Verkehrspflicht des Arbeitnehmers als vom Arbeitgeber/Unternehmer übernommene gedacht werden muss, was nicht der hier vertretenen Position entspricht.

68 *Krause*, VersR 1995, 752, 759.

69 *Staudinger/Hager*, BGB (2021), § 823 Rn. E 59 ff., anders *Vollmer*, JZ 1977, 371, 372 ff., *v. Bar*, Verkehrspflichten, S. 270 f.

gemerkt wird damit nicht die Verkehrspflicht übertragen – dann wäre der „Übertragende“ für nichts mehr verantwortlich –, sondern deren Erfüllung.[70] Das bedeutet: Der Übertragende (Unternehmensträger/Arbeitgeber) kann sich auf diesem Weg nicht jeder Verantwortung entledigen, es bleibt immer eine **Letztverantwortlichkeit für Auswahl, Überwachung und Anleitung des Beauftragten.**[71]

15 Die Reichweite dieser Konstruktion für arbeitnehmerische Verkehrspflichten hängt davon ab, welcher Umstand die deliktische Haftung des Übernehmers begründet. Wäre es die vertragliche Absprache, wäre allein die Vertragsfreiheit des verhandlungsschwächeren Arbeitnehmers als Grenze zu beachten. Indessen hat *Ulmer* gezeigt, dass die **beim Erstgaranten (hier: Arbeitgeber) hervorgerufene Erwartung auf eigenes Tätigwerden des Übernehmers (hier: Arbeitnehmers)** und infolgedessen unterbliebene eigene Schutzvorkehrungen maßgeblich für den Umfang einer Verlagerung deliktischer Verantwortlichkeiten ist.[72] Eben das kann der Arbeitgeber vom typischen, in den vom Arbeitgeber organisierten Arbeitsprozess eingebundenen Arbeitnehmer nicht erwarten.[73] Dieser ist lediglich „Werkzeug“[74] des Arbeitgebers und ist weder organisatorisch noch wirtschaftlich in der Lage, über die unter dd) genannten Verantwortlichkeiten hinaus deliktsrechtliche Pflichten des Arbeitgebers mit entlastender Wirkung für den Arbeitgeber zu übernehmen. Unter anderem darauf beruht auch die Enthaftung des Arbeitnehmers im Rahmen des innerbetrieblichen Schadensausgleichs und die Ablehnung einer allgemeinen deliktischen Berufshaftung. Vielmehr muss der Arbeitgeber grundsätzlich mit Fehlleistungen des Arbeitnehmers rechnen und deshalb entsprechende **Kontrollen organisieren, für deren Erfolg er letztverantwortlich** bleibt.[75] Auch eine bloße **Mitübernahme** einer Verkehrssicherungspflicht (neben fortbestehender Verkehrssicherungspflicht des Arbeitgebers) ist für den „normalen“ Arbeitnehmer abzulehnen, und zwar auch dann, wenn sie dem Umfang nach auf die Verantwortlichkeit des Arbeitnehmers im Innenverhältnis – also unter Beachtung der arbeitsrechtlichen Haftungsmilderung – beschränkt wird.[76] Sie hätte nur den Effekt, dem Geschädigten einen weiteren Haftpflichtigen zu verschaffen und dem Arbeitnehmer ein zusätzliches Risiko der Insolvenz des Arbeitgebers aufzubürden. Welches Interesse die Arbeitsvertragsparteien an einer solchen Vereinbarung haben sollten, ist

---

70 *Larenz/Canaris*, SchR II/2, 13. Aufl., § 76 III 5 c, S. 420.

71 OLG Stuttgart 12.3.1999 – 2 U 74/98 – Rn. 57, juris.

72 *Ulmer*, JZ 1969, 163, 171; siehe schon BGH 6.10.1958 – III ZR 175/57 –, VersR 1958, 833; ebenso *Krause*, VersR 1995, 752, 759.

73 Ebenso *Krause*, VersR 1995, 752, 759; *Kleindiek*, Deliktshaftung und juristische Person, S. 447 ff.; großzügiger wohl *Larenz/Canaris*, SchR II/2, 13. Aufl., § 76 III 5 d, S. 421 f.; auf die Unselbstständigkeit abhebend auch KG 25.6.2009 – 12 U 153/08 BSch –, juris.

74 Auch bei der Übernahme von Verkehrsverantwortung unter Selbstständigen ist das ein entscheidender Aspekt, vgl. BGH 21.5.1985 – VI ZR 235/83 –, VersR 1985, 839, 840; *Larenz/Canaris*, SchR II/2, 13. Aufl., § 76 III 5 b, S. 419.

75 Anders *Sandmann*, Die Haftung von Arbeitnehmern, S. 200 ff.

76 Dafür *Sandmann*, Die Haftung von Arbeitnehmern, S. 220 ff.

nicht zu erkennen. Ein zusätzlicher Anreiz zu sorgfältigem Verhalten geht von einer solchen Außenhaftung nicht aus.[77]

16 Nur dort, wo der Arbeitnehmer einen **atypisch weiten eigenen Entscheidungsspielraum** hat, die arbeitgeberische Beeinflussung der Arbeit ihrer Natur nach sehr gering ist, sind verkehrspflichtenbegründende Verhaltenserwartungen des Arbeitgebers berechtigt. Nur dann existiert eine haftungsrechtlich relevante Gefahrenbeherrschung seitens des Arbeitnehmers. Dass der Arbeitnehmer auch in seiner Person derartige Erwartungen rechtfertigen muss, versteht sich von selbst; ist er erkennbar überfordert oder unzuverlässig, verbleiben alle deliktischen Verhaltensverantwortlichkeiten beim Arbeitgeber. Verkehrspflichten werden auf diese Weise vor allem für **Arbeitnehmer in Leitungspositionen** mit Kontrollaufgaben und bei Arbeitnehmern mit aufgrund fachlicher Qualifikation weitgehend eigenständigem, unbeaufsichtigtem Aufgabenprofil in Betracht kommen.[78] Zu Recht hat der BGH beispielsweise einem Laborleiter eine Verkehrssicherungspflicht für die richtige Anleitung der Produktnutzer auferlegt.[79] Ebenso verkehrspflichtig ist der selbstständig arbeitende Redakteur für die inhaltliche Richtigkeit eines von ihm verfassten bzw. redigierten Artikels.[80] Gleiches gilt für Arbeitnehmer, die in freien Berufen (Rechtsanwälte, Ärzte[81]) arbeiten. Auch beim angestellten **Bauleiter** erscheint eine solche vertragliche Übernahme möglich.[82] Indessen besteht hier durchweg schon eine primäre Verkehrssicherungspflicht. Einen praktischen Nutzen haben (ausdrückliche) vertragliche Regelungen gleichwohl vor allem durch Klarstellung und Präzisierung der Verantwortlichkeit.

ff) Übertragbarkeit der Rechtsprechung zur Beweislastverteilung in der Produzentenhaftung?

17 Für die Verteilung der **Darlegungs- und Beweislast** im Prozess zwischen Geschädigtem und Arbeitnehmer gelten zunächst die allgemeinen Regeln. Der Geschädigte hat also grundsätzlich die anspruchsbegründenden Tatsachen darzulegen und zu beweisen, der Arbeitnehmer ihn entlastende (rechtfertigende oder entschuldigende) Umstände. Im Einzelfall können dem Geschädigten Beweiserleichterungen zustattenkommen (z. B. Anscheinsbeweis), so deren Voraussetzungen vorliegen. Bezieht sich die arbeitnehmerische Verkehrspflicht auf einen **Vorgang im Bereich industrieller Produktferti-**

77 Darauf abhebend *Sandmann*, Die Haftung von Arbeitnehmern, S. 200 ff.

78 *v. Bar*, FS Kitagawa (1992), S. 279, 293, spricht von „exponierter eigenständiger Rolle im Gesamtgefüge des Wirtschafts- und Berufslebens".

79 BGH 7.10.1986 – VI ZR 187/85 –, VersR 1987, 102.

80 BGH 7.12.1976 – VI ZR 272/75 –, VersR 1977, 371; einschr. zu einstweiligem Rechtsschutz bei gleichzeitiger Unterlassungsverfügung gegen Arbeitgeber OLG Düsseldorf 6.1.2015 – I 16 W 92/14 –, NJW 2015, 2050.

81 Zur deliktischen Arzthaftung nur MünchKommBGB/*Wagner*, 9. Aufl., § 823 Rn. 1206 ff.; siehe auch *Annuß*, Haftung des Arbeitnehmers, S. 129 ff.

82 OLG Zweibrücken 12.7.2011 – 4 W 28/11 – Rn. 11, juris; OLG Stuttgart 12.3.1999 – 2 U 74/98 – Rn. 61, juris.

gung,[83] stellt sich die Frage, ob die vom BGH im „Hühnerpest-Fall"[84] aufgestellten Regeln der Beweislastverteilung für die Haftung des warenherstellenden Unternehmers entsprechend gelten. Danach muss der Geschädigte nur die Inverkehrgabe des Produkts durch den Hersteller, die Fehlerhaftigkeit des Produkts und die Ursächlichkeit des Fehlers für die Schädigung beweisen. Der Hersteller hat dann zu beweisen, dass ihn kein Verschulden trifft,[85] was ihm angesichts breit angelegter Organisationspflichten selten gelingen dürfte. Der **BGH** hat dieses Beweislastmodell auf einen **„Produktionsleiter in herausgehobener und verantwortlicher Stellung"** übertragen und aus dessen verantwortlicher Position in der Produktion gefolgert, er sei „näher daran" gewesen, den Sachverhalt aufzuklären als der Geschädigte.[86] Die Entscheidung ist zu Recht auf Kritik gestoßen.[87] Auch der leitende Arbeitnehmer findet eine vom Unternehmer geprägte Organisation vor und hat nicht jene Einflussmöglichkeit auf den Produktionsablauf, die eine umfassende Zuweisung von Aufklärungsrisiken rechtfertigen könnte.[88] Die Haftung des leitenden Arbeitnehmers würde de facto annähernd zur Gefährdungshaftung; derart weitreichende Haftungsrisiken können nur demjenigen aufgebürdet werden, der aus ihnen den entscheidenden wirtschaftlichen Vorteil zieht: dem Unternehmer.[89] Anderes kann gelten für leitende Angestellte, die selber am Unternehmen beteiltigt sind.[90] Es versteht sich von selbst, dass **das Beweislastmodell der Produzentenhaftung nicht anzuwenden ist auf „einfache" Arbeitnehmer**, so diese überhaupt verkehrspflichtig sind,[91] ganz abgesehen davon, dass der Geschädigte den Fehlerverursachungsnachweis hier gegenüber dem jeweiligen Arbeitnehmer zu führen hätte – ein wenig erfolgversprechendes Unterfangen.[92]

b) Sonstige deliktische Anspruchgrundlagen

18 Aus den sonstigen deliktischen Anspruchsgrundlagen ist an dieser Stelle nur kurz auf § 823 Abs. 2 BGB einzugehen. Nach vorherrschender Ansicht sind die erörterten Verkehrspflichten nicht als Schutzgesetz im Sinne der Vorschrift anzusehen.[93] Besondere

83 Dass die Beweislastregeln außerhalb dieses Bereichs keine Anwendung finden, betont der BGH im *Geschäftsführer-Fall*, BGH 5.12.1989 – VI ZR 335/85 –, BGHZ 109, 297, 301.

84 BGH 26.11.1968 – VI ZR 212/66 –, BGHZ 51, 91, 104 ff.

85 BGH 26.11.1968 – VI ZR 212/66 –, BGHZ 51, 91, 104 ff.; MünchKommBGB/*Wagner*, 9. Aufl., § 823 Rn. 1039 f.

86 BGH 3.6.1975 – VI ZR 192/73 –, NJW 1975, 1827; 19.11.1991 – VI ZR 171/91 –, NJW 1992, 1039, 1042.

87 *Marschall v. Bieberstein*, VersR 1976, 411, 413 f.; *Lieb*, JZ 1976, 526, 527; *Stoll*, AcP 176 (1976), 145, 170; *Diederichsen*, NJW 1978, 1281, 1287, unter Hinweis auf den personalgesellschaftlichen Hintergrund der Entscheidung; *Leßmann*, JuS 1979, 853, 856 f.; befürwortend dagegen *Schmidt-Salzer*, BB 1975, 1032, 1033; *v. Westphalen*, BB 1975, 1033, 1034.

88 *Leßmann*, JuS 1979, 853, 856, 857 f.; viel zu pauschal BGH 3.6.1975 – VI ZR 192/73 –, NJW 1975, 1827, 1828.

89 *Lieb*, JZ 1976, 526, 527; *Leßmann*, JuS 1979, 853, 856.

90 BGH 19.11.1991 – VI ZR 171/91 –, NJW 1992, 1039, 1042.

91 BGH 19.11.1991 – VI ZR 171/91 –, NJW 1992, 1039, 1042.

92 Zutr. insoweit *Schmidt-Salzer*, BB 1975, 1032, 1033.

93 BGH 27.1.1987 – VI ZR 114/86 –, NJW 1987, 2671, 2672; vgl. *v. Bar*, Verkehrspflichten, S. 204 ff.; *ders.*, JuS 1988, 169, 171 f.

Schutzgesetze (Art. 2 EGBGB) können dem Arbeitnehmer auch zum Schutz der Interessen Dritter verpflichten, z. B. die Pflichten als Führer eines Fahrzeugs (§ 18 StVG i.V.m. mit StVO) im betrieblichen Einsatz oder als technische Aufsicht gem. **§ 1f Abs. 2 StVG.** Beim betrieblichen Einsatz von **Hochrisiko-KI-Systemen** ist nicht der Arbeitnehmer, sondern der Arbeitgeber „Betreiber" i. S. d. Art. 3 Nr. 4 KI-VO, denn die Verwendung des KI-Systems muss „in eigener Verantwortung" erfolgen. Die als Schutzgesetze qualifizierbaren Pflichten der KI-VO treffen somit grundsätzlich den Arbeitgeber. Anders verhält es sich, wenn der Einsatz nicht betrieblich ist, d. h. nicht dem erkennbaren Willen oder Interesse des Arbeitgebers entspricht. Dann betreibt der Arbeitnehmer das KI-System „in eigener Verantwortung", und es treffen ihn die Pflichten eines Betreibers, insbesondere die Beachtung der Betriebsanleitung (Art. 26 Abs. 1 KI-VO). Die weitreichenden Pflichten eines Anbieters gem. Art. 16 KI-VO treffen den Arbeitnehmer, wenn er die Zweckbestimmung eines KI-Systems so ändert, dass das betreffende KI-System zu einem Hochrisiko-KI-System (Art. 6 KI-VO) wird oder wenn er die Zweckbestimmung eines Hochrisiko-KI-Systems wesentlich ändert, so dass es ein Hochrisiko-KI-System bleibt (Art. 25 Abs. 1 lit. b), c) KI-VO).

5. Störerhaftung

Der Arbeitnehmer kann einem negatorischen bzw. quasinegatorischen Anspruch auf Unterlassung bzw. Beseitigung einer rechtswidrigen Störung (insbes. aus bzw. analog § 1004 BGB) ausgesetzt sein. Zwar geht der Inhalt des Anspruchs nicht auf Entschädigung eingetretener Verletzungen, sondern auf Beseitigung anhaltender bzw. Verhinderung drohender Beeinträchtigungen. Dennoch gehört er im weiteren Sinne mit zum Haftungsrisiko des Arbeitnehmers. Überdies sind die Übergänge fließend, und der Beseitigungsanspruch ist in den Händen der Gerichte schon oft zum de-facto-Schadensersatzanspruch geworden.[94] Das BGB hat für Unterlassungs- und Beseitigungsansprüche keine dem § 831 BGB vergleichbare Ordnungsvorstellung über die Verteilung der Haftungszuständigkeit. Da die Haftung zudem kein Verschulden voraussetzt, kann die Verantwortlichkeit des Unternehmers/Arbeitgebers hier deutlicher betont werden. Er ist bei Störungen infolge betrieblicher Tätigkeit[95] grundsätzlich immer als Störer zu betrachten, hat also beispielsweise für die Beseitigung von Felsbrocken zu sorgen, die durch Sprengarbeiten auf ein fremdes Grundstück geraten sind. Der **Arbeitnehmer** kann allenfalls als **weiterer Störer** in Frage kommen.[96] Das scheint der BGH durchaus im Regelfall zu befürworten und nur bei fehlendem eigenen Entscheidungsspielraum anders entscheiden zu wollen.[97] Die Literatur verneint überwiegend die (kumulative) 19

94 Vgl. *Larenz/Canaris*, SchR II/2, 13. Aufl., § 86 I 2, S. 674 f.
95 Zur Abgrenzung § 8.
96 Vgl. MünchKommBGB/*Baldus*, 5. Aufl., § 1004 Rn. 69; *Larenz/Canaris*, SchR II/2, 13. Aufl., § 86 III 2 c, d, S. 685.
97 BGH 5.12.1978 – V ZR 214/77 –, DB 1979, 544 f.

Störereigenschaft des Arbeitnehmers.[98] Doch ist zu differenzieren:[99] Geht es um die Verhinderung einer **drohenden Störung** und ist deshalb Eile und abschreckende Wirkung geboten (z. B. Verbreitung einer ehrenrührigen Behauptung durch angestellte Journalisten), sollte auch das unmittelbare Vorgehen gegen den Arbeitnehmer möglich sein. Zur **Beseitigung einer bereits eingetretenen Störung** ist demgegenüber nur der Arbeitgeber verpflichtet, es sei denn, allein der Arbeitnehmer ist in der Lage, die Störung zu beseitigen. Die Störerhaftung kann auch sich auch in einer **Entschädigungspflicht** gem./analog § 906 BGB niederschlagen. Praktisch erheblich wird dies bei betriebsexterner Arbeit (z. B. Homeoffice), wenn eine betriebliche Handlung des Arbeitnehmers ihn als Eigentümer/Grundstücksberechtigten entschädigungspflichtig macht.[100]

II. Grundsatz: Keine Beschränkung der Außenhaftung

20 Die beschriebene Haftungsverantwortlichkeit des Arbeitnehmers gegenüber dem geschädigten Dritten wird nicht durch die Grundsätze des innerbetrieblichen Schadensausgleichs beschränkt.[101] Das ist für den Arbeitnehmer eine schwere, oft ruinöse Belastung, wenn er seinen Freistellungsanspruch beim Arbeitgeber infolge dessen Zahlungsunfähigkeit nicht realisieren kann. Doch ist dieser harten Konsequenz **de lege lata** nicht zu entkommen. Gewiss streiten alle für die innerbetriebliche Enthaftung des Arbeitnehmers angeführten Argumente ebenso für eine im Umfang entsprechende[102] Haftungsbeschränkung im Außenverhältnis – bei gleichzeitiger Verlagerung der Haftung auf den Arbeitgeber;[103] bei den Verkehrspflichten des Arbeitnehmers ist das nur zu erkennbar. Die Wirkungen des Arbeitnehmerschutzes sind nicht von vornherein auf das Arbeitsverhältnis beschränkt.[104] Auch würde man sich nicht um die notwendige[105] Präventionswirkung sorgen müssen: Der Arbeitnehmer bliebe im Rahmen des sozial erträglichen innerbetrieblichen Schadensausgleichs haftpflichtig, hätte daher weiterhin Grund genug, die erforderliche Sorgfalt zu beachten. Schließlich wäre wohl auch die

---

98 *Ballerstedt*, JZ 1953, 389, 390; *Erman/Ebbing*, BGB, 17. Aufl., § 1004 Rn. 140; *Soergel/Mühl*, BGB, 13. Aufl., § 1004 Rn. 155 (differenzierend); weitere Nachweise bei *Staudinger/Thole*, BGB (2023), § 1004 Rn. 309 f. Anders – allerdings aufgrund eines abweichenden und den Arbeitnehmer von daher entlastenden dogmatischen Verständnisses des § 1004 BGB – *Picker*, Beseitigungsanspruch, S. 153 f., und *Staudinger/Thole*, BGB (2023), § 1004 Rn. 309 f.

99 *Denck*, Außenhaftung, S. 66; MünchKommBGB/*Baldus*, 5. Aufl., § 1004 Rn. 70.

100 *Schwarze*, ZFA 2024, 79, 92 f.; dort auch zur anteiligen Freistellung durch den Arbeitgeber.

101 ErfK/*Preis/Greiner*, 25. Aufl., § 619a BGB Rn. 23; HWK/*Krause*, 11. Aufl., § 619a BGB Rn. 58; NK-GA/*Brors/Rudnik*, 2. Aufl., § 611a BGB Rn. 687; BeckOGK/*Feuerborn*, BGB (Stand: 03/2024), § 619a Rn. 96; BeckOK/*Wullenkord*, Arbeitsrecht (Stand: 03/2024), § 619a BGB Rn. 38.

102 Vgl. *Brüggemeier*, AcP 191 (1991), 33, 62.

103 *Denck*, Außenhaftung, S. 297.

104 Siehe § 17 RN 2.

105 Krit. insofern *Denck*, Außenhaftung, S. 298 ff.

Dringlichkeit groß genug, um eine Rechtsfortbildung contra legem zu rechtfertigen. Entsprechende Überlegungen[106] haben sich in Rechtsprechung und Schrifttum gleichwohl nicht durchsetzen können,[107] weil der **Schutz des Geschädigten die unbeschränkte Außenhaftung des Arbeitnehmers gebietet.** Es ist dem Opfer unerlaubten oder gefährlichen Tuns nicht zuzumuten, das Risiko der Insolvenz des Arbeitgebers zu tragen. Der Einwand, das Opfer werde mit der Auswechslung des Haftungsschuldners typischerweise eher besser gestellt,[108] verkennt, dass schon nach allgemeinen deliktsrechtlichen Wertungsmustern den Arbeitgeber eine Mitverantwortlichkeit trifft. Vor allem aber: Der Arbeitnehmer begeht – daran wäre auch bei einer Beschränkung der Außenhaftung nicht zu zweifeln – eine „unerlaubte Handlung“. Es wäre unerträglich, das womöglich schwer leidende und erwerbsunfähig gewordene Opfer dieser Handlung bei Insolvenz des Arbeitgebers der Bedürftigkeit zu überantworten, während der Täter unbehelligt bliebe. Deshalb muss es auch **de lege ferenda** bei der Außenhaftung des

---

106 Für eine Beschränkung der Außenhaftung de lege lata mit Unterschieden in den Nuancen: *Wilburg*, DJT 1960 Bd. II, S. C 15 f.; *Denecke*, RdA 1952, 209 f. (unter Hinweis auf die im öffentlichen Dienst geltenden Haftungsregeln); *Roller*, Arbeitsadäquanz, S. 79 ff.; *Köbler*, AcP 169 (1969), 404, 417; *Baumert*, FS Wengler II (1973), S. 139, 145 ff.; *Hanau*, Anm. zu BAG AP § 611 BGB Arbeitnehmerhaftung Nr. 53; *E. Lorenz*, in: Probleme des Binnenschiffahrtsrechts, S. 49, 62 ff.; *Drewitz*, Versicherung folgt der Haftung, S. 197 ff.; *Brüggemeier*, AcP 191 (1991), 33, 62; *Däubler*, NJW 1987, 867, 872; *Eberlein*, BB 1989, 621, 624; *Döring*, Arbeitnehmerhaftung, S. 61 ff. im Hinblick auf den von ihm vertretenen subjektiven Verschuldensbegriff (a.a.O., S. 50 ff.); weit. Literaturnachweise bei *Katzenstein*, RdA 2003, 346, 348 f.; *Annuß*, Haftung des Arbeitnehmers, S. 48 ff., insbes. 60 ff., meint eine Enthaftung des Arbeitnehmers gegenüber den Vertragspartnern des Arbeitgebers auf den Vertrauensgedanken stützen zu können. Vertrauen begründe nicht nur Pflichten, sondern beschränke sie auch. Der Vertragspartner vertraue, was den Schutz seines Vermögens und seiner Rechtsgüter angehe, allein dem Arbeitgeber als seinem Kontrahenten, nicht dessen Erfüllungsgehilfen/Arbeitnehmer. Damit ist indessen nur gesagt, dass der Erfüllungsgehilfe/Arbeitnehmer keinen Vertrauenstatbestand setzt, aus dem besondere Schutzpflichten zugunsten des Vertragspartners abzuleiten sind. Für eine pflichtenbeschränkende Wirkung wäre erforderlich, dass der Vertragspartner einen Vertrauenstatbestand des Inhalts setzt, auf die Einhaltung deliktischer Pflichten durch den Erfüllungsgehilfen/Arbeitnehmer keinen Wert zu legen. Sowohl wegen des Integritätsschutzes als auch wegen des Risikos der Arbeitgeber-Insolvenz hat der Vertragspartner aber ein handfestes Interesse an der Haftung des Arbeitnehmers (auch von *Annuß* grundsätzlich anerkannt, a.a.O., S. 25 ff.). Wie vor diesem Hintergrund allein die Tatsache der (vertraglichen/Vertrauens-) Sonderbeziehung zum Arbeitgeber einen Vertrauenstatbestand zugunsten des Erfüllungsgehilfen/Arbeitnehmer ergeben soll, bleibt unerfindlich.

107 BGH 19.9.1989 – VI ZR 349/88 –, BGHZ 108, 305, 308 ff.; BGH 21.12.1993 – VI ZR 103/93 – Leits. 1 und unter II 2 b, EzA § 611 BGB Gefahrgeneigte Arbeit Nr. 27; *Buchner*, RdA 1972, 153, 170 f.; *Reinhardt*, Die dogmatische Begründung der Haftungsbeschränkung des Arbeitnehmers, S. 183 f.; *Denck*, Außenhaftung, S. 301 ff.; *Otto*, Gutachten zum 56. DJT, S. E 72 ff.; *Staudinger/Fischinger*, BGB (2022), § 619a Rn. 93; MünchKommBGB/*Henssler*, 9. Aufl., § 619a Rn. 24; ErfK/*Preis/Greiner*, 25. Aufl, § 619a BGB Rn. 23; HWK/*Krause*, 11. Aufl., § 619a BGB Rn. 59; NK-GA/*Brors/Rudnik*, 2. Aufl., § 611a BGB Rn. 687; *Gamillscheg*, FS Schwarz (1991), S. 495, 508; *Rieble*, Anm. zu BAG § 611 BGB Gefahrgeneigte Arbeit Nr. 24 unter I; *Krause*, VersR 1995, 752, 756; zum österreichischen Recht OGH 12.12.1996 – 8 ObA 2186/96w –, DRdA 1997, 478, 479 m. krit. Anm. *Kerschner*, wbl 1997, 298.

108 *E. Lorenz*, in: Probleme des Binnenschiffahrtsrechts, S. 68.

Arbeitnehmers jedenfalls für unerlaubte Handlungen[109] verbleiben, es sei denn man käme zu einer versicherungsrechtlichen Lösung wie in §§ 104, 105 SGB VII, die dem Geschädigten einen stets solventen Schuldner gibt.[110] Nicht von ungefähr setzen Länder, die eine vollständige Haftungsverantwortlichkeit des Arbeitgebers für Fehlverhalten des Arbeitnehmers im außervertraglichen Bereich normiert haben, diese nicht an die Stelle der Arbeitnehmerhaftung, sondern neben sie.[111] Die Verfassung gebietet nichts Anderes. Zwar wird man ihr ein grundsätzliches Gebot ausreichenden Arbeitnehmerschutzes entnehmen können; damit ist sie aber nur eine Legitimationsgrundlage für richterliches bzw. gesetzgeberisches Handeln auf der Ebene des einfachen Rechts, determiniert dies nicht im Einzelnen.[112] Auch unter dem Aspekt gebotener Gleichbehandlung wesentlich gleicher Fälle und sachlicher Folgerichtigkeit[113] rechtfertigt das Geschädigteninteresse und dessen verfassungsrechtlich legitimierter Schutz (Art. 2 Abs. 2, 14 GG) die Beschränkung der Enthaftung auf das innerbetriebliche Verhältnis.

III. Die Freistellung des Arbeitnehmers durch den Arbeitgeber

1. Umfang der Freistellung

21 Bleibt die Außenhaftung des Arbeitnehmers im Interesse des Geschädigten unangetastet, so besteht doch kein Zweifel an der Notwendigkeit einer Entlastung des Arbeitnehmers durch den Arbeitgeber. Der Arbeitgeber ist verpflichtet, **den Arbeitnehmer von Schadensersatzansprüchen Dritter zu befreien, die durch betrieblich veranlasste Tätigkeit kausal adäquat entstanden** sind.

a) Maßgeblichkeit des innerbetrieblichen Schadensausgleichs

22 In Rechtsprechung und Schrifttum ist deshalb anerkannt, dass der Arbeitnehmer auch hinsichtlich der Haftung gegenüber Dritten (Arbeitskollegen für Sach- und Vermögensschäden oder „Außenstehenden") im Verhältnis zum Arbeitgeber nach den

109 Bei Gefährdungshaftungen bestehen regelmäßig Versicherungen.

110 Dazu *Denck*, Außenhaftung, S. 308 f. m.w.N. (dort S. 291 ff. auch zu anderen gesetzgeberischen Lösungsmöglichkeiten); *Seewald*, Gutachten DJT 1986, S. F. 47 f. und passim. Zum Vorschlag einer Insolvenzversicherung des Freistellungsanspruchs unter RN 41 und § 30 RN 32 f. Die vorrangige Haftung der öffentlich-rechtlichen Körperschaft bei Fehlverhalten des hoheitlich tätigen Amtsträgers gemäß Art. 34 GG fügt sich ebenfalls in diese Wertung, denn beim Staat bzw. anderen öffentlich-rechtlichen Verwaltungsträgern hat der Geschädigte immer einen solventen Schuldner, vgl. *Denck*, Außenhaftung, S. 304; *Otto*, Gutachten zum 56. DJT, S. E 73 f.

111 Siehe § 28 RN 40 (England) und § 28 RN 46 (Schweden, für den Fall der Insolvenz des Arbeitgebers); einschränkend allerdings die französische Rechtsprechung (§ 28 RN 34 ff.). Siehe ferner *Denck*, Außenhaftung, S. 303 f.; *Bringezu*, Begrenzung der Arbeitnehmerhaftung, S. 58 ff., 113 f.; *Beckers*, Außenhaftung, S. 66 ff.

112 Siehe oben § 4 RN 15; *Krause*, JR 1994, 494, 495 ff.

113 In diese Richtung die Argumentation von *Baumann*, BB 1994, 1300, 1305 f.; siehe auch *Bydlinski*, SAE 1994, 93, 97.

Grundsätzen des innerbetrieblichen Schadensausgleichs entlastet werden muss. Die unbeschränkte Haftung des Arbeitnehmers nach außen wird innen entschärft: der Arbeitgeber muss „seinen Teil" der Haftungslast übernehmen. Haftet der Arbeitnehmer nach außen allein aufgrund der Gefährlichkeit oder Rechtswidrigkeit seines Tuns,[114] also unabhängig von einem Verschulden, hat ihn der Arbeitgeber vollständig von den damit verbundenen vermögensmäßigen Nachteilen freizustellen. Was im Rahmen der Verschuldenshaftung vom Arbeitgeber zu tragen ist, bestimmt sich nach denselben Grundsätzen und Maßstäben, die bei Schädigung des Arbeitgebers selbst gelten. Das **Maß der dem Arbeitnehmer vorzuwerfenden Fahrlässigkeit richtet sich also nicht nach dem im Verhältnis zum Dritten geltenden Sorgfaltsmaßstab**; dieser kann durchaus strenger sein und deshalb eher zum Urteil „grobe Fahrlässigkeit" berechtigen. Zwar gilt auch im Arbeitsverhältnis grundsätzlich ein objektiver Sorgfaltsmaßstab,[115] aber es werden doch konkrete Umstände, die den schädigenden Arbeitnehmer entlasten, berücksichtigt, so sie betrieblich veranlasst sind: z. B. Eintönigkeit der Arbeit, Hektik, Übermüdung, Gefahrneigung der Arbeit.[116] Es kann also sein, dass der Arbeitnehmer trotz grober Fahrlässigkeit im Verhältnis zum Geschädigten einen Freistellungsanspruch gegen den Arbeitgeber hat. Abzulehnen ist allerdings die weiter gehende Forderung, den Freistellungsanspruch ob seiner angeblichen „Haftpflichtversicherungsfunktion" nur noch bei vorsätzlicher Herbeiführung des Schadensereignisses entfallen zu lassen.[117] Der damit ausgelöste Druck auf den Arbeitgeber zum Abschluss einer Haftpflichtversicherung ist kein zureichendes Argument: zum einen nicht, weil Betriebshaftpflichtversicherungen nicht immer erhältlich oder erschwinglich sind, zum anderen, weil die Abweichung von den als gerecht betrachteten Grundsätzen des innerbetrieblichen Schadensausgleichs nicht einzusehen ist. Auch im Hinblick auf die **Beweislast** bleibt es bei den Grundsätzen des innerbetrieblichen Schadensausgleichs, der Regel also, dass der Arbeitgeber alle Voraussetzungen der Arbeitnehmerhaftung zu beweisen hat, auch das Verschulden;[118] dass im Freistellungsprozess der Arbeitnehmer Anspruchssteller ist, ändert daran nichts.[119]

b) Mitverschulden des Arbeitgebers (§ 254 BGB)

Ausnahmsweise kommt ein Freistellungsanspruch jenseits des innerbetrieblichen Schadensausgleichs in Betracht: Trotz grob fahrlässigem Verhalten des Arbeitnehmers muss der Arbeitgeber ihn von einem Teil der Haftung freistellen, wenn ihn ein erhebliches Mitverschulden am Schaden gemäß § 254 BGB trifft.[120] 23

114 Siehe RN 6, 19.

115 Siehe § 5 RN 3 ff.; *Denck*, Außenhaftung, S. 263.

116 Siehe § 8; BAG 25.9.1957 – GS 4/56 –, AP §§ 898, 899 RVO Nr. 4; *Denck*, Außenhaftung, S. 264 f.

117 *Denck*, Außenhaftung, S. 265; *ders.*, BB 1985, 1736.

118 Siehe § 9 RN 41 f.

119 *Baumgärtel*, Handbuch der Beweislast, 3. Aufl., § 619a Rn. 8.

120 Vgl. BAG 23.6.1988 – 8 AZR 300/85 –, AP § 611 Haftung des Arbeitnehmers Nr. 94 m. Anm. *H. Weber*, wo der Arbeitnehmer mit Wissen des Arbeitgebers ohne Fahrerlaubnis ein Fahrzeug führte; MünchArbR/

2. Rechtsgrundlagen der Freistellung

a) Bei gesamtschuldnerischer Haftung von Arbeitgeber und Arbeitnehmer im Außenverhältnis

24 Der Freistellunganspruch des Arbeitnehmers ist der konstruktive Behelf, mit dem die arbeitsrechtliche Haftungsmilderung in den Außenhaftungsfällen bewerkstelligt wird. Ist der Arbeitgeber selbst – neben dem Arbeitnehmer – haftpflichtig, ist der innerbetriebliche Schadensausgleich im Wesentlichen über § 426 Abs. 1 S. 1 BGB zu erreichen.[121] Voraussetzung dafür ist, dass **Arbeitgeber und Arbeitnehmer als Gesamtschuldner** (§ 421 BGB) für den Schaden aufzukommen haben. Haften beide aus Delikt, ist die Gesamtschuldnerschaft in § 840 Abs. 1 BGB ausdrücklich angeordnet. Aber auch wenn der eine aus Vertrag (i. d. R. der Arbeitgeber über § 278 BGB), der andere aus Delikt haftet, liegen die Voraussetzungen der Gesamtschuldnerschaft vor: Beide haften jeweils in voller Höhe für den Schaden, der Geschädigte kann den Schaden aber nur einmal ersetzt verlangen; überdies liegt die Gleichstufigkeit[122] der beiden Schadensersatzverpflichtungen vor. Der somit nach § 426 Abs. 1 S. 1 BGB vorzunehmende interne Ausgleich zwischen den Gesamtschuldnern richtet sich nach den **Grundsätzen des innerbetrieblichen Schadenausgleichs**, die insofern „etwas anderes bestimmen" (§ 426 Abs. 1 S. 1, 2. Halbs. BGB). § 840 Abs. 2 BGB steht dem – für den Fall der deliktischen Haftung des Arbeitnehmers und des Arbeitgebers (aus § 831 BGB) – zwar entgegen, ist aber aus den vorrangigen Gründen der Enthaftung des Arbeitnehmers teleologisch zu reduzieren.[123] Gelingt dem nur aus § 831 BGB haftenden Arbeitgeber der Entlastungsbeweis (§ 831 Abs. 1 S. 2 BGB), fehlen die Voraussetzungen für eine Gesamtschuldnerschaft, und die Entlastung des Arbeitnehmers erfolgt über den Freistellungsanspruch analog § 670 BGB.[124] Damit wird die Exkulpation materiell entwertet. Das ist aber hinzunehmen, nicht zuletzt wegen der grundsätzlichen Fragwürdigkeit des Entlastungsbeweises.[125]

b) Bei alleiniger Haftung des Arbeitnehmers im Außenverhältnis

25 Ist der Arbeitgeber dem Geschädigten nicht ersatzpflichtig, hat der Arbeitnehmer einen **Anspruch auf Freistellung analog § 670 BGB.** Die Rechtsprechung leitet den Anspruch

---

Reichold, 6. Aufl., § 58 Rn. 20. Zum Mitverschulden § 12. Im Übrigen ist die Haftungsmilderung wegen unzumutbarer Haftungsbelastung auch bei grober Fahrlässigkeit Bestandteil des innerbetrieblichen Schadensausgleichs, § 10 RN 1 ff.

121 Vgl. BGH 11.11.2003 – VI ZR 13/03 –, NJW 2004, 951, 952. Art. 1 § 3 Abs. 1 (österr.) DHG greift ebenfalls nur, wenn der Arbeitgeber neben dem Arbeitnehmer dem Dritten selbst haftet. Haftet nach außen nur der Arbeitnehmer, ergibt sich der Freistellungsanspruch aus § 1014 ABGB analog, OGH 26.3.1997 – 9 Ob A 54/97z –, DRdA 1998, 34 f. m. krit. Anm. *Kerschner.* Siehe noch RN 26 und § 28 RN 10 f.

122 Zu dieser Voraussetzung *Erman/Böttcher*, BGB, 17. Aufl., § 421 Rn. 12 ff.

123 *Helm*, AcP 160 (1961), 146; MünchArbR/*Reichold*, 6. Aufl., § 58 Rn. 19; HWK/*Krause*, 11. Aufl., § 619a BGB Rn. 62.

124 Ebenso MünchArbR/*Reichold*, 6. Aufl., § 58 Rn. 19; siehe auch *Gamillscheg*, FS Rheinstein II (1969), S. 1043, 1054.

125 Vgl. dazu *Gamillscheg*, FS Rheinstein II (1969), S. 1043, 1054.

aus der **Fürsorgepflicht** des Arbeitgebers her.[126] Überzeugender ist die Analogie zu § 670 BGB.[127] Der Fürsorgedanke vermittelt den falschen Eindruck einer bloßen Auffanghaftung des Arbeitgebers, die bei bestehender Versicherungsdeckung immer nachrangig wäre.[128] Das wird der materiellen Verantwortlichkeit für das Betriebsrisiko nicht gerecht.[129] Außerdem wird die in engem Zusammenhang mit der Freistellung stehende Erstattung von Eigenschäden des Arbeitnehmers gleichfalls auf eine Analogie zu § 670 BGB gestützt.[130]

3. Inhalt des Freistellungsanspruchs

a) § 426 Abs. 1 S. 1 BGB

Die in § 426 Abs. 1 S. 1 BGB angeordnete „Verpflichtung" zum Ausgleich enthält zum einen die **Erstattung** bereits an den Geschädigten **gezahlter Beträge**, zum anderen auch die **Freistellung von drohender Inanspruchnahme.**[131] Der Anspruch auf Freistellung verwandelt sich in einen Zahlungsanspruch des Arbeitnehmers, wenn mit Sicherheit zu erwarten ist, dass er vom Geschädigten in Anspruch genommen werden wird und feststeht, dass zur Erfüllung auf Mittel des Arbeitgebers zurückgegriffen werden muss.[132] Dagegen sind etwaige Prozessaufwendungen, die der Arbeitnehmer betreibt, um sich gegen die Inanspruchnahme zu schützen, nicht gedeckt. Insoweit kommt nur der allgemeine Freistellungsanspruch bzw. ein Aufwendungsersatzanspruch analog § 670 BGB in Betracht (dazu folgend unter b). 26

b) Analog § 670 BGB

Auch die Freistellung analog § 670 BGB setzt nicht voraus, dass der Arbeitnehmer den Geschädigten entschädigt hat bzw. in der Lage ist, diesen zu entschädigen. Vielmehr kann er – das bedeutet gerade „Freistellung" – vom Arbeitgeber verlangen, von vornherein von finanziellen Belastungen verschont zu bleiben (analog § 257 BGB).[133] Es liegt 27

126 BAG 23.6.1988 – 8 AZR 300/85 – unter I 1, AP § 611 BGB Haftung des Arbeitnehmers Nr. 94 m. Anm. *H. Weber*; ebenso *Helm*, AcP 160 (1961), 134, 136; weitere Nachweise bei *Gerhardt*, Befreiungsanspruch, S. 117 Fn. 12; das Betriebsrisiko (vgl. *Canaris*, RdA 1966, 41, 47, 50; *Köbler*, RdA 1970, 97, 100) stellt keine geeignete Rechtsgrundlage dar, vgl. dazu § 27 RN 5. Zu den Begriffen „Freistellungsanspruch" und „Befreiungsanspruch" *Gerhardt*, Befreiungsanspruch, S. 2 f.

127 Ebenso *Steindorff*, FS Dölle I (1963), S. 273, 290; *Gick*, JuS 1980, 393, 399; MünchArbR/*Reichold*, 6. Aufl., § 58 Rn. 19; HWK/*Krause*, 11. Aufl., § 619a BGB Rn. 62; BeckOGK/*Feuerborn*, BGB (Stand: 03/2024), § 619a Rn. 99.

128 Deutlich in diese Richtung BVerwG 14.2.1968 – VI C 63. 65 –, AP § 611 Haftung des Arbeitnehmers Nr. 41, Bl. 2.

129 Siehe zum Verhältnis zur Versicherung im Einzelnen RN 31 ff.

130 Siehe § 27 RN 5.

131 BGH 18.9.2009 – VII ZR 167/08 –, NJW 2010, 60, 61; *Staudinger/Looschelders*, BGB (2022) § 426 Rn. 8, 92 ff.

132 BGH 19.10.2017 – III ZR 495/16 –, NJW 2018, 1873.

133 *Gerhardt*, Befreiungsanspruch, S. 132 ff., 139.

im Ermessen des Schuldners des Freistellungsanspruchs (Arbeitgebers), auf welche (rechtmäßige) Weise er die Freistellung des Gläubigers (Arbeitnehmers) erreicht.[134] Hat der Arbeitnehmer vorgeleistet, wandelt sich der Freistellungsanspruch in einen Erstattungsanspruch um.[135] Abzugrenzen ist der Anspruch auf Freistellung von Schadensersatzansprüchen Dritter vom Anspruch auf Ersatz von Primärschäden des Arbeitnehmers an Eigentum und Vermögen **(„Eigenschäden").**[136] Vom Anspruch auf Aufwendungsersatz analog[137] § 670 BGB unterscheidet sich der Freistellungsanspruch dadurch, dass es dort um die Erstattung freiwillig betriebener Vermögensaufwendungen, hier um den Ersatz unfreiwillig erlittener Belastungen mit Ansprüchen Dritter geht.[138] Aufwendungen werden gemacht, Schäden werden erlitten.[139]

28 Der Arbeitgeber ist nur zur Freistellung von Verbindlichkeiten verpflichtet, er muss dem Arbeitnehmer nicht alle Unannehmlichkeiten der Schadensabwicklung abnehmen (z.B. Verhandlungen führen, Anwalt beauftragen usw.).[140] Ebenso wenig muss er den Arbeitnehmer bei der Prozessführung mit dem Dritten durch Rat oder gar Prozessbeitritt (§ 66 ZPO) unterstützen. Im Übrigen hat der Arbeitgeber den Arbeitnehmer auch von den Kosten des Haftungsprozesses mit dem Drittgeschädigten freizustellen. Ist der Arbeitnehmer Passivpartei, sind die Prozesskosten in der Regel ein unfreiwilliges Vermögensopfer und deshalb als „Schaden" im Rahmen des Freistellungsanspruchs zu ersetzen, soweit es die Kosten des geschädigten Dritten betrifft, als „Eigenschaden", soweit es die eigenen Kosten des Arbeitnehmers angeht.[141] Ist der Arbeitnehmer Aktivpartei (z.B. der Geschädigte hat gegen eine Forderung des Arbeitnehmers aufgerechnet), sind die Prozesskosten in der Regel freiwillige Vermögensopfer und als Aufwendungen analog § 670 BGB zu erstatten.[142]

29 Der Freistellungsanspruch richtet sich nach der **wirklichen Rechtslage**, nicht nach dem **Ergebnis des Haftpflichtprozesses** zwischen Geschädigtem und Arbeitnehmer. Der Arbeitgeber ist nicht materiellrechtlich an das Ergebnis jenes Prozesses gebunden.[143] Will der Arbeitnehmer dem Risiko einer anderen Beurteilung seiner Haftung im Freistellungsprozess mit dem Arbeitgeber entgehen, sollte er dem Arbeitgeber den Streit

---

134 Näher *Bittner*, NZA 2002, 833, 834.

135 BAG 25.9.1957 – GS 4/56 –, BAGE 5, 1, 8; *Gerhardt*, Befreiungsanspruch, S. 118.

136 Siehe § 27 RN 1.

137 Analog, weil die Vorschrift „Unentgeltlichkeit" voraussetzt; diese Analogie ist anerkannt, siehe § 27 RN 2.

138 Dazu im Einzelnen *Schwarze*, Anm. AR-Blattei ES 860 Nr. 68 unter I; *ders.*, RdA 2013, 140, 141f. Zur Einordnung nicht erforderlicher Betriebsratsaufwendungen und der Haftung des Betriebsratsvorsitzenden § 8 RN 18.

139 BAG 10.11.1961 – GS 1/60 –, AP § 611 BGB Gefährdungshaftung des Arbeitgebers Nr. 2.

140 *Denck*, Außenhaftung, S. 278f.; *Staudinger/Martinek/Omlor*, BGB (2017), § 670 Rn. 10.

141 Vgl. auch BAG 16.3.1995 – 8 AZR 260/94 –, AP § 611 BGB Gefährdungshaftung des Arbeitgebers Nr. 12.

142 Siehe auch § 27 RN 2; *Schwarze*, Anm. zu BAG AR-Blattei ES 860 Nr. 68 unter I.

143 *Denck*, Außenhaftung, S. 280; *Schweer/Todorow*, NJW 2013, 2072 ff.

verkünden (§§ 72ff. ZPO).[144] Im Übrigen klärt der Haftpflichtprozess zwischen Geschädigtem und Arbeitnehmer nicht alle für die Freistellung erheblichen Fragen, vor allem nicht das Verschuldensmaß.[145]

Ist der Geschädigte ein persönlich haftender **Gesellschafter der Personengesellschaft** (GbR, OHG, KG), bei der der Arbeitnehmer beschäftigt ist, muss dieser sich den Freistellungsanspruch im Umfang des vom Arbeitgeber zu tragenden Haftungsanteils einredeweise entgegenhalten lassen; denn für den Freistellungsanspruch haftet der geschädigte Gesellschafter persönlich.[146] 30

4. Verhältnis zum Versicherungsschutz[147]

Greift zu Gunsten des Arbeitnehmers eine Versicherung ein,[148] stehen diesem zwei Abwälzungsmöglichkeiten zur Verfügung: Deckung durch die Versicherung und Freistellung gegen den Arbeitgeber. Zwar wird die Versicherung für gewöhnlich den gesamten Schaden abdecken, während über den Freistellungsanspruch in den praktisch häufigen Fällen der Schadensteilung nur der vom Arbeitgeber zu tragende Teil des Schadens zu ersetzen ist. Aber jedenfalls in diesem Umfang stehen dem Arbeitnehmer zwei Schuldner zur Verfügung. Fraglich ist nun, wer von beiden letztlich den Schaden zu tragen hat. Das Problem ist in § 86 VVG bzw. § 255 BGB nicht materiell geregelt, die Vorschriften geben für die vorliegende Problematik nur eine rechtstechnische Hilfe.[149] Betrachtet man das Problem aus der hier interessierenden Perspektive des Freistellungsanspruchs, sind folgende Aussagen abzuschichten. 31

Erstens entfällt der Freistellungsanspruch nicht wegen einer bestehenden Haftpflichtversicherung,[150] der Freistellungsanspruch ist Folge der materiellen Mit verantwortlichkeit des Arbeitgebers aus dem Betriebsrisiko, die durch eine Versiche- 32

---

144 *Denck*, Außenhaftung, S. 280; vgl. auch die Streitverkündungspflicht des Art. 1 § 3 Abs. 1 DHG und deren analoge Anwendung auf den Freistellungsanspruch analog § 1014 ABGB durch OGH 26.3.1997 – 9 Ob A 54/97z –, DRdA 1998, 34, 35 m. krit. Anm. *Kerschner.*

145 Vgl. *Denck*, Außenhaftung, S. 281.

146 Näher *Beckers*, Außenhaftung, S. 110 f.

147 Siehe außerdem § 11 RN 8, 12, 35 f., 54.

148 Die Frage, ob und inwieweit der Nichtabschluss einer möglichen und zumutbaren Versicherung sich auf den Freistellungsanspruch des Arbeitnehmers auswirkt, richtet sich nach denselben Grundsätzen, die für die Haftung des Arbeitnehmers für dem Arbeitgeber unmittelbar zugefügte Schäden gelten; siehe insofern § 9.

149 Näher *Hirschberg*, VersR 1973, 786, 792; § 99 Abs. 6 S. 2 des Professorenentwurfs (DJT 1992, Band I, S. D 51; ebenso § 99 Abs. 6 S. 2 ArbVGE Sachsen, BR-Drucks. 293/95) ordnet offenbar die alleinige Schadensverantwortlichkeit der Versicherung an.

150 Vordergründig BGH 8.12.1971 – IV ZR 102/70 – unter 6 der Gründe, AP § 611 BGB Haftung des Arbeitnehmers Nr. 68: Es fehle an einem Schaden des Arbeitnehmers, wenn der Versicherer den Schaden decke; ebenso wenig scheitert der Anspruchsübergang am „persönlichen" Charakter des Freistellungsanspruchs (so aber BGH a.a.O.). Anderes gilt, soweit der Arbeitnehmer allein wegen der Unzumutbarkeit des Haftungsumfangs entlastet werden soll und eine von ihm finanzierte Haftpflichtversicherung besteht, siehe RN 36.

rung möglicherweise abgedeckt, aber nicht beseitigt wird. Für den Arbeitnehmer stehen daher beide Ansprüche – gegen die Versicherung und gegen den Arbeitgeber – nebeneinander. Dies gilt auch für Fälle der Pflichthaftpflichtversicherung (z. B. Kfz-Haftpflichtversicherung), in denen der Geschädigte einen eigenen Anspruch gegen die Versicherung hat,[151] denn auch hier kann es zu Problemen mit der Versicherung kommen, die den Geschädigten veranlassen, den Arbeitnehmer allein in Anspruch zu nehmen.

33 **Daraus folgt zweitens, dass der Arbeitgeber seine Leistung nicht unter Hinweis auf die bestehende Versicherung verweigern kann**, selbst wenn diese von ihm organisiert und finanziert wird (z. B. Betriebshaftpflichtversicherung). Bestreitet die Versicherung ihre Zahlungsverpflichtung, kann der Arbeitnehmer seine Freistellung verlangen und muss nicht zunächst den Prozess gegen die Versicherung führen.[152] Allerdings wird der Arbeitnehmer wegen der vollständigen Schadensdeckung durch die Versicherung oft ein eigenes Interesse an der Klärung der versicherungsrechtlichen Situation haben.

34 Die schwierigste Frage ist **drittens**, **wer endgültig für den eigentlich vom Arbeitgeber zu tragenden Schadensanteil aufkommt:** die Versicherung, der Arbeitgeber oder beide anteilig nach Maßgabe ihrer jeweiligen Verpflichtung (entspr. § 78 VVG bzw. § 426 Abs. 1 S. 1 BGB). Die Frage kann nicht generell beantwortet werden; insbesondere ist eine generelle „Haftpflichtfunktion"[153] des Freistellungsanspruchs, die den Arbeitgeber gleichsam als Versicherer sieht und zum Ausgleich nach § 78 VVG führt, nicht haltbar.[154] Vielmehr muss die Zweckrichtung des jeweiligen Versicherungsschutzes im Einzelfall eruiert werden. Dabei kommt es vor allem auf die **Person des Versicherungsnehmers und des Versicherten sowie den Inhalt des Versicherungsschutzes** an. Folgende Regeln lassen sich nach der Person des Versicherungsnehmers unterschieden aufstellen.

35 Ist der **geschädigte Dritte der Versicherungsnehmer** (z. B. Kaskoversicherung für vom Arbeitnehmer beschädigtes Kfz des Dritten), hat der Arbeitgeber – im Umfang seiner Freistellungspflicht – den Schaden allein zu tragen, denn versichert ist nur der Dritte, und dieser finanziert die Versicherung auch. Rechtstechnisch ist die Verantwortlichkeit des Arbeitgebers in der Weise umzusetzen, dass der Schadensersatzan-

151 Anders *Denck*, Außenhaftung, S. 259.

152 Zutr. *Denck*, Außenhaftung, S. 258; BAG 21.6.1963 – 1 AZR 386/62 – unter III, AP § 611 BGB Haftung des Arbeitnehmers Nr. 29; anders OVG Münster 5.3.1965 – VI A 356/63 –, VersR 1965, 965, 967; vgl. auch § 26 g Abs. 2 des Entwurfs der AGB-Kommission.

153 Vgl. *Denck*, Außenhaftung, S. 256 ff.

154 Vgl. *Hirschberg*, VersR 1973, 786, 792 („Verlegenheitslösung"). Wie ein Versicherer („Quasi-Versicherer") ist dagegen der öffentliche Arbeitgeber zu betrachten, der als Ausgleich für seine Befreiung von der Pflichthaftpflichtversicherung als Kfz-Halter dem einen Unfall verursachenden Arbeitnehmer gemäß § 2 Abs. 2 PflVG wie ein Versicherer Deckung geben muss. Sollte der Arbeitnehmer hier zudem privat gegen Haftpflicht versichert sein, bestimmt sich das Verhältnis zwischen Arbeitgeber und Versicherer gemäß § 78 Abs. 2 VVG, vgl. *Denck*, Außenhaftung, S. 257; anders noch BAG 21.6.1963 – 1 AZR 386/62 – unter IV, AP § 611 BGB Haftung des Arbeitnehmers Nr. 29 zur Rechtslage vor der heutigen Fassung des § 2 PflVG.

spruch des Dritten gegen den Arbeitnehmer auf den Versicherer gemäß § 86 VVG übergeht und dessen Freistellungsanspruch gegen den Arbeitgeber ggf. im Wege der Zwangsvollstreckung gegen den Arbeitnehmer gepfändet werden kann.[155] Ist dagegen auch der Arbeitnehmer versichert oder durch eine Regressbeschränkung abgesichert (z. B. Meister einer Kfz-Werkstatt beschädigt bei Probefahrt das vollkaskoversicherte Kfz eines Kunden[156]), geht dessen Freistellungsanspruch gegen den Arbeitgeber nicht gemäß § 86 VVG auf die Versicherung über. Denn der Arbeitgeber darf versicherungsrechtlich nicht schlechter gestellt sein, als hätte er selbst gehandelt.[157] Mit ihm hat der Dritte schließlich kontrahiert und wäre er anstelle seines Arbeitnehmers tätig geworden, wäre ihm der Versicherungsschutz zugutegekommen.

Ist **der Arbeitnehmer der Versicherungsnehmer** (z. B. Berufshaftpflichtversi- 36
cherung oder Kfz-Haftpflichtversicherung[158]), geht dessen Freistellungsanspruch auf die leistende Versicherung gemäß § 86 VVG über.[159] Die Versicherung soll die Haftpflicht des Arbeitnehmers, nicht das Betriebsrisiko des Arbeitgebers abdecken. Arbeitgeber und Versicherung stehen nicht nebeneinander wie zwei Versicherer (§ 78 VVG), vielmehr hat der Arbeitgeber für sein Betriebsrisiko voll einzustehen, so dass der Freistellungsanspruch in voller Höhe auf den Versicherer übergeht. Anderes gilt, soweit der Arbeitnehmer allein wegen der Unzumutbarkeit des Haftungsumfangs entlastet werden soll.[160] Anderes gilt ferner, wenn der Versicherungsschutz des Arbeitnehmers auch den Arbeitgeber begünstigen soll; dafür braucht es aber Anhaltspunkte im Versicherungsvertrag. Hat der **Arbeitgeber einen risikoadäquaten Anteil der Versicherungskosten übernommen**, ist der Freistellungsanspruch als abbedungen zu betrachten, soweit

155 § 86 VVG kann hier nicht unmittelbar auf den Freistellungsanspruch angewendet werden, weil der Anspruchsinhaber – der Arbeitnehmer – nicht versichert ist.

156 Vgl. BGH 8.12.1971 – VI ZR 102/70 –, AP § 611 BGB Haftung des Arbeitnehmers Nr. 68. Zum Verhältnis von Arbeitgeber- und Versichererverantwortlichkeit für den Fall, dass bei diesem Unfall noch ein Vierter verletzt wird und die Kfz-Haftpflichtversicherung des Kunden dafür eintreten muss, § 11 RN 52.

157 Vgl. *Gamillscheg/Hanau*, 2. Aufl., § 8 I 2 c, S. 108 f.; gegen dieses Argument *Sieg*, VersR 1973, 194 f.: im Einsatz Dritter liege eine Potenzierung des Versicherungsrisikos; das ist nicht recht einzusehen, solange immer nur eine Person aktiv ist. *Hirschberg*, VersR 1973, 786, 796, schlägt die Einbeziehung des Arbeitgebers in den Versicherungsschutz vor.

158 In der Kfz-Haftpflichtversicherung ist das Problem dadurch entschärft, dass der Arbeitgeber in den Versicherungsschutz einbezogen ist, wenn das Fahrzeug mit Zustimmung des Versicherungsnehmers für dienstliche Zwecke gebraucht wird (§ 11 RN 14). Akut bleibt das Problem aber, wenn nicht der Arbeitnehmer, sondern beispielsweise dessen Ehegatte Versicherungsnehmer ist, vgl. *Hirschberg*, VersR 1973, 786, 795 (zur insoweit vergleichbaren früheren Regelungslage), der im Übrigen generell die endgültige Kostenbelastung der Versicherung annimmt; das entspricht im Ergebnis, nicht aber in der Begründung der hier vertretenen Position; ebenso BGH 8.12.1971 – VI ZR 102/70 –, AP § 611 BGB Haftung Nr. 68; BVerwG 14.2.1968 – VI C 53.65 –, AP § 611 BGB Haftung Nr. 41, allerdings für die beamtenrechtliche Fürsorgepflicht; *Becker-Schaffner*, VersR 1972, 1001, 1004; weitere Nachweise bei *Hirschberg*, a.a.O., Fn. 95. Anders *Hanau*, VersR 1969, 291, 295.

159 Ebenso *Hanau*, VersR 1969, 291, 295; anders *Hirschberg*, VersR 1973, 786, 792, der Arbeitgeber und Arbeitnehmer im Verhältnis zum Versicherer als „Haftungseinheit" betrachtet.

160 Siehe § 10 RN 3, § 11 RN 8.

die Versicherung tatsächlich leistet.[161] Da dies vor dem Versicherungsfall vereinbart wird, verstößt die Abrede nicht gegen § 86 Abs. 2 VVG. Ist der Arbeitgeber als durch die Versicherung begünstigt zu betrachten und daher der Schaden allein oder anteilig von der Versicherung zu tragen, kann der Arbeitgeber im Falle der Vorleistung an den Arbeitnehmer analog § 255 BGB die Abtretung des (anteiligen) Deckungsanspruchs gegen die Versicherung fordern. Auf etwaige Abtretungsverbote aus dem Versicherungsverhältnis (z. B. Ziff. 29 AHB) kann sich die Versicherung nicht berufen.[162]

37 Ist der **Arbeitgeber der Versicherungsnehmer**[163] (z. B. Betriebshaftpflichtversicherung oder Kfz-Haftpflichtversicherung[164]) wird dem Sinn der Versicherung und ihrer Finanzierung durch den Arbeitgeber gemäß die Versicherung allein deckungspflichtig sein. Der Arbeitnehmer hat zwar seinen Freistellunganspruch, aber der Arbeitgeber kann volle Deckung durch den Versicherer verlangen.[165]

38 Die skizzierte Verteilung der Schadensverantwortlichkeit zwischen Versicherer und Arbeitgeber kann durch **vertragliche Vereinbarungen** beeinflusst werden.[166] So kann der Versicherer die Nachrangigkeit der Versicherung gegenüber dem Freistellunganspruch vereinbaren. Das gehört zum frei gestaltbaren Versicherungsumfang und wird zu günstigeren Prämiensätzen führen. Die umgekehrte Wirkung tritt ein, wenn infolge eines im Voraus vereinbarten **Verzichts des Versicherers auf den Regress** gegen den nicht versicherten Arbeitnehmer die Notwendigkeit der Freistellung vermieden wird. Ist ein vom Arbeitnehmer geschädigter Dritter der Versicherungsnehmer (z. B. Arbeitnehmer verursacht Brand in dem vom Arbeitgeber gemieteten Betriebsgebäude, Brandversicherung des geschädigten Vermieters) wird in einen zugunsten des Arbeitgebers vereinbarten Regressverzicht (im Beispiel Regressverzicht zu Gunsten des Arbeitgebers als Mieter) der Arbeitnehmer auch ohne ausdrückliche Abrede im Wege der ergänzenden Auslegung einbezogen.[167] Umgekehrt können die Parteien des Arbeitsvertrages die Nachrangigkeit des Freistellunganspruchs vereinbaren. Aus Gründen des Arbeitnehmerschutzes ist die Wirksamkeit derartiger Abreden aber an ausreichenden Versicherungsschutz gebunden[168] und greift immer nur ein, wenn die Versicherung auch zur tatsächlichen Leistung bereit ist. Das Risiko eines Prozesses gegen den Versicherer muss der Arbeitnehmer nicht übernehmen. Die Vereinbarung zwischen Arbeitgeber und Arbeitnehmer beseitigt also nicht den Freistellungsanspruch, sondern bewirkt nur dessen Nachrangigkeit im Verhältnis zum Versicherer.

---

161 Siehe auch § 11 RN 13.

162 Vgl. *Hirschberg*, VersR 1973, 786, 792 f.; siehe auch § 11 RN 9.

163 Näher § 11 RN 16 ff. und 37 ff.

164 Dazu *Hirschberg*, VersR 1973, 786, 795.

165 Zur Obliegenheit des Arbeitgebers, eine bestehende Versicherung zur Entlastung des Arbeitnehmers in Anspruch zu nehmen, und zur Auswirkung der Nichtinanspruchnahme auf die Enthaftung des Arbeitnehmers § 11 RN 13.

166 *Hirschberg*, VersR 1973, 786, 791, Fn. 48.

167 OLG Schleswig-Holstein 19. 3. 2015 – 16 U 58/14 – Rn. 24 ff., NJW 2015, 2742.

168 Der unter anderem dann nicht gegeben ist, wenn eine kollidierende Subsidiaritätsklausel im Versicherungsvertrag existiert.

5. Prozessuale Durchsetzung des Freistellungsanspruchs

Der Freistellungsanspruch kann zum einen im Wege der **Leistungsklage** gerichtlich geltend gemacht werden. Die Bestimmtheit des Antrags (§ 253 Abs. 2 ZPO) erfordert die genaue Angabe des Klagegrundes und des Anspruchsumfangs („Es wird beantragt, den Beklagten zu verurteilen, den Kläger von Ansprüchen des … aus dem Schadensfall vom … in Höhe von … freizustellen“).[169] Ist eine genaue Bezifferung des Schadens noch nicht vollständig möglich, ist stattdessen oder ergänzend eine **Feststellungsklage** zulässig („Es wird beantragt festzustellen, dass der Beklagte den Kläger von allen Ansprüchen des … aus dem Schadensfall … vom … freizustellen hat.“).[170] Die **Zwangsvollstreckung** aus einem auf Freistellung von der Schadensersatzpflicht in bestimmter Höhe lautenden Titel erfolgt nicht nach §§ 830 ff. ZPO, sondern nach § 887 ZPO, denn es bleibt dem Arbeitgeber überlassen, auf welche Weise er die Befreiung des Arbeitnehmers erreicht. Allerdings empfiehlt es sich, den Arbeitgeber zur Zahlung eines Kostenvorschusses verurteilen zu lassen (§ 887 Abs. 2 ZPO).[171] 39

6. Abtretbarkeit und Pfändbarkeit des Freistellungsanspruchs

Der Freistellungsanspruch kann an den geschädigten Dritten abgetreten und deshalb (§ 851 Abs. 1 ZPO) auch von diesem gepfändet werden.[172] Der BGH hat seine einstmals anderslautende Ansicht aufgegeben.[173] Sie hatte allein das Ziel, dem Arbeitgeber etwaige Haftungsbeschränkungen im Verhältnis zu Dritten zu erhalten, die durch Pfändung des Freistellungsanspruchs unterlaufen zu werden drohten. Doch wäre die Beschränkung der Abtretbarkeit bzw. Pfändbarkeit in dieser Absicht nicht nur ein instrumenteller,[174] sondern auch ein materieller Fehlgriff: Denn die Haftungsbeschränkung zwischen Arbeitgeber und Drittem muss für gewöhnlich auch den Arbeitnehmer erfassen.[175] Der Freistellungsanspruch ist **in vollem Umfang pfändbar**. Eine Begrenzung der Pfändbarkeit auf das, was der Geschädigte ohne den Freistellungsanspruch beim Arbeitnehmer hätte pfänden können,[176] schützte den Arbeitgeber vor einer Haftung, die die arbeitsrechtliche Dogmatik doch gerade als gerecht erweist. Aus dem abgetretenen bzw. gepfändeten Freistellungsanspruch kann der Geschädigte vom Arbeitgeber **unmittelbar Zahlung verlangen**, da er sich auf eine andere Form der Befriedigung nicht ein- 40

---

169 BAG 25.6.2009 – 8 AZR 236/08 – Rn. 17, AP § 70 BAT Nr. 40.

170 BAG 25.6.2009 – 8 AZR 236/08 – Rn. 18, AP § 70 BAT Nr. 40.

171 *Gerhardt*, Befreiungsanspruch, S. 15 f.; *Thomas/Putzo* ZPO, 45. Aufl., § 887 Rn. 9.

172 Ganz herrschende Meinung: BAG 18.1.1966 – 1 AZR 247/63 –, AP § 611 BGB Haftung des Arbeitnehmers Nr. 37; 11.2.1969 – 1 AZR 280/68 –, AP § 611 Haftung Nr. 45; *Gerhardt*, Befreiungsanspruch, S. 55 ff., 127 ff.; *Denck*, Außenhaftung, S. 266 ff.; MünchArbR/*Reichold*, 6. Aufl., § 58 Rn. 16; *Staudinger/Fischinger*, BGB (2022), § 619a Rn. 97; *Hardt*, DB 2000, 1814 ff.; ErfK/*Preis*, 25. Aufl., § 619a BGB Rn. 27; HWK/*Krause*, 11. Aufl., § 619a BGB Rn. 62; NK-GA/*Brors/Rudnik*, 2. Aufl., § 611a BGB Rn. 688.

173 BGH 24.11.1975 – II ZR 53/74 –, BGHZ 66, 1, 4; anders noch BGH 27.2.1964 – II ZR 179/62 –, BGHZ 41, 203.

174 Dazu *Denck*, Außenhaftung, S. 267.

175 Dazu unten § 18; *Denck*, Außenhaftung, S. 269 f.

176 *Helm*, AcP 160 (1960), 134, 152 f.

lassen muss.[177] Im Übrigen ändert der Anspruch seine materiellrechtlichen Qualitäten nicht; insbesondere kann der Arbeitgeber sich nicht auf § 831 Abs. 1 S. 2 BGB berufen,[178] denn es handelt sich materiellrechtlich nach wie vor um einen Freistellungsanspruch.

7. Freistellungsanspruch bei Insolvenz des Arbeitgebers

41 Die Insolvenz des Arbeitgebers geht zu Lasten des Arbeitnehmers, der den Geschädigten kraft eigener Haftung befriedigen muss, beim Arbeitgeber aber nur die Insolvenzquote erhält; der Freistellungsanspruch ist eine einfache Insolvenzforderung gemäß § 38 InsO. Nur wenn der Erstattungsanspruch nach Eröffnung des Insolvenzverfahrens entsteht, d. h. das schädigende Ereignis oder die Anerkennung des Anspruchs nach Verfahrenseröffnung eintreten, zählt der Anspruch gemäß §§ 53 ff. InsO zu den Masseschulden.[179] Diverse Gesetzgebungsvorschläge wollen das den Arbeitnehmer bedrohende Insolvenzrisiko durch eine Insolvenzversicherung in Anlehnung an das Insolvenzgeld gemäß § 165 SGB III abdecken.[180]

8. Verjährung und Ausschlussfristen

42 Der Freistellunganspruch verjährt gemäß § 195 BGB in drei Jahren. Der Ablauf der Verjährungsfrist beginnt gemäß § 199 Abs. 1 BGB mit dem Schluss des Jahres, in dem der Anspruch entstanden und fällig[181] geworden ist und Kenntnis bzw. grob fahrlässige Unkenntnis des Arbeitnehmers vom Bestehen des Freistellungsanspruchs vorliegt. Fällig wird der Freistellungsanspruch erst, wenn die **Zahlungspflicht des Arbeitnehmers gegenüber dem Geschädigten rechtsverbindlich feststeht.**[182] Dies ist der Fall, wenn der Arbeitnehmer seine Zahlungspflicht (inhaltlich richtig) gegenüber dem Geschädigten anerkannt hat oder wenn sie gerichtlich verbindlich festgestellt worden ist.[183] Die Anerkennung kann auch – konkludent – durch Zahlung erfolgen, die Zahlung

177 *Gerhardt*, Befreiungsanspruch, S. 67 ff., 69.

178 *Gick*, JuS 1980, 393, 399; MünchArbR/*Reichold*, 6. Aufl., § 58 Rn. 16.

179 MünchArbR/*Reichold*, 6. Aufl., § 58 Rn. 17; zum Insolvenzrisiko auch *Denck*, Außenhaftung, S. 284 ff.

180 § 619b des Gesetzentwurfs der SPD-Fraktion v. 21.8.1989, BT-Drucks. 11/5086, abgedr. in RdA 1990, 233; § 99 Abs. 6 S. 3 des Entwurfs des Arbeitskreises Deutsche Rechtseinheit im Arbeitsrecht, in Gutachten D DJT 1992, auch abgedr. in NZA 1992, Beilage 17; § 99 Abs. 6 S. 3 EArbVG Sachsen, BR-Drucks. 293/95; § 99 Abs. 5 S. 3 EArbVG Brandenburg, BR-Drucks. 671/96; dazu im Einzelnen § 30 RN 32 f. Vgl. bereits *Lichtenberg*, Haftpflichtrisiko, S. 240 f.; *Denck*, Außenhaftung, S. 318 ff.; zudem *Beckers*, Außenhaftung, S. 185 f. In Österreich ist die Regressforderung des Arbeitnehmers durch den Insolvenzausgleichsfonds nach dem IESG geschützt, dazu *Beckers*, a.a.O., S. 72.

181 Allg. Meinung, vgl. *Grüneberg/Ellenberger*, BGB, 83. Aufl., § 199 Rn. 3.

182 BAG 25.6.2009 – 8 AZR 236/08 – Rn. 24 f., AP § 70 BAT Nr. 40; anders *Bittner*, NZA 2002, 833, 836, 837: Fälligkeit bereits mit Entstehen der Schadensersatzpflicht. Dies trägt der rechtlichen Ungewissheit über Bestehen und Umfang der Schadensersatzpflicht, auf die der Arbeitgeber keinen unmittelbaren Einfluss hat, nicht genügend Rechnung und übersieht damit einen erheblichen Unterschied zum privatautonom begründeten Befreiungsanspruch gemäß § 257 BGB.

183 BAG 25.6.2009 – 8 AZR 236/08 – Rn. 24 f., AP § 70 BAT Nr. 40; ebenso *Denck*, Außenhaftung, S. 283. Die Fälligkeit als Voraussetzung für die Verjährung übersehend und daher unzutr. Folgerungen für ein wegen

als solche ist aber nicht erforderlich für die Entstehung des Freistellungsanspruchs.[184] Für die verbindliche gerichtliche Feststellung ist nach Auffassung des BAG **nicht der Eintritt der formellen Rechtskraft** im Verfahren über die Schadensersatzpflicht des Arbeitnehmers erforderlich, es genügt, dass dem Arbeitnehmer in diesem Verfahren kein Rechtsmittel mehr zur Verfügung steht, das den Eintritt der Rechtskraft der Entscheidung hindern kann, mag die Gegenpartei auch noch über Rechtsmittel verfügen.[185] Hat der Geschädigte Berufung oder Revision eingelegt, ist der maßgebliche Zeitpunkt für den Beginn der Verjährung des Freistellungsanspruchs somit der Ablauf der Frist für eine Anschlussberufung (§ 524 Abs. 2 S. 2 ZPO) bzw. Anschlussrevision (§ 554 Abs. 2 S. 2 ZPO) des Arbeitnehmers im Schadensersatzverfahren. Im Fall der Nichtzulassung der Berufung bzw. der Revision ist, da eine Anschlussnichtzulassungsbeschwerde nicht statthaft ist, der Zeitpunkt des Ablaufs der Beschwerdefrist (§ 544 Abs. 3 S. 1 ZPO) für den Arbeitnehmer maßgeblich.[186] Das Vorstehende gilt entsprechend für die Anwendung (tarif-)vertraglicher **Ausschlussfristen**, wenn diese den Freistellungsanspruch erfassen, was vom Tatbestand der jeweiligen Ausschlussfrist und dessen Auslegung abhängt. § 70 BAT erfasste nach Auffassung des BAG den Freistellungsanspruch.[187] Dies gilt entsprechend für die im Wesentlichen übereinstimmenden Nachfolgeregelungen in § 37 TVöD und § 37 TV-L bzw. § 37 TV-Hessen. Eine pauschale Klausel, nach der „alle Ansprüche, die sich aus dem Arbeitsverhältnis ergeben", nach Ablauf der Frist ausgeschlossen sein sollen, erfasst wohl den Freistellungsanspruch,[188] ist aber wegen Verstoßes gegen § 202 Abs. 1 BGB unwirksam.[189]

---

der Kenntnisabhängigkeit der Verjährung (§ 199 Abs. 1 BGB) mögliches Auseinanderfallen der Verjährung von Schadensersatzanspruch und Freistellungsanspruch ziehend *Löwisch*, FS Wiedemann, 2002, S. 311, 313 f.

184 So schon – entgegen der unzutr. Wiedergabe von *Löwisch*, FS Wiedemann (2002), S. 311, 314 (Fn. 7) – die 3. Aufl.

185 BAG 25.6.2009 – 8 AZR 236/08 – Rn. 24 f., AP § 70 BAT Nr. 40.

186 BAG 25.6.2009 – 8 AZR 236/08 – Rn. 26, AP § 70 BAT Nr. 40.

187 BAG 25.6.2009 – 8 AZR 236/08 – Rn. 23, AP § 70 BAT Nr. 40; siehe auch BAG 27.4.1995 – 8 AZR 582/94 –, ZTR 1995, 520.

188 Vgl. BAG 26.11.2020 – 8 AZR 58/20 – Rn. 59, NZA 2021, 702.

189 BAG 26.11.2020 – 8 AZR 58/20 – Rn. 65 ff., NZA 2021, 702; BeckOK/*Baumgärtner*, BGB (Stand: 03/2024), § 611a Rn. 120a.

§ 17 Beschränkung der Außenhaftung gegenüber Betriebsmittelgebern

I. Sachenrechtliche Zuordnung versus Arbeitnehmerschutz

1 Als Ausnahme zur prinzipiellen Unbeschränktheit der Außenhaftung des Arbeitnehmers wird in der juristischen Literatur über eine Privilegierung des Arbeitnehmers gegenüber **(außenstehenden) Betriebsmittelgebern** diskutiert, die dem Arbeitgeber aufgrund schuldrechtlicher Vereinbarungen Vermögensgegenstände zur betrieblichen bzw. unternehmerischen Nutzung überlassen haben: meistens durch Vermietung oder Leasing, im Rahmen eines Verkaufs unter Eigentumsvorbehalt (§ 449 BGB) oder einer Sicherungsübereignung,[1] denkbar ist aber auch die Überlassung von Rechten. Schädigt der Arbeitnehmer solche Betriebsmittel, haftet er den Eigentümern aus § 823 BGB eigentlich unbeschränkt, denn diese stehen „außerhalb“ des Arbeitsverhältnisses. Angesichts der bei niedriger Eigenkapitalquote weiten Verbreitung von Betriebsmittelüberlassungen droht die Enthaftung des Arbeitnehmers in weiten Teilen unterlaufen zu werden. Zwar hat der Arbeitnehmer einen Freistellungsanspruch gegen den Arbeitgeber, aber der kann notleidend werden.[2] Dieses Risiko wird dann besonders groß sein, wenn der Arbeitgeber sich keine eigenen Betriebsmittel leisten kann. Andererseits werden Schädigungen solcher Betriebsmittel nicht von einer etwaigen Betriebshaftpflichtversicherung abgedeckt.[3] Gleichzeitig bleiben die **Eigentumsverhältnisse an den Betriebsmitteln für den Arbeitnehmer häufig undurchschaubar.** Zwar ist er auch dem Arbeitgeber gegenüber zur Sorgfalt verpflichtet, aber der Arbeitnehmer muss trotzdem in etwa abschätzen können, bei welchen Betriebsmitteln er im Falle der Schädigung mit allen Haftungsfolgen belastet würde. Daraus entsteht zudem ein **Gleichbehandlungsproblem:** Dass der mit dem geleasten Kfz fahrende Arbeitnehmer ein höheres Haftungs- und Insolvenzrisiko trägt als sein das arbeitgeberische Kfz benutzender Kollege,[4] ist allein mit der sachenrechtlichen Zuordnung nicht zu rechtfertigen. Andererseits ist die aus der Enthaftung des Arbeitnehmers resultierende Belas-

---

1 Im Fall des LAG Düsseldorf 25.9.1996 – 11 Sa 967/96 –, NZA-RR 1997, 241, hatte ein Arbeitnehmer sein Kfz als Transportfahrzeug unentgeltlich zur Verfügung gestellt, das dann von einem Arbeitskollegen als Fahrer beschädigt wurde. Das LAG geht zu Unrecht von einem Leihvertrag zwischen den Arbeitnehmern aus (a.a.O. S. 242); vielmehr wurde das Fahrzeug vom Eigentümer für den Arbeitgeber eingesetzt, und zwar entweder – bei Zustimmung des Arbeitgebers – im Rahmen eines Leihvertrages zwischen Arbeitgeber und Eigentümer oder – bei Unkenntnis des Arbeitgebers – im Rahmen einer GoA des Eigentümers; dabei wurde der Fahrer als Besitzdiener des Arbeitgebers tätig (ggf. wiederum aufgrund GoA). Die Haftung des Fahrers gegenüber dem Eigentümer richtet sich dann nach den hier dargestellten Grundsätzen zur Haftung gegenüber Betriebsmittelgebern. Ebenso OGH 12.12.1996 – 8 ObA 2186/96w –, DRdA 1997, 478, 480 (dazu noch FN 8 a.E.); anders *Hübsch*, BB 1998, 690.

2 § 16 RN 41; z.B. BGH 19.9.1989 – VI ZR 349/88 –, BGHZ 108, 305.

3 § 11 RN 24.

4 Vgl. den Fall BGH 30.3.1965 – VI ZR 248/63 –, BGHZ 43, 295: die Zugmaschine gehörte dem Arbeitgeber, der Anhänger dem Dritten.

https://doi.org/10.1515/9783110728606-019

tung des Betriebsmittelgebers nicht unbillig. Zwar gestaltet der Betriebsmittelgeber in aller Regel nicht selbst die betriebliche Organisation, aber er überlässt ihr sein Eigentum sehenden Auges. Die aus dem Arbeitsprozess resultierenden **Schadensgefahren** sind für ihn erkennbar und insoweit **beeinflussbar**, als er die Überlassung seines Eigentums von einer bestimmten Gestaltung des Arbeitsablaufs, der Beachtung bestimmter Verhaltensregeln im Umgang mit dem Eigentum usw. abhängig machen kann, die zugleich das Schadensrisiko für den Arbeitnehmer reduzieren.[5] Schließlich **profitiert der Betriebsmittelgeber** bei entgeltlicher Überlassung vom unternehmerischen Einsatz seiner Betriebsmittel durch den Arbeitgeber in dessen Arbeitsorganisation; denn erst dadurch wird dem Arbeitgeber die Bezahlung der Miete, des Kredits usw. möglich.[6]

II. Erstreckung der Grundsätze des innerbetrieblichen Schadensausgleichs auf Betriebsmittelgeber

Überwiegende Gründe[7] sprechen daher dafür, die „Außenhaftung" des Arbeitnehmers 2
gegenüber dem Betriebsmittelgeber denselben Grundsätzen zu unterwerfen wie die Haftung gegenüber dem Arbeitgeber selbst, also den Betriebsmittelgeber im Hinblick auf Beschädigungen seines Eigentums wie einen Arbeitgeber zu behandeln.[8] Die dro-

5 Ebenso *Günther/Hase*, AuR 1974, 364, 368; *Denck*, Außenhaftung, S. 140; ähnlich *Gamillscheg*, FS Schwarz (1991), S. 495, 508; dagegen *Blomeyer*, ZfA 1975, 243, 317.

6 *Günther/Hase*, AuR 1974, 364, 368; *Krause*, VersR 1995, 752, 756.

7 Dazu noch *Denck*, Außenhaftung, S. 137 ff.

8 Im Ergebnis ebenso LAG Baden-Württemberg 4.11.1986 – 14 Sa 42/86 – unter II, LAGE § 611 BGB Arbeitnehmerhaftung Nr. 8; *Günther/Hase*, AuR 1974, 364, 368 f.; *Denck*, Außenhaftung, S. 137 ff.; *Otto*, Gutachten, S. E 74; *ders.*, Brennpunkte des Arbeitsrechts 1995, S. 85; *Gamillscheg*, AuR 1990, 167, 168; *ders.*, FS Schwarz (1991), S. 495, 508 f.; *Wohlgemuth*, DB 1991, 910, 912; *Rieble*, Anm. zu BGH EzA § 611 BGB Gefahrgeneigte Arbeit Nr. 24 unter II, S. 15 ff.; *Schlachter*, FS OLG Jena (1993), S. 253, 264 ff.; wohl auch *Annuß*, Haftung des Arbeitnehmers, S. 48 ff., 60 ff., auf Basis einer allgemeiner ansetzenden vertrauenstheoretischen Begründung; **ablehnend** (de lege lata) MünchArbR/*Reichold*, 6. Aufl, § 58 Rn 11; BeckOGK/*Feuerborn*, BGB (Stand: 03/2024), § 619a Rn. 98; *Berger-Delhey*, Anm. zu BGH AP § 611 BGB Haftung des Arbeitnehmers Nr. 99; *Peifer*, ZfA 1996, 69, 81; HWK/*Krause*, 11. Aufl., § 619a BGB, Rn. 60; *Katzenstein*, RdA 2003, 346, 355 f. m.w.N.; *Beckers*, Außenhaftung, S. 119 ff., befürwortet die Haftungsbeschränkung aus arbeitsrechtlichen Gründen nur bei bestimmten Betriebsmittelgebern (persönlich haftender Gesellschafter, beschränkt haftender Gesellschafter bei Betriebsaufspaltung, beherrschendes Unternehmen im Konzern), sieht aber bei gewerblichen Betriebsmittelgebern im Verzicht auf eine Versicherung die Übernahme des Schadensrisikos, die auch dem Arbeitnehmer zugutekommen müsse (a.a.O., S. 175 ff.). *Gitter*, NZV 1990, 415, 416 f., gesteht dem Arbeitnehmer ein Zurückbehaltungsrecht zu, solange der Arbeitgeber nicht für einen adäquaten Schutz des Arbeitnehmers (z. B. Versicherungsschutz) vor dem Haftungsrisiko sorgt. Aber selbst wenn der Arbeitnehmer die Eigentumsverhältnisse kennt, wird er sich dazu kaum durchringen. Das OLG Celle 28.01.1993 – 5 U 2/92 –, VersR 1993, 1026, 1027 (Vorinstanz zu BGH 21.12.1993 – VI ZR 103/93 –, EzA § 611 BGB Gefahrgeneigte Arbeit Nr. 27 = NJW 1994, 852) erstreckt die Haftungsprivilegierung per richterlicher Rechtsfortbildung im Falle einer Transportkette mit mehreren beteiligten Unternehmen auf das Verhältnis zwischen Arbeitnehmer und Transportkunden. Wie hier auch der OGH 12.12.1996 – 8 ObA 2186/96w –, DRdA 1997, 478, 480. Allerdings erscheint die Rechtsfort-

hende Auszehrung des Arbeitnehmerschutzes wird dabei nur dann verhindert, wenn die Erstreckung der Grundsätze des innerbetrieblichen Schadensausgleichs **nicht zur Disposition des Arbeitgebers und des außenstehenden Dritten steht.** Deshalb greifen alle Korrekturversuche, die bei der (ergänzenden) Auslegung des Vertrages zwischen Arbeitgeber und Betriebsmittelgeber ansetzen,[9] von vornherein zu kurz. Das schließt nicht aus, dass Vertragsauslegung im Einzelfall oder sogar in typisierbaren Fallgestaltungen zu diesem Ergebnis führt.[10] Der Arbeitnehmerschutz verlangt aber eine dispositionsfeste Grundlage der Haftungsbeschränkung. Deshalb ist der richtige Weg die **richterliche Rechtsfortbildung.** Sie findet ihre Grundlage im verfassungsrechtlich abgesicherten (Art. 12 GG[11]) Schutz des Arbeitnehmers. Die entscheidende Frage ist, ob der Schutz des Arbeitnehmers auch gegenüber außerhalb des Arbeitverhältnisses stehenden Dritten wirken kann. Diese Frage ist grundsätzlich zu bejahen. Auch der BGH bejaht sie der Sache nach, wenn er beispielsweise die umfassende Verkehrspflichtigkeit des Arbeitnehmers für seine Berufsausübung ablehnt.[12] Diese Drittwirkung[13] des Arbeitnehmerschutzes lässt sich nicht damit abtun, es fehle an vertraglichen Verbindungen zwischen Betriebsmittelgeber und Arbeitnehmer.[14] Zwar müssen auch die Interessen des Betriebsmittelgebers gewahrt sein. Aber das sind sie, wenn er **bei Vertragsschluss mit dem Arbeitgeber erkennen konnte, dass dessen Arbeitnehmer mit dem überlassenen Eigentum in Berührung kommen würden.** Dann sind Arbeitnehmereigenschaft und diesbezügliche Haftungsbeschränkungen aus der Sicht des Betriebsmittelgebers keine „Zufälligkeiten“,[15] sondern kalkulierbare Risiken. Erst recht finden die Grundsätze des innerbetrieblichen Schadensausgleichs Anwendung, wenn die Trennung zwischen Arbeitgeber und Betriebsmittelgeber Folge einer **Be-**

---

bildung zugunsten des Schädigers in Österreich nicht geboten, wenn dessen Regressforderung gegen den Arbeitgeber durch den Insolvenzausgleichsfonds gegen Insolvenz gesichert ist; krit. deshalb *Kerschner*, Anm. DRdA 1997, 480, 481.

9 Vgl. dazu BGH 19.9.1989 – VI ZR 349/88 –, BGHZ 108, 305, 316 u. 318; *Denck*, JZ 1990, 175, 177.

10 Deshalb schießt *Gernhuber*, Schuldverhältnis, § 21 II, S. 518 ff. und JZ 1962, 563, 555 f., mit seiner verwerfenden Kritik an einer Drittwirkung aufgrund (ergänzender) Vertragsauslegung über das Ziel hinaus.

11 Zur verfassungsrechtlichen Grundlage § 4 RN 5 ff.

12 BGH 16.6.1987 – IX ZR 74/86 –, NJW 1987, 2510. Das BVerfG postuliert eine vergleichbare Drittwirkung des sozialen Mieterschutzes bei gewerblicher Zwischenvermietung gegenüber dem Hauptvermieter, BVerfG 11.6.1991 – 1 BvR 538/90 –, NJW 1991, 2272 f. und 6.8.1993 – 1 BvR 596/93 –, NJW 1993, 2601 f.; dazu *Baumann*, BB 1994, 1300, 1305.

13 Gegen die Einordnung als Drittwirkungsproblem *Katzenstein*, RdA 2003, 346, 355. Doch würden bei einer autarken Geltung der Enthaftungsregeln gegenüber dem Dritten etwaige – wirksame – (tarif-) vertragliche Verschärfungen der Haftungsregeln zwischen Arbeitgeber und Arbeitnehmer nicht übertragen mit der Folge, dass der Arbeitnehmer dem Betriebsmittelgeber/Dritten gegenüber u. U. stärker enthaftet würde als gegenüber seinem Arbeitgeber.

14 BGH 19.9.1989 – VI ZR 349/88 –, BGHZ 108, 305, 308 f., 314 f.; dagegen zutr. *Gamillscheg*, FS Schwarz (1991), S. 495, 509.

15 BGH 19.9.1989 – VI ZR 349/88 –, BGHZ 108, 305, 312.

triebsaufspaltung ist. Für diesen Fall scheint auch der BGH ein Einsehen zu haben.[16] Im Übrigen sind Arbeitgeber und Betriebsmittelgeber natürlich nicht gehindert, die Haftungsbeschränkung zusätzlich auf eine vertragliche Grundlage zu stellen.

Abzulehnen ist dagegen der Versuch, die **Haftungsbeschränkung auf § 991 Abs. 2** 3
BGB zu stützen.[17] Die in dieser Norm und in § 993 Abs. 1, 2. Halbs. BGB enthaltene Wertung, dass die Haftung des unmittelbaren Besitzers darauf Rücksicht nehmen muss, welche redlichen Vorstellungen dieser von seinem Besitz- und damit Haftungsstatus hat (z. B. der redliche Eigenbesitzer haftet gar nicht, der redliche Besitzmittler nach Maßgabe des Rechtsverhältnisses zum Besitzherrn), trifft nicht den Kern der hier in Rede stehenden arbeitsrechtlichen Enthaftung.[18] **Die arbeitsrechtliche Haftungsmilderung setzt nicht beim Haftungsmaßstab an, sondern reduziert die Haftungsfolgen.** Es ist dem Arbeitnehmer im Verhältnis zum Arbeitgeber nicht von vornherein gestattet, leicht fahrlässig zu handeln, vielmehr bleibt er von den an und für sich eintretenden Folgen solchen Verhaltens verschont. Ein Vertrauen, gegenüber dem Eigentum des Arbeitgebers von vornherein leicht fahrlässig handeln zu dürfen, kann beim Arbeitnehmer also berechtigterweise gar nicht entstehen. Auch daraus, dass Bezugspunkt und Inhalt der Sorgfaltsanforderungen gegenüber Drittem und Arbeitgeber nicht die gleichen sind, folgt nichts Anderes: Mögen sie auch nicht völlig identisch sein, so doch für die meisten potentiellen Schadenssituationen. Die Vorstellungen des Arbeitnehmers von den Eigentumsverhältnissen sind deshalb zwar nicht irrelevant; denn immerhin müssen auch die Haftungsfolgen für ihn kalkulierbar sein. Für den Haftungsmaßstab haben sie aber im Kern keine Bedeutung.[19]

Die hier befürwortete richterliche Rechtsfortbildung lässt sich nicht als **Dritt-** 4
schutzwirkung des Vertrages zwischen Arbeitgeber und Betriebsmittelgeber zugunsten des Arbeitnehmers konstruieren.[20] Selbst wenn man der – umstrittenen[21] – Meinung ist, diese Konstruktion beruhe nicht auf ergänzender Vertragsauslegung, sondern sei Ausdruck eines allgemeinen zivilrechtlichen Prinzips[22], lässt sich daraus für die

16 BGH 19.9.1989 – VI ZR 349/88 –, BGHZ 108, 305, 309; dazu auch *Denck*, Außenhaftung, S. 139 m.w.N.; *Beckers*, Außenhaftung, S. 111 ff.

17 So *Baumann*, BB 1990, 1833, 1834 ff.; *Marly*, Anm. BGH LM BGB § 242 (D) Nr. 132; *Wohlgemuth*, DB 1991, 910, 912; dagegen MünchArbR/*Reichold*, 6. Aufl. § 58 Rn. 10; *Krause*, VersR 1995, 752, 756 f.; *Horst Meyer*, Schutz von Erfüllungsgehilfen, S. 154 f.; *Klein*, JZ 1997, 390, 394 f.; *Katzenstein*, AcP 204 (2004), 1 ff.

18 Dass der Arbeitnehmer nicht Besitzer, sondern Besitzdiener (§ 855 BGB) ist, spricht allerdings nicht unbedingt gegen die Wertungsanalogie zu § 991 Abs. 2, vgl. *Baumann*, BB 1994, 1300, 1302. Doch versagt die Wertung, wenn der Arbeitnehmer eine Sache schädigt, über die er gar keine Herrschaft ausgeübt (= mit der er nicht gearbeitet) hat, vgl. *Krause*, VersR 1995, 752, 757.

19 Zu weiteren Einwänden *Krause*, VersR 1995, 752, 756 f.; *Annuß*, Haftung des Arbeitnehmers, S. 34 ff.

20 So aber *Rieble*, Anm. zu BAG EzA § 611 Gefahrgeneigte Arbeit Nr. 24 unter II 2, S. 16 ff.; *Wohlgemuth*, DB 1991, 910, 912; siehe auch *Schlachter*, FS OLG Jena (1993), S. 253, 264 ff.; *Horst Meyer*, Schutz von Erfüllungsgehilfen, S. 108 ff.; *Annuß*, Haftung des Arbeitnehmers, S. 40 ff.

21 Die Rechtsprechung konstruiert die drittschützende Wirkung als ergänzende Vertragsauslegung, vgl. dazu *Gernhuber*, Schuldverhältnis, § 21 II, S. 518 ff.

22 *Gernhuber*, Schuldverhältnis, § 21 II 6, S. 529, spricht von den „Sozialwirkungen" des Schuldverhältnisses als gemeinsamer Basis aller Drittwirkungen.

vorliegende Fragestellung nichts gewinnen. Die „Schutzwirkung für Dritte" besteht darin, dass eine zu Gunsten des Vertragspartners bestehende Schutzverpflichtung auch für bestimmte Dritte gelten soll.[23] Die Bindung des Betriebsmittelgebers an die Grundsätze des innerbetrieblichen Schadensausgleichs lässt sich aber nicht als Teilhabe des Arbeitnehmers an einer schützenden Verhaltens- oder Leistungspflicht des Betriebsmittelgebers interpretieren.[24] Vielmehr wird dem Betriebsmittelgeber damit ein Teil seines eigentlich bestehenden Schutzes unmittelbar genommen, ohne dass er sich noch irgendwie „verhalten" müsste. Vor allem aber geht es nicht um die Gleichstellung des Dritten (Arbeitnehmers) mit der Schutzsituation des Vertragspartners (Arbeitgebers),[25] sondern einen darüber hinaus gehenden Schutz; der Dritte soll besser stehen als der Vertragspartner. Das „erweitert" die Figur der Drittschutzwirkung nicht, sondern durchbricht sie. Dann aber leistet sie nicht mehr das, was sie leisten soll, die Beschränkung der Außenhaftung auf einer in der Zivilrechtsdogmatik anerkannten Grundlage zu liefern,[26] und ist ein unnützer Konstruktionsaufwand.

III. Voraussetzungen der Erstreckung

1. Erkennbarkeit der betrieblichen Verwendung für den Betriebsmittelgeber

5 Voraussetzung einer Erstreckung ist, dass **für den Eigentümer bei Überlassung bzw. Belassung des Eigentums dessen betriebliche Verwendung erkennbar** war. Setzt der Arbeitgeber beispielsweise einen für private Zwecke gemieteten Pkw für Betriebszwecke ein und wird dieser vom Arbeitnehmer beim betrieblichen Einsatz beschädigt, haftet der Arbeitnehmer dem Eigentümer unbeschränkt. Ob die Überlassung entgeltlich oder unentgeltlich erfolgt, spielt keine Rolle. Die Haftungsprivilegierung erstreckt sich auf den zur betrieblichen Nutzung überlassenen Gegenstand. Wird nur ein Teil der Sache zur betrieblichen Nutzung überlassen (z. B. Ladenlokal in einem Haus), gilt die Haftungsprivilegierung auch für Schäden an dem nicht überlassenen Teil, die infolge einer Schädigung des überlassenen Teils eintreten (ein vom Arbeitnehmer verursachter Brand im Ladenlokal zerstört das ganze Haus); denn es handelt sich hier nur um eine zurechenbare Schadensfolge des von der Privilegierung erfassten schädigenden Ereignisses. Wird der nicht überlassene Teil dagegen unmittelbar geschädigt (z. B. Arbeit-

23 Von daher schon zweifelhaft die Einordnung in BGH 7.2.1968 – VIII ZR 179/65 –, BGHZ 49, 278, 279 f; 19.9.1973 – VIII ZR 175/72 –, BGHZ 61, 227, 232 ff.; siehe aber *Horst Meyer*, Schutz von Erfüllungsgehilfen, S. 109 f.

24 Zu diesem Anwendungsbereich des Vertrages mit Drittschutzwirkung *Gernhuber*, Schuldverhältnis, § 21 I 2, S. 512 ff.; deutlich unterscheidet auch *Gerhardt*, VersR 1971, 381. *Larenz*, SchR I, 14. Aufl., § 17 II, S. 230, bezeichnet die Haftungsfreizeichnung als „Gegenstück" zum Vertrag mit Schutzwirkung für Dritte, spricht aber andererseits von einer Ausweitung dieser Rechtsfigur, soweit es um die Einbeziehung des Arbeitnehmers in für den Arbeitgeber vereinbarte Haftungsprivilegien geht.

25 Darauf stützt der BGH in den in FN 23 genannten Entscheidungen die drittschützende Wirkung. Siehe auch *Larenz*, SchR I, 14. Aufl., § 17 II, S. 230 f.

26 Zu weiteren Einwänden *Krause*, VersR 1995, 752, 758.

nehmer manipuliert an der Stromleitung im Ladenlokal, infolgedessen kommt es im Obergeschoss zu Kurzschluss und Brand; Betriebsmittelgeber überlässt Platz vor seinem Haus dem Betreiber eines Imbissstandes, infolge einer vom Arbeitnehmer verursachten Gasexplosion wird das Haus beschädigt[27]), haftet der Arbeitnehmer dem Eigentümer voll. Das gilt erst recht bei Schädigung anderer Sachen des Betriebsmittelgebers.

2. Beschädigung durch betrieblich veranlasste Tätigkeit

Der Arbeitnehmer wird nur dann entlastet, wenn er das Eigentum durch betriebliche 6
Tätigkeit beschädigt hat. Bei privater Nutzung (z. B. eines vom Arbeitgeber geleasten Kfz), haftet er dem Eigentümer für Schäden insoweit unbeschränkt.[28] Bei Mitursächlichkeit privater Ursachen gelten die hierfür entwickelten Regeln entsprechend.[29]

3. Vertragsgemäße Verwendung des überlassenen Gegenstandes?

Die fremden Betriebsmittel dürfen nur im Rahmen des vom Eigentümer gestatteten 7
Umfangs genutzt werden (z. B. ein gemieteter Bus darf nur zum Transport von Bauarbeitern eingesetzt werden). Daraus ergibt sich ein Problem, wenn der Arbeitgeber die Betriebsmittel vertragswidrig einsetzt (der Bus wird zum Materialtransport genutzt) und der Arbeitnehmer das Eigentum bei diesem Einsatz beschädigt. Man wird auch hier den Arbeitnehmer durch die Grundsätze des innerbetrieblichen Schadensausgleichs schützen müssen, selbst wenn er die Vertragswidrigkeit gekannt haben sollte. Sich der arbeitgeberischen Weisung zu widersetzen, ist ihm nicht zuzumuten. Umgekehrt kann man dem Betriebsmittelgeber abverlangen, bei der Auswahl seiner Vertragspartner Sorgfalt walten zu lassen.

IV. Die Einbeziehung des Arbeitnehmers in Haftungsprivilegierungen des Arbeitgebers

Die Haftung des Arbeitnehmers gegenüber dem Betriebsmittelgeber ist infolge der 8
richterrechtlich legitimierten Erstreckung der Grundsätze des innerbetrieblichen Schadensausgleichs in der gleichen Weise beschränkt wie im Verhältnis zum Arbeitgeber. Über diesen Schutz hinaus kann der Arbeitnehmer in den Genuss weiterer Entlastungen kommen, und zwar solcher, die zwischen Arbeitgeber und Betriebsmittelgeber vereinbart sind bzw. sich aus dem Gesetz für den Arbeitgeber ergeben. Sie gelten unproblematisch für den Arbeitnehmer, wenn dies zwischen Betriebsmittelgeber und Arbeitgeber ausdrücklich vereinbart wurde. Darüber hinaus kann die – ggf. ergänzende – Vertragsauslegung zu einem solchen Ergebnis führen. So kann dem BGH zufolge auch

27 Vgl. BGH 19.9.1973 – VIII ZR 175/72 –, BGHZ 61, 227, 232 ff.

28 In Betracht zu ziehen ist evtl. noch eine Einbeziehung in vertraglich vereinbarte Haftungsbeschränkungen.

29 § 8 RN 7 f.

der Arbeitnehmer in den Genuss der kurzen Verjährung gemäß § 548 Abs. 1 BGB für Schadensersatzansprüche des Vermieters aus § 823 BGB kommen, wenn er einen vom Arbeitgeber gemieteten Gegenstand beschädigt.[30] Im Übrigen ist auf § 18 zu verweisen.

V. Prozessuale Durchsetzung

9 Die Einwirkung arbeitsrechtlicher Wertungen auf die Haftung des Arbeitnehmers gegenüber dem außenstehenden Betriebsmittelgeber ändert nichts am genuin bürgerlichrechtlichen Charakter der Haftungsgrundlagen (insbes. § 823 BGB). Klage auf Schadensersatz ist daher vor den ordentlichen Gerichten, nicht vor den Arbeitsgerichten zu erheben.[31]

---

30 BGH 19.9.1973 – VIII ZR 175/72 –, BGHZ 61, 227, 232 ff.; 7.2.1968 – VIII ZR 179/65 –, BGHZ 49, 278, 280 f.; *Denck*, Außenhaftung, S. 135 ff. m.w.N.

31 BAG 7.7.2009 – 5 AZB 8/09 –, BeckRS 2009, 68464; BeckOK/*Wullenkord*, Arbeitsrecht (Stand: 03/2024), § 619a BGB Rn. 38a.

§ 18 Gesetzliche und vertragliche Beschränkung der Außenhaftung

Die in § 17 skizzierte Einschränkung der Außenhaftung bezieht ihre Legitimation aus der partiellen Übernahme der Arbeitgeberstellung durch den Betriebsmittelgeber. Dagegen beruhen die nachfolgend erörterten Beschränkungen auf dem Gedanken der **Partizipation des Arbeitnehmers an Haftungsprivilegien des Arbeitgebers im Außenverhältnis** – gesetzlichen (unter I) oder vertraglichen (unter II). Sie betreffen wiederum nur ein bestimmtes Segment der außenstehenden Dritten: solche nämlich, mit denen der Arbeitgeber in vertraglicher Verbindung steht, sei es auch nur mittelbar. 1

I. Gesetzliche Regelungen

Es gibt eine Reihe spezieller gesetzlicher Regelungen, die die Haftung für bestimmte unternehmerische Tätigkeiten regeln. Für die Arbeitnehmerhaftung sind sie von Interesse, soweit in ihnen die Verschuldenshaftung für diese Tätigkeit aus Vertrag bzw. aus Delikt beschränkt wird. Von dieser Beschränkung profitieren in aller Regel auch die vom Unternehmer eingesetzten Hilfspersonen, namentlich Arbeitnehmer. Unproblematisch ist die **Einbeziehung der Arbeitnehmer in die Haftungsprivilegierung**, wenn sie **per Gesetz oder Rechtsverordnung ausdrücklich angeordnet ist**, so insbesondere von § 436 HGB für die „Leute des Frachtführers", von Art. 28 Abs. 2 des Übereinkommens über den Beförderungsvertrag im internationalen Straßenverkehr (CMR)[1] für den internationalen Straßengüterverkehr, Art. 27 § 2 S. 2 der Einheitlichen Rechtsvorschriften für den Vertrag über die internationale Eisenbahnbeförderung von Gütern,[2] Art. 17 Abs. 3 Budapester Übereinkommen über den Vertrag über die Güterbeförderung in der Binnenschifffahrt (CMNI 1999), Art. 30 des Montrealer Übereinkommen zur Vereinheitlichung bestimmter Vorschriften über die Beförderung im Internationalen Luftverkehr (MÜ 1999),[3] § 48 Abs. 2 S. 2 LuftVG, § 508 HGB für den Seefrachtbereich (sog. Himalaya-Klausel[4]) und § 5c Abs. 1 Nr. 2 BinnSchG im Bereich der Binnenschiffahrt.[5] Werden die Arbeitnehmer nicht ausdrücklich in die Haftungsprivilegierung einbezogen, etwa bei den **Haftungserleichterungen des BGB** (z. B. der Arbeitgeber der Hausangestellten verwahrt für einen Freund eine wertvolle Vase, vgl. § 690 BGB), wird man sie im 2

1 BGBl. 1961 II, S. 1119, abgedr. bei *Koller*, Transportrecht, 11. Aufl.

2 CIM, Anhang B des Internationalen Übereinkommens über den Eisenbahnfrachtverkehr COTIF BGBl. 2002 II, S. 2140.

3 Montrealer Übereinkommen, BGBl. 2004 II, S. 458, abgedr. bei *Koller*, Transportrecht, 11. Aufl. Zur Vorgängerregelung BGH 6.10.1981 – VI ZR 112/80 –, NJW 1982, 524.

4 Zurückgehend auf einen englischen Haftungsfall, in dem Kapitän und Bootsmann des Schiffes „Himalaya" einem Passagier für eine herunterfallende Gangway hafteten, während die Reederei sich von jeder Haftung freigezeichnet hatte, vgl. dazu *Rabe/Bahnsen*, Seehandelsrecht, 5. Aufl., § 508 HGB Rn. 3, 24.

5 *Krause*, VersR 1995, 752, 753.

https://doi.org/10.1515/9783110728606-020

Wege der Rechtsfortbildung/Analogie einbeziehen müssen, wenn der Einsatz von Arbeitnehmern im Zusammenhang mit der Erfüllung der jeweiligen Pflichten für den Geschädigten erkennbar war. Dafür sprechen zwei Argumente: Soweit der Freistellungsanspruch des Arbeitnehmers gegen den Arbeitgeber reicht, die Gefahr, dass die Haftungsprivilegierung ausgehebelt würde; darüber hinausgehend der Umstand, dass der Geschädigte vom Arbeitnehmer berechtigterweise nicht mehr Sorgfalt erwarten kann als vom Arbeitgeber, d. h. insoweit nicht schutzwürdig ist. Weniger schlagkräftig ist dagegen das im Umkehrschluss aus § 278 BGB gewonnene Argument, der Geschädigte solle durch den Einsatz von Hilfspersonen nicht besser gestellt werden, als er sonst stünde.[6] Denn das Gesetz versteht den Erfüllungsgehilfen, auch den abhängigen, haftungsrechtlich als eigenes Zurechnungssubjekt. Im Übrigen ist Voraussetzung für die Erstreckung der Haftungserleichterung auf den Arbeitnehmer, dass der **Geschädigte bei Vertragsschluss den Einsatz von Arbeitnehmern erkennen konnte**; denn das Schadensrisiko muss kalkulierbar sein. Die vorstehenden Grundsätze gelten aber nur für solche Privilegierungen, die die Verschuldenshaftung des Arbeitgebers erleichtern. Beschränkungen für Gefährdungshaftungstatbestände (z. B. § 7 StVG; § 4 BinnSchG) berühren die Verschuldenshaftung des Arbeitnehmers dagegen nicht. Die Gefährdungshaftung tritt neben die Verschuldenshaftung, nicht an ihre Stelle.[7]

II. Vertragliche Haftungsbeschränkungen

3 Vertragliche Haftungsbeschränkungen – meistens auf grobe Fahrlässigkeit und durch AGB[8] – sind im Wirtschaftsverkehr gang und gäbe. So kann der Arbeitgeber auch die Außenhaftung des Arbeitnehmers gegenüber Geschäftspartnern vertraglich beschränken.[9] Meistens beziehen sich derartige Freizeichnungen ihrem Wortlaut nach nur auf den Arbeitgeber (AGB-Verwender) und überlassen den Arbeitnehmer scheinbar seinem Außenhaftungs-Schicksal. Rechtsprechung und Literatur sind aber ganz überwiegend der Auffassung, dass derartige **Enthaftungsabreden auf den Arbeitnehmer zu erstrecken sind.** Umstritten ist ähnlich wie beim Vertrag mit Schutzwirkung für Dritte, ob dieses Ergebnis im Wege der Vertragsauslegung zu erzielen ist oder eine richterliche

---

6 So *Gerhardt*, VersR 1971, 381, 386.

7 Im Ergebnis ebenso *Gerhardt*, VersR 1971, 381, 387; anders *Gamillscheg*, FS Rheinstein II (1969), S. 1043, 1050.

8 Bei Verbraucherverträgen gemäß § 310 Abs. 1 BGB nur in den Grenzen des § 309 Nr. 7 BGB, siehe dazu RN 11.

9 Allgemein dazu *Blaurock*, ZHR 146, 238, 248 ff. Zu den dogmatischen Erklärungsmöglichkeiten *Horst Meyer*, Schutz von Erfüllungsgehilfen, S. 38 ff. Ob § 309 Nr. 7 BGB eine vollständige Freizeichnung des Erfüllungsgehilfen von seiner Eigenhaftung verbietet, ist umstritten, vgl. *Fuchs*, in: *Ulmer/Brandner/Hensen*, AGB-Recht, 13. Aufl., § 307 Rn. 307 f.

Rechtsfortbildung erfordert.[10] Doch stehen diese dogmatischen Grundlagen der Enthaftung nicht im Verhältnis der Ausschließlichkeit, sondern der Komplementarität. Grundlage der Freizeichnung des Arbeitnehmers ist immer die jeweilige vertragliche Abrede. Sie kann im Wege ergänzender Vertragsauslegung auf den Arbeitnehmer erstreckt werden. Fehlen dafür Anhaltspunkte, ist die Vertragsergänzung kraft richterlicher Fortbildung des dispositiven Gesetzesrechts in Betracht zu ziehen.

1. Haftungsbeschränkung kraft (ergänzender) Vertragsauslegung

Wenn Haftungsfreizeichnungen, zumal solche in AGB, sich nur auf den Arbeitgeber 4
beziehen, hat man darin normalerweise keine bewusste Entscheidung gegen die gleichzeitige Enthaftung des Arbeitnehmers zu sehen, vielmehr werden die Parteien den Punkt nicht bedacht haben. Im Hinblick auf die Interessen des Arbeitgebers hätten sie ihn aber bedenken müssen: Die Enthaftung des Arbeitgebers liefe wegen des Freistellungsanspruchs des Arbeitnehmers weitgehend ins Leere, würde der Arbeitnehmer nicht ebenfalls enthaftet.[11] Der Arbeitgeber kann sich nur schützen, wenn er auch seine Arbeitnehmer schützt. Dieser Umstand ist angesichts der Festigung der Rechtsprechung zur Arbeitnehmerhaftung und ihrer Geltung für jede betriebliche Tätigkeit für den Kontrahenten des Arbeitgebers erkennbar.[12] Eine zumindest **ergänzende Auslegung der Freizeichnungsabrede** ist deshalb unabweisbar:[13] Sie führt zur **Einbeziehung des Arbeitnehmers in die Haftungsfreizeichnung in dem Umfang, in dem nach den Grundsätzen des innerbetrieblichen Schadensausgleichs der Arbeitgeber den Schaden** (via Freistellungsanspruch) **zu tragen hätte**, also für das ganze Feld seiner betrieblichen Tätigkeit. Der Arbeitnehmer kann auf diese Weise sogar vom nur individualvertraglich zulässigen Ausschluss der Haftung für grobe Fahrlässigkeit profitieren, soweit auch hier ausnahmsweise ein Freistellungsanspruch entsteht. Bezweifelt wird allerdings, dass diese Überlegung die Enthaftung des Arbeitnehmers gerade dann

10 Die Rechtsprechung bevorzugt die Vertragskonzeption, BGH 7.12.1961 – VII ZR 134/60 –, VersR 1962, 141 f.; dagegen etwa *Gerhardt*, VersR 1971, 381, 385; vgl. zum insoweit vergleichbaren Streit beim Vertrag mit Schutzwirkung für Dritte *Gernhuber*, Schuldverhältnis, § 21 II, S. 518 ff. m.w.N.

11 BGH 7.12.1961 – VII ZR 134/60 –, VersR 1962, 141 f.; *Gamillscheg*, FS Rheinstein II (1969), S. 1043, 1048 ff.; *ders.*, VersR 1967, 513 ff.; *Denck*, Außenhaftung, S. 130 ff.; *Baumann*, FS E. Lorenz (1994), S. 105, 114; demgegenüber fordert *Helm*, AcP 161 (1962), 516, 534 ff., eine *ausdrückliche* Abrede über die Einbeziehung des Arbeitnehmers. BGH 17.9.1959 – VII ZR 60/58 –, VersR 1959, 1000, 1002, lehnte die Einbeziehung von Arbeitnehmern in Freizeichnungsklauseln ohne besondere Anhaltspunkte noch ab.

12 Krit. noch *Helm*, AcP 161 (1962), 516, 538 ff.; unberechtigt die Bedenken *Gerhardts*, VersR 1971, 381, 384, der Geschädigte könne sein Risiko nicht kalkulieren.

13 Insoweit ist die Kritik *Gernhubers* (JZ 1962, 553, 556) an der Begründung der Enthaftung unberechtigt; auch *Schmidt-Salzer*, BB 1969, 297 ff., scheint eine Einbeziehung im Umfang des Freistellungsanspruchs für möglich zu halten (a.a.O., S. 298); dagegen aber *Gerhardt*, VersR 1971, 381, 389; siehe auch *Horst Meyer*, Schutz von Erfüllungsgehilfen, S. 104 f. Beruhen die Geschäftsbedingungen ausnahmsweise auf echter Normsetzung (wie die Allgemeinen Versorgungsbedingungen in der Energieversorgung, vgl. *Taupitz*, VersR 1982, 315), ist die Einbeziehung der Arbeitnehmer in die Freizeichnung eine Frage der Norminterpretation nach Sinn und Zweck (*Taupitz*, a.a.O., S. 319).

trägt, wenn sie für ihn besonders dringlich ist: im Falle der Insolvenz des Arbeitgebers. Der Freistellungsanspruch sei dann praktisch nichts wert, weshalb sich die Haftung von vornherein auf den Arbeitnehmer konzentriere.[14] Aber der Arbeitgeber könnte doch während des Insolvenzverfahrens wieder zu Geld kommen und ist außerdem als natürliche Person dem Nachforderungsrecht gemäß § 201 Abs. 1 InsO ausgesetzt. Zwar kann es Insolvenzsituationen geben, in denen dem Arbeitgeber die Belastung mit einem Freistellungsanspruch des Arbeitnehmers gleichgültig ist (insbes. bei Kapitalgesellschaften, die am Ende des Insolvenzverfahrens aufgelöst werden), doch lässt sich dies immer erst ex post, nach Durchführung des Verfahrens mit Sicherheit beurteilen, nicht im Vorhinein beim Vertragsschluss. Außerdem wird der Arbeitgeber, soweit natürliche Person, mit Blick auf die Restschuldbefreiung gemäß §§ 286 ff. InsO stets ein Interesse an einer möglichst geringen Belastung und damit an der Einbeziehung des Arbeitnehmers auch für den Fall der Insolvenz haben. Rechtsdogmatisch ist die so ermittelte vertragliche Abrede ein **Vertrag** (zwischen Arbeitgeber und Geschäftspartner) **zugunsten eines Dritten** (Arbeitnehmer). Ihre exakte Konstruktion ist umstritten. Die Vorstellung eines antizipierten Erlasses[15] oder eines pactum de non petendo,[16] auf den der Arbeitnehmer sich im Prozess berufen müsste,[17] trifft die Vorstellungen der Parteien im vorliegenden Kontext nicht, denn die Haftung des Arbeitnehmers soll von vornherein nicht entstehen.[18] Von daher passt auch der in § 328 BGB geregelte Vertrag zugunsten Dritter nicht unmittelbar, denn für eine „Zuwendung“ fehlt das Objekt (der erlassene Schadensersatzanspruch). Ebenso wenig geht es um die Erstreckung einer „Schutzwirkung“ auf den Arbeitnehmer.[19] Vielmehr liegt eine **Drittwirkung eigener Art** vor, deren Zulässigkeit angesichts der rein positiven Wirkungen für den Dritten nicht zu bezweifeln ist.[20] Die vorstehend entwickelte drittbegünstigende Auslegung wird in Zweifel gezogen, so die **Freizeichnung durch vom Arbeitgeber verwendete AGB** erfolgt. Sowohl § 305c Abs. 2 BGB (Unklarheitenregel) als auch das Restriktionsprinzip verlangten eine ausdrückliche Regelung der Einbeziehung.[21] Überzeugend ist das nicht, denn der geschilderte Interessenzusammenhang ist für den Vertragspartner des Arbeitgebers/

---

14 *Krause*, VersR 1995, 752, 753. Die Ausdehnung des Verjährungsprivilegs des § 548 BGB auf den Arbeitnehmer wird vom BGH 19.9.1973 – VIII ZR 175/72 –, BGHZ 61, 227, 232 ff., auf spezifische mietvertragliche Überlegungen gestützt, die über einen bloßen „Reflexschutz“ (*Denck*, Außenhaftung, S. 136) hinausgehen.

15 Vgl. *Kümmel*, Haftungsausschluss, S. 21 f., 44 ff.; MünchKommBGB/*Gottwald*, 9. Aufl., § 328 Rn. 276.

16 BGH 7.7.1960 – II ZR 209/58 –, VersR 1960, 727, 729; der BGH hat diese Konstruktion seit seiner Entscheidung vom 7.12.1961 – VII ZR 134/60 –, VersR 1962, 141 = NJW 1962, 388, stillschweigend fallen gelassen.

17 Vgl. MünchKommBGB/*Gottwald*, BGB, 9. Aufl., § 328 Rn. 276.

18 *Gernhuber*, Schuldverhältnis, § 22 II 3, S. 545; *Blaurock*, ZHR 146 (1982), 238, 249; *Grüneberg/Grüneberg*, BGB, 83. Aufl., vor § 328 Rn. 8.

19 Dazu § 17 RN 4.

20 *Gernhuber*, Schuldverhältnis, § 22 II 3, S. 545; *Blaurock*, ZHR 146 (1982), 238, 251, stützt dies auf eine Analogie zu § 328 BGB; dagegen *Gernhuber*, a.a.O. Fn. 7.

21 Vgl. *Helm*, AcP 161 (1962), 516, 538 ff.; *Isele*, NJW 1963, 1100, 1101 (zur Rechtslage vor der gesetzlichen AGB-Kontrolle); dagegen zutr. *Denck*, Außenhaftung, S. 131 f.; *Baumann*, FS E. Lorenz (1994), S. 105, 114.

Verwenders ohne weiteres erkennbar.[22] Allerdings kann die Freizeichnung an einer zweiten Hürde scheitern. Schadensersatzansprüche gegen den Arbeitnehmer werden in der Regel deliktischer Natur sein. Beschränkt sich die Freizeichnungsklausel auf die vertragliche Haftung des Arbeitgebers, scheidet eine Erstreckung auf die (deliktische) Haftung des Arbeitnehmers aus.[23]

Die mit ergänzender Vertragsauslegung begründete Enthaftung des Arbeitnehmers 5 kann neben einer Freizeichnungsklausel auch aus anderen vertraglichen Abreden resultieren. So führt die vereinbarte anteilige **Finanzierung einer vom Geschäftspartner abgeschlossenen Schadensversicherung** durch den Arbeitgeber regelmäßig zum Haftungsausschluss im Umfang der Schadensdeckung und damit auch zur Enthaftung des Arbeitnehmers.[24] Einer aus dem Fürsorgegedanken abgeleiteten Pflicht des Arbeitgebers, Haftungsfreizeichnungen so zu vereinbaren,[25] dass auch seine Arbeitnehmer begünstigt sind, bedarf es angesichts der drohenden Sanktion nicht.

2. Haftungsbeschränkung durch Vertragsergänzung kraft richterlicher Fortbildung dispositiven Gesetzesrechts

Die (ggf. ergänzende) Vertragsauslegung kann die **Enthaftung des Arbeitnehmers nur** 6 **soweit begründen, als die Interessen des Arbeitgebers dies erfordern**; nur insoweit liegt eine Vertragslücke vor. Die Arbeitnehmerinteressen stehen, soweit die Parteien sie nicht zum Gegenstand ihrer Verhandlungen gemacht haben, außen vor. Eine weitergehende Enthaftung des Arbeitnehmers auf die Auslegung der Haftungsfreizeichnungsabrede zu stützen, wäre nichts Anderes als der Versuch, „tatsächliches Geschehen und juristische Denkform durch allzu offensichtliche Fiktionen zur Deckung zu bringen".[26] Doch mag man sich mit der Vorstellung nicht anfreunden, den Arbeitgeber durch die Freizeichnung besser zu schützen als den Arbeitnehmer. Beispielsweise bliebe der Arbeitnehmer bei einer Freizeichnung für normale Fahrlässigkeit dem Dritten gegenüber für einen Teil des Schadens verantwortlich, denn insoweit droht dem Arbeitgeber kein Regress. Das verletzt zwar nicht den arbeitsrechtlichen Mindestschutz, denn die Grundsätze des innerbetrieblichen Schadensausgleichs werden beachtet. Doch sind die **Vermögensinteressen des Dritten insoweit nicht schutzwürdig.** Wer den Unternehmer, dessen Sachkunde und Vermögen den Kristallisationspunkt geschäftlichen Vertrauens bilden, von Sorgfaltspflichten dispensiert, kann von dessen „Werkzeugen"

22 Im Ergebnis ebenso BGH 12.3.1985 – VI ZR 182/83 –, ZIP 1985, 687, 689; siehe auch BGH 24.9.1985 – VI ZR 4/84 – unter II 3, BGHZ 96, 18 = NJW 1986, 1610; *Blaurock*, ZHR 146 (1982), 238, 257, unter Hinweis auf die allgemeinen Regeln der ergänzenden Vertragsauslegung.

23 Zur Auslegung von Klauseln in dieser Hinsicht BGH 24.4.1975 – VII ZR 114/73 –, NJW 1975, 1315, 1316; 7.2. 1979 – VIII ZR 305/77 –, NJW 1979, 2148 f.

24 BGH 29.10.1956 – II ZR 64/56 –, BGHZ 22, 109, 112 ff. = NJW 1956, 1915; *Gamillscheg*, FS Rheinstein II (1969), S. 1043, 1047 f.; vgl. zur Enthaftung des Wohnungsmieters BGH 13.12.1995 – VIII ZR 41/95 –, WPM 1996, 484.

25 Dagegen *Helm*, AcP 161 (1962), 516, 534 ff.

26 *Gernhuber*, JZ 1962, 553, 556.

nicht mehr erwarten.[27] Die Arbeitnehmer, obzwar außerhalb des Schuldverhältnisses stehend, erfahren dessen Durchführung in ähnlicher Intensität.[28] Die Gleichstellung des Arbeitnehmers mit dem Arbeitgeber in der Freizeichnung ist deshalb in der Regel ein Gebot der Sachgerechtigkeit. Die damit markierte Regelungslücke besteht im dispositiven Gesetzesrecht für typische Vertragsgestaltungen. Sie ist durch richterliche Rechtsfortbildung zu schließen.[29] Voraussetzung dafür ist, dass der **Einsatz von Arbeitnehmern für den Dritten bei Vertragsschluss erkennbar** war.[30] Die Vertragsergänzung steht grundsätzlich zur Disposition der Parteien; allerdings wird die gezielte Beschränkung der Haftungsprivilegierung auf den Arbeitgeber gegen § 307 BGB bzw. § 242 BGB verstoßen, wenn nicht besondere Gründe für eine Differenzierung des Haftungsmaßstabs vorliegen. Neben der Milderung des Haftungsmaßstabes kann der Arbeitnehmer auch an anderen Haftungsprivilegien des Arbeitgebers aus dem Vertrag mit dessen Geschäftspartner partizipieren, beispielsweise an der kurzen Verjährung von Schadensersatzansprüchen des Vermieters eines Kfz gegen den Arbeitgeber gemäß § 548 BGB.[31]

3. Auswirkungen von Haftungsfreizeichnungen zwischen Dritten

7 Haftungsfreizeichnungen können den Arbeitgeber und in dessen Windschatten den Arbeitnehmer nicht nur im Verhältnis zum Geschäftspartner, mit dem sie vereinbart wurden (Dritten), sondern auch im **Verhältnis zu Vierten, zu denen der Arbeitgeber in keiner vertraglichen Beziehung steht**, schützen. Von Bedeutung ist dies vor allem, wenn der Arbeitgeber im Zuge der Vertragsdurchführung mit Eigentum des Vierten zu tun hat. In der Rechtsprechung ist das bei Transportketten relevant geworden: Der Arbeitgeber verpflichtet sich gegenüber seinem Auftraggeber (Dritten), Eigentum eines Vierten, mit dem der Dritte wiederum einen Vertrag geschlossen hat, zu transportieren. Drei denkbare Konstellationen der Haftungsbeschränkung mit Wirkung im Verhältnis

---

27 Ähnlich der Gedanke *Gernhubers* (Schuldverhältnis, § 22 II 9, S. 549), Arbeitgeber und Arbeitnehmer im Verhältnis zum Geschäftspartner zu einer „Haftungspartei" zusammenzufassen und die Reichweite der Freizeichnung „gefahrenbereichsbezogen" zu bestimmen (anders *Schmidt-Salzer*, BB 1969, 297, 298 ff.; *Gerhardt*, VersR 1971, 381, 389); siehe auch *Blaurock*, ZHR 146, 238, 253.

28 Vgl. allgemein *Gernhuber*, FS Nikisch (1958), S. 249, 250 f.

29 Vgl. zum insoweit vergleichbaren Vertrag mit Schutzwirkung für Dritte; *Gernhuber*, FS Nikisch (1958), S. 249, 250 f.

30 Hier – im Rahmen richterlicher Rechtsfortbildung – ist die Erkennbarkeit als Element der Risikoabgrenzung zu verstehen, vgl. *Gernhuber*, Schuldverhältnis, § 21 II 6 i, S. 531 zum insoweit vergleichbaren Vertrag mit Schutzwirkung für Dritte.

31 BGH 7.2.1968 – VIII ZR 179/65 –, BGHZ 49, 278 ff. mit zweifelhafter Einordnung als Vertrag mit Schutzwirkung für Dritte; BGH 19.9.1973 – VIII ZR 175/72 –, BGHZ 61, 227, 232 ff.; krit. dazu auch *Gernhuber*, Schuldverhältnis, § 22 III, S. 550 f. Krit. zur Einbeziehung des Arbeitnehmers auch insoweit *Gerhardt*, VersR 1971, 381, 389.

Vierter – Arbeitgeber (und damit womöglich auch für den Arbeitnehmer) sind zu unterscheiden:[32]

Die **deliktische Haftung des Arbeitgebers gegenüber dem Vierten kann infolge einer Haftungsfreizeichnung zwischen dem Arbeitgeber und dessen Auftraggeber eingeschränkt sein.** Zwar können Arbeitgeber und dessen Auftraggeber (Dritter) keinen Vertrag zu Lasten des Vierten schließen, der Vierte muss sich diese Freizeichnung jedoch unter Umständen entgegenhalten lassen. Die Rechtsprechung gestattet dem Arbeitgeber einen entsprechenden Einwand gemäß § 242 BGB unter der Voraussetzung, dass für den Vierten beim Abschluss seines Vertrages mit dem Dritten die spätere Einschaltung einer weiteren Person (des Arbeitgebers) erkennbar und mit Vereinbarung der Haftungsbeschränkung durch die eingeschaltete Person zu rechnen war (z. B. wegen Verwendung branchenüblicher AGB).[33] Konstruktiv geht es darum, die oben entwickelten Grundsätze zur Auslegung einer Freizeichnungsklausel zwischen Arbeitgeber und Drittem zugunsten des Arbeitnehmers und ihre Erweiterung durch richterliche Rechtsfortbildung wiederum im Wege richterlicher Rechtsfortbildung des dispositiven Gesetzesrechts dem „Vierten" entgegenzuhalten. Der Umfang der Freizeichnung muss ebenfalls erkennbar gewesen sein. Auch insoweit wird es in den meisten Fällen – fehlen besondere Anhaltspunkte – auf die Branchenüblichkeit ankommen.[34] Diese Konstruktion greift nicht, wenn die Einschaltung weiterer Personen für den Vierten bei Vertragsschluss nicht erkennbar war. 8

Sodann kann der Arbeitgeber von einer **Haftungsfreizeichnung zwischen seinem Auftraggeber (Dritten) und dem Vierten profitieren.**[35] Der Vierte hat sich hier bewusst des Haftungsschutzes begeben; diese Entscheidung muss per begünstigender Drittwirkung im Wege der Fortbildung dispositiven Gesetzesrechts auch für jene gelten, die den Auftrag letztlich durchführen:[36] den beauftragten Arbeitgeber und seine Arbeitnehmer. Zwar bleibt das Haftungsrisiko bei Einschaltung weiterer Personen nicht 9

32 Zur AGB-Problematik in derartigen Konstellationen *Baumann*, FS E. Lorenz (1994), S. 105 ff.; zum Versicherungsschutz § 11 RN 52 ff.

33 BGH 12.7.1974 – I ZR 55/72 –, LM ADSp § 2 Nr. 4 = NJW 1974, 2177; 18.6.1976 – I ZR 106/75 –, VersR 1976, 1129; 10.5.1984 – I ZR 52/82 –, LM BGB § 249 (D) Nr. 17 Bl. 3 = NJW 1985, 2411; in der Sache ebenso BGH 21.12.1993 – VI ZR 103/93 –, LM BGB § 242 (D) Nr. 132 = NJW 1994, 852; dazu *Otto*, Brennpunkte des Arbeitsrechts 1995, S. 85 ff.; *Baumann*, BB 1994, 1300 ff.

34 Zurückhaltender *Krause*, VersR 1995, 752, 754, der auf die Gebräuchlichkeit der vom Arbeitgeber verwendeten Geschäftsbedingungen abstellt.

35 Vgl. OLG Celle – 23.12.1983 –, VersR 1983, 683, 684; *Blaurock*, ZHR 146, 238, 254.

36 BGH 7.7.1960 – II ZR 209/58 –, LM Allg. Geschäftsbedingungen Nr. 11, Bl. 2 = VersR 1960, 727; 28.4.1977 – II ZR 26/76 –, LM Allg. Geschäftsbedingungen Nr. 79, Bl. 2 = VersR 1977, 717. Der BGH konstruiert die Einbeziehung als Vertrag zu Gunsten des Dritten; das wird sich in vielen, aber nicht allen Fällen halten lassen. In BGH 26.11.1979 – II ZR 191/78 –, LM BGB § 328 Nr. 66 Bl. 2f enthielt die Vereinbarung zwischen Drittem und Viertem eine ausdrückliche Öffnungsklausel für die AGB des Arbeitgebers. Allerdings neigt der BGH dazu, Haftungsbeschränkungen in Transport-AGB auf vertragliche Schadensersatzansprüche zu beschränken, so (zu § 17 Abs. 2 Buchst. a AGNB) BGH 21.12.1993 – VI ZR 103/93 – unter II 3 b, LM BGB § 242 (D) Nr. 132 = NJW 1994, 852; und (zu § 26 AGNB) BGH 2.12.1982 – I ZR 176/80 –, VersR 1983, 339, 340; dagegen zutr. *Baumann*, BB 1994, 1300, 1302 f.

völlig gleich, wird aber auf der anderen Seite auch nicht potenziert. Von daher müsste der Vierte sich die Aufrechterhaltung der Haftung beauftragter Dritter und ihrer Arbeitnehmer schon ausdrücklich vorbehalten. Außerdem wird er meistens ein niedrigeres Entgelt zu zahlen haben. Dieser an den Interessen bei Auftragsabschluss orientierten Wertung entspricht es, wenn der **BGH** auf der Gegenseite eine **Haftungsbeschränkung zugunsten des Arbeitgebers** (und damit auch seiner Arbeitnehmer) **ablehnt, wenn die Haftungsbeschränkung zwischen Drittem** (Auftraggeber des Arbeitgebers) **und Viertem aufgrund Versicherungsschutzes entfällt**, die Versicherung aber nicht vom Arbeitgeber bzw. dessen Gehilfen (Arbeitnehmer) verursachte Schäden abdeckt.[37] Da die Haftungsbeschränkung zugunsten des Dritten (Auftraggeber des Arbeitgebers) hier nicht auf dem Willen des Vierten, sondern der Tatsache des Versicherungsschutzes beruht, kann sie nur soweit reichen, wie der Schaden tatsächlich durch die Versicherung gedeckt ist.[38]

10 Schließlich können **Haftungsfreizeichnungen zwischen Drittem und Viertem einerseits, zwischen Drittem und Arbeitgeber andererseits zusammentreffen.**[39] Dann sind beide Enthaftungsregelungen jeweils nach Maßgabe des Vorstehenden kumulativ in Ansatz zu bringen, d.h. der Arbeitgeber und mit ihm seine Arbeitnehmer sind im Umfang der jeweils weiterreichenderen Haftungsbeschränkung enthaftet.

4. Grenzen vertraglicher Freizeichnung

11 Vertragliche Haftungsbeschränkungen unterliegen gesetzlichen Beschränkungen: Dem Schuldner kann nicht von vornherein die Haftung für Vorsatz erlassen werden (§ 276 Abs. 3 BGB; Anderes gilt für den Vorsatz von Erfüllungsgehilfen, § 278 S. 2 BGB). Praktisch bedeutsamer ist **§ 309 Nr. 7 Buchst. b BGB** der Haftungsbeschränkungen durch Allgemeine Geschäftsbedingungen schon für grobe Fahrlässigkeit, auch von Erfüllungsgehilfen, untersagt. Die Vorschrift gilt der Rechtsprechung nach auch für die Haftung der Erfüllungsgehilfen, d.h. in der Regel der Arbeitnehmer.[40] Soweit die Literatur die Freizeichnungsmöglichkeit über § 309 Nr. 7 Buchst. b BGB hinaus in besonderen Fällen gemäß § 307 BGB auch für einfache Fahrlässigkeit einschränken möchte,[41] wird z.T. die volle Aufrechterhaltung der Freizeichnung zu Gunsten des Arbeitnehmers befürwortet.[42] In der Tat wäre dem Verbraucherschutz damit Genüge getan, den Ar-

37 BGH 21.12.1993 – VI ZR 103/93 –, LM BGB § 242 (D) Nr. 132 = NJW 1994, 852; ebenso OLG Hamburg 3.5. 1990 – 6 U 155/89 –, VersR 1991, 483, 484; *Baumann*, FS E. Lorenz (1994), S. 105, 111.

38 Ebenso *Krause*, VersR 1995, 752, 754.

39 Vgl. den Fall BGH 21.12.1993 – VI ZR 103/93 –, LM BGB § 242 (D) Nr. 132 = NJW 1994, 852.

40 BGH 24.9.1985 – VI ZR 4/84 –, BGHZ 96, 18, 23 f.; OLG Karlsruhe 23.8.1989 – 1 U 353/88 –, VersR 1990, 1405, 1406; *Christensen*, in: Ulmer/Brandner/Hensen, AGB-Recht, 13. Aufl., § 309 Nr. 7 Rn. 25; *Staudinger/Coester-Waltjen*, BGB (2022), § 309 Nr. 7 Rn. 20; differenzierend *Dammann*, in: Wolf/Horn/Lindacher, AGB-Recht, 7. Aufl., § 309 Nr. 7 Rn. 113 ff.; a.A. MünchKommBGB/*Wurmnest*, 9. Aufl., § 309 Nr. 7 Rn. 10.

41 Vgl. MünchKommBGB/*Wurmnest*, 7. Aufl., § 309 Nr. 7 Rn. 37; *Staudinger/Coester-Waltjen*, BGB (2022), § 309 Nr. 7 Rn. 38.

42 *Denck*, Außenhaftung, S. 134.

beitgeber strenger haften zu lassen. Die Haftung für einfache Fahrlässigkeit kann gemäß **§ 309 Nr. 7 Buchst. a BGB** nicht durch AGB beschränkt werden bei der Verletzung von Leben, Körper und Gesundheit. Die Beschränkungen gemäß § 309 BGB gelten nach § 310 Abs. 1 BGB allerdings nicht bei Verträgen des AGB-Verwenders mit einem Unternehmer und juristischen Personen bzw. Sondervermögen des öffentlichen Rechts. Als weitere – formale – Schranke für Haftungsfreizeichnungen ist **§ 305c Abs. 2 BGB** zu beachten.[43] Ist die vertragliche, ggf. formularmäßige Freizeichnung unwirksam, fehlt für eine Beschränkung der Außenhaftung des Arbeitnehmers die Grundlage. Das gilt auch, wenn die Freizeichnung auf sog. Kollektiv-AGB beruht, d.h. AGB, die von repräsentativen Branchenverbänden ausgehandelt wurden, und die Beteiligten, zumindest der Geschädigte, Mitglied eines solchen Verbandes sind. Denn es gibt keine Obliegenheit zur arbeitnehmerschützenden Gestaltung der AGB.[44]

43 BGH 12.3.1985 – VI ZR 182/83 –, VersR 1985, 595, 597.
44 Weiter gehend (für den Transportbereich) *Baumann*, FS E. Lorenz (1994), S. 105, 121 ff., 130 f., der dem Arbeitnehmer den Einwand der unzulässigen Rechtsausübung gegen die Inanspruchnahme gestattet, gestutzt auf eine Zurechnung des Versagens der Verbände bei der Gestaltung der AGB (dazu a.a.O. S. 138 f.).

§ 19 Obliegenheiten des Geschädigten zur Eigenvorsorge

1 Die Haftung des Arbeitnehmers gegenüber Dritten kann unter dem Aspekt **unzureichender Schadensvorsorge des Geschädigten** beschränkt sein. Anders als die in §§ 17, 18 erörterten Haftungsbeschränkungen kann dieser Gesichtspunkt gegenüber jedem Geschädigten, nicht nur solchen, mit denen der Arbeitgeber in Geschäftsverbindung steht, zum Tragen kommen. Der Gedanke der unzureichenden eigenen Schadensvorsorge ist nichts Besonderes, soweit die Anwendung des § 254 BGB in Rede steht. Vorliegend geht es um eine spezifisch arbeitsrechtliche Erweiterung der Vorsorgeobliegenheiten des Geschädigten: (1) Ist dem Geschädigten der Abschluss einer möglichen und zumutbaren Schadensversicherung aufzuerlegen oder (2) ist ihm zumindest die Inanspruchnahme einer tatsächlich bestehenden Schadensversicherung anzusinnen? Die Fragen stellen sich nur, wenn der Arbeitnehmer wegen **Insolvenz des Arbeitgebers** keine Freistellung erlangen kann.

2 Eine **Obliegenheit zum Abschluss einer möglichen und zumutbaren Schadensversicherung** (aus § 254 BGB oder § 242 BGB) – mit der Folge einer nur eingeschränkten Haftung des Arbeitnehmers – besteht in den hier interessierenden Fällen, in denen der Geschädigte mit einer Schädigung gerade durch Arbeitnehmer rechnen konnte, nicht.[1] Den Geschädigtem trifft – anders als den Arbeitgeber – keine gesteigerte Verpflichtung zur Rücksichtnahme auf die Interessen des Arbeitnehmers. Das Schutzbedürfnis des Arbeitnehmers allein ändert daran nichts. Es bleibt insofern bei der vollen Ersatzpflicht des Arbeitnehmers.[2]

3 Etwas anders sind die Interessen zu gewichten bei der **Inanspruchnahme einer bereits bestehenden, vom Geschädigten genommenen Versicherung,** z. B. bei einem Kfz-Meister, der ein kaskoversichertes Kundenfahrzeug auf der Probefahrt beschädigt. Zwar gibt es keine aus § 254 Abs. 2 BGB abzuleitende Obliegenheit zur Inanspruchnahme der Versicherung, schon deshalb nicht, weil die Versicherung keine Maßnahme der Schadensverhinderung oder -minderung, sondern der Schadensverlagerung (auf den Versicherer) ist.[3] Wohl aber kann die **Durchsetzung des Schadensersatzanspruchs trotz bestehender Versicherung** unter bestimmten Umständen und aus Gründen des Arbeitnehmerschutzes[4] **rechtsmissbräuchlich** sein.[5] Erste Voraussetzung dafür ist, dass der Arbeitnehmer durch die Inanspruchnahme der Versicherung wirklich entlastet wird, der Schadensersatzanspruch also nicht gemäß § 86 VVG auf den Versicherer übergeht bzw. nach den Versicherungsbedingungen nicht geltend gemacht werden kann. Das ist bei der Kaskoversicherung der Fall, denn der Regress gegen den berech-

1 Anders – pauschal – *Marly*, Anm. zu BGH 21.12.1993 – VI ZR 103/93 –, LM BGB § 242 (D) Nr. 132.
2 Ebenso *Krause*, VersR 1995, 752, 760.
3 BGH 17.11.2020 – VI ZR 569/19 – Rn. 9 ff., NJW 2021, 694; siehe auch § 11 RN 53.
4 Zur möglichen Drittwirkung des Arbeitnehmerschutzes siehe § 17 RN 2.
5 Anders BGH 18.3.1986 – VI ZR 213/84 –, NJW 1986, 1813, 1814; wohl auch BGH 17.11.2020 – VI ZR 569/19 – Rn. 9 ff., 14, NJW 2021, 694; dagegen *Denck*, BB 1986, 1568, 1569 ff.; *Krause*, VersR 1995, 752, 760; grundsätzlich restriktiv aber *Bruck/Möller/Johannsen*, VVG, Bd. V, 1. Halbbd., 8. Aufl., Anm. J 178.

https://doi.org/10.1515/9783110728606-021

tigten Führer des Fahrzeugs ist ganz oder zumindest zum Teil ausgeschlossen, soweit der Schaden nicht vorsätzlich herbeigeführt wurde.[6] Zum Zweiten ist zu verlangen, dass der schädigende Arbeitnehmer seine Bereitschaft erklärt, alle Nachteile, die dem Geschädigten aus der Inanspruchnahme der Versicherung entstehen (insbes. Erhöhung der Versicherungsprämie), zu übernehmen. Zweifelhaft ist, ob drittens für den Geschädigten erkennbar gewesen sein muss, dass er sich dem Risiko einer Schädigung gerade durch Arbeitnehmer aussetzt, wie das z. B. der Fall ist, wenn er in vertragliche Beziehungen zum Arbeitgeber tritt. Auf diese Voraussetzung kann es für den Einwand des Missbrauchs nicht ankommen, da und wenn auch der Dritte keinerlei plausibles Interesse daran hat, seine Versicherung zu schonen.[7] Zum Beispiel: Ein Kfz-Eigentümer (Dritter) beauftragt einen Werkstattinhaber ohne Beschäftigte, dieser wiederum setzt – für den Eigentümer nicht erkennbar – eine Spezialwerkstatt ein. Beschädigt der angestellte Kfz-Meister der Spezialwerkstatt das Fahrzeug auf einer Probefahrt, kann er vom Eigentümer die Inanspruchnahme einer bestehenden Kaskoversicherung verlangen, soweit er als berechtigter Fahrer gemäß Buchst. F.2 AKB anzusehen ist. Dass der Eigentümer keine vertraglichen Beziehungen zur Spezialwerkstatt hat, deren Einsatz und den des Kfz-Meisters nicht erkennen konnte, schadet nicht. Ebenso wenig ist Voraussetzung des Rechtsmissbrauchs, dass die Insolvenz des Arbeitgebers für den Geschädigten erkennbar gewesen sein muss, als er sein Eigentum dem Risikobereich des Arbeitgebers überließ.[8]

Eine Obliegenheit und u. U. sogar Pflicht (§ 241 Abs. 2 BGB) zur Inanspruchnahme 4
einer bestehenden Versicherung besteht, wenn der Schadensverantwortliche die Versicherung (mit-)**finanziert** hat. So verhält es sich beim Eigentümer der vom Arbeitgeber gemieteten Betriebsräumlichkeit, wenn der Arbeitnehmer durch betriebliche Tätigkeit einen Brand verursacht hat. Die (Mit-)Finanzierung der Versicherung durch den Arbeitgeber als Mieter schützt nicht nur diesen, sondern auch den Arbeitnehmer vor einem Regress der Versicherung[9] und verpflichtet den Eigentümer zur Inanspruchnahme derselben.[10]

6 Näher § 11 RN 38.

7 *Krause*, VersR 1995, 752, 760, beruft sich auf den Arbeitnehmerschutzgedanken.

8 Nur für diesen Fall hält der BGH 18. 3. 1986 – VI ZR 213/84 –, NJW 1986, 1813, 1814, die Geltendmachung für rechtsmissbräuchlich.

9 OLG Schleswig-Holstein 19. 3. 2015 – 16 U 58/14 – Rn. 24 ff., NJW 2015, 2742.

10 BGH 19. 11. 2014 – VIII ZR 191/13 –, NJW 2015, 699.

§ 20 Besonderheiten der Außenhaftung im öffentlichen Dienst

1 Was für das privatwirtschaftliche Unternehmen von einigen als Haftungsmodell der Zukunft betrachtet wird[1], ist beim öffentlich-rechtlichen Arbeitgeber (Dienstherrn) in einem wichtigen Bereich Regelungswirklichkeit: die alleinige Außenhaftung des Arbeitgebers (Dienstherrn) (Art. 34 S. 1 GG). Das gilt allerdings nur, wenn der Beschäftigte **hoheitlich** handelt. Bei nicht-hoheitlicher Tätigkeit bleibt es bei der Primärhaftung des Arbeitnehmers, die aber wegen des faktisch nicht bestehenden Insolvenzrisikos beim Arbeitgeber (Dienstherrn) weniger Unbehagen bereitet als bei privatrechtlichen Arbeitgebern.

I. Die Enthaftung des Beschäftigten bei hoheitlicher Tätigkeit

2 Alle Beschäftigten des öffentlichen Dienstes – Beamte[2] und Arbeitnehmer – sind von der Haftung gegenüber einem geschädigten Dritten[3] freigestellt, soweit sie den Schaden durch hoheitliche Tätigkeit verursacht haben.[4] Anspruchsnorm ist § 839 BGB, der dem Geschädigten eigentlich einen Schadensersatzanspruch unmittelbar gegen den Beschäftigten gewährt. Doch verlagert Art. 34 S. 1 GG als Zurechnungsnorm die Schadensersatzverpflichtung auf den jeweiligen Hoheitsträger, und zwar mit haftungsbefreiender Wirkung für den Beschäftigten.[5] Es bleibt allenfalls ein Regressanspruch des Dienstherrn bzw. Arbeitgebers im Innenverhältnis.[6] Die Unterscheidung zwischen hoheitlicher und nicht-hoheitlicher Tätigkeit will aus der Perspektive der Beschäftigtenhaftung nicht ohne weiteres einleuchten, denn in beiden Fällen wird der Beschäftigte im Interesse des Arbeitgebers/Dienstherrn aktiv. Außerdem spielt die Unterscheidung für die endgültige Schadensverteilung zwischen Arbeitnehmer/Beamtem und Arbeitgeber/Dienstherrn keine Rolle mehr; der Gesetzgeber des 9. Gesetzes zur Änderung dienstrechtlicher Vorschriften hat anerkannt, dass die Entschlusskraft des Beschäftigten bei allen Tätigkeiten gestärkt werden soll.[7] Es fällt deshalb schwer, heute noch einen sachlichen Grund zu finden, der die die Außenhaftung des Arbeitnehmers verdrängende unmittelbare Haftung des Dienstherrn auf hoheitliche Tätigkeit beschränkt. Man wird ihn nicht im Verhältnis Beschäftigter-Arbeitgeber/Dienstherr zu suchen haben, sondern im Verhältnis des Arbeitgebers/Dienstherrn zum geschädigten Dritten: Im fis-

---

1 Vgl. § 16 RN 20.

2 Entsprechendes gilt für Richter und Soldaten; vgl. bereits § 14 RN 1 FN 2.

3 Zum Sonderfall der Kollegenhaftung s. § 21.

4 § 839 BGB und Art. 34 GG liegt insoweit ein funktionsbezogener Beamtenbegriff zugrunde: Beamter ist jeder, der hoheitlich tätig wird, *Ossenbühl/Cornils*, Staatshaftungsrecht, 6. Aufl., S. 15 f.; MünchKommBGB/*Papier/Shirvani*, 9. Aufl., § 839 Rn. 192 ff.

5 Zu gesetzlich angeordneten Ausnahmen MünchKommBGB/*Papier/Shirvani*, 9. Aufl., § 839 Rn. 407 ff.

6 Zum Umfang der Verantwortlichkeit siehe § 14.

7 Siehe § 14 RN 2; zur Kritik dieses Arguments § 9 RN 36 ff.

https://doi.org/10.1515/9783110728606-022

kalischen Bereich tritt der Hoheitsträger „wie ein Privater" auf und haftet folgerichtig nicht stärker als ein Privater.[8] Dennoch erscheint die Zweigleisigkeit der Außenhaftung nach der erfolgten Vereinheitlichung des Schadensausgleichs zwischen Beschäftigtem und Arbeitgeber/Dienstherrn als unnötige Komplizierung und sollte deshalb de lege ferenda beseitigt werden. Dem Geschädigten wird kein Insolvenzrisiko aufgebürdet. Im Zuge einer Reform sollte auch die besondere Zuständigkeit der ordentlichen Gerichte gemäß Art. 34 S. 3 GG jedenfalls für die Haftung der Arbeitnehmer aufgehoben und durch die der Arbeitsgerichte ersetzt werden.

Die Abgrenzung des hoheitlichen Tätigkeitsbereichs hat ihre Schwierigkeiten. Die 3
herrschende Meinung entscheidet – cum grano salis – nach der **Rechtsform, in der gehandelt wird.** Tätigkeit in öffentlich-rechtlicher Gestalt ist immer hoheitlich: z. B. der Erlass eines Verwaltungsakts und der Betrieb einer städtischen Kanalisation als Eigenbetrieb. Eine in der Literatur vertretene Auffassung will auch privatrechtliches Handeln einbeziehen, soweit eine öffentliche Aufgabe wahrgenommen wird (Verwaltungsprivatrecht).[9] Die herrschende Meinung hat den Vorzug der Rechtssicherheit. Zudem besteht, von praktisch seltenen Ausnahmefällen (§ 12 Abs. 2 InsO) abgesehen, bei öffentlich-rechtlichen Trägern kein Insolvenzrisiko für den Freistellung begehrenden Arbeitnehmer.

II. Die Enthaftung des Beschäftigten bei nicht-hoheitlicher Tätigkeit

Bei nicht-hoheitlicher Tätigkeit – es mag sich um die Wahrnehmung öffentlicher Auf- 4
gaben in privatrechtlicher Gestalt handeln oder um rein fiskalische Tätigkeit – haftet folglich der Arbeitnehmer dem geschädigten Dritten, und zwar aus den allgemeinen deliktsrechtlichen Vorschriften (§§ 823 ff. BGB). Diese Haftung ist zudem nicht subsidiär gegenüber der Haftung etwaiger anderer Schadensverursacher (wie sonst bei der Haftung für hoheitliche Tätigkeit, § 839 Abs. 1 S. 2 BGB) oder der Haftung des Arbeitgebers aus Vertrag und § 278 BGB oder §§ 823 ff., 89, 31 BGB oder § 831 BGB. Der Beamte (im staatsrechtlichen Sinne) haftet dagegen auch hier aus § 839 BGB, so er eine Amtspflicht verletzt hat.[10] Hat der Beschäftigte seine „Amtspflichten" (resp. arbeitsvertraglichen Pflichten) nicht mindestens grob fahrlässig verletzt, kann er vom Arbeitgeber/Dienstherrn **Freistellung** beanspruchen: der Arbeitnehmer entsprechend § 670 BGB, der Beamte aus der beamtenrechtlichen Fürsorgepflicht.[11]

---

8 *Sachs/Detterbeck*, GG, 9. Aufl., Art. 34 Rn. 20.

9 Zu allem *Ossenbühl/Cornils*, Staatshaftungsrecht, 6. Aufl., S. 28 ff.

10 MünchKommBGB/*Papier/Shirvani*, 9. Aufl., § 839 Rn. 185 f.

11 BVerwG 17.10.1985 – 2 C 45/82 –, NJW 1986, 1122; 6.3.1986 – 2 C 37/84 –, NJW 1986, 2388, 22.9.1988 – 2 C 2.87 –, ZTR 1989, 42; 18.1.1996 – 2 C 28/94 –, ZTR 1996, 48 m.w.N.; *Battis/Grigoleit*, BBG, 6. Aufl., § 78 Rn. 5.

III. Die Enthaftung des Beschäftigten nach dem Pflichtversicherungsgesetz

5 Eine besondere Haftungsentlastung für alle Beschäftigtengruppen des öffentlichen Dienstes ergibt sich aus dem Pflichtversicherungsgesetz für den Fall der Schädigung eines Dritten bei Führung eines Kraftfahrzeuges des Arbeitgebers/Dienstherrn. Bund, Länder und Gemeinden mit mehr als 100.000 Einwohnern sowie einige weitere juristische Personen des öffentlichen Rechts (§ 2 Abs. 1 Nr. 1–5 PflVG) sind von der Pflicht zum Abschluss einer Haftpflichtversicherung für die von ihnen gehaltenen Kraftfahrzeuge befreit. Sie übernehmen insoweit selbst die Funktion des Haftpflichtversicherers, sind also verpflichtet, für den Fahrer dem Geschädigten gegenüber einzutreten (§ 2 Abs. 2 S. 1 PflVG). Soweit der Versicherungsschutz reicht,[12] ist der Rückgriff beim Fahrer ausgeschlossen (§ 2 Abs. 2 S. 6 PflVG).[13] Es handelt sich nicht um eine zusätzliche Entlastung der öffentlich Bediensteten, sondern nur um eine besondere Konstruktion dieser Entlastung, resultierend aus der Befreiung der genannten öffentlich-rechtlichen Arbeitgeber von der Versicherungspflicht. Der „Versicherungsfunktion" dieses Freistellungsanspruchs entsprechend bestimmt sich das Verhältnis zwischen dem öffentlichen Arbeitgeber und einem etwaigen Haftpflichtversicherer des Arbeitnehmers nach § 78 Abs. 2 VVG;[14] das bedeutet, Arbeitgeber und Versicherer tragen den Schaden letztlich zu gleichen Teilen.

IV. Besonderheiten der Enthaftung für Beschäftigte im Beitrittsgebiet

6 Nach Anl. II Kap. III Sachgeb. B Abschn. III des Einigungsvertrages gilt im Gebiet der vormaligen DDR das Staatshaftungsgesetz der DDR[15] (StHG-DDR) als Landesrecht fort. Solange die neuen Bundesländer das Gesetz nicht abschaffen,[16] ist es geltendes Recht. Nach § 1 Abs. 1 StHG-DDR haftet für die Schädigung Dritter durch „staatliche Tätigkeit" das „jeweilige staatliche oder kommunale Organ", die Haftung der Mitarbeiter ist dagegen gemäß § 1 Abs. 2 des Gesetzes ausgeschlossen. Auf Einzelprobleme der Regelung kann hier nicht eingegangen werden. Aus der Perspektive der Außenhaftung des Arbeitnehmers ist zweierlei bemerkenswert. Das Staatshaftungsgesetz tritt neben die

---

12 Siehe dazu § 11 RN 16 ff.

13 Schon vor Inkrafttreten des gesetzlichen Regressverbots sah das BAG den Rückgriff durch die Fürsorgepflicht beschränkt, BAG 11.6.1959 – 1 AZR 337/56 –, AP § 611 BGB Haftung des Arbeitnehmers Nr. 9 m. Anm. *Prölss*.

14 Dazu § 16 RN 31 ff.

15 V. 12.5.1969, GBl. I, 34, geändert durch Gesetz v. 14.12.1988, GBl. I, 329; DDR-Sartorius Nr. 120.

16 Das StHG-DDR gilt (verändert) fort in Thüringen (GVBl. 1998, 336) und Brandenburg. In Sachsen-Anhalt (GVBl. 1992, 655) wird das StHG-DDR auf einen subsidiären Anspruch auf angemessene Entschädigung reduziert (Art. 1 Nr. 2). Abgeschafft wurde die Fortgeltung in Berlin (GVBl. 1995, 607), Sachsen (GVBl. 1998, 511) und Mecklenburg-Vorpommern (GVOBl. 2009, 281).

Amtshaftung aus § 839 BGB, Art. 34 GG und steht zu ihr in Anspruchskonkurrenz.[17] Die Eigenhaftung des Beschäftigten bei nicht-hoheitlicher Tätigkeit (oben unter II) wird durch das Gesetz nicht beschränkt, denn der Begriff der „staatlichen Tätigkeit" meint im Kern dasselbe wie die „Ausübung eines öffentlichen Amtes" in Art. 34 GG.[18]

17 *Sachs/Detterbeck*, GG, 9. Aufl., Art. 34 Rn. 14; *Ossenbühl/Cornils*, Staatshaftungsrecht, 6. Aufl., S. 588; *Ossenbühl*, NJW 1991, 1201, 1207. § 839 BGB, Art. 34 GG gelten – wie das übrige Deliktsrecht des BGB – im Beitrittsgebiet gemäß Art. 232 § 10 EGBGB erst für unerlaubte Handlungen, die am 3.10.1990 oder danach begangen wurden; vgl. dazu BGH 14.7.1994 – III ZR 174/92 –, NJW 1994, 2684.

18 Vgl. dazu *Ossenbühl*, NJW 1991, 1201, 1204.

4. Teil: Die Ersetzung der zivilrechtlichen Haftung durch den sozialversicherungsrechtlichen Schadensausgleich

1 Für Schädigungen eines Arbeitskollegen haftet der Arbeitnehmer eigentlich wie bei jedem anderen Dritten;[1] die tatsächliche Einbindung in die „betriebliche Gefahrengemeinschaft" ändert daran nichts, sie enthält keinen stillschweigenden Haftungsverzicht.[2] Doch wird die **Haftung für Personenschäden**[3] von Arbeitskollegen durch das Recht der gesetzlichen Unfallversicherung[4] **weitgehend ausgeschlossen** (§ 105 Abs. 1 SGB VII). An ihre Stelle tritt der **Schadensausgleich im Rahmen der gesetzlichen Unfallversicherung**, der durch den Haftungsausschluss gem. §§ 104ff. SGB VII und die Regresshaftung des Unfallversicherers zu einem eigenständigen Schadensausgleichssystem primären Charakters wird.[5] Die „Haftungsersetzung durch Versicherung"[6] bietet dem schadensverursachenden Arbeitnehmer im Vergleich zur arbeitsrechtlichen Enthaftung vor allem zwei Vorteile: Da der Versicherungsträger erst ab grob fahrlässiger Herbeiführung des Versicherungsfalls Regress beim Schädiger nehmen kann (§ 110 Abs. 1 SGB VII), bleibt der Arbeitnehmer von anteiliger Schadenstragung bei mittlerer Fahrlässigkeit verschont und kann darüber hinaus auch bei grob fahrlässigem und vorsätzlichem Verhalten aus Billigkeitsgründen vom Regress verschont bleiben (§ 110 Abs. 2 SGB VII). Zweitens wird der Arbeitnehmer im Hinblick auf jene Schadensfälle, die auch nach der zivilrechtlichen Haftung letztlich nicht von ihm, sondern qua Freistellungsanspruch vom Arbeitgeber zu tragen wären, vom Risiko der Insolvenz des Arbeitgebers entlastet. Der Schädiger wird deshalb daran interessiert sein, unter den schützenden Mantel der Unfallversicherung zu kommen.[7]

2 Dass der Haftungsschutz zu Gunsten des schädigenden Arbeitnehmers ein Ziel der Unfallversicherung ist, will dem Arbeitsrechtler ganz selbstverständlich erscheinen. Ein Blick in die legislative und dogmatische Historie der Unfallversicherung belehrt ihn

1 Zu den möglichen Anspruchsgrundlagen siehe § 16 RN 1 ff.; *Flory*, Ansprüche zwischen Arbeitnehmern eines Betriebes.

2 Der Gedanke wird vornehmlich zur „Rechtfertigung" des § 105 SGB VII (§ 637 RVO a.F.) angeführt (vgl. *Denck*, Außenhaftung, S. 105; *Gitter*, Schadensausgleich, S. 245 ff.; BAG 25.9.1957 – GS 4 56 – unter III 3 c, AP §§ 898, 899 RVO Nr. 4 = NJW 1958, 235), wirft aber auch die Frage nach einem stillschweigenden Haftungsausschluss außerhalb des gesetzlichen Haftungsausschlusses auf. *Denck* hat diese Konsequenz für die durch § 105 SGB VII nicht erfasste Sachschadenshaftung gezogen, siehe RN 30. Zur Bedeutung der Gefahrengemeinschaft für die unternehmensübergreifende Ausdehnung des Haftungsausschlusses vgl. § 24 RN 13 und 15.

3 Zum Begriff RN 28.

4 Seit 1.1.1997 als Buch VII des SGB, Gesetz v. 7.8.1996, BGBl. I, S. 1254 ff.

5 *Schwarze*, SR 2017, 129.

6 *Sieg*, ZHR 113 (1950), 95 ff.

7 Siehe allerdings zum tendenziell strengeren Verständnis der Regresshaftung nach § 110 SGB VII hinsichtlich des Verschuldensbezugs § 9 RN 6.

https://doi.org/10.1515/9783110728606-023

eines Besseren. Als die Unfallversicherung entsteht, hat man noch keine klaren Vorstellungen von einem besonderen Haftungsrecht für abhängig Beschäftigte. Nicht der Schutz des Schädigers, sondern des Verletzten steht am Anfang und im Mittelpunkt der Unfallversicherung. Dazu kommt die Entlastung des den Versicherungsschutz finanzierenden Arbeitgebers/Unternehmers.[8] Die spätere Einbeziehung des schädigenden Arbeitnehmers, erst (1957) durch die Rechtsprechung,[9] dann, (1963) durch den Gesetzgeber,[10] wird als Absicherung der Enthaftung des Unternehmers und nicht als Schutz des schädigenden Arbeitnehmers vor überfordernden Haftungsrisiken verstanden.[11] Die Enthaftung des Arbeitnehmers war also nach verbreitetem Verständnis nicht mehr als Begleitmusik zum eigentlichen Thema der Unfallversicherung: **Schutz des im Dienste des Unternehmers Verletzten und Enthaftung des Unternehmers.** Auch die Erhaltung des Betriebsfriedens, als weiteres Ziel des Haftungsausschlusses genannt,[12] orientiert sich an einem genuin unternehmerischen Interesse – der Funktionsfähigkeit des Betriebes. Diese Deutung lässt sich mit Blick auf den heutigen Stand der arbeitsrechtlichen Haftungsdogmatik nicht halten. Vielmehr ist der im Haftungsausschluss gemäß § 105 SGB VII und in der milden Haftung gemäß § 110 SGB VII verankerte **Schutz des schädigenden Arbeitnehmers vor einem übermäßigen Haftungsrisiko** ein eigenständiger Zweck der Regelung.

§ 21 Zweck, Gegenstand und Anwendungsbereich des Haftungsausschlusses

I. Die Ersetzung der Unternehmerhaftung durch den unfallversicherungsrechtlichen Schadensausgleich (§ 104 SGB VII)

§ 104 SGB VII stellt Unternehmer[13] von jeglicher Haftung für Personenschäden „nach anderen gesetzlichen Vorschriften“ frei, die Versicherte (§§ 2 ff. SGB VII) erleiden, die für ihre Unternehmen tätig sind oder zu ihren Unternehmen in einer sonstigen die Versicherung begründenden Beziehung stehen. Gleiches gilt für Ansprüche von Angehörigen und Hinterbliebenen. Der Unternehmer wird nicht enthaftet, wenn er den Versicherungsfall vorsätzlich oder auf einem nach § 8 Abs. 2 Nr. 1 bis 4 SGB VII versicherten Weg (vormals: „Teilnahme am allgemeinen Verkehr“) herbeigeführt hat. Diese sozialrechtliche Norm (bzw. ihre Vorgängerinnen) wird vornehmlich von der Warte des 1

8 *Gitter*, Schadensausgleich, S. 38; *Rolfs*, Haftung unter Arbeitskollegen, S. 2; *Waltermann*, Die Berufsgenossenschaft 1997, 310, 311 ff.

9 BAG 25.9.1957 – GS 4 56 –, AP §§ 898, 899 RVO Nr. 4 = NJW 1958, 235.

10 UVNG v. 30.4.1963, BGBl. I, S. 241.

11 Siehe RN 22.

12 Siehe RN 15, 24.

13 Zur eigenen Terminologie der Unfallversicherung BeckOGK/*Feddern*, SGB VII (Stand. 05/2024), § 100 Rn. 59 f.

Zivilrechts betrachtet. Von hier aus erscheint sie wie eine irritierende[14] „Freistellung" des Unternehmers von selbstverständlichen Haftungsbelastungen. In Wahrheit bleibt die materielle Schadensverantwortlichkeit des Arbeitgebers/Unternehmers unangetastet.[15] Sie wird nur in einem anderen System des Schadensausgleichs – der sozialrechtlichen Unfallversicherung – verwirklicht, das an die Stelle der zivilrechtlichen Haftung tritt. Wer diesen Vorgang als „Privilegierung" beschreibt,[16] erfasst die **Unfallversicherung** nicht als das, was sie ist – ein **eigenständiges System des Schadensausgleichs** – und gesteht dem zivilrechtlichen Schadensausgleich einen verfassungsrechtlichen Allgemeingültigkeitsanspruch zu, der ihm nicht zukommt. Zugleich wird ein Rechtfertigungszwang erzeugt, der den verfassungsrechtlichen Gestaltungsspielraum des Gesetzgebers übergeht. Nimmt man den unfallversicherungsrechtlichen Schadensausgleich als eigenständige Gestaltung der unternehmerischen Schadensverantwortlichkeit ernst, schafft **§ 104 SGB VII kein rechtfertigungsbedürftiges „Privileg", sondern grenzt den Anwendungsbereich zweier Systeme des Schadensausgleichs gegeneinander ab.**[17] Die Rechtfertigungsdiskussion ist damit nicht erledigt, aber auf ein anderes Gleis gestellt: Nicht um die Rechtfertigung eines Privilegs geht es, sondern um die Rechtfertigung eines besonderen Systems des Schadensausgleichs und dessen innere Stimmigkeit.

1. Verfassungsrechtliche Anforderungen an den Schadensausgleich

2 Der verfassungsrechtliche Prüfungsmaßstab für die Beurteilung des unfallversicherungsrechtlichen Schadensausgleichs ist zum einen **Art. 2 Abs. 2 GG.**[18] Das **Grundrecht auf Leben und körperliche Unversehrtheit** wird zwar sicher nicht in seinem ursprünglichen Garantiegehalt, der auf die Abwehr staatlicher Eingriffe gerichtet ist, verletzt. Denn Schädiger ist hier nicht der Staat, sondern der Unternehmer (bzw. Arbeitnehmer), also ein „Dritter". Aber das Grundrecht verpflichtet den Staat, insbes. den Gesetzgeber, auch zu aktivem Schutz gegen Eingriffe Dritter.[19] Am Inhalt dieser Schutzpflicht ist die Verfassungsmäßigkeit der Ersetzung der zivilrechtlichen Haftung durch den unfallversicherungsrechtlichen Schadensausgleich zu messen. Zur Schutzpflicht des Staates gibt es eine ausgearbeitete Rechtsprechung des Bundesverfassungsgerichts, die nicht frei von Schwankungen, aber doch in so vielen Punkten gefestigt ist, dass daraus eine sichere Aussage für die vorliegende Fragestellung abgeleitet werden kann. Das Bundesverfassungsgericht gesteht dem Gesetzgeber grundsätzlich einen weiten Gestaltungsspielraum bei der Ausfüllung seiner Schutzpflicht zu. In der Regel

14 Vgl. *Zöllner/Loritz*, Arbeitsrecht, 7. Aufl., § 22 Rn. 4: Der Sinn der Vorschrift sei „seltsam".

15 *Denck*, Außenhaftung, S. 115 f.

16 Etwa *E. Böhmer*, VersR 1973, 21 f. („ungerechtfertigte Begünstigung").

17 Deshalb ohne rechtliche Grundlage die generelle Regel einer „engen Auslegung der §§ 104 ff. SGB VII" (etwa *D. Otto*, NZV 2002, 10, 14, zu § 106 Abs. 3 SGB VII).

18 Art. 2 Abs. 1 GG (allg. Persönlichkeitsrecht) ist nicht verletzt, vgl. BVerfG 7.11.1972 – 1 BvL 4 u. 17/71 –, BVerfGE 34, 118, 135 f. = NJW 1973, 502, 504.

19 *Sachs/Rixen*, GG, 9. Aufl., Art. 2 Rn. 188 ff.; *v. Münch/Kunig/Kämmerer*, GG, 7. Aufl., Art. 2 Rn. 101 ff., 123.

kann der Gesetzgeber zwischen mehreren Wegen wählen, ohne mit den verfassungsrechtlichen Anforderungen in Konflikt zu geraten.[20]

Definitive Anforderungen kann man lediglich hinsichtlich der grundsätzlichen 3
Eignung der Schutzmaßnahme stellen.[21] Dagegen hat der Grundrechtsträger im Allgemeinen keinen Anspruch auf die beste Schutzmaßnahme. Das Bundesverfassungsgericht erlegt sich hier zu Recht Zurückhaltung auf, weil die Problemkomplexität in aller Regel keine eindeutige Aussage über die beste Schutzmaßnahme erlaubt. Es spricht aber einiges dafür, im vorliegenden Konflikt einen etwas strengeren Maßstab anzuwenden. Zum einen deshalb, weil es um den Schutz eines „vorrechtlichen" Gutes geht, das vorgegeben ist und nicht durch das Recht überhaupt erst definiert werden muss. Zum anderen, weil sich die zivilrechtliche Haftung als Schutzinstrumentarium bewährt hat und auch sonst (bei Sachschäden, primären Vermögensschäden oder Persönlichkeitsverletzungen) im Arbeitsverhältnis gilt. Deshalb muss der Gesetzgeber Gründe vorweisen können, nicht unbedingt von verfassungsrechtlichem Rang, aber doch von solchem Gewicht, dass die Ersetzung des einen Schadensausgleichssystems durch das andere plausibel erscheint. Dabei hat der Gesetzgeber allerdings größere Bewertungs- und Einschätzungsspielräume, als sie ihm bei einem Grundrechtseingriff und der damit verknüpften strengen Verhältnismäßigkeitskontrolle zustehen.

Zum Zweiten muss sich die gesetzliche Regelung an **Art. 3 Abs. 1 GG** messen lassen, 4
der nach der Interpretation des Bundesverfassungsgerichts „vor allem dann verletzt (ist), wenn eine Gruppe von Normadressaten im Vergleich zu anderen Normadressaten anders behandelt wird, obwohl zwischen beiden Gruppen keine Unterschiede von solcher Art und solchem Gewicht bestehen, dass sie eine ungleiche Behandlung rechtfertigen könnten."[22] Auch hier sind die angesprochenen Bewertungs- und Einschätzungsspielräume des Gesetzgebers zu respektieren: Er schuldet der Verfassung nicht die „zweckmäßigste, vernünftigste, gerechteste" Lösung.[23] Im vorliegenden Zusammenhang

---

20 Vgl. BVerfG 25.2.1975 – 1 BvF 1/74 –, BVerfGE 39, 1, 44 = NJW 1975, 573, 576; 29.10.1987 – 2 BvR 624/83 –, BVerfGE 77, 170, 171 (Leits. 2) u. 229 f., 215 = NJW 1988, 1651, 1657; v. *Münch/Kunig/Kämmerer*, GG, 7. Aufl., Art. 2 Rn. 102; zu Schutzpflichten zu Gunsten der Privatautonomie *Schwarze*, ZTR 1996, 1, 3 f. m.w.N.

21 BVerfG 25.2.1975 – 1 BvF 1/74 –, BVerfGE 39, 1, 44 = NJW 1975, 573, 576.

22 BVerfG 7.10.1980 – 1 BvL 50, 89/79, 1 BvR 240/79 –, BVerfGE 55, 72, 88; 6.11.1985 – 1 BvL 47/83 –, BVerfGE 71, 146, 154 = NJW 1986. 709; 18.11.1986 – 1 BvL 29, 30, 33, 34, 36/83 –, BVerfGE 74, 9, 24 = AP § 118a AFG Nr. 1; 16.06.1987 – 1 BvL 4/84 –, BVerfGE 75, 382, 393 = NJW 1988, 403; dazu und zur älteren Rechtsprechung *Sachs/Nußberger*, GG, 9. Aufl., Art. 3 Rn. 8 ff., 13 ff. Großzügiger BVerfG 8.1.1992 – 2 BvL 9/88 –, BVerfGE 85, 176, 187 = NJW 1992, 1091: „Vernünftiger oder sonstwie einleuchtender Grund für unterschiedliche Behandlung" (zu § 46 BeamtVG). Nach BVerfG 26.1.1993 – 1 BvL 38/92 –, BVerfGE 88, 87, 96 f. = NJW 1993, 1517, ergeben sich aus Art. 3 Abs. 1 GG je nach Regelungsgegenstand und Differenzierungsmerkmalen unterschiedliche Grenzen, die vom bloßen Willkürverbot bis zu einer strengen Bindung an Verhältnismäßigkeitserfordernisse reichen.

23 BVerfG 17.12.1953 – 1 BvR 323/51 –, BVerfGE 3, 162 (Leits. 4) u. 182 = NJW 1954, 27, 28; OLG Hamburg 1.2.1971 – 1 W 46/70 –, VersR 1971, 835, 837, das aber beim Haftungsausschluss einen Verstoß gegen Art. 3 Abs. 1 GG bejaht.

deckt sich das weitgehend mit den oben formulierten Anforderungen aus Art. 2 Abs. 2 GG.

5 Dagegen greift die Ersetzung der zivilrechtlichen Haftung durch den unfallversicherungsrechtlichen Schadensausgleich nicht in **Art. 14 GG** ein. Man darf sich von der Rechtstechnik – „Ausschluss" eines Haftungsanspruchs – nicht den Blick für die materielle Qualität der Regelung verstellen lassen. Dem Geschädigten wird kein bereits entstandener Anspruch entzogen,[24] vielmehr wird seine rechtliche Position durch das System der Unfallversicherung von vornherein anders gestaltet als die des „normalen" Geschädigten.[25] Ein „Entzug" grundrechtlich geschützter Freiheit oder Rechtsgüter wäre das nur, wenn der zivilrechtliche Schadensausgleich in einer bestimmten, auch den verunfallten Arbeitnehmer erfassenden Ausformung selbstverständlicher Garantiebestand einschlägiger Grundrechte wäre. Das ist nicht der Fall.

6 Der unfallversicherungsrechtliche Schadensausgleich bedarf gegenüber den skizzierten verfassungsrechtlichen Anforderungen in dreierlei Hinsicht der **Rechtfertigung:** Erstens muss es einen Grund dafür geben, warum überhaupt ein besonderes Schadensausgleichssystem für Personenschäden im Arbeitsverhältnis geschaffen wird. Zweitens ist zu begründen, warum der unfallversicherungsrechtliche Schadensausgleich den zivilrechtlichen Schadensausgleich verdrängt und nicht als zusätzlicher Schutz hinzutritt. Drittens schließlich bedürfen – unter Beachtung der Eigengesetzlichkeiten – signifikante Unterschiede im Schutzumfang der Rechtfertigung. Um den Rechtfertigungsbedarf einschätzen zu können, ist zunächst ein vergleichender Blick auf die Ausgestaltung des Schadensausgleichs in beiden Schadensausgleichssystemen angebracht.

2. Die Schadensausgleichssysteme im Vergleich

7 Im zivilrechtlichen Schadensausgleich hat der Arbeitgeber aus Vertrag und Delikt für die schuldhafte Verletzung von Pflichten, die den Arbeitnehmer schützen sollen, aufzukommen. Neben der Verschuldenshaftung steht die praktisch wohl bedeutendere Haftung analog § 670 BGB. In ihrer judikativen Ausformung erfasst sie zwar nur Sachschäden und primäre Vermögensschäden.[26] Aber die ihr zugrunde liegende Idee einer Risikohaftung des Arbeitgebers/Unternehmers[27] trägt „erst recht" den Ausgleich von Personenschäden.[28] Ins Rechtsbewusstsein ist dieses Haftungspotential nicht vorgedrungen, weil der Gesetzgeber dessen Ausformung mit der Unfallversicherung zuvor-

24 Auch wenn man §§ 104, 105 SGB VII rechtstechnisch so deutet, dass der zivilrechtliche Anspruch entsteht, aber nicht ausgeübt werden kann (*Fuchs*, FS Gitter (1996), S. 253, 255 u. Fn. 16, liegt in der Sache die Ersetzung des einen Systems durch das andere vor.

25 BVerfG 22.6.1971 – 2 BvL 10/69 –, BVerfGE 31, 212, 220 f. = NJW 1971, 1837 zu § 91a SVG.

26 Siehe § 27 RN 2 ff.

27 Siehe § 27 RN 5.

28 Das ist im Auftragsrecht (§§ 662 ff. BGB) anerkannt, RG 7.5.1941, RGZ 167, 85, 89 ff.; BGH 7.11.1960 – VII ZR 82/59 –, BGHZ 33, 251, 257 = NJW 1961, 359; *Staudinger/Martinek/Omlor*, BGB (2017), § 670 Rn. 17 ff.; *Otto*, JuS 1984, 684, 688 f.; siehe auch *Hanau*, JurA 1970, 112, 118; anders *Kort*, NZA 1996, 854, 857.

gekommen ist, besser: es in der Unfallversicherung realisiert hat.[29] Der Haftungsausschluss war sozusagen eher da als die Haftung. Die Wurzeln eines besonderen Arbeitsunfallrechts liegen im Haftpflichtrecht (Reichshaftpflichtgesetz),[30] und die Risiko(„Gefährdungs"-)haftung des Arbeitgebers/Unternehmers für Arbeitsunfälle wurde als Alternative zur Unfallversicherung diskutiert.[31] Die früher verbreitete Ansicht, das Unfallversicherungsrecht fasse den Schutz des Geschädigten wesentlich weiter als der zivilrechtliche Schadensausgleich,[32] ist daher nur die halbe Wahrheit.[33] Vielmehr ist bzw. wäre die **zivilrechtliche Schadensverantwortlichkeit des Arbeitgebers/Unternehmers mit der unfallversicherungsrechtlichen tatbestandlich im Kern deckungsgleich**, denn beide beruhen auf denselben materiellen Prinzipien der Schadensverantwortlichkeit (Risikoverantwortlichkeit bei fremdnütziger Tätigkeit).[34] Gleichwohl ist nicht zu übersehen, dass die Unfallversicherung den Schutz auf tatbestandlicher Seite etwas großzügiger zuschneidet:[35] Neben der Einbeziehung der Wegeunfälle in § 8 Abs. 2 SGB VII ist die großzügigere Behandlung von Irrtümern des Arbeitnehmers über die Betrieblichkeit seiner Tätigkeit[36] zu nennen. Die Kollektivierung der Schadenstragung im Versicherungssystem gestattet eine großzügigere Berücksichtigung der auch in diesen Fällen bestehenden sozialen Schutzwürdigkeit des Arbeitnehmers, denn sie ist nicht von einem Unternehmer allein,[37] sondern von allen zu tragen.[38] Großzügiger verfährt der unfallversicherungsrechtliche Schadensausgleich auch mit etwaigem Mitverschulden des Geschädigten, das einschließlich grober Fahrlässigkeit keinen Einfluss auf den Schadensausgleich hat.[39]

---

29 Zu dessen Bewusstwerdung bereits vor Konzipierung der Unfallversicherung im Zusammenhang mit der Schaffung des Reichshaftpflichtgesetzes v. 7.6.1871 (RGBl., S. 207) *Gitter*, Schadensausgleich, S. 18 f.; vgl. *Denck*, Außenhaftung, S. 115 f. Die Unfallversicherung wird nicht ohne Grund „haftungsrechtlich" als „Fall der Gefährdungshaftung" (besser: Risikohaftung bei Tätigkeit in fremdem Interesse) bezeichnet, etwa *Fuchs*, Zivilrecht und Sozialrecht, S. 33 ff.; *ders.*, BG 1996, 248.

30 *Gitter*, Schadensausgleich, S. 14 ff.

31 Vgl. *Marschall v. Bieberstein*, VersR 1968, 509 m.w.N.; *Höcker*, Soz. Fortschritt 1959, 227 ff.; *Knoll*, JZ 1959, 137 f.; *Fuchs*, FS Gitter (1996), S. 253 f. Dementsprechend war die Unfallversicherung zunächst auf Unternehmen mit gefährlicher Betriebsweise begrenzt; die allmähliche Ausweitung der Versicherungspflicht mündete 1942 in der Einbeziehung aller Unternehmen, *Jantz*, FS Lauterbach (1961), S. 15, 16 f.

32 BAG 25.9.1957 – GS 4 56 – unter III 2, AP §§ 898, 899 RVO Nr. 4 = NJW 1958, 235; verkürzend auch BVerfG 7.11.1972 – 1 BvL 17/71 –, BVerfGE 34, 118, 130 = NJW 1973, 502, 503, das der Unfallversicherung lediglich das „Deliktsrecht" gegenüberstellt; zu früheren Deutungen der Unfallversicherung als Akt staatlicher Fürsorge *Gitter*, Schadensausgleich, S. 51 ff. m.w.N.

33 So schon *Tamm*, RdA 1960, 412, 414; ferner *Gitter*, Schadensausgleich, S. 55.

34 Vgl. *Gitter*, Schadensausgleich, S. 68 ff.; *Fuchs*, Zivilrecht und Sozialrecht, S. 33 ff.; *Larenz*, JuS 1965, 373, 375 f.; *Canaris*, RdA 1966, 41, 43, 47 f.

35 Dazu auch *Gitter*, Schadensausgleich, S. 68 f.

36 Zum arbeitsrechtlichen Maßstab § 8 RN 9, 11 ff.

37 Mag dieser wegen Erhöhung der Gefahrenklasse auch mit höheren Beiträgen zu rechnen haben.

38 Vgl. zur kollektiven Solidarität als Zurechnungsgrund allgemein *Fuchs*, Zivilrecht und Sozialrecht, S. 159.

39 *Knickrehm/Hollstraeter*, Sozialrecht, 8. Aufl., § 8 SGB VII Rn. 6. Wohl aber wird der Regressanspruch des Unfallversicherungsträgers gegenüber dem Schädiger entsprechend gemindert, siehe § 25 RN 10.

8 Auf der **Rechtsfolgenseite** geht man weithin von der **Gleichwertigkeit der materiellen Entschädigungsleistungen** aus.[40] Zwar kann der Verletzte bei Erwerbsunfähigkeit in der Unfallversicherung maximal 66 2/3 v.H. seines bisherigen (Brutto-)Jahresarbeitsverdienstes als Rente erreichen (§ 56 Abs. 3 SGB VII), aber von der hundertprozentigen Entgeltfortzahlung aufgrund zivilrechtlicher Haftung wären die Sozialversicherungsbeiträge und Steuern[41] abzuziehen, so dass kein sehr viel höherer Nettobetrag übrig bliebe. Hinzu kommt, dass die Anrechnung auf Leistungen der Rentenversicherung großzügiger gestaltet ist.[42] Vorteilhaft wirkt sich die abstrakte Bewertung der Erwerbsfähigkeitsminderung in der Unfallversicherung aus, die nach einschlägigen Untersuchungen bei geringeren und mittleren Beeinträchtigungen zu einem Einkommenszuwachs führt, weil der Verletzte seiner bisherigen Tätigkeit in vollem Umfang nachgehen kann.[43] Nachteilig für den Verletzten ist der unfallversicherungsrechtliche Schadensausgleich dagegen bei **immateriellen** (Folge-)**Schäden,**[44] für die es nach dem Leistungskatalog der Unfallversicherung im Gegensatz zur zivilrechtlichen Haftung (§ 253 Abs. 2 BGB) keine Entschädigung (Schmerzensgeld) gibt.[45] Dieser Schnitt wird für die Leicht- und Mittelverletzten durch den erwähnten Einkommenszuwachs im Bereich der materiellen Entschädigung gemildert, bei Schwerverletzten mit einer Erwerbsfähigkeitsminderung von 50 v.H. oder mehr durch eine Erhöhung der Verletztenrente um 10 v.H. gemäß § 57 SGB VII, wenn sie einer Erwerbstätigkeit nicht mehr nachgehen können und keine Leistungen aus der Rentenversicherung erhalten.[46] Aber das ist – auch der bloßen Wirkung nach – kein verstecktes Schmerzensgeld,[47] sondern Resultat einer unvermeidlichen Typisierung des materiellen Schadens (was die Leicht- und Mittelverletzten betrifft) und dessen systeminterne Korrektur (was die Erhöhung für tatsächlich Erwerbsunfähige angeht).

9 Der Vergleich beider Schadensausgleichssysteme führt zu dem **Ergebnis**, dass der unfallversicherungsrechtliche Schadensausgleich dem Geschädigten mehr Schadensrisiken abnimmt als der zivilrechtliche Schadensausgleich, dass es ihn außerdem bei den

---

40 BAG 25.9.1957 – GS 4 56 – unter III 3 a, AP §§ 898, 899 RVO Nr. 4 = NJW 1958, 235, 238; BGH 26.6.1990 – VI ZR 233/89 – unter 2 b bb, AP § 637 RVO Nr. 20 = NJW 1991, 174, 175; *Ilgenfritz*, NJW 1963, 1046, 1047; *Hanau*, JurA 1970, 112, 124; *Gitter*, Schadensausgleich, S. 189 f.

41 Die gesetzliche Unfallrente ist gemäß § 3 Nr. 1 Buchst. a EStG steuerfrei.

42 Wegen der in § 93 Abs. 2 SGB VI vorgesehenen Freibeträge; dazu BVerfG 8.2.1995 – 1 BvR 753/94 –, AP § 636 RVO Nr. 21 = NJW 1995, 1607.

43 Vgl. *Brakel*, BArbBl. 1959, S. 515 ff.; *Hanau*, JurA 1970, 112, 115; *Gitter*, Schadensausgleich, S. 163.

44 Für die (primäre) Verletzung immaterieller Rechtsgüter, Rechte und Interessen bleibt es bei der zivilrechtlichen Haftung, RN 29.

45 Versuche, den Haftungsausschluss de lege lata auf materielle Schäden zu begrenzen (*Rietschel*, JZ 1955, 35, 36 f.; *Sieg*, JZ 1960, 436 f.), haben zu Recht keine Gefolgschaft gefunden.

46 Außerdem ist die Berücksichtigung von Freibeträgen bei der Anrechnung von Leistungen der Rentenversicherung (vgl. § 93 Abs. 2 Nr. 2 Buchst. a SGB VI) für Schwerverletzte günstiger gestaltet als für Leichtverletzte, vgl. BVerfG 8.2.1995 – 1 BvR 753/94 –, AP § 636 RVO Nr. 21 = NJW 1995, 1607.

47 So aber *Ulrich*, NJW 1970, 1956, 1958; *ders.*, BB 1972, 43, 44; deutlich auch BVerfG 8.2.1995 – 1 BvR 753/94 –, AP § 636 RVO Nr. 21 = NJW 1995, 1607; wie hier OLG Hamburg 1.2.1971 – 1 W 46/70 –, VersR 1971, 835, 836. *Gitter*, SGb 1981, 204, 208, meint, der Leichtverletzte erhalte die Rente „praktisch" als Schmerzensgeld.

materiellen Leistungen per Saldo etwas besser stellt.[48] Dagegen gewährt die Unfallversicherung keinen Ersatz für immaterielle Schäden, stellt also den Geschädigten insoweit schlechter.

3. Gründe für den besonderen unfallversicherungsrechtlichen Schadensausgleich für Personenschäden im Arbeitsverhältnis

Die Unterschiede zwischen zivilrechtlichem und unfallversicherungsrechtlichem Schadensausgleich sind immerhin so deutlich, dass die gesetzgeberische Entscheidung für ein besonderes System des Schadenausgleichs der Rechtfertigung bedarf. **Eignung und Effektivität des unfallversicherungsrechtlichen Schadensausgleichs** sind nicht zu bezweifeln: Der Verletzte wird gegen Schadensfolgen ausreichend abgesichert. Auch die präventive Wirkung ist durch das ausgearbeitete öffentlich-rechtliche Unfallverhütungsregime (Unfallverhütungsvorschriften, Überwachung durch Unfallversicherungsträger, ordnungsrechtliche Sanktionen, §§ 14 ff., 209 SGB VII) und den Regress gegen den Schädiger (§ 110 SGB VII) gewährleistet. Dass sich Arbeitgeber von drohenden zivilrechtlichen Ersatzansprüchen wesentlich stärker zu Schutzvorkehrungen motivieren ließen,[49] ist nicht zu belegen. 10

Warum aber ist der Schadensausgleich für Personenschäden im Arbeitsleben einem besonderen Schadensausgleichssystem anvertraut? Für den historischen Gesetzgeber war die Beschränkung der Schadensverantwortlichkeit des Arbeitgebers/Unternehmers auf die Verschuldenshaftung und deren faktische Undurchsetzbarkeit insbesondere infolge von Beweisschwierigkeiten ein handfestes Motiv.[50] Die daraus resultierende **soziale Schutzbedürftigkeit des verletzten Arbeitnehmers**[51] erklärt nur die Durchbrechung des Verschuldensprinzips, nicht aber, warum der unfallversicherungsrechtliche Schadensausgleich statt einer gesetzlichen Risiko- („Gefährdungs-")haftung als Problemlösung gewählt wurde. Die ratio des unfallversicherungsrechtlichen Schadensausgleichs liegt in etwas anderem, und zwar darin, dem Verletzten einen **solventen Schuldner** zu geben.[52] Der Schadensausgleich durch zivilrechtliche Haftung ignoriert, dass der Schadensersatzanspruch wegen dauerhafter Erwerbsunfähigkeit oder zumindest erheblicher Erwerbsfähigkeitsminderung für den verletzten Arbeitnehmer von 11

48 In der Literatur herrscht die Einschätzung vor, die Unfallversicherung gleiche die materiellen Schäden angemessen aus, so *Rolfs*, Haftung unter Arbeitskollegen, S. 43 ff.; *Hanau*, JurA 1970, 112, 115; wie hier BeckOGK/*Ricke*, SGB VII (Stand: 02/2024), § 104 Rn. 6; *Gitter*, Schadensausgleich, S. 64.

49 So *Tamm*, RdA 1960, 412, 413.

50 *Gitter*, Schadensausgleich, S. 12 ff., 13 ff.; vgl. auch *Tamm*, RdA 1960, 412; *Jantz*, FS Lauterbach (1961), S. 15, 16.

51 *Gitter*, Schadensausgleich, S. 38; *Jantz*, FS Lauterbach, (1961), S. 15, 16.

52 Ebenso BAG 12.12.2002 – 8 AZR 94/02 – unter II 2 d, AP § 105 SGB VII Nr. 2 = NZA 2003, 968, 671; v. *Koppenfels-Spies/Wenner/Waltermann*, SGB VII, 3. Aufl., § 104 Rn. 3, *Becker/Franke/Molkentin/Grüner*, SGB VII, 6. Aufl., § 104 Rn. 5.

existentieller Bedeutung ist.[53] Die Insolvenz des schuldenden Arbeitgebers kann ihn für den Rest seines Lebens bedürftig machen. Die Unfallversicherung löst dieses Problem. Die tatsächliche Bedeutung des Insolvenzrisikos wird allerdings bezweifelt. Die wirtschaftlichen Verhältnisse hätten sich seit der Einführung der Unfallversicherung derart verändert, dass man den Verzicht auf Schmerzensgeld kaum mehr damit begründen könne.[54] Dem enormen Wohlstandszuwachs seit Einführung der Unfallversicherung im Jahre 1884 auf der einen Seite steht aber auf der anderen Seite eine massive Begrenzung des unternehmerischen Risikos durch Flucht in die Organisationsform der juristischen Person (insbes. GmbH) gegenüber, deren Kapitalausstattung allzu oft mäßig ist. In vielen Schadensfällen – jenen mit dauernder Beeinträchtigung der (konkreten) Erwerbsfähigkeit – muss die Solvenz des Unternehmens aber „ein Leben lang" sichergestellt sein. Ein Blick in die betriebliche Altersversorgung (§§ 7 ff. BetrAVG) belegt die Relevanz dieses Risikos. Die Existenz der Betriebshaftpflichtversicherung hat an dieser Situation ebenfalls nichts verändert, denn von „normalen" Arbeitnehmern verursachte Arbeitsunfälle sind vom Versicherungsschutz ausgenommen.[55] Und selbst wenn die Arbeitnehmer in den Versicherungsschutz kämen, wäre das Insolvenzrisiko doch erst mit einer gesetzlichen Pflicht zur Haftpflichtversicherung gebannt.

12 Im **öffentlichen Dienst** existiert das Insolvenzrisiko zwar weithin nicht, solange der Arbeitgeber öffentlich-rechtlich organisiert ist.[56] Aber diese Gewähr ist nicht integraler Bestandteil des zivilrechtlichen Schadensausgleichs: Sobald sich der öffentlich-rechtliche Verwaltungsträger privatrechtlicher Organisationsformen (AG, GmbH) bedient, sieht sich der Arbeitnehmer mit dem Insolvenzrisiko konfrontiert. Deshalb ist auch hier ein besonderes insolvenzsicheres Schadensausgleichssystem gerechtfertigt. Nur die Beamten, Richter und Soldaten sind vor einer „Privatisierung" ihres Dienstherrn weitgehend sicher. Insoweit wird der Gesetzgeber aber aus Gründen der Gleichbehandlung aller Beschäftigtengruppen ein vergleichbares Schadensausgleichssystem, wenn nicht einrichten müssen, so doch dürfen.[57]

13 Ein weiteres, allerdings weniger gewichtiges Anliegen der Unfallversicherung ist die Vermeidung einer Situation, in der der Verletzte um Erhaltung seiner beruflichen

53 Zum Zusammenhang von modernem Sicherheitsdenken und der Arbeitskraft als Existenzgrundlage *Fuchs*, Zivilrecht und Sozialrecht, S. 68 ff. Zur Bedeutung des Existenzschutzes im Arbeitsvertragsrecht *Schwarze*, ZfA 2005, 81 ff.

54 Vgl. *Hanau*, JurA 1970, 112, 119, und *Rolfs*, Haftung unter Arbeitskollegen, S. 56, die das Liquiditätsargument hinsichtlich der Rechtfertigung des Haftungsausschlusses deshalb nicht für sonderlich überzeugend halten; dazu noch unter RN 17.

55 Siehe A 1–2.1.2. der Allgemeinen Versicherungsbedingungen für die Betriebs- und Berufshaftpflichtversicherung (AVB BHV, Stand März 2024); zur Betriebshaftpflichtversicherung im Übrigen § 11 RN 23.

56 Insolvenzfähig sind gemäß § 12 InsO nur wenige juristische Personen des öffentlichen Rechts.

57 Hinzu kommen – wie bei den Arbeitnehmern auch – Besonderheiten bei der materiellen Schadenszumessung (kein Mitverschulden, Vereinfachung der Schadenszumessung und des Verfahrens), die die Bereitstellung eines besonderen Systems rechtfertigen, BVerfG 22.6.1971 – 2 BvL 10/69 –, BVerfGE 31, 212, 220 = NJW 1971, 1837 zu § 91aSVG; 8.1.1992 – 2 BvL 9/88 –, BVerfGE 85, 176, 187 f. = NJW 1992, 1091, 1092 zu § 46 Abs. 2 BeamtVG.

Entwicklungsperspektiven willen auf die Durchsetzung seines Schadensinteresses verzichtet.[58] Jedenfalls bei kleineren Verletzungen besteht die Gefahr.

Die Sozialisierung des Schadensrisikos wirkt sich auch für den Unternehmer vorteilhaft aus: Er entgeht überfordernden Schadensersatzansprüchen, denen er im Falle einer Risikohaftung für betriebliche Haftung ausgesetzt wäre.[59] Die **Enthaftung des Unternehmers** ist also gleichfalls ein Grund für ein besonderes Schadensausgleichssystem. 14

Neben dem sozialen Arbeitnehmerschutz war die Wahrung des **Betriebsfriedens**, verstanden als Frieden zwischen Arbeitgeber und Arbeitnehmer, ein weiteres gesetzgeberisches Motiv für die Einführung der Unfallversicherung.[60] Die friedensstiftende Wirkung der Haftungsersetzung ist gewiss ein sachlicher Grund für die Unfallversicherung als besonderes Schadensausgleichssystem. Ein prägendes, die Normanwendung leitendes Rechtsprinzip ist der Friedensgedanke nicht.[61] 15

4. Die Rechtfertigung des Haftungsausschlusses gemäß § 104 SGB VII

a) Unfallversicherung als eigenständiges Schadensausgleichssystem

Das eigentliche Problem ist nicht die Existenz der Unfallversicherung, sondern die Tatsache, dass die Versicherung **nicht kumulativ zur zivilrechtlichen Haftung hinzutritt, sondern diese ersetzt.** Im Hinblick auf die materiellen Schäden leuchtet das ein, denn der Arbeitgeber/Unternehmer darf nicht zweimal (Beitragszahlung und Schadensersatz) zur Verantwortung gezogen werden. Dagegen ist der **Fortfall des Schmerzensgeldanspruchs** ein Stein des Anstoßes,[62] weil die Unfallversicherung kein Schmerzensgeld kennt. Der „Ausschluss" des Schmerzensgeldes wird zur „Schlüsselfrage"[63] für die Tragfähigkeit des unfallversicherungsrechtlichen Schadensausgleichs erhoben.[64] Diese Fragestellung impliziert die unzutreffende Ineinssetzung von zivilrechtlichem Schadensersatzrecht und Verfassungsrecht: Nur wer das zivilrechtliche Haftungsrecht inklusive Schmerzensgeldanspruch für verfassungsrechtlich geboten hält, kann eine gewissermaßen zwingende Rechtfertigung für einen scheinbar entzie 16

58 Vgl. *Tamm*, RdA 1960, 412, 413.

59 BeckOGK/*Ricke*, SGB VII (Stand: 02/2024), § 104 Rn. 3.

60 BAG 28.11.2019 – 8 AZR 35/19 – Rn. 19, NZA 2020, 745; 25.9.1957 – GS 4 56 – unter III 2, AP §§ 898, 899 RVO Nr. 4; *Denck*, Außenhaftung, S. 121, 125; *Becker/Franke/Molkentin/Grüner*, SGB VII, 6. Aufl., § 104 Rn. 3; BeckOGK/*Ricke*, SGB VII (Stand: 02/2024), § 104 Rn. 3.

61 Siehe RN 19.

62 Vgl. etwa *Rein*, BB 1968, 44, 45 („soziales Unrecht"); *Böhmer*, VersR 1973, 21, 22 („groteskes Unrecht"); *Ulrich*, NJW 1970, 1956, 1957 f.; de lege ferenda: *Fuchs*, FS Gitter (1996), S. 253, 256; *Fuhlrott*, Der geschädigte Arbeitnehmer, S. 237 ff.; *ders.*, NZS 2007, 237 ff.; *Brose*, RdA 2011, 205, 218 m.w.N.; *Griese*, FS Küttner (2006), S. 165 ff.

63 *Hanau*, JurA 1970, 112, 114; weiterhin *Ulrich*, BB 1972, 43 ff.; *ders.*, NJW 1970, 1856 ff.; *Böhmer*, VersR 1973, 21 f.; *H. Bogs*, FS W. Gitter (1996), S. 123 ff.

64 Vgl. auch *Gitter*, Schadensausgleich, S. 238 f.: Die alleinige Finanzträgerschaft des Unternehmers könne den Haftungsausschluss nur soweit rechtfertigen, wie die nach zivilrechtlichen Maßstäben zu ersetzenden Schäden abgedeckt seien. Krit. auch *Fuchs*, Zivilrecht und Sozialrecht, S. 201.

henden „Eingriff" in die zivilrechtliche Haftung fordern[65] und kann ihm einen Allgemeingültigkeitsanspruch zubilligen, der jede abweichende Regelung als rechtfertigungsbedürftige „Ausnahme"[66] erscheinen lässt. Die verfassungsrechtliche Ausgangslage ist aber umgekehrt: Der Gesetzgeber kann frei über das System des Schadensausgleichs entscheiden. Schafft er für betrieblich veranlasste Personenschäden ein besonderes System, ist nicht die damit einhergehende Ersetzung des zivilrechtlichen Schadensausgleichs begründungsbedürftig, sondern dessen gleichzeitige Beibehaltung. Das wiederum heißt: Nur wenn der Schmerzensgeldanspruch zum verfassungsrechtlich abgesicherten Kern des Schadensbegriffs („Mindestschutz") gehörte, wäre der Gesetzgeber über Art. 2 Abs. 2 GG zur entsprechenden Ausgestaltung des Schadensausgleichs verpflichtet, sei es durch Beibehaltung der zivilrechtlichen Haftung insoweit oder durch Gewährung einer Schmerzensgeldleistung im Rahmen der Unfallversicherung. Der **immaterielle** (Folge-)**Schaden gehört aber nicht zu diesem Kernbereich.** Daran hat auch die Verallgemeinerung des Schmerzensgeldanspruchs in der zivilrechtlichen Haftung (§ 253 Abs. 2 BGB)[67] und eine Tendenz zur Ausdehnung gesetzlicher Gefährdungshaftungstatbestände auf Schmerzensgeldansprüche nichts geändert.[68] Der Gesetzgeber kann zwar nicht nach Belieben über immaterielle Interessen des Geschädigten verfügen. Aber er kann von ihrem Schutz zu Gunsten anderer Interessen des Geschädigten oder auch (außerhalb der Verschuldenshaftung) zu Gunsten einer übermäßigen Belastung des Schädigers absehen.[69]

17 In der Unfallversicherung hat der Gesetzgeber der existentiellen Bedeutung der Arbeitskraft für den Arbeitnehmer Rechnung tragen wollen. Der **Leitgedanke** des unfallversicherungsrechtlichen Schadensausgleichs ist die **umfassende Absicherung gegen die aus der Beeinträchtigung der Arbeitskraft resultierenden existentiellen (materiellen) Risiken.** Zu den existentiellen Risiken, die die Unfallversicherung dem Arbeitnehmer abnimmt, gehört nicht nur der Ausgleich des materiellen Personenschadens, sondern auch die **Absicherung gegen die Zahlungsunfähigkeit des Schadensverantwortlichen.** Die Zahlungsunfähigkeit des schadensverantwortlichen Arbeitgebers würde den erwerbsunfähigen Arbeitnehmer lebenslanger Bedürftigkeit ohne jegliche Aussicht auf Besserung überantworten. Um der Bewältigung dieses besonderen Risikos willen hat der Gesetzgeber auf die Entschädigung immaterieller Nachteile in der Unfallversicherung verzichtet.[70] Sie gibt dem geschädigten Arbeitnehmer mit dem

---

65 Dieser Zusammenhang wird meistens nicht beachtet oder näher gewürdigt, siehe etwa die Stellungnahmen von *Rein*, BB 1968, 44 ff.; *Ulrich*, BB 1972, 43; *Böhmer*, VersR 1973, 21 f.

66 So OLG Hamburg 1.2.1971 – 1 W 46/70 –, VersR 1971, 835, 837.

67 Eingefügt durch das Zweite Gesetz zur Änderung schadensersatzrechtlicher Vorschriften vom 19.7. 2002 (BGBl. I, S. 2624).

68 So auch BGH 4.6.2009 – III ZR 229/07 –, NJW 2009, 2956 m.w.N. (mit einer durch den Fall veranlassten Begrenzung der Verfassungsmäßigkeitsprüfung auf Schäden im Kindergartenbereich).

69 Das meint das BVerfG 7.11.1972 – 1 BvL 17/71 –, BVerfGE 34, 118, 131 = NJW 1973, 502, mit der Bemerkung, der Gesetzgeber sei nicht an die „Sachgesetzlichkeiten" des Zivilrechts gebunden.

70 Vgl. *Schönberger/Radek*, NJW 1971, 1072; OLG Hamburg 1.2.1971 – 1 W 46/70 –, VersR 1971, 835, 837; siehe auch *Hanau*, JurA 1970, 112, 117 ff.

Träger der Unfallversicherung einen stets solventen Schuldner, der auch dann zahlen muss, wenn der schadensverantwortliche Arbeitgeber/Unternehmer wegen Insolvenz keine Beiträge mehr entrichtet oder schon vor dem Schadensfall nicht mehr entrichtet hat. Der Unternehmer muss diesen Versicherungsschutz finanzieren (§ 150 Abs. 1 SGB VII).[71] Es ist dies eine im Vergleich zur zivilrechtlichen Haftung zusätzliche Belastung, die zwar, bliebe es bei der Entschädigung immaterieller Schäden, die Gesamtbelastung des Arbeitgebers/Unternehmers nicht gleich verfassungswidrig werden ließe, die der Gesetzgeber aber im Rahmen seines Gestaltungsermessens zum Anlass für Entlastungen in anderen Bereichen – eben beim Schmerzensgeld – nehmen darf.

Diese Entlastung des Schädigers wird nicht deshalb in Frage gestellt, weil bei der 18
Berechnung des Regressanspruchs des Unfallversicherers gegen den Schädiger (§ 110 SGB VII) das Schmerzensgeld berücksichtigt wird.[72] Die Haftung im unfallversicherungsrechtlichen Schadensausgleich gemäß § 110 SGB VII stellt den Schädiger im Vergleich zur zivilrechtlichen Haftung[73] dreifach günstiger: Sie entsteht nur bei mindestens grober Fahrlässigkeit,[74] nimmt Rücksicht auf die wirtschaftliche Situation des Schädigers (§ 110 Abs. 2 SGB VII) und ist im Umfang auf die tatsächlichen Aufwendungen des Unfallversicherers, also auf den materiellen Schaden begrenzt.[75] Der Fortfall der Haftung auf Schmerzensgeld und der Verzicht auf einen entsprechenden Leistungstatbestand in der Unfallversicherung sind daher gerechtfertigt.[76] In diesem Kontext kommt das oft zitierte **Finanzierungsargument** zu seinem Recht, verstanden als Schutz des schadensverantwortlichen Unternehmers vor unzumutbaren Belastungen.[77] In der

71 Die Beiträge zur Unfallversicherung erfreuen sich einer beachtlichen Stabilität: 1960 lagen die Kosten bei 1,51 DM pro 100 DM Arbeitsentgelt, 1993 bei 1,44 DM (*Fuchs*, BG 1996, 248, 252); 2008 betrugen die Kosten 1,26 € pro 100 € Arbeitsentgelt (Geschäfts- und Rechnungsergebnisse der DGUV), 2020 lagen sie bei knapp 1 € pro 100 € Arbeitsentgelt (https://publikationen.dguv.de/widgets/pdf/download/article/4588).

72 § 25 RN 9. Daraus Bedenken gegen den Ausschluss des Schmerzensgeldes ableitend *Brose*, RdA 2011, 205, 217 f., die richtig erkennt, dass eine für nötig erachtete Korrektur in der Ausgrenzung des Schmerzensgeldes aus der Berechnung des Regressanspruchs zu bestehen hätte, nicht aber in der Zulassung der zivilrechtlichen Haftung auf Schmerzensgeld.

73 Diese ist hinsichtlich des Arbeitnehmers zugrunde zu legen, der jedenfalls dem Arbeitskollegen uneingeschränkt haftet.

74 Zur möglicherweise strengeren Haftung nach der Rechtsprechung siehe § 25 RN 6 f.

75 § 25 RN 9.

76 Im Ergebnis ebenso BVerfG 7.11.1972 – 1 BvL 4 u. 17/71 –, BVerfGE 34, 118, 129 ff. = NJW 1973, 502; 8.2.1995 – 1 BvR 753/94 –, NJW 1995, 1607 f.; 22.6.1971 – 2 BvL 10/69 –, BVerfGE 31, 212, 220, zu § 91a SVG; 8.1.1992 – 2 BvL 9/88 –, BVerfGE 85, 176, 187 f. = NJW 1992, 1091, zu § 46 Abs. 2 BeamtVG; eine Schmerzensgeldrente schlägt *Gitter* (Schadensausgleich, S. 197 f. m.w.N) vor. Zur europarechtlichen Konformität LAG Köln 29.9.1994 – 6 Sa 763/94 –, NZA 1995, 470. Das Verhältnis des Unfallversicherungssystems insgesamt zum Europarecht beleuchtet *Heinze*, FS Gitter (1996), S. 355 ff.; siehe zudem *Fuchs*, BG 1996, 248; umfassend und insgesamt ablehnend zum Unfallversicherungsmonopol der Berufsgenossenschaften aus europarechtlicher Sicht *Giesen*, Sozialversicherungsmonopol, insbes. S. 203 ff.

77 Vgl. Begründung zum Entwurf des UNVG von 1963 (BT-Drucks. IV/120, S. 48): Die alleinige Finanzierungsverantwortung verlöre ihren Sinn, würde der Unternehmer dem Arbeitnehmer weiterhin persönlich haften.

Logik dieses Arguments liegt es, die Haftung neben dem Unfallversicherungsschutz bei der Teilnahme am allgemeinen Verkehr zuzulassen, da hier typischerweise die Pflicht-Kfz-Haftpflichtversicherung eintreten muss, die eine zusätzliche Belastung des Unternehmers verhindert.

b) Keine rechtfertigende Bedeutung des Betriebsfriedens

19 Die **Wahrung des Betriebsfriedens** ist eine – vom Gesetzgeber gewollte[78] – **Wirkung** der Unfallversicherung und ein **Motiv** für ihre Einführung: Schadensersatz- und Freistellungsprozesse zwischen Arbeitgeber und Arbeitnehmer[79] werden in einem gewissen Umfang unterbunden.[80] Ein legitimierendes Argument für den Haftungsausschluss und ein **die Auslegung der §§ 104 SGB VII leitendes Prinzip ist der Befriedungsgedanke** aber **nicht**,[81] dazu ist er zu bruchstückhaft und ohne die erforderliche Folgerichtigkeit verwirklicht. Man kann nicht dem Schwerverletzten um des Friedens willen den Verzicht auf Schmerzensgeld zumuten, wenn andererseits wegen eines zerrissenen Arbeitsanzugs durch drei Instanzen prozessiert werden darf. Wer meint, dass Sachschäden typischerweise keinen oder weniger Streit auslösten als Personenschäden, wird durch die zahlreichen Urteile zur Eigenschadenshaftung eines Besseren belehrt. Außerdem sind Ansprüche und damit Streitigkeiten aus Persönlichkeitsverletzungen nicht ausgeschlossen. Schließlich geht der Haftungsausschluss auch zu Lasten solcher Verletzter, von denen mangels Betriebszugehörigkeit keine Gefahr für den Betriebsfrieden (mehr) ausgeht, z. B. die nur vorübergehend Beschäftigten (§ 2 Abs. 2 S. 1 SGB VII).[82] Die

---

78 Vgl. zu den Äußerungen des historischen Gesetzgebers BAG 25.9.1957 – GS 4 56 – unter III 2, AP §§ 898, 899 RVO Nr. 4 = NJW 1958, 235; Stenogr. Berichte des Reichstags, 5. Legislaturperiode, VI. Session, 1884, 3. Anlageband, S. 65 ff., 89, zum Verhältnis Arbeitgeber – Arbeitnehmer; zum UNVG vgl. Begründung des Gesetzentwurfs, BT-Drucks. IV/120, S. 62 f.

79 Darauf hebt BAG 25.9.1957 – GS 4 56 – unter II 2, AP §§ 898, 899 RVO Nr. 4 = NJW 1958, 235 ab.

80 *Gitter*, Schadensausgleich, S. 241 f., der im unfallversicherungsrechtlichen Schadensausgleich allerdings auch die Gefahr unausgetragener Konflikte sieht. Diese Gefahr dürfte eher als gering zu veranschlagen sein, weil die Unfallversicherung das Rechtsbewusstsein der Arbeitnehmer derart prägt, dass sie in der Regel keine Erwartungen gegenüber dem Arbeitgeber haben.

81 So aber – durchaus mit Folgen für die Bestimmung der Reichweite des Haftungsausschlusses – eine verbreitete Ansicht: BAG 25.9.1957 – GS 4 56 – unter II 2, AP §§ 898, 899 RVO Nr. 4 = NJW 1958, 235, 238; BVerfG 7.11.1972 – 1 BvL 4 u. 17/71–, AP § 636 BGB Nr. 6 = NJW 1973, 502, 503; BAG 22.4.2004 – 8 AZR 159/03 – Rn. 20, AP § 105 SGB VII Nr. 3 = NZA 2005, 163, 165; 24.6.2004 – 8 AZR 292/03 – unter II 2 b aa, AP § 104 SGB VII Nr. 3; *Becker/Franke/Molkentin/Grüner*, SGB VII, 6. Aufl., § 104 Rn. 3; siehe auch *Fuchs*, BG 1996, 248, 251; gegen das Friedensargument allgemein *Steindorff*, SAE 1967, 272; differenzierend OLG Hamburg 1.2.1971 – 1 W 46/70 –, VersR 1971, 835, 837; BeckOK/*Stelljes*, Sozialrecht (Stand: 03/2024), § 104 SGB VII Rn. 3; abl. auch *Griese*, FS Küttner (2006), S. 165, 171 ff.; *Brose*, RdA 2011, 205, 207; ErfK/*Rolfs*, 25. Aufl., § 104 SGB VII Rn. 1; krit. aus der Perspektive des österreichischen Rechts *Oberhofer*, DRdA 1995, 1, 7.

82 Dass die Haftung gegenüber aus dem Betrieb ausscheidenden Schwerverletzten ausgeschlossen bleibt, gebietet allerdings die Rechtssicherheit: Nach welchem Schadensausgleichssystem die Entschädigung des Verletzten erfolgt, muss zum Zeitpunkt der schädigenden Handlung feststehen und kann nicht von nachherigen Entwicklungen abhängen, die sich womöglich erst Jahre nach dem Schadensereignis

in der Literatur befürchtete Doppelung gerichtlicher Verfahren – sozialgerichtliches Verfahren über den „Arbeitsunfall“ einerseits, zivilgerichtliches Verfahren über den Schmerzensgeldanspruch andererseits – gibt ebenfalls keinen stichhaltigen Grund für den Haftungsausschluss.[83] Sie ist selbst beim unfallversicherten Körperschaden ständige forensische Praxis, denn im sozialverwaltungs-/sozialgerichtlichen Verfahren wird lediglich über den Versicherungsschutz entschieden, über die durch dieses Verfahren trotz § 108 SGB VII nicht vollständig präjudizierte[84] Frage des Haftungsausschlusses im zivilgerichtlichen Verfahren.

Zusammenfassung: Der Gesetzgeber bezweckt mit dem unfallversicherungsrechtlichen Schadensausgleich eine umfassende Sicherung der Arbeitskraft als wirtschaftlicher Existenzgrundlage. Diesem Leitgedanken gemäß bietet die Unfallversicherung im Vergleich zum zivilrechtlichen Schadensausgleich zusätzlichen Schutz, nämlich gegen die Insolvenz des schadensverantwortlichen Unternehmers. Es liegt im Rahmen des gesetzgeberischen Gestaltungsermessens, wegen der damit verbundenen finanziellen Belastung des Unternehmers auf die Entschädigung immaterieller Interessen zu verzichten. Das hat das BVerfG mehrfach bestätigt.[85] 20

II. Die Ausdehnung der Haftungsersetzung auf die Verletzung von Kollegen (§ 105 SGB VII)

Aus der beschriebenen Zielsetzung des unfallversicherungsrechtlichen Schadensausgleichs ist der Ausschluss der zivilrechtlichen Haftung des Arbeitnehmers zu verstehen, der einen im selben „Betrieb“ tätigen Versicherten verletzt hat (§ 105 SGB VII). Manchen gilt der Finanzierungsgedanke als entscheidend: Dem die Unfallversicherung finanzierenden Unternehmer drohe im Falle einer Haftung des Arbeitnehmers eine Belastung mit Freistellungsansprüchen, der Arbeitgeber würde für denselben Schadensfall doppelt in Anspruch genommen. Um die Enthaftung des Unternehmers abzusichern, gebe es daher den Haftungsausschluss zu Gunsten des schädigenden Arbeitnehmers.[86] 21

Diese Begründung erfasst die „objektive Teleologie“ des Haftungsausschlusses nur unzureichend. Zwar gebietet das System der Unfallversicherung die vollständige Enthaftung des Arbeitgebers/Unternehmers. Dafür aber wäre die Enthaftung des schädi- 22

(erst späte Folgeschäden führen zur Erwerbsunfähigkeit) einstellen. Daraus ergibt sich also kein Einwand gegen das Friedensargument (so aber *Hanau*, JurA 1970, 112, 120 ff.).

83 *Hanau*, JurA 1970, 112, 124 f.

84 Auch bei bestehendem Unfallversicherungsschutz kann es zur Haftung kommen, §§ 104 Abs. 1, 105 Abs. 1, 8 Abs. 2 Nr. 1 bis 4 SGB VII.

85 BVerfG 7.11.1972 – 1 BvL 4/71 –, BVerfGE 34, 118, 129; BVerfG 27.02.2009 – 1 BvR 3505/08 –, NZA 2009, 509; BAG 28.11.2019 – 8 AZR 35/19 – Rn. 25, NZA 2020, 745.

86 BAG 25.9.1957 – GS 4 56 – unter III 2, AP §§ 898, 899 RVO Nr. 4 = NJW 1958, 235, 237 („Sinn und Zweck würde vereitelt“); BVerfG 7.11.1972 – 1 BvL 17/71 –, BVerfGE 34, 118, 136 f. = NJW 1973, 502, 503; *Becker/Franke/Molkentin/Grüner*, SGB VII, 6. Aufl., § 105 Rn. 1; v. *Koppenfels-Spies/Wenner/Waltermann*, SGB VII, 3. Aufl., § 105 Rn. 2; ErfK/*Rolfs*, 25. Aufl., § 105 SGB VII Rn. 1; *Rolfs*, Haftung unter Arbeitskollegen, S. 50, 43 ff.

genden Arbeitnehmers nicht erforderlich; es genügte, den Freistellungsanspruch des Arbeitnehmers gemäß oder entsprechend § 104 SGB VII entfallen zu lassen.[87] Der Große Senat des BAG und später der Gesetzgeber haben anders entschieden, weil sie im Hinblick auf die Haftung für Personenschäden von Kollegen nicht an der arbeitsrechtlichen Enthaftung rütteln wollten, ja weil die Enthaftung wegen der oft schwerwiegenden Schadensfolgen hier in besonderer Weise geboten erscheint.[88] Die **arbeitsrechtliche Haftungsprivilegierung des schädigenden Arbeitnehmers** hat den Haftungsausschluss des § 105 SGB VII (vormals § 637 RVO) erzwungen, er ist ihr **wesentlicher Zweck.** Der Gesetzgeber hat für Personenschäden im Arbeitsleben ein besonderes Schadensausgleichsystem geschaffen. Er muss **im unfallversicherungsrechtlichen Schadensausgleich für die gebotene Enthaftung des abhängig Arbeitenden von überfordernden Haftungsrisiken** sorgen. Der Haftungsausschluss zu Gunsten des schädigenden Arbeitnehmers ist der eine Teil dieser Enthaftung; der andere Teil ist die Beitragsfreiheit der Arbeitnehmer (als mögliche Schädiger) in der Unfallversicherung. Spätestens mit der Neufassung des Unfallversicherungsrechts im SGB VII hat der Gesetzgeber diesen Zusammenhang erkannt und sich zu eigen gemacht: **§ 105 Abs. 2 SGB VII** entlastet den Arbeitnehmer auch von der Haftung für Schäden, die er seinem Unternehmer zufügt. Diese Regelung **schützt allein den schädigenden Arbeitnehmer**[89] und ist nur aus der Sachlogik des innerbetrieblichen Schadensausgleichs zu verstehen.[90]

23 Der Schutz des Schädigers erklärt allerdings auf den ersten Blick nicht die vollständige Haftungsersetzung, sondern nur jenen Teil, der auch im Arbeitsrecht geboten erscheint.[91] Zumindest für grobe Fahrlässigkeit und – auf der Basis der arbeitsgerichtlichen Rechtsprechung – auch für den arbeitnehmerischen Schadensanteil bei mittlerem Verschulden könnte eigentlich die zivilrechtliche Haftung neben der Unfallversicherung bestehen bleiben, und dem Geschädigten damit der Zugriff auf das Schmerzensgeld ermöglicht werden. Der Gesetzgeber hat sich aber dafür entschieden, die **Schadensverantwortlichkeit des Arbeitnehmers** abschließend im unfallversicherungsrechtlichen Schadensausgleich zu regeln. Sie findet ihren Niederschlag **im Regress des Versicherungsträgers gemäß § 110 SGB VII.** Diese Ausgestaltung liegt im gesetzgeberischen Ermessen, da der Verletzte hier durch die Versicherung eine das Insolvenzrisiko umfassende Absicherung erhält.

---

87 Wie dies im Hinblick auf die Freistellung vom Regress des Unfallversicherungsträgers (§ 110 SGB VII) auch zum Teil angenommen wird, siehe § 25 RN 7.

88 Vgl. BAG 25.9.1957 – GS 4 56 – unter III 3 a, AP §§ 898, 899 RVO Nr. 4 = NJW 1958, 235.

89 Vgl. die Begründung des Gesetz gewordenen Regierungsentwurfs: „Die Freistellung des Arbeitnehmers gegenüber Schadensersatzansprüchen des Unternehmers wird erweitert" (BR-Drucksache 263/96, S. 210 unter 4).

90 So jetzt auch BSG 26.6.2007 – B 2 U 17/06 R – Rn. 18, BSGE 98, 285; *Brose*, RdA 2011, 205 m.w.N.; *Lepa*, Haftungsbeschränkungen bei Personenschäden, S. 49 ff.; anders *Waltermann*, Die Berufsgenossenschaft 1997, 310, 315, der die Rechtfertigung im Friedens- und Liquiditätsargument sucht; siehe aber *dens.*, NJW 2002, 1225, 1227.

91 Vgl. *Gitter/Nunius*, in: Schulin, HS-UV § 5 Rn. 77.

Die **Wahrung des Betriebsfriedens** ist demgegenüber – wie beim Haftungsausschluss zu Gunsten des Arbeitgebers/Unternehmers – auch hier[92] zwar ein Motiv des Gesetzgebers[93] und tatsächliche Wirkung der Unfallversicherung. Zum tragenden, **die Gesetzesauslegung leitenden Rechtsprinzip fehlt dem Befriedungsgedanken aber die stimmige Umsetzung:**[94] Auch zwischen den Beschäftigten bleibt die Haftung für Sachschäden bestehen,[95] und es kann deshalb prozessiert werden.[96] Und wie beim Haftungsausschluss zu Gunsten des Unternehmers wird auch in § 105 SGB VII auf die Betriebszugehörigkeit des Schädigers verzichtet;[97] zum Haftungsausschluss kommt es infolgedessen auch im Verhältnis zwischen betriebszugehörigen Verletzten und externen Schädigern, die nur vorübergehend für den Unternehmer tätig werden, ja sogar zwischen externen Verletzten und Schädigern, obgleich Auseinandersetzungen mit und zwischen ihnen für den Betriebsfrieden ohne Bedeutung sind. Im Übrigen ist das Betriebsfriedensargument auch für die Begrenzung des Haftungsausschlusses in § 105 Abs. 1 SGB VII nicht prägend: Der Haftungsausschluss gilt nicht mehr allein unter „Betriebsangehörigen", sondern auch unter vorübergehend tätigen Externen, ohne dass diese „eingegliedert" gewesen sein müssten. Weil sich deshalb auch die Begrenzung des Haftungsausschlusses auf den Betrieb i. e.S. nicht mehr halten lässt,[98] hat die Wahrung des Betriebsfriedens auch in dieser Hinsicht keine prägende Bedeutung. 24

Der Gedanke der **betrieblichen Gefahrengemeinschaft kann zur Erklärung des Haftungsausschlusses unter den Arbeitnehmern nichts beitragen.**[99] So richtig es ist, dass die tatsächliche Verbundenheit in der Betriebsgemeinschaft rechtliche Folgen zeitigen kann (z. B. Gleichbehandlungsgrundsatz), so wenig kann die hier fragliche Rechtsfolge daraus abgeleitet werden. Den Arbeitnehmern nur wegen ihrer eigenen möglichen Haftung einen Verzicht auf die Haftung des anderen zu unterstellen oder 25

92 *Gitter*, Schadensausgleich, S. 243, misst dem Friedensgedanken zwischen den Beschäftigten geringeres Gewicht bei.

93 Begründung des Gesetzentwurfes zum UNVG, BT-Drucks. IV/120, S. 62 f.

94 Anders auch hier eine verbreitete Ansicht: BVerfG 7.11.1972 – 1 BvL 17/71 –, BVerfGE 34, 128, 136 = NJW 1973, 502; BAG 24.9.1992 – 8 AZR 772/91 – unter I 4 d, AP § 637 RVO Nr. 22 = NZA 1993, 451, 452; BGH 26.6.1990 – VI ZR 233/89 – unter 2 b bb, AP § 637 RVO Nr. 20 = NJW 1991, 174; *Knickrehm/v. Koppenfels-Spies*, Sozialrecht, 8. Aufl., § 104 SGB VII Rn. 2; *Becker/Franke/Molkentin/Grüner*, SGB VII, 6. Aufl., § 105 Rn. 3; *Rolfs*, Haftung unter Arbeitskollegen, S. 50 ff.

95 Siehe RN 30.

96 Siehe etwa den Sachverhalt in BAG 12.12.2002 – 8 AZR 94/02 –, AP § 105 SGB VII Nr. 2 = NZA 2003, 968.

97 Siehe § 23 RN 1.

98 Siehe § 22 RN 49 ff.

99 So aber BSG 26.6.2007 – B 2 U 17/06 R – Rn. 18, BSGE 98, 285; ferner jüngst insbes. die Rechtsprechung zu § 106 Abs. 3 SGB VII, siehe § 24 RN 3 f.; ferner schon BAG 25.9.1957 – GS 4 56 – unter III 3 c, AP §§ 898, 899 RVO Nr. 4 = NJW 1958, 235; BVerfG 7.11.1972 – 1 BvL 17/71 –, BVerfGE 34, 118, 136 = NJW 1973, 502, 504; aus der Literatur vor allem *Gitter*, Schadensausgleich, S. 243 ff.; ferner *Brose*, RdA 2011, 205; *Lepa*, Haftungsbeschränkung bei Personenschäden, S. 49 f.; *Becker/Franke/Molkentin/Grüner*, SGB VII, 6. Aufl., § 105 Rn. 3; *v. Koppenfels-Spies/Wenner/Waltermann*, SGB VII, 3. Aufl., § 105 Rn. 3; abl. *Tischendorf*, VersR 2003, 1361 ff.; *Rolfs*, Haftung unter Arbeitskollegen, S. 53 f.

zumindest anzusinnen,[100] wird ihrer Interessenlage schon deshalb nicht gerecht, weil es nicht nur um „leichtes“ Verschulden[101] und um unter Umständen schwerwiegende Folgen geht. Außerdem müsste man dann auch außerhalb der gesetzlichen Regelung in § 105 SGB VII – etwa bei Sachschäden – zu Haftungsbeschränkungen kommen. Das wird aber nicht angenommen.[102] Hinzu kommt der offene Wertungswiderspruch zu dem für die zivilrechtliche Haftung gesicherten Gedanken, dass der erhöhten Einwirkungsmöglichkeit eine erhöhte Sorgfaltspflicht korrespondiert (§ 311 Abs. 2 BGB).

26 Der in Teilen der neueren Literatur angeführte Gedanke, den Haftungsausschluss als Ausdruck einer **sozialen Haftpflichtversicherung** aufzufassen,[103] trifft einen Effekt, aber wohl nicht den Kern der Unfallversicherung. Die Unfallversicherung versichert den Geschädigten, nicht den Schädiger; dieser bleibt haftpflichtig (§ 110 SGB VII) unterhalb der für die Haftpflichtversicherung entscheidenden Vorsatzschwelle.[104]

III. Die Erstreckung des unfallversicherungsrechtlichen Schadensausgleichs auf Schädigungen des Unternehmers durch Arbeitnehmer

27 Verletzt der Arbeitnehmer seinen Arbeitgeber/Unternehmer, entfällt die Haftung ebenfalls. Die Rechtslage hat sich insoweit durch § 105 SGB VII geändert.[105]

IV. Die Beschränkung der Haftungsersetzung auf den Personenschaden

1. Begriff des Personenschadens

28 Die „Haftungsersetzung durch Versicherung“ gilt nur für Personenschäden (§§ 104 Abs. 1, 105 Abs. 1 SGB VII). Ein Personenschaden ist der Schaden, den der Verletzte in seiner körperlichen oder seelischen Unversehrtheit erleidet und der zu einer zivilrechtlichen Entschädigungspflicht führt; gleichzeitig muss ein Gesundheitsschaden als ein den Versicherungsfall konstituierendes Merkmal eingetreten sein.[106] Unter die Personenschäden fallen auch infolge der Verletzung eingetretene **immaterielle (Folge-)**

100 So BAG 25.9.1957 – GS 4 56 – unter III 3 c, AP §§ 898, 899 RVO Nr. 4 = NJW 1958, 235; *Gitter*, Schadensausgleich, S. 246.

101 Nach § 105 SGB VII bleibt die Haftung nur bei „Vorsatz“ bestehen, nach der Rspr. des BGH muss sich der Vorsatz auf die Herbeiführung eines ernstlichen Personenschadens beziehen, BGH 11.2.2003 – VI ZR 34/02 –, BGHZ 154, 11 = NJW 2003, 1605.

102 Siehe RN 30.

103 *Waltermann* NJW 2002, 1225, 1227; *v. Koppenfels-Spies/Wenner/Waltermann*, SGB VII, 3. Aufl., § 104 Rn. 1, 5; wohl auch *Deinert*, Privatrechtsgestaltung durch Sozialrecht, 2007, S. 261 ff., 274.

104 § 25 RN 3.

105 Siehe § 22 RN 7. Zur Bedeutung der Änderung für das Verständnis des Haftungsausschlusses siehe RN 22.

106 BAG 22.4.2004 – 8 AZR 159/03 – Rn. 22, AP § 105 SGB VII Nr. 3 = NZA 2005, 163, 165; BAG 28.11.2019 – 8 AZR 35/19 – Rn. 21, NZA 2020, 745.

Schäden (Schmerzensgeld)[107] und **Vermögensfolgeschäden**,[108] z. B. Unterhalts- und Benzinkosten für Fahrten zur ärztlichen Behandlung des Personenschadens.[109]

2. Beibehaltung der zivilrechtlichen Haftung für Verletzung immaterieller Rechte, Rechtsgüter oder Interessen und für Sachschäden

Nicht ausgeschlossen wird durch § 105 SGB VII die zivilrechtliche Haftung des Arbeitnehmers für die (primäre) Verletzung **immaterieller Rechte, Rechtsgüter oder Interessen** des Arbeitgebers oder der Arbeitskollegen. Dazu zählen insbesondere **Verletzungen des allgemeinen Persönlichkeitsrechts** des Arbeitskollegen (etwa durch „Mobbing") oder des Arbeitgebers (z. B. durch Beleidigung). Hier handelt es sich nicht um von der Unfallversicherung erfasste Personenschäden, und zwar auch dann nicht, wenn sie unmittelbar mit der Person des Arbeitnehmers zusammenhängen. Das gilt insbesondere für das allgemeine Persönlichkeitsrecht und für die aus der arbeitsvertraglichen Fürsorgepflicht abzuleitende Pflicht des Arbeitgebers, den Arbeitnehmer nicht unzulässigem Druck auszusetzen („Mobbing") bzw. vor einem solchen Druck durch Kollegen zu bewahren und nicht zu diskriminieren. Soweit solches Verhalten zur Verletzung der seelischen Unversehrtheit führt,[110] liegt darin zwar ein Personenschaden, aber es wird i. d. R. an der weiteren Voraussetzung der Verursachung des Schadens durch einen Arbeitsunfall (§ 8 Abs. 1 SGB VII) fehlen.[111] Nicht zum Personenschaden zu rechnen sind zudem die Schäden, die den Angehörigen des versicherten Geschädigten als psychische Folge des Arbeitsunfalls (**Schockschäden**, z. B. depressive Störung) entstehen, da es sich um deren eigenen Schaden handelt.[112] Die zivilrechtliche Haftung besteht hier fort. 29

Für die Verursachung von **Sachschäden** von Betriebsangehörigen bleibt es bei der zivilrechtlichen Haftung des Arbeitnehmers.[113] Sachschäden werden von der Unfallversicherung nicht abgedeckt.[114] Eine **Ausnahme** gilt lediglich für Beschädigung oder 30

107 BAG 24.6.2004 – 8 AZR 292/03 –, AP § 104 SGB VII Nr. 3 = NZA 2004, 1182; BGH 4.6.2009 – III ZR 229/07 –, NJW 2009, 2956; BVerfG 8.2.1995 – 1 BVR 753/94 –, AP § 636 RVO Nr. 21 = NJW 1995, 1607; *v. Koppenfels-Spies/Wenner/Waltermann*, SGB VII, 3. Aufl., § 104 Rn. 17.

108 BAG 10.10.2002 – 8 AZR 103/02 –, AP § 104 SGB VII Nr. 1 = NZA 2003, 436; BGH 8.3.2012 – III ZR 191/11 – Rn. 8 ff., NZS 2012, 546; ErfK/*Rolfs*, 25. Aufl., § 104 SGB VII Rn. 15.

109 BAG 22.4.2004 – 8 AZR 159/03 – Rn. 22, AP § 105 SGB VII Nr. 3; BAG 28.11.2019 – 8 AZR 35/19 – Rn. 23 f., NZA 2020, 745.

110 BAG 25.10.2007 – 8 AZR 593/06 – Rn. 89, AP § 611 BGB Mobbing Nr. 6 = NZA 2008, 223.

111 Vgl. BAG 25.10.2007 – 8 AZR 593/06 – Rn. 85, AP § 611 BGB Mobbing Nr. 6 = NZA 2008, 223, 227; siehe auch BAG 24.4.2008 – 8 AZR 347/07 –, AP § 611 BGB Haftung des Arbeitgebers Nr. 42 = NZA 2009, 38. Zur Diskriminierung BAG 21.2.2013 – 8 AZR 68/12 – Rn. 18 ff., juris.

112 BGH 6.2.2007 – VI 55/06 –, NJW-RR 2007, 1395; *Dahm*, NZV 2008, 187 ff.

113 Ganz überwiegende Ansicht, siehe nur *Gitter*, Schadensausgleich, S. 193 f.; *Rolfs*, Haftung unter Arbeitskollegen, S. 211 f.

114 Ob für Sachschäden – ausnahmsweise – Ermessensleistungen gemäß § 39 Abs. 2 SGB VII gewährt werden können, ist umstritten, vgl. *Gitter*, Schadensausgleich, S. 193; abl. BeckOGK/*Feddern*, SGB VII (Stand: 02/2024), § 39 Rn. 13.

Verlust eines Hilfsmittels (z. B. Körperersatzstücke, vgl. § 31 SGB VII), was nach § 8 Abs. 3 SGB VII einem Personenschaden gleichsteht.[115] Ebenso wenig kann man Haftungsbeschränkungen aus allgemeinen Rechtsprinzipien ableiten. Das gilt einmal für den Gedanken der Gefahrengemeinschaft.[116] Es gilt aber auch für die von *Denck* befürwortete Ersetzung der Haftung des Arbeitnehmers durch jene des Arbeitgebers.[117] Zwar ist es richtig, dass der Arbeitgeber analog § 670 BGB auch für solche Sachschäden des Arbeitnehmers einstehen muss, die ihm von Arbeitskollegen bei betrieblicher Tätigkeit schuldhaft zugefügt wurden.[118] Nur verdrängt diese Haftung nicht jene des Arbeitnehmers, sondern tritt neben sie. *Denck* hält dem entgegen, die Unfallversicherung beruhe auf der Schadensverantwortlichkeit des Arbeitgebers; wenn schon bei Personenschäden auf Haftungsansprüche verzichtet werden müsse, dann erst recht bei Sachschäden.[119] *Denck* berücksichtigt nicht, dass die Unfallversicherung dem Geschädigten eine materiell bedeutsame Absicherung gegen die Insolvenz des Arbeitgebers gewährt. Im Übrigen zöge *Dencks* Ansicht eine andere, nicht einleuchtende Ungleichbehandlung nach sich, denn die Haftung eines außerbetrieblichen Schädigers bliebe trotz der Haftung des Arbeitgebers analog § 670 BGB unberührt.

V. Der Ausschluss der zivilrechtlichen Haftung als Rechtsfolge

31 Die Rechtsfolge der §§ 104, 105 SGB VII besteht darin, dass der Schädiger zum Ersatz des Personenschadens nicht verpflichtet ist. Aufgehoben wird vom zivil- bzw. arbeitsrechtlichen Haftungstatbestand nur die **Rechtsfolge „Anspruch auf Schadensersatz“.** Dagegen bleibt der der Haftung zugrunde liegende Haftungstatbestand vom Ausschluss unberührt, soweit es um die Anknüpfung anderer Rechtsfolgen geht (z. B. Kündigung des Arbeitsverhältnisses). Erst recht unberührt bleiben die der Haftung zugrunde liegenden zivil-/arbeitsrechtlichen (vertraglichen und gesetzlichen) Verhaltenspflichten. Erfasst vom Ausschluss der Schadensersatzfolge werden alle zivil- bzw. arbeitsrechtlichen Anspruchsgrundlagen, gesetzliche (insbes. §§ 823 ff. BGB) ebenso wie vertragliche (insbes. §§ 280 ff. BGB), verschuldensbegründete ebenso wie verschuldensunabhängige (insbes. Gefährdungshaftung). Die Bezeichnung „gesetzlich“ in §§ 104, 105 SGB VII ist nicht technisch und als Ausgrenzung vertraglicher Ansprüche gemeint.[120] Ausgeschlossen werden auch **Ansprüche** des Geschädigten gegen private Versicherungen

---

115 Der Ersatz von Sachschäden gem. § 13 SGB VII ist im Kontext des Arbeitsverhältnisses i. d. R. nicht einschlägig.
116 Siehe RN 1, 25.
117 *Denck*, Außenhaftung, S. 112 ff.
118 Siehe § 27 RN 26; anders offenbar *Rolfs*, Haftung unter Arbeitskollegen, S. 213.
119 *Denck*, Außenhaftung, S. 114.
120 Siehe nur BeckOGK/*Ricke*, SGB VII (Stand: 02/2024) § 104 Rn. 14; NK-GA/*Karmanski*, 2. Aufl., § 104 SGB VII Rn. 6.

gemäß § 1 PflVG.[121] Die §§ 104, 105 SGB VII schließen ihrem Wortlaut nach nur Ansprüche des Geschädigten gegen den Schädiger aus. Zivilrechtliche **Regressansprüche** mehrerer Schadensverantwortlicher gegeneinander werden nicht ausgeschlossen; allerdings wirkt der Haftungsausschluss hier begrenzend.[122]

VI. Der zwingende Charakter des Haftungsausschlusses

Die Regelung über den Haftungsausschluss gemäß § 105 SGB VII ist ebenso wie jene über die Regresshaftung gemäß § 110 SGB VII kraft ihres öffentlich-rechtlichen Charakters unabdingbar und kann durch Vertrag, Betriebs- bzw. Dienstvereinbarung oder Tarifvertrag nicht geändert werden. Das gilt nicht nur für Änderungen zu Lasten,[123] sondern auch für solche zu Gunsten des haftenden Arbeitnehmers, denn diese würden den Versicherungsträger als nicht an der Vereinbarung beteiligten Dritten belasten. Allein dem Versicherungsträger eröffnet das Gesetz gemäß § 110 Abs. 2 SGB VII Befugnisse zur unmittelbaren Gestaltung der Haftung durch Verwaltungsakt. Der zwingende Charakter steht auch privatautonomen Regelungen entgegen, die Haftungsausschluss und Regresshaftung mittelbar gestalten. Dies macht sich insbesondere bei der rechtlichen Beurteilung des betrieblichen Charakters der schädigenden Tätigkeit bemerkbar: Zwar legen die Parteien autonom den Gegenstand der arbeitsvertraglichen Leistung fest, die daran anknüpfende Beurteilung der Betrieblichkeit erfolgt aber nach „objektiven" Kriterien; etwaige vertragliche Vereinbarungen über den betrieblichen Charakter können davon nicht abweichen bzw. stehen unter dem Vorbehalt dieser Vereinbarung.[124] Das Vorstehende gilt ebenso für die Bestimmung der „versicherten Tätigkeit" des Geschädigten.[125] 32

VII. Internationale Anwendbarkeit des Haftungsausschlusses

Die internationale Anwendbarkeit der §§ 104 ff. SGB VII bei Schadensfällen mit **Bezug zu anderen Mitgliedstaaten der EU** richtet sich nach Art. 85 Abs. 2 **VO (EG) 883/2004.** Danach ist die Haftungsbefreiung bei Arbeitsunfällen (also im deutschen Recht die Anwendung der §§ 104 ff. SGB VII) dem Recht des Mitgliedstaates zu entnehmen, nach dessen Rechtsvorschriften der jeweilige Sozialversicherungsträger für den Versicherungsfall Leistungen gewährt, also **nach dem für den Geschädigten maßgeblichen** 33

121 BAG 14.12.2000 – 8 AZR 92/00 – Rn. 10, AP § 105 SGB VII Nr. 1 = NZA 2001, 549.
122 § 26 RN 1.
123 So *Brose*, RdA 2011, 205, 216.
124 § 8 RN 1, 17.
125 § 22 RN 35ff.

Sozialversicherungsrecht.[126] Das maßgebliche Sozialversicherungsrecht ist für geschädigte Beschäftigte, die die Staatsangehörigkeit eines Mitgliedstaates der EU besitzen oder staatenlos sind, gemäß Art. 11 Abs. 3 Buchst. a VO (EG) 883/2004 grundsätzlich das Sozialversicherungsrecht des Mitgliedstaates, in dem der geschädigte Arbeitnehmer beschäftigt ist. Im Falle der Entsendung bis zu 24 Monaten bleibt das Recht des Staates maßgeblich, von dem aus der Beschäftigte entsandt wird (Art. 12 Abs. 1 VO (EG) 883/2004).[127] Bei Personen, die in mehreren Mitgliedstaaten tätig sind, ist entweder der Staat maßgeblich, in dem der Schwerpunkt der Tätigkeit liegt oder der Wohnort (im Einzelnen Art. 13 VO (EG) 883/2004). Bei Schadensfällen mit Geschädigten, die Angehörige von Nicht-EU-Staaten sind, richtet sich die Anwendung des SGB VII nach §§ 3–6 SGB IV und damit im Grundsatz nach dem **Territorialitätsprinzip:** Das Unfallversicherungsrecht einschließlich des Haftungsausschlusses gilt für alle Personen, soweit sie auf dem Boden der Bundesrepublik tätig sind. Nicht erfasst werden solche, die nur vorübergehend in die Bundesrepublik entsandt worden sind (§ 5 SGB IV); umgekehrt werden solche erfasst, die vorübergehend zu Tätigkeiten im Ausland entsandt worden sind (§ 4 SGB VII).

126 Zur insoweit gleich lautenden Vorgängerregelung in Art. 93 Abs. 2 EWG-VO 1408/71 siehe BGH 7.11. 2006 – VI ZR 211/05 –, NJW 2007, 1754.

127 Zur grenzüberschreitenden Versendung aufgrund Leiharbeit *Jerczynki/Zimmermann*, NZS 2007, 243 ff.

§ 22 Voraussetzungen des Haftungsausschlusses auf der Seite des Geschädigten

Die Ersetzung der zivilrechtlichen Haftung des Arbeitnehmers durch den unfallversicherungsrechtlichen Schadensausgleich ergibt sich im Einzelnen aus § 105 SGB VII. Nicht jeder durch die Unfallversicherung abgedeckte Schadensfall ist der zivilrechtlichen Haftung entzogen. Vielmehr schließt der unfallversicherungsrechtliche Schadensausgleich die Haftung nur dann aus, wenn – grob gesagt – der zivilrechtliche Schadenausgleich zur Einstandspflicht desjenigen Unternehmers führen würde, der den Versicherungsschutz finanziert. Deshalb muss der **Schadensfall von beiden Seiten – der des Geschädigten und der des Schädigers – dem Unternehmer bzw. seinem „Betrieb" zuzurechnen** sein. Das schädigende Ereignis in § 105 SGB VII wird daher aus zwei Perspektiven betrachtet: Für den Geschädigten muss das Schadensereignis ein dem Betrieb zuzurechnender Versicherungsfall gewesen sein, d.h. auf seiner Seite müssen diverse versicherungsrechtliche Voraussetzungen erfüllt sein. Für den Schädiger muss die schadensursächliche Handlung „betriebliche Tätigkeit" gewesen sein. Die folgende Darstellung passt sich dieser Struktur an und betrachtet die Voraussetzungen der Haftungsersetzung auf der Seite des Geschädigten und der des Schädigers jeweils getrennt. Das übergeordnete Erkenntnisinteresse bei allem ist die „Haftung des Arbeitnehmers". Deshalb beschränkt sich die Darstellung des unfallversicherungsrechtlichen Schutzes des Geschädigten auf die Fälle, die für die Haftung des Arbeitnehmers tatsächlich und rechtlich relevant sind. Dagegen sind jene Versicherungstatbestände, die nicht der Schadensverantwortlichkeit des Unternehmers entspringen, sondern **Ausdruck sozialstaatlicher Fürsorge** für besondere Lebensrisiken jenseits des Arbeitslebens sind, für die vorliegende Fragestellung weitgehend ohne Interesse. 1

I. Zugehörigkeit zum versicherten Personenkreis (§§ 2–6 SGB VII)

Der Kreis der in der Unfallversicherung versicherten Personen geht weit über die im Betrieb Beschäftigten hinaus. Die Beschäftigten bilden zwar den Kernbestand der Versicherten (§ 2 Abs. 1 Nr. 1, Abs. 2 SGB VII), aber darüber hinaus reicht die Palette vom mitarbeitenden Familienangehörigen in landwirtschaftlichen Unternehmen (§ 2 Abs. 1 Nr. 5 b SGB VII) über ehrenamtlich im Gesundheits- und Wohlfahrtswesen Tätige (Nr. 9) bis hin zu Hilfeleistenden in Notfällen oder bei gemeiner Gefahr (Nr. 13 a). Nur ein Teil dieser „Versicherten" fällt unter den Tatbestand des § 105 SGB VII, denn der Geschädigte muss ein Versicherter „desselben Betriebes", d.h. eines Betriebes desselben Unternehmens[1] gewesen sein, für den der Schädiger betrieblich tätig geworden ist. Die somit notwendige **Zuordnung zu einem Betrieb** setzt nicht unbedingt ein Arbeitsverhältnis zwischen Geschädigtem und Unternehmer voraus (§ 2 Abs. 1 Nr. 1 SGB VII), ist auch nicht 2

1 Dazu RN 49 ff.

https://doi.org/10.1515/9783110728606-024

zwingend auf den Tatbestand der arbeitnehmerähnlichen Tätigkeit gemäß § 2 Abs. 2 S. 1 SGB VII beschränkt, verlangt aber als Minimum eine **Tätigkeit, die dem Betrieb zuzurechnen** ist. Das kommt etwa bei den Versicherungstatbeständen in § 2 Abs. 1 Nr. 9–12, 16, 17 SGB VII und in § 2 Abs. 1a SGB VII in Betracht. Anders dagegen z. B. der gemäß § 2 Abs. 1 Nr. 15a SGB VII versicherte Empfänger stationärer Heilbehandlung, der als solcher nicht für den „Betrieb" des Krankenhauses tätig ist, wenn er etwa eine ärztliche Behandlung duldet;[2] zuständig ist daher nicht die Unfallversicherung des Krankenhauses, sondern die des Trägers der Behandlung, z. B. der gesetzlichen Krankenkasse (vgl. § 136 Abs. 3 Nr. 2 SGB VII).[3] Die folgende Darstellung beschränkt sich auf jene Versicherten bei denen betriebliche Tätigkeiten praktisch in Betracht kommen. Damit ist nicht gesagt, dass die Einbeziehung hier nicht erläuterter Tatbestände aus rechtlichen Gründen ausgeschlossen wäre.

1. Beschäftigte (§ 2 Abs. 1 Nr. 1 SGB VII)

3 „Beschäftigt" sind alle nichtselbstständig, insbesondere aufgrund eines Arbeitsverhältnisses Arbeitenden (§ 7 Abs. 1 Alt. 1 SGB IV) und die zum Erwerb beruflicher Kenntnisse, Fertigkeiten oder Erfahrungen im Rahmen betrieblicher Berufsbildung Tätigen (§ 7 Abs. 1 Alt. 2 SGB IV). Das sozialversicherungsrechtliche **„Beschäftigungsverhältnis"** lehnt sich zwar eng an das Arbeitsrecht an: Leitkriterium ist die persönliche Abhängigkeit des Beschäftigten, insbesondere seine Unterwerfung unter Weisungen des Unternehmers bezüglich Art, Ort und Zeit der Arbeit (vgl. § 611a Abs. 1 BGB).[4] Daher wird das „Beschäftigungsverhältnis" meistens ein Arbeits- oder Ausbildungsverhältnis sein. Zwingend ist das aber nicht, wie schon der Wortlaut des § 7 Abs. 1 SGB IV („insbesondere") zeigt. Das Sozialversicherungsrecht verfügt hier über ein Stück Autonomie gegenüber dem Arbeitsrecht und fasst den Tatbestand tendenziell weiter. Überdies sorgt die Unfallversicherung für eine höheres Maß an Rechtssicherheit im Grenzbereich des Arbeitnehmertatbestands durch Einbeziehung der Heimarbeiter, was für digitale Beschäftigungsformen erheblich wird.[5]

4 Das BSG hält ein Beschäftigungsverhältnis auch bei der Tätigkeit eines **GmbH-Geschäftsführers** für möglich, soweit dieser nicht qua gesellschaftsrechtlicher Beteiligung beherrschenden Einfluss auf die Entscheidungen der GmbH nehmen kann (vgl. auch § 6 Abs. 1 Nr. 2 SGB VII),[6] während die zivil- bzw. arbeitsrechtliche Lehre wohl eher zum

---

2 Anders OLG Braunschweig 10.3.1978 – 2 U 89/77 –, NJW 1978, 1203, 1204; zutr. *Rolfs*, Haftung unter Arbeitskollegen, S. 107.

3 Bezug auf die vormalige Regelung in § 539 Abs. 1 Nr. 17 RVO nimmt MAH-SozR/*Bultmann*, 6. Aufl., § 24 Rn. 99.

4 BSG 14.12.1999 – B 2 U 38/98 R –, NZA-RR 2000, 434, 435; BSG 29.8.1963 – 3 RK 86/59 –, BSGE 20, 6, 8; *Becker/Franke/Molkentin/Hedermann*, SGB VII, 6. Aufl., § 2 Rn. 5 f.; vgl. ausführlich, *Lauterbach/Schwerdtfeger*, Unfallversicherung, 4. Aufl. (Stand: 07/2022), § 2 SGB VII Rn. 57 ff.

5 Dazu auch RN 6.

6 BSG 30.6.1999 – B 2 U 35/98 R –, NZS 2000, 147, 149; 13.12.1960 – 3 RK 2/56 –, BSGE 13, 196, 199; ErfK/*Rolfs*, 25. Aufl., § 7 SGB IV Rn. 22; *v. Koppenfels-Spies/Wenner/v. Koppenfels-Spies*, SGB VII, 3. Aufl., § 6 Rn. 9.

selbständigen Dienstvertrag tendiert.[7] Das Fehlen eines maßgeblichen gesellschaftsrechtlichen Einflusses begründet nicht per se die Beschäftigteneigenschaft, sondern es ist im Einzelfall zu prüfen, ob der Geschäftsführer kraft Weisungsunterworfenheit persönlich abhängig ist.[8] Selbst bei **Vorstandsmitgliedern** einer AG wird eine „Beschäftigung" nicht prinzipiell ausgeschlossen, wenn sie auch in der Regel mangels Abhängigkeit nicht vorliegt.[9] Die partielle Abkoppelung vom Arbeitsverhältnis macht die Abgrenzung der nichtselbstständigen Tätigkeit um einiges undeutlicher.[10] Eine klare Grenze lässt sich eigentlich nur noch „negativ" ziehen: Jedenfalls die **eindeutig unternehmerische Betätigung** – etwa bei beherrschender Beteiligung an der GmbH oder beim **Gesellschafter einer OHG oder einer GbR**[11] – fällt aus dem Anwendungsbereich des § 2 Abs. 1 Nr. 1 SGB VII heraus. Ist der GmbH-Geschäftsführer nach diesen Kriterien nicht als Beschäftigter einzuordnen, droht bei seiner Verletzung dem verletzenden Arbeitnehmer eine Haftung. Denn einem Haftungsausschluss gem. § 104 SGB VII steht entgegen, dass der der GmbH-Geschäftsführer nach Ansicht des BGH nicht Unternehmer ist, da das Ergebnis des Unternehmens ihm nicht zum Vor- und Nachteil gereicht (§ 136 Abs. 3 Nr. 1 SGB VII).[12] Eine freiwillige Versicherung gem. § 6 Abs. 1 S. 1 Nr. 2 SGB VII kann abhelfen. Entsprechendes gilt für Vorstandsmitglieder einer AG.[13]

Die Selbstständigkeit des Sozialversicherungsrechts kann sich aber auch in entgegengesetzter Richtung auswirken: So begründet die Zugehörigkeit zu einer **Beschäftigungs- und Qualifizierungsgesellschaft** kein sozialversicherungspflichtiges Beschäftigungsverhältnis, wenn die einzige vertragliche Verpflichtung des „Beschäftigten" darin besteht, sich um ein neues Arbeitsverhältnis zu bemühen; dies gilt auch dann, wenn die Parteien das Rechtsverhältnis als Arbeitsverhältnis mit Freistellung von der Arbeitspflicht gestaltet haben.[14] Die **Unentgeltlichkeit** einer Tätigkeit steht ihrer Einordnung als Beschäftigungsverhältnis nicht entgegen.[15]

Das Beschäftigungsverhältnis kann auch dann vorliegen, wenn das zugrunde liegende **Rechtsverhältnis nichtig** ist, der Schutzzweck der Unfallversicherung aber die Gewährleistung des Unfallversicherungsschutzes gebietet. Auch Schwarzarbeit ist versichert, wie sich § 110a SGB VII entnehmen lässt.[16] Beim faktischen Arbeitsverhältnis ist das Problem aber bereits arbeitsrechtlich gelöst, es ist Arbeitsverhältnis im Sinne des § 7 5

7 *Noack/Servatius/Haas/Beurskens*, GmbHG, 23. Aufl., § 37 Rn. 101ff.; vgl. BAG 26.5.1999 – 5 AZR 664/98, NZA 1999, 987, 988f.; a.A. *Wank/Maties*, NZA 2007, 353f.

8 BSG 30.6.1999 – B 2 U 35/98 R –, NZS 2000, 147, 149.

9 BSG 14.12.1999 – B 2 U 38/98 R –, NZA-RR 2000, 434, 435 ff.

10 Zu den Einzelheiten der Rechtsprechung *Lauterbach/Schwerdtfeger*, Unfallversicherung, 4. Aufl. (Stand: 07/2022), § 2 SGB VII Rn. 85 ff.

11 BGH 24.6.2003 – VI ZR 434/01 –, NJW 2003, 2984.

12 BGH 19.9.2017 – VI ZR 497/16 – Rn. 2, VersR 2017, 1533.

13 BSG 20.3.2018 – B 2 U 13/16 R – Rn. 15ff., 21, BSGE 125, 219.

14 SG Mannheim 14.1.2003 – S 9 U 1979/02 –, BB 2004, 112.

15 BSG 23.4.2015 – B 2 U 5/14 – Rn. 22, SGb 2016, 225.

16 BeckOGK/*Lilienfeld*, SGB VII (Stand: 07/2017), § 2 Rn. 6b.

Abs. 1 SGB IV.[17] Davon zu unterscheiden ist die Situation, dass eine rechtsgeschäftliche Absprache über die Tätigkeit fehlt. Hier greift § 2 Abs. 2 S. 1 SGB VII ein.

2. Heimarbeiter (§ 2 Abs. 1 Nr. 1 SGB VII, § 12 Abs. 2 SGB IV)

6 Heimarbeiter[18] stehen für gewöhnlich in keinem „Beschäftigungsverhältnis“, weil sie nicht in die Betriebsorganisation ihres Auftraggebers eingebunden und deshalb insbesondere hinsichtlich der Arbeitszeit nicht persönlich abhängig sind. Nach § 12 Abs. 2 SGB IV „gelten“ sie aber als Beschäftigte und sind somit ebenfalls nach § 2 Abs. 1 Nr. 1 SGB VII unfallversichert. Die Regelung gewinnt durch die stark wachsenden Beschäftigungsformen digitaler **betriebsexterner Arbeit** (Homeoffice, mobile Arbeit usw.)[19] und der Plattformarbeit eine neue Bedeutung. Der Arbeitnehmerstatus ist in diesen Konstellationen oft fraglich und jedenfalls dann nicht gegeben, wenn eine Pflicht zur Übernahme von Arbeitsaufträgen nicht besteht und auch keine Vertragspraxis (§ 611a Abs. 1 S. 6 BGB) besteht, aus der sich ein faktisch gleichbleibender Beschäftigungsumfang ermitteln lässt.[20] Auch Heimarbeit ist **„betriebliche Tätigkeit“**. Zwar ist der Heimarbeiter nicht in die Arbeitsorganisation des Unternehmers eingegliedert; andererseits dient seine Tätigkeit den Interessen des Unternehmers und seine Situation ist der eines Arbeitnehmers ähnlich. Auf der Basis des hier vertretenen Betriebsbegriffs zu § 105 SGB VII ist es nicht erforderlich, dass der Heimarbeiter in der Hauptsache für den Unfallbetrieb tätig wird.[21] Entscheidend ist allein, dass die Heimarbeit, bei der der Unfall eintrat, für den Unternehmer durchgeführt wurde, bei dem auch der Schädiger beschäftigt ist (z. B. Heimarbeiter wird bei Anlieferung des Arbeitsmaterials von Arbeitnehmer des Unternehmers verletzt).

3. Unternehmer

7 Auch Unternehmer (§ 136 Abs. 3 SGB VII)[22] können durch die Unfallversicherung geschützt sein. Für landwirtschaftliche Unternehmer und deren im Unternehmen mitarbeitende Ehegatten bzw. Lebenspartner ordnet das Gesetz selbst diesen Versicherungsschutz an (§ 2 Abs. 1 Nr. 5 a SGB VII). Darüber hinaus kann die Satzung des Unfallversicherungsträgers die Versicherung auf Unternehmer und ihre im Unternehmen tätigen Ehegatten bzw. Lebenspartner erstrecken (§ 3 Abs. 1 SGB VII); das gilt allerdings nicht für die in § 3 Abs. 2 SGB VII aufgeführten Personen. Der nach diesen Vorschriften nicht (zwangs-)versicherte Unternehmer kann sich und seinen im Unternehmen mitarbeitenden Ehegatten bzw. Lebenspartner freiwillig versichern (§ 6 SGB

17 BeckOK/*Rittweger*, Sozialrecht (Stand: 03/2024), § 7 SGB IV Rn. 4.1.

18 Siehe die gesetzliche Definition in § 12 Abs. 2 SGB IV.

19 Näher *Schwarze*, ZFA 2024, 79 ff.

20 Paradigmatisch BAG 14.6.2016 – 9 AZR 305/15 –, BAGE 155, 264 ff. (Programmierer); *Schwarze*, RdA 2020, 38 ff.;. zur unsicheren Lage beim arbeitsrechtlichen Schadensausgleich s. § 7 RN 9.

21 So – zum Begriff des Betriebsangehörigen – in § 637 RVO *Rolfs*, Haftung unter Arbeitskollegen, S. 112.

22 Zum Begriff BGH 26.6.1990 – VI ZR 233/89 – unter 2 b aa, AP § 637 RVO Nr. 20 m.w.N.

VII); Ausnahmen gelten wiederum für die in § 6 Abs. 1 Nr. 1, 2. Halbs. SGB VII genannten Personen. Unter Geltung des § 637 RVO führte die Versicherung des Unternehmers nach überwiegender Ansicht, insbesondere nach der Rechtsprechung des BGH, nicht zum Ausschluss der zivilrechtlichen Haftung des schädigenden Arbeitnehmers.[23] Wenngleich der Wortlaut der Vorschrift („Versicherter") die Erstreckung des Haftungsausschlusses auf den Unternehmer gedeckt hätte, sprach doch die alleinige Finanzierung des Versicherungsschutzes durch den Unternehmer entscheidend dagegen. Diese **Rechtslage** hat sich durch § 105 SGB VII **geändert.** Das ergibt sich nicht ohne weiteres aus § 105 Abs. 1 SGB VII, der wegen des insoweit unveränderten Wortlautes („Versicherte") eher als Bestätigung der bisherigen Rechtsprechung verstanden werden könnte, ist aber a fortiori aus § 105 Abs. 2 SGB VII zu schließen. Nach dieser Regelung ist die Haftung des schädigenden Arbeitnehmers gegenüber dem **nichtversicherten Unternehmer**[24] ausgeschlossen; an die Stelle des zivilrechtlichen Schadensersatzanspruchs tritt für den nichtversicherten Unternehmer ein punktueller, d.h. auf den konkreten Schadensfall beschränkter, Versicherungsschutz.[25] Wenn aber der ansonsten nichtversicherte Unternehmer keinen Schadensersatzanspruch hat, muss das erst recht für den versicherten Unternehmer gelten. Die Begründung des Gesetz gewordenen Regierungsentwurfs spricht in diesem Sinne davon, „Satz 1 stell(e) einen nicht versicherten Unternehmer bei der Haftungsbeschränkung nach Absatz 1 leistungsrechtlich einem versicherten Unternehmer gleich"[26] und die „Freistellung des Arbeitnehmers gegenüber Schadensersatzansprüchen seines Unternehmers wird erweitert."[27] Der **versicherte Unternehmer ist folglich „Versicherter" im Sinne des § 105 Abs. 1 SGB**

23 So BGH 6.5.1980 – VI ZR 58/79 – unter II 2, AP § 637 RVO Nr. 12 (Freiwillige Versicherung); 26.6.1990 – VI ZR 233/89 – unter 2 b, AP § 637 RVO Nr. 20 (Versicherung kraft Gesetzes); OLG Köln 18.10.1995 – 22 W 30/95 –, VersR 1996, 781; anders *Rolfs*, NJW 1996, 3177, 3181. Krit. zur Rechtsprechung *Plagemann*, VersR 1981, 632 f.; *Fuchs*, FS Gitter (1996), S. 253, 257 f.; siehe auch *Seewald*, Gutachten DJT 1986, S. F 30 f. Anders wurde zum Teil die Haftung von Mitunternehmern betrachtet, vgl. OLG Celle 30.1.1978 – 9 U 90/77 –, VersR 1978, 837 f.; LG Ulm 22.8.1979 – 1 S 66/79 –, VersR 1980, 85 f. m.w.N; BGH 20.1.1970 – VI ZR 93/68 –, VersR 1970, 269 f. (zu § 898 RVO a.F.; zu § 636 RVO offen gelassen).

24 Eine analoge Anwendung auf andere nichtversicherte Personen (z.B. unternehmerähnliche Personen) kommt nicht in Betracht, BeckOGK/*Ricke*, SGB VII (Stand: 08/2023), § 105 Rn. 27.

25 Der Versicherungsschutz entfällt gemäß § 105 Abs. 2 S. 2 SGB VII, wenn die Haftung des Schädigers ausgeschlossen ist, also vor allem aufgrund der Grundsätze des innerbetrieblichen Schadensausgleichs, nach hier vertretener Auffassung bei mittlerer („normaler") Fahrlässigkeit, nach h. M. bei leichtester Fahrlässigkeit des Arbeitnehmers, siehe BSG 24.6.2003 – B 2 U 39/02 R –, NJW 2004, 966, dessen Ansicht, in casu läge leichteste Fahrlässigkeit vor, unhaltbar ist. Zum Problem ferner *Rolfs*, NJW 1996, 3177, 3181. Im Übrigen ist die Begrenzung der Versicherungsleistung auf den Mindestjahresarbeitsverdienst (§ 105 Abs. 2 S. 3 SGB VII) angesichts des Haftungsausschlusses verfassungsrechtlich bedenklich (*Stern-Krieger/Arnau*, VersR 1997, 408, 411; siehe auch *Waltermann*, Die Berufsgenossenschaft 1997, S. 310, 317 f.), zumal gemäß § 49 Abs. 1 Nr. 3a SGB V der Anspruch auf Krankengeld aus der gesetzlichen Krankenversicherung bei Zahlung von Verletztengeld vollständig, also auch im Hinblick auf einen überschießenden Teil, ruht; zu Recht krit. *Waltermann*, a.a.O., S. 316. Zum Umfang des Schutzes ferner *Kock*, NZS 2006, 471 ff.

26 BR-Drucksache 263/95, S. 285.

27 BR-Drucksache 263/95, S. 210 unter 4.

VII.[28] Darüber hinaus können die Haftungsansprüche des geschädigten Unternehmers entfallen, wenn dieser nicht als Unternehmer, sondern im Betrieb eines anderen Unternehmers wie ein Arbeitnehmer tätig geworden ist (insbes. § 2 Abs. 2 S. 1 SGB VII).[29]

4. Versicherte bei Unglücksfällen und Notärzte (§ 2 Abs. 1 Nr. 13 a, d SGB VII)

8 Die Versicherung des Hilfeleistenden gemäß § 2 Abs. 1 Nr. 13 a SGB VII hat auf den ersten Blick keinen Bezug zum Arbeitsleben. Wer bei Unglücksfällen, gemeiner Gefahr oder Not Hilfe leistet und dabei zu Schaden kommt, handelt nicht im Interesse eines Unternehmers, sondern als Mitmensch im Interesse der Allgemeinheit. Aber es kann Überschneidungen geben, dann etwa, wenn der **Unglücksfall in einem Betrieb eintritt** (Unfall in einem Chemieunternehmen mit Gefahren für die Allgemeinheit). Die Beseitigung der Gefahr liegt dann nicht nur im Interesse der Allgemeinheit, sondern vor allem im Interesse des Unternehmers und zählt zu seinem Betriebsrisiko. Folglich kann der Hilfeleistende neben § 2 Abs. 1 Nr. 13 a SGB VII auch gemäß § 2 Abs. 2 S. 1 SGB VII versichert sein.[30] Man könnte das daraus erwachsende und durch § 135 SGB VII nicht gelöste Konkurrenzproblem der Sozialgerichtsbarkeit überlassen, hinge an ihm nur die Zuständigkeit des Versicherungsträgers.[31] Doch ist mit dem Versicherungstatbestand auch die Frage der Haftungsersetzung gemäß §§ 104, 105 SGB VII verknüpft. Ist der geschädigte Hilfeleistende wie ein Beschäftigter tätig geworden (§ 2 Abs. 2 S. 1, Abs. 1 Nr. 1 SGB VII) und von einem Arbeitnehmer des Unternehmers geschädigt worden, sind etwaige Haftungsansprüche gemäß § 105 SGB VII ausgeschlossen. Als Nothelfer im Interesse der Allgemeinheit dagegen könnte er trotz Versicherungsschutzes Schadensersatz vom schädigenden Arbeitnehmer verlangen.[32] Man könnte wegen dieser „Besserstellung“ den Nothelfer-Tatbestand (§ 2 Abs. 1 Nr. 13a SGB VII) grundsätzlich für vorrangig halten, wie es der BGH immerhin erwogen hat.[33] Der Zweck der Unfallversicherung des Nothelfers ist indessen nicht dessen „Privilegierung“. Vielmehr ist die Versicherung des Nothelfers „soziales Entschädigungsrecht im Gewand der Unfallversicherung“,[34] d. h. der Versicherungsschutz existiert eigentlich nur, weil es im typischen Fall der Gemeingefahr keinen Geschäftsherrn und damit keinen Schadensverantwort-

28 BeckOGK/*Ricke*, SGB VII (Stand: 08/2023) § 105 Rn. 9; *Knickrehm/v. Koppenfels-Spies*, Sozialrecht, 8. Aufl., § 105 SGB VII Rn. 4; HWK/*Giesen*, 11. Aufl., § 105 SGB VII Rn. 9; *Stern-Krieger/Arnau*, VersR 1997, 408, 410; *Waltermann*, NJW 2008, 2895, 2896; *ders.*, Die Berufsgenossenschaft 1997, S. 310, 315.

29 Zu den Voraussetzungen RN 12 ff.

30 Der Beschäftigte im Sinne von § 2 Abs. 1 Nr. 1 SGB VII wird demgegenüber bei Unglücksfällen im Betrieb seines Arbeitgebers aufgrund des Beschäftigungsverhältnisses tätig; das gilt auch für Tätigkeiten, die außerhalb seiner eigentlichen Arbeitsleistung liegen, denn insoweit ergibt sich die Arbeitspflicht aus der Treuepflicht, siehe § 8 RN 11.

31 Hier gilt der Grundsatz, dass nur ein Versicherungsträger zuständig sein kann, vgl. BSG 29.5.1964 – 2 RU 96/59 –, BSGE 21, 101; BeckOGK/*Lilienfeld*, SGB VII (Stand: 07/2017), § 2 Rn. 4.

32 BGH 24.1.2006 – VI ZR 290/04 –, NJW 2006, 1592.

33 BGH 20.3.1979 – VI ZR 14/78 – unter II 2 b, AP § 636 RVO Nr. 10.

34 *Bley*, Sozialrecht, 9. Aufl., Rn. 352; BSG 24.1.1991 – 2 RU 29/90 –, BSGE 68, 119, 121 („öffentliche Unfallfürsorge“).

lichen gibt, an den der Nothelfer sich halten könnte. Die Allgemeinheit wird über die Versicherung in Anspruch genommen, was in der Trägerschaft der Versicherung zum Ausdruck kommt (Unfallversicherungsträger im Landesbereich, § 128 Abs. 1 Nr. 7 SGB VII). Die Verantwortlichkeit der Allgemeinheit tritt aber hinter die des Einzelnen zurück.[35] **Gehört der Unglücksfall**, die allgemeine Gefahr usw. **zum unfallversicherten „Unternehmen"** einer Person, wird der Nothelfer im Sinne des § 135 Abs. 6 SGB VII **„vorrangig" für diesen tätig und ist deshalb gemäß § 2 Abs. 2 Nr. 1 SGB VII versichert** (z. B. Einfangen einer entlaufenen, zu einem landwirtschaftlichen Betrieb gehörenden Kuh[36]). Allerdings muss der Helfer „wie ein Beschäftigter" tätig geworden sein (§ 2 Abs. 2 S. 1 SGB VII). Das ist bei einem Notfall in einem gewerblichen Unternehmen in der Regel zu bejahen. Die Ansicht des BGH, der Helfer müsse in den Betrieb **„eingegliedert"** sein,[37] ist durch die gegenläufige Wertung des UVEG-Gesetzgebers in § 105 SGB VII überholt.[38] Die Forderung, die **Hilfeleistung müsse „betriebstypisch"**[39] sein, ist unberechtigt: Auch bei Beschäftigten im Sinne des § 2 Abs. 1 Nr. 1 SGB VII ist „betriebliche" Tätigkeit nicht auf „betriebstypische" Tätigkeit beschränkt, sondern umfasst auch Hilfe in atypischen betrieblichen Notfällen. Die Zurechnung der Nothilfetätigkeit zum verantwortlichen Unternehmen über § 2 Abs. 2 S. 1 SGB VII wird im Regelfall auch nicht an der Willenslage des Nothelfers scheitern. Er braucht keine konkrete Kenntnis von der Person des Unternehmers zu haben, es genügt, dass aus den Umständen die Verantwortlichkeit eines einzelnen Unternehmers deutlich wird. Ist das der Fall, darf der Wille des Hilfeleistenden vermutet werden, für den Unternehmer in dessen Betrieb tätig zu sein.[40] Dass er zugleich einer „allgemeinen Erwartung" der Hilfe in Notfällen gerecht werden will, ändert daran nichts. Mitmenschliche Solidarität in Notfällen ist immer ein starkes Motiv des Helfenden.[41] Erst recht scheitert die Tätigkeit für den Unternehmer nicht am Interesse des Helfers, den Haftungsausschluss gemäß §§ 104, 105 SGB VII zu vermeiden.[42] Auch die **Nothilfe für eine „Privatperson"** kann grundsätzlich beschäf-

35 So die Rechtsprechung des BSG 24.1.1991 – 2 RU 29/90 –, BSGE 68, 119, 121; ebenso BGH 4.4.1995 – VI ZR 327/93 –, BGHZ 129, 195, 199; *Rolfs*, Haftung unter Arbeitskollegen, S. 106.

36 Anders in diesem Fall BGH 24.1.2006 – VI ZR 290/04 –, NJW 2006, 1592; *Wellner*, NJW-Spezial 2009, 402, 403.

37 BGH 19.5.1969 – VII ZR 9/67 –, BGHZ 52, 115, 121.

38 Dazu § 23 RN 1.

39 BGH 19.5.1969 – VII ZR 9/67 –, BGHZ 52, 115, 121.

40 Zu eng BGH 20.3.1979 – VI ZR 14/78 – unter II 2 b, AP § 636 RVO Nr. 10: der Helfer müsse den Willen zur Einordnung in den Betrieb haben. Die Entscheidung steht kaum in Einklang mit der großzügigen Rechtsprechung zum Fremdgeschäftsführungswillen, vgl. dazu *Staudinger/Bergmann*, BGB (2020), Vorbem zu §§ 677 ff. Rn. 163 ff.

41 Dementsprechend hat der BGH keine Bedenken, in „Notfällen" die Rettungshandlung als Fremdgeschäftsführung im Sinne des § 677 BGB einzuordnen, obwohl der Geschäftsführer zur Rettungshandlung gesetzlich (§ 323c StGB) verpflichtet ist, vgl. BGH 25.11.1976 – II ZR 201/74 –, NJW 1977, 530.

42 So aber der Sache nach die ergebnisorientierte Entscheidung des BGH 20.3.1979 – VI ZR 14/78 –, AP § 636 RVO Nr. 10; siehe auch schon BGH 19.5.1969 – VII ZR 9/67 –, BGHZ 52, 115, 120; 6.12.1977 – VI ZR 79/76 –, AP § 637 RVO Nr. 10; dagegen zutreffend *Rolfs*, Haftung unter Arbeitskollegen, S. 105 f.

tigtenähnlich und dieser als Unternehmer zuzurechnen sein,[43] i. d. R. wird aber sowohl objektiv wie subjektiv der Nothilfecharakter überwiegen, so z. B. bei der Rettung eines bei Glatteis verunglückten Kfz-Fahrers.[44] Keine Nothilfe im Sinne der Vorschrift leistet, wer **aufgrund eines Vertrags zur Hilfe verpflichtet** ist (z. B. Wachdienstunternehmer), und die bei diesem Beschäftigten. Hier liegt eigene unternehmerische Tätigkeit bzw. Tätigkeit für dieses Unternehmen vor.[45]

9 Notärzte, die im Rettungsdienst nicht als Beschäftigte, sondern aufgrund einer besonderen Vereinbarung tätig sind und die Notarzttätigkeit neben ihrer eigentlichen Tätigkeit als angestellter oder selbständiger Arzt ausüben, sind nach der zum 11.4. 2017[46] eingefügten Regelung des **§ 2 Nr. 13 d SGB VII** versichert. Ist der Rettungsdienst von einem Unternehmer organisiert, ist die notärztliche Tätigkeit dem „Betrieb" des Unternehmens zuzurechnen, so dass der Haftungsausschluss gem. § 105 SGB VII bei Beteiligung anderer Betriebsangehöriger anwendbar ist. Zudem gilt § 106 Abs. 3 SGB VII.[47]

5. Beschäftigte mehrerer Unternehmen (Unternehmensübergreifender Haftungsausschluss)

10 Nach **früherer Rechtsprechung** konnte die Kooperation zwischen mehreren Unternehmen dazu führen, dass die Tätigkeit eines Beschäftigten **mehreren Unternehmen gleichzeitig zuzurechnen** war mit der Folge, dass der Haftungsausschluss gegenüber den Arbeitskollegen nicht nur des Stammunternehmens des Geschädigten eintrat, sondern gegenüber den Beschäftigten aller beteiligten Unternehmen. Dafür genügte allerdings nicht allein die Tatsache, dass die Tätigkeit neben dem Stammunternehmen des Beschäftigten auch dem anderen Unternehmen diente. Vielmehr musste hier auch ein Abhängigkeitsverhältnis zum Fremdunternehmen bestehen, es musste weisungsbefugt sein.[48] Zudem musste die Kooperation von einer gewissen Dauer sein und durfte sich nicht auf vorübergehendes Zusammenwirken beschränken.[49] Lag diese Voraussetzung vor, galt der Haftungsausschluss des § 105 SGB VII im Verhältnis zu den Beschäftigten aller beteiligten Unternehmen (**unternehmensübergreifender Haftungsausschluss**).

---

43 Vgl. BGH 2.12.1980 – VI ZR 265/78 – unter II 2 b aa, AP § 636 RVO Nr. 11; zum „Privatmann" als Unternehmer *Lepa*, VersR 1985, 8, 10.

44 BGH 2.12.1980 – VI ZR 265/78 –, AP § 636 RVO Nr. 11.

45 BeckOGK/*Lilienfeld*, SGB VII (Stand: 07/2017), § 2 Rn. 63a.

46 Gesetz zur Stärkung der Heil- und Hilfsmittelversorgung v. 4. April 2017, BGBl. 2017 I, S. 778.

47 § 24 RN 3 ff.

48 Vgl. BGH 1.7.1975 – VI ZR 87/74 –, NJW 1975, 1742, 1743 f.; BAG 15.2.1974 – 2 AZR 57/73 – Leits. 1, 2 und unter II, AP § 637 RVO Nr. 7 (m. Anm. *Weitnauer* und *Wussow*); BGH 4.7.1956 – VI ZR 214/55 –, BGHZ 21, 207, 213; krit. *Mayer-Maly*, ZfA 1972, 1, 25; OLG Düsseldorf 29.10.1993 – 22 U 83/93 –, NJW-RR 1995, 160, 161.

49 Zur Erweiterung des Haftungsausschlusses auf Fälle vorübergehender Kooperation gemäß § 106 Abs. 3 siehe § 24 RN 3.

In seiner **neueren Rechtsprechung** lehnt der **BGH** die Möglichkeit einer doppelten oder mehrfachen Zurechnung grundsätzlich ab.[50] Eine Ausnahme macht der BGH bei der Leiharbeit: Der Leiharbeitnehmer soll, obgleich er beim Verleiher unfallversichert ist, beim Haftungsausschluss mithilfe des § 2 Abs. 2 SGB VII zusätzlich als (Wie-)Beschäftigter dem Entleiher zugeordnet werden. Diese doppelte Zurechnung bezieht sich aber nur auf die Rechtsfolge der Enthaftung des Entleihers gem. § 104 SGB VII und dessen Beschäftigten gem. § 105 SGB VII. Sie führt nicht zu einer doppelten Versicherung des Leiharbeitnehmers, der ausschließlich beim Verleiher versichert ist.[51] Im Ergebnis ist dem zuzustimmen, die Begründung über § 106 Abs. 3, 3. Var. SGB VII[52] erscheint aber vorzugswürdig.[53] Dasselbe gilt für den ähnlich liegenden Fall der Zusammenarbeit von Unternehmen in einer **Arbeitsgemeinschaft (ARGE).**[54] Im Fall der ARGE kommt zudem ein Haftungsausschluss gem. § 105 SGB VII in Betracht.[55] Der Zusammenschluss von Unternehmen in Arbeitsgemeinschaften, um bei Wahrung ihrer rechtlichen Selbstständigkeit in gemeinsamer Arbeit unter einheitlicher Leitung und wechselseitigem Personaleinsatz auf im Wesentlichen derselben Tätigkeitsstätte gemeinsame Arbeitsergebnisse zu erreichen,[56] kann bei starker organisatorischer Verselbständigung dazu führen, dass die **ARGE als eigener „Betrieb"** anzusehen ist, so dass sich der Haftungsausschluss bereits aus §§ 104, 105 SGB VII ergeben kann.[57] 11

6. Wie Beschäftigte tätige Personen, § 2 Abs. 2 S. 1 SGB VII

Nach dem Beschäftigungsverhältnis (§ 2 Abs. 1 Nr. 1 SGB VII) ist der für das Arbeitsleben bedeutendste Versicherungstatbestand die beschäftigtenähnliche Tätigkeit. Nach § 2 Abs. 2 S. 1 SGB VII ist derjenige unfallversichert, der „wie ein Beschäftigter (§ 2 Abs. 1 Nr. 1 SGB VII) tätig wird".[58] Sie betrifft den **Außenstehenden**, der in keinem Beschäftigtenverhältnis zum Unternehmer steht, sondern eher zufällig und in aller Regel vorübergehend aktiv wird. Aber auch den sich aus Eigeninteresse im Betrieb Aufhaltenden, etwa 12

50 BGH 24.3.1998 – VI ZR 337–96 –, NJW 1998, 2365, 2366; 23.3.2004 – VI ZR 160/03 –, NJW-RR 2004, 884, 885; 30.4.2013 – VI ZR 155/12 – Rn. 13 f., NJW 2013, 2031.

51 BGH 18.11.2014 – VI ZR 141/13 – Rn. 26 ff., BGHZ 203, 224.

52 Siehe § 24 RN 8.

53 Anders BGH 18.11.2014 – VI ZR 47/13 – Rn. 19, VersR 2015, 189.

54 Näher § 24 RN 4 und RN 7. Die Änderung zur doppelten Versicherung ist nicht zufällig parallel zur neu entwickelten Rechtsprechung zu § 106 Abs. 3 SGB VII entstanden.

55 Siehe § 24 RN 4 f.

56 BGH 5.7.1988 – VI ZR 299/87 –, NJW-RR 1988, 1238; *Müller*, NZV 2001, 366, 367; das gemeinsame Arbeitsziel allein reicht nicht, BGH 21.1.1958 – VI ZR 309/56 –, VersR 1958, 184.

57 BGH 5.7.1988 – VI ZR 299/87 –, NJW-RR 1988, 1238 unter II 2; *Imbusch*, VersR 2001, 547, 551 m.w.N.; *Krasney*, NZS 2004, 7, 8 m.w.N.; bei geringerer Verselbstständigung ist § 106 Abs. 3 SGB VII anzuwenden, § 24 RN 7 FN 28.

58 Die jetzige Regelung nimmt damit – anders als § 539 Abs. 2 RVO – nicht mehr alle Versicherungstatbestände des Abs. 1 in Bezug, weil dies keine praktische Bedeutung hatte. Verzichtet wurde zudem auf den Zusatz „dies gilt auch bei nur vorübergehender Tätigkeit"; in der Sache hat sich dadurch aber nichts geändert. Vgl. zu beidem Begründung des Regierungsentwurfs, BR-Drucks. 263/95, S. 216.

den Bewerber, der unentgeltlich zur **Probe** tätig wird,[59] oder den **Praktikanten**, der zur Gewinnung von Erfahrungen und Einsichten in das Berufsleben im Betrieb ist, ohne sich im Interesse des Unternehmens zu betätigen oder den Weisungen des Arbeitgebers unterworfen zu sein, wenn er während seines Aufenthalts ausnahmsweise für den Betrieb tätig wird.[60] Dagegen ist der **Bewerber**, der den Betrieb nur besichtigt, nicht versichert, wenn nicht die Satzung des Unfallversicherungsträgers eine Versicherung vorsieht (RN 21).[61] Die Bestimmung des § 2 Abs. 2 S. 1 SGB VII knüpft zwar nicht unmittelbar an das Zivilrecht an, aber die Wertungsparallelen zum Auftrag (§ 662) und zur Geschäftsführung ohne Auftrag (§ 677) liegen auf der Hand. § 2 Abs. 2 S. 1 SGB VII dürfte im Wesentlichen zu den gleichen Ergebnissen führen wie jene zivilrechtlichen Institute.[62] Darüber darf die eigenständige **Konkretisierung des Tatbestandes durch das BSG** nicht hinwegtäuschen. Danach ist für § 2 Abs. 2 S. 1 SGB VII erforderlich (1) eine ernstliche, dem in Betracht kommenden Unternehmen dienende Tätigkeit,[63] (2) die dem wirklichen oder mutmaßlichen Willen des Unternehmers entspricht, (3) die ihrer Art nach auch von Personen verrichtet werden kann, die in einem dem allgemeinen Arbeitsmarkt zuzurechnenden Beschäftigungsverhältnis stehen und (4) die unter solchen Umständen geleistet wird, dass sie einer Tätigkeit aufgrund eines Beschäftigungsverhältnisses ähnlich ist.[64]

13 Die ersten beiden Voraussetzungen gleichen den Anforderungen der GoA. Während allerdings im Zivil- bzw. Arbeitsrecht die Tätigkeit dem Interesse des Unternehmers objektiv dienen muss (§ 677 BGB) bzw. eine fahrlässige Fehleinschätzung der Interessen bzw. des Willens des Arbeitgebers dem betrieblichen Charakter der Tätigkeit entgegensteht (§ 670 BGB),[65] schadet in der Unfallversicherung erst die **grob fahrlässige Fehleinschätzung** der Interessenlage.[66] Der unfallversicherungsrechtliche Schadensausgleich kann etwas stärker Rücksicht auf die Interessen des Helfenden nehmen, weil die Lasten nicht von einem einzelnen Arbeitgeber zu tragen sind.

---

59 BSG 20.8.2019 – B 2 U 1/18 R – Rn. 16 ff., BSGE 129, 44; zu den verschiedenen Formen der Probetätigkeit und ihrer unfallversicherungsrechtlichen Behandlung *Leube*, ZTR 2020, 508 ff.

60 Vgl. OLG Koblenz 8.2.2008 – 8 U 397/07–, r+s 2009, 171 ff.; BeckOK/*Stelljes*, Sozialrecht (Stand: 03/2024), § 105 SGB VII, Rn. 14.

61 BSG 31.3.2022 – B 2 U 13/20 R –, BSGE 134, 109.

62 Siehe zur „betrieblichen Tätigkeit" als Anwendungsvoraussetzung für die arbeitsrechtlichen Grundsätze des innerbetrieblichen Schadensausgleichs § 8 RN 23 ff.

63 Die Zugehörigkeit zu einer Qualifizierungsgesellschaft erfüllt diese Voraussetzung nicht, SG Mannheim 14.1.2003 – S 9 U 1979/02 –, BB 2004, 112.

64 BSG 20.4.1993 – 2 RU 38/92 –, NJW 1994, 676; eingehende Darstellung der Rechtsprechung bei *Rolfs*, Haftung unter Arbeitskollegen, S. 96 ff.; Beispiele aus der Rechtsprechung bei *Lauterbach/Schwerdtfeger* Unfallversicherung, 4. Aufl. (Stand: 07/2022) § 2 SGB VII Rn. 694 ff., *Knickrehm/Holtstraeter*, Sozialrecht, 8. Aufl., § 2 SGB VII Rn. 53 ff.; *Krasney*, NZS 1999, 577 ff.; *Diederichsen*, VersR 2006, 293 ff.; *Niedermeyer*, NZS 2010, 312 ff. m.w.N.

65 Siehe § 8 RN 26.

66 Der Sache nach BSG 29.6.1966 – 2 RU 104/65 –, BSGE 25, 102, 104 f.: Keine Versicherung, wenn Tätigkeit als unsinnig angesehen werden muss oder den Interessen des Unternehmers offensichtlich zuwiderläuft; ähnlich BeckOGK/*Lilienfeld*, SGB VII (Stand: 07/2017), § 2 Rn. 129.

In der Praxis bereitet die Feststellung, ob der Geschädigte den Interessen eines Unternehmens gedient hat, dann Probleme, wenn seine Tätigkeit im **Schnittbereich der betrieblichen Sphären mehrerer Unternehmen** stattgefunden hat. So etwa, wenn der Geschädigte als Beschäftigter in seinem Stammunternehmen versichert ist und im Zusammenhang mit seiner Arbeit einem Fremdunternehmen hilft: Z.B. der bei A beschäftigte X hilft dem bei B beschäftigten Y beim Ankuppeln eines Anhängers, um die Laderampe für eigene Ladearbeiten zugänglich zu machen und kommt dabei zu Schaden.[67] Vordergründig betrachtet, kommt die Hilfeleistung des X beiden Unternehmen, A und B, zugute. Der nähere Blick lässt indessen die Aufgabenbereiche der Unternehmen hervortreten. Sie bestimmen sich nach den vertraglichen Verpflichtungen, die das Unternehmen übernommen hat. Sind keine Vereinbarungen über die Arbeitsteilung zwischen den Unternehmen getroffen,[68] gehören dazu im Zweifel **alle Tätigkeiten, die nach den gewöhnlichen Umständen zur Durchführung des vom Unternehmen übernommenen Auftrags erforderlich sind.** Im Beispielsfall gehört das Ankuppeln zum Aufgabenbereich des B; X ist also für B tätig geworden. Auch nach Anwendung der angeführten Abgrenzungsformel können sich die Arbeitsbereiche mehrerer Unternehmen überschneiden; ist das der Fall, kommt es für die Zurechnung nach § 2 Abs. 2 S. 1 SGB VII darauf an, ob die Hilfeleistung der Tätigkeit das Gepräge gegeben hat.[69] Im Zweifel, wenn die wahrgenommene Aufgabe in den Aufgabenbereich beider Unternehmen fällt, wird der Beschäftigte für sein Stammunternehmen tätig.[70] Im Ergebnis ist die **Tätigkeit nur einem Unternehmen zuzurechnen.**[71] Liegen die Voraussetzungen des § 2 Abs. 2 S. 1 SGB VII nicht vor und sind Schädiger und Geschädigter somit für unterschiedliche Unternehmen tätig geworden, kann die Haftung des Schädigers gleichwohl ausgeschlossen sein, wenn ein Fall der vorübergehenden Zusammenarbeit der Unternehmen gemäß § 106 Abs. 3, 3. Var. SGB VII vorliegt.[72] 14

Nicht jede Hilfeleistung für ein Unternehmen wird vom Versicherungsschutz erfasst, sondern nur solche, die einer **„Beschäftigung", also abhängiger Arbeit ähnlich** 15

67 Vgl. BGH 6.12.1977 – VI ZR 79/76 –, AP § 637 RVO Nr. 10.

68 Vgl. z.B. OLG Frankfurt/M. 25.7.1989 – 22 U 192/88 –, VersR 1990, 1257, 1258.

69 BAG 19.2.2009 – 8 AZR 188/08 – Rn. 35, AP § 105 SGB VII Nr. 4 = NZA-RR 2010, 123.

70 BAG 19.2.2009 – 8 AZR 188/08 – Rn. 35, AP § 105 SGB VII Nr. 4; BGH 23.3.2004 – VI ZR 160/03 –, NJW-RR 2004, 884; 17.4.1990 – VI ZR 244/89 –, LM § 636 RVO Nr. 41 = NJW-RR 1990, 1050; *Rolfs*, Haftung unter Arbeitskollegen, S. 101; *Fuchs*, FS Gitter (1996), S. 253, 262.

71 So – unter Aufgabe seiner früheren Rechtsprechung – jetzt auch BGH 22.4.2008 – VI ZR 202/07 –, NJW-RR 2008, 1239; 19.5.2009 – VI 56/08 – Rn. 12 ff., NJW 2009, 3235 unter Hinweis auf die Konkurrenzregelung in § 135 SGB VII und Änderung einer st. Rspr. zur RVO: grdl. BGH 19.3.1957 – VI ZR 277/55 –, BGHZ 24, 247, 248 ff. Die Entscheidungen betreffen unmittelbar nur die Bindungswirkung gemäß § 108 SGB VII, ihre Begründung trägt aber auch für das materiellrechtliche Verhältnis der Versicherungstatbestände zueinander, vgl. *Lemcke*, r+s 2009, 392; *Lepa*, Haftungsbeschränkungen bei Personenschäden, S. 67 ff. Für Möglichkeit der Doppelversicherung in Anknüpfung an bisherige Rechtsprechung ohne Kenntnisnahme der o.g. BGH-Entscheidungen noch BAG 19.2.2009 – 8 AZR 188/08 – Rn. 27, 35, AP § 105 SGB VII Nr. 4; abl. zur Rechtsprechungsänderung des BGH Teile der Literatur, etwa *Ricke*, NZS 2011, 454 ff.; siehe zur Bedeutung für die Leiharbeit noch § 24 RN 8.

72 § 24 RN 3.

ist; wer als selbstständiger Unternehmer tätig wird, benötigt nach der gesetzgeberischen Wertung den Schutz der Unfallversicherung nicht. Die Beschäftigungsähnlichkeit setzt **keine Eingliederung** des Tätigen im Sinne einer persönlichen Abhängigkeit voraus, denn andernfalls bliebe dem § 2 Abs. 2 S. 1 SGB VII kein nennenswerter Anwendungsbereich, wie das BSG mehrfach zutreffend hervorgehoben hat.[73] Der BGH ist dem in der Sache gefolgt.[74] Das BAG prüft dagegen die „Eingliederung" des Hilfeleistenden[75] und scheint darunter tatsächlich die Unterordnung unter die Weisungsmacht des Unternehmers zu verstehen.[76]

16 Hat sich der Außenstehende tatsächlich der Weisungsmacht des Unternehmers unterworfen,[77] ist dieser Umstand als Indiz für die Beschäftigtenähnlichkeit verwertbar. Im Übrigen sollte sich auch der Zivil- und Arbeitsrichter an der Tatbestandskonkretisierung des BSG orientieren. Zweifeln darf man allerdings am Sinn der Voraussetzung (3), der **Marktzugänglichkeit.**[78] Denn zum einen ist in den Grenzen des § 138 BGB alles dem Arbeitsmarkt zugänglich. Zum Zweiten zeigt ein Blick in die Rechtsprechung, dass die mit Hilfe dieses Kriteriums ausgegrenzten Tätigkeiten (z.B. bloße Gefälligkeitshandlungen[79] oder die Mitwirkung des unfallversicherten Patienten bei der Behandlung[80]) ebenso an der fehlenden „Beschäftigungsähnlichkeit" (4) scheitern.[81]

17 Ist der Mithelfende seinerseits **selbstständiger Unternehmer**, wird er nicht wie ein Arbeitnehmer oder sonst abhängig Beschäftigter, sondern als Selbstständiger aktiv, wenn die Mithilfe auch seinem eigenen Unternehmen dient.[82] Die Einbindung in die Betriebsorganisation fehlt in solchen Fällen. Sie scheitert nicht allein an der gleichzeitigen Verfolgung eigenwirtschaftlicher Ziele, aber daran, dass diese eigenwirtschaftlichen Ziele für das eigene Unternehmen verfolgt werden. So hat der BGH beispielsweise für einen Bauunternehmer entschieden, der einem von ihm beauftragten Subunternehmer bei der Durchführung eines Transportauftrages half.[83]

---

73 Siehe nur BSG 28.5.1957 – 2 RU 150/55 –, BSGE 5, 168, 173.

74 BGH 23.3.2004 – VI ZR 160/03 – unter II 1 c aa, NJW-RR 2004, 884; zur RVO vgl. BGH 16.12.1958 – VI ZR 251/57 –, NJW 1959, 433 f.; 6.12.1977 – VI ZR 79/76 – unter I 1, AP § 637 RVO Nr. 10.

75 BAG 19.2.2009 – 8 AZR 188/08 – Rn. 33 ff., AP § 105 SGB VII Nr. 4; zu § 637 RVO etwa BAG 28.2.1991 – 8 AZR 521/89 – unter II 2 b, AP § 637 RVO Nr. 21; krit. dazu mit Recht *Rolfs*, Haftung unter Arbeitskollegen, S. 97.

76 BAG 19.2.2009 – 8 AZR 188/08 – Rn. 35, 39, AP § 105 SGB VII Nr. 4 („Wahrnehmung von Aufgaben des Unternehmens").

77 Vgl. etwa BAG 19.2.2009 – 8 AZR 188/08 – Rn. 39, AP § 105 SGB VII Nr. 4.

78 Zurückhaltend inzwischen auch BSG 19.6.2018 – B 2 U 32/17 – Rn. 22, SGb 2019, 302.

79 Etwa OLG Düsseldorf 7.6.1990 – 8 U 89/89 – VersR 1991, 1036 f.; LSG Bayern 12.4.2011 – L 3 U 121/10 –, juris.

80 So die Zuordnung von *Rolfs*, Haftung unter Arbeitskollegen, S. 107 f.; weitere Beispiele bei BeckOGK/*Lilienfeld*, SGB VII (Stand: 07/2017), § 2 Rn. 130 ff.

81 Vgl. BGH 13.1.1981 – VI ZR 26/80 – unter II 2 c, AP § 636 RVO Nr. 12; SG Düsseldorf 17.5.2013 – S 1 U 163/13 – Rn. 53 und 55 ff., NZA 2015, 511 (ehrenamtlicher Wettkampfrichter).

82 BSG 20.5.1958 – 2 RU 322/55 –, BSGE 7, 195, 197 f.; 28.6.1984 – 2 RU 63/83 –, BSGE 57, 91, 92 f.; BGH 28.10.1986 – VI ZR 181/85 –, AP § 636 RVO Nr. 14; 11.10.1988 – VI ZR 67/88 –, AP § 636 RVO Nr. 15.

83 BGH 11.10.1988 – VI ZR 67/88 –, AP § 636 RVO Nr. 15.

7. Arbeit während des Freiheitsentzuges oder aufgrund Anordnung (§ 2 Abs. 2 S. 2 SGB VII)

Die Haftung eines schädigenden Arbeitnehmers kann auch solchen Personen gegenüber ausgeschlossen sein, die „während einer aufgrund eines Gesetzes angeordneten Freiheitsentziehung oder aufgrund einer strafrichterlichen, staatsanwaltschaftlichen oder jugendbehördlichen Anordnung wie Beschäftigte tätig werden" und deshalb gemäß § 2 Abs. 2 S. 2 SGB VII unfallversichert sind. Die Vorschrift erfasst zwei unterschiedliche Personengruppen: die „unfreien", vor allem in Strafhaft, Untersuchungshaft oder Sicherungsverwahrung befindlichen Personen und die „freien" Personen, die auf besondere Anordnung Arbeit ableisten müssen, z. B. aufgrund einer gerichtlich angeordneten Erziehungsmaßregel gemäß § 10 Abs. 1 S. 3 Nr. 4 JGG. § 2 Abs. 2 S. 2 SGB VII greift nur ein, wenn die genannten Personen **nicht bereits aufgrund eines Beschäftigungsverhältnisses gemäß § 2 Abs. 1 Nr. 1 SGB VII versichert sind**; das wird aber nur ausnahmsweise der Fall sein, weil ein Arbeitsverhältnis für gewöhnlich eine freie Person voraussetzt und andererseits die genannten Arbeitsanordnungen gegenüber freien Personen meistens zur Ableistung gemeinnütziger Arbeit verpflichten. Bei den **Gefangenen** werden von § 2 Abs. 2 S. 2 SGB VII alle Arbeitstätigkeiten innerhalb der jeweiligen Anstalt erfasst, soweit sie auf Anordnung der Anstaltsleitung beruhen und nicht lediglich privaten Zwecken des Gefangenen dienen. Insoweit führt die Versicherung des Geschädigten zur Enthaftung der „betrieblich" tätigen Mitgefangenen gemäß § 105 SGB VII, aber auch des **Wachpersonals**, soweit dieses sich ebenfalls in die Arbeitsvorgänge einschaltet und nicht lediglich seiner Wachaufgabe nachgeht.[84] Die tragenden Gründe für die Ersetzung der Haftung durch die Unfallversicherung im Arbeitsrecht gelten entsprechend: Dem Anstaltsträger ist die Finanzierung der Unfallversicherung nur bei gleichzeitiger Freistellung von seiner Haftung zuzumuten. Diese Freistellung aber muss auch gegenüber etwaigen Regressansprüchen des schädigenden **Mitgefangenen** Bestand haben, weswegen auch dessen Haftung ausgeschlossen ist. 18

Zum anderen ist der Gefangene gemäß § 2 Abs. 2 S. 2 SGB VII versichert, wenn er **in externen Unternehmen aufgrund einer Entsendung durch die Anstalt** tätig wird. Zwar ist er dann im externen Unternehmen „wie ein Beschäftigter tätig", § 2 Abs. 2 S. 2 SGB VII ist aber die speziellere Vorschrift zu S. 1. Das bedeutet, dass für etwaige Unfälle während dieser Tätigkeit die Unfallversicherung der Anstalt aufzukommen hat, nicht jene des externen Unternehmens. Von daher ist es nicht selbstverständlich, dass der nach § 2 Abs. 2 S. 2 SGB VII versicherte Gefangene seine zivilrechtlichen Haftungsansprüche gegen einen ihn schädigenden Arbeitnehmer des externen Unternehmens verlieren soll. Der BGH hatte dies zunächst auch abgelehnt, allerdings aus anderen, nicht tragfähigen Gründen.[85] Mittlerweile befürwortet er aber den Haftungsausschluss gewissermaßen als Teil der Resozialisierung: Der Unfallversicherungsschutz der Ge- 19

84 Ebenso *Winkler*, Haftung unter Arbeitskameraden, S. 135 f.; *Rolfs*, Haftung unter Arbeitskollegen, S. 187.

85 BGH 13.6.1961 – VI ZR 212/60 – unter II, AP §§ 898, 899 RVO Nr. 41; die Entscheidung stellt maßgeblich auf die fehlende „betriebliche Verbundenheit" des Gefangenen ab.

fangenen solle nach dem Willen des Gesetzgebers möglichst weitgehend dem der Arbeitnehmer entsprechen. Nach § 3 Abs. 1 StVollzG[86] solle der Strafvollzug den realen Lebensverhältnissen so weit wie möglich angeglichen werden; deshalb habe seine Eigenschaft als Gefangener außen vor zu bleiben.[87] Hinzuzufügen ist, dass es die Bereitschaft externer Unternehmer zur Beschäftigung Gefangener nicht gerade fördern würde, müssten sie mit Schadensersatz- oder Freistellungsansprüchen im Schadensfalle rechnen. Dieses Argument greift auch dort, wo die Unterbringung nicht das Ziel der Resozialisierung hat (z. B. Untersuchungshaft). Es liegt in der Konsequenz dieser „Als-ob-Betrachtung" (der Gefangene als Beschäftigter, die Anstalt als Unternehmen), die Haftung des schädigenden Arbeitnehmers gegenüber dem Gefangenen dann bestehen zu lassen, wenn dies auch bei einem Nichtgefangenen so wäre: Wird der Gefangene nicht im Betriebsablauf des externen Unternehmens tätig, sondern im Rahmen eines von der Anstalt vom externen Unternehmen übernommenen begrenzten Auftrages unter deren eigener Regie, haftet der schädigende Arbeitnehmer des externen Unternehmens dem geschädigten Gefangenen genauso wie der dem Arbeitnehmer eines anderen Unternehmens haftete, der einen begrenzten Auftrag im Unternehmen des Schädigers durchführt.[88]

20 Für die (freien) **Personen, die aufgrund besonderer Anordnung** in einem Unternehmen tätig werden, gelten die vorstehenden Ausführungen entsprechend: Soweit sie in einem Unternehmen wie Beschäftigte tätig werden, haben sie als Geschädigte gemäß § 105 SGB VII keinen Haftungsanspruch gegen die im Unternehmern beschäftigten Arbeitnehmer. Gleiches gilt im Verhältnis mehrerer solcher Personen, die im selben Betrieb Arbeit auf besondere Anordnung abzuleisten haben.

8. Unternehmensfremde Personen während ihres Aufenthaltes auf der Unternehmensstätte (§ 3 Abs. 1 Nr. 2 SGB VII)

21 Die **Satzung des zuständigen Unfallversicherungsträgers kann den Versicherungsschutz auf Personen ausdehnen**, die sich auf der Unternehmensstätte (Betriebsgelände) lediglich „aufhalten", d. h. nicht im Interesse des Unternehmers tätig und deshalb nicht bereits gemäß § 2 Abs. 1 Nr. 1 oder § 2 Abs. 2 S. 1 SGB VII unfallversichert sind. In Betracht kommen etwa Rechtsanwälte, Steuerberater in Ausübung ihrer eigenen unversicherten Tätigkeit, Besucher oder Praktikanten, soweit diese im eigenen Interesse im Betrieb sind[89] oder Personen, die den Betrieb besichtigen, etwa aus In-

86 Bzw. vergleichbare Normen des Landesrechts, etwa § 2 Abs. 1 Niedersächsisches Justizvollzugsgesetz (NJVollzG); Art. 5 Abs. 1 Bayerisches Strafvollzugsgesetz (BayStVollzG); § 3 Abs. 1 Hamburgisches Strafvollzugsgesetz (HmbStVollzG); § 3 Abs. 1 Hessisches Strafvollzugsgesetz (HStVollzG).

87 BGH 9.11.1982 – VI ZR 87/81 –, NJW 1983, 574.

88 Bei Vorliegen der Voraussetzungen ist eine Enthaftung nach § 106 Abs. 3 SGB VII möglich; dazu § 24 RN 3 ff.

89 Vgl. dazu BGH 25.6.1985 – VI ZR 34/84 –, AP § 637 RVO Nr. 17 (Stellenbewerber); vgl auch die Aufzählung bei BeckOGK/*Lilienfeld*, SGB VII (Stand: 09/2015), § 3 Rn. 7.

teresse an einer Beschäftigung.[90] Interesse an einer Einbeziehung dieser Personengruppe hat der Unternehmer wegen des Haftungsausschlusses zu seinen Gunsten und zu Gunsten seiner Mitarbeiter (§ 106 Abs. 4 SGB VII).[91] Der Aufenthalt setzt nicht unbedingt eine vorherige Einladung seitens des Unternehmers voraus; allerdings kann die Satzung die Voraussetzungen insoweit präzisieren.[92] Der Versicherungsschutz gemäß § 3 Abs. 1 Nr. 2 SGB VII erstreckt sich nicht auf Personen, die bereits anderweitig unfallversichert sind, also zum Beispiel auf Arbeitnehmer anderer Unternehmer, die in deren Auftrag auf der Unternehmensstätte tätig und daher bereits im Stammunternehmen versichert sind, vgl. § 135 Abs. 7 SGB VII. Diese Subsidiarität des § 3 SGB VII kann nicht durch Satzungsbestimmung ausgeschlossen werden.[93]

9. Beamte

Die Beamten[94] gehören als solche[95] nicht zu den „Versicherten" der gesetzlichen Un- 22
fallversicherung (§ 4 Abs. 1 Nr. 1 SGB VII) im Sinne von § 105 Abs. 1 S. 1 SGB VII, ihre Haftungsansprüche wurden deshalb unter Geltung der RVO nicht vom unfallversicherungsrechtlichen Haftungsausschluss erfasst.[96] Vielmehr genießen Beamte einen der Unfallversicherung ähnlichen Schutz bei **Dienstunfällen**, für den der Dienstherr aufzukommen hat (**Unfallfürsorge**, §§ 20 ff. BeamtVG für Bundesbeamte,[97] für Landes- und Kommunalbeamte gelten entsprechende Regelungen des jeweiligen Landesrechts, z. B. §§ 33 ff. NBeamtVG). Diese Unfallfürsorge tritt – wiederum analog zum System der Unfallversicherung – an die Stelle der Haftung des Schädigers (§ 46 Abs. 2 S. 1 BeamtVG), soweit die Verletzung des Beamten nicht auf Vorsatz beruht (§ 46 Abs. 2 S. 1 Nr. 1 BeamtVG) oder der Dienstunfall bei Teilnahme am allgemeinen Verkehr geschah (§ 46

---

90 BSG 31.3.2022 B 2 U 13/20 R, BSGE 134, 109.

91 Siehe § 24 RN 19.

92 *Lauterbach/Schwerdtfeger*, Unfallversicherung, 4. Aufl. (Stand: 09/2022), § 3 SGB VII Rn. 24; *Becker/Franke/Molkentin/Ziegler*, SGB VII, 6. Aufl., § 3 Rn. 14.

93 *Lauterbach/Schwerdtfeger*, Unfallversicherung, 4. Aufl. (Stand: 09/2022), § 3 SGB VII Rn. 25.

94 Die nachfolgenden Ausführungen gelten entsprechend für Richter (§ 1 Abs. 2 BeamtVG) und Soldaten (§ 91a SoldatenVersG) sowie sonstige den Beamten auf Grund zustehender Leistungen nach beamtenrechtl. Grundsätzen der Unfallfürsorge gleichgestellte Personen. Auf jeweilige besondere Erwähnung wird verzichtet.

95 Wohl kann ein Beamter über andere Versicherungstatbestände, namentlich § 2 Abs. 2 S. 1 SGB VII versichert sein; dann greifen auch die §§ 104 ff. SGB VII ein; vgl. etwa BSG 16.5.1984 – 9b RU 68/82 –, BSGE 56, 279, 281 f.; *Rolfs*, Haftung unter Arbeitskollegen, S. 200 f.

96 So jedenfalls die Rechtsprechung BGH 14.1.1986 – VI ZR 10/85 –, NJW 1986, 1937 f.; dagegen (für den Sonderfall der Schülerhaftung) *Müller*, SGb 1986, 520, 521 ff.

97 Gemäß § 1 Abs. 2 BeamtVG gilt das Gesetz auch für Richter des Bundes. Für Soldaten ist auf § 85 Soldatenversorgungsgesetz hinzuweisen. Für Richter des Landesdienstes gibt es im Landesrecht entsprechende Verweisungsregelungen, z. B. § 2 Abs. 1 NdsRiG. Im Übrigen kann auf die für Richter und Soldaten geltenden Regelungen hier nicht im Einzelnen eingegangen werden.

Abs. 2 S. 1 Nr. 2 BeamtVG[98]). § 46 Abs. 2 S. 1 BeamtVG wird allerdings **nicht als echter Haftungsausschluss** verstanden. Vielmehr nimmt der BGH an, es würden lediglich die Schadensersatzansprüche „in der Hand" des geschädigten Beamten auf die Leistungen der Unfallfürsorge und auf den Dienstherrn als Schuldner beschränkt. Der Geschädigte solle nicht über die Unfallfürsorgeleistungen hinaus noch andere öffentlich-rechtliche Dienstherren mit Forderungen belasten können. Dagegen solle der Regress des fürsorgegewährenden Dienstherrn des Geschädigten bzw. einer die Unfallfürsorge gewährenden Versorgungskasse nicht ausgeschlossen sein. Die dem Grunde nach nicht ausgeschlossenen Schadensersatzansprüche gingen nach den allgemeinen Vorschriften (§ 76 BBG und entsprechende landesrechtliche Regelungen) auf diesen über.[99] Der Schädiger steht daher schlechter als beim unfallversicherungsrechtlichen Haftungsausschluss, denn er haftet dem Dienstherrn des Geschädigten nach den zugrunde liegenden Haftungsvorschriften in der Regel für einfache Fahrlässigkeit, während § 110 SGB VII grobe Fahrlässigkeit voraussetzt. Allerdings kann der Schädiger, soweit er Arbeitnehmer oder Beamter ist, von seinem Arbeitgeber bzw. Dienstherrn Freistellung nach Maßgabe des innerbetrieblichen Schadensausgleichs bzw. der entsprechenden beamtenrechtlichen Regeln verlangen; gleichwohl dürfte er im Regress des § 110 SGB VII wegen des anderen Bezugspunktes des Verschuldens[100] günstiger stehen.

23 Die durch das UVEG eingeführte Regelung des § 105 Abs. 1 S. 2 SGB VII beendet diese unterschiedliche Behandlung:[101] Der **unfallversicherungsrechtliche Haftungsausschluss gilt auch zu Lasten des verletzten Beamten:** Haftungsansprüche des verletzten Beamten gegen den Schädiger sind ausgeschlossen, soweit dieser für denselben Betrieb (d.h. denselben Dienstherrn[102] oder dasselbe Unternehmen[103]) wie der Schädiger tätig geworden ist. Diese auf den ersten Blick klare Regelung lässt einige Fragen unbeantwortet.[104]

24 **Erstens** wird das **Verhältnis des § 105 Abs. 1 S. 2 SGB VII zu § 46 Abs. 2 S. 1 BeamtVG** nicht klargestellt. Letztere Vorschrift gilt unverändert fort. Der Schädiger kommt

98 Vormals § 1 Abs. 1 des Gesetzes über die erweiterte Zulassung von Schadensersatzansprüchen bei Dienst- und Arbeitsunfällen 7.12.1943 (RGBl. S. 674). § 1 Abs. 1 lautet: „Ist ein Dienstunfall bei der Teilnahme am allgemeinen Verkehr eingetreten, so können der Verletzte und seine Hinterbliebenen Schadensersatzansprüche gegen eine öffentliche Verwaltung oder ihre Dienstkräfte auch dann geltend machen, wenn die Ansprüche nach den Vorschriften des Versorgungsrechts bisher ausgeschlossen waren."

99 BGH 19.3.2013 – VI ZR 174/12 – NJW 2013, 2351; zur im Wesentlichen gleichen Vorgängerregelung des § 87a BBG BGH 17.11.1988 – III ZR 202/87 –, BGHZ 106, 13, 15 f.; 24.4.1952 – III ZR 78/51, III ZR 79/51 –, BGHZ 6, 4, 7 ff.; *Rolfs*, Haftung unter Arbeitskollegen, S. 194 f.; *Wussow/Schneider*, Unfallhaftpflichtrecht, 16. Aufl., Kap. 82 Rn. 18 f. Näher zum Regress nach beamtenrechtlichen Vorschriften § 25 RN 25 ff.

100 Zum Bezugspunkt bei § 110 SGB VII siehe § 25 RN 6; zum Bezugspunkt bei der zivilrechtlichen Haftung § 9 RN 3 ff.

101 Ebenso *Rolfs*, NJW 1996, 3177, 3180.

102 Siehe RN 51.

103 Denkbar bei abgeordneten Beamten und den privatisierten Unternehmen der ehemaligen Bundespost und der Bundesbahn.

104 Die Darstellung beschränkt sich auf das Bundesbeamtenrecht. Die Ausführungen gelten entsprechend für das Landesrecht, soweit die landesrechtlichen Regelungen dem Bundesrecht entsprechen.

daher zusätzlich in den Genuss der beamtenrechtlichen Enthaftung, soweit diese über die unfallversicherungsrechtliche Enthaftung hinausgeht. Weiter als § 105 SGB VII geht § 46 Abs. 2 S. 1 BeamtVG insofern, als der Schädiger (Arbeitnehmer, Beamter) nicht für denselben Dienstherrn wie der geschädigte Beamte tätig gewesen sein muss; es genügt, wenn er überhaupt bei einem öffentlich-rechtlichen Dienstherrn in Dienst steht.[105] Ausgeschlossen ist die Haftung gegenüber dem Geschädigten also auch, wenn Schädiger und Verletzter sich nur zufällig und nicht im Rahmen einer auch nur vorübergehenden Kooperation zwischen ihren Dienstherren begegnet sind (z.B. zu Lasten des Landesvermessungsbeamten, der vom Unkraut jätenden Stadtgärtner verletzt wird). Dieser Unterschied zur gesetzlichen Unfallversicherung[106] irritiert, ist aber weniger dramatisch, als es auf den ersten Blick scheinen will. Denn der Dienstherr des Geschädigten nimmt beim Schädiger bzw. dessen Dienstherrn nach Maßgabe der Schadensersatznorm, aus der der Schädiger dem Geschädigten (eigentlich) haftet, Regress.[107] Im Umfang der Unfallfürsorgeleistungen wird der Schaden also letztlich vom Schädiger bzw. (meistens) dessen Dienstherrn getragen. Wirklich entlastet werden der für einen anderen Dienstherrn/Unternehmer tätige Schädiger und dessen Dienstherr/Arbeitgeber durch den weitergehenden Haftungsausschluss gemäß § 46 Abs. 2 S. 1 BeamtenVersG nur vom „Restschaden", der durch die Unfallfürsorge nicht abgedeckt wird, also vor allem vom Schmerzensgeld. Insoweit darf der Gesetzgeber die gemeinsame Arbeit für das öffentliche Interesse[108] zum Anlass für einen dienstherrenübergreifenden Haftungsausschluss nehmen. Hinzu kommt, dass die materielle Verantwortlichkeit des Dienstherrn für die Unfallschäden seiner Beamten nicht aus einer betriebs- oder unternehmensbezogen zu definierenden „Risikotragung" abgeleitet wird, sondern aus dem beamtenrechtlichen Fürsorgeverhältnis.[109]

In diesem Kontext stellt sich die Frage, **warum für verletzte Arbeitnehmer des öffentlichen Dienstes nicht dasselbe gilt**, da der Haftungsausschluss gemäß § 105 Abs. 1 SGB VII voraussetzt, dass Schädiger und Geschädigter für dasselbe Unternehmen („Betrieb") tätig sind, also für denselben Dienstherrn. So behält z.B. der von einem Landesbeamten verletzte städtische Gartenarbeiter seine deliktischen Schadensersatzansprüche gegen den Beamten bzw. dessen Dienstherrn. Wegen dieser Ungleichbehandlung werden verfassungsrechtliche Bedenken erhoben[110] bzw. die entsprechende Anwendung des § 46 Abs. 1 BeamtVG zu Lasten des geschädigten Arbeitnehmers er- 25

105 Beschäftigte des öffentlichen Dienstes können auch Arbeitnehmer eines privaten Unternehmens sein, wenn sie nach den allgemeinen Regeln für den Dienstherrn innerhalb der Dienstabläufe tätig werden; ebenso *Rolfs*, Haftung unter Arbeitskollegen, S. 201.

106 Siehe RN 49.

107 Siehe § 25 RN 25 ff.

108 Das verbirgt sich hinter der in diesem Zusammenhang angeführten „haftungsmäßigen Einheit des öffentlichen Dienstes", so z.B. *Denck*, Außenhaftung, S. 125; zu § 839 Abs. 1 S. 2 BGB siehe § 25 RN 26.

109 Vgl. BVerfG 8.1.1992 – 2 BvL 9/88 –, BVerfGE 85, 176, 188.

110 *Rolfs*, Haftung unter Arbeitskollegen, S. 197.

wogen.[111] Sie sind durch den Beschluss des BVerfG vom 8.1.1992[112] nicht ausgeräumt. In jenem Fall bestand zwischen den Dienstherren des Schädigers (vom Landkreis beschäftigter Hausmeister einer Schule) und der Geschädigten (im Landesdienst stehende beamtete Lehrerin) ein enges Kooperationsverhältnis: Der Dienstherr des Schädigers (Landkreis als Schulträger) war gerade für jenen Gefahrenkreis verantwortlich (Schulgebäude und -gelände), innerhalb dessen die geschädigte Beamtin schwerpunktmäßig ihre Pflichten versah und sich der Dienstunfall in diesem Gefahrenkreis ereignet hat (Ausrutschen auf Glatteis auf dem Schulparkplatz).[113] Deshalb würde man in diesem besonderen Fall auch über §§ 105, 106 SGB VII zum Haftungsausschluss kommen; nur für diese besondere Konstellation hat das BVerfG aber die Verfassungsmäßigkeit des dienstherrnübergreifenden Haftungsausschlusses bestätigt. Die verfassungsrechtlichen Bedenken sind durch § 105 Abs. 1 S. 2 SGB VII um einiges dringlicher geworden; denn wenn hier der Status- und Systemunterschied zwischen Beamten und Arbeitnehmern nicht mehr zählt, kann ihm in § 46 Abs. 1 BeamtVG schwerlich ausschlaggebende Bedeutung zukommen. Weil andere Argumente für eine Ungleichbehandlung nicht ersichtlich sind, ist **§ 46 Abs. 1 BeamtVG entsprechend anzuwenden, wenn ein Arbeitnehmer des öffentlichen Dienstes von einem Beamten oder Arbeitnehmer eines anderen Dienstherrn verletzt wird.**

26 **Zweitens** stellt sich die Frage, **ob der Haftungsausschluss des § 105 Abs. 1 S. 2 SGB VII gemäß § 106 Abs. 3, 3. Var. SGB VII auch zu Lasten von Beamten gilt**, die vom Arbeitnehmer eines anderen Dienstherrn bei der Zusammenarbeit auf einer gemeinsamen Betriebsstätte verletzt werden (der Stadtgärtner verletzt einen Landesvermessungsbeamten bei gemeinsamer Freilegung eines Grenzsteins). Zwar wird die Haftung des schädigenden Arbeitnehmers dem Geschädigten gegenüber durch den dienstherrnübergreifenden Ausschluss gemäß § 46 Abs. 1 BeamtVG beseitigt, dem Dienstherrn des Geschädigten bleibt er aber nach Maßgabe der zivilrechtlichen Haftung regresspflichtig;[114] § 106 Abs. 3, 3. Var. SGB VII würde diese Regresspflicht beseitigen und durch die für den Schädiger günstigere Regelung in § 110 SGB VII ersetzen. Der Wortlaut des § 106 Abs. 3 SGB VII nimmt § 105 Abs. 1 S. 2 SGB VII mit in Bezug und lässt eine solche Deutung daher zu. Der Zweck – Einebnung der Unterschiede zwischen verletzten Arbeitnehmern und Beamten – rechtfertigt ebenfalls die Erstreckung des Haftungsausschlusses des § 105 Abs. 1 S. 2 SGB VII auf die Kooperation gemäß § 106 Abs. 3, 3. Var. SGB VII.

---

111 *Denck*, Außenhaftung, S. 121, 124.

112 BVerfG 8.1.1992 – 2 BvL 9/88 –, BVerfGE 85, 176 ff.

113 So präzisiert das BVerfG den Beschluss des gemäß Art. 100 GG vorlegenden Gerichts, BVerfG 8.1.1992 – 2 BvL 9/88 –, BVerfGE 85, 176, 183, und nur darauf beziehen sich die Ausführungen auf S. 189 f. Dass die Enthaftung bei Schadensvorgängen zwischen Beamten bzw. Soldaten *desselben* Dienstherrn gemäß § 46 BeamtVG bzw. § 91a SoldVersG genauso verfassungsgemäß ist wie jener nach §§ 104 f. SGB VII, hat das BVerfG in dieser Entscheidung (a.a.O., S. 187 f.) im Anschluss an BVerfG 22.6.1971 – 2 BvL 10/69 –, BVerfGE 31, 212, 218 ff., bestätigt.

114 § 25 RN 27.

Drittens ist problematisch, **ob § 105 Abs. 1 S. 2 SGB VII auch dann gilt, wenn der Beamte von einem Beamten (desselben Dienstherrn) verletzt wurde.** Dem Wortlaut nach wäre das möglich,[115] Systematik und Teleologie sprechen aber dagegen. Der Haftungsausschluss kann nur dann greifen, wenn wenigstens für einen der Beteiligten – Schädiger oder Verletzter – das Schadensausgleichssystem der gesetzlichen Unfallversicherung gilt, nur dann besteht überhaupt die Notwendigkeit, über dessen Reichweite und Ausschlusswirkung nachzudenken. Daran fehlt es, wenn auf beiden Seiten nur Beamte beteiligt sind.[116] Der Haftungsausschluss richtet sich hier allein nach § 46 Abs. 1 BeamtVG.[117] 27

Viertens lässt das Gesetz unbeantwortet, ob und wie der **Dienstherr des verletzten Beamten** für seine unfallfürsorgerischen Leistungen **Regress beim Schädiger** nehmen kann. Dazu ist auf das Kapitel über den Regress zu verweisen.[118] 28

10. Personen mit vertraglich vereinbarter Unfallfürsorge nach beamtenrechtlichem Muster

§ 4 Abs. 1 Nr. 1 SGB VII stellt nicht nur Beamte von der Unfallversicherung frei, sondern auch andere Personen, für die die beamtenrechtlichen Unfallfürsorgevorschriften oder entsprechende Grundsätze gelten. Geltungsgrund kann eine besondere vertragliche Zusage des Arbeitgebers sein, etwa bei leitenden Angestellten in der Privatwirtschaft, oder eine öffentlich-rechtliche Dienstordnung wie bei den Angestellten der Berufsgenossenschaften (§§ 144 ff. SGB VII).[119] Auch zu Lasten dieser Personengruppe greift der Haftungsausschluss des § 105 SGB VII gemäß § 105 Abs. 1 S. 2 SGB VII. Für die Enthaftung des Unternehmers fehlt eine vergleichbare Regelung; § 104 SGB VII ist hier entsprechend anzuwenden, denn der Arbeitgeber wird die besondere Verpflichtung zur Unfallfürsorge im Zweifel nur um dieses Vorteils willen eingegangen sein. 29

11. Angehörige und Hinterbliebene des Verletzten

§ 105 SGB VII schließt neben den Ansprüchen des Verletzten auch etwaige Ansprüche Hinterbliebener (§§ 63 ff. SGB VII) und sonstiger Angehöriger (praktisch nur bedeutsam im Hinblick auf §§ 618 Abs. 3, 845 BGB) aus.[120] Das betrifft aber nur jene Ansprüche, die als Drittschäden aus der Verletzung der Rechtsgüter des Geschädigten abgeleitet werden, also Beerdigungskosten, entgangener Unterhalt, entgangene Dienste. Ansprüche 30

115 Dazu, dass ein Beamter „betriebliche Tätigkeit" ausübt, also jedenfalls als Schädiger eines Arbeitnehmers unter § 105 Abs. 1 S. 1 SGB VII fällt, siehe § 23 RN 9.

116 Dem folgend BGH 19.3.2013 – VI ZR 174/12 – Rn. 20, NJW 2013, 2351.

117 Ebenso BGH 19.3.2013 – VI ZR 174/12 – Rn. 19 f., NJW 2013, 2351; *Leube*, ZTR 1999, 302, 303; *Lepa*, Haftungsbeschränkungen bei Personenschäden, S. 91.

118 § 25 RN 25 ff.

119 Der Status des DO-Angestellten darf ab 1.1.2023 nicht mehr neu vereinbart werden, s. § 144 Abs. 2 SGB VII.

120 BeckOGK/*Ricke*, SGB VII (Stand: 02/2024), § 104 Rn. 18; *Rolfs*, Haftung unter Arbeitskollegen, S. 204.

aus Verletzungen eigener Rechtsgüter, z. B. wegen eines durch die Benachrichtigung vom Arbeitsunfall verursachten Schockschadens, werden nicht erfasst;[121] denn diese Schäden werden von der Unfallversicherung nicht ausgeglichen.

12. Versicherung aufgrund mehrerer Vorschriften

31 Für den Fall, dass die Unfallversicherung des Verletzten auf mehrere Versicherungstatbestände gleichzeitig gestützt werden kann, ist die Konkurrenzvorschrift des § 135 SGB VII zu beachten.[122]

II. Eintritt des Versicherungsfalles (§ 8 Abs. 1 SGB VII)

32 Versicherungsschutz erhält der in §§ 2 ff. SGB VII beschriebene Personenkreis nur für bestimmte Versicherungsfälle, die in § 7 Abs. 1 SGB VII festgelegt sind: **Arbeitsunfälle und Berufskrankheiten.** Aus der Perspektive der Arbeitnehmerhaftung stehen die Arbeitsunfälle ganz im Vordergrund, denn Berufskrankheiten (§ 9 SGB VII) beruhen selten auf haftungsbegründenden Handlungen eines Arbeitnehmers. Nicht jeder Arbeitsunfall hat mit dem Arbeitsleben zu tun. Die tatbestandliche Umschreibung dieses Versicherungsfalles hat mit der im Laufe der Jahre erfolgten Erweiterung des versicherten Personenkreises nicht Schritt gehalten, und so können auch solche Personen einen „Arbeitsunfall" erleiden, die gar nicht abhängig arbeiten und allein aus sozialfürsorglichen Gründen in der Unfallversicherung sind (z. B. der Unfall eines Schülers während einer Lehrveranstaltung). Aus der Perspektive der Arbeitnehmerhaftung sind in erster Linie Arbeitsunfälle der oben (unter I) angeführten Versicherten von Bedeutung, denn sie bilden den praktisch bedeutendsten Teil der Fälle, in denen die Voraussetzungen für einen Haftungsausschluss vorliegen.

1. Struktur des Versicherungstatbestands „Arbeitsunfall"

33 Der **Arbeitsunfall** ist in § 8 Abs. 1 S. 1 SGB VII gesetzlich definiert als Unfall „von Versicherten infolge einer den Versicherungsschutz nach §§ 2, 3 oder 6 begründenden Tätigkeit (versicherte Tätigkeit)"; § 8 Abs. 2 SGB VII erweitert den Kreis der versicherten Tätigkeiten. Unfälle wiederum sind nach § 8 Abs. 1 S. 2 SGB VII „zeitlich begrenzte, von außen auf den Körper einwirkende Ereignisse, die zu einem Gesundheitsschaden oder zum Tod führen". Es muss kein besonderes, ungewöhnliches oder gar „extremes" Geschehen vorliegen. Bloße Wahrnehmungen können ein Ereignis sein (z. B. ein dienstliches Gespräch), da sie auf den Körper einwirken können,[123] Einbildungen (z. B. eines

121 § 21 RN 29; ErfK/*Rolfs*, 25. Aufl., § 104 SGB VII Rn. 15; anders ArbG Osnabrück 31.1.1969 – Ca 570/68 –, ARST 1969, Nr. 108.

122 Eine mehrfache Zurechnung zu unterschiedlichen Unternehmen kommt nicht in Betracht, RN 11.

123 BSG 6.5.2021 – B 2 U 15/19 R – Rn. 18, NJW 2021, 3613.

tatsächlich nicht eingetretenen Unfalls) dagegen nicht.[124] Einem über längere Zeit betriebenem „Mobbing" fehlt die zeitliche Begrenztheit, sodass der Schädiger für dadurch verursachte psychische Erkrankungen zivilrechtlich zu haften hat.[125] Gleiches gilt für die über längere Zeit betriebene körperliche Überbeanspruchung des Arbeitnehmers durch Überstunden.[126] Auch eine durch die versicherte Tätigkeit ausgelöste **Infektion** mit einem Krankheitserreger (z. B. Covid-Viren) kann Arbeitsunfall sein.[127]

Das Ereignis muss nach der ständigen Rechtsprechung des BSG mit der versicherten Tätigkeit **rechtlich wesentlich zusammenhängen,**[128] d. h. die Tätigkeit muss eine wesentliche Bedingung für den Unfall sein **(haftungsbegründende Kausalität)** und durch den Unfall muss sodann ein Gesundheitsschaden oder der Tod des Geschädigten eingetreten sein, der wesentlich auf das Unfallereignis zurückzuführen ist **(haftungsausfüllende Kausalität).**[129] Die Kausalitätsprüfung vollzieht sich jeweils in zwei Stufen:[130] Auf der ersten Stufe ist in tatsächlicher Betrachtung die empirische („naturwissenschaftliche") **Kausalität** festzustellen nach Maßgabe der generellen Geeignetheit der Ursache anhand des einschlägigen Fachwissens und nach der condicio-Formel, wobei die Mitursächlichkeit der versicherten Tätigkeit ausreicht.[131] Auf der zweiten Stufe ist sodann in rechtlich wertender Betrachtung die **Wesentlichkeit** der versicherten (Mit-) Ursache zu prüfen.[132] Anders als der zivilrechtliche Schadensausgleich (§ 254 BGB) bildet der Schadensausgleich durch die Unfallversicherung die Mitursächlichkeit versicherungsfremder Ursachen nicht in den Rechtsfolgen durch Minderung des Schutzes ab, sondern gewährt zu Gunsten des Versicherten stets den vollen Schutz. Die Wesentlichkeitsbetrachtung zieht dieser Begünstigung eine äußerste Grenze für den Fall, dass versicherungsfremde Ursachen deutlich überwiegen. Dementsprechend interpretiert das BSG die „Wesentlichkeit": Auch eine „rechnerisch verhältnismäßig niedriger zu 34

124 BSG 26.11.2019 – B 2 U 8/18 R –, SozR 4–2700 § 8 Nr. 71.

125 BAG 25.10.2007 – 8 AZR 593/06 – Rn. 85, AP § 611 BGB Mobbing Nr. 6 = NZA 2008, 223; v. *Koppenfels-Spies/Wenner/Brose*, SGB VII, 3. Aufl., § 8 Rn. 14.

126 Vgl. *Lauterbach/Schwerdtfeger*, Unfallversicherung, 4. Aufl. (Stand: 04/2021), § 8 SGB VII Rn. 27; BSG 25.08.1961 – 2 RU 106/59 –, BSGE 15, 41, 45. Unzutr. daher die Einordnung als „Personenschaden" in LAG Rheinland-Pfalz 18.11.2004 – 11 Sa 408/04 –, juris.

127 *Kibler/Wittek*, DB 2020, 2296, 2297 f.; BeckOGK/*Kellner*, SGB VII (Stand: 05/2024), § 8 Rn. 118; ErfK/*Rolfs*, 25. Aufl., § 8 SGB VII Rn. 1; Knickrehm/*Holtstraeter*, Sozialrecht, 8. Aufl., § 8 SGB VII Rn. 37a; *Ricke*, COVuR 2020, 342 ff.

128 BSG 10.6.1955 – 10 RV 390/54 –, BSGE 1, 72, 76 (zu BundesVersG); 9.5.2006 – B 2 U 1/05 R – Rn. 13 ff., NZS 2007, 212; BAG 19.2.2009 – 8 AZR 188/08 – Rn. 46, AP § 105 SGB VII Nr. 4; *Staudinger/Oetker*, BGB (2022), § 618 Rn. 354; siehe auch Begr. zum RegE BT-Drucks. 263/95, S. 219 („ursächlicher innerer Zusammenhang"). Letztlich geht es hier um Schutzzwecküberlegungen, *Waltermann*, Die Berufsgenossenschaft 1997, 310, 314.

129 BSG 6.5.2021 – B 2 U 15/19 R – Rn. 13, NJW 2021, 3613; BAG 19.2.2009 – 8 AZR 188/08 – Rn. 46, AP § 105 SGB VII Nr. 4 = NZA-RR 2010, 123.

130 Zur Diskussion um eine vermeintlich dritte, vorgelagerte Prüfungsstufe klärend und verneinend *Spellbrink*, SGb 2017, 1 ff.

131 BSG 24.7.2012 – B 2 U 9/11 R – Rn. 31 ff., 54 ff., juris; *Spellbrink*, SGb 2017, 1, 4.

132 S. *Bultmann*, SGb 2020, 601 ff.

bewertende Ursache“ soll für den Erfolg rechtlich wesentlich sein können, **solange versicherungsfremde Ursachen „keine überragende Bedeutung“ haben.**[133] Nicht erforderlich ist die Adäquanz des Ursachenzusammnenhangs, auch untypische oder bei ex-ante-Betrachtung unwahrscheinliche, ganz ungewöhnliche Kausalverläufe können den Versicherungsschutz begründen; nur dies wird dem Schutzzweck der Versicherung gerecht.[134] Es kommt auch nicht auf eine Typizität des Schadensereignisses für den Betrieb an. Ebenso sind Schäden aufgrund höherer Gewalt versichert. Ebenso Schäden, die auf den Einsatz neuartiger Technik zurückgehen, z. B. alle durch **KI-/Robotik** verursachten Schäden, auch solche, die durch unvorhersehbares autonomes Agieren der KI/Robotik bis hin zum „Exzess“ verursacht werden.[135] Hat der Geschädigte den Unfall absichtlich herbeigeführt, liegt kein Versicherungsfall vor.[136]

35 **„Versicherte Tätigkeit“** und „rechtlich wesentlicher Zusammenhang“ zwischen Tätigkeit und schädigendem Ereignis grenzen jene Handlungen und Schadensrisiken aus, die dem Eigenrisiko des Geschädigten zugehören. Insoweit ist ihre tatbestandliche Funktion mit der der **„betrieblichen Tätigkeit“** als Voraussetzung der Enthaftung im Arbeitsrecht und in § 105 SGB VII[137] vergleichbar, weswegen beide Begriffe einen gemeinsamen Kern haben. Verbleibende Unterschiede erklären sich erstens daraus, dass die Mitursächlichkeit betriebsfremder Ursachen im Unfallversicherungsrecht schon bei der Kausalität berücksichtigt werden muss.[138] Zum zweiten zielt die „versicherte Tätigkeit“ nicht auf die Befreiung von Haftungsbelastungen, sondern die Begründung von Ansprüchen.[139] Zum dritten wird das Schadensrisiko nicht zwischen einzelnen Personen verteilt (Arbeitnehmer und Arbeitgeber), sondern zwischen Einzelnem und dem Kollektiv der Unternehmer; deshalb kann dem sozialen Schutz des Geschädigten großzügiger Rechnung getragen werden.

2. Versicherte Tätigkeit

a) Ausgangspunkt: Betriebliche Tätigkeit ist versichert

36 Unfallversichert ist jede Tätigkeit, die zum unfallgeschützten Bereich in einem inneren Zusammenhang steht und diesem wesentlich dient.[140] Das ist beim Beschäftigten bzw.

133 BSG 9.5.2006 – B 2 U 1/05 R – Rn. 13 ff., NZS 2007, 212; BeckOGK/*Kellner*, SGB VII (Stand: 05/2024), § 8 Rn. 28.

134 *Fuchs/Preis/Brose*, Sozialversicherungsrecht, 3. Aufl., § 38 Rn. 88 ff.

135 *Schwarze*, in: Ebers/Heinze/Steinrötter, Künstliche Intelligenz und Robotik, 2. Aufl., § 8 Rn. 79.

136 Begr. zum RegE BR-Drucks. 263/95, S. 282; der Gesetzgeber hat insoweit auf eine besondere Regelung wie in § 553 RVO verzichtet, im Übrigen siehe § 101 SGB VII; BeckOGK/*Kellner*, SGB VII (Stand: 05/2024), § 8 Rn. 46 f.

137 Siehe § 23 RN 3 ff.

138 Siehe RN 34.

139 Diese Unterscheidung kehrt wieder bei den Ansprüchen analog § 670 BGB: der Befreiung von Haftungsansprüchen einerseits, der Erstattung für den Verlust positiver Vermögenswerte und Rechtsgüter andererseits, siehe § 27 RN 1.

140 BSG 30.4.1985 – 2 RU 24/84 –, BSGE 58, 76, 77; *Rolfs*, Haftung unter Arbeitskollegen, S. 61; *Knickrehm/Holtstraeter*, Sozialrecht, 8. Aufl., § 8 SGB VII Rn. 8; BeckOK/*Wietfeld*, Sozialrecht (Stand: 03/2024), § 8 SGB

wie einem Beschäftigten Tätigen grundsätzlich anzunehmen, wenn nach den in § 8 entwickelten Grundsätzen betriebliche Tätigkeit vorliegt. Im Grundsatz gilt: **„Betriebliche Tätigkeit" ist unfallversichert.** Die am betrieblichen Zweck der Handlung ausgerichtete Abgrenzung bildet den Kern der versicherten Tätigkeit. Die sozialgerichtliche Rechtsprechung verwendet den Begriff der „Handlungstendenz", womit gemeint ist, dass das Handeln subjektiv zumindest auch auf eine versicherte Tätigkeit ausgerichtet ist. Diese innere Tatsache muss sich im äußeren, beobachtbaren Verhalten widerspiegeln und anhand dessen gerichtlich feststellbar sein (**objektivierte Handlungstendenz**).[141] Dass die Tätigkeit gegen Verbotsnormen verstößt (z. B. UVV), steht dem Versicherungsfall nicht entgegen (§ 7 Abs. 2 SGB VII). Ein (absolutes) Verbot des Arbeitgebers steht aber der Qualifikation der Tätigkeit als betrieblich entgegen.[142]

Dieser Maßstab gilt nach der neueren Rechtsprechung des BSG uneingeschränkt auch 37
für die zunehmenden Fälle **betriebsexterner Arbeit** in privat genutzten Räumen. Die private Zweckwidmung der Räume steht der Zurechnung zum betrieblichen Risiko nicht entgegen.[143] Das gilt nicht nur für die Arbeitsleistung als solche, sondern auch für „Betriebswege" von und zur innerhalb der Wohnung oder des Hauses des Arbeitnehmers liegenden Arbeitsstätte, die nicht deshalb aus der Versicherung fallen, weil sie in vorwiegend privat genutzten Räumen zurückgelegt werden.[144] Allerdings setzt dies nach der Rspr. i. d. R. das Einverständnis des Arbeitgebers mit regelmäßig stattfindender betriebsexternen Arbeit (z. B. Homeoffice) voraus.[145] Mit Blick auf das Gleichbehandlungsgebot des zum 21.6.2018 eingeführten[146] **§ 8 Abs. 1 S. 3 SGB VII** muss nunmehr auch bloß vorübergehende, anlassbezogene Arbeit in privaten Räumen jedenfalls dann versichert sein, wenn der Arbeitgeber sein Einverständnis dazu erklärt hat.[147] Ob auch auf Eigenintiative beruhende Tätigkeit in privaten Räumen versichert ist, wenn sie dem Interesse des Arbeitgebers entspricht und seinem Willen zumindest nicht widerspricht, erscheint mit Blick auf das Missbrauchsrisiko[148] zweifelhaft.[149] Der arbeitsrechtliche Schadensausgleich kann hier großzügiger sein und auch die eigenintiative Tätigkeit in

VII Rn. 11 ff.; diese eingebürgerte sozialversicherungsrechtliche Nomenklatur verdeckt, dass es letztlich um ein Schutzzweckproblem geht, zutr. MAH-SozR/*Bultmann*, 6. Aufl., § 24 Rn. 168.

141 BSG 30.1.2020 – B 2 U 2/18 R – Rn. 27, BSGE 130, 1.

142 § 8 RN 12.

143 BSG 31.8.2017 – B 2 U 9/16 R – Rn. 12, BSGE 124, 93; 5.7.2016 – B 2 U 5/15 R – Rn. 20 ff., BSGE 122, 1; zur Änderung der Rechtsprechung *Gräf*, VSSAR 2021, 253, 259; *Köhler* VSSAR 2019, 3, 16 unter IV 2; für Selbstständige BSG 21.3.2024 – B 2 U 14/21 R –, juris.

144 Anders, zur rechtssicheren und Missbrauch verhindernden Abgrenzung auf räumliche Abgrenzung der versicherten Tätigkeit in wesentlich privat genutzten Räumen abstellend („Durchschreiten der Außentür"), die frühere Rspr., z. B. BSG 25.2.1993 – 2 RU 12/92 –, NJW 1993, 2070; weitere Nachweise bei BSG 27.11.2018 – B 2 U 27/17 R – Rn. 19, juris, und *Gräf*, VSSAR 2021, 253, 261 f.

145 BSG 27.11.2018 – B 2 U 27/17 R – Rn. 19, juris.

146 Artikel 5 des Betriebsrätemodernisierungsgesetzes v. 14.06.2021, BGBl. 2021 I, S. 1762.

147 Dafür *Gräf*, VSSAR 2021, 253, 297.

148 Vgl. *Ricke*, WzS 2017, 9, 13.

149 Dagegen *Gräf*, VSSAR 2021, 253, 297 f.

privatem Umfeld als betrieblich qualifizieren, solange dies im Interesse des Arbeitgebers liegt und nicht seinem Willen widerspricht.[150] Die gleiche Behandlung von betrieblicher und betriebsexterner Tätigkeit betrifft auch Handlungen mit „gespaltener" Handlungstendenz: Dient die in privaten Räumen vorgenommene Handlung sowohl betrieblichen als auch eigenwirtschaftlichen Interessen (z. B. Ingangsetzen des Heizkessels zur Beheizung des Wohnraums, der zugleich Büro ist), gelten dieselben Regeln wie bei solchen gemischten Tätigkeiten im betrieblichen Raum.[151] Die Handlung ist somit versichert, wenn sie auch vorgenommen worden wäre, wenn das private Motiv entfallen wäre.[152]

b) Versicherte Tätigkeit, die nicht betriebliche Tätigkeit ist

38 Aus Gründen des sozialen Schutzes geht der versicherungsrechtliche Unfallschutz an einigen praktisch bedeutsamen Stellen über den Rahmen der „betrieblichen Tätigkeit" hinaus. So bezieht § 8 Abs. 2 Nr. 1–4 SGB VII **Wege von und zum Ort der versicherten Tätigkeit** in den Versicherungsschutz ein. Für den Beschäftigten (§ 2 Abs. 1 Nr. 1 SGB VII) ergibt sich daraus ein Versicherungsschutz vor allem auf dem Weg von und zur Arbeitsstätte.[153] Darunter fällt nicht nur der Weg zwischen dem Ort der versicherten Tätigkeit und der Wohnstätte des Arbeitnehmers, sondern auch von und zu einem **dritten Ort**, wenn wesentlich von der Handlungstendenz geprägt, den Arbeitsort zu erreichen oder von ihm zurückzukehren;[154] auf einen Angemessenheitsvergleich mit der üblichen Wegstrecke kommt es nicht an.[155] Eine Weiterung gibt es ferner bei **Wegen auf dem Betriebsgelände**, die auch bei privater Zweckverfolgung als „Betriebswege" versichert sein können (Weg zur Kantine oder Toilette,[156] auch die Anfahrt zur Arbeit ab Befahren des Betriebsgeländes[157]). Dafür liefert die organisatorische Herrschaft des Arbeitgebers über den betrieblichen Raum eine ausreichende Anknüpfung.[158] Die abweichende Behandlung solcher Wege in privaten Räumen (z. B. Homeoffice) durch die bisherige Rechtsprechung[159] ist duch § 8 Abs. 1 S. 3 SGB VII obsolet geworden.[160] Keine

---

150 § 8 RN 11 ff.

151 § 8 RN 8.

152 BSG 21. 3. 2024 – B 2 U 14/21 R, juris.

153 Zu Umwegen, Unterbrechungen und Anfahrten s. § 8 RN 7 f.; zur Abgrenzung vom Betriebsweg siehe RN 43 ff.

154 Näher *Remé*, SGb 2020, 352 ff.

155 BSG 30. 1. 2020 – B 2 U 2/18 R –, BSGE 130, 1.

156 Zu deren grundsätzlich eigenwirtschaftlichen Charakter BSG 5. 7. 2016 – B 2 U 5/15 R – Rn. 18, juris; *Ricke*, WzS 2017, 9, 11 f.

157 S. RN 44.

158 Zutr. BVerwG 17. 11. 2016 – 2 C 17/16 – Rn. 15 f., juris; diffus auf die Betrieblichkeit der Handlungen abhebend, obgleich diese privaten Charakters sind, BSG 5. 7. 2016 – B 2 U 5/15 R – Rn. 30, juris. Wenig überzeugend auch die Ausgrenzung des Kantinen- oder Toilettenraums, BSG 24. 2. 2000 – B 2 U 20/99 R –, juris; anders und zutr. beim beamtenrechtlichen Unfallschutz BVerwG 17. 11. 2016 – 2 C 17/16 – Rn. 15 f., juris.

159 BSG 5. 7. 2016 – B 2 U 5/15 R – Rn. 30 f., juris.

Erweiterung der versicherten Tätigkeit über den Bereich der betrieblichen Tätigkeit hinaus enthält § 8 Abs. 2 Nr. 5 SGB VII.[161] Nach dieser Bestimmung ist versichert das mit einer versicherten Tätigkeit zusammenhängende **Verwahren, Befördern, Instandhalten und Erneuern eines Arbeitsgeräts** oder einer Schutzausrüstung sowie deren Erstbeschaffung, wenn diese auf Veranlassung der Unternehmer erfolgt. Diese Tätigkeiten sind grundsätzlich auch „betrieblich" im Sinne des Arbeitsrechts.[162] Dabei muss der eingetretene Personenschaden gerade dem gerätebezogenen Handeln des Arbeitnehmers zugerechnet werden können. Letzteres muss das schadensursächliche Handeln geprägt haben. Daran fehlt es, wenn das Gerät nur mitgeführt wurde, seine Beförderung also nicht der wesentliche Zweck der Fortbewegung war.[163]

Neben den gesetzlich ausdrücklich angeordneten Erweiterungen sind von der 39
Rechtsprechung anerkannte zu beachten. So hält die Rechtsprechung **geringfügige Unterbrechungen** der versicherten Tätigkeit aus eigenwirtschaftlichen Gründen für unschädlich für die wesentliche Ursächlichkeit der versicherten bzw. betrieblichen Tätigkeit.[164] Geringfügig ist die Unterbrechung, wenn die eigenwirtschaftliche Verrichtung bei natürlicher Betrachtungsweise zeitlich und räumlich noch als Teil der versicherten Tätigkeit betrachtet werden kann, so dass diese wesentlich ursächlich bleibt. Das ist bei den praktisch im Vordergrund stehenden Wegeunfällen zu bejahen, wenn die eigenwirtschaftliche Betätigung zu keiner erheblichen Zäsur in der Fortbewegung auf das durch die versicherte Tätigkeit angestrebte Ziel führt und ohne erhebliche Verzögerung „nebenher" geschieht.[165] Zu beachten bleibt, dass die Geringfügigkeit eine Aussage zur Beurteilung der „Wesentlichkeit" der Ursache ist und daher nicht rein arithmetisch zu bestimmen ist. Auch bei geringer zeitlich-räumlicher Abweichung vom versicherten Weg entfällt der Versicherungsschutz, wenn daraus eine besondere Gefahr resultiert.[166]

Großzügiger ist das Unfallversicherungsrecht gegenüber **Fehleinschätzungen** bei der Übernahme von Tätigkeiten jenseits der arbeitsvertraglich geschuldeten Tätigkeit.

---

160 Für die Gleichbehandlung der nicht von § 8 Abs. 1 S. 3 SGB VII erfassten Altfälle (= Unfälle vor dem 18.6.2021) aus verfassungs- und unionsrechtlichen Gründen *Gräf*, VSSAR 2021, 253, 291 ff.

161 Auch unfallversicherungsrechtlich liegt keine Erweiterung vor. Die gegenteilige Einschätzung des BSG (28.2.1976 – 8 RU 108/75 –, juris; ebenso *Köhler*, VSSAR 2015, 319) dürfte angesichts der nunmehr handlungsbezogenen Abgrenzung der versicherten Tätigkeit auch im privaten Bereich des Arbeitnehmers (siehe RN 36 f.) obsolet sein.

162 Siehe § 8 RN 4.

163 BSG 12.12.2006 – B 2 U 1/06 R –, BSGE 98, 20; BeckOGK/*Kellner*, SGB VII (Stand: 05/2024), § 8 Rn. 414; den Weg zum Verwahrungsort schließt BSG 12.12.2006 – B 2 U 28/05 R –, juris, aus dem Versicherungsschutz aus; krit. *Eichenhofer*, SGb 2007, 742 ff.

164 Die Entscheidungen betreffen allerdings überwiegend Wegeunfälle, BSG 9.12.2003 – B 2 U 423/03 – R –, BSGE 91, 293; 4.7.2013 – B 2 U 3/12 R – NZS 2013, 872 f.; zum Arbeitsrecht s. dagegen § 8 RN 12 f.; BeckOGK/*Kellner*, SGB VII (Stand: 05/2024), § 8 Rn. 59 ff.

165 BSG 7.5.2019 – B 2 U 31/17 R – Rn. 20, SGb 2020, 379; zur neueren Rspr. s. die krit. Analyse von *Bultmann*, SGb 2020, 601 ff.

166 Unzutr. insoweit *Bultmann*, SGb 2020, 601, 604 f. m.w.N.

Anders als im Arbeitsrecht schadet erst die **grob fahrlässige** Fehlbeurteilung der Interessen des Arbeitgebers: auch solche Handlungen sind versichert, die der Tätige unter Anlegung eines großzügigen, lediglich abwegige Vorstellungen ausschließenden Maßstabes nach eigenen Vorstellungen als dem Betrieb nützlich ansieht, wenn diese Vorstellungen in den objektiv erkennbaren Umständen eine Stütze finden.[167]

c) Betriebliche Tätigkeit, die nicht versichert ist

40 Bei **gemischten** Tätigkeiten, die sowohl betrieblichen wie privaten Zwecken dienen, kann trotz mitursächlichem betrieblichen Handlungselement die Tätigkeit insgesamt unversichert sein, wenn der private Teil der Handlung wesentlich ursächlich für den eingetretenen Unfall ist.[168] So urteilt die Rechtsprechung über privat motivierten Alkoholgenuss (z.B. bei einer Dienstfahrt): Wenn der Unfall **wesentlich** auf den Alkoholgenuss zurückzuführen ist, fehlt der rechtlich wesentliche Zusammenhang zwischen der eigentlich betrieblichen Tätigkeit (z.B. Fahren) und dem schädigenden Ereignis, so dass der Versicherungsschutz entfällt.[169] Der Arbeitnehmer löst sich hier **vom betrieblichen Zusammenhang.** Dabei wird, soweit die Tätigkeit im Kfz-Fahren bestand, der wesentliche Zusammenhang zwischen Alkoholisierung und Unfall vermutet, wenn die von der strafgerichtlichen Rechtsprechung anerkannten Grenzwerte für strafbares Verhalten (1,1 g ‰) überschritten sind.[170]

41 Im arbeitsrechtlichen Schadensausgleich ist die **Wesentlichkeit** der betrieblichen Ursache nicht erforderlich, weil die Mitwirkung betriebsfremder Ursachen bei der Bestimmung der Haftung exakt berücksichtigt werden kann (§ 254 BGB). Ist betriebsbedingtes Handeln mitursächlich, sind die arbeitsrechtlichen Haftungsregeln anwendbar.[171] Die Mitursächlichlichkeit privaten Handelns führt aber zu einer Erhöhung des arbeitnehmerischen Haftungsanteils.[172] Ebenso verhält es sich im unfallversicherungsrechtlichen Schadensausgleich beim Schädiger, dessen Handeln bei Mitursächlichkeit privaten Handelns gem. § 105 SGB VII „betrieblich" bleibt,[173] während das mitursächliche private Handeln bei der Regresshaftung gem. § 110 SGB VII haftungserhöhend berücksichtigt werden kann.[174]

---

167 BSG 28.2.1964 – 2 RU 30/61 –, BSGE 20, 215, 218; 18.2.1987 – 2 RU 19/86 –, SozR 2200 § 539 Nr. 120; *Rolfs*, Haftung unter Arbeitskollegen, S. 62.

168 Näher RN 34.

169 BSG 13.11.2012 – B 2 U 19/11 R –, BeckRS 2013, 66068.

170 BSG 25.11.1992 – 2 RU 40/91 –, NZV 1993, 267; 30.01.2007 – B 2 U 23/05 R –, juris; 13.11.2012 – B 2 U 19/11 R –, NJW 2013, 367; bei darunter liegenden Werten gilt die Vermutung nicht, LSG Bayern 14.12.2011 – L 2 U 566/10 –, juris.

171 Zur Grenze s. § 8 RN 3ff.

172 S. § 8 RN 8.

173 BGH 19.12.1967 – VI ZR 6/66 –, AP § 637 RVO Nr. 2. Anders bei völlig fehlender Eignung zur Durchführung der Tätigkeit, vgl. § 8 RN 5.

174 § 25 RN 9f.

d) Unterschiede bei der konkreten Schadenszurechnung

Die vorstehenden Ausführungen beschreiben Gleichlauf oder Asynchronität von be- 42
trieblicher und versicherter Tätigkeit in *genereller* Hinsicht. Im Übrigen können sich Unterschiede hinsichtlich des betrieblichen bzw. versicherten Charakters ein und derselben Tätigkeit daraus ergeben, dass diese Beurteilung mit Blick auf den jeweils durch die Tätigkeit verursachten Schaden erfolgt. Stürzt z. B. ein in Rufbereitschaft stehender Arbeitnehmer während seiner Freizeit beim Radfahren und entsteht daraus einerseits ein Personenschaden, andererseits eine Beschädigung des wegen der Rufbereitschaft mitgeführten, vom Arbeitgeber gestellten Mobiltelefons, so ist das schadensursächliche Radfahren mit Blick auf den Personenschaden eine nicht versicherte, private Tätigkeit,[175] mit Blick auf die Beschädigung des Arbeitgebereigentums dagegen betriebliche Tätigkeit, da und soweit der Arbeitnehmer gehalten war, das Telefon wegen der Rufbereitschaft mit sich zu führen. Die Mitursächlichkeit privater Tätigkeit kann zur Erhöhung der Haftung führen.[176]

3. Kein bloßer Wegeunfall

Der Haftungsausschluss greift trotz Vorliegen aller Voraussetzungen nicht ein, wenn der 43
Versicherungsfall „auf einem nach § 8 Abs. 2 Nr. 1 bis 4 (SGB VII) versicherten Weg herbeigeführt (wurde)".[177] Diese Bestimmung präzisiert die vormalige Regelung über die „Teilnahme am allgemeinen Verkehr" (§ 637 Abs. 1 RVO).[178] Ihr Zweck ist, den Verletzten nicht schlechter zu stellen als jeden anderen Verkehrsteilnehmer und ihn trotz bestehender Unfallversicherung in den Genuss zivilrechtlicher Schadensersatzansprüche und des Kfz-Haftpflichtversicherungsschutzes kommen zu lassen, wenn er „als gewöhnlicher Verkehrsteilnehmer" verletzt wird.[179] Für die Beurteilung der Frage kommt es deshalb auf die **Perspektive des Geschädigten** an: Er muss sich auf einem gemäß § 8 Abs. 2 Nr. 1–4 SGB VII versicherten Weg befunden haben.[180] Nicht gemäß § 8 Abs. 2 Nr. 1–4 SGB VII versicherter Weg, sondern versicherte Tätigkeit gemäß § 8 Abs. 1 SGB VII

175 Das Mitführen des Mobiltelefons macht das Radfahren nicht gemäß § 8 Abs. 2 Nr. 5 SGB VII zur versicherten Tätigkeit, da es nicht wesentlich für den Personenschaden ist, BSG 12.12.2006 – B 2 U 1/06 R –, juris.

176 § 8 RN 8.

177 Zum Wegeunfall aus der Rechtsprechung BSG 3.12.2002 – B 2 U 17/02 R –, NJW 2003, 2044; 3.12.2002 – B 2 U 18/02 –, NJW 2003, 2260 ff.; aus der Literatur *Kranig/Aulmann*, NZS 1995, 203 ff.; rechtsvergleichend *Thüsing*, SGb 2000, 595 ff.

178 Ursprünglich eingeführt durch das Gesetz über die erweiterte Zulassung von Schadensersatzansprüchen bei Dienst- und Arbeitsunfällen v. 7.12.1943, RGBl. I, S. 674 (dazu noch § 25 RN 28); zu Entstehungsgeschichte und Regelungstechnik im einzelnen *Hartung*, 25 Jahre Karlsruher Forum, Beil. VersR 1983, S. 105, 108.

179 Vgl. Gesetzesbegründung zum ErwZulG in DJ 1944, 21 ff.; *Bülow*, a.a.O., S. 25 ff.; *Lepa*, VersR 1985, 8, 12; *D.-U. Otto*, NZV 1996, 473, 447; BGH 21.6.1983 – VI ZR 276/81 –, VersR 1983, 859; 5.11.1991 – VI ZR 20/91 –, BGHZ 116, 30, 33.

180 Die Rechtsprechung operiert oft auch dann mit der „Teilnahme am allgemeinen Verkehr", wenn es um die „Betrieblichkeit" der Tätigkeit des Schädigers geht.

mit der Folge des Haftungsausschlusses ist der **Betriebsweg.** Dazu zählen zum einen alle Wege, die der Beschäftigte wesentlich **im betrieblichen Interesse**[181] durchführt, also z.B. der Transport von Material vom Betriebsgelände zu einer außerhalb liegenden Arbeitsstätte. Es muss gerade der Weg des Geschädigten im betrieblichen Interesse liegen; dafür genügt bei Mitfahrt des Geschädigten beim Schädiger nicht, dass die Fahrt für den Schädiger betriebliche Tätigkeit ist, weil er mit ihr betriebliche Interessen fördert.[182] Wird der **Betriebsweg unterbrochen** zur Verfolgung privater oder sonstiger betriebsfremder Zwecke, liegt für die Zeit der Unterbrechung keine betriebliche Tätigkeit vor, soweit diese Unterbrechung nicht lediglich ganz geringfügig und die private Tätigkeit nur nebenher geschieht.[183] Eine völlige **Lösung vom betrieblichen Zusammenhang** tritt ein, wenn den zwischenzeitlichen betriebsfremden Aktivitäten gegenüber dem ursprünglich betrieblichen Zweck des Weges ein solches Übergewicht zukommt, dass sich der weitere Weg aus der Sicht eines unbeteiligten Dritten nicht mehr als Fortsetzung des früheren, sondern als Antritt eines neuen, durch die private Tätigkeit veranlassten Weges darstellt, insbesondere bei längerer Unterbrechung.[184]

44 Betriebsweg sind ferner solche Wege, die zwar nur dem **Transport zur oder vom Betrieb bzw. von oder zur Arbeitsstätte** dienen und daher an und für sich nach § 8 Abs. 2 SGB VII als Wegeunfall einzustufen wären, wenn der Arbeitgeber sie ausdrücklich durch Anordnung zur innerbetrieblichen bzw. innerdienstlichen Aufgabe erklärt[185] oder wenn sie **im Rahmen der betrieblichen Organisation**[186] zurückgelegt werden. Namentlich der sogenannte **Werksverkehr**, bei dem der Unternehmer die Arbeitnehmer im Firmenfahrzeug von zu Haus[187] oder vom Betriebsgelände nach Haus[188] oder zu einer auswärtigen Arbeitsstelle[189] bringen lässt[190] bzw. ein firmeneigenes Fahrzeug zur Verfügung stellt, ist grundsätzlich für den Geschädigten betrieblich und fällt mit der Folge des Haftungsausschlusses unter § 8 Abs. 1 SGB VII, nicht unter § 8 Abs. 2 Nr. 1–4 SGB VII, und zwar unabhängig davon, ob der Geschädigte die Wegezeit vergütet er-

181 BSG 9.3.2004 – VI ZR 439/02 –, NZS 2005, 161; BGH 25.10.2005 – VI ZR 334/04 – unter II 2 c, AP § 8 SGB VII Nr. 1; *Benz*, SGb 2003, 12, 13 ff.

182 BGH 02.03.1971 – VI ZR 146/69 –, AP § 637 RVO Nr. 6; dementsprechend anders bei gemeinsamer Fahrt zu auswärtiger Arbeitsstätte, OLG Hamm 14.3.2017 – I 24 U 46/16 – Rn. 38, NJW 2018, 167.

183 Vgl. BSG 12.1.2010 – B 2 U 35/08 R – Rn. 17 f., NJW 2011, 105; 5.7.2016 – B 2 U 16/14 – Rn. 19, NZA 2017, 630.

184 BSG 10.10.2006 – B 2 U 20/05 R –, juris (in casu mehrere Tage).

185 BGH 2.12.2003 – VI ZR 349/02 – unter II 2, NJW 2004, 949; 2.12.2003 – VI ZR 348/02 –, NZS 2005, 32; 9.3.2004 – VI ZR 439/02 – unter II 2 b, AP § 104 SGB VII Nr. 5; BSG 27.11.2018 – B 2 U 7/17 R –, juris.

186 BGH 12.10.2000 – III ZR 39/00, 145 –, NJW 2001, 442; ErfK/*Rolfs*, 25. Aufl., § 104 SGB VII Rn. 13.

187 BAG 30.10.2003 – 8 AZR 548/02 –, AP § 104 SGB VII Nr. 2; BGH 2.12.2003 – VI ZR 349/02, NJW 2004, 949; 2.12.2003 – VI ZR 348/02, NZS 2005, 32; *v. Koppenfels-Spies/Wenner/Brose*, SGB VII, 3. Aufl., § 8 Rn. 110.

188 BAG 19.8.2004 – 8 AZR 349/03 –, AP § 104 SGB VII Nr. 4.

189 BAG 24.6.2004 – 8 AZR 292/03 – unter II 2 b, AP § 104 SGB VII Nr. 3.

190 BGH 16.1.1953 – VI ZR 161/52 –, BGHZ 8, 330, 336 ff.; 22.10.1968 – VI ZR 173/67 –, NJW 1969, 97, 98 f.; 8.5.1973 – VI ZR 148/72 –, NJW 1973, 1326 = LM § 636 RVO Nr. 6; 9.2.1995 – III ZR 164/94 –, NJW 1995, 1558; *Lepa*, VersR 1985, 12 f. (zu § 637 Abs. 1 RVO).

hält.[191] Fahrten vom Betriebssitz zur auswärtigen Arbeitsstelle sind auch dann Betriebsweg, wenn sie mit dem privaten Fahrzeug durchgeführt werden.[192] Dasselbe gilt für vom Schädiger und Geschädigten im selben Fahrzeug durchgeführte Transportfahrten.[193] Gleiches gilt für Fahrten auf dem **Werksgelände**[194] oder dem Gelände einer außerhalb des eigentlichen Betriebes liegenden Arbeitsstätte.[195] Erst mit dem Verlassen dieses Geländes beginnt (im typischen Fall) der Weg im Sinne von § 8 Abs. 2 SGB VII, für den die Haftung nicht ausgeschlossen ist.[196]

Der Haftungsausschluss gemäß § 105 SGB VII greift auch, wenn die betrieblichen Tätigkeiten von Schädiger und Geschädigtem nicht in einem inneren, betrieblich veranlassten Zusammenhang zueinander standen bzw. das schadensverursachende Zusammentreffen der betroffenen Arbeitnehmer sich nicht „im Rahmen eines einheitlichen Betriebsvorgangs" ereignete[197] und die gemeinsame Betriebszugehörigkeit der Unfallbeteiligten als etwas Zufälliges erscheint, so z. B. beim **Zusammenstoß zweier Betriebsfahrzeuge**, die im Rahmen verschiedener Aufträge auf öffentlichen Straßen unterwegs waren.[198] Dies war nach der früheren Rechtslage anders, nach der für die „Teilnahme am allgemeinen Verkehr" die Haftung bestehen blieb.[199] Auch wenn der Geschädigte betrieblich unterwegs war (z. B. Transportfahrt für den Betrieb) und von einem ebenfalls auf einem Betriebsweg befindlichem Kollegen verletzt wurde, lag Teilnahme am allgemeinen Verkehr vor und blieb die Haftung bestehen. Die ausdrückliche Anknüpfung des BGH an seine Rechtsprechung zur früheren Rechtslage[200] dürfte diesen Fall nicht meinen.[201] 45

191 BGH 2.12.2003 – VI ZR 348/02 –, NZS 2005, 32; 9.2.1995 – III ZR 164/94 –, NJW 1995, 1558; BAG 14.3.1967 – 1 AZR 310/66 –, AP § 636 RVO Nr. 1; ebenso BeckOGK/*Kellner*, SGB VII (Stand: 05/2024), § 8 Rn. 298; Geigel/*Wellner*, Haftpflichtprozess, 29. Aufl., Kap. 31 Rn. 89; *Maschmann*, SGb 1998, 54, 57; *M. Lepa*, Haftungsbeschränkungen bei Personenschäden, S. 172 ff. m.w.N.; anders etwa *Rolfs*, NJW 1996, 3177, 3179; *Hebeler*, VersR 2001, 951, 952 f.; MAH-SozR/*Plagemann*, 6. Aufl., § 25 Rn. 5.

192 BGH 24.6.2004 – 8 AZR 292/03 – unter II 2 b cc, AP § 104 SGB VII Nr. 3.

193 Vgl. BGH 9.3.2004 – VI ZR 439/02 –, AP § 104 SGB VII Nr. 5.

194 BAG 14.12.2000 – 8 AZR 92/00 –, AP § 105 SGB VII Nr. 1; *v. Koppenfels-Spies/Wenner/Waltermann*, SGB VII, 3. Aufl., § 104 Rn. 22. Dies gilt mit den in § 8 RN 20 aufgezeigten Einschränkungen; also keine betriebliche Tätigkeit, wenn die Fahrt eigenwirtschaftlichen Gründen dient, vgl. etwa BGH 9.2.1993 – VI ZR 23/92 –, VersR 1993, 591 m. Anm. *Riecker*.

195 BGH 25.10.2005 – VI ZR 334/04 – unter II 2 c, AP § 8 SGB VII Nr. 1; dazu *Benz*, WzS 2003, 71 ff.

196 BAG 28.11.2019 – 8 AZR 35/19 –, Rn. 58, 65, NZA 2020, 745.

197 Vgl. BGH 21.12.1988 – III ZR 40/88 – unter 1, AP § 636 RVO Nr. 13; 5.11.1991 – VI ZR 20/91 –, BGHZ 116, 30, 33 ff. m.w.N.; der Ansatz von *Hartung*, 25 Jahre Karlsruher Forum, Beil. VersR 1983, S. 105, 109 f., danach zu entscheiden, ob auch ein gewöhnlicher Verkehrsteilnehmer in eine derartige Unfallsituation geraten könnte, wird letztlich ebenfalls darauf hinauslaufen.

198 Vgl. BGH 21.12.1988 – III ZR 40/88 –, AP § 636 RVO Nr. 13.

199 BGH 21.12.1988 – III ZR 40/88 – unter 1, AP § 636 RVO Nr. 13; anders in einem vergleichbaren Sachverhalt OLG Frankfurt/M. 15.10.1981 – 15 U 230/80 –, VersR 1982, 778; siehe auch BGH 24.4.1975 – III ZR 135/72 –, NJW 1975, 1323; 5.5.1975 – III ZR 51/73 –, BGHZ 64, 201, 203 ff.

200 BGH 2.12.2003 – VI ZR 349/02 –, NJW 2004, 949.

201 Wohl auch *Krasney*, NZS 2004, 7, 11; ebenfalls i.E. wie hier *Ricke*, VersR 2003, 540, 543 (alle Betriebswege unterfallen ausnahmslos der Haftungsfreistellung).

46 **§ 46 Abs. 2 Nr. 2 BeamtVG**[202] **und § 91a Abs. 2 SoldVersG** sprechen dagegen von der „Teilnahme am allgemeinen Verkehr". Der Tatbestand sollte aber im Sinne der durch § 105 Abs. 1 SGB VII bewirkten Änderung interpretiert werden aus Gründen der Gleichbehandlung insoweit gleicher Sachverhalte und der Übersichtlichkeit der Rechtslage.[203] Der Wortlaut der Vorschrift lässt das zu.

III. Zurechnung der Tätigkeit zum Unternehmen („desselben Betriebes")

47 Der unfallversicherungsrechtliche Schadensausgleich führt nicht immer zum Wegfall der zivilrechtlichen Haftung, sondern nur, wenn die Unfallversicherung eine **Gestaltung der Haftungsordnung** bezweckt und **Ausdruck der materiellen Schadensverantwortlichkeit des Arbeitgebers** ist. Das SGB VII enthält eine Reihe von Versicherungstatbeständen, die auf sozialstaatlicher Fürsorge beruhen und daher von der Allgemeinheit bzw. den Trägern öffentlicher Belange finanziert werden (unechte Unfallversicherung).[204] Sie haben eine reine Versicherungsfunktion zu Gunsten der Geschädigen (z. B. Empfänger stationärer Heilbehandlung, § 2 Abs. 1 Nr. 15 a SGB VII). Der Gesetzgeber gießt hier nicht Schadensverantwortlichkeiten in die Form der Unfallversicherung, sondern schafft mit der Versicherung nur eine **Absicherung** des Geschützten; etwaige zivilrechtliche Haftungsverantwortlichkeiten bleiben daher unberührt. Die **Haftung wird nur bei jenen Versicherten durch den unfallversicherungsrechtlichen Schadensausgleich ersetzt, die sich qua betrieblicher Tätigkeit einem „Betrieb" zuordnen lassen**, und zwar jenem „Betrieb", dem auch der Schädiger zuzurechnen ist. Der Normtext des § 105 Abs. 1 S. 1 SGB VII bringt das in den Worten zum Ausdruck, der Geschädigte müsse „Versicherter desselben Betriebes" sein.

48 Mit der Ausgrenzung der sozialfürsorglichen Versicherungstatbestände ist es aber noch nicht getan. Vielmehr muss unter jenen Schadensfällen, die eigentlich der materiellen Schadensverantwortung des Arbeitgebers insbes. entsprechend § 670 BGB[205] zuzurechnen sind, weiter aussortiert werden. Die mögliche Haftung wird nicht für alle in Betracht kommenden Schadensfälle ausgeschlossen, sondern nur für jene, in denen **Schädiger und Geschädigter „demselben Betrieb" zuzurechnen** sind.

---

202 Vgl. § 63 Abs. 2 Nr. 2 LBeamtVGBW; Art. 49 Abs. 2 S. 1 Nr. 2 BayBeamtVG; § 46 Abs. 2 Nr. 2 LBeamtVG Berlin; § 52 Abs. 2 S. 1 Nr. 2 NBeamtVG; § 40 Abs. 2 Nr. 2 ThürBeamtVG.

203 Zur bisherigen Abgrenzung des „innerbetrieblichen Verkehrs im öffentlichen Dienst" siehe etwa BGH 5.5.1975 – III ZR 51/73 –, BGHZ 64, 201, 204; 19.10.1978 – III ZR 59/77 –, VersR 1979, 32 f.; dazu *Hartung*, 25 Jahre Karlsruher Forum, Beil. VersR 1983, S. 105, 114; für Beibehaltung dieser Rechtsprechung *M. Lepa*, Haftungsausschluss bei Personenschäden, S. 182.

204 In einem dritten Bereich – der Anwendung der gesetzlichen Unfallversicherung auf den „privaten" Bereich („Gefälligkeiten") – kann es dagegen zu Haftungsausschlüssen kommen, dazu *Waltermann*, NJW 2004, 901, 902.

205 § 21 RN 7.

1. Der Begriff des Betriebes in § 105 SGB VII

Für das Arbeitsrecht ist die Unterscheidung von Unternehmen und Betrieb nach wie vor 49 eine Basalgröße, wenngleich die Bereitschaft wächst, den Betriebsbegriff den Erfordernissen der jeweiligen Regelungsmaterie anzupassen.[206] Da auch das Unfallversicherungsrecht „Unternehmer“ (§ 150 Abs. 1 SGB VII)[207] und „Betrieb“ (§ 105 SGB VII) kennt, scheint es selbstverständlich, dass § 105 SGB VII jene organisatorische Einheit meint, mit der der Arbeitgeber allein oder mit Hilfe von Arbeitnehmern unter Einsatz sächlicher und immaterieller Mittel einen arbeitstechnischen Zweck verfolgt.[208] In diese Richtung orientierte sich auch lange Zeit die ganz herrschende Meinung zu dem insoweit gleichlautenden § 637 Abs. 1 RVO,[209] bis das BAG in seinem Urteil vom 24.9.1992[210] das Steuer herumwarf. Die Neufassung des Unfallversicherungsrechts zum 1.1.1997 hat den Streit nicht erledigt, denn der Gesetzgeber hat sich ausweislich der Materialien nicht mit dem Problem befasst.[211] Man kann deshalb nicht von einer stillschweigenden Bestätigung der durch die BAG-Entscheidung geschaffenen Rechtslage ausgehen, ebenso wenig aber das Festhalten am Begriff des Betriebes als Votum gegen das BAG verstehen.

Das BAG beruft sich für seine Interpretation vor allem auf die Entstehungsge- 50 schichte der (Vorgänger-)Norm: Der Gesetzgeber habe das Urteil des Großen Senats des BAG v. 25.9.1957[212] nachvollziehen wollen; der Große Senat habe aber ausdrücklich auch die Haftung unter Angehörigen desselben Unternehmens durch die Versicherung als ersetzt betrachtet.[213] *Rolfs* hält dem entgegen, seinerzeit sei ein Antrag der SPD-Fraktion, auch nur vorübergehend Tätige in den Haftungsausschluss einzubeziehen, von der Mehrheit des sozialpolitischen Ausschusses zurückgewiesen worden, weil die Sicherung

206 *Gamillscheg*, ZfA 1975, 357, 373 ff.; *Joost*, Betrieb und Unternehmen, S. 171 ff.

207 Siehe aber § 121 SGB VII. Im Übrigen ist der unfallversicherungsrechtliche Unternehmerbegriff weiter als der des Arbeits- und Wirtschaftsrechts; auch der gar nicht unfallversicherungspflichtige „Privatmann“ kann Unternehmer sein, vgl. BGH 2.12.1980 – VI ZR 265/78 – unter II 2 b aa, AP § 636 RVO Nr. 11 = NJW 1981, 760.

208 *Jacobi*, Betrieb und Unternehmen als Rechtsbegriff, S. 9.

209 Umfassende Nachweise bei *Rolfs*, Haftung unter Arbeitskollegen, S. 88 Fn. 103; *Winkler*, Haftung unter Arbeitskameraden, S. 202 ff., 215.

210 BAG 24.9.1992 – 8 AZR 572/91 –, AP Nr. 22 zu § 637 RVO m. zust. Anm. *B. Müller*; schon zuvor für einen weiten, das Unternehmen einbeziehenden Begriff des Betriebes *Saum*, SozVers 1979, 176 ff., unter Berufung auf eine eingehende Analyse der Entstehungsgeschichte des § 637 RVO; *Denck*, Außenhaftung, S. 97 ff. m.w.N; im Anschluss an das BAG BeckOGK/*Ricke*, *SGB VII* (Stand: 08/2023), § 105 Rn. 11.

211 Nach *Schloen*, in: *Wussow*, Unfallhaftpflichtrecht, 15. Aufl., TZ 2678, ist in einem Vorentwurf noch vom „Unternehmen“ die Rede gewesen. Dieser Entwurf ist aber nicht Gegenstand der am Gesetzgebungsverfahren beteiligten Organe gewesen; deshalb kann das Festhalten am Begriff des Betriebes angesichts der Interpretation des Begriffs durch die grundsätzliche Entscheidung des BAG nicht als Votum gegen eine unternehmensweite Anwendung des Haftungsausschlusses verstanden werden (so aber *Rolfs*, NJW 1996, 3177, 3180).

212 BAG 25.9.1957 – GS 4/56, GS 5/56 –, AP §§ 898, 899 RVO Nr. 4.

213 BAG 25.9.1957 – GS 4/56, GS 5/56 – unter I 4, AP §§ 898, 899 RVO Nr. 4.

des Betriebsfriedens dies nicht erfordere.[214] Wenn aber die Wahrung des Betriebsfriedens ein entscheidendes gesetzgeberisches Motiv sei, spreche das für die Maßgeblichkeit des engen, arbeitsrechtlichen Betriebsbegriffs;[215] denn nur innerhalb dieses Betriebes komme es zur Zusammenarbeit zwischen Schädiger und Geschädigtem. Indessen muss dieser Wertungswiderspruch den am Gesetzgebungsverfahren Beteiligten nicht aufgefallen sein. Doch kann dies auf sich beruhen. Nach der Neufassung des § 637 RVO durch § 105 SGB VII kann die Interpretation der früher herrschenden Lehre aus teleologischen Gründen keinen Bestand mehr haben. Anders als § 637 RVO **setzt § 105 SGB VII nicht mehr die Betriebszugehörigkeit des Schädigers** voraus, d. h. die Haftung ist auch unter Personen ausgeschlossen, die nur vorübergehend für den Betrieb tätig geworden sind, ohne in ihn eingegliedert gewesen zu sein.[216] Damit **hat das Friedensargument seine prägende Kraft verloren**, jedenfalls in der traditionellen, auf den Betrieb im engeren Sinn bezogenen Version. Und selbst wenn man für die herrschende Lehre noch Wortlaut und gesetzgeberischen Willen anführen wollte, hätten diese Argumente doch dem verfassungsrechtlichen Gebot der Gleichbehandlung wesentlich gleicher Sachverhalte zu weichen (Art. 3 Abs. 1 GG). Es wäre mit Art. 3 Abs. 1 GG nicht vereinbar, die Haftung der vorübergehend Tätigen auszuschließen, weil die quasi doppelte Inanspruchnahme des Unternehmers durch Versicherung und Haftung vermieden werden muss, eben diese Belastung aber bei einem Schadensfall zwischen Angehörigen desselben Unternehmers bestehen zu lassen, ohne dass es dafür zureichende andere Gründe gäbe. **„Betrieb" im Sinne des § 105 SGB VII** ist demnach nicht die arbeitstechnische Organisatonseinheit, sondern **das Unternehmen/der Unternehmer**[217] als rechtliches Zurechnungssubjekt für die Mitgliedschaft in der Unfallversicherung und deren Finanzierung.[218] Dementsprechend verbleibt es umgekehrt bei Arbeitnehmern aus verschiedenen Unternehmen eines **Konzerns** bei der Haftung.[219] Nicht der Konzern, sondern das Unternehmen ist Mitglied der Unfallversicherung.[220]

---

214 *Rolfs*, Haftung unter Arbeitskollegen, S. 91, unter Hinweis auf die „eindeutige Fassung". Die Ambivalenz des Friedensarguments zeigt im Übrigen die Argumentation *Dencks*, Außenhaftung, S. 97 f.

215 *Rolfs*, Haftung unter Arbeitskollegen, S. 91 f.; für den engen „arbeitsrechtlichen" Betriebsbegriff weiterhin HWK/*Giesen*, 11. Aufl., § 105 SGB VII Rn. 6; *Krasney*, NZS 2004, 7, 13 f.; MünchArbR/*Reichold*, 6. Aufl., § 59 Rn. 14; BeckOK/*Stelljes*, Sozialrecht (Stand: 03/2024), § 105 SGB VII Rn. 12; ErfK/*Rolfs*, 25. Aufl., § 105 SGB VII Rn. 5. Die ebenfalls für diese Ansicht zitierte Entscheidung des BGH (BGH 26.11.2002 – VI 449/01 –, NJW 2003, 1121 ff.) bezieht sich auf den Haftungsausschluss für Schulunfälle gemäß § 106 Abs. 1 Nr. 3 SGB VII und ist auf § 105 SGB VII nicht ohne weiteres übertragbar.

216 Vgl. Begründung zum Gesetzentwurf BR-Drucks. 263/95, S. 284; siehe auch § 23 RN 1.

217 Der Unternehmer kann mehrere Unternehmen betreiben (arg. § 131 Abs. 3 SGB VII); s. BeckOGK/*Ricke*, SGB VII (Stand: 08/2023), § 131 Rn. 5.

218 Ebenso *Waltermann*, NJW 2004, 901, 907; *Koppenfels-Spies*, NZS 2006, 561 ff. m.w.N.; BeckOGK/*Ricke, SGB VII* (Stand: 08/2023), § 105 Rn. 11; *M. Lepa*, Haftungsbeschränkungen bei Personenschäden, S. 78 ff.; *v. Koppenfels-Spies/Wenner/Waltermann*, SGB VII, 3. Aufl., § 105 Rn. 7 ff.; *Knickrehm/v. Koppenfels-Spies*, Sozialrecht, 8. Aufl., § 105 SGB VII Rn. 4; NK-GA/*Karmanski*, 2. Aufl., § 105 SGB VII Rn. 6 f.; vermittelnd *Becker/Franke/Molkentin/Grüner*, SGB VII, 6. Aufl., § 105 Rn. 8.

219 *Sieg*, SGb 1994, 613, 614.

220 Vgl. BGH 1.7.1975 – VI ZR 87/74 –, NJW 1975, 1742, 1743.

Auch für den **öffentlichen Dienst** wird die finanzielle Trägerschaft der Unfallversicherung zum entscheidenden Abgrenzungskriterium. Nicht die Dienststelle („Betrieb", z. B. der Bauhof der Gemeinde) ist das gemeinsame Dach, unter dem die gegenseitige Haftung ausgeschlossen ist, sondern der „Dienstherr", d. h. der **rechtsfähige Verwaltungsträger, der die Unfallversicherung aus eigenen Mitteln finanziert** (im Beispiel die Gemeinde).[221] Grundsätzlich sind daher Bund, Länder, Gemeinden und alle sonstigen juristischen Personen und rechtsfähigen Anstalten öffentlichen Rechts[222] jeweils als Unternehmen i. S. d. §§ 104 ff. SGB VII zu behandeln. Alle Beschäftigten des Bundes haften deshalb einander nicht für Personenschäden, gleiches gilt für Länder und Gemeinden usw. Dass die Beschäftigten unterschiedlichen Verwaltungsbereichen, Ressorts etc. („Unternehmen" im Sinne der §§ 125 Abs. 1, 128 Abs. 1, 129 Abs. 1 SGB VII[223]) angehören, ist bedeutungslos, weil und solange die Anstellungskörperschaft hinsichtlich der **Trägerschaft der Unfallversicherung als Einheit** zu betrachten ist, sei es als eigener Träger der Unfallversicherung oder als Mitglied bei einem anderen Unfallversicherungsträger (z. B. Gemeinde im Gemeindeunfallverband für alle Beschäftigten). Daran ändert sich nichts, wenn der Bund von der Möglichkeit Gebrauch macht (§ 125 Abs. 2 SGB VII), für einzelne seiner „Unternehmen" (z. B. einzelne Ministerien und Behörden) der sonst zuständigen Berufsgenossenschaft beizutreten; zwar gibt die Gebietskörperschaft ihre organisatorische Trägerschaft der Unfallversicherung insoweit auf, es bleibt aber – entscheidend – die finanzielle. Das geht aber nur unter bestimmten Voraussetzungen (vgl. § 125 Abs. 3 SGB VII). **Post, Postbank, Telekom und Bahn** sind hingegen nach ihrer Neustrukturierung unfallversicherungsrechtlich nicht mehr „Unternehmen" des Bundes, sondern eigenständig mit besonderer Unfallversicherungszuständigkeit; ihre Beschäftigten stehen deshalb nicht mehr in einem „Unternehmen" mit den Beschäftigten des Bundes.[224] Im Hinblick auf die in den Unternehmen beschäftigten Beamten gilt allerdings zusätzlich § 46 BeamtVG.[225] 51

221 BAG 24.9.1992 – 8 AZR 572/91 –, AP § 637 RVO Nr. 22, hat dies offen gelassen und nur entschieden, dass „zumindest" die Haftung der Angehörigen der Bundeswehr untereinander ausgeschlossen ist (unter II.). Weiter zu § 636 RVO bereits der BGH 10.12.1974 – VI ZR 73/73 –, BGHZ 63, 313 (Haftungsausschluss zu Gunsten der Bundesbahn gemäß § 636 RVO gegenüber Beschäftigten der Bundeswehr). Die Entscheidung steht in merkwürdigem Kontrast zur Auslegung des Begriffs der „öffentlichen Verwaltung" im früheren § 4 ErwZulG. Dagegen kann man aus §§ 104, 105 SGB VII nicht ableiten, der gesamte öffentliche Dienst sei als eine Einheit zu betrachten, wie *Sieg*, SGb 1994, 613, 614, meint; die von ihm in Bezug genommene Entscheidung des BGH 14.1.1993 – III ZR 33/88 –, NJW 1993, 1790, betrifft den diesbezüglich weitergehenden § 46 Abs. 2 BeamtVG.

222 So nicht die Anstalten trotz ihrer Rechtsfähigkeit unfallversicherungsrechtlich ausdrücklich einer Gebietskörperschaft zugeordnet werden, wie nunmehr der Bund Versicherungsträger für die Bundesagentur für Arbeit ist (§ 125 Abs. 1 Nr. 2 SGB VII; anders noch § 654 RVO).

223 Der Begriff lehnt sich der Sache nach an den alten Unternehmensbegriff in § 658 Abs. 2 Nr. 1 RVO an, vgl. Begr. BR-Drucks. 263/95, S. 297.

224 An der unfallversicherungsrechtlichen Eigenständigkeit der Deutschen Bahn im Sinne der §§ 104 ff. SGB VII gegenüber dem Bund ändert sich nichts durch die zum 1.1.2015 in Kraft tretende Zusammenführung der Unfallkassen von Bund und Bahn (Gesetz v. 19.10.2013, BGBl I, S. 3836)

225 Siehe RN 22 ff.

52 § 105 SGB VII ändert nichts daran, dass die meisten Beschäftigten ihrem Arbeitsverhältnis nach einem Betrieb im technischen (arbeitsrechtlichen) Sinn zugeordnet werden und die „Betrieblichkeit" ihrer Tätigkeit sich aus der Perspektive dieses Betriebes, nicht der des Unternehmens bestimmt. Deshalb und um der Klarheit und Sprachökonomie willen werden im Folgenden die Begriffe „Betrieb" und „Unternehmen" wie bisher im technischen Sinne verwandt, also abweichend vom Sprachgebrauch, der § 105 SGB VII zugrunde liegt.

2. Dem Unternehmen („Betrieb") zuzurechnende Tätigkeit

53 Die versicherte Tätigkeit, während der der Geschädigte den Schaden erlitten hat, muss dem „Betrieb" zuzurechnen sein. Folgt man dem hier vertretenen weiten Begriff des Betriebes im Rahmen des § 105 SGB VII (= Unternehmen), muss der Geschädigte nur für **irgendeinen Betrieb des Unternehmens** tätig geworden sein. Das wird in der Regel der Stammbetrieb, es kann aber auch ein anderer Betrieb des Arbeitgeberunternehmens oder bei Hilfstätigkeit gemäß § 2 Abs. 2 SGB VII für ein fremdes Unternehmen der Betrieb eines fremden Unternehmens sein. Es muss sich um einen Betrieb jenes Unternehmens handelt, für das auch der Schädiger tätig geworden ist.

a) Betriebliche Tätigkeit als Ausgangspunkt

54 Das SGB VII statuiert keine eigenen Regeln für diese Zurechnung. Lediglich beim **tätigkeitsbezogenen Versicherungstatbestand** des § 2 Abs. 2 S. 1 SGB VII ist das Problem praktisch gelöst. Sind die Voraussetzungen der Vorschrift erfüllt, ist nicht nur die Versicherung der Tätigkeit, sondern auch ihre Zurechnung zum Betrieb (Unternehmen) zu bejahen. Die Arbeits- und Zivilgerichte greifen deshalb bei der ihnen zugewiesenen Prüfung der Zurechnung zum Betrieb (Unternehmen) zu Recht auf die sozialgerichtliche Rechtsprechung zu § 2 Abs. 2 S. 1 SGB VII zurück, sollten sich aber auf deren Verwertung beschränken, die komplette Übernahme der sozialgerichtlichen Dogmatik dagegen vermeiden.[226]

55 Bei den **personen- bzw. statusbezogenen Versicherungstatbeständen** bedarf dagegen neben der Feststellung des Versichertenstatus gesonderter Feststellung, ob die schadensursächliche Tätigkeit dem Betrieb zuzurechnen ist. Es reicht nicht, „Beschäftigter" (§ 2 Abs. 1 Nr. 1 SGB VII) zu sein, man muss auch in dieser Funktion tätig geworden sein. Das richtet sich im Ausgangspunkt nach den allgemeinen, zivil- bzw. arbeitsrechtlichen Regeln, die in § 8 dargestellt sind. Dafür spricht auch die Teleologie des § 105 SGB VII, der an die zivil(arbeits-)rechtliche Schadensverantwortlichkeit des Arbeitgebers aus dem von ihm zu tragenden Betriebsrisiko anknüpft.[227] Die versicherungsrechtlich geprägte Nomenklatur der Rechtsprechung droht dies zu verschütten. Sie

226 Das dürfte auch die Position der Rechtsprechung des BGH und des BAG sein. *Rolfs*, Haftung unter Arbeitskollegen, S. 98, meint, sie lägen „der Sache nach" der Rechtsprechung des BGH und des BAG zugrunde.

227 Siehe § 21 RN 1 ff., 11 ff.

fordert bisher die „Eingliederung“[228] des Geschädigten in den Betrieb, die dann vorliegen soll, wenn die Tätigkeit des Geschädigten mit dem Unfallbetrieb ähnlich wie der von dessen Arbeitnehmern verbunden gewesen sei.[229] Das suggeriert die Notwendigkeit einer qualifizierten Verbindung zwischen Geschädigtem und Betrieb, die über die Anforderungen, die das Arbeitsrecht für die Enthaftung des Arbeitnehmers aufstellt, hinausgeht. In Wirklichkeit ist die Zurechnung zum Betrieb in der Unfallversicherung in mancherlei Hinsicht großzügiger als im Zivil- bzw. Arbeitsrecht. Die besondere, vom Arbeitsrecht abweichende Begrifflichkeit der Rechtsprechung ist mit dem verständlichen Anliegen zu erklären, den Unterschied von „versicherter“ und „betrieblicher“ Tätigkeit herauszustreichen. Einen sachlichen Unterschied zum arbeitsrechtlichen Begriff der betrieblichen Tätigkeit drückt sie nicht aus. Die für die **„Eingliederung“** geforderte Verbindung zum Betrieb richtet sich grundsätzlich **nach den gleichen Kriterien wie der arbeitsrechtliche Begriff der betrieblichen Tätigkeit.**[230] Es gibt in § 105 SGB VII lediglich einige Erweiterungen, die aber den identischen Ausgangspunkt von Arbeits- und Versicherungsrecht nicht in Frage stellen.

b) Erweiterungen in der Unfallversicherung

Über die betriebliche Tätigkeit im arbeitsrechtlichen Sinne hinaus rechnet die Recht- 56
sprechung zu § 105 SGB VII dem Betrieb (Unternehmen) auch solche Tätigkeiten des Geschädigten zu, die zwar dem objektiven Interesse des Arbeitgebers/Unternehmers widersprechen, von denen der Geschädigte aber ohne grobe Fahrlässigkeit das Gegenteil annehmen durfte.[231] Betrachtet man das Verhältnis zwischen Unternehmer und Geschädigtem, steht der Geschädigte, was Fehleinschätzungen der Interessen des Unternehmers betrifft, im Unfallversicherungsrecht besser als im Arbeitsrecht.[232] Weil die daraus resultierenden Belastungen der Unternehmerseite nicht vom einzelnen Unternehmer verkraftet werden müssen, sondern auf die Schultern aller Versicherten verteilt werden, ist das vertretbar. Die Unfallversicherung kann dem für den Unternehmer Tätigen einen Teil des Irrtumsrisikos abnehmen, das in der zivilrechtlichen Haftung bei ihm verbleibt. Nicht privilegiert wird der Irrtum über den objektiv privaten Charakter der Tätigkeit. Glaubt der Täter im betrieblichen Interesse zu handeln, während in Wahrheit eine eigenwirtschaftliche Tätigkeit vorliegt, ist der unfallversicherungsrechtliche Schutz unangebracht. Wenn die Tätigkeit objektiv im eigenen Interesse ist, muss der Arbeitnehmer auch das Unfallrisiko tragen.[233]

---

228 Krit. zum Begriff *Rolfs*, Haftung unter Arbeitskollegen, S. 97, der zu Recht moniert, dass die Rechtsprechung denselben Begriff beim Schädiger verwendet, aber andere – strengere – Voraussetzungen aufstellt.

229 BGH 6.12.1977 – VI ZR 79/76 – unter I 1, AP § 637 RVO Nr. 10.

230 Siehe § 8 RN 1 ff.

231 Siehe RN 13 und § 23 RN 4.

232 Siehe § 8 RN 11 ff., 26 ff.

233 Vgl. LSG Baden-Württemberg 9.2.2015 – L 1 U 1882/14 – NZA 2015, 322 (Entgegennahme eines privaten Pakets).

IV. Bindende Feststellung der Voraussetzungen im Sozialverwaltungs- und Sozialgerichtsverfahren (§ 108 SGB VII)

57 Wo unfallversicherungsrechtlicher und zivilrechtlicher Schadensausgleich aufeinandertreffen, muss gewährleistet sein, dass der Geschädigte zumindest durch ein Schadensausgleichssystem geschützt ist. Materiellrechtlich ist dies gewährleistet. Prozessual bedarf es einer besonderen Regelung: Da für die Zuerkennung von Ansprüchen unterschiedliche Gerichtsbarkeiten zuständig sind (für Leistungen der Unfallversicherung die Sozialgerichtsbarkeit, für das Haftungsrecht die Zivil- und Arbeitsgerichtsbarkeit) und jedes Gericht eigenständig über die ihm vorgelegten Fälle entscheidet (vgl. § 17 Abs. 2 GVG), könnten divergierende Entscheidungen über die Anwendbarkeit des Schadensausgleichssystems dazu führen, dass der Geschädigte überhaupt keinen Schutz hat. Dies zu verhindern, ist das Ziel des § 108 Abs. 1 SGB VII: Er bindet alle anderen Gerichte, die über Ersatzansprüche zu entscheiden haben, die nach §§ 104 bis 107 SGB VII ausgeschlossen sein könnten,[234] an die bestands- oder rechtskräftige Entscheidung im Sozialverwaltungs- und Sozialgerichtsverfahren[235] über den bestehenden Versicherungsschutz in der Unfallversicherung.[236] Das gilt auch für den Haftungsprozesse gegen einen **nicht privilegierten Schädiger**, wenn dessen Haftung mittelbar durch den Haftungsausschluss zu Gunsten eines Mitschädigers beeinlusst wird (insbes. infolge eines gestörten Gesamtschuldnerausgleichs).[237] Die Bindung ist vom Zivil- und Arbeitsrichter von Amts wegen zu beachten.[238] Sie setzt allerdings voraus, dass die **Beteiligten des Zivilverfahrens am sozialrechtlichen Verfahren beteiligt waren** oder die Entscheidung den etwaig Haftenden nicht nachteilig in seiner Rechtsstellung betrifft.[239] Fehlt es daran, ist das Zivilgericht an einer Entscheidung gehindert und muss das Zivilverfahren zur Wiederholung des sozialrechtlichen Verfahrens gemäß § 108 Abs. 2 SGB VII aussetzen.[240] Die **Bindungswirkung** erstreckt sich positiv wie negativ[241] auf die Feststellung, ob der Verletzte Versicherter ist,[242] ein Versicherungsfall[243] vorliegt, auf den

234 Offen gelassen die wohl sinnvolle analoge Anwendung des § 108 SGB VII auf Regressprozesse zwischen mehreren Schädigern von BGH 18.11.2014 – VI ZR 47/13 – Rn. 26, VersR 2015, 189.

235 Die aus der Bestands- oder Rechtskraft erwachsende Bindung gegenüber den beteiligten Personen setzt deren ordnungsgemäße Beteiligung am Sozialverwaltungs- bzw. Sozialgerichtsverfahren voraus, BGH 4.4.1995 – VI ZR 327/93 –, NJW 1995, 2038.

236 Solange eine bindende Entscheidung nicht vorliegt, ist das zivilprozessuale Verfahren auszusetzen, *Krasney*, NZS 2004, 68, 72.

237 BGH 30.5.2017 – VI ZR 501/16 –, VersR 2017, 1014; siehe auch § 26 RN 1.

238 BAG 28.11.2019 – 8 AZR 35/19 – Rn. 31, NZA 2020, 745.

239 BAG 28.11.2019 – 8 AZR 35/19 – Rn. 42 f., NZA 2020, 745.

240 BGH 20.11.2007 – VI ZR 244/06 – Rn. 11, NJW 2008, 1877; bei Günstigkeit des sozialrechtlichen Verfahrens für den nicht Beteiligten kann die Aussetzung entbehrlich sein, BGH 30.4.2013 – VI ZR 155/12 – Rn. 10 f., juris.

241 BAG 14.12.2006 – 8 AZR 628/05 – Rn. 27, AP § 618 BGB Nr. 28; HWK/*Giesen*, 11. Aufl., § 108 SGB VII Rn. 4.

242 BAG 28.11.2019 – 8 AZR 35/19 – Rn. 32, NZA 2020, 745.

243 Dessen Feststellung schließt ein, bei welcher Tätigkeit der Unfall geschah und für welches Unternehmen die Tätigkeit ausgeübt wurde (vgl. BAG 22.4.2004 – 8 AZR 159/03 – Rn. 24, AP § 105 SGB VII Nr. 3).

Umfang der Leistungen, die Zuständigkeit des Versicherungsträgers und auch darauf, ob der Geschädigte als Beschäftigter für ein Unternehmen versichert ist[244] und in welchem Unternehmen („Betrieb") der Unfall geschehen ist.[245] Letzteres schließt nach der neueren Rechtsprechung aus, dass das mit dem Schadensersatzanspruch befasste Gericht den Geschädigten noch einem weiteren Unternehmen zurechnet (mit der Folge des Haftungsausschlusses);[246] eine Ausnahme macht der BGH bei Leiharbeitnehmern, die nach Ansicht des BGH doppelten Versicherungsschutz haben können,[247] weswegen die Anerkennung des Arbeitsunfalls durch den Unfallversicherer des Verleihers ein Zivilgericht nicht hindert, den Haftungsausschluss auch zu Gunsten des Verleihers zu bejahen.[248] Für die Feststellung der Versicherung wegen Hilfeleistung gemäß § 2 Abs. 1 Nr. 13 Buchst. a SGB VII war diese Bindungswirkung schon immer angenommen worden.[249] **Keine Bindungswirkung** besteht **hinsichtlich** der im sozialrechtlichen Verfahren getroffenen **Tatsachenfeststellungen.**[250] Zivil- und Arbeitsgerichte können im Rahmen der von ihnen zu entscheidenden Fragen eigene und vom Sozialverwaltungs- bzw. Sozialgerichtsverfahren abweichende Tatsachenfeststellungen treffen. Dies berechtigt sie aber nicht, die von der Bindungswirkung erfassten Fragen anders zu beurteilen.[251] Eine Bindungswirkung besteht nach Ansicht des BAG ferner nicht hinsichtlich der Einordnung eines Schadensfalls als Arbeitsunfall oder Wegeunfall und hinsichtlich der vorsätzlichen Schädigung, die beide für die Anwendbarkeit des Haftungsausschlusses gem. §§ 104 ff. SGB VII erheblich sind.[252] Die Bindungswirkung bejaht die Rechtsprechung trotz fehlender gesetzlicher Regelung auch für die **Unfallfürsorge der Beamten, Soldaten und Richter.**[253] Alle weiteren Voraussetzungen des Haftungsausschlusses sind nicht Gegenstand der Entscheidung des Unfallversicherungsträgers

244 Bedeutsam für den Haftungsausschluss gemäß §§ 104 ff. SGB VII, BGH 24.1.2006 – VI ZR 290/04 –, NJW 2006, 1592.

245 BSG 29.6.1962 – 2 RU 82/60 –, BSGE 17, 153; BAG 19.2.2009 – 8 AZR 188/08 – Rn. 27, AP § 105 SGB VII Nr. 4; *Knickrehm/v. Koppenfels-Spies*, Sozialrecht, 8. Aufl., § 108 SGB VII Rn. 3 ff.; *Rolfs*, Haftung unter Arbeitskollegen, S. 223.

246 BGH 22.4.2008 – VI ZR 202/07 –, NJW-RR 2008, 1239; 19.5.2009 – VI 56/08 – Rn. 12 ff., NJW 2009, 3235; unter Geltung des SGB VII auch noch BAG 22.4.2004 – 8 AZR 159/03 – Rn. 24, AP § 105 SGB VII Nr. 3; krit. zur Rechtsprechungsänderung *Lemcke*, r + s 2009, 392 ff.

247 Siehe RN 11.

248 BGH 18.11.2014 – VI ZR 141/13 – Rn. 26 ff., BGHZ 203, 224.

249 BGH 24.1.2006 – VI ZR 290/04 –, BGHZ 166, 42; zum vormaligen § 539 Abs. 1 Nr. 9 a RVO BGH 4.4.1995 – VI ZR 327/93 –, BGHZ 129, 195, 198 f.

250 RG 22.4.1921 – III 499/20 –, RGZ 102, 131 f.; 30.5.1932 – VI 102/32 –, RGZ 136, 345, 348 f.; BAG 22.4.2004 – 8 AZR 159/03 – Rn. 29, AP § 105 SGB VII Nr. 3 (implicite); BeckOGK/*Ricke*, SGB VII (Stand: 08/2023), § 108 Rn. 58; OLG Bamberg 6.5.1975 – 5 U 55/74 –, VersR 1976, 890; anders *Sieg*, SGb 1994, 613, 616; siehe auch KG 24.3.1975 – 12 U 2281/74 –, VersR 1976, 290, 291.

251 BAG 14.12.2006 – 8 AZR 628/05 – Rn. 27, AP § 618 BGB Nr. 28.

252 BAG 28.11.2019 – 8 AZR 35/19 – Rn. 34, NZA 2020, 745; abl. *Böttcher*, RdA 2020, 291, 293 m.w.N.

253 BGH 14.1.1993 – III ZR 33/88 –, NJW 1993, 1790; *Sieg*, SGb 1994, 613, 616 f.; *Rolfs*, Haftung unter Arbeitskollegen, S. 221; Gleiches muss für Soldaten gelten, offen gelassen von BGH 9.2.1993 – VI ZR 23/92 –, VersR 1993, 591, 592 m. Anm. *Riecker*.

bzw. der Sozialgerichte, deshalb normiert § 108 SGB VII insoweit auch keine Bindungswirkung. So besagt die Feststellung eines Arbeitsunfalls nichts über das Vorliegen einer „gemeinsamen Betriebsstätte" gem. § 106 Abs. 3 SGB VII.[254] **Keine Bindung** besteht sodann **hinsichtlich der Feststellung der einzelnen Schadensfolgen.**[255]

58 Das **Verfahren** regelt § 108 Abs. 2 SGB VII im Sinne der früheren Rechtsprechung:[256] Das wegen Schadensersatzforderungen angegangene Zivil- oder Arbeitsgericht hat das Verfahren bis zu einer Entscheidung im sozialrechtlichen Verfahren auszusetzen; ist ein solches Verfahren noch nicht eingeleitet, ist eine Frist zu bestimmen, nach deren Ablauf die Aufnahme des ausgesetzten Verfahrens zulässig ist. Auch nach Aufnahme des Verfahrens ist aber gemäß § 148 ZPO auszusetzen, wenn vor dessen Abschluss das sozialrechtliche Verfahren in Gang kommt. Das sozialrechtliche Verfahren kann gemäß § 109 SGB VII auch vom Schädiger betrieben werden; denn an der Feststellung des Arbeitsunfalls hängt dessen Haftungsbefreiung.[257]

V. Darlegungs- und Beweislast

59 Im Haftungsprozess des Geschädigten gegen den schädigenden Arbeitnehmer ist der Haftungsausschluss gemäß §§ 105–107 SGB VII Einwendung in der Hand des Arbeitnehmers, sodass dieser grundsätzlich alle Voraussetzungen des Haftungsausschlusses darzulegen und zu beweisen hat.[258] Über die Bindungswirkung gem. § 108 SGB VII kommen dem Schädiger etwaige Beweiserleichterungen zugute: z. B., dass für den Ursachenzusammenhang zwischen versicherter Ursache und Schaden eine hinreichende Wahrscheinlichkeit genügt[259] oder Beweiserleichterungen bei unbeobachteten Unfällen.[260] Erleichterungen nach Maßgabe der allgemeinen Beweislastregeln hinsichtlich einzelner Merkmale mit Blick auf solche Voraussetzungen, die in der Sphäre des Geschädigten liegen und in die der Schädiger keinen oder einen nur beschränkten Einblick hat, sind damit nicht ausgeschlossen.

254 BGH 22.1.2013 – VI ZR 175/11 – Rn. 14, NZS 2013, 431.
255 ErfK/*Rolfs*, 25. Aufl., § 108 SGB VII Rn. 4; BeckOK/*Stelljes*, Sozialrecht (Stand: 03/2024), § 108 SGB VII Rn. 20.
256 BAG 14.3.1967 – 1 AZR 310/66 – unter a, AP zu § 636 RVO Nr. 1 m. Anm. *Wussow.*
257 Zu Einzelheiten der Antragsberechtigung *Krasney*, NZS 2004, 68, 73.
258 BGH 7.11.2006 – VI ZR 211/05 – unter II 1, VersR 2007, 64; siehe ferner BGH 27.6.2002 – III ZR 234/01 – unter II 2 c, NJW 2002, 3096.
259 BSG 6.5.2021 – B 2 U 15/19 R – Rn. 20, NJW 2021, 3613.
260 *Plagemann/Radtke-Schwenzer*, NJW 2023, 1335, 1337 f.; zur betriebsexternen Arbeit *Gräf*, VSSAR 2021, 253, 299 ff.

§ 23 Voraussetzungen des Haftungsausschlusses auf der Seite des Schädigers

I. Personeller Geltungsbereich des § 105 SGB VII

1. Betriebszugehörigkeit des Schädigers nicht erforderlich

Der Schädiger muss nach § 105 SGB VII nur „betrieblich tätig" geworden sein; eine 1
darüber hinaus gehende **„Eingliederung"** in den Betrieb ist nicht erforderlich.[1] Auch Nicht-Betriebsangehörige, insbesondere solche, die nach § 2 Abs. 2 S. 1 SGB VII versichert sind, werden gemäß § 105 SGB VII enthaftet.[2] Auf die grundsätzliche Bedeutung, die diese Regelung für das Verständnis des Gesamtsystems „Unfallversicherung" hat, wurde an anderer Stelle hingewiesen.[3] Zu den betrieblich Tätigen gehört (wie bei der arbeitsrechtlichen Haftung[4]) auch der Auszubildende.[5] Für die in der Praxis häufige **vorübergehende Mithilfe** des Arbeitnehmers eines Unternehmens in einem Fremdunternehmen bei punktueller Berührung der Arbeitsbereiche dieser Unternehmen (vor allem bei Verladearbeiten)[6] bedeutet dies: Ist die Tätigkeit des Mithelfenden dem Fremdunternehmen zuzurechnen,[7] ist zwischen dem Mithelfenden und dem Arbeitnehmer des Fremdunternehmens die Haftung gemäß § 105 Abs. 1 SGB VII ausgeschlossen, gleichviel wer wen schädigt.

2. Schadenseintritt nach Ende der Betriebszugehörigkeit

Ist die Betriebszugehörigkeit nicht mehr Voraussetzung der Enthaftung, verliert der 2
Schädiger den Enthaftungsschutz nicht dadurch, dass er nach dem Setzen der Schadensursache, aber vor Eintritt des Schadensfalles die Betriebszugehörigkeit beendet hat (z. B. fehlerhafte Reparatur einer Fahrzeugbremse durch Betriebsschlosser, dessen Arbeitsverhältnis noch vor späterem Unfall endet). Davon abgesehen muss ganz allgemein für die Haftungsprivilegierung der Zeitpunkt der schädigenden Handlung maßgeblich sein, nicht der – zufällige – des Schadenseintritts. Das gilt im Übrigen auch für die Enthaftung des Unternehmers gemäß § 104 SGB VII.[8]

1 Siehe noch RN 4; zur abweichenden früheren Rechtslage BAG 23.2.1978 – 3 AZR 695/76 –, AP § 637 RVO Nr. 9.
2 Begr. zum RegE BR-Drucks. 263/95, S. 284.
3 § 21 RN 22.
4 § 7 RN 5.
5 BAG 19.3.2015 – 8 AZR 67/14 – Rn. 25 f., NZA 2015, 1057.
6 Siehe § 22 RN 12 ff.; BGH 3.5.1983 – VI ZR 68/81 –, AP § 637 RVO Nr. 15; BAG 15.1.1985 – 3 AZR 59/82 –, AP § 637 RVO Nr. 16.
7 Dazu § 22 RN 14.
8 Anders BGH 11.1.1966 – VI ZR 185/64 –, NJW 1966, 653 zu § 636 RVO.

https://doi.org/10.1515/9783110728606-025

II. Betriebliche Tätigkeit

1. Grundsätzliche Übereinstimmung mit dem arbeitsrechtlichen Begriff betrieblich veranlasster Tätigkeit

3 Die Haftung des Schädigers wird nur dann ausgeschlossen, wenn die schädigende Handlung „betriebliche Tätigkeit" ist. Sie ist vom eigenwirtschaftlichen Handeln des Schädigers nach den gleichen Grundsätzen abzugrenzen wie die „betrieblich veranlasste Tätigkeit" bei der arbeitsrechtlichen Beschränkung der Arbeitnehmerhaftung;[9] denn hier wie dort geht es einerseits um die **Haftung des Arbeitnehmers** und andererseits um deren Beschränkung durch das vom Arbeitgeber zu tragende Haftungsrisiko. Zwar ist das Haftungsrisiko bei der arbeitsrechtlichen Enthaftung vom einzelnen Arbeitgeber unmittelbar zu tragen, während es im unfallversicherungsrechtlichen Schadensausgleich auf viele Schultern verteilt wird. Das ändert aber nichts an der Identität des die Enthaftung tragenden Grundgedankens.[10] Insoweit ist die von *Denck* vertretene These der weitgehenden Eigenständigkeit beider Begriffe überzogen: Sie fußt auf einer Deutung des sozialversicherungsrechtlichen Haftungsausschlusses, die den Betriebsfrieden bzw. die friedliche Solidarität in der Arbeitswelt als dessen wesentlichen Zweck sieht.[11] Diese Sicht wird hier nicht geteilt.[12] Zuzustimmen ist *Denck* aber darin, dass die Begriffe nicht völlig identisch sind. Denn die Unfallversicherung nimmt stärker Rücksicht auf die soziale Schutzbedürftigkeit des Schädigers. Die Felder betrieblicher Tätigkeit im Arbeits- und im Unfallversicherungsrecht sind nicht völlig deckungsgleich, vielmehr geht das Unfallversicherungsrecht in § 105 SGB VII punktuell über den arbeitsrechtlichen Begriff der betrieblichen Tätigkeit hinaus.[13] Dagegen ist betrieblich veranlasste Tätigkeit des Schädigers im Sinne des Arbeitsrechts immer auch betriebliche Tätigkeit des Schädigers im Sinne des § 105 SGB VII; andernfalls müsste der Arbeitgeber den Arbeitnehmer arbeitsrechtlich von Schäden freistellen, von denen § 105 SGB VII ihn befreien will.[14] Im Folgenden ist nur auf die unfallversicherungsrechtlichen Erweiterungen des Begriffs der betrieblichen Tätigkeit einzugehen (unter 2), im Übrigen gelten die Ausführungen zu § 8 entsprechend.[15] Darüber hinaus sind noch einige Problemfälle darzustellen (unter 3), die zwar nicht vom oben in § 8 definierten Begriff der betrieblichen Tätigkeit abweichen, aber wegen ihres Zusammenhangs mit Körperschäden sachlich zur Darstellung des § 105 SGB VII gehören.

9 Siehe oben § 8 RN 6 f.

10 Siehe § 21 RN 1, 7.

11 *Denck*, DB 1986, 590, 591.

12 Siehe § 21 RN 16 ff.

13 Anders augenscheinlich, aber ohne nähere Auseinandersetzung BAG 27.9.1994 – GS 1/89 (A) – unter IV 2, AP § 611 BGB Haftung des Arbeitnehmers Nr. 103; *Hagen*, VersR 1972, 809, 811; *Richardi*, NZA 1994, 241, 243; *Rolfs*, Haftung unter Arbeitskollegen, S. 76, die alle Identität der Begriffe im Arbeits- und Unfallversicherungsrecht annehmen.

14 *Rolfs*, Haftung unter Arbeitskollegen, S. 75 f.

15 Zum Verhältnis zwischen betrieblicher Tätigkeit im Sinne des § 105 SGB VII und versicherter Tätigkeit siehe § 22 RN 36 ff.

2. Besonderheiten der betrieblichen Tätigkeit gemäß § 105 SGB VII

Übernimmt der Arbeitnehmer aus Eigeninitiative Tätigkeiten innerhalb seiner arbeitsvertraglichen Verpflichtungen, aber ohne ausdrückliche Absprache mit dem Arbeitgeber bzw. ohne dessen Weisung (insbes. Neben- und Notarbeiten),[16] ist das auch dann betrieblich, wenn die Übernahme der **Tätigkeit objektiv nicht dem Interesse des Arbeitgebers entspricht** und der Arbeitnehmer dies nicht erkennen konnte oder fahrlässig nicht erkannt hat; dem Arbeitnehmer fällt anders als bei der arbeitsvertraglichen Haftung[17] erst **grobe Fahrlässigkeit** zur Last.[18] Der Schutzbedürftigkeit des fahrlässig handelnden Arbeitnehmers kann das Unfallversicherungsrecht großzügiger Rechnung tragen als das Arbeitsrecht, weil die Interessen des geschädigten Arbeitnehmers durch die Entschädigungsleistungen der Versicherung weitgehend abgedeckt sind, der Schutz des Schädigers daher hinsichtlich des größten Schadensteils[19] nicht zu Lasten eines Einzelnen geht. Außerdem markiert die „grobe Fahrlässigkeit" auch sonst den Verantwortlichkeitsmaßstab des Arbeitnehmers in der gesetzlichen Unfallversicherung.[20] Gleiches gilt für Tätigkeiten, die so weit vom vertraglichen Tätigkeitsfeld entfernt sind, dass der Arbeitnehmer zu deren Durchführung aus dem Arbeitsvertrag weder verpflichtet noch berechtigt ist.[21] Dies dürfte in etwa der Standpunkt der **Rechtsprechung** sein. Sie setzt die betriebliche Tätigkeit grundsätzlich mit der „versicherten Tätigkeit" gemäß § 2 Abs. 2 S. 1 SGB VII gleich. Für diese wiederum soll genügen, dass die Tätigkeit nicht „unsinnig (ist) oder den Interessen des Unternehmens offensichtlich zuwiderläuft".[22] Das dürfte der „groben Fahrlässigkeit" entsprechen.[23] Es ist nicht erforderlich, dass die Tätigkeit im räumlich-organisatorischen Umfeld der Betriebsstätte erbracht wird: auch betriebsexterne Arbeit in privaten Räumen ist betriebliche Tätigkeit.[24] Ihre fehlende „Eingliederung" schadet jedenfalls nach dem Verzicht des Gesetzgebers auf die Betriebszugehörigkeit als Voraussetzung des Haftungsausschlusses nicht mehr. 4

16 Siehe § 8 RN 11.

17 Siehe § 8 RN 12f.

18 *Denck*, DB 1986, 590 (590f.); ErfK/*Rolfs*, 25. Aufl., § 105 SGB VII Rn. 3; *Rolfs*, Haftung unter Arbeitskollegen, S. 75; wohl auch *Geigel/Wellner*, Haftpflichtprozess, 29. Aufl., Kap. 31, Rn. 104, trotz Betonung des „objektiven" Charakters der Betriebsbezogenheit; dagegen versteht *Kohte*, Jura 1985, 304, 308, die sozialgerichtliche Rechtsprechung wohl enger.

19 Nur die immateriellen Schäden werden nicht ersetzt; dafür erhält der Geschädigte quasi eine Liquiditätsgarantie.

20 Siehe § 25 RN 6; *Denck*, Außenhaftung, S. 91f..

21 Wogegen betrieblich veranlasste Tätigkeit im arbeitsrechtlichen Sinne nur unter den Voraussetzungen des § 677 BGB vorliegt, vgl. § 8 RN 19.

22 BSG 28.5.1957 – 2 RU 150/55 –, BSGE 5, 168, 172; wohl auch *Rolfs*, Haftung unter Arbeitskollegen, S. 62.

23 So zu verstehen wohl auch die Umschreibung der betrieblichen Tätigkeit in BAG 22.4.2004 – 8 AZR 159/03 – Rn. 28, AP § 105 SGB VII Nr. 3: „Eine betriebliche Tätigkeit liegt vor, wenn der Schädiger bei objektiver Betrachtungsweise aus seiner Sicht im Betriebsinteresse handeln durfte, sein Verhalten unter Berücksichtigung der Verkehrsüblichkeit nicht untypisch ist und keinen Exzess darstellt."

24 § 8 RN 8, 20, 29; § 22 RN 6, 37.

3. Typische Problemfälle des § 105 SGB VII

5 Körperverletzungen entstehen zuweilen bei **Neckereien, Spielereien** oder durch **Raufereien.** Derartige Handlungen sind grundsätzlich eigenwirtschaftlich motiviert, daher nicht betrieblich, auch wenn sie während eines Arbeitsvorgangs bzw. unter Verwendung von Arbeitsmitteln geschehen und aus längerem Zusammensein im Betrieb resultieren.[25] Gleiches gilt für Schädigungen während betrieblicher Sportveranstaltungen oder während betrieblicher Gemeinschaftsveranstaltungen (z. B. Betriebsausflug). Mögen solche Aktivitäten unter bestimmten Voraussetzungen aus sozialen Gründen unfallversichert sein, liegen sie doch im privaten Interesse der Beteiligten.[26] Dass die Erholung mittelbar dem Arbeitgeber nützt, ändert daran nichts. Die insoweit großzügigere Beurteilung von schulbezogenem Verhaltem beim Haftungsausschluss zwischen Schülern ist dem spezifischen Risiko des Schulunfalls geschuldet und nicht übertragbar auf das Ausbildungsverhältnis.[27] Schwieriger ist die Beurteilung, wenn das Verhalten (überwiegend[28]) von einer **betriebsbezogenen Motivation** des Schädigers getragen wird (z. B. „Anstoßen" eines Arbeitskollegen wegen dessen Verspätung,[29] Tritt zum Zwecke der Leistungssteigerung[30]). Im betrieblichen Interesse liegen derartige Verhaltensweisen bei objektiver Betrachtung im Zweifel nicht. Entscheidend ist, ob dies für den Schädiger offenkundig (grob fahrlässige Fehleinschätzung) ist. Das ist zu verneinen, solange sich das Verhalten im Rahmen des nach den betrieblichen und beruflichen Verhältnissen Sozialüblichen hält[31] (so beim leichten Anstoßen zur Unterstützung der Mahnung zur Pünktlichkeit,[32] das nicht zum Sturz des Geschädigten geführt hätte, hätte sich hinter diesem nicht ein nicht erkanntes Hindernis befunden; anders beim Tritt,[33] der stets offenkundige Verletzungsgefahr mit sich bringt).

6 Häufig sind Körperverletzungen bei der **Mitnahme von Arbeitskollegen.** Betriebliche Tätigkeit von Seiten des Schädigers ist selbstverständlich zu bejahen, wenn es sich um eine betrieblich veranlasste Fahrt während der Arbeitszeit handelt (z. B. Transport von Arbeitskräften von einer Baustelle). Dagegen ist die Mitnahme auf Wegen gemäß § 8 Abs. 2 Nr. 1–4 SGB VII grundsätzlich nicht betrieblich: Der Weg von und zur Arbeit ist genuin eigenwirtschaftlich. Deshalb ist auch die Mitnahme eines Kollegen auf

25 BGH 30.6.1998 – VI ZR 286/97 –, NZA-RR 1998, 454, 455 f.; BAG 22.4.2004 – 8 AZR 159/03 – Rn. 28 f., AP § 105 SGB VII Nr. 3; BAG 19.3.2015 – 8 AZR 67/14 – Rn. 21 ff., NZA 2015, 1057.

26 *Rolfs*, Haftung unter Arbeitskollegen, S. 80 f.

27 BAG 19.3.2015 – 8 AZR 67/14 – Rn. 29 f., NZA 2015, 1057.

28 BAG 22.4.2004 – 8 AZR 159/03 – Rn. 32, AP § 105 SGB VII Nr. 3.

29 BAG 22.4.2004 – 8 AZR 159/03 – Rn. 32, AP § 105 SGB VII Nr. 3.

30 LAG Düsseldorf 27.5.1998 – 12 (18) Sa 196/98 –, BB 1998, 1694 f.; vgl. *v. Koppenfels-Spies/Wenner/Waltermann*, SGB VII, 3. Aufl., § 105 Rn. 11.

31 Ähnlich BeckOK/*Stelljes*, Sozialrecht (Stand: 03/2024), § 105 SGB VII Rn. 9; NK-GA/*Karmanski*, 2. Aufl., § 105 SGB VII Rn. 10 f.

32 Vgl. BAG 22.4.2004 – 8 AZR 159/03 – Rn. 32, AP § 105 SGB VII Nr. 3.

33 LAG Düsseldorf 27.5.1998 – 12 (18) Sa 196/98 –, BB 1998, 1694 f.; vgl. *v. Koppenfels-Spies/Wenner/Waltermann*, SGB VII, 3. Aufl., § 105 Rn. 11.

einem solchen Weg eigenwirtschaftliche Tätigkeit.[34] Dass die Mitnahme mittelbar im betrieblichen Interesse ist, reicht noch nicht, um sie als „betrieblich" zu qualifizieren.[35] Vielmehr ist dazu wegen der ursprünglich eindeutigen Zuordnung zur Privatsphäre des Arbeitnehmers erforderlich, dass der Arbeitgeber sie konkludent oder ausdrücklich zur betrieblichen Aufgabe erklärt. Das ist ggf. durch Auslegung des Arbeitgeberverhaltens nach Maßgabe des Empfängerhorizonts zu ermitteln (§§ 133, 157 BGB).[36] Für eine Einbeziehung in den Betrieb spricht z. B., dass der Arbeitgeber ein Fahrzeug für den Transport zur Verfügung stellt[37] oder die Mitnahme sogar organisiert **(Werksverkehr)**[38] bzw. den Arbeitnehmer um Mitnahme von Kollegen unter Inkaufnahme von Umwegen bittet und dies nicht nur im Interesse der beteiligten Arbeitnehmer ist.[39] Aufwandsentschädigungen für die Fahrt sind dagegen kein ausreichendes Indiz für einen entsprechenden Willen des Arbeitgebers.[40] Im Übrigen gelten die Ausführungen § 8 RN 17 entsprechend.

III. Keine vorsätzliche Schädigung

Der Haftungsausschluss greift nach § 105 SGB VII nicht ein, wenn der Schädiger den Versicherungsfall vorsätzlich herbeigeführt hat. Der **Vorsatz** bezieht sich in Übereinstimmung mit dem Vorsatzbegriff in § 110 SGB VII nicht nur auf die Verletzungshandlung, sondern auch auf den **Verletzungserfolg**, d. h. **Rechtsgutsverletzung** und deren Rechtswidrigkeit (z. B. Körperverletzung infolge bewusst herbeigeführten Sturzes).[41] 7

---

34 Zutr. BGH 24.10.1967 – VI ZR 67/66 –, AP § 637 RVO Nr. 3. In der Rechtsprechung wird die „Betrieblichkeit" der Mitnahme oft mit der Begründung abgelehnt, es liege Teilnahme am allgemeinen Verkehr vor (z. B. BGH 5.11.1991 – VI ZR 20/91 –, BGHZ 116, 30, 33 ff.). Das ist unzutreffend, weil es um die Betrieblichkeit der Tätigkeit des Schädigers geht, während die Teilnahme am allgemeinen Verkehr sich auf den Geschädigten bezieht (siehe § 22 RN 43), zutr. *Rolfs*, Haftung unter Arbeitskollegen, S. 84.

35 Insoweit zutr. BGH 5.11.1991 – VI ZR 20/91 –, BGHZ 116, 30, 35, unter Abgrenzung gegen BGH 2.3.1971 – VI ZR 146/69 –, AP § 637 RVO Nr. 6 (dieses Urteil betrifft allerdings einen Transport während der Arbeitszeit und entscheidet deshalb richtig), und BGH 2.11.1971 – VI ZR 50/70 –, VersR 1972, 145, 146.

36 Vgl. – im Zusammenhang mit dem Ersatz von Eigenschäden – *Schwarze*, Anm. zu BAG EzA § 611 BGB Arbeitgeberhaftung Nr. 4. Die vom BGH (5.11.1991 – VI ZR 20/91 –, BGHZ 116, 30, 35) angeführte „Prägung durch die betriebliche Organisation" ist ein auslegungserheblicher Umstand, aber kein eigenständiges „objektives" Abgrenzungskriterium.

37 BGH 16.1.1953 – VI ZR 161/52 –, BGHZ 8, 330, 337; BeckOK/*Stelljes*, Sozialrecht (Stand: 03/2024), § 105 SGB VII Rn. 10.

38 BGH 5.11.1991 – VI ZR 20/91 –, BGHZ 116, 30, 35.

39 *Becker/Franke/Molkentin/Grüner*, SGB VII, 6. Aufl., § 105 Rn. 10. Auf die Zahlung einer besonderen Vergütung für den Umweg kommt es dagegen nicht entscheidend an, so aber LG Braunschweig 21.9.1984 – 1 O 114/84 –, VersR 1985, 1139, 1140; *Rolfs*, Haftung unter Arbeitskollegen, S. 85.

40 Vgl. BGH 24.10.1967 – VI ZR 67/66 –, AP § 637 RVO Nr. 3.

41 BAG 28.11.2019 – 8 AZR 35/19 – Rn. 46, NZA 2020, 745; *Otto*, FS 50 Jahre BAG, S. 97, 101; *Rolfs*, NJW 1996, 3177, 3178; anders ErfK/*ders.*, 25. Aufl., § 104 SGB VII Rn. 12; jedenfalls de lege ferenda auch HWK/*Giesen*, 11. Aufl., § 104 SGB VII Rn. 10.

Das BAG hat zuweilen Vorsatz auch bezüglich des durch den Verletzungserfolg verursachten **Schadensumfangs gefordert** (z. B. Dauerschaden infolge der Körperverletzung),[42] und zwar wohl nicht nur bezüglich des Schadens im groben Umfang, sondern der einzelnen Schadensfolge.[43] Nach jetzigem Stand scheint es davon aber abgerückt zu sein und Vorsatz hinsichtlich des Verletzungserfolges genügen zu lassen.[44] Für den Vorsatz genügt, dass der Schädiger die Verletzung des Geschädigten billigend in Kauf genommen hat (**dolus eventualis**),[45] wofür nach Ansicht des BAG Gleichgültigkeit gegenüber einem nicht für unwahrscheinlich zu haltenden Erfolg nicht ausreichen soll.[46] Die vorsätzliche **Missachtung von Unfallverhütungsvorschriften** begründet nicht schon für sich Vorsatz hinsichtlich des Verletzungserfolges bzw. des Schadens, vielmehr wird der Schädiger typischerweise auf dessen Vermeidung vertrauen.[47] Demgegenüber bezieht sich der Vorsatz in § 46 Abs. 2 S. 1 Nr. 1 BeamtVG bzw. § 91a Abs. 1 SoldVersG bzw. den entsprechenden landesrechtlichen Vorschriften (z. B. § 52 Nds. BeamtVG) bei Schädigung eines Beamten, Richters oder Soldaten nur auf die Pflichtverletzung.[48]

IV. Besonderheiten auf der Schädigerseite bei Beteiligung eines Beamten

8 Ist an dem Arbeits- oder Dienstunfall ein Beamter[49] beteiligt, sei es als Schädiger oder Geschädigter, sind einige Besonderheiten für die Enthaftungsvoraussetzungen auf Seiten des Schädigers zu beachten.

---

42 BAG 10.10.2002 – 8 AZR 103/02 – unter II 4, AP § 104 SGB VII Nr. 1 m. Anm. *Schwarze* unter 1; ebenso die Rspr. zu §§ 636, 637 RVO, BGH 20.11.1979 – VI ZR 238/78 –, BGHZ 75, 328, 332; wohl auch BAG 27.06.1975 – 3 AZR 457/74 – unter III, AP § 636 RVO Nr. 9; nur auf den Verletzungserfolg Bezug nehmend dagegen BAG 28.4.2011 – 8 AZR 769/09 – Rn. 50, AP § 104 SGB VII Nr. 6 (zu § 636 RVO); aus der Literatur *Denck*, Außenhaftung, S. 95; *Rolfs*, Haftung unter Arbeitskollegen, S. 141.

43 Vgl. *Brose*, RdA 2011, 205, 211 f.; ebenfalls für Schadensumfang als Bezugspunkt des Vorsatzes *Falkenkötter*, NZS 1999, 379 ff.; *Knickrehm/v. Koppenfels-Spies*, Sozialrecht, 8. Aufl., § 104 SGB VII Rn. 7a; *Becker/Franke/Molkentin/Grüner*, SGB VII, 6. Aufl., § 104 Rn. 19;ErfK/*Rolfs*, 25. Aufl., § 104 SGB VII Rn. 12.

44 Vgl. BAG 28.11.2019 – 8 AZR 35/19 – Rn. 46, NZA 2020, 745; zuvor BAG 28.4.2011 – 8 AZR 769/09 – Rn. 50, AP § 104 SGB VII Nr. 6 (zu § 636 RVO, aber unter dem Eindruck der Rechtsprechung zu §§ 104, 105 SGB VII); BAG 20.6.2013 – 8 AZR 471/12 – Rn. 23, juris.

45 BAG 28.4.2011 – 8 AZR 769/09 – Rn. 50, AP § 104 SGB VII Nr. 6 (zu § 636 RVO, aber übertragbar); 19.2.2009 – 8 AZR 188/08 – Rn. 50 a.E., 52, AP § 105 SGB VII Nr. 4; 19.8.2004 – 8 AZR 349/03 –, AP § 104 SGB VII Nr. 4; ebenso wohl *Rolfs*, NJW 1996, 3177, 3178; *Knickrehm/v. Koppenfels-Spies*, Sozialrecht, 8. Aufl., § 104 SGB VII Rn. 7a; HWK/*Giesen*, 11. Aufl., § 104 SGB VII Rn. 10; *Plagemann/Radtke-Schwenzer/Plagemann*, Gesetzliche Unfallversicherung, 2. Aufl., S. 210.

46 BAG 19.2.2009 – 8 AZR 188/08 – Rn. 50 a.E., 52, AP § 105 SGB VII Nr. 4.

47 BAG 19.2.2009 – 8 AZR 188/08 – Rn. 50, AP § 105 SGB VII Nr. 4; 28.11.2019 – 8 AZR 35/19 – Rn. 51, NZA 2020, 745; s. aber LAG Nürnberg 9.6.2017 – 7 Sa 231/16 – Rn. 60 ff., juris.

48 BGH 20.3.1961 – III ZR 9/60 –, BGHZ 34, 375, 380 f.; 12.11.1992 – III ZR 19/92 –, BGHZ 120, 176, 181; *Rolfs*, Haftung unter Arbeitskollegen, S. 193; vgl. auch *Staudinger/Wöstmann*, BGB (2020), § 839 Rn. 195.

49 Für Richter und Soldaten gilt Entsprechendes, vgl. § 22 RN 22, FN 95.

1. Beamter als Schädiger eines Arbeitnehmers oder Beamten

Ist der Geschädigte von einem Beamten verletzt worden, folgt der Haftungsausschluss aus § 105 SGB VII,[50] wenn der Geschädigte Arbeitnehmer ist. Dass der Beamte nicht unfallversichert ist, schadet nicht, der Beamte muss lediglich „betrieblich" gehandelt haben. Ist der Geschädigte ebenfalls Beamter, richtet sich der Haftungsausschluss nach § 46 Abs. 1 BeamtVG.[51] § 46 Abs. 2 BeamtVG enthält keine ausdrückliche Begrenzung auf „dienstliche" Tätigkeiten des Schädigers, doch ergibt sich diese Beschränkung aus dem Gesamtzusammenhang. Insoweit gilt das zur betrieblichen Tätigkeit in § 105 SGB VII Gesagte entsprechend.[52] 9

2. Arbeitnehmer als Schädiger eines Beamten

An und für sich weist dieser Fall auf Seiten des Schädigers keine Besonderheiten auf: Hat ein Arbeitnehmer einen Beamten geschädigt, richtet sich der Haftungsausschluss entweder nach § 105 Abs. 1 S. 2 SGB VII (wenn beide für dasselbe Unternehmen/denselben Dienstherrn tätig waren[53]) bzw. nach §§ 106 Abs. 3, 3. Var., 105 Abs. 1 S. 2 SGB VII (wenn beide zwar für unterschiedliche Dienstherrn, aber auf einer gemeinsamen Betriebsstätte tätig waren[54]) oder gemäß § 46 Abs. 2 BeamtVG bzw. § 91a Abs. 1 SoldVersG (wenn Geschädigter und Schädiger für unterschiedliche Dienstherren tätig waren).[55] Letzteres bereitet keine Probleme, solange der Schädiger „im Dienst eines anderen öffentlich-rechtlichen Dienstherrn" steht, wie § 46 Abs. 2 BeamtVG (§ 91a Abs. 1 SoldVersG) es verlangt. Wie aber, wenn der **Schädiger im Dienstbetrieb** lediglich kurz **mitgeholfen** hat? Einen § 2 Abs. 2 S. 1 SGB VII vergleichbaren Tatbestand gibt es in § 46 BeamtVG nicht. Wegen der Ähnlichkeit der Fallgestaltungen ist jedoch auch hier der Haftungsausschluss geboten. Die Tätigkeit des Helfenden ist deshalb als solche „in seinem [des betreffenden Dienstherrn] Dienst" (§ 46 Abs. 2 BeamtVG) zu betrachten.[56] Dazu war nach bisheriger Rechtsprechung die „**Eingliederung**" des Helfers in den Dienstbetrieb erforderlich. Seitdem § 105 SGB VII auf diese Voraussetzung verzichtet,[57] sollte für § 46 Abs. 2 BeamtVG Gleiches gelten.[58] Denn es gibt diesbezüglich keinen sachlich rechtfer- 10

50 Zur Nichtanwendbarkeit des § 106 Abs. 3 SGB VII bei Schädigung eines Arbeitnehmers durch den zu einem anderen Dienstherrn gehörenden Beamten auf einer gemeinsamen Betriebsstätte siehe § 24 RN 10.

51 Siehe § 22 RN 22.

52 Man stößt verschiedentlich auf die Ansicht, die dienstliche Tätigkeit reiche weiter als die betriebliche (*Rolfs*, Haftung unter Arbeitskollegen, S. 196, 78 f.). Durch die in Bezug genommenen Urteile (vgl. BGH 8.2.1972 – VI ZR 173/70 –, VersR 1972, 491; 29.3.1977 – VI ZR 52/76 –, VersR 1977, 649, 650; enger sogar BGH 9.2.1993 – VI ZR 23/92 –, VersR 1993, 591, 592) wird das nicht belegt; die dortige Abgrenzung – Fahrt zum Dienstantritt ab Einfahrt in das Kasernengelände dienstliche Tätigkeit, vorher nicht – gilt auch für die betriebliche Tätigkeit, siehe § 8 RN 20.

53 Zum Betriebsbegriff § 22 RN 49 ff.

54 § 24 RN 3 ff.

55 Siehe § 22 RN 22.

56 *Rolfs*, Haftung unter Arbeitskollegen, S. 201.

57 § 22 RN 15.

58 Anders aber Brandenburgisches OLG 16.3.2015 – 11 U 132/14 – Rn. 6, juris.

tigenden Grund für eine abweichende Behandlung. „Im Dienst eines öffentlich-rechtlichen Dienstherrn stehende Person" im Sinne dieser Bestimmung ist deshalb auch derjenige, der eine betriebliche Tätigkeit für den Dienstherrn ausübt, ohne in den Dienstbetrieb eingegliedert zu sein.

§ 24 Erweiterungen des Haftungsausschlusses (§ 106 SGB VII)

I. Systematische Einordnung

Der Haftungsausschluss gemäß § 105 SGB VII setzt voraus, dass Verletzter und Schädiger 1 demselben „Betrieb“ (Unternehmen/Dienstherrn) zuzurechnen sind: jener muss Versicherter „des Unternehmens“ sein (i. d. R. Beschäftigter, § 2 Abs. 1 Nr. 1 SGB VII, oder ihm Gleichgestellter, § 2 Abs. 2 S. 1 SGB VII), dieser muss „betrieblich“ tätig geworden sein. § 106 SGB VII erstreckt den Haftungsausschluss auf eine Reihe von Tatbeständen, in denen diese Voraussetzungen fehlen: sei es, dass die Versicherten für unterschiedliche Unternehmen tätig geworden sind, sei es, dass der Verletzte nicht „Versicherter des Unternehmens“ ist, sondern ein Fall der sog. unechten Unfallversicherung vorliegt (z. B. ein Schüler im Sinne von § 2 Abs. 1 Nr. 8 Buchst. b SGB VII wird vom Hausmeister verletzt [§ 106 Abs. 1 Nr. 3 SGB VII]); sei es, dass der Schädiger nicht für das Unternehmen des Verletzten tätig wurde (z. B. Schüler verletzt Hausmeister [§ 106 Abs. 1 Nr. 2 SGB VII]); sei es, dass beide Voraussetzungen fehlen, z. B. Verletzter und Schädiger unecht unfallversichert sind (Schüler verletzt Schüler [§ 106 Abs. 1 Nr. 1 SGB VII]). Die folgende Darstellung beschränkt sich auf die für das Arbeitsleben und die Haftung des Arbeitnehmers praktisch relevanten Tatbestände.

2 Hinsichtlich der **Verfassungsmäßigkeit** dieser Vorschriften gilt cum grano salis das zu §§ 104, 105 SGB VII Gesagte.[1] Die in der Literatur erhobene Kritik am kompensationslosen Ausschluss der Haftung für Schmerzensgeld[2] verzeichnet auch hier die verfassungsrechtliche Ausgangslage, indem sie die Eigenständigkeit des unfallversicherungsrechtlichen Schadensausgleichs unterschätzt und zur rechtfertigungsbedürftigen Ausnahme macht, was eines von mehreren verfassungsrechtlich zulässigen Systemen des Schadensausgleichs ist.[3]

II. Die wichtigsten Tatbestände

1. Unternehmensübergreifender Haftungsausschluss bei nur vorübergehender Zusammenarbeit von Unternehmen (§ 106 Abs. 3, 3. Var. SGB VII)

3 Die für das Arbeitsleben praktisch wichtigste Regelung in § 106 Abs. 3, 3. Var. SGB VII erstreckt den unternehmensübergreifenden Haftungsausschluss gemäß §§ 104, 105 SGB VII[4] auf den Fall einer nur vorübergehenden Zusammenarbeit[5] der Unternehmen,[6] die

1 RN § 21 RN 2 ff.
2 Etwa *Lemke*, r+s 2000, 22, 23.
3 § 21 RN 1 ff.
4 Siehe § 22 RN 10.
5 Zum Haftungsausschluss bei dauerhafter Zusammenarbeit siehe folgend RN 7 ff.
6 Vgl. Begründung zum Regierungsentwurf BR-Drucks. 263/95, S. 285.

https://doi.org/10.1515/9783110728606-026

allerdings auf einer **„gemeinsamen Betriebsstätte"** stattfinden muss.[7] Die Gefahren- und Schadenslage wird hier für Geschädigten und Schädiger maßgeblich durch die Zusammenarbeit geprägt. Sie begegnen sich in der Zusammenarbeit im Rahmen eines konkreten Arbeitsablaufs wie die Angehörigen desselben Unternehmens. Dies nimmt der Zugehörigkeit zum Unternehmen ihre sonst maßgebliche Bedeutung für die Reichweite des Haftungsausschlusses[8] und rechtfertigt die haftungsrechtliche Gleichbehandlung der unternehmensübergreifenden mit der unternehmensinternen Zusammenarbeit.[9]

4 Dementsprechend genügt eine bloße Berührung der Unternehmens- bzw. Betriebssphären, d. h. der zufällige Kontakt zwischen Schädiger und Geschädigtem, nicht,[10] auch nicht das beziehungslose „nebeneinander Arbeiten", mag dies auch über längere Zeit geschehen.[11] Andererseits ist nach der Rechtsprechung eine rechtliche Verfestigung der Kooperation nicht erforderlich, z. B. in einer ausdrücklichen Zielvereinbarung zwischen den Unternehmen oder in gemeinsamen rechtlichen Beziehungen der Unternehmen zu einem Dritten, in sonstigen Kooperationsvereinbarungen (z. B. **Hauptunternehmer-Subunternehmer**[12]), im Rahmen einer **„ARGE"**[13] oder in gemeinsamen Leitungs- und Organisationsstrukturen (etwa die Unterstellung der Beschäftigten der kooperierenden Unternehmen unter eine einheitliche Leitung, mag diese auch nur punktuell und ad hoc bestehen).[14] Es genügt nach der Rechtsprechung ein **„bewusstes und gewolltes Zusammenwirken"** der am Arbeitsunfall Beteiligten der verschiedenen Unternehmen im Arbeitsablauf, sodass die Gefahr entsteht, dass sich die Beteiligten wie die Angehörigen desselben Betriebs/Unternehmens ablaufbedingt „in die Quere kommen". Dafür ist nicht einmal zwischen den unmittelbar Beteiligten eine besondere Absprache erforderlich, es reicht, dass sich das gewollte Zusammenwirken zwischen den tätigen Personen nur stillschweigend ergibt.[15] Es muss sich um ein **Zusammen-**

7 Die vorübergehende Mithilfe des Arbeitnehmers eines Arbeitgebers im Betrieb des anderen führt zum Haftungsausschluss gemäß § 105 SGB VII, siehe § 23 RN 1; BAG 19.2.2009 – 8 AZR 188/08 – Rn. 29, AP § 105 SGB VII Nr. 4. Überblick über die Entwicklung der Rechtsprechung bei *Kampen*, NJW 2012, 2034 ff.

8 § 22 RN 47 ff.

9 Die vom BGH angeführte Gefahrengemeinschaft (BGH 3.7.2001 – VI ZR 284/00 –, NJW 2001, 3125, 3126 f.; BGH 25.6.2002 – VI ZR 279/01 –, NJW-RR 2002, 1386) eignet sich nicht zur Rechtfertigung und Auslegung des § 106 Abs. 3 SGB VII, zutr. *Tischendorf*, VersR 2003, 1361 ff.; siehe auch § 21 RN 1, 25.

10 BGH 23.1.2001 – VI ZR 70/00 – unter II 2 c, AP § 106 SGB VII Nr. 2; 14.9.2004 – VI 32/04 –, NZA 2005, 643 ff.; zum – teils abweichenden – literarischen Meinungsspektrum vgl. die Angaben in BGH 17.10.2000 – VI ZR 67/00 –, AP § 106 SGB VII Nr. 1; *D. Otto*, VersR 2002, 547, 548; *Leube*, VersR 2005, 622 ff.

11 BGH 17.10.2000 – VI ZR 67/00 –, AP § 106 SGB VII Nr. 1; *Schaub/Koch*, Arbeitsrechts-Handbuch, 20. Aufl., § 61 Rn. 61.

12 Vgl. den Sachverhalt in BGH 14.6.2005 – VI ZR 25/04 –, NZV 2005, 515; OLG Brandenburg – 13 U 253/99 –, r + s 2000, 373 ff.

13 Dazu noch RN 7.

14 Vgl. *D. Otto*, VersR 2002, 547, 548.

15 Grundlegend BGH 17.10.2000 – VI ZR 67/00 – unter II 1, AP § 106 SGB VII Nr. 1; dem folgend BAG 12.12.2002 – 8 AZR 94/02 –, AP § 105 SGB VII Nr. 2 m. Anm. *Waltermann* m.w.N; *Knickrehm/v. Koppenfels-Spies*, Sozialrecht, 8. Aufl., § 106 SGB VII Rn. 11; *Staudinger/Oetker*, BGB (2022), § 618 Rn. 370.

wirken im Arbeitsablauf handeln; die Nutzung des fertigen Arbeitsergebnisses eines Unternehmens durch den Beschäftigten eines anderen Unternehmens (z. B. des von Gerüstbaufirma errichteten Baugerüsts durch Beschäftigte des Dachdeckers) genügt nicht.[16] Das im Zusammenwirken verfolgte Ziel kann sich von den jeweiligen Betriebszwecken der kooperierenden Betriebe als eigenständiges abheben, dies muss aber nicht der Fall sein. Die Kooperation kann sich auch darauf beziehen, dass das eine Unternehmen das andere bei Verfolgung seines Zwecks unterstützt und dabei wiederum seinen betrieblichen Zweck verfolgt. Es kann sogar jedes Unternehmen seinen Zweck verfolgen, ohne dass diese aufeinander bezogen sein müssten: Die Kooperation kann sich bei einem bloßen „Nebeneinander" der jeweiligen Arbeit auf die **Koordinierung der nicht aufeinander bezogenen Arbeiten** zur Vermeidung von Gefahren beschränken, wenn die räumliche Nähe der Arbeiten die Gefahr mit sich bringt, dass die Beteiligten sich in die Quere kommen.[17]

Dabei setzt § 106 Abs. 3 SGB VII voraus, dass Schädiger und Geschädigter jeweils für 5
ihr Unternehmen tätig werden. Sind beide ausschließlich für ein Unternehmen tätig (insbes. der eine als Beschäftigter, der andere als „Wie-Beschäftigter" gemäß § 2 Abs. 2 SGB VII[18]), entscheidet sich die Frage des Haftungsausschlusses nach § 105 SGB VII. Hält man es entgegen der neueren Rechtsprechung[19] für möglich, dass ein Arbeitnehmer sowohl für das eigene als auch für das kooperierende Unternehmen tätig sein kann,[20] findet der Haftungsausschluss primär nach § 105 SGB VII statt. Die Anwendung des § 106 Abs. 3 SGB VII ist daneben möglich.[21] Bei alldem kann das Zusammenwirken der Beschäftigten vollständig auf dem Betriebsgelände eines der Unternehmen stattfinden.[22]

Damit wird der praktisch häufige Fall des **Zusammenwirkens von Beschäftigten** 6
im Rahmen von Leistungsbeziehungen zwischen den Unternehmen (z. B. Zusammenwirken bei Abladearbeiten zur Durchführung eines zwischen den Unternehmen bestehenden Liefervertrages) grundsätzlich von § 106 Abs. 3 SGB VII erfasst.[23] Mit dieser weiten Interpretation wird die „gemeinsame Betriebsstätte" der bloßen „Zusammenarbeit" in § 106 Abs. 3, 1. u. 2. Var. SGB VII angenähert, wenn nicht gleichgesetzt.[24] Allerdings soll dies erst mit Beginn des eigentlichen gemeinsamen Arbeitsablaufs zu bejahen sein; vorbereitende Handlungen, die der gemeinsamen Arbeit vorangehen, fallen

---

16 BGH 16.12.2003 – VI 103/03 –, NZA 2004, 983 f.; ähnlich die Konstellation in BGH 8.6.2010 – VI ZR 147/09 –, NJW 2011, 449 ff. Zur Anwendung des § 106 Abs. 3 SGB VII auf den Wettkampf im Berufssport *Leube*, VersR 2008, 880 ff.

17 BGH 8.4.2003 – VI ZR 251/02 –, NJW-RR 2003, 1104, 1105; 13.3.2007 – VI 178/05 –, NJW-RR 2007, 1027, 1028; 22.1.2008 – VI 17/07 – Rn. 16, NJW 2008, 2116, 2117; 1.2.2011 – VI 227/09 – Rn. 10, NJW 2011, 3296, 3297.

18 Siehe § 22 RN 12 ff.

19 Siehe § 22 RN 11.

20 Vgl. § 22 RN 11.

21 Vgl. *D. Otto*, NZV 2002, 10, 11.

22 BAG 12.12.2002 – 8 AZR 94/02 – unter II 3 d, AP § 105 SGB VII Nr. 2.

23 BGH 24.6.2003 – VI ZR 434/01 –, NJW 2003, 2984; 10.5.2011 – VI ZR 152/10 – Rn. 14, NJW 2011, 3298; anders für das Verhältnis mehrerer Lieferanten, die nacheinander abladen

24 Zust. ebenfalls *Rolfs*, DB 2001, 547, 550; *Waltermann*, NJW 2002, 1225, 1229.

nicht unter § 106 Abs. 3 SGB VII.[25] Nicht unter § 106 Abs. 3 SGB VII fällt mangels echten Zusammenwirkens die **Kontrolle** der vom Arbeitnehmer des „liefernden“ Unternehmens erbrachten Leistung durch einen Arbeitnehmer des „belieferten“ Unternehmens; wird der kontrollierende Arbeitnehmer verletzt, sind etwaige Haftungsansprüche gegen den schädigenden Arbeitnehmer nicht ausgeschlossen.[26]

7 Besteht **zwischen den Unternehmen** eine **rechtlich verfestigte Kooperation** (z. B. ARGE, Subunternehmervertrag), ist eine bewusste und gewollte konkrete Zusammenarbeit gerade zwischen Schädiger und Geschädigtem nicht zu fordern. Es muss genügen, dass beide im Rahmen der durch die Kooperation der Unternehmen definierten Betriebsstätte zur Verfolgung des gemeinsamen betrieblichen Zwecks tätig waren und die hierdurch begründete Gefahr des „Sich-in-die-Quere-Kommens“ bestand, mögen Schädiger und Geschädigter auch nicht unmittelbar „Hand-in-Hand“ gearbeitet haben.[27] Das gilt insbesondere für die Zusammenarbeit in einer **ARGE.**[28] Zu diesem Ergebnis müsste eigentlich (a maiore) auch die Rechtsprechung gelangen, da sie ihre Auslegung des Begriffs „gemeinsame Betriebsstätte“ als Erweiterung zum Postulat einer rechtlich verfestigten Kooperation zwischen den Unternehmen betrachtet. Die starke Betonung der **konkreten Gefahrensituation** für die Interpretation des § 106 Abs. 3, 3. Var. SGB VII deutet allerdings in die gegenteilige Richtung.[29] Erschöpft sich die rechtliche Verbindung darin, dass das eine Unternehmen die Arbeitnehmer des anderen zur Arbeit transportiert, fehlt mangels Tätigkeit des beförderten Arbeitnehmers das für eine „Zusammenarbeit“ typische Risiko gegenseitiger Schädigung.[30]

8 Bei der echten **Leiharbeit** wurde die Tätigkeit des entliehenen Arbeitnehmers bislang sowohl dem Verleiher, seinem Arbeitgeber, als auch dem Entleiher zugerechnet,[31] wenn der Entleiher weisungsbefugt ist.[32] Das sollte auch gelten bei einem nur vorübergehend überlassenen Arbeitnehmer, der sonst im Stammunternehmen be-

---

25 BGH 1. 2. 2011 – VI ZR 227/09 – Rn. 8 ff., NJW 2011, 3296; nicht überzeugend die Abgrenzung in BGH 10. 5. 2011 – VI ZR 152/10 – Rn. 16, NJW 2011, 3298; siehe ferner BGH 22. 1. 2013 – VI ZR 175/11 – Rn. 11 ff., NZS 2013, 431.

26 BAG 28.10.2004 – 8 AZR 443/03 – unter II 2, EzA § 106 SGB VII Nr. 2.

27 Noch weiter *Imbusch*, VersR 2001, 547, 551; wie hier i.E. *M. Lepa*, Haftungsbeschränkungen bei Personenschäden, S. 157 f.

28 Zum Begriff § 22 RN 11; siehe ferner BGH 5.7.1988 – VI ZR 299/87 –, NJW-RR 1988, 1238; *Müller*, NZV 2001, 366, 367. Bei starker organisatorischer Verselbstständigung wird die ARGE als eigener „Betrieb“ anzusehen sein, so dass sich der Haftungsausschluss bereits aus §§ 104, 105 SGB VII ergeben kann, BGH a.a.O. unter II 2; *Imbusch*, VersR 2001, 547, 551 m.w.N.; *Krasney*, NZS 2004, 7, 8 m.w.N. Bei geringerer Verselbstständigung ist § 106 Abs. 3 SGB VII anzuwenden; so wird man BGH 17.10.2000 – VI ZR 67/00 – Leits., AP § 106 SGB VII Nr. 1, verstehen dürfen.

29 Vgl. *D. Otto*, NZV 2002, 10, 11.

30 § 106 Abs. 3 SGB VII, abl. daher BGH 30.4.2013 – VI ZR 155/12 – Rn. 17, NJW 2013, 2033.

31 Zuständiger Unfallversicherer ist dagegen gemäß § 133 Abs. 2 SGB VII derjenige des überlassenden Unternehmens; *Mayer-Maly*, ZfA 1972, 1, 25, will nach diesem Gesichtspunkt (Finanzierung der Unfallversicherungsbeiträge durch den Entleiher) über den Haftungsausschluss diesem (und seinen Arbeitnehmern) gegenüber entscheiden.

32 BAG 15. 2. 1974 – 2 AZR 57/73 –, AP § 637 RVO Nr. 7; krit. *Mayer-Maly*, ZfA 1972, 1, 25.

schäftigt ist.[33] Die Abkehr des BGH von der Möglichkeit der Doppelversicherung[34] lässt diese doppelte Zurechnung des Leiharbeitnehmers und damit die wechselseitige Anwendung des § 105 SGB VII zwischen Leiharbeitnehmer und Stammarbeitnehmern des Entleiherunternehmens eigentlich nicht mehr zu.[35] Gleichwohl hat der BGH diesen Weg in Durchbrechung der Regel eingeschlagen. Richtigerweise wird die wechselseitige Enthaftung des Leiharbeitnehmers und der Stammarbeitnehmer über § 106 Abs. 3, 3. Var. SGB VII erreicht.[36] Die Enthaftung gilt allerdings nur dann gegenüber allen Stammarbeitnehmern des Entleiherunternehmens,[37] wenn man der hier bevorzugten Ansicht folgt, dass im Falle einer rechtlich verfestigten Zusammenarbeit zwischen den Unternehmen die „gemeinsame Betriebsstätte" im Sinne des § 106 Abs. 3, 3. Var. SGB VII über die konkrete Zusammenarbeit im Arbeitsablauf hinaus die gesamte rechtliche Struktur der Kooperation darstellt.[38] Das für die Kooperation maßgebliche rechtliche Faktum ist im Falle der Leiharbeit die **Unterstellung des Leiharbeitnehmers unter die Weisungsbefugnis des Entleihers.** Die gemeinsame Unterstellung unter die Weisungsbefugnis schafft die Struktur, die als „gemeinsame Betriebsstätte" anzusprechen ist und innerhalb derer sich Leih- und Stammarbeitnehmer wie Arbeitskollegen begegnen, was den wechselseitigen Ausschluss der Haftung rechtfertigt.[39] Einen sehr viel engeren Anwendungsbereich hat der Haftungsausschluss dagegen, bezieht man in § 106 Abs. 3, 3. Var. SGB VII nur die Arbeitnehmer ein, mit denen der Leiharbeitnehmer in einem konkreten Arbeitsablauf steht.[40] Ähnlich verhält es sich mit der Enthaftung des Entleiherunternehmers: Folgt man der hier vertretenen Position, wird der Entleiherunternehmer gemäß § 106 Abs. 3, 3. Var. SGB VII unabhängig von einer konkreten Zusammenarbeit mit dem Leiharbeitnehmer enthaftet; die Rechtsprechung des BGH kann dasselbe Ergebnis nur über § 104 SGB VII erzielen.[41]

Das Merkmal **„vorübergehend"** in § 106 Abs. 3 SGB VII muss der extensiven Interpretation der Norm entsprechen: Erfasst § 106 Abs. 3 SGB VII bereits die schlichte Zusammenarbeit und kommt es für die „gemeinsame Betriebsstätte" auf die Auspră- 9

33 *Krasney*, NZS 2007, 7, 9.

34 § 22 RN 14.

35 Gleichwohl für Anwendung des § 105 SGB VII BeckOGK/*Ricke*, SGB VII (Stand: 08/2023), § 105 Rn. 5f.; *Knickrehm/v. Koppenfels-Spies*, Sozialrecht, 8. Aufl., § 105 SGB VII Rn. 3; *Lemcke*, r+s 2009, 389, 392; LAG Berlin-Brandenburg 30.7.2013 – 7 Sa 688/13 –, DB 2013, 2686;.

36 § 22 RN 11.

37 Wie bisher bei Anwendung des § 105 Abs. 1 SGB VII, wenn man als Betrieb i. S. d. § 105 SGB VII das Unternehmen versteht, vgl. § 22 RN 48 ff.

38 § 22 RN 11.

39 I.E. ebenso *M. Lepa*, Haftungsbeschränkungen bei Personenschäden, S. 154 ff.

40 So wohl die Rechtsprechung des BGH, RN 4, 7.

41 Für Anwendung des § 104 SGB VII weiterhin *Lemcke*, r+s 2009, 389, 392; LAG Hamm 30.7.2001 – 19 Sa 259/01 –, juris.

gung betriebsähnlicher Strukturen nicht an,[42] so muss § 106 Abs. 3 SGB VII auch Formen der Zusammenarbeit erfassen, die von Dauer sind (z. B. das Zusammenwirken in der Abwicklung auf Dauer angelegter Lieferbeziehungen). Der „Erst-recht-Schluss" ist unabweisbar.[43]

10 Der BGH erhebt unausgesprochen die **Wechselseitigkeit des Haftungsausschlusses** zu einer Voraussetzung des § 106 Abs. 3 SGB VII, d. h. der Haftungsausschluss greift nur gegenüber einem Geschädigten, der seinerseits enthaftet würde, hätte er den jetzigen Schädiger oder eine vergleichbare Person verletzt.[44] Diese Voraussetzung ist für die hier interessierende Personengruppe der Arbeitnehmer und arbeitnehmerähnlichen Personen zu bejahen, ebenso für versicherte Unternehmer (praktisch insbes. bei Kleinstbetrieben, in denen Unternehmer selbst auf der Betriebsstätte mitarbeiten und verletzt werden können).[45] Sie liegt nach der Rechtsprechung von BSG und BGH dagegen nicht beim **nichtversicherten Unternehmer** als Geschädigtem vor, der nicht Arbeitgeber des schädigenden Arbeitnehmers ist, da dieser nach Ansicht des BSG[46] in den Fällen des § 106 Abs. 3 SGB VII keinen Versicherungsschutz genießt (auch nicht gemäß § 105 Abs. 2 S. 2–4 SGB VII).[47] Da der Unternehmer keinen Beitrag zur Unfallversicherung leistet, dürfte es in der Tat richtig sein, den Haftungsausschluss auf das Nötigste zu begrenzen;[48] dies gilt aber nur für den Unternehmer, der keine versicherungspflichtigen Beschäftigten auf der gemeinsamen Betriebsstätte hat.[49] Die vom BGH geforderte Wechselseitigkeit liegt ferner nicht vor, wenn ein Arbeitnehmer eines privaten Unternehmens von einer in einem **öffentlich-rechtlichen Dienstverhältnis stehenden Person** (Beamter, Richter, Soldat) verletzt wird. Im umgekehrten Fall – der Verletzung des Beamten durch den Arbeitnehmer – würde dessen Haftung bestehen bleiben.[50] Deshalb verneint der BGH einen Haftungsausschluss gemäß § 106 Abs. 3 SGB VII zu Gunsten des den Arbeitnehmer eines privaten Unternehmers verletzenden Beamten.[51]

11 Zu beachten ist, dass eine etwaige **Haftung des nicht selbst auf der Betriebsstätte tätigen Unternehmers** des Schädiger-Betriebes (Arbeitgeber des Schädigers) dem Geschädigten gegenüber aus §§ 280, 278 BGB bzw. § 823 BGB oder § 831 BGB nach der

---

42 Würde man diese entgegen der Rechtsprechung für erforderlich halten (vgl. 3. Aufl. Rn. 592), würde das Merkmal „vorübergehend" die Grenze zwischen dem nach § 105 SGB VII zu behandelnden auf Dauer angelegten gemeinsamen Betrieb und der vorübergehend betriebenen Betriebsstätte markieren.

43 Siehe bereits *Stern-Krieger/Arnau*, VersR 1997, 408, 411; ferner BeckOGK/*Ricke*, SGB VII (Stand: 08/2023), § 106 Rn. 23.

44 Etwa BGH 17.6.2008 – VI 257/06 – Rn. 11, NJW 2008, 2916; ErfK/*Rolfs*, 25. Aufl., § 106 SGB VII Rn. 5.

45 Für Unternehmer als Schädiger BGH 14.9.2004 – VI 32/04 –, NZA 2005, 643 m.w.N.; für Unternehmer als Geschädigten BGH 17.6.2008 – VI ZR 257/06 –, NJW 2008, 2916.

46 BSG 27.6.2007 – B 2 U 17/06 R – Rn. 24 ff., BSGE 98, 285.

47 BGH 17.6.2008 – VI 257/06 – Rn. 12 ff., NJW 2008, 2916.

48 *Waltermann*, NJW 2008, 2895 ff.

49 Diese Einschränkung wird von der Rechtsprechung allerdings nicht gemacht, obgleich die Beitragspflicht ein tragendes Argument ist, BSG 27.6.2007 – B 2 U 17/06 R – Rn. 24 ff., BSGE 98, 285.

50 § 22 RN 22.

51 BGH 27.6.2002 – III ZR 234/01 –, NJW 2002, 3096.

Rechtsprechung des **BGH** nicht gemäß § 104 SGB VII ausgeschlossen ist.[52] Dies könnte zu einem **Regress** des Unternehmers des Schädiger-Betriebes **beim schädigenden Arbeitnehmer** führen nach Maßgabe der im Innenverhältnis geltenden arbeitsrechtlichen Haftungsgrundsätze.[53] Dieses Problem wird vom BGH partiell durch Anwendung der Regeln über den **gestörten Gesamtschuldnerausgleich** entschärft, also durch Beschränkung der Haftung des nicht privilegierten Unternehmers gegenüber dem Geschädigten um den vom enthafteten Arbeitnehmer im Innenverhältnis zum mitverantwortlichen Unternehmer/Arbeitgeber hypothetisch zu tragenden Haftungsanteil, um nicht die Enthaftung des Arbeitnehmers durch den Regress des Arbeitgebers gemäß § 426 BGB oder entspr. § 670 BGB[54] zu gefährden.[55] Die Haftung des Unternehmers des Schädiger-Betriebes/Arbeitgebers des schädigenden Arbeitnehmers dem Geschädigten gegenüber entfällt, wenn sie ausschließlich darauf beruht, dass der Unternehmer als Arbeitgeber des schädigenden Arbeitnehmers für dessen Verhalten (gemäß § 831 BGB oder §§ 280, 278 BGB[56]) verantwortlich gemacht wird. Dann hätte im Innenverhältnis zwischen „schuldlosem" Arbeitgeber und „schuldigem" Arbeitnehmer Letzterer allein den Schaden zu tragen (§ 840 Abs. 2 BGB[57]).[58] Da aber die Haftung des Arbeitnehmers gerade ausgeschlossen sein soll, muss zur Wahrung dieser Enthaftung auch der Arbeitgeber enthaftet werden.[59] Die Haftung des Arbeitgebers dem Geschädigten gegenüber bleibt dagegen nach Ansicht des BGH bestehen, soweit sie auf einer eigenen Verantwortlichkeit zur Schadensverhütung, also etwa der Verletzung einer dem Unternehmer auferlegten Verkehrssicherungspflicht beruht,[60] und zwar in Höhe des Anteils, der dem Arbeitgeber in Abwägung (entspr. § 254 BGB) mit der hypothetischen/

---

52 BGH 3.7.2001 – VI ZR 284/00 – unter III 2, AP § 106 SGB VII Nr. 4; 29.10.2002 – VI ZR 283/01 –, NJW-RR 2003, 239. Dagegen wird der selbst auf der Betriebsstätte tätige Unternehmer gemäß § 106 Abs. 3 SGB VII enthaftet, BGH 3.7.2001 – VI ZR 198/00 – unter II 2, AP § 106 SGB VII Nr. 3.

53 Der Regress wird nicht durch § 105 SGB VII ausgeschlossen.

54 § 16 RN 24, 25.

55 Zur Bindung des über die Haftung entscheidenden Gerichts an die unanfechtbare Feststellung des Versicherungsfalls gem. § 108 SGB VII s. § 22 RN 57.

56 Der BGH (14.6.2005 – VI ZR 25/04 –, NZV 2005, 515 ff.) hat dies bislang nur für die Verantwortlichkeit nach § 831 BGB entschieden, doch greifen seine Argumente „erst recht" für § 278 BGB, da die Haftung in § 831 BGB immerhin auf einem eigenen, wenn auch an Fremdverhalten anknüpfenden Fehlverhalten des Arbeitgebers beruht, während der Arbeitgeber gemäß §§ 280, 278 BGB ausschließlich für Fremdverhalten haftet.

57 Für § 278 BGB folgt dies aus der Verteilung der Haftungsverantwortung entspr. § 254 BGB im Rahmen des Ausgleichs nach § 426 Abs. 1 BGB, vgl. *Staudinger/Looschelders*, BGB (2022), § 426 Rn. 66; zur Gesamtschuld in Fällen des § 278 BGB BGH 24.4.1952 – III ZR 78 und 79/51 –, NJW 1952, 1087.

58 BGH 11.11.2003 – VI ZR 13/03 –, NJW 2004, 951 ff.; 10.5.2005 – VI ZR 366/03 –, NJW 2005, 2309; 14.6.2005 – VI ZR 25/04 –, NZV 2005, 515 ff. Die arbeitsrechtliche Enthaftung wird bei der Betrachtung der hypothetischen Innenhaftung nach st. Rspr. des BGH nicht berücksichtigt, BGH a.a.O.; a.A. *Lepa*, Haftungsbeschränkungen bei Personenschäden, S. 147 ff.; siehe auch BGH 24.6.2003 – VI ZR 434/01 –, NJW 2003, 2984.

59 BGH 14.6.2005 – VI ZR 25/04 –, NZV 2005, 515 ff.

60 BGH 14.6.2005 – VI ZR 25/04 –, NZV 2005, 515 ff.; zum Umfang näher *D. Otto*, NZV 2002, 10, 15 f.

durch § 106 Abs. 3 SGB VII ausgeschlossenen Haftung des Arbeitnehmers zuzurechnen ist.[61]

12 Hier bleibt konstruktiv ein (Teil-)Regress gegen den schädigenden Arbeitnehmer möglich, es sei denn, man würde auch Regressansprüche des Arbeitgebers gegen den Arbeitnehmer als durch §§ 105, 106 SGB VII ausgeschlossen ansehen.[62] Deshalb, aber schon aus genuin unfallversicherungsrechtlichen Gründen ist ein **vollständiger Ausschluss der Haftung des Arbeitgebers des Schädigers unabhängig von dessen eigener Tätigkeit auf der gemeinsamen Betriebsstätte** angebracht, d.h. die ausschließliche Anwendung des unfallversicherungsrechtlichen Schadensausgleichs auf die von § 106 Abs. 3, 3. Var. SGB VII erfassten Personenschäden für die in der Zusammenarbeit tätigen Arbeitnehmer und deren Arbeitgeber/Unternehmer.[63] Der Unternehmer des Schädiger-Betriebes finanziert zwar nicht den Versicherungsschutz für den Personenschaden des Geschädigten. Aber er finanziert den Haftpflichtschutz, den der Geschädigte seinerseits dadurch erhält, dass etwaige Haftungsansprüche gegen ihn als potentiellen Schädiger der auf der gemeinsamen Betriebsstätte tätigen Arbeitnehmer dieses Unternehmers ebenfalls ausgeschlossen sind.[64] Der Unternehmer des Schädiger-Betriebs erbringt damit seinen Anteil an der Finanzierung des Schadensausgleichs durch Versicherung auf der „gemeinsamen Betriebsstätte" gemäß § 106 Abs. 3 SGB VII, die der maßgebliche Bezugspunkt für das Finanzierungsargument sein muss. Mit dem so begründeten Haftungsausschluss zu Gunsten des Unternehmers wäre das den schädigenden Arbeitnehmer bedrohende Regressrisiko befriedigend geregelt. In diesem Sinne sollte der Begriff des „für die beteiligten Unternehmen Tätigen" in § 106 Abs. 3, 3. Var. SGB VII mit Blick auf den Unternehmer/Arbeitgeber nicht ontologisch, sondern teleologisch ausgelegt werden. Was der BGH für die „gemeinsame Betriebsstätte" für recht hält, sollte hier billig sein. **„Tätig" ist der Unternehmer auf der Betriebsstätte kraft der Kooperation der Unternehmen**, er muss nicht in Person bzw. in Person seiner Organwalter auf der gemeinsamen Betriebsstätte anwesend sein.

2. Besonderheiten in der Seefahrt (§ 107 SGB VII)

13 § 107 Abs. 1 S. 1 SGB VII betrifft den Fall, dass nicht der Reeder (= Schiffseigentümer, § 13 Abs. 1 S. 1 SGB IV), sondern **ein Dritter Arbeitgeber** der Schiffsbesatzung (etwa der Charterer des Schiffs) oder anderer Arbeitnehmer (vgl. § 13 Abs. 1 S. 2 SGB IV, z.B. Personal der Kantine, die von besonderem Arbeitgeber betrieben wird[65]) ist. Nach § 136 Abs. 3 Nr. 4 SGB VII bleibt in diesem Fall der Reeder versicherungsrechtlich der Unternehmer; deshalb bedarf es für den eigentlichen Arbeitgeber einer besonderen Aus-

61 *Lemcke*, r + s 2006, 52, 56.

62 Erwägend *D. Otto*, NZV 2002, 10, 16.

63 Ebenso *Imbusch*, VersR 2001, 547, 552 f. m.w.N.; *D. Otto*, NZV 2002, 10, 14.

64 Dieser Schutz wird vom BGH (27.6.2002 – III ZR 234/01 –, NJW 2002, 3096, 3097) als tragendes Argument für den Haftungsausschluss gemäß § 106 Abs. 3 SGB VII herangezogen, also muss seine Finanzierung für die Reichweite der Enthaftung des Unternehmers erheblich sein.

65 Dazu BSG 23.6.1977 – 8 RU 36/77 –, BSGE 44, 114, 116 ff.

schlussregelung.[66] Der Grund für diese Ausdehnung des Haftungsausschlusses wird in der besonderen Gefahrengemeinschaft infolge der Verhältnisse der Seeschifffahrt gesehen,[67] ist aber darin begründet, dass der Arbeitgeber neben dem Reeder für die Unfallversicherungsbeiträge haftet (vgl. § 150 Abs. 2 Nr. 2 SGB VII, dessen Wortlaut allerdings nicht recht zu § 136 Abs. 3 Nr. 4 SGB VII passen will[68]).

§ 107 Abs. 1 S. 2 SGB VII enthaftet den **Lotsen**, der nicht zum Betrieb des Seefahrzeugs gehört, „entsprechend § 105 SGB VII“. Der Lotse wird also, anders als der Reeder, nur bei „betrieblicher Tätigkeit“ enthaftet; dabei ist es unschädlich („entsprechend“), dass der Lotse zugleich für seinen eigenen Betrieb (vgl. § 21 Abs. 1 SeelotsG) tätig wird. **§ 107 Abs. 2 SGB VII** verfolgt das verfassungsrechtlich bedenkliche Ziel, den Unternehmer gegenüber außerbetrieblichen Unfallbeteiligten bei einem **Zusammenstoß mehrerer Seeschiffe** zu enthaften, letztlich, „die Schiffer und Reeder zu entlasten“,[69] ohne dass sie für den Versicherungsschutz bezahlt hätten. 14

3. Feuerwehren und Zivilschutz (§ 106 Abs. 3, 1. u. 2. Var. SGB VII)

Für Unternehmen zur Hilfe bei Unglücksfällen und Unternehmen des Zivilschutzes gilt zunächst § 105 SGB VII genauso wie für jedes „normale“ Unternehmen, d. h. die Haftung der Beschäftigten (§ 2 Abs. 1 Nr. 1 SGB VII), der vorübergehend Tätigen (§ 2 Abs. 2 S. 1 SGB VII) und der ehrenamtlich Tätigen (§ 2 Abs. 1 Nr. 12 SGB VII) ist gegenüber den Versicherten desselben Unternehmens beschränkt. Unglücksfälle und Katastrophen bringen es oft mit sich, dass mehrere solcher Unternehmen vorübergehend[70] zusammenarbeiten müssen. Weil das fast immer in besonderer Eile und oft unter Gefahren geschieht, lässt das Gesetz den Haftungsausschluss hier weiter greifen als unter „normalen“ Umständen: § 106 Abs. 3, 1. und 2. Var. SGB VII schließen die Haftung auch zwischen den für unterschiedliche Unternehmen Tätigen aus. Dieser **unternehmensübergreifende Haftungsausschluss** greift aber nur, wenn die Zusammenarbeit der Bewältigung eines Unglückfalls bzw. einer Gefahr für die Allgemeinheit gilt.[71] Außerdem sind nach der Rechtsprechung die Grundsätze zur gemeinsamen Betriebsstätte zu beachten: Die Haftungsprivilegien greifen nicht ein, wenn nur ein beziehungsloses Nebeneinander 15

66 *v. Koppenfels-Spies/Wenner/Waltermann*, SGB VII, 3. Aufl., § 107 Rn. 2; dort auch zur sachlichen Begründung.

67 BeckOK/*Stelljes*, Sozialrecht (Stand: 03/2024), § 107 SGB VII Rn. 1.

68 Die Gesetzesbegründung zu § 150 Abs. 2 Nr. 2 SGB VII nimmt ausdrücklich Bezug auf den früheren § 886 Abs. 2 RVO (BR-Drucks. 263/95, S. 311). Diese Vorschrift ordnete – von der Beitragsschuldnerschaft des Reeders als Unternehmers des Schiffsbetriebes ausgehend – die zusätzliche Haftung desjenigen an, der statt des Reeders den Anspruch auf das Arbeitsentgelt schuldet.

69 So die Begründung zum Entwurf des Seeunfallversicherungsgesetzes 1887, wiedergegeben bei *Lauterbach/Göttsch*, Unfallversicherung, 4. Aufl. (Stand: 01/2014), § 107 SGB VII Rn. 7.

70 Bei „institutionalisierter“ Kooperation zwischen mehreren Unternehmen gelten die allgemeinen Regeln, siehe § 22 RN 10.

71 Überzeugend *Rolfs*, Haftung unter Arbeitskollegen, S. 150 ff.; offengelassen: BGH 16.12.1975 – VI ZR 182/74 – unter II 2, LM zu § 637 RVO Nr. 4 = NJW 1976, 1151.

der Tätigkeiten der verschiedenen Unternehmensangehörigen abläuft.[72] Andernfalls läge keine besondere Gefahrengemeinschaft vor, die eine entsprechende Anwendung der §§ 104, 105 SGB VII rechtfertige.[73] So beurteilt sich die Zusammenarbeit bei einer Altkleidersammlung zum Beispiel nach den allgemeinen Grundsätzen,[74] von denen abzuweichen kein rechtfertigender Grund zu erkennen ist.[75]

16 Zu den **für die Rettungsunternehmen „Tätigen"** gehören in jedem Fall die Beschäftigten (§ 2 Abs. 1 Nr. 1 SGB VII), die „wie Beschäftigte Tätigen" gemäß § 2 Abs. 2 S. 1 SGB VII und die unentgeltlich und ehrenamtlich für das Unternehmen Tätigen (§ 2 Abs. 1 Nr. 12 SGB VII). Bei Nothelfern gemäß § 2 Abs. 1 Nr. 13 Buchst. a SGB VII kann man zweifeln, denn sie werden nicht im Interesse des Unternehmens aktiv, andernfalls sie i. d. R. gemäß § 2 Abs. 2 S. 1 SGB VII versichert wären.[76] Doch sprechen gesetzgeberischer Wille und Normzweck für ihre Einbeziehung in Analogie zu § 106 Abs. 3, 1. und 2. Var. SGB VII: Die Vorgängerreglung in § 637 Abs. 2, 3 RVO erfasste nach allgemeiner Auffassung auch den freiwilligen Helfer; daran wollte der Gesetzgeber ersichtlich nichts ändern.[77] Die Zielsetzung des § 106 Abs. 3 SGB VII, „Retter und Helfer" von den besonderen Haftungsrisiken von Rettungs- und Gefahrenbekämpfungssituationen zu befreien, gilt auch für die **nicht für ein Unternehmen handelnden Nothelfer.** Das muss auch dann gelten, wenn nur ein Unternehmen zur Beseitigung der Gefahr tätig wird; sonst bliebe der Nothelfer als einziger Beteiligter in der Haftung. Denn alle für das Unternehmen Tätigen sind bereits gemäß § 105 SGB VII enthaftet. Anders ist zu entscheiden, wenn der Nothelfer gegen die ausdrückliche Anordnung des Rettungsunternehmers tätig wird.[78]

4. Schule und Ausbildung (§ 106 Abs. 1 SGB VII)

17 § 106 Abs. 1 SGB VII dehnt den Haftungsausschluss gemäß §§ 104, 105 SGB VII aus auf folgende Fälle der unechten, sozialfürsorglichen Unfallversicherung: die Teilnehmer an außerbetrieblicher Aus- und Fortbildung (§ 2 Abs. 1 Nr. 2 SGB VII), Teilnehmer an gesetzlich vorgeschriebenen Untersuchungen (§ 2 Abs. 1 Nr. 3 SGB VII) und Kinder während des Besuchs von Kindergärten, Schüler während des Schulbesuchs bzw. Studierende während der Ausbildung (§ 2 Abs. 1 Nr. 8 SGB VII). Aus der Perspektive der Arbeitnehmer wichtig ist der Ausschluss der Haftung dieser **Versicherten, wenn sie einen Betriebsangehörigen schädigen** (§ 106 Abs. 1 Nr. 2 SGB VII) und umgekehrt der Ausschluss

---

72 BGH 18.12.2007 – VI ZR 235/06 –, r + s 2008, 261.

73 BGH 18.12.2007 – VI ZR 235/06 –, r + s 2008, 261.

74 Siehe § 22 RN 10.

75 Anders aber OLG Koblenz als Vorinstanz zu BGH 16.12.1975 – VI ZR 182/74 – unter II 2, LM zu § 637 RVO Nr. 4 = NJW 1976, 1151, wiedergegeben unter I: Auch Tätigkeiten, die lediglich mittelbar der Hilfeleistung in Unglücksfällen dienen (z. B. Hilfe Altkleidersammlung, die dem Roten Kreuz finanzielle Mittel für Nothilfe verschafft) werden erfasst.

76 Siehe § 22 RN 12 ff.

77 Vgl. Begründung zum Gesetzentwurf der Bundesregierung BR-Drucks. 95/263, S. 285.

78 *Rolfs*, Haftung unter Arbeitskollegen, S. 154.

der Haftung der Betriebsangehörigen für die **Schädigung eines derart Versicherten** (§ 106 Abs. 1 Nr. 3 SGB VII), z. B. ein Schüler verletzt den Hausmeister oder umgekehrt. Dass auch die genannten Versicherten untereinander nicht haften (§ 106 Abs. 1 Nr. 1 SGB VII), sei der Vollständigkeit halber erwähnt. Die Enthaftung erklärt sich damit, dass die Versicherung von der Allgemeinheit finanziert wird, die Allgemeinheit aber letztlich auch für die Schadensersatzansprüche gegen die hier betroffenen „Unternehmer“[79] aufzukommen hätte, da es sich entweder um öffentlich-rechtliche Einrichtungen handelt oder private Einrichtungen, die öffentlich gefördert werden.

Nicht ganz zweifelsfrei ist der Begriff des **„Betriebsangehörigen“ in § 106 Abs. 1 Nr. 3 SGB VII.** Versteht man ihn in seiner bisherigen Deutung und fordert die Eingliederung des Betreffenden in den Betrieb im Sinne persönlicher Abhängigkeit und Weisungsgebundenheit, hätte dies zur Konsequenz, dass derjenige, der lediglich „wie ein Beschäftigter tätig wird“, z. B. als Elternteil dem Lehrer bei einem Schulausflug zur Hand geht, nicht erfasst wäre und im Beispiel einem Schüler, den er schädigt, haften würde. Doch gibt es keinen Grund dafür, die nach § 2 Abs. 1 S. 1 SGB VII Versicherten hier anders zu behandeln als in § 105 SGB VII. Wenn der Gesetzgeber dort bewusst auf die Betriebszugehörigkeit im engeren Sinne als Voraussetzung des Haftungsausschlusses verzichtet hat,[80] muss das auch hier gelten. „Betriebsangehörigkeit“ ist nicht im technischen Sinne aufzufassen, sondern als Gegenbegriff zu den Personen, die als „Nutzer“ des Kindergartens, der Schule bzw. der Hochschule versichert sind. 18

5. Unternehmensfremde Personen während ihres Aufenthaltes auf der Unternehmensstätte (§ 106 Abs. 4 SGB VII)

Personen, die sich auf einer Unternehmensstätte lediglich aufhalten, sind, so die Vor- 19
aussetzungen des § 3 Abs. 1 Nr. 2 SGB VII erfüllt sind, unfallversichert. Obgleich die Versicherung vom Unternehmen getragen wird, ist es nicht selbstverständlich, diese Personen als „Versicherte des Unternehmens“ (§ 105 Abs. 1 S. 1 SGB VII) bzw. als „zum Unternehmen in einer sonstigen die Versicherung begründenden Beziehung“ stehend (§ 104 Abs. 1 S. 1 SGB VII) zu betrachten, da sie nicht im Interesse des Unternehmens tätig sind. § 106 Abs. 4 SGB VII schafft insoweit Klarheit und erstreckt den Haftungsausschluss gemäß §§ 104, 105 SGB VII auf etwaige Schadensersatzansprüche dieser Personen gegen „Betriebsangehörige“; damit sind die in § 105 Abs. 1 S. 1 SGB VII angesprochenen Personen und der Unternehmer gemeint.

6. Bedeutung des § 106 Abs. 2 SGB VII für Beschäftigte im Pflegedienst

Etwaige Haftungsansprüche zwischen Pflegebedürftigen und Pflegepersonen im Sinne 20
der Pflegeversicherung (SGB XI) sowie Pflegepersonen eines Pflegebedürftigen unter-

79 Zu deren Ausschluss unmittelbar gemäß § 104 SGB VII *Waltermann*, NJW 2004, 901, 902.
80 Siehe § 23 RN 1.

einander werden gemäß § 106 Abs. 2 SGB VII[81] ebenfalls ausgeschlossen. Pflegepersonen im Sinne dieser Regelung sind allein die **nicht erwerbsmäßig** Pflegenden, wie aus § 19 SGB XI folgt. Die aus der Perspektive des Arbeitsrechts interessierenden Personen – auf Gewinnerzielung arbeitende selbstständige Pflegekräfte oder Beschäftigte eines Pflegeunternehmens – werden von der Regelung nicht erfasst.[82] Deren Haftung gegenüber Pflegebedürftigen wie auch gegenüber Pflegepersonen und umgekehrt bleibt unberührt und richtet sich im Übrigen nach den allgemeinen Vorschriften.

81 Zur verfassungsrechtlichen Problematik des § 106 Abs. 2 SGB VII *Waltermann*, NJW 2004, 901, 906.
82 Zum Begriff der Pflegeperson näher BeckOGK/*Weber*, SGB XI (Stand: 08/2022), § 19 Rn. 6 ff.; *Gitter*, Vierteljahresschrift für Sozialrecht 1996, 1, 2 ff. Näher zum Haftungsausschluss für Pflegepersonen, insbes. zur verfassungsrechtlichen Problematik des § 106 Abs. 2 Nr. 2 SGB VII *Mann*, ZFSH/SGB 2001, 259 ff.; *M. Lepa*, Haftungsbeschränkungen bei Personenschäden, S. 119 ff.

§ 25 Der Regress von Sozialversicherungsträgern und Arbeitgeber

Wird die zivilrechtliche Haftung des Arbeitnehmers durch den unfallversicherungsrechtlichen Schadensausgleich gemäß §§ 104 ff. SGB VII abgelöst, entscheidet der Regress des Unfallversicherungsträgers über die endgültige Haftungssituation des Arbeitnehmers.[1] Er beruht im Unfallversicherungsrecht auf § 110 SGB VII (unter I). Dagegen ist der Regress nach § 116 SGB X für den hier interessierenden Bereich weitgehend ausgeschlossen (unter II). Zu beachten bleiben Besonderheiten des Regresses bei Beteiligung von Beamten und anderen Nichtversicherten (unter III). 1

I. Der Regress im Falle des Haftungsausschlusses (§ 110 SGB VII)

1. Dogmatische Einordnung

Der Regress des Versicherungsträgers gegen den Schädiger (§ 110 SGB VII) stellt im unfallversicherungsrechtlichen Schadensausgleich einen Teil jener individuellen Schadensverantwortlichkeit wieder her, die durch die Ablösung der zivilrechtlichen Haftung (§ 104 ff. SGB VII) zunächst aufgehoben wird. Der **Gedanke des Schadensausgleichs** fordert die Regresshaftung des Arbeitnehmers.[2] § 110 SGB VII trägt dem stärker Rechnung als noch § 640 RVO,[3] weil der Inhalt des Regressanspruchs sich am abgelösten zivilrechtlichen Schadensersatzanspruch des Verletzten orientiert und das Verschulden nicht mehr auf den Versicherungsfall als solchen, sondern auf die ihn verursachende Handlung zu beziehen ist (§ 110 Abs. 1 S. 3 SGB VII). Auch der Gedanke der **Schadensprävention**[4] fordert ein Minimum an individueller Verantwortung. Ein Schadensaus- 2

1 Vgl. BGH 17.06.1997 – VI ZR 288/96 –, NJW 1997, 2883; *Krasney*, NZS 2004, 68, 74; BeckOGK/*Ricke*, SGB VII (Stand: 08/2023), § 110 Rn. 1, 3; *Knickrehm/v. Koppenfels-Spies*, Sozialrecht, 8. Aufl., § 110 SGB VII Rn. 5. Das Verhältnis mehrerer regressberechtigter Versicherungsträger bestimmt sich nach § 420 BGB, BeckOGK/*Ricke*, SGB VII (Stand: 08/2023), § 110 Rn. 7; *Vatter*, r+s-Beilage 2011, 122, 123; MünchArbR/*Reichold*, 6. Aufl., § 59 Rn. 26: § 117 SGB X analog.

2 BSG 11.12.1973 – 2 RU 30/71 –, BSGE 37, 20, 23; BGH 30.11.1971 – VI ZR 53/70 –, BGHZ 57, 314, 322 = NJW 1972, 442; 24.6.1969 – VI ZR 36/68 –, VersR 1969, 848 („Ersatz mittelbaren Schadens") m.w.N. zur Rspr.; *Weber*, VersR 1995, 875, 878; deutlich anders akzentuiert BGH 20.11.1979 – VI ZR 238/78 –, BGHZ 75, 328, 331 = NJW 1980, 996 (allerdings für Schülerunfall); *Knickrehm/v. Koppenfels-Spies*, Sozialrecht, 8. Aufl., § 110 SGB VII Rn. 2; zu Recht krit. zum Ausgleichsgedanken im Hinblick auf den Arbeitgeber *Marschall v. Bieberstein*, VersR 1968, 509, 514; SGb 1978, 177, 179; *Kohte*, Arbeitnehmerhaftung, S. 220. Die Formulierung, der Regress diene der „finanziellen Förderung" (*Neumann-Duesberg*, SAE 1968, 143, 145) des Unfallversicherungsträgers ist eine unzureichende, weil die Unfallversicherung nicht als eigenständiges Schadensausgleichssystem wahrnehmende Umschreibung des Ausgleichsgedankens; insoweit zu Recht krit. *Bokelmann*, Grobe Fahrlässigkeit, S. 131 f.; *Kohte*, Arbeitnehmerhaftung, 213 ff. m.w.N.

3 Aufgehoben zum 1.1.1997 d. G. zur Einordnung des Rechts der gesetzlichen Unfallversicherung in das SGB (UVEG) v. 7.8.1996, BGBl. I 1996, S. 1254.

4 Zu unterscheiden vom Strafzweck, vgl. *Lange*, Schadensersatz, 3. Aufl., Einl. III 2b und d; siehe auch RN 3. Zu undifferenziert insoweit *Marschall v. Bieberstein*, VersR 1968, 509, 513; gegen den Präventionszweck des § 110 SGB (vormals § 640 RVO) *Kohte*, Arbeitnehmerhaftung, S. 206 ff., der allerdings ebenfalls den

https://doi.org/10.1515/9783110728606-027

gleichssystem, das die Folgen individueller Schadenshandlungen vollständig sozialisiert, gibt keinen Anreiz zur Schadensvermeidung.[5] Die Versicherbarkeit des Regressanspruchs ist kein Einwand gegen den Präventionszweck des versicherten Anspruchs,[6] sondern allenfalls gegen die Versicherbarkeit.[7] Das vielfach vorgetragene Plädoyer für eine Beschränkung des Regresses auf vorsätzliche Schädigung,[8] hat beim Gesetzgeber kein Gehör gefunden. Sachlich überzeugend wäre diese Beschränkung auch nur für den Regress beim schädigenden Unternehmer, denn nur für ihn hat wegen seiner Finanzierungsverpflichtungung die Unfallversicherung die Funktion und Wirkung einer Haftpflichtversicherung und nur insoweit trägt die Wertungsanalogie zur Regressbeschränkung der Haftpflichtversicherung gemäß § 103 VVG.[9]

3 Für die **Haftung des Arbeitnehmers ist § 110 SGB VII eine Strukturnorm:** Sie grenzt für den Bereich der Personenschäden[10] und innerhalb des unfallversicherungsrechtlichen Schadensausgleichs die Schadensverantwortung des Arbeitnehmers von jener des Arbeitgebers, repräsentiert durch den Träger der Unfallversicherung, ab. Der Arbeitnehmer steht günstiger als im zivilrechtlichen Schadensausgleich, weil er einerseits nur für grobe Fahrlässigkeit und Vorsatz einzustehen hat, der Regress andererseits auf die Höhe des ausgeschlossenen zivilrechtlichen Haftungsanspruchs beschränkt ist.[11] Hinzu kommt die Möglichkeit des Regressverzichts (§ 110 Abs. 2 SGB VII). Daraus[12] und aus der zivilrechtlichen Natur[13] des Anspruchs folgt, dass der Regress

---

Präventions- mit dem Strafzweck verbindet. Zur haftungsbegründenden Funktion des Präventionszwecks *Larenz*, NJW 1959, 865.

5 Vgl. *Fuchs*, BG 1996, 248, 249, 252; *Marschall v. Bieberstein*, VersR 1968, 509, 513; NK-GA/*Karmanski*, 2. Aufl., § 110 SGB VII Rn. 1.

6 So aber *Gitter*, Schadensausgleich, S. 253.

7 Zu bedenken ist außerdem, dass immerhin der Aufwand der Versicherung betrieben werden muss und dass eine Häufung von Schadensfällen versicherungsrechtliche Konsequenzen (Prämienerhöhung, Kündigung) hat.

8 *Gitter*, Schadensausgleich, S. 252 ff.; zuvor schon *Marschall v. Bieberstein*, VersR 1968, 509, 515 f., allerdings wohl nur für den Regress beim Unternehmer; ebenso *Fuchs*, Zivilrecht und Sozialrecht, S. 202 f.; *ders.*, FS Gitter (1996), S. 253, 256 f.; weiterhin *Seitz*, Ersatzansprüche der Sozialversicherungsträger, 2. Aufl., S. 214; *Denck*, Außenhaftung, S. 109 m.w.N.; *Bokelmann*, Grobe Fahrlässigkeit, S. 138 ff.; *Kohte*, Arbeitnehmerhaftung, S. 214 ff. *Sieg*, NZA 1989, 369, 373, befürwortet gar die völlige Streichung der Regressnorm.

9 Vgl. § 21 RN 26.

10 § 21 RN 28 ff.

11 Hinzu kommt die faktische Begünstigung durch eine insgesamt zurückhaltende Regresspraxis, s. *Schwarze*, SR 2017, 129.

12 Hinzu kommen die von *Gitter*, Schadensausgleich, S. 254, überzeugend vorgetragenen Einwände; zudem *Sieg*, DB 1960, 1327; *Elleser*, BB 1965, 378; *Kohte*, Arbeitnehmerhaftung, S. 206 ff.

13 BGH 27.11.1956 – VI ZR 206/55 –, AP § 903 RVO Nr. 1; 28.9.1971 – VI ZR 216/69 –, BGHZ 57, 96, 100 f.; BeckOGK/*Ricke*, SGB VII (Stand: 08/2023), § 110 Rn. 4; *v. Koppenfels-Spies/Wenner/Waltermann*, SGB VII, 3. Aufl., § 110 Rn. 2; *Gregor*, DB 1965, 999 ff.; *Brox*, DB 1966, 489 f.; *Marschall v. Bieberstein*, JZ 1975, 118 ff.; *Rolfs*, S. 235 f.; anders noch *Feyock*, NJW 1964, 1706 ff. m.w.N.; *Neumann-Duesberg*, VersR 1969, 103, 107 ff. m. umf. Darstellung des Streitstandes; dazu auch *Mittelmeier*, VersR 1969, 876 ff.; aber auch *Konertz*, VersR 1980, 209, 214 f. Der Anspruch kann daher nicht durch Verwaltungsakt, sondern nur durch zivilgerichtliche

keinen (Sozial-)Strafcharakter hat und **keinen Erziehungszweck** verfolgt,[14] wie verbreitet angenommen wird.[15] Mochte sich dies zur Vorgängernorm des § 640 RVO noch sagen lassen,[16] erscheint dies mit der in § 110 Abs. 1 SGB VII angeordneten Beschränkung des Regressanspruchs auf den Umfang des ausgeschlossenen zivilrechtlichen Schadensersatzes nicht mehr plausibel.[17] Er ist auch mit der Versicherbarkeit des Anspruchs nicht vereinbar.

Die eingangs[18] betonte Eigenständigkeit des unfallversicherungsrechtlichen Schadensausgleichs findet in der rechtstechnischen Gestaltung des § 110 SGB VII einen weiteren Ausdruck: Anders als in § 116 SGB X werden nicht zivilrechtliche Schadensersatzansprüche des Schädigers gegen den Verletzten übergeleitet, denn es gibt sie nicht. Vielmehr erhält der Versicherungsträger einen **eigenen zivilrechtlichen Anspruch.** 4

Keine unmittelbare Bedeutung für die Haftung des Arbeitnehmers hat der **Regressanspruch gemäß § 110 Abs. 1a SGB VII**, der sich gegen den **Schwarzarbeit** i. S. d. SchwarzarbeitsG erbringenden Unternehmer richtet.[19] Mittelbar könnte sich aber ein Haftungsrisiko für den Arbeitnehmer ergeben: Wurde der Arbeitsunfall des Verletzten durch schuldhaftes Verhalten eines anderen Arbeitnehmers des Schädiger-Betriebes herbeigeführt und ist dessen Haftung gemäß § 105 SGB VII ausgeschlossen, stellt sich die Frage, ob der Arbeitgeber vom schädigenden Arbeitnehmer den Teil der Regressforderung aus § 110 Abs. 1a SGB VII ersetzt verlangen kann, der nach den arbeitsrechtlichen Haftungsregeln im Verhältnis zwischen Arbeitgeber und Arbeitnehmer von diesem zu tragen wäre. Die Frage ist zu verneinen. Die Haftungsverantwortung des Arbeitnehmers richtet sich ausschließlich nach § 110 Abs. 1 SGB VII, andernfalls würde der mit dem 5

Klage geltend gemacht werden. Die ordentlichen Gerichte sind auch dann zuständig, wenn der durch §§ 104 ff. SGB VII ausgeschlossene Schadensersatzanspruch vor den Arbeitsgerichten einzuklagen gewesen wäre, OLG Dresden 28.10.2011 – 5 W 0939/11 –, NZS 2012, 307.

14 *Schwarze* SR 2017, 129; NK-GA/*Karmanski*, 2. Aufl., § 110 SGB VII Rn. 1.

15 MünchArbR/*Reichold*, 6. Aufl., § 59 Rn. 26; HWK/*Giesen*, 11. Aufl., § 110 SGB VII Rn. 14; *Plagemann/Radke-Schwenzer*, 2. Aufl., Kap. 8 Rn. 39; betr. Erziehungszweck BGH 27.6.2006 – VI ZR 143/05 – Rn. 9, BGHZ 168, 161; 17.10.2017 – VI ZR 477/16 – Rn. 12, BGHZ 216, 184; *Knickrehm/v. Koppenfels-Spies*, Sozialrecht, 8. Aufl., § 110 SGB VII Rn. 2; nur hinsichtl. Unfallverhütung ErfK/*Rolfs*, 25. Aufl., § 110 SGB VII Rn. 1; krit. BeckOGK/*Ricke*, SGB VII (Stand: 08/2023), § 110 Rn. 2; zur Vorgängernorm § 640 RVO zurückhaltend BGH 24.6.1969 – VI ZR 36/68 –, VersR 1969, 848 („Erziehungszweck tritt zurück"); 30.11.1971 – VI ZR 53/70 –, BGHZ 57, 314, 322 = NJW 1972, 442; 20.11.1979 – VI ZR 238/78 –, BGHZ 75, 328, 331 = NJW 1980, 996.

16 Vgl. BT-Drucks. IV/938, 18 („strafwürdiges Verhalten"); *Linthe*, BArbBl. 1963, 343, 349 f.; *Denck*, Außenhaftung, S. 109; *Kohte*, Arbeitnehmerhaftung, S. 206; in der Vorgängernorm zu § 640 RVO, § 903 RVO, waren deutliche Anhaltspunkte für einen Erziehungszweck enthalten, vgl. *Schmalzl*, NJW 1963, 1706, 1708.

17 *Schwarze*, SR 2017, 129, 130 f. Dass für § 110 Abs. 1a SGB VII Anderes gelten könnte, ist angesichts dessen spezifischer Zielsetzung (folgend RN 4 f.) für die Grundregelung des § 110 SGB VII ohne Belang.

18 § 21 RN 1.

19 Näher zu Voraussetzungen und Umgehung des Regresses BeckOGK/*Ricke*, SGB VII (Stand: 08/2023), § 110 Rn. 21 ff.; *Leube*, SGb 2006, 404 ff.; *Riedel*, Der unfallversicherungsrechtliche Regress des § 110 SGB VII unter besonderer Betrachtung des neu eingeführten Absatzes 1a, 2008; *Giesen*, FS Leinemann (2006), S. 831 ff.

Haftungsausschluss (§§ 105 ff. SGB VII) bezweckte Schutz ausgehebelt. Es steht dann im billigen Ermessen des Versicherungsträgers zu entscheiden, ob und in welchem Umfang beim Arbeitnehmer Regress zu nehmen ist. **§ 110 Abs. 1a SGB VII** erlaubt zwar eine vollständige Abwälzung auf den Arbeitgeber, darf aber mit Blick auf ein Mindestmaß an Prävention **nicht als Verbot einer Regressbeteiligung des Arbeitnehmers** verstanden werden. Im Regelfall wird die ausschließliche Inanspruchnahme des Schwarzarbeit-Arbeitgebers allerdings billigem Ermessen entsprechen.

2. Voraussetzungen und Umfang des Regresses gemäß § 110 Abs. 1 SGB VII

a) Voraussetzungen

6 Der Regress setzt voraus, dass der Schädiger **den Versicherungsfall grob fahrlässig oder vorsätzlich[20] herbeigeführt hat** (§ 110 Abs. 1 S. 1 SGB VII).[21] Dem Wortlaut nach ist Bezugspunkt des Verschuldens der Versicherungsfall. Zur vergleichbaren Formulierung in § 640 RVO (Herbeiführung des „Arbeitsunfalls") wurde von der ganz herrschenden Meinung die Ansicht vertreten, das Verschulden erstrecke sich nicht nur auf das Schadensereignis, sondern auch auf den Verletzungserfolg („Eintritt des Schadens") und sogar auf die einzelnen Schadensfolgen.[22] § 110 Abs. 1 S. 3 SGB VII bestimmt, das **Verschulden** beziehe sich **auf das den Versicherungsfall verursachende Handeln oder Unterlassen.** Dass das Gesetz damit von der früheren Rechtslage abrückt, ist klar. Das Verschulden muss sich nicht auf den Schaden bzw. die einzelne Schadensfolge beziehen.[23] Wie weit das Gesetz von der früheren Regelung abrückt, ist dagegen zweifelhaft. Legt man die Betonung auf „Handeln/Unterlassen", muss sich das Verschulden jetzt nicht einmal mehr auf das schädigende Ereignis bzw. den Verletzungserfolg (z. B. Körperverletzung), sondern nur auf das **rechts- bzw. pflichtwidrige[24] schadensursächliche Verhalten** beziehen.[25] Die Rechtswidrigkeit kann sich einmal aus der unmittel-

---

20 Bedingter Vorsatz reicht, BeckOGK/*Ricke*, SGB VII (Stand: 08/2023), § 110 Rn. 9; ferner *Schwarze*, SR 2017, 129, 136.

21 Zur Vorgängerreglung *Marschall v. Bieberstein*, VersR 1968, 508, 513 f.

22 BGH 20.11.1979 – VI ZR 238/78 –, BGHZ 75, 328 ff. = NJW 1980, 996 (Vorsatz nicht nur hinsichtlich „An-den-Haaren-ziehen", sondern auch hinsichtlich daraus resultierenden Kopfschwartenhämatoms); OLG Celle 11.9.1978 – 9 U 53/78 –, VersR 1979, 518 f. (Vorinstanz); *Rolfs*, Haftung unter Arbeitskollegen, S. 237; *Deutsch*, RdA 1996, 1, 2 f.; *Dahn*, Zentralblatt für Sozialversicherung 1994, 267 f.; anders *Baltzer*, SGb 1987, 529, 532 ff., insbes. 540 ff.; krit. auch *Schloen*, in: *Wussow*, Unfallhaftpflichtrecht, 14. Aufl., Tz 1558a. Die Einbeziehung einzelner Verletzungsfolgen dürfte allerdings nur für die Schülerunfallversicherung sachgerecht gewesen sein, siehe BGH 11.2.2003 – VI ZR 34/02 – Rn. 13 ff., NJW 2003, 1605; auch in diesen Fällen jetzt strenger (Rechtsgutsverletzung als Bezugspunkt) BGH 15.7.2008 – VI ZR 212/07 – Rn. 29 ff., NJW 2009, 681; wie bisher OLG Brandenburg 28.7.2011 – 2 Sa 306/11 –, NJOZ 2011, 349.

23 BAG 10.10.2002 – 8 AZR 103/02 – unter II 4 b dd, AP § 104 SGB VII Nr. 1; BGH 15.7.2008 – VI ZR 212/07 – Rn. 32, NJW 2009, 681.

24 Zur Rechts- bzw. Pflichtwidrigkeit als Voraussetzung der Regresshaftung gem. § 110 SGB VII *Schwarze*, SR 2017, 129, 131 f.

25 Diese Deutungsmöglichkeit übersieht BGH 15.7.2008 – VI ZR 212/07 – Rn. 33, NJW 2009, 681, der nur das Verhalten (ohne Rechtswidrigkeit) als Bezugspunkt erwägt und zu Recht verwirft.

baren Verursachung des Erfolges ergeben; hier bliebe der Verletzungserfolg entscheidender Bezugspunkt des Verschuldens. Sie kann sich aber bereits aus vorgelagerten Verhaltenspflichten ergeben, z. B. Unfallverhütungsvorschriften. Dann würde bereits der mindestens grob fahrlässige Verstoß gegen diese Verhaltenspflichten für den Regress genügen. Angesichts der dichten Verhaltensnormierung im Bereich des Arbeitssicherheitsrechts würde die Regressverantwortlichkeit damit erheblich ausgeweitet.[26] Das Gesetzgebungsverfahren lässt einen diesbezüglichen gesetzgeberischen Willen nicht deutlich werden.

Richtigerweise ist daher die Betonung auf „Versicherungsfall verursachend" zu legen: § 110 Abs. 1 S. 3 SGB VII stellt damit klar, dass das Verschulden sich nicht auf den Schaden (im Großen und Ganzen oder im Einzelnen) erstrecken muss, sondern nur – aber immerhin – **auf den Verletzungserfolg**, d. h. die **Rechtsgutsverletzung.**[27] In diesem Sinne hat inzwischen der **BGH** entschieden.[28] Das **BAG** neigt dagegen der strengeren Linie zu: Nach seiner Ansicht muss sich das Verschulden in § 110 SGB VII nicht auf den Verletzungserfolg beziehen, sondern nur auf das schadensursächliche Verhalten und dessen Rechts- bzw. Pflichtwidrigkeit.[29] Diese „scharfe" Auffassung der unfallversicherungsrechtlichen Regresshaftung ist kaum zu vereinbaren mit der großzügigen Haltung, die das BAG zum Bezugspunkt des Verschuldens in der arbeitsrechtlichen Haftung des Arbeitnehmers gegenüber dem Arbeitgeber einnimmt (Schaden als Bezugspunkt des Verschuldens).[30] Zum einen ist nicht zu verstehen, warum der Arbeitnehmer im Verhältnis zum einzelnen Arbeitgeber stärker entlastet werden soll als gegenüber dem „Kollektiv der Unternehmer" (Unfallversicherungsträger), das die Schadenstragung besser verkraften kann. Zum anderen ergibt sich damit zumindest konstruktiv ein Anspruch des Arbeitnehmers gegenüber dem Arbeitgeber auf Freistellung von der Regresshaftung gemäß § 110 SGB VII,[31] was die Versicherungswirkung der Unfallversicherung zu Gunsten des Arbeitgebers/Unternehmers unterläuft.[32] 7

26 Vgl. BAG 27.6.1975 – 3 AZR 457/74 – unter III, AP § 636 RVO Nr. 9.

27 So schon 3. Aufl., RN 600. Letztlich auch – trotz Bedenken wegen des Wortlauts – *Brose*, RdA 2011, 205, 214; ebenso *Deinert*, RdA 2013, 146, 149, diese Position ebenfalls teilend, sie aber unzutr. anwendend *Lemcke/Heß*, r+s 2007, 221, 222, die Verletzungserfolg und weiteren Schaden nicht genügend trennen. S. ferner *Schwarze*, SR 2017, 129, 132.

28 BGH 15.7.2008 – VI ZR 212/07 – Rn. 29 ff., NJW 2009, 681, ohne die abw. Entscheidung des BAG zu erwähnen; anders noch – an der Rechtsprechung zu § 640 RVO auch für § 110 SGB VII festhaltend – BGH 11.2.2003 – VI ZR 34/02 – Rn. 13 ff., NJW 2003, 1605; abl. *Brose*, RdA 2011, 205, 214 f.

29 BAG 10.10.2002 – 8 AZR 103/02 – unter II 4 b dd, AP § 104 SGB VII Nr. 1; BeckOK/*Stelljes*, Sozialrecht (Stand: 03/2024), § 110 SGB VII Rn. 13; ähnlich MünchArbR/*Reichold*, 6. Aufl., § 59 Rn. 27: Bezugspunkt sei haftungsbegründende Kausalität.

30 § 9 RN 5.

31 *Schwarze*, Anm. BAG AP § 104 SGB Nr. 1 – unter 2. Die Begrenzung des Regressanspruchs auf die arbeitsrechtliche Haftung gemäß § 110 Abs. 1 S. 2 SGB VII stünde dem nicht entgegen, da § 110 Abs. 1 S. 3 SGB VII hinsichtlich des Bezugspunktes des Verschuldens die speziellere Regelung ist.

32 Zur Vermeidung dieser Folge im „BAG-Modell" müsste der Unfallversicherungsträger auf den Regress gemäß § 110 Abs. 2 SGB VII verzichten, soweit der Arbeitnehmer Freistellung vom Arbeitgeber verlangen könnte, *Deinert*, RdA 2013, 146, 152.

8 Ähnlich wie im Zivil- bzw. Arbeitsrecht[33] hat der Begriff der **groben Fahrlässigkeit** in § 110 SGB VII einen subjektiven Einschlag: Es ist nicht allein auf die objektiven Verhaltensanforderungen des Verkehrs abzustellen, vielmehr sind bei Beurteilung der Frage, ob der Schädiger das nicht beachtet hat, was jedermann einleuchtet,[34] dessen persönliche Fähigkeiten mit einzubeziehen.[35] Diese Sorgfalt muss in ungewöhnlich hohem Maß verletzt und es muss dasjenige unbeachtet geblieben sein, was im gegebenen Fall jedem hätte einleuchten müssen.[36] Grobe Sorgfaltswidrigkeit muss sowohl im äußeren Verhalten vorliegen als auch hinsichtlich der Erkennbarkeit und Vermeidbarkeit der Pflichtwidrigkeit.[37] Besteht die Pflichtverletzung des Schädigers in einem **Verstoß gegen eine Unfallverhütungsvorschrift** (UVV), ist nicht jeder Verstoß schon für sich als eine schwere Verletzung der Sorgfaltspflicht anzusehen.[38] Vielmehr kommt es darauf an, ob es sich um eine UVV handelt, die sich mit Vorrichtungen zum Schutz der Arbeiter vor tödlichen Gefahren befasst und somit elementare Sicherungspflichten zum Inhalt hat. Dabei spielt insbesondere eine Rolle, ob der Schädiger nur unzureichende Sicherungsmaßnahmen getroffen oder von den vorgeschriebenen Schutzvorkehrungen völlig abgesehen hat, obwohl die Sicherungsanweisungen eindeutig waren. Im letzteren Fall kann der objektive Verstoß gegen elementare Sicherungspflichten ein solches Gewicht haben, dass der Schluss auf ein auch subjektiv gesteigertes Verschulden gerechtfertigt ist.[39] Der Präventionsgedanke hat beim Regress des § 110 SGB VII ein größeres Gewicht als im normalen Schadensersatzrecht.[40] Das **Verhalten Dritter** wird dem Unternehmer in der Regresshaftung des § 110 SGB VII nur zugerechnet, wenn der Dritte dem in § 111 SGB VII genannten Personenkreis angehört, der erheblich enger gefasst ist als in den verwandten Normen des zivilrechtlichen Schadensausgleichs (§ 278 BGB, § 831 BGB), ähnlich dem „Repräsentanten" in der Privatversicherung.[41] Es kann ergänzend eine Haftung des Unternehmers ergeben, wenn er bei der Beauftragung Dritter eine eigene Verkehrssicherungspflicht verletzt (z. B. Auswahl unqualifizierter Personen).[42]

---

33 Siehe § 9 RN 14.

34 BGH 18.2.2014 – VI ZR 51/13 – Rn. 7, juris; krit. zu dieser Formel *Deutsch*, Haftungsrecht, 2. Aufl., Rn. 421.

35 BGH 30.1.2001 – VI ZR 49/00 – unter II 1 a, NJW 2001, 2092 f.; 24.6.1969 – VI ZR 36/68 –, VersR 1969, 848 (zu § 640 RVO); OLG Oldenburg 24.2.2011 – 1 U 33/10 – Rn. 52 ff., juris; BeckOGK/*Ricke, SGB VII* (Stand: 08/2023), § 110 Rn. 9; *Bokelmann*, Grobe Fahrlässigkeit, S. 133 ff.; *Rolfs*, Haftung unter Arbeitskollegen, S. 239; *Deutsch*, Haftungsrecht, 2. Aufl., Rn. 426; Rechtsprechungsübersicht bei *Lemcke/Heß*, r+s 2007, 221, 222 ff.

36 BGH 30.1.2001 – VI ZR 49/00 – unter II 1 a, NJW 2001, 2092 f.

37 Näher *Schwarze* SR 2017, 129, 133 ff.

38 Zum Verhältnis von Pflichtwidrigkeit und äußerer (objektiver) Sorgfaltswidrigkeit *Schwarze*, SR 2017, 129, 132 ff.

39 BGH 18.11.2014 – VI ZR 141/13 – Rn. 21 ff., BGHZ 203, 224; 18.2.2014 – VI ZR 51/13 – Rn. 11 ff. juris.

40 *Deutsch*, Haftungsrecht, 2. Aufl., Rn. 426.

41 Vgl. BGH 24.7.2013 – IV ZR 110/12 – Rn. 14, juris.

42 LG Leipzig 4.7.2013 – 4 O 76/12 – Rn. 42 ff., juris; *Schwarze*, SR 2017, 129, 136.

b) Umfang des Regressanspruchs

9 Den Ausgangspunkt für den **Umfang des Regressanspruchs** bilden die tatsächlichen Aufwendungen des Versicherungsträgers einschließlich etwaiger Kosten des Sozialverwaltungs- bzw. Sozialgerichtsverfahrens;[43] dabei sind Pauschalierungen analog § 116 Abs. 8 u. 9 SGB X möglich.[44] Wegen einer Rentenleistung kann deren Kapitalwert gefordert werden (§ 110 Abs. 1 S. 2 SGB VII), und zwar auch dann, wenn diese laufend gezahlt wird.[45] Der Regressbetrag ist allerdings auf die Höhe des abgelösten Schadensersatzanspruchs beschränkt (§ 110 Abs. 1 S. 1 SGB VII). Der Schädiger soll **nicht strenger haften als er es nach der abgelösten zivilrechtlichen Haftung** tun würde.[46] Der Umfang der Regresshaftung orientiert sich daher an dem nach §§ 104 ff. SGB VII ausgeschlossenen zivilrechtlichen Schadensersatzanspruch, ggf. **beschränkt durch die Regeln der Arbeitnehmerhaftung.** Haben **private Ursachen** aus der Spähre des Schädigers mitgewirkt, kann dies haftungserhöhend berücksichtigt werden nach den für den arbeitsrechtlichen Schadensausgleich entwickelten Regeln.[47] Anders als im Regress gemäß § 116 SGB X[48] ist eine sachliche und zeitliche Kongruenz der Schadenspositionen nicht erforderlich.[49] Es sind vielmehr auch Schadenspositionen einzubeziehen, die der Leistungskatalog der gesetzlichen Unfallversicherung nicht kennt, insbesondere der Anspruch auf durch die Unfallversicherung nicht gedeckte Vermögensfolgeschäden und auf **Schmerzensgeld** (§ 253 Abs. 2 BGB).[50] Nicht zu berücksichtigen sind solche Schadenspositionen bei der Berechnung des Regressanspruchs allerdings, wenn die Haftung des Schädigers nicht gemäß §§ 104 ff. SGB VII ausgeschlossen ist; andernfalls würde er mit der betreffenden Schadensposition doppelt belastet.[51]

10 Die Orientierung des Regresses am zivil-/arbeitsrechtlichen Schadensersatzanspruch führt andererseits zu einer Entlastung des Schädigers: Er muss nicht mehr für die über den Schadensersatz hinausgehenden[52] Aufwendungen des Versicherungsträgers aufkommen.[53] Es ist ihm ferner zuzubilligen, dem Versicherungsträger das **Mit-**

---

43 BeckOGK/*Ricke*, SGB VII (Stand: 08/2023), § 110 Rn. 14; NK-GA/*Kurmanski*, 2. Aufl., § 110 SGB VII Rn. 11.

44 BeckOGK/*Ricke*, SGB VII (Stand: 08/2023), § 110 Rn. 14; *Krasney*, NZS 2004, 68, 74 f.

45 BeckOGK/*Ricke*, SGB VII (Stand: 08/2023), § 110 Rn. 15 zur str. Berechnung des Kapitalwerts.

46 BT-Drucks. 13/2204, 101; BGH 27.6.2006 – VI ZR 143/05 – Rn. 15, BGHZ 168, 161 = NJW 2006, 3563; 29.1.2008 – VI ZR 70/07 – Rn. 13, BGHZ 175, 153 = NJW 2008, 2033.

47 Siehe § 8 RN 7 f.

48 RN 20.

49 BGH 27.6.2006 – VI ZR 143/05 – Rn. 7, BGHZ 168, 161 = NJW 2006, 3563 m.w.N.

50 BGH 27.6.2006 – VI ZR 143/05 – Rn. 7 ff., BGHZ 168, 161 = NJW 2006, 3563; 29.01.2008 – VI ZR 70/07 – Rn. 8 ff., BGHZ 175, 153 = NJW 2008, 2033; OLG Jena 22.6.2010 – 4 U 174/09 –, SVR 2010, 387; BeckOK/*Stelljes*, Sozialrecht (Stand: 03/2024), § 110 SGB VII Rn. 29; a.A. ErfK/*Rolfs*, 25. Aufl., § 110 SGB VII Rn. 7; MünchArbR/*Reichold*, 6. Aufl., § 59 Rn. 28; *Küppersbusch*, NZV 2005, 393, 395 f.; *Lemcke*, r+s 2005, 307 f.

51 BGH 27.6.2006 – VI ZR 143/05 – Rn. 7 ff., NJW 2006, 3563, dort allerdings beim Regressverzicht eingeordnet.

52 Etwa durch die „abstrakte" Berechnung der Erwerbsfähigkeitsminderung, vgl. *Denck*, Außenhaftung, S. 107.

53 Ebenso OLG Rostock 27.3.2003 – 1 U 118/01 – (obiter), juris; ErfK/*Rolfs*, 25. Aufl., § 110 SGB VII Rn. 7; *ders.*, NJW 1996, 3177, 3181.

verschulden des Verletzten (§ 254 BGB) schadensmindernd entgegenzuhalten, da und soweit das Mitverschulden die Höhe des fiktiven zivilrechtlichen Schadensersatzanspruchs nach § 254 BGB mindert, der seinerseits den Regressanspruch der Höhe nach begrenzt.[54] Der Regressanspruch kann überdies durch ein **Mitverschulden des Versicherungsträgers** (z. B. Duldung ordnungswidriger Zustände,[55] falsche Beratung zu Unfallverhütungsmaßnahmen) analog § 254 BGB[56] gemindert werden.[57]

11 Die umstrittene Frage, ob die **Bundesagentur für Arbeit** „Sozialversicherungsträger" im Sinne des § 110 SGB VII ist und/oder zumindest eine analoge Anwendung in Betracht kommt, hat der BGH unter Berufung auf den Wortlaut und unter Inkaufnahme einer systemwidrigen „Regresslosigkeit"[58] verneint.[59]

c) Verjährung des Anspruchs

12 Der **Anspruch verjährt** gemäß § 113 SGB VII entsprechend §§ 195, 199 Abs. 1 und 2 und § 203 des Bürgerlichen Gesetzbuchs in drei Jahren mit der Maßgabe, dass die Verjährungsfrist von dem Tag an gerechnet wird, an dem die Leistungspflicht für den Unfallversicherungsträger gegenüber dem Versichrten/Geschädigten bindend festgestellt,[60] oder ein entsprechendes Urteil rechtskräftig geworden ist. Umstritten ist, ob der Verweis auf §§ 195, 199 BGB die dort genannten weiteren Voraussetzungen für den Ablauf in

54 Ebenso OLG Naumburg 12.12.2007 – 6 U 200/06 –, VersR 2008, 704; OLG Hamm 23.6.2006 – 9 U 220/05 – Rn. 25, juris, im Anschluss an die Rechtsprechung zu § 640 RVO BGH 30.11.1971 – II ZR 8/70 –, BGHZ 57, 313, 317; 15.5.1973 – VI ZR 161/71 – unter IV, LM § 640 RVO Nr. 9 = NJW 1973, 1497; BeckOK/*Stelljes*, Sozialrecht (Stand: 03/2024), § 110 SGB VII Rn. 20; *Becker/Franke/Molkentin/Grüner*, SGB VII, 6. Aufl., § 110 Rn. 21; NK-GA/*Karmanski*, 2. Aufl., § 110 SGB VII Rn. 12; ErfK/*Rolfs*, 25. Aufl., § 110 SGB VII Rn. 7; BeckOGK/*Ricke*, SGB VII (Stand: 08/2023), § 110 Rn. 17; *Knickrehm/v. Koppenfels-Spies*, Sozialrecht, 8. Aufl., § 110 SGB VII Rn. 10; *Waltermann*, NJW 1997, 3401, 3404. Hat der Geschädigte den Unfall absichtlich herbeigeführt, liegt kein Versicherungsfall vor, siehe § 22 RN 34; dennoch erbrachte Leistungen sind bereits tatbestandlich nicht regressfähig, vgl. *Seitz*, Ersatzansprüche der Sozialversicherungsträger, 2. Aufl., S. 232.

55 Der zur Beseitigung ordnungswidriger Zustände aufgeforderte Unternehmer kann dem regressierenden Versicherungsträger allerdings nicht als Mitverschulden vorhalten, nicht zu Ordnungsmitteln gegen ihn gegriffen zu haben, zutr. BGH 3.2.1970 – VI ZR 177/68 –, LM § 640 Nr. 3 = NJW 1970, 756.

56 Für unmittelbare Anwendung des § 254 BGB *Brose*, RdA 2011, 205, 219; indessen ist § 110 SGB VII kein „Schadensersatzanspruch" i. S. d. § 249 BGB.

57 LG Düsseldorf 3.9.2002 – 10 O 592/01 –, VersR 2003, 905; ErfK/*Rolfs*, 25. Aufl., § 110 SGB VII Rn. 7; BeckOGK/*Ricke*, SGB VII (Stand: 08/2023), § 110 Rn. 13; *Rolfs*, Haftung unter Arbeitskollegen, S. 245; *Kühne*, Bedeutung des Tatbeitrages, S. 105 ff., 109 ff.; *Schmalzl*, NJW 1963, 1706, 1709; *Sieg*, BB 1963, 1340; *Brose*, RdA 2011, 205 m.w.N.; offen gelassen von BGH 3.2.1970 – VI ZR 177/68 –, LM § 640 Nr. 3 = NJW 1970, 756, und 15.1.1974 – VI ZR 137/72 –, NJW 1974, 797, 798, der aber bei langer Duldung offensichtlich vorschriftswidriger Zustände einen Einwand aus Treu und Glauben (Widerspruch zu früherem Verhalten) anerkennt; a.A. *Marschall v. Bieberstein*, VersR 1972, 991, 997, der darauf hinweist, dass es in derartigen Fällen meistens an grober Fahrlässigkeit fehlt.

58 *Schwarze* SR 2017, 129, 130 f.

59 BGH 17.10.2017 – VI ZR 477/16 – Rn. 10 ff., BGHZ 216, 184.

60 Mittelbare Feststellung kraft Leistungsbescheids genügt, BeckOGK/*Ricke*, SGB VII (Stand: 02/2024), § 113 Rn. 9.

Bezug nimmt, so dass die Frist erst ab Kenntnis bzw. grob fahrlässige Unkenntnis des Unfallversicherungsträgers[61] von den anspruchsbegründenden Tatsachen und der Person des Geschädigten (§ 199 Abs. 1 Nr. 2 BGB) zu laufen beginnt.[62] Der BGH verneint dies und lässt die Verjährung mit der verbindlichen bzw. rechtskräftigen Feststellung beginnen.[63] Im Übrigen verjährt der Anspruch in jedem Fall in 30 Jahren ab Eintritt des Versicherungsfalls (§ 199 Abs. 2 BGB). Hemmung der Verjährung tritt gemäß § 113 SGB VII entsprechend § 203 BGB durch Verhandlungen ein.

3. Der Regressverzicht (§ 110 Abs. 2 SGB VII)

Nach § 110 Abs. 2 SGB VII kann der Versicherungsträger auf den Regress nach billigem 13
Ermessen ganz oder teilweise verzichten.[64] Alle die **wirtschaftliche und soziale Situation des Schädigers prägenden Gesichtspunkte** sind zu beachten und gegen das Entlastungsbedürfnis des Versicherungsträgers und den Präventionszweck abzuwägen. Dem Präventionsgedanken folgend ist auf Schädigerseite insbesondere der Grad des Verschuldens zu berücksichtigen, nicht aber ein Mitverschulden des Geschädigten, da dieses bereits den Umfang des Regressanspruchs begrenzt.[65] Strafaspekte sind entgegen der Ansicht der Rechtsprechung[66] und einem Teil der Literatur[67] unbeachtlich; sie liegen außerhalb des Regresszwecks.[68] Die Entscheidung ist der zivilrechtlichen Natur des Ersatzanspruchs entsprechend kein Verwaltungsakt.[69] Die **Ermessensausübung** ist – in engen Grenzen – **(zivil-)gerichtlich überprüfbar**,[70] allerdings i.d.R. nicht im Erkenntnisverfahren,[71] sondern wegen der gebotenen Feststellung der wirtschaftlichen Verhältnisse des Schädigers erst im Vollstreckungsverfahren.[72] Der Schädiger hat einen Anspruch darauf, dass sich die Ermessensentscheidung in dem durch das Gebot der Billigkeit gezogenen Rahmen hält und der Sozialversicherungsträger über die Durchsetzung des Rückgriffs nicht rechtsmissbräuchlich, insbesondere mit unbilliger Härte,

61 Kenntnis des für den Regress zuständigen Sachbearbeiters ist maßgeblich, BGH 28.11.2006 – VI ZR 196/05 –, NJW 2007, 834.

62 Befürwortend, aber die a.A. hinnehmend BeckOGK/*Ricke*, SGB VII (Stand: 02/2024), § 113 Rn. 7; a.A. *Schmitt*, SGB VII, 4. Aufl., § 110 Rn. 4 (3 Jahre ab Feststellung).

63 BGH 25.7.2017 – VI ZR 433/16 –, juris.

64 Zur zivilrechtlichen Konstruktion *Baltzer*, VersR 1973, 101, 104 ff.

65 In der Tendenz auch BeckOK/*Stelljes*, Sozialrecht (Stand: 03/2024), § 110 SGB VII Rn. 48; a.A. HWK/*Giesen*, 11. Aufl., § 110 SGB VII Rn. 14; *v. Koppenfels-Spies/Wenner/Waltermann*, SGB VII, 3. Aufl., § 110 Rn. 12.

66 BGH 28.9.1971 – VI ZR 216/69 –, BGHZ 57, 96 = NJW 1972, 107 zu § 640 RVO; BT-Drucks. IV/938 zu § 639 RVO.

67 HWK/*Giesen*, 11. Aufl., § 110 SGB VII Rn. 14; MünchArbR/*Reichold*, 6. Aufl., § 59 Rn. 26.

68 Siehe RN 2 f.

69 *Konradi*, SGb 2016, 195, 196.

70 BGH 28.9.1971 – VI ZR 216/69 –, BGHZ 57, 96, 99 ff.; BSG 11.12.1973 – 2 RU 30/71 –, BSGE 37, 20, 25; *Marschall v. Bieberstein*, JZ 1975, 118, 121 f.; anders – Zuständigkeit der Sozialgerichtsbarkeit – *Feyock*, NJW 1964, 1706, 1708 f. m.w.N.; *Brox*, DB 1966, 490 ff.; *Wolber*, VersR 1967, 437; *Konertz*, VersR 1980, 209, 214 f.

71 OLG Hamm 23.6.2006 – 9 U 220/05 – Rn. 26, juris.

72 *Konradi*, SGb 2016, 195, 200.

aufgrund Willkür oder sachfremder Erwägungen entscheidet.[73] Das Ermessen kann danach eingeschränkt sein. Vor allem wirtschaftliche und soziale Aspekte (drohende Existenzvernichtung) können dem Regress bzw. dem Regress in voller Höhe entgegenstehen,[74] vergleichbar der wegen übermäßigen Haftungsumfangs gebotenen Entlastung des grob fahrlässigen Schädigers im Arbeitsrecht.[75] So hat der Unfallversicherungsträger regelmäßig auf den Regress zu verzichten, soweit der Schädiger mit der betreffenden Schadensposition **doppelt belastet** würde, **weil die zivilrechtliche Haftung nicht ausgeschlossen ist.**[76]

14 Zu Lasten des Verletzten ist für die Ermessensentscheidung nach § 110 Abs. 2 SGB VII das Bestehen einer den Regressanspruch abdeckenden **Versicherung zu berücksichtigen**, d.h. der Unfallversicherungsträger darf im Hinblick auf den Versicherungsschutz von einem Regressverzicht absehen.[77] Umgekehrt kann fehlender Versicherungsschutz auch ohne existentielle Bedrohung des Schädigers zum zwingenden Regresshindernis werden: Die Betriebshaftpflichtversicherung erstreckt sich nach § 102 Abs. 1 VVG zwar grundsätzlich nicht nur auf die gesetzlich zur Vertretung des Unternehmens befugten Personen, sondern auch auf die Dienstverpflichteten und Arbeitnehmer.[78] Nach den üblicherweise verwendeten Besonderen Bedingungen und Risikobeschreibungen (BBR) sind Arbeitnehmer allerdings vom Versicherungsschutz gegen den Regressanspruch aus § 110 SGB VII ausgenommen.[79] Andernfalls würden die Unfallversicherungsträger Arbeitsunfallschäden auf die private Haftpflichtversicherung verlagern, so jedenfalls die nicht ganz unberechtigte Befürchtung der Haftpflichtversicherer.[80] Im Betrieb entsteht daraus eine soziale Schieflage: Während der Arbeitgeber und dessen Führungskräfte für diesen Fall versichert sind, muss der Arbeitnehmer zahlen. Ins Lot rücken kann man dies nur durch eine Ermessensbeschränkung: Der Unfallversicherungsträger darf nicht Regress nehmen, wenn der Arbeitgeber bzw.

---

73 BGH 28.9.1971 – VI ZR 216/69 –, BGHZ 57, 96, 99 ff.

74 BGH 28.9.1971 – VI ZR 216/69 –, BGHZ 57, 96, 99 ff.; OLG Oldenburg 20.9.2011 – VI ZR 337/10 – Rn. 64, juris; BeckOGK/*Ricke*, SGB VII (Stand: 08/2023), § 110 Rn. 46.

75 Siehe § 10 RN 1 ff.

76 BGH 27.6.2006 – VI ZR 143/05 –, NJW 2006, 3563 Rn. 19 m.w.N.; BeckOK/*Stelljes*, Sozialrecht (Stand: 03/2024), § 110 SGB VII Rn. 49; ähnlich *Deinert*, RdA 2013, 146, 154.

77 BGH 22.1.1969 – IV ZR 547/68 –, NJW 1969, 1065; 28.9.1971 – VI ZR 216/69 –, BGHZ 57, 96, 103 f.; 18.10.1977 – VI ZR 62/76 –, NJW 1978, 218, 219; *Denck*, Außenhaftung, S. 110 f.; *Baltzer*, VersR 1973, 101, 107 f.; dagegen *Marschall v. Bieberstein*, VersR 1972, 991, 994 f.; *Sieg*, NZA 1989, 369, 372 f. Zur Vereinbarkeit mit dem Trennungsprinzip § 10 RN 17.

78 *Prölss/Martin/Lücke*, VVG, 31. Aufl., § 102 Rn. 13; MünchKommVVG/*Littbarski*, 3. Aufl., § 102 Rn. 91, dort auch zum restriktiveren § 151 Abs. 1 S. 1 VVG a.F.

79 Siehe Nr. 7.1.2.4 Muster-AVB des GDV 2015, abgedr. bei *Prölss/Martin/Lücke*, 31. Aufl., Teil III, 230. Betriebshaftpflicht AT; *Krause*, VersR 1999, 819 ff.; *Lemcke/Heß*, r+s 2007, 221, 224. Arbeitnehmer können dann nur über eine eigene Berufshaftpflichtversicherung versichert sein, denn die private Haftpflichtversicherung erfasst Haftungsrisiken aus beruflicher Tätigkeit nicht, vgl. oben § 11 RN 3.

80 Im Einzelnen *Denck*, Außenhaftung, S. 236 ff.; *Schmalzl*, VersR 1964, 30 f., gegen die von *Vollmar*, Vers 1964, 29 f. erhobene Forderung nach Einbeziehung der Arbeitnehmer; ebenso *Sanden*, VersR 1968, 12, 15; krit. aber *Baltzer*, VersR 1973, 101, 108.

dessen leitende Angestellte für diesen Schadensfall aufgrund einer bestehenden Versicherung Versicherungsschutz hätten.[81] Dass man den Träger der Unfallversicherung für eine von Arbeitgeber und Privatversicherer zu verantwortende Ungleichbehandlung zahlen lässt, ist alles andere als zwingend, aber der einzig gangbare Weg. Auf dem Rücken des Arbeitnehmers darf der Konflikt zwischen Haftpflicht- und Unfallversicherer nicht ausgetragen werden, und gegen die Inanspruchnahme des Arbeitgebers spricht dessen Finanzierung der Unfallversicherung.

Des Weiteren wird eine **Beschränkung des Regresses analog § 86 Abs. 3 VVG**[82] 15
erwogen, wenn Schädiger und Verletzter einander als Ehegatten, Lebenspartner oder als in häuslicher Gemeinschaft lebende Familienangehörige zum Unterhalt verpflichtet sind.[83] Es ist einleuchtend, dem Verletzten – mittelbar – das nicht zu nehmen, was ihm zuvor gegeben wurde. Doch geht ein generelles Regressverbot angesichts der ohnehin erforderlichen einzelfallbezogenen Ermessensentscheidung zu weit.[84] Der Regressverzicht gemäß § 110 Abs. 2 SGB VII ist zur Wahrung der Interessen des Verletzten ausreichend. Wenn die Inanspruchnahme des Schädigers ohne Auswirkung auf die wirtschaftliche Lebenssituation des Verletzten bleibt, ist der Regress jedenfalls zulässig.

Auch das **Mitverschulden des Arbeitgebers** (z. B. unzureichende Einweisung des 16
Arbeitnehmers)[85] bzw. die **seinem Betriebsrisiko zuzurechnenden Umstände** (z. B. Eilbedürftigkeit eines Fahrauftrags bei schlechter Witterung)[86] sind im Rahmen der Ermessensausübung zu beachten. Zwar beeinflussen diese Umstände nicht den fiktiven Schadensersatzanspruch des vom Arbeitgeber verschiedenen Verletzten, auf den § 110 Abs. 1 S. 1 SGB VII abhebt. Andererseits würde ihre Außerachtlassung den Schädiger schlechter stellen, als er in der zivilrechtlichen Haftung stünde.[87] Eine Auflösung zu Lasten des Arbeitgebers, auf den via Freistellungsspruch die Regressbelastung abgewälzt werden könnte, verbietet das Finanzierungsargument.[88] Auch dem Arbeitnehmer darf man die Last nicht zuschieben.[89] Ziel der Unfallversicherung ist die Absicherung des Verletzten vor existentiellen Risiken. Dieses Ziel ist ohne die Herabsetzung des zi-

81 Ebenso *Rolfs*, Haftung unter Arbeitskollegen, S. 250; allgemein krit. zur Beachtlichkeit des Versicherungsschutzes *Baltzer*, VersR 1973, 101, 108.

82 Vorzuziehen wäre wohl die Analogie zu § 116 Abs. 6 SGB X.

83 *Marschall v. Bieberstein*, VersR 1972, 991, 995 f.; *ders.*, SGb 1978, 177 f., hier jedenfalls im Ergebnis; *Denck*, Außenhaftung, S. 278; *Rolfs*, Haftung unter Arbeitskollegen, S. 251 m.w.N.

84 Der BGH lehnt die Analogie mangels Regelungslücke ab, BGH 25.11.1975 – VI ZR 33/75 –, NJW 1976, 1152; 18.10.1977 – VI ZR 62/76 –, NJW 1978, 218; ebenso *Koppenfels-Spies*, zfs 2004, 97, 100 f.; im Erg. auch ErfK/*Rolfs*, 25. Aufl., § 110 SGB VII Rn. 11; unter Hinweis auf den – hier abgelehnten – Strafcharakter des Rückgriffs *Saum*, VersR 1979, 698 ff.; *Baltzer*, VersR 1973, 101, 109.

85 Siehe § 12 RN 8 ff.

86 Soweit nicht schon beim Verschulden berücksichtigt, vgl. § 12 RN 2.

87 Vgl. z. B. den Sachverhalt in BAG 18.01.1966 – 1 AZR 247/63 –, AP § 611 BGB Haftung des Arbeitnehmers Nr. 37 und *Wolber*, VersR 1967, 437.

88 BAG 11.2.1969 – 1 AZR 280/68 – unter II, AP § 611 BGB Haftung des Arbeitnehmers Nr. 45 m. zust. Anm. *Weitnauer* unter Abgrenzung zu BAG 18.1.1966 – 1 AZR 247/63 –, AP § 611 BGB Haftung des Arbeitnehmers Nr. 37 m. Anm. *Hueck*; *Denck*, Außenhaftung, S. 276 ff.

89 So aber BAG 11.2.1969 – 1 AZR 280/68 – unter II 2 a.E., AP § 611 BGB Haftung des Arbeitnehmers Nr. 45.

vilrechtlichen Schutzes für den Schädiger erreichbar, wenn der Unfallversicherungsträger verpflichtet wird, **im Rahmen seiner Regressentscheidung gemäß § 110 Abs. 2 SGB VII die zivilrechtlichen Enthaftungsumstände ebenfalls entlastend zu berücksichtigen.**[90] Der Regress ist also unzulässig, soweit der Arbeitnehmer im Verhältnis zum Arbeitgeber enthaftet wäre.

4. Der Regress des Arbeitgebers analog § 110 SGB VII

17 Aufgrund eines Arbeitsunfalls kann auch der Arbeitgeber dem Verletzten zur Leistung verpflichtet sein: einmal zur Entgeltfortzahlung wegen Arbeitsunfähigkeit für sechs Wochen gemäß **§ 3 Abs. 1 EntgeltfortzG**; das gilt für alle Arbeitsverhältnisse. Zum anderen zur Zahlung der Unfallersatzleistungen, wenn der Arbeitgeber diese Leistungen dem Arbeitnehmer vertraglich zugesagt hat und der Arbeitnehmer deshalb versicherungsfrei ist **(§ 4 Abs. 1 Nr. 1 SGB VII).** Eine Regressregelung sieht das Gesetz in beiden Fällen nicht vor; die in § 6 EntgeltfortzG normierte Legalzession greift nicht, weil und insoweit der zugrunde liegende Schadensersatzanspruch des geschädigten Arbeitnehmers gemäß § 105 SGB VII ausgeschlossen ist. Ebenso wenig kann der Arbeitgeber den Schädiger aus Verletzung des Arbeitsvertrages (§ 280 BGB) in Anspruch nehmen. Zwar ist der schädigende Arbeitnehmer aus der vertraglichen Schadensvermeidungspflicht auch zur Sorgfalt gegenüber der körperlichen Integrität der Arbeitskollegen verpflichtet. Denn der Arbeitskollege ist außenstehender Dritter, und dass der Arbeitnehmer dem Arbeitgeber zum sorgfältigen Umgang mit Rechtsgütern Dritter verpflichtet ist, dürfte außer Frage stehen.[91] Zu beachten ist aber, dass § 105 SGB VII den bei einem Arbeitsunfall erlittenen Personenschaden aus der zivilrechtlichen Haftung herausnimmt. Diese Entscheidung ist auch für etwaige aus dem Personenschaden abgeleitete Ansprüche des Arbeitgebers beachtlich, die zu Ersatzpflichten des Arbeitnehmers führen könnten.

18 Der einzige Weg, den Schadensverursacher für den Schaden haftbar zu machen, ist deshalb in beiden Konstellationen die **Analogie zu § 110 SGB VII.**[92] Dass der Gesetzgeber ihn bewusst versperrt hat, ist nicht ersichtlich. Sachlich spricht vieles für die Analogie. Wenn der Arbeitgeber die Leistungsfunktion der Unfallversicherung übernimmt, sollte er auch ihre Regressmöglichkeiten erhalten. Der Schädiger wird nicht stärker belastet als sonst auch, nämlich nur bei mindestens grober Fahrlässigkeit und im Rahmen fehlerfreien Ermessens. Andernfalls würde in den Fällen, in denen der Arbeitgeber dem Arbeitnehmer die Unfallabsicherung vertraglich zugesagt hat, jede Präventivwirkung entfallen: Selbst bei noch so unentschuldbarem (grob fahrlässigem)

90 Ebenso *Denck*, Außenhaftung, S. 277f.; *Schiffauer*, NJW 1974, 983, 984; *Rolfs*, Haftung unter Arbeitskollegen, S. 247f.; anders – wenig stichhaltig – *Wolber*, VersR 1967, 437f.

91 Gegen *Rolfs*, Haftung unter Arbeitskollegen, S. 242, der „lediglich" eine deliktische Verkehrssicherungspflicht annimmt. Die Begründung einer Verkehrssicherungspflicht dürfte um einiges schwerer fallen als die einer gegenüber dem Arbeitgeber bestehenden vertraglichen Pflicht.

92 Abl. ErfK/*Rolfs*, 25. Aufl., § 110 SGB VII Rn. 1; *ders.*, Haftung unter Arbeitskollegen, S. 242.

Fehlverhalten bliebe der Schädiger völlig unbehelligt. Das dagegen eingewandte Friedensargument[93] wiegt nicht schwer. Zum einen kommt es nicht zum Streit unter den Arbeitskollegen, zum anderen kann auch um die bei einem Arbeitsunfall entstandenen Sachschäden jederzeit prozessiert werden, zum Dritten kommt dem Friedensargument keine prägende, die Gesetzesauslegung leitende Bedeutung zu.[94]

5. Gerichtliche Durchsetzung, Darlegungs- und Beweislast

Der Regressanspruch kann nicht durch Verwaltungsakt, sondern nur durch **zivilgerichtliche Klage** geltend gemacht werden. Die ordentlichen Gerichte sind auch dann 19
zuständig, wenn der durch §§ 104 ff. SGB VII ausgeschlossene Schadensersatzanspruch vor den Arbeitsgerichten einzuklagen gewesen wäre.[95] An eine durch Verwaltungsakt oder sozialgerichtliches Urteil verbindlich getroffene Entscheidung über das Vorliegen des Versicherungsfalls, den Umfang der Versicherungsleistungen und die Zuständigkeit des Versicherungsträgers ist das über den Regress entscheidende **Zivilgericht gemäß §§ 112, 108 SGB VII gebunden.** Für den Schädiger gilt dies allerdings nur, soweit er an den Verfahren beteiligt war; ansonsten muss das Zivilverfahren zur Wiederholung des sozialrechtlichen Verfahrens unter Beteiligung des Schädigers ausgesetzt werden.[96] Die **Voraussetzungen des Regressanspruchs** hat nach der beweisrechtlichen Grundregel der Regress beanspruchende Versicherungsträger darzulegen und zu beweisen. Dazu gehören zum einen die haftungsbegründenden Tatsachen: insbesondere die Voraussetzungen des Haftungsausschlusses gemäß §§ 104 ff. SGB VII und die grob fahrlässige Herbeiführung des Verletzungserfolges,[97] zum Zweiten die haftungsausfüllenden Tatsachen, die infolge des Versicherungsfalls entstandenen Aufwendungen nach Art und Umfang[98] sowie der **Umfang der zivilrechtlichen Haftung**, auf den der Regress begrenzt ist.[99] Der Sozialversicherungsträger kann sich nicht darauf beschränken, die ihm entstandenen Aufwendungen darzulegen und einen substantiierten Gegenvortrag des Schädigers zur geringeren Höhe des (fiktiven) zivilrechtlichen Schadensersatzanspruchs abwarten. Denn nach § 110 SGB VII soll der Schädiger so gestellt werden, wie er ohne die Privilegierung nach §§ 104 ff. SGB VII stünde.[100] In der zivilrechtlichen Haftung hätte

93 *Rolfs*, Haftung unter Arbeitskollegen, S. 242.

94 Siehe § 22 RN 50.

95 OLG Dresden 28.10.2011 – 5 W 0939/11 –, NZS 2012, 307.

96 BGH 20.11.2007 – VI ZR 244/06 – Rn. 11, NJW 2008, 1877.

97 Zum Anscheinsbeweis für „Sekundenschlaf" OLG Saarbrücken 15.9.2009 – 4 U 375/08 –, juris.

98 BeckOK/*Stelljes*, Sozialrecht (Stand: 03/2024), § 110 SGB VII Rn. 33; zur Substantiierung *Müller*, SGb 2016, 680, 681 ff.

99 BGH 29.1.2008 – VI ZR 70/07 – Rn. 8 ff., BGHZ 175, 153 = NJW 2008, 2033; ErfK/*Rolfs*, 25. Aufl., § 110 SGB VII Rn. 7; HWK/*Giesen*, 11. Aufl., § 110 SGB VII Rn. 6; BeckOGK/*Ricke*, SGB VII (Stand: 08/2023), § 110 Rn. 17; *Plagemann/Radke-Schwenzer/Plagemann*, Gesetzliche Unfallversicherung, 2. Aufl., Kap. 8 Rn. 38; *Küppersbusch*, NZV 2005, 393, 396 ff.; *Lemcke/Heß*, r+s 2007, 221, 228 ff.; a.A. – Beweislast beim Schädiger – OLG Köln 30.5.2005 – 21 U 22/04 – Rn. 29, NJOZ 2005, 2863; LG München 18.2.2003 – 25 O 7900/02 – NJOZ 2003, 1699, 1701 f.; *Lehmacher*, NZV 2006, 63.

100 BT-Drucks. 13/2204, 101; BGH 27.6.2006 – VI ZR 143/05 – Rn. 15; BGHZ 168, 161 = NJW 2006, 3563.

aber der Verletzte den ihm entstandenen Schaden darzulegen und zu beweisen, nicht der Schädiger. Im Gegensatz zum Versicherungsträger ist der Schädiger zudem meist außerstande, ohne Mitwirkung des Verletzten zur konkreten Schadenshöhe vorzutragen.[101] Die Voraussetzungen etwaiger **Einwendungen** hat dagegen der regresspflichtige Schädiger darzulegen und zu beweisen, insbesondere **Grund und Gewicht des Mitverschuldens** des Verletzten oder des Versicherungsträgers.[102] Darzulegen und zu beweisen hat der Schädiger schließlich die tatsächlichen Voraussetzungen einer Ermessensreduktion im Rahmen des § 110 Abs. 2 SGB VII.[103]

II. Der Regress außerhalb des Haftungsausschlusses (§ 116 SGB X)

20 Der Regress gemäß § 116 SGB X kann für den Schädiger ungünstiger sein als der Regress nach § 110 SGB VII, weil sich seine Haftung originär nach dem – übergegangenen – Schadensersatzanspruch des Verletzten bestimmt. Der Schädiger wird dann gewöhnlich für einfache Fahrlässigkeit haften. Andererseits ist der Regress nach § 116 SGB X auf zeitlich und sachlich **kongruente Schadenspositionen** beschränkt,[104] sodass der Versicherungsträger insbesondere immaterielle Schäden (§ 253 Abs. 2 BGB) gegenüber dem Schädiger nicht liquidieren kann.[105] Der Regress gemäß § 116 SGB X ist nicht möglich, wenn der Schadensersatzanspruch des Verletzten gemäß §§ 104, 105 SGB VII ausgeschlossen ist, denn es fehlt der übergangsfähige Anspruch. Der Weg über § 116 SGB X wird aber noch darüber hinaus versperrt. **§ 104 Abs. 1 S. 2 SGB VII** bestimmt: „Ein Forderungsübergang nach § 116 des Zehnten Buches findet nicht statt"; die Regelung gilt gemäß § 105 Abs. 1 S. 3 SGB VII auch für den Schädiger im Sinne des § 105 SGB VII. Damit wird eine – umstrittene[106] – Rechtsprechung des BGH (zu den vormaligen §§ 636, 637 RVO) bestätigt,[107] derzufolge die Ausnahmen zum Haftungsausschluss (vorsätzliche Schädigung und Wegeunfall) allein den Verletzten begünstigen sollen. Der Schadensersatzanspruch bleibt in diesen Fällen nur in seinen Händen bestehen; auf den Versicherungsträger geht nichts über.[108] Im Einzelnen bedeutet das: Hat der Arbeitgeber

101 BGH 29.1.2008 – VI ZR 70/07 – Rn. 14, BGHZ 175, 153 = NJW 2008, 2033; *Küppersbusch*, NZV 2005, 393, 396 f.

102 BGH 29.1.2008 – VI ZR 70/07 – Rn. 13, BGHZ 175, 153 = NJW 2008, 2033; nur hierauf bezieht sich BT-Drucks. 13/220, 101, wonach es „Sache des Schädigers (sei), den Umfang seiner zivilrechtlichen Haftung nachzuweisen"; zur historischen Auslegung BGH a.a.O.

103 *Konradi*, SGb 2016, 195, 196 f. und 198 f. zur praktischen Durchführung.

104 Im Einzelnen *Kreikebohm/Waltermann*, Sozialrecht, 8. Aufl., § 116 SGB X Rn. 33 ff. m.w.N.

105 BVerfG 07.11.1972 – 1 BvL 4/71, 1 BvL 17/71, 1 BvL 10/72, 1 BvR 355/71 –, BVerfGE 34, 118 = NJW 1973, 502 zu §§ 636 Abs. 1, § 637 Abs. 1 RVO; BeckOK/v. *Koppenfels-Spies*, Sozialrecht (Stand: 03/2024), § 116 SGB X Rn. 12; BeckOGK/*Kater*, SGB X (Stand: 05/2021), § 116 Rn. 134; *Schütze/Bieresborn*, SGB X, 9. Aufl., § 116 Rn. 24.

106 Vgl. die Kritik von *Rolfs*, Haftung unter Arbeitskollegen, S. 227 f.

107 Die Begr. (BR-Drucks. 263/95, S. 284) bemerkt, die Regelung entspreche dem geltenden Recht.

108 BGH 10.12.1974 – VI ZR 73/73 –, BGHZ 63, 313, 315 ff.; 10.3.1987 – VI ZR 123/86 – unter II 3, NJW 1987, 2445, 2446; 11.5.1993 – VI ZR 279/92 –, AP § 637 RVG Nr. 23.

den Arbeitsunfall verursacht, ist der Regress gemäß § 116 SGB X immer versperrt: entweder wegen des Haftungsausschlusses gemäß § 104 Abs. 1 S. 1 SGB VII[109] oder – bei Vorsatz bzw. einem Wegeunfall gemäß § 8 Abs. 2 Nr. 1–4 SGB VII – kraft ausdrücklicher Regelung in § 104 Abs. 1 S. 3 SGB VII. Arbeitnehmer oder Dritte sind vor dem Regress gemäß § 116 SGB X sicher, wenn sie den Verletzten durch betriebliche Tätigkeit geschädigt haben. Nur dann greift entweder der Haftungsausschluss gemäß § 105 Abs. 1 S. 1 SGB VII oder – bei Vorsatz des Schädigers oder einem Wegeunfall des Verletzten gemäß § 8 Abs. 2 Nr. 1–4 SGB VII – der ausdrückliche Ausschluss des § 116 SGB X gemäß §§ 105 Abs. 1 S. 2, 104 Abs. 1 S. 3 SGB VII. Der **Regress gemäß § 116 SGB X** steht dem Träger der Unfallversicherung demnach offen, **wenn der Arbeitsunfall** von einem Arbeitnehmer des Unternehmens oder von Dritten **durch nichtbetriebliche Tätigkeit verursacht** wurde.[110] Die Haftung des Schadensersatzpflichtigen aus den übergegangenen zivilrechtlichen Ansprüchen kann nach den Grundsätzen des gestörten Gesamtschuldnerausgleichs beschränkt sein, wenn es weitere Schädiger gibt, deren Haftung gem. §§ 104 ff. SGB VII ausgeschlossen ist, und zwar auf den Anteil, der im Innenverhältnis von ihm zu tragen ist.[111] Da der Regress nach Maßgabe des übergegangenen zivilrechtlichen Anspruchs stattfindet, kann der Unfallversicherungsträger dass von ihm gezahlte Verletztengeld nur ersetzt verlangen, soweit dies von der zivilrechtlichen Schadensermittlung gedeckt ist.[112] Von dem Regress kann bei prekärer wirtschaftlicher Lage des Schädigers ganz oder teilweise abgesehen werden, § 76 Abs. 2 SGB IV.[113]

III. Besonderheiten bei Beteiligung von Beamten

21 Ist am Arbeits- bzw. Dienstunfall ein Beamter[114] beteiligt, kann der Regress kompliziert werden. Zum einen deshalb, weil ein Teil der Fälle nicht nach § 110 SGB VII, sondern nach beamtenrechtlichen Vorschriften abzuwickeln ist (im Folgenden „beamtenrechtlicher Regress“). Zum anderen, weil sowohl der beamtenrechtliche als auch der un-

109 Der Haftungsausschluss greift zu Gunsten des Arbeitgebers auch bei nicht betrieblicher Tätigkeit, BeckOGK/*Ricke*, SGB VII (Stand: 02/2024), § 104 Rn. 16.

110 Bei mehreren Schädigern, von denen nicht alle privilegiert sind, können beide Regresswege – § 110 SGB und § 116 SGB X – zusammentreffen; dazu und zur Bedeutung von Teilungsabkommen zwischen dem Träger der Unfallversicherung und der privaten Haftpflichtversicherung *Wussow*, VersR 1977, 605 ff.; s. ferner *Hebeler*, Die Sozialversicherung, 2001, 169 ff.

111 Näher § 26 RN 1; s. im Einzelnen *Konradi*, SGb 2017, 561 ff.

112 BGH 23.2.2010 – VI ZR 331/08 –, NJW 2010, 1532 f.

113 Dazu *Ahrens*, AcP 189 (1989), 526, 541, 542 ff.

114 Die folgende Darstellung beschränkt sich auf die Beamten. Für Richter und Soldaten gilt Entsprechendes. Das Beamtenversorgungsgesetz gilt gemäß § 1 Abs. 2 BeamtVG i.V.m. § 71a DRiG auch für Richter des Bundes und der Länder, soweit die Versorgung von Landesbeamten und Richtern im Landesdienst nicht bereits landesrechtlich geregelt ist (Art. 125a Abs. 1, 74 Abs. 1 Nr. 27 a.E. GG, z.B. NBeamtVG, HmbBeamtVG, BayBeamtVG); die Soldatenversorgung ist in §§ 80 ff. SVG geregelt.

fallversicherungsrechtliche Regress (§ 110 SGB VII) mit den **Haftungsprivilegien der Staats- und Beamtenhaftung** (Art. 34 GG, § 839 Abs. 1 S. 2 BGB) in Konflikt gerät.

1. Anwendungsbereich des unfallversicherungsrechtlichen Regresses (§ 110 SGB VII)

a) Beamter schädigt Arbeitnehmer desselben Betriebes (Unternehmens/Dienstherrn)

22 Schädigt der Beamte einen Arbeitnehmer desselben „Betriebes" (Unternehmens/Dienstherrn),[115] ist seine Haftung gemäß § 105 Abs. 1 S. 2 SGB VII ausgeschlossen.[116] Im Umfang dieses Ausschlusses ist der Beamte eigentlich dem Regress des Unfallversicherungsträgers gemäß § 110 SGB VII ausgesetzt. Dagegen wird in der Literatur die Haftungsprivilegierung des Staats- und Beamtenhaftungsrechts angeführt: Auch ohne den Haftungsausschluss gemäß § 105 SGB VII würde der Beamte in solchen Fällen dem Verletzten nicht haften. So könne er bei **nichthoheitlicher Tätigkeit** gemäß § 839 Abs. 1 S. 2 BGB auf die Leistungsverpflichtung der Unfallversicherung verweisen. Bei **hoheitlicher Tätigkeit** gelte dasselbe; zwar sei die den Beamten befreiende Haftung des Dienstherrn gemäß Art. 34 GG wegen § 104 SGB VII ausgeschlossen, womit die Haftung des Beamten gemäß § 839 BGB wiederauflebe, aber für diese Haftung gelte wiederum die Subsidiaritätsklausel des § 839 Abs. 1 S. 2 BGB.[117] Deshalb soll § 110 SGB VII im Lichte der Haftungsprivilegierung interpretiert werden und das Haftungsprivileg als Regressprivileg seine Fortsetzung finden. Diese Argumentation ist nur dann schlüssig, wenn man die gesetzliche Unfallversicherung als bloßen Versicherungsannex zur zivilrechtlichen Haftung versteht; dann in der Tat dürfte der Regress der Versicherung nicht weiter gehen als die „versicherte" Haftung. Zwar soll der Schädiger nach § 110 SGB VII so gestellt werden, wie er ohne den Haftungsausschluss nach §§ 104 ff. SGB VII stünde.[118] Dies ändert, wie dargelegt,[119] aber nichts an der grundlegenden Einordnung der Unfallversicherung als eigenständiges Schadensausgleichssystem, das an die Stelle der zivilrechtlichen Haftung tritt und das der Gesetzgeber anders ausgestalten kann als den Schadensausgleich nach der zivilrechtlichen Haftung. Grenzen setzt insoweit nur Art. 3 Abs. 1 GG. Diesbezüglich ist nun aber zu beachten, dass der mindestens grob fahrlässig handelnde Beamte nach Maßgabe der haftungsrechtlichen Regeln den Regress seines Dienstherrn zu gewärtigen hat.[120] Dass der Gesetzgeber diesen Regress im

115 Zum Begriff im öffentlichen Dienst siehe § 22 RN 51.

116 § 23 RN 9; zur (Nicht-)Anwendbarkeit des § 106 Abs. 3 SGB VII bei Schädigung eines Arbeitnehmers durch den zu einem anderen Dienstherrn gehörenden Beamten auf einer gemeinsame Betriebsstätte siehe § 24 RN 10.

117 *Marschall v. Bieberstein*, SGb 1974, 89, 90 f.; *Rolfs*, Haftung unter Arbeitskollegen, S. 198 f.

118 BT-Drucks. 13/2204, 101; BGH 27.6.2006 – VI ZR 143/05 – Rn. 15, BGHZ 168, 161 = NJW 2006, 3563.

119 Siehe § 21 RN 1 ff.

120 Siehe oben § 14 RN 1 ff.; *Marschall v. Bieberstein* meint, es sei im Hinblick auf den Zweck der Subsidiaritätsklausel angemessener, die Regressentscheidung beim Dienstherrn zu belassen (SGb 1974, 89, 90 f.). Aber auch beim Regress des Versicherungsträgers bleibt es dem Dienstherrn unbenommen, die

unfallversicherungsrechtlichen Schadensausgleich auf den Versicherungsträger verlagert, verstößt nicht gegen Art. 34 GG, denn diese Norm gilt nur für die Schadensverantwortlichkeit im Rahmen der Haftungsregeln.[121] Hinzu kommt, dass der Beamte im Regress des Versicherungsträgers günstiger steht als im Regress des Dienstherrn: einmal beim Bezugspunkt des Verschuldens,[122] zum anderen wegen der Möglichkeit des Regressverzichts aus Billigkeitsgründen (§ 110 Abs. 2 SGB VII), der großzügiger angelegt ist als die Niederschlagung nach den Vorschriften des öffentlich-rechtlichen Haushaltsrechts.[123] Schließlich ist der Regress des Versicherungsträgers auch aus Präventionsgründen unverzichtbar, denn andernfalls drohte dem Beamten überhaupt keine Haftung.[124] Der **Unfallversicherungsträger kann** also den **schädigenden Beamten in Regress nehmen,** gleichviel, ob die schadensursächliche Handlung hoheitlich war oder nicht. Das ist auch die Position des **BGH.**[125]

Schädigt der Beamte den Arbeitnehmer eines anderen Dienstherrn/Unternehmens, greifen, wenn nicht die Voraussetzungen des § 106 Abs. 3, 3. Var. SGB VII vorliegen,[126] keine besonderen unfallversicherungsrechtlichen Regressmechanismen. Der Schädiger und sein Dienstherr haften dem Verletzten nach den allgemeinen Haftungsregeln. Soweit der Dienstherr in Anspruch genommen werden kann (insbes. bei hoheitlichem Handeln über § 839 BGB, Art. 34 GG), kann er bei mindestens grob fahrlässiger Schädigung Regress beim schädigenden Beamten nehmen (Art. 34 S. 2 BGB). Eine abweichende Auffassung, die den Regress nur bei vorsätzlichem Handeln des Beamten zulassen will,[127] beruht auf der unzutreffenden Annahme, dass im umgekehrten Fall – der nicht vorsätzlichen Schädigung eines Beamten durch den Arbeitnehmer eines anderen Dienstherrn – Haftungs- und Regressansprüche gegen den Arbeitnehmer gemäß § 46 Abs. 2 BeamtVG (bzw. entspr. Vorschriften des Landesrechts[128]) ausgeschlossen seien. Das gilt aber nur für den Anspruch in der Hand des geschädigten Beamten oder seiner Hinterbliebenen, wogegen der Dienstherr des geschädigten Beamten den Schä- 23

Entscheidungsfreude des Beamten dadurch zu erhalten, dass er ihm den Schaden ganz oder teilweise abnimmt.

121 BGH 27.11.1984 – VI ZR 296/81 –, NVwZ 1985, 445, hebt darauf ab, Art. 34 GG verlange nur „grundsätzlich" den Haftungseintritt des Dienstherrn und lasse daher Ausnahmen zu.

122 Siehe RN 6 einerseits, § 14 RN 7 andererseits.

123 Dazu § 14 RN 3.

124 Es sei denn, man wollte in dieser Situation – der Wertung des Art. 34 GG folgend – den Regress beim Dienstherrn zulassen, der dann wiederum gemäß § 76 Abs. 1 BBG bzw. § 48 BeamtStG vorgehen könnte. Wie aber sollte dem Dienstherrn im Rahmen des unfallversicherungsrechtlichen Regresses das grob fahrlässige Verhalten seines Beamten zugerechnet werden können? Jedenfalls bei nicht hoheitlicher Tätigkeit unterbliebe mangels Haftung des Dienstherrn und wegen § 839 Abs. 1 S. 2 BGB ein Regress völlig.

125 BGH 15.5.1973 – VI ZR 160/71 –, VersR 1973, 818 f.; 27.11.1984 – VI ZR 296/81 –, NVwZ 1985, 445.

126 Näher § 24 RN 3 ff.

127 *Denck*, Außenhaftung, S. 122.

128 Z. B. § 52 Abs. 2 NBeamtVG; § 52 Abs. 2 HmbBeamtVG; Art. 49 Abs. 2 BayBeamtVG.

diger bzw. dessen Dienstherrn über § 76 BBG (bzw. entspr. Vorschriften des Landesrechts[129]) in Regress nehmen kann.[130]

b) Arbeitnehmer verletzt Beamten desselben Betriebes (Unternehmens/Dienstherrn)

24 § 105 Abs. 1 S. 2 SGB VII schließt (u. a.) die Haftung des Arbeitnehmers aus, der einen im selben Betrieb (Unternehmen/Dienstherrn) tätigen Beamten schädigt.[131] Dasselbe gilt gemäß § 106 Abs. 3, 3. Var. SGB VII für die Verletzung des Beamten eines anderen Dienstherrn auf einer gemeinsamen Betriebsstätte.[132] Dem beamtenrechtlichen Regress des die Unfallfürsorge leistenden Dienstherrn ist damit die Grundlage entzogen, denn dazu wäre der Übergang des Schadensersatzanspruchs nach § 76 BBG (bzw. entspr. Vorschriften des Landesrechts) erforderlich. Allenfalls könnte man an einen eigenen Schadensersatzanspruch des Dienstherrn gegen den Arbeitnehmer aus Verletzung des Arbeitsvertrages (§ 280 BGB) denken, wobei die Unfallfürsorgeaufwendungen als Schaden des Dienstherrn zu betrachten wären. Der Sache nach würde damit aber doch ein zivil-/arbeitsrechtlicher Schadensausgleich stattfinden, den § 105 Abs. 1 S. 2 SGB VII gerade ausschließen will. **§ 105 Abs. 1 S. 2 SGB VII erfasst daher auch etwaige aus der Verletzung des Beamten begründete Ersatzansprüche des Dienstherrn.** Es kann andererseits schon aus Gründen der Gleichbehandlung nicht sein, dass der Schädiger keinerlei Regress zu befürchten hat. Die insoweit bestehende Lücke ist wie bei den anderen durch § 105 Abs. 1 S. 2 SGB VII erfassten Personengruppen[133] durch eine **analoge Anwendung des § 110 SGB VII zu Gunsten des Dienstherrn** zu schließen.

2. Anwendungsbereich des beamtenrechtlichen Regresses

a) Beamter verletzt Beamten

25 Verletzt der Beamte einen Beamten, ist seine Haftung gegenüber dem geschädigten Beamten gemäß § 46 Abs. 2 BeamtVG (oder entspr. Vorschriften des Landesrechts[134]) ausgeschlossen.[135] Haben beide **denselben Dienstherrn** und hat dieser Leistungen (insbes. solche der Unfallfürsorge) für den Verletzten erbracht, kann der Dienstherr den Schädiger gemäß § 75 Abs. 1 BBG bzw. § 48 BeamtStG (ggf. i.V.m. entspr. Vorschriften des

129 Z. B. § 52 NBeamtG; § 53 HmbBeamtG; Art. 14 BayBeamtG.

130 Siehe im Folgenden RN 24. Auch ein Sozialversicherungsträger kann den gemäß § 116 SGB X auf ihn übergegangenen Anspruch des (vormals bei ihm als Arbeitnehmer rentenversicherten) Beamten in vollem Umfang geltend machen, und zwar auch gegen den Dienstherrn des Beamten, BGH 17.6.1997 – VI ZR 288/96 –, VersR 1997, 1161; *Battis/Grigoleit*, BBG, 6. Aufl., § 76 Rn. 4.

131 Siehe § 23 RN 10.

132 Dies gilt nicht bei Verletzung des Beamten eines anderen Dienstherrn auf einer gemeinsamen Betriebsstätte gemäß § 106 Abs. 3, 3. Var. SGB VII, vgl. § 24 RN 10.

133 Siehe RN 17.

134 Z. B. § 52 Abs. 2 NBeamtVG; § 52 Abs. 2 HmbBeamtVG; Art. 49 Abs. 2 BayBeamtVG.

135 Siehe § 22 RN 22; § 23 RN 8 f. Zum Regress des Bundes gegen die private Beschäftigungsstelle bei Verletzung eines Zivildienstleistenden BGH 15.5.1997 – III ZR 250/95 –, NJW 1998, 298.

Landesrechts[136]) in Regress nehmen, wenn die Verletzung des Kollegen zugleich als grob fahrlässige Pflichtverletzung gegenüber dem Dienstherrn zu werten ist. Der „Schaden" des Dienstherrn liegt in der beamtenrechtlichen Verpflichtung gegenüber dem Verletzten zur Erbringung diverser Leistungen, insbesondere der Unfallfürsorge.[137] Darüber hinaus kann der Schadensersatzanspruch des Verletzten gegen den Schädiger aus § 839 BGB[138] gemäß § 76 BBG (bzw. entspr. Vorschriften des Landesrechts[139]) ganz oder zum Teil auf den Dienstherrn übergehen.[140] Dies gilt allerdings nicht bei **hoheitlicher Tätigkeit**, denn hier tritt der Dienstherr haftungsmäßig gerade an die Stelle des Beamten (Art. 34 GG) und der Beamte soll gemäß Art. 34 S. 2 GG nur für Vorsatz und grobe Fahrlässigkeit belangt werden können. Haben Geschädigter und Schädiger **unterschiedliche Dienstherren**, haftet der Dienstherr des Schädigers bei **Hoheitlichkeit des schädigenden Handelns** dem Dienstherrn des Verletzten aus dem nach § 76 BBG (bzw. entspr. Vorschriften des Landesrechts) übergegangenen Schadensersatzanspruch des Verletzten gemäß § 839 BGB, Art. 34 GG. Der Dienstherr des Schädigers kann wiederum im Fall der Pflichtverletzung Regress beim Schädiger gemäß § 75 Abs. 1 BBG bzw. § 48 BeamtStG (ggf. i.V.m. entspr. Vorschriften des Landesrechts[141]) nehmen. Bei **nicht hoheitlichem Handeln** folgt der nach § 76 BBG auf den Dienstherrn des Verletzten übergegangene Schadensersatzanspruch gegen den Dienstherrn des Schädigers aus §§ 823, 30, 31, 89, 831 BGB bzw. §§ 280, 278 BGB; nur wenn der Regress gegen den Dienstherrn nicht möglich ist,[142] haftet der schädigende Beamte persönlich aus § 839 BGB.[143] Wird der schädigende Beamte in Anspruch genommen, kann er wiederum von seinem Dienstherrn Freistellung verlangen, wenn er nicht mindestens grob fahrlässig gehandelt hat.[144]

Soweit die Haftung des Beamten aus § 839 BGB folgt bzw. der Regress des Dienstherrn an eine Haftung aus § 839 BGB anknüpft, stellt sich die Frage, ob die **beamtenrechtliche Unfallfürsorge als vorrangige Ersatzmöglichkeit im Sinne der Subsi-** 26

136 Z. B. § 51 NBeamtG; § 52 HmbBeamtG; Art. 78 BayBeamtG.

137 Vgl. BGH 11.7.1963 – III ZR 58/62 –, NJW 1963, 2168, 2169. Der BGH stellt hier allerdings auf die Haftungsansprüche des Geschädigten gemäß § 839 BGB, Art. 34 GG ab.

138 § 839 BGB erfasst sowohl hoheitliches wie nicht hoheitliches (verwaltungsprivatrechtliches bzw. fiskalisches) Handeln des Beamten im staatsrechtlichen Sinne, *Staudinger/Wöstmann*, BGB (2020) § 839 Rn. 79; siehe auch BGH 30.11.1982 – VI ZR 77/81 – BGHZ 85, 393, 395. Erst die staatshaftungsrechtliche Zurechnung gemäß Art. 34 GG erfordert die oft diffizile Abgrenzung von öffentlich-rechtlichem und privatrechtlichem Verwaltungshandeln, MünchKommBGB/*Papier/Shirvani*, 9. Aufl., § 839 Rn. 213 ff.; *Staudinger/Wöstmann* a.a.O.

139 Z. B. § 52 NBeamtG; § 53 HmbBeamtG; Art. 14 BayBeamtG.

140 BGH 19.3.2013 – VI ZR 174/12 – Rn. 16 ff., NJW 2013, 2351; zu § 839 Abs. 1. S. 2 BGB am Ende des Abschnitts.

141 Z. B. § 51 NdsBeamtG; § 52 HmbBeamtG; Art. 78 BayBeamtG.

142 Zur Vorrangigkeit der Haftung des Dienstherrn aus §§ 823, 30, 31, 89, 831 BGB gemäß § 839 Abs. 1 S. 2 BGB BGH 30.11.1982 – VI ZR 77/81 –, BGHZ 85, 393, 395 ff.

143 § 46 Abs. 2 BeamtVG schließt den Ersatzanspruch des Geschädigten gegen den Schädiger nur in den Händen des Geschädigten aus, § 22 RN 22.

144 Siehe § 20 RN 4.

diaritätsklausel (§ 839 Abs. 1 S. 2 BGB) zu beachten ist. Hinsichtlich der Haftung des Dienstherrn des Schädigers aus § 839 BGB, Art. 34 GG wird das überwiegend verneint: So folgert die Rechtsprechung aus dem Grundsatz der „vermögensrechtlichen Einheit der öffentlichen Hand", dass eine in Anspruch genommene öffentlich-rechtliche Körperschaft nicht auf die Leistungsverpflichtung einer anderen Institution der öffentlichen Hand (auch Sozialversicherungsträger[145]) verweisen könne.[146] Für die Eigenhaftung des schädigenden Beamten wird das von Teilen der Literatur anders gesehen[147] mit der Folge, dass der Dienstherr des Verletzten als Träger der Unfallfürsorge den Schaden zu tragen hat, so ihm die Inpflichtnahme des Dienstherrn des Schädigers nicht gelingt. Aber das verfehlt den Zweck der Unfallfürsorge. Er liegt in der Absicherung des verletzten Beamten gegen existentielle Risiken, nicht aber in der Entlastung des Schädigers bzw. dessen Dienstherrn. Zudem entfiele jegliche Präventionswirkung, wenn der Schädiger trotz grob fahrlässigem Handeln weder der Haftung des Verletzten noch dem Regress des Unfallfürsorgeträgers ausgesetzt wäre.[148] § 839 Abs. 1 S. 2 BGB ändert also nichts an der geschilderten Haftungs- und Regresslage.

b) Arbeitnehmer verletzt Beamten eines anderen Dienstherrn

27 Der Regress bestimmt sich auch dann nach den Vorschriften des Beamtenrechts (§ 76 BBG, bzw. entspr. Vorschriften des Landesrechts[149]), wenn ein Arbeitnehmer einen Beamten verletzt und beide nicht im selben „Betrieb" i.S. von § 105 Abs. 1 S. 2 SGB VII[150] oder – bei verschiedenen Dienstherrn – nicht gemäß § 106 Abs. 3, 3. Var. SGB VII auf einer gemeinsamen Betriebsstätte[151] tätig sind. War der Arbeitnehmer für einen privaten Arbeitgeber tätig, gibt es keinen Haftungsausschluss; der Dienstherr des geschädigten Beamten kann als Träger der Unfallfürsorge den gemäß § 76 BBG übergegangenen Schadensersatzanspruch des Beamten in vollem Umfang geltend machen.[152] War der Arbeitnehmer für einen **öffentlich-rechtlichen Arbeitgeber** tätig, greift die Haftungsbeschränkung gemäß § 46 Abs. 2 BeamtVG (bzw. entspr. Vorschriften des Landesrechts[153]) ein.[154] Für den Regress ist zu unterscheiden: Bei **hoheitlichem Handeln** geht

145 BGH 10.11.1977 – III ZR 79/75 –, BGHZ 70, 7, 8 ff.; 20.11.1980 – III ZR 122/79 –, BGHZ 79, 26, 31 ff., in Abkehr von BGH 20.6.1974 – III ZR 27/73 –, BGHZ 62, 380, 385; zur Rechtsprechung *Staudinger/Wöstmann*, BGB (2020), § 839 Rn. 276 ff.

146 BGH 4.7.1974 – III ZR 63/72 –, BGHZ 62, 394, 396 ff. = NJW 1974, 1769; *Staudinger/Wöstmann*, BGB (2020), § 839 Rn. 276.

147 *Rolfs*, Haftung unter Arbeitskollegen, S. 193; rechtspolitisch auch *Denck*, Außenhaftung, S. 120.

148 Im Ergebnis ebenso, aber ohne nähere Begründung BGH 11.7.1963 – III ZR 58/62 –, NJW 1963, 2168, 2170; außerdem – wenngleich bedauernd – *Denck*, Außenhaftung, S. 120.

149 Z. B. § 52 NBeamtG; § 53 HmbBeamtG; Art. 14 BayBeamtG.

150 Zum Begriff des Betriebes siehe § 22 RN 49 ff.

151 Siehe § 24 RN 3.

152 Die Haftung des Schädigers ist nicht gemäß § 46 Abs. 2 BeamtVG ausgeschlossen, siehe oben § 22 RN 22.

153 Z. B. § 52 Abs. 2 NBeamtVG; § 52 Abs. 2 HmbBeamtVG; Art. 49 Abs. 2 BayBeamtVG.

154 Siehe § 23 RN 10, § 22 RN 22 ff.

die Haftung gemäß Art. 34 GG, § 839 BGB auf den Dienstherrn über, der seinerseits Regress beim Arbeitnehmer nach Art. 34 S. 2 GG nehmen kann. Bei **nicht hoheitlichem Handeln** haftet der Arbeitnehmer nach den allgemeinen Vorschriften (insbes. § 823 BGB). Dieser Anspruch geht auf den Träger der Unfallfürsorge über (§ 76 BBG) und kann gegen den Arbeitnehmer geltend gemacht werden. Haben schädigender Arbeitnehmer und verletzter Beamter denselben Arbeitgeber bzw. Dienstherrn, geht der Schadensersatzanspruch des Beamten zwar ebenfalls auf den Dienstherrn/Arbeitgeber als Träger der Unfallfürsorge über, doch kann der Arbeitnehmer Freistellung gerade von diesem Anspruch verlangen, solange er nicht wenigstens grob fahrlässig gehandelt hat.[155] Freistellung bedeutet in diesem Fall, dass der Arbeitnehmer einen Anspruch auf Abschluss eines Erlassvertrages (§ 397 Abs. 1 BGB) hat.

c) Regressverbot bei Dienstunfall im allgemeinen Verkehr

Anders als der Unfallversicherungsträger gemäß § 110 SGB VII kann der Dienstherr des 28
Verletzten nicht Regress gegen den Schädiger oder seinen Dienstherrn gemäß § 76 BBG nehmen, wenn der Unfall **bei Teilnahme am allgemeinen Verkehr**[156] **geschah.**[157] Das ergibt sich aus § 46 Abs. 2 S. 1 Nr. 1 BeamtVG.

Dies schließt nach verbreiteter Ansicht auch den Regress gegen den schädigenden 29
Beamten oder Arbeitnehmer aus.[158] Doch kann das nur soweit gelten, als dieser wiederum Regress bei seinem Dienstherrn nehmen könnte, sei es aufgrund des beamten- oder zivilrechtlichen Freistellungsanspruchs, sei es aufgrund der Kfz Eigenversicherung gemäß § 2 Abs. 2 PflVG. Hat der Bedienstete keinen Anspruch – bei vorsätzlichen Schädigungen generell und grob fahrlässigen Schädigungen außerhalb der Kfz-Eigenversicherung – muss der Regress gegen den Bediensteten nicht zuletzt aus präventiven Gründen erhalten bleiben.

d) Besonderheiten des beamtenrechtlichen Regresses

Der **beamtenrechtliche Regress** ist **strenger als** der der Unfallversicherung gemäß 30
§ 110 SGB VII: Zum einen müssen sich Vorsatz und grobe Fahrlässigkeit nur auf die Pflichtverletzung beziehen,[159] nicht auf den Verletzungserfolg.[160] Zweitens setzt der Regress nach § 76 BBG (bzw. entspr. Vorschriften des Landesrechts[161]) kein grob fahr-

155 Siehe § 20 RN 4.

156 Zum Begriff und zur Bedeutung des Begriffs in § 548 RVO vor Inkrafttreten des UVEG § 22 RN 43 ff.

157 Der Regressausschluss gilt nicht nur für Versorgungsleistungen, sondern auch für fortgezahlte Dienstbezüge, BGH 21.1.1965 – III ZR 182/64 –, BGHZ 43, 115, 119.

158 Zur Vorgängernorm des § 4 ErwZulG BGH 30.6.1964 – VI ZR 67/63 – VersR 1964, 1080; *Schloen* in: Wussow, Unfallhaftpflichtrecht, 14. Aufl., Tz. 2745; *Rolfs*, Haftung unter Arbeitskollegen, S. 234.

159 BGH 15.5.1997 – III ZR 204/96 – BGHZ 135, 354, 362 = NJW 1998, 142, 144 m.w.N.; MünchKommBGB/*Papier/Shirvani*, 9. Aufl., § 839 Rn. 353; *Staudinger/Wöstmann*, BGB (2020), § 839 Rn. 192; *Rolfs*, Haftung unter Arbeitskollegen, S. 193.

160 Zum Bezugspunkt des Verschuldensvorwurfs in § 110 SGB VII siehe RN 6.

161 Z.B. § 52 NBeamtG; § 53 HmbBeamtG; Art. 14 BayBeamtG.

lässiges Handeln des Beamten voraus, sondern lässt genügen, dass dem Verletzten ein gesetzlicher Schadensersatzanspruch gegen den Beamten zusteht. Drittens kann auf den beamtenrechtlichen Regress nur nach den strengeren haushaltsrechtlichen Vorschriften verzichtet werden, also nur im Falle einer „besonderen Härte“.[162] Schließlich ist – anders als nunmehr im unfallversicherungsrechtlichen Regress – das Mitverschulden des geschädigten Beamten nicht zwingend zu berücksichtigen.[163]

162 Siehe § 14 RN 3; vgl. BGH 28.10.1993 – III ZR 67/92 –, VersR 1994, 488, 489 f. = NJW 1994, 660, 662; *Rolfs*, Haftung unter Arbeitskollegen, S. 196.

163 Ist der Schädiger Beamter kann das Mitverschulden im Rahmen der dem Dienstherrn obliegenden Fürsorgepflicht in Betracht kommen, vgl. BGH 15.5.1997 – III ZR 250/95 –, VersR 1997, 1410, 1413.

§ 26 Einbeziehung nichtprivilegierter Mitschädiger in den Haftungsausschluss

Ist für die Verletzung eines in der Unfallversicherung Versicherten neben dem nach §§ 104, 105 SGB VII enthafteten Unternehmer oder Arbeitskollegen (Erstschädiger) ein nichtprivilegierter Dritter[1] verantwortlich (Zweitschädiger), kann dieser grundsätzlich in vollem Umfang aus den einschlägigen Haftungsnormen (etwa § 823 BGB) in Anspruch genommen werden: vom Unfallversicherungsträger hinsichtlich dessen Aufwendungen (über § 116 SGB X) und vom Geschädigten (hinsichtlich des nicht gedeckten Schadens, insbesondere des Schmerzensgeldes). Damit läge die Schadensverantwortung komplett beim Zweitschädiger. Dieses Ergebnis wird allgemein als ungerecht empfunden. Würde man es zu Lasten des Erstschädigers korrigieren, müsste dieser abweichend von §§ 104, 105 SGB VII haften, sobald ein nichtprivilegierter Dritter am Schadensfall beteiligt wäre. Dem schädigenden Arbeitnehmer erwüchse daraus ein erhebliches Haftungsrisiko. Rechtsprechung und der größte Teil der Literatur sind aber zu Recht der Ansicht, dass der Haftungsausschluss zu Gunsten des Erstschädigers nicht wegen der zufälligen Beteiligung eines weiteren Schädigers in Frage gestellt werden darf. Im Hinblick auf den Verantwortungsanteil des Erstschädigers ist der Geschädigte gemäß §§ 104, 105 SGB VII auf die Leistungen der Unfallversicherung beschränkt. Diese Wertung muss sich auch bei Beteiligung weiterer Schädiger durchsetzen. Daher ist der **Konflikt zu Lasten des Geschädigten** zu lösen. Der Geschädigte hat eine dem **Verantwortungsanteil des Erstschädigers entsprechende Kürzung der Ansprüche gegen den Zweitschädiger** hinzunehmen.[2] Beträgt der Verschuldensanteil des gemäß §§ 104, 105 SGB VII von der Haftung befreiten Erstschädigers z. B. ein Drittel, so kann der Geschädigte vom zivilrechtlich haftenden Zweitschädiger nur zwei Drittel seines Schadens verlangen; dies gilt erst recht für den aus dem übergegangenen Schadensersatzanspruch Regress nehmenden Unfallversicherungsträger[3] oder Arbeitgeber.[4] 1

Der Zugriff auf den nichtprivilegierten Zweitschädiger kann durch **vorherige Vereinbarungen zwischen Erstschädiger und Zweitschädiger** über die Verteilung der Verantwortung für die Schadensverhütung (insbes. über die Verkehrssicherungs- 2

1 Die nach der Rechtsprechung in den Fällen des § 106 Abs. 3, 3. Var. SGB VII bestehen bleibende Haftung des nicht in Person auf der Betriebsstätte tätigen Unternehmers des Schädiger-Betriebes wird ebenfalls nach den Regeln des gestörten Gesamtschuldnerausgleichs gemildert, § 24 RN 11. Zur gestörten Gesamtschuld in der Personenschadenregulierung eingehend *Lemcke*, r+s 2006, 52 ff.

2 Grundlegend BGH 12.6.1973 – VI ZR 163/71 –, BGHZ 61, 51, 53 ff.; ferner 24.6.2003 – VI ZR 434/01 –, NJW 2003, 2984; 18.11.2014 – VI ZR 47/13 – Rn. 19, VersR 2015, 189; 10.5.2005 – VI ZR 366/03 –, NJW 2005, 2309 zu § 106 Abs. 3, 3. Var. SGB VII; *Knickrehm/v. Koppenfels-Spies*, Sozialrecht, 8. Aufl., § 104 SGB VII Rn. 12; *Rolfs*, Haftung unter Arbeitskollegen, S. 253; a.A. – fingierte Gesamtschuld mit Innenausgleich nach § 812 BGB – *Becker/Franke/Molkentin/Grüner*, SGB VII, 6. Aufl., § 110 Rn. 30. Diese Kürzung gilt auch dann, wenn für den Erstschädiger eine Haftpflichtversicherung eintritt und zwischen dieser und dem Träger der Unfallversicherung ein pauschales Regressverzichtsabkommen existiert (vgl. *Wussow*, VersR 1977, 605 ff.).

3 BGH 29.10.1968 – VI ZR 137/67 –, BGHZ 51, 37, 40; 2.5.1972 – VI ZR 47/71 –, BGHZ 58, 355, 359.

4 BGH 9.6.1970 – VI ZR 311/67 –, BGHZ 54, 177, 179 ff.

https://doi.org/10.1515/9783110728606-028

pflicht) zu Gunsten und zu Lasten des Geschädigten beeinflusst werden.[5] Der Geschädigte muss derartige Vereinbarungen über die Organisation der Schadensverhütung in einem gewissen Maße hinnehmen. Dass der Geschädigte sich bei vollständiger Verlagerung der Verantwortung auf den Erstschädiger ganz mit den Leistungen der Unfallversicherung begnügen muss, ändert daran nichts.[6] Etwas anders liegen die Dinge, wenn die Vereinbarung zwischen Erst- und Zweitschädiger lediglich eine Haftungsübernahme enthält, ohne etwas an der Verantwortung für die Schadensverhütung zu ändern. Eine derartige Vereinbarung kann nur zu Gunsten des Geschädigten wirken: Übernimmt der Zweitschädiger die Haftung, kann der Geschädigte über dessen eigentlichen Verantwortungsanteil im Umfang der zusätzlichen Haftungsübernahme auf diesen zugreifen, denn der Zweitschädiger ist dann nicht schutzwürdig.[7] Die Haftungsübernahme des Erstschädigers hat dagegen keine Auswirkung auf den Schadensersatzanspruch des Geschädigten gegen den Zweitschädiger. Die Gefahr des Missbrauchs zu Lasten des Geschädigten ist zu groß, als dass man solche Abreden zulassen könnte.[8]

5 Vgl. BGH 23.1.1990 – VI ZR 209/89 –, BGHZ 110, 114 ff.

6 BGH 17.2.1987 – VI ZR 81/86 –, NJW 1987, 2669, 2670; 23.1.1990 – VI ZR 209/89 –, BGHZ 110, 114, 118 f.; *Denck*, NZA 1988, 265, 269; *Rolfs*, Haftung unter Arbeitskollegen, S. 255 f.

7 BGH 2.4.1974 – VI ZR 193/72 –, VersR 1974, 888, 889; 14.6.1976 – VI ZR 178/74 –, VersR 1976, 991, 992 = LM § 636 RVO Nr. 11; 23.1.1990 – VI ZR 209/89 –, BGHZ 110, 114, 117 f.

8 BGH 23.1.1990 – VI ZR 209/89 –, BGHZ 110, 114, 119 f. („Vertrag zu Lasten Dritter"); *Denck*, NZA 1988, 265 ff., 269; undeutlich noch BGH 17.2.1987 – VI ZR 81/86 –, NJW 1987, 2669 f.

5. Teil: Der Schadensausgleich bei Eigenschäden des Arbeitnehmers

§ 27 Die Entlastung des Arbeitnehmers von Eigenschäden

I. Eigenschäden und Arbeitnehmerhaftung

Seit langem schon erkennen Rechtsprechung und Literatur einen verschuldensunabhängigen Anspruch des Arbeitnehmers gegen den Arbeitgeber auf Ersatz sogenannter „Eigenschäden" an. Der Begriff des Eigenschadens bringt nur unzureichend zum Ausdruck, worin sich dieser Ersatzanspruch vom Anspruch auf Freistellung von der Belastung mit Schadensersatzansprüchen Dritter unterscheidet; denn auch diese Belastungen sind ein „eigener" Schaden des Arbeitnehmers.[1] Gemeinsam ist dem Freistellungsanspruch und dem hier erörterten Anspruch die Abwälzung von Schäden, die der Arbeitnehmer erlitten hat, auf den Arbeitgeber. Beim Freistellungsanspruch besteht der Schaden in der Belastung mit Ansprüchen Dritter; dieser ist Erstgeschädigter, der Arbeitnehmer nur Zweitgeschädigter, wenn der Schaden auf ihn aufgrund von Haftungsnormen abgewälzt werden kann. Folglich zielt der Freistellungsanspruch auf die Enthaftung des Arbeitnehmers und richtet sich deshalb nach den Regeln des innerbetrieblichen Schadensausgleichs, ohne dass es i. d. R. besonderer Voraussetzungen bedürfte, die über jene für die Enthaftung von Schadensersatzansprüchen des Arbeitgebers hinausgingen.[2] Beim Anspruch auf Erstattung von Eigenschäden ist dagegen der **Arbeitnehmer der Erstgeschädigte.** Sein Schaden besteht i. d. R. in **Beschädigung, Zerstörung oder Entzug positiver Vermögenswerte** (z. B. Eigentum am Kfz, Anspruch auf Prämienrabatt bei der Kfz-Versicherung). Weil diese Schäden nach „casum sentit dominus" erst einmal dem Arbeitnehmer zugewiesen sind, bedarf es über die betriebliche Veranlassung hinaus weiterer Voraussetzungen für eine gerechte Abgrenzung des vom Arbeitgeber zu tragenden betrieblichen und des vom Arbeitnehmer zu tragenden privaten Schadensrisikos.[3] Obwohl dies eher eine Frage der Haftung des Arbeitgebers, nicht des Arbeitnehmers ist, gehört sie in den vorliegenden Kontext; denn die damit thematisierte **verschuldensunabhängige Haftung des Arbeitgebers** beruht 1

1 Zum Freistellungsanspruch § 16 RN 21 ff. Der OGH spricht tatsächlich auch im Falle der Freistellung von Haftungsansprüchen von „Eigenschaden", 26.3.1997 – 9 ObA 46/97y –, DRdA 1998, 34, 35 m. Anm. *Kerschner.*

2 Handelt es sich um Schäden am Eigentum Dritter, das der Arbeitnehmer für die Durchführung der Arbeit eingesetzt hat, liegt zwar ein Drittschaden vor, die Freistellung des Arbeitnehmers von Haftungsansprüchen des Dritten muss aber die besonderen Anforderungen erfüllen, die für die Erstattung von Eigenschäden gelten. Da der Arbeitnehmer das Dritteigentum für den Arbeitgeber eingesetzt hat, bedarf der Prüfung, ob er dies durfte, vgl. *Schwarze,* RdA 2001, 178.

3 Dagegen scheint der OGH, 27.3.1997 – 10 Ob 340/97 –, DRdA 1998, 135, auch den Freistellungsanspruch den besonderen Anforderungen des Eigenschadensersatzanspruchs unterwerfen zu wollen.

https://doi.org/10.1515/9783110728606-029

im Kern auf denselben Wertungen, die zur Enthaftung des Arbeitnehmers führen. Sie ist daher **Teil des „innerbetrieblichen Schadensausgleichs"**.[4]

2 Die Haftung des Arbeitgebers für Eigenschäden liegt rechtlich zwischen der Haftung aus schuldhafter Pflichtverletzung einerseits, der verschuldensunabhängigen Verpflichtung zur Erstattung von Aufwendungen aus § 670 BGB andererseits. Der Arbeitgeber haftet für Schäden, die er durch schuldhafte Verletzung vertraglicher oder gesetzlicher Pflichten bzw. allgemeiner Verkehrspflichten verursacht.[5] Ebenso ist der Arbeitgeber für Aufwendungen[6] erstattungspflichtig, die der Arbeitnehmer im Rahmen seiner Arbeitstätigkeit für den Arbeitgeber macht und für erforderlich halten durfte,[7] insbesondere solche für Arbeitsmittel;[8] zwar passt § 670 BGB wegen der Entgeltlichkeit der Arbeitsleistung nicht unmittelbar,[9] es besteht aber Einigkeit über eine analoge Anwendung,[10] soweit die Aufwendungen nicht durch die Vergütung abgegolten sind.[11] Dabei sind nach der allgemein anerkannten Definition *v. Tuhrs*[12] Aufwendungen im Gegensatz zum Schaden freiwillige Vermögensopfer.[13]

---

4 Das ist heute allgemein anerkannt – siehe z. B.: *Grüneberg/Weidenkaff*, BGB, 84. Aufl., § 611 Rn. 125b; MünchArbR/*Reichold*, 6. Aufl., § 93 Rn. 24; BeckOGK/*Feuerborn*, BGB (Stand: 03/2024), § 619a Rn. 129; anders noch der Große Senat des BAG 10.11.1961 – GS 1/60 – unter V, AP § 611 BGB Gefährdungshaftung des Arbeitgebers Nr. 2.

5 Im Einzelnen MünchArbR/*Reichold*, 6. Aufl., § 93 Rn. 1 ff., 20 ff.; *Grüneberg/Sprau*, BGB, 84. Aufl., § 670 Rn. 8; PWW/*Fehrenbacher*, 18. Aufl., § 670 Rn. 6.

6 *v. Thur*, Actio in rem verso, 1895, S. 34 f.

7 BAG 21.8.1985 – 7 AZR 199/83 –, AP § 618 BGB Nr. 19 m. Anm. *Mühl* zu II 2 = NZA 1986, 324; MünchArbR/*Reichold*, 6. Aufl., § 93 Rn. 35 ff.; *Reichold*, NZA 1994, 488.

8 BAG 14.10.2004 – 9 AZR 657/02 –, NJW 2004, 2036; 10.11.2021 – 5 AZR 334/21 –, BAGE 176, 145.

9 *Larenz*, SAE 1962, 197, 198; *Blomeyer*, FS Kissel (1994), S. 77, 82 f.; auch der Weg über § 675 BGB ist verschlossen, wenn man mit der herrschenden Meinung für die „Geschäftsbesorgung" eine „selbstständige Tätigkeit wirtschaftlicher Art innerhalb einer fremden wirtschaftlichen Interessensphäre" versteht, vgl. *Blomeyer*, a.a.O., S. 80 f.; *Reichold*, NZA 1994, 488, 489; anders *Isele*, Anm. zu BAG AP § 611 BGB Gefährdungshaftung des Arbeitgebers Nr. 2; BAG 10.11.1961 – GS 1/60 – unter V a, AP § 611 BGB Gefährdungshaftung des Arbeitgebers Nr. 2; *Schumacher*, Haftung des Arbeitgebers, S. 13 f.

10 BAG 12.4.2011 – 9 AZR 14/10 –, AP § 670 BGB Nr. 35 = NZA 2012, 97. Der Große Senat des BAG (10.11.1961 – GS 1/60 – unter VII, AP § 611 BGB Gefährdungshaftung des Arbeitgebers Nr. 2) hält den „Grundsatz des § 670 BGB [für] so selbstverständlich und von der Sache her so notwendig, dass er für den Arbeitsvertrag ... analog anzuwenden ist."

11 BAG 12.3.2013 – 9 AZR 455/11 –, NZA 2013, 1086.

12 *v. Tuhr*, Actio in rem verso, 1895, S. 34 f.; unzutreffend daher BAG 16.3.1995 – 8 AZR 260/94 –, AP § 611 BGB Gefährdungshaftung des Arbeitgebers Nr. 12 = NZA 1995, 836 = AR-Blattei ES 860 Nr. 68, das die vom Arbeitnehmer aufgewandten Kosten einer Strafverteidigung als „Schaden" bezeichnet; dagegen *Schwarze*, Anm. AR-Blattei a.a.O. unter I.

13 MünchKommBGB/*F. Schäfer*, 9. Aufl., § 670 Rn. 18 f.; *Grüneberg/Sprau*, 84. Aufl., § 670 Rn. 3; PWW/*Fehrenbacher*, 18. Aufl., § 670 Rn. 3.

II. Die Rechtsgrundlage für einen Erstattungsanspruch des Arbeitnehmers

Dagegen gibt es für Schäden, die der Arbeitnehmer an seinem Eigentum oder sonstigem Vermögen ohne Verschulden des Arbeitgebers erleidet, keine gesetzliche Anspruchsgrundlage. Zwar haben RG und BGH in mehreren Entscheidungen vergleichbare **Schäden** des Auftragsnehmers noch **als Aufwendungen** gemäß § 670 BGB eingestuft, **die notwendige Folgen der Geschäftsbesorgung sind und mit ihr in einem untrennbaren Zusammenhang stehen.**[14] Schon in diesen Fällen fehlt es allerdings an der „Freiwilligkeit“ des Vermögensopfers, wenn bereits dessen „objektive“ Erkennbarkeit für die Zurechnung ausreichen soll, der Geschäftsführer bei Übernahme des Auftrags also nicht wirklich mit derartigen Schäden rechnete.[15] Für die hier in Rede stehenden Eigenschäden des Arbeitnehmers trifft aber meistens nicht einmal diese Voraussetzung zu. So ist die Beschädigung der Arbeitskleidung im Ameisensäurefall[16] keine „notwendige Folge“ der Arbeitstätigkeit; das gilt erst recht, wenn der Schaden vom Arbeitnehmer verschuldet wird. Da auch die (ergänzende) Vertragsauslegung an ihre Grenzen stößt,[17] ist eine denkbare Haftung des Arbeitgebers nur im Wege der **Rechtsfortbildung** zu begründen. Der Weg dafür ist offen, denn der Gesetzgeber des BGB hat weder die Schäden des Auftragnehmers[18] noch die des Arbeitnehmers[19] geregelt. 3

Die Rechtsfortbildung stützt sich nach inzwischen praktisch allgemeiner Auffassung auf **dieselben Prinzipien, die die Enthaftung des Arbeitnehmers tragen:** Der Arbeitgeber ist Nutznießer der Arbeitstätigkeit durch deren unternehmerische Verwertung, der Arbeitnehmer in diesem Sinne fremdnützig tätig und dem unentgeltlich 4

14 Vgl. RG 2.11.1936, JW 1937, 152; RG 7.5.1941, RGZ 167, 85, 89 („... aus der mit dem Auftrag verbundenen Gefahr ergeben ...“); *Koch*, Eigenschaden, S. 53 ff.; *Staudinger/Martinek/Omlor*, BGB (2017), § 670 Rn. 7 ff. Allgemein hatte man eine Gerechtigkeitslücke darin gesehen, dass das Gesetz keine Ersatzregelung für Schäden vorsieht, die der Geschäftsbesorger bei Tätigkeiten im Interesse des Geschäftsherrn an eigenen Rechtsgütern erlitt, BAG 10.11.1961 – GS 1/60 – unter VII, AP § 611 BGB Gefährdungshaftung des Arbeitgebers Nr. 2. Der Gesetzgeber des BGB hatte diese Frage bewusst offen gelassen (Mot. II, S. 541; Prot. II, S. 367). Dagegen bezieht die Parallelbestimmung des § 1014 ABGB ausdrücklich alle mit der Erfüllung eines Auftrags verbundenen Schäden in die Haftung des Gewaltgebers ein; zur Bedeutung für Eigenschäden OGH 31.5.1983 – 4 Ob 35/82 – DRdA 1984, 32; vergleichbar ist aber die Situation des auftragslosen Geschäftsführers im österreichischen Recht (§ 1036 ABGB), dazu OGH 24.8.1995 – 2 Ob 46/95 –, DRdA 1996, 311 m. Anm. *Grömmer/Oberhofer*. Zum österreichischen Recht insgesamt *Fitz*, Risikozurechnung, 1985.

15 *Staudinger/Martinek/Omlor*, BGB (2017), § 670 Rn. 20; zur Grenze der Vertragsauslegung *Larenz*, SAE 1962, 197.

16 BAG 10.11.1961 – GS 1/60 –, AP § 611 BGB Gefährdungshaftung des Arbeitgebers Nr. 2.

17 Auf ergänzende Vertragsauslegung stützt die Enthaftung *Andresen*, DB 1960, 844 f.; 1961, 309; dagegen zutreffend BAG 10.11.1961 – GS 1/60 – unter VI, AP § 611 BGB Gefährdungshaftung des Arbeitgebers Nr. 2; und *Brox*, Anm. zu BAG 8.5.1980 – 3 AZR 82/79 – unter IV 1, AP § 611 BGB Gefährdungshaftung des Arbeitgebers Nr. 6.

18 Vgl. Mot. II, S. 541; Prot II, S. 567.

19 § 104 SGB VII schließt die Haftung des Arbeitgebers bei Arbeitsunfällen nur für Personenschäden aus; das war bei den Vorgängernormen §§ 898, 899 RVO nicht ganz unumstritten, vgl. *Isele*, Anm. zu BAG 10.11.1961 – GS 1/60 – AP § 611 BGB Gefährdungshaftung des Arbeitgebers Nr. 2.

tätigen Beauftragten vergleichbar. Im Falle des Eigenschadens konkretisiert sich die Fremdnützigkeit darin, dass der Arbeitnehmer sein Eigentum und Vermögen *an Stelle* arbeitgeberischen Eigetums und Vermögens einsetzt.[20] Das rechtfertigt die Abwälzung der mit der Tätigkeit „zusammenhängenden“ Schadensrisiken. Die konkrete Beherrschung von Schadensrisiken seitens des Arbeitgebers kraft seiner Organisationsgewalt ist der zweite Gesichtspunkt, der aber nur bei einem Teil der Schadensrisiken greift. Zu diesem Risiko des Arbeitgebers gehört auch die Verursachung von Schäden an privatem Eigentum oder Vermögen durch betrieblich eingesetzte **künstliche Intelligenz** bzw. Robotik. Beschädigt diese (z. B. ein vom Arbeitgeber eingesetzter Laderoboter beschädigt das für dienstliche Zwecke eingesetzte Privatfahrzeug des Arbeitnehmers beim Beladen), ist der Arbeitgeber analog § 670 BGB zum Schadensersatz verpflichtet. Das gilt auch dann, wenn der Arbeitgeber die Verkehrspflichten, die ihm als Betreiber (Art. 26 u. 3 Nr. 4 KI-VO) oder sogar als Anbieter (Art. 16 KI-VO) des verwendeten KI-Systems auferlegt sind, beachtet hat. Das *Risiko* der Unvorhersehbarkeit der Entwicklung selbst lernender künstlicher Intelligenz einschließlich des „Exzessrisikos“ gehört zum betrieblichen Risiko, das beim betrieblichen Einsatz von privatem Eigentum des Arbeitnehmers im Rahmen des § 670 BGB der Arbeitgeber zu tragen hat. Dasselbe gilt, wenn das KI-System, das den Schaden verursacht hat oder an dem ein Schaden entstanden ist, dem Arbeitnehmer gehört: Ist es betrieblich eingesetzt worden, ist Betreiber im Sinne des Art. 26 KI-VO der Arbeitgeber. Ein weiterer Gesichtspunkt für die Risikohaftung des Arbeitgebers ist das Versagen des Vertrages als Instrument einer angemessenen Risikoverteilung ob der Unterlegenheit des Arbeitnehmers.[21] Diese Wertung lässt die Eigentumsverhältnisse an der beschädigten Sache – sie gehöre dem Arbeitgeber, einem Dritten oder dem Arbeitnehmer – als weniger gewichtig, wenn auch nicht unerheblich erscheinen.[22] Bedenken aus dem Enumerationsprinzip, demzufolge der Gesetzgeber die Schaffung verschuldensunabhängiger Haftungstatbestände vorbehalten ist,[23] wird man nicht mit der Beschränkung dieses Prinzips auf (Sach-)Gefährdungshaftung aus der Welt schaffen können.[24] Doch ist die Enthaftung des Arbeitnehmers mittlerweile gewohnheitsrechtlich anerkannt;[25] die Ausklammerung der hier in Rede stehenden Schäden erschiene vor diesem Hintergrund willkürlich. Zu Recht bejaht das BAG daher seit dem Beschluss des Großen Senats im Ameisensäurefall einen Ersatzanspruch des Arbeit-

---

20 Zur Pflicht des Arbeitgebers zur Bereitstellung der erforderlichen Arbeitsmittel BAG 10.11.2021 – 5 AZR 334/21 –, BAGE 176, 145.

21 Siehe oben § 3 RN 2 ff.; zu historischen Wurzeln der Schadenshaftung des Geschäftsherrn bei fremdnütziger Tätigkeit *Mayer-Maly*, NZA 1991, Beil. 3, S. 12 f.; *Honsell*, FS v. Lübtow (1980), S. 485 ff.

22 Vgl. *Brox*, Anm. zu BAG 8.5.1980 – 3 AZR 82/79 – unter III, AP § 611 BGB Gefährdungshaftung des Arbeitgebers Nr. 6.

23 *Koch*, Eigenschaden, S. 36 f., 38; MünchArbR/*Reichold*, 6. Aufl., § 93 Rn. 27.

24 So *Canaris*, RdA 1966, S. 41 ff.; dagegen *Köbler*, NJW 1969, 1413, 1414, und *Koch*, Eigenschaden, S. 38.

25 § 4 RN. 19 f.

nehmers für Eigenschäden, die durch die Arbeitstätigkeit verursacht wurden.[26] Das ist im Grundsatz auf allgemeine Zustimmung gestoßen, und man kann insoweit mittlerweile von einer gewohnheitsrechtlichen Anerkennung sprechen.[27]

Umstritten ist dagegen die vom BAG befürwortete doppelte **Analogie zu § 670 BGB**[28] 5
und der Umfang des Anspruchs im Einzelnen. Doch hat dieser Streit in dem Maß an Bedeutung verloren, in dem die Rechtsprechung sich – unter Beibehaltung ihres formalen Ansatzes – materiell, in den entscheidenden Wertungen der Vorstellung angenähert hat, die Haftung für Eigenschäden als Teil des innerbetrieblichen Schadensausgleichs zu sehen und dementsprechend die in der Arbeitnehmerhaftung entwickelten Haftungsmaßstäbe auch hier anzuwenden.[29] Mit dieser Erweiterung ist die **analoge Anwendung des § 670 BGB**[30] unter den angebotenen und denkbaren Lösungen die überzeugendste.[31] Die Fürsorgepflicht[32] fordert vom Arbeitgeber ein bestimmtes Verhalten, wohingegen die hier thematisierte Haftung nicht an ein Fehlverhalten des Arbeitgebers anknüpft,[33] sondern Risiken zuweist. Ebenso wenig kann man die Ersatzleistung des Arbeitgebers als „Vergütung" betrachten, die aus § 612 BGB geschuldet

---

26 BAG 10.11.1961 – GS 1/60 – unter VII, AP § 611 BGB Gefährdungshaftung des Arbeitgebers Nr. 2. Seitdem st. Rspr., siehe nur BAG 28.10.2010 – 8 AZR 647/09 – Rn. 26 ff., AP § 611 BGB Haftung des Arbeitgebers Nr. 43 = NZA 2011, 406, 408.

27 *Canaris*, RdA 1966, S. 41, 42; *v. Hoyningen-Huene*, SAE 1982, 51.

28 Dagegen *Larenz*, SAE 1962; 197 f.; *Canaris*, RdA 1966, 41, 47; *Genius*, AcP 173, 481, 490. Darstellung des Streitstandes: *Grüneberg/Sprau*, BGB, 84. Aufl., § 670 Rn. 11 f.; siehe auch *Langenbucher*, ZfA 1997, 523, 536.

29 Dagegen ausdrücklich noch BAG 10.11.1961 – GS 1/60 – unter III, IV und V, AP § 611 BGB Gefährdungshaftung des Arbeitgebers Nr. 2; anders BAG 8.5.1980 – 3 AZR 82/79 –, AP § 611 BGB Haftung des Arbeitnehmers Nr. 6; 20.4.1989 – 8 AZR 632/87 –, AP § 611 BGB Gefährdungshaftung des Arbeitgebers Nr. 9 = NZA 1990, 27; ebenso MünchArbR/*Reichold*, 6. Aufl., § 93 Rn. 27; *v. Hoyningen-Huene*, Anm. SAE 1982, 51, 52 f.

30 Nach *Staudinger/Martinek/Omlor*, BGB (2017), § 670 Rn. 23 handelt es sich um eine „teleologische Extension"; ebenso *Reichold*, NZA 1994, 488, 492.

31 Ebenso *v. Hoyningen-Huene*, SAE 1982, 51 m.w.N.; *Bydlinski*, Risikohaftung des Arbeitgebers, S. 27 und S. 56 ff. (zu § 1014 ABGB); MünchArbR/*Reichold*, 6. Aufl., § 93 Rn. 27; ErfK/*Preis/Greiner*, 25. Aufl., § 619a BGB Rn. 77 ff.; *Reichold*, NZA 1994, 488, 491 f.; *Franzen*, ZTR 1996, 305, 306; zweifelnd *Brox*, Anm. zu BAG 8.5.1980 – 3 AZR 82/79 – unter III, AP § 611 BGB Gefährdungshaftung des Arbeitgebers Nr. 6. Dagegen *Bäumler*, Anwendungsbereich der Schadensteilung, S. 120. In Österreich gibt der § 670 BGB entsprechende § 1014 ABGB bereits seinem Wortlaut nach dem Auftragnehmer einen Anspruch auf Ersatz aller „Schäden, die mit der Erfüllung des Auftrags" verbunden sind. Die Leitentscheidung OGH vom 31.5.1983 – 4 Ob 35/82 – sieht darin ein Prinzip der „Risikohaftung bei Tätigkeit in fremdem Interesse" zum Ausdruck kommen, das eine analoge Anwendung der Vorschrift im Arbeitsverhältnis für schlechthin geboten erscheinen lasse. Der Arbeitgeber hafte demnach für Schäden, die mit der Arbeitsleistung „typischerweise" verbunden seien, also alle arbeitsadäquaten Schäden, OGH 31.5.1983 – 4 Ob 35/82 – Leits. 1–3, DRdA 1984, 32; 8.11.1995 – 9 ObA 184/95 – Leitsätze I und II, Arb Nr. 11454; siehe noch § 16 RN 27.

32 Als Grundlage herangezogen von *Achterberg*, AcP 164, 47 ff.

33 Zutr. BAG 10.11.1961 – GS 1/60 – unter I, II, AP § 611 BGB Gefährdungshaftung Nr. 2 m.w.N.; dort unter VI auch zutreffend gegen die Konstruktion eines Aufopferungsanspruchs (so *G. Küchenhoff*, FS Nottarp (1961), S. 153 ff.; *Becker-Schaffner*, VersR 1970, 100 ff.; dagegen auch *Gick*, JuS 1979, 638, 640 f. m.w.N.; *Koch*, Eigenschaden, S. 46 f.).

sei.[34] Das widerspricht der natürlichen Anschauung ebenso wie dem Parteiwillen. § 396 Abs. 2 HGB, § 87d HGB und § 716 BGB regeln zwar ebenfalls den Ersatz von Aufwendungen bzw. Schäden bei fremdnütziger Tätigkeit, jedoch in Rechtsverhältnissen, die dem Arbeitsverhältnis jedenfalls nicht näher stehen als § 670 BGB. Schließlich kann die Haftungsgrundlage nicht in einem „Rechtsinstitut der Risikohaftung" gesehen werden, dem auch die Enthaftung des Arbeitnehmers zuzurechnen sei;[35] denn ein derartiges Rechtsinstitut ist als Anspruchsgrundlage nicht anerkannt.[36] Der Risikogedanke beseitigt nicht den prinzipiellen Unterschied zwischen Schädigung anderer und dem Erleiden eigenen Schadens.[37] Vielmehr sind die einschlägigen Risikoerwägungen bei der Konkretisierung der Analogie zu § 670 BGB heranzuziehen.[38] Das ist auch sachlich richtig, denn hier (bei der Risikohaftung wegen Tätigkeit in fremdem Interesse) wie dort (in § 670 BGB) geht es um die Regelung von **Vermögensopfern in fremdem Interesse.**[39] Hinzu kommt der unmittelbare Zusammenhang mit dem Anspruch auf Freistellung von der Außenhaftung, der ebenfalls auf § 670 BGB gestützt wird.

III. Die Voraussetzungen des Erstattungsanspruchs im Einzelnen

6 Die dogmatische Annäherung des ursprünglich als erweiterter Aufwendungsersatz konzipierten Anspruchs[40] analog § 670 BGB an die Grundsätze des innerbetrieblichen Schadensausgleichs hat zu einer entsprechenden Ausformung des Haftungstatbestandes geführt, die sich von den Vorstellungen des Großen Senats im Ameisensäurefall[41] weit entfernt hat: Der Erstattungsanspruch erfasst nicht mehr nur „außergewöhnliche"

34 So aber *Koch*, Eigenschaden, S. 77 ff., 87 ff. Anderes kann für pauschalierte Aufwandsentschädigungen gelten, vgl. *Erman/Edenfeld/Bieder*, BGB, 17. Aufl., § 611a Rn. 358; gegen die Einordnung als Vergütung: *Staudinger/Fischinger*, BGB (2022), § 611a Rn. 1366.

35 *Canaris*, RdA 1966, 41, 43, 47 f.; *Larenz*, JuS 1965, 373, 375 f.; dazu *Bydlinski*, Risikohaftung des Arbeitgebers, S. 29 ff.; *Köbler*, NJW 1969, 1413, 1415, sieht eine Gefährdungshaftung des Arbeitgebers mit der unfallversicherungsrechtlichen Regelung für Personenschäden bereits etabliert; ebenso *Denck*, Außenhaftung, S. 115 f.; siehe § 21 RN 1 und 7. *Genius*, AcP 173, 481, 516, will den Anspruch auf eine „hypothetische Norm" anhand des § 110 HGB gründen. Für eine normunabhängige Rechtsfortbildung auch *Birk*, Anm. zu LAG Düsseldorf EzA § 670 BGB Nr. 9 unter II, S. 26 b; *Erman/Berger*, BGB, 17. Aufl., § 670 Rn. 19.

36 Zutr. *v. Hoyningen-Huene*, SAE 1982, 51; ErfK/*Preis/Greiner*, 25. Aufl., § 619a BGB Rn. 79.

37 BAG 10.11.1961 – GS 1/60 – unter III, AP § 611 BGB Gefährdungshaftung des Arbeitgebers Nr. 2.

38 Siehe Nachweise FN 31.

39 Zutr. *Staudinger/Martinek/Omlor*, BGB (2017), § 670 Rn. 23; die Kritik der Vertreter der Risikohaftungstheorie an der Analogie zu § 670 BGB (z. B. *Larenz*, JuS 1965, 373, 376) ist überzogen, soweit sie sich gegen den Begründungsansatz überhaupt und nicht nur gegen seine Ausgestaltung durch den Großen Senat richtet. Der Gegensatz zwischen dem § 670 BGB-Ansatz und dem der Risikohaftung wirkt konstruiert.

40 BAG 10.11.1961 – GS 1/60 – unter VII, AP § 611 BGB Gefährdungshaftung des Arbeitgebers Nr. 2.

41 BAG 10.11.1961 – GS 1/60 – unter VII, AP § 611 BGB Gefährdungshaftung des Arbeitgebers Nr. 2.

Schäden,[42] er ist nicht nur auf Wertersatz angelegt, und ein Mitverschulden des Arbeitnehmers führt nicht zwangsläufig zum Wegfall des Anspruchs.

1. Schäden am eingesetzten Vermögen des Arbeitnehmers

Der Große Senat hatte im Ameisensäurefall lediglich die Erstattung von **Sachschäden** zu behandeln.[43] Inzwischen werden auch primäre (reine[44]) **Vermögensschäden**[45] im Rahmen des Eigenschadensersatzanspruchs als ersatzfähig betrachtet. Dazu zählt der Verlust positiver Vermögenswerte (z. B. Verlust eines Prämienrabatts in der Kfz-Versicherung) oder die Belastung mit Kosten (Kosten der Schadensbegutachtung).[46] Die Rechtsprechung rechnet auch die Belastung mit Verfahrenskosten und Geldstrafen/Bußgeldern dem Eigenschadensersatzanspruch zu.[47] Das ist insofern zutreffend, als der Arbeitnehmer in diesen Fällen der „Erstgeschädigte" ist, sein Schaden also nicht lediglich in der Haftung für den Schaden eines anderen (dann Freistellungsanspruch) besteht. Die Einbeziehung von Vermögensschäden ist gerechtfertigt. Spricht die Fremdnützigkeit der Tätigkeit maßgeblich für eine Haftungsverlagerung auf den Arbeitgeber, wäre die Beschränkung auf Sachschäden willkürlich. Hätte der Arbeitnehmer im Ameisensäurefall die Kleidung bei einem Dritten geliehen oder gemietet, wäre sein Schaden kein Sach-, sondern ein Vermögensschaden,[48] unterstellt, er hätte den Schaden mit leichtester Fahrlässigkeit verursacht und haftete deshalb dem Verleiher/Vermieter auf Schadensersatz. Für die Gerechtigkeit der Schadensverteilung können die Eigentumsverhältnisse insoweit nicht erheblich sein. So hat auch die zitierte zivilgerichtliche Rechtsprechung zur Einbeziehung notwendiger Schäden in den § 670 BGB nie zwischen Sach- und sonstigen Vermögensschäden unterschieden. 7

Eine erste Präzisierung fordert der Gedanke der Fremdnützigkeit: Der Schaden muss an einem **Gegenstand** eingetreten sein, den der Arbeitnehmer **für die betrieb-** 8

42 Wenngleich die Rechtsprechung nach wie vor mit dieser Formel operiert, vgl. BAG 16.3.1995 – 8 AZR 260/94 – unter I der Gründe, AP § 611 BGB Gefährdungshaftung des Arbeitgebers Nr. 12 = NZA 1995, 836.

43 BAG 10.11.1961 – GS 1/60 – unter VII, AP § 611 BGB Gefährdungshaftung des Arbeitgebers Nr. 2; *Klein*, BB 1963, 1488, 1489.

44 Die Erstattungsfähigkeit von Vermögensfolgeschäden (z. B. infolge einer Sachbeschädigung oder einer Körperverletzung) ist keine Frage der geschützten Rechte, sondern des Anspruchsumfangs, dazu RN 41 f.

45 BAG 20.4.1989 – 8 AZR 632/87 –, AP § 611 BGB Gefährdungshaftung des Arbeitgebers Nr. 9 = NZA 1990, 27; 30.4.1992 – 8 AZR 409/91 –, AP § 611 BGB Gefährdungshaftung des Arbeitgebers Nr. 11 = NZA 1993, 262; MünchKommBGB/*Spinner*, 9. Aufl., § 611a Rn. 817; ErfK/*Preis/Greiner*, 25. Aufl., § 619a BGB Rn. 81; siehe auch die Aufzählung bei *Grüneberg/Weidenkaff*, BGB, 84. Aufl., § 611 Rn. 125b.

46 Vgl. BAG 28.10.2010 – 8 AZR 647/09 –, AP § 611 BGB Haftung des Arbeitgebers Nr. 43 = NZA 2011, 406.

47 Vgl. BAG 16.3.1995 – 8 AZR 260/94 –, AP § 611 BGB Gefährdungshaftung des Arbeitgebers Nr. 12 = NZA 1995, 836 = AR-Blattei ES 860 Nr. 68 m. Anm. *Schwarze*; vgl. auch den Sachverhalt in BAG 14.11.1991 – 8 AZR 628/90 –, AP § 611 BGB Gefährdungshaftung des Arbeitgebers Nr. 10 m. zust. Anm. *Berger-Delhey* = NZA 1992, 691; BAG 28.5.1960 – 2 AZR 548/59 –, BAGE 9, 243, 245 ging hinsichtlich der vom Arbeitnehmer zu tragenden Kosten der Nebenklage wohl von einem Freistellungsanspruch aus; da grobe Fahrlässigkeit angenommen wurde, musste nicht entschieden werden.

48 *Genius*, AcP 173 (1973), 481, 499 Fn. 93.

liche Tätigkeit eingesetzt hat.[49] Dies ist zu bejahen, wenn der Arbeitgeber den Einsatz (z. B. des Privat-Kfz) gebilligt hat[50] oder wenn der Einsatz für die Erledigung der Arbeit erforderlich war bzw. wenn der Arbeitnehmer den Einsatz bei Anwendung der erforderlichen Sorgfalt für erforderlich halten durfte.[51] Stellt der Arbeitgeber die Arbeitsmittel und erlaubt gleichzeitig dem Arbeitnehmer den Einsatz privater Arbeitsmittel (z. B. private Informations- und Kommunikationstechnik, Arbeit im Homeoffice), erfolgt der Einsatz der privaten Arbeitsmittel im Zweifel und ohne anderslautende Vereinbarung im Interesse des Arbeitnehmers und somit auf dessen Kosten und Risiko.[52] Schäden durch betriebliche Tätigkeit können auch an solchen **Gegenständen** entstehen, **die nicht zur Durchführung der Arbeit „verwendet"** werden, z. B. wenn der Arbeitnehmer mit dem Gabelstapler leicht fahrlässig sein auf dem Betriebsgelände abgestelltes Fahrzeug beschädigt. Solche Schäden sind nicht über § 670 BGB ersatzfähig, weil es am fremdnützigen Einsatz der Sache (im Beispiel Kfz) für den Arbeitgeber fehlt. Eingesetzt in diesem Sinne sind hingegen auch solche Gegenstände, die der Arbeitnehmer zwar nicht unmittelbar zur Ausführung der Arbeit einsetzt, aber für die Bereitstellung der Arbeitskraft benötigt und während der Arbeitsleistung bei sich tragen muss, weil geeignete Lagerungsmöglichkeiten fehlen (z. B. Armbanduhr von üblichem Wert, wenn am Arbeitsplatz keine Uhr vorhanden ist).[53] Auch **ideale Gegenstände** aus dem Vermögen des Arbeitnehmers können in diesem Sinne eingesetzt werden (z. B. Anspruch des Arbeitnehmers auf Versicherungsschutz aus einer für sein Kfz abgeschlossenen Kaskoversicherung).

2. Kausale Folge betrieblich veranlasster Tätigkeit des geschädigten Arbeitnehmers

9 Nach der **Rechtsprechung** muss der Schaden „bei der Arbeit"[54] bzw. „in Vollzug einer Tätigkeit"[55] bzw. „bei Erbringung der Arbeitsleistung"[56] bzw. „in Ausübung einer be-

49 Der Große Senat spricht ausdrücklich von „Einsatzpflicht" (BAG 10.11.1961 – GS 1/60 – unter unter VII, AP § 611 BGB Gefährdungshaftung des Arbeitgebers Nr. 2); deutlich Vorinstanz zu BAG 20.4.1989 – 8 AZR 632/87 – unter 3, AP § 611 BGB Gefährdungshaftung des Arbeitgebers Nr. 9 = NZA 1990, 27.

50 HWK/*Thüsing*, 11. Aufl., § 611a BGB Rn. 429; MünchArbR/*Reichold*, 6. Aufl., § 93 Rn. 29; BeckOK/*Baumgärtner*, BGB (Stand: 05/2024), § 611a Rn. 100. Die Billigung kann sich auch aus betrieblicher Übung ergeben, BAG 28.10.2010 – 8 AZR 647/09 – Rn. 31, AP § 611 BGB Haftung des Arbeitgebers Nr. 43 = NZA 2011, 406.

51 BAG 22.6.2011 – 8 AZR 102/10 – Rn. 28, NZA 2012, 91; näher dazu *Schwarze*, RdA 2012, 317 ff.

52 Vgl. BAG 12.4.2011 – 9 AZR 14/10 – Rn. 25, NZA 2012, 97; *Schwarze*, ZfA 2024, 79, 90 f.

53 *Schumacher*, Haftung des Arbeitgebers, S. 109; anders i. d. R. bei der mitgeführten Geldbörse, vgl. *Langenbucher*, ZfA 1997, 523, 553.

54 So BAG 10.11.1961 – GS 1/60 – Leits. 1, AP § 611 BGB Gefährdungshaftung des Arbeitgebers Nr. 2.

55 BAG 10.11.1961 – GS 1/60 – Leits. 2, AP § 611 BGB Gefährdungshaftung des Arbeitgebers Nr. 2.

56 BAG 20.4.1989 – 8 AZR 632/87 – unter 1, AP § 611 BGB Gefährdungshaftung des Arbeitgebers Nr. 9 = NZA 1990, 27.

trieblichen Tätigkeit“[57] bzw. **„im Betätigungsbereich des Arbeitgebers“**[58] eingetreten sein. Diese Formeln sind ungenau; sie insinuieren eine zeitliche Koinzidenz von Arbeitsleistung („bei“) und schädigendem Ereignis, die zwar meistens vorliegt, aber nicht vorliegen muss.[59] Im BAG-Urteil vom 11.8.1988[60] z.B. hatte ein Arbeitnehmer wegen eines in der DDR verursachten Verkehrsunfalls 50.000 DM zahlen müssen, um aus der Haft freizukommen. Dieser Schaden[61] war zeitlich nach der ihn verursachenden betrieblichen Tätigkeit entstanden; der Unfall als solcher war für den Arbeitnehmer kein schädigendes Ereignis, da er durch ihn keinen Schaden erlitten hatte. Dennoch ist der Schaden analog § 670 BGB grundsätzlich ersatzfähig.[62] Präziser und in Übereinstimmung mit den Voraussetzungen der Enthaftung des Arbeitnehmers ist stattdessen zu fordern, dass das Schadensereignis **kausale Folge betrieblich veranlasster Tätigkeit des geschädigten Arbeitnehmers** ist.[63] Ob ein erst nach Beendigung der Arbeitstätigkeit eintretender Schaden letztlich vom Arbeitgeber zu bezahlen ist, ist erst bei der Abgrenzung von Betriebs- und privatem Schadensrisiko zu prüfen.

Ursächliche Bedingung des Schadensereignisses ist die betriebliche Tätigkeit, wenn 10
sie nicht hinweggedacht werden kann, ohne dass auch das Schadensereignis entfiele (**condicio-Formel**). Die Bedingung muss dagegen **nicht adäquat** sein; vielmehr hat der Arbeitgeber auch für ganz unwahrscheinliche Schadensrisiken einzustehen, wenn und da sie im Haftungsbereich des von ihm zu tragenden Risikos liegen. Wird z.B. das vom Arbeitnehmer für eine Dienstfahrt eingesetzte Kfz durch einen vom Blitz gefällten Baum getroffen, mag man von einem „ganz unwahrscheinlichen“[64] Kausalverlauf sprechen können; dennoch fällt das Schadensereignis in den Risikobereich des Arbeitgebers, denn

---

57 BAG 16.3.1995 – 8 AZR 260/94 –, AP § 611 BGB Gefährdungshaftung des Arbeitgebers Nr. 12 = NZA 1995, 836.

58 BAG 28.10.2010 – 8 AZR 647/09 – Rn. 31, AP § 611 BGB Haftung des Arbeitgebers Nr. 43 = NZA 2011, 406.

59 Siehe RN 13.

60 BAG 11.8.1988 – 8 AZR 721/85 –, AP Nr. 7 zu § 611 BGB Gefährdungshaftung des Arbeitgebers = NZA 1989, 54.

61 Zur Abgrenzung von der Aufwendung *Schwarze*, Anm. BAG AR-Blattei ES 860 Nr. 68. Der Verkehrsunfall ist hier nicht das schädigende Ereignis.

62 Im Ergebnis zutreffend BAG 11.8.1988 – 8 AZR 721/85 –, AP § 611 BGB Gefährdungshaftung des Arbeitgebers Nr. 7 = NZA 1989, 54. Eine parallele Problematik gibt es beim Aufwendungsersatzanspruch gemäß § 670 BGB: Ersatzfähig sind auch solche Aufwendungen, die zwar nicht zur Durchführung des Auftrags gemacht wurden, aber doch in deren Folge entstanden sind, MünchKommBGB/*F. Schäfer*, 9. Aufl., § 670 Rn. 26 ff.

63 Zur Abgrenzung der „betrieblich veranlassten Tätigkeit“ siehe § 8 RN 1 ff.

64 Vgl. zum Adäquanzmaßstab BGH 23.10.1951 – I ZR 31/51 –, BGHZ 3, 261, 267, im Anschluss an *Traeger*, Kausalbegriff im Zivil- und Strafrecht, S. 159 und RGZ 133, 126, 127; den Begriff der Adäquanz wohl enger verstehend („generelle Begünstigung“) *Steindorff*, FS Dölle Bd. I (1963), S. 273, 293. Man kann den Kreis der ganz unwahrscheinlichen Ereignisse enger ziehen, nur hat die Adäquanzformel dann keine begrenzende Wirkung mehr. Für den Ersatz auch inadäquater Schäden unter Anwendung der Theorie der wesentlichen Verursachung, *Schumacher*, Haftung des Arbeitgebers, S. 116 f., 118 ff. Zur (Nicht-)Anwendbarkeit der ursprünglich für die Verschuldenshaftung konzipierten Adäquanztheorie in der Gefährdungs- und Risikohaftung *Deutsch*, Haftungsrecht, 2. Aufl., Rn. 684 ff.; *Gitter*, Schadensausgleich, 1969, S. 112.

ohne den Einsatz des Arbeitnehmerfahrzeugs hätte er ein eigenes Fahrzeug einsetzen müssen, das denselben Schaden erlitten hätte.[65]

11 Hat der Arbeitnehmer sein Privatfahrzeug für einen Diensteinsatz mit zum Betrieb gebracht und wird es noch vor dem Einsatz beschädigt, ist der Schaden nicht durch betriebliche Tätigkeit veranlasst, denn diese beginnt erst mit dem konkreten Einsatz.[66] Anderes gilt, wenn der Arbeitnehmer während einer Rufbereitschaft zum Einsatz gerufen wird; hier ist die **Fahrt zum Einsatzort bzw. Betrieb** bereits betrieblicher Natur,[67] ebenso die Rückfahrt.[68] Betrieblich veranlasst soll nach Auffassung des BAG auch das Parken des Privatfahrzeugs des Arbeitnehmers zwischen zwei Dienstfahrten sein, so dass der Arbeitgeber für einen während des Parkens entstandenen Schaden aufkommen muss.[69] Doch ist das Parken nur dann betrieblich veranlasst, wenn der Arbeitnehmer das Fahrzeug sonst gar nicht mit zur Arbeit gebracht hätte.[70]

12 Nicht erforderlich ist, dass die betrieblich veranlasste Tätigkeit auch schadensgeneigt bzw. gefahrgeneigt ist. War diese vom Großen Senat des BAG verlangte Voraussetzung[71] nie unumstritten[72] und bereits vom 3. Senat wieder aufgegeben worden,[73] ist sie jedenfalls mit dem Beschluss des Großen Senates zum Wegfall der Gefahrneigung als Voraussetzung der Enthaftung des Arbeitnehmers[74] obsolet.

13 Weder ein notwendiges noch ein hinreichendes Kriterium für die betriebliche Veranlassung des Eigenschadens ist die **Koinzidenz des Schadenseintritts mit der Arbeitszeit** und dem Arbeitsort: Ein während der Arbeitszeit und am Arbeitsort eingetretener Eigenschaden kann privat verursacht sein (Arbeitnehmer beschädigt sein mitgebrachtes Mobiltelefon, das für Durchführung der Arbeit nicht erforderlich ist), ein außerhalb der Arbeitszeit verursachter Schaden kann ersatzfähiger Eigenschaden sein (Arbeitnehmer geht außerhalb der Arbeitszeit einem Feueralarm im Betrieb des Arbeitgebers nach und beschädigt dabei seine Kleidung).

---

65 Parallel die Bestimmung des versicherten Risikos in der gesetzlichen Unfallversicherung, § 22 RN 34.

66 BVerwG 18.1.1996 – 2 C 28/94 –, ZTR 1997, 48; siehe auch LAG Baden-Württemberg 29.6.1983 – I AZR 260/68 –, AR-Blattei Haftung des Arbeitgebers Nr. 55.

67 BAG 22.6.2011 – 8 AZR 102/10 – Rn. 26 ff., AP § 611 BGB Haftung des Arbeitgebers Nr. 45 = NZA 2012, 91; dazu *Schwarze*, RdA 2012, 317.

68 LAG Rheinland-Pfalz 23.04.2013 – 6 Sa 559/12 – Rn. 34, juris.

69 BAG 14.12.1995 – 8 AZR 875/94 –, AP § 611 BGB Gefährdungshaftung des Arbeitgebers Nr. 13 = NZA 1996, 417 = EzA § 611 BGB Arbeitgeberhaftung Nr. 4 m. Anm. *Schwarze*; zur Verschuldenshaftung des Arbeitgebers für von Dritten verursachte Schäden gemäß §§ 280 ff. BGB bzw. § 823 BGB BAG 25.5.2000 – 8 AZR 518/99–, AP § 611 BGB Parkplatz Nr. 8 = NZA 2000, 1052.

70 *Schwarze*, Anm. EzA § 611 BGB Arbeitgeberhaftung Nr. 4.

71 Der Senat spricht von „gefährlicher" Arbeit (10.11.1961 – GS 1/60 – unter VII, AP § 611 BGB Gefährdungshaftung des Arbeitgebers Nr. 2); für diese Voraussetzung ebenfalls *Canaris*, RdA 1966, 41, 46.

72 Siehe § 3 RN 22, § 4 RN 24.

73 Der Sache nach BAG 8.5.1980 – 3 AZR 82/79 – unter I 1, § 611 BGB Gefährdungshaftung Nr. 6 m. Anm. *Brox* = EzA § 670 BGB Nr. 14 m. Anm. *Käppler*.

74 BAG 27.9.1994 – GS 1/89 –, AP § 611 BGB Haftung des Arbeitnehmers Nr. 103 = AuR 1995, 70 m. Anm. *Otto*.

3. Ausgrenzung eigenwirtschaftlicher Schadensrisiken

Der kausale Zusammenhang zwischen Schaden und betrieblicher Tätigkeit verbürgt allein noch keine interessengerechte Schadensverteilung; der Arbeitgeber hat nicht für alle solchermaßen entstandenen Schäden einzustehen. Der Schaden muss vielmehr, so die Rechtsprechung, überdies **„dem Betätigungsbereich des Arbeitgebers, nicht dem Lebensbereich des Arbeitnehmers zuzurechnen“** sein.[75] Die redundante Formulierung deutet auf eine wertungsbelastete und einzelfallorientierte Abgrenzung hin.[76] Zur Unübersichtlichkeit der Diskussion trägt bei, dass das Argument des privaten Schadensrisikos („Lebensrisikos“) oft angeführt wird, wo in Wirklichkeit eine zulässige vertragliche Verlagerung des Betriebsrisikos durch Abgeltung vorliegt und umgekehrt.[77] 14

In der Sache geht es darum, dem Arbeitgeber nur solche Schäden aufzubürden, in denen sich das **tätigkeitsspezifische Risiko** und damit das **Betriebsrisiko** verwirklicht hat;[78] andernfalls ist der Zusammenhang zwischen betrieblicher Tätigkeit und Schaden zufällig und hat sich in Wahrheit ein vom Arbeitnehmer eigenwirtschaftlich (privat) gesetztes Risiko verwirklicht. Theoretisch sind für diese Abgrenzung zwei Ansätze denkbar: Man kann sie vom Betriebsrisiko her angehen und einen qualifizierten Zusammenhang zwischen betrieblicher Tätigkeit und Schadensereignis bzw. Schadensfolge postulieren; Schäden, die diese Voraussetzung nicht erfüllen sind „von vornherein“ nicht erstattungsfähig. Oder man versucht „negativ“, vom Gedanken des privaten Schadensrisikos her, Schäden aus der Haftung herauszunehmen. 15

a) Präzisierung der „betrieblich veranlassten Tätigkeit“

Es ist vielfach versucht worden, die Haftung des Arbeitgebers auf besondere Risiken innerhalb der betrieblichen Tätigkeit zu beschränken und das Betriebsrisiko auf diese Weise positiv zu definieren. All diesen Versuchen fehlt es an sachlicher Überzeugungskraft. Der Auffassung des Großen Senats des BAG, der Arbeitgeber stehe nur für **„außergewöhnliche“ Schäden** ein, mit denen der Arbeitnehmer nach Art des Betriebs 16

---

75 BAG 8.5.1980 – 3 AZR 82/79 – unter I 3, AP § 611 BGB Gefährdungshaftung Nr. 6; 20.4.1989 – 8 AZR 632/87 –, AP Nr. 9 a.a.O. = NZA 1990, 27; 28.10.2010 – 8 AZR 647/09 – Rn. 31, AP § 611 BGB Haftung des Arbeitgebers Nr. 43 = NZA 2011, 406; MünchKommBGB/*Spinner*, 9. Aufl., § 611a Rn. 820; auch im Auftragsrecht wird das „allgemeine Lebensrisiko“ herangezogen, vgl. *Staudinger/Martinek/Omlor*, BGB (2017), § 670 Rn. 23; ErfK/*Preis/Greiner*, 25. Aufl., § 619a BGB Rn. 83 ff. mit einer Auflistung von Einzelfällen; *Fitz*, Risikozurechnung, S. 82 ff.

76 Vgl. auch *Fitz*, Risikozurechnung, S. 83 f. (zur Risikohaftung bei Tätigkeit im fremden Interesse im Allgemeinen).

77 Beispielsweise BAG 8.5.1980 – 3 AZR 82/79 – unter I 2, AP § 611 BGB Gefährdungshaftung des Arbeitgebers Nr. 6, wonach die Ausgrenzung des Lebensrisikos offenbar nur für solche Schäden erwogen wird, die nicht bereits abgegolten sind. Umgekehrt ist es richtig: Schäden, die dem Betriebsrisiko des Arbeitgebers gar nicht zuzurechnen sind, brauchen auch nicht abgegolten zu werden. Krit. zur Vermengung beider Aspekte auch *Bydlinski*, Risikohaftung des Arbeitgebers, S. 27.

78 Eine der unfallversicherungsrechtlichen Theorie der wesentlichen Bedingung (§ 22 RN 34) ähnliche Wertung.

oder seiner Tätigkeit nicht zu rechnen hatte,[79] ist entgegenzuhalten, dass gerade Schäden, die „üblicherweise" oder „notwendig" mit der Arbeit zusammenhängen, deren „typisches" Risiko sind (Farbflecke auf der Arbeitskleidung des Malers, auf betriebliche Nutzung zurückzuführende Verschleißschäden an der Kleidung).[80] Zutreffend rechnet die zivilgerichtliche Rechtsprechung im Auftragsrecht solche Schäden dem Auftraggeber zu.[81] Nach *Bydlinski* hat der Arbeitgeber nur für solche Schäden einzustehen, mit denen nach der durchschnittlichen Auffassung des Rechtsverkehrs **ernstlich zu rechnen** war.[82] Aber: Der Arbeitgeber hätte auch nicht vorhersehbare Schäden selbst tragen müssen, wäre er an Stelle des Arbeitnehmers tätig geworden bzw. wäre an Stelle des arbeitnehmerischen Eigentums (z. B. Kfz) das des Arbeitgebers eingesetzt worden.[83] Von derartigen und ähnlichen Qualifizierungsversuchen abzusehen, ist ein Gebot nicht nur der Sachgerechtigkeit, sondern auch der Konsistenz des innerbetrieblichen Schadensausgleichs. Die Schadensverantwortung des Arbeitgebers resultiert nicht allein aus konkreter Risikobeherrschung, sondern insbesondere aus der unternehmerischen Verwertung der Arbeitstätigkeit.[84] Infolgedessen **beschränkt sich die Schadensverantwortlichkeit für Eigenschäden ebenso wenig auf besondere Schadensgefahren wie die Enthaftung des Arbeitnehmers auf die gefahrgeneigte Tätigkeit.**[85]

17 Gleichwohl ist ein Bedarf nach tatbestandlicher Präzisierung des Zusammenhangs von schädigendem Ereignis und Risikobereich des Arbeitgebers nicht zu leugnen. Ursächlich dafür ist einmal die relative Unbestimmtheit des Begriffs der betrieblichen Tätigkeit. Der **Arbeitnehmer kann zeitgleich mit betrieblichen auch eigenwirtschaftliche Zwecke verfolgen.** Nimmt z. B. ein Arbeitnehmer auf eine Dienstreise seine Fotoausrüstung zu privaten Zwecken mit, so ist das Mitführen keine betriebliche, son-

79 BAG 10.11.1961 – GS 1/60 – unter VII, AP § 611 BGB Gefährdungshaftung des Arbeitgebers Nr. 2, Bl. 6 f., allerdings ohne klare systematische Zuordnung dieser Begrenzung; dem Gericht schwebte wohl eher eine – konkludent – vereinbarte Begrenzung dieser Haftung vor (kein Schadensersatz, wenn Arbeitnehmer mit Schädigung seines Eigentums „rechnen muss"); zudem sollte es nach den Vorstellungen des Großen Senats nur bei „gefährlicher" Tätigkeit einen Ersatzanspruch geben. Das ist zu Recht als widersprüchlich kritisiert worden, *Genius*, AcP 173, 481, 501; *Bydlinski*, Risikohaftung des Arbeitgebers, S. 28.

80 Zutr. *Rother*, Haftungsbeschränkung, S. 278; *Bydlinski*, Risikohaftung des Arbeitgebers, S. 60; *Erman/Berger*, BGB, 17. Aufl., § 670 Rn. 19; *Denck*, Außenhaftung, S. 116 f.; *Staudinger/Fischinger*, BGB (2022), § 611a Rn. 1810.

81 Siehe oben FN 14. Eine davon zu trennende Frage ist, inwieweit sie unter dem Aspekt der Abgeltung aus der Ersatzpflicht des Arbeitgebers herauszunehmen sind, siehe RN 30 ff.

82 *Bydlinski*, Risikohaftung des Arbeitgebers, S. 64, der (S. 66 ff.) im Rahmen der Voraussehbarkeit des Schadens Überlegungen anstellt, die aus hiesiger Sicht zur Abgrenzung der betrieblichen Tätigkeit gehören, z. B. wann der Einsatz eines Privat-Kfz auch ohne ausdrückliche Weisung des Arbeitgebers dessen Risiko zuzurechnen ist; *Fitz*, Risikozurechnung, S. 82 ff. m.w.N., stellt der geschäftsspezifischen Gefahr das allgemeine Lebensrisiko gegenüber; dazu noch RN 24.

83 Dies gegen *Bydlinski*, Risikohaftung des Arbeitgebers, S. 63 f.; dagegen auch *Rother*, Haftungsbeschränkung, S. 278; MünchKommBGB/*Spinner*, 9. Aufl., § 611a Rn. 829.

84 Siehe RN 4 und § 3 RN 3 ff., 18 ff.

85 Insoweit ist auch *Canaris* Versuch, das vom Arbeitgeber zu tragende besondere Risiko aus der Schadensgeneigtheit heraus zu bestimmen (RdA 1966, 41, 46, 47), obsolet.

dern private Tätigkeit. Daher gehen Beschädigung oder Verlust der Ausrüstung (z.B. durch Unfall oder Diebstahl) den Arbeitgeber nichts an.[86] Setzt der Arbeitnehmer sein Privat-Kfz ohne Weisung des Arbeitgebers und ohne Notwendigkeit, allein aus Gründen der Bequemlichkeit ein, ist zwar die Fahrt betriebliche Tätigkeit, der Einsatz des Fahrzeugs und das damit verbundene Schadensrisiko aber privat veranlasst.[87] Auch ohne ausdrückliche Weisung zum Einsatz des eigenen Kfz haftet der Arbeitgeber demgegenüber, wenn die Arbeit ohne die Benutzung des eigenen Kfz nicht hätte durchgeführt werden können.[88] Geht der Eigenschaden gleichermaßen auf betriebliches und privates Handeln zurück (betriebliche Fahrt mit Privat-Kfz, Unfall wird durch privates Telefonat mitverursacht), ist der Ersatzanspruch des Arbeitnehmers analog § 254 BGB zu mindern, wobei der Minderungsbetrag, der bei dienstlichem Charakter des Fehlverhaltens (im Beispiel: Telefonat) anzusetzen wäre, wegen des privaten Charakters angemessen zu erhöhen ist, und zwar um 1/5 bei arbeitsvertraglicher Erlaubtheit und um 1/3 bei arbeitsvertraglicher Unerlaubtheit des privaten Verhaltens.[89]

b) Ausgrenzung privater Schadensrisiken

Selbst mit der präzisierten Fassung des Kausalitätsbegriffs sind noch nicht alle privaten Schadensrisiken ausgeklammert. 18

Erstens kann sich **während der betrieblichen Tätigkeit** – und insoweit durch sie verursacht – **ein Schadensrisiko verwirklichen, das in Wahrheit durch eigenwirtschaftliche Tätigkeit gesetzt wurde** 19

Z.B.: Der Arbeitnehmer wird im Rahmen einer Rufbereitschaft zum Dienst gerufen und benutzt dafür auf Weisung des Arbeitgebers sein Privat-Kfz; eine Kilometer-Pauschale erhält er nicht. Auf der Fahrt erleidet der Motor einen verschleißbedingten (200.000 km Laufleistung) Totalschaden. Der Schaden ist durch die betriebliche Tätigkeit verursacht worden.[90] Dennoch haftet der Arbeitgeber nicht für den Schaden, wenn die Laufleistung des Motors im Wesentlichen auf privater Nutzung beruht, denn dann hat sich ein Verschleißrisiko realisiert, das privat veranlasst war. 20

Verlorene **Prämienrabatte** bei vom Arbeitnehmer genommenen Versicherungen (vor allem Kfz-Versicherungen) sind nur dann dem betrieblichen Bereich zuzurechnen, wenn die Versicherung dem Arbeitgeber im Ergebnis zugute kommt. Das ist einmal der 21

86 Zutr. insoweit BAG 8.5.1980 – 3 AZR 213/79 –, AR-Blattei Haftung des Arbeitgebers Nr. 54. Anders, wenn die Ausrüstung zur Durchführung der Arbeit erforderlich war oder der Arbeitnehmer wegen der Dringlichkeit der Weisung nicht mehr in der Lage war, die Gegenstände rechtzeitig herauszunehmen.

87 BAG 23.11.2006 – 8 AZR 701/05 – Rn. 16, AP § 611 BGB Haftung des Arbeitnehmers Nr. 39 = NZA 2007, 870.

88 BAG 23.11.2006 – 8 AZR 701/05 – Rn. 13, AP § 611 BGB Haftung des Arbeitgebers Nr. 39 = NZA 2007, 870; 28.10.2010 – 8 AZR 647/09 – Rn 28, AP § 611 BGB Haftung des Arbeitgebers Nr. 43 = NZA 2011, 406; BAG 8.5.1980 – 3 AZR 82/79 –, AP § 611 BGB Gefährdungshaftung des Arbeitgebers Nr. 6; weiter *Käppler*, Anm. zu BAG EzA § 670 BGB Nr. 14 unter I 3 c, S. 56: der Einsatz müsse nur förderlich sein.

89 *Schwarze*, NZA 2018, 65, 69f.

90 Zum betrieblichen Charakter der Rufbereitschaftsfahrt BAG 22.6.2011 – 8 AZR 102/10 –, AP § 611 BGB Haftung des Arbeitgebers Nr. 45 = NZA 2012, 91; *Schwarze*, RdA 2012, 317, 318f.

Fall, wenn der Arbeitgeber selbst versichert ist (wie bei der vom Arbeitnehmer genommenen Kfz-Haftpflichtversicherung[91]) oder die Versicherungsbedingungen ein Regressverbot vorsehen. Zum anderen kommt die Versicherung dem Arbeitgeber zugute, wenn er sich adäquat an deren Kosten beteiligt und auf diese Weise den Anspruch auf Erstattung der versicherten Schäden aus § 670 BGB analog abbedungen hat[92] (z. B. bei Kaskoversicherung des Arbeitnehmers[93]). Schließlich kann die Versicherung dem Arbeitgeber dadurch zugute kommen, dass der Versicherer auf den Regress verzichtet.

22 **Zweitens** hat der Arbeitgeber **nicht für solche Schäden einzustehen**, die zwar auf betrieblicher Tätigkeit beruhen, **die der Arbeitnehmer aber ohnehin, auch ohne die betriebliche Tätigkeit erlitten hätte.** Es geht um den Einwand eines alternativen, aus dem Privatbereich des Arbeitnehmers stammenden Kausalverlaufs, der den Schaden ohnehin herbeigeführt hätte.[94] Unproblematisch ist dieser Einwand aber nur, solange sich der schädigende alternative Verlauf konkret ermitteln lässt.

23 Plausibel ist der Einwand alternativer Kausalität vor allem in der Gestalt des **ersparten Lebensaufwandes.**[95] Schäden, die notwendigerweise mit dem üblichen privaten Lebensablauf verbunden sind und deshalb auch ohne betriebliche Tätigkeit eingetreten wären, sind nicht vom Arbeitgeber zu tragen. Dies betrifft vor allem Verschleißschäden an Kleidung und anderen Gegenständen (z. B. Brille, Uhr), die auch ohne Arbeitstätigkeit in ständigem Gebrauch sind. Die berühmte Laufmasche im Strumpf wird man hier einordnen können, wenn sie auf Verschleiß beruht und die Strümpfe nicht nur bei der Arbeit getragen werden. Betreibt der Arbeitnehmer besonderen Aufwand für Arbeitskleidung, greift der Einwand nicht; allerdings bleibt dann noch die Abgeltung durch Vergütung zu beachten. Über diesen Rahmen hinaus ist der Einwand des alternativen Kausalverlaufs nicht anzuerkennen. Insbesondere kann man die Zurechnung konkreter, betrieblich veranlasster Unfallrisiken nicht deshalb verneinen, weil man „für gewöhnlich“ auch im privaten Leben mit solchen Risiken zu tun hat[96] oder weil bei Verkehrsunfällen jeder Verkehrsteilnehmer einen derartigen Unfall erleiden kann.[97] Denn das Schadensrisiko ist nun einmal durch die betriebliche Tätigkeit

91 § 11 RN 10 ff.

92 Dazu RN 30 ff.

93 Der Arbeitgeber ist als solcher in der Kaskoversicherung nicht mitversichert; es gibt auch kein Regressverbot, vgl. § 11 RN 35.

94 Nach *Koller*, SAE 1989, 201, 206, ist dagegen zu fragen, ob der Schaden auch dann eingetreten wäre, wenn der Arbeitnehmer sein Vermögen in seinem persönlichen Lebensbereich genutzt hätte.

95 Nur insoweit kann man *Kollers* These (SAE 1989, 201, 206) zustimmen, das private Schadensrisiko müsse nicht unbedingt empirisch ermittelt werden, sondern könne nach Maßgabe der „Lebenserfahrung“ bestimmt werden.

96 Vgl. *Genius* (AcP 173, 481, 515), der Schäden herausnehmen will, die „überall“ entstehen können; auch *Wilke*, Haftung des Arbeitgebers, S. 76; so auch *Staudinger/Martinek/Omlor*, BGB (2017), § 670 Rn. 26 für den Auftrag; *Fitz*, Risikozurechnung, S. 83 und passim.

97 So aber *Larenz*, SAE 1962, 197, 198; *Fitz*, Risikozurechnung, S. 83.

erhöht worden. Der Umstand allein, dass es auch im „Alltag“[98] derartige Schadensrisiken gibt, ändert daran nichts.

Solche Überlegungen könnten aber **drittens** unter dem Aspekt des **allgemeinen Lebensrisikos** zur Haftungseinschränkung führen. Er wird von Rechtsprechung und Literatur im vorliegenden Zusammenhang oft bemüht. Seine haftungsrechtliche Relevanz ist bislang nicht wirklich gesichert.[99] Eine allgemeine Definition dessen, was zum allgemeinen Lebensrisiko des Geschädigten gehört und deshalb nicht zu ersetzen ist, dürfte nicht möglich sein, schon gar nicht mit den soeben erörterten Formeln, die dafür viel zu weit gefasst sind, wie das Beispiel des Verkehrsunfalls zeigt. Zu orientieren hat man sich an bisher erarbeiteten Fallgruppen,[100] im vorliegenden Kontext namentlich die Ausklammerung von **Bagatellschäden.**[101] Ein solcher Bagatellschaden wäre im vorliegenden Kontext beispielsweise die durch rein betrieblichen Verschleiß oder einen Sturz verursachte Laufmasche im Strumpf oder sonstige geringfügige Schäden an Kleidungsstücken. 24

4. Schadensursächliches Handeln des Arbeitnehmers oder Dritter

Die Zurechnung wird nicht durch den **eigenständigen Willensentschluss** des Arbeitnehmers aufgehoben, wenn dieser Entschluss durch die betrieblich veranlasste Tätigkeit „herausgefordert“ war (z. B. der Kellner verfolgt den Zechpreller und erleidet bei einem Sturz Schäden an der Kleidung). 25

Die Zurechnung zum Betriebsrisiko ist nicht von vornherein ausgeschlossen, wenn der Schaden durch ein (ggf. schuldhaftes) **Verhalten Dritter, auch betriebsangehöriger Arbeitskollegen** verursacht wird.[102] **Beispiel:** Dem Krankenpfleger in einer psychiatrischen Klinik wird von einem Patienten die Brille beschädigt[103] oder das während einer Dienstreise geparkte Privat-Kfz des Arbeitnehmers wird vom Dritten beschädigt.[104] Allerdings muss das Handeln des Dritten dem Betriebsrisiko des Arbeit- 26

98 *Wilke*, Haftung des Arbeitgebers, S. 77.

99 Vgl. *Deutsch*, Haftungsrecht, 2. Aufl., Rn. 596 ff.; die Rechtsprechung behandelt das allgemeine Lebensrisiko als Unterfall des Schutzzwecks der Norm, vgl. BGH 22.4.1958 – VI ZR 65/57 –, BGHZ 27, 137, 140, 141 f. = NJW 1958, 1041; *Koch*, Eigenschaden, S. 39 f. m.w.N. Abl. dazu im Zusammenhang mit dem Schadensersatzanspruch des unentgeltlichen Geschäftsführers *Blaschczok*, FS Gitter (1995), S. 105, 109 ff. Mit *Blaschczoks* Kritik deckt sich die hier abgelehnte Begrenzung des Ersatzes von Eigenschäden auf besondere, „spezifische“ Schadensgefahren, siehe RN 16.

100 *Deutsch*, Haftungsrecht, 2. Aufl., Rn. 602 ff.

101 *Deutsch*, Haftungsrecht, 2. Aufl., Rn. 610.

102 Anders der Gesetzgebungsvorschlag von *Blomeyer*, FS Kissel (1994), S. 77, 95; wie hier *Denck*, Außenhaftung, S. 117, der aber zudem die Haftung des schädigenden Arbeitnehmers für verzichtbar hält; dagegen unter § 21 RN 30.

103 BAG 20.4.1989 – 8 AZR 632/87 – , AP § 611 BGB Gefährdungshaftung des Arbeitgebers Nr. 9.

104 Insoweit zutreffend BAG 14.12.1995 – 8 AZR 875/94 –, AP § 611 BGB Gefährdungshaftung des Arbeitgebers Nr. 13 = NZA 1996, 417; als Vorinstanz LAG Rheinland-Pfalz 22.8.1994 – 11 Sa 101/94 – Leits., NZA 1995, 842; LAG Düsseldorf 12.8.1994 – 9 Sa 901/94 – Leits., VersR 1995, 1079; anders bei mutwilliger Schädigung LG Linz 14.6.1991 – 13 Cga 86/91 –, Arb 11.056.

gebers zugerechnet werden können. Zum Privatrisiko des Arbeitnehmers gehört die Schädigung durch einen Dritten demnach, wenn die Gründe für das schädigende Verhalten des Dritten außerhalb der betrieblichen Tätigkeit liegen (z. B. der Kellner wird während des Dienstes von einem Gast wegen privater Streitigkeiten angegriffen).

5. Besonderheiten bei Geldstrafen und Bußgeldern

27 Kein Problem der Abgrenzung des Betriebsrisikos[105] ist die Ersatzfähigkeit von staatlichen **Geldstrafen und Bußgeldern.** Die Rechtsprechung lehnt den Ersatz derartiger Vermögenseinbußen grundsätzlich ab.[106] Entscheidend für diese zutreffende Ansicht ist aber nicht, dass staatliche Sanktionen nicht zum Betriebsrisiko des Arbeitgebers gehören. Das vom BAG vorgebrachte Argument, nur der Arbeitnehmer könne solche Sanktionen durch ordnungsgemäßes Verhalten verhindern,[107] ist dürftig; folgerichtig müsste man auch in anderen Fällen bei Fehlverhalten des Arbeitnehmers von einem Ersatzanspruch absehen. Vielmehr steht einer Abwälzung der strafrechtliche Zweck der Sanktion entgegen,[108] der an die strafrechtliche Verhaltensverantwortlichkeit des Arbeitnehmers anknüpft und dessen Verhalten steuern will, mag dies auch im Betrieb des Arbeitgebers stattfinden.[109] Dem liefe es zuwider, könnte sich der Arbeitnehmer von vornherein in der Gewissheit wiegen, die Strafe nicht erdulden zu müssen.[110] Ferner wird wegen der individuellen Schuldzumessung im Straf- und Ordnungswidrigkeitenrecht die Höhe der Strafe bereits schuldangemessen festgelegt sein, d. h. der Arbeitnehmer muss ohnehin nur „seinen Anteil" zahlen.[111] Der Arbeitgeber hat daher **Strafen**

105 So aber BAG 11.8.1988 – 8 AZR 721/85 – unter Leits. 1 und unter I und I 1 a, AP § 611 BGB Gefährdungshaftung des Arbeitgebers Nr. 7 = NZA 1989, 54; LAG Köln 11.3.1993 – 5 Sa 1068/92 –, LAGE § 670 BGB Nr. 11.

106 BAG 11.8.1988 – 8 AZR 721/85 – unter Leits. 1 und unter I 1 a, AP § 611 BGB Gefährdungshaftung des Arbeitgebers Nr. 7 = NZA 1989, 54; LAG Köln 11.3.1993 – 5 Sa 1068/92 –, LAGE § 670 BGB Nr. 11; LAG Schleswig-Holstein 30.3.2000 – 4 Sa 450/99 –, juris.

107 BAG 11.8.1988 – 8 AZR 721/85 – unter I 1 a, AP § 611 BGB Gefährdungshaftung des Arbeitgebers Nr. 7 = NZA 1989, 54.

108 *Staudinger/Fischinger*, BGB (2022), § 611a Rn. 1813.

109 Mit dem Zweck einer gegen den Arbeitgeber verhängten Kartellstrafe vereinbar ist der Regress gegen den Arbeitnehmer, LAG Düsseldorf 27.11.2015 – 14 Sa 800/15 – Rn. 321 ff., juris.

110 Zutr. *Holly/Friedhofen*, NZA 1992, 145, 149 ff. Dementsprechend sind vorherige vertragliche Abreden über die Freistellung von Geldstrafen/Geldbußen sittenwidrig, BAG 25.1.2001 – 8 AZR 465/00 – Leits. 1 und unter II 1, AP § 611 BGB Haftung des Arbeitgebers Nr. 14, Leits. = NZA 2001, 653. Das muss auch für betriebliche Übungen dieses Inhaltes gelten (vgl. LAG Schleswig-Holstein 30.3.2000 – 4 Sa 450/99 – Rn. 24, juris). Nachträgliche Absprachen zur Übernahme von Geldstrafen werden dagegen nicht einhellig verworfen, vgl. dazu *Mayer-Maly*, NZA 1991, Beil. 3, S. 11 m. Nachw. aus der österreichischen Rechtsprechung; vgl. auch BGH 7.11.1990 – 2 StR 439/90 –, NJW 1991, 990, zur strafrechtlichen Zulässigkeit der Zahlung einer Geldstrafe durch einen Dritten; auch gegen nachträgliche Zusagen, *Holly/Friedhofen* a.a.O.

111 *Koller*, SAE 1989, 201, 207; zweifelhaft deshalb die von BAG 25.1.2001 – 8 AZR 465/00 – Leits. 2, AP § 611 BGB Haftung des Arbeitgebers Nr. 14 = NZA 2001, 653, erwogene Ersatzpflicht des den Gesetzesverstoß des Arbeitnehmers billigend in Kauf nehmenden Arbeitgebers gemäß § 826 BGB.

zu ersetzen, wenn sie **willkürlich** und unabhängig von jeglichem Verschulden verhängt wurden.[112]

6. Gewillkürte Erweiterung der Risikozuständigkeit

Über den so gezogenen Rahmen hinaus hat der Arbeitgeber für weitere, eigentlich dem Arbeitnehmer zuzurechnende **Risiken** einzustehen, wenn er sie ausdrücklich oder konkludent in seinen Risikobereich **übernimmt.** Das ist vor allem für die Einbeziehung entfernter Folgeschäden bedeutsam. 28

Hat der Arbeitnehmer beispielsweise sein bei einer Dienstfahrt leicht fahrlässig zerstörtes Privatfahrzeug zuvor an einen Dritten verkauft und muss diesem nun für einen teureren Ersatzkauf Schadensersatz leisten, haftet der Arbeitgeber für diesen eigentlich nicht ersatzfähigen[113] Schaden ausnahmsweise dann, wenn der Arbeitnehmer ihn vor dem Einsatz des Fahrzeugs auf dieses Risiko hingewiesen hat. 29

7. Abbedingung der Haftung und Abgeltung des Schadensrisikos

a) Einzelvertragliche Vereinbarungen

Die Haftung des Arbeitgebers für Eigenschäden kann arbeitsvertraglich nicht beliebig abbedungen werden. Sie ist Teil der richterrechtlichen Grundsätze zum innerbetrieblichen Schadensausgleich, die in ihrem Kern nicht arbeitsvertraglich disponibel sind.[114] Grundsätzlich gilt daher: Einschränkungen der Haftung sind nur zulässig, soweit der Arbeitgeber das **Schadensrisiko anderweitig, regelmäßig durch Zahlung einer angemessenen Vergütung abdeckt.**[115] Angemessen ist diese Vergütung jedenfalls, wenn der Arbeitnehmer damit einen ausreichenden Versicherungsschutz finanzieren kann.[116] Ob eine Abgeltung des Schadensrisikos vereinbart wurde, ist, so es an ausdrücklichen Abreden fehlt, durch Vertragsauslegung (§§ 133, 157 BGB) zu ermitteln. 30

Bereits die eigentliche **Arbeitsvergütung enthält eine Abgeltungskomponente.**[117] Die Rechtsprechung versucht ihr dadurch Rechnung zu tragen, dass sie die Haftung des 31

112 Vgl. den Sachverhalt in BAG 11.8.1988 – 8 AZR 721/85 – Leits. 2, AP § 611 BGB Gefährdungshaftung des Arbeitgebers Nr. 7 = NZA 1989, 54.

113 Siehe RN 41 und RN 43.

114 BAG 5.2.2004 – 8 AZR 91/03 – Rn. 30 ff., AP § 611 BGB Haftung des Arbeitnehmers Nr. 126 = NZA 2004, 649; wertungsparallel die Unabdingbarkeit der Pflicht des Arbeitgebers zur Bereitstellung der erforderlichen Arbeitsmittel BAG 10.11.2021 – 5 AZR 334/21 – Rn. 26, BAGE 176, 145.

115 Zutr. *Mayer-Maly*, NZA 1991, Beil. 3, S. 16; *Franzen*, ZTR 1996, 305, 307; ErfK/*Preis/Greiner*, 25. Aufl., § 619a BGB Rn. 88 ff.; MünchArbR/*Reichold*, 6. Aufl., § 93 Rn. 31; NK-GA/*Brors/Rudnik*, 2. Aufl., § 611a BGB Rn. 1021 f.; BeckOK/*Wullenkord*, Arbeitsrecht (Stand: 03/2024), § 619a BGB Rn. 58.

116 Dies offenbar sogar als strikte Forderung aufstellend BAG 27.1.2000 – 8 AZR 876/98 – unter B III 4, AP § 611 BGB Musiker Nr. 31 = NZA 2000, 727; LAG Baden-Württemberg 17.9.1991 – 7 Sa 44/91 –, NZA 1992, 458 f., betrachtet 260 DM netto monatlich als angemessene Abgeltung für Unfallschäden am dienstlich eingesetzten Privatfahrzeug des Arbeitnehmers.

117 Ebenso *Rother*, Haftungsbeschränkung, S. 279; anders *Steindorff*, FS Dölle Bd. I (1963), S. 273, 279 („Fiktion"); *Reichold*, NZA 1994, 488, 492; *Staudinger/Martinek/Omlor*, BGB (2017), § 670 Rn. 27.

Arbeitgebers auf „außergewöhnliche“ Eigenschäden beschränkt, „mit denen der Arbeitnehmer nach der Art des Betriebes oder nach der Art und Natur der Arbeit nicht zu rechnen hatte“.[118] Diese auf den Großen Senat des BAG[119] zurückgehende Begrifflichkeit ist ungeeignet, die hier diskutierte Rechtsfrage gerecht zu lösen. Denn es kann dem Arbeitnehmer nicht allen Ernstes unterstellt werden, er sei mit der Abgeltung aller Schäden, mit denen er rechnen müsse, auch dann einverstanden, wenn das Schadensrisiko seinem Umfang nach **außer Verhältnis zur Vergütung** steht.[120] Auch eine ausdrückliche Vereinbarung könnte nicht zu einer vollständigen Verlagerung des Schadensrisikos auf den Arbeitnehmer führen, da die Dispositionsfreiheit des Arbeitnehmers so weit nicht geht.[121]

32 In der Sache hat die Rechtsprechung das erkannt, da sie etwa den Arbeitgeber für Schäden am vom Arbeitnehmer eingesetzten Privat-Kfz einstehen lässt,[122] obgleich mit derartigen Schäden bei Vertragsschluss durchaus zu rechnen ist. Leider ist aus dieser Einsicht in der Sache keine Konsequenz für Dogmatik und Begriffsbildung gezogen worden. Missverständnisse sind deshalb an der Tagesordnung. Eine folgerichtige Entwicklung des Ausgangspunktes – vertragliche Einschränkung der Arbeitgeberhaftung durch Auslegung des Arbeitsvertrages unter Berücksichtigung der Parteiinteressen – ergibt folgende **Leitlinien:**[123]

33 Schäden, die **zwangsläufig und unvermeidlich** mit der Arbeit zusammenhängen,[124] sind grundsätzlich mit der Arbeitsvergütung abgegolten und somit abbedungen (z. B. Farbflecken auf der Kleidung des Anstreichers, Abnutzung der Arbeitskleidung).

34 Schäden, die nicht zwangsläufig mit der Arbeit verbunden sind, **mit denen aber konkret zu rechnen** ist, sind durch die Arbeitsvergütung abgegolten, wenn durch das Schadensrisiko Leistung und Gegenleistung nicht außer Verhältnis geraten. Abgegolten

118 Allerdings ist die systematische Zuordnung dieses Kriteriums nicht immer klar; mit dem „allgemeinen Lebensrisiko“ hat es nichts zu tun.

119 BAG 10.11.1961 – GS 1/60 – unter VII, AP § 611 BGB Gefährdungshaftung des Arbeitgebers Nr. 2, Bl. 6.

120 In gleicher Weise bestimmt die Rechtsprechung die Grenzen einer besonderen Schadensabgeltung: Übliche Kilometerpauschalen gelten das Unfallrisiko nicht ab, weil potentieller Schaden und Abgeltung in einem „groben Missverhältnis“ stehen, vgl. *Käppler*, Anm. zu BAG EzA § 670 BGB Nr. 14 unter 2 a, S. 50.

121 Näher dazu *Schwarze*, ZfA 2005, 81 ff.

122 Anders noch BAG 16.11.1978 – 3 AZR 258/77 – unter I 3, AP § 611 BGB Gefährdungshaftung des Arbeitgebers Nr. 5, und diverse LAG-Entscheidungen, Nachw. bei *Käppler*, Anm. zu BAG EzA § 670 BGB Nr. 14 unter II 2 b, S. 52; krit. dazu *Hagemeier*, DB 1977, 2047, 2049 f.; für Ersatzfähigkeit dann BAG 8.5.1980 – 3 AZR 82/79 –, AP § 611 BGB Gefährdungshaftung des Arbeitgebers Nr. 6; *Koller*, SAE 1989, 201, 208, begründet den „außergewöhnlichen“ Schaden mit der Unüblichkeit des Einsatzes des Privat-Kfz. Aber sollte der Arbeitgeber nicht mehr haften, wenn der – ggf. sogar unentgeltliche – Einsatz des Kfz in bestimmten Berufen üblich ist?

123 Erst hier ist das Berufsbild oder das Berufsübliche relevant; als Leitgedanke für die Abgrenzung der Schadensverantwortung von Arbeitgeber und Arbeitnehmer insgesamt (so *Bäumler*, Anwendungsbereich der Schadensteilung, S. 130 ff.) hat es ob seiner Unbestimmtheit keinen zusätzlichen Erkenntniswert.

124 Vgl. BAG 8.5.1980 – 3 AZR 82/79 – unter I 2, AP § 611 BGB Gefährdungshaftung des Arbeitgebers Nr. 6: Schäden, die zu tragen dem Arbeitnehmer herkömmlicherweise angesonnen werden.

sind daher Abnutzungs- und kleinere Schäden an der Kleidung, so sie nicht bereits dem privaten Schadensrisiko bzw. allgemeinen Lebensrisiko zuzurechnen sind.[125]

Nicht abgegolten sind **erheblichere Schäden**, gleichviel, ob mit ihnen zu rechnen war oder nicht; z. B. die zerrissene Hose im Wert von 100 €, erst recht die Beschädigung von Privatfahrzeugen. Diese von der Arbeitsvergütung nicht abgegoltenen Schäden können nur gegen **besondere Vergütung** des Schadensrisikos aus der Haftung herausgenommen werden. 35

An praktischen **Beispielen** verdeutlicht:

Die Zahlung von **Kilometergeld** im üblichen Umfang[126] deckt (neben den Betriebskosten) Verschleißschäden, nicht aber Unfallschäden am Kfz des Arbeitnehmers ab. Zu den Betriebskosten zählen auch die Kosten einer Haftpflichtversicherung. Der Verlust des Schadensfreiheitsrabattes ist ebenfalls in der Regel abgegolten, denn dies dürfte angesichts der Wahrscheinlichkeit eines Unfalls dem Willen der Parteien entsprechen und hält sich – bei angemessener Höhe der Pauschale – im Rahmen ihrer Dispositionsbefugnis.[127] Anderes gilt für den Schadensfreiheitsrabatt in einer vom Arbeitnehmer genommenen Kaskoversicherung. Zum einen sind Kaskoversicherungen nicht derart üblich, dass ihre Abgeltung durch eine ohnehin nicht kostendeckende Kilometerpauschale typischerweise dem Willen der Parteien entspräche. Zum anderen wäre damit auch die Dispositionsbefugnis der Arbeitsvertragsparteien überschritten: Der Arbeitgeber haftet für betrieblich veranlasste Sachschäden am Fahrzeug des Arbeitnehmers; von dieser Haftung kann er sich nur bei angemessener Abgeltung des Schadensrisikos befreien, d. h. er müsste sich in angemessenem (risikoadäquatem) Umfang an den Kosten einer bereits bestehenden Kaskoversicherung beteiligen,[128] oder eine nicht bestehende Versicherung finanzieren bzw. abschließen.[129] Aus seiner Rolle als Geschädigter ist der Arbeitnehmer nicht zur Inanspruchnahme der Kaskoversicherung verpflichtet.[130] 36

Eine **Erschwerniszulage** für das Pflegepersonal in psychiatrischen Krankenhäusern gilt nicht durch einen Patienten verursachte Schäden ab, wenn sie als Ausgleich für seelische Belastungen gezahlt wird.[131] 37

---

125 Dazu RN 16, 22, 24; vgl. dazu auch die Überlegungen *Reicholds* (NZA 1994, 488, 491) zum Auftragsrecht.

126 Vgl. § 9 Abs. 1 Nr. 4 EStG: 0,38 €/km; *Loritz*, NZA 1997, 1188, 1195; *Nägele*, NZA 1997, 1196, 1198 f.; BeckOK/*Wullenkord*, Arbeitsrecht (Stand: 03/2024), § 619a BGB Rn. 58.

127 Im Ergebnis ebenso BAG 30.4.1992 – 8 AZR 409/91 –, AP § 611 BGB Gefährdungshaftung des Arbeitgebers Nr. 11 = NZA 1993, 262; BVerwG 27.1.1994 – 2 C 6/93 – Leits., NJW 1995, 411 = VersR 1995, 978 Rückstufungsschaden kein ersatzfähiger Schaden; HWK/*Thüsing*, 11. Aufl., § 611a BGB Rn. 428; ErfK/*Preis/Greiner*, 25. Aufl., § 619a BGB Rn. 90; dagegen *Mayer-Maly*, Anm. zu BAG AR-Blattei ES 860 Nr. 66, S. 4 f.; anders auch LAG Köln 3.7.1991 – 5 Sa 305/91 –, LAGE § 670 BGB Nr. 10.

128 Dazu LAG Baden-Württemberg 17.9.1991 – 7 Sa 44/91 –, NZA 1992, 458 f.

129 Dazu ist der Arbeitgeber nicht schon wegen der betrieblichen Nutzung des Fahrzeugs verpflichtet, BAG 28.10.2010 – 8 AZR 647/09 – Rn. 53, juris.

130 BGH 17.11.2020 – VI ZR 569/19 –, NJW 2021, 694.

131 BAG 20.4.1989 – 8 AZR 632/87 – unter 2, AP § 611 BGB Gefährdungshaftung des Arbeitgebers Nr. 9 = NZA 1990, 27.

38 Mit den in der Tarifpraxis häufigen **Schmutz- und Gefahrenzulagen** werden regelmäßig damit verbundene Schäden abgegolten sein, es sei denn, die Zulagen bezwecken ausschließlich einen Ausgleich körperlicher Belastungen.

b) Kollektivvertragliche Regelungen

39 In **Tarifverträgen** ist eine stärkere Haftungsbeschränkung zu Gunsten des Arbeitgebers regelbar. Wegen der Richtigkeitsgewähr des Tarifvertrages ist der kompensationslose Ausschluss des Ersatzanspruchs des Arbeitnehmers auch für nicht nur unerhebliche Eigenschäden als zulässig anzusehen. So könnte der Tarifvertrag beispielsweise die Haftung für Kleidungsschäden ausschließen oder Schäden bis zu einer in Relation zur Vergütung nicht unangemessenen Höhe ersatzlos stellen. Meistens wird das Anliegen der Tarifverträge aber die Ausgestaltung der Haftung aus § 670 BGB sein. Im Zweifel können dann nicht von der tariflichen Regelung erfasste Schäden immer noch über den Anspruch analog § 670 BGB geltend gemacht werden.[132] Der Ersatzanspruch analog § 670 BGB steht andererseits **nicht vollständig zur Disposition des Tarifvertrages**; der Arbeitnehmer muss mit Blick auf den von ihm geleisteten Verzicht auf die unternehmerische Verwertung seiner Arbeitskraft in angemessenem Umfang von (Eigen-)Schadensrisiken entlastet bleiben. So wäre eine tarifvertragliche Regelung nicht mit § 138 BGB bzw. Art. 12 GG vereinbar,[133] die den Ersatzanspruch schon bei leichtester Fahrlässigkeit des Arbeitnehmers vollständig ausschließt.[134]

40 Für **Betriebsvereinbarungen**[135] ist die Haftung analog § 670 BGB dagegen nicht disponibel, denn der Betriebsrat befindet sich jedenfalls außerhalb der mitbestimmungspflichtigen Regelungsgegenstände nicht in einer der Koalition vergleichbaren Position.[136] Hier gelten die gleichen Grundsätze wie beim Arbeitsvertrag.

IV. Umfang des Ersatzanspruchs

41 Der Anspruch auf Ersatz von Eigenschäden wird in der Literatur heute vorherrschend als Schadensersatzanspruch gesehen.[137] Der Arbeitgeber ist danach nicht nur zum

132 Anders aber zu § 12 Abs. 3 TVK BAG 27.1.2000 – 8 AZR 876/98 – unter B III, AP § 611 BGB Musiker Nr. 31 = NZA 2000, 727; krit. *Schwarze*, RdA 2001, 178.

133 Zur vertragstheoretischen Grundlage *Schwarze*, ZfA 2005, 81 ff.

134 So § 12 Abs. 3 TVK verstehend, BAG 27.1.2000 – 8 AZR 876/98 –, AP § 611 BGB Musiker Nr. 31, das das Ergebnis aber korrigiert (unter B II 4 der Gründe; krit. zur Begründung *Schwarze* RdA 2001, 178). Für eine solche tarifvertragliche Abdingbarkeit *Jacklofsky*, NZA 2001, 644; s. auch *Wall*, Tarifliche Regelungen der Arbeitnehmerhaftung.

135 Vgl. BAG 7.9.1995 – 8 AZR 515/94 –, NZA 1996, 32.

136 *Schwarze*, Der Betriebsrat im Dienst der Tarifvertragsparteien, S. 214 ff., 217 ff.

137 *Genius*, AcP 173 (1973), 483, 516, 517; *Larenz*, JuS 1965, 373, 375; *Franzen*, ZTR 1996, 305, 307 f.; *Grüneberg/Sprau* BGB, 84. Aufl., § 670 Rn. 13; anders der Große Senat des BAG 10.11.1961 – GS 1/60 – unter VII, § 611 BGB Gefährdungshaftung des Arbeitgebers Nr. 2: Wertersatz; BAG 20.4.1989 – 8 AZR 632/87 – unter 5, AP

Wertersatz, sondern zur Totalreparation verpflichtet. Das ist im Grundsatz zutreffend, doch ist bei der Anwendung der §§ 249 ff. BGB Zurückhaltung geboten. Das allgemeine Schadensersatzrecht ist zugeschnitten auf die Haftung für deliktisches bzw. vertragliches Unrecht, während es hier um Risikohaftung geht. Die Haftungsbegrenzung ist nun fast ein Kennzeichen gesetzlicher Gefährdungshaftungstatbestände.[138] Bedenkt man ferner die bloß richterrechtliche Legitimierung der hier in Rede stehenden Haftung, kommt nur eine **analoge Anwendung der §§ 249 ff. BGB mit dem Ziel einer angemessenen Schadloshaltung** in Betracht.[139] Im Regelfall führt das zur Totalreparation. Der Arbeitgeber hat daher z. B. auch für den merkantilen Minderwert einer beschädigten Sache einzutreten,[140] oder beim Kfz-Schaden für die Kosten eines Mietwagens und der Schadensbegutachtung.[141] Die Totalreparation ist aber dann einzuschränken, wenn besondere Umstände die vollständige Schadloshaltung als unangemessen erscheinen lassen.[142] Das kann vor allem bei **„entfernteren" Schadensfolgen und normativen Erweiterungen des Schadens** der Fall sein. So muss der Arbeitgeber nicht die Kosten einer Autoreparatur zahlen, wenn der Arbeitnehmer diese nicht durchführt.[143] Auch kann der Arbeitnehmer keinen entgangenen Gewinn verlangen,[144] den er z. B. mit dem Verkauf eines beschädigten Fahrzeugs hätte erzielen können. Auch die Erstattung des (abstrakten) Nutzungsausfallschadens ist abzulehnen.[145]

Im Übrigen ergibt sich auch im Rahmen der §§ 249 ff. BGB eine wichtige Haf- 42
tungsbeschränkung, die in diesem Kontext selten erwähnt wird. Nicht nur das schädigende Ereignis muss dem Betriebsrisiko des Arbeitgebers zugerechnet werden können,

§ 611 BGB Gefährdungshaftung des Arbeitgebers Nr. 9 = NZA 1990, 27; ebenso *Steindorff*, FS Dölle Bd. I (1963), S. 273, 276; *Reichold*, NZA 1994, 488, 493 m.w.N.; MünchArbR/*Reichold*, 6. Aufl., § 93 Rn. 33. Noch anders – Aufwendungsersatz – BAG 28.10.2010 – 8 AZR 647/09 –, AP § 611 BGB Haftung des Arbeitgebers Nr. 43 = NZA 2011, 406, passim; LAG Schleswig-Holstein 8.12.2010 – 6 Sa 350/10 – Rn. 26, juris.

138 Vgl. *Bydlinski* , Risikohaftung des Arbeitgebers, S. 30; *Larenz*, VersR 1963, 593, 603, hält Haftungsbegrenzungen bei Gefährdungshaftung für wesensnotwendig; etwas abgeschwächter *ders.* JuS 1965, 373, 374; dagegen *Köbler*, NJW 1969, 1413.

139 Siehe für das Auftragsrecht auch BGH 19.5.1969 – VII ZR 9/67–, BGHZ 52, 115, 117; *Staudinger/Martinek/Omlor*, BGB (2017), § 670 Rn. 28. *Blaschzcok*, FS Gitter (1995), S. 105 ff., weist für das Auftragsrecht darauf hin, dass das Bemühen, den Geschäftsführer vor überlastenden Haftungsfolgen zu bewahren, oft in fragwürdigen Begrenzungen des Haftungstatbestandes endet. Gegen Anwendung der §§ 249 ff. überhaupt LAG Schleswig-Holstein 8.12.2010 – 6 Sa 350/10 – Rn. 26, juris; für direkte Anwendung der §§ 249 ff. *Erman/Berger*, BGB, 17. Aufl., § 670 Rn. 20, der allerdings auch Einschränkungen aus Billigkeit gelten lässt.

140 BAG 17.9.1987 – 6 AZR 522/84 –, AP § 611 BGB Musiker Nr. 15 m. Anm. *Schimana* = AR-Blattei Haftung des Arbeitgebers Nr. 59 m. Anm. *Mayer-Maly*, allerdings zu einem tarifvertraglichen Anspruch; *Franzen*, ZTR 1996, 305, 308.

141 LAG Schleswig-Holstein 8.12.2010 – 6 Sa 350/10 – juris.

142 Ebenso für das Auftragsrecht *Staudinger/Martinek/Omlor*, BGB (2017), § 670 Rn. 28; *Erman/Berger*, BGB, 17. Aufl., § 670 Rn. 20; vgl. auch *Genius*, AcP 173, 481, 481, 517, der die Schadensersatzhaftung unter einen Billigkeitsvorbehalt für „extreme Härtefälle" stellt.

143 LAG Niedersachen 16.10.2003 – 7 Sa 2085/03 –, NZA-RR 2005, 64.

144 Ebenso zu § 1014 ABGB *Oberhofer*, ÖJZ 1994, 730, 731.

145 (Kollektiv-)Vertragliche Einbeziehung ist selbstverständlich möglich, vgl. BAG 7.9.1995 – 8 AZR 515/94 –, NZA 1996, 32.

ebenso müssen **die einzelnen Schadensfolgen im „Schutzbereich" des Haftungsgrundes** liegen, also Ausdruck des Betriebs(schadens)risikos sein; privatwirtschaftlich veranlasste Haftungsrisiken sind auszugrenzen.

43 Hat der Arbeitnehmer beispielsweise sein bei einer Dienstfahrt leicht fahrlässig zerstörtes Privatfahrzeug zuvor an einen Dritten verkauft und muss diesem nun für einen teureren Ersatzkauf Schadensersatz leisten, kann er nicht dessen Erstattung vom Arbeitgeber verlangen; insoweit hat sich ein Risiko verwirklicht, das sich der Arbeitnehmer in Verfolg eigener Interessen zusätzlich aufgebürdet hat.

V. Mitverschulden des Arbeitnehmers

44 Ein Mitverschulden des Arbeitnehmers kann seinen Anspruch auf Ersatz des Eigenschadens beeinflussen, und zwar analog § 254 BGB. Der Große Senat hatte das Mitverschulden noch analog § 670 BGB beurteilen wollen: Da ein fahrlässig herbeigeführter Schaden erkennbar nicht erforderlich sei, bestehe bei Mitverschulden des Arbeitnehmers grundsätzlich kein Ersatzanspruch.[146] Diese Auffassung hat das BAG in seinem Urteil vom 8.5.1980[147] zu Recht revidiert. § 670 BGB bezieht sich auf eine bewusste, gesteuerte Entscheidung über Aufwendungen, die bei einem Schadensereignis definitionsgemäß nicht vorliegt.[148] Daher ist das **Mitverschulden** wie sonst bei Haftungsansprüchen **als Einwendung des Haftpflichtigen/Arbeitgebers** aufzufassen.[149] Das Mitverschulden des Arbeitnehmers lässt daher den Schadensersatzanspruch nicht von vornherein entfallen, vielmehr kommt es auf das Ausmaß des Mitverschuldens an. Im Prozess ist das Mitverschulden von Amts wegen zu berücksichtigen.[150] Da die Haftung für Eigenschäden von den **Prinzipien des innerbetrieblichen Schadensausgleichs** getragen wird, gelten die von der Rechtsprechung entwickelten Maßstäbe der Arbeitnehmerverantwortlichkeit auch hier.[151] Leichteste Fahrlässigkeit mindert die Haftung

146 BAG 8.5.1980 – 3 AZR 82/79 – unter VII, AP § 611 BGB Haftung des Arbeitnehmers Nr. 6; ebenso LAG Düsseldorf 28.2.1977 – 16 Sa 1075/76 –, EzA § 670 BGB Nr. 9 m. Anm. *Birk*; LAG Berlin 29.5.1978 – 9 Sa 6/78 –, EzA § 670 BGB Nr. 11. Dagegen zutr. *Käppler*, Anm. zu BAG EzA § 670 BGB Nr. 14 unter III, S. 58.

147 BAG 08.05.1980 – 3 AZR 82/79 – Leits. 2 und unter II 3, AP § 611 BGB Gefährdungshaftung des Arbeitgebers Nr. 6, m. Anm. *Brox*.

148 Näher *Schwarze*, RdA 2013, 140, 141 f.

149 Anders aber BAG 28.10.2010 – 8 AZR 647/09 – Rn. 35, 39, AP § 611 BGB Haftung des Arbeitgebers Nr. 43 = NZA 2011, 406: Nichtvorliegen des Mitverschuldens als (negative) Anspruchsvoraussetzung; zu den Folgen für die Beweislast: BAG Leits. 3 und Rn. 39 f. a.a.O.

150 Vgl. BAG 21.5.2015 – 8 AZR 116/14 – Rn. 33, NZA 2015, 1517.

151 BAG 11.8.1988 – 8 AZR 721/85 –Leits. 3 und A II, AP § 611 BGB Gefährdungshaftung des Arbeitgebers Nr. 7 = NZA 1989, 54; 20.4.1989 – 8 AZR 632/87 – unter 4a, AP § 611 BGB Gefährdungshaftung des Arbeitgebers Nr. 9 = NZA 1990, 27; 14.11.1991 – 8 AZR 628/90 – unter 3 a, AP § 611 BGB Gefährdungshaftung des Arbeitgebers Nr. 10 = NZA 1992, 691; *Langenbucher*, ZfA 1997, 523, 555; ErfK/*Preis/Greiner*, 25. Aufl., § 619a BGB Rn. 91; MünchArbR/*Reichold*, 6. Aufl., § 93 Rn. 32. Ebenfalls in diesem Sinne bejaht der OGH 8.11. 1995 – 9 ObA 184/95 – Leits. 4, Arb Nr. 11.454, S. 286 für das österreichische Recht die analoge Anwendung des § 2 Abs. 1 DHG.

des Arbeitgebers nicht, mindestens grobe Fahrlässigkeit führt in der Regel zum Anspruchsverlust, im Bereich dazwischen kommt es zur schuldangemessenen Schadensteilung.[152]

Letzteres gilt allerdings nur für ein Mitverschulden bei der **Schadensentstehung.** 45
Bei der **Schadensbeseitigung** ist dem Arbeitnehmer jede Fahrlässigkeit anzulasten, ebenfalls analog § 254 BGB. Er unterliegt hier nicht der Organisationsgewalt des Arbeitgebers, sondern entscheidet als Eigentümer/Berechtigter frei über Art und Umfang der zu ergreifenden Maßnahmen.[153] Die Entscheidung gleicht der echten Aufwendungsentscheidung im Sinne des § 670 BGB; schätzt der Arbeitnehmer hier die Erforderlichkeit einer Aufwendung fahrlässig falsch ein, erhält er insoweit keine Erstattung.[154]

Dem Arbeitnehmer ist **nicht als Mitverschulden** anzulasten, dass er **es unter-** 46
lassen hat, das Schadensrisiko zu versichern, denn das Betriebsrisiko ist Sache des Arbeitgebers.[155] Anders liegt der Fall, wenn der Arbeitgeber eine zusätzliche Vergütung zur Deckung der Versicherungskosten zahlt (z. B. für eine Vollkaskoversicherung).[156] Dann kann von vornherein nur der durch die Versicherung nicht gedeckte Teil als Eigenschaden verlangt werden, der ggf. um weitere Mitverschuldensanteile zu mindern ist. Besteht eine Schadensversicherung, die auch den Arbeitgeber versichert und die leistungsbereit ist, muss der Arbeitnehmer sie in Anspruch nehmen, da der Arbeitgeber für etwaige Nachteile (Prämiensteigerung) aufzukommen hat.[157]

VI. Darlegungs- und Beweislast

Der Arbeitnehmer hat als Anspruchsteller alle Anspruchsvoraussetzungen darzulegen 47
und zu beweisen.[158] Dazu gehört auch, dass die im Dienst für den Arbeitgeber beschädigte Sache keinen Vorschaden hatte.[159] Abzulehnen ist der Vorschlag *Mayer-Malys*, eine Schadensteilung vorzunehmen, wenn sich bei eigenwirtschaftlich motivierten Änderungen der betrieblichen Tätigkeit nicht feststellen lässt, ob der Schaden auch bei ordnungsgemäßer Durchführung eingetreten wäre.[160] Ein **non liquet** geht dann voll zu Lasten des Arbeitnehmers. Der Arbeitgeber hat eine ihn entlastende alternative Scha-

---

152 BAG 28.10.2010 – 8 AZR 647/09 – Rn. 35, AP § 611 BGB Haftung des Arbeitgebers Nr. 43 = NZA 2011, 406.

153 *Schwarze*, Anm. BAG AR-Blattei ES 860 Nr. 68; *ders.*, RdA 2013, 140, 144.

154 Im Ergebnis zutreffend BAG 16.3.1995 – 8 AZR 260/94 –, AP § 611 BGB Gefährdungshaftung des Arbeitgebers Nr. 12 = NZA 1995, 836 (das in casu allerdings zu Unrecht Schaden annimmt, während in Wahrheit eine Aufwendung vorliegt, vgl. *Schwarze*, Anm. BAG AR-Blattei ES 860 Nr. 68).

155 Vgl. BGH 17.11.2020 – VI ZR 569/19 – Rn 9 ff., NJW 2021, 694.

156 Siehe RN 36.

157 Siehe RN 21 und 36; zur Rechtslage bei der Schädigung außerbetrieblicher Dritter § 19 RN 4.

158 Vgl. BAG 23.11.2006 – 8 AZR 701/05 – Rn. 17, AP § 611 BGB Haftung des Arbeitgebers Nr. 39 = NZA 2007, 870.

159 Vgl. LAG Schleswig-Holstein 8.12.2010 – 6 Sa 350/10 –, juris.

160 *Mayer-Maly*, NZA 1991, Beil. 3, S. 8.

densursache aus dem Privatbereich des Arbeitnehmers darzulegen und zu beweisen. Dazu gehört auch der Umfang des ersparten Lebensaufwandes. Hinsichtlich des **schadensursächlichen Mitverschuldens des Arbeitnehmers** sieht das **BAG** den Arbeitnehmer als darlegungs- und beweisbelastet an, wobei das BAG das Nichtvorliegen des Mitverschuldens als Voraussetzung für den Anspruch analog § 670 BGB betrachtet; die Erforderlichkeit der Aufwendungen habe der Arbeitnehmer zu beweisen und diese liege im Falle grober Fahrlässigkeit nicht vor.[161] Diese Begründung verkennt, dass der Eigenschaden nicht freiwilliges, sondern erlittenes Vermögensopfer ist und daher die Zurechnung zur Sphäre des Arbeitgebers nicht über eine auf den konkreten Schaden bezogene Erforderlichkeitsbeurteilung im Sinne des § 670 BGB erfolgt.[162] Somit gibt es für die vom BAG befürwortete Einordnung des Mitverschuldens überhaupt keinen Platz in den Voraussetzungen oder in der dogmatischen Struktur des Anspruchs auf Ersatz von Eigenschäden. Das schadensursächliche Mitverschulden des Geschädigten ist vielmehr Einwendung des ersatzpflichtigen Arbeitgebers.[163] Daher hat der **Arbeitgeber das Mitverschulden darzulegen und zu beweisen.**[164] Es können sich allenfalls nach den allgemeinen Regeln der Darlegungs- und Beweislastverteilung Erleichterungen für den Arbeitgeber ergeben: Hat der Arbeitgeber keinen Einblick in den Schadenshergang (wie i. d. R. bei einem Verkehrsunfall des Arbeitnehmers), hat der Arbeitnehmer substantiiert Umstände des Schadenshergangs darzulegen, die ein Mitverschulden ausschließen[165] (z. B. im Falle eines Verkehrsunfalls mit dem betrieblich eingesetzten Privatwagen darzulegen, dass die zulässige Höchstgeschwindigkeit eingehalten oder allenfalls geringfügig überschritten wurde). Der Arbeitgeber hat dann zu behaupten und zu beweisen, dass die Darstellung des Arbeitnehmers unzutreffend ist, d. h. auf anderen als den vom Arbeitnehmer behaupteten Umständen beruht (z. B. dass eine erhebliche Überschreitung der Höchstgeschwindigkeit vorliegt). Dabei kann dem Arbeitgeber der Anscheinsbeweis zur Hilfe kommen.[166] Das gilt insbesondere für Schäden am dienstlich eingesetzten Privatfahrzeug infolge Verkehrsunfällen.[167] Für eine Beweislastumkehr besteht dagegen kein erkennbares Bedürfnis.[168]

---

161 BAG 28.10.2010 – 8 AZR 647/09 – Rn. 48, AP § 611 BGB Haftung des Arbeitgebers Nr. 43 = NZA 2011, 406, kaum zu vereinbaren mit der dogmatischen Einordnung des Mitverschuldens in BAG 23.11.2006 – 8 AZR 701/05 – Rn. 18, AP § 611 BGB Haftung des Arbeitgebers Nr. 39 = NZA 2007, 870; dem BAG folgend LAG Hamburg 9.4.2009 – 7 Sa 70/08 – Rn. 46 ff., juris; *Frieges*, NZA 1995, 403; dem BAG zustimmend: ErfK/*Preis/Greiner*, 25. Aufl., § 619a BGB Rn. 91 f.; MünchArbR/*Reichold*, 6. Aufl., § 93 Rn. 32.

162 So aber *Salamon/Koch*, NZA 2012, 658; dagegen *Schwarze*, RdA 2013, 140, 141 f.

163 *Schwarze*, RdA 2013, 140, 142 f., 145; i.E. ebenso *Müller-Glöge*, FS Dieterich (1999), S. 387, 400.

164 Allg. Ansicht, siehe nur BGH 23.1.1979 – VI ZR 103/78 –, NJW 1979, 2142; *Boemke*, Anm. zu BAG 28.10.2010 – 8 AZR 647/09 –, jurisPR-ArbR; NK-GA/*Brors/Rudnik*, 2. Aufl., § 611a BGB Rn. 1027.

165 BGH 23.1.1979 – VI ZR 103/78 –, NJW 1979, 2142; insoweit zutr. auch BAG 28.10.2010 – 8 AZR 647/09 – Rn. 48, AP § 611 BGB Haftung des Arbeitgebers Nr. 43 = NZA 2011, 406; *Schwarze*, RdA 2013, 140, 145.

166 BAG 28.10.2010 – 8 AZR 647/09 – Rn. 46 f., AP § 611 BGB Haftung des Arbeitgebers Nr. 43 = NZA 2011, 406.

167 Baumgärtel/Laumen/Prütting/*Luckey*, Handbuch der Beweislast, 5. Aufl., § 254 BGB Rn. 3 f.

168 In diese Richtung aber BGH 23.1.1979 – VI ZR 103/78 –, NJW 1979, 2142; dagegen zutr. *Helling* a.a.O.

VII. Verhältnis zum Versicherungsschutz

Ist der Eigenschaden versichert, stellt sich die Frage nach der Verteilung der Schadensverantwortung zwischen Arbeitgeber und Versicherer. Die zum Freistellungsanspruch entwickelten Regeln gelten entsprechend.[169] 48

VIII. Gesetzliche Sonderregelungen

1. Sonderregelungen für den öffentlichen Dienst

Sachschäden, die im Zusammenhang mit einem **Dienstunfall**, also einem Körperschaden (§ 31 BeamtVG), entstehen, sind gemäß § 32 BeamtVG vom Dienstherrn zu ersetzen. Das BeamtVG gilt für Beamten des Bundes (§ 1 Abs. 1 BeamtVG).[170] Für Landes- und Kommunalbeamte gelten entsprechende Regelungen des jeweiligen Landesrechts (z. B. §§ 34, 36 NBeamtVG). 49

Außerhalb eines Dienstunfalls richten sich die Ersatzansprüche der **Bundesbeamten** nach Verwaltungsvorschriften, die die Fürsorgepflicht des Bundes konkretisieren.[171] 50

Die meisten **Beamtengesetze der Länder** enthalten für die Schäden außerhalb eines Dienstunfalls besondere Ersatzregelungen, so z. B. § 83 NBeamtG.[172] Diese Regelungen werden von den Arbeitgebern des öffentlichen Dienstes auf Angestellte und Arbeiter durchweg entsprechend angewendet.[173] Der Anspruch der Arbeitnehmer analog § 670 BGB bleibt davon unberührt.[174] 51

2. Betriebsverfassungsrechtliche Aufwendungsersatznormen

Die §§ 20 Abs. 3, 40 BetrVG legen dem Arbeitgeber die Kosten der Betriebsratswahl bzw. des Betriebsrates auf. Zu den Kosten gehören auch **(Eigen-)Schäden**, die der An- 52

169 Siehe § 16 RN 31 ff.

170 Gemäß § 1 Abs. 2 BeamtVG gilt das Gesetz auch für Richter des Bundes. Für Soldaten ist auf § 86 Soldatenversorgungsgesetz hinzuweisen. Für Richter des Landesdienstes gibt es im Landesrecht entsprechende Verweisungsregelungen, z. B. § 2 Abs. 1 NdsRiG. Im Übrigen kann auf die für Richter und Soldaten geltenden Regelungen hier nicht im Einzelnen eingegangen werden.

171 Dazu näher *Schnellenbach/Bodanowitz*, Beamtenrecht, 11. Aufl., § 14 Rn. 67 ff.; *Franzen*, ZTR 1996, 305, 310.

172 Siehe im Übrigen die Auflistung bei *Schnellenbach/Bodanowitz*, Beamtenrecht, 9. Aufl., § 10 Fn. 195. Ob diese Regelungen für Beamte abschließend sind oder daneben auf die beamtenrechtliche Fürsorgepflicht rekurriert werden kann, ist streitig, vgl. *Franzen*, ZTR 1996, 305, 311. Siehe zudem BVerwG 18.1.1996 – 2 C 28/94 –, NVwZ-RR 1997, 426. Die Regelungen gelten entsprechend für Richter, vgl. beispielsweise § 2 Abs. 1 NdsRiG.

173 Zum Teil beruht die entsprechende Anwendung auf ausdrücklicher gesetzlicher Regelung (§ 130 NdsBeamtG), z. T. auf Verwaltungsvorschriften des jeweiligen Dienstherrn (z. B. Nr. 4, Abschnitt 12 der Verwaltungsvorschriften des BayMinFinanzen zum Beamtenrecht).

174 Ebenso implicite etwa BAG 8.5.1980 – 3 AZR 213/79 –, AR-Blattei Haftung des Arbeitgebers Nr. 54.

spruchsberechtigte in Verfolg seiner Amtstätigkeit erleidet (z. B. Beschädigung der Brille bei Wahrnehmung des Betriebsratamtes).[175] Für den notwendigen Zusammenhang zwischen Amtstätigkeit und schädigendem Ereignis gilt das zu § 670 BGB Gesagte entsprechend. Fraglich ist nur, ob die **Grundsätze des innerbetrieblichen Schadensausgleichs hinsichtlich eines etwaigen Mitverschuldens** des Betriebsratsmitglieds bei der Herbeiführung des Eigenschadens gelten, denn die Amtstätigkeit findet nicht im Interesse des Arbeitgebers statt und unterliegt auch nicht seiner Organisationsgewalt wie die eigentliche Arbeitstätigkeit. Dennoch wird man die Grundsätze auch hier anwenden müssen: dafür spricht einmal, dass §§ 20 Abs. 3, 40 BetrVG die Amtstätigkeit in den Risikobereich des Arbeitgebers überweisen; zum Zweiten, dass die Amtstätigkeit auch unfallversicherungsrechtlich der betrieblichen Tätigkeit gleichgestellt ist. § 670 BGB findet daneben keine Anwendung.[176] Nicht anzuwenden sind die arbeitsrechtlichen Haftungsregeln auf eine etwaige **Freistellung des Betriebsratsvorsitzenden** (Stellvertreter, bevollmächtigte Betriebsratsmitglieder) **von der Haftung gegenüber Dritten** entspr. § 179 Abs. 1 BGB aus Verträgen, die der Vorsitzende für den Betriebsrat abgeschlossen hat, deren Gegenstand oder Umfang den Rahmen des § 40 BetrVG überschreiten.[177]

175 BAG 3.3.1983 – 6 ABR 4/80 –, AP § 20 BetrVG 1972 Nr. 8 m. Anm. *Löwisch* = AR-Blattei Haftung des Arbeitgebers Nr. 56/57 m. Anm. *Mayer-Maly; Richardi/Thüsing*, BetrVG, 13. Aufl., § 20 Rn. 37 und § 40 Rn. 53 ff.; dagegen will *Mayer-Maly*, NZA 1991, Beil. 3, S. 7, auch hier § 670 BGB analog anwenden; ebenso wohl LAG Hamm 26.10.1979 – 3 TaBV 64/79 –, DB 1980, 214, 215.

176 LAG Hamm 16.4.1997 – 3 TaBV 112/96 –, BB 1997, 2007.

177 Näher § 8 RN 18.

6. Teil: Rechtsvergleichung, Kollisionsrecht und Rechtspolitik

§ 28 Rechtsvergleichung

I. Überblick

Auch wenn die Fragen einer haftungsrechtlichen Privilegierung abhängig beschäftigter Personen sowie ihrer inhaltlichen Ausgestaltung von der deutschen Rechtsprechung und Wissenschaft seit jeher mit besonderer Intensität erörtert werden, handelt es sich selbstverständlich nicht um ein nationales Phänomen. Vielmehr ist die Unangemessenheit der strikten Anwendung allgemeiner zivilrechtlicher Grundsätze und damit einer uneingeschränkten Verschuldenshaftung von Arbeitnehmern in vielen Rechtsordnungen als Problem erkannt und in sowohl rechtstechnisch als auch materiellrechtlich **unterschiedlichster Form gelöst** worden. Was in Deutschland bisher nicht erreicht werden konnte, ist andernorts bereits verwirklicht: eine Kodifikation der Materie, wie ein vor einiger Zeit durchgeführter europäischer Rechtsvergleich unter Einbeziehung von 15 Staaten belegt: In neun dieser Staaten besteht eine spezifische gesetzliche Grundlage,[1] in jeweils drei Staaten wird das allgemeine zivilrechtliche Haftungsregime unverändert[2] oder durch die Judikatur modifiziert[3] angewendet. Zentraler Aspekt ist regelmäßig die Haftungsbegrenzung nach Maßgabe des Verschuldens,[4] wobei in den meisten Staaten die Haftung bei leichter Fahrlässigkeit beschränkt wird oder sogar ganz entfällt.[5] 1

Ein **Vergleich der verschiedenen Modelle** ohne das Bestreben nach Vollständigkeit[6] vermag Aufschluss über die rechtspolitische Ausgewogenheit der bundesdeutschen Rechtslage zu geben. Die größte Aussagekraft kommt dabei einem Blick in diejenigen 2

1 *Pačić*, EuZA 2009, 47 ff. und 218 ff.: Belgien, Dänemark, Finnland, Norwegen, Niederlande, Österreich, Polen, Schweden, Schweiz.

2 *Pačić*, EuZA 2009, 47, 49: England, Italien, Spanien.

3 *Pačić*, EuZA 2009, 47, 48 f.: Deutschland, Frankreich und Griechenland.

4 *Pačić*, EuZA 2009, 47, 59 ff.

5 *Pačić*, EuZA 2009, 47, 66 ff.

6 Weitere Kurzinformationen in: v. Bar (Hrsg.), Deliktsrecht in Europa, in den jeweiligen Landesberichten von *Nørgaad/Vagner* über *Dänemark* (insbes. S. 8 ff.), *Honduis/van Dam* über die *Niederlande* (insbes. S. 11 f.) sowie *Lødrup/Hagstrøm* über *Norwegen* (insbes. S. 29 ff. und 74), sowie in: Henssler/Braun (Hrsg.), Arbeitsrecht in Europa, 3. Aufl., von *Matray/Hübinger* über Belgien (S. 159 ff.), von *Steinrücke/Würtz* über Dänemark (S. 228 f.), von *Jürgen* über Estland (S. 277), von *Kerameos/Kerameus* über Griechenland (S. 430 ff.), von *Harth/Taggart* über Großbritannien (S. 509), von *Erken* über Irland (S. 572), von *Kronbergs* über Lettland (S. 687), von *Zimoch-Tucholka/Malinowska-Hyla* über Polen (S. 1018 ff.), von *Hegewald* über Russland (S. 1203 ff.), von *Markechová/Klimanová* über Slowakische Republik (S. 1353 f.), von *Linhart/Ranič* über Tschechien (S. 1481 ff.), von Alp *über* die Türkei (S. 1532 f.) und *Gobert/Krisch* über Ungarn (S. 1572 f.).

https://doi.org/10.1515/9783110728606-030

europäischen Nachbarländer zu, in denen vergleichbare wirtschaftliche und politische Rahmenbedingungen bestehen.

II. Österreich[7]

3 An erster Stelle ist hier die Regelung des *Dienstnehmerhaftpflichtgesetzes* (DHG) vom 31.3.1965[8] zu nennen, das 1965 als ein Nebengesetz zum ABGB erlassen und 1983 novelliert worden ist.[9] Es übertrifft andere einschlägige gesetzliche Regelungen an Präzision und in den Details.[10] Begünstigt werden nach § 1 DHG neben Dienstnehmern und Heimarbeitern auch (sonstige) arbeitnehmerähnliche Personen,[11] ferner überlassene

7 *Literatur: Auckenthaler*, Der Regreß bei der Dienstnehmerhaftung I und II, ZAS 1981, 174 ff. und 208 ff.; *Kallab/Bachhofer*, Dienstnehmerhaftpflichtgesetz, Wien 2023; *Berger*, Rechtsfragen des Dienstnehmerhaftpflichtgesetzes, DRdA 1978, 95 ff.; *Binder*, Arbeitnehmerhaftung und Versicherung, in: FS Reischauer, Wien 2010, S. 481 ff.; *Brameshuber*, Die Sorgfalt des Arbeitnehmers, Wien 2019; *Dirschmied*, Die Regelung der Arbeitnehmerhaftung in Österreich, AuR 1986, 267 ff.; *Edlbacher*, Die Entwicklung des Dienstnehmerhaftpflichtrechts in Österreich, in: FS Klingmüller, Karlsruhe 1974, S. 87 ff.; *Gamillscheg*, Die Haftung des Arbeitnehmers und § 39 des Entwurfs eines Arbeitsgesetzbuchs bzw. § 2 Entwurf eines Dienstnehmerhaftpflichtgesetzes, JBl. 1965, 225 ff.; *Gutknecht*, Die Haftung des Dienstnehmers für anvertrautes Werkzeug, ZAS 1972, 8 ff.; *Holeschofsky*, Grundlagen der Haftung des Arbeitnehmers, in: Haftungsprobleme im Arbeitsverhältnis (Hrsg. Tomandl), Wien 1991, S. 1 ff.; *Födermayr/Resch*, Arbeitsrecht, 7. Aufl., Wien 2020; *Kallab/Bachhofer*, Dienstnehmerhaftpflichtgesetz, 2. Aufl., Wien 2023; *Kerschner*, Dienstnehmerhaftpflichtgesetz, 3. Aufl., Wien 2019; *Kohlmeyer*, Die Haftung des Arbeitnehmers im Vergleich zwischen dem deutschen und österreichischen Recht, Göttingen 1996; *Konowalczyk/Sauer*, Arbeitnehmerhaftung im internationalen Vergleich – Österreich, Schweiz, Bundesrepublik Deutschland, RIW 1995, 383 ff.; *Koziol*, Österreichisches Haftpflichtrecht, Band I – Allgemeiner Teil, 4. Aufl., Wien 2020; *Löschnigg*, Arbeitsrecht, 13. Aufl., Wien 2017; *Marhold/Brameshuber/Friedrich*, Österreichisches Arbeitsrecht, 4. Aufl., Wien/Graz, 2021; *Mayer-Maly*, Österreichisches Arbeitsrecht I, Individualarbeitsrecht, Wien/New York 1987; *Oberhofer*, Außenhaftung des Arbeitnehmers, Wien 1996; *ders.*, Das DHG und die Nutzung betrieblicher Einrichtungen, ZAS 1988, 150 ff.; *Rainer*, Die Regreßansprüche im DHG, JBl. 1980, 469 ff.; *Reischauer*, Probleme der Dienstnehmerhaftung, DRdA 1978, 193 ff.; *Rummel*, Kommentar zum Allgemeinen bürgerlichen Gesetzbuch [ABGB], 1. Band, 3. Aufl., Wien 2000, 2. Band, 1. Teilband, 3. Aufl., Wien 2007; *Schilcher/Kleewein*, Österreich, in: v. Bar (Hrsg.), Deliktsrecht in Europa, Köln/Berlin/Bonn/München 1994; *Schrammel*, Haftungsmilderung „bei" Erbringung der Dienstleistung, ZAS 1985, 203 ff.; *Floretta/Spielbüchler/Strasser (Spielbüchler/Grillberger)*, Arbeitsrecht Band I, Individualarbeitsrecht, 4. Aufl., Wien 1998; *Windisch-Graetz*, Arbeitsrecht Band 2, Sachprobleme, 12. Aufl., Wien 2023; *Waas*, Die schadenersatzrechtliche Haftung der öffentlich Bediensteten seit dem ASGG, ÖJZ 1988, 48 ff.; *Wachter* und *Trenker/Oberhofer*, Dienstnehmerhaftpflichtgesetz – DHG, in: Schwimann/Kodek (Hrsg.), ABGB Praxiskommentar, Band 11, 5. Aufl., Wien 2022; Zeller Kommentar zum Arbeitsrecht (Hrsg. Neumayr/Reissner), Bd. I und II, 3. Aufl., Wien 2018.

8 BGBl. 1965 Nr. 80.

9 Einen Überblick über die geschichtliche Entwicklung des DHG gibt *Kohlmeyer*, Haftung des Arbeitnehmers, S. 6 ff.

10 So *Pačić*, EuZA 2009, 47, 48.

11 Dazu *Kerschner*, DHG, 3. Aufl., § 1 Rn. 12 ff.

Beschäftigte ebenso im Verhältnis zum Entleiher (§ 7 Abs. 1 AÜG[12]). Zudem sind gleichsam als Folge des sprunghaften Anstiegs von häuslicher Arbeit im Zuge der Corona-Pandemie mit Wirkung vom 1.4.2021 auch solche Personen privilegiert, die mit dem Dienstnehmer in einem gemeinsamen Haushalt leben und dem Dienstgeber im Zusammenhang mit Arbeiten im Homeoffice einen Schaden zufügen,[13] wobei mit Wirkung vom 1.1.2025 insoweit nunmehr von Telearbeit[14] die Rede ist[15]. Grundvoraussetzung für eine Privilegierung nach dem DHG ist die Schädigung **bei Erbringung einer Dienstleistung**, vergleichbar der „betrieblich veranlassten Tätigkeit“ in Deutschland. Dem OGH genügt für den ausreichenden Sachzusammenhang in der Regel, dass zum Schadenszeitpunkt die Haupttätigkeit des Arbeitnehmers der Erfüllung des Arbeitsvertrags gewidmet war.[16]

§ 2 DHG lautet:

> (1) Hat ein Dienstnehmer bei Erbringung seiner Dienstleistungen dem Dienstgeber durch ein Versehen einen Schaden zugefügt, so kann das Gericht aus Gründen der Billigkeit den Ersatz mäßigen oder, sofern der Schaden durch einen minderen Grad des Versehens zugefügt worden ist, auch ganz erlassen.
> (2) Bei der Entscheidung über die Ersatzpflicht im Sinn des Abs. 1 hat das Gericht vor allem auf das Ausmaß des Verschuldens des Dienstnehmers und außerdem insbesondere auf folgende Umstände Bedacht zu nehmen:
> 1. auf das Ausmaß der mit der ausgeübten Tätigkeit verbundenen Verantwortung,
> 2. inwieweit bei der Bemessung des Entgelts ein mit der ausgeübten Tätigkeit verbundenes Wagnis berücksichtigt worden ist,
> 3. auf den Grad der Ausbildung des Dienstnehmers,
> 4. auf die Bedingungen, unter denen die Dienstleistung zu erbringen war und

12 Vgl. Bundesgesetz v. 23.3.1988, BGBl. 1988 Nr. 196; OGH 6.4.2005 – 9 ObA 80/04 m –, DRdA 2006, 207; *Kerschner*, DHG, 3. Aufl., § 1 Rn. 13; *Löschnigg*, Arbeitsrecht, 13. Aufl., 6/769.

13 Vgl. BGBl. 2021 I Nr. 61. Zu Einzelheiten *Trenker/Oberhofer*, in: Schwimann/Kodek (Hrsg.), ABGB Praxiskommentar, 5. Aufl., § 2 DHG Rn. 88 ff. Zur früheren Rechtslage *Brodil*, ZAS 2016, 209 ff.

14 Zum Begriff der Telearbeit siehe § 2 h Abs. 1 Arbeitsvertragsrechts-Anpassungsgesetz, BGBl. 2024 I Nr. 110.

15 Vgl. BGBl. 2024 I Nr. 110.

16 OGH 12.7.2006 – 9 ObA 34/06z – (sozial adäquate private Tätigkeiten wie Rauchen, Essen, Trinken oder Aufsuchen des WC, Einnahme von Medikamenten, gymnastische Übungen; hier Brandschaden durch Rauchen am Arbeitsplatz), DRdA 2007, 227 m. zust. Anm. *Kerschner* = ZAS 2007, 129 m. hinsichtlich der Begründung krit. Anm. *Ettmayer*. Siehe auch *Födermayr/Resch*, Arbeitsrecht, 7. Aufl., Rn. 248; *Löschnigg*, Arbeitsrecht, 13. Aufl., 6/768; *Marhold/Brameshuber/Friedrich*, Österreichisches Arbeitsrecht, 4. Aufl., S. 321; *Spielbüchler/Grillberger*, Arbeitsrecht I, 4. Aufl., S. 209: „Verletzung des Arbeitsvertrages … weder erforderlich noch genügend“; *Wachter*, in: Schwimann/Kodek (Hrsg.), ABGB Praxiskommentar, 5. Aufl., § 1 DHG Rn. 82 ff., *Windisch-Graetz*, in: Zeller Kommentar, 3. Aufl., § 2 DHG Rn. 9 ff. Einschränkend *Schrammel*, ZAS 1985, 203, 206 ff.; großzügiger *Oberhofer*, ZAS 1988, 150 ff. Unschädlich sind auch zeitliche Unterbrechungen von Dienstfahrten, vgl. OGH 1.12.1981 – 4 Ob 121/81 –, Arb 10.064; 23.11.1982 – 4 Ob 157/82 –, Arb 10.208; 21.11.1998 – 9 ObA 122/98a –, Arb 11.792. Anders hingegen bei einer aus privaten Gründen nicht lediglich zeitlich unterbrochenen Route, sondern bei einem sonst nicht gewählten Abstecher, so OGH 8.8.2007 – 9 ObA 90/07 m –, Arb 12.702.

5. ob mit der vom Dienstnehmer erbrachten Dienstleistung erfahrungsgemäß die nur schwer vermeidbare Möglichkeit der Wahrscheinlichkeit des Eintritts eines Schadens verbunden ist.

(3) Für eine entschuldbare Fehlleistung haftet der Dienstnehmer nicht.

(4) Wird der Dienstgeberin oder dem Dienstgeber durch im gemeinsamen Haushalt mit der Dienstnehmerin oder dem Dienstnehmer lebende Personen im Zusammenhang mit Arbeiten in Telearbeit ein Schaden zugefügt, so sind die Bestimmungen dieses Gesetzes sinngemäß anzuwenden.

1. Abstufungen nach dem Verschuldensgrad

4 Die österreichische Rechtsordnung kennt demnach im Bereich der Arbeitnehmerhaftung beim Verschulden neben dem Vorsatz ebenfalls eine **dreifache Abstufung der Fahrlässigkeit** (Versehen): leichteste Fahrlässigkeit (entschuldbare Fehlleistung – § 2 Abs. 3 DHG)[17], normale bzw. mittlere Fahrlässigkeit (minderer Grad des Versehens – § 2 Abs. 1 a.E. DHG)[18] und grobe Fahrlässigkeit (auffallende Sorglosigkeit – § 1324 ABGB). Die Unterschiede bei der Behandlung dieser einzelnen Verschuldensformen im Vergleich zum deutschen Recht bestehen lediglich in Folgendem:

- Eine **Haftungsermäßigung** ist (seit der Novelle des DHG von 1983)[19] **bei grober Fahrlässigkeit** ohne weiteres und nicht nur im Falle besonderer Härte (Missverhältnis von Verdienst und Schadensrisiko)[20] möglich.
- Für die Fälle **normaler Fahrlässigkeit** gilt abweichend von den übrigen zu einer Haftung führenden Verschuldensformen eine **kurze Ausschlussfrist**[21] von sechs Monaten (§ 6 DHG).

17 Von einer solchen Einstufung als culpa levissima geht die h.M. aus. Vgl. nur *Marhold/Brameshuber/Friedrich*, Österreichisches Arbeitsrecht, 4. Aufl., S. 323 f.; *Windisch-Graetz*, Arbeitsrecht II, 12. Aufl., S. 248. Mitunter wird diese Kategorie als Fremdkörper im Haftungsrecht abgelehnt, so von *Edlbacher*, FS Klingmüller (1974), S. 87, 90 ff., und von *Mayer-Maly*, Arbeitsrecht I, S. 87. *Berger*, DRdA 1978, S. 95, 98, verortet die entschuldbare Fehlleistung im unteren Bereich der leichten Fahrlässigkeit; ebenso *Koziol*, Haftpflichtrecht I, 4. Aufl., C 2 Rn. 49; *Löschnigg*, Arbeitsrecht, 13. Aufl., 6/772 mit zahlreichen Beispielen; *Spielbüchler/Grillberger*, Arbeitsrecht I, 4. Aufl., S. 212, bejaht in diesen Fällen nicht nur einen Haftungsausschluss, sondern eine Verneinung des Verschuldens. Gegen ein Verständnis der „entschuldbaren Fehlleistung" als reine Verschuldensbeurteilung und für eine Einbeziehung weiterer Aspekte (etwa längerer störungsfreier Verlauf des bisherigen Arbeitsverhältnisses) *Trenker/Oberhofer*, in: Schwimann/Kodek (Hrsg.), ABGB Praxiskommentar, 5. Aufl., § 2 DHG Rn. 61.

18 Vgl. OGH 31.5.1983 – 4 Ob 35/82 –, ZAS 1985, 14, 18.

19 Siehe § 2 Abs. 1 DHG 1983 (im Vergleich zu § 2 Abs. 1 DHG 1965), BGBl. 1983 Nr. 169.

20 Zur Rechtslage in Deutschland § 10 RN 1 ff.

21 Von Rechtscharakter dieser Frist als Verfallfrist gehen sowohl die ständige Rechtsprechung (vgl. nur OGH 14.9.1982 – 4 Ob 121/82 –, Arb 10.183; 15.7.1986 – 14 Ob 126/86 –, Arb 10.544; 8.8.2002 – 8 ObA 78/02 g; 18.12.2020 – 8 ObA 112/20 h) wie auch die überwiegende Lehre aus (z. B. *Mayer-Maly*, Arbeitsrecht I, S. 91; *Trenker/Oberhofer*, in: Schwimann/Kodek (Hrsg.), ABGB Praxiskommentar, 5. Aufl., § 6 DHG Rn. 2; eingehend *Eypeltauer*, DRdA 1993, 1 ff. Für die Einordnung als Verjährungsfrist dagegen z. B. *Kerschner*, DHG, 3. Aufl., § 6 Rn. 3 m.w.N.). Im Übrigen genießen etwaige kürzere kollektivvertragliche Ausschlussfristen den Vorrang, vgl. OGH 18.12.2020 – 8 ObA 112/20 h.

- Bei der **leichtesten Fahrlässigkeit** wird von der objektiven Betrachtung bei der Definition des Verschuldensbegriffes abgewichen und stattdessen stärker auf die **subjektive Vorwerfbarkeit** des Verhaltens abgestellt.[22]

Es überwiegen demnach die **Übereinstimmungen:**
- keine Haftungsreduktion bei Vorsatz,[23]
- Haftungsausschluss bei leichtester Fahrlässigkeit,
- Schadensquotelung bei normaler Fahrlässigkeit bis hin zur Verneinung einer Haftung.

2. Bezugspunkt des Verschuldens

Worauf sich die Vorwerfbarkeit bei den einzelnen **Fahrlässigkeitsstufen** beziehen muss, 5
wird in Doktrin und Praxis nicht immer deutlich.[24] Einerseits wird auf die „leichte Vorhersehbarkeit"[25] bzw. „die Wahrscheinlichkeit und leichte Verhinderbarkeit des Schadenseintritts"[26] abgestellt. Andererseits wird von der „Verletzung der objektiv gebotenen Sorgfalt" gesprochen und die grobe Fahrlässigkeit als „ungewöhnliche und auffallende Vernachlässigung der Sorgfaltspflicht" definiert.[27] Diese Formulierungen und viele Beispiele[28] könnten so verstanden werden, dass Bezugspunkt des Verschuldensvorwurfs die Verletzung einer entsprechenden Pflicht des Arbeitnehmers ist. Der OGH kombiniert hingegen beide Elemente; so soll für grobe Fahrlässigkeit sowohl eine außergewöhnliche und auffallende Vernachlässigung der gebotenen Sorgfalt vorliegen als auch der Eintritt des Schadens als wahrscheinlich voraussehbar sein.[29]

Eindeutig ist die Perspektive beim **Vorsatz:** Diese Verschuldensform soll entspre- 6
chend der Regelung in § 1294 ABGB wissentliche und willentliche Schädigung in böser Absicht bedeuten. Der Vorsatz muss sich also auf den **Schadenseintritt** beziehen, während Folgeschäden hiervon nicht umfasst sein müssen.[30] Selbst bewusst weisungswidriges Verhalten soll daher u.U. nur den Vorwurf leichter Fahrlässigkeit begründen können.[31]

---

22 Vgl. nur *Koziol*, AcP 196 (1996), 593 ff.; *Spielbüchler/Grillberger*, Arbeitsrecht I, 4. Aufl., S. 211 f.
23 OGH 3.3.1970 – 4 Ob 105/69 –, Arb 8756.
24 Eindeutig für den Bezug des Verschuldens auf den Schadenseintritt (zumindest den Primärschaden) allerdings *Kerschner*, DHG, 3. Aufl., § 2 Rn. 14.
25 OGH 10.9.1985 – 4 Ob 86/85 –, Arb 10.474; LG Linz 22.5.1968 – 8 Cg 7/68 –, Arb 8554.
26 *Reischauer*, in: Rummel, ABGB, 3. Aufl., § 1324 Rn. 3 Abs. 2.
27 So *Reischauer*, in: Rummel, ABGB, 3. Aufl., § 1324 Rn. 3 Abs. 1 mit zahlreichen Nachw. zur Rechtsprechung; LG Linz 22.5.1968 – 8 Cg 7/68 –, Arb 8554; SozM I A/e 1021.
28 *Windisch-Graetz*, in: Zeller Kommentar, 3. Aufl., § 2 DHG Rn. 22 und 24.
29 OGH 3.9.2010 – 9 ObA 50/10 h –, Arb 12.914. Siehe auch *Kerschner*, DHG, 3. Aufl., § 2 Rn. 38.
30 *Kerschner*, DHG, 3. Aufl., § 2 Rn. 36; *Koziol*, Haftpflichtrecht I, 4. Aufl., C 2 Rn. 22.
31 Anders *Gutknecht*, ZAS 1972, 8, 10, die in diesen Fällen stets von grober Fahrlässigkeit ausgeht.

3. Relevante Abwägungskriterien

7 In § 2 Abs. 2 DHG sind die bei der Billigkeitsentscheidung des Gerichtes über die Höhe der Ersatzpflicht des Dienstnehmers „insbesondere" zu berücksichtigenden Gesichtspunkte aufgelistet.[32] Diese Vorgehensweise ist nicht nur vom Grundsatz her wegen ihrer die Rechtssicherheit fördernden Wirkung zu begrüßen. Auch inhaltlich vermag die getroffene Regelung zu überzeugen. Die maßgeblichen Kriterien sind hierzulande ebenfalls anerkannt. Übereinstimmung besteht ferner insoweit, als die Gefahrneigung der Tätigkeit im Sinne von § 2 Abs. 2 Nr. 5 DHG nur als ein Abwägungsgesichtspunkt unter mehreren aufgeführt wird, nicht aber eine elementare Filterfunktion erhält. Allenfalls in der Betonung spezieller Kriterien sind marginale Divergenzen festzustellen. *Marhold/Brameshuber/Friedrich* kritisieren allerdings, dass nach h.M. das Verhältnis zwischen Verantwortung und Mäßigung der Ersatzpflicht umgekehrt proportional sein soll, und plädieren für ein bewegliches System, das auch bei hoher Verantwortung eine Schadensersatzminderung auf null erlaubt.[33] Fixe Grenzen für das Mäßigungsrecht je nach Verschuldensgrad, etwa in dem Sinn, dass bei grober Fahrlässigkeit eine Mäßigung nur auf zwei Drittel des Schadens und bei leichter Fahrlässigkeit eine Mäßigung nur auf ein Drittel des Schadens vorgenommen werden könnte, lehnt der OGH ab.[34]

8 Darüber hinaus vermeidet es der österreichische Gesetzgeber anerkennenswerter Weise, solche Aspekte heranzuziehen, die keinerlei erkennbaren Bezug zur begangenen Pflichtverletzung aufweisen. Insoweit zeigt sich eine Überlegenheit gegenüber der BAG-Rechtsprechung, nach der auch persönliche Verhältnisse des Arbeitnehmers wie Lebensalter und Betriebszugehörigkeitsdauer in den Abwägungsprozess einzubeziehen sind.[35] Diese gesetzgeberische Entscheidung wird zu Unrecht aufgeweicht, wenn die österreichische Rechtsprechung und Lehre den Umstand, dass es sich nicht um eine abschließende enumerative Aufzählung handelt, dazu benutzen, als gleichwertig angesehene subjektive Kriterien ebenfalls zu berücksichtigen.[36] Dabei wird nicht beachtet, dass sich die vom Gesetzgeber genannten Gesichtspunkte sämtlich auf den Gedanken des Betriebsrisikos zurückführen lassen bzw. unmittelbar den Verschuldensgrad beeinflussen.[37] Diese Wertungsbasis wird gerade durch die Einbeziehung solcher Daten wie der allgemeinen Einkommens- und Vermögenssituation des Dienstnehmers [38] oder

32 Siehe hierzu im Einzelnen *Trenker/Oberhofer*, in: Schwimann/Kodek (Hrsg.), ABGB Praxiskommentar, 5. Aufl., § 2 DHG Rn. 63 ff.; *Windisch-Graetz*, in: Zeller Kommentar, 3. Aufl., § 2 DHG Rn. 28 ff.; ferner *Kohlmeyer*, Haftung des Arbeitnehmers, S. 70 ff.; zur doppelten Funktion der Mäßigungskriterien des § 2 Abs. 2 DHG bei der Bemessung der Ersatzpflicht sowie bereits bei der Definition von Sorgfalt und Verschuldensgrad des Beschäftigten eingehend *Brameshuber*, Sorgfalt des Arbeitnehmers, S. 376 ff.

33 *Marhold/Brameshuber/Friedrich*, Österreichisches Arbeitsrecht, 4. Aufl., S. 324.

34 OGH 11.5.2006 – 8 ObA 31/06a –, DRdA 2006, 398; OGH 21.4.2016 – 9 ObA 44/16k.

35 BAG 12.6.1992 – GS 1/89 – unter B III 4 c, AP § 611 BGB Haftung des Arbeitnehmers Nr. 101 = NZA 1993, 547.

36 Abl. auch *Gamillscheg*, JBl. 1965, 225, 230.

37 Siehe z. B. *Dirschmied*, AuR 1986, 267, 272 f.

38 OGH 16.1.1979 – 4 Ob 71/78 –, Arb 9771; 19.1.1982 – 4 Ob 135/81 –, Arb 10.071; LG Klagenfurt 16.11.1966 – 3 Lg 15/66 –, Arb 8319. Krit. *Marhold/Brameshuber/Friedrich*, Österreichisches Arbeitsrecht, 4. Aufl., S. 325:

dessen Unterhaltspflichten[39] auch insoweit verlassen, als sich diese Umstände, abweichend von der ausschließlichen Begünstigungsintention des Gesetzgebers, ebenfalls zu Ungunsten des Dienstnehmers auszuwirken vermögen. Weiter ist eine bestehende Versicherung des Arbeitgebers zu berücksichtigen, die von ihm (beim Fehlen einer Regressmöglichkeit des Versicherers) im Rahmen der Fürsorgepflicht grundsätzlich vorrangig zur Deckung des Schadens herangezogen werden muss,[40] darüber hinaus nach nicht einhelliger Auffassung auch eine zumutbare Versicherbarkeit durch den Dienstgeber.[41] Unbeachtlich sollen hingegen die Vermögensverhältnisse des Dienstgebers sein.[42] Führen mehrere Arbeitnehmer den Schaden herbei, kommt es zunächst auf den jeweiligen Verschuldensgrad an. Während der vorsätzlich Handelnde für den ganzen Schaden einzustehen hat, darf bei den privilegierten Arbeitnehmern keine Existenzgefährdung eintreten, sodass auch deren soziale Verhältnisse zu berücksichtigen sind und sie nicht solidarisch für einander haften.[43] Die Beweislast für die Berücksichtigung der Mäßigungsgründe trifft den Arbeitnehmer.[44]

4. Begrenzung des Arbeitgeberrückgriffs bei der Schädigung Dritter und Ersatzanspruch des Dienstnehmers

Die **Rückgriffsregelung** zu Gunsten des Arbeitgebers in **§ 4 DHG** bei der Inanspruch- 9
nahme durch Dritte ist inhaltlich auf § 2 DHG abgestimmt und enthält vor allem verfahrensmäßige Besonderheiten, nämlich eine Pflicht zur Mitteilung an den Arbeitnehmer und zur Streitverkündung. Praktisch bedeutsam ist allerdings, dass § 4 Abs. 2 DHG als Voraussetzung des Rückgriffs alternativ zum rechtskräftigen Urteil gegen den Arbeitgeber das Einverständnis des Arbeitnehmers mit der Befriedigung des Geschädigten nennt. Der OGH hält daran trotz kritischer Stimmen fest.[45]

„rein private Sphäre". Zur deutschen Rechtsprechung bei mittlerem Verschulden § 9 RN 27 ff. Zur Beachtlichkeit der wirtschaftlichen Lage bei grober Fahrlässigkeit hinsichtlich des Schadenseintritts § 10 RN 7 ff.

39 OGH 27.6.1969 – 4 Ob 41/69 –, Arb 8636; 12.7.1977 – 4 Ob 92/77 –, Arb 9605.

40 OGH 8.8.2007 – 9 ObA 90/07 m –, Arb 12.702; 25.10.2011 – 9 ObA 69/11d –, Arb 13.017. Zum Verhältnis von Arbeitnehmerhaftung und Versicherung umfassend *Binder*, FS Reischauer (2010), S. 481 ff.

41 Vgl. LG Graz 19.2.1975 – 2 Cg 50/73 – Arb 9268. *Kerschner*, DHG, 3. Aufl., § 2 Rn. 20, unter dem Gesichtspunkt des Mitverschuldens für die Kfz-Vollkaskoversicherung. OGH 28.6.2011 – 9 ObA 48/11s –, Arb 12.998: Durchbrechung des Haftungsprivilegs bei Personenschäden gemäß § 333 ASVG nur bei vorsätzlicher Vereitelung des Kraftfahrzeug-Haftpflichtversicherungsschutzes.

42 OGH 5.3.1997 – 9 ObA 51/97 h –, DRdA 1997, 405.

43 OGH 26.7.2012 – 8 ObA 24/12 f –, ZAS 2012, 355. Bei einem Schaden von zwei Millionen EUR wurde die Haftung der beiden grob fahrlässig handelnden Dienstnehmer auf je 60.000 EUR begrenzt.

44 OGH 10.7.2003 – 6 Ob 83/03d –, DRdA 2004, 334 m. zust. Anm. *Kerschner*.

45 Vgl. OGH 15.9.1981 – 4 Ob 156/80 –, Arb 10.015; 27.6.2001 – 9 ObA 153/01 t –, Arb 12.115; 30.7.2009 – 8 ObA 40/09d –, Arb 12.827; *Auckenthaler*, ZAS 1981, 208, 215 f.; *Kerschner*, DHG, 3. Aufl., § 4 Rn. 26 m.w.N.; *Trenker/Oberhofer*, in: Schwimann/Kodek (Hrsg.), ABGB Praxiskommentar, 5. Aufl., §§ 3, 4 DHG Rn. 39 f.; a.A. *Spielbüchler/Grillberger*, Arbeitsrecht I, 4. Aufl., S. 214, wohl auch *Löschnigg*, Arbeitsrecht, 13. Aufl., 6/789 m.w.N.

10 Wird der Arbeitnehmer selbst bei der **Außenhaftung** durch Dritte in Anspruch genommen, gewährt ihm **§ 3 DHG** einen „Vergütungsanspruch“ *nach erfolgter Ersatzleistung* inhaltlich und verfahrensmäßig nach den gleichen Maßgaben, also keinen Freistellungsanspruch im Vorwege.[46] Umstritten und für den Arbeitnehmerschutz von grundsätzlicher Bedeutung ist die Frage, ob das Fehlen des Arbeitgebereinverständnisses mit der Ersatzleistung bzw. das Fehlen eines rechtskräftigen Urteils gegen den Arbeitnehmer dessen Rückgriffsanspruch tatsächlich ausschließt.[47] Für die Bejahung eines allein auf die Fürsorgepflicht des Arbeitgebers gestützten Freistellungsanspruchs ist neben § 3 DHG jedenfalls kein Raum.[48]

11 Zu einer gravierenden Schutzlücke führt das in § 3 Abs. 2 S. 1 Hs. 2, Abs. 3 DHG statuierte Erfordernis, dass ein Ersatzanspruch des Arbeitnehmers die **eigene Verantwortlichkeit des Arbeitgebers gegenüber dem Dritten** voraussetzt.[49] Wie sich aus § 1315 ABGB ergibt, ist diese Voraussetzung im Bereich des Deliktsrechts nur erfüllt, wenn den Geschäftsherrn ein eigenes Verschulden in dem Sinn trifft, dass er sich eines untüchtigen oder wissentlich eines gefährlichen Verrichtungsgehilfen bedient hat. Eine Haftung für vermutetes Eigenverschulden wie in § 831 BGB besteht nach österreichischem Recht hingegen nicht. Wenn die Eigenhaftung des Arbeitgebers als Rückgriffsvoraussetzung auch durchaus folgerichtig der Vermeidung eines Widerspruches zur Regelung des ABGB dient, so erscheint doch die hiermit verbundene Belastung für den Arbeitnehmer kaum hinnehmbar.[50] Der OGH entschärft das Problem, indem er dem Arbeitnehmer bei der Schädigung eines Dritten, in der sich das spezifische Risiko seiner Tätigkeit verwirklicht hat, einen Anspruch auf **Aufwendungsersatz analog § 1014 ABGB** i.V.m. § 2 DHG analog zugesteht.[51] Dieses Ausweichmanöver bestätigt freilich nur

46 OGH 25.5.2011 – 8 ObA 33/11b –, Arb 12.987. Dazu *Windisch-Graetz*, in: Zeller Kommentar, 3. Aufl., § 3 DHG Rn. 19 ff.

47 So die h.M., vgl. OGH 15.9.1981 – 4 Ob 156/80 –, Arb 10.015; 25.5.2011 – 8 ObA 33/11b –, Arb 12.987; *Kerschner*, DHG, 3. Aufl., § 4 Rn. 26 mit Nachweisen zum Meinungsstand; *Waas*, DRdA 1979, 40; krit. hingegen z. B. *Auckenthaler*, ZAS 1981, 174 ff.; *Rainer*, JBl. 1980, 469; *Löschnigg*, Arbeitsrecht, 11. Aufl., 6/790; unentschieden *Windisch-Graetz*, in: Zeller Kommentar, 3. Aufl., § 3 DHG Rn. 21.

48 OGH 25.5.2011 – 8 ObA 33/11b –, Arb 12.987; *Windisch-Graetz*, in: Zeller Kommentar, 3. Aufl., § 3 DHG Rn. 19; für einen solchen Freistellungsanspruch aber *Kerschner*, DHG, 3. Aufl., § 3 Rn. 22/1 f.

49 *Marhold/Brameshuber/Friedrich*, Österreichisches Arbeitsrecht, 4. Aufl., S. 328 f.; *Spielbüchler/Grillberger*, Arbeitsrecht I, 4. Aufl., S. 213 f.

50 *Berger*, DRdA 1978, 95, 100; *Waas*, ÖJZ 1988, 48, 49, meldet hiergegen auch verfassungsrechtliche Bedenken an.

51 Vgl. OGH 24.5.1989 – 9 ObA 139/89 –, DRdA 1991, 137 m. krit. Anm. *Kerschner* (allerdings unter Hinweis auf eine mögliche Arbeitgeberhaftung kraft Fürsorgepflichtverletzung) = ZAS 1991, 57 m. zust. Anm. *Oberhofer*; 24.7.1996 – 8 ObA 2051/96 t –, SZ 69, Nr. 167, und 26.3.1997 – 9 ObA 46/97y, DRdA 1998, 34 m. krit. Anm. *Kerschner*. Nach Ansicht des OGH gilt hierbei aber die Streitverkündungspflicht und Bindungswirkung gemäß § 3 DHG analog (OGH DRdA 1998, 34 f.). Für einen Rekurs auf § 1014 ABGB analog auch *Kallab/Bachhofer*, DHG, 2. Aufl., § 3 Rn. 10; *Koziol*, ZAS 1978, 187, 188; *Spielbüchler/Grillberger*, Arbeitsrecht I, 4. Aufl., S. 214, 336; *Strasser*, in: Rummel, ABGB, 3. Aufl., §§ 1014, 1015 Rn. 10; *Trenker/Oberhofer*, in: Schwimann/Kodek (Hrsg.), ABGB Praxiskommentar, 5. Aufl., §§ 3, 4 DHG Rn. 24, und Nach §§ 3 und 4 DHG

die Einschätzung, dass es sich bei den §§ 3 und 4 DHG um „technisch wie sachlich schauerliche Regressregeln" handelt.[52] Darüber hinaus hat der OGH entschieden, dass ein Dritter, der **Betriebsmittel** (hier ein Kraftfahrzeug) zur Verfügung stellt, im Fall der Schädigung von vornherein keine weitergehenden Ansprüche geltend machen kann als der Arbeitgeber selbst.[53]

5. Die Rechtslage für Organwalter im Bereich der Hoheitsverwaltung

Für die unmittelbare Schädigung öffentlich-rechtlicher Körperschaften oder Anstalten 12 durch ihre Organwalter sowie für deren Rückgriffshaftung bei durch sie verursachter Amtshaftung enthalten *§§ 2 Abs. 2, 3 Organhaftpflichtgesetz*[54] bzw. *§ 3 Abs. 1, 2 Amtshaftungsgesetz*[55] weitgehend inhaltsgleiche Vorschriften und verweisen ergänzend auf das DHG, sodass die zeitweise nach der Novellierung des DHG im Jahr 1983 verloren gegangene Rechtseinheit wiederhergestellt ist.[56]

6. Aufrechnungsverbot und kollektivvertragliche Abdingbarkeit

Eine weitere interessante Regelung zur Privilegierung des Arbeitnehmers enthält § 7 13 DHG mit einem durch den Widerspruch des Arbeitnehmers bedingten **Aufrechnungsverbot** bezüglich Schadensersatzforderungen des Arbeitgebers. Auf diese Weise wird verhindert, dass der Dienstnehmer bei derartigen Streitigkeiten in die Klägerrolle gedrängt wird. In der Praxis wird von diesem nur während des bestehenden Dienstverhältnisses gegebenen Widerspruchsrecht allerdings eher zurückhaltend Gebrauch gemacht.[57] Die Schutztendenz des DHG zu Gunsten des Arbeitnehmers wird schließlich dadurch abgerundet, dass in § 5 eine **Abbedingung** seiner wichtigsten Vorschriften nur durch kollektivvertragliche Vereinbarungen zugelassen wird.

7. Haftung gegenüber Arbeitskollegen

Bei durch einen **Betriebsunfall** verursachten Körperschäden ist der österreichische 14 Arbeitnehmer seinem verletzten Kollegen grundsätzlich zum vollen Ausgleich des ma-

---

Rn. 17; *Windisch-Graetz*, in: Zeller Kommentar, 3. Aufl., § 1014 ABGB Rn. 10 f.; dazu krit. *Kerschner*, DHG, 3. Aufl., § 3 Rn. 22/1; *Marhold/Brameshuber/Friedrich*, Österreichisches Arbeitsrecht, 4. Aufl., S. 336 ff.

52 So *F. Bydlinski*, Juristische Methodenlehre, 2. Aufl., S. 629 Fn. 36.

53 OGH 12.12.1996 – 8 Ob A 2186/96w –, wbl 1997, 298 f. = DRdA 1997, 478 m. krit. Anm. *Kerschner*, der Bedenken gegen eine Generalisierung über den Einzelfall hinaus anmeldet, insbesondere auch dann, wenn ein Arbeitskollege das Betriebsmittel zur Verfügung gestellt hat. Stattdessen will er den Freistellungsanspruch des Schädigers im Fall der Insolvenz durch den Insolvenzausgleichsfonds gewährleistet sehen (a.a.O., S. 481 f., unter Berufung auf *Beckers*, Außenhaftung, S. 72); siehe auch *Schwarz/Holler/Holzer*, Die Rechte des Arbeitnehmers bei Insolvenz, § 1 IESG unter 5.2.3.; krit. zu derartigen Überlegungen zum deutschen Recht unten § 29 RN 33.

54 Vom 19.5.1967, BGBl. 1967 Nr. 181, i. d. F. v. 13.2.2013, BGBl. 2013 I Nr. 33.

55 Vom 18.12.1948, BGBl. 1949 Nr. 20, i. d. F. v. 11.7.2013, BGBl. 2013 I Nr. 122.

56 *Spielbüchler/Grillberger*, Arbeitsrecht I, 4. Aufl., S. 216 f.

57 So die Einschätzung von *Kerschner*, DHG, 3. Aufl., § 7 Rn. 24.

teriellen und immateriellen Schadens verpflichtet, ohne einen Freistellungs- bzw. Rückgriffsanspruch gegen seinen Arbeitgeber zu haben. Allerdings darf der Sozialversicherungsträger den auf ihn gemäß § 332 Abs. 1 ASVG im Wege der cessio legis übergegangenen Ersatzanspruch des Geschädigten bei leichter Fahrlässigkeit nach Abs. 5 nicht geltend machen. Mit Recht wird hieraus geschlossen, dass der geschädigte Arbeitnehmer sich vorrangig an den Versicherungsträger halten muss. Der Schmerzensgeldanspruch bleibt allerdings unberührt.[58] Hingegen sind die als Aufseher eines Betriebes eingesetzten Arbeitnehmer[59] gemäß § 333 Abs. 4 ASVG – ebenso wie der Arbeitgeber selbst (Abs. 1) – von der Ersatzpflicht jedes durch die Körperverletzung entstandenen Schadens befreit, auch wenn das ASVG dafür keine Leistung vorsieht,[60] sofern sie nicht vorsätzlich handeln. Diese Differenzierung ist nach der Neuordnung der Arbeitnehmerhaftung nicht mehr systemgerecht und wird unter dem Gesichtspunkt der Gleichbehandlung[61] mit Recht kritisch beurteilt. Hinzu kommt, dass gerichtliche Auseinandersetzungen unter Arbeitnehmern, die für denselben Betrieb tätig sind, den Betriebsfrieden beeinträchtigen können.[62]

8. Gesamtbeurteilung

15 Insgesamt ist die Regelung der Dienstnehmerhaftung im DHG als eine Kodifikation einzustufen, die einer gerechten Risikoverteilung **nicht vollauf gerecht** wird. Immerhin ist die gebotene Gleichstellung der Beschäftigten innerhalb und außerhalb des öffentlichen Dienstes anders als in Deutschland gewährleistet. Im zentralen Bereich der Schadensquotelung bei normaler Fahrlässigkeit hat der österreichische Gesetzgeber den Gerichten auf der Rechtsfolgeseite mit der Festschreibung einer Generalklausel großen

58 *Dirschmied*, DHG, 3. Aufl., Anh. III Erl. 1, S. 213; *Marhold/Brameshuber/Friedrich*, Österreichisches Arbeitsrecht, 4. Aufl., S. 339 f.

59 Zum Begriff des Aufsehers siehe OGH 30.8.2018 – 9 ObA 49/18y –, Arb 13.534; 22.10.2021 – 8 ObA 69/21 m – Rn. 19, BeckRS 2021, 38821; 27.4.2023 – 9 ObA 118/22 a –, DRdA 2024, 193 m. krit. Anm. *Pfalz*; *Holeschofsky*, in: Haftungsprobleme im Arbeitsverhältnis, S. 15; *Neumayr/Huber*, in: Schwimann/Kodek (Hrsg.), ABGB Praxiskommentar, 5. Aufl., § 333 ASVG Rn. 69 ff.

60 OGH 11.11.2004 – 8 ObA 107/04z –, Arb 12.486. Insoweit wird auch ein verschuldensunabhängiger Ersatzanspruch gemäß § 1014 ABGB ausgeschlossen, OGH 19.12.2002 – 8 ObA 117/02 t –, ZAS 2004, 88 m. zust. Anm. *Schmaranzer*. Ausnahme § 333 Abs. 3 ASVG: Einstandspflicht einer bestehenden gesetzlichen Haftpflichtversicherung für Verkehrsmittel, OGH 21.10.1999 – 2 Ob 397/97i –, DRdA 2000, 303 m. Anm. *Reischauer*; 24.9.2004 – 8 ObA 73/03y –, JBl. 2005, 114 ff.; 5.6.2008 – 9 ObA 143/07 f –, Arb 12.754; 28.6.2011 – 9 ObA 48/11s –, Arb 12.998. Dazu *Apathy*, Risikohaftung des Arbeitgebers für Personenschäden, JBl. 2004, 746 ff.; *Windisch-Graetz*, in: Zeller Kommentar, 3. Aufl., § 1014 ABGB Rn. 12 f.

61 Vgl. *Dirschmied*, DHG, 3. Aufl., Anh. III Erl. 1, S. 213; *Spielbüchler/Grillberger*, Arbeitsrecht I, 4. Aufl., S. 215 f. Gegen eine analoge Anwendung von § 333 Abs. 4 ASVG auf gleichrangige Arbeitskollegen aber OGH 6.6.1978 – 4 Ob 16/78 –, DRdA 1979, 214 m. krit. Anm. *Grillberger*. Der Schädiger darf dem Geschädigten noch nicht einmal die dem Arbeitgeber zuzurechnende Mitverschuldensquote entgegenhalten, so bereits grds. OGH 19.4.1971 – 2 Ob 129/70 –, Arb 9007.

62 *Kohlmeyer*, Haftung des Arbeitnehmers, S. 183.

Handlungsspielraum[63] gelassen. Angeordnet werden können sowohl eine vollständige Haftung wie auch deren kompletter Ausschluss. Ein ausreichender Gewinn an Rechtssicherheit für die richterliche Entscheidung des Einzelfalls gegenüber der vergleichbaren, wenn auch nur richterrechtlich ausgestalteten, Rechtslage in Deutschland ist hiermit also noch nicht verbunden.[64] Gleichwohl ist eine Kodifikation vorzugswürdig.

III. Schweiz[65]

Was den Kodifikationsgrad anbelangt, steht die Schweiz zwischen Deutschland und Österreich. Zwar existiert auch hier mit dem *Art. 321e Abs. 2 Obligationenrecht* (OR) vom 25.6.1971[66] eine spezielle Vorschrift, die sich mit dieser Materie befasst: 16

> „(1) Der Arbeitnehmer ist für den Schaden verantwortlich, den er absichtlich oder fahrlässig dem Arbeitgeber zufügt.
> (2) Das Mass der Sorgfalt, für die der Arbeitnehmer einzustehen hat, bestimmt sich nach dem einzelnen Arbeitsverhältnis, unter Berücksichtigung des Berufsrisikos, des Bildungsgrades oder der Fachkenntnisse, die zu der Arbeit verlangt werden, sowie der Fähigkeiten und Eigenschaften des Arbeitnehmers, die der Arbeitgeber gekannt hat oder hätte kennen sollen."

Diese Norm, die für alle Vertragsverletzungen und nicht nur für Sorgfalts- und Treuepflichtverletzungen im Sinne von § 321a OR gilt,[67] geht aber nicht nur weniger ins Detail als ihr österreichisches Pendant in § 2 DHG.[68] Sie spiegelt auch die wahre Rechtslage nur

63 Selbstverständlich handelt es sich hierbei um ein gebundenes Ermessen, vgl. *Dirschmied*, AuR 1986, 267, 272.

64 *Mayer-Maly*, Arbeitsrecht I, S. 89; vgl. auch *Konowalczyk/Sauer*, RIW 1995, S. 383, 385, die für die Einführung von Haftungshöchstgrenzen plädieren.

65 *Literatur:* Bericht des Gewerblichen Schiedsgerichts Basel-Stadt über die Rechtsprechung im Jahre 1973; *Brehm*, in: Berner Kommentar, 5. Aufl., Bern 2021, Art. 41 OR; *Geiser/Müller/Pärli*, Arbeitsrecht in der Schweiz, 5. Aufl., Bern 2024; *Keller*, Schweiz, in: v. Bar (Hrsg.), Deliktsrecht in Europa, Köln/Berlin/Bonn/München 1994; *Konowalczyk/Sauer*, Arbeitnehmerhaftung im internationalen Vergleich – Österreich, Schweiz, Bundesrepublik Deutschland, RIW 1995, 383 ff.; *K. Meier*, Die Berücksichtigung des Berufsrisikos bei der Haftung des Arbeitnehmers, Bern 1978; *R. Müller*, Aktuelle Rechtsprechung zur Haftung des Arbeitnehmers, Mitteilungen des Schweizer Instituts für Arbeitsrecht 2006, 13 ff.; *Portmann/Rudolph*, in: Basler Kommentar, 7. Aufl., Basel 2020, Art. 321e OR; *Rehbinder*, Die Haftung des Arbeitnehmers im schweizerischen Recht, in: Rehbinder (Hrsg.), Die Haftung des Arbeitnehmers, Bern 1981, S. 66 ff.; *Rehbinder/Stöckli*, in: Berner Kommentar, VI/2/2/1, Bern 2010, Art. 319 und Art. 321e OR; *Roberto*, Gedanken zur Haftung des Arbeitnehmers, FS Rehbinder, München/Bern 2002, S. 91 ff.; *Roberto/Schister*, Eingeschränkte Arbeitnehmerhaftung, FS Geiser, Zürich 2017, S. 381 ff.; *Staehelin*, in: Obligationenrecht, V/2c, 4. Aufl., Zürich 2006, Art. 321a und Art. 321e OR; *Streiff/von Kaenel/Rudolph*, Arbeitsvertrag, 7. Aufl., Zürich 2012, Art. 321e OR.

66 Sammlung der eidgenössischen Gesetze, 1971, Nr. 42, S. 1465.

67 Vgl. Bundesgericht 7.5.2018 – 4 A 579/2017, 4 A 581/2017 –, BGE 144 III 327, 330.

68 Dasselbe gilt für die Sonderregelungen für Heimarbeitnehmer in Art. 352 Abs. 2 und Art. 352a Abs. 3 OR.

unvollkommen wider. So lässt die Vorschrift insbesondere nicht erkennen, dass auch in der Rechtspraxis mit drei abgestuften Fahrlässigkeitskategorien gearbeitet wird, die die Höhe der Schadensersatzverpflichtung des Arbeitnehmers maßgeblich determinieren. Gleichsam umgekehrt geht aus ihrem Wortlaut selbst nicht hervor, dass den Arbeitgeber (entsprechend Art. 97 Abs. 1 OR) die Beweislast (nur) für die Vertragsverletzung, den Schaden und den Kausalzusammenhang treffen soll, während der Arbeitnehmer sein mangelndes Verschulden beweisen muss,[69] sodass Beschäftigte nach schweizerischem Recht insoweit schlechter stehen als nach § 619a BGB. Dagegen besteht eine parallele Rechtslage dahingehend, dass eine bloße Schlechtleistung den Entgeltanspruch unberührt lässt und der Arbeitgeber allenfalls mit einem Schadensersatzanspruch aufrechnen kann.[70] Im Übrigen wird Art. 321e OR bei der **Schädigung Dritter** im Innenverhältnis für die Rechtfertigung eines **Freistellungsanspruchs** analog herangezogen.[71] Unbeantwortet ist die Frage nach der Haftung **arbeitnehmerähnlicher Personen**, eine Rechtsfigur, die in der Schweiz bisher allgemein nur wenig Beachtung gefunden hat.[72]

1. Eingeschränkte Subjektivierung des Fahrlässigkeitsbegriffes

17 Nur scheinbar wird durch Art. 321e Abs. 1 OR der objektive Fahrlässigkeitsbegriff des Zivilrechts verlassen und ein sonst lediglich im Strafrecht üblicher subjektiver Maßstab angelegt. Es werden vielmehr nur folgende Einschränkungen vorgenommen: Zum einen wird nicht mehr pauschal der Durchschnittsmensch als die die Sorgfaltsanforderungen bestimmende Vergleichsgröße herangezogen, sondern die Betrachtungsweise **tätigkeitsspezifisch** verengt. Zum anderen werden diejenigen **individuellen Fähigkeiten und Eigenschaften des betreffenden Arbeitnehmers** berücksichtigt, die dem Arbeitgeber nicht verborgen geblieben sein sollten. Damit wird aber nicht grundlegend vom sonstigen Schadensersatzrecht abgewichen, sondern dies stellt nur einen besonderen Fall der in Art. 44 Abs. 1 OR angeordneten Haftungsermäßigung bei einem Mitverschulden des Geschädigten dar.[73] Lediglich die gewählte Rechtstechnik überrascht insofern, als (zumindest bei leichter Fahrlässigkeit, dazu näher unten) die Kenntnis bzw. fahrlässige Unkenntnis des Arbeitgebers von der Überforderung seines Arbeitnehmers

69 Bundesgericht 17.8.1998 – 4C 196/1998 –, JAR 1999, 292, 293; 7.5.2018 – 4 A 579/2017, 4 A 581/2017–, BGE 144 III 327, 330; *Rehbinder/Stöckli*, BernerKomm (2010), Art. 321e OR Rn. 17; *Staehelin*, in: Obligationenrecht (2006), Art. 321e OR Rn. 32.

70 Bundesgericht 15.6.1971, BGE 97 II 142, 150; Obergericht Kanton Zürich 11.10.2019, JAR 2020, 702, 709; *Rehbinder/Stöckli*, BernerKomm (2010), Art. 321e OR Rn. 12; *Staehelin*, in: Obligationenrecht (2006), Art. 321a OR Rn. 4; ferner Obergericht Kanton Bern 26.9.2017, JAR 2018, 454, 459 (keine Lohnkürzung bei Verletzung der Treuepflicht). Zum deutschen Recht siehe § 6 RN 32.

71 *Rehbinder/Stöckli*, BernerKomm (2010), Art. 321e OR Rn. 27; *Roberto*, FS Rehbinder (2002), S. 91, 94 f.

72 Vgl. *Rehbinder/Stöckli*, BernerKomm (2010), Art. 319 OR Rn. 70; dabei haftet ein „Beauftragter" (Art. 394 OR) „im Allgemeinen für die gleiche Sorgfalt wie der Arbeitnehmer im Arbeitsverhältnis" (Art. 398 Abs. 1 OR).

73 *Rehbinder/Stöckli*, BernerKomm (2010), Art. 321e OR Rn. 28.

bereits den Verschuldensvorwurf gegen den Arbeitnehmer und damit den Haftungstatbestand ausschließt und nicht nur die Haftung begrenzt.

2. Richterliches Ermessen bei der Annahme von Reduktionsgründen

Die Generalklausel des Art. 321e Abs. 2 OR gilt auch für die Bemessung des Schadensersatzes.[74] Schon Art. 43 Abs. 1 OR, der gemäß Art. 99 Abs. 3 OR auch im Bereich der vertraglichen Haftung Anwendung findet, sieht die Würdigung der Umstände und der Größe des Verschuldens vor, die gemäß Art. 4 Zivilgesetzbuch (ZGB) nach Recht und Billigkeit zu erfolgen hat. Im Ergebnis stellt der speziellere Art. 321e Abs. 2 OR demnach nur eine **Konkretisierung** dieser Generalklauseln sowie insbesondere auch der in Art. 44 Abs. 1 OR genannten Reduktionsgründe dar.[75] Hinzuweisen ist des Weiteren auf Art. 44 Abs. 2 OR, demzufolge der Richter bei der Festsetzung der Anspruchshöhe auf eine etwaige **Notlage des Schuldners** Rücksicht nehmen kann. Bezüglich dieser sozialstaatlich motivierten Härteklausel wird von der Rechtsprechung aber zu Recht ein faktischer Vorrang des Zwangsvollstreckungsrechtes anerkannt, was zur restriktiven Handhabung der Vorschrift führt.[76] 18

Schließlich ist in diesem Zusammenhang noch die Regelung des Art. 99 Abs. 2 OR zu nennen, der eine Haftungsermäßigung bei altruistisch motiviertem Schuldnerverhalten vorsieht. Die Rechtsprechung zieht diese Vorschrift entsprechend heran, wenn der Arbeitnehmer nur eine verhältnismäßig geringe Vergütung erhält.[77] 19

Diese auf Einzelfallgerechtigkeit zielende Gesetzeslage verursacht Rechtsunsicherheit. Dies ist umso misslicher, als der Arbeitnehmer aufgrund des in der Schweiz **fehlenden allgemeinen Kündigungsschutzes** den Verlust seines Arbeitsplatzes riskiert, wenn er wegen eines nach einem Schadensfall erfolgten Lohnabzuges, den er für ungerechtfertigt hält, gerichtlichen Rechtsschutz begehrt.[78] Um dieser eher unbefriedigenden Situation abzuhelfen, bemühen sich Doktrin und Praxis um die Aufstellung fester Regeln, wobei den drei Fahrlässigkeitsstufen zentrale Bedeutung zukommt. 20

3. Abstufungen nach dem Verschuldensgrad

Zwar können sich Rechtsprechung und Lehre nicht unmittelbar auf eine dem § 2 DHG vergleichbare gesetzliche Anordnung berufen. Sie ist aber andererseits auch nicht 21

74 Bundesgericht 20.11.1984, BGE 110 II 344, 349 = RIW 1986, 310 22.4.1997, BGE 123 III 257, 258 f.; 17.8.1998 – 4C 196/1998 –, JAR 1999, 292, 293 f.; 24.6.2003 – 4C 16/2003 – unter 2.1., http://www.bger.ch; *Rehbinder/Stöckli*, BernerKomm (2010), Art. 321e OR Rn. 19, 23.

75 *Konowalczyk/Sauer*, RIW 1995, 383, 386; *Rehbinder/Stöckli*, BernerKomm (2010), Art. 321e OR Rn. 19.

76 So die Einschätzung von *Rehbinder/Stöckli*, BernerKomm (2010), Art. 321e OR Rn. 29.

77 Bundesgericht 20.11.1984, BGE 110 II 344, 348 ff. = RIW 1986, 310.

78 Vgl. dazu *K. Meier*, Haftung des Arbeitnehmers, S. 33. Eine rechtsmißbräuchliche Kündigung i.S. von Art. 336 OR i.d.F. v. 18.3.1988 (Sammlung eidgenössischer Gesetze 1988, Nr. 35, S. 1472) ist nur selten nachzuweisen. Zudem kann der gekündigte Arbeitnehmer gerichtlich lediglich einen Entschädigungsanspruch durchsetzen (Art. 336a OR).

gänzlich praeter legem scriptam entwickelt worden, wie in Deutschland. Die oben erwähnte Haftungsmilderung wegen einer Notlage gemäß Art. 44 Abs. 2 OR gilt nämlich ausdrücklich nur zu Gunsten eines Ersatzpflichtigen, „der den Schaden weder absichtlich noch grob fahrlässig verursacht hat“. So soll der in Art. 321e Abs. 2 a.E. OR genannte Umstand dem Arbeitnehmer nur zugutekommen, wenn er höchstens leicht fahrlässig gehandelt hat.[79] Gleiches gilt für Art. 99 Abs. 2 OR. Im Ergebnis hat sich **eine der deutschen Rechtslage entsprechende Abstufung der Verschuldensgrade** herausgebildet.[80] Bei leichter Fahrlässigkeit, die mit der leichtesten Fahrlässigkeit in Deutschland[81] vergleichbar ist, wird die Haftung – abgesehen von gefahrgeneigter Tätigkeit („Berufsrisiko“) – regelmäßig nicht stets völlig ausgeschlossen, wohl aber auf einen eher symbolischen Wert reduziert.[82] Im Einzelfall ist jedoch auch der völlige Wegfall der Haftung möglich.[83] Bei mittlerer Fahrlässigkeit erfolgt eine Schadensteilung. In der Gerichtspraxis zeigt sich teilweise, dass der Arbeitnehmer dabei nur bis zur Höhe von ein[84] oder zwei Monatsgehältern[85] haftet.[86] Voll gehaftet wird hingegen grundsätzlich bei grober Fahrlässigkeit[87] – ausgenommen Gefälligkeitshandlungen des Arbeitnehmers –[88] sowie bei Vorsatz.

22 Nicht geklärt ist allerdings der **Bezugspunkt des Verschuldens.** Der Wortlaut des § 321e Abs. 1 OR könnte dafür sprechen, dass es nicht auf die Pflichtverletzung, sondern

79 *Rehbinder*, in: Die Haftung des Arbeitnehmers, S. 66, 67.

80 *Geiser/Müller/Pärli*, Arbeitsrecht in der Schweiz, 5. Aufl., Rn. 471; *Rehbinder/Stöckli*, BernerKomm (2010), Art. 321e OR Rn. 25 ff.; *Streiff/von Kaenel/Rudolph*, Arbeitsvertrag, 7. Aufl., Art. 321e OR Rn. 2; ferner *Brehm*, BernerKomm, 5. Aufl., Art. 41 OR Rn. 196 ff.

81 Siehe § 2 RN 6 und § 9 RN 34 f.

82 *Rehbinder/Stöckli*, BernerKomm (2010), Art. 321e OR Rn. 27. Siehe auch Bundesgericht 1.6.2005 – 4C 103/2005 – unter 1.1; JAR 2006, 253. Für einen völligen Ausschluss *Roberto*, FS Rehbinder (2002), S. 91, 104. Auf die verfolgten Grenzen von zehn bis zwanzig Prozent des Schadens hinweisend *Roberto/Schister*, FS Thomas Geiser (2017), S. 381, 393.

83 Vgl. Obergericht Kanton Luzern 3.3.2010, JAR 2011, 527, 528 (bei zusätzlicher Ausklammerung des Ersatzes von „Bagatellschäden“ an einem Fahrzeug durch einen Chaffeur); Kantonsgericht Graubünden 11.12.2013, JAR 2014, 454, 463. *Portmann/Rudolph*, BaslerKomm, 7. Aufl., Art. 321e OR Rn. 17; *Rehbinder/Stöckli*, BernerKomm (2010), Art. 321e OR Rn. 26 und 27.

84 Bericht des Gewerblichen Schiedsgerichts Basel-Stadt über die Rechtsprechung im Jahre 1973, S. 15 ff.; Kantonsgericht Wallis 24.3.1993 und 2.4.1993, JAR 1995, 87 ff. Krit. *Portmann/Rudolph*, BaslerKomm, 7. Aufl., Art. 321e OR Rn. 18; *Rehbinder/Stöckli*, BernerKomm (2010), Art. 321e OR Rn. 31.

85 *R. Müller*, Mitteilungen des Schweizer Instituts für Arbeitsrecht 2006, S. 13, 23 f. unter Hinweis auf Bundesgericht 1.6.2005 – 4C.103/2005; *Geiser/Müller/Pärli*, Arbeitsrecht in der Schweiz, 5. Aufl., Rn. 471.

86 Siehe aber auch *Portmann/Rudolph*, BaslerKomm, 7. Aufl., Art. 321e OR Rn. 16: prozentuale Anteile.

87 Vgl. Bundesgericht 6.1.2021 – 8C 255/2020, 8C 279/2020 –, JAR 2022, 99, 103 f. (aber Berücksichtigung von Mitverschulden des Arbeitgebers durch Vernachlässigung der Überwachungspflicht); Obergericht Kanton Luzern 30.9.1998, JAR 2000, 120, 124 f. (Zurücksetzen auf einem Parkplatz); für eine Reduzierungsmöglichkeit *Roberto*, FS Rehbinder (2002), S. 91, 104. *Geiser/Müller/Pärli*, Arbeitsrecht in der Schweiz, 5. Aufl., Rn. 471, gehen demgegenüber von einer Maximalleistung von drei Monatsgehältern aus. Zur „Faustformel“ *R. Müller*, Mitteilungen des Schweizer Instituts für Arbeitsrecht 2006, S. 13, 38 f.

88 *Rehbinder/Stöckli*, BernerKomm (2010), Art. 321e OR Rn. 24.

auf die Schadenszufügung ankommt.[89] *Rehbinder/Stöckli* bezeichnen diesen Absatz jedoch als überflüssig und irreführend.[90] In der Tat wird grobe Fahrlässigkeit auch dann bejaht, wenn dem Täter das Risiko der Schadensverwirklichung nicht bewusst ist, weil die Verhaltensanforderungen maßgeblich sind.[91] Im Rahmen der vertraglichen Haftung steht ohnehin die Vertragspflicht im Vordergrund, um deren sorgfältige Erfüllung es geht. *Rehbinder/Stöckli* verlangen denn auch nur einen adäquaten Kausalzusammenhang zwischen dem rechtswidrigen Verhalten des Arbeitnehmers und dem eingetretenen Schaden.[92]

4. Übernahme des Merkmals der Gefahrgeneigtheit

Noch eine weitere Anlehnung an das damalige deutsche Richterrecht ist im Jahre 1971 durch die Einfügung des Wortes „**Berufsrisiko**" in den Text des Art. 321e Abs. 2 OR (zuvor Art. 328 Abs. 2 OR) hergestellt worden. Hierin ist eine Modifizierung der Lehre von der gefahrgeneigten Arbeit zu sehen,[93] weil die Schadensneigung nicht als eigenständige Tatbestandsvoraussetzung für die Haftungsbegrenzung fungiert hat, sondern lediglich zu einer Individualisierung des Sorgfaltsmaßstabes führt. Hiergegen sprechen daher nicht alle jene Gründe, die den Großen Senat des BAG zur Aufgabe der Gefahrneigung als eigenständiges Tatbestandsmerkmal bewogen haben.[94] 23

5. Versicherbarkeit

Zumindest bei der Beschädigung von Kraftfahrzeugen wird anerkannt, dass der Arbeitnehmer sich auf die Versicherbarkeit des Kaskoschadens unter Berücksichtigung des üblichen Selbstbehalts berufen kann.[95] Dabei soll sich die Haftungsmilderung sogar in den Grenzen der Selbstbeteiligung auswirken.[96] 24

6. Sozialversicherungsrechtliche Lösung bei Betriebsunfällen

Handelt es sich um die Schädigung eines Arbeitnehmers, werden Personenschäden ähnlich der Regelung in den §§ 104f. SGB VII durch die für das Gros der Arbeitsver- 25

89 Die Formulierung knüpft an Art. 41 Abs. 1 OR an, der bei unerlaubten Handlungen mit einer Generalklausel vor der Zufügung widerrechtlicher Schäden schützen soll. Zum Verständnis siehe *Werro/Belser*, Die Sorgfaltspflichtverletzung als Haftungsgrund nach Art. 41 OR, ZfSchwR Bd. 116 (1997), 343 ff., die die Sorgfaltspflichtverletzung stärker in den Blick rücken.

90 *Rehbinder/Stöckli*, BernerKomm (2010), Art. 321e OR Rn. 1.

91 *Brehm*, BernerKomm, 5. Aufl., Art. 41 OR Rn. 197a und die Kasuistik Rn. 201 ff.

92 *Rehbinder/Stöckli*, BernerKomm (2010), Art. 321e OR Rn. 22.

93 *K. Meier*, Haftung des Arbeitnehmers, S. 17, 25; *Rehbinder/Stöckli*, BernerKomm (2010), Art. 321e OR Rn. 20; *Roberto/Schister*, FS Geiser (2017), S. 381, 389.

94 Vgl. BAG 12.6.1992 – GS 1/89 –, AP § 611 BGB Haftung des Arbeitnehmers Nr. 101 = NZA 1993, 547.

95 *R. Müller*, Mitteilungen des Schweizer Instituts für Arbeitsrecht 2006, 13, 28. Zur Betriebshaftpflichtversicherung, a.a.O, S. 33 ff.

96 ArbG Zürich 12.8.2003 – AN 03058 –, abgedr. bei *R. Müller*, Mitteilungen des Schweizer Instituts für Arbeitsrecht 2006, 13, 29.

hältnisse obligatorische Unfallversicherung[97] abgedeckt. Der Schädiger haftet nur, wenn er den Unfall absichtlich oder grobfahrlässig herbeigeführt hat (Art. 75 ATSG[98]). Auch dann steht der Rückgriff des Unfallversicherers gegen den Schädiger im Vordergrund (Art. 72, 73 ATSG).

7. Unabdingbarkeit der Haftungsbeschränkung

26 Art. 362 OR schützt den Arbeitnehmer vor ihn belastenden Abweichungen von der geschilderten Rechtslage. Die Norm erklärt Art. 321e OR zu einer zu Gunsten des Arbeitnehmers zwingenden Vorschrift.[99] Hiermit ist z. B. eine Vertragsklausel unvereinbar, die eine verschuldensunabhängige Mankohaftung begründen soll.[100] Dasselbe gilt für Konventionalstrafen, die (auch) einen Ersatzcharakter aufweisen, wenn sie auf eine verschuldensunabhängige oder sogar schadensunabhängige Ersatzpflicht hinauslaufen.[101] In einem solchen Fall ist die Vertragsstrafe gemäß Art. 362 OR insgesamt nichtig und nicht etwa nur nach Art. 163 Abs. 3 OR herabzusetzen.[102]

8. Gesamtbeurteilung

27 Mit der Normierung der Arbeitnehmerhaftung ist dem schweizerischen Gesetzgeber kein wesentlicher Rechtsfortschritt gelungen. Zu fordern ist eine deutlichere Regelung der Haftungserleichterung unter genauer Festlegung der Bedeutung der einzelnen Verschuldensgrade.

IV. Frankreich[103]

28 Ebenso wie in Deutschland fehlt es auch in Frankreich an einer umfassenden gesetzlichen Regelung der Arbeitnehmerhaftung. Der (im Jahr 2008 rekodifizierte) Code du

97 Bundesgesetz über die Unfallversicherung (UVG) v. 20.3.1981 (Sammlung der eidgenössischen Gesetze 1982, Nr. 38, S. 1676).

98 Bundesgesetz über den Allgemeinen Teil des Sozialversicherungsrechts (ATSG) v. 6.10.2000 (Amtliche Sammlung des Bundesrechts 2002, Nr. 44, S. 3371).

99 Dagegen sind Einschränkungen der Arbeitnehmerhaftung möglich, die in Gesamtarbeitsverträgen durchaus vorkommen, vgl. *Geiser/Müller/Pärli*, Arbeitsrecht in der Schweiz, 5. Aufl., Rn. 470a mit Fn. 851: Haftung für zerbrochenes Geschirr und Glas im Schweizer Gastgewerbe nur für Vorsatz und grobe Fahrlässigkeit.

100 Kantonsgericht Wallis 13.2.1980, JAR 1984, 106 ff.

101 Vgl. Bundesgericht 7.5.2018 – 4 A 579/2017, 4 A 581/2017 –, BGE 144 III 327, 332 ff.; ebenso ArbG Zürich 1.3.2021 – AH 200008, JAR 2022, 832, 834.

102 Vgl. Bundesgericht 7.5.2018 – 4 A 579/2017, 4 A 581/2017 –, BGE 144 III 327, 334 f.

103 *Literatur: Auzero/Baugard/Dockès*, Droit du travail, 37. éd., Paris 2023; *Bénabent*, Droit civil, Les obligations, 20. éd., Paris 2023; *Bringezu*, Begrenzung der Arbeitnehmerhaftung in der Bundesrepublik Deutschland, in England und Frankreich, Frankfurt/M. 1974; *Brun*, La jurisprudence en droit du travail, Grand arrêts, Paris 1967; *Brun/Galland*, Droit du travail, Tomé 1: Les rapports individuels de travail, 2. éd., Paris 1978; *Camerlynck*, Traité de droit du travail, Tomé 1: Contrat de travail, Paris 1968, 2. éd., Paris 1982;

travail beschäftigt sich mit dem Thema der Haftung des Arbeitnehmers nur indirekt, indem er in Art. L. 1331–2 ein allgemeines Vertragsstrafenverbot ausspricht.[104] Unter dieses Verbot fasst die französische Judikatur auch den Gehaltsabzug bei Schlechterfüllung vertraglicher Pflichten (Verfallklauseln).[105] Im Übrigen unterliegt der Arbeitsvertrag gemäß Art. L. 1221–1 Code du travail im Ausgangspunkt dem allgemeinen Zivilrecht (*droit commun*), so dass die Vorschriften über die vertragliche Haftung (Art. 1134 ff. Code civil) anwendbar sind. Darüber hinaus kann im Grundsatz auch das deliktische Haftungsrecht (Art. 1382 ff. Code civil) zur Anwendung kommen. Allerdings schließen sich die *responsabilité contractuelle* und die *responsabilité délictuelle* nach französischem Verständnis gegenseitig aus (Prinzip des *non-cumul*).[106] Eine schadenstiftende Handlung muss also einer der beiden Grundkategorien alternativ zugeordnet werden.

1. Begrenzung der Innenhaftung kraft Richterrechts

Wie in Deutschland hat sich auch in Frankreich[107] die Haftungssituation durch ein das geschriebene Recht modifizierendes Richterrecht zu Gunsten des Arbeitnehmers weiterentwickelt. Die für Arbeitsrechtsstreitigkeiten zuständige *Chambre sociale* der *Cour de cassation* erließ 1958 eine Grundsatzentscheidung, durch die sie die Haftung des Arbeitnehmers für die dem Arbeitgeber durch eine Verletzung vertraglicher Pflichten unmittelbar zugefügten Schäden beschränkte.[108] Danach haftet der Arbeitnehmer nur 29

Couturier, Droit du travail 1, Les relations individuelles de travail, 3. éd, Paris 1996; *Gotthardt*, Frankreich, In: v. Bar (Hrsg.), Deliktsrecht in Europa, Köln/Berlin/Bonn/München 1994; *Groutel*, Droit du travail, Paris 1974; *Lefebvre*, Contrat de travail, Paris 1990; *Marty/Raynaud*, Droit civil, Les obligations, Tomé 1: Les sources, 2. éd., Paris 1988; *Mazeaud, Antoine*, Droit du travail, 10. éd., Paris 2016; *Mazeaud, Henri* et *Léon/Mazeaud, Jean/Chabas, François*, Leçons de droit civil, Tomé II, Premier volume, Obligations, Théorie générale, 9. éd., Paris 1998; *Mazeaud, Henri* et *Léon/Tunc, André*, Traité théorique et pratique de la responsabilité civile delictuelle et contractuelle, Tomé 1, 6. éd., Paris 1965, Tomé 3, 5 éd., Paris 1960; *Pačić*, Die Haftung des Arbeitnehmers im Europäischen Rechtsvergleich, EuZA 2009, 47 ff. und 218 ff.; *Radé*, Droit du travail et responsabilité civile, Paris 1997; *Starck/Roland/Boyer*, Obligations, 1. Responsabilité délictuelle, 5. éd., Paris 1996; *Ranke*, Arbeitsrecht in Frankreich, München 1995; *Rivero/Savatier*, Droit du travail, 13. éd., Paris 1993; *Terré/Simler/Lequette/Chénedé*, Droit civil, Les obligations, 13. éd., Paris 2022.

104 Diese Bestimmung hat den früheren Art. 22b L. 1er Code du travail abgelöst, der ein Verbot von Geldstrafen für Schlechterfüllung vorsah; zu jener Regelung vgl. *Bringezu*, Begrenzung der Arbeitnehmerhaftung, S. 90; *Brun*, Jurisprudence, p. 236; *Camerlynck*, Contrat de travail, 1. éd., no 113, p. 202.

105 Cass. soc. 20.2.1991 und 17.4.1991, Dr. soc. 1991, 474; dazu eingehend *Mazeaud*, Dr. soc. 1991, 469 ff.; die Schlechterfüllung zu Lasten der Nichterfüllung sehr weit ausdehnend Cass. Soc. 9.11.1997, Dr. soc. 1998, 196.

106 Siehe nur Cass. soc. 3.11.1967, Bull. civ. 1967, IV, no 687; *v. Bar*, Gemeineuropäisches Deliktsrecht, Bd. I, München 1996, Rn. 431 ff.; *Bénabent*, Les obligations, 20. éd., no 515, p. 423; *Kleinwächter*, RIW 1984, 690; *Mazeaud/Tunc*, Responsabilité civile, Tomé 1, 6. éd., no 182 ff, p. 237 ff.

107 Eingehende, wenn auch zum Teil überholte Darstellung bei *Bringezu*, Begrenzung der Arbeitnehmerhaftung, S. 86 ff.; ferner *Pačić*, EuZA 2009, 47 ff. und 218 ff. passim.

108 Cass. soc. 27.11.1958, D. 1959, J. 20.

noch, dann allerdings in vollem Umfang, wenn ihm (zumindest) eine *faute lourde*[109] zur Last gelegt werden kann. In der Sache läuft dies weitgehend auf eine **Einschränkung der vertraglichen Arbeitnehmerhaftung auf Vorsatz und grobe Fahrlässigkeit** hinaus.[110] Die Begrenzung der haftungsrechtlichen Verantwortlichkeit des abhängig Beschäftigten für Vertragsverletzungen auf *faute lourde* wurde in der Folgezeit von der *Chambre sociale* vielfach bestätigt.[111] Das Schrifttum billigt diese Sichtweise einhellig.[112] Darüber hinaus wird die *faute lourde* seit den 1990er Jahren von der *Chambre sociale* sehr restriktiv interpretiert, indem eine *intention de nuire*, also eine Art Schädigungswille verlangt wird,[113] während das bloße Bewußtsein des Arbeitnehmers, durch seine Handlung einen Schaden herbeizuführen, anscheinend nicht genügen soll[114]. Diese Tendenz zur Einschränkung mag darauf beruhen, dass die französische Rechtsprechung keine Zwischenstufe kennt, auf welcher der entstandene Schaden auf Arbeitgeber und Arbeitnehmer verteilt wird, sondern stattdessen eine strenge Zweiteilung vertritt, also eine Haftung entweder in voller Höhe besteht oder vollständig entfällt.[115] Die Literatur steht dieser Entwicklung indes zum Teil kritisch gegenüber und bemängelt insbesondere, dass hierdurch die Grenze zur *faute intentionnelle* verwischt werde.[116] Anstelle

109 Zum Begriff der „faute", bei dem objektives Fehlverhalten und subjektive Zurechenbarkeit zusammenfließen, vgl. *Gotthardt*, Frankreich, S. 17 ff.

110 Siehe auch *Couturier*, Droit du travail 1, 3. éd., no 201, p. 363, der die „faute lourde" zur Spitze der möglichen Verfehlungen des Arbeitnehmers zählt und sie für gewichtiger als die „faute grave" hält; ebenso *Saint-Jours*, D. 1990, Chr. 113, 115.

111 Cass. soc. 22.5.1975, Bull. civ. 1975, V, no 265 = Gaz. Pal. 1976, J. 1.175; 22.3.1979, Bull. civ. 1979, V, no 264; 5.12.1979, Bull. civ. 1979, V, no 940; 31.5.1990, D. 1990, I.R. 167; 23.1.1992, Dr. soc. 1992, 267; 23.9.1992, Dr. soc. 1992, 919; 12.4.1995, Dr. soc. 1995, 654; 11.3.1998, Dr. Soc. 1998, 497; 25.10.2005, Bull. civ. 2005, V, no 299. Viele (ältere) konkrete Beispiele für die Annahme oder Ablehnung einer „faute lourde" bei *Lefebvre*, Contrat de travail, no 37220 ff., p. 600 ff.

112 Vgl. *Auzero/Baugard/Dockès*, Droit du travail, 37. éd., no 708, p. 944 f.; *Bossu*, Dr. soc. 1995, 26 f.; *Brun/Galland*, Les rapports individuels de travail, 2. éd., no 551, p. 681 ff.; *Camerlynck*, Contrat de travail, 2. éd., no 213, p. 239 ff.; *Couturier*, Droit du travail 1, 3. éd., no 200, p. 363; *Giraud-Jacquême*, Dr. soc. 1966, 145, 151 f.; *Groutel*, Droit du travail, no 180, p. 74; *Laydu*, Dr. soc. 1995, 146, 147 f.; *Rivero/Savatier*, Droit du travail, 13. éd., p. 533; *Savatier*, Dr. soc. 1995, 651, 653.

113 So für die schadensrechtliche Verantwortlichkeit ausdrücklich Cass. soc. 5.12.1996, Dr. soc. 1997, 195; ferner Cass. soc. 22.10.2015, RTD 2016, 100; 1.2.2017, RTD 2017, 264; in diesem Sinne bereits Cass. soc. 31.5.1990, Bull. civ. 1990, V, no 260 („intentionnel et sciemment"); weitere Fälle bei *Radé*, Droit du travail et responsabilité civile, no 231 ff., p. 144 ff. Für das Erfordernis einer *intention de nuire* als Voraussetzung für die Annahme einer *faute lourde* in anderen Zusammenhängen ferner schon Cass. soc. 16.5.1990, Bull. civ. 1990, V, no 228; 29.11.1990, Dr. soc. 1991, 104; 23.9.1992, Dr. soc. 1992, 919. Für den hier nicht näher zu behandelnden Bereich des Arbeitskampfes gelten Besonderheiten.

114 Cass. soc. 22.10.2015, RTD 2016, 100; 1.2.2017, RTD 2017, 264. Zudem soll dasselbe Fehlverhalten eines Arbeitnehmers offenbar nicht sowohl eine Kündigung als auch eine Schadensersatzpflicht stützen können, vgl. Cass. soc. 25.1.2017, RTD 2017, 264.

115 Siehe *Pačić*, EuZA 2009, 47, 60.

116 *Couturier*, Dr. soc. 1991, 105 ff.; *Savatier*, Dr. soc. 1995, 651, 652.

eines immer engeren Verständnisses der *faute lourde*[117] plädiert man zum Teil für eine gesetzliche, an das Gehalt des Arbeitnehmers gekoppelte summenmäßige Haftungsbeschränkung.[118]

Die eingangs erwähnte strikte Dichotomie der Haftung nach vertraglichen und deliktischen Grundsätzen hat in der französischen Rechtsprechung allerdings zu divergierenden Entwicklungen in der Frage der Innenhaftung des Arbeitnehmers geführt. Für die **deliktische Haftung** sind nämlich die *Chambres civiles* der *Cour de cassation* zuständig. Dies gilt auch in den Fällen, in denen es um eine unmittelbare Haftung des Arbeitnehmers gegenüber dem Arbeitgeber nach deliktsrechtlichen Grundsätzen geht. Die Zivilkammern hatten zunächst auf Haftungsfälle, die nach deutschem Verständnis zur Innenhaftung gehören, teilweise ausschließlich Deliktsrecht angewendet und zugleich ausgesprochen, dass der Arbeitnehmer insoweit für jede *faute* einzustehen habe.[119] Diese Sichtweise ist jedoch mittlerweile überholt. Inzwischen hat sich nämlich die Rechtsprechung zur Außenhaftung des Arbeitnehmers nach der deliktsrechtlichen Generalklausel des Art. 1382 Code civil dahin geändert, dass der abhängig Beschäftigte gegenüber einem außenstehenden Dritten nur noch für eine *faute personelle* einzustehen hat.[120] Zwar kann man die *faute personelle* nicht ohne weiteres der *faute lourde* gleichsetzen. Vielmehr dürfte es eher darum gehen, in einer Art Gesamtbetrachtung persönliches Fehlverhalten und Verfehlungen in ausschließlicher Ausübung der übertragenen Aufgaben voneinander zu trennen. Die damit **anerkannte Einschränkung der Außenhaftung** dürfte aber nicht ohne Rückwirkung auf diejenigen Fälle bleiben, in denen die Innenhaftung nach deliktsrechtlichen Maßstäben beurteilt wird. 30

Ein weiterer Schutz kommt dem Arbeitnehmer in den Fällen zugute, in denen ein **Versicherer des Arbeitgebers** (Sach- bzw. Haftpflichtversicherung) den Schaden deckt. Gemäß Art. 36 Abs. 3 des Gesetzes über den Versicherungsvertrag vom 13.7.1930 (= Art. 121–12 al. 3 Code des Assurances)[121] besteht ein Regressanspruch des Versicherers gegen den Arbeitnehmer nur bei böswilligem Handeln („malveillance“[122]).[123] Diese Regelung wird als unabdingbar angesehen.[124] 31

117 So soll selbst ein Diebstahl noch nicht zwingend eine *intention de nuire* begründen; Cass. Soc. 6.7. 1999, Dr. Soc. 1999, 961 (allerdings kein Schadensersatzfall). Im Übrigen ist eine Verurteilung des Arbeitnehmers zur Herausgabe eines vereinnahmten Geldbetrages aber auch dann möglich, wenn den Arbeitnehmer keine *faute lourde* trifft, vgl. Cass. soc. 19.11.2002, Dr. soc. 2003, 168; hierzu näher *Mouly*, Dr. soc. 2004, 740 ff.

118 *Savatier*, Dr. soc. 1995, 651, 653 f.

119 Cass. civ. 13.11.1964, Bull. civ. 1964, II, no 716 = D. 1965, J. 346; 26.10.1965, D. 1965, J. 838; in diesem Sinne auch Cass. civ. 6.3.1991, D. 1991, J. 257.

120 Dazu näher unten RN 36 f.

121 Vgl. *Bénabent*, Les obligations, 20. éd., no 583, p. 472; *Terré/Simler/Lequette/Chénedé*, Les obligations, 13. éd., no 1068, p. 1187; *Viney*, D. 1994, J. 125, 126.

122 Insoweit erfolgt vielfach eine Gleichsetzung mit einer faute intentionnelle; vgl. *Camerlynck*, Contrat de travail, 2. éd., no 213, p. 240; *Giraud-Jacquême*, Dr. soc. 1966, 145, 160.

123 *Bringezu*, Begrenzung der Arbeitnehmerhaftung, S. 111 f.; *Denck*, Außenhaftung, S. 28 f.; *Mazeaud/Tunc*, Responsabilité civile, Tomé 3, 5. éd., no 2738, p. 987 ff.

2. Dogmatische Begründung der Haftungsreduktion

32 Für die nicht selten als Immunität bezeichnete Einführung der Haftungsbeschränkung hat die Arbeitsgerichtsbarkeit bei der Vornahme des oben skizzierten Rechtsprechungswandels weder eine genauere Begründung gegeben noch erörtert, wie sie sich mit dem geltenden Zivilrecht in Einklang bringen lässt. Im Urteil der *Chambre sociale* vom 22.5.1975 findet sich immerhin der Ansatz einer Begründung, indem es dort heißt, dass der Arbeitnehmer im Verhältnis zu seinem Arbeitgeber nicht für die **Risiken der Unternehmung** verantwortlich sei.[125] Dass das Motiv in den oben ausführlich dargestellten besonderen Bedingungen des Arbeitslebens zu suchen ist, liegt auf der Hand. Für die dogmatische Begründung existieren in der französischen Literatur zahlreiche Erklärungsansätze, die überwiegend den mannigfachen deutschen Lösungsversuchen entsprechen.[126] In erster Linie wird insoweit zum einen auf die Unterordnung des Arbeitnehmers abgestellt.[127] Da der Arbeitgeber den Beschäftigten einsetze und überwache, könne er sich nicht auf eine fehlerhafte Vertragsdurchführung berufen.[128] Vergleichsweise häufig wird ein Fehlverhalten von Arbeitnehmern auch recht pauschal auf Mängel bei deren Überwachung zurückgeführt.[129] Zum anderen werden die durch Ungeschicklichkeit und Nachlässigkeit des Arbeitnehmers verursachten Schäden zu den Risiken des Unternehmens gerechnet,[130] die vom Arbeitgeber deshalb zu tragen seien, weil er auch die Gewinne vereinnahme.[131] Im Übrigen wird immer wieder darauf hingewiesen, dass die eingeschränkte Verantwortlichkeit des Arbeitnehmers in einem Spannungsverhältnis zu den Grundsätzen des französischen zivilen Haftungsrechts steht.[132] Die Rückführung der Haftungsreduktion auf ein anerkanntes Zurechnungsprinzip des französischen Zivilrechts ist bis heute nicht gelungen. Am ehesten ließe sich noch daran denken, an die *théorie du risque* anzuknüpfen, die im französischen Haf-

---

124 Cass. civ. 28.10.1947, D. 1948, J. 13. *Mazeaud/Tunc*, Responsabilité civile, Tomé 3, 5. éd., no 2739, p. 989.

125 Cass. Soc. 22.5.1975, Bull. civ. 1975, V, no 265; ähnlich Cass. soc. 5.12.1979, Bull. civ. 1979, V, no 940.

126 Vgl. *Bringezu*, Begrenzung der Arbeitnehmerhaftung, S. 99 ff.; eingehend aus französischer Sicht *Radé*, Droit du travail et responsabilité civile, no 226 ff., p. 140 ff.; siehe auch *ders.*, Revue de Droit du Travail 2007, 752 ff.

127 *Auzero/Baugard/Dockès*, Droit du travail, 37. éd., no 708, p. 944 f.

128 *Camerlynck*, Contrat de travail, 2. éd., no 214, p. 242; *Couturier*, Droit du travail 1, 3. éd., no 200, p. 363; *Giraud-Jacquême*, Dr. soc. 1966, 145, 151; *Poulain*, Dr. soc. 1981, 754, 758.

129 *Bossu*, Dr. soc. 1995, 26, 27; *Brun/Galland*, Les rapports individuels de travail, 2. éd., no 551, p. 682; *Giraud-Jacquême*, Dr. soc. 1966, 145, 151.

130 *Bossu*, Dr. soc. 1995, 26, 27; *Couturier*, Droit du travail 1, 3. éd., no 200, p. 363; *Groutel*, Droit du travail, no 180, p. 74.

131 So bereits *Lindon*, D. 1959, J. 20, 21; zust. *Camerlynck*, Contrat de travail, 2. éd., no 214, p. 242; ebenso *Auzero/Baugard/Dockès*, Droit du travail, 37. éd., no 708, p. 944; *Radé*, Droit du travail et responsabilité civile, no 226, p. 141; zurückhaltend *Brun/Galland*, Les rapports individuels de travail, 2. éd., no 551, p. 682.

132 Vgl. *Couturier*, Dr. soc. 1988, 407, 409.

tungsrecht zwar viele Anhänger gefunden hat, sich aber nicht allgemein hat durchsetzen können.[133]

3. Abdingbarkeit der Haftungsbegrenzung

Die vertragliche Haftung des Arbeitnehmers konnte nach früherer Ansicht durch rechtsgeschäftliche Absprachen gegenüber den von der Rechtsprechung entwickelten Grundsätzen in weitem Umfang zu Ungunsten des Beschäftigten geregelt werden. Die Judikatur hielt entsprechende Vereinbarungen ursprünglich nur insoweit für nichtig, als sie zu einer Unterschreitung des gesetzlichen Mindestlohns[134] führten[135] und dem Arbeitnehmer nicht eine *faute lourde* zur Last gelegt werden konnte[136]. Dabei sah man sogar eine vereinbarte Verantwortlichkeit für das Verhalten anderer Mitarbeiter, die vom Arbeitnehmer eingestellt und beaufsichtigt wurden, als zulässig an.[137] Diese Judikatur war teilweise auf erhebliche Kritik gestoßen.[138] In den 1990er Jahren hat die Rechtsprechung dann einen Kurswechsel vollzogen und stuft die Regeln über die Arbeitnehmerhaftung seither **generell als nicht zu Lasten des Beschäftigten abdingbar** ein.[139] Dies gilt insbesondere auch für Filialleiter und vergleichbare Personen (*gerant salariés*). Insoweit soll es dabei bleiben, dass eine Haftung des Beschäftigten eine *faute lourde* voraussetzt.[140] Ob eine Haftungsverschärfung bei einem hinreichenden finanziellen Ausgleich entsprechend den für die vertragliche Mankohaftung im deutschen Recht geltenden Grundsätzen[141] statthaft ist, scheint noch nicht entschieden worden zu sein. 33

4. Außenhaftung des Arbeitnehmers

Die Haftung des Arbeitnehmers gegenüber außenstehenden Dritten[142] einschließlich 34
etwaiger Ausgleichsansprüche im Innenverhältnis gehört nach herkömmlichem fran-

133 Zu den verschiedenen Ausformungen der „théorie du risque" siehe *Mazeaud/Mazeaud/Chabas*, Obligations, 9. éd., no 429 ff., p. 437 ff.; *Starck/Roland/Boyer*, Obligations, 1. Responsabilité délictuelle, 5. éd., no 45 ff., p. 31 ff.

134 Früher SMIG (= salaire minimum interprofessionel garanti), seit 1970 SMIC (= salaire minimum interprofessionel de croissance) gemäß Art. L. 3231 – 1 ff. Code du travail.

135 Cass. soc. 19.11.1959, D. 1960, J. 74; 9.4.1962, Bull. civ. 1962, IV, no 375, p. 289; 24.5.1978, D. 1978, I. R. 386; 3.10.1980, Bull. civ. 1980, V, no 708.

136 Vgl. Cass. soc. 23.4.1976, Bull. civ. 1976, V, no 231; 16.2.1977, D. 1977, I. R. 148.

137 Cass. soc. 3.1.1963, Bull. civ. 1963, IV, no 7.

138 *Giraud-Jacquême*, Dr. soc. 1966, 145, 147 ff.; abl. auch *Brun/Galland*, Les rapports individuels de travail, 2. éd., no 551, p. 683.

139 Cass. soc. 10.11.1992, Dr. soc. 1993, 55; 9.6.1993, Dr. soc. 1993, 767; 11.3.1998, Dr. soc. 1998, 497; 6.5.2009, Dr. soc. 2009, 865; *Auzero/Baugard/Dockès*, Droit du travail, 37. éd., no 708, p. 944; *Couturier*, Droit du travail 1, 3. éd., no 202, p. 365.

140 Cass. soc. 23.1.1992, Dr. soc. 1992, 267.

141 Siehe oben § 13 RN 41 ff.

142 Zur hier nicht näher dargelegten Haftung gegenüber Arbeitskollegen, die – ähnlich wie im deutschen Recht – sozialrechtlich überlagert wird, siehe etwa *Saramoti*, Dr. ouvr. 1987, 77, 84.

zösischen Verständnis nicht in das Vertragsrecht, sondern ausschließlich in den Bereich des Gesetzesrechts. Dementsprechend sind insoweit die *Chambres civiles* der *Cour de cassation* zuständig. Im Einzelnen lassen sich vor allem **zwei Entwicklungsstufen** unterscheiden.

35 Ursprünglich haftete der Arbeitnehmer im Außenverhältnis aufgrund der deliktischen Generalklausel des Art. 1382 Code civil einem geschädigten Dritten für jede *faute*.[143] Die Rechtsprechung sah lediglich schon frühzeitig davon ab, den Beschäftigten der strengen Sachhaftung (*fait de la chose*) gemäß Art. 1384 al. 1 Code civil zu unterwerfen, indem sie nicht den Arbeitnehmer, sondern den Arbeitgeber als *gardien* des schadensverursachenden Gegenstandes einstufte.[144] Neben dieser Sachhaftung hat der Arbeitgeber aufgrund der sog. Leute- bzw. Gehilfenhaftung aus Art. 1384 al. 5 Code civil für Schäden, die dritte Personen durch schuldhaftes[145] Verhalten seiner Arbeitnehmer erleiden, ohne die Möglichkeit eines Entlastungsbeweises einzustehen. Wenn der Arbeitgeber in einem solchen Falle den Dritten befriedigt, so hat er nach der traditionellen Ansicht der *Chambres civiles* des Kassationshofes[146] sowie eines Teiles des haftungsrechtlichen Schrifttums[147] einen uneingeschränkten Rückgriffsanspruch gegen den Arbeitnehmer, wie es an sich auch der Regelung des § 840 Abs. 2 BGB entspricht. Zur Begründung stützt man sich auf die Überlegung, dass der Arbeitgeber in dieser Konstellation aufgrund einer cessio legis gemäß Art. 1251 – 3^0 Code civil Rechtsnachfolger des geschädigten Dritten werde und ausschließlich dessen deliktischen Anspruch gegen den Arbeitnehmer aus Art. 1382 Code civil geltend mache. Eine Berücksichtigung der eingeschränkten vertraglichen Verantwortlichkeit des Arbeitnehmers im Verhältnis zum Arbeitgeber missachte den außervertraglichen Charakter des Regresses. Ferner sei die Arbeitgeberhaftung nach Art. 1384 al. 5 Code civil lediglich als eine Art Garantie des Geschäftsherrn zu Gunsten des Geschädigten für eine Insolvenz des Gehilfen zu verstehen, ohne dass sich der Arbeitnehmer in irgendeiner Weise auf diese Regelung berufen könne.[148] Vereinzelte Vorstöße von Untergerichten, die Lösung dieser Problematik mit der Vertragshaftung bei direkter Schädigung des Arbeitgebers zu harmonisieren,[149] sowie eine dahin gehende breite Strömung im Schrifttum[150] haben die höchstrichter-

143 Siehe nur *Starck/Roland/Boyer*, Obligations, 1. Responsabilité délictuelle, 5. éd., no 944, p. 396.

144 Grdl. Cass. civ. 30.12.1936, D. 1937, 1.5; *Viney*, D. 1994, J. 125, 126 m.w.N.

145 Vgl. Cass. civ. 8.10.1969, Bull. civ. 1969, II, no 269; *Bénabent*, Les obligations, 20. éd., no 579, p. 469 f.; *Mazeaud/Tunc*, Responsabilité civile, Tomé 1, 6. éd., no 916 ff., p. 995 ff.

146 Cass. civ. 13.3.1963, Bull. civ. 1963, II, no 244; Cass. civ. 20.3.1979, D. 1980, J. 329 = Gaz. Pal. 1979, J. 2. 340. Ebenso für den Fall der Haftung des Arbeitgebers als *gardien* für eine *fait de la chose* gemäß Art. 1384 al. 1 Code civil bereits Cass. civ. 28.1.1955, D. 1955, J. 449.

147 *Marty/Raynaud*, Les obligations, Tomé 1, 2. éd., no 494, p. 582; *Mazeaud/Mazeaud/Chabas*, Obligations, 9. éd., no 482, p. 516 f.; *Le Tourneau*, D. 1974, J. 39, 40.

148 Cass. civ. 6.2.1974, D. 1974, J. 409.

149 Vgl. Trib. gr. inst. Dijon 21.3.1960, Gaz. Pal. 1960, J. 1. 382.

150 *Giraud-Jacquême*, Dr. soc. 1966, 145, 157 f.; *Larroumet*, D. 1980, J. 29 f.; *Mazeaud/Tunc*, Responsabilité Civile, Tomé 1, 6. éd., no 927, p. 1004; *Poulain*, Dr. soc. 1981, 754, 759 f.; *Starck/Roland/Boyer*, Obligations, 1.

liche Rechtsprechung soweit ersichtlich bislang nicht zu einem ausdrücklichen Abrücken von dieser Position bewegen können.[151] Entsprechend dieser Sichtweise wurde auch ein **Freistellungs- bzw. Rückgriffsanspruch des Arbeitnehmers** gegen den Arbeitgeber für den Fall einer unmittelbaren Inanspruchnahme durch den Geschädigten **früher verneint.**[152]

Soweit es um die **unmittelbare Außenhaftung** geht, hat die *Chambre commerciale* der *Cour de cassation* 1993 einen ersten Vorstoß unternommen und die Haftung des Arbeitnehmers auf eine *faute personelle* beschränkt.[153] Im Jahr 2000 hat die *Assemblée plénière* diese Judikatur bestätigt und ausgeführt, dass der Arbeitnehmer grundsätzlich nicht haftet, wenn er sich im Rahmen der Weisungen des Arbeitgebers (*limites de la mission*) hält, die offenbar recht weit verstanden werden.[154] Dabei geht man trotz abweichender Wortwahl davon aus, dass von einer Überschreitung des dadurch abgesteckten Bereichs im Allgemeinen erst dann die Rede sein kann, wenn dem Arbeitnehmer eine *faute lourde* zur Last fällt.[155] Darüber hinaus haftet der Arbeitnehmer für absichtliche, insbesondere strafbare Schädigungen Dritter, auch wenn er dabei Weisungen des Arbeitgebers nachkommt.[156] Auf diese Weise werden im Gegensatz zum deutschen Recht[157] die **Innenhaftung und die Außenhaftung** also **weitgehend harmonisiert.**[158] Folgerichtig findet in diesem Bereich unterhalb der Schwelle einer *faute lourde* auch kein Arbeitgeberregress statt.[159] Da eine überschießende Außenhaftung gegenüber einer milderen Innenhaftung im übertragenen Aufgabenkreis somit ausgeschlossen sein dürfte, erübrigt sich die Frage nach einem Freistellungsanspruch des Arbeitnehmers. Freilich ist nicht zu verkennen, dass diese Begünstigung des Arbeit- 36

Responsabilité délictuelle, 5. éd., no 951, p. 398 f. Zu den unterschiedlichen Verständnissen siehe auch *Saramoti*, Dr. ouvr. 1987, 77, 87.

151 Für den seltener diskutierten Fall einer vertraglichen Haftung des Arbeitgebers gegenüber einem Dritten und einem anschließenden Regress gegen den Arbeitnehmer gelten dieselben Grundsätze; für eine Beschränkung des prinzipiell möglichen Rückgriffs auf „faute lourde“ *Giraud-Jacquême*, Dr. soc. 1966, 145, 156 f.; *Mazeaud/Tunc*, Responsabilité Civile, Tomé 1, 6. éd., no 1005, p. 1063.

152 *Marty/Raynaud*, Les obligations, Tomé 1, 2. éd., no 494, p. 583; *Le Tourneau*, D. 1974, J. 39, 40. Soweit ersichtlich existieren insoweit nur ältere vor der Grundsatzentscheidung der Cass. soc. ergangene Urteile; vgl. Cour d'appel de Paris 20.10.1934, D. 1934, H. 529 = Gaz. Pal. 1934, 2. 895; Cour d'appel de Poitiers 28.6. 1946, Gaz. Pal. 1946, 2. 59.

153 Cass. comm. 12.10.1993, D. 1994, J. 124.

154 Cass. ass. plén. 25.2.2000, D. 2000, 673.

155 *Pačić*, EuZA 2009, 218, 228 Fn. 72; ebenso offenbar *Molfessis*, Dr. soc. 2004, 31, 35.

156 Cass. ass. plén. 14.12.2001, D. 2002, 1930.

157 Siehe § 16 RN 1 ff.

158 Für eine vollständige Harmonisierung von Innen- und Außenhaftung durch Beschränkung der Haftung des Arbeitnehmers gegenüber Dritten auf *faute lourde* bereits *Camerlynck*, Contrat de travail, 2. ed., no 215, n. 21, p. 244; *Giraud-Jacquême*, Dr. soc. 1966, 145, 160.

159 Cass. Civ. 20.12.2007, D. 2008, Chr. 657; ebenso *Terré/Simler/Lequette/Chénedé*, Les obligations, 13. éd., no 1074, p. 1193. Dazu bereits *Viney*, D. 1994, J. 125, 126. Ohne Auseinandersetzung mit der neueren Judikatur weiterhin für einen uneingeschränkt möglichen Regress offenbar *Bénabent*, Les obligations, 20. éd, no 583, p. 473.

nehmers mit einer Verlagerung des Insolvenzrisikos auf den Geschädigten erkauft wird, die zumindest in den Fällen einer eher zufälligen Schädigung schutzbedürftiger Dritter zweifelhaft ist.[160] Im Übrigen nimmt man an, dass es einen weiteren Bereich gibt, in dem der Arbeitnehmer im Verhältnis zum Dritten zwar nicht mehr privilegiert ist, weil er sich nicht mehr im Rahmen der *limites de la mission* bewegt, er aber gleichwohl noch Funktionen ausübt, die im Zusammenhang mit den übertragenen Aufgaben stehen.[161] Diese Gestaltungen sind Kandidaten für eine umfassende Außenhaftung bei gleichzeitig beschränkter Innenhaftung. Allerdings ist nicht ersichtlich, ob in diesen Gestaltungen ein Freistellungsanspruch des Arbeitnehmers gegen den Arbeitgeber bejaht wird.

5. Gesamtbeurteilung

37 Die den Arbeitnehmer weitgehend von einer Haftung befreienden richterrechtlichen Grundsätze wurden in der Vergangenheit durch eine übertrieben betonte Trennung des Arbeitsrechts vom allgemeinen Zivilrecht zum Teil konterkariert und in wichtigen Fragen entwertet. Der Schutz des Arbeitnehmers war auf diese Weise nur lückenhaft gewährleistet. Diese Phase scheint schon seit einiger Zeit aber überwunden und durch eine **zunehmende Parallelisierung arbeits- und zivilrechtlicher Grundsätze** in der Frage der schadensrechtlichen Verantwortlichkeit von Arbeitnehmern abgelöst worden zu sein. Darüber hinaus dürfen bei einer Gesamtbewertung der Arbeitnehmerhaftung in Frankreich die sonstigen Sanktionsmechanismen, die dem Arbeitgeber zur Verfügung stehen, nicht außer Betracht gelassen werden. Zum einen hat die **disziplinarische Verantwortlichkeit** von Arbeitnehmern einen größeren Stellenwert als in Deutschland, wobei finanzielle Sanktionen allerdings ausdrücklich verboten sind (Art. L. 1331 – 2 Code du travail).[162] Zum zweiten kann der Arbeitgeber auf eine Verfehlung des Beschäftigten leichter mit einer **Kündigung** reagieren. Beide Instrumente führen offenbar dazu, dass das Bedürfnis nach einer schadensersatzrechtlichen Verantwortlichkeit des Arbeitnehmers schwächer ausgeprägt ist.[163]

V. England[164]

38 Die englische Zivilrechtsordnung ist durch das Nebeneinander des *common law* als einem von Fall zu Fall weiterentwickelten Richterrecht und dem *statute law* als dem von

---

160 Krit. auch *Pačić*, EuZA 2009, 218, 228; *Terré/Simler/Lequette/Chénedé*, Les obligations, 13. éd., no 1069, p. 1188.

161 Vgl. *Pačić*, EuZA 2009, 218, 228; *Terré/Simler/Lequette/Chénedé*, Les obligations, 13. éd., no 1070, p. 1189.

162 Vgl. Art. L. 1331 – 1 ff. Code du travail; *Auzero/Baugard/Dockès*, Droit du travail, 37. éd., no 708, p. 944; *Ranke*, Arbeitsrecht in Frankreich, Rn. 88 ff.; umfassend *Engler*, Disziplinierung und Kündigung im deutschen und französischen Arbeitsrecht, 2008.

163 *Couturier*, Dr. soc. 1988, 407; ähnlich *Savatier*, Dr. soc. 1995, 651, 652.

164 *Literatur: Beckers*, Die Außenhaftung des Arbeitnehmers, Konstanz 1996; *Bringezu*, Begrenzung der Arbeitnehmerhaftung in der Bundesrepublik Deutschland, in England und Frankreich, Frankfurt/M.

den Legislativorganen gesetzten Recht geprägt. Für das Arbeitsvertragsrecht **fehlt es seit jeher sowohl an einer umfassenden Kodifikation wie auch an einem lückenlosen System richterrechtlicher Prinzipien.**[165] Beide Rechtsquellen enthalten aber für die Beurteilung der Haftungssituation des Arbeitnehmers maßgebliche Vorgaben.

1. Innenhaftung des Arbeitnehmers

Die allgemeine Sorgfaltspflicht des Arbeitnehmers gegenüber dem Arbeitgeber (*duty of* 39 *reasonable care*), deren schuldhafte Verletzung eine Haftung auf Schadensersatz nach sich zieht, folgt sowohl aus dem allgemeinen Vertragsrecht (*breach of contract*) als auch aus dem Deliktsrecht (*tort*) des *common law.*[166] Nach dessen Rechtsgrundsätzen hat der Arbeitnehmer vollen Ersatz zu leisten, wenn er fahrlässig (*negligence*) entweder Rechtsgüter des Arbeitgebers oder Dritter schädigt und hierdurch eine Haftung des Arbeitgebers begründet wird. Eine **Haftungsreduktion** aufgrund der Besonderheiten des Arbeitsverhältnisses ist **nicht vorgesehen.** Nicht einmal eine Schadensaufteilung bei nur geringem Verschulden des Arbeitnehmers zieht die Rechtsprechung in Betracht.[167] In dem berühmten ***Lister-Fall***[168] aus dem Jahre 1956, der heute noch maßgeblichen Leitentscheidung zur Vertragshaftung, ist diese rigorose Haftung des Arbeitnehmers, wenn auch nur mit knapper Mehrheit, vom *House of Lords* bestätigt worden. Der bei einem Arbeitsunfall durch einen Arbeitskollegen verletzte Arbeitnehmer (ausgerechnet dessen Vater) hatte den Arbeitgeber in Anspruch genommen, dessen Versicherer seinerseits im Namen des Arbeitgebers bei dem Sohn Regress nahm. Die in diesem Verfahren vorgebrachten Bedenken, die zum einen den Gedanken des Betriebsrisikos enthalten und zum anderen die notwendige Unvollkommenheit menschlicher Arbeitsleistungen betonen, wurden als nicht stichhaltig zurückgewiesen. Stattdessen zog sich das Gericht auf den Standpunkt zurück, dass **jeder Arbeitnehmer stillschweigend die Gewähr dafür übernehme, dass er die für die Bewältigung der ihm im Rahmen seiner Beschäftigung zufallenden Aufgaben erforderliche berufliche Qualifikation besitze.** Dieser Ausspruch verdeutlicht, welch starke präventive

1974; *Collins/Ewing/McColgan*, Labour Law, 2. Ed., Cambridge 2019; *Deakin/Morris*, Labour Law, 7. Ed., Oxford 2021; *Donndorf*, Die Haftung des fahrlässigen Arbeitnehmers im englischen Recht und die Bedeutung von Versicherungen für diese Haftung – Ein Rechtsvergleich, Diss. Göttingen 1967; *Fulbrook*, Vereinigtes Königreich, in: Jura Europae, Arbeitsrecht – Band III, München 1995, 90.10 Nr. 55 f.; *Kahn-Freund*, Reform des Arbeitsrechts in Großbritannien, RdA 1969, 336 ff.; *Pačić*, Die Haftung des Arbeitnehmers im Europäischen Rechtsvergleich, EuZA 2009, 47 ff. und 218 ff.; *Markesinis/Deakin*, Tort Law, 8. Ed., Oxford 2019; *Shaw*, England und Wales, in: v. Bar (Hrsg.), Deliktsrecht in Europa, Köln/Berlin/Bonn/München 1994; *Smith & Wood's*, Employment Law, 16. Ed., Oxford 2023.

165 So bereits *Kahn-Freund*, RdA 1969, 336, 337; ferner *Bringezu*, Begrenzung der Arbeitnehmerhaftung, S. 49 ff.

166 *Smith & Wood's*, Employment Law, 16. Ed., p. 189.

167 Vgl. *Harth/Taggart*, in: Henssler/Braun (Hrsg.), Arbeitsrecht in Europa, 3. Aufl., Großbritannien Rn. 51.

168 Lister v. The Romford Ice and Cold Storage Co. Ltd. [1957] A.C. 555.

Funktion dem Schadensersatzrecht in England beigemessen wird.[169] Zumindest theoretisch haftet ein Arbeitnehmer in England danach in unbeschränkter Höhe, selbst wenn er nur mit „normaler“ Fahrlässigkeit handelt.[170] Überlegungen im Schrifttum, den Arbeitnehmer vor existenzbedrohenden Schadensersatzforderungen in Anlehnung an die Verantwortlichkeit des Arbeitgebers für das „physical well-being“ des Beschäftigten über eine Verantwortlichkeit auch für dessen „economic well-being“ wohl durch Annahme einer entsprechenden impliziten Vertragspflicht (*implied term*) zu schützen,[171] haben in der Rechtsprechung bislang soweit ersichtlich keinen Niederschlag gefunden.

2. Außenhaftung des Arbeitnehmers

40 Es versteht sich unter diesen Umständen von selbst, dass eine **Haftungsbeschränkung** des Arbeitnehmers **im Außenverhältnis erst recht ausscheidet.** Ist der Arbeitgeber selbst aufgrund seiner Gehilfenhaftung (*vicarious liability*)[172] von einem Dritten zum Ersatz von Schäden in Anspruch genommen worden, für die auch sein Arbeitnehmer verantwortlich ist, so gestattet ihm der *Civil Liability (Contribution) Act 1978*[173] den **Rückgriff.** Über die Höhe dieses Ausgleichsanspruches trifft das Gericht eine Ermessensentscheidung, für die ausschließlich auf den Verschuldensgrad, der dem Arbeitnehmer zur Last fällt, abgestellt wird. Die **besonderen Bedingungen der Arbeitswelt,** die in den zuvor behandelten Ländern jedenfalls partiell zu einer Beschränkung der Arbeitnehmerhaftung geführt haben, finden **hierbei keine Berücksichtigung.** Ist dem Arbeitgeber ebenfalls ein Verschuldensvorwurf zu machen, so kann er nach der durchaus nicht einheitlichen Spruchpraxis beim Arbeitnehmer unter Umständen nur sehr eingeschränkt Rückgriff nehmen.[174]

41 Das Verhältnis der speziellen Regressregelung des *statute law* zum *common law* ist in der englischen Rechtsprechung und Lehre umstritten. Die Frage ist nicht nur wegen der unterschiedlichen Verjährungsfristen praktisch bedeutsam, sondern auch deshalb, weil die Möglichkeit einer Schadensteilung nur nach dem *Civil Liability (Contribution) Act 1978* besteht. Grundsätzlich kommt dem gesetzten Recht gegenüber dem *common law* der Vorrang zu. Aus diesem Grund wird bei einer Mitverantwortlichkeit des Arbeitgebers auch ein weitergehender Rückgriffsanspruch nach dem *common law* ver-

---

169 Vgl. *Bringezu*, Begrenzung der Arbeitnehmerhaftung, S. 58; *Donndorf*, Haftung des fahrlässigen Arbeitnehmers, S. 115.

170 *Pačić*, EuZA 2009, 47, 62; siehe auch *Deakin/Morris*, Labour Law, 7. Ed., p. 338 f..; *Smith & Wood's*, Employment Law, 16. Ed., p. 189 ff.

171 Vgl. *Deakin/Morris*, Labour Law, 7. Ed., p. 339 f.

172 Dazu *v. Bar*, Gemeineuropäisches Deliktsrecht, Bd. I, München 1996, Rn. 337 ff.; *Markesinis/Deakin*, Tort Law, 7. Ed., p. 554 ff.

173 Law Reports Statutes 1978, Chapter 47, p. 1141. Das Gesetz hat Section 6 des zuvor maßgeblichen The Law Reform (Married Women and Tortfeasers) Act 1935 aufgehoben.

174 *Bringezu*, Begrenzung der Arbeitnehmerhaftung, S. 59 ff.; siehe dazu auch *Smith & Wood's*, Employment Law, 16. Ed., p. 189 f.

neint.[175] Andererseits wird der gesetzlich begründete Regressanspruch des Arbeitgebers in Ausnahmefällen aufgrund einer Sperrwirkung des *common law* nicht zugebilligt. Scheidet ein Rückgriffsanspruch auf vertraglicher Basis aus, weil den Arbeitnehmer entweder im konkreten Fall im Verhältnis zum Arbeitgeber keine Sorgfaltspflicht trifft oder weil der Arbeitgeber aus besonderen Gründen[176] ihm gegenüber zur Haftungsfreistellung verpflichtet ist, so soll dies nicht durch die Regresshaftung konterkariert werden.

3. Haftung bei Betriebsunfällen

Wird ein Arbeitnehmer durch seinen Kollegen verletzt, so führt der hieraus resultierende Anspruch auf Sozialversicherungsleistungen nicht zu einem Haftungsausschluss. 42
Ein den §§ 104 ff. SGB VII entsprechender Rechtsgrundsatz ist dem englischen Recht fremd.[177] Der *Employers' Liability (Compulsory Insurance) Act 1969*[178] begründet aber eine Pflicht des Arbeitgebers, eine Haftpflichtversicherung abzuschließen, die Arbeitnehmer schützen soll, die im Rahmen ihrer Tätigkeit eine Körperverletzung oder Gesundheitsbeschädigung erleiden. Dennoch ist ein Rückgriff gegen einen schädigenden Arbeitskollegen nicht schon kraft Gesetzes ausgeschlossen.[179]

4. Schutz des Arbeitnehmers durch eine versicherungsrechtliche Lösung auf informeller Basis

Aus dem bisher Dargestellten ergäbe sich für den englischen Arbeitnehmer ein unerträgliches Haftungsrisiko, wenn dem nicht anderweitig abgeholfen würde. 43
So hatte denn auch der britische Arbeitsminister nach dem Bekanntwerden der *Lister-Entscheidung* einen Ausschuss eingesetzt, der untersuchen sollte, ob eine Korrektur der Rechtslage zu Gunsten der Arbeitnehmer geboten sei.[180] Dass dieser zu einem verneinenden Ergebnis gelangt ist, liegt nicht nur an der **faktischen Zurückhaltung der Arbeitgeber**, Ersatzansprüche geltend zu machen,[181] sondern wohl vor allem an folgender **pragmatischer Lösung der Versicherer:**[182] Bereits im Jahre 1953 hat ein Großteil der Mitglieder der Vereinigung britischer Versicherer ein *gentlemen's agreement* geschlossen, nach dem auf die Geltendmachung übergegangener Regressansprüche in allen Fällen einer fahrlässigen Verletzung von Arbeitskollegen verzichtet werden sollte. Andere Vertreter

175 Siehe Jones v. Manchester Corporation and others [1952] 2 Q.B. 852.
176 Vgl. dazu ausführlich *Donndorf*, Haftung des fahrlässigen Arbeitnehmers, S. 168 f.
177 Vgl. *Zweigert/Kötz*, Einführung in die Rechtsvergleichung, 3. Aufl., § 41 IV, S. 643.
178 Law Reports Statutes 1969, Chapter 57, S. 1615 ff.
179 *Fulbrook*, Vereinigtes Königreich, in: Jura Europae, Arbeitsrecht – Band III, 90.10 Nr. 55.
180 Ausführlich dazu *Bringezu*, Begrenzung der Arbeitnehmerhaftung, S. 66 ff.
181 *Harth/Taggart*, in: Henssler/Braun (Hrsg.), Arbeitsrecht in Europa, 3. Aufl., Großbritannien Rn. 51; *Shaw*, England und Wales, in: v. Bar (Hrsg.), Deliktsrecht in Europa, S. 46; *Smith & Wood's*, Employment Law, 16. Ed., p. 190.
182 Dazu *Bringezu*, Begrenzung der Arbeitnehmerhaftung, S. 76 ff.; *Pačić*, EuZA 2009, 47, 62 f.

der Versicherungswirtschaft haben 1955 dem damaligen nationalen Arbeitgeberverband die Zusicherung gegeben, dass sie ohne Zustimmung des Arbeitgebers keinen Rückgriff gegen dessen Arbeitnehmer nehmen würden. 1959 ist dann ein Folgeabkommen vereinbart worden. Die Absprachen erfassen allerdings an sich nur bestimmte Schäden und haben darüber hinaus generell keine bindende Wirkung. Gleichwohl ist in einem Fall die gerichtliche Anordnung von Vollstreckungsmaßnahmen zur Durchsetzung eines Rückgriffsanspruchs eines Versicherungsunternehmens abgelehnt worden, um die Zerrüttung des Arbeitsverhältnisses zu vermeiden.[183] Ausschlaggebend für die Gesamtbewertung ist aber die Tatsache, dass das letzte einschlägige Gerichtsurteil – soweit ersichtlich – aus dem Jahr 1981 datiert.[184] Das *gentlemen's agreement* bestimmt demnach de facto die gesamte Regresspraxis, und zwar auch die der staatlichen Stellen. Eine Ausnahme hat lediglich für den Kohlebergbau bestanden, wo der die Versicherung selbst tragende *National Coal Board* die Arbeitnehmer in Fällen grober Fahrlässigkeit (*gross negligence*) haftungsrechtlich in Anspruch genommen hat, wobei es allerdings primär um die präventive Durchsetzung von Sicherheitsbestimmungen im Bergbau ging.[185] Im Übrigen scheint es nicht ganz selten dadurch zu einem gewissen Schadensausgleich zu kommen, dass der Arbeitgeber bei schuldhaften Schädigungen Entgeltabzüge vornimmt,[186] der Sache nach also eine Aufrechnung mit einem Schadensersatzanspruch erklärt, auch wenn ein solches Vorgehen gemäß *Section 13* des *Employment Rights Act 1996* an bestimmte Voraussetzungen gebunden ist.[187]

5. Gesamtbeurteilung

44 Was den Umfang des Regressverzichtes der Versicherer angeht, so zeigt sich, dass der **Schutz der Arbeitnehmer durch den faktisch nahezu völligen Ausschluss des Regresses** nicht nur bei normaler, sondern auch bei grober Fahrlässigkeit über die Regelungen der übrigen bisher untersuchten Länder weit hinausgeht. **Hinzu kommt eine verbreitete Zurückhaltung der Arbeitgeber** bei der aktiven Durchsetzung ihrer Ansprüche. Beides beruht auf der Erkenntnis, dass eine Inanspruchnahme des in der Regel finanzschwachen Arbeitnehmers, was die Ausgleichsfunktion des Schadensersatzes angeht, wenig erfolgversprechend ist und in keinem Verhältnis zu der dadurch verursachten Beeinträchtigung des Betriebsfriedens steht. Dass diese Praxis der präventiven Zielrichtung des Haftungsrechtes nicht unbedingt gerecht zu werden vermag, liegt auf der Hand.

---

183 Morris v. Ford Motor Co. Ltd. [1973] 1 Q.B. 792.

184 Janata Bank v. Ahmed (CA) [1981] ICR 791 ff. Zu Sonderfällen des Regresses aus jüngerer Zeit siehe Padden v. Arbuthrot Pensions and Investments Ltd. [2004] EWCA Civ 382; Safeway Stores Ltd. v. Twigger [2010] EWCA Civ 1472; *Smith & Wood's*, Employment Law, 16. Ed., p. 190 fn. 225.

185 Siehe dazu *Bringezu*, Begrenzung der Arbeitnehmerhaftung, S. 68.

186 Vgl. *Deakin/Morris*, Labour Law, 7. Ed., p. 339; siehe insoweit auch *Collins/Ewing/McColgan*, Labour Law, 2. Ed. p. 258; *Pačić*, EuZA 2009, 47, 65.

187 Näher *Pačić*, EuZA 2009, 47, 63 mit Fn. 119.

Insgesamt jedenfalls herrscht eine eigentümliche Gemengelage aus einer formal grundsätzlich fortbestehenden rechtlichen Möglichkeit der Inanspruchnahme für jede Art von Fahrlässigkeit bei gleichzeitiger faktischer Beschränkung der Arbeitnehmerhaftung, die im englischen Arbeitsrecht durchaus als unbefriedigend empfunden wird.[188] Es wäre daher vorzugswürdig gewesen, wenn sich der Gesetzgeber nicht mit der bestehenden Situation zufrieden gegeben, sondern die Haftungsbeschränkung des Arbeitnehmers mit dem Erlass eines entsprechenden Gesetzes auf eine gesicherte Rechtsgrundlage gestellt hätte. Dass es nach geltendem Recht nach wie vor zu einem Prozess ähnlich dem *Lister-Fall* kommen kann,[189] beweist die eben angesprochene erfolgreiche Schadensersatzklage eines Arbeitgebers aus dem Jahr 1981.[190] **Insgesamt** erscheint die Rechtslage in England also inhaltlich als wenig ausgewogen und **rechtstechnisch nicht überzeugend**, ist die Diskrepanz zwischen der von Rechts wegen kaum begrenzten Haftung der Arbeitnehmer und deren tatsächlicher Inanspruchnahme auf Schadensersatz doch besonders krass, wobei mit einer Bereinigung dieser Situation aber nicht zu rechnen ist[191]. 45

VI. Schweden[192]

Abschließend soll noch ein Blick auf die im Vergleich zu den bisherigen Länderberichten wesentlich rigorosere Beschränkung der Arbeitnehmerhaftung in Schweden geworfen werden. *Kap. 4 § 1 des Schadensersatzgesetzes vom 6.6.1972*[193] bestimmt:[194] 46

> Für einen Schaden, den ein Arbeitnehmer durch fehlerhaftes Verhalten oder Versäumnisse im Dienst verursacht, haftet er nur, soweit hierfür mit Rücksicht auf die Beschaffenheit der Handlung, die Stellung des Arbeitnehmers, das Interesse des Geschädigten und die sonstigen Umstände ganz besondere Gründe vorliegen.

Damit wird zwar ebenfalls das Ob und auch der Umfang der Haftung der Bestimmung durch den Richter überlassen. Im Gegensatz zu allen übrigen vorgestellten Haftungs-

188 *Deakin/Morris*, Labour Law, 7. Ed., p. 338 ff..; *Markesinis/Deakin*, Tort Law, 7. Ed., p. 582; *Smith & Wood's*, Employment Law, 16. Ed., p. 189 ff.

189 So auch *Fulbrook*, in: Jura Europae, Arbeitsrecht, Bd. III, 90.10 Nr. 55.

190 Janata Bank v. Ahmed (CA) [1981] ICR 791, 795 ff.

191 Vgl. *Smith & Wood's*, Employment Law, 16. Ed., p. 191.

192 *Literatur: Krzyzanowski*, Das System der Arbeitnehmerhaftung in Deutschland und Schweden, 2009; *Witte*, Schweden, in: v. Bar (Hrsg.), Deliktsrecht in Europa, Köln/Berlin/Bonn/München 1994; *Woellert*, Die außervertragliche Gehilfenhaftung im Nordischen Recht, RabelsZ 1975, 304 ff.

193 Svensk författningssamling (SFS) 1972 Nr. 207.

194 Nach *Woellert*, RabelsZ 1975, 304, 315 Fn. 74. Zur Interpretation der Vorschrift eingehend *Krzyzanowski*, System der Arbeitnehmerhaftung, S. 219 ff. Daneben kommen für sonstige Pflichtverletzungen, z. B. eine unerlaubte Konkurrenztätigkeit, besondere Anspruchsgrundlagen in Betracht; hierzu daselbst, S. 247 ff.

systemen wird die **Enthaftung** jedoch eindeutig **zur Regel** erklärt.[195] Der Arbeitnehmer haftet vielmehr nur, soweit ganz besondere Gründe vorliegen.[196] Selbst vorsätzliches Handeln zieht nicht zwingend die volle Haftung nach sich.[197] Dies führt gerade deshalb zu einer sehr weitgehenden Freizeichnung des Arbeitnehmers, weil diese Vorschrift **auch im Verhältnis zu Dritten** gilt.[198] Diesen gegenüber haftet der Arbeitgeber gemäß Kap. 3 § 1 des Schadensersatzgesetzes für die Schädigung durch seine Gehilfen ohne Exkulpationsmöglichkeit. Den Arbeitnehmer trifft lediglich im Fall der Zahlungsunfähigkeit seines Arbeitgebers eine subsidiäre Haftung.[199] Für diesen besonderen Fall ist zwar auch ein Regress des Arbeitnehmers denkbar, der ihm aufgrund der Insolvenz des Arbeitgebers indes wenig nützen wird.[200] Die gegen eine derartig stark ausgeprägte Privilegierung der Arbeitnehmer grundsätzlich vorzubringenden Bedenken mögen dadurch abgemildert werden, dass das einzige Arbeitsgericht Schwedens grundsätzlich gut in der Lage sein dürfte, mit Hilfe der offen formulierten Gesetzesvorschriften nicht nur eine hohe Einzelfallgerechtigkeit, sondern auch eine gleichmäßige Handhabung zu erreichen. Allerdings scheint sich bei grober Fahrlässigkeit keine ganz einheitliche Linie herausgebildet zu haben.[201] Insgesamt spielt das Thema im schwedischen Arbeitsrecht aber offenbar ohnehin nur eine untergeordnete Rolle.[202] Bei Arbeitsunfällen hat das allgemeine Haftungsrecht aufgrund verschiedener Bestimmungen ebenfalls seine Bedeutung verloren.[203]

---

195 *Woellert*, RabelsZ 1975, 304, 315 f.

196 *Pačić*, EuZA 2009, 218, 229.

197 *Krzyzanowski*, System der Arbeitnehmerhaftung, S. 227 f.; *Pačić*, EuZA 2009, 47, 59.

198 *Krzyzanowski*, System der Arbeitnehmerhaftung, S. 293 f.; siehe auch *Dufwa*, Compensation for Personal Injury in Sweden, Rn. 92, in: Koch/Koziol (Hrsg.), Compensation for Personal Injury in a Comparative Perspective, 2003.

199 *Pačić*, EuZA 2009, 218, 229.

200 *Pačić*, EuZA 2009, 218, 229.

201 Vgl. *Krzyzanowski*, System der Arbeitnehmerhaftung, S. 229 ff.: Haftung für Abhandenkommen bejaht beim Belassen einer Tageskasse in einem Fahrzeug sowie beim Zurücklassen eines teuren Gerätes in einem unverschlossenen Fahrzeug; Haftung für Abhandenkommen verneint bei nicht ordnungsgemäßer Verwahrung einer Brieftasche unter Verstoß gegen Dienstvorschriften.

202 Vgl. *Kurz*, in: Henssler/Braun (Hrsg.), Arbeitsrecht in Europa, 3. Aufl., Schweden Rn. 106.

203 Dazu im Einzelnen *Krzyzanowski*, System der Arbeitnehmerhaftung, S. 313 ff., 383.

§ 29 Internationales Arbeitsrecht

In Fällen mit **Auslandsberührung** kann sich die Frage stellen, nach welcher Rechtsordnung die Haftung des Arbeitnehmers zu beurteilen ist. Man denke etwa an den Fall, dass ein **ins Ausland oder aus dem Ausland entsandter Mitarbeiter** eine dem Arbeitgeber gehörende Maschine beschädigt. Die Bestimmung des auf einen arbeitsrechtlichen Sachverhalt anwendbaren Sachrechts, d.h. des materiellen Rechts einer bestimmten Rechtsordnung,[1] erfolgt nach den Vorschriften über das Internationale Arbeitsrecht (Arbeitskollisionsrecht) als Teilgebiet des Internationalen Privatrechts. Hierfür sind heutzutage in erster Linie **zwei europarechtliche Verordnungen** maßgebend, nämlich die sog. **Rom I-Verordnung** (= Verordnung (EG) Nr. 593/2008) über das auf vertragliche Schuldverhältnisse anzuwendende Recht sowie die sog. **Rom II-Verordnung** (= Verordnung (EG) Nr. 864/2007) über das auf außervertragliche Schuldverhältnisse anzuwendende Recht.[2] 1

Ausgangspunkt ist insoweit, dass im Anwendungsbereich der Rom I-Verordnung auf die Folgen von Pflichtverletzungen gemäß Art. 12 Abs. 1 lit. c Rom I-Verordnung das **Recht des Vertragsstatuts** anwendbar ist. Hierzu gehören nach einhelliger Ansicht auch die **Grundsätze über den innerbetrieblichen Schadensausgleich.**[3] Soweit sich der Arbeitgeber auf deliktische Ansprüche stützt, wird durch Art. 4 Abs. 3 Rom II-Verordnung regelmäßig gewährleistet, dass das Deliktsstatut aufgrund engerer Verbindung dem Vertragsstatut folgt, auch wenn der Schaden in einem anderen Staat eingetreten ist und nach Art. 4 Abs. 1 Rom II-Verordnung an sich das Recht des Erfolgsorts maßgeblich ist.[4] Damit kommt es grundsätzlich auf das Vertragsstatut an, das sich gemäß Art. 8 Abs. 1 S. 1 i.V.m. Art. 3 Abs. 1 Rom I-Verordnung im Ausgangspunkt durch Rechtswahl bestimmt und im Übrigen nach Art. 8 Abs. 2 bis 4 Rom I-Verordnung objektiv angeknüpft wird, wobei regelmäßig auf den gewöhnlichen Arbeitsort abzustellen ist. Schädigt der Arbeitnehmer dagegen im Ausland einen **außenstehenden Dritten**, richtet sich die Außenhaftung demgegenüber gemäß Art. 4 Abs. 1 Rom II-Verordnung grundsätzlich nach dem Recht des Staates, in dem es zur Schädigung gekommen ist. Wenn auf den Arbeitsvertrag deutsches Arbeitsrecht anwendbar ist, richtet sich ein etwaiger **Freistellungsanspruch** aber nach den Voraussetzungen des deutschen innerbetrieblichen Schadensausgleichs. 2

1 Hiervon zu unterscheiden ist die Internationale Zuständigkeit des angerufenen Gerichts, die sich bei einem Beklagtenwohnsitz innerhalb der EU nach der sog. Brüssel Ia-Verordnung richtet (= Verordnung (EU) Nr. 1215/2012; zuvor Brüssel I-Verordnung (EG) Nr. 44/2001). Bei juristischen Personen kommt es alternativ auf den Satzungssitz oder die Hauptverwaltung an, bei Klagen gegen den Arbeitgeber genügt darüber hinaus eine Zweigniederlassung.

2 Siehe nur *Deinert*, Internationales Arbeitsrecht, § 2 Rn. 1 ff.

3 *Deinert*, Internationales Arbeitsrecht, § 12 Rn. 129; *Franzen*, AR-Blattei SD 920 Rn. 133; MünchKommBGB/*Martiny*, 9. Aufl., Art. 8 Rom I-VO Rn. 111; MHdB ArbR/*Oetker*, 6. Aufl., § 13 Rn. 95; BeckOK BGB/*Spickhoff*, VO (EG) 593/2008 (Stand: 08/2024), Art. 8 Rn. 11; *Winkler v. Mohrenfels/Block*, EAS B 3000 Rn. 204.

4 *Deinert*, Internationales Arbeitsrecht, § 12 Rn. 129; MünchKommBGB/*Martiny*, 9. Aufl., Art. 8 Rom I-VO Rn. 111; MHdB ArbR/*Oetker*, 6. Aufl., § 13 Rn. 95; *Winkler v. Mohrenfels/Block*, EAS B 3000 Rn. 204.

https://doi.org/10.1515/9783110728606-031

3 Die Regeln über die Haftungsprivilegierung sind **einseitig zwingendes Arbeitnehmerschutzrecht**[5] und können daher gemäß Art. 8 Abs. 1 S. 2 Rom I-Verordnung nicht durch die Wahl einer anderen Rechtsordnung zu Lasten des Arbeitnehmers abbedungen werden, wenn der Arbeitsvertrag bei objektiver Anknüpfung deutschem Arbeitsrecht unterliegen würde.[6] Dagegen sind die Grundsätze über die Haftungseinschränkung **keine Eingriffsnormen i.S. von Art. 9 Abs. 1 Rom I-Verordnung**, weil sie nicht vorrangig öffentliche Interessen verfolgen, sondern in erster Linie dem individuellen Arbeitnehmerschutz dienen.[7] Wenn ein Arbeitsverhältnis objektiv einer fremden Rechtsordnung unterliegt, die eine strengere Haftung als das deutsche Arbeitsrecht vorsieht, hat es damit deshalb regelmäßig sein Bewenden. Eine im Vergleich zum deutschen Arbeitsrecht schärfere schadensrechtliche Verantwortlichkeit des Arbeitnehmers unterfällt grundsätzlich auch nicht dem **ordre public-Vorbehalt des Art. 21 Rom I-Verordnung.** Anders ist dies aber zu beurteilen, wenn eine fremde Rechtsordnung eine existenzvernichtende Haftung bereits an leichteste Fahrlässigkeit des Arbeitnehmers knüpft oder ihn sogar ohne Verschulden für einen herbeigeführten Schaden haften lässt, sofern ein hinreichender Inlandsbezug besteht. Eine hierdurch entstehende Lücke ist durch Bildung einer fallbezogenen Sachnorm zu schließen, durch welche die Haftung des Arbeitnehmers auf ein erträgliches Maß reduziert wird.[8]

5 Siehe § 2 RN 15, § 13 RN 42 ff.

6 *Deinert*, Internationales Arbeitsrecht, § 12 Rn. 129; MHdB ArbR/*Oetker*, 6. Aufl., § 13 Rn. 96.

7 *Deinert*, Internationales Arbeitsrecht, § 12 Rn. 129.

8 Zum grundsätzlichen Problem der Rechtsfolgenbestimmung siehe etwa *Deinert*, Internationales Arbeitsrecht, § 5 Rn. 26 f.

§ 30 Rechtspolitische Forderungen

I. Notwendigkeit einer gesetzlichen Regelung

An der Notwendigkeit einer gesetzlichen Regelung der Arbeitnehmerhaftung, deren 1
Regularien sich praeter und contra legem entwickelt haben, kann schon **aus Gründen der Rechtssicherheit kein Zweifel** bestehen. Auch nach dem Beschluss des Großen Senats des BAG vom 27.9.1994[1] zum Verzicht auf das Merkmal der gefahrgeneigten Arbeit als Voraussetzung für eine Haftungsbeschränkung sind längst nicht alle Fragen richterrechtlich abschließend geklärt.

Dennoch ist mit einer baldigen gesetzlichen Regelung der Arbeitnehmerhaftung 2
nicht zu rechnen. Eine solche Kodifikation wird bereits seit mehreren Jahrzehnten vergeblich gefordert. Angestrebt wurde zunächst eine Regelung der Arbeitnehmerhaftung im Rahmen einer umfassenden Kodifikation des Arbeitsvertragsrechts oder Novellierung des gesamten Schadensersatzrechts. So war 1965 die Mehrheit der Teilnehmer des *45. Deutschen Juristentages* der Auffassung, man könne angesichts der – damals als gefestigt erscheinenden – Rechtsprechung auf ein vorgezogenes Einzelgesetz zur Arbeitnehmerhaftung verzichten.[2] Nach intensiven Vorarbeiten[3] stellte die von der Bundesregierung eingesetzte *Arbeitsgesetzbuchkommission* 1977 den *Entwurf eines Arbeitsgesetzbuches* vor.[4] In den §§ 26 ff. war eine detaillierte Regelung der Arbeitnehmerhaftung vorgesehen. Kernstück der Regelung waren die Abs. 1 und 2 des § 26:

> (1) Der Arbeitnehmer haftet dem Arbeitgeber für einen durch eine betriebliche Tätigkeit entstandenen Schaden, wenn er vorsätzlich oder grob fahrlässig gehandelt hat.
> (2) Bei grober Fahrlässigkeit kann der Richter ausnahmsweise die Ersatzpflicht ermäßigen, wenn wegen besonderer in der Art der Arbeit oder der Person des Arbeitnehmers liegender Umstände die volle Haftung eine unzumutbare Härte bedeuten würde.

Eine gesetzgeberische Initiative der Bundesregierung auf der Grundlage des Kommissionsentwurfs erfolgte jedoch nicht. 1981 wurde die Kommission schließlich aufgelöst.

1986 beschäftigte sich der *Deutsche Juristentag* erneut mit einer möglichen gesetz- 3
lichen Regelung der Arbeitnehmerhaftung unter der Fragestellung: „Ist es erforderlich, die Verteilung des Schadensrisikos bei unselbständiger Arbeit neu zu ordnen?“.[5] Das arbeitsrechtliche Gutachten hatte eine gesetzliche Regelung mit der Beschränkung der Arbeitnehmerhaftung auf vorsätzliche und grob fahrlässige Pflichtverletzungen favo-

---

1 BAG 27.9.1994 – GS 1/89 (A) –, AP § 611 BGB Haftung des Arbeitnehmers Nr. 103 = NZA 1994, 1083.

2 Verhandlungen des 45. DJT 1965, „Empfiehlt es sich, die Haftung des Arbeitnehmers gegenüber dem Arbeitgeber abweichend vom Schuldrecht des BGB zu regeln?“, Band II, G 82.

3 Vgl. hierzu *Ramm* (Hrsg.), Entwürfe zu einem Deutschen Arbeitsvertragsgesetz, 1992, S. 82 ff.

4 Veröffentlicht vom Bundesminister für Arbeit und Sozialordnung, 1977; abgedr. bei *Ramm*, (Hrsg.), Entwürfe zu einem Deutschen Arbeitsvertragsgesetz, 1992, S. 403 ff.

5 Verhandlungen des 56. DJT, Berlin 1986, Gutachten E von *Hansjörg Otto*, Gutachten F von *Otfried Seewald*, Sitzungsbericht N.

https://doi.org/10.1515/9783110728606-032

risiert und vorgeschlagen, die notwendigen Regelungen in das BGB, und zwar hinter § 618 BGB einzustellen.[6] Nunmehr sprach sich die Mehrheit der Teilnehmer des DJT für eine alsbaldige gesetzliche Regelung der Arbeitnehmerhaftung unabhängig von einer Gesamtkodifikation aus.[7] Dem Gesetzgeber wurde zudem empfohlen, die Haftung für leichte Fahrlässigkeit auszuschließen und bei der Haftung für grob fahrlässige Pflichtverletzungen eine Härteklausel vorzusehen.[8]

4 1989 brachte die *SPD-Fraktion* erfolglos einen *Gesetzentwurf zur Regelung der Arbeitnehmerhaftung* in den Bundestag ein.[9] 1993[10] und 1995 (im folgenden *SPD-Entwurf 1995*)[11] legte sie den Entwurf in jeweils leicht modifizierter Form erneut vor. Ebenfalls 1995 leitete der *Freistaat Sachsen* dem Bundesrat den *Entwurf eines Arbeitsvertragsgesetzes* mit dem Antrag zu, diesen Entwurf als Bundesratsvorlage in den Bundestag einzubringen (im folgenden *EArbVG Sachsen*).[12] Die Regelung zur Arbeitnehmerhaftung in § 99 EArbVG Sachsen ist eine unveränderte Übernahme des § 99 *„Arbeitsvertragsgesetz (ArbVG 1992) – Diskussionsentwurf“* des *Arbeitskreises Deutsche Rechtseinheit im Arbeitsrecht*, veröffentlicht als Gutachten D zum 59. *Deutschen Juristentag* Hannover 1992.[13]

5 Für die von der *SPD* regierten Länder hatte es zunächst *Nordrhein-Westfalen* übernommen, einen Alternativentwurf zu erarbeiten;[14] sodann ging die Federführung auf das *Land Brandenburg* über, das 1996 den *Entwurf eines Gesetzes zur Bereinigung des Arbeitsrechts* in den Bundesrat einbrachte, dessen Art. 1 das *Arbeitsvertragsgesetz* enthält (im folgenden *EArbVG Brandenburg*).[15] Auch hier befindet sich die Regelung der Arbeitnehmerhaftung in § 99. Dabei stimmt der durchaus eigenständige brandenburgische Regelungsvorschlag in manchen Details einerseits mit § 99 EArbVG Sachsen, andererseits mit dem SPD-Entwurf 1995 überein.

6 Der vorläufig letzte Vorstoß für eine gesetzliche Regelung der Arbeitnehmerhaftung erfolgte im Rahmen des von den Professoren *Martin Henssler* und *Ulrich Preis* als unabhängige Gutachter im Auftrag der Bertelsmann-Stiftung erarbeiteten Diskussionsentwurfs eines Arbeitsvertragsgesetzes, der nach einer längeren öffentlich geführten Debatte im November 2007 (in einer überarbeiteten Version) vorgelegt wurde (im folgenden *Henssler/Preis-Entwurf*).[16] Dieser Entwurf enthält (neben einer speziellen Regelung der Nichtleistung durch den Arbeitnehmer in § 88) in seinem § 89 folgende Regelung über die Arbeitnehmerhaftung:

---

6 *Otto*, Gutachten zum 56. DJT, S. E 92, 94.
7 Verhandlungen des 56. DJT, S. N 208, Beschluss A 2.
8 Verhandlungen des 56. DJT, S. N 209, Beschlüsse A 10 und 12.
9 BT-Drucks. 11/5086 v. 21.8.1989.
10 BT-Drucks. 12/5551 v. 10.8.1993.
11 BT-Drucks. 13/2195 v. 22.8.1995.
12 BR-Drucks. 293/95 v. 23.5.1995.
13 Der Gesetzentwurf ist ebenfalls abgedruckt in NZA 1992, Beilage 17.
14 Vgl. *Griese*, NZA 1996, 803, 808 f.; *Neumann*, ArbRGegw 33 (1996), S. 59, 69 ff.
15 BR-Drucks. 671/96 v. 12.9.1996.
16 *Henssler/Preis*, NZA Beilage 1/2007 (zu Heft 21/2007).

(1) Verletzt der Arbeitnehmer bei betrieblicher oder dienstlicher Tätigkeit seine Pflichten aus dem Arbeitsverhältnis, ohne dass eine Nichtleistung vorliegt, so hat er dem Arbeitgeber Schadensersatz nur zu leisten, wenn er die Pflichtverletzung zu vertreten hat. Im Übrigen gelten die allgemeinen Vorschriften.
(2) Der Arbeitnehmer haftet im Fall des Absatzes 1 Satz 1 für den gesamten Schaden, wenn ihm Vorsatz vorzuwerfen ist. Bei fahrlässiger Pflichtverletzung haftet er nur, soweit es ihm unter Berücksichtigung der Art der Arbeit, seiner Person, der Schadenshöhe, der Höhe des Arbeitsentgelts und der beiderseitigen Verursachungsbeiträge sowie Verantwortungsbereiche zumutbar ist; bei leichtester Fahrlässigkeit ist der Arbeitnehmer nicht zum Schadensersatz verpflichtet.
(3) Die Haftung des Arbeitnehmers für Personenschäden, die der gesetzlichen Unfallversicherung unterliegen, ist nach Maßgabe der §§ 105 bis 107 des Siebten Buches Sozialgesetzbuch eingeschränkt.
(4) Schädigt der Arbeitnehmer bei einer betrieblichen oder dienstlich veranlassten Tätigkeit einen Dritten, so hat der Arbeitgeber ihn nach den Grundsätzen der Absätze 1 und 2 von darauf beruhenden Schadensersatzansprüchen des Dritten sowie den notwendigen Kosten der Rechtsverfolgung freizustellen. Dies gilt nicht, soweit der Arbeitnehmer von einer vom Arbeitgeber (mit) finanzierten Versicherung Deckung verlangen kann.

II. Regelungsbedürftige Einzelfragen

Die geforderte gesetzliche Regelung der Arbeitnehmerhaftung muss gesetzestechnisch einwandfrei sein, die Rechtssicherheit erhöhen, mit den allgemeinen Prinzipien des Haftungsrechts harmonieren und vor allem zu der gebotenen Gleichbehandlung der Beschäftigten innerhalb und außerhalb des öffentlichen Dienstes beitragen. Sämtliche Entwürfe sind in einer Reihe von Details verbesserungsbedürftig.[17] Dies wird deutlich, wenn man sich vergegenwärtigt, welche Einzelfragen der Arbeitnehmerhaftung gesetzlich geregelt werden sollten. 7

1. Allgemeine Voraussetzungen für eine Haftungsprivilegierung

a) Persönlicher Anwendungsbereich

Nach allen vier Entwürfen sollen **mit Recht alle Arbeitnehmer**, also auch die **leitenden Angestellten**, privilegiert werden. § 619a Abs. 4 S. 2 des SPD-Entwurfes sieht zusätzlich die Einbeziehung **„arbeitnehmerähnlicher Personen"** vor. § 99 EArbVG Brandenburg verzichtet möglicherweise deshalb auf diesen Schritt, weil § 2 des Entwurfes den Arbeitnehmerbegriff sehr weit fasst. Der Henssler/Preis-Entwurf will die Regelung über die Arbeitnehmerhaftung nach seinem § 3 Abs. 1 auf Dienst- und Werkverträge mit arbeitnehmerähnlichen Personen entsprechend anwenden. Auch nach unserer Auffassung ist die Erstreckung der Haftungsprivilegierung **grundsätzlich zu begrüßen.** Eine ausnahmslose und uneingeschränkte Einbeziehung dieses vielgestaltigen Personenkreises könnte indessen in Einzelfällen zu einer unangemessenen Risikoverteilung 8

17 Zu der in § 99 ArbVG 1992 vorgesehenen Regelung hat sich *Otto* bereits auf dem DJT kritisch geäußert (Sitzungsbericht P, S. P 178). Siehe ferner *Otto*, Die Neuerung der Haftung im Arbeitsverhältnis, in: Arbeitsvertragsrecht – Arbeitsschutzrecht, Dokumentation der Fachtagung am 5.10.1995, Dortmund, hrsgg. vom Ministerium für Arbeit, Gesundheit und Soziales des Landes NRW, S. 190 ff.

führen. Vor allem können arbeitnehmerähnliche Personen wegen der Eigenart der geschuldeten Leistung anders als Arbeitnehmer zu einer weitgehenden Beherrschung des Gefahrenpotentials in der Lage sein.[18] Deshalb bedarf es einer Klausel, die eine den Umständen angepasste Einschränkung der Haftungsprivilegierung zulässt.[19] Eine Anwendung der für die Arbeitnehmer geltenden Regelungen sollte deshalb insoweit ausgeschlossen werden, „als die Eigenart der geschuldeten Leistung eine weitergehende Eigenverantwortung rechtfertigt".[20] Angesichts der zunehmenden Verbreitung von betriebsexterner Arbeit im Rahmen von **Homeoffice** und **mobiler Arbeit (Telearbeit)** sollten die mit dem Arbeitnehmer im gemeinsamen Haushalt lebenden Personen in die Haftungsbeschränkung einbezogen werden, um die Haftungsprivilegierung zugunsten des Arbeitnehmers nicht dadurch zu unterlaufen, dass er mittelbar zumindest teilweise doch für den Schadens aufzukommen hat.[21]

b) Sachlicher Anwendungsbereich

9 Privilegiert werden kann nur eine **betrieblich bzw. dienstlich veranlasste Tätigkeit** des Arbeitnehmers.[22] Während § 99 Abs. 1 S. 2 EArbVG Brandenburg ebenso wie der in Henssler/Preis-Entwurf von einer Schadensverursachung durch betriebliche oder dienstliche Tätigkeit ausgeht, wird in § 99 EArbVG Sachsen nur die betriebliche Tätigkeit ausdrücklich genannt. Hier wäre klarzustellen, dass auch die Arbeitnehmer im öffentlichen Dienst gemeint sind.

2. Beschränkung des Haftungsumfangs

a) Schuldstufen

10 § 99 Abs. 1 EArbVG Sachsen statuiert eine Haftung für jedes Verschulden, also auch für leichteste Fahrlässigkeit. Allerdings wird die Haftung in Abs. 3 summenmäßig nach Maßgabe des Verschuldens bis zur Höhe von zwei monatlichen Durchschnittsentgelten begrenzt. Eine wirkungsvollere Haftungsbeschränkung kann indessen zunächst dadurch erreicht werden, dass bestimmte Verschuldensgrade von der Haftung ganz ausgenommen werden, wie es der Henssler/Preis-Entwurf mit seiner Ausklammerung der leichtesten Fahrlässigkeit vorsieht. § 619a SPD-Entwurf sieht nur eine Haftung bei Vorsatz und grober Fahrlässigkeit vor. Dem ist unter der Voraussetzung zuzustimmen, dass der Bezugspunkt des Verschuldens anders als dort definiert wird. Im Übrigen ist

18 Vgl. § 7 RN 7.

19 Weitergehend *Otto*, Gutachten zum 56. DJT, S. E 76. Die inzwischen weiter vorangetriebene Haftungsprivilegierung des Arbeitnehmers ist aber nicht ohne weiteres auf sämtliche Fallgestaltungen der Arbeitnehmerähnlichkeit vollständig übertragbar.

20 Vgl. den Formulierungsvorschlag in RN 50 a.E.

21 Nach dem Vorbild von § 2 Abs. 4 DHG, vgl. § 28 RN 3.

22 Siehe § 8 RN 1 ff.

von vornherein an **keine Privilegierung** zu denken, wenn der **Schadenseintritt vorsätzlich** herbeigeführt worden ist.[23]

b) Bezugspunkt des Schuldvorwurfs

De lege ferenda hängt die richtige Lösung von dem Bezugspunkt des Schuldvorwurfs für die Haftungsbegrenzung ab.[24] 11

Nach § 99 Abs. 1 bis 3 EArbVG Sachsen soll der **Schadenseintritt** Bezugspunkt des Verschuldens werden. Es heißt dort:

> (1) Der Arbeitnehmer haftet dem Arbeitgeber für einen durch eine betriebliche Tätigkeit entstandenen Schaden, dessen Eintritt er verschuldet hat.
> (2) Bei grober Fahrlässigkeit ermäßigt sich die Ersatzpflicht, soweit sie wegen besonderer, in der Art der Arbeit oder der Person des Arbeitnehmers oder der Höhe des Schadens liegender Umstände eine unzumutbare Härte bedeuten würde.
> (3) Für sonstige fahrlässig verursachte Schäden haftet der Arbeitnehmer nach Maßgabe seines Verschuldens bis zur Höhe von zwei monatlichen Durchschnittsentgelten. ...

Dasselbe dürfte mit § 619a Abs. 1 und 2 des SPD-Entwurfes gemeint sein, obwohl dort nach dem Wortlaut der vorsätzlich oder grob fahrlässig verursachte Schaden Bezugspunkt ist; darunter könnten auch die einzelnen Schadensfolgen verstanden werden. Wörtlich heißt es:

> (1) Der Arbeitnehmer haftet dem Arbeitgeber für einen durch eine betriebliche oder dienstliche Tätigkeit verursachten Schaden, wenn er ihn vorsätzlich verursacht hat.
> (2) Hat der Arbeitnehmer grob fahrlässig durch eine betriebliche oder dienstliche Tätigkeit einen Schaden verursacht, so haftet er dem Arbeitgeber bis zur Höhe von drei Nettomonatsvergütungen. ...

Der Henssler/Preis-Entwurf bezieht den Vorsatz offenkundig auf den Schaden, formuliert für die Fahrlässigkeit als Bezugspunkt aber die Pflichtverletzung.

Überwiegende Gründe sprechen indessen dafür, das Verschulden generell auf die **Pflichtverletzung** zu beziehen.[25] Es ist daher zu begrüßen, dass § 99 Abs. 1 EArbVG Brandenburg ausdrücklich bestimmt:

> Der Arbeitgeber haftet dem Arbeitgeber für Schäden, deren Eintritt er zu vertreten hat. Bei einem durch betriebliche oder dienstliche Tätigkeit eingetretenen Schaden hat der Arbeitnehmer nur durch **vorsätzliche oder grob fahrlässige Pflichtverletzungen** verursachte Schäden zu vertreten.

Für eine gesetzliche Regelung kommt daher als **erster Schritt** folgende **Formulierung** 12
in Betracht:

23 Näher § 9 RN 12.
24 Vgl. § 9 RN 3 ff.
25 Siehe im Einzelnen § 9 RN 6 f.

Der Arbeitnehmer haftet dem Arbeitgeber für einen durch eine betriebliche oder dienstliche Tätigkeit verursachten Schaden, wenn er seine Pflichten vorsätzlich oder grob fahrlässig verletzt hat.

c) Umfang der Haftung

13 Angesichts der immensen wirtschaftlichen Werte, mit denen Arbeitnehmer heutzutage umgehen müssen, kann eine Haftung auf den vollen Schadensbetrag auch bei einer gleichzeitigen Beschränkung der Haftung auf vorsätzliche und grob fahrlässige Pflichtverletzungen unangemessen sein.[26] § 99 Abs. 2 EArbVG Brandenburg sieht eine **Haftungsobergrenze von drei Bruttomonatsverdiensten** vor, wenn der Schadenseintritt nicht vorsätzlich herbeigeführt worden ist. Man findet solche Grenzen – wie früher in der DDR[27] – auch in osteuropäischen Rechtsordnungen.[28] Demgegenüber gibt § 99 Abs. 2 EArbVG Sachsen für die Begrenzung der Haftung bei grober Fahrlässigkeit einer Härteklausel den Vorzug.[29] Der Henssler/Preis-Entwurf sieht in § 89 Abs. 2 von einer festen Obergrenze ab, hält den Richter aber u. a. dazu an, die Schadenshöhe und die Höhe des Arbeitsentgelts bei der Schadenszurechnung zu berücksichtigen.

14 Gegenüber einer generellen summenmäßigen Haftungsbegrenzung ist eine **Härteklausel** nach unserer Auffassung eindeutig vorzuziehen. Eine pauschale Haftungsbegrenzung ist bei zumindest grob fahrlässigen Pflichtverletzungen nicht angemessen. Über die generelle Beschränkung der Haftung auf Vorsatz und grobe Fahrlässigkeit hinaus sollte eine Haftungserleichterung nur im Einzelfall erfolgen. Hierfür spricht auch, dass bei Teilzeitbeschäftigungen eine feste Obergrenze zu untragbaren Ergebnissen führen kann. Zuzugeben ist zwar, dass eine summenmäßige Haftungsbeschränkung für alle Beteiligten leichter handhabbar wäre als eine Härteklausel und das Prozessrisiko erheblich verringerte. Dem könnte aber zumindest teilweise dadurch entgegengewirkt werden, dass ein konkreter Tatbestand für das Eingreifen der Härteklausel und die maßgeblichen Kriterien für die gerichtliche Zumutbarkeitsentscheidung normiert werden.

15 Für die Abwägung bei einer Schadensteilung sollte es im Rahmen einer **allgemeinen Härteklausel** in Anlehnung an die bisherige Quotierungspraxis auf **folgende Umstände** ankommen:

- auf den Tathergang (Verschulden des Arbeitnehmers in Bezug auf Schadenseintritt und Schadensfolgen, Stellung im Betrieb),
- auf die Schadenshöhe,
- auf eine angemessene Risikoprämie des Arbeitnehmers,
- auf das bisherige Arbeitsverhalten und

---

26 Vgl. BAG 12.10.1989 – 8 AZR 276/88 –, AP § 611 BGB Haftung des Arbeitnehmers Nr. 97 = NZA 1990, 97.

27 § 2 RN 11.

28 Henssler/Braun (Hrsg.), Arbeitsrecht in Europa, 3. Aufl.: jeweils bei Fahrlässigkeit in Polen das dreifache Monatsgehalt (S. 1019, Rn. 89), in Russland das einfache Monatsgehalt (S. 1204, Rn. 63), in der Slowakischen Republik das vierfache Monatsgehalt (S. 1354, Rn. 87, in Tschechien das viereinhalbfache Monatsgehalt (S. 1482, Rn. 67) und in Ungarn im Grundsatz das halbe Monatsgehalt (S. 1572, Rn. 67).

29 Siehe oben RN 11.

- auf seine konkrete Einkommenslage (Arbeitsvergütung, Unterhaltspflichten), auf die allgemeine wirtschaftliche Lage/Vermögenssituation dagegen nur im Falle grob fahrlässiger Herbeiführung des Schadenseintritts.[30]

Keine Bedeutung sollte folgenden, vom Großen Senat des BAG mit der Überschrift 16 **„persönliche Verhältnisse"** (§ 99 Abs. 2 EArbVG Sachsen: „Umstände in der Person des Arbeitnehmers") versehenen weiteren Kriterien zukommen, weil sie einen konkreten Bezug zur Pflichtverletzung und damit zur gerechten Risikoverteilung weitgehend vermissen lassen:
- Dauer der Betriebszugehörigkeit sowie
- Lebensalter und
- Familienverhältnisse.

Diese Überlegungen führen zu folgendem **Formulierungsvorschlag:** 17

> (1) Soweit der Arbeitnehmer bei einer betrieblichen oder dienstlichen Tätigkeit den Schadenseintritt nicht vorsätzlich verursacht hat, hat das Gericht die Forderung auf den zumutbaren Betrag herabzusetzen, wenn die volle Haftung eine besondere Härte bedeuten würde. Bei der Entscheidung sind die Art der Arbeit, die Vorhersehbarkeit von Schadenseintritt und Schadensumfang, die Stellung des Arbeitnehmers im Betrieb, sein bisheriges Arbeitsverhalten, eine etwaige Risikoprämie und seine Einkommenslage zu berücksichtigen.
> (2) Eine besondere Härte liegt bei einem vollbeschäftigten Arbeitnehmer in der Regel vor, wenn die Forderung drei Bruttomonatsgehälter übersteigt.
> (3) Droht dem Arbeitgeber infolge des Schadens die Zahlungsunfähigkeit, ist zu Lasten des Arbeitnehmers auch dessen wirtschaftliche Lage zu berücksichtigen. Dasselbe gilt, wenn der Schadenseintritt grob fahrlässig verursacht worden ist. Absatz 2 gilt nicht.

Entscheidend für den **Umfang der Enthaftung** ist das **Verschulden bezüglich des** 18 **Schadenseintritts.** Ist nur die Pflicht grob fahrlässig verletzt worden, wird die Haftung des Arbeitnehmers im Regelfall auf drei Bruttomonatsgehälter[31] beschränkt (Abs. 1 u. 2); die weitergehende Haftung ist von besonderen Umständen abhängig, z. B. gesteigerte Verantwortung bei leitenden Angestellten. Der Hinweis auf die Vollbeschäftigung soll klarstellen, dass sich bei Teilzeitbeschäftigten eine Berechnung der Regelgrenze allein aufgrund des Arbeitseinkommens aus der Arbeitstätigkeit, die zum Schaden geführt hat, aus naheliegenden Gründen verbietet.[32] Droht der Arbeitgeber infolge des Schadens zahlungsunfähig zu werden, greift die Regel-Summenbegrenzung dagegen nicht; außerdem ist zu Lasten des Arbeitnehmers dessen wirtschaftliche Lage zu berücksichti-

---

30 Vgl. dazu § 10 RN 9 ff.

31 Für die Anknüpfung an den Bruttoverdienst spricht die Praktikabilität und der Umstand, dass hinter einem höheren Nettoverdienst bei gleichem Bruttoverdienst eine bewußte Begünstigung steckt, die sich bei der Haftungshöhe nicht zum Nachteil des Arbeitnehmers auswirken soll (vgl. Begründung EArbVG Brandenburg S. 210 f.).

32 Man stelle sich vor, ein Polizeibeamter verletzt bei seiner Nebentätigkeit als Taxifahrer (2 Tage im Monat) grob fahrlässig seine Sorgfaltspflicht. Siehe auch § 9 RN 30.

gen. Gleiches gilt, wenn grobe Fahrlässigkeit auch hinsichtlich des Schadenseintritts vorliegt (Abs. 3).[33]

d) Berücksichtigung der Versicherbarkeit

19 Eine weitere Haftungsbegrenzung sollte der Gesetzgeber ausdrücklich dadurch vornehmen, dass er eine **verkehrsübliche Versicherung mit typischem Deckungsumfang** zu Gunsten des Arbeitnehmers berücksichtigt.[34] Diese Haftungserleichterung darf aber nicht davon abhängen, ob der Arbeitgeber eine Versicherung genommen hat oder nicht. Vielmehr muss auch der **fiktive** Versicherungsschutz die Haftung nach oben begrenzen. Damit trifft den Arbeitgeber im Eigeninteresse eine Obliegenheit zur Versicherung. Nur der § 99 Abs. 6 EArbVG Brandenburg setzt diesen Gedanken[35] konsequent um.[36]

20 **Formulierungsvorschlag**:

> Die Haftung des Arbeitnehmers ist insoweit ausgeschlossen, als der Schaden durch eine Kraftfahrzeugvollkaskoversicherung des Arbeitgebers hätte gedeckt werden können. Das gleiche gilt für eine Betriebs- oder Berufshaftpflichtversicherung, eine Betriebs-Feuerversicherung sowie andere in dem jeweiligen Berufszweig weit verbreitete Versicherungen. Der Haftungsausschluss erstreckt sich nicht auf einen üblichen Selbstbehalt.

21 Für den Fall, dass eine Versicherung besteht, sollten zudem die Regressmöglichkeiten des Versicherers eingeschränkt werden;[37] deshalb wäre **§ 86 VVG** um einen vierten Absatz zu ergänzen:

> Der Anspruch des Versicherungsnehmers gegen einen bei ihm abhängig Beschäftigten geht nur dann auf den Versicherer über, wenn dieser bei einem entsprechenden Verhalten des Versicherungsnehmers leistungsfrei gewesen wäre.

3. Problem der Mankohaftung

22 Weiterhin stellt sich die Frage, ob die Arbeitnehmerhaftung in den so genannten Mankofällen gesondert zu regeln ist. Dabei ist vor allem an **Grenzen einer einzel- oder tarifvertraglichen Haftungserweiterung** zu denken.

---

33 Vgl. § 10 RN 9 ff.

34 So die Regelung in Estland (*Jürgen*, in: Henssler/Braun (Hrsg.), Arbeitsrecht in Europa, 3. Aufl., S. 277 Rn. 74).

35 Vgl. *Otto*, Dokumentation (FN 17), S. 197 f.

36 Laut der Begründung des SPD-Entwurfs 1995 zu § 619a soll eine Obliegenheit zur Versicherung bestehen, deren Missachtung von der Rechtsprechung unter unmittelbarer Anwendung des § 254 BGB geahndet werden soll. Das Unterlassen der Versicherung ist aber gerade kein konkreter Verursachungsbeitrag im Sinne des § 254 Abs. 1 BGB.

37 Vgl. bereits *Otto*, Gutachten zum 56. DJT, S. E 68 f.

§ 99 Abs. 3 EArbVG Brandenburg (ähnlich § 99 Abs. 4 EArbVG Sachsen) ermöglicht eine vertragliche Haftungsverschärfung und sieht eine Beweislastumkehr vor: 23

> Für Fehlbestände kann eine erweiterte Haftung des Arbeitnehmers nur für den Fall vereinbart werden, dass Sachen dem Arbeitnehmer besonders anvertraut sind, er den alleinigen Zugang hierzu hat und er einen angemessenen Risikoausgleich erhält. Ist streitig, ob der Arbeitnehmer die Unmöglichkeit der Herausgabe zu vertreten hat, trifft ihn die Beweislast, wenn ihm die Sachen besonders anvertraut waren.

Demgegenüber schließt § 619e des SPD-Entwurfs 1995 jede Abweichung zuungunsten der Arbeitnehmer ebenso wie Vertragsstrafen aus. Der Henssler/Preis-Entwurf schweigt zum Thema Mankohaftung, erlaubt Abweichungen vom Gesetz zu Ungunsten des Arbeitnehmers aber generell nur dann, soweit dies ausdrücklich zugelassen ist (§ 148), woran es im Bereich der Arbeitnehmerhaftung mit Ausnahme von Vertragsstrafen und Schadenspauschalierung (§ 90) aber fehlt.

Hinsichtlich einer möglichen gesetzlichen Erweiterung ist zu bedenken, dass der 24
Unterschied zu den übrigen Haftungsfällen nicht darin besteht, dass den Arbeitnehmern besonders wertvolle Dinge anvertraut werden, sondern allein in der **Art des Schadens.** Während bei einem Unfall mit einem teuren Lkw eine Beschädigung bzw. Zerstörung wirtschaftlicher Werte erfolgt, geht es bei der Mankohaftung um Fehlbestände, die regelmäßig auf einem strafbaren Verhalten des Arbeitnehmers oder von Dritten beruhen können und zu einer Vermehrung des Tätervermögens führen. Dennoch ist es grundsätzlich nicht gerechtfertigt, hier erfolgsbezogene Pflichten zu statuieren.[38] Deshalb ist auch eine Beweislastumkehr hinsichtlich der Feststellung der objektiven Pflichtverletzung abzulehnen.[39] Das Risiko der Unaufklärbarkeit der Ursachen für den Fehlbestand den Arbeitnehmern aufzubürden, würde zudem darauf hinauslaufen, die gesetzliche Vermutung unehrlichen Verhaltens des Arbeitnehmers aufzustellen. Die in § 99 Abs. 3 S. 2 EArbVG Brandenburg vorgeschlagene Regelung ist daher nicht zu empfehlen. Sofern ein verstärktes präventives Moment für erforderlich gehalten wird, sollte allenfalls eine Beweislastumkehr bei dem Vertretenmüssen der erwiesenen Pflichtverletzung gesetzlich festgeschrieben werden.

Für eine vertragliche Ausweitung der Haftung auf **leicht fahrlässige Pflichtwid-** 25
rigkeiten lässt sich ein berechtigtes Bedürfnis nicht bestreiten. Wenn auf diesem Wege die Gefahr eines Diebstahls durch Arbeitnehmer auch nur sehr begrenzt eingedämmt wird, so kann doch ein Anreiz zu besonders sorgfältigem Verhalten z. B. bei der Kassenführung geschaffen werden. Eine einzel- oder tarifvertragliche Regelung, die mit der Zahlung eines angemessenen Mankogeldes verbunden ist, sollte daher nicht unzulässig sein.[40] Dem Risiko, dass im entscheidenden Augenblick der Fehlbestand das erhaltene

---

38 Vgl. § 13 RN 12 ff.
39 Umfassend dazu § 13 RN 20 ff.
40 Anders noch *Otto*, Gutachten zum 56. DJT, S. E 77.

Mankogeld wesentlich übersteigt, könnte durch eine spezielle Härteklausel begegnet werden.

26 **Formulierungsvorschlag:**

> (1) Sind dem Arbeitnehmer Geld, Waren oder andere Sachen besonders anvertraut worden und ist hieran ein Fehlbestand aufgetreten, der sich auf eine Pflichtverletzung des Arbeitnehmers zurückführen lässt, so trifft den Arbeitnehmer die Beweislast, dass er diese Pflichtverletzung nicht vorsätzlich oder grob fahrlässig begangen hat.
> (2) Die Haftung für derartige Fehlbestände kann einzel- oder tarifvertraglich auf die Fälle leichter Fahrlässigkeit erweitert werden, wenn gleichzeitig die Zahlung eines angemessenen Mankogeldes in Höhe des durchschnittlichen Mankos erfolgt. Übersteigt der Fehlbestand das Zehnfache des monatlichen Mankogeldes, so hat das Gericht die Forderung auf den zumutbaren Betrag herabzusetzen, wenn die volle Haftung eine besondere Härte bedeuten würde.

4. Berücksichtigung konkreten Mitverschuldens i.S. des § 254 BGB

27 Die spezifische Begrenzung der Arbeitnehmerhaftung lässt die unmittelbare Anwendung des § 254 BGB wegen eines konkreten Verursachungsbeitrags des Arbeitgebers bei der Schadensentstehung oder bei der Schadensminderung unberührt. Hierbei muss sich der Arbeitgeber auch das Verhalten von Erfüllungsgehilfen, also auch anderer Arbeitnehmer, zurechnen lassen. **Die allgemeine Haftungsprivilegierung ist der erste Schritt, die anteilige Kürzung in direkter Anwendung des § 254 BGB der zweite** (so zutreffend § 99 Abs. 2 S. 3 EArbVG Brandenburg).

5. Verursachung von Schäden durch mehrere Arbeitnehmer, insbesondere Gruppenarbeit

28 Für den Fall der gemeinsamen Verantwortlichkeit mehrerer Arbeitnehmer, wie sie insbesondere bei Gruppenarbeit auftritt,[41] enthalten § 99 Abs. 5 EArbVG Sachsen und § 99 Abs. 4 EArbVG Brandenburg eine im Wesentlichen einleuchtende identische Regelung, während der Henssler/Preis-Entwurf diese Frage nicht thematisiert. Aus dem Zusammenhang ergibt sich, dass die Voraussetzungen der Haftung dem Grunde nach bei jedem Arbeitnehmer vorliegen müssen, der in Anspruch genommen werden soll. Überzeugend ist auch das Votum gegen die Gesamtschuld.[42] Eine Ausnahme müsste jedoch bei vorsätzlicher Verursachung des Schadenseintritts gemacht werden.[43] Danach ergibt sich folgender Formulierungsvorschlag unter Hervorhebung der Ergänzung:

> Haben mehrere Arbeitnehmer gemeinsam einen Schaden zu vertreten, so ist jeder nur nach Art und Umfang seiner Beteiligung und Art und Grad seines Verschuldens haftbar, **sofern er nicht den Eintritt des Schadens vorsätzlich verursacht hat.** Soweit der Anteil des Einzelnen nicht fest-

---

41 Vgl. oben § 13 RN 62 ff.
42 *Otto*, Gutachten zum 56. DJT, S. E 78.
43 So zutreffend OGH 26.7.2012 – 8 ObA 24/12 f –, ZAS 2012, 355.

stellbar ist, haften sie im gleichen Verhältnis. Dies gilt auch, wenn die Arbeitnehmer zur gemeinsamen Erfüllung einer Arbeitsaufgabe verpflichtet waren.

6. Außenhaftung und Ausgleich im Innenverhältnis

Der Arbeitnehmer sollte **im Verhältnis zu Dritten** – sieht man vom Arbeitsunfall (§ 105 Abs. 1 SGB VII)[44] und der Staatshaftung (Art. 34 GG) ab – auch zukünftig **grundsätzlich unbegrenzt haften.** Denn der im Verhältnis zum Arbeitgeber gebotene Schutz der Arbeitnehmer kann nicht auf Kosten Dritter verwirklicht werden. Stattdessen muss im Innenverhältnis ein Ausgleich über einen **Freistellungsanspruch** erfolgen, soweit der Arbeitnehmer bei einem entsprechenden Eigenschaden des Arbeitgebers nicht haften würde. Die Normierung des Freistellungsanspruchs ist sowohl in § 99 Abs. 6 S. 1 EArbVG Sachsen als auch in § 99 Abs. 5 S. 1 EArbVG Brandenburg sowie in § 89 Abs. 4 S. 1 des Henssler/Preis-Entwurfs vorgesehen und soll auch die **notwendigen Kosten der Rechtsverfolgung** umfassen. Die Regelungen des § 840 Abs. 2 BGB und § 831 Abs. 1 S. 2 BGB werden durch diesen Freistellungsanspruch und die Möglichkeit seiner Pfändung allerdings konterkariert. Es empfiehlt sich daher, ihren Anwendungsbereich insoweit ausdrücklich zu beschränken. Andernfalls kann § 831 Abs. 1 S. 2 BGB den Dritten, der nicht Vertragspartner des Arbeitgebers ist, weiterhin dazu veranlassen, den Arbeitnehmer zumindest neben dem Arbeitgeber wegen des drohenden Entlastungsbeweises unmittelbar im Klagewege in Anspruch zu nehmen. 29

§ 99 Abs. 6 S. 2 EArbVG Sachsen, § 99 Abs. 5 S. 2 Brandenburg und § 89 Abs. 4 S. 2 des Henssler/Preis-Entwurfs sehen weiterhin einen Ausschluss des Freistellungsanspruchs vor, soweit der Arbeitnehmer von einer **Versicherung** Deckung verlangen kann.[45] Dieser Vorschlag geht sehr weit, wenn man bedenkt, dass die Fälle der leichten Fahrlässigkeit eindeutig in den Risikobereich des Arbeitgebers fallen. Besser wäre es, bei Anwendung der Härteklausel in Fällen der groben Fahrlässigkeit eine bestehende Versicherung des Arbeitnehmers zu Gunsten des Arbeitgebers zu berücksichtigen. Allenfalls könnte der Freistellungsanspruch bei bestehendem Versicherungsschutz des Arbeitnehmers abdingbar gestaltet werden. 30

Eine **Beschränkung der Außenhaftung** ist dagegen in zwei Fallgestaltungen angezeigt. So ist der Dritte im Verhältnis zum Arbeitnehmer nicht schutzbedürftig, wenn er sich gegenüber dem Arbeitgeber **vertraglich** auf eine Haftungsbeschränkung eingelassen hat.[46] Zum anderen bedarf es einer Korrektur der Rechtsprechung des BGH[47] zu Gunsten des Arbeitnehmers insoweit, als es sich um die Beschädigung von **Betriebsmitteln** handelt, die in fremdem Eigentum stehen (z.B. aufgrund eines Leasingvertrages)[48]. Die vorliegenden Entwürfe packen dieses Problem leider nicht unmittelbar an. 31

---

44 Vgl. im Einzelnen § 21 RN 1 ff.

45 Der Henssler/Preis-Entwurf verlangt zusätzlich eine Mitfinanzierung durch den Arbeitgeber.

46 Vgl. § 18 RN 3 ff. sowie *Krause*, VersR 1995, 752, 753.

47 BGH 19.9.1989 – VI ZR 349/88 –, BGHZ 108, 305 – AP § 611 BGB Haftung des Arbeitnehmers Nr. 99.

48 Siehe § 17 RN 1 ff.

32 Stattdessen schlagen sie überwiegend **eine subsidiäre sozialrechtliche Haftung für nicht realisierbare Freistellungsansprüche** im Fall der Zahlungsunfähigkeit des Arbeitgebers entsprechend den Regelungen über das Konkursausfallgeld (heute Insolvenzgeld) vor (§ 99 Abs. 6 S. 3 EArbVG Sachsen, § 99 Abs. 5 S. 3 Brandenburg).[49] Gegen eine solche Regelung bestehen allerdings im Hinblick auf das dadurch versicherte Risiko schwerwiegende Bedenken. Der Deutsche Juristentag hatte diesen Vorschlag deshalb 1986 mit deutlicher Mehrheit abgelehnt.[50]

33 Hervorzuheben sind hier folgende Gesichtspunkte:

Erstens: Der Schutz des Arbeitnehmers greift nur punktuell. Der Versicherungsschutz soll bisher nämlich nicht etwaige Ausgleichsansprüche des Arbeitnehmers gegen den Arbeitgeber bei Eigenschäden erfassen, die in der Insolvenz des Arbeitgebers keine Masseverbindlichkeiten i.S. des § 55 InsO darstellen.

Zweitens: Andererseits schützt die geplante Sozialversicherung der Freistellungsansprüche nicht nur den Arbeitnehmer als Schädiger, sondern sie begünstigt vor allem unangemessen den Insolvenzgläubiger, der zufällig zugleich einen Anspruch gegen den Arbeitnehmer hat; dieser Dritte wird nämlich anders als andere, denen lediglich vertragliche Ansprüche auf Schadensersatz gegen den Arbeitgeber zustehen, voll befriedigt, wenn er den Freistellungsanspruch des Arbeitnehmers pfändet. Dies bedeutet zugleich eine nicht begrüßenswerte Ausweitung der Sozialversicherung sogar auf rein materielle Schäden, die z. B. im Rahmen des § 823 Abs. 2 BGB auch unmittelbare Vermögensschäden sein können. Zudem ist nicht recht einsichtig, warum bei beschädigten fremden Betriebsmitteln das Schadensrisiko von der Allgemeinheit der Arbeitgeber statt vom Betriebsmittelgeber zu tragen sein soll.

Drittens: Problematisch ist zudem der summenmäßige Schutzumfang. Die Einstandspflicht für Drittschäden ist nämlich – anders als das Insolvenzgeld, das sich an der zuvor vertraglich vereinbarten Vergütung bemisst – nur schwer berechen- und typisierbar. Organisatorisch näher läge insoweit die Parallele zur Pensionssicherung.

Viertens: Schließlich ist der zeitliche Schutzumfang des Versicherungsschutzes fragwürdig, weil die Schädigung des Dritten und der Freistellungsanspruch keinen Bezug zur wirtschaftlichen Krise des Arbeitgebers haben. § 99 Abs. 7 S. 1 EArbVG Sachsen verlangt lediglich vom Arbeitgeber, dass er seinen Schaden binnen drei Monaten schriftlich geltend macht. Für den Arbeitnehmer müsste deshalb die zweijährige Verjährung gemäß § 148 Abs. 1 S. 1 EArbVG Sachsen einschlägig sein. Ist die Verjährung z. B. durch eine Klage unterbrochen, kann der Schadensfall, aufgrund dessen Freistellung begehrt wird, noch viel länger zurückliegen. § 619 f Abs. 2 SPD-Entwurf 1995 sieht insoweit eine dreijährige Verjährungsfrist vor, die gemäß S. 2 sogar erst zu dem Zeitpunkt beginnen soll, zu dem der Arbeitnehmer Kenntnis von der Inanspruchnahme durch den Dritten erhält. Die Festlegung des Verjährungsbeginns ist zwar folgerichtig, weil der Dritte gemäß § 852 BGB drei Jahre Zeit hat, bis er – eventuell nach einem er-

49 Keine Regelung dagegen im Henssler/Preis-Entwurf.

50 Verhandlungen des 56. DJT, S. N 210, Beschluss A 17 c.

folglosen Versuch beim Arbeitgeber – nunmehr den Arbeitnehmer in Anspruch nimmt. Die dann beginnende (nochmalige) Dreijahresfrist ist aber nach unserer Auffassung erst recht viel zu lang, wenn der Freistellungsanspruch auch noch sozialversichert sein soll. Insoweit sind zudem Manipulationen nicht auszuschließen.

Fünftens: Als Alternative ist eine Privilegierung des Freistellungsanspruchs in der Insolvenz denkbar, die allerdings der durch die Insolvenzordnung geförderten Tendenz, Privilegierungen im Interesse der Gleichbehandlung der Gläubiger abzubauen, zuwiderlaufen würde.

Abschließender **Formulierungsvorschlag**: 34

(1) Haftet der Arbeitnehmer einem Dritten für einen durch eine betriebliche oder dienstliche Tätigkeit verursachten Schaden, so ist der Arbeitgeber verpflichtet, den Arbeitnehmer nach Maßgabe der für die Haftung gegenüber dem Arbeitgeber geltenden Regeln von der Ersatzpflicht und den notwendigen Kosten der Rechtsverfolgung freizustellen.
(2) Wird der Arbeitgeber von dem Dritten aus § 831 BGB in Anspruch genommen, so finden § 831 Abs. 1 S. 2 BGB und § 840 Abs. 2 BGB keine Anwendung.
(3) Soweit der Arbeitgeber mit dem Dritten eine Haftungsbegrenzung vereinbart, wirkt diese auch zu Gunsten des Arbeitnehmers.
(4) Soweit ein Dritter dem Arbeitgeber Sachen zum betrieblichen oder dienstlichen Gebrauch überlässt, wirkt die Beschränkung der Arbeitnehmerhaftung auch gegenüber dem Dritten.

7. Ausschlussfrist/Verjährung des Schadensersatzanspruchs des Arbeitgebers

Die geltende regelmäßige Verjährungsfrist von drei Jahren bei Vertragspflichtverletzungen (§ 195 BGB) ist für Schadensersatzansprüche gegen den Arbeitnehmer zu lang. Die Antworten der vorliegenden Entwürfe fallen recht unterschiedlich aus. 35

§ 99 Abs. 7 S. 1 EArbVG Sachsen und § 99 Abs. 7 EArbVG Brandenburg schalten der Verjährung eine sehr kurze Ausschlussfrist vor:[51]

Die Haftung ist ausgeschlossen, wenn sie nicht innerhalb von drei Monaten nach Bekanntwerden des Schadens und des Verursachers gegenüber dem Arbeitnehmer schriftlich geltend gemacht wird.

Eine lediglich dreimonatige Ausschlussfrist ist aber unangemessen kurz, weil sie den Arbeitgeber geradezu zur schriftlichen Geltendmachung des Anspruchs herausfordert, der dann sehr leicht die Durchsetzung des Anspruchs im Wege der Aufrechnung folgen kann. Auch sollte der Gesetzgeber nicht speziell für das Arbeitsrecht das Institut der Verjährung durch von Amts wegen zu beachtende Ausschlussfristen ersetzen. Den Tarifvertragsparteien bleibt dieser Weg ohnehin offen. Für eine gesetzliche Regelung wäre hingegen eine **sechsmonatige Verjährungsfrist** eine sachgerechte Lösung, wie sie das arbeitsrechtliche Gutachten bereits 1986 vorgeschlagen hatte[52] und wie sie auch § 619 f Abs. 1 des SPD-Entwurfes 1995 vorsieht. 36

51 Der Henssler/Preis-Entwurf enthält insoweit keine Regelung.
52 *Otto*, Gutachten zum 56. DJT, S. E 81.

37 **Formulierungsvorschlag:**

> Die Ansprüche gegen den Arbeitnehmer wegen seiner Haftung bei betrieblicher oder dienstlicher Tätigkeit verjähren in sechs Monaten von dem Zeitpunkt an, zu dem der Ersatzberechtigte Kenntnis von dem Schaden und der Person des Ersatzpflichtigen erlangt hat, ohne Rücksicht auf diese Kenntnis in zehn Jahren von der Begehung der Handlung an.

8. Beteiligung des Betriebsrats/Personalrats vor der Geltendmachung

38 § 78 Abs. 1 Nr. 15 BPersVG sieht – anders als das BetrVG – die Mitbestimmung des Personalrats bei der Geltendmachung von Ersatzansprüchen gegen einen Beschäftigten auf dessen Antrag vor.[53] Auch hier sollte die Rechtslage im öffentlichen Dienst und in der Privatwirtschaft vereinheitlicht werden. Da es in erster Linie um eine Mitbeurteilung der mit der Arbeitnehmerhaftung verbundenen Rechtsfragen geht, sollte der Gesetzgeber sich auf die **Normierung eines Anhörungsrechtes** beschränken.[54] In diesem Rahmen kann der Betriebsrat bzw. Personalrat über die Gleichbehandlung der Arbeitnehmer wachen und Argumente für eine vorprozessuale Berücksichtigung der Härteklausel vortragen. Der Arbeitgeber sollte den Anspruch erst nach ordnungsgemäßem Abschluss des Anhörungsverfahrens materiellrechtlich wirksam geltend machen können. Eine zuvor erklärte Aufrechnung wäre daher unwirksam, eine Klage z. Zt. unbegründet.

39 **Formulierungsvorschlag:**

> Vor der Geltendmachung von Ersatzansprüchen gegen einen Arbeitnehmer ist der Betriebsrat/ Personalrat auf Antrag des Arbeitnehmers zu hören; dieser ist von der beabsichtigten Maßnahme rechtzeitig in Kenntnis zu setzen. Der Betriebsrat/Personalrat kann der Geltendmachung innerhalb von zwei Wochen schriftlich widersprechen. Eine ohne Anhörung des Betriebsrats/Personalrats erfolgte Geltendmachung des Ersatzanspruchs ist unwirksam. Der Arbeitgeber hat den Arbeitnehmer über einen Widerspruch der Arbeitnehmervertretung zu unterrichten.

Sofern sich der Gesetzgeber nicht zu einem eigenständigen Gesetz entschließt, sollte die Regelung als § 82 Abs. 3 in das BetrVG eingestellt werden.

9. Eigenschäden des Arbeitnehmers

40 Die Haftung des Arbeitgebers für Eigenschäden des Arbeitnehmers war ebenfalls Gegenstand aller wichtigen rechtspolitischen Projekte der letzten Jahrzehnte im Felde des Schuld- und Arbeitsrechts.[55] Der Vorschlag der AGB-Kommission von 1977 lehnte sich an

53 Vgl. § 15 RN 1 ff.
54 So bereits *Otto*, Gutachten zum 56. DJT, S. E 80 f.
55 *Blomeyer*, FS Kissel (1994), S. 77, 87 ff., hat sie im Einzelnen gewürdigt.

den Beschluss des Großen Senates an und entspricht nicht mehr dem Stand der Rechtsprechung:[56]

§ 50 Abs. 2 des Entwurfs:

> Als Aufwendungen im Sinne des Absatzes 1 gelten auch Sachschäden, die der Arbeitnehmer im Vollzug einer Arbeit erleidet, mit denen er nach Art des Betriebs und der zu verrichtenden Arbeit nicht zu rechnen brauchte, oder die aus Gefahren herrühren, die mit der Arbeitsausführung untrennbar verbunden sind. Der Anspruch nach Satz 1 ist ausgeschlossen, wenn der Sachschaden vom Arbeitnehmer vorsätzlich oder grobfahrlässig verursacht worden ist.

Überraschenderweise beschränkt auch § 55 des Entwurfs des Arbeitskreises Deutsche Rechtseinheit im Arbeitsrecht 1992 die Haftung des Arbeitgebers auf Sachschäden: 41

> Sachschäden des Arbeitnehmers, die durch die Erfüllung seiner Arbeitsaufgabe notwendig entstehen oder die durch Weisungen des Arbeitgebers veranlasst sind, hat der Arbeitgeber zu ersetzen.[57]

Ebenso § 55 EArbVG Sachsen: 42

> Sachschäden des Arbeitnehmers, die durch die Erfüllung seiner Arbeitsaufgabe trotz Beachtung zumutbarer Sorgfalt entstehen oder die durch Weisungen des Arbeitgebers veranlasst sind, hat der Arbeitgeber zu ersetzen. § 254 BGB bleibt unberührt.

Die Begrenzung auf Sachschäden erscheint nach dem heutigen Erkenntnisstand willkürlich.[58] Das berücksichtigt § 55 EArbVG Brandenburg: 43

> Sach- und Vermögensschäden des Arbeitnehmers, die bei der Erfüllung der Arbeitsleistung entstehen und die nicht durch einen entsprechenden Vergütungsbestandteil abgegolten sind, hat der Arbeitgeber zu ersetzen. § 99 gilt entsprechend.[59]

Ebenso der Vorschlag von *Blomeyer*:[60] 44

> Vermögensschäden des Arbeitnehmers, die in einem notwendigen Zusammenhang mit der Erfüllung der Vertragspflichten durch den Arbeitnehmer entstanden sind, hat der Arbeitgeber zu ersetzen, soweit nicht der Arbeitnehmer das Schadensrisiko gegen angemessenes Entgelt übernommen hat oder ein Ersatzanspruch gegenüber einem anderen besteht. Die Ersatzpflicht des Arbeitgebers wird bei einem mitwirkenden Verschulden des Arbeitnehmers nach Maßgabe des § ... ausgeschlossen bzw. gemindert.

56 § 50 Abs. 2 des Entwurfs, zitiert nach *Ramm* (Hrsg.), Entwürfe zu einem Deutschen Arbeitsvertragsgesetz, 1992, S. 439.
57 Zu § 55 des DJT-Entwurfs 1992 *Reichold*, NZA 1994, 488.
58 Dagegen ebenfalls *Blomeyer*, FS Kissel (1994), S. 77, 89 f.
59 In Bezug genommen sind damit die Regeln über die Enthaftung des Arbeitnehmers.
60 FS Kissel (1994), S. 77, 95.

45 An diesem Vorschlag, ebenso wie an Gesetzesanträgen des Freistaates Sachsen und des Landes Brandenburg stört der Versuch, den aus mehreren Aspekten (Schutzzweck, alternative Kausalität) bestehenden Haftungszusammenhang in einem – noch dazu missverständlichen – Begriff („notwendig" bzw. „bei Erfüllung der Arbeitsleistung") unterzubringen.[61] Zum zweiten kann eine haftungsbegründende Tätigkeit des Arbeitnehmers auch jenseits der Erfüllung vertraglicher Pflichten liegen, z. B. bei der Übernahme von Aufgaben jenseits des vertraglich Geschuldeten.

46 Die im Henssler/Preis-Entwurf vorgeschlagene Regelung lautet:

> § 71 Aufwendungen des Arbeitnehmers
>
> ...
>
> (2) Sach- und Vermögensschäden des Arbeitnehmers, die bei der Erbringung der Arbeitsleistung im Betätigungsbereich des Arbeitgebers entstehen, hat der Arbeitgeber zu ersetzen. Der Umfang des Ersatzanspruchs richtet sich nach § 89 Absatz 2.[62]
>
> (3) Die Ansprüche nach den Absätzen 1 und 2 bestehen nur, soweit die Aufwendungen bzw. Schäden nach dem Willen der Vertragsparteien nicht bereits als arbeitsadäquate Aufwendungen oder Schäden durch das regelmäßige Entgelt oder durch eine besondere Zahlung abgegolten werden.

47 Hier erscheint die Anforderung „bei Erbringung der Arbeitsleistung" als zu eng. Eigenschäden können auch außerhalb der Arbeitszeit oder des Arbeitsortes betrieblich veranlasst sein.[63] Die Abgeltungsregelung berücksichtigt nicht, dass durch besondere Abgeltungsregelungen gerade auch nicht arbeitsadäquate Schadensrisiken abgegolten werden.[64]

48 Aus allem folgt dieser **Formulierungsvorschlag**:

> Der Arbeitgeber hat den Arbeitnehmer für den Schaden angemessen zu entschädigen, der durch betrieblich veranlasste Tätigkeit des Arbeitnehmers verursacht wird. Die Ersatzpflicht entfällt, wenn der Schaden auch ohne die betrieblich veranlasste Tätigkeit eingetreten wäre oder wenn der Schaden zum üblichen Lebensaufwand gehört. Die Ersatzpflicht entfällt außerdem, soweit der Arbeitnehmer das Schadensrisiko gegen angemessenes Entgelt übernommen hat.[65] § 254 BGB findet Anwendung.

10. Zulässigkeit abweichender Haftungsvereinbarungen im Allgemeinen

49 Sämtliche Entwürfe sehen die Beschränkungen der Arbeitnehmerhaftung zu Gunsten des Arbeitnehmers mit Recht insoweit als **zwingend** an, als nicht das Gesetz eine spezielle **Öffnungsklausel** enthält.

---

61 Dazu die Erläuterung von *Blomeyer*, FS Kissel (1994), S. 77, 92 f.

62 § 89 Abs. 2 regelt das (Mit)Verschulden des Arbeitnehmers unter Beachtung der arbeitsrechtlichen Haftungsverteilung.

63 Oben § 27 RN 7 ff.

64 § 27 RN 30 ff.

65 Vgl. den Vorschlag von *Blomeyer*.

III. Zusammenfassung der Formulierungsvorschläge

Abschließend seien die Formulierungsvorschläge zu einem **Gesetzesvorschlag** zusammengefasst: 50

§ 1 Grundsatz
Der Arbeitnehmer haftet dem Arbeitgeber für einen durch eine betriebliche oder dienstliche Tätigkeit verursachten Schaden, wenn er seine Pflichten vorsätzlich oder grob fahrlässig verletzt hat.

§ 2 Härteklausel
(1) Soweit der Arbeitnehmer bei einer betrieblichen oder dienstlichen Tätigkeit den Schadenseintritt nicht vorsätzlich verursacht hat, hat das Gericht die Forderung auf den zumutbaren Betrag herabzusetzen, wenn die volle Haftung eine besondere Härte bedeuten würde. Bei der Entscheidung sind die Art der Arbeit, die Vorhersehbarkeit von Schadenseintritt und Schadensumfang, die Stellung des Arbeitnehmers im Betrieb, sein bisheriges Arbeitsverhalten, eine etwaige Risikoprämie und seine Einkommenslage zu berücksichtigen.
(2) Eine besondere Härte liegt bei einem vollbeschäftigten Arbeitnehmer in der Regel vor, wenn die Forderung drei Bruttomonatsgehälter übersteigt.
(3) Droht dem Arbeitgeber infolge des Schadens die Zahlungsunfähigkeit, ist zu Lasten des Arbeitnehmers auch dessen wirtschaftliche Lage zu berücksichtigen. Dasselbe gilt, wenn der Schadenseintritt grob fahrlässig verursacht worden ist. Absatz 2 gilt nicht.

§ 3 Haftungsausschluss bei Versicherungsmöglichkeit
Die Haftung des Arbeitnehmers ist insoweit ausgeschlossen, als der Schaden durch eine Kraftfahrzeugvollkaskoversicherung des Arbeitgebers hätte gedeckt werden können. Das gleiche gilt für eine Betriebs- oder Berufshaftpflichtversicherung, eine Betriebs-Feuerversicherung sowie andere in dem jeweiligen Berufszweig weit verbreitete Versicherungen. Der Haftungsausschluss erstreckt sich nicht auf einen üblichen Selbstbehalt.

§ 86 Abs. 4 VVG (Begrenzung des Regresses)
Der Anspruch des Versicherungsnehmers gegen einen bei ihm abhängig Beschäftigten geht nur dann auf den Versicherer über, wenn dieser bei einem entsprechenden Verhalten des Versicherungsnehmers leistungsfrei gewesen wäre.

§ 4 Mankohaftung
(1) Sind dem Arbeitnehmer Geld, Waren oder andere Sachen besonders anvertraut worden und ist hieran ein Fehlbestand aufgetreten, der sich auf eine Pflichtverletzung des Arbeitnehmers zurückführen lässt, so trifft den Arbeitnehmer die Beweislast, dass er diese Pflichtverletzung nicht vorsätzlich oder grob fahrlässig begangen hat.
(2) Die Haftung für derartige Fehlbestände kann einzelvertraglich oder tarifvertraglich auf die Fälle leichter Fahrlässigkeit erweitert werden, wenn gleichzeitig die Zahlung eines angemessenen Mankogeldes in Höhe des durchschnittlichen Mankos erfolgt. Übersteigt der Fehlbestand das Zehnfache des monatlichen Mankogeldes, so hat das Gericht die Forderung auf den zumutbaren Betrag herabzusetzen, wenn die volle Haftung eine besondere Härte bedeuten würde.

§ 5 Mitverschulden des Arbeitgebers
§ 254 BGB findet innerhalb der Haftungsobergrenzen Anwendung.

§ 6 Verantwortlichkeit mehrerer Arbeitnehmer
Haben mehrere Arbeitnehmer gemeinsam einen Schaden zu vertreten, so ist jeder nur nach Art und Umfang seiner Beteiligung und Art und Grad seines Verschuldens haftbar, sofern er nicht den Eintritt des Schadens vorsätzlich verursacht hat. Soweit der Anteil des Einzelnen nicht feststellbar

ist, haften sie im gleichen Verhältnis. Dies gilt auch, wenn die Arbeitnehmer zur gemeinsamen Erfüllung einer Arbeitsaufgabe verpflichtet waren.

§ 7 Verjährung
Die Ansprüche gegen den Arbeitnehmer wegen seiner Haftung bei betrieblicher oder dienstlicher Tätigkeit verjähren in sechs Monaten von dem Zeitpunkt an, zu dem der Ersatzberechtigte Kenntnis von dem Schaden und der Person des Ersatzpflichtigen erlangt hat, ohne Rücksicht auf diese Kenntnis in zehn Jahren von der Begehung der Handlung an.

§ 8 Freistellungsanspruch, Beschränkung der Außenhaftung
(1) Haftet der Arbeitnehmer einem Dritten für einen durch eine betriebliche oder dienstliche Tätigkeit verursachten Schaden, so ist der Arbeitgeber verpflichtet, den Arbeitnehmer nach Maßgabe der §§ 1 bis 5 von der Ersatzpflicht und den notwendigen Kosten der Rechtsverfolgung freizustellen.
(2) Wird der Arbeitgeber von dem Dritten aus § 831 BGB in Anspruch genommen, so finden § 831 Abs. 1 S. 2 BGB und § 840 Abs. 2 BGB keine Anwendung.
(3) Soweit der Arbeitgeber mit dem Dritten eine Haftungsbegrenzung vereinbart, wirkt diese auch zu Gunsten des Arbeitnehmers.
(4) Soweit ein Dritter dem Arbeitgeber Sachen zum betrieblichen oder dienstlichen Gebrauch überlässt, wirkt die Beschränkung der Arbeitnehmerhaftung auch gegenüber dem Dritten.

§ 9 Anhörung von Betriebsrat/Personalrat
Vor der Geltendmachung von Ersatzansprüchen gegen einen Arbeitnehmer ist der Betriebsrat/Personalrat auf Antrag des Arbeitnehmers zu hören; dieser ist von der beabsichtigten Maßnahme rechtzeitig in Kenntnis zu setzen. Der Betriebsrat/Personalrat kann der Geltendmachung innerhalb von zwei Wochen schriftlich widersprechen. Eine ohne Anhörung des Betriebsrats/Personalrats erfolgte Geltendmachung des Ersatzanspruchs ist unwirksam. Der Arbeitgeber hat den Arbeitnehmer über einen Widerspruch der Arbeitnehmervertretung zu unterrichten.

§ 10 Eigenschäden des Arbeitnehmers
Der Arbeitgeber hat den Arbeitnehmer für den Schaden angemessen zu entschädigen, der durch eine betrieblich veranlasste Tätigkeit des Arbeitnehmers verursacht wird. Die Ersatzpflicht entfällt, wenn der Schaden auch ohne die betrieblich veranlasste Tätigkeit eingetreten wäre oder wenn der Schaden zum üblichen Lebensaufwand gehört. Die Ersatzpflicht entfällt außerdem, soweit der Arbeitnehmer das Schadensrisiko gegen angemessenes Entgelt übernommen hat. § 254 BGB findet Anwendung.

§ 11 Arbeitnehmerähnliche Personen
Die §§ 1 bis 8 sowie § 10 gelten grundsätzlich auch für arbeitnehmerähnliche Personen. Eine Anwendung ist jedoch insoweit ausgeschlossen, als die Eigenart der geschuldeten Leistung eine weitergehende Eigenverantwortung rechtfertigt.

§ 12 Schutz von Dritten bei Telearbeit
Die §§ 1 bis 3 und 5 bis 7 sowie § 86 Abs. 4 VVG gelten für Personen, die mit dem Arbeitnehmer im gemeinsamen Haushalt leben, für im Zusammenhang mit Arbeiten in Telearbeit dem Arbeitgeber zugefügte Schäden sinngemäß.

Literaturverzeichnis

Achenbach Die Cyber-Versicherung – Überblick und Analyse, VersR 2017, 1493 ff.

Achterberg Der Rechtsgrund der Haftungsbeschränkung und der Ersatzansprüche des Arbeitnehmers bei schadensgeneigter Arbeit, AcP 164 (1964), 14 ff.

Adomeit Rechtsquellenfragen im Arbeitsrecht, München 1969

Ahrens, Hans-Jürgen Die Beschränkung des Regresses der Sozialversicherungsträger gegen deliktische Schädiger, AcP 189 (1989), 526 ff.

Ahrens, Hans-Jürgen Existenzvernichtung Jugendlicher durch Deliktshaftung, VersR 1997, 1064 ff.

Ahrens, Hans-Jürgen/Spickhoff Deliktsrecht, München 2022

Ahrens, Martin Arbeitnehmerhaftung bei betrieblich veranlaßter Tätigkeit, DB 1996, 934 ff.

Albrecht Die Einrichtung von Tele- und Außenarbeitsplätzen – Rechtliche und personalpolitische Anforderungen, NZA 1996, 1240 ff.

Alexy Theorie der Grundrechte, Baden-Baden 1985

Altmeppen Gesetz betreffend die Gesellschaften mit beschränkter Haftung, Kommentar, 11. Aufl., München 2023

Altvater et al. Bundespersonalvertretungsgesetz, 11. Aufl., Frankfurt a. M. 2022

Andresen Haftung des Arbeitgebers aus Gefährdungshaftung?, DB 1960, 844 f.

Andresen Die Haftung des Arbeitgebers für unverschuldete Sachschäden des Arbeitnehmers, DB 1961, 308 ff.

Annuß Die Haftung des Arbeitnehmers – unter besonderer Berücksichtigung der Haftung des angestellten Arztes, Heidelberg 1998

Annuß (Nichts) Neues zur Arbeitnehmerhaftung?, NZA 1998, 1089 ff.

Arens, Peter Dogmatik und Praxis der Schadensschätzung, ZZP 88 (1975), 1 ff.

Arens, Wolfgang Haftung des Arbeitnehmers, BB 1988, 1596 ff.

Armbrüster Der Schutz von Haftpflichtinteressen in der Sachversicherung, Berlin 1994

Armbrüster Zum vertraglichen und gesetzlichen Schutz des Haftpflichtigen vor einem Regreß des Sachversicherers, VersR 1994, 893 ff.

Armbrüster Zur Haftung des Mieters für Sachschäden bei bestehender Sachversicherung des Vermieters, NJW 1997, 177 ff.

Armbüster Kapitalgesellschaftsrechtliche Zuständigkeit für die Entscheidung über D&O-Versicherungsschutz, in: Boele-Woelki/Faust/Jacobs/Kuntz/Röthel/Thorn/Weitemeyer (Hrsg.), FS K. Schmidt Bd. I, München 2019, 23 ff.

Ascheid Beweislastfragen im Kündigungsschutzprozess, Pfaffenweiler 1989

Bachmann Die Beschränkung der Organhaftung nach den Grundsätzen des Arbeitsrechts, ZIP 2017, 841 ff.

Ballerstedt Arbeitskraft und Handlungsbegriff, JZ 1953, 389 ff.

Baltzer Der Verzicht des Sozialversicherungsträgers auf den Rückgriff aus § 640 RVO, VersR 1973, 101 ff.

Baltzer Rückgriffsbeschränkung durch Verschuldenserstreckung – Zum Tatbestand des § 640 RVO, SGb 1987, 529 ff.

Bandle L'assurance D&O, Lausanne 1999

Bar, v. Verkehrspflichten, Köln 1980

Bar, v. Das „Trennungsprinzip" und die Geschichte des Wandels der Haftpflichtversicherung, AcP 181 (1981), 289 ff.

Bar, v. Entwicklung und Entwicklungstendenzen im Recht der Verkehrssicherungspflichten, JuS 1988, 169 ff.

Bar, v. Zur Struktur der Deliktshaftung von juristischen Personen, ihren Organen und ihren Verrichtungsgehilfen, in: Leser/Isomura (Hrsg.), FS Kitagawa, Berlin 1992, 279 ff.

Bar, v. (Hrsg.) Deliktsrecht in Europa, Köln/Berlin/Bonn/München 1994

Bar, v. Gemeineuropäisches Deliktsrecht, Bd. I, München 1996

Barrein Das Recht auf Home-Office, Berlin 2022

https://doi.org/10.1515/9783110728606-033

Barteld Beschränkung des Schadensersatzumfangs durch das Übermaßverbot, Berlin 2004

Barton Die Mankohaftung von Filialleitern, Berlin 1961

Battis Bundesbeamtengesetz, 6. Aufl., München 2022

Bauer, Marianne Die Problematik gesamtschuldnerischer Haftung trotz ungeklärter Verursachung, JZ 1971, 4 ff.

Bauer, Jobst-Hubertus/Schmidt, Detlef Ist es wirklich nicht notwendig, das Recht der Haftung des Arbeitnehmers gegenüber dem Arbeitgeber gesetzlich zu regeln?, ZRP 1986, 217 ff.

Baumann, Horst Die Haftung des Arbeitnehmers gegenüber Dritten, BB 1990, 1833 ff.

Baumann, Horst Die deliktische Außenhaftung des Arbeitnehmers in der Privat- und Verfassungsrechtsordnung, BB 1994, 1300 ff.

Baumann, Horst Die Außenhaftung des Arbeitnehmers bei Verwendung von Kollektiv-AGB der Wirtschaftsverbände – Wechselbeziehung zwischen Handels-, Arbeits- und Sozialversicherungsrecht, in: Hübner/Helten/Albrecht (Hrsg.), FS Lorenz, Karlsruhe 1994, 105 ff.

Baumann, Jürgen Eine Sonderentwicklung des Arbeitsrechts?, ZZP 84 (1971), 297 ff.

Baumbach/Hopt Handelsgesetzbuch mit GmbH & Co., Handelsklauseln, Bank- und Börsenrecht, Transportrecht (ohne Seerecht) – Kommentar, 36. Aufl., München 2014

Baumert Die Haftung des Arbeitnehmers gegenüber Dritten, in: Tittel (Hrsg.), Multitudo Legum Ius Unum, FS Wengler, Bd. II, Berlin 1973, 139 ff.

Baumgärtel Die Beweislastverteilung bei der Arbeitnehmerhaftung, in: Hoffmann/Meyer-Cording/Wiedemann (Hrsg.), FS Pleyer, Köln/Berlin/Bonn/München 1986, 257 ff.

Baumgärtel/Laumen/Prütting Handbuch der Beweislast im Privatrecht, BGB Schuldrecht BT II (Band V), 3. Aufl., Köln 2008

Baumgärtel/Laumen/Prütting Handbuch der Beweislast im Privatrecht §§ 1 – 811 BGB (Band II), 5. Aufl., Köln 2023

Bäumler Der Anwendungsbereich der Schadensteilung im Arbeitsverhältnis, Diss. Konstanz 1995

Baur Zur dogmatischen Einordnung der Haftung für „Verrichtungsgehilfen", Karlsruher Forum 1962, 14 ff.

Baur Betriebsjustiz, JZ 1965, 163 ff.

Bayreuther Haftung von Organen und Arbeitnehmern für Unternehmensgeldbußen, NZA 2015, 1239 ff.

Bayreuther Das neue Hinweisgeberschutzgesetz, DB 2023, 1537 ff.

Becker Haftungsfragen bei der gewerbsmäßigen Arbeitnehmerüberlassung, NJW 1976, 1827 f.

Becker/Franke/Molkentin Sozialgesetzbuch VII, 6. Aufl., Baden-Baden 2024

Becker/Wulfgramm Kommentar zum Arbeitnehmerüberlassungsgesetz, AÜG, 3. Aufl., Neuwied/Darmstadt 1985

Beckers Die Außenhaftung des Arbeitnehmers, Diss. Konstanz 1996

Becker-Schaffner Der Begriff der gefahrgeneigten Arbeit, BB 1967, 504 ff.

Becker-Schaffner Die Haftung des Arbeitgebers bei schuldlos erlittenen Eigenschäden des Arbeitnehmers, VersR 1970, 100 ff.

Becker-Schaffner Ist der Arbeitgeber auf Grund seiner Fürsorgepflicht zum Abschluß einer Haftpflichtversicherung verpflichtet?, VersR 1970, 893 ff.

Becker-Schaffner Haftungsbeschränkungen im Dienstverhältnis der selbständig Tätigen, VersR 1971, 195 ff.

Becker-Schaffner Haftungssituation zwischen Arbeitgeber und Arbeitnehmer bei Kraftfahrzeugunfällen, VersR 1972, 1001 ff.

Becker-Schaffner Rechtsfragen zur Vertragsstrafe, BlStSozArbR 1979, 321 ff.

Becker-Schaffner Die Nutzung von Firmenfahrzeugen bei Beendigung des Arbeitsverhältnisses, DB 1993, 2078 ff.

Beckmann Die Haftung des Beamten gegenüber seinem Dienstherrn, Berlin 2002

Behrens Über das Verhältnis der Rechtswissenschaft zur Nationalökonomie, JNPÖ 7 (1988), 209 ff.

Behrens Die Bedeutung der ökonomischen Analyse des Rechts für das Arbeitsrecht, ZfA 1989, 209 ff.

Beisenkötter Arbeitsvertragsbruch durch den Arbeitnehmer – Schadensersatz und Vertragsstrafe, Diss. Münster 1997

Belling Die Haftung des Betriebsrats und seiner Mitglieder für Pflichtverletzungen, Tübingen 1990
Benda Die Sozialstaatsklausel in der Rechtsprechung des Bundesarbeitsgerichts und des Bundesverfassungsgerichts, RdA 1979, 1 ff.
Benecke Arbeitnehmerhaftung und Gruppenarbeit, in: Krause/Schwarze (Hrsg.), FS Otto, Berlin 2008, *1 ff.*
Benecke/Hergenröder (Hrsg.) Berufsbildungsgesetz (BBiG), 2. Aufl., München 2021
Benitz Schadenszurechnung bei qualifiziertem Verschuldenserfordernis, Bern/Frankfurt a. M. 1973
Benöhr Wirtschaftsliberalismus und Gesetzgebung am Ende des 19. Jahrhunderts, ZfA 1977, 187 ff.
Benöhr Die Entscheidung des BGB für das Verschuldensprinzip, Tijdschrift voor Rechtsgeschiedenis XLVI (1978), 1 ff.
Benz Der Betriebsweg nach § 8 Abs. 1 Satz 1 SGB VII, SGb 2003, 12 ff.
Benz Der so genannte dritte Ort bei Wegeunfällen in der gesetzlichen Unfallversicherung (§ 8 Abs. 2 Nr. 1 SGB 7), WzS 2003, 71 ff.
Berger-Delhey Der Vertragsbruch des Arbeitnehmers – Tatbestand und Rechtsfolgen, DB 1989, 2171 ff.
Bergmann Finanzielle Haftung von Betriebsratsmitgliedern, NZA 2013, 57 ff.
Bernert Arbeitsverhältnisse im 19. Jahrhundert, Eine kritische dogmatische Analyse der rechtswissenschaftlichen Lehren über die allgemeinen Inhalte der Arbeitsverträge und Arbeitsverhältnisse im 19. Jahrhundert, Marburg 1972
Berninger Der Vertragsbruch des Arbeitnehmers – Ansprüche des Arbeitgebers und die Möglichkeit der Durchsetzung gegenüber dem vertragsbrüchigen Arbeitnehmer, Frankfurt a. M./Berlin/Bern/New York/Paris/Wien 1993
Bethge/Isensee/Kirchhof Handbuch des Staatsrechts der Bundesrepublik Deutschland, Bd. IX, Allgemeine Grundrechtslehren, 3. Aufl., Heidelberg 2011
Beuthien Das Nachleisten versäumter Arbeit, RdA 1972, 20 ff.
Beuthien Lohnminderung bei Schlechtarbeit oder Arbeitsunlust?, ZfA 1972, 73 ff.
Beuthien Pauschalierter Schadensersatz bei Vertragsbruch des Arbeitnehmers, BB 1973, 92 ff.
Beuthien Pauschalierter Schadensersatz und Vertragsstrafe, in: Paulus/Diederichsen/Canaris (Hrsg.), FS Larenz, München 1973, 495 ff.
Beuthien/Häuser Arbeitsrecht: Der geschädigte Arbeitgeber, JuS 1971, 478 ff.
Biebrach-Nagel Zum Meinungsstreit über die Arbeitnehmerhaftung – nach Ausbleiben der Entscheidung des Großen Senats des Bundesarbeitsgerichts –, ZTR 1987, 257 ff.
Bieder, Marcus Kompensatorische Vertragsgestaltung, Baden-Baden 2015
Bieler Haftungserleichterung für leitende Angestellte, BB 1977, 1000 ff.
Bieler/Müller-Fritzsche Niedersächsisches Personalvertretungsgesetz, 19. Aufl., Wiesbaden 2023
Bieresborn/Schafhausen (Hrsg.) Münchener Anwaltshandbuch Sozialrecht (MAH-SozR), 6. Aufl., München 2024
Birnbaum Was sind die „im Arbeitsrecht geltenden Besonderheiten"?, NZA 2003, 944 ff.
Bissels/Meyer-Michaelis Arbeiten 4.0 – Arbeitsrechtliche Aspekte einer zeitlich-örtlichen Entgrenzung der Tätigkeit, DB 2015, 2331 ff.
Blanke Arbeitsgruppen und Gruppenarbeit in der Betriebsverfassung, RdA 2003, 140 ff.
Blaschczok Gefährdungshaftung und Risikozuweisung, Köln/Berlin/Bonn/München 1993
Blaschczok Der bei Tätigkeit im fremden Interesse Verunglückte und sein Lebensrisiko, in: Heinze/Schmitt (Hrsg.), FS Gitter, Wiesbaden 1995, 105 ff.
Blaurock Haftungsfreizeichnung zugunsten Dritter, ZHR 146 (1982), 238 ff.
Bleckmann Neue Aspekte der Drittwirkung der Grundrechte, DVBl. 1988, 938 ff.
Bleistein Die Mankohaftung des Arbeitnehmers, DB 1971, 2213 ff.
Bley/Kreikebohm/Marschner Sozialrecht, 9. Aufl., Neuwied/Kriftel/Berlin 2007
Blomeyer Die Entwicklung des arbeitsrechtlichen Schrifttums im Jahr 1974, ZfA 1975, 243 ff.
Blomeyer Beschränkung der Arbeitnehmerhaftung bei nicht gefahrgeneigter Arbeit, JuS 1993, 903 ff.
Blomeyer Der Eigenschaden des Arbeitnehmers, in: Heinze/Söllner (Hrsg.), FS Kissel, München 1994, 77 ff.
Bocianiak Die Arbeitnehmerüberlassung im Rahmen der Betriebshaftpflichtversicherung, VersR 1998, 285 ff.

Bodenbender/Griese Die Kodifizierung des Arbeitsvertragsrechts aus der Sicht der Länder, in: Anzinger/Wank (Hrsg.), FS Wlotzke, München 1996, 3 ff.
Böckenförde Grundrechte als Grundsatznormen, Der Staat, Bd. 29 (1990), 1 ff.
Boecken/Düwell/Diller/Hanau (Hrsg.) Nomos Kommentar Gesamtes Arbeitsrecht (NK-GA), Bd. 1, 2. Aufl., Baden-Baden 2023
Boecken/Düwell/Diller/Hanau (Hrsg.) Nomos Kommentar Gesamtes Arbeitsrecht (NK-GA), Bd. 2, 2. Aufl., Baden-Baden 2023
Boemke Das Dienstverhältnis des GmbH-Geschäftsführers zwischen Gesellschafts- und Arbeitsrecht, ZfA 1998, 209ff.
Boemke Das Telearbeitsverhältnis: Vertragstypus und Vertragsgestaltung, BB 2000, 147 ff.
Boemke (Un-)Verbindlichkeit unbilliger Arbeitgeberweisungen, NZA 2013, 6 ff.
Bogs Ausgleich von Arbeitsunfallschäden im Sozialgesetzbuch VII, in: Heinze/Schmitt (Hrsg.), FS Gitter, Wiesbaden 1995, 123 ff.
Böhmer Ist die Auslegung des § 686 Abs. 1 S. 1 RVO hinsichtlich des Ausschlusses von Schmerzensgeldansprüchen verfassungswidrig?, VersR 1973, 21 f.
Bokelmann Die Haftung des Arbeitnehmers – Schadensausgleich oder (notwendige) Erziehungsmaßnahme?, ZRP 1972, 283 ff.
Bokelmann Grobe Fahrlässigkeit – Ein Beitrag insbesondere zu Individualisierungstendenzen im Haftungs und Regreßrecht, 1973
Börgers Von den „Wandlungen“ zur „Restrukturierung“ des Deliksrechts?, Berlin 1993
Böttcher Die Bindung von Zivilgerichten (§ 108 SGB VII) im Rahmen der Haftungsbeschränkung für Unternehmer aus § 104 SGB VII, RdA 2020, 291ff.
Bötticher Wesen und Arten der Vertragsstrafe sowie deren Kontrolle, ZfA 1970, 3 ff.
Brakel Über die Verdienste Unfallverletzter – Ergebnisse zu einer staatlichen Untersuchung, BArbBl, 1959, 515 ff.
Brauer Haftungsrechtliche Fragen des Einsatzes privater Informations- und Kommunikationstechnik im Arbeitsverhältnis, Berlin 2023
Brehm Berner Kommentar, Obligationenrecht, Die Entstehung durch unerlaubte Handlungen, Art. 41–61 OR (BernerKomm), 5. Aufl., Bern 2021
Brendler Die Vertragsstrafe und ihre Grenzen, Berlin 2019
Bringezu Die Begrenzung der Arbeitnehmerhaftung in der Bundesrepublik Deutschland, England und Frankreich, Frankfurt a. M. 1974
Bröckner Nebenpflichten und Haftung von Arbeitnehmern in Führungspositionen, Baden-Baden 2012
Brors Die Abschaffung der Fürsorgepflicht, Tübingen 2002
Brose Haftung und Risiken nach den arbeitsrechtlichen Grundsätzen und dem SGB VII, RdA 2011, 205 ff.
Brox Der Rückgriffsanspruch der Sozialversicherungsträger gegen den Unternehmer und ihm gleichgestellte Personen, DB 1966, 489 f.
Brox/Walker Die Einschränkung der Arbeitnehmerhaftung gegenüber dem Arbeitgeber, DB 1985, 1469 ff.
Bruck/Möller Kommentar zum Versicherungsvertragsgesetz, Bd. II, 8. Aufl., Berlin/New York 1980
Bruck/Möller Kommentar zum Versicherungsvertragsgesetz, Bd. IV, 10. Aufl., Berlin/Boston 2022
Bruck/Möller/Johannsen Kommentar zum Versicherungsvertragsgesetz, Bd. V/1. Halbbd., 8. Aufl., Berlin/New York 1988
Bruck/Möller Kommentar zum Versicherungsvertragsgesetz, Bd. XII, 9. Aufl., Berlin/Boston 2018
Brüggemann Organisationshaftung – Deliktsrechtliche Aspekte innerorganisatorischer Funktionsdifferenzierung, AcP 191 (1991), 33 ff.
Brüggemeier Gesellschaftliche Schadensverteilung und Deliktsrecht, AcP 182 (1982), 385 ff.
Brüggemeier Vertrag – Quasi-Vertrag – Sonder-Delikt – Delikt, AG 1982, 268 ff.
Brüggemeier Deliktsrecht: Ein Hand- und Lehrbuch, Baden-Baden 1986

Brüggemeier Ökonomische Analyse des Arbeitsrechts, in: Ott/Schäfer (Hrsg.), Beiträge zum VII. Travemünder Symposium zur ökonomischen Analyse des Rechts (22.–25. März 2000), Tübingen 2001, 140 ff.

Brüggemeier Haftungsrecht: Struktur, Prinzipien, Schutzbereich, Heidelberg 2006

Bubach/Gallner et al., (KR) Gemeinschaftskommentar zum Kündigungsschutzgesetz und zu sonstigen kündigungsschutzrechtlichen Vorschriften, 13. Aufl., Hürth 2022

Buchner Berufshaftpflichtversicherung oder gesetzliche Beschränkung der Arbeitnehmerhaftung?, RdA 1972, 153 ff.

van Bühren (Hrsg.) Handbuch Versicherungsrecht, 7. Aufl., Bonn 2017

Bulla Mankohaftung des Arbeitnehmers, DB 1952, 58 f.

Bullinger Verfassungsrechtliche Aspekte der Haftung, in: Ficker/König/Kreuzer/Bieberstein/Schlechtriem (Hrsg.), FS v. Caemmerer, Tübingen 1978, 297 ff.

Bülow Betrachtungen zu dem Gesetz über die erweiterte Zulassung von Schadensersatzansprüchen bei Dienst- und Arbeitsunfällen, Deutsche Justiz (DJ) 1944, 25 ff.

Bultmann Wie geringfügig ist Geringfügigkeit oder wann unterbrechen Unterbrechungen den Versicherungsschutz in der Wegeunfallversicherung?, SGb 2020, 601 ff.

Burkhard/Lambrecht Haftung von Arbeitnehmern bei Firmenkreditkarten, NZI 2011, 96 ff.

Bürkle/Fecker Business Judgment Rule: Unternehmerischer Haftungsfreiraum für leitende Angestellte, NZA 2007, 589 ff.

Bydlinski Haftung bei alternativer Kausalität, JBl. 1959, 1 ff.

Bydlinski Privatautonomie und objektive Grundlagen des verpflichtenden Rechtsgeschäfts, Wien 1967

Bydlinski Zur „Reduktionsklausel" des deutschen Referentenentwurfes für eine Novellierung des Schadensersatzrechts, JBl. 1968, 330 ff.

Bydlinski Aktuelle Streitfragen um die alternative Kausalität, in: Sandrock (Hrsg.), FS Beitzke, Berlin/New York 1979, 3 ff.

Bydlinski Die Risikohaftung des Arbeitgebers, Wien 1986

Bydlinski System und Prinzipien des Privatrechts, Wien 1996

Caemmerer, v. Wandlungen des Deliktsrechts, in: v. Caemmerer/Friesenhahn/Lange, FS 100 Jahre DJT (1860–1960): Hundert Jahre deutsches Rechtsleben, Bd. II, Karlsruhe 1960, 49 ff.

Caemmerer, v. Die absoluten Rechte in § 823 I BGB, Karlsruher Forum 1961, 19 ff.

Caemmerer, v. Reform der Gefährdungshaftung, Berlin 1971

Caemmerer, v. Reformprobleme der Haftung für Hilfspersonen, ZfRV 14 (1973), 241 ff.

Caemmerer, v. Das Verschuldensprinzip in rechtsvergleichender Sicht, RabelsZ 42 (1978), 5 ff.

Canaris Risikohaftung bei schadensgeneigter Tätigkeit in fremdem Interesse, RdA 1966, 41 ff.

Canaris Tarifdispositive Normen und richterliche Rechtsfortbildung, in: Hueck/Richardi (Hrsg.), GS Dietz, München 1973, 199 ff.

Canaris Grundrechte und Privatrecht, AcP 184 (1984), 201 ff.

Canaris Verstöße gegen das verfassungsrechtliche Übermaßverbot im Recht der Geschäftsfähigkeit und im Schadensersatz, JZ 1987, 993 ff.

Canaris Zur Problematik von Privatrecht und verfassungsrechtlichem Übermaßverbot, JZ 1988, 494 ff.

Canaris Grundrechtswirkungen und Verhältnismäßigkeitsprinzip in der richterlichen Anwendung und Fortbildung des Privatrechts, JuS 1989, 161 ff.

Canaris Die Verfassungswidrigkeit von § 828 II BGB als Ausschnitt aus einem größeren Problemfeld, JZ 1990, 679 ff.

Canaris Grundrechte und Privatrecht, Berlin 1999

Canaris Schuldrechtsmodernisierung 2002, München 2002

Canaris Die Neuregelung des Leistungsstörungs- und des Kaufrechts – Grundstrukturen und Problemschwerpunkte, Karlsruher Forum 2002, 5 ff.

Canaris Die Problematik der Minderung beim Dienstvertrag, in: Bitter/Lutter/Priester/Schön/Ulmer (Hrsg.), FS K. Schmidt, Köln 2009, 177 ff.

Chasapis Die Herabsetzung der unverhältnismäßig hohen Vertragsstrafe, Berlin 2014

Christoph Die Staatshaftung im beigetretenen Gebiet, NVwZ 1991, 536 ff.

Clauß Haftungsbeschränkung zwischen Gemeinschaftsangehörigen im Arbeits-, Dienst- und Familienrecht, NJW 1959, 1408 ff.

Clemenz/Kreft/Krause AGB-Arbeitsrecht, Kommentar zu den §§ 305–310 BGB, 3. Aufl., Köln 2023

Coester Das AGB-Recht in den Händen des BAG, in: Rieble (Hrsg.), FS Löwisch, München 2007, 57 ff.

Collardin Rechtsfragen der Telearbeit, Berlin 1995

Colneric/Gerdemann (Hrsg.) Beck'scher Online-Kommentar HinSchG (BeckOK HinSchG), München (Stand 11/2024)

Dahm Das Haftungsprivileg gemäß §§ 636, 637 RVO und seine Ausnahmetatbestände in der neuen Rechtsprechung, Zentralblatt für Sozialversicherung 1994, 267 f.

Dahm Die Behandlung von Schockschäden in der höchstrichterlichen Rechtsprechung – Ihre Bedeutung im allgemeinen Schadensersatzrecht und in der Haftungsbeschränkung der gesetzlichen Unfallversicherung –, NZV 2008, 187 ff.

Däubler Haftung im Arbeitsverhältnis – der geschädigte Arbeitnehmer, JuS 1986, 425 ff.

Däubler Die Haftung des Arbeitnehmers – Grundlagen und Grenzen, NJW 1986, 867 ff.

Däubler Die Auswirkungen der Schuldrechtsmodernisierung auf das Arbeitsrecht, NZA 2001, 1329 ff.

Däubler Das Arbeitsrecht 2: Leitfaden für Arbeitnehmer, Das Arbeitsverhältnis: Rechte und Pflichten, Kündigungsschutz, 2. Aufl., Hamburg 2009

Däubler Tarifvertragsgesetz, 5. Aufl., Baden-Baden 2022

Däubler/Deinert/Walser AGB-Kontrolle im Arbeitsrecht: Kommentar zu den §§ 305 bis 310 BGB, 5. Aufl., München 2021

Däubler/Klebe/Wedde (Hrsg.) Betriebsverfassungsgesetz, 19. Aufl., Frankfurt a. M. 2024

Dauner-Lieb Im Labyrinth der Pflichtverletzungen. Schadensersatz bei Schlechtleistung, in: Dauner-Lieb/Hommelhoff/Jacobs/Kaiser/Weber (Hrsg.), FS Konzen, Tübingen 2006, 63 ff.

Dedek Die Beweislastverteilung nach § 619a BGB, ZGS 2002, 320 ff.

Deinert Mankohaftung, RdA 2000, 22 ff.

Deinert Privatrechtsgestaltung durch Sozialrecht, Baden-Baden 2007

Deinert Internationales Arbeitsrecht, Tübingen 2013

Deinert Unfallversicherungsrecht und innerbetrieblicher Schadensausgleich, RdA 2013, 146 ff.

Denck Der Schutz des Arbeitnehmers vor der Außenhaftung, Heidelberg 1980

Denck Die Haftung des Arbeitnehmers für Schäden des Arbeitgebers nur bei Vorsatz, BB 1985, 1736 ff.

Denck Außenhaftung des Arbeitnehmers und Kaskoversicherungsschutz, BB 1986, 1568 ff.

Denck Zum pauschalen Ausschluß der Arbeitnehmerhaftung unterhalb der Grenze der groben Fahrlässigkeit, NZA 1986, 80 ff.

Denck Zur betrieblichen Tätigkeit als Voraussetzung für die privilegierte Arbeitnehmerhaftung, DB 1986, 590 ff.

Denck Zur Restauration der „normalen Schuld", AuR 1988, 325 ff.

Denck Über Grenzfälle der Außenhaftung des Arbeitnehmers, BB 1989, 1192 ff.

Denck Leasing und Arbeitnehmerhaftung, JZ 1990, 175 ff.

Denecke Die Frage der Beschränkung der Haftung des Arbeitnehmers, RdA 1952, 209 ff.

Denga Deliktische Haftung für künstliche Intelligenz, CR 2018, 69 ff.

Denninger (Hrsg.) Kommentar zum Grundgesetz für die Bundesrepublik Deutschland (AK-GG), Neuwied 1989

Dersch Arbeitnehmerhaftung bei gefahrbehafteter Arbeit, BB 1956, 501 ff.

Dersch Entwicklungstendenzen im Arbeitsrecht unter Abweichung vom BGB, RdA 1958, 441 ff.

Deutsch Entwicklung und Entwicklungsfunktion der Deliktstatbestände, JZ 1963, 385 ff.

Deutsch Privilegierte Haftung und Schadensfolge, NJW 1966, 705 ff.

Deutsch Methode und Konzept der Gefährdungshaftung, VersR 1971, 1 ff.

Deutsch Zum Verhältnis von vertraglicher und deliktischer Haftung, in: Pawlowski/Wieacker (Hrsg.), FS Michaelis, Göttingen 1972, 26 ff.
Deutsch Das Verhältnis von Mittäterschaft und Alternativtäterschaft im Zivilrecht, JZ 1972, 105 ff.
Deutsch Gefährdungshaftung: Tatbestand und Schutzbereich, JuS 1981, 317 ff.
Deutsch Fahrlässigkeit und erforderliche Sorgfalt, 2. Aufl., Köln/Berlin/Bonn/München 1995
Deutsch Allgemeines Haftungsrecht, 2. Aufl., Köln/Berlin/Bonn/München 1996
Deutsch Das Verschulden als Merkmal der Arbeitnehmerhaftung, RdA 1996, 1 ff.
Deutsch Die Fahrlässigkeit im neuen Schuldrecht, AcP 202 (2002), 889 ff.
Deutsch/Spickhoff Medizinrecht, Arztrecht, Arzneimittelrecht, Medizinprodukterecht und Transfusionsrecht, 7. Aufl., Berlin/Heidelberg/New York 2014
Deutscher Juristentag Beschlüsse des 56. Deutschen Juristentages Berlin 1986 – Abt. Arbeits- und Sozialrecht, NZA 1986, 669 f.
Deutschländer Haftungsrechtliche Risiken des Berufskraftfahrers, VersR 1989, 340 ff.
Diederichsen, Angela Rechtsprechung des BGH zum Regress im Schadensrecht, VersR 2006, 293 ff.
Diederichsen, Uwe Wohin treibt die Produzentenhaftung?, NJW 1978, 1281 ff.
Diederichsen, Uwe Die Rangverhältnisse zwischen den Grundrechten und dem Privatrecht, in: Starck (Hrsg.), Rangordnung der Gesetze, Göttingen 1995, 39 ff.
Diederichsen, Uwe Das Bundesverfassungsgericht als oberstes Zivilgericht – ein Lehrstück der juristischen Methodenlehre, AcP 198 (1998), 171 ff.
Dieterich Grundgesetz und Privatautonomie im Arbeitsrecht, RdA 1995, 129 ff.
Dietz Anspruchskonkurrenz bei Vertragsverletzung und Delikt, Bonn/Köln, 1934
Dietz/Wiedemann Schlechterfüllung des Arbeitsvertrages: Lohnminderung oder Schadensersatz?, JuS 1961, 116 ff.
Döring Arbeitnehmerhaftung und Verschulden, Berlin 1977
Dörner Die Haushaltsbefristung nach § 14 Abs. 1 Satz 2 Nr. 7 TzBfG, in: Krause/Schwarze (Hrsg.), FS Otto, Berlin 2008, 55 ff.
Dreher Die Rechtsnatur der D&O-Versicherung – Zugleich eine Besprechung von OLG München vom 15. 3. 2005 – 25 U 3940/01 –, DB 2005, 1669 ff.
Dreher/Fritz Die D&O-Versicherung als Gruppenversicherung, VersR 2021, 220 ff.
Dreher/Thomas Die D&O-Versicherung nach der VVG-Novelle 2008, ZGR 2009, 31 ff.
Dreier Grundgesetz: Kommentar, *GG*, Bd. I, 2. Aufl., Tübingen 2004
Drewitz Der Grundsatz: Die Versicherung folgt der Haftung, Diss. Mannheim 1977
Dürig Grundrechte und Zivilrechtsprechung, in: Maunz (Hrsg.), FS Nawiasky, München 1956, 157 ff.
Dürig/Herzog/Scholz (Hrsg.) Grundgesetz Kommentar, *GG*, Bd. 3, Art. 17 – 28, München, Losebl. Stand: 2022
Dütz Gefahrgeneigte Arbeit, NJW 1986, 1779 ff.
Dzida/Seibt Neues Hinweisgeberschutzgesetz: Analyse und Antworten auf Praxisfragen, NZA 2023, 657 ff.
Eberlein Die Risiken des Berufskraftfahrers aus arbeitsrechtlicher Sicht, BB 1989, 621 ff.
Eckardt Persönliche Organ- und Gehilfenhaftung für Verkehrspflichtverletzungen im Unternehmen, Jahrbuch Junger Zivilrechtswissenschaftler, Stuttgart/München/Hannover/Berlin/Weimar/Dresden 1996, 61 ff.
Ehmann Das Lohnrisiko bei Smogalarm, NJW 1987, 401 ff.
Ehrenzweig Versicherung als Haftungsgrund, JBl. 1950, 253 ff.
Eich Der Wandel der BAG-Rechtsprechung zur Haftung des Arbeitnehmers bei gefahrgeneigter Arbeit, NZA 1984, 65 ff.
Eichler Die Konkurrenz der vertraglichen und deliktischen Haftung im deutschen Recht, AcP 162 (1962), 401 ff.
Eidenmüller Effizienz als Rechtsprinzip, 4. Aufl., Tübingen 2015
Elert Gruppenarbeit, Köln 2001
Elleser Verzicht auf das Rückgriffsrecht der Sozialversicherungsträger, BB 1965, 378 ff.
Emmerich Das Recht der Leistungsstörungen, 6. Aufl., München 2005

Endemann Die Mankohaftung des Arbeitnehmers, AuR 1953, 297 ff.
Engel Konventionalstrafen im Arbeitsvertrag, Bayreuth 1990
Enneccerus/Nipperdey Allgemeiner Teil des Bürgerlichen Rechts, AT, Bd. 2, 15. Aufl., Tübingen 1960
Erman Bürgerliches Gesetzbuch, Handkommentar, Bd. I, 11. Aufl., Köln 2004
Erman Bürgerliches Gesetzbuch, Handkommentar, Bd. I, 17. Aufl., Köln 2023
Erman Bürgerliches Gesetzbuch, Handkommentar, Bd. II, 17. Aufl., Köln 2023
Erne/Buksch D&O-Versicherung – unbeschränkte Arbeitnehmerhaftung aufgrund der jüngsten BGH-Rechtsprechung zur Direktinanspruchnahme des Versicherers?, GWR 2017, 371 ff.
Esser Die Zweispurigkeit unseres Haftpflichtrechts, JZ 1953, 129 ff.
Esser Grundlagen und Entwicklung der Gefährdungshaftung, 2. Aufl., München 1969
Esser/Schmidt Schuldrecht, Bd. I, Teilbd. 2, SchR I/2, 7. Aufl., Heidelberg 1993
Fabricius Leistungsstörungen im Arbeitsverhältnis, Tübingen 1970
Falkenkötter Anforderungen an den Vorsatz bei unfallversicherungsrechtlichem Haftungsausschluß, NZS 1999, 379 f.
Fastrich Inhaltskontrolle im Arbeitsrecht nach der Bürgschaftsentscheidung des Bundesverfassungsgerichtes vom 19.10.1993, RdA 1997, 65 ff.
Fechner Sozialer Rechtsstaat und Arbeitsrecht, RdA 1955, 161 ff.
Fehrenbach Beschränkte Vorstandshaftung?, AG 2015, 761 ff.
Feyock Die Rechtsnatur des Rückgriffsanspruchs der Sozialversicherungsträger aus § 640 RVO, NJW 1964, 1706 ff.
Feyock/Jacobsen/Lemor Kraftfahrtversicherung, 3. Aufl., München 2009
Ficker Produktenhaftung als Gefährdungshaftung?, in: Fischer/König/Kreuzer/Leser/Frhr. Marschall v. Bieberstein/Schlechtriem, FS v. Caemmerer, Tübingen 1978, 343 ff.
Fischels Sollte die Rechtsprechung zum innerbetrieblichen Schadensausgleich auf Solo-Selbstständige erstreckt werden?, RdA 2019, 208 ff.
Fischer/Goeres/Gronimus Gesamtkommentar Öffentliches Dienstrecht – Personalvertretungsrecht des Bundes und der Länder, GKÖD, Bd. V Teil 3, Neuburg, Losebl. Stand: Oktober 2009
Fischinger Haftungsbeschränkung im Bürgerlichen Recht, Tübingen 2015
Fischinger/Hofer Die beschränkte Arbeitnehmerhaftung im Lichte der Restschuldbefreiung, NZA 2017, 349 f.
Fitting/Trebinger/Linsenmaier/Schelz/Schmidt Betriebsverfassungsgesetz, 32. Aufl., München 2024
Fitz Risikozurechnung bei Tätigkeit im fremden Interesse, Berlin 1985
Flaßhoff Die Beweislastverteilung bei der Organhaftung, Tübingen 2022
Fleischer Ruinöse Managerhaftung: Reaktionsmöglichkeiten de lege lata unnd de lege ferenda, ZIP 2014, 1305 ff.
Floren Grundrechtsdogmatik im Vertragsrecht, Berlin 1999
Flory Ansprüche zwischen Arbeitnehmern eines Betriebes, Frankfurt a. M. 1992
Forsblad Restschuldbefreiung und Verbraucherinsolvenz im künftigen deutschen Insolvenzrecht, Frankfurt a. M./Berlin/Bonn/New York/Paris/Wien 1997
Frahm Die Auswirkungen versäumter Drittbeteiligung im sozialverwaltungsrechtlichen Verfahren auf die Bindungswirkung des § 638 RVO, VersR 1995, 1002 ff.
Franken Individualrechtliche Fragen der Gruppenarbeitsverhältnisse, Hamburg 2005
Franzen Aufwendungsersatzansprüche der kommunalen Dienstkräfte gegenüber ihrem Arbeitgeber/Dienstherrn, ZTR 1996, 305 ff.
Franzen Internationales Arbeitsrecht, AR-Blattei SD 920, Heidelberg, Losebl. Stand: November 2006
Franzen/Gallner/Oetker Kommentar zum europäischen Arbeitsrecht (EUArbRK), 5. Aufl., München 2024
Frenz Die Verfassungsmäßigkeit von Zahlungspflichten bis ans Lebensende, JR 1994, 92 ff.
Frey Die Beschränkung der Schadensersatzpflicht des Arbeitnehmers, AuR 1953, 7 ff.
Frey Die Gemeinschaft als anspruchsvernichtendes Element bei der Schadenshaftung von Arbeitnehmern untereinander, AuR 1959, 193 ff.

Frey Die unzureichende Arbeitsleistung (Schlechterfüllung) als Gegenstand der Schadensersatzpflicht des Arbeitnehmers, BB 1960, 411 ff.

Fricke et al. Niedersächsisches Personalvertretungsgesetz, Basiskommentar (Basiskomm. NdsPersVG), 8. Aufl., Frankfurt a. M. 2022

Frisch Haftungserleichterungen für GmbH-Geschäftsführer, Berlin 1998

Fritz Haftungsbegrenzung bei Führungskräften, NZA 2017, 673 ff.

Fuchs Versicherungsschutz und Versicherbarkeit als Argumente bei der Schadensverteilung, AcP 191 (1991), 318 ff.

Fuchs Gewillkürte Haftungsersetzung durch Versicherungsschutz, BB 1992, 1217 ff.

Fuchs Zivilrecht und Sozialrecht, München 1992

Fuchs Arbeitgeber- und Arbeitnehmerhaftung für Personenschäden, in: Heinze/Schmitt (Hrsg.), FS Gitter, Wiesbaden 1995, 253 ff.

Fuchs Die Legitimation der gesetzlichen Unfallversicherung, BG 1996, 248 ff.

Fuchs Schuldrecht und Verfassungsrecht, in: Ruland (Hrsg.), FS Zacher, Heidelberg 1998, 169 ff.

Fuchs/Preis/Brose Sozialversicherungsrecht und SGB II, 3. Aufl., Köln 2021

Fuhlrott Der geschädigte Arbeitnehmer: zur Verfassungsmäßigkeit des Ausschlusses von Schmerzensgeld in der Unfallversicherung sowie zur Herleitung der Haftung bei Eigenschäden im Hinblick auf das Verschuldensprinzip, Frankfurt a. M. 2006

Fuhlrott Der Schmerzensgeldausschluss durch die Unfallversicherung – Verfassungswidriger Zustand oder gerechtfertigte Ungleichbehandlung?, NZS 2007, 237 ff.

Fuhrmann Rechtsstellung des angestellten Rechtsanwalts, Baden-Baden 1989

Fürst Zur Haftung des beamteten Geschäftsführers im Organisationssystem der gesetzlichen Rentenversicherung, ZBR 1987, 289 ff.

Gamillscheg Mutterschutz und Sozialstaat, in: Nipperdey (Hrsg.), FS Molitor, München/Berlin 1962, 57 ff.

Gamillscheg Empfiehlt es sich, die Haftung des Arbeitnehmers gegenüber dem Arbeitgeber abweichend vom Schuldrecht des BGB zu regeln?, Referat zum 45. DJT (Karlsruhe 1964), Teil G, München/Berlin 1965

Gamillscheg Zum Vorsatz bei der Haftung des Arbeitnehmers, RdA 1967, 375 f.

Gamillscheg Außenwirkungen von Haftungsbeschränkungen, VersR 1967, 513 ff.

Gamillscheg Die Haftung des Arbeitnehmers gegenüber Dritten, in: v. Caemmerer/Mentschikoff/Zweigert (Hrsg.), FS Rheinstein, Tübingen 1969, Bd. II, 1043 ff.

Gamillscheg „Betrieb" und „Bargaining unit" – Versuch des Vergleichs zweier Grundbegriffe, ZfA 1975, 357 ff.

Gamillscheg Zivilrechtliche Denkformen und die Entwicklung des Individualarbeitrechts, AcP 176 (1976), 197 ff.

Gamillscheg Die unbewältigte Gegenwart der Haftung des Arbeitnehmers, in: Martinek (Hrsg.), FS Schwarz, Wien 1991, 495 ff.

Gamillscheg Die Haftung des Betriebsrats und seiner Mitglieder für Pflichtverletzungen, AuR 1992, 176 ff.

Gamillscheg Arbeitnehmerhaftung, AuR 1994, 100

Gamillscheg Kollektives Arbeitsrecht, Bd. 2: Betriebsverfassung, München 2008

Gamillscheg/Hanau Die Haftung des Arbeitnehmers, 2. Aufl., Karlsruhe 1974

Gaul Die Haftung des Arbeitnehmers und des Arbeitgebers in Fällen schadengeneigter Arbeit (Teil I und II), DB 1962, 166 ff., 202 ff.

Gaul Die Haftung des Arbeitnehmers bei schadengeneigter Arbeit in Literatur und Rechtsprechung, AuR 1964, 260 ff.

Gaul Ein Lösungsweg der Haftung des Arbeitnehmers bei schadensgeneigter Arbeit nach geltendem Recht, AuR 1965, 225 ff.

Gaul Haftung der Mitglieder einer Akkordkolonne wegen Schlechtarbeit als Gesamtschuldner?, DB 1968, 984

Geffert Beschäftigung wider Willen, Das Recht der Weiterbeschäftigten, Konstanz 1994

Geigel Der Haftpflichtprozess, 29. Aufl., München 2024
Genius Risikohaftung des Geschäftsherrn, AcP 173 (1973), 481 ff.
Gerauer Das Selbstbeurlaubungsrecht des Arbeitnehmers, NZA 1988, 154 ff.
Gerhardt Der Befreiungsanspruch, Göttingen 1966
Gerhardt Zur Einbeziehung Dritter in Haftungsbeschränkungen, VersR 1971, 381 ff.
Gerlach Haftung und Versicherungsschutz, BB 1972, Beil. 3, 9 ff.
Gernhuber Die Haftung für Hilfspersonen innerhalb des mitwirkenden Verschuldens, AcP 152 (1952), 91 ff.
Gernhuber Drittwirkungen im Schuldverhältnis kraft Leistungsnähe, in: FS Nikisch, Tübingen 1958, 249 ff.
Gernhuber Gläubiger, Schuldner und Dritte, JZ 1962, 553 ff.
Gernhuber Handbuch des Schuldrechts, Bd. 8, Das Schuldverhältnis, Tübingen 1989
Gessert Schadensersatz nach Kündigung, Frankfurt a. M. 1987
Gick Verschuldensunabhängige Haftung des Arbeitgebers für Sachschäden des Arbeitnehmers – BAG, NJW 1979, 1423 und LAG Hamm, NJW 1979, 943, JuS 1979, 638 ff.
Gick Die Grundsätze der Haftung bei gefahrgeneigter Arbeit, JuS 1980, 393 ff.
Giesen Sozialversicherungsmonopol und EG-Vertrag, Baden-Baden 1995
Giesen Die Haftung des Compliance-Officers gegenüber seinem Arbeitgeber – Haftungsprivilegierung bei innerbetrieblichem Schadensausgleich, CCZ 2009, 102 ff.
Gissel Arbeitnehmerschutz für den GmbH-Geschäftsführer, Köln/Berlin/Bonn/München 1987
Gitter Schadensausgleich im Arbeitsunfallrecht, Tübingen 1969
Gitter Möglichkeiten und Grenzen, die Leistung der gesetzlichen Unfallversicherung und die der sozialen Entschädigung einander anzupassen, SGb 1981, 204 ff.
Gitter Haftung des Arbeitnehmers bei Beschädigung eines geleasten Dienstwagens, NZV 1990, 415 ff.
Gitter Der Versicherungsschutz der Pflegepersonen in der Unfall- und Krankenversicherung, Vierteljahresschrift für Sozialrecht 1996, 1 ff.
Gitter Sozialrecht, 5. Aufl., München 2001
Gitter/Singler Die gesetzliche Unfallversicherung in der sozialgerichtlichen Rechtsprechung und Literatur, Jahrbuch des Sozialrechts der Gegenwart, Bd. 18, 1996, 75 ff.
Gitter/Singler Die gesetzliche Unfallversicherung in der sozialgerichtlichen Rechtsprechung und Literatur, Jahrbuch des Sozialrechts der Gegenwart, Bd. 19, 1997, 113 ff.
Görges Grauzonen im Hinweisgeberschutzgesetz – Auswirkungen auf das Haftungsrecht?, NZA 2024, 808 ff.
Gotthardt Arbeitsrecht nach der Schuldrechtsreform, 2. Aufl., München 2003
Gottwald Schadenszurechnung und Schadensschätzung, München 1979
Gräf Mobile Arbeit in der gesetzlichen Unfallversicherung, VSSAR 2021, 253 ff.
Gregor Regreßanspruch der Berufsgenossenschaft gegen Unternehmen bei Inanspruchnahme aus einem Arbeitsunfall, DB 1965, 999 ff.
Griegoleit/Riehm Die Kategorien des Schadensersatzes im Leistungsstörungsrecht, AcP 203 (2003), 727 ff.
Griese Die Gesetzesentwürfe der Länder für ein Arbeitsvertragsgesetz, NZA 1996, 803 ff.
Griese Haftung und Schmerzensgeld im Arbeitsverhältnis – rechtlich und rechtspolitisch, in: Hanau/Röller/Macher/Schlegel (Hrsg.), FS Küttner, München 2006, 165 ff.
Griller Der Schutz der Grundrechte vor Verletzung durch Private, JBl. 1992, 205 ff.
Groß Vertragsstrafen des Arbeitnehmers und Grenzen ihrer Vereinbarungsfähigkeit, Hamburg 2004
Gross/Wesch Änderungen des Haftungsrechts im Arbeitsverhältnis, NZA 2008, 849 ff.
Grüneberg Bürgerliches Gesetzbuch, 83. Aufl., München 2024
Grunsky Zur Haftung bei Sportunfällen, JZ 1975, 109 ff.
Gsell/Krüger/Lorenz/Reymann (Gesamt-Hrsg.) beck-online.GROSSKOMMENTAR Zivilrecht (BeckOGK BGB), München (Stand: 10/2024)
Gumpert Wann muß der Arbeitgeber den Arbeitnehmer von Schadensersatzpflichten gegenüber Dritten freistellen?, BB 1955, 480 ff.
Gumpert Die gefahrgeneigte Arbeit in der Rechtsprechung, BB 1958, 740 ff.
Gumpert Was ist gefahrgeneigte Arbeit?, BB 1961, 372 ff.

Günther/Hase Sicherungseigentum an Betriebsmitteln und gefahrgeneigte Arbeit, AuR 1974, 364 ff.
Hagemeier Ersatzansprüche gegen den Arbeitgeber wegen Schäden, die der Arbeitnehmer auf einer Dienstfahrt an seinem Pkw erleidet, DB 1977, 2047 ff.
Hagen Arbeitsrechtliche Aspekte des Schadensausgleichs in der Sozialversicherung, VersR 1972, 809 ff.
Hager Grundrechte im Privatrecht, JZ 1994, 373 ff.
Hager Von der Konstitutionalisierung des Zivilrechts zur Zivilisierung der Konstitutionalisierung, JuS 2006, 769 ff.
Halm/Steinmeister Arbeitsrecht im Straßenverkehr, SVR 2004, 241 ff.
Hammacher Rechtsprobleme bei dem Einsatz von Autokranen, BB 1992, 1510 ff.
Hammacher Die Hakenlastversicherung – Rechtsprobleme und praktische Ausgestaltung, VersR 1997, 288 ff.
Hammen Arbeitnehmerhaftung im Umbruch, WM 1993, 1450 ff.
Hammen Gattungshandlungsschulden: Inhalt der Schuld, Haftung und Haftungsbeschränkung bei fehlerhafter Leistung, dargestellt am Beispiel der Arbeitspflicht eines Arbeitnehmers und der Pflichten eines Vermögensverwalters, Frankfurt a. M. 1995
Hanau, Hans Der Grundsatz der Verhältnismäßigkeit als Schranke privater Gestaltungsmacht, Tübingen 2004
Hanau, Hans Mindestlohn und Natur des Arbeitsverhältnisses, ZfA 2012, 269 ff.
Hanau, Hans Zur Haftung des Betriebsrats, in: Düwell, Nora/Gallner/Haase/Wolmerath (Hrsg.), Auf dem Weg zu einem sozialen und inklusiven Rechtsstaat – Covid-19 als Herausforderung, Liber amicorum Franz Josef Düwell, Baden-Baden 2021, 817 ff.
Hanau, Peter Rückwirkungen der Haftpflichtversicherung auf die Haftung, VersR 1969, 291 ff.
Hanau, Peter Ist der Haftungsausschluß bei Arbeitsunfällen (§§ 636, 637 RVO) noch gerechtfertigt?, JURA 1970, 112 ff.
Hanau, Peter Die Kausalität der Pflichtwidrigkeit, Göttingen 1971
Hanau, Peter Die Versicherung des beruflichen Haftungsrisikos der Arbeitnehmer, BB 1972, 4 ff.
Hanau, Peter Die Arbeitsrechtsklausur, JuS 1975, 505 ff.
Hanau, Peter Die Rechtsprechung des Bundesarbeitsgerichts im Jahre 1983, ZfA 1984, 453 ff.
Hanau, Peter Die Entscheidungsfreiheit des Richters im Recht der Arbeitnehmerhaftung, in: Baumgärtel/Becker/Klingmüller/Wacke (Hrsg.), FS Hübner, Berlin/New York 1984, 467 ff.
Hanau, Peter Probleme der arbeitsgerichtlichen Rechtsfortbildung, BlStSozArbR 1985, 17 ff.
Hanau, Peter Arbeitnehmer und Unternehmen im Haftungsbereich, Karlsruher Forum 1993, 24 ff.
Hanau, Peter Die Rechtsprechung des Bundesgerichtshofs zur Haftung im Arbeitsverhältnis, in: Deutsch/Klingmüller/Kullmann (Hrsg.), FS Steffen, Berlin/New York 1995, 177 ff.
Hanau, Peter Welche arbeits- und ergänzenden sozialrechtlichen Regelungen empfehlen sich zur Bekämpfung der Arbeitslosigkeit?, Gutachten zum 63. DJT (Leipzig 2000), Teil C, München 2000
Hanau, Peter Rückwirkungen der Haftpflichtversicherung auf die Haftung? Das Beispiel der Innenhaftung leitender Angestellter unter D&O Versicherung, in: Wandt/Reiff/Looschelders (Hrsg.), FS Lorenz, Karlsruhe 2004, 283 ff.
Hanau, Peter Die Rechtsprechung zu den arbeitsrechtlichen Besonderheiten im Sinne des § 310 IV BGB, in: Dauner-Lieb/Hommelhoff/Jacobs/Kaiser/Weber (Hrsg.), FS Konzen, Tübingen 2006, 249 ff.
Hanau, Peter Altes und Neues zur arbeitsrechtlichen Haftungsbeschränkung, ZFA 2018, 65 ff.
Hanau, Peter/Rolfs Abschied von der gefahrgeneigten Arbeit, NJW 1994, 1439 ff.
Hansen Die Beweislast im Mankoprozeß, AuR 1968, 295 ff.
Hardt Die Pfändbarkeit des Arbeitnehmeranspruchs auf Befreiung von deliktischen Verbindlichkeiten, DB 2000, 1814 ff.
Hartung Anmerkung zur „Teilnahme am allgemeinen Verkehr" im Sinne des Gesetzes vom 7.12.1943 und des § 636 RVO, 25 Jahre Karlsruher Forum 1983, S. 105 ff.
Hau/Poseck (Hrsg.) Beck'scher Online-Kommentar BGB (BeckOK BGB), München (Stand: 11/2024)

Häuser Zur Haftung der Mitglieder einer Betriebsgruppe, in: Schöpflin/Meik/Weber/Bandte (Hrsg.), FS Beuthien, München 2009, 411 ff.

Hausheer/Walter Berner Kommentar, Das Obligationenrecht, Band VI 1. Abt. 3. Teilbd. 1. Unterteilbd., Art. 41 – 61 OR, 3. Aufl., Bern 2006

Hausheer/Walter Berner Kommentar, Das Obligationenrecht, Band VI 2. Abt., Teilbd. 2, Art. 319 – 362 OR, 1. Abschnitt, Bern 2010

Hauss Entwicklungslinien des deutschen Schadensersatzrechts, ZVersWiss 56 (1967), 151 ff.

Hebeler Amtshaftung und Haftungsbeschränkung bei in den Schulbetrieb eingegliederter Schülerbeförderung, VersR 2001, 951 ff.

Heinemann Die Beweislastverteilung bei positiver Forderungsverletzung, Köln/Berlin/München 1988

Heinig Der Sozialstaat im Dienst der Freiheit: Zur Formel vom „sozialen" Staat in Art. 20 Abs. 1 GG, Tübingen 2008

Heinze Zur dogmatischen Struktur des § 830 I S. 2 BGB, VersR 1973, 1081 ff.

Heinze Zur Qualifikation der ärztlichen Tätigkeit als „gefahrgeneigte Tätigkeit", MedR 1983, 6 ff.

Heinze Zum Arbeitsrecht der Musiker, NJW 1985, 2112 ff.

Heinze Zur Verteilung des Schadensrisikos bei unselbständiger Arbeit, NZA 1986, 545 ff.

Heinze Zur Abgrenzung von Betriebsbuße und Abmahnung, NZA 1990, 169 ff.

Heinze Konventionalstrafen und andere Sanktionsmöglichkeiten in der arbeitsrechtlichen Praxis, NZA 1994, 244 ff.

Heinze Europarechtliche Rahmenbedingungen der deutschen Unfallversicherung, in: Heinze/Schmitt (Hrsg.), FS Gitter, Wiesbaden 1995, 355 ff.

Helm Der arbeitsrechtliche Freistellungsanspruch bei schadensgeneigter Arbeit und seine Auswirkungen auf die beschränkte Unternehmerhaftung, insbesondere im Verkehrsrecht, AcP 160 (1960), 134 ff.

Helm Die Ausdehnung des Schutzbereichs allgemeiner Geschäftsbedingungen auf die Haftung der Arbeitnehmer, AcP 161 (1961), 516 ff.

Helm Versicherung von Transportschäden und Versichererregreß, Karlsruher Forum 1983, 116 ff.

Henssler Arbeitsrecht und Schuldrechtsreform, RdA 2002, 129 ff.

Henssler/Braun Arbeitsrecht in Europa, 3. Aufl., Köln 2011

Henssler/Prütting Bundesrechtsanwaltsordnung, *BRAO*, 6. Aufl., München 2024

Henssler/Willemsen/Kalb (HWK) Arbeitsrecht Kommentar, 11. Aufl., Köln 2024

Herrmann Von einem verschwiegenen Landstrich, einem Schlüsselbegriff und Typenproblemen, in: Martinek/Rawert/Weitemeyer (Hrsg.), FS Reuter, Berlin 2010, 525 ff.

Herschel Der Schadensersatzanspruch des Unternehmers gegen den bei ihm beschäftigten Kraftfahrer, JW 1939, 454 ff.

Herschel Das Unternehmerwagnis im Arbeits- und Wirtschaftsrecht, Jher. Jb. Bd. 90 (1942), 145 ff.

Herschel Zur Frage der Anwendbarkeit der Grundsätze der gefahrgeneigten Arbeit bei Arbeitsunfällen zwischen Arbeitnehmern desselben Betriebes, JZ 1958, 257ff.

Herschel Betriebsbußen, Köln/Berlin 1967

Herschel Gesetzesvertretendes Richterrecht und Tarifautonomie, RdA 1973, 147 ff.

Hesse Verfassungsrecht und Privatrecht, Heidelberg 1988

Hildebrandt Disparität und Inhaltskontrolle im Arbeitsrecht, Göttingen 1987

Hillgruber Grundrechtsschutz im Vertragsrecht, AcP 191 (1991), 69 ff.

Hippel, v. Zum Regreß des Versicherers in der Kfz-Kaskoversicherung, NJW 1966, 1012 ff.

Hippel, v. Reform der Haftung des Arbeitnehmers?, ZRP 1971, 217 ff.

Hippel, v. Rechtspolitik, Berlin 1992

Hirschberg Kfz-Haftpflichtversicherung und Arbeitnehmerhaftung, NJW 1972, 1451 ff.

Hirschberg Arbeitnehmerhaftung und Haftpflichtversicherung, VersR 1973, 786 ff.

Hirte Berufshaftung, München 1996

Höcker Die Rechtsstruktur des Unfallversicherungsrechts, SozFort 1959, 227 ff.

Hoffmann, Gunter M. Existenzvernichtende Haftung von Vorständen und Aufsichtsräten, NJW 2012, 1393 ff.

Hoffmann, Martin Die Gruppenakkordarbeit, Königstein (Ts.) 1981
Hofmann, Berhard Zur Haftung von Beamten und Tarifkräften des öffentlichen Dienstes im Verhältnis zum Dienstgeber, ZTR 1995, 99 ff.
Hofmann, Edgar Privatversicherungsrecht, 4. Aufl., München 1998
Hohendanner/Kohaut Tarifbindung und betriebliche Interessenvertretung: Aktuelle Ergebnisse aus dem IAB-Betriebspanel 2023, WSI-Mitteilungen 2024, 289 ff.
Hohloch Gleichbehandlung im Haftungsrecht als Verfassungsgebot?, VersR 1979, 199 ff.
Hohloch Allgemeines Schadensrecht, in: Bundesminister der Justiz (Hrsg.), Gutachten und Vorschläge zur Überarbeitung des Schuldrechts, Bd. I, Köln 1981, 375 ff.
Holly/Friedhofen Die Abwälzung von Geldstrafen und Geldbußen auf den Arbeitgeber, NZA 1992, 145 ff.
Honnen Mitbestimmung bei der Geltendmachung von Ersatzansprüchen, ZfPR 2000, 214 ff.
Honsell, Heinrich Die Risikohaftung des Geschäftsherrn, in: Harder/Thielmann (Hrsg.), FS v. Lübtow, Berlin 1980, 485 ff.
Honsell, Heinrich Der Regreß des Sachversicherers nach § 67 VVG bei Gebrauchsüberlassung an Dritte im österreichischen Recht, VersR 1985, 301 ff.
Honsell, Heinrich Die Reform der Gefährdungshaftung, ZSR 116, I. Halbband (1997), 297 ff.
Honsell, Thomas Der Umfang des Deckungsausschlusses bei Anwendung der sogenannten Tätigkeits- und der Herstellungs- bzw. Lieferungsklausel, VersR 1985, 3 f.
Horbach Die Haftung des Arbeitnehmers gegenüber dem Arbeitgeber, München 1996
Hoyningen-Huene, v. Die Haftung des Arbeitnehmers in der Bundesrepublik Deutschland, in: Rehbinder (Hrsg.), Die Haftung des Arbeitnehmers, Bern 1981
Hoyningen-Huene, v. Die Haftungseinschränkung des Arbeitnehmers – Rechtsfortbildung ohne Rechtsfortschritt, BB 1989, 1889 ff.
Hoyningen-Huene, v. Die Abmahnung im Arbeitsrecht, RdA 1990, 193 ff.
Huber, Christian Rechtsfolgen der Überwälzung von Prämien einer Sachversicherung beim Mietvertrag, VersR 1998, 265 ff.
Huber, Michael/Voßkuhle (Hrsg.) Kommentar zum Grundgesetz, Bd. 2, Art. 20 – 82, 8. Aufl., München 2024
Huber, Peter/Faust Schuldrechtsmodernisierung: Einführung in das neue Recht, München 2002
Hübner Die Berufshaftung – ein zumutbares Berufsrisiko, NJW 1989, 5 ff.
Hübsch Arbeitnehmerhaftung bei Versicherbarkeit des Schadensrisikos und bei grober Fahrlässigkeit, BB 1998, 690 ff.
Hübsch Die neueste Rechtsprechung des BAG zur Fahrlässigkeit bei der Arbeitnehmerhaftung, NZA-RR 1999, 393 ff.
Hucke Managerversicherungen: Ein Ausweg aus den Haftungsrisiken?, DB 1996, 2267 ff.
Hueck/Nipperdey Lehrbuch des Arbeitsrechts, Bd. I, Arbeitsrecht I, 7. Aufl., Berlin/Frankfurt a. M. 1963
Hunold Dienstreisen des Arbeitnehmers im eigenen Pkw bzw. im Firmen-Pkw, DB 1985, Beil. 1
Ilbertz/Widmaier Bundespersonalvertretungsgesetz, 15. Aufl., Stuttgart 2023
Ilgenfritz Die Haftung von Unternehmern und anderen Personen nach dem UVNG, NJW 1963, 1046 ff.
Imbusch Neue Tendenzen zur Auslegung des Haftungsausschlusses nach § 106 III Alt. 3 SGB VII, VersR 2001, 547 ff.
Ingwersen Die Stellung des Versicherungsnehmers bei Innenhaftungsfällen in der D&O-Versicherung, Karlsruhe 2011
Isele Empfiehlt es sich, die Haftung des Arbeitnehmers gegenüber dem Arbeitgeber abweichend vom Schuldrecht des BGB zu regeln?, NJW 1964, 1441 ff.
Isele Besprechung von Gamillscheg/Hanau, Die Haftung des Arbeitnehmers, 1. Aufl., AcP 165 (1965), 378 ff.
Isenhardt Homeoffice: Einrichtung und Ausgestaltung, DB 2016, 1499 ff.
Isensee/Kirchhof (Hrsg.) Handbuch des Staatsrechts der Bundesrepublik Deutschland, Bd. II, Verfassungsrecht, 3. Aufl., Heidelberg 2004
Jäckel Beweisvereinbarungen im Zivilrecht, Duisburg 2007

Jacklofsky Tarifdispositivität der richterrechtlichen Grundsätze des BAG zur Beschränkung der Arbeitnehmerhaftung, NZA 2001, 644 ff.

Jacobi Betrieb und Unternehmen als Rechtsbegriff, in: Leipziger Juristenfakultät (Hrsg.), FS Ehrenberg, Leipzig 1926, 1 ff.

Jacobs/Krause/Oetker/Schubert Tarifvertragsrecht, 2. Aufl., München 2013

Jansen Die Struktur des Haftungsrechts, Tübingen 2003

Janson Ökonomische Theorie im Recht – Anwendbarkeit und Erkenntniswert im allgemeinen und am Beispiel des Arbeitsrechts, Berlin 2004

Jantz Prinzipien der Gesetzgebung in der Unfallversicherung, in: Schimmelpfennig (Hrsg.), FS Lauterbach, Berlin 1961, 15 ff.

Jarass Die Grundrechte: Abwehrrechte und objektive Grundsatznormen, in: Badura/Dreier (Hrsg.), FS 50 Jahre Bundesverfassungsgericht Band II, Tübingen, 2001, 35 ff.

Jauernig Bürgerliches Gesetzbuch, Kommentar, 19. Aufl., München 2023

Jerczynski/Zimmermann Arbeitsunfälle bei der Beschäftigung ausländischer Leiharbeitnehmer – Unbekannte Risiken, NZS 2007, 243 ff.

Joachim Haftung des Arbeitgebers II, Haftung des Arbeitgebers für eingebrachte Sachen, AR-Blattei D-Blatt, Wiesbaden, Losebl. Stand: Juli 1982

Joost Betrieb und Unternehmen, München 1988

Joussen Die Berücksichtigung persönlicher Lebensumstände in der Arbeitnehmerhaftung, AuR 2006, 432 ff.

Joussen Der persönliche Anwendungsbereich der Arbeitnehmerhaftung, RdA 2006, 129 ff.

Jung Arbeitsrechtliche Haftungseinschränkung im Mankohaftungsfall – ein Problem der Beweislastverteilung, BlStSozArbR 1985, 289 ff.

Jung Mankohaftung aus dem Arbeitsvertrag, Neuwied 1985

Kaiser Leitende Angestellte, AR-Blattei SD 70.2, Heidelberg, Losebl. Stand: Januar 2004

Kalkowski/Mickler Regulationsweisen projektförmiger Arbeit in der Automobil-, IT- und Medienbranche, Industrielle Beziehungen, 2013, 96 ff.

Kamanabrou Arbeitsrecht, 2. Aufl., Tübingen 2023

Kampen Die gemeinsame Betriebsstätte – Entwicklung und aktuelle Bedeutung der Haftungsprivilegierung bei Personenschäden, NJW 2012, 2034 ff.

Katzenstein Die Außenwirkung der arbeitsrechtlichen Haftungsbeschränkungen, RdA 2003, S. 346 ff.

Kempen/Zachert Tarifvertragsgesetz (TVG), Kommentar für die Praxis, 5. Aufl., Frankfurt a. M. 2014

Kerschner Dienstnehmerhaftpflichtgesetz (DHG), 3. Aufl., Wien 2019

Kibler/Wittek Haftungsrisiken für Arbeitgeber bei Infektionen von Mitarbeitern mit dem Virus SARS-CoV-2, DB 2020, 2296 ff.

Kiel/Lunk/Oetker (Hrsg.) Münchener Handbuch zum Arbeitsrecht (MHdB ArbR), Bd. 1, Individualarbeitsrecht I, 6. Aufl., München 2024

Kiel/Lunk/Oetker (Hrsg.) Münchener Handbuch zum Arbeitsrecht (MHdB ArbR), Bd. 2, Individualarbeitsrecht II, 6. Aufl., München 2024

Klein, Andreas Haftungsbeschränkungen zugunsten und zu Lasten Dritter und ihre Behandlung in der Schuldrechtsreform, JZ 1997, 390 ff.

Klein, Ingo Das Phänomen des Gruppenarbeitsverhältnisses, Bielefeld 1982

Klein, Rüdiger Rechtsfortbildung und Billigkeitsrechtsprechung, JZ 1958, 585 ff.

Klein, Rüdiger Der arbeitsbedingte Sachschaden des Arbeitnehmers, BB 1963, 1488 f.

Klein, Rüdiger Schadenshaftung im Arbeitsverhältnis – Unter besonderer Berücksichtigung des Betriebsunfalles, Heidelberg 1964

Kleindiek Deliktshaftung und juristische Person – Zugleich zur Eigenhaftung von Unternehmensleitern, Tübingen 1997

Klimke Haftungsrechtliche Probleme in Verbindung mit dem Arbeitsvertrag unter besonderer Berücksichtigung der Ersatzpflicht aus Anlaß von KFZ-Unfällen, DB 1986, 114 ff.

Knickrehm/Roßbach/Waltermann Kommentar zum Sozialrecht (Knickrehm, Sozialrecht), 8. Aufl., München 2023

Kniffka Die Beweislastverteilung nach Gefahrenbereichen, insbesondere im Arbeitsvertragsrecht, BB 1976, 274 ff.

Knoch Die Haftpflichtversicherung angestellter Ärzte, RDG 2011, 318 ff.

Knoll Die Rechtsfolgen des vom Mitarbeiter verschuldeten Arbeitsunfalls, JZ 1959, 137 ff.

Knopp/Kraegeloh Berufsbildungsgesetz, BBiG, 5. Aufl., Köln/Berlin/Bonn/München 2005

Knorre/Demuth/Schmid Handbuch des Transportrechts, 3. Aufl., München 2022

Köbler Die Haftung des Arbeitgebers für die Schäden des Arbeitnehmers, NJW 1969, 1413 ff.

Köbler Mittlere Fahrlässigkeit und dogmatische Einordnung der Arbeitnehmerhaftung, AcP 169 (1969), 404 ff.

Köbler Betriebsgefahr und Freistellungsanspruch, RdA 1970, 97 ff.

Koch, Franz-Michael Aufgabe des Begriffs der gefahrgeneigten Tätigkeit, AuA 1995, 125 ff.

Koch, Jens Beschränkung der Regressfolgen im Kapitalgesellschaftsrecht, AG 2012, 429 ff.

Koch, Karl/Scholtz Abgabenordnung, Kommentar, 5. Aufl., Köln/Berlin/Bonn/New York 1996

Koch, Klaus-Hugo Der Eigenschaden des Arbeitnehmers, Königstein (Ts.) 1982

Koch, Robert Abtretung des Freistellungsanspruchs in D&O-Innenhaftungsfällen, VersR 2016, 765 ff.

Koch, Robert Rückwirkung der Einbeziehung von (leitenden) Angestellten in den D&O-Versicherungsschutz auf die Grundsätze des innerbetrieblichen Schadensausgleichs, in: Grote/Rixecker/Wandt (Hrsg.), FS Langheid, München 2022, 295 ff.

Kock Der Leistungsanspruch des nicht versicherten Unternehmers bei Arbeitsunfällen, NZS 2006, 471 ff.

Köhl Die Einschränkung der Haftung des GmbH-Geschäftsführers nach den Grundsätzen des innerbetrieblichen Schadensausgleichs, DB 1996, 2597 ff.

Köhler, Helmut/Bornkamm/Feddersen Gesetz gegen den unlauteren Wettbewerb (UWG), Kommentar, 42. Aufl., München 2024

Köhler, Jürgen Pflichtverletzung und Vertretenmüssen – die beweisrechtlichen Konsequenzen des neuen § 280 Abs. 1 BGB, ZZP 2005, 25 ff.

Köhler, Karl Friedrich Unfallversicherungsschutz beim Hantieren mit Arbeitsgerät, VSSR 2015, 319 ff.

Köhler, Karl Friedrich Schöne neue Welt, VSSAR 2019, 3 ff.

König Unternehmenshaftung, Tübingen 2023

Kohlmeyer Die Haftung des Arbeitnehmers im Vergleich zwischen dem deutschen und österreichischen Recht, Göttingen 1996

Kohte Arbeitnehmerhaftung und Arbeitgeberrisiko, Königstein (Ts.) 1981

Kohte Arbeitnehmerhaftung bei arbeitsbedingter Übermüdung, DB 1982, 1617 ff.

Kohte Die Bedeutung der Unfallversicherung für das Recht der Arbeitnehmerhaftung, AuR 1983, 229 ff.

Kohte Abschied von der dreigeteilten Fahrlässigkeit im Recht der Arbeitnehmerhaftung, BB 1983, 1603 ff.

Kohte Umbruch in der Rechtsprechung zur Arbeitnehmerhaftung, BAG NJW 1983, 1693 und DB 1984, 1482, Jura 1985, 304 ff.

Koller Die Risikozurechnung bei Vertragsstörungen im Austauschverhältnis, München 1979

Koller Reform des Transportrechts, VersR 1996, 1441 ff.

Koller Transportrecht – Kommentar zu Spedition, Gütertransport und Lagergeschäft, 11. Aufl., München 2023

Konertz Der Rückgriffsanspruch des Sozialversicherungsträgers nach § 640 RVO, VersR 1980, 209 ff.

Konradi Zur Ermessensausübung bei der Haftung gegenüber Sozialversicherungsträgern (§ 110 II SGB VII), SGb 2016, 195 ff.

Konradi Originäre und derivative Regressansprüche des Unfallversicherungsträgers bei mehreren Anspruchsgegnern, SGb 2017, 561 ff.

Konzen Arbeitsrechtliche Drittbeziehungen, ZfA 1982, 259 ff.

Koppenfels, v. Vertragsstrafen im Arbeitsrecht nach der Schuldrechtsmodernisierung, NZA 2002, 598 ff.

Koppenfels-Spies, v. Das Familienprivileg im Schadensregress, ZfSch 2004, 97 ff.

Koppenfels-Spies, v. Der Risikobereich des Haftungsausschlusses gem. § 105 Abs. 1 SGB VII – Betrieb oder Unternehmen?, NZS 2006, 561 ff.

Koppenfels-Spies, v./Wenner SGB VII – Gesetzliche Unfallversicherung, 3. Aufl., Hürth 2022

Körner Telearbeit – neue Form der Erwerbsarbeit, alte Regeln?, NZA 1999, 1190 ff.

Kort Inhalt und Grenzen der arbeitsrechtlichen Personenfürsorgepflicht, NZA 1996, 854 ff.

Kötz Haftung für besondere Gefahr, AcP 170 (1970), 1 ff.

Kötz Gefährdungshaftung, in: Bundesminister der Justiz (Hrsg.), Gutachten und Vorschläge zur Überarbeitung des Schuldrechts, Bd. II, Köln 1981, 1779 ff.

Kötz Ziele des Haftungsrechts, in: Bauer/Hopt/Mailänder (Hrsg.), FS Steindorff, Berlin/New York 1990, 643 ff.

Koziol Objektivierung des Fahrlässigkeitsmaßstabes im Schadensersatzrecht, AcP 196 (1996), 593 ff.

Koziol Die Mitverantwortlichkeit des Geschädigten: Spiegelbild- oder Differenzierungsthese?, in: Ahrens/Bar/Fischer/Spickhoff/Taupitz (Hrsg.), FS Deutsch, Berlin 2009, 781 ff.

Kraft Sanktionen im Arbeitsverhältnis, NZA 1989, 777 ff.

Kramer Das Prinzip der objektiven Zurechnung im Delikts- und Vertragsrecht, AcP 171 (1971), 422 ff.

Kranig/Aulmann Das Wegeunfallrisiko als Gegenstand der gesetzlichen Unfallversicherung (Teil 1), NZS 1995, 203 ff.

Kranig/Aulmann Die Neuregelung der Arbeitgeber- und Arbeitnehmerhaftung bei Arbeitsunfällen durch das SGB VII, NJW 1996, 3177 ff.

Krasney Die „Wie-Beschäftigten“ nach § 2 Abs. 2 S. 1 SGB VII, NZS 1999, 577 ff.

Krasney Haftungsbeschränkungen bei Verursachung von Arbeitsunfällen (Teil 1 und 2), NZS 2004, 7 ff. und 68 ff.

Krause, Horst Versicherungsschutz in der Betriebshaftpflichtversicherung, VersR 1999, 819 f.

Krause, Peter Die Rechtsprechung des Bundesverfassungsgerichts zum Privatrecht – Teil 3, JZ 1984, 828 ff.

Krause, Rüdiger Haftungsbegrenzung kraft Verfassungsrechts?, JR 1994, 494 ff.

Krause, Rüdiger Die Beschränkung der Außenhaftung des Arbeitnehmers, VersR 1995, 752 ff.

Krause, Rüdiger Haftung wegen Auflösungsverschuldens – BGH, NJW 1994, 443, JuS 1995, 291 ff.

Krause, Rüdiger Arbeitsvertrag – Arbeitsverhältnis II B, Nachweis von Arbeitsbedingungen, AR-Blattei SD 220.2.2, Heidelberg, Losebl. Stand: Oktober 1997

Krause, Rüdiger Mitarbeit in Unternehmen, Tübingen 2002

Krause, Rüdiger Geklärte und ungeklärte Probleme der Arbeitnehmerhaftung, NZA 2003, 577 ff.

Krause, Rüdiger Vereinbarte Ausschlussfristen, Teil 1 und 2, RdA 2004, 36 ff. und 106 ff.

Krause, Rüdiger Vertragsstrafen in der arbeitsrechtlichen Klauselkontrolle, in: Martinek/Rawert/Weitemeyer (Hrsg.), FS Reuter, Berlin/New York 2010, 627 ff.

Krause, Rüdiger Die Haftung des Arbeitnehmers für Mankoschäden – Bilanz und Perspektiven, RdA 2013, 129 ff.

Krause, Rüdiger Arbeitsrecht, 4. Aufl., Baden-Baden 2020

Krause, Rüdiger Agile Arbeit und Betriebsverfassung, Frankfurt a. M. 2021

Krauß Phänomenologie der Vertragsstrafe, AuR 1975, 152 f.

Krebs/Dylla-Krebs Deliktische Eigenhaftung von Organen für Organisationsverschulden, DB 1990, 1271 ff.

Kreuzer Prinzipien des deutschen außervertraglichen Haftungsrechts, in: Pfister/Will (Hrsg.), FS Lorenz, Tübingen 1991, 123 ff.

Krüger/Rauscher (Hrsg.) Münchener Kommentar zur Zivilprozessordnung (MünchKommZPO), Bd. 1 (§§ 1–354), 6. Aufl., München 2020

Krüger/Rauscher Münchener Kommentar zur Zivilprozessordnung (MünchKommZPO), Bd. 2 (§§ 355–945b), 6. Aufl., München 2020

Küchenhoff Die Haftung des Arbeitgebers für Sachschäden des Arbeitnehmers im Betrieb bei gefährlicher Arbeit, in: Mikat (Hrsg.), FS Nottarp, Karlsruhe 1961, 153 ff.

Küchenhoff Modernisierung des Schuldbegriffs aus arbeitsrechtlichen Einsichten, AuR 1969, 193 ff.

Kuhn Haftung leitender Angestellter, Tübingen 2024

Kühne Die rechtliche Bedeutung des Tatbeitrages des Verletzten der Berufsgenossenschaft oder Dritter beim Rückgriff nach § 640 RVO, Diss. Berlin 1969

Kühne Die Zulässigkeit des Einwandes des Mitverschuldens des Verletzten beim Ersatzanspruch gemäß § 640 RVO nach der Rechtsprechung des Bundesgerichtshofes, VersR 1973, 207 ff.

Kümmel Haftungsausschluß zugunsten Dritter?, Marburg 1968

Künzl Handbuch zum Arbeitsrecht, Gruppe 1: Einzelarbeitsverhältnis, Teilbereich 5: Inhalt, Neuwied, Losebl. Stand: Juli 1997

Küppersbusch Aktuelle Fragen beim Regress des Sozialversicherungsträgers nach § 110 SGB VII, NZV 2005, 393 ff.

Lakies Vertragsgestaltung und AGB im Arbeitsrecht, 2. Aufl., Heidelberg 2011

Lange, Hermann/Schiemann Schadensersatz, 3. Aufl., Tübingen 2003

Lange, Oliver D&O-Versicherung und Managerhaftung, 2. Aufl., München 2022

Langenbucher Risikohaftung und Schutzpflichten im innerbetrieblichen Schadensausgleich, ZfA 1997, 523 ff.

Langer Die Mankohaftung, Hamburg 1957

Langheid Vertragsstrafenvereinbarung in Arbeitsverträgen, DB 1980, 1219 f.

Langheid/Wandt (Hrsg.) Münchener Kommentar zum Versicherungsvertragsgesetz (MünchKommVVG), Bd. 1, 3. Aufl., München 2022

Langheid/Wandt (Hrsg.) Münchener Kommentar zum Versicherungsvertragsgesetz (MünchKommVVG), Bd. 2, 3. Aufl., München 2024

Langheid/Wandt (Hrsg.) Münchener Kommentar zum Versicherungsvertragsgesetz (MünchKommVVG), Bd. 3, 2. Aufl., München 2017

Lansnicker/Schwirtzek Neuordnung der Mankohaftung, BB 1999, 259 ff.

Larenz Wegweiser zu richterlicher Rechtsschöpfung – Eine methodologische Untersuchung, in: FS Nikisch, Tübingen 1958, 275 ff.

Larenz Präventionsprinzip und Ausgleichsprinzip im Schadensersatzrecht, NJW 1959, 865 f.

Larenz Die Schadenshaftung nach dem Wasserhaushaltsgesetz im System der zivilrechtlichen Haftungsgründe, VersR 1963, 593 ff.

Larenz Rechtswidrigkeit und Handlungsbegriff im Zivilrecht, in: v. Caemmerer/Nikisch/Zweigert (Hrsg.), FS Dölle, Bd. I, Tübingen 1963, 169 ff.

Larenz Die Prinzipien der Schadenszurechnung, JuS 1965, 373 ff.

Larenz Kennzeichen geglückter richterlicher Rechtsfortbildungen, Karlsruhe 1965

Larenz Über Fahrlässigkeitsmaßstäbe im Zivilrecht, in: Balte (Hrsg.), FS Wilburg, Graz 1965, 119 ff.

Larenz Zur Beweislastverteilung nach Gefahrenbereichen, in: v. Caemmerer/Fischer/Nüßgens/Schmidt (Hrsg.), FS Hauß, Karlsruhe 1978, 225 ff.

Larenz Schuldrecht, Bd. I (Allgemeiner Teil), SchR I, 14. Aufl., München 1987

Larenz/Canaris Schuldrecht, Bd. II, 2. Halbbd., SchR II/2, 13. Aufl., München 1994

Lattmann Quo Vadis D&O? – Status der Diskussionen über die D&O-Bedingungen, NVersZ 1999, 49 ff.

Latzel Die Arbeitsschuld ist keine absolute Fixschuld!, AcP 221 (2021), 881 ff.

Laufs Deliktische Haftung ohne Verschulden? – Eine Skizze, in: Lange/Nörr/Westermann (Hrsg.), FS Gernhuber, Tübingen 1993, 245 ff.

Lauterbach Unfallversicherung – SGB VII, 4. Aufl., Stuttgart/Berlin/Köln, Losebl. Stand: April 2024

Lehmacher Die Berücksichtigung des fiktiven Schmerzensgeldanspruchs des Geschädigten beim Regress des Sozialversicherungsträgers nach § 110 SGB VII, NZV 2006, 63 ff.

Leinemann Betriebsbußen – Betriebs- oder Vertragsstrafen?, AuR 1970, 134 ff.

Lemcke Die gestörte Gesamtschuld in der Personenschadenregulierung, RuS 2006, 52 ff.

Lemcke/Heß Der Regress des Sozialversicherers nach § 110 SGB VII, RuS 2007, 221 ff.

Lepa Die Haftungsersetzung gemäß §§ 636, 637 RVO in der Rechtsprechung des Bundesgerichtshofes, VersR 1985, 8 ff.

Lepa Haftungsbeschränkungen bei Personenschäden nach dem Unfallversicherungsrecht: Eine kritische Analyse der Neuregelung in §§ 104 ff. SGB VII, Berlin 2004

Leser Zu den Instrumenten des Rechtsgüterschutzes im Delikts- und Gefährdungshaftungsrecht, AcP 183 (1983), 568 ff.

Leßmann Mitarbeiter-Eigenhaftung bei der Produzentenhaftung – BGH, NJW 1975, 1827, JuS 1979, 853 ff.

Lessmann Schlechte Dienstleistung und Vergütung, in: Bichel/Hadding/Jahnke/Lüke (Hrsg.), FS Wolf, Köln/Berlin/Bonn/München 1985, 395 ff.

Leube Gesetzliche Unfallversicherung – Haftungsfreistellung bei Personenschäden im öffentlichen Dienst, ZTR 1999, 302 ff.

Leube Haftungsbegrenzung auf gemeinsamer Betriebsstätte – Begriff der „Betriebsstätte" (§ 106 Abs. 3 Alt. 3 SGB VII), VersR 2005, 622 ff.

Leube Haftungsbeschränkung bei Arbeitsunfällen im Berufssport, VersR 2008, 880 ff.

Leube Zivilrechtliche Haftung der Freiwilligen im Bundesfreiwilligendienst, ZTR 2013, 542 ff.

Leube Gesetzliche Unfallversicherung bei der Probearbeit, ZTR 2020, 508 ff.

Leuschner Das Haftungsprivileg der §§ 31a, 31b BGB, NZG 2014, 281 ff.

Lichtenberg Berufliches Haftpflichtrisiko und Versicherungsschutz des Arbeitnehmers, München 1976

Lieb „Wegfall der Arbeitskraft" und normativer Schadensbegriff, JZ 1971, 358 ff.

Lieb Kritische Gedanken zum tarifdispositiven Richterrecht, RdA 1972, 129 ff.

Lieb/Jacobs Arbeitsrecht, 9. Aufl., Heidelberg 2006

Lieder/Ceesay (Hrsg.) Hinweisgeberschutzgesetz, München 2025

Linck/Krause/Bayreuther Kündigungsschutzgesetz, Kommentar, 16. Aufl., München 2019

Lindacher Phänomenologie der „Vertragsstrafe", Frankfurt a. M. 1972

Lindemann Neuerungen im Arbeitsrecht durch die Schuldrechtsreform, AuR 2002, 81 ff.

Linthe Die versicherten Personen und Fragen der Haftung nach dem UVNG, BArbBl 1963, 343 ff.

Lipperheide Arbeitnehmerhaftung zwischen Fortschritt und Rückschritt, BB 1993, 720 ff.

Loges Duales Studium aus arbeitsrechtlicher Perspektive, Berlin 2022

Looschelders Die Mitverantwortlichkeit des Geschädigten im Privatrecht, Tübingen 1999

Looschelders/Derkum Befugnis zur Geltendmachung des Versicherungsschutzes und Rechtsmissbrauchsverbot bei der D&O-Versicherung, ZIP 2017, 1249 ff.

Looschelders/Pohlmann Versicherungsvertragsgesetz (VVG), 4. Aufl., Hürth 2023.

Lorenz Geltendmachung des Freistellungsanspruchs des Arbeitnehmers aus gefahrgeneigter Arbeit gegenüber Versicherer, NJW 1969, 471 ff.

Lorenz Probleme der beschränkten Haftung des Schiffseigners, in: Bartlsperger/Krause/Lorenz/Wiese (Hrsg.), Probleme des Binnenschiffahrtsrechts, Duisburg 1975, 49 ff.

Lorenz Zum Regreß des Gebäudeversicherers gegen den seinem Versicherungsunternehmer haftpflichtigen Mieter, VersR 1992, 399 ff.

Lorenz Zur quotalen Kürzung der Leistungspflicht des Versicherers bei grob fahrlässiger Herbeiführung des Versicherungsfalls durch den Versicherungsnehmer, in: Ahrens/Bar/Fischer/Spickhoff/Taupitz (Hrsg.), FS Deutsch, Berlin/Heidelberg 2009, 855 ff.

Lorenzen et al. Bundespersonalvertretungsgesetz (*BPersVG*), Bd. 1, Heidelberg, Losebl. Stand: Mai 2024

Loritz Die Dienstreise des Arbeitnehmers, NZA 1997, 1188 ff.

Loritz/Hecker Das Claims-made-Prinzip in der D&O-Versicherung und das deutsche AGB-Recht, VersR 2012, 385 ff.

Lörler Die Staatshaftung in der DDR, NVwZ 1990, 830 ff.

Löschnigg Arbeitsrecht, 11. Aufl., Wien 2011

Löwe Richterliche Ermäßigung des Schadensersatzes?, VersR 1970, 289 ff.

Löwisch Rechtswidrigkeit und Rechtfertigung von Forderungsverletzungen, AcP 165 (1965), 421 ff.

Löwisch Zweifelhafte Folgen des geplanten Leistungsstörungsrechts für das Arbeitsvertragsrecht, NZA 2001, 465 ff.

Löwisch Auswirkungen der Schuldrechtsreform auf das Recht des Arbeitsverhältnisses, in: Wank/Hirte/Frey/Fleischer/Thüsing (Hrsg.), FS Wiedemann, München 2002, 311 ff.

Löwisch/Arnold Zur Frage der geeigneten Arbeit bei Jugendführern der Pfadfinder, JZ 1984, 622 ff.

Löwisch/Caspers/Klumpp Arbeitsrecht, 12. Aufl., München 2019
Löwisch/Kaiser/Klumpp Kommentar zum Betriebsverfassungsgesetz (BetrVG), 8. Aufl., Frankfurt a. M. 2023
Löwisch/Rieble Tarifvertragsgesetz (TVG), 4. Aufl., München 2017
Löwisch/Würtenberger Vertragsstrafe und Betriebsstrafe im Arbeitsrecht, JuS 1970, 261 ff.
Lücke Leitende Angestellte zwischen Arbeitnehmer- und Organhaftung, NZA 2024, 1317
Lüke Arbeitsrecht: Die verschwundenen Waren, JuS 1981, 279 ff.
Lüke Die Vollstreckung des Anspruchs auf Arbeitsleistung, in: Bickel/Hadding/Jahnke/Lüke (Hrsg.), FS Wolf, Köln/Berlin/Bonn/München 1985, 459 ff.
Lunk/Rodenbusch Die Haftung des Betriebsrats und seiner Mitglieder, NJW 2014, 1989 ff.
Lutter/Hommelhoff GmbH-Gesetz (GmbHG), 21. Aufl., Köln 2023
Mädrich Haftungs- und Versicherungsrechtliche Probleme bei Kfz-Fahrgemeinschaften, NJW 1982, 859 ff.
Mann Die Haftungsbeschränkung der Pflegepersonen gegenüber den Pflegebedürftigen gem. § 106 Abs. 2 Nr. 2, §§ 104, 105 SGB VII, ZFSH/SGB 2001, 259 ff.
Marschall v. Bieberstein Haftungsbefreiung im dreispurigen Schadensausgleich, VersR 1968, 509 ff.
Marschall v. Bieberstein Der Regreß in der sozialen Unfallversicherung und in der Privatversicherung, VersR 1972, 991 ff.
Marschall v. Bieberstein Zur Anwendung der §§ 640, 641 RVO bei Amtspflichtverletzung und bei Mitverschulden des Verletzten, SGb 1974, 89 ff.
Marschall v. Bieberstein Rechtsweg und Überprüfung der Ermessensentscheidung nach § 640 RVO, JZ 1975, 118 ff.
Marschall v. Bieberstein Zur Verantwortlichkeit leitender Mitarbeiter im Produkthaftpflichtrecht, VersR 1976, 411 ff.
Marschall v. Bieberstein Schranken des Rückgriffs nach § 640 RVO gegenüber Familienangehörigen des Verletzten, SGb 1978, 177 ff.
Martin Deckung des Haftpflichtrisikos in der Sachversicherung, VersR 1974, 821 ff.
Marton Versuch eines einheitlichen Systems der zivilrechtlichen Haftung, AcP 162 (1963), 1 ff.
Maschmann Haftung und Haftungsbeschränkung bei Arbeitsunfällen nach neuem Unfallversicherungsrecht (§§ 104 ff. SGB VII), SGb 1998, 54 ff.
Mataja Das Recht des Schadenersatzes vom Standpunkt der Nationalökonomie, Leipzig 1888
Matthes Beweislast im Arbeitsgerichtsprozeß, Beweislast I, AR-Blattei D Blatt, Wiesbaden, Losebl. Stand: Mai 1973
Maultzsch Die Konstitutionalisierung des Privatrechts als Entwicklungsprozess – Vergleichende Betrachtungen zum deutschen und amerikanischen Recht, JZ 2012, 1040 ff.
Mayer-Maly Arbeitsrecht und Privatrechtsordnung, JZ 1961, 205 ff.
Mayer-Maly Die Wiederkehr der culpa levissima, AcP 163 (1964), 114 ff.
Mayer-Maly Besprechung von Gamillscheg/Hanau, Die Haftung des Arbeitnehmers, 1. Aufl., RdA 1967, 112 f.
Mayer-Maly Das Leiharbeitsverhältnis, ZfA 1972, 1 ff.
Mayer-Maly Entwurf eines Arbeitsverhältnisgesetzes (Teil II), ZAS 1976, 68 ff.
Mayer-Maly Plädoyer für den Abschied von der Gefahrgeneigtheit, in: Dieterich/Gamillscheg/Wiedemann (Hrsg.), FS Hilger/Stumpf, München 1983, 467 ff.
Mayer-Maly Die Risikohaftung des Arbeitgebers für Eigenschäden des Arbeitnehmers, NZA 1991, Beil. 3, 5 ff.
Mayer-Maly Was leisten die guten Sitten?, AcP 194 (1994), 105 ff.
Meder Risiko als Kriterium der Schadensverteilung, JZ 1993, 539 ff.
Medicus Zur deliktischen Eigenhaftung von Organpersonen, in: Pfister/Will (Hrsg.), FS Lorenz, Tübingen 1991, 155 ff.
Medicus Der Grundsatz der Verhältnismäßigkeit im Privatrecht, AcP 192 (1992), 35 ff.
Medicus/Petersen Allgemeiner Teil des BGB (BGB AT), 12. Aufl., Heidelberg 2024
Melot de Beauregard/Baur Die Haftung des leitenden Angestellten, DB 2016, 1754 ff.
Mertens Deliktsrecht und Sonderprivatrecht – Zur Rechtsfortbildung des deliktischen Schutzes von Vermögensinteressen, AcP 178 (1978), 227 ff.

Meurer Die Zulässigkeit der Abwerbung von Mitarbeitern unter lauterkeits- und vertragsrechtlichen Gesichtspunkten, Diss. Hamburg 2012

Meyer Der Schutz von Erfüllungsgehilfen vor deliktischer Haftung durch vertragliche Haftungsbeschränkungen, Bielefeld 1994

Meyer-Cording Betriebsstrafe und Vereinsstrafe im Rechtsstaat, NJW 1966, 225 ff.

Michaelis Beiträge zur Gliederung und Weiterbildung des Schadensrechts, in: Leipziger Juristenfakultät (Hrsg.), FS Siber, Bd. II, Leipzig 1943, 185 ff.

Michaelis/Oberhofer/Rose Sanktionierende und präventive Ordnungsmaßnahmen im Betrieb, ArbRGegw Bd. 19 (1981), 19 ff.

Mikosch Die Haftung des Arbeitnehmers, AuR 2002, 147 ff.

Mittelmeier Nochmals: Rechtsnatur des Regreßanspruchs der Sozialversicherungsträger (§ 640 Abs. 1 RVO), VersR 1969, 876 ff.

Mittelmeier Zur Fürsorgepflicht des Arbeitgebers und Kfz-Halters, VersR 1970, 390 ff.

Möller, Berenice Führungskräfte: Abgrenzung, kündigungsrechtliche Sonderstellung und Haftung?, NZA 2017, 1567 ff.

Möller, Hans Ausstrahlungen des § 61 VVG auf Haftungsverhältnisse, in: v. Caemmerer/Fischer/Nüßgens/Schmidt (Hrsg.), FS Hauß, Karlsruhe 1978, 251 ff.

Möllers Juristische Methodenlehre, 6. Aufl., München 2025

Moritz Das Modell einer Arbeitnehmerhaftung, DB 1985, Beil. 18

Moser Die Haftung des Filialleiters (Mankohaftung), BB 1966, 372 ff.

Motzer Die „positive Vertragsverletzung" des Arbeitnehmers, Köln/Berlin/Bonn/München 1982

Müller, Bernd/Preis Arbeitsrecht im öffentlichen Dienst, 7. Aufl., München 2009

Müller, Christoph J. Die Berufsfreiheit des Arbeitgebers, Köln 1996

Müller, Florian Verkehrsunfall als Arbeitsunfall, NZV 2001, 366 ff.

Müller, Gerda Alles oder nichts? Schadensersatz und Schadensbegrenzung in der neueren Rechtsprechung des BGH, VersR 2005, 1461 ff.

Müller, Roland Aktuelle Rechtsprechung zur Haftung des Arbeitnehmers, Mitteilungen des Schweizer Instituts für Arbeitsrecht 2006, 13 ff.

Müller, Stefan Homeoffice in der arbeitsrechtlichen Praxis: Rechtshandbuch für die Arbeit 4.0, 3. Aufl., Baden-Baden 2021

Müller, Verena Darlegung der Höhe des Schadensersatzanspruchs nach § 110 I SGB VII durch den Sozialversicherungsträger, SGb 2016, 680 ff.

Müller-Erzbach Gefährdungshaftung und Gefahrtragung, AcP 106 (1910), 309 ff.

Müller-Glöge/Preis/Gallner/Schmidt (Hrsg.) Erfurter Kommentar zum Arbeitsrecht (ErfK), 25. Aufl., München 2025

Müller-Hengstenberg/Kirn Intelligente (Software-)Agenten: Eine neue Herausforderung unseres Rechtssystems, MMR 2014, 307 ff.

Münch Die „nicht wie geschuldet" erbrachte Leistung und sonstige Pflichtverletzungen, JURA 2002, 361 ff.

Münch, v./Kunig Grundgesetz-Kommentar, Bd. I, 7. Aufl., München 2021

Münzberg Verhalten und Erfolg als Grundlagen der Rechtswidrigkeit und Haftung, Frankfurt a. M. 1966

Musielak Die Grundlagen der Beweislast im Zivilprozeß, Berlin/New York 1975

Musielak Beweislastverteilung nach Gefahrenbereichen – Eine kritische Betrachtung der Gefahrenkreistheorie des BGH, AcP 176 (1976), 465 ff.

Musielak/Voit Kommentar zur Zivilprozessordnung, 21. Aufl., München 2024

Naendrup Haftungsausschluß bei gefahrgeneigter Arbeit – BAG NJW 1983, 1693, JuS 1984, 336 ff.

Nägele Probleme beim Einsatz von Dienstfahrzeugen, NZA 1997, 1196 ff.

Natzel Die Pflichten des Auszubildenden, DB 1970, 1975 ff.

Natzel Berufsbildungsrecht, 3. Aufl., Stuttgart 1982

Neumann, Dirk Die Entwürfe zu einem Arbeitsvertragsgesetz, ArbRGegw Bd. 33 (1996), 59 ff.

Neumann, Dirk/Biebl Arbeitszeitgesetz (ArbZG), Kommentar, 16. Aufl., München 2012

Neumann, Manfred J. Der „privatrechtsintegrierte“ Verwaltungsakt – BVerwGE 38, 1, JuS 1972, 573 ff.

Neumann-Duesberg Das Haftungsbeschränkungsprinzip bei schadensgeneigter Tätigkeit außerhalb des Arbeitsverhältnisses, JZ 1964, 433 ff.

Neumann-Duesberg Rechtsnatur des Regreßanspruchs der Sozialversicherungsträger (§ 640 I RVO), VersR 1969, 103 ff.

Neuner Privatrecht und Sozialstaat, München 1999

Nickel Der Tätigkeitsschaden in der Betriebshaftpflichtversicherung, VersR 1987, 965 ff.

Niedermeyer Die „Wie-Beschäftigten“ nach § 2 Abs. 2 S. 1 SGB VII – Ein Beitrag zur Frage der Notwendigkeit einer neuen Systematisierung der bisherigen Judikatur, NZS 2010, 312 ff.

Niemann Vertragsbruch: Strafabreden in Formulararbeitsverträgen, RdA 2013, 92 ff.

Nikisch Arbeitsrecht, Bd. I, 3. Aufl., Tübingen 1961

Nipperdey Rechtswidrigkeit, Sozialadäquanz, Fahrlässigkeit, Schuld im Zivilrecht, NJW 1957, 1777 ff.

Noack/Servatius/Haas GmbHG, 23. Aufl., München 2022

Oberhofer Der Ersatzanspruch bei Schäden wegen Tätigkeit in fremdem Interesse, ÖJZ 1994, 730 ff.

Oberhofer Arbeitskollegen- und Regreßhaftung gegenüber dem Sozialversicherungsträger als „Risikoschaden“, DRdA 1995, 1 ff.

Oberhofer Die Risikohaftung wegen Tätigkeit in fremdem Interesse als allgemeines Haftungsprinzip, JBl. 1995, 217 ff.

Obermüller/Hess InsO: Eine systematische Darstellung der Insolvenzordnung unter Berücksichtigung kreditwirtschaftlicher und arbeitsrechtlicher Aspekte, Heidelberg 1995

Oeter „Drittwirkung“ der Grundrechte und die Autonomie des Privatrechts, AöR 119 (1994), 529 ff.

Oetker Arbeitsrechtlicher Bestandsschutz und Grundrechtsordnung, RdA 1997, 9 ff.

Oetker Neues zur Arbeitnehmerhaftung durch § 619a BGB?, BB 2002, 43 ff.

Oldiges Neue Aspekte der Grundrechtsgeltung im Privatrecht, in: Wendt/Höfling/Karpen/Oldiges (Hrsg.), FS Friauf, Heidelberg 1996, 281 ff.

Orth/Welkoborsky Landespersonalvertretungsgesetz Nordrhein Westfalen (LPVG NW), Kommentar für die Praxis, 5. Aufl., Köln 1993

Ossenbühl Das Staatshaftungsrecht in den neuen Bundesländern, NJW 1991, 1201 ff.

Ossenbühl/Cornils Staatshaftungsrecht, 6. Aufl., München 2013

Ostheimer Kreditversicherung, BB 1988, Beil. 12, 22 ff.

Otto, Dirk-Ulrich Ablösung der §§ 636 bis 642 RVO durch das neue Unfallversicherungsrecht, NZV 1996, 473 ff.

Otto, Dirk-Ulrich Die BGH-Rechtsprechung zur Haftungsbefreiung beim Unfall auf einer gemeinsamen Betriebsstätte, NZV 2002, 10 ff.

Otto, Hansjörg Ausgleichsansprüche des Geschäftsführers bei berechtigter Geschäftsführung ohne Auftrag, JuS 1984, 684 ff.

Otto, Hansjörg Ist es erforderlich, die Verteilung des Schadensrisikos aus unselbständiger Arbeit neu zu ordnen?, Gutachten zum 56. DJT (Berlin 1986), Teil E, München 1986

Otto, Hansjörg Die Neuerung der Haftung im Arbeitsverhältnis, in: Ministerium für Arbeit Gesundheit und Soziales des Landes NRW (Hrsg.), Arbeitsvertragsrecht – Arbeitsschutzrecht, Dokumentation der Fachtagung am 5.10.1995, Dortmund

Otto, Hansjörg Die Neuordnung der Arbeitnehmerhaftung, Brennpunkte des Arbeitsrechts 1995, S. 63 ff.

Otto, Hansjörg Zum Bestandsschutz von Arbeitsverhältnissen und zur Gültigkeit und Auslegung der Kleinbetriebsklausel, JZ 1998, 852 ff.

Otto, Hansjörg Die Grundstrukturen des neuen Leistungsstörungsrechts, JURA 2002, 1 ff.

Otto, Hansjörg Neujustierung der Risikoverteilung bei der Arbeitnehmerhaftung – Insbesondere Arbeitnehmerverschulden und Versicherung, in: Oetker/Preis/Rieble (Hrsg.), FS 50 Jahre Bundesarbeitsgericht, München 2004, 97 ff.

Otto, Hansjörg Arbeitskampf- und Schlichtungsrecht, München 2006

Otto, Hansjörg/Bieder Arbeitsrecht, 5. Aufl., Berlin/Boston 2020

Otto, Hansjörg/Schwarze, Roland Die Haftung des Arbeitnehmers, 3. Aufl., Karlsruhe 1998
Pačić Die Haftung des Arbeitnehmers im Europäischen Rechtsvergleich, Teil I: Schädigung des Arbeitgebers, EuZA 2009, 47 ff.; Teil II: Schädigung eines Dritten, EuZA 2009, 218 ff.
Pallasch Der Beschäftigungsanspruch des Arbeitnehmers, Heidelberg 1993
Pallasch Einschränkung der Arbeitnehmerhaftung für betriebliche Tätigkeiten, RdA 2013, 338 ff.
Palme Zur Mankohaftung des Arbeitnehmers, BlStSozArbR 1964, 154 ff.
Palme Zum erweiterten Haftungsausschluß des Arbeitnehmers bei gefahrgeneigter Arbeit, BlStSozArbR 1984, 337 ff.
Pander Mankohaftung und Beweislastverteilung, München 2006
Pauket § 326 Abs. 1 S. 2 BGB und die Minderung als allgemeiner Rechtsbehelf, AcP 205 (2005), 430 ff.
Pauly Haftung für Mankoschäden und innerbetrieblicher Schadensausgleich, JR 1995, 228 ff.
Pauly Grundfragen der Mankohaftung, BB 1996, 2038 ff.
Peifer Ist es erforderlich, die Verteilung des Schadensrisikos bei unselbständiger Arbeit neu zu ordnen?, DRiZ 1986, 297 ff.
Peifer Neueste Entwicklung zu Fragen der Arbeitnehmerhaftung im Betrieb, ZfA 1996, 69 ff.
Peifer Haftung des Arbeitnehmers I, AR-Blattei SD 870.1, Heidelberg, Losebl. Stand: August 2003
Peltzer Die deutsche D&O Versicherung und ihr (noch operabler) Geburtsfehler, in: Aderhold/Grunewald/Klingberg/Paefgen (Hrsg.), FS H. P. Westermann, Köln 2008, 1257 ff.
Peters Auf dem Wege zu einer allgemeinen Prozeßförderungspflicht der Parteien, in: Gottwald (Hrsg.), FS Schwab, München 1990, 399 ff.
Pfohl Zum Schadensersatzanspruch des Arbeitgebers des öffentlichen Dienstes gegen den Arbeitnehmer, ZBR 2004, 119 ff.
Picker Der negatorische Beseitigungsanspruch, Bonn 1972
Picker Positive Forderungsverletzung und culpa in contrahendo – zur Problematik der Haftungen „zwischen" Vertrag und Delikt, AcP 183 (1983), 369 ff.
Picker Vertragliche und deliktische Sonderhaftung, JZ 1987, 1041 ff.
Plagemann/Radtke-Schwenzer Gesetzliche Unfallversicherung, 2. Aufl., München 2007
Plagemann/Radtke-Schwenzer Aktuelle Entwicklungen im Recht der Gesetzlichen Unfallversicherung, NJW 2023, 1335 ff.
Plog/Wiedow/Beck/Lemhöfer Kommentar zum Bundesbeamtengesetz, Neuwied, Losebl. Stand: September 2010
Podewils Haftungsbegrenzung nach arbeitsrechtlichen Grundsätzen auch für Vorstände und Geschäftsführer?, DB 2018, 2304 ff.
Pohl Mängel bei der Erbschaftsannahme und -ausschlagung, AcP 177 (1977), 52 ff.
Popp Schadensersatz und Vertragsstrafe bei Arbeitsvertragsbruch, NZA 1988, 455 ff.
Post Zur Verwendung des Sozialstaatsarguments im Arbeitsrecht, ZfA 1978, 421 ff.
Posth Haftungsprivilegierung des Betriebsrats, Tübingen 2022
Preis Die Arbeitnehmerhaftung nach dem 56. Deutschen Juristentag, AuR 1986, 360 ff.
Preis Rechtsfortbildung im Individualarbeitsrecht, RdA 1989, 327 ff.
Preis Grundfragen der Vertragsgestaltung im Arbeitsrecht, Neuwied/Darmstadt 1993
Preis Das erneuerte BGB und das Bundesarbeitsgericht, in: Oetker/Preis/Rieble (Hrsg.), FS 50 Jahre Bundesarbeitsgericht, München 2004, 123 ff.
Preis Der Arbeitsvertrag: Handbuch der Vertragsgestaltung, 6. Aufl., Köln 2020
Preis/Elert Erweiterung der Mitbestimmung bei Gruppenarbeit?, NZA 2001, 371 ff.
Preis/Hamacher Das Recht der Leistungsstörungen im Arbeitsverhältnis, Jura 1998, 11 ff., 116 ff.
Preis/Stoffels Vertragsstrafe, AR-Blattei SD 1710, Heidelberg, Losebl. Stand: Dezember 1993
Preis/Temming Arbeitsrecht – Individualarbeitsrecht, 6. Aufl., Köln 2020
Prölss Haftpflichtversicherung als Haftpflichttatbestand, Karlsruher Forum 1959, 41 ff.
Prölss Die Beweislastverteilung nach Gefahrenbereichen, VersR 1964, 901 ff.
Prölss Beweiserleichterungen im Schadensersatzprozeß, Karlsruhe 1966

Prölss/Martin Kommentar zum Versicherungsvertragsgesetz, 32. Aufl., München 2024
Prütting Gegenwartsprobleme der Beweislast, München 1983
Prütting/Wegen/Weinreich BGB, (PWW) Kommentar, 18. Aufl., Köln 2023
Pullen Anwendbarkeit der Grundsätze der gefahrgeneigten Arbeit auf den GmbH-Geschäftsführer?, BB 1984, 989 ff.
Raape Die Beweislast bei positiver Vertragsverletzung – Zugleich ein Beitrag zur Überlassung von Sachen von gefahrdrohender Beschaffenheit, AcP 147 (1941), 217 ff.
Rabe/Bahnsen Seehandelsrecht, Fünftes Buch des Handelsgesetzbuches mit Nebenvorschriften und internationalen Übereinkommen, 5. Aufl., München 1918
Ramm Die Aufspaltung der Arbeitgeberfunktionen (Leihverhältnis, mittelbares Arbeitsverhältnis und Gesamthafenarbeitsverhältnis), ZfA 1973, 263 ff.
Ramm (Hrsg.) Entwürfe zu einem Deutschen Arbeitsvertragsgesetz, Frankfurt a. M. 1992
Reichenbach Das Tatbestandsmerkmal der Pflichtverletzung im neuen Leistungsstörungsrecht, JURA 2003, 512
Reichold Geschäftsbesorgung im Arbeitsverhältnis, NZA 1994, 488 ff.
Reichold Anmerkungen zum Arbeitsrecht im neuen BGB, ZTR 2002, 202 ff.
Rein Die Schmerzensgeldfrage bei Arbeitsunfällen, BB 1968, 44 ff.
Reinecke Die Beweislastverteilung im Bürgerlichen Recht und im Arbeitsrecht als rechtspolitische Regelungsaufgabe, Berlin 1976
Reinecke Die Mankohaftung des Arbeitnehmers, ZfA 1976, 215 ff
Reinecke Kontrolle Allgemeiner Arbeitsbedingungen nach dem Schuldrechtsmodernisierungsgesetz, DB 2002, 583 ff.
Reinhardt, Michael Die Umkehr der Beweislast aus verfassungsrechtlicher Sicht, NJW 1994, 93 ff.
Reinhardt, Uwe Die Haftung des Arbeitnehmers nach den Vorstellungen des Gesetzgebers des BGB und seiner Zeit (von der Pandektistik bis 1918), RdA 1965, 259 ff.
Reinhardt, Uwe Die dogmatische Begründung der Haftungsbeschränkung des Arbeitnehmers, Göttingen 1977
Reiserer/Tormählen Die Haftung leitender Angestellter – gilt die Arbeitnehmerprivilegierung oder droht die Organhaftung?, BB 2023, 1396
Remé Unfallversicherungsschutz bei Wegen zwischen einem dritten Ort und dem Ort der Tätigkeit, SGb 2020, 352 ff.
Reuter Zur Vereinsrechtsreform 2009, NZG 2009, 1368 ff.
Richardi Richterrecht und Tarifautonomie, in: Hueck/Richardi (Hrsg.), GS Dietz, München 1973, 269 ff.
Richardi Arbeitsrecht und Zivilrecht, ZfA 1974, 3 ff.
Richardi Ist es erforderlich, die Verteilung des Schadensrisikos bei unselbständiger Arbeit neu zu ordnen?, JZ 1986, 796 ff.
Richardi Abschied von der gefahrgeneigten Arbeit als Voraussetzung für die Beschränkung der Arbeitnehmerhaftung, NZA 1994, 241 ff.
Richardi Leistungsstörungen und Haftung im Arbeitsverhältnis nach dem Schuldrechtsmodernisierungsgesetz, NZA 2002, 1004 ff.
Richardi „Die im Arbeitsrecht geltenden Besonderheiten" als integraler Bestandteil der Zivilrechtsordnung, in: Lobinger/Richardi/Wilhelm (Hrsg.), FS Picker, Tübingen 2010, 1095 ff.
Richardi (Hrsg.) Betriebsverfassungsgesetz, 17. Aufl., München 2022
Richardi/Dörner/Weber Personalvertretungsrecht: Bundespersonalvertretungsgesetz, 6. Aufl., München 2024
Richardi/Wlotzke (Hrsg.) Münchener Handbuch zum Arbeitsrecht (MHdB ArbR), Bd. 1, Individualarbeitsrecht, 2. Aufl., München 2000
Richter/Furubotn Neue Institutionenökonomik, 4. Aufl., Tübingen 2010
Ricke Haftungsbeschränkung nach §§ 104 ff. SGB VII – Neue Abgrenzung der Wegearten (§ 8 Abs. 1 und 2 SGB VII) und zivilgerichtliche Unsicherheiten, VersR 2003, 540 ff.

Ricke Haftungsbeschränkung nach § 104 SGB VII für „weitere" Unternehmer – zum Meinungsumschwung des BGH – NZS 2011, 454 ff.

Ricke „Gebrochenes Bein im Home Office ist kein Arbeitsunfall" – Vermischtes zum Urteil des 2. Senats des BSG vom 5.7.2016, WzS 2017, 9 ff.

Ricke Corona, Arbeitsunfall und Berufskrankheit, COVuR 2020, 342 ff.

Ricken (Hrsg.) Beck'scher Online-Kommentar Bundespersonalvertretungsgesetz (BeckOK BPersVG), München (Stand: 10/2024)

Rieble Sprache und Sprachrisiko im Arbeitsrecht, in: Rieble (Hrsg.), FS Löwisch, München 2007, 229 ff.

Riedmaier Zum innerbetrieblichen Schadensausgleich bei gefahrgeneigter Arbeit, BB 1979, 1513 ff.

Rietschel Sind Schmerzensgeldansprüche bei Arbeits- und Dienstunfällen ausgeschlossen?, JZ 1955, 35 ff.

Roberto Gedanken zur Haftung des Arbeitnehmers, in: Becker/Hilty/Stöckli/Würtenberger (Hrsg.), FS Rehbinder, München/Bern 2002, 91 ff.

Roberto/Schister Eingeschränkte Arbeitnehmerhaftung, in: Müller/Pärli/Wildhaber (Hrsg.), FS Geiser, Zürich/St. Gallen 2017, 381 ff.

Roetteken, v. Rechtsprechung zum Personalvertretungsrecht im Jahr 2005, PersR 2005, 481 ff.

Rogge Verkehrssicherungspflichten der Arbeitnehmer auf Baustellen – OLG Düsseldorf BauR 1993, 617, JuS 1995, 581 ff.

Rolfs Der Personenschaden des Arbeitnehmers, Haftung des Arbeitgebers II, AR-Blattei, SD 860.2, Heidelberg, Losebl. Stand: November 1995

Rolfs Haftung unter Arbeitskollegen und verwandte Tatbestände, Karlsruhe 1995

Rolfs Die Neuregelung der Arbeitgeber- und Arbeitnehmerhaftung bei Arbeitsunfällen durch das SGB VII, NJW 1996, 3177 ff.

Rolfs/Giesen/Meßling/Udsching (Hrsg.) Beck'scher Online-Kommentar Arbeitsrecht (BeckOK ArbR), München (Stand: 12/2024)

Rolfs/Giesen/Meßling/Udsching (Hrsg.) Beck'scher Online-Kommentar Sozialrecht (BeckOK SozR), München (Stand: 03/2024)

Roller Die Arbeitsadäquanz von Schäden, Diss. Köln 1966

Rosenberg Die Beweislast auf der Grundlage des Bürgerlichen Gesetzbuches und der Zivilprozeßordnung, 5. Aufl., München/Berlin 1965

Rother Die Haftungsbeschränkung im Schadensrecht, München/Berlin 1965

Rottmüller Zur Anwendung der „Tätigkeitsklausel" in § 4 I Nr. 6 b AHB, VersR 1986, 843 ff.

Ruff Mankohaftung im Arbeitsrecht, Berlin 2001

Ruffert Vorrang der Verfassung und Eigenständigkeit des Privatrechts, Tübingen 2001

Rümelin Schadensersatz ohne Verschulden, Tübingen 1910

Rupp Vom Wandel der Grundrechte, AöR 101 (1976), 161 ff.

Rüthers Probleme der Organisation des Weisungsrechts und der Haftung bei Gruppenarbeit, ZfA 1977, 1 ff.

Rüthers/Fischer/Birk Rechtstheorie, 12. Aufl., München 2022

Sachs *Grundgesetz*, Kommentar, 10. Aufl., München 2024

Sadowski/Walwei Die ökonomische Analyse des Arbeitsrechts, in: Beiträge zur Arbeitsmarkt- und Berufsforschung Bd. 259, Nürnberg 2002

Säcker/Rixecker/Oetker/Limperg/Schubert (Hrsg.) Münchener Kommentar zum Bürgerlichen Gesetzbuch (MünchKommBGB), Bd. 1 (§§ 1–240), 9. Aufl., München 2021

Säcker/Rixecker/Oetker/Limperg/Schubert (Hrsg.) Münchener Kommentar zum Bürgerlichen Gesetzbuch (MünchKommBGB), Bd. 2 (§§ 241–310), 9. Aufl., München 2022

Säcker/Rixecker/Oetker/Limperg/Schubert (Hrsg.) Münchener Kommentar zum Bürgerlichen Gesetzbuch (MünchKommBGB), Bd. 3 (§§ 311–432), 9. Aufl., München 2022

Säcker/Rixecker/Oetker/Limperg/Schubert (Hrsg.) Münchener Kommentar zum Bürgerlichen Gesetzbuch (MünchKommBGB), Bd. 5 (§§ 535–630 h), 9. Aufl., München 2023

Säcker/Rixecker/Oetker/Limperg/Schubert (Hrsg.) Münchener Kommentar zum Bürgerlichen Gesetzbuch (MünchKommBGB), Bd. 6 (§§ 631–704), 9. Aufl., München 2023

Säcker/Rixecker/Oetker/Limperg/Schubert (Hrsg.) Münchener Kommentar zum Bürgerlichen Gesetzbuch (MünchKommBGB), Bd. 7 (§§ 705 – 853), 9. Aufl., München 2024

Säcker/Rixecker/Oetker/Limperg/Schubert (Hrsg.) Münchener Kommentar zum Bürgerlichen Gesetzbuch, (MünchKommBGB) Bd. 13 (Internationales Privatrecht), 9. Aufl., München 2025

Saller/Winter Haftung und Versicherung beim Autokranunfall (Teil I und II), VersR 1997, 1191 ff. und 1459 ff.

Sanden Versicherungsschutz bei Ansprüchen aus § 640 RVO, VersR 1968, 12 ff.

Sandmann Die Haftung von Arbeitnehmern, Geschäftsführern und leitenden Angestellten, Tübingen 2001

Saum Nach § 637 I RVO haftungsfrei sind nicht nur die in „demselben Betrieb“, sondern alle in demselben Unternehmen Tätigen, SozVers 1979, 176 ff.

Saum § 640 RVO und § 67 Abs. 2 VVG – eine Klarstellung, VersR 1979, 698 ff.

Schack, Axel Gruppenarbeit, Mitarbeitsverhältnis und die Arbeitsrechtsordnung, Berlin 1997

Schack, Haimo Schutzzweck als Mittel der Haftungsbegrenzung im Vertragsrecht, JZ 1986, 305 ff.

Schäfer/Ott Lehrbuch der ökonomischen Analyse des Zivilrechts, 6. Aufl., Berlin 2021

Schaub Arbeitsrechts-Handbuch, 20. Aufl., München 2023

Scheel Versicherbarkeit und Prävention – Ökonomische Analyse eines Zielkonflikts, Heidelberg 1999

Scheuerle Der arbeitsbedingte Fahrlässigkeitsbegriff und das Problem des innerbetrieblichen Schadensausgleichs, RdA 1958, 247 ff.

Schiffauer Das Verhältnis von arbeitsrechtlichem Freistellungsanspruch und dem Rückgriffsanspruch des Trägers der Unfallversicherung aus § 640 RVO, NJW 1974, 983 f.

Schlachter Das Recht der Arbeitnehmerhaftung bei Verzicht auf die „Gefahrgeneigtheit“ der Beschäftigung, in: Bauer/Werner (Hrsg.), FS OLG Jena, München 1994, 253 ff.

Schlechtriem Abgrenzungsfragen bei der positiven Vertragsverletzung, VersR 1973, 581 ff.

Schlodder Der Arbeitsvertrag im neuen Schuldrecht: Auswirkungen des Schuldrechtsmodernisierungsgesetzes auf das Arbeitsrecht, Diss. Heidelberg 2004

Schmalzl Die Haftung des Unternehmers nach dem UVNG, NJW 1963, 1706 ff.

Schmalzl Die Berufshaftpflichtversicherung des Architekten und des Bauunternehmers, München 1989

Schmidt, Eike Athenäum-Zivilrecht, Bd. I, Grundlagen des Vertrags- und Schuldrechts, Frankfurt a. M. 1972

Schmidt, Karl Heinrich Der praktische Fall: Arbeitsrechtsklausur. Die unzuverlässige Estrichkolonne, JuS 1966, 486 ff.

Schmidt, Karsten Grundlagen im Zivil- und Versicherungsrecht, Karlsruher Forum 1993, 4 ff.

Schmidt-Bleibtreu/Klein (Hrsg.) Grundgesetz Kommentar, 15. Aufl., Köln 2022

Schmidt-Salzer Drittwirkung von Freizeichnungsklauseln?, BB 1969, 297 ff.

Schmitt, Jochem Entgeltfortzahlungsgesetz (EFZG), 9. Aufl., München 2023

Schmitt, Laura Die Haftung betriebsverfassungsrechtlicher Gremien und ihrer Mitglieder, Diss. Baden-Baden 2017

Schnapp Was können wir über das Sozialstaatsprinzip wissen?, JuS 1998, 873 ff.

Schnauder Die Grundsätze der gefahrgeneigten Arbeit, JuS 1995, 594 ff.

Schneider, Martin/Sadowski Ökonomische Analyse der Arbeitnehmerhaftung, in: Ott/Schäfer (Hrsg.), Beiträge zum VII. Travemünder Symposium zur ökonomischen Analyse des Rechts (22. – 25. März 2000), Tübingen 2001, 112 ff.

Schneider, Uwe H. Haftungsmilderung für Vorstandsmitglieder und Geschäftsführer bei fehlerhafter Unternehmensleitung?, in: Hadding/Immenga/Mertens/Pleyer (Hrsg.), FS Werner, Berlin/New York 1984, 795 ff.

Schneider, Uwe H./Ihlas Die Vermögensschaden-Haftpflichtversicherung des Geschäftsführers einer GmbH, DB 1994, 1123 ff.

Schneider, Winfried-Thomas Wie „privat“ muss es sein?, VersR 2020, 667 ff.

Schnellenbach Zum Inhalt der Mitbestimmung bei der Geltendmachung von Ersatzansprüchen, PersV 1991, 457 ff.

Schnellenbach/Bodanowitz Beamtenrecht in der Praxis, 11. Aufl., München 2024

Schnorbus Entwicklung und aktuelle Probleme der Arbeitnehmerhaftung, MDR 1994, 961 ff.

Schnorr von Carolsfeld Arbeitsrecht, 2. Aufl., Göttingen 1954
Schnupp Neuerungen im Haftungsrecht der Beamten – Inanspruchnahme und Rückgriff nicht mehr bei einfacher Fahrlässigkeit, PersV 1994, 66 ff.
Schoch/Eifert (Hrsg.) Besonderes Verwaltungsrecht, 2. Aufl., Berlin 2023
Scholl D&O-Versicherung, München, 2022
Scholz, Franz Kommentar zum *GmbHG*, Bd. 1 (§§ 1–34), 13. Aufl., Köln 2024
Scholz, Rupert Die rechtliche Ordnung der Betriebsjustiz, in: Kaiser/Metzger-Pregizer (Hrsg.), Betriebsjustiz, Juristischer Teil, Kapitel 11, Berlin 1976
Schönberger/Radek Nochmals: Das Schmerzensgeld bei Querschnittslähmung, NJW 1971, 1072
Schrammel Haftungsmilderung „bei" Erbringung der Dienstleistung, ZAS 1985, 203 ff.
Schubert Der *Schutz der arbeitnehmerähnlichen Person*, München 2004
Schultz Die Rechtslage des durch Arbeitsunfall verletzten Arbeitnehmers, JR 1960, 361 ff.
Schumacher Die privilegierte Haftung des Arbeitnehmers: Ausgestaltung – dogmatische Grundlage – Abdingbarkeit, Berlin 2012
Schumann Abschied von der Betriebsjustiz, in: Hueck/Richardi (Hrsg.), GS Dietz, München 1973, 323 ff.
Schüren/Hamann (Hrsg.) Kommentar zum Arbeitnehmerüberlassungsgesetz, (AÜG), 6. Aufl., München 2022
Schütz/Maiwald/Brockhaus (Hrsg.) Beamtenrecht des Bundes und der Länder, Bd. 1, Kommentar, 5. Aufl., Heidelberg, Losebl. Stand: Juni 2013
Schütze (Hrsg.) SGB X – Sozialverwaltungsverfahren und Sozialdatenschutz – Kommentar (Schütze, SGB X), 9. Aufl., München 2020
Schwab Zur Abkehr moderner Beweislastlehren von der Normentheorie, in: Frisch/Schmidt (Hrsg.), FS Bruns, Köln/Berlin/Bonn/München 1978, 505 ff.
Schwab Arbeitnehmerhaftung im Auszubildendenverhältnis, AiB 2003, 316 ff.
Schwab Die Haftung des Leiharbeitnehmers, NZA-RR 2017, 517 ff.
Schwarze Der Betriebsrat im Dienst der Tarifvertragsparteien, Berlin 1991
Schwarze Die Grundrechtsbindung der Tarifnormen aus der Sicht grundrechtlicher Schutzpflichten, ZTR 1996, 1 ff.
Schwarze Ersatzanspruch eines Musikers wegen Beschädigung seines Violabogens, RdA 2001, 178 ff.
Schwarze Arbeitnehmerbegriff und Vertragstheorie, ZfA 2005, 81 ff.
Schwarze „Steht und fällt" – Das Rätsel der relativen Fixschuld, AcP 207 (2007), 437 ff.
Schwarze Eigenschaden des Arbeitnehmers bei Rufbereitschaft, RdA 2012, 317 ff.
Schwarze Der „Kernbereich des Arbeitsvertrages", RdA 2012, 321 ff.
Schwarze Das Fehlverhalten des Arbeitnehmers beim Ersatz von Eigenschäden, RdA 2013, 140 ff.
Schwarze Die „arbeitsgleiche Durchführung" eines Tätigkeitsverhältnisses (§ 611 a Abs. 1 S. 6 BGB), RdA 2016, 38 ff.
Schwarze Der unfallversicherungsrechtliche Regress (§ 110 SGB VII) im Spiegel aktueller Rechtsprechung, SR 2017, 129 ff.
Schwarze Innerbetriebliche Schadensregulierung bei mitwirkenden privaten Schadensursachen, NZA 2018, 65 ff.
Schwarze Der Betriebsrat als Vertragshelfer, in: Gräfl/Lunk/Oetker/Trebinger (Hrsg.), 100 Jahre Betriebsverfassungsrecht, München 2020, 717 ff.
Schwarze Das Recht der Leistungsstörungen, 3. Aufl., Berlin/Boston 2022
Schwarze Der arbeitsrechtliche Schadensausgleich bei betriebsexterner Arbeit, ZFA 2024, 79 ff.
Schwarze Arbeitsrechtliche Probleme von KI und Robotik, in: Ebers/Heinze/Steinrötter (Hrsg.), KI und Robotik, 2. Aufl., im Erscheinen
Schweer/Todorow Freistellungsansprüche bei streitiger Hauptforderung, NJW 2013, 2072 ff.
Schwerdtner Die Garantie des Rechts auf Arbeit – Ein Weg zur Knechtschaft?, ZfA 1977, 47 ff.
Schwerdtner Grenzen der Vereinbarungsfähigkeit von Vertragsstrafen im Einzelarbeitsverhältnis, in: Dieterich/Gamillscheg/Wiedemann (Hrsg.), FS Hilger/Stumpf, München 1983, 631 ff.
Schwerdtner Gefahrgeneigte Arbeit und Kaskoversicherung, DB 1988, 1799 ff.

Schwirtzek Die Mankohaftung im Arbeitsverhältnis, Potsdam 2003
Schwirtzek Mankoabreden nach der Schuldrechtsreform, NZA 2005, 437 ff.
Schwitanski Deliktsrecht, Unternehmensschutz und Arbeitskampfrecht, Berlin 1986
Seewald Ist es erforderlich, die Verteilung des Schadensrisikos aus unselbständiger Arbeit neu zu ordnen? Gutachten zum 56. DJT (Berlin 1986), Teil F, München 1986
Seitz Die Ersatzansprüche der Sozialversicherungsträger nach §§ 640 und 1542 RVO, 2. Aufl., Berlin 1964
Selb Mehrheiten von Gläubigern und Schuldnern, Tübingen 1984
Servatius Die Haftung des Arbeitnehmers für Nicht- und Schlechtleistung, JURA 2005, 838 ff.
Sieg Haftungsersetzung durch Versicherungsschutz?, ZHR 113 (1950), 95 ff.
Sieg Ausstrahlungen der Haftpflichtversicherung, Hamburg 1952
Sieg Der Einwand des Mitverschuldens gegenüber dem Anspruch aus § 903 RVO, DB 1960, 1327 ff.
Sieg Der Einfluß der Unfallversicherung auf Schadensersatzansprüche aus Anlaß eines Arbeitsunfalls, JZ 1960, 436 f.
Sieg Verschulden von Berufsgenossenschaft und Unternehmer bei Arbeitsunfall, BB 1963, 1340 f.
Sieg Ausstrahlungen der Vertrauensschaden-Versicherung auf die Mankohaftung im Arbeitsverhältnis, ZVersWiss 52 (1963), 265 ff.
Sieg Soziale Einschläge in der Individualversicherung, BB 1972 Beil. 3, 3 ff.
Sieg Kritische Betrachtungen zur Regreßverdrängung, VersR 1973, 194 ff.
Sieg Die Versicherbarkeit als Beurteilungsfaktor für die Zulässigkeit von Haftungsüberwälzungen, BB 1994, 299 ff.
Sieg Betrachtungen zu §§ 636, 637 RVO und den beamtenrechtlichen Parallelvorschriften, SGb 1994, 613 ff.
Sieg Versicherungsfragen zur Haftung von Arbeitnehmern und Organwaltern gegenüber den Geschäftspartnern ihres Unternehmens, BB 1996, 71 ff.
Sieg Zur Außenhaftung des GmbH-Geschäftsführers und zu ihrer Deckung durch Versicherung, VersR 1996, 1210 ff.
Siegel Das Regressverzichtsabkommen der Feuerversicherer, VersR 2009, 46 ff.
Siemes Die hinreichend begründete Annahme des Whistleblowers nach Art. 6 Abs. 1 lit. a Richtlinie (EU) 2019/1937 – Auslegung und Umsetzung, CCZ 2022, 293 ff.
Singer Vertragsfreiheit, Grundrechte und der Schutz der Menschen vor sich selbst, JZ 1995, 1133 ff.
Singer/Schiffer Sanktionen für Schlechtleistungen von Arbeitnehmern, JA 2006, 833 ff.
Slapnicar Neue Tendenzen beim innerbetrieblichen Schadensausgleich, BB 1986, 868 ff.
Slapnicar/Reuter Gefährdungshaftung für die Betriebsgefahr im innerbetrieblichen Schadensausgleich – Konzeptionelle und strukturelle Veränderungen für die Arbeitnehmerhaftung, JA 1986, 472 ff.
Slapnicar/Reuter Neues Modell einer Arbeitnehmerhaftung im innerbetrieblichen Schadensausgleich, AuR 1986, 257 ff.
Slapnicar/Reuter Zum Kodifikationsbedarf der Arbeitnehmerhaftung „Ein weiteres Kapitel zu einer unendlichen Geschichte“, AuR 1992, 33 ff.
Soergel Bürgerliches Gesetzbuch, Bd. 3/2 (§§ 243–304), 13. Aufl., Stuttgart 2014
Soergel Bürgerliches Gesetzbuch, Bd. 5/2, Schuldrecht 3/2 (§§ 320–327), 13. Aufl., Stuttgart 2005
Soergel Bürgerliches Gesetzbuch, Bd. 5/3, Schuldrecht 3/3 (§§ 328–432), 13. Aufl., Stuttgart 2010
Soergel Bürgerliches Gesetzbuch, Bd. 4/1, Schuldrecht III/1 (§§ 516–651), 12. Aufl., Stuttgart/Berlin/Köln/Mainz 1997
Soergel Bürgerliches Gesetzbuch, Bd. 8 (§§ 535–610), 13. Aufl., Stuttgart 2007
Soergel Bürgerliches Gesetzbuch, Bd. 12, Schuldrecht 10 (§§ 823–853, ProdHG, UmweltHG), 13. Aufl., Stuttgart 2005
Soergel Bürgerliches Gesetzbuch, Bd. 14, Sachenrecht 1 (§§ 854–984 BGB), 13. Aufl., Stuttgart 2002
Söllner „Ohne Arbeit kein Lohn“, AcP 167 (1967), 132 ff.
Söllner Vertragsstrafe im Arbeitsrecht, AuR 1981, 97 ff.
Söllner Zur Verfassungs- und Gesetzestreue im Arbeitsrecht, RdA 1985, 328 ff.
Sommer Arbeitnehmerhaftung und Kaskoversicherung, NZA 1990, 837 ff.

Spellbrink Gibt es eine neue BSG-Rechtsprechung zur Kausalitätsprüfung in der Gesetzlichen Unfallversicherung?, SGb 2017, 1 ff.

Spickhoff Medizinrecht, 4. Aufl., München 2022

Starck Verfassungsgerichtsbarkeit und Fachgerichte, JZ 1996, 1033 ff.

Stathopoulos Bemerkungen zum Verhältnis zwischen Fahrlässigkeit und Rechtswidrigkeit im Zivilrecht, in: Canaris/Diederichsen (Hrsg.), FS Larenz, München 1983, 631 ff.

Staub Handelsgesetzbuch, Staub Großkommentar (§§ 425 – 452), 4. Aufl. Berlin/New York 2004

Staudinger, v. Bürgerliches Gesetzbuch, §§ 21 – 79, Berlin Neubearbeitung 2019

Staudinger, v. Bürgerliches Gesetzbuch, §§ 241 – 243, Berlin Neubearbeitung 2019

Staudinger, v. Bürgerliches Gesetzbuch, §§ 249 – 254, Berlin Neubearbeitung 2021

Staudinger, v. Bürgerliches Gesetzbuch, §§ 255 – 304, Berlin Neubearbeitung 2019

Staudinger, v. Bürgerliches Gesetzbuch, §§ 305 – 310; UKlaG, Berlin Neubearbeitung 2022

Staudinger, v. Bürgerliches Gesetzbuch, Anh zu §§ 305 – 310, Berlin Neubearbeitung 2022

Staudinger, v. Bürgerliches Gesetzbuch, §§ 311, 311a–c, Berlin Neubearbeitung 2023

Staudinger, v. Bürgerliches Gesetzbuch, §§ 315 – 326, Berlin Neubearbeitung 2020

Staudinger, v. Bürgerliches Gesetzbuch, §§ 328 – 345, Berlin Neubearbeitung 2020

Staudinger, v. Bürgerliches Gesetzbuch, §§ 397 – 432, Berlin Neubearbeitung 2022

Staudinger, v. Bürgerliches Gesetzbuch, §§ 611 – 613, Berlin Neubearbeitung 2022

Staudinger, v. Bürgerliches Gesetzbuch, §§ 613a–619a, Berlin Neubearbeitung 2022

Staudinger, v. Bürgerliches Gesetzbuch, §§ 620 – 630, Berlin Neubearbeitung 2022

Staudinger, v. Bürgerliches Gesetzbuch, §§ 631 – 650v, Berlin Neubearbeitung 2019

Staudinger, v. Bürgerliches Gesetzbuch, §§ 652 – 705, Berlin Neubearbeitung 2006

Staudinger, v. Bürgerliches Gesetzbuch, §§ 662 – 675b, Berlin Neubearbeitung 2017

Staudinger, v. Bürgerliches Gesetzbuch, §§ 677 – 704, Berlin Neubearbeitung 2020

Staudinger, v. Bürgerliches Gesetzbuch, §§ 823 E-I, 824, 825, Berlin Neubearbeitung 2021

Staudinger, v. Bürgerliches Gesetzbuch, §§ 839, 839a, Berlin Neubearbeitung 2020

Staudinger, v. Bürgerliches Gesetzbuch, §§ 985 – 1011, Berlin Neubearbeitung 2023

Staudinger, v. Bürgerliches Gesetzbuch, Art. 1, 2, 50 – 218 EGBGB, Berlin Neubearbeitung 2013

Staudinger/Halm/Wendt Versicherungsrecht, NomosKommentar (NK-Vers), 3. Aufl., Baden-Baden 2023

Stebut, v. Leistungsstörungen im Arbeitsverhältnis, RdA 1985, 66 ff.

Stehl Gesamtschuldnerische Haftung der Arbeitnehmer einer Akkordkolonne wegen Schlechtarbeit, DB 1969, 348 ff.

Stehl Die Beweislast bei positiver Vertragsverletzung im Arbeitsverhältnis, AuR 1970, 257 ff.

Stehl Versicherung des Arbeitnehmers gegen Haftpflichtansprüche, BlStSozArbR 1970, 284 ff.

Stein, Axel Arbeitsvertragsbruch und formularmäßige Vertragsstrafe, BB 1985, 1402 f.

Stein, Friedrich/Jonas ZPO, Kommentar, Bd. 4, 23. Aufl., Tübingen 2014

Steindorff Fahrlässigkeit der Arbeitnehmer, JZ 1959, 1 ff.

Steindorff Wertersatz für Schäden als Aufwendungsersatz im Arbeits- und Handelsrecht, in: v. Caemmerer/Nikisch/Zweigert (Hrsg.), FS Dölle, Bd. I, Tübingen 1963, 273 ff.

Steindorff Bemerkungen zur Haftung des Arbeitnehmers für den von ihm verursachten Schaden, AuR 1966, 65 ff.

Steindorff Die Anwaltssozietät, in: Lutter/Stimpel/Wiedemann (Hrsg.), FS Fischer, Berlin/New York 1979, 747 ff.

Stern/Sodan/Möstl (Hrsg.) Staatsrecht, Bd. I, 2. Aufl., München 2022

Stern-Krieger/Arnau Neuregelung der gesetzlichen Unfallversicherung im SBG VII unter Berücksichtigung des zivilrechtlichen Haftungsrechts, VersR 1997, 408 ff.

Stiefel/Maier Kraftfahrtversicherung – Kommentar zu den AKB, 19. Aufl., München 2017

Stiemerling „Künstliche Intelligenz" – Automatisierung geistiger Arbeit, Big Data und das Internet der Dinge, CR 2015, 762 ff.

Stöber Die Verjährung von Ansprüchen auf Schadensersatz statt der Leistung, ZGS 2005, 290 ff.

Stoffels Der Vertragsbruch des Arbeitnehmers, Heidelberg 1994

Stoffels AR-Blattei, SD 870.2 Haftung des Arbeitnehmers II: Mankohaftung, Heidelberg, Losebl. Stand: August 1999

Stoffels Grundfragen der Inhaltskontrolle von Arbeitsverträgen, ZfA 2009, 861 ff.

Stoffels AGB-Recht, 5. Aufl., München 2024

Stoll Unrechtstypen bei der Verletzung absoluter Rechte, AcP 162 (1963), 203 ff.

Stoll Die Beweislastverteilung bei positiven Vertragsverletzungen, in: Esser/Thieme (Hrsg.), FS v. Hippel, Tübingen 1967, 517 ff.

Stoll Haftungsverlagerung durch beweisrechtliche Mittel, AcP 176 (1976), 145 ff.

Stollenwerk Mankohaftung – Sondergebiet oder Fallgruppe?, Hamburg 2002

Straub Delikte im Unternehmen – Haftungsfolgen und Schadensersatz, in: Baeck/Hauck/Preis/Rieble/Röder/Schunder (Hrsg.), FS Bauer, München 2010, 1009 ff.

Sutschet Neuere Entwicklungen der Arbeitnehmerhaftung, Jahrbuch Junger Zivilrechtswissenschaftler, Stuttgart/München/Hannover/Berlin/Weimar/Dresden 2003, 269 ff.

Tamm Ist die Haftungsbefreiung des Unternehmers gemäß § 898 RVO noch heute vertretbar?, RdA 1960, 412 ff.

Taube Die Haftung des Arbeitnehmers nach der Schuldrechtsreform, Frankfurt a. M. 2005

Taupitz Haftungsausschluß zugunsten und zu Lasten Dritter nach den allgemeinen Energieversorgungsbedingungen?, VersR 1982, 315 ff.

Thiele Leistungsstörung und Schutzpflichtverletzung, JZ 1967, 649 ff.

Thomas/Putzo Zivilprozessordnung, 45. Aufl., München 2024

Thümmel/Sparberg Haftungsrisiken der Vorstände, Geschäftsführer, Aufsichtsräte und Beiräte sowie deren Versicherbarkeit, DB 1995, 1013 ff.

Thüsing Die Versicherung des Wegeunfalls gemäß § 8 Abs. 2 SGB VII, SGb 2000, 595 ff.

Thüsing AGB-Kontrolle im Arbeitsrecht, München 2007

Thüsing (Hrsg.) Arbeitnehmerüberlassungsgesetz, 4. Aufl., München 2018

Thüsing (Hrsg.) Hinweisgeberschutzgesetz, München 2024

Thüsing/Leder Gestaltungsspielräume bei der Verwendung vorformulierter Arbeitsvertragsbedingungen – Besondere Klauseln, BB 2005, 1563 ff.

Tillmanns Strukturfragen des Dienstvertrages: Leistungsstörungen im freien Dienstvertrag und Arbeitsvertrag, Tübingen 2007

Tischendorf Zum Begriff der Gefahrengemeinschaft und seiner Bedeutung bei der Auslegung und Anwendung des § 106 Abs. 3 Alt. 3 SGB VII, VersR 2003, 1361 ff.

Towfigh/Petersen Ökonomische Methoden im Recht, 3. Aufl., Tübingen 2023

Traeger Kausalbegriff im Zivil- und Strafrecht, Marburg 1904

Tröger Arbeitsteilung und Vertrag, Tübingen 2012

Tuhr, v. Actio in rem verso, Freiburg i. Br. 1895

Ullrich Lohngewähr oder Mängelgewährleistung zu Lohnanspruch bei unsorgfältiger Dienstleistung, NJW 1984, 585 ff.

Ulmer Die deliktische Haftung aus der Übernahme von Handlungspflichten, JZ 1969, 163 ff.

Ulmer Haftungsfreistellung bis zur Grenze grober Fahrlässigkeit bei unternehmerischen Fehlentscheidungen von Vorstand und Aufsichtsrat, DB 2004, 859 ff.

Ulmer/Brandner/Hensen AGB-Recht, 13. Aufl., Köln 2022

Ulrich Das Schmerzensgeld bei Querschnittslähmung, NJW 1970, 1956 ff.

Ulrich Die Verfassungswidrigkeit des Ausschlusses von Schmerzensgeldansprüchen bei Arbeitsunfällen, BB 1972, 43 ff.

Unger Neue Haftungsbegrenzungen für ehrenamtlich tätige Vereins- und Stiftungsvorstände, NJW 2009, 3269 ff.

Vatter Der Regress der Sozialversicherungsträger gemäß § 110 SGB VII in den Fällen der Entsperrung der Haftungsprivilegierung, RuS-Beil. 2011, 122 ff.

Voigt, Wilhelm Freistellungsanspruch des auf Ersatz in Anspruch genommenen Kraftfahrers und Versicherungsschutz aufgrund der Güterschadenhaftpflichtversicherung, VersR 1972, 1005 ff.
Voigt, Peter Homeoffice ≠ Mobile Arbeit, AuR 2018, 452 ff.
Vollmar Haftungsfragen im neuen Unfallversicherungs-Neuregelungsgesetz (UVNG), VersR 1964, 29 f.
Vollmer Haftungsbefreiende Übertragung von Verkehrssicherungspflichten, JZ 1977, 371 ff.
Vossen Tarifdispositives Richterrecht, Berlin 1974
Waas Das sogenannte „mittelbare Arbeitsverhältnis", RdA 1993, 153 ff.
Wacke Ursprung der eingeschränkten Arbeitnehmerhaftung, RdA 1987, 321 ff.
Wadle Alles-oder-Nichts-Prinzip und Reduktionsklausel, VersR 1971, 485 ff.
Wagner, Erich Haftpflichtversicherung, 2. Aufl., Karlsruhe 1986
Wagner, Gerhard Prozessverträge, Tübingen 1998
Wagner, Gerhard Haftung und Versicherung als Instrumente der Techniksteuerung, VersR 1999, 1441 ff.
Wagner, Gerhard Verantwortlichkeit im Zeichen digitaler Techniken, VersR 2020, 717 ff.
Wagner, Gerhard Deliktsrecht, 14. Aufl., München 2021
Wahrendorf Die Prinzipien der Beweislast im Haftungsrecht, Köln/Berlin 1976
Walker Die bereicherungsrechtliche Rückabwicklung des Weiterbeschäftigungsverhältnisses, DB 1988, 1596 ff.
Walker Die Verteilung des Schadensrisikos bei unselbständiger Arbeit – Rechtslage nach den Urteilen des 8. Senats vom 24.11.1987, NZA 1988, 753 ff.
Walker Rechtsverhältnisse bei der gewerbsmäßigen Arbeitnehmerüberlassung und Schadensersatzansprüche des Entleihers wegen Schlechtleistung, AcP 194 (1994), 295 ff.
Walker Zur Zulässigkeit von Betriebsbußen, in: Heinze/Söllner (Hrsg.), FS Kissel, München 1994, 1205 ff.
Walker Die eingeschränkte Haftung des Arbeitnehmers unter Berücksichtigung der Schuldrechtsmodernisierung, JuS 2002, 736 ff.
Walker Haftungsvereinbarungen im Arbeitsrecht unter besonderer Berücksichtigung der Schuldrechtsreform, in: Heldrich/Prölss/Koller (Hrsg.), FS Canaris, Bd. I, München 2007, 1503 ff.
Walker/Lohkemper Die vorgeschlagene EG-Richtlinie über die Haftung bei Dienstleistungen und ihre Bedeutung für Haftungsfragen im Arbeitsrecht, RdA 1994, 105 ff.
Wall Tarifliche Regelungen der Arbeitnehmerhaftung, Baden-Baden 2024
Walldorf Die Praxis des Rückgriffs im öffentlichen Dienst als Institut im Grenzbereich zwischen Rechts- und Sozialstaat, PersV 1984, 445 ff.
Waltermann Gesetzliche Unfallversicherung – Grundlagen, Entwicklung und neues SGB VII, Die Berufsgenossenschaft 1997, 310 ff.
Waltermann Änderungen im Schadensrecht durch das neue SGB VII, NJW 1997, 3401 ff.
Waltermann Aktuelle Fragen der Haftungsbeschränkung bei Personenschäden, NJW 2002, 1225 ff.
Waltermann Haftungsfreistellung bei Personenschäden – Grenzfälle und neue Rechtsprechung, NJW 2004, 901 ff.
Waltermann Risikozuweisung nach den Grundsätzen der beschränkten Arbeitnehmerhaftung, RdA 2005, 98 ff.
Waltermann Haftungsfreistellung gegenüber versichertem Unternehmer bei Arbeitsunfall auf gemeinsamer Betriebsstätte, NJW 2008, 2895 ff.
Waltermann Besonderheiten der Haftung im Arbeitsverhältnis, JuS 2009, 193 ff.
Waltermann Arbeitsrecht, 20. Aufl., München 2021
Wandt Nichtigkeit des § 5 Abs. 3 S. 1 KfzPflVV wegen Überschreitens der Verordnungsermächtigung, VersR 1995, 494 ff.
Wank Arbeitnehmer und Selbständige, München 1988
Wank Der Fremdgeschäftsführer der GmbH als Arbeitnehmer, in: Wank/Hirte/Frey/Fleischer/Thüsing (Hrsg.), FS Wiedemann, München 2002, 587 ff.
Wank Das Recht der Leistungsstörungen nach der Schuldrechtsreform, in: Bauer/Boewer (Hrsg.), FS Schwerdtner, München 2003, 247 ff.

Wank/Maties Arbeitnehmer oder Gesellschaftsorgan oder Vereinsmitglied?, NZA 2007, 353 ff.
Weber, Martin Haftung für in Aussicht gestellten Vertragsabschluß, AcP 192 (1992), 390 ff.
Weber, Reinhold Der Regreß der Berufsgenossenschaft – aus § 116 SGB X oder aus § 640 RVO, VersR 1995, 875 ff.
Weber, Reinhold Muß im Arzthaftungsprozeß der Arzt seine Schuldlosigkeit beweisen?, NJW 1997, 761 ff.
Weber, Werner Die verfassungsrechtlichen Grenzen sozialstaatlicher Forderungen, Der Staat, Bd. 4 (1965), 409 ff.
Wedde *Telearbeit*, 3. Aufl., München 2002
Weitnauer Nochmals: Ein verfehlter Angriff auf den § 1 RHG, VersR 1962, 687 ff.
Weitnauer Gedanken zu Stand und Reform des Schadenersatzrechts, VersR 1963, 101 ff.
Weitnauer Vereinsstrafe, Vertragsstrafe und Betriebsbuße, in: Pleyer/Schultz/Schwinge (Hrsg.), FS Reinhardt, Köln 1972, 179 ff.
Wellner Sozialversicherungsrechtliche Haftungsausschlüsse bei Unfällen im Straßenverkehr, NJW-Spezial 2009, 402 f.
Wendehorst Das Vertragsrecht der Dienstleistungen im deutschen und künftigen europäischen Recht, AcP 206 (2006), 205 ff.
Wensing/Niemann Vertragsstrafen in Formulararbeitsverträgen: § 307 BGB neben § 343 BGB?, NJW 2007, 401 ff.
Westermann, H. P. Sonderprivatrechtliche Sozialmodelle und das allgemeine Privatrecht, AcP 178 (1978), 150 ff.
Westphalen, v. D&O-Versicherung und Direktanspruch der Gesellschaft gegenüber der Versicherung, DB 2005, 431 ff.
Weyland Bundesrechtsanwaltsordnung BRAO, 11. Aufl., München 2024
Wichmann Zur Haftung des angestellten Kraftfahrers, AuR 1973, 105 ff.
Wiedemann Das Arbeitsverhältnis als Austausch- und Gemeinschaftsverhältnis, Karlsruhe 1966
Wiedemann Tarifvertragsgesetz (*TVG*), 9. Aufl., München 2023
Wiedemann/Moll Der persönliche Geltungsbereich des Gesetzes zur Verbesserung der betrieblichen Altersvorsorge, RdA 1977, 13 ff.
Wiederin Sozialstaatlichkeit im Spannungsfeld von Eigenverantwortung und Fürsorge, VVDStRL 64 (2005), 53 ff.
Wiegand Die „Sachwalterhaftung" als richterliche Rechtsfortbildung, Berlin 1991
Wiese Die Mitbestimmung des Betriebsrats über Grundsätze zur Durchführung von Gruppenarbeit nach § 87 Abs. 1 Nr. 13 BetrVG, BB 2002, 198 ff.
Wiese/Kreutz/Oetker/Raab/Weber/Franzen/Gutzeit/Jacobs/Schubert Gemeinschaftskommentar zum Betriebsverfassungsgesetz (GK-BetrVG), Bd. I, 12. Aufl., Hürth 2022
Wiese/Kreutz/Oetker/Raab/Weber/Franzen/Gutzeit/Jacobs/Schubert Gemeinschaftskommentar zum Betriebsverfassungsgesetz (GK-BetrVG), Bd. II, 12. Aufl., Hürth 2022
Wilburg Die Elemente des Schadensrechts, Marburg 1941
Wilburg Empfiehlt es sich, die Haftung für schuldhaft verursachte Schäden zu begrenzen?, Referat zum 43. DJT (1960), Teil C, München 1960
Wilhelm Die Arbeitnehmerhaftung im Homeoffice, NZA 2021, 15 ff.
Wilhelmi Beschränkung der Organhaftung und innerbetrieblicher Schadensausgleich, NZG 2017, 681 ff.
Wilke Die Haftung des Arbeitgebers für unverschuldet eingetretene Sachschäden des Arbeitnehmers, Diss. Köln 1969
Will Quellen erhöhter Gefahr, Köln 1980
Winkler Die Haftung unter Arbeitskameraden nach § 637 RVO, Diss. Berlin 1970
Winkler v. Mohrenfels/Block Abschluss des Arbeitsvertrages und anwendbares Recht, EAS B 3000, Heidelberg, Losebl. Stand: August 2010
Winter Wirksamkeits- und Angemessenheitskontrolle bei Vertragsstrafen im Formulararbeitsvertrag, BB 2010, 2757 ff.

Witschen Haftung und Versicherung bei Gefälligkeiten, AcP 219 (2019), 300 ff.
Wohlgemuth Die Arbeitnehmerhaftung im Wandel, DB 1991, 910 ff.
Wohlgemuth/Pepping (Hrsg.) Berufsbildungsgesetz, Kommentar, 2. Aufl., Baden-Baden 2020
Wolber Arbeitsrechtliche Haftungsfreistellung des Arbeitnehmer-Schädigers bei Rückgriffsansprüchen aus § 640 RVO, VersR 1967, 437 f.
Wolf Die Vollstreckung des Anspruchs auf Arbeitsleistung, JZ 1963, 434 ff.
Wolf Freizeichnungsverbote für leichte Fahrlässigkeit in Allgemeinen Geschäftsbedingungen, NJW 1980, 2433 ff.
Wolf Inhaltskontrolle von Arbeitsverträgen, RdA 1988, 270 ff.
Wolf/Lindacher/Pfeiffer (Hrsg.) AGB-Recht Kommentar, 7. Aufl., München 2020
Wollny Die Sozialstaatsklausel in der Rechtsprechung des Bundesarbeitsgerichts, AuR 1973, 33 ff.
Woltereck Die Anwendbarkeit der Lehre vom innerbetrieblichen Schadensausgleich auf die Mankohaftung, RdA 1963, 314 ff.
Woltereck Ersatzansprüche des Arbeitgebers gegen den Arbeitnehmer bei Mankoschäden, Hamburg 1963
Woltereck Die Haftungsgrundlage der Mankohaftung, AuR 1963, 271 ff.
Woltereck Besondere Mankovereinbarungen, ihre Voraussetzungen und Grenzen, DB 1964, Beil. 2
Woltereck Die Beweislastverteilung bei Mankoschäden, AuR 1964, 329 ff.
Woltereck Mankohaftung im Arbeitsverhältnis, München 1966
Wussow Inanspruchnahme eines Zweitschädigers bei pauschalen Regreßverzichtsabkommen zu § 640 RVO?, VersR 1977, 605 ff.
Wussow (Hrsg.) Unfallhaftpflichtrecht, 16. Aufl., Köln 2014
Zedler Rechtsrisiko als Betriebsrisiko – Das Rechtsrisiko und seine Verteilung im Arbeitsverhältnis, Berlin 2011
Zetsche Zur Beschränkung des öffentlich Bediensteten gegenüber seinem Dienstherrn, ZBR 2004, 130 ff.
Zeuner Gedanken zum Schadensproblem, in: Hueck/Richardi (Hrsg.), GS Dietz, München 1973, 99 ff.
Zeuner Überlegungen zum Begriff des Arbeitnehmers und zum Anwendungsbereich arbeitsrechtlicher Regeln, RdA 1975, 84 ff.
Zhu Die Mankohaftung im Arbeitsverhältnis nach der Schuldrechtsmodernisierung, Frankfurt a. M. 2013
Zieglmeier Die neuen „Spielregeln" des § 280 I 2 BGB, JuS 2007, 701 ff.
Zöller Zivilprozessordnung, 35. Aufl., Köln 2024
Zöllner Betriebsjustiz, ZZP 83 (1970), 365 ff.
Zöllner Privatautonomie und Arbeitsverhältnis, AcP 176 (1976), 221 ff.
Zöllner Immanente Grenzen arbeitsvertraglicher Regelungen, RdA 1989, 152 ff.
Zöllner Regelungsspielräume im Schuldvertragsrecht, AcP 196 (1996), 1 ff.
Zöllner/Loritz/Hergenröder Arbeitsrecht, 6. Aufl., München 2008
Zöllner/Loritz/Hergenröder Arbeitsrecht, 7. Aufl., München 2015
Zweigert/Kötz Einführung in die Rechtsvergleichung auf dem Gebiet des Privatrechts, 3. Aufl., Tübingen 1996

Stichwortverzeichnis

Die fetten Zahlen verweisen auf die Paragraphen oder Teile, die mageren auf die Randnummern.

Abdingbarkeit **2** 16, **13** 41 ff., 73, **21** 32, **27** 30, **28** 13, 26, **30** 22, 49
Abgeltung (von Eigenschaden) **27** 14, 23, 30, 31, 36, 59
Abirren **9** 35
Absicht **9** 12
Absorptionsprinzip **3** 13
Abwägung **9** 27, **28** 7 f., 18, **30** 15
Adäquate Verursachung (Eigenschaden) **27** 10
ADSp **18** 8
AGB-Kontrolle **18**, 3 f., **7**, 10, **13** 116 ff., **27** 53
AGBG **18** 10
AKB **19** 3
Alkoholisierung **8** 5, **22** 40
Alles- oder Nichts-Prinzip **1** 5, **4** 12
Allgemeine Geschäftsbedingungen **18** 3 f., 7, 10
Allgemeiner Gleichheitssatz **21** 4
Allgemeines Lebensrisiko **27** 14, 24
Alter **9** 19
Alternative Schadensursache (Eigenschaden) **27** 47
Alternativer Kausalverlauf **27** 23
Ameisensäurefall **27** 3, 4, 6, 7
Amtshaftung **14** 1, 6
Amtshaftungsgesetz (Österreich) **28** 12
Amtstätigkeit **27** 52
Analogie zu § 282 BGB **19** 5, **13** 21 ff.
Anfängerfehler **12** 10
Angehörige **7** 9, **8** 30, **21** 1, **22** 30, **25** 15
Anscheinsbeweis **9** 41 f., **13**, 18, 30, 37, 60, 82, 84, **16** 17, **27** 47
Anwerbekosten **6** 23
Arbeit auf besondere Anordnung **22** 20
Arbeitgeber **9** 37 ff.
Arbeitnehmer des öffentlichen Dienstes **14** 6 ff., **22** 25
Arbeitnehmer, leitende **7** 2, **16** 17
Arbeitnehmerähnliche Personen **7** 9 f., **30** 8
Arbeitnehmerhaftpflichtversicherung **11** 3 f.
Arbeitnehmerschutzprinzip **3** 23 ff., **10** 1 ff., **17** 2
Arbeitsgemeinschaften **22** 11
Arbeitsgerät **8** 4, 5, 17,**22** 38, **23** 5, **27** 2, 9
Arbeitsgesetzbuch der DDR **2** 12
Arbeitsgesetzbuchkommission **30** 2
Arbeitskampf **6** 41, **8** 6
Arbeitskleidung **27** 3, 16, 23, 33
Arbeitskollegen (Haftungsausschluss) **4. Teil** 1 f., **21** 21 ff.
Arbeitskreis Deutsche Rechtseinheit im Arbeitsrecht **30** 4
Arbeitsmittel siehe Arbeitsgerät
- Aufwendungsersatz **27** 2
- Bereitstellung **12** 12
- Einsatz privater **27** 8
Arbeitsrechtliche Schutzvorschriften **12** 15
Arbeitsspezifische Gefahrenlagen **3** 6 ff.
Arbeitsunfähigkeit
- vorübergehende **6** 24
Arbeitsunfall **22** 32 f., **28** 14, 25, **30** 29
Arbeitsvertragsgesetz
- ArbVG 1992 **30** 4
- Henssler/Preis-Entwurf **30** 6, 8 ff., 13, 23, 28 ff., 46
ARGE **22** 11, **24** 4, 7
Armbanduhr **27** 8
Aufenthalt auf der Unternehmensstätte **22** 22, **24** 19
Aufrechnung **6** 78, **28** 13
Aufseher **28** 14
Aufsichtspflicht **13**, 74, 81, 98 ff.
Auftrag **8** 26
Aufwandsentschädigung **23** 6
Aufwendungsersatz **6** 2, 23, **27** 2, 6, 52
- Rentabilitätsvermutung **28** 9 ff.
Aus- und Fortbildung **24** 17 f.
Ausgleichsfunktion **1** 5, **3** 27, **21** 1
Ausland **28** 1 ff., **29** 1 f.
Ausschlussfristen **6** 69 ff., **16** 42, **28** 4, **30** 35 ff.
Außenhaftung **16** 1 ff., **27** 5, **28** 9 ff., 16, **30** 29 ff.
Außenhaftung, unbeschränkte **16** 20, **20** 1 ff.
Äußere Sorgfaltswidrigkeit **9** 2, 14
Außergewöhnliche Schäden **27** 16
Äußerste Sorgfalt **9** 2
Austauschgerechtigkeit im Arbeitsverhältnis **3** 24 f., **9** 29
Auszubildende **7** 5, **22** 5, **23** 1, 5

Bagatellschäden **27** 24
Bahn **22** 51
BAT **14** 7
Bauleiter **16** 16

https://doi.org/10.1515/9783110728606-034

BBG **14** 1, **22** 22
Beamte **21** 12, **22** 22 ff., **25** 21 ff.
- als Verletzte **23** 10, **27** 49 ff.
- als Schädiger **14** 1 ff., **22** 27, **23** 8 ff., **25** 25 f.
- Beamtenrechtliches Fürsorgeverhältnis **22** 24
- BeamtenVersG **22** 22, **27** 49
- Beaufsichtigung des Arbeitnehmers **12** 16
- Beerdigungskosten **22** 30
- Entschlusskraft **14** 1
- Freistellung **14** 3, **25** 25, 27
- Haftung **14** 1 ff., **9** 37 ff.
- im unfallversicherungsrechtlichen Regress **25** 21 ff.

Behinderung **9** 19
Belehrung (über Arbeitsanforderungen) **12** 11
Bereitstellung der Arbeitsmittel **12** 12
Berufsaussichten **9** 30
Berufsbildung **22** 3
Berufserfahrung **9** 21
Berufshaftpflichtversicherung **11** 3 f., 23 ff., **16** 33
Berufskrankheiten **22** 32
Beschäftigte SGB VII **22** 3 ff.
Beschäftigtenähnliche Tätigkeit **22** 12 ff.
Beschäftigungs- und Qualifikationsgesellschaft **22** 4
Beschäftigungsverhältnis **22** 18
Besitzmittler **17** 3
Betrieb (im Sinne des SGB VII) **22** 49 ff.
Betriebliche Altersversorgung **21** 11
Betriebliche Gefahrengemeinschaft **4. Teil** 1, **21** 25
Betriebliche Gemeinschaftsveranstaltungen **23** 5
Betriebliche Sportveranstaltungen **23** 5
Betriebliche Tätigkeit **8** 1 ff., **17** 6, **22** 1 ff., 6, 36 ff., 43 ff., 54 ff., **23** 3 ff., **27** 8, 10 f., 17, 20, 22 f., **30** 9
- Beweislast **8** 32
- Irrtum **8** 9, 12f, **22 56**
- Parken **27** 11
- Unterbrechung **8** 7, 10, 20, **22** 39, 43
- Unwirksamkeit des Arbeitsvertrages **8** 1
- Weisung des Arbeitgebers **8** 3

Betriebliches Risikopotential **3** 2 ff., **10** 2, **12** 2, **4. Teil** 1 f., **21** 7, **27** 4, 5
Betriebs- bzw. Berufshaftpflichtversicherung **11** 23 ff., **16** 22, **21** 11, **23** 3
Betriebsangehörige **21** 24, **23** 1, **24** 17 ff.
Betriebsaufspaltung **17** 2
Betriebsausflug **23** 5
Betriebsbußen **13** 113, 131 ff.
- betriebliche Ordnung **13** 132
- Betriebsstrafgewalt **13** 136
- Verhältnis zum Haftungsrecht **13** 137 ff.

Betriebsexterne Arbeit **3** 11, **7** 1, 11, **8** 8, 20, 32, **6** 12, **9** 41, **15** 13, **22** 6, 37, **23** 2, 4, **27** 8, **30** 8
- Betriebliche Tätigkeit **8** 20, 32
- Beweislast **8** 20, 32, **9** 41
- Sorgfalt **6** 12, **9** 41
- Verkehrssicherungspflicht **16** 12

Betriebsfremde **7** 9 f., **8** 16, 23
Betriebsfrieden **4. Teil** 1, **21** 15, 19, 24, **22** 50, **23** 3
Betriebsgelände **8** 20, **22** 21, 43, **24** 5, **27** 8
Betriebsgruppe – *siehe* Gruppenarbeit
Betriebshaftpflichtversicherung **11** 23 ff., **16** 22, **21** 11, **25** 14
Betriebskosten **27** 36
Betriebsmittelgeber **17** 1 ff., **28** 9 ff., **30** 31
Betriebsrat **8** 18, **15** 1, 9 ff., **27** 40, 52, **30** 38 f.
Betriebsratsmitglieder **7** 11 – *siehe auch* Betriebsrat
- Betriebliche Tätigkeit **8** 18
- Haftung **8** 18

Betriebsrisiko **1** 7, **3** 4 ff., **9** 17, **10** 2, **16** 25, **21** 21, **22** 8, 58, **27** 14 ff., 26 f., 42, 46
Betriebstypische Tätigkeit **22** 8
Betriebsvereinbarung **13** 130, 136, **27** 40
Betriebsverfassungsrechtlicher Aufwendungsersatz **27**, 52
Betriebsversammlung **8** 18
Betriebsweg **8** 4, **22** 43 ff.
Betriebszugehörigkeit des Schädigers **22** 50, **23** 1 f.
Betriebszugehörigkeit **9** 30, **22** 45, 50, **23** 1 f., 4
Beweiserleichterung **13** 29 f., 34, 84, **16** 17
Beweislast **9** 41, **6** 30, 53 ff., **13** 16 ff.
- abgestufte **6** 57, **13** 30
- betriebliche Tätigkeit **6** 73, **8** 32
- Eigenschaden **27** 47
- Freistellungsanspruch **16** 22
- für wirtschaftliche Härte **10** 21
- Gruppenarbeit **13** 75 ff.
- höherer Verschuldensgrad **10** 20
- Mankohaftung **13** 16 ff.
- Mitverschulden **12** 6
- Verkehrspflichten **16** 17
- Vertretenmüssen **6**, 30, 39, 55

Beweislastregelungen **13** 58 ff.
Bezugspunkt des Verschuldens **2** 14, **9** 3 ff., **28** 5, 22, **30** 11, 18
- Schaden als Bezugspunkt **9** 5 f.
- Pflichtverletzung als Bezugspunkt **9** 7 f.

Billiges Ermessen **25** 5, 13
Billigkeit **10** 3
Bindende Feststellung (§ 108 SGB VII) **22** 57

BinnSchG **18** 2
Branchenüblichkeit **18** 7
Bund **22** 51
Busfahrerfall **10** 1, 3, 9 f., 201
Bußgelder **27** 7, 27

CIM **18** 2
CMR **18** 2
culpa in contrahendo **6** 49 ff., **16** 4
Compliance **8** 3, 4, **12** 16
COVID **22** 34
Crowdworker **7** 1
Culpa levissima **5** 3 f., **9** 35
Cyber(risiko)-Versicherung **11** 26

Deliktische Haftung **1** 2, **6** 59, **13** 15, **16** 6 ff.
Deutscher Juristentag **30** 2 f.
Dienstherr (im Sinne des SGB VII) **22** 22 ff., **23** 10
Dienstherrenübergreifender Haftungsausschluss **22** 22
Dienstliche Tätigkeit – *siehe* Betriebliche Tätigkeit
Dienststelle (im Sinne des SGB VII) **22** 51
Dienstunfall **22** 22, **27** 49 ff
Diligentia quam in suis **5** 7
Dogmatische Begründung **5** 1 ff.
Dolus eventualis **9** 12
Doppelte Verwertung **9** 32, **12** 2
Dringende Gefahr **8** 14
Dritte, Einbeziehung in Schadensausgleich **7** 9 f., **8** 23 ff.
Drittschäden **16** 3, **22** 30
Drittschutzwirkung des Arbeitsvertrages **16** 3
Drittschutzwirkung **17** 4
Drittverträge **16** 2
Drucksituation **9** 18
D&O-Versicherung **11** 27

EArbVG Brandenburg **30** 5, 8 f., 11, 13, 19, 23 ff.
EArbVG Sachsen **30** 4, 9 ff., 16, 23, 27 ff.
Ehrenamtliche Tätigkeit **7** 9, **8** 18
Eigengruppe – *siehe* Gruppenarbeit
Eigenkündigung **8** 10
Eigenschäden **27** 1 ff., **30** 40 ff.
– Versicherung **27** 48
Eigentumsgarantie **21** 5
Eigentumsvorbehalt **17** 1
Eigenübliche Sorgfalt **6** 12, **9** 11
Eigenvorsorge **19** 1
Eigenwirtschaftliche Tätigkeit **6** 13, **8** 6, 17, 19 ff., 27, **23** 6 **27** 19
– Mitursächlichkeit **8** 8, **22** 34 f., 40 ff., **25** 9, **27** 17
Eignung des Arbeitnehmers **9** 19, **12** 9
Eilsituation **9** 18
Ein-Euro-Jobber **7** 10
Eingliederung **21** 24, **22** 8, 15, 54, **23** 1, 4, 10, **24** 18
Eingliederungsvertrag **7** 8
Einheit der öffentlichen Hand **25** 26
Einigungsstelle **15** 9
Einigungsvertrag **14** 1 Fn. 3
Einreisestrafe **9** 3
Eintönigkeit **9** 19
Einweisung (in die Arbeit) **12** 11
Einzelfall **9** 27, **28** 7, 18 ff., **30** 15
England **28** 38 ff.
– Außenhaftung **28** 40 f.
– Betriebsrisiko **28** 39
– Betriebsunfall **28** 42
– Breach of contract **28** 39
– Duty of reasonable care **28** 39
– Haftungsreduktion **28** 39
– Innenhaftung des Arbeitnehmers **28** 39
– Lister-Fall **28** 39
– Mitverantwortlichkeit des Arbeitgebers **28** 41
– Rückgriff **28** 40 f., 43
– Sozialversicherungsleistung **28** 42
– Unvollkommenheit **28** 39
– Verschuldensgrad **28** 40
– Versicherungsrechtliche Lösung **28** 43
– Vicarious liability **28** 40
Entgangene Dienste **22** 30
Entgangener Gewinn **27** 41
Entgangener Unterhalt **22** 30
Entgeltanspruch **6** 1
– keine Minderung **6** 32 ff.
– Kürzung **6** 1
– Fortfall **6** 1
Entgeltfortzahlung **25** 17
Enthaftung des Unternehmers **4. Teil** 1 f., **21** 14
Entlastungsbeweis **16** 24
Entleiher **24** 8
Entschlusskraft **14** 1
Erfüllungsgehilfen **18** 2, **18** 10
Ergänzende Auslegung **18** 4
Ermessen, richterliches (Schweiz) **28** 18 ff.
Ermessensbeschränkung **25** 14
Ermüdung **12** 15
Erschwerniszulage **27** 37
Ersparter Lebensaufwand **27** 23, 47
Erstattung von Aufwendungen **27** 2

Erwerbsfähigkeitsminderung **21** 8
Erwerbsunfähigkeit **21** 8, **9** Fn. 164
ErwZulG **22** 43, **25** 29
Erziehungsmaßregel **22** 18
Erziehungszweck (§ 110 SGB VII) **25** 3
Existenzgefährdung des Arbeitgebers **10** 5
Existenzgefährdung des Arbeitnehmers **1** 7, **3** 24 f., **4** 5 ff., **10** 4 f.

Fahrlässigkeit **9** 2, 27, **27**, 45
- normale **9** 27, **10** 14
- leichte **9** 27, **27** 7, 39, 44, **28** 4, **30** 25
- gewöhnliche **9** 27
- mittlere **9** 27
- grobe – *siehe* Grobe Fahrlässigkeit

Fahrpraxis **9** 19
Fahrten auf dem Werksgelände **22** 44
Fahrzeugversicherung **11** 35, 37 ff., 52 f.
Faktisches Arbeitsverhältnis **7** 4, **22** 5
Familienverhältnisse **9** 30, 32
Fehleinschätzung der Arbeitgeberinteressen **8** 13, 19, 27, 29, **22** 13, 39, 56, **23** 5
Fehlende Erfahrung **9** 19
Fehlerhafte Übernahmeentscheidung **8** 15
Fehlerhaftes Arbeitsverhältnis *siehe* Faktisches Arbeitsverhältnis
Feuerwehren **24** 15
Filialleiterfall **12** 17
Finanzierungsargument **21** 18, 21, **24** 12, **25** 14, 16
Firmenfahrzeug **8** 17
Fiskalische Tätigkeiten **9** 37, **14** 1
Fixschuld **6** 5 ff.
- absolute **6** 5
- relative **6** 6 ff.

Frankreich **28** 28 ff.
- Abdingbarkeit **28** 33
- Außenhaftung **28** 34 ff.
- Begrenzung der Innenhaftung **28** 29
- deliktische Haftung **28** 30
- disziplinarische Verantwortlichkeit **28** 37
- Freistellungsanspruch des Arbeitnehmers **28** 34 ff.
- Kündigung **28** 37
- Leute-, Gehilfenhaftung **28** 35
- Mankohaftung **28** 33
- Prinzip des „non-cumul“ **28** 28
- Regressanspruch des Versicherers **28** 31
- Risiken der Unternehmung **28** 32
- Sach-, Haftpflichtversicherung **28** 31
- Summenmäßige Haftungsbeschränkung **28** 29
- Théorie du risque **28** 32

Freie Berufe **16** 16
Freie Mitarbeiter *siehe* Arbeitnehmerähnliche Personen
Freiheitsentzug **22** 18
Freistellung des Arbeitnehmers **16** 21 ff., **28** 9 ff., **30** 29
- Inhalt **16** 26 f.
- Prozessführung **16** 27
- Prozessbeitritt **16** 27
- Verhältnis zur Versicherung **11** 8 f., 12, **16** 29 ff.

Freistellungsanspruch **14** 3, **16** 24, **20** 5, **21** 22, **25** 25, 27 **27** 7
- Abtretbarkeit **16** 37
- Haftpflichtfunktion **16** 31
- Pfändbarkeit **16** 37
- Prozessuale Durchsetzbarkeit **16** 36
- Verjährung **16** 39
- Versicherungsfunktion **20** 5
- Vollstreckbarkeit **16** 37
- Freiwilligendienste **7** 10

Freiwillige Versicherung **11** 7, 35 f., **22** 7
Freizeichnung **18** 3 ff., 7, 10
Fürsorgepflicht **5** 9, **9** 32, **10** 2, 4, 19, **12** 18, **16** 25, **18** 4, **27** 25, 50

Gabelstapler-Urteil **2** 14
Gefahr für die Allgemeinheit **24** 15
Gefährdungshaftung **3** 9, 14, **12** 3, **18** 2, **21** 7, 11
Gefahrenbeherrschung **3** 10, **16** 6
Gefahrenbereich **13** 26 ff., 81 f.
Gefahrengemeinschaft **21** 25, 30, **24** 13, 15
Gefahrenquelle **3** 6, **16** 11, 12
Gefahrerhöhung **12** 18
Gefahrgeneigte Tätigkeit **1** 2, **3** 15, **9** 32, 35, **27** 16, **28** 7, 23
Gefährliches Tun **9** 18
Gefälligkeitshandlungen **8** 24, **22** 16
Gefangene **22** 18 f.
Gehilfen **12** 4
Geldstrafen **27** 7, 27
Gemeinden **22** 51
Gemeinsame Betriebsstätte **24** 3 ff., 12
- Bewusstes und gewolltes Zusammenwirken **24** 4
- Zusammenwirken **24** 4 ff.
- Zusammenwirken im Arbeitsablauf **24** 4

Genugtuungsgedanke **3** 30
Geringe Fahrlässigkeit **9** 26, 34
Geringfügige Unterbrechung **22** 39
Gesamtschuldner **7** 12, **13** 70 f., 104, **16** 24
Geschäftsführung ohne Auftrag **3** 18, **8** 12, 19, 27 ff., **22** 12
Gesellschafter **22** 4
Gesetzliche Haftungsbeschränkung **18** 2
Gestaltungsspielraum des Gesetzgebers **4** 3 f., 12 f., 26, **21** 2 ff.
Gestörter Gesamtschuldnerausgleich **7** 10, **8** 31, **24** 11, **25** 20, **26** 1 f.
Gewichtung der Verursachungsanteile **12** 19
Gewohnheitsrecht **4** 19 f., **9** 40
GmbH-Geschäftsführer **7** 2, **16** 4, **22** 4
Grobe Fahrlässigkeit **2** 13, **9** 13 ff., 42, **10** 9, **16** 22, **25**, 3, 25, 30, **27** 47, **28** 4, **30** 3
– Beispiele **9** 14
– subjektive Vorwerfbarkeit **9** 17
– Üblichkeit **9** 18
– Person des Arbeitnehmers **9** 19
„Gröbste Fahrlässigkeit“ **2** 13, **9** 16
Grundrecht auf Leben und körperliche Unversehrtheit **21** 2
Grundrechte **4** 5 ff., **21** 2 ff.
Grundsätze des innerbetrieblichen Schadensausgleichs **16** 24, **27** 30
Gruppenarbeit **9** 41, **13** 62 ff., **30** 28
– Betriebsgruppe **13** 64, 66 ff.
– Eigengruppe **13** 65, 101 ff.
– Fliesenlegerfall **13** 69 ff., 76, 89, 98 ff.
– gemeinschaftliche Schuld **13** 71, 104
– Gesamtschuld **13** 70
– Gesellschaft bürgerlichen Rechts **13** 102 f.
– Tarifvertrag **13** 87, 97
GüKUMB **18** 2
Güterversicherung **11** 56 f.

Haftkaution **27** 9
Haftpflichtversicherung **11** 3 ff., **16** 29, **27** 21, 36
Haftpflichtversicherungsfunktion **16** 22
Haftungsausschluss **4. Teil** 1, **21** 1 ff.
– Abdingbarkeit **21** 32
– Beamte **22** 22
– Darlegungsund Beweislast **9** 43, **22** 59
– bei Sachschäden **21** 29
– dienstherrenübergreifender **22** 24
– internationale Anwendbarkeit (§§ 104 ff. SGB VII) **21** 33
– unternehmensübergreifender **22** 10, **24** 2, **24** 15
– Wechselseitigkeit **24** 10
Haftungsbegrenzung (Eigenschaden) **27** 41, 39
Haftungsersetzung durch Versicherung **11** 56, **4. Teil** 1
Haftungsmilderung **10** 1 ff.
– Fortfall wegen Versicherung **10** 17
– Haftungsobergrenze **10** 11
– Haftungsuntergrenze **10** 10
– Rechtliche Umsetzung **10** 18 f.
– Umfang **10** 7 ff.
Haftungsminderung durch Versicherung **9** 31
Haftungsmodell **4. Teil** 1 f., **21** 1 ff., 16 ff., 31, **25** 2 ff., 17, 22, 24 – *siehe auch* Zivilrechtlicher Schadensausgleich
– Haftungsmodell, beamtenrechtlich **14** 1 ff.
Haftungsprinzipien **1** 1 ff.
Haftungsprivileg (§§ 104, 105 SGB VII) **21** 1 ff.
Haftungsprivilegien der Staats- und Beamtenhaftung **14** 1 ff., **25** 21
Haftungsquote **9** 27, **10** 12, **28** 29, **30** 13
Haftungsrechtlich erhebliche Weisungen **9** 9 f.
Haftungssystem **1** 1 ff.
Haftungstrias **9** 26
Haftungsverschärfung durch Versicherung **9** 31
Haftungsverzicht **4. Teil** 1
Härtefall – *siehe* wirtschaftliche Härte
Härteklausel – *siehe* wirtschaftliche Härte
Haushaltsrechtliche Vorschriften **25** 30
Häusliche Gemeinschaft **25** 15
Heimarbeit **22** 6, **23** 4
Henssler/Preis-Entwurf **30** 6, 8 ff., 13, 23, 28 ff., 46
Herrschaftsbereich des Arbeitgebers **3** 10, 20, **8** 20, **10** 2
Herstellerhaftung **16** 8
Hilfeleistende bei Unglücksfällen **22**, 2, 8, 15
Hilfsmittel (SGB VII) **21** 30
Himalaya-Klausel **18** 2
Hinterbliebene des Verletzten **21** 1, **22** 30
Hinweisgeberschutz **2** 17
Höchstarbeitszeit **6** 15, **12** 15
Hoheitliche Tätigkeit **14** 1, **20** 1 ff., **25** 22 f., 25, 27
Homeoffice siehe Betriebsexterne Arbeit
Hühnerpest-Fall **16** 17

Immaterielle Schäden **21** 9, 16 f., 28 f.
Inanspruchnahme einer Versicherung **11** 53, **19** 3 f., **27** 36

Individualisierung des Sorgfaltsmaßstabs **9** 17, **28** 17
Individualisierung **9** 28
Informationspflichten **6** 50 f.
Innerbetrieblicher Schadensausgleich **21** 22
Innere Sorgfaltswidrigkeit **9** 2, 14, **16** 6
Insolvenz des Arbeitgebers **16** 20, 38, **18** 4, **19** 1, 3 f., **21** 11, 17, 23, **30** 18
Insolvenz **16** 1
Insolvenzschutz **10** 6
Insolvenzversicherung **30** 32
Integritätsinteresse, -schaden **6** 28 f., 39 ff.
- durch Nicht-/Schlechtleistung **6** 39
- durch Verletzung von Rücksichtnahmepflichten **6** 40
- Arbeitsvertragstypische Rücksichtnahmepflichten **6** 43 f.
Internationale Anwendbarkeit **29** 1 ff.
- §§ 104 ff. SGB VII **21** 32

Jugend **9** 19, 20

Kaskoversicherung **11** 35 ff., **16** 32, **19** 3, **27** 21, 36, 41
Kfz-Eigenversicherung **20** 5, **25** 29
Kfz-Haftpflichtversicherung **9** 31, **11** 5, 10 ff., 16, 33 f., **16** 33, **27** 21
Kfz-Handel und -Handwerk **11** 55
Kilometerpauschale **27** 36
Kindergärten **24** 17
Kodifizierung **2** 15
Kollektiv-AGB **18** 10
Kollektivierung der Schadenstragung **21** 7
Konkurrenzklausel (Unfallversicherung) **22** 31
Konkursversicherung **16** 38
Konzern (in der Unfallversicherung) **22** **50**
Kooperationsverhältnis (zwischen Dienstherren) **22** 25
Körperersatzstücke **21** 30
Körperschaden **27** 49
Krankheit **6** 14, 50
Kündigung **6** 1, 9, 11, 15, 20, 35
Künstliche Intelligenz **9** 9, **11** 53, **12** 3, 6, 14, **22** 34, **27** 4
- Betriebsrisiko **12** 3
- Beweislast für Verschulden **12** 6
- Mitverschulden des Arbeitgebers **12** 3, 14
- Schnittstelle **12** 14
- Verkehrssicherungspflicht des Arbeitnehmers **16** 18
- Verschulden des Arbeitnehmers **9** 9
- verschuldensunabhängige Haftung **12** 3

Laborleiter **16** 16
Landwirtschaftliche Unternehmer **22** 7
Langjährige Arbeit **9** 29
Laufmasche **27** 23 f.
Leasing **17** 1
Lebensalter **9** 30
Legalzession (§ 67 VVG) **16** 32
Leichteste Fahrlässigkeit **9** 26, 34 ff., 43, **27** 44
Leiharbeit **7** 6, **22** 11, 57, **24** 8
Leistungshindernis
- anfängliches **6** 14 ff.
- nachträgliches **6** 4 ff.
Leistungslohn **6** 36
Leistungsinteresse **6** 2, 3 ff., 22, 25, 31 ff.
- bei Nebenleistungspflichten **6** 17 f.
- Beeinträchtigung durch Leistungsgefährdung **6** 20
- Beeinträchtigung durch Schlechtleistung **6** 25 ff.
Leistungsstörungsrecht **6** 1
Leitende Angestellte **7** 2, **22** 29, **25** 14, **30** 8
Leitlinien für Haftungsbegrenzung **9** 33, **10** 4
Leitungsposition (Verkehrspflichten) **16** 16
Lösung vom betrieblichen Zusammenhang **8** 7, **22** 43
Lotsen **24** 14

Mankohaftung **9** 41, **13** 2 ff., **28** 26, **30** 23
- AGB-Kontrolle **13** 52, 60
- Anspruchsgrundlage **13** 6 ff.
- Bedeutung der Schuldrechtsmodernisierung / -reform **13** 20 ff., 26, 44
- besondere Mankohaftung **13** 35 ff.
- Darlegungs- und Beweislast **13** 16 ff.
- gesetzliche Mankohaftung **13** 5 ff.
- Mankogeld **13** 41 ff., **30** 23
- Mankovereinbarung – *siehe* besondere Mankohaftung
- Mitverschulden **12** 5, **13** 36
- ökonomischer Sinn **13** 46
- Rechtsfolgen unwirksamer Mankoabreden **13** 56
- tarifliche Abdingbarkeit **2** 15, **13** 61
- Transparenzgebot **13** 53
- Verbot der geltungserhaltenden Reduktion **13** 53
Marktzugänglichkeit **22** 16

Mietwagenkosten **27** 41
Minderungsrecht **6** 31 f.
Mindestschaden **6** 21
Missverhältnis zwischen Einkommen und Schaden **3** 24, **10** 1 ff., 5, 13, 15 f.
Mitarbeitender Ehegatte **22** 7
Mitbestimmung **15** 1 ff., 9 ff.
Mithelfender Unternehmer **22** 17
Mithilfe in fremdem Unternehmen **23** 1
Mitnahme von Arbeitskollegen **23** 6
Mitschädiger **8** 31
- nichtprivilegiert **26** 1 f.
Mittelbar schädigende Handlungen **16** 6, 11
Mittelbarer Eingriff **9** 2
Mittelbares Arbeitsverhältnis **7** 8
Mitverschulden des Arbeitgebers **9** 24, **12** 1 ff., **16** 23, **25** 16, **30** 27
- Beweislast **12** 6
- Mankohaftung **12** 5, **13** 36
- Versicherung **12** 18
Mitverschulden des Arbeitnehmers (Eigenschaden) **27** 44 ff.
- Beweislast **27** 47
Mitverschulden des Verletzten (Unfallversicherung) **21** 7, **25** 19
Mitverschulden des Versicherungsträgers **25** 10
Mitwirkung des Arbeitgebers **12** 8
Mobbing **21** 29, **22** 33
Mobile Arbeit siehe Betriebsexterne Arbeit

Neben- und Notarbeiten **8** 11, 16, **23** 4
Nebenpflichten **6** 17 ff., **8** 22
- leistungsbezogene **6** 19
Nebenleistungspflichten **6** 17 ff.
Nebentätigkeitsverbot **8** 22
Neckereien **23** 5
Negatorischer Anspruch **16** 19
Nichterbringung der Arbeitsleistung – *siehe* Nichtleistung der Arbeit
Nichtleistung der Arbeit **6** 3 ff., **8** 10
- trotz Erbringbarkeit **6** 16
- Unmöglichkeit **6** 4 ff.
- vorübergehende **6** 5
Nichthoheitliche Tätigkeit **20** 4, **25** 22
Nichtiges Rechtsverhältnis **22** 4
Nichtselbständige Tätigkeit **22** 3
Nichtversicherter Unternehmer **22** 7, **24** 10
Niederschlagung **25** 22
Non liquet **27** 47
Normale Fahrlässigkeit **9** 26

Notärzte **22** 9
Notfall **8** 11, 16 f., 27, **22** 8
Nothilfe **22** 8, **24** 16
Nutznießungsgedanken **3** 12, 18, **27** 4
Nutzungsausfallschaden **27** 41

Objektiv-typisierender Sorgfaltsmaßstab **1** 4, **5** 3 f., **9** 17
Obliegenheit zum Abschluss einer Versicherung **11** 31 f., 39 ff., 50, **12** 18, **30** 19
Obliegenheit zur Inanspruchnahme der Versicherung **11** 53, **19** 3 f.
Obliegenheiten des Arbeitgebers **12** 7
Obligationenrecht **28** 16
Öffentliche Aufgaben **14** 1, 6
Öffentlicher Dienst **2** 11, **11** 4, **21** 12
- Eigenschaden **27** 50 ff.
- Haftung **14** 1 ff.
- Mitbestimmung **15** 1 ff.
Öffentlich-rechtliche Dienstordnung **22** 29
Ökonomische Analyse **3** 26
Ordnungsgewalt **8** 20
Organhaftpflichtgesetz (Österreich) **28** 12
Organisationshaftung **16** 8
Organisationsherrschaft **3** 10, 20, **9** 17, **27** 4, 5
Organisationsobliegenheiten **12** 13
Organisationspflichten **16** 10
Österreich **28** 3 ff.
- Abbedingung **28** 13
- Abwägungskriterien **28** 7
- Amtshaftungsgesetz **28** 12
- Aufrechnungsverbot **28** 13
- Aufseher eines Betriebes **28** 14
- Aufwendungsersatz analog § 1014 ABGB **28** 11
- Ausschlussfrist **28** 4
- Außenhaftung **28** 10
- Betriebsmittel **28** 11
- Betriebsunfall **28** 14
- Bezugspunkt des Verschuldens **28** 5
- Diensthaftpflichtgesetz **28** 3 f.
- Fahrlässigkeit, grobe **28** 4 f.
- Fahrlässigkeit, leichteste **28** 4
- Freistellungsanspruch **28** 9 ff.
- Gefahrneigung **28** 7 f.
- Organhaftpflichtgesetz **28** 12
- Organwalter **28** 12
- persönliche Verhältnisse **28** 8
- Streitverkündung **28** 9
- Verrichtungsgehilfe **28** 11
- Verschuldensgrad **28** 4

Passive Resistenz **6** 11
Personalrat **15** 1 ff., **30** 38 f.
Personelle Unterbesetzung **12** 14
Personengesellschaft **16** 27
Personenschäden **4. Teil** 1, **21** 11, 28 ff.
Persönlich haftender Gesellschafter **16** 27
Persönliche Abhängigkeit **22** 3
Persönliche Verhältnisse des Arbeitnehmers **9** 30, **28** 8, **30** 15
Persönlichkeitsverletzungen **21** 19, 29
Pfändungsschutz **10** 4
Pflegeversicherung **24** 20
Pflichthaftpflichtversicherung **11** 4 f., 10 ff., 16 ff., **16** 29, **20** 5, **21** 18
Pflichtwidrigkeit **5** 2, **9** 2
Plattformbeschäftigte **7** 1
Post **22** 51
Postbank **22** 51
PostG **18** 2
Prävention **1** 6, **3** 28, 167, **9** 39, **21** 10, **25** 2, 5, 8, 13, 22, 26
Praktikant **8** 21, **22** 12, 21
Privates Schadensrisko **27** 9, 14 ff, 18 ff. 25 ff.
Privatfahrzeug **27** 11, 29, 35, 43, 47
Probetätigkeit **6** 52, **8** 21, **22** 12, 21
Produktionsleiter **16** 17
Produzentenhaftung **16** 17
Prozessaufwendungen **16** 26, 27, **30** 29, 34

Quasinegatorischer Anspruch **16** 19

Ratenzahlung **10** 18
Raufereien **23** 5
Rechtsanwälte **7** 3
Rechtsfähige Anstalten öffentlichen Rechts **22** 51
Rechtsirrtum **6**, 13
Rechtsmissbrauch **6** 13, **11** 46, **19** 3
Rechtspolitische Forderungen **30** 1 ff.
Rechtsquellentheoretische Legitimation **4** 17 ff.
Rechtssicherheit **9** 38, **11** 50
Rechtswidrigkeit **5** 2 **9** 2
Redakteur **16** 16
Reeder **24** 13
Regel-Obergrenze **9** 33
Regelungsvorschläge **27** 53 ff., **30** 1 ff.
Regress der Bundesagentur für Arbeit **25** 11
Regress des Arbeitgebers (analog § 110 SGB VII) **25** 17 f.
Regress des Dienstherren **20** 2, **22** 22 ff., **25** 22, 24, 27
Regress des Sozialversicherungsträgers (§ 116 SGB X) **25** 20
Regress des Unfallversicherungsträgers **9** 13, **25** 1 ff.
- Beamte **25** 21 ff.
- Bundesagentur für Arbeit **25** 11
- Darlegungs- und Beweislast **25** 19
- Ermessen **25** 13, 16
- gerichtliche Durchsetzung **25** 19
- Schwarzarbeit **25** 5
- Umfang **25** 9
- Versicherung **25** 14
- Verbot **25** 28
- Verhalten Dritter **25** 8
- Verjährung **25** 12
- Verzicht **25** 3, 13 ff., 22
Regress des (Privat-)Versicherers **11** 8 f., 12, 16, 34 f., 38, 45 f., 56 ff., **16** 29 ff., **27** 48, **28** 31, **30** 21
Regressbeschränkung
- häusliche Gemeinschaft (analog § 86 Abs. 3 VVG) **25** 2, 15
- nach § 110 Abs. 2 SGB VII **25** 2 f.
- Rehabilitanden **7** 10
Reichshaftpflichtgesetz **21** 7
Relativität des Verschuldens **9** 22
Resozialisierung **22** 19
Restschaden **22** 24
Revisibilität der Verschuldensbewertung **9** 44
Richter **14** 1 Fn. 2, **21** 12, **22** 22, 57, **23** 7 f., **24** 10, **25** 21
Richterliche Rechtsfortbildung **4** 21 ff., **9** 40, **27** 3 f.
Risikohaftung **3** 20, **21** 7, 11, **27** 5, 41
Risikoprämien **9** 29
Robotik *siehe* Künstliche Intelligenz
Rom I-II-Verordnung **29** 1 f.
Routine **9** 19
Rücksichtnahmepflicht **6** 28, 39, 40 ff.
Rufbereitschaft, **8** 4, **27** 11, 20, **22** 42

Sachschäden
- Eigenschaden **27** 7, 36, 49
- Haftungsausschluss **21** 30
Sachwalterhaftung **16** 4
Sanktionsgedanke **3** 30
Satzung des Unfallversicherungsträgers **22** 7, 21
Schadensausgleich **9** 17, **21** 11, **25** 2
Schadensausgleichsfunktion **1** 5
Schadensausgleich – *siehe* Zivilrechtlicher Schadensausgleich

Schadensersatz
- Integritätsschäden **6** 39, 40 ff.
- Mindestschaden **6** 21
- Schadensposten **6** 23
- statt der Leistung **6** 21 ff., 65
- Verzögerungsschaden **6** 24

Schadensfreiheitsrabatt **16** 33, **27** 36
Schadenspauschalierung **13** 112
Schadensvorsorge
- durch Versicherung **9** 31
- durch den Arbeitgeber **11** 31 f., 39 ff., 50
- durch Drittgeschädigte **19** 1 ff.

Schadenszurechnung **9** 24, **10** 1 ff.
Schiffsbesatzung **24** 13
Schlagkraft der Verwaltung **9** 37, **14** 1
Schlechte Bremsen **9** 24
Schlechtleistung **6** 25 ff., 39, **8** 10
Schlüsselverlust **9** 31, **12** 12
Schmerzensgeld **21** 8, 11, 16, 23, **22** 24, **24** 2, **25** 9
Schmutz- und Gefahrenzulage **27** 38
Schockschaden **21** 29, **22** 30
Schulbesuch **24** 17
Schuldrechtsmodernisierung/-reform **2** 15, **4** 17 f., **5** 5 f., **13** 20 ff., 26, 44
Schüler **24** 1, 17 f.
Schutzausrüstung **22** 38
Schutzgesetz **16** 6, 18
Schutzpflichten (verfassungsrechtliche) **4** 5 ff., **21** 2
Schwarzfahrten **8** 7
Schweden **28** 46
Schweiz **28** 16 ff.
- Abdingbarkeit **28** 26
- Außenhaftung **28** 16
- Berufsrisiko **28** 23
- Betriebsunfall **28** 25
- Bezugspunkt des Verschuldens **28** 22
- Einzelfall **28** 18
- gefahrgeneigte Tätigkeit **28** 23
- Kündigungsschutz **28** 20
- Mankohaftung **28** 26
- Notlage des Schuldnders **28** 18
- Obligationenrecht **28** 16
- obligatorische Unfallversicherung **28** 25
- Richterliches Ermessen **28** 18
- Verschuldensgrad **28** 21

Schwerverletzte **21** 8
Seefahrt **24** 13 f.
Selbstbeteiligung **11** 17, 30, 42
Sicherungsübereignung **17** 1
Sicherungsverwahrung **22** 18
Soldaten **21** 12, **22** 57, **23** 7, **25** 21, **14** 1 Fn. 2
Solo-Selbstständige *siehe* Arbeitnehmerähnliche Personen
Sorgfalt
- Subjektivierung **9** 17, **28** 17
- objektiv-typisierend **9** 2, 17

Sozialauswahl **9** 32
Soziale Haftpflichtversicherung **21** 26
Sozialisierung **21** 14
Sozialschutz des Arbeitnehmers **3** 2, 23 ff., **10** 1 ff.
Sozialstaatliche Fürsorge **22** 1, 47
Sozialstaatsprinzip **4** 2 ff.
Sozialstrafe **9** 13, **25** 3, 13
Spaßfahrten **8** 6
SPD-Entwurf **30** 4, 8, 10 ff., 23, 33 ff.
Speditions- und Rollfuhrversicherung **11** 56, **18** 8
Spezialgesetzliche Haftung **16** 5
Spielereien **23** 5
Staatshaftung **14** 6, **25** 21 f., **30** 29
Staatshaftungsgesetz der DDR **14** 1 Fn. 3, **20** 6
Stammarbeitnehmer **24** 8
Stammbetrieb **22** 53
Stationäre Heilbehandlung **22** 2, 47
Stellenbewerber **6**, 52, **8** 21, **22** 12, 21; siehe auch Probetätigkeit
Stellung des Arbeitnehmers im Betrieb **9** 29, **10** 12
Steuererhebung **14** 3
Störerhaftung des Arbeitnehme **16** 19
Strafgefangene **22** 18 f.
Streik **6** 41, **8** 6
Streitverkündung **16** 27, **28** 9 ff.
Studierende **24** 17
Stundung **10** 18
Subsidiaritätsklausel **25** 22, 26
Summenmäßige Haftungsbegrenzung **9** 33, **28** 29
Syndikusrechtsanwälte *siehe* Rechtsanwälte

Tarifvertrag **1** 9 f., **2** 16, **4** 9, **13** 129, **27** 39, **30** 22
Tätigkeitsspezifisches Risiko **27** 15
Technische Versicherungen **11** 44
Teilnahme am allgemeinen Verkehr **22** 22, 43, 45 f., **25** 28
Teilunmöglichkeit **6** 22
Teilzeitarbeitsverhältnis **9** 30, **30** 14
Telearbeit **7** 1, 9, **8** 30, **9** 41, **23** 4
Telekom **15** 12, **22** 51
Territorialitätsprinzip **21** 32
Totalreparation **27** 41
Transporthaftpflichtversicherung **11** 56 ff.
Transportketten **18** 6

Überforderung des Arbeitnehmers **12** 15
Überlassung von Rechten **17** 1
Übermüdung **9** 19, 43
Übernahme von Schadensrisiken **12** 3, **13** 38 ff.
Übernahme von Verkehrspflichten **16** 14 ff.
Übernahmeverschulden **8** 5, **9** 20
Überprüfungspflicht des Arbeitnehmers **12** 12
Überwachungspflichten **16** 10
Umfang des Ersatzanspruchs **27** 41 ff.
Umstände der Schadensentstehung **9** 28
Umweg **8** 7, 8, **23** 6
Unechte Unfallversicherung **22** 8, 32, 47, **24** 1, 17
Unerfahrenheit **9** 20, 28
Unfallfürsorge **22** 22, 24, 29, 57, **25** 24 ff.
Unfallschäden (Eigenschäden) **27** 36
Unfallverhütungsvorschriften **22** 40, **23** 7, **21** 10, **25** 6
– Vorsätzliche Missachtung **23** 7
Unfallversicherungsrechtlicher Schadensausgleich **4. Teil** 1 f., **21** 1, 6, 10 f., 16 ff., 22 f., 28 ff., **22** 1, 13, 47, 56 f., **23** 3, **24** 2, 12
Unglücksfall **22** 8, **24** 15
Unklarheitenregel **13** 39, **18** 4
Unmittelbar schädigende Handlungen **16** 6
Unmöglichkeit **6** 4 ff.
– absolute Fixschuld **6** 5 f.
– anfängliche **6** 14 ff.
– nachträgliche **6** 4 ff.
– physische und rechtliche **6** 4
– subjektive und objektive **6** 14
– teilweise **6** 22
Unterhaltspflichten **9** 30, 32
Unterlassen (Verkehrspflichten) **16** 13
Unternehmen (im Sinne des SGB VII) **22** 49 ff.
Unternehmensträger **16** 9
Unternehmensübergreifender Haftungsausschluss **22** 10, **24** 3 ff., 15
Unternehmer **21** 1, **22** 1 – *siehe auch* Unternehmen/Betrieb
Unternehmerische Freiheit **12** 8
Unterrichtung (über Arbeitsanforderungen) **12** 11
Untersuchung **24** 17
Untersuchungshaft **22** 18 f.
Unterweisung **9** 19
Unzumutbarkeit der Haftung **10** 1 ff.
Urlaubsreise **27** 43
UVEG **21** 16

Verantwortungsfreude **9** 37, **14** 1
Verbraucherschutz **18** 10
Verdacht einer Pflichtverletzung **6** 37
Verfallklausel **13** 111
Verfassungsrechtliche Legitimation **4** 2 ff.
Verfrühungsschaden **6** 23 f.
Verhaltenspflichten
– gesetzliche **9** 2 f., 9
– vertragliche **5** 2, **9** 2
Verjährung **6** 61 ff., 66 ff., 74, **28** 41, **30** 35 ff.
– des Freistellungsanspruchs **16** 39
– des Regressanspruchs (§ 110 SGB VII) **25** 12
– Schadensersatzpflicht des Beamten **14** 4
Verkehrshaftungsversicherung **11** 58
Verkehrssicherheitsprüfung **12** 12
Verkehrssicherungspflichten des Arbeitnehmers **16** 6 ff.
– Erfüllungsübernahme **16** 14
– Mitübernahme **16** 15
Verladearbeiten **23** 1
Verletztenrente **21** 8
Vermietung **17** 1
Vermögensfolgeschaden **21** 28
Vermögenslage des Arbeitnehmers **9** 30, **10** 2, 4 f.
Vermögensschäden (primäre)
– Verschulden **9** 7, 12
– Eigenschaden **27** 7
Vermögensschadenhaftpflichtversicherung **11** 26 f.
Verrichtungsgehilfe **28** 11
Verschleißschaden **27** 16, 20 f., 23 f., 36
Verschulden bei Vertragsverhandlungen **6** 49 ff., **8** 21, **16** 4
Verschuldensgrade **9** 11, 12 ff., **28** 4, 21, **30** 10
Verschuldensmaß **9** 1 ff.
Verschuldensprinzip **5** 3,
Verschwiegenheitspflicht **6** 45, **8** 22
Versicherbarkeit **25** 2
Versicherte (SGB VII) **22** 2 ff.
Versicherte Tätigkeit **22** 33 ff., 43
– dem Betrieb zuzurechnende **22** 53 ff.
Versicherung aufgrund mehrerer Vorschriften **22** 31
Versicherung **9** 31 ff., **11** 1 ff. **30** 30
– Eigenschaden **27** 46, 48
– Haftpflichtversicherung **11** 3 ff.
– sonstige Schadensversicherung **11** 35 ff.
– Verhältnis zur Freistellung **16** 28 ff.
Versicherungsfall **22** 1, 32 ff.
Versicherungsmodell – *siehe* Unfallversicherungsrechtlicher Schadensausgleich
Vertrag mit Schutzwirkung für Dritte **17** 4, **18** 3
Vertrag zugunsten eines Dritten **18** 4

Vertraglich vereinbarte Unfallfürsorge **22** 29
Vertragliche Haftungsbeschränkungen **18** 3, **30** 31
Vertragliche Pflicht zum Abschluss einer Versicherung **11** 31 f., 39 ff.
Vertragsauslegung, ergänzende **17** 2, 4, 8, **18** 3
Vertragsstrafen **13** 107 ff., 114 ff.
- AGB-Kontrolle **13** 116 ff.
- Bestimmtheitsgrundsatz **13** 117
Vertrauensschadenversicherung **11** 51
Vertrautsein **9** 19
Vertretenmüssen **6** 12 ff.
- anfängliche Leistungshindernisse **6** 15
- Beweislastregel des § 619a BGB **6** 13, 30, 39, 52, 55 f., 58
- nachträgliche Leistungshindernisse **6** 13
Verwaltungsprivatrecht **9** 37, **14** 1, **20** 3
Verzögerungsschaden **6** 66
Verzug des Schuldners **6** 24, 66
Vollstreckungsschutz **10** 6
Vorangegangenes Tun **16** 12
Vorsatz **6** 13, **9** 12 f., **22** 22, **23** 7, **25** 3, 20, 25, 30, **30** 3
Vorstandsmitglieder **22** 4
Vorübergehend Tätige **22** 50, **24** 15
Vorübergehende Zusammenarbeit **22** 14, 26, **24** 3 ff.
Vorverlagerung der Schadenshaftung **9** 4
Vorvertragliche Tätigkeit **8** 21
Vorwerfbarkeit **9** 2

Wachmannfall **16** 3, 7, 9, 11
Wachpersonal **22** 18
Warnung **9** 21
Wegeunfall **21** 7, **22** 43 f.
Weisung des Arbeitgebers **9** 3 ff., 9 f., 18, 21, **27** 17, 20
Weisungsbefugnis **3** 2, **8** 11
Werkskantine **8** 20
Werksverkehr **22** 44, **23** 6
Wertersatz **27** 6, 41
Wesentlicher Zusammenhang **22** 30, 34, 39 ff.
Wettbewerbsverbot **6** 43, 46, **8** 22, **13** 108, 120, 123, 126
- Haftung für Verletzung **6** 46
Wie Versicherte tätige Personen **22** 12 ff.
Whistleblowing **2** 17
Wirtschaftliche Härte **10** 1, 3 ff., **28** 18, **30** 3, 14, 18
- Abwägung **10** 5
- Beweislast **10** 21
- Leitlinie **10** 3 f.
Wirtschaftliche Unzumutbarkeit – *siehe* wirtschaftliche Härte

Zeitdruck **9** 28, **12** 15
Zeitgebundenheit der Arbeitsleistung, **6** 5 f.
Zivilrechtlicher Schadensausgleich **4. Teil** 1 f., **21** 1 ff., 16 ff., 31, **22** 1, 56 f., **25** 2 ff., 17, 22, 24
Zivilschutz **24** 15
Zurechnungszusammenhang **9** 23
Zusammenarbeit der Arbeitnehmer **12** 14
Zusammenwirken **24** 4 ff.
- Bewusstes und gewolltes **24** 4
- im Arbeitsablauf **24** 4
Zuweisung der Arbeit **12** 9

www.ingramcontent.com/pod-product-compliance
Lightning Source LLC
LaVergne TN
LVHW081354011026
849161LV00013BA/2811